# CHWAŁA KSIĄŻCE,
# KTÓREJ UFAJĄ RODZICE I LEKARZE

* * * * *

„Znakomita. Polecam ją wszystkim moim pacjentom. Sama już mam siedemnastomiesięczne dziecko – pacjenta. Książka ta jest nawet dla mnie – pediatry – biblią".

dr Claudia Somes

*

„*W oczekiwaniu na dziecko* była moją biblią w czasie ciąży".

Cynthia Cravens Allen, Kentucky

*

„Cudowna. Dobrze skomponowana, dająca się łatwo czytać".

dr Catherine C. Wiley

*

„Wasza książka to... dar niebios. Uważnie czytałam każdy rozdział przed rozpoczęciem kolejnego miesiąca ciąży i zawsze byłam dzięki waszemu wyważonemu i pełnemu życzliwości tekstowi dużo spokojniejsza".

Carol Rozner, Kalifornia

*

„Zawiera przydatne informacje, niedostępne w innych książkach".

dr Jim Wiley

*

„Wasz spokojny i budzący zaufanie styl napełnia mnie odwagą u progu rodzicielstwa".

Diane Wheeler, Kalifornia

*

„Bardzo uspokajająca dla młodej matki".

dr Ralph Minear

*

„Wasze książki przez osiemnaście miesięcy nie opuszczały mojego nocnego stolika (z wyjątkiem okresu, gdy wraz ze mną powędrowały do szpitala)! Wasze informacje są zawsze zgodne z «rozkładem jazdy», zwięzłe i obiektywne".

Lori Slayton, New Jersey

*

„Znakomita – w czasie ciąży żony traktowaliśmy ją jako naszą biblię".

dr Bruce Oran

*

„Przeprowadziła mnie przez moją pierwszą ciążę... dostarczając zwięzłego, życzliwego czytelnikowi źródła informacji... Dzięki waszej książce czuję, że nasza córka wystartowała w życie naprawdę z głową".

Victoria Schei, Ontario

*

„Nadzwyczaj pomocna. Używam jej jako cennego źródła informacji dla moich pacjentów".

dr Saundra Schoichet,
psycholog kliniczny

Heidi Murkoff
Arlene Eisenberg
Sandee Hathaway B. S. N.

# W OCZEKIWANIU NA DZIECKO

*Przedmowa i konsultacja naukowa:*
*prof. zw. dr hab. n. med. Zbigniew Słomko*
*były dyrektor Instytutu Ginekologii i Położnictwa,*
*były kierownik Katedry i Kliniki Perinatologii i Ginekologii*
*Akademii Medycznej w Poznaniu,*
*ekspert i konsultant Światowej Organizacji Zdrowia (WHO),*
*obecnie główny konsultant*
*Ginekologiczno-Położniczego Szpitala Specjalistycznego AM w Poznaniu*

REBIS

Dom Wydawniczy REBIS
Poznań 2006

Tytuł oryginału
*What To Expect When You're Expecting*
(Third Edition)

First published in the United States under the title:
*What To Expect When You're Expecting*

Tłumaczenia dokonał zespół lekarzy pod kierunkiem redaktora naukowego wydania polskiego
prof. zw. dr hab. n. med. Zbigniewa Słomko z Akademii Medycznej w Poznaniu.
Uzupełnienia do wydania trzeciego amerykańskiego (szóstego polskiego) przetłumaczyła Monika Rozwarzewska


Redaktor
Elżbieta Bandel

Opracowanie graficzne okładki
Piotr Majewski

Na okładce reprodukcja obrazu Danuty Muszyńskiej-Zamorskiej *Macierzyństwo*
(zdjęcie wykonał Andrzej Florkowski)

Projekt książki
Lisa Hollander, Kathy Herlihy Paoli, Susan Aronson Stirling

Ilustracje w książce
Judy Francis


Wydanie VI poszerzone (dodruk)

ISBN 83-7301-428-4 – (opr. broszurowa)
ISBN 83-7301-429-2 – (opr. twarda)

Dom Wydawniczy REBIS Sp. z o.o.
ul. Żmigrodzka 41/49, 60-171 Poznań
tel. 0-61- 67-47-08, 0-61-867-81-40; fax 0-61-867-37-74
e-mail: rebis@rebis.com.pl
www.rebis.com.pl

Fotoskład: ZP Akapit, Poznań, ul. Czernichowska 50B, tel. 879-38-88
Druk i oprawa: Zakłady Graficzne im. KEN S.A., Brzoza k. Bydgoszczy

*Emmie, która zainspirowała tę książkę, będąc jeszcze w łonie, a pojawiwszy się już na tym świecie, uczyniła wszystko, by powstrzymać nas od jej napisania, i która, wierzymy w to, pewnego dnia uczyni z niej dobry użytek.*

*Howardowi, Erikowi i Timowi, bez których powstanie tej książki nie byłoby możliwe z wielu powodów.*

*Rachel, Wyattowi i Ethanowi, którzy spóźnili się trochę do naszego pierwszego wydania, ale których przyjście na świat wniosło bardzo wiele do wydania drugiego.*

*Elizabeth, której przyjście na świat wniosło jeszcze więcej do wydania trzeciego.*

*A także Arlene, z wyrazami miłości, za wszystko.*

# TAK WIELE POWODÓW DO PODZIĘKOWAŃ
# I WCIĄŻ NOWYCH WIĘCEJ

W ciągu osiemnastu lat, które upłynęły od chwili, gdy pierwszy raz dotknęłyśmy palcami klawiatury, by napisać pierwsze wydanie *W oczekiwaniu na dziecko*, wiele się nauczyłyśmy – nie tylko o tym, co jest potrzebne, by stworzyć zdrowe dziecko, ale także, czego trzeba, by stworzyć książkę o zdrowym dziecku – lub zdrowej ciąży. Lekcja numer jeden: nie mogłybyśmy zrobić tego same. Wielu przyjaciół i kolegów pomagało nam, wspomagało nas, a także prowadziło poprzez proces pierwszego i ponownego tworzenia tej książki – było ich więcej, niż jesteśmy w stanie wymienić, w każdym razie bez poświęcenia całego rozdziału w tym trzecim wydaniu. Z wyrazami wdzięczności dziękujemy wam wszystkim, w tym:

Suzanne Rafer, najlepszej przyjaciółce i wydawcy, jakiego autor kiedykolwiek miał – za jej entuzjazm, oddanie szczegółom, poczucie humoru, wspaniałe spostrzeżenia, miłość i troskliwość, a przede wszystkim za to, że była zawsze wtedy, gdy jej potrzebowałyśmy.

Peterowi Workmanowi, wyjątkowemu wydawcy, za jego zaangażowanie w osiągnięcie doskonałości przy pracy wydawniczej i za poświęcenie się małej serii wydawniczej dowodzące, że chcieć, to móc. Nie dałybyśmy sobie rady bez ciebie lub bez…

Lisie Hollander za odświeżenie szaty graficznej; Judith Cheng za stworzenie „Mony Lisy" w ciąży i za urocze przeniesienie jej w XXI wiek; Judy Francis za wspaniałe nowe ilustracje. Jenny Mandel, Carolan Workman, Bruce'owi Harrisowi, Kate Tyler, Jimowi Eberowi, Pat Upton, Saundrze Pearson, Beth Doty i wszystkim członkom rodziny Workman, którzy sprawiają, że jest to miejsce wyjątkowe – uściski i ucałowania dla was wszystkich. Dziękujemy także tym wszystkim, którzy pomogli nam przy pierwszym i drugim wydaniu, ale już się przenieśli.

Sharon Mazel za wyciąganie z opresji. Twoje niestrudzone starania (nawet gdy byłaś wycieńczona), badania oraz spostrzeżenia nie tylko sprawiły, że powstanie tego wydania stało się możliwe, lecz także uczyniły je znacznie lepszym. Dziękujemy także Kirze za to, że była w odpowiednim łonie we właściwym czasie, oraz Danielli i Arianne za dzielenie się swoją mamą.

Lisie Bernstein, dyrektorowi wykonawczemu fundacji What To Expect, za to, co robi, czyli po prostu za wszystko. Nikt nie robi tak wiele ani nikt nie robi tego lepiej – kochamy cię za to oraz dla miliona innych powodów. Także Zoe i Och-Temu-Teddy'emu Bernsteinowi oraz Danowi Dubno za cierpliwość i zrozumienie – również za to, że pozwalali mamusi tak długo rozmawiać przez telefon.

Richardowi Aubry'emu, profesorowi położnictwa i ginekologii, naszemu szanownemu doradcy medycznemu. Szeroki zakres wiedzy Dicka oraz wielka opiekuńczość sprawiają, że nie tylko jest nadzwyczajnym lekarzem, wyjątkowym nauczycielem czy wybitnym orędownikiem spraw ciężarnych kobiet i ich dzieci, lecz jednocześnie nieocenionym źródłem wiedzy dla nas.

Marcowi Chamlinowi za to, że jest najlepszym prawnikiem i jeszcze lepszym przyjacielem; Ellen Goldsmith-Vein (z uściskami i buziaczkami) za to, że radzi sobie z wszystkim i jeszcze więcej, że nie przestawała wierzyć i że tak przyjemnie jest przebywać w jej towarzystwie; Alanowi Nevinsowi za to, że jest najlepszy, oraz moim wszystkim przyjaciołom z Artist Management Group.

Amerykańskiemu Towarzystwu Położników i Ginekologów oraz Amerykańskiej Akademii Pediatrii, które zawsze udzielały nam odpowiedzi potrzebnych do uaktualniania kolejnych wydań *W oczekiwaniu na dziecko*, także niezliczonym lekarzom, którzy wyjaśniali sprawy, odpowiadali na pytania, wypełniali kwestionariusze – i pomagali sprawić, by książka ta była jak najlepsza.

Trzem ludziom, bez których niniejsza książka (oraz następne po niej) dosłownie nie mogłyby powstać: Howardowi Eisenbergowi, Erikowi Murkoffowi i Timowi Hathawayowi. Jesteście najlepszymi ojcami i mężami w okolicy, zawsze będziemy was kochać. A także Mildred i Harry'emu Scharaga, Victorowi Shargai i Johnowi Aniello za waszą miłość i wsparcie.

Wszystkim osobom niezbędnym w odniesieniu sukcesu przez pierwsze i drugie wydanie, w tym lekarzowi medycyny Henry'emu Eisenbergowi, Elise i Arnoldowi Goodmanom, Susan Stirling oraz Carol Donner.

Lekarzom, położnym i pielęgniarkom opiekującym się ciężarnymi kobietami. A przede wszystkim naszym czytelniczkom – które są i zawsze będą najlepszym źródłem wiedzy oraz inspiracji.

# O FUNDACJI WHAT TO EXPECT

Z dumą ogłaszamy narodziny Fundacji What To Expect, nonprofitowej organizacji mającej na celu zapewnienie dostępu do informacji, pomocy oraz środków kobietom ciężarnym w potrzebie – by tym, czego każda matka może oczekiwać, była zdrowa ciąża i zdrowe dziecko.

Więcej informacji na naszej stronie internetowej

www.whattoexpect.org

lub pod numerem telefonu (877) 397-3281.

# SPIS TREŚCI

───────────── CZĘŚĆ 1 ─────────────

# NA POCZĄTKU

## Rozdział 1. Czy jesteś w ciąży? (przekład Mariusz Dubiel) . . . . . 3

## CO MOŻE CIĘ NIEPOKOIĆ . . . . . . . . . . . . . . . 3

Przypomnienie o witaminach 3 • Testy ciążowe 3 • Możliwe oznaki ciąży 4 • Prawdopodobne oznaki ciąży 5 • Pozytywne oznaki ciąży 5 • Prawidłowe wykonanie testu 6 • Plan przebiegu ciąży 7 • Pierwsza wizyta u lekarza 7 • Jeżeli nie jesteś jeszcze w ciąży 8 • Właściwy termin 8 •

## CO WARTO WIEDZIEĆ. Wybór (i współpraca) twojego lekarza . . . . . 9

Spojrzenie wstecz 9 • Jaką jesteś pacjentką? 9 • Położnik? Lekarz rodzinny? Położna? 10 • Rodzaj praktyki 12 • Możliwości wyboru rodzaju porodu 13 • Twój wybór 16 • Współpraca pacjentka–lekarz 16 • Żebyś nie zapomniała 17

## Rozdział 2. Teraz, gdy jesteś w ciąży (przekład Mariusz Dubiel) . . . 19

## CO MOŻE CIĘ NIEPOKOIĆ . . . . . . . . . . . . . . . 19

———— CZĘŚĆ 2 ————

# DZIEWIĘĆ MIESIĘCY CIĄŻY

*Od poczęcia do porodu*

---

CZĘŚĆ 3

# ROZWAŻANIA KOŃCOWE, ALE WCALE NIE NAJMNIEJ WAŻNE

*O okresie poporodowym, o ojcach i o następnym dziecku*

---

CZĘŚĆ 4

# PROBLEMY SZCZEGÓLNEJ TROSKI

--------- CZĘŚĆ 5 ---------

# NASTĘPNE DZIECKO

# KOLEJNE SŁOWO OD LEKARZA

Nie sądziłem, że to możliwe, by coś, co było świetne, stało się jeszcze lepsze. Jako profesor oraz ktoś, kto od ponad 40 lat na co dzień stara się zapewnić opiekę kobietom w ciąży, wiem, jak niezmiernie ważny dla zdrowia i witalności społeczeństwa jest zdrowy przebieg ciąży. Jeśli o cenne nowe życie dbają kochający rodzice, to stanie się ono zdrowym, wartościowym wkładem w nowe pokolenie. Nie ma książki, która by lepiej przygotowywała rodziców do ważnego zadania polegającego na opiece nad tym nowym życiem – zadania, które rozpoczyna się, jeszcze zanim plemnik połączy się z komórką jajową – niż *W oczekiwaniu na dziecko*.

Przez siedemnaście lat obserwowałem rozwój poprzednich wydań książki *W oczekiwaniu na dziecko*, jednocześnie przyglądając się wpływowi, jaki wywierała ona na pokolenie rodziców oczekujących narodzin dziecka, w tym także tych, którzy znajdowali się pod moją opieką. Jako doradca medyczny, sprawdzałem każde zagadnienie biologiczne i anatomiczne. Gdy około dziesięciu lat temu na moim biurku znalazło się pierwsze poprawione wydanie, zachwyciłem się poprawkami poczynionymi w książce, która moim zdaniem była przełomowa już w takiej formie, w jakiej przeczytałem ją pierwszy raz – a teraz, czytając nowe, trzecie wydanie, zachwycam się po raz kolejny.

Niełatwo jest utrzymać pozycję dzieła wytyczającego nowy kierunek w tak szybko rozwijającej się nauce, jaką jest położnictwo, ale trudniej przełożyć skomplikowane niekiedy informacje na słowa, które dla kobiet (i ich partnerów) nie będących zawodowymi lekarzami będą zrozumiałe, uspokajające oraz adekwatne do danej sytuacji. Jak zauważyłem, autorkom udało się ten cel osiągnąć. Zapewne jeszcze trudniejszym zadaniem było ułożenie tych szczegółowych, solidnych pod względem medycznym porad w taki sposób, by nie stanowiły sprzeczności, lecz były do pogodzenia z poradami otrzymywanymi przez przyszłych rodziców od ich lekarzy prowadzących ciążę. I znów należy powiedzieć, że zadanie się powiodło. Podobnie jak poprzednio, nowe wydanie *W oczekiwaniu na dziecko* spodoba się osobom po obu stronach biurka w gabinecie lekarskim, jednakowo ujmując rodziców i pracowników służby zdrowia. Nie tylko książkę tą rekomendują (lub dają) przyszłym ojcom i matkom liczni położnicy i ginekolodzy, lecz korzystają z niej wraz z żonami we własnym domu. Moi młodzi stażyści oraz inni pracujący w ramach różnych programów w całym kraju czytają ją, by dowiedzieć się, co przyszłych rodziców ciekawi oraz co ich martwi, dzięki czemu będą lepiej przygotowani w chwili, gdy zaczną własną praktykę lekarską.

Na koniec trzeba zaznaczyć, że to wydanie *W oczekiwaniu na dziecko* podtrzymuje tradycję pocieszania przyszłych rodziców, gdy ci mają stawić czoło wyzwaniu zmieniającemu całe ich życie, upewniając ich w przekonaniu, iż „dadzą sobie radę".

Cuda się zdarzają – życzę, by wasz cud był jak najwspanialszy.

*lek. med. Richard Aubry,*
*specjalista ds. zdrowia publicznego*

# SŁOWO OD LEKARZA

Nastały najlepsze czasy na to, by być w ciąży. W ostatnich dziesięcioleciach obserwowaliśmy ogromną poprawę w położnictwie, zarówno dla matek, jak i dla noworodków. Kobiety rozpoczynające ciążę są zdrowsze, otrzymują lepszą, bardziej kompleksową opiekę prenatalną, a oddziały położniczo-noworodkowe zastąpiły stół kuchenny czy łóżka porodowe jako miejsce do rodzenia dzieci.

Jednak jeszcze wiele pozostało do zrobienia. Dla nas, lekarzy, coraz oczywistsze staje się, że nie wystarczą świetni lekarze i doskonały sprzęt. Aktywne uczestnictwo rodziców może w jeszcze większym stopniu zredukować ryzyko wystąpienia komplikacji podczas ciąży i porodu. Aby móc pełniej uczestniczyć, rodzice muszą być pełniej i dokładniej informowani nie tylko o doniosłym doświadczeniu wydawania dziecka na świat, lecz również o niezmiernie ważnych dziewięciu miesiącach poprzedzających to wydarzenie; nie tylko o zagrożeniach wiążących się z ciążą, lecz również o krokach, jakie można przedsięwziąć w celu ich zminimalizowania bądź wyeliminowania; nie tylko o medycznych aspektach ciąży, lecz i o czynnikach psychologiczno-społecznych oraz dotyczących stylu życia.

W jaki sposób informować o tym rodziców? Szkoły średnie i wyższe nie posiadają w planie nauczania programu „Rodzice".

Kłopoty z czasem mają również osoby zawodowo pełniący opiekę położniczą. Poza tym często są oni zbyt naukowi w swych wywodach oraz mało wrażliwi na psychiczne i emocjonalne potrzeby przyszłych rodziców.

Ruch ochrony konsumenta wypełnił tę próżnię książkami, artykułami prasowymi oraz wykładami w szkołach. Jednak choć jego działacze są często niezmiernie pomocni, to równie często nieprecyzyjni w sprawach medycznych, niepotrzebnie niepokoją i/lub nieproporcjonalnie skupiają się na niedociągnięciach służby zdrowia, wbijając klin podejrzliwości czy wątpliwości między rodziców a położników.

Od dawna widoczna była potrzeba pojawienia się książki dostarczającej dokładnej, aktualnej i medycznie kompetentnej informacji, jednocześnie kładącej należny nacisk na odżywianie, styl życia i emocjonalne aspekty ciąży. Uważam, że teraz zapotrzebowanie to zostało wypełnione w łatwej do czytania książce ułożonej w niezmiernie praktycznym, miesięcznym układzie.

Trzy autorki, wszystkie będące doświadczonymi „konsumentkami" opieki położniczej, stworzyły tę perspektywę konsumenta. Mądrze skoncentrowały się na przekazywaniu przyszłym rodzicom informacji, które pozwolą im rozsądnie odgrywać centralną rolę w całym procesie, bez grożenia lekarzom czy położnym, z którymi wszak muszą współpracować blisko oraz zgodnie.

Książka *W oczekiwaniu na dziecko* napisana została żywym stylem i jest dokładna, aktualna i dobrze wyważona. Są jednak cztery aspekty w jej formie i zawartości, które zasługują na szczególne wyróżnienie:

• Troskliwe, rodzinne podejście do rodzenia dziecka, łącznie z zaangażowaniem ojca w całym przebiegu ciąży oraz rozdziałem odnoszącym się do jego własnych potrzeb i problemów, przedstawione w tej książce jest wspaniałe oraz niezmiernie ważne.

• Praktyczny, chronologiczny układ, rozsądnie udzielający odpowiedzi na mniej i bardziej ważne, męczące i kłopotliwe pytania pojawiające się miesiąc po miesiącu czyni z niej źródło wiedzy dostępne w odpowiedniej chwili oraz doskonałą lekturę do łóżka.

• Nacisk, jaki kładzie na odżywianie oraz styl życia przed i w czasie ciąży, a także zdroworozsądkowe podejście do karmienia piersią i psychologiczno-społecznych wymiarów macierzyństwa sprawia, że jest szczególnie wartościowa oraz jedyna w swoim rodzaju.

• Niezwykła też jest jej dokładność oraz aktualność w szczegółach medycznych, zwłaszcza w przejrzystości, z jaką napisane zostały fragmenty o genetyce, teratologii, porodzie przedwczesnym, porodzie, cesarskim cięciu i znów, karmieniu piersią.

Podsumowując, uważam, że ta wspaniała książka powinna stać się l e k t u r ą  o b o-w i ą z k o w ą nie tylko dla przyszłych rodziców, lecz także dla lekarzy i pielęgniarek przyuczających się do pracy w służbie zdrowia oraz dla tych, którzy już pełnią swe zawodowe obowiązki. Wiem, że oznacza to spore zmiany dla zwykle ostrożnych wykładowców szkół czy akademii medycznych. Ale podkreślam z pełnym przekonaniem, że tylko z odpowiednio poinformowanymi i odpowiedzialnymi „konsumentami" oraz ich opiekunami możemy osiągnąć nasz wspólny cel: zdrowe dzieci, matki i rodziny. A docelowo także zdrowe społeczeństwo.

*lek. med. Richard Aubry,*
*specjalista ds. zdrowia publicznego*

# DLACZEGO TA KSIĄŻKA NARODZIŁA SIĘ JESZCZE RAZ?

Osiemnaście lat temu, w odstępie zaledwie kilku godzin, urodziłam córkę i książkę. Opiekowanie się dwójką tych dzieci (a także moim synem Wyattem oraz – wspólnie z moimi współautorkami – następnym „potomstwem", czyli drugim wydaniem *W oczekiwaniu na dziecko*, fundacją What To Expect i serią *What To Expect Kids*) w miarę jak rosły oraz rozwijały się z biegiem lat, było od samego początku zajęciem wyczerpującym, pracochłonnym i kłopotliwym; dodającym otuchy i szarpiącym nerwy. Przeżyłam niezwykłą (i pełną wyzwań) przygodę, z której – jak wszyscy rodzice – nie zamieniłabym ani jednego dnia. (Aczkolwiek był taki jeden tydzień, kiedy Emma miała trzynaście lat...)

I oto teraz mamy kolejne narodziny: nowe, trzecie wydanie książki *W oczekiwaniu na dziecko*. Mimo iż częste dodruki pozwalają nam uaktualniać nasze książki ważnymi, nowymi informacjami, to trzecie wydanie dało nam wspaniałą możliwość pełnej korekty, od początku do końca dzieła, dopisania lub skreślenia fragmentów dotyczących położniczych innowacji; począwszy od najnowszych osiągnięć technicznych, poprzez wszelkie praktyki uzupełniające, po medycynę alternatywną. Dzięki temu *W oczekiwaniu na dziecko* może nadal pełnić rolę podstawowego i aktualnego poradnika dla przyszłych rodziców.

Wprowadziłyśmy tyle zmian, że same jesteśmy nimi podekscytowane. Sprawiłyśmy, że książka ta stała się jeszcze bardziej praktyczna, poprzez dołączenie działów poświęconych ciężarnym kobietom pracującym, działów, które pogłębiają temat opieki nad rodzinami, zawierają więcej porad dotyczących zachowania piękna wewnętrznego i zewnętrznego podczas ciąży, dodatkowych wskazówek dla matek oczekujących drugiego (i trzeciego) dziecka oraz poszerzonego rozdziału dotyczącego przygotowań dla matek i ojców do poczęcia dziecka. Nowe wydanie omawia większą liczbę objawów, zawiera comiesięczne spojrzenie na ciebie oraz twoje dziecko, obszerniejszy i (jak przypuszczamy) lepszy rozdział dla ojców. Ugotowałyśmy również przyjemniejszą, łagodniejszą, a także bardziej realistyczną dietę ciążową, której będzie ci łatwiej przestrzegać i stosować podczas ciągłego zmagania się z brakiem czasu.

Jednak ważniejsze od tego, co się zmieniło w trzecim wydaniu, jest to, co pozostało dokładnie takie samo. Kiedy pierwszy raz pisałyśmy *W oczekiwaniu na dziecko*, postrzegałam swoją pracę jako osobistą krucjatę z jednym celem: nie chciałam, by którekolwiek z oczekujących dziecka rodziców kiedykolwiek martwiło się tak bardzo podczas ciąży jak ja (i mój mąż Erik), gdy byłam w odmiennym stanie. Uczucie to nadal

## Czy są pytania?

Starałyśmy się odpowiedzieć na wszystkie pytania i mamy nadzieję, że w większości nam się to udało. Ponieważ każda ciąża jest inna (jak inna jest każda para rodziców oczekująca narodzin dziecka), być może pominęłyśmy kilka zagadnień. Jeśli czytając tę książkę, zauważysz, że brak w niej omówienia spraw, które cię martwią bądź interesują, chciałybyśmy dowiedzieć się o tym. Wówczas będziemy mogły dołączyć je w następnym wydaniu dla – mamy taką nadzieję – dobra twego kolejnego dziecka. Napisz do nas na adres: Workman Publishing, 708 Broadway, New York 10003.

żyje we mnie, a trzecie wydanie *W oczekiwaniu na dziecko* napisane zostało, podobnie jak pierwsze, w celu informowania, dodawania otuchy i niesienia pomocy rodzicom, by mogli spać spokojnie (przynajmniej na tyle, na ile pozwoli częste oddawanie moczu, kurcze w nogach i bóle pleców).

Zapewne nim wyschnie farba drukarska w trzecim wydaniu książki, my będziemy już czynić przygotowania do czwartego. Przy pracy nad nim, jak zwykle, będziemy oczekiwać wszelkich sugestii z waszej strony. Wszak *W oczekiwaniu na dziecko* jest przede wszystkim stale ewoluującą książką, a kolejni rodzice są nadal najbardziej wartościowym źródłem informacji, z którego korzystamy podczas pracy.

Z życzeniami jak najzdrowszego przebiegu ciąży oraz szczęścia wynikającego z wypełniania obowiązków rodzicielskich.

*Heidi Murkoff*

# JAK NARODZIŁA SIĘ
# TA KSIĄŻKA?

Byłam w ciąży. I byłam zarówno najszczęśliwszą, jak i najbardziej zmartwioną kobietą na świecie.

Zmartwioną winem, które wypiłam wieczorem przy kolacji, i dżinem z tonikiem, który popijałam wieczorami w pierwszych sześciu tygodniach ciąży, po tym jak dwóch ginekologów i badanie krwi utwierdziły mnie w przekonaniu, że w ciąży nie jestem.

Zmartwioną siedmioma dawkami Provery, którą przepisała mi wcześniej lekarka, by przyspieszyć, jak sądziła, opóźniający się okres, a co w dwa tygodnie później okazało się prawie dwumiesięczną ciążą.

Zmartwioną kawą, którą często piłam, i mlekiem, którego nie piłam, cukrem, który jadłam, i białkiem, którego nie jadłam.

Zmartwioną skurczami w trzecim miesiącu i czterema dniami w piątym miesiącu, kiedy to nie czułam nawet najmniejszego ruchu płodu.

Zmartwioną omdleniem podczas zwiedzania szpitala, w którym miałam rodzić (nigdy nie zdołałam obejrzeć oddziału noworodków), upadkiem na brzuch w ósmym miesiącu i krwawą wydzieliną z pochwy w dziewiątym.

Zmartwioną nawet dobrym samopoczuciem („Przecież nie mam żadnych zaparć..., nie mam porannych nudności..., nie oddaję częściej moczu – coś musi być nie tak!").

Zmartwioną, że nie będę w stanie wytrzymać bólu czy też znieść widoku krwi podczas porodu. Zmartwioną faktem, że nie będę w stanie karmić piersią, ponieważ przed upływem dziewiątego miesiąca nie mogłam wycisnąć nawet kropli siary, która, jak twierdziły wszystkie poradniki, powinna była już wówczas wypełniać moje piersi.

Gdzie mogłam się zwrócić, by znaleźć potwierdzenie, że wszystko będzie w porządku? Przecież nie do ciągle rosnącej na moim nocnym stoliku sterty książek poświęconych ciąży. Nie mogłam tam znaleźć żadnej choćby wzmianki o tak zwykłej i normalnej sprawie, jaką jest kilkudniowy brak aktywności płodu w piątym miesiącu. Nie udało mi się też znaleźć żadnej wzmianki o przypadkowych upadkach – co dość często przydarza się kobietom w ciąży, prawie zawsze bez szkody dla dziecka.

Gdy omawiano podobne do moich symptomy, problemy czy obawy, zwykle przedstawiano je w alarmujący sposób, co jeszcze bardziej pogłębiało moje zatroskanie. „Nigdy nie zażywaj Provery, chyba że jesteś absolutnie zdecydowana usunąć ciążę" – ostrzegała jedna z publikacji, nie dodając, że stosowanie tego środka wiąże się z tak minimalnym ryzykiem wystąpienia wad u dziecka, że nie należy brać pod uwagę aborcji. „Udowodniono, że nawet jedna popijawa w okresie ciąży może mieć wpływ na niektóre dzieci, w zależności od stopnia rozwoju, który osiągnęły" – ostrzegała złowieszczo jeszcze inna książka, nie przytaczając opracowań, które wykazały, że nawet kilka zakrapianych alkoholem zabaw we wczesnym okresie ciąży, a więc wtedy, gdy wiele kobiet nie zdaje sobie sprawy ze swego stanu, nie wpływa na rozwój płodu.

Oczywiście, nie mogłam znaleźć żadnej ulgi dla mych trosk, czytając gazety, włączając radio czy telewizor albo wertując przeróżne magazyny. Zgodnie z tym, co przedstawiały mass media, zagrożenia dla ciąży czaiły się wszędzie: w powietrzu, którym oddychaliśmy, w jedzeniu, które spożywaliśmy, wodzie, którą piliśmy, u dentysty, w drogerii, nawet w domu.

Jasne, że moja lekarka dawała mi jakąś pociechę, ale tylko wtedy, gdy potrafiłam zdobyć się na odwagę i zadzwonić (bałam się, że moje obawy mogą zabrzmieć głupio albo że usłyszę coś niepokojącego. A poza tym jak mogłam, wisząc na telefonie prawie co drugi dzień, tak ją zadręczać?).

Czy tylko ja (i mój mąż Erik, który dzielił ze mną wszystkie zmartwienia) miałam takie obawy, czy byłam w tym odosobniona? Nic bardziej błędnego. Obawa, zmartwienie jest – według pewnego opracowania – jedną z najbardziej powszechnych bolączek związanych z okresem ciąży, trapiącą ko-

biety bardziej niż poranne nudności i wzmożony apetyt razem wzięte. 94 na każde 100 kobiet martwi się, czy ich dzieci będą normalne, a 93% martwi się, czy one same i ich dzieci szczęśliwie przejdą poród. Więcej kobiet martwi się w czasie ciąży o swoją figurę (91%) niż o swoje zdrowie (81%). A większość martwi się, że zbyt często się martwi.

Chociaż niewielkie zmartwienie jest czymś normalnym dla kobiet w ciąży i ich partnerów, to jednak zbyt duże jest niepotrzebnym marnotrawstwem tego, co powinno być okresem błogiego szczęścia i spokoju. Wbrew wszystkiemu, co słyszymy, czytamy i czym się martwimy, nigdy wcześniej w historii reprodukcji posiadanie dziecka nie było tak bezpieczne – o czym i Erik, i ja mogliśmy się przekonać jakieś 7,5 miesiąca później, gdy urodziłam moją córeczkę zdrowszą i piękniejszą niż w mych najśmielszych marzeniach.

I tak z naszego niepokoju narodziła się książka *W oczekiwaniu na dziecko*. Dedykowana jest wszystkim parom spodziewającym się dzieci i napisana z nadzieją, że pomoże wszystkim przyszłym ojcom i matkom mniej się martwić, a bardziej cieszyć ich ciążą.

*Heidi Murkoff*

# PRZEDMOWA
## DO PIERWSZEGO WYDANIA POLSKIEGO

Poród jest niewątpliwie złożonym procesem biologicznym, którego zrozumienie wymaga dużej wiedzy medycznej, a jednocześnie narodziny stanowią głęboko przenikające wydarzenie emocjonalne dotyczące ludzkich doznań, potrzeb uczuciowych i zachowań oraz znaczący moment dla rozwoju i kształtowania psychiki dziecka. Wśród większości opracowań dotyczących tej tematyki występowała dotąd dominacja naukowych medycznych aspektów nad psychologicznymi i społecznymi, jakkolwiek w ostatnich latach powstały aktywne towarzystwa naukowe zajmujące się psychosomatyką perinatalną. Rozwiązaniem tego problemu może być jedynie wyważony kompromis pomiędzy wprowadzeniem zweryfikowanych naukowych metod medycznych, zapewniających maksymalne bezpieczeństwo matce i dziecku, a działaniem nacechowanym humanizmem, wspierającym więzi i uczucia rodzinne, którego celem jest zaspokojenie potrzeb emocjonalnych, szczególnie silnie wyrażonych w okresie okołoporodowym, oraz rozwój struktur emocjonalno-uczuciowych dziecka.

Wielki polski filozof, pisząc *Medytacje o życiu godziwym* i snując rozważania nad etyką w najszerszym jej rozumieniu, przedstawia taki wzorzec miłości matczynej: „...pośród kierunków możliwego wyboru stylu życia godnego istnienia wzorzec życia matki oddanej dzieciom należy z pewnością do wzorców najczcigodniejszych i najbardziej wypróbowanych. [...] matki oddane swoim dzieciom, pracujące dla nich, w tym upatrujące główne uzasadnienie wszystkiego, co czynią, i najważniejsze źródło radości własnej".

Miłość macierzyńska jest wielka, a nawet bezgraniczna, lecz najwspanialsze postawy i wzorce winny znaleźć racjonalne formy realizacji, nie można się opierać wyłącznie na niewątpliwie ważnym instynkcie macierzyńskim. Oznacza to, że niezbędnym warunkiem realizacji pięknej miłości rodzicielskiej jest znajomość podstawowych informacji w zakresie rozwoju płodu, przebiegu ciąży i porodu. Prościej mówiąc, dokładne poznanie tego, co jest dobre dla oczekiwanego dziecka, a zarazem korzystne dla matki oczekującej narodzin, a co dotyczy jej właściwego trybu życia, higieny i odżywiania. Wiedza w tym zakresie nie zubaża pięknych uczuć macierzyńskich i ojcowskich, lecz przeciwnie, wzbogaca je, czyni pełniejszymi i zarazem racjonalnymi.

Właśnie ta książka zawiera podstawowe informacje na temat fizjopatologii ciąży, porodu i połogu, zasad żywienia i higieny oraz wskazówki o sposobie korzystania z osiągnięć współczesnej medycyny.

W polskim piśmiennictwie popularnonaukowym odczuwa się brak użytecznych opracowań z zakresu wiedzy medycznej, a w szczególności z zakresu fizjopatologii ciąży, porodu i połogu. Odczuwam ten niedostatek bardzo dotkliwie, gdy bowiem zwracają się do mnie kobiety ciężarne, prosząc o wskazanie właściwej lektury, mogę wskazać jedynie problemowe opracowania. Brak jest natomiast nowoczesnego i pełnego opracowania, obejmującego całą problematykę okołoporodową. Z tych względów wiele kobiet zaopatruje się w podręczniki przeznaczone dla fachowych pracowników służby zdrowia, posiadających ogólne przygotowanie biologiczne bądź wykształcenie medyczne. Z uwagi na liczne określenia i definicje medyczne korzystanie z tych książek, pisanych wręcz hermetycznym językiem, nie tylko jest utrudnione, ale wprowadza niepokój u czytelniczek oraz rodzi dużo wątpliwości i pytań, na które nie potrafią znaleźć odpowiedzi. Była to zasadnicza motywacja przed przystąpieniem do tłumaczenia tego dzieła, które – jak wierzę – znajdzie akceptację wśród polskich przyszłych matek oraz wśród tych, które obecnie przeżywają macierzyństwo.

Do realizacji tej idei udało mi się pozyskać grupę współpracowników, wspaniałych lekarzy i znawców problematyki okołoporodowej, którym składam serdeczne podziękowanie za przyjęcie propozycji oraz za ich trud. Zarówno koordynacja ich pracy, jak i nadanie ostatecznego redakcyjnego kształtu tekstowi tej książki stanowiły dla mnie wielką przyjemność i satysfakcję, lecz zarazem wymagały nie mniej trudu i przezwyciężania wątpliwości.

Dwukrotne wydanie tej książki w języku angielskim w krótkim czasie jest wyrazem akceptacji przez czytelników. Wysoką ocenę zarówno rodziców, jak i lekarzy wyrażają wypowiedzi, w których uznają tę książkę za biblię medyczną dla kobiet ciężarnych i rodzących.

W tłumaczeniu staraliśmy się utrzymać możliwie jednolity styl, wierność treści oryginału oraz, co jest najtrudniejsze, zgodność z duchem języka.

Objawy ciąży, jej przebieg oraz powikłania są opisane bardzo jasno i zrozumiale, w sposób bardzo ogólny, bez prób wyjaśniania ich w sposób naukowy, co dla nie przygotowanego czytelnika byłoby trudne lub niezrozumiałe. Przy czym te uogólnienia, jakkolwiek czasem naiwne, są tak trafnie skonstruowane, że nie pozostają w sprzeczności ze współczesną wiedzą. Z pewnością jest to najbardziej istotna wartość tego typu opracowań, a zarazem niewątpliwy wykładnik talentu autorek. Drobne nieścisłości z zakresu wiedzy medycznej nie wpływają w sposób istotny na praktyczną wartość dzieła. Znaczne uproszczenia niektórych zjawisk biologicznych czynią je bardziej zrozumiałymi, szczególnie dla czytelników, którzy z tymi problemami stykają się po raz pierwszy.

Autorki utrzymują bardzo swobodny i bezpośredni sposób zwracania się do czytelników, pisząc np.: ty i twoje dziecko, co możesz odczuwać, co możesz robić, odpręż się itp. Osobiście, kierując dużą jednostką kliniczną, byłem i jestem przeciwny zwracaniu się w drugiej osobie do chorych lub rodzących, zarówno przez położne, jak i lekarzy, jeśli nie wynika to z pokrewieństwa lub bliskiej zażyłości. Moje stanowisko wypływa z głębokiego przekonania, że w bezpośrednim obcowaniu z chorymi lub rodzącymi obowiązuje nas w równym stopniu życzliwość i szacunek. Forma zwracania się do objętych naszą opieką osób, wypowiadane zalecenia lub polecenia nie mogą nasuwać podejrzenia o okazywaniu wyższości, sytuacyjnej zależności lub lekceważenia.

Głównym adresatem (odbiorcą) książki są rodzice oczekujący potomstwa i uczestniczący w jego narodzinach, lecz zapewniam o jej użyteczności również dla fachowych pracowników służby zdrowia w dziedzinie medycyny perinatalnej.

Układ treści książki to naturalna chronologia wydarzeń biologicznych. Rozpoczyna się rozdziałem zatytułowanym *Czy jesteś w ciąży?*, po którym następują rozdziały obejmujące kolejne miesiące ciąży, poród, okres poporodowy, karmienie naturalne, problematykę planowania rodziny.

Książka powstała na innym kontynencie, w odmiennych od naszych warunkach – zatem czy może być użyteczna w praktycznym aspekcie dla polskich czytelników? Osobiście nie wyrażałem tych obaw nawet przed szczegółowym zapoznaniem się z treścią książki, wizytując bowiem kilkakrotnie oddziały położnicze w różnych miastach USA i Kanady, najbardziej istotne różnice spostrzegałem w standardzie wyposażenia oraz organizacji ochrony zdrowia. Nauki przyrodnicze w swej istocie, zwłaszcza medycyna, są ponadkontynentalne, a ich zdobycze stają się udziałem całej ludzkości. Technicyzacja medycyny wcale nie musi i nie powinna oznaczać odrzucenia i pomniejszenia wartości humanitarnych, a szczególnie etycznych. Na drugiej półkuli lekarz domowy, rodzinny lub położnik, o którym ciężarne mówią „mój", nawiązuje bliższe więzi natury psychicznej, buduje zaufanie i tworzy warunki partnerskie z objętymi jego opieką matkami. Tego nie można określić niedoskonałością książki, lecz niedostatkami naszej ochrony zdrowia. Wyrażam przekonanie, że również w naszym kraju, w reformowanej organizacji ochrony zdrowia, lekarz rodzinny stanie się podstawową instytucją, a perinatolog z pewnością przestanie być anonimowy i przywróci społeczną rangę i zaufanie do osób kultywujących tę specjalność i ten piękny zawód.

Książka adresowana jest głównie do przyszłych matek, lecz ojcowie również znajdą interesujące informacje, zarówno dotyczące biologicznych i psychologicznych aspektów rozrodu, jak i praktycznych rozwiązań współuczestnictwa w przeżywaniu ciąży i porodu oraz organizacji życia domowego. Problematyka uczestnictwa oj-

ców w porodzie jest ujęta niesłychanie rzeczowo i obiektywnie, mimo prezentowania stanowiska promocyjnego, co ilustruje poniżej obszerny cytat.

„Fakt, iż we współczesnym położnictwie modne jest, aby ojcowie uczestniczyli w porodzie, nie znaczy, że jest to obowiązkowe. Badania wykazały, że ojcowie, którzy nie uczestniczą w porodach, nie mają istotnie słabszego kontaktu ze swoim potomstwem, w porównaniu z tymi, którzy w porodzie uczestniczą. Podobnie też ojcowie, którzy nie wiążą się ze swoimi dziećmi natychmiast po narodzinach, nie wydają się automatycznie mniej kochającymi rodzicami. Istotne jest, że robisz to, co jest dobre dla ciebie i dla żony. Jeśli uważasz, że nie czułbyś się dobrze przy porodzie, to z jakiego powodu miałbyś wszystkim zainteresowanym sprawić więcej szkody niż pożytku poprzez swoją obecność tam. Zignoruj tych, którzy starają się nakłonić cię do podjęcia decyzji, która byłaby dla ciebie zła. Pamiętaj, że większość pokoleń ojców nie widziała narodzin swoich dzieci i wcale nie odczuwa z tego powodu zażenowania. Jednakże nie należy mówić, że obecność przy narodzinach twojego dziecka nie jest wartym tym zachodu doświadczeniem czy też czymś, obok czego mógłbyś przejść bez szczególnego zastanowienia".

Autorki omawiają również cięcie cesarskie jako sytuację kliniczną, w której większość zakładów położniczych odmawia uczestnictwa ojców na sali operacyjnej. Obawy ojców, że w tej sytuacji nie wytwarza się naturalna więź z nowo narodzonym dzieckiem, zostały podważone następującą argumentacją autorek: „Do lat sześćdziesiątych niewielu ojców było świadkami narodzin swoich dzieci i kiedy pojawiło się pojęcie «powstanie więzi», wywodzące się z lat siedemdziesiątych, nikt nie zdawał sobie nawet sprawy, że istnieje możliwość powstania więzi z potomkiem. Jednak taki brak oświecenia nie powstrzymał pokoleń od rozwoju miłości w relacji ojciec–syn i ojciec–córka. I odwrotnie, każdy ojciec, który uczestniczy w narodzinach swego dziecka i może trzymać jego lub ją zaraz po porodzie, nie ma automatycznie zagwarantowanej na całe życie bliskości ze swym potomkiem.

Przebywanie ze swoją żoną podczas porodu to ideał, a gdy jest się pozbawionym takiej możliwości, jest to powód do rozczarowania – szczególnie jeśli spędziliście miesiące, przygotowując się wspólnie do porodu. Jednakże nie ma powodu, aby spodziewać się powstania słabszych więzi z twoim dzieckiem. Tym, co cię naprawdę wiąże z twoim dzieckiem, są codzienne, pełne miłości kontakty – zmienianie pieluch, kąpiele, karmienie, przytulanie i kołysanie. Twoje dziecko nigdy nie będzie wiedziało, że nie dzieliłeś z nim chwili narodzin, ale będzie wiedziało, jeśli zabraknie cię w chwilach, w których będzie ciebie potrzebowało".

Olbrzymi zasób użytecznych dla rodziców informacji jest istotnym, lecz nie jedynym walorem książki. Wiedza położnicza jest prezentowana tak, jak odbierają ją matki i ojcowie, w sposób naturalny i powszechnie zrozumiały, nawet przy omawianiu trudnych problemów. Jednocześnie w tym przekazie wiedzy wyczuwa się ciepło kobiece, wyraz głębokich uczuć rodzicielskich osadzonych w realiach życia, wśród pieluszek i kąpieli dziecka, smoczków i karmienia piersią, wśród radości i uśmiechów, jak również zmęczenia i nie przespanych nocy. Kobiety potrafią wzbudzać i pielęgnować najwyższe uniesienia i uczucia, a zarazem nadawać im bardzo realne kształty w życiu rodzinnym.

Autorki, oprócz ogromnej wiedzy praktycznej i potencjału intelektualnego, wykazują głęboki humanizm, który wyraża się tolerancją odmiennych poglądów, a nawet przedstawieniem również dodatnich cech w przeciwstawnych kierunkach działania lub metodach. I tak np., promując naturalne karmienie noworodka piersią, nie potępiają tych matek, które zdecydowały podjąć karmienie sztuczne; a nawet wskazują, w jaki sposób część ułomności tej metody można wyeliminować lub zminimalizować. Prezentując właściwy kierunek działania, nie uznają go za jedyny możliwy do akceptacji. Starają się ułatwić racjonalny wybór, zarazem przedstawiając różne opcje.

Żywe zainteresowanie kobiet wzbudzają współczesne trendy w położnictwie, a szczególnie psychologiczne aspekty porodu, monitorowanie elektroniczne płodu itp. Ograniczenie ramami przedmowy pozwala mi jedynie na bardzo syntetyczne przedstawienie wybranych tematów stanowiących przedmiot częstych pytań i dyskusji, jak np. czy poród w warunkach domowych jest bezpieczny, czy monitorowanie jest użyteczne itp.

Odpowiedzi, których udzielam na niektóre pytania, są wynikiem mojej wiedzy, praktycznych doświadczeń, przeżyć zawodowych i refleksji.

W działalności położniczej zasadniczym celem jest zapewnienie bezpieczeństwa matce i dziecku w okresie okołoporodowym. Warunek ten spełnia dobrze zorganizowany szpital, mimo że nie zawsze zapewnia pożądany komfort psychiczny. Poród domowy, jako alternatywa porodu odbywanego w warunkach szpitalnych, nie znajduje racjonalnego uzasadnienia. Posłużę się przykładem Szwecji, w tym kraju bowiem osiągnięto najlepsze wyniki w zakresie obniżania umieralności okołoporodowej.

Szwedzkie Towarzystwo Medyczne w 1979 roku podjęło temat: „Poród w domu czy poród w szpitalu?" Ekspertyza medyczna Szwedzkiego Towarzystwa Medycznego została sformułowana następująco: „Medyczne ryzyko prowadzenia porodu w warunkach domowych jest tak duże, że pozostaje w sprzeczności z podstawami naukowymi i klinicznym doświadczeniem". Ankietowe badanie opinii kobiet ciężarnych wykazało, że tylko 0,6% kobiet ciężarnych planowało poród w domu; w rezultacie bardzo mała liczba kobiet decydowała się w ostateczności na poród w domu.

Zachowując podstawowy warunek: bezpieczeństwo matki i dziecka, należy w miarę możliwości rozwijać i doskonalić niektóre elementy porodu prowadzonego w szpitalu – zgodnie z życzeniami rodziców; szczególnie dotyczy to:

1. opieki psychologicznej;
2. indywidualnego łagodzenia bólu;
3. indywidualnego czasu pielęgnacji;
4. pożądanych kontaktów matka–dziecko;
5. indywidualnej pielęgnacji dziecka.

Problematyka porodu domowego znalazła oddźwięk w świecie lekarskim w Europie oraz w innych częściach świata. Zarząd Amerykańskiego Towarzystwa Położników i Ginekologów wyraził opinię w tej kwestii w 1975 r. i w 1976 r. złożył znamienne oświadczenie, z którego urywek cytuję: „...poród, jakkolwiek jest procesem fizjologicznym, przedstawia potencjalne niebezpieczeństwo dla matki w czasie jego trwania oraz po zakończeniu. Ryzyko to wymaga zapewnienia podstawowych warunków bezpieczeństwa, którego nie można osiągnąć w sytuacji domowej". Z powyższych względów alternatywą nie jest poród w domu, lecz modyfikacja warunków w szpitalach, w których odbywają się porody.

Amerykańskie Towarzystwo Położników i Ginekologów, Towarzystwo Pediatryczne i Związek Pielęgniarek wydały dokument: *Rozwój rodzinnych ośrodków opieki nad matką i dzieckiem w szpitalach*. Zawarte są w nim szczegółowe zalecenia dotyczące warunków, które należy stworzyć, organizując szpitalne oddziały porodowe, a mianowicie:

1. Sale porodowe umożliwiające pobyt męża lub innych osób wspierających podczas porodu prawidłowego.
2. Wystrój wnętrz przypominający warunki domowe.
3. Sprzęt medyczny niezbędny w naglących potrzebach matki i dziecka, umieszczony w ściennych szafach lub za parawanem, lecz stale dostępny.
4. Łatwy dostęp do sprzętu radiowo-telewizyjnego.

5. Nowoczesne łóżko porodowe z możliwością:
   a) obniżania i podwyższania poziomu ułożenia rodzącej,
   b) zmiany pozycji rodzącej na półsiedzącą,
   c) transportu do innych pomieszczeń.

6. Łóżeczko noworodkowe ogrzewane, ułatwiające stosowanie resuscytacji noworodka.

7. Wyposażenie oddziału przystosowane do porodu prawidłowego i bezpośredniej pielęgnacji noworodka.

8. Pokój, w którym odbywa się karmienie i pielęgnacja noworodka bezpośrednio po porodzie – o stałej temperaturze.

Organizacja sali porodowej rzadko odpowiada wymienionym uprzednio warunkom, a wyposażenie służące monitorowaniu płodu, takie jak: czujniki, kable czy aparatura rejestrująca, a także zjawiska akustyczne i świetlne związane z monitorowaniem, zmieniają środowisko szpitalne, już i tak bardzo odmienne od domowego. Obecność urządzeń do intensywnego nadzoru może mieć negatywny wpływ na psychikę ciężarnej, co utrudnia opiekę perinatalną. Dużo zależy więc od postawy lekarzy i położnych.

Postęp technologiczny i rutynowe monitorowanie nie muszą oznaczać jednoczesnej dehumanizacji współczesnych szpitali. Potencjalna możliwość wywołania niepokoju lub nawet strachu u pacjentki istnieje, lecz doświadczony lekarz może uspokoić ciężarną i wytłumaczyć celowość stosowania różnych urządzeń. Rozpatrując reakcje związane z bioelektrycznym monitorowaniem płodu, można stwierdzić, że występuje również wiele dodatnich cech. Monitor, gdy jego zasadnicza funkcja jest znana pacjentce, może ją podnieść na duchu. Ciężarne, którym właściwie przedstawiono cel monitorowania, oceniają funkcję monitora jako przedłużenie działania lekarza i czują się bezpieczniej, przypisując czasem tej aparaturze wręcz magiczną siłę. Wiele kobiet uważa, że monitor pozwala na łatwiejsze nawiązanie werbalnego kontaktu z lekarzem, dostarcza pretekstu do rzeczowej konwersacji i ułatwia początek dyskusji.

Dla kobiet rodzących, których uprzednie porody zakończyły się niepowodzeniem, śledzenie czynności serca płodu na podstawie sygnałów akustycznych lub świetlnych jest źródłem uspokojenia. Monitor dostarcza informacji o życiu wewnątrzmacicznym płodu. Często nawet krótkotrwałe wyłączenie aparatury stanowi źródło niepokoju i obaw. W krajach, w których podczas porodu rodzącej asystuje mąż, monitor ułatwia partnerom udział w przeżywaniu porodu. Kobiety zaznaczały, że ich partnerzy przeżywali poród razem z nimi, śledząc monitorowanie płodu i zawiadamiając je, że nadchodzi skurcz lub że osiągnął on swój szczyt. Rodzące mile przyjmowały zwiększone zaangażowanie swoich partnerów i ich udział w tym przeżyciu.

Kobiety, które były przygotowane do porodu w szkole rodzenia, często podkreślały użyteczność informacji z monitora o nadchodzeniu skurczów – mogły na nie oczekiwać i przygotować się do ich wystąpienia. Szczególnie pomocna była informacja, że szczyt skurczu minął. Kobiety te uważały, że mogły lepiej tolerować ból.

Jako negatywny skutek monitorowania ciężarne najczęściej wymieniają dyskomfort związany z ograniczeniem zmiany pozycji i ułożenia, uciskiem wywieranym przez czujniki itp. Wraz z doskonalszymi rozwiązaniami technicznymi te niekorzystne skutki monitorowania są eliminowane, a nowoczesne aparaty telemetryczne umożliwiają kobietom chodzenie, nawet poza obrębem oddziału porodowego.

Należy podkreślić, że przed podjęciem monitorowania trzeba rodzącej udzielić informacji o celu i wynikach nadzoru, aby przyjęła je jako działanie zwiększające poczucie bezpieczeństwa oraz wzmacniające psychiczną i fizyczną więź z dzieckiem.

Niezwykle istotny jest poporodowy kontakt matki i noworodka. W okresie, gdy przeważająca liczba porodów odbywała się w domu, a skierowanie do kliniki następowało tylko w przypadku poważnych powikłań, czasem konieczne było z przyczyn psychologicznych, jak i medycznych oddzielenie matki od dziecka. Obecnie ponad 98% ciężarnych rodzi na oddziałach położniczych, przeważają porody fizjologiczne, a tylko w szczególnych sytuacjach uzasadniona jest konieczność oddzielenia matki od dziecka.

System *rooming-in* nie jest pomysłem zupełnie nowym, został jedynie przypomniany przez Edith Jackson w 1948 r., ze wskazaniem na korzystny wpływ kontaktu matki z dzieckiem oraz wiele innych zalet medycznych. System ten upowszechnił się w licznych krajach w połowie lat siedemdziesiątych.

Noworodek ludzki, ze względu na swą nieporadność, od pierwszych chwil życia zdany jest na ścisły kontakt ze swą matką. Prowadzi to do obopólnego oddziaływania i uzależnienia dwóch, chociaż nierównych, to jednak autonomicznych, aktywnych partnerów. W tej symbiozie: matka–dziecko bardzo ważny jest możliwie wczesny i długi kontakt ich obojga. W istocie kontakt ten nie rozpoczyna się w okresie porodu, lecz już w ciąży. W trakcie porodu nie powinno się dopuścić do zbyt szybkiego przerwania bezpośredniego połączenia matki z dzieckiem; przy przejściu od życia wewnątrzmacicznego do pozamacicznego należy zachować ciągłość tego kontaktu. Ochrona matki i troska o dziecko wkraczają w inną fazę, przy czym odpępnienie, w najprawdziwszym sensie tego słowa, oznacza pierwszy rozstrzygający krok do samodzielności dla nowo narodzonego.

Oprócz kontaktu „matka–dziecko" istotną rolę odgrywa również więź „ojciec–dziecko". Ojciec jest od początku uprawnionym partnerem w opiece nad noworodkiem. Dlatego musi odnaleźć się w swej roli w układzie „matka–dziecko–ojciec", przy czym im szybciej się to stanie, tym lepiej. Matka, korzystając z pobytu w szpitalu, odciążona od prac domowych, powinna poświęcić cały czas noworodkowi.

Najlepsze warunki *rooming-in* stwarzają pokoje z jednym, dwoma, a najwyżej trzema łóżkami, w których możliwe jest postawienie ruchomego łóżeczka dziecięcego obok łóżka matki. Niezbędny jest też stół do przewijania noworodków i własna strefa sanitarna z toaletą i natryskiem. Warunki idealne można stworzyć jedynie w nowo budowanych oddziałach. W większości starych zmuszeni jesteśmy do improwizowania – wyłaniają się przy tym organizacyjne problemy przestrzenne oraz personalne. Powstały różne odmiany tego systemu (np. lokuje się noworodki bezpośrednio obok pokoju położnic w oddzielnym pomieszczeniu itp.).

*Rooming-in* nie powinien dla kobiety oznaczać żadnego przymusu, powinna ona sama określić czas, w którym chce mieć dziecko przy sobie. Są matki (około 20%), które chcą mieć swoje dziecko przy sobie dzień i noc, oraz takie, które wolą, by ich dziecko nocą przebywało w pokoju dziecięcym (70%).

Nie rozstrzygnięty jest problem odwiedzania matki i noworodka przez rodzinę. Ważne jest przestrzeganie zasad higieny i wyłączenie z odwiedzin osób chorych.

Chore osoby odwiedzające mogą bowiem przenieść choroby, które są szczególnie niebezpieczne dla wszystkich noworodków przebywających na oddziale. Z punktu widzenia psychologa sensowne jest umożliwienie kontaktu między rodzeństwem a noworodkiem, sprzyjające eliminacji źródeł świadomej i nieświadomej agresji oraz zazdrości.

Postęp w życiu współczesnym, a w medycynie w szczególności, objawia się w różnych formach i tworzy dużą liczbę nowych, często zaskakujących problemów, również dla kobiet ciężarnych i rodzących. Treść tej książki być może ułatwi zrozumienie części z nich lub stworzy właściwą płaszczyznę dla prowadzenia dyskusji z lekarzem i położną.

Życzę czytelnikom, aby narodziny były źródłem nieustannej radości i wspaniałych uczuć rodzicielskich.

Jeśli ta edycja ułatwi zrozumienie i rozwiązanie wyłaniających się w tym okresie również trudnych problemów, będzie to najpiękniejszą nagrodą dla tych, którzy przyczynili się do wydania tej książki.

*Prof. zw. dr hab. n. med. Zbigniew Słomko*
*dyrektor Instytutu*
*Ginekologii i Położnictwa*
*Akademii Medycznej w Poznaniu*

# PRZEDMOWA
# DO PIĄTEGO WYDANIA POLSKIEGO

Kolejne, piąte już polskie wydanie książki *W oczekiwaniu na dziecko* w tak krótkim czasie stanowi ogromną satysfakcję zarówno dla wydawnictwa, jak i dla wszystkich, którzy przyczynili się do jej wydania w przeszłości i dziś. Źródłem satysfakcji jest zainteresowanie, jakie książka wzbudziła wśród czytelników, oraz pozytywna rola, jaką spełnia w szeroko rozumianej oświacie medycznej. Tajemnice powodzenia na rynku księgarskim książka zawdzięcza temu, że wspaniale przenikają się w niej treści biologiczne i humanistyczne, zawiera mnóstwo użytecznych informacji naukowych, a jednocześnie podkreśla piękno i ciepło macierzyństwa. W otaczającym nas świecie dokonują się nieustanne przemiany, zmienia się stosunek do porodu programowanego bądź naturalnego, lecz pozostają wartości trwałe, a należą do nich miłość matki, mądrość i opiekuńczość położnej, głęboka wiedza i rzetelność lekarza.

Ostatnio coraz częściej porusza się problem cięcia cesarskiego jako alternatywy porodu naturalnego. Jako redaktor naukowy tej książki czuję się w obowiązku włączyć się do tej dyskusji. Miejmy nadzieję, że poniższe uwagi okażą się istotne dla czytelniczek, a szczególnie tych, których ten problem osobiście dotyczy. Wzrost bezpieczeństwa operacji położniczych spowodował jednoczesny wzrost odsetka cięć cesar-

skich. Od wielu lat mówi się o wzroście odsetka cięć cesarskich. Liczne czynniki medyczne, prawne, psychologiczne, społeczne i finansowe mają w tym swój udział. Próby ograniczenia stosowania tej metody zawodzą, szczególnie jeśli chodzi o kolejny poród po przebytym cięciu cesarskim. Przez wiele lat uznawano wręcz zwyczajowo zasadę: raz cięcie cesarskie, zawsze cięcie cesarskie. Zasada ta spotyka się z krytyką i wymaga zweryfikowania, w ciągu kilkudziesięciu ostatnich lat dokonały się bowiem olbrzymie zmiany w położnictwie. Po pierwsze, gdy w minionych dziesięcioleciach prawie 100% cięć cesarskich wykonywano w obrębie trzonu macicy, obecnie niemal zawsze wykonuje się je w dolnym odcinku, dlatego zagrożenie pęknięcia starej blizny zmalało. Po drugie, liczba cięć cesarskich niepomiernie wzrosła i są szpitale, w których ponad 35% porodów kończy się porodem operacyjnym u młodych kobiet, które nie rezygnują z rozrodczości. Po trzecie znaczna część wskazań, z których powodu wykonuje się cięcie cesarskie, nie zawsze powtarza się w następnej ciąży, jak np. zaburzenia czynności skurczowej macicy, objawy zagrożenia płodu, przedłużony poród, łożysko przodujące, wypadnięcie pępowiny itp. Za podjęciem próby porodu drogami naturalnymi po uprzednim cięciu cesarskim przemawiają następujące czynniki:

– zmniejszenie zachorowalności pooperacyjnej i poporodowej, powikłań anestezjologicznych, zakażeń ran i dyskomfortu pooperacyjnego,

– szybszy powrót do zdrowia i wcześniejsze uczestniczenie w pielęgnacji noworodka,

– krótszy pobyt w szpitalu i mniejsze koszty,

– korzystniejsze uwarunkowania dla psychologicznych aspektów rodzicielstwa, jak ściślejszy związek uczuciowy, zaangażowanie itp.,

– wzrost częstości karmienia naturalnego związany z lepszym samopoczuciem,

– po porodzie występuje podniosły stan psychiczny, którego nie przeżywają kobiety po operacji w związku z dolegliwościami pooperacyjnymi.

Prowadzenie porodu po uprzednio wykonanej operacji na macicy wymaga ciągłego intensywnego nadzoru. Wstępną decyzję o prowadzeniu porodu drogami naturalnymi należy traktować wyłącznie jako próbę, a zmiana decyzji winna nastąpić, gdy z różnych przyczyn uznamy próbę za nieudaną. W podejmowaniu decyzji o próbie porodu drogami naturalnymi po uprzednim cięciu cesarskim najistotniejszym czynnikiem są wskazania do poprzedniego cięcia cesarskiego. Powtarzające się wskazania stanowią niekorzystny czynnik. Można natomiast wymienić następujące pozytywne czynniki, które skłaniają do prowadzenia następnego porodu drogami naturalnymi:

– wskazania do poprzedniego cięcia cesarskiego nie powtarzają się,

– cięcie cesarskie zostało wykonane w dolnym odcinku macicy,

– podczas badania palpacyjnego nie stwierdza się zniekształceń i bolesności w obrębie dolnego odcinka macicy,

– korzystna długość, położenie i elastyczność szyjki macicy,

– prawidłowe położenie płodu i mechanizm porodowy,

– masa płodu nie przekracza 3,5 kg,

– prawidłowe rozwieranie się ujścia,

– adekwatny postęp porodu,

– brak zagrożenia płodu.

Próbę porodu drogami naturalnymi, po rozpatrzeniu wszelkich istotnych dla rokowania czynników, można podjąć wtedy, gdy zapewni się wszechstronny intensywny nadzór nad rodzącą i płodem oraz pełną gotowość operacyjną. Z licznych opracowań statystycznych wynika, że prawidłowo prowadzony i normalnie przebiegający poród samoistny po cięciu cesarskim jest bezpieczniejszy dla matki aniżeli powtórne cięcie cesarskie. Zatem próba porodu drogami naturalnymi po przebytym cięciu cesarskim, przy akceptacji rodzącej, jest postępowaniem etycznym. Cięcie cesarskie winno być wykonane wówczas, gdy matce i płodowi zagraża niebezpieczeństwo. Gdy wybór metody jest trudny, radzę rodzącym, aby starały się uczestniczyć w podejmowaniu decyzji i zapewniły sobie opiekę doświadczonego położnika, którego będą darzyły zaufaniem.

*Prof. zw. dr hab. n. med. Zbigniew Słomko*
*dyrektor Instytutu*
*Ginekologii i Położnictwa*
*Akademii Medycznej w Poznaniu*

# PRZEDMOWA
# DO SZÓSTEGO WYDANIA POLSKIEGO

To już dwadzieścia lat upłynęło od pierwszego amerykańskiego wydania książki i dziesięć lat od pierwszego polskiego. Ten okres w odniesieniu do zmian, jakie dokonały się w naszym kraju, nazywanych transformacją gospodarczo-społeczną, w sposób ewidentny uczynił treść książki bardziej aktualną.

W pierwszym wydaniu książki często powtarzało się zalecenie nawiązywania kontaktu telefonicznego z lekarzem rodzinnym. W polskich warunkach, to jest przy braku lekarzy rodzinnych oraz posiadanie telefonu przez jedną z dziesięciu rodzin, było właściwie niemożliwe. Współcześnie upowszechnienie w Polsce telekomunikacji bezprzewodowej oraz pełna dostępność lekarzy rodzinnych stwarzają warunki realizacji zaleceń.

Ostatnie dziesięciolecie to ogromny postęp w skali światowej w zakresie ochrony zdrowia, dostępu do usług i informacji na temat zdrowia prokreacyjnego. Wielkim wydarzeniem była Międzynarodowa Konferencja na Rzecz Ludności i Rozwoju, która odbyła się w 1994 roku w Kairze. Program działań podpisany przez 179 państw łączy inicjatywy dotyczące ludności, edukacji, zdrowia, w tym zdrowia i praw prokreacyjnych środowiska i eliminacji ubóstwa.

Jednym z osiągnięć konferencji kairskiej było wprowadzenie nowej koncepcji zdrowia prokreacyjnego. Termin ten, przyjęty również przez Rządową Radę Ludnościową oznacza: „Stan dobrego samopoczucia w aspekcie fizycznym, psychicznym i społecznym we wszystkich sprawach związanych z układem rozrodczym oraz jego funkcjami i procesami, a nie wyłącznie brak choroby lub niedomagań. Zdrowie prokreacyjne oznacza zatem, że ludzie mogą prowadzić satysfakcjonujące i bezpieczne życie seksualne, są zdolni do prokreacji i mogą swobodnie decydować, czy, kiedy i ile chcą mieć dzieci. Z tego ostatniego warunku wynika prawo mężczyzn i kobiet do odpowiedniej informacji oraz możliwości korzystania z bezpiecznych, skutecznych, przystępnych finansowo oraz akceptowanych metod planowania rodziny i do dokonywania wyboru spośród nich, jak również spośród innych nie kolidujących z prawem metod regulowania płodności, a także prawo dostępu do odpowiednich usług służby zdrowia, zapewniających kobietom bezpieczną ciążę i poród, a potem najlepszą szansę posiadania zdrowego potomstwa. Zgodnie z powyższą definicją zdrowia prokreacyjnego opieka, której jest ono przedmiotem, to zespół metod, technik i usług służących zapewnieniu zdrowia i dobrego samopoczucia poprzez zapobieganie problemom w tej dziedzinie i ich rozwiązywanie. Opieka ta dotyczy również zdrowia seksualnego, w celu promowania życia i związków międzyludzkich, a nie jedynie poradnictwa i opieki w zakresie prokreacji i chorób przenoszonych drogą płciową".

Z przedstawionej definicji zdrowia prokreacyjnego oraz eksponowanych praw kobiet na konferencji kairskiej wynika, że szeroko rozumiana opieka nad zdrowiem prokreacyjnym jako podstawowa część składowa zdrowia publicznego winna zawierać:

– wysokiej jakości usługi w zakresie planowania rodziny, w tym poradnictwo, edukację oraz dostęp do właściwie przekazywanej informacji;

– opiekę nad kobietą w ciąży, bezpieczny poród i opiekę po porodzie;

– opiekę prenatalną nad płodem, opiekę nad noworodkiem, opiekę nad matką karmiącą piersią;

– zapobieganie i leczenie niepłodności;

– zapobieganie niepożądanej ciąży w sytuacjach dopuszczalnych przez stan prawny określonego kraju;

– profilaktykę i leczenie infekcji narządów płciowych, chorób przenoszonych drogą płciową, w tym HIV/AIDS, i innych dolegliwości układu rozrodczego;

– informacje i poradnictwo dotyczące seksualności człowieka, odpowiedzialnego rodzicielstwa oraz zdrowia prokreacyjnego i seksualnego;

– usługi z zakresu zdrowia psychicznego, także dla kobiet, które doświadczyły przemocy seksualnej;

– profilaktykę, diagnozowanie i leczenie osteoporozy;

– profilaktykę i leczenie nowotworów narządów płciowych oraz raka sutka.

Ogromny sukces i popularność tej książki w Stanach Zjednoczonych wyraża się wciąż nowymi wydaniami, a liczba wydanych egzemplarzy przekroczyła 10 milionów.

Znakomity profesor uniwersytetu stanowego w Nowym Jorku prof. dr Richard Aubry, konsultant medyczny, stwierdził, że dzieło jest znakomite i zaleca je nie tylko rodzicom i położnym, lecz również lekarzom rodzinnym i młodym rezydentom. Źródła sukcesu są liczne i złożone. Książka zaspokaja zapotrzebowanie rodziców oczekujących potomstwa nie tylko na informacje praktyczne, naukowe obejmujące żywienie, tryb życia, badania itd., lecz również obejmuje aspekty psychologiczne oraz potrzeby emocjonalne.

Byłem redaktorem lub współredaktorem 24 monografii oraz podręczników, jednak największą satysfakcję niematerialną sprawiła mi praca nad niniejszym, już szóstym wydaniem książki. Ogromna satysfakcja wypływa z przekonania, że książka dobrze służy szczęśliwemu, jak i trudnemu macierzyństwu, a również z faktu, że moje bardzo aktywne, pięćdziesięcioletnie bezpośrednie uczestnictwo w niesieniu pomocy ciężarnym i rodzącym nie mogło objąć tak licznej rzeszy matek jak liczba czytelniczek tej książki. Satysfakcja moja nie maleje mimo świadomości, że jestem tylko pośrednikiem lub po prostu asystuję w nadaniu właściwej formy i upowszechnianiu książki znakomitych Autorek. Ten fenomen ogromnego zainteresowania książką i jej poczytność muszą również sprawiać radość i zadowolenie Domowi Wydawniczemu REBIS, który dokonał trafnego wyboru i powierzył mi kierowanie tłumaczeniem i opracowaniem merytorycznym. Sentyment, jaki żywię do książki, wypływa również z faktu, że jestem wielbicielem dzieł malarskich i talentu Wielkopolanki Pani Danuty Muszyńskiej-Zamorskiej, której monotematyczna twórczość poświęcona macierzyństwu oraz dzieciom świata odnosi sukcesy. Oprawę książki zdobi obraz wymienionej malarki *Macierzyństwo*, który jest moją własnością i który z wielką przyjemnością nieodpłatnie udostępniłem wydawnictwu.

Z nowym kolejnym polskim wydaniem książki wiążę wielką nadzieję na dalsze upowszechnianie literatury będącej nośnikiem oświaty zdrowotnej.

Promocja zachowań prozdrowotnych łączy się z zagadnieniami planowania rodziny oraz zagrożeń dla potomstwa wynikających z chorób kobiety, która planuje ciążę. Optymalny stan zdrowia matki przed ciążą determinuje stan zdrowia płodu i noworodka oraz ma zasadniczy wpływ na rozwój dziecka. Wczesne wykrycie działania szkodliwych czynników lub ich następstw w okresie perinatalnym określa się jako skrining lub badania przesiewowe. Skrining jako metoda działania znalazł zastosowanie w różnych dyscyplinach medycznych, jak np.: w onkologii, pediatrii, genetyce lub nefrologii. Przygotowanie do ciąży powinno obejmować wykonanie podstawowych badań laboratoryjnych oraz przeprowadzenie niezbędnych szczepień przeciwko różyczce i wirusowemu zapaleniu wątroby. Jest to między innymi przedmiotem treści książki.

Niestety płodność kobiet w Polsce od 1984 roku cechuje trend spadkowy, w Wielkopolsce już w 1980 roku krzywa liczby urodzeń i liczby zgonów uległy skrzyżowaniu i od tego czasu liczba urodzeń maleje w sposób ciągły. Ogólny współczynnik płodności, wyrażający średnią liczbę urodzeń żywych na 1000 kobiet w wieku rozrodczym w 2000 roku wynosił 36,9 i był najniższy w całym okresie powojennym. W miastach notuje się znacznie niższy poziom płodności kobiet (31,6) niż na wsi (46,6). Od 1989 roku w Polsce utrwala się proces reprodukcji ludności poniżej prostej zastępowalności pokoleń. Od połowy lat osiemdziesiątych w Polsce występuje malejący trend urodzeń, których liczba w ciągu ostatnich 17 lat zmniejszała się prawie dwukrotnie. Zarówno obserwacje kliniczne, jak i szczegółowe badania wskazują na związek pomiędzy specyficznymi matczynymi czynnikami ryzyka a zachorowalnością płodów i noworodków.

Zdaniem Kierownika Kliniki Położnictwa i Ginekologii Instytutu Matki i Dziecka w Warszawie dr. hab. med. Tomasza Niemca od 1992 roku obserwujemy w Polsce powolne, ale systematyczne wydłużanie się życia ludzkiego. W Polsce przeciętna długość życia noworodka płci męskiej w 1998 roku wynosiła 68,9 (tj. o prawie 8 lat krócej niż w Szwecji), a dziewczynki 77,3 (o prawie 5 lat krócej niż w przypadku mieszkanki Francji). W stosunku do 1990 roku trwanie życia mężczyzn wzrosło o ponad 2 lata, a w przypadku kobiet o ponad 1,5 roku. W Polsce przeciętne dalsze trwanie życia kobiety jest nadal o 3-4 lat krótsze, a mężczyzny nawet o 5-6 lat krótsze w porównaniu z mieszkańcami najbardziej zamożnych krajów Unii Europejskiej.

Zgony kobiet z powodu nowotworów złośliwych w Polsce zajmują drugie miejsce po chorobach układu krążenia. Najczęstszą przyczyną zgonu kobiet z powodu nowotworów złośliwych są kolejno: rak piersi, płuc i oskrzeli, żołądka, jelita grubego, odbytu, szyjki macicy i jajników.

Profilaktyka pierwotna i badania przesiewowe (profilaktyka wtórna) są kluczowymi elementami poprawy stanu zdrowia kobiet. Różne organizacje medyczne, skupiające lekarzy medycyny rodzinnej, na podstawie dostępnej literatury i uzgodnień ekspertów, opracowały wytyczne na temat działań profilaktycznych u kobiet w różnych okresach ich życia. Jednakże realizacja tych programów pozostawia wiele do życzenia. Prowadzenie jakichkolwiek działań profilaktycznych, ukierunkowanych na poprawę zdrowia kobiet, jest w znacznym stopniu ograniczone z powodu zbyt małych funduszy przeznaczanych na ten cel zarówno przez ubezpieczenie społeczne, jak i przez Ministerstwo Zdrowia. Według danych GUS z 2000 roku wydatki na programy polityki zdrowotnej państwa wynosiły ogółem 11,6% z 4 300 019 000 zł przeznaczonych na ochronę zdrowia, w tym wydatki na programy profilaktyki ukierunkowanej na zdrowie kobiet nie przekroczyły 2%. Zachorowaniom u kobiet można skutecznie zapobiegać, a promocja zdrowia powinna przynieść lepsze efekty niż jedynie medycyna naprawcza. Za najistotniejsze zadanie stojące obecnie przed organizatorami opieki medycznej nad kobietami należy uznać:

– zapobieganie zachorowalności i umieralności matek;

– zapobieganie chorobom przenoszonych drogą płciową i ich wczesne wykrywanie;

– promocja zdrowia dziewcząt;

– zapobieganie i wczesne wykrywanie nowotworów narządów płciowych u kobiet;

– poprawa jakości życia w okresie pomenopauzalnym;

– opracowanie i wdrożenie efektywnego systemu zbierania i analizy danych epidemiologicznych;

– podejmowanie rzetelnych badań naukowych nad określeniem głównych czynników ryzyka zdrowotnego u kobiet w Polsce.

Podstawę skutecznego zapobiegania chorobom u kobiet stanowi praktyczna znajomość zachowań prozdrowotnych. Może i powinna ją promować oświata sanitarna. Wierzymy głęboko, że ta książka również się do tego przyczyni.

*Prof. zw. dr hab. n. med. Zbigniew Słomko*

# Część 1

# NA POCZĄTKU

# 1
# Czy jesteś w ciąży?

Może okres przesunął ci się o jeden dzień. A może spóźnia się już o trzy tygodnie? Może jedynym objawem jest brak miesiączki, a może już masz wszystkie możliwe objawy pierwszego trymestru? Być może od sześciu lub więcej miesięcy robiłaś wszystko, co tylko się dało, by zajść w ciążę, a może ta jedna noc dwa tygodnie temu była pierwszym zbliżeniem bez zastosowania środków antykoncepcyjnych? Albo może wcale się nie starałaś? Niezależnie od okoliczności, które sprawiły, że sięgnęłaś po tę książkę, z pewnością zastanawiasz się: czy jestem w ciąży?

## Przypomnienie o witaminach

Jeśli starasz się doprowadzić do poczęcia lub przypuszczasz, że możesz być w ciąży, nie zapomnij o przyjmowaniu tabletki z ciążowym suplementem witamin, zawierającej kwas foliowy, żelazo i wapń (patrz s. 93).

## CO MOŻE CIĘ NIEPOKOIĆ

### TESTY CIĄŻOWE

*Mój lekarz powiedział, że badanie i test ciążowy wykazały, że nie jestem w ciąży, ale ja naprawdę czuję, że jestem.*

Nawet doskonała współczesna nauka medyczna, gdy dochodzi do stwierdzenia ciąży, musi czasami przegrać z intuicją kobiety. Dokładność różnych testów ciążowych nie jest identyczna, a wiele nie stwierdza ciąży tak wcześnie, jak niektóre kobiety zaczynają „czuć", że są brzemienne – czasem nawet parę dni po zapłodnieniu.

**Domowy test ciążowy.** Podobnie jak badanie moczu przeprowadzone w laboratorium, domowy test ciążowy stwierdza ciążę, wykrywając obecność hormonu hCG (ludzka gonadotropina kosmówkowa) w moczu. Test ten wskazuje, czy jesteś w ciąży, w ciągu zaledwie kilku minut, przy wykorzystaniu próbki moczu pobranej w dowolnej porze dnia – wcześniej niż na czternaście dni po poczęciu (a niekiedy już pierwszego dnia po terminie spodziewanej miesiączki). Wyniki będą jednak dokładniejsze, jeśli odczekasz przynajmniej kilka dni po terminie – a jeszcze lepiej tydzień lub dwa. Jeżeli badanie wykonane zostało prawidłowo, domowy test ciążowy jest obecnie tak samo dokładny jak badanie moczu przeprowadzone w gabinecie lekarskim lub w laboratorium, z o wiele wyższym prawdopodobieństwem uzyskania wyniku pozytywnego niż negatywnego. Domowe testy mają zaletę prywatności i dają możliwość uzyskania niemal natychmiastowego wyniku. Dokład-

ne rozpoznanie w bardzo wczesnym okresie ciąży – zapewne wcześniej, niż pojawia się w ogóle myśl o konsultacji z lekarzem lub położną – umożliwia zapoczątkowanie optymalnej opieki nad organizmem przyszłej matki w parę dni po zapłodnieniu. Jednakże testy te mogą być względnie drogie, a ponieważ najprawdopodobniej nie za-

## Możliwe oznaki ciąży

Mogą występować u ciebie wszystkie oznaki i objawy ciąży, podczas gdy ty nie będziesz w ciąży, lub możesz zauważyć tylko kilka z nich, a zdecydowanie w niej będziesz. Różne oznaki i objawy ciąży są jedynie wskazówkami – trzeba na nie zważać, lecz nie należy na ich podstawie budować swego przekonania.

| OZNAKA | KIEDY SIĘ POJAWIA | INNE MOŻLIWE PRZYCZYNY |
|---|---|---|
| Amenorrhea (brak miesiączki)* | Zwykle okres całej ciąży | Podróż, zmęczenie, stres, strach przed ciążą, problemy hormonalne lub choroba, ekstremalna tusza lub schudnięcie, zaprzestanie zażywania pigułek, karmienie piersią |
| Poranne nudności (o każdej porze dnia również)** | 2-8 tygodni po zapłodnieniu | Zatrucie pokarmowe, infekcja i wiele innych schorzeń |
| Częste oddawanie moczu | Zwykle 6-8 tygodni po zapłodnieniu | Zakażenie dróg moczowych, środki moczopędne, stres, cukrzyca |
| Obrzmienie piersi, mrowienie w piersiach, nadwrażliwość | Już parę dni po zapłodnieniu | Pigułki antykoncepcyjne, nadchodząca miesiączka |
| Zaciemnienie aureoli (obszar wokół sutka), uniesienie niewielkich gruczołów wokół sutka | Pierwszy trymestr | Brak równowagi hormonalnej lub efekt wcześniejszej ciąży |
| Niebieskie i różowe linie na piersiach, a później na brzuchu | Pierwszy trymestr | Brak równowagi hormonalnej lub efekt wcześniejszej ciąży |
| Wzmożony apetyt | Pierwszy trymestr | Nieodpowiednia dieta, stres lub nadchodząca miesiączka |
| Zaciemnienie linii od pępka do wzgórka łonowego (*linea negra*) | 4 lub 5 miesiąc | Brak równowagi hormonalnej lub efekt wcześniejszej ciąży |

* U niektórych kobiet występuje okresowe plamienie lub krwawienie podczas pierwszych miesięcy ciąży; inne natomiast nieznacznie krwawią, w czasie gdy embrion zagnieżdża się w macicy.
** Ponad połowa kobiet doświadcza porannych nudności.

## Prawdopodobne oznaki ciąży

| OZNAKA | KIEDY SIĘ POJAWIA | INNE MOŻLIWE PRZYCZYNY |
|---|---|---|
| Zmiany zabarwienia błony śluzowej pochwy* | Pierwszy trymestr | Nadchodząca miesiączka |
| Rozpulchnienie szyjki macicy* | Około 6 tygodni | Opóźniona miesiączka |
| Powiększona macica* i brzuch | 8-12 tydzień po zapłodnieniu | Mięśniaki, guz |
| Wyczuwalne pulsowanie tętnicy macicznej | Wczesna ciąża | Mięśniaki, guz |
| Uczucie łopotania w dolnej części brzucha (ruchy płodu) | Pierwszy raz zauważane w 16-22 tygodniu ciąży | Gazy, skurcze jelit |

* Oznaki ciąży widoczne w czasie badania lekarskiego.

## Pozytywne oznaki ciąży

| OZNAKA | KIEDY SIĘ POJAWIA | INNE MOŻLIWE PRZYCZYNY |
|---|---|---|
| Wizualizacja embrionu lub pęcherzyka poprzez USG* | 4-6 tygodni po zapłodnieniu | Nie ma |
| Czynność serca płodu | w 10-20 tygodniu** | Nie ma |

* Oznaki ciąży widoczne podczas badania lekarskiego.
** W zależności od zastosowanego urządzenia; Doppler wskazuje je już w 10-12 tygodniu.

ufasz pierwszemu wynikowi, skłonna będziesz przeprowadzić ponowny test, co wpłynie niewątpliwie na wysokość ponoszonych kosztów. (Niektóre firmy załączają drugi test w opakowaniu.)

Główną wadą domowych testów ciążowych jest to, że mogą one dać wynik negatywny, mimo że faktycznie jesteś w ciąży. Może cię to skłonić do odłożenia na później wizyty u lekarza, a także przywiązywania mniejszej wagi do dbałości o swoje zdrowie. Nawet w przypadku uzyskania wyniku pozytywnego możesz również nie mieć ochoty na wizytę u lekarza, uważając, że na tym etapie jedynym jej logicznym celem może być

tylko stwierdzenie ciąży. A więc jeśli będziesz stosować taki test, pamiętaj, że nie zastępuje on konsultacji i badania lekarskiego wykonywanego przez specjalistę. Badania medyczne następujące po teście są konieczne. Jeżeli wynik testu jest pozytywny, należy to potwierdzić przez badanie lekarskie i przeprowadzić wszystkie badania prenatalne. Jeżeli wynik jest negatywny, a minął tydzień i nadal nie pojawiła się miesiączka, przeprowadź test ponownie. Jeśli drugie badanie dało negatywny wynik, powinnaś wraz z lekarzem znaleźć przyczynę. I choć temat został wyczerpany, lepiej „zachowuj się tak, jakbyś była w ciąży" (czyli unikaj al-

## Prawidłowe wykonanie testu

Domowe testy ciążowe są teraz łatwiejsze i pewniejsze niż kiedykolwiek wcześniej. Przedstawione poniżej porady mogą się wydać zbyt oczywiste, ale w chwili podekscytowania (jestem w ciąży czy nie jestem?) pamiętaj, by:

- Przeczytać dokładnie i uważnie wskazówki dotyczące testu domowego przed jego użyciem (nawet jeśli już kiedyś stosowałaś taki test). Potem przeczytaj je jeszcze raz, tak dla pewności.

- Mieć pod ręką czytelny zegarek lub budzik w celu precyzyjnego spełnienia wymogów czasowych testu.

- Upewnić się, że w chwili rozpoczęcia testu pojemniki, szpatułki i inne elementy testu są czyste i nieskażone. Nie używać ponownie tych wszystkich elementów.

- Jeżeli wymagany jest pewien okres oczekiwania, umieścić probówkę z dala od źródeł ciepła, aby nie uległa zniszczeniu.

- Jeżeli zestaw, który kupiłaś, zawiera drugi test lub jeśli kupiłaś drugi zestaw, poczekać parę dni przed przeprowadzeniem powtórnego testu.

koholu, papierosów i tak dalej), aż do uzyskania stuprocentowej pewności, że nie jesteś.

**Laboratoryjny test moczu.** Podobnie jak test domowy, test ten wykrywa hormon hCG w moczu z dokładnością bliską 100% – i to już w okresie 7-10 dni po zapłodnieniu. W odróżnieniu od testu domowego wykonywany jest przez specjalistę, który przynajmniej teoretycznie może wykonać go prawidłowo. Test przeprowadzony w gabinecie lekarskim (zwykle daje wynik po kilku minutach) nie będzie wymagał stosowania pierwszego rannego moczu. Testy moczu są zwykle mniej kosztowne niż testy krwi, nie dostarczają jednak tak dużo informacji.

**Laboratoryjny test krwi.** Przy zastosowaniu krwi test ciążowy może wykryć ciążę właściwie ze 100% dokładnością już w tydzień po zapłodnieniu (jeśli wykluczymy błąd laboratoryjny). Może również pomóc w ustaleniu wieku ciąży poprzez pomiar dokładnej zawartości hCG we krwi, która zmienia się wraz z rozwojem ciąży. Większość lekarzy zaleca przeprowadzenie zarówno testu moczu, jak i krwi, by być podwójnie pewnym rozpoznania.

**Badanie lekarskie.** Bez względu na to, jaki test zastosujesz, szanse uzyskania prawidło-

wego rozpoznania znacznie wzrosną, jeżeli po teście zostanie przeprowadzone badanie lekarskie. Fizyczne oznaki ciąży – powiększenie i rozpulchnienie oraz zmiana konsystencji szyjki macicy mogą być dostrzeżone przez lekarza lub położną już w czwartym czy szóstym tygodniu ciąży. Podobnie jak to bywa z testami, prawdopodobieństwo prawidłowego lekarskiego rozpoznania: „w ciąży" jest większe niż „nie w ciąży", chociaż takie błędne, negatywne wyniki są bardzo rzadkie przy przeprowadzeniu pełnego badania lekarskiego.

Jeżeli występują u ciebie objawy wczesnej ciąży (brak jednej lub dwu miesiączek, obrzmienie i bolesność piersi, poranne nudności, częste oddawanie moczu, zmęczenie) i wahasz się – wykonać test czy nie, poddać się badaniu czy nie, zachowuj się tak, jakbyś była w ciąży, wypełniając wszystkie zalecenia prenatalne aż do czasu, gdy będziesz całkowicie pewna, że jest inaczej. Ani testy, ani lekarze nie są nieomylni. Ty znasz swoje ciało – przynajmniej zewnętrznie – lepiej niż twój lekarz. Po upływie tygodnia poproś o przeprowadzenie ponownego testu (najlepiej krwi) i badania lekarskiego, być może teraz jest zbyt wcześnie na prawidłowe rozpoznanie. Wiele urodzonych w terminie dzieci przyszło na świat w 7,5 lub 8 miesięcy po tym, jak test lub badanie lekarskie wykluczyły ciążę.

## Plan przebiegu ciąży

Podczas gdy większość kobiet oblicza czas ciąży w miesiącach, twój lekarz bądź położna będą czynić swoje obliczenia w tygodniach. I tu sprawy mogą się nieznacznie skomplikować. Przeciętna ciąża trwa 40 tygodni, lecz ponieważ liczenie ich zaczyna się od pierwszego dnia twojej ostatniej miesiączki – a do owulacji i poczęcia dochodzi dwa tygodnie później (jeżeli regularnie miesiączkujesz) – faktycznie zaczynasz być w ciąży w trzecim tygodniu ciąży. Innymi słowy, policzono ci dwa tygodnie, zanim jeszcze plemnik spotkał się z komórką jajową. Choć może ci się to wydawać skomplikowane, w miarę jak rozwija się ciąża i ty doświadczasz jej przełomowych momentów (bicie serca dziecka wyczuwane przez aparat Dopplera około 10 tygodnia; górna część macicy osiąga wysokość pępka około 20 tygodnia), zaczynasz pojmować, jaki sens ma kalendarz tygodniowy. Chociaż ta książka podzielona jest na rozdziały omawiające miesiące ciąży, podane są przy nich odpowiadające im tygodnie. Pamiętaj: pierwszy trymestr trwa (w przybliżeniu) od 1 do 13 tygodnia – miesiące od 1 do 3; drugi trymestr trwa (w przybliżeniu) od 14 do 27 tygodnia – miesiące od 4 do 6; natomiast trzeci trymestr trwa (w przybliżeniu) od 28 do 40 tygodnia – miesiące od 7 do 9.

Jeżeli wyniki testów będą w dalszym ciągu negatywne, a nie pojawi się miesiączka, powinnaś jak najszybciej skontaktować się ze swoim lekarzem w celu sprawdzenia, czy nie występuje u ciebie ciąża ektopowa, to znaczy taka, która rozwija się poza macicą (patrz s. 124 – ostrzegawcze oznaki dla tego rodzaju ciąży).

Oczywiście możesz odczuwać wszystkie oznaki i objawy wczesnej ciąży i nie być w ciąży w ogóle. Wszak żaden z nich nie jest, czy to oddzielnie, czy w połączeniu, stuprocentowym pozytywnym dowodem ciąży. Po drugim teście i badaniu lekarskim wykazującym, że nie jesteś w ciąży, musisz wziąć pod uwagę i taką możliwość, że twoja „ciąża" może mieć uwarunkowania psychiczne – prawdopodobnie dlatego, że bardzo pragniesz mieć (lub nie) dziecko.

## PIERWSZA WIZYTA U LEKARZA

***Domowy test ciążowy, który właśnie przeprowadziłam, dał wynik pozytywny. Kiedy powinnam się umówić na pierwszą wizytę lekarską?***

Dobra opieka prenatalna jest jednym z najważniejszych czynników wpływających na zdrowie dziecka. Nie zwlekaj więc – kiedy tylko nabierzesz podejrzenia, że możesz być w ciąży, lub przeprowadzony w domu test ciążowy da wynik pozytywny, zadzwoń do lekarza, by umówić się na wizytę. To, jak szybko będziesz mogła się na nią zjawić, zależeć może od liczby przyjmowanych pacjentów oraz rodzaju ubezpieczenia. Niektórzy lekarze będą mogli spotkać się z tobą natychmiast, natomiast ci bardziej zapracowani każą ci czekać kilka tygodni lub nawet dłużej. W jeszcze innych gabinetach panuje zwyczaj, by odczekać z pierwszą wizytą, aż kobieta będzie w szóstym tygodniu ciąży. Ale nawet jeśli rozpoczęcie oficjalnej opieki prenatalnej zostało nieco odłożone w czasie, nie oznacza to, iż nie masz zacząć dbać o siebie i o dziecko. Niezależnie od tego, na kiedy wyznaczono ci termin wizyty lekarskiej, po tym jak domowy test ciążowy pokazał różową linię lub znaczek plus, zacznij zażywać preparat witaminowy dla kobiet w ciąży (jeżeli jeszcze tego nie zrobiłaś) i zachowywać się tak jak w ciąży (nie pij alkoholu, nie pal papierosów, dobrze się odżywiaj i tak dalej). Jeśli obawiasz się, że możesz należeć do grupy zwiększonego ryzyka (z powodu wcześniejszych poronień lub ciąż ektopowych), albo też wcześniejsze spotkanie z lekarzem, niż jest to u niego w zwyczaju w przypadku ciężarnych pacjentek, poprawi ci samopo-

## Jeżeli nie jesteś jeszcze w ciąży

Jeśli tym razem test ciążowy dał wynik negatywny, ale bardzo chciałabyś wkrótce zajść w ciążę, zacznij postępować według wskazań rozdziału 21 mówiących o przygotowaniu do poczęcia. Zastosowanie się do tych wskazań da pewność, że podjęłaś wszystkie możliwe i najlepsze działania, aby doprowadzić do poczęcia.

czucie, sprawdź, czy nie można by nieco nagiąć zwyczajów i umówić cię na wcześniejszy termin. (Więcej informacji o tym, czego należy się spodziewać po pierwszej wizycie prenatalnej, znajdziesz na stronie 107).

## WŁAŚCIWY TERMIN

*Próbuję zaplanować mój urlop na okres porodu. Skąd mam wiedzieć, czy właściwy termin rozwiązania jest rzeczywiście prawidłowy?*

Życie byłoby o wiele prostsze, gdybyś mogła być pewna, że właściwy termin będzie faktycznym dniem, w którym urodzisz. Lecz życie nie bywa tak proste zbyt często. Według większości opracowań tylko 1 na 20 dzieci rodzi się w wyznaczonym terminie. Ponieważ normalna pełna ciąża może trwać od 38 do 42 tygodni, rodzi w granicach dwóch tygodni od terminu właściwego.

Dlatego też medycznym określeniem „właściwego terminu" jest PTP, czyli przewidywany termin porodu. Data, którą podaje ci twój lekarz, jest określona tylko w przybliżeniu. Zwykle oblicza się ją w ten sposób: Odejmij trzy miesiące od pierwszego dnia twojej ostatniej normalnej miesiączki, następnie dodaj siedem dni – i otrzymasz termin porodu. Na przykład, powiedzmy, że twoja ostatnia miesiączka zaczęła się 11 kwietnia. Jeśli odliczysz trzy miesiące, otrzymasz styczeń, następnie dodaj siedem dni. Termin twojego porodu wypadnie 18 stycznia. Błąd powyższej metody wynosi 3 do 5 dni, ponieważ liczba dni w poszczególnych miesiącach jest różna.

Ten system obliczania terminu porodu zdaje egzamin w przypadku regularnie miesiączkujących kobiet. Lecz jeśli twój cykl miesiączkowy jest nieregularny, ten system określania daty porodu może się okazać w ogóle nieprzydatny. Powiedzmy, że normalnie masz okres co sześć do siedmiu tygodni, a przez trzy miesiące nie miałaś wcale. Test wykazuje ciążę. Kiedy zostało poczęte dziecko? Jako że przewidywany termin porodu jest dość ważny, będziesz musiała wraz ze swoim lekarzem spróbować go określić. Nawet jeśli nie potrafisz dokładnie podać momentu poczęcia albo nie jesteś pewna, kiedy wystąpiła u ciebie ostatnia owulacja, są pewne wskazówki, które mogą pomóc.

Pierwsza wskazówka – wielkość macicy – pojawi się podczas wstępnego badania lekarskiego. Powinna ona potwierdzić twój przypuszczalny stan. Dalej pojawią się inne oznaki, które w połączeniu mogą dokładniej wskazać, jak zaawansowana jest twoja ciąża: pierwszy raz słyszalna jest czynność serca płodu (od około 10 do 12 tygodnia przy zastosowaniu aparatu Dopplera lub około 18 do 22 tygodnia za pomocą stetoskopu lekarskiego); pierwszy raz wyczuwa się ruchy płodu (od około 20 do 22 tygodnia przy pierwszym dziecku lub od 16 do 18 przy następnych); wysokość dna macicy przy każdym badaniu (np. około 24 tygodnia osiągnie wysokość pępka). Jeżeli wszystkie te wskazówki zdają się odpowiadać terminowi, który wraz z lekarzem ustaliłaś, możesz być prawie pewna, że jest on bardzo bliski dokładnego, a co za tym idzie, jest wysoce prawdopodobne, że urodzisz w granicach dwóch tygodni od tej daty. Twój lekarz może także podjąć decyzję, by przeprowadzić badanie ultrasonograficzne przed 12 tygodniem, by dokładniej określić wiek ciążowy płodu (patrz s. 50). Niektórzy lekarze wykonują sonogramy rutynowo w celu jak najdokładniejszego określenia terminu porodu.

Gdy poród będzie się zbliżał, zaczną się pojawiać inne wskazówki mogące określić datę tego wielkiego wydarzenia: bezbolesne skurcze mogą występować coraz częściej (możliwe, że nieprzyjemne), płód zsunie się do miednicy, szyjka macicy może zacząć się zwężać i skracać (zgładzenie szyjki macicy), a na samym końcu szyjka zacznie się rozwierać. Wskazówki te będą pomocne, jednak nie definitywnie pewne – tylko twoje dziecko wie na pewno, kiedy będą jego lub jej urodziny. A ono milczy.

# CO WARTO WIEDZIEĆ
## Wybór (i współpraca) twojego lekarza

W szyscy wiemy, że potrzeba dwojga, aby począć dziecko, lecz potrzeba przynajmniej trójki – matki, ojca i chociaż jednego specjalisty w zakresie ochrony zdrowia – by przejście od zapłodnionego jaja do nowo narodzonego dziecka było bezpieczne i udane. Zakładając, że ty wraz ze swoim mężem zajęliście się już sprawą poczęcia, następnym wyzwaniem, które przed wami stanie, będzie wybór trzeciego członka tej drużyny, tak byście mogli z nim dobrze na co dzień współpracować. Oczywiście możesz i nawet powinnaś dokonać tego wyboru jeszcze przed poczęciem.

## SPOJRZENIE WSTECZ

W ybór głównego opiekuna w czasie ciąży nie był istotną sprawą dla przyszłych matek pół wieku temu. Były to czasy, gdy nie zadawano pytań dotyczących opieki położniczej, a wszelkie decyzje w tym zakresie pozostawiano lekarzowi. Sprawa wyboru położnika nie była tak ważna, zwłaszcza gdy weźmiemy pod uwagę fakt, że podczas porodu kobiety były najczęściej pod narkozą, a tym samym nie miało znaczenia bliższe porozumienie z lekarzem. Zamiast być w pełni uczestniczącym członkiem zespołu, przyszła matka była mniej więcej kimś w rodzaju widza posłusznie siedzącego na widowni, podczas gdy to jej położnik-reżyser obsadzał wszystkie role.

Dzisiaj jest prawie tak samo wiele możliwości przeprowadzenia porodu (do ciebie należy wybór) jak nazwisk lekarzy w książce telefonicznej. Cała sprawa polega na odpowiednim dopasowaniu pacjentki i jej lekarza.

## JAKĄ JESTEŚ PACJENTKĄ?

T woim pierwszym krokiem przed wybraniem odpowiadającego ci lekarza powinna być refleksja odnosząca się do ciebie samej i tego, jaką jesteś pacjentką.

Czy wierzysz, że „lekarz wie najlepiej" (to w końcu on lub ona jest tą osobą, która studiowała medycynę)? Czy wolałabyś, żeby twój lekarz podejmował wszystkie decyzje o leczeniu bez uprzedniego konsultowania ich z tobą (wszak to właśnie dlatego wybrałaś kogoś, kto zna się lepiej i ma więcej doświadczenia od ciebie)? Czy najbezpieczniej i najspokojniej czujesz się, wiedząc, że cały najnowocześniejszy sprzęt medyczny używany jest do opieki nad tobą – niezależnie od tego, czy jest to konieczne czy też nie? Czy w twoich wyobrażeniach osoba w białym kitlu badająca ci puls przypomina lekarza o ojcowskim charakterze, jakiego znasz z powtórek starych programów telewizyjnych? W takim razie najlepiej będziesz się czuła, mając lekarza tradycjonalistę, o osobowości ojca (nawet jeśli jest to kobieta) i nieprzejednanym przekonaniu do własnej filozofii leczenia.

A może sądzisz, że twoje ciało i twoje zdrowie są tylko twoją sprawą? Czy masz już określone wyobrażenia dotyczące ciąży i porodu i czy na podstawie tych przekonań chcesz mieć wszystko pod kontrolą, z jak najmniejszą ingerencją kogoś z zewnątrz? A więc zapomnij o tradycyjnym typie i zacznij szukać lekarza albo położnej, którzy chętnie pozwolą ci prowadzić przedstawienie na tyle, na ile to tylko możliwe. Poszukaj kogoś, kto pozwoli ci podejmować wiele decyzji osobiście, ale jednocześnie będzie dogmatyczny w najbardziej istotnych kwestiach i sobie pozostawi głos decydujący.

Być może twoje nastawienie należałoby umiejscowić gdzieś pośrodku. Może chciałabyś, by kontakty pomiędzy tobą a lekarzem były partnerskie, czyli takie, w których każda ze stron daje z siebie to, co umie i wie najlepiej. Wolałabyś mieć lekarza, który podejmuje decyzje na podstawie swego doświadczenia i wiedzy, zważając na twoje zdrowie. Jeśli tak jest, to odpowiednim lekarzem dla ciebie będzie zapewne ktoś, kto ani nie jest niewolnikiem medycznych reguł, ani marionetką w twoich rękach; ktoś, kto ani nie aplikuje leków rutynowo, ani z nich nie rezygnuje; kto preferuje poród naturalny, lecz nie zawaha się użyć żadnej metody, która będzie niezbędna dla bezpieczeństwa twojego i twojego dziecka.

## POŁOŻNIK? LEKARZ RODZINNY? POŁOŻNA?

Zawężenie twojego ideału lekarza do trzech głównych typów osobowości na pewno ułatwi ci dokonanie wyboru, jednakże jego metody pracy lub filozofia to nie

wszystko. Będziesz również musiała pomyśleć, jakiego rodzaju kwalifikacje medyczne najlepiej będą mogły spełnić twoje oczekiwania. Czy szukasz lekarza, który został przeszkolony w celu radzenia sobie z wszelkimi problemami, jakie mogą wystąpić podczas ciąży, porodu i okresu połogowego – od najprostszych zagadnień począwszy, a na najbardziej skomplikowanych przypadkach skończywszy? Zatem powinnaś znaleźć ginekologa-położnika. Lekarze ci nie tylko zapewniają pełną opiekę położniczą, lecz także dbają o nie związane z ciążą sprawy zdrowotne kobiet (wymazy, badania piersi itp.). Niektórzy oferują również kompleksową opiekę medyczną, toteż mogą grać rolę głównego lekarza.

Jeżeli twoja ciąża jest ciążą wysokiego ryzyka[1], będziesz najprawdopodobniej pozostawać pod opieką ginekologa-położnika. Możesz nawet wyszukać specjalistę pośród specjalistów: położnika zdolnego poradzić sobie z ciążą wysokiego ryzyka i mającego wykształcenie w zakresie medycyny matczyno-płodowej. Nawet jeżeli twoja ciąża przebiega raczej normalnie, możesz preferować opiekę ze strony położnika – czyni tak ponad 80% kobiet. Jeśli już masz położnika, którego lubisz, szanujesz i przy którym dobrze się czujesz, nie ma powodu, by go zmieniać teraz, gdy jesteś w ciąży. Jeśli jednak nie chodziłaś dotąd do żadnego lub ten, którego jesteś pacjentką, nie wydaje ci się odpowiedni na czas ciąży, teraz nastał czas, by rozejrzeć się za innym.

**Lekarz rodzinny.** Podobnie jak kilka lat temu lekarz ogólny, lekarz ten w dzisiejszych czasach zajmuje się opieką zdrowot-

---

[1] Tradycyjnie uważa się, że ciąża wysokiego ryzyka to taka ciąża, która występuje u kobiet już wcześniej mających problemy związane z okresem ciąży; mających już takie schorzenia, jak cukrzyca, nadciśnienie, choroba autoimmunizacyjna lub choroby serca; z występującymi problemami związanymi z czynnikiem Rh i innymi powikłaniami genetycznymi.

ną całej rodziny. W odróżnieniu od położnika, który odbył jedynie szkolenie specjalistyczne w zakresie płodności i zdrowia ogólnego, lekarz rodzinny po ukończeniu studiów uzyskał wykształcenie obejmujące opiekę podstawową, położnictwo i pediatrię. Jeżeli zdecydujesz się na lekarza rodzinnego (a w USA robi to 10 do 12 na 100 kobiet w ciąży), może on wykonywać pracę zarówno internisty, jak i ginekologa-położnika, a gdy nadejdzie czas – także pediatry. Lekarz rodzinny będzie mógł śledzić rozwój twojej rodziny, interesować się wszystkimi, nie tylko związanymi z ciążą, aspektami twego zdrowia. Ciąża będzie dla niego normalną częścią całego cyklu życiowego. W przypadku gdy wystąpią jakieś komplikacje, wyśle cię do położnika, lecz pozostanie zaangażowany w opiekę nad tobą.

**Położna dyplomowana.** Jeżeli szukasz opiekuna, który główny nacisk położy na traktowanie ciebie jako człowieka, a nie tylko jako pacjentki, jeżeli szukasz kogoś, kto poświęci swój dodatkowy czas, by porozmawiać z tobą o twoich odczuciach i problemach, kto będzie nastawiony na „naturalność" w kwestiach związanych z urodzeniem dziecka, możesz spróbować wybrać dyplomowaną położną (chociaż oczywiście wielu lekarzy również spełnia te warunki). Chociaż dyplomowana położna także jest specjalistą medycznym, to właśnie ona jest szczególnie predestynowana do tego, by traktować twoją ciążę jako coś ludzkiego, a nie wyłącznie medycznego. Dyplomowana położna to zarejestrowana pielęgniarka, która jest absolwentką studiów magisterskich z położnictwa oraz otrzymała dyplom Amerykańskiego Kolegium Położnych. Jest ona w pełni przeszkolona, by móc opiekować się kobietami w ciąży niskiego ryzyka oraz uczestniczyć w porodach przebiegających bez komplikacji. W niektórych przypadkach dyplomowana położna może zapewniać stałą rutynową opiekę ginekologiczną, a niekiedy również noworodkową.

Może pracować w szpitalu, klinice położniczej lub być obecna przy porodach przeprowadzanych w domach. Chociaż dyplomowana położna ma w większości stanów USA prawo do wypisywania recept, poród z jej towarzyszeniem raczej nie będzie się łączył ze stosowaniem środków medycznych czy rutynowych interwencji lekarskich. Badania wykazują, że w przypadku ciąży niskiego ryzyka poród prowadzony przez dyplomowaną położną jest tak samo bezpieczny jak poród prowadzony przez lekarza. Decydując się na dyplomowaną położną (co czyni około 9% oczekujących matek), sprawdź, czy wybrałaś taką, która ma dyplom i licencję (wszystkie pięćdziesiąt stanów USA wydaje obecnie licencje dla położnych). Większość z nich korzysta z pomocy lekarza na wypadek wystąpienia komplikacji; wiele pracuje z jednym lub grupą kilku lekarzy.

**Położna bezpośredniego kontaktu.** Są to położne, które przeszły szkolenie, nie będąc wcześniej pielęgniarkami, choć mogą posiadać wykształcenie w innych dziedzinach opieki zdrowotnej. To częściej one niż dyplomowane położne towarzyszą przy porodach domowych, chociaż niektóre z nich przyjmują porody w klinikach położniczych. Te, które zostały ocenione pozytywnie przez North American Registry of Midwives[1] (NARM), nazywane są dyplomowanymi zawodowymi położnymi (CPM); pozostałe nie mają dyplomów. Obecnie w części stanów USA wydaje się dla nich licencje i w niektórych z tych stanów usługi oferowane przez CPM są refundowane z ubezpieczenia. W innych stanach położne te nie mogą legalnie praktykować. Aby uzyskać więcej informacji na ten temat, zadzwoń do Midwives Alliance of North America (888) 923-6262 lub zajrzyj na stronę internetową www.mana.org.

---

[1] Północnoamerykański Rejestr Położnych (przyp. tłum.).

# RODZAJ PRAKTYKI

Już zdecydowałaś się na położnika, lekarza rodzinnego albo położną. Teraz musisz zdecydować, jaki rodzaj praktyki medycznej będzie ci najbardziej odpowiadał. Najpowszechniejsze rodzaje praktyk oraz ich potencjalne zalety i wady to:

**Indywidualna praktyka medyczna.** W tego rodzaju praktyce lekarz pracuje sam, korzystając z zastępstwa innego lekarza w przypadku swego wyjazdu lub innej sytuacji uniemożliwiającej mu wykonywanie pracy. Położnik lub lekarz rodzinny może prowadzić praktykę indywidualnie, położna niemal zawsze musi współpracować z lekarzem. Podstawową zaletą praktyki indywidualnej jest to, że za każdym razem w czasie wizyty mamy do czynienia z tym samym specjalistą. Dzięki temu można go lepiej poznać i – miejmy nadzieję – czuć się przy nim bezpiecznie, gdy nastąpi rozwiązanie. Główną wadą takiej praktyki jest to, iż może się zdarzyć, że w przypadku nieobecności twojego lekarza poród odbierać będzie zupełnie nie znany ci specjalista (można takiej sytuacji zapobiec, umawiając się po prostu wcześniej z ewentualnym zastępcą twojego lekarza prowadzącego). Pewne problemy mogą się pojawić również w połowie ciąży, gdy stwierdzisz, że nie jesteś specjalnie zachwycona wybranym lekarzem. Gdyby taka sytuacja nastąpiła i zdecydowałabyś się zmienić lekarza, będziesz musiała od nowa zacząć poszukiwania takiego, który by ci odpowiadał.

**Medyczna praktyka partnerska lub grupowa.** W tego rodzaju praktyce dwóch lub więcej lekarzy tej samej specjalności opiekuje się wspólnie pacjentkami zgodnie z rozpisanym wcześniej planem rotacyjnym. Tutaj też możesz znaleźć zarówno lekarzy położników, jak i lekarzy rodzinnych. Zaletą tego układu jest możliwość zapoznania się ze wszystkimi z nich, a kiedy pojawią się już bóle porodowe, przy tobie będzie wtedy znajoma twarz. Wadą jest to, że możesz po prostu darzyć sympatią nie wszystkich lekarzy z zespołu, a później nie będziesz miała wpływu na to, który z nich będzie asystował przy porodzie. Również, w zależności od tego, czy będzie to dla ciebie uspokajające czy raczej niepokojące, różne opinie słyszane od różnych lekarzy mogą być zaletą, ale też wadą.

**Praktyka kombinowana.** Jest to grupowa praktyka, obejmująca jednego lub więcej położników i jedną lub więcej położnych. Zalety i wady są podobne do tych, jakie można zaobserwować w każdej z praktyk grupowych. Dodatkową zaletą tej praktyki jest to, że łączy dodatkowy czas i uwagę poświęcaną pacjentce przez położną w trakcie jednej wizyty z fachowością i doświadczeniem lekarza przy okazji innej. W przypadku tego rodzaju praktyki pacjentka może wybrać na przykład opcję przeprowadzenia porodu przez położną z zastrzeżeniem, że gdy tylko wynikną jakieś komplikacje, natychmiast przy rodzącej pojawi się czuwający nad wszystkim lekarz.

**Praktyka oparta na ośrodkach położniczych lub porodowych.** Są to instytucje, w których dyplomowane położne zajmują się opieką medyczną nad przyszłą matką, a lekarze wzywani są w razie potrzeby. Niektóre z takich ośrodków umiejscowione są w szpitalach wyposażonych w specjalne sale porodowe, inne stanowią oddzielne zespoły budynków. Wszystkie ośrodki położnicze zapewniają opiekę tylko pacjentkom z niskim ryzykiem.

Zaleta tego rodzaju praktyki jest oczywiście wielka dla tych kobiet, które preferują jako swych głównych opiekunów medycznych dyplomowane położne. Główną wadą jest to, że gdy w czasie ciąży pojawiają się komplikacje, pacjentka może być zmuszona do poszukania sobie specjalisty i rozpoczęcia całej współpracy od nowa. Jeśli podczas porodu pojawią się komplikacje, najprawdopodobniej będzie go musiał odebrać wezwany lekarz, całkowicie tobie nie znany. I wreszcie, jeśli będziesz rodzić w niezależnym centrum opieki położniczej, a nastąpią komplikacje, może zaistnieć potrzeba przetransportowania cię do najbliższego szpitala w celu udzielenia nagłej pomocy.

**Niezależna praktyka dyplomowanej położnej.** W tych niewielu stanach w USA, w których wolno im praktykować niezależnie, dyplomowane położne mogą zaoferować kobietom z ciążą niskiego ryzyka zindywidualizowaną opiekę w czasie ciąży, a także naturalny poród bez nadmiaru techniki (czasami w domu, ale częściej w izbie porodowej lub szpitalu). Niezależna dyplomowana położna powinna współpracować z lekarzem w celu konsultacji i pomocy medycznej w czasie ciąży, porodu lub po nim. Lekarz powinien być dostępny na telefon. Koszt opieki zapewnionej przez dyplomowane położne zazwyczaj pokrywany jest przez ubezpieczenie, ale tylko niektóre rodzaje ubezpieczenia zwracają koszt przeprowadzanych przez położne domowych porodów czy porodów przeprowadzanych w placówkach innych niż szpital.

# MOŻLIWOŚCI WYBORU RODZAJU PORODU

Nigdy wcześniej kobiety nie miały tak wielkiej kontroli nad całym procesem rozrodczym. Przez tysiąclecia o losie ciężarnej kobiety decydowały kaprysy natury. Dopiero na początku XX wieku lekarz stał się tym, który miał decydować o tym, jak kobieta będzie rodzić. Teraz, aczkolwiek natura ciągle trzyma parę kart w zanadrzu, a lekarz wciąż ma wiele do powiedzenia, coraz więcej decyzji może być podejmowanych przez kobiety i ich małżonków. Obecnie kobieta może wybrać najodpowiedniejszy moment do poczęcia dziecka (dzięki lepszym metodom kontroli płodności oraz specjalnym zestawom umożliwiającym dokładne określenie czasu owulacji), a często też sposób, w jaki chce rodzić. Wielość możliwości odbycia porodu nawet w warunkach szpitalnych może przyprawić o zawrót głowy. Poza szpitalem wybór jest jeszcze większy.

Chociaż twoje preferencje dotyczące porodu nie powinny być jedynymi kryteriami określającymi wybór lekarza, to warto jednak brać je pod uwagę (ale pamiętaj, że wiążące decyzje podjąć można dopiero w trochę późniejszym okresie ciąży, a wiele z nich sfinalizować przy samym porodzie). Poniżej przedstawione propozycje to część opcji, jakie oczekujący narodzin dziecka rodzice mogą teraz wziąć pod uwagę lub o które pytać, zanim zdecydują się na danego lekarza czy szpital:

**Całościowa opieka nad rodziną.** To, co wiele osób uważa za ideał w szpitalnej opiece położniczej – czyli całościowa opieka nad rodziną – nie jest jeszcze realne w większości szpitali, chociaż daje się zauważyć wyraźne dążenie w tym właśnie kierunku. Amerykańskie Towarzystwo Profilaktyki Położniczej (ASPO) wyznaczyło kryteria tego idealnego rozwiązania, które określają oficjalną politykę szpitala w zakresie całościowej opieki położniczej nad rodziną oraz programy edukacyjne dotyczące rodzenia i odzwierciedlające tę politykę, to jest: przeprowadzanie porodu bez zbędnej ingerencji techniki i ze zwróceniem szczególnej uwagi na potrzeby psychospołeczne; atmosferę, w której ważne są wszystkie pytania, a także samopomoc i samokształcenie; atmosferę, w której zwraca się uwagę na różnice kulturowe i propaguje się karmienie piersią już w godzinę po narodzinach dziecka, jeżeli nie ma żadnych przeciwwskazań, oraz program zakładający, że każda matka posiada podstawowe umiejętności z zakresu opieki nad noworodkiem (łącznie z prawidłowym rozpoczęciem karmienia piersią, jeśli to możliwe) jeszcze przed rozwiązaniem. Zgodnie z kryteriami ASPO, pokoje pacjentek powinny być wyposażone w drzwi (dla zachowania prywatności), wygodne meble, osobną toaletę i urządzenia do kąpieli, jak również powinny być wystarczająco duże, by móc pomieścić rodzinę (w tym dzieci) i inne osoby towarzyszące, personel i sprzęt medyczny, rzeczy osobiste, łóżeczko dziecka oraz kanapę dla członków rodziny pozostających na noc. Niedaleko powinno znajdować się specjalne pomieszczenie dla osób towarzyszących, gdzie mogłyby znaleźć parę chwil wytchnienia w czasie akcji porodowej. Wiele szpitali i klinik porodowych (niezależnych lub położonych w pobliżu szpitala placówek, w których kobiety rodzą i odpoczywają po porodzie) zapewnia taki rodzaj całościowej opieki nad rodziną.

**Pokoje porodowe.** W niemal całym zeszłym stuleciu każda oczekująca dziecka kobieta przebywała najpierw na sali obserwacyjnej, rodziła na sali porodowej i odpoczywała na oddziale poporodowym. Natychmiast po urodzeniu odbierano jej dziecko i umieszczano za szybami oddziału noworodków. Dzisiaj możliwość korzystania w wielu szpitalach z pokojów porodowych sprawia, że możesz pozostać w tym samym łóżku od czasu wystąpienia pierwszych skurczów aż do fazy poporodowej. Czasami pobyt taki możliwy jest przez cały okres hospitalizacji, wówczas też noworodek może przebywać przy twoim boku przez cały ten czas. Niektóre pokoje porodowe wykorzystywane są do porodu i odpoczynku. W takim przypadku, po około godzinie niczym nie zakłóconego wspólnego przebywania wraz z całą swoją rodziną, matka po porodzie (i jej dziecko) przeniesiona zostaje na salę poporodową. Jednak coraz więcej szpitali posiada pokoje porodowo-poporodowe, umożliwiające matkom i ich dzieciom – często również ojcu, a nawet rodzeństwu – pozostanie w nich od momentu przyjęcia do wypisania ze szpitala.

Większość pokojów porodowych szczyci się „domowym" wyglądem, na który składają się delikatne oświetlenie, krzesła bujane, ładne tapety, uspokajające obrazy na ścianach, zasłony okienne oraz łóżka wyglądające tak, jakby raczej pochodziły z luksusowego salonu meblowego niż z katalogu wyposażenia szpitalnego. Chociaż pokoje te są w pełni wyposażone do przyjmowania porodów niskiego ryzyka, a nawet na nagłe wypadki, sprzęt medyczny jest zwykle umieszczony poza zasięgiem wzroku, schowany za drzwiami stylowych szaf czy sypialnianych szafeczek. Oparcie łóżka porodowego można podnieść i podeprzeć mamę w pozycji siedzącej lub półsiedzącej, natomiast podnóżek odłącza się, umożliwiając tym samym dojście lekarzowi. A po porodzie – zmiana pościeli, wciśnięcie paru przełączników – i oto na powrót jesteś w zwykłym łóżku porodowym. Wiele szpitali i klinik położniczych posiada również prysznice i/lub jacuzzi znajdujące się w pokojach porodowych albo w przyległych pomieszczeniach, służące do relaksującej hydroterapii podczas porodu. W niektórych klinikach położniczych i szpitalach znajdują się wanny do porodów wodnych (o porodach wodnych czytaj dalej).

Pokoje porodowe w części szpitali przeznaczone są głównie dla kobiet z niskim ryzykiem wystąpienia komplikacji porodowych; jeżeli nie spełniasz tego kryterium, możesz nie mieć innego wyboru, jak tylko rodzić w tradycyjny sposób na sali porodowej, wyposażonej w niezbędną aparaturę. Ponieważ coraz więcej kobiet ma dostęp do pokojów porodowych, być może będziesz miała szczęście i przeżyjesz spokojny i nastawiony na rodzinę poród przeprowadzony bez zbędnej interwencji w jednym z tradycyjnych szpitali.

**Krzesło porodowe.** Krzesło porodowe ma za zadanie podtrzymywać kobietę w pozycji siedzącej podczas porodu, pozwalając wykorzystać siłę ciążenia i teoretycznie przyspieszając poród. Niektóre kobiety uważają, że przysiad pomaga w parciu. Dodatkowy plus: matka ma możliwość zobaczyć większą część porodu.

**Porody Leboyera.** Gdy francuski położnik Fryderyk Leboyer po raz pierwszy ogłosił swoją teorię narodzin bez gwałtu, społeczność lekarska ją wyśmiała. Dzisiaj wiele z zaproponowanych przez niego rozwiązań, mających na celu ułatwienie dziecku przyjścia na świat i spowodowanie, by odbywało się ono spokojnie, stosuje się powszechnie. Wiele dzieci rodzi się w pokojach porodowych bez użycia ostrego światła (o którym kiedyś mówiono, że jest konieczne); jedna z teorii głosi, że łagodne oświetlenie pomaga stopniowo i mniej wstrząsowo przejść z ciemnej macicy do jasnego świata zewnętrznego. Podnoszenie noworodka i parę klapsów przestały już być rutynową czynnością, a w celu pobudzenia funkcji oddychania w przypadkach, gdy nie następuje to samoistnie, stosuje się mniej gwałtowne metody. W niektórych szpitalach nie odcina się od razu pępowiny. To jedyne fizyczne ogniwo łączące matkę i dziecko pozostaje nietknięte w czasie, gdy się po raz pierwszy poznają. I chociaż ciepła kąpiel, którą Leboyer zalecał w celu uspokojenia noworodka i ułatwienia mu przejścia ze środowiska wodnego do suchego, nie jest powszechna, to oddanie go natychmiast po porodzie w ramiona matce – jest.

Mimo rosnącego uznania dla wielu teorii Leboyera, całościowy poród Leboyera z cichą muzyką, przyciemnionym światłem i ciepłą kąpielą dla noworodka nie jest jeszcze powszechnie dostępny. Jeżeli jesteś zainteresowana czymś takim, zapytaj o te zagadnienia w czasie rozmów z lekarzami.

**Porody wodne.** Pomysł odbierania porodu pod wodą w celu upodobnienia środowiska do warunków panujących w macicy nie jest powszechnie akceptowany w kręgach medycznych, lecz spotyka się z akceptacją wśród położnych. Zwolennicy porodów wodnych twierdzą, iż woda ułatwia noworodkowi wyjście z ciepłego, wilgotnego łona w inne ciepłe, wilgotne środowisko, po stresach porodu dając komfort czegoś znanego. Natychmiast po porodzie dziecko wyciągane jest z wody, by znaleźć się w ramionach matki. A ponieważ proces oddychania zaczyna się dopiero wtedy, gdy niemowlę ma kontakt z powietrzem, ryzyko utonięcia jest niewielkie. Porody wodne mogą być przeprowadzane w domu, w klinikach położniczych oraz w niektórych szpitalach. Wielu małżonków towarzyszy żonie w wannie, podtrzymując od tyłu. Większość kobiet z ciążą niskiego ryzyka może wybrać poród wodny. Jeśli należysz jednak do grupy zwiększonego ryzyka, nie jest to najlepsza propozycja i należy wątpić, czy znajdziesz choćby położną, która zezwoliłaby ci na taki poród. Nawet gdyby nie przemawiał do ciebie pomysł porodu wodnego (albo nie miałabyś takiej możliwości), możesz się zastanowić nad porodem w jacuzzi albo w wannie. Większość kobiet uważa, że woda nie tylko relaksuje, ale wręcz ułatwia poród. W części szpitali oraz niemal wszystkich klinikach położniczych pokoje porodowe są wyposażone w wanny.

**Porody w domu.** Dla niektórych kobiet sam pomysł przebywania w szpitalu wtedy, gdy nie są chore, nie jest zbyt atrakcyjny. Jeśli należysz do nich, zastanów się nad porodem w domu. Noworodek przybywa na łono rodziny i przyjaciół w ciepłej, pełnej miłości atmosferze. Lecz istnieje jedna zła strona: ryzyko, że jeżeli coś nieoczekiwanie pójdzie źle, to urządzeń potrzebnych w nagłych wypadkach, takich jak choćby cięcie cesarskie lub resuscytacja noworodka, nie będzie pod ręką. Z tego powodu wiele kobiet uważa ośrodek położniczy lub szpitalny pokój porodowy za idealny kompromis łączący w sobie domową atmosferę i bezpieczeństwo gwarantowane przez wysoce zaawansowaną technikę. Jeśli zastanawiasz się nad porodem w domu, powinnaś spełniać poniższe wymagania:

- Należeć do kategorii niskiego ryzyka – nie mieć nadciśnienia, cukrzycy czy innych przewlekłych chorób ani wcześniejszych trudnych porodów.

- Musi ci towarzyszyć lekarz lub dyplomowana położna. Przy korzystaniu z pomocy dyplomowanej położnej należy mieć możliwość wezwania lekarza konsultanta, najlepiej tego, który prowadził ciążę i pracował z położną.

- Mieć zapewniony środek transportu i mieszkać w odległości nie większej niż 50 km dobrymi drogami, bez większego ruchu, a jeżeli tak nie jest – 15 km od szpitala.

Więcej informacji na temat porodów w domu znajdziesz na stronie internetowej www.home-birth.org

## TWÓJ WYBÓR

Gdy już się upewniłaś, kto będzie twoim lekarzem, zadzwoń i umów się na pierwszą wizytę. Idąc tam, przygotuj sobie pytania, które pozwolą ci stwierdzić, czy twojej filozofii i twojej osobowości odpowiadają poglądy drugiej strony. Nie spodziewaj się jednak, że spotkasz się z całkowitym zrozumieniem – nie zdarza się to nawet w najszczęśliwszych małżeństwach. Jeżeli ważne jest dla ciebie, by twój lekarz uważnie cię słuchał i dokładnie wyjaśniał wszystko, sprawdź, czy twój kandydat spełnia te warunki. Jeżeli interesujesz się emocjonalnymi aspektami ciąży, przekonaj się, czy lekarz poważnie bierze twoje obawy. Zapytaj, jakie są jego poglądy na najważniejsze dla ciebie tematy. Wśród nich mogą się znaleźć: poród bez leków a poród pod znieczuleniem, karmienie piersią, wywoływanie porodu, monitorowanie płodu, stosowanie lewatywy, kleszczy lub rutynowego cewni-

ka dożylnego, cesarskie cięcie czy cokolwiek innego, co cię niepokoi (więcej tematów do dyskusji znajdziesz w Planie porodu na s. 270). W ten sposób ustrzeżesz się przed nieprzyjemnymi niespodziankami, które mogą się pojawić w ostatniej chwili. Najważniejsze, co możesz zrobić podczas pierwszego spotkania, to umożliwienie lekarzowi poznania ciebie jako pacjentki. Po jego reakcji poznasz, czy będzie z tobą zgodnie współpracował i reagował na twoje problemy. Prawdopodobnie będziesz też chciała się dowiedzieć, w którym szpitalu zatrudniony jest twój lekarz. Czy szpital ten zapewnia to, co jest dla ciebie istotne, na przykład liczne pokoje porodowe lub porodowo-poporodowe, najnowszy sprzęt do monitorowania płodu lub zestaw do intensywnej opieki nad noworodkiem? Czy personel potrafi być elastyczny w sprawie procedur, które cię nurtują (powiedzmy, cewników dożylnych)? Czy rodzeństwo może przebywać w pokoju porodowym? Czy ojcowie mogą towarzyszyć przy porodzie przez cesarskie cięcie?

Zanim podejmiesz ostateczną decyzję, pomyśl, czy lekarz, którego wybrałaś, budzi w tobie zaufanie. Ciąża jest jedną z najważniejszych podróży, jaką masz zamiar podjąć – będziesz więc potrzebować kapitana, któremu można całkowicie zawierzyć.

## WSPÓŁPRACA PACJENTKA-LEKARZ

Wybór odpowiedniego lekarza jest dopiero pierwszym krokiem. Dla ogromnej większości kobiet – takich, które nie mają zamiaru przenosić całej odpowiedzialności na lekarza ani decydować o wszystkim osobiście, następnym krokiem jest wypracowanie udanej współpracy ze specjalistą. Oto, jak można to osiągnąć:

- Gdy między jedną a drugą wizytą lekarską pojawi się jakiś problem lub kwestia,

# Żebyś nie zapomniała

Ponieważ wkrótce czytaniu będzie towarzyszyć chęć i potrzeba zapisywania objawów, abyś mogła opowiedzieć o nich lekarzowi, odnotowywania masy ciała co tydzień, by móc porównywać zmiany, utrwalania wszystkiego, co wymaga zapamiętania, dodajemy na końcu książki strony przygotowane do sporządzania takich notatek.

która według ciebie jest warta przedyskutowania – zapisz ją w notesie, na ostatnich stronicach tej książki lub w książce *W oczekiwaniu na dziecko – terminarz* i weź ze sobą na następną wizytę. Warto mieć parę notatników w różnych wygodnych miejscach – przy lodówce, w torebce, na biurku w pracy, na nocnym stoliku – byś zawsze miała jeden z nich w zasięgu ręki. Warto też przejrzeć tę listę przed każdą wizytą u lekarza. Dzięki temu nie zapomnisz zadać wszystkich nurtujących cię pytań i opowiedzieć o wszystkich symptomach – w ten sposób unikniesz też marnowania czasu swojego i lekarza. Wraz z listą pytań zabierz również coś do pisania i notatnik lub terminarz ciążowy. Wielu ludzi zachowuje się bardzo nerwowo w trakcie kontaktów z lekarzem i ma później kłopoty z precyzyjnym zapamiętaniem jego wskazówek. Jeżeli lekarz nie da ci poszczególnych wskazówek, sama przed wyjściem zadaj wszystkie pytania, by po powrocie do domu niczego nie pomylić. Pytaj na przykład o takie sprawy, jak: uboczne efekty leczenia, kiedy przestać brać przepisane lekarstwo i kiedy informować o pojawiających się problemach. Jeśli to możliwe, przejrzyj szybko swoje zapiski wspólnie z lekarzem, abyś była pewna, że są one dokładne.

- Mimo że nie chcesz wzywać lekarza za każdym razem, gdy poczujesz ukłucie w brzuchu, nie powinnaś jednak się wahać, by zadzwonić do niego i umówić się na wizytę, gdy tylko pojawią się problemy, których nie potrafisz sobie wytłumaczyć za pomocą choćby takiej książ-

ki jak ta. Nie bój się, że twoje obawy mogą zabrzmieć głupio. Lekarze i położne wcześniej już wszystko to widzieli i słyszeli. Musisz być jednak bardzo dokładna w opisie wszystkich objawów. Jeżeli miewasz bóle, musisz precyzyjnie określić umiejscowienie, czas trwania oraz rodzaj bólu (ostry, tępy, skurczowy). Jeżeli to możliwe, powinnaś wyjaśnić, co sprawia ci ulgę lub nasila ból – np. zmiana pozycji. Jeżeli zauważyłaś wydzielinę z pochwy – opisz jej kolor (jasnoczerwony, ciemnoczerwony, brązowawy, różowawy, żółtawy), spróbuj określić, kiedy zauważyłaś ją po raz pierwszy oraz jak jest obfita. Powiedz również o objawach towarzyszących, takich jak: gorączka, nudności, wymioty, dreszcze, biegunka. (Patrz: *W jakich sytuacjach powiadamiać lekarza?* s. 130.) Stale uaktualniaj swoją wiedzę, lecz pamiętaj, że nie możesz wierzyć we wszystko, o czym przeczytasz.

- Gdy przeczytasz coś nowego na temat położnictwa, podczas następnej wizyty nie żądaj natychmiast zastosowania tej nowinki w stylu – „ja to muszę mieć". Zamiast tego spróbuj się dowiedzieć, co na ten temat sądzi twój lekarz, czy uważa to za coś wartościowego. Bardzo często środki masowego przekazu donoszą przedwcześnie o nowych sukcesach medycyny, zanim ich bezpieczeństwo i skuteczność zostaną sprawdzone w procesie wielu badań kontrolnych. Jeżeli naprawdę jest to już uznane osiągnięcie, twój lekarz zapewne o tym wie i może spróbować dowiedzieć się jeszcze więcej. Poprzez taką wymianę informacji możesz się czegoś nauczyć.

- Gdy usłyszysz coś, co nie odpowiada temu, co powiedział twój lekarz, poproś go o wyrażenie opinii na ten temat, ale nie w prowokujący sposób, tylko po prostu w celu uzyskania dodatkowej informacji.

- Jeżeli podejrzewasz, że lekarz może się w czymś mylić, np. uznając za dopuszczalne stosunki płciowe, mimo że w przeszłości miałaś niewydolność cieśniowo--szyjkową – powiedz mu o tym. Nie możesz zakładać, że nawet z twoją kartą choroby w ręce będzie on zawsze pamiętał każdy aspekt twojej historii medycznej i osobistej – jako partner w sprawach dotyczących twojego zdrowia, ty ponosisz też odpowiedzialność za to, by takie błędy się nie zdarzały.

- Proś o wyjaśnienia. Dowiedz się, jakie są ewentualne skutki uboczne przepisanych ci leków. Upewnij się, że wiesz, dlaczego masz przejść dane badanie, na czym ono polega, jakie jest związane z nim ryzyko oraz jak i kiedy dowiesz się o jego wynikach.

- Jeśli odniesiesz wrażenie, że lekarz nie ma czasu odpowiedzieć na każde twoje pytanie czy rozwiać wszystkich obaw, postaraj się spisać je w postaci listy. Gdybyś nie otrzymała wyczerpujących odpowiedzi podczas wizyty, spytaj, czy mogłabyś zadzwonić później, otrzymać je za pośrednictwem e-maila albo podczas następnej, dłuższej wizyty.

- Mów prawdę i tylko prawdę. Nie przedstawiaj lekarzowi fałszywej lub niekompletnej historii swojego zdrowia ogólnego, ginekologicznego czy położniczego. Zadbaj o to, by wiedział o wszystkich lekach, które zażywasz – przepisanych i nie przepisanych (w tym także ziołowych), legalnych lub nielegalnych, farmakologicznych lub regenerujących, łącznie z alkoholem lub tytoniem.

- Nie przeciwstawiaj się zaleconym badaniom USG, innym badaniom czy lekom, jeśli nie masz poważnych medycznych czy osobistych powodów utwierdzających cię w twej decyzji. Omów je z lekarzem.

- Wypełniaj dokładnie instrukcje podczas zabiegów.

- Wypełniaj zalecenia twojego lekarza dotyczące regularności wizyt, kontrolowanego przybierania na wadze, odpoczynku w łóżku, ćwiczeń, leków, witamin itd.

- Zawsze alarmuj lekarza, gdy zaobserwujesz oczywisty, odwrotny do zamierzonego efekt działania jakiegoś leku lub negatywny skutek przeprowadzonego zabiegu – dotyczy to również innych niepokojących objawów, które pojawiają się w czasie ciąży.

- Dbaj o siebie, przestrzegaj diety ciążowej (zobacz rozdział 4.), poświęcaj odpowiednią ilość czasu na odpoczynek i ćwiczenia, absolutnie unikaj alkoholu, tytoniu, jak również nie przepisanych leków. Postępuj tak od momentu, gdy tylko stwierdzisz, że jesteś w ciąży, albo jeszcze lepiej: gdy tylko postanowisz począć dziecko.

- Jeżeli czujesz, że nie jesteś w stanie wypełnić instrukcji lekarza lub postępować zgodnie z wyznaczonym przez niego trybem, to znaczy, że nie masz pełnego zaufania do osoby, którą wybrałaś do sprawowania opieki nad tobą i twoim dzieckiem w czasie ciąży i porodu. W takim wypadku – lub jeśli z jakiegoś innego powodu nieodwołalnie kończy się twoja współpraca z lekarzem – dla obu stron będzie lepiej, żebyś znalazła innego (jeśli stać cię pod względem finansowym).

- Jeżeli masz jakiekolwiek wątpliwości (poczynając od długiego oczekiwania na badanie, a kończąc na zbywaniu twoich pytań milczeniem), przedstaw je otwarcie. Wszelkie niedomówienia w tych kwestiach narażają na szwank dobre stosunki pomiędzy lekarzem a pacjentką.

# 2
# Teraz, gdy jesteś w ciąży

Wynik testu ciążowego to już przeszłość, a nowina straciła swą świeżość. W miarę jak rośnie podekscytowanie, wydłuża się lista obaw: czy mój wiek lub wiek ojca dziecka będzie miał wpływ na przebieg ciąży i na nasze dziecko? A co z przewlekłymi chorobami lub genetycznymi uwarunkowaniami rodzinny? Czy nasz dotychczasowy styl życia będzie miał jakieś znaczenie? Czy mogą się powtórzyć problemy, które zaistniały w poprzednich ciążach (jeśli były)? Co mogę uczynić, by zminimalizować ryzyko, jakie niesie ze sobą ciąża? Teraz, gdy jesteś w ciąży, chcesz poznać odpowiedzi na te i więcej pytań. Czytaj więc dalej.

## CO MOŻE CIĘ NIEPOKOIĆ

### TWÓJ WYWIAD GINEKOLOGICZNY

*Nie wspomniałam mojemu położnikowi o poprzedniej ciąży, ponieważ zdarzyło się to, zanim wyszłam za mąż. Czy są jakieś powody, dla których powinnam o tym powiedzieć?*

Nadszedł czas, kiedy stanowczo nie możesz starać się zapomnieć o przeszłości. Wcześniejsze ciąże i poronienia, aborcje, zabiegi chirurgiczne lub infekcje mogą, ale nie muszą mieć wpływu na przebieg obecnej ciąży. Wszelkie informacje o nich – lub o jakimkolwiek innym wydarzeniu związanym z wcześniejszymi ciążami czy sprawami kobiecymi – powinnaś przekazać twojemu lekarzowi. Im więcej wie on o tobie, tym lepszą zapewni ci opiekę. Twoja przeszłość oczywiście pozostanie tajemnicą. I nie obawiaj się o to, co sobie twój lekarz pomyśli. Pracą lekarza czy położnej jest niesienie pomocy, a nie ocenianie.

### WCZEŚNIEJSZE PORONIENIA

*Miałam dwa poronienia. Czy w jakikolwiek sposób mogą wpłynąć na obecną ciążę?*

Wszystko zależy od chwili ich przeprowadzenia. Wielokrotne poronienia w pierwszym trymestrze raczej nie będą miały wpływu na przyszłe ciąże. Zatem jeśli dokonano poronienia przed 14 tygodniem, nie musisz się tym martwić. Jednakże wielokrotne poronienia w drugim trymestrze

## Ta książka jest dla ciebie

Czytając tę książkę, zauważysz, że zwraca się ona do tradycyjnych rodzin: do „żon", „mężów", „współmałżonków". Jednak zwroty te nie mają na celu wyłączenia z grona czytelników oczekujących matek (i ich rodzin) w jakiś sposób „nietradycyjnych" – na przykład tych, które nie są zamężne, które mają partnera tej samej płci lub które zdecydowały się nie poślubiać swych życiowych partnerów. Użyte w tekście słowa mają raczej na celu uniknięcie długich zwrotów (takich jak na przykład „twój mąż lub druga połowa"); choć obejmują one więcej przypadków, są niewygodne w czytaniu. Prosimy, byś skorygowała w myślach każdy zwrot nie pasujący do twojego przypadku i zastąpiła go tym, który jest słuszny dla ciebie i twojej sytuacji.

(od 12 do 26 tygodnia) zdają się zwiększać ryzyko przedwczesnego porodu. Jeżeli poronienia wykonane były po upływie trzeciego miesiąca, przeczytaj informację na s. 265, co może ci pomóc zmniejszyć ryzyko przedwczesnego porodu.

W obu jednak przypadkach poinformuj swojego lekarza o wykonanych wcześniej poronieniach. Im lepiej będzie on znał twoją historię ginekologiczną i ciążową, tym lepszą zapewni ci opiekę.

## TWÓJ POWTARZAJĄCY SIĘ WYWIAD POŁOŻNICZY

*Moja pierwsza ciąża była bardzo nieprzyjemna – musiałam chyba mieć wszystkie objawy opisywane w książkach. Czy znowu będę mieć takiego pecha?*

Generalnie rzecz biorąc, pierwsza ciąża może dostarczyć trafnych wskazówek w odniesieniu do wszystkich następnych, ponieważ pewne rzeczy są niezmienne. Tak więc na pewno będziesz miała trochę więcej kłopotów z oddychaniem niż kobieta, która jeszcze nie rodziła. Jednak zawsze jest nadzieja, że tym razem twój pech będzie trochę mniejszy. Każda ciąża, tak jak każde dziecko, jest inna. A więc, na przykład, jeśli w czasie pierwszej ciąży męczyły cię poranne nudności albo nadmierny apetyt, w czasie drugiej możesz prawie w ogóle nie mieć z tym kłopotów (albo wręcz przeciwnie).

Tak jak łut szczęścia, predyspozycje genetyczne oraz sam fakt, że już wcześniej występowały u ciebie pewne objawy, mogą mieć wpływ na pomyślny lub niepomyślny przebieg ciąży, tak samo inne czynniki – w tym i te, które sama możesz kształtować – mogą do pewnego stopnia zmienić tę prognozę. Czynnikami tymi są:

**Zdrowie ogólne.** Dobra ogólna kondycja fizyczna już na samym początku stwarza lepsze warunki dla pomyślnej ciąży. Najlepiej jeszcze przed poczęciem dziecka zająć się schorzeniami chronicznymi (alergie, astma, problemy z kręgosłupem) oraz wyleczyć wszelkie przewlekłe infekcje (takie jak, na przykład, zapalenie dróg moczowych lub zapalenie pochwy). Z chwilą gdy zajdziesz w ciążę, w dalszym ciągu bardzo dbaj zarówno o siebie, jak i o swoją ciążę.

**Dieta.** Przestrzeganie diety ciążowej (zobacz rozdział 4.) może – bez stuprocentowej gwarancji – zwiększyć szanse każdej ciężarnej kobiety na uniknięcie dolegliwości ciążowych. Dieta może nie tylko zwiększyć twoje szanse uniknięcia albo zminimalizowania cierpień spowodowanych porannymi nudnościami i niestrawnością, ale również pomóc w zwalczaniu nadmiernego zmęczenia, zapobiegać zaparciom i powstawaniu hemoroidów, a także chronić przed infekcjami dróg moczowych i anemią wywołaną niedoborem żelaza, może też skutecznie ograniczać częstotliwość występowania skurczów nóg. (I jeśli nawet twoja ciąża w rezultacie nie będzie zbyt komfortowa, to możesz być pewna, że stworzyłaś swemu dziecku najlepsze warunki do rozwoju i zdrowia.)

**Przyrost masy ciała.** Równomierny przyrost masy ciała oraz utrzymanie jej w zalecanych granicach (między 11-15 kg) może znacznie zwiększyć szanse uniknięcia lub zminimalizowania takich utrapień towarzyszących ciąży, jak: hemoroidy, żylaki, rozstępy, bóle pleców, zmęczenie, niestrawność i zadyszka.

**Sprawność fizyczna.** Odpowiednia liczba dobrze dobranych ćwiczeń (wskazówki – patrz s. 187) może poprawić twoje ogólne samopoczucie. Ćwiczenia są szczególnie ważne w drugiej i w następnych ciążach, wówczas to bowiem mięśnie brzucha zaczynają być bardziej wiotkie, co czyni cię bardziej podatną na wszelkiego rodzaju bóle, w szczególności pleców.

**Tryb życia.** Zabiegane, wypełnione codziennymi udrękami życie, będące obecnie udziałem wielu kobiet, może wzmóc, a czasami nawet wywołać jedną z najbardziej nieprzyjemnych dolegliwości okresu ciąży – poranne nudności, może też pogłębić inne – takie jak zmęczenie, bóle głowy, bóle pleców i niestrawność. Trochę pomocy w domu, parę chwil wytchnienia od spraw szarpiących ci nerwy, odłożenie na bok obowiązków zawodowych, mniej pośpiechu w przypadku spraw, które mogą trochę poczekać, lub nauczenie się technik relaksacyjnych na pewno przyniesie ci jakąś ulgę (więcej informacji – patrz s. 125).

**Inne dzieci.** Niektóre ciężarne kobiety mające już starsze dzieci są tak zajęte ich wychowywaniem, że nie mają nawet czasu, by zwracać uwagę na większe czy mniejsze dolegliwości związane z ciążą. Lecz dla wielu innych posiadanie jednego lub więcej dzieci staje się czynnikiem wzmagającym

owe dolegliwości. Dla przykładu, poranne nudności mogą się nasilać w czasie stresu (np. poranny pośpiech przy wyprawianiu dzieci do szkoły albo czas podawania obiadu); zmęczenie może narastać, ponieważ nie ma ani chwili odpoczynku; bóle pleców mogą się zaostrzać ze względu na prace fizyczne, które wykonujesz przy dzieciach; nawet zaparcia stają się częstsze, jeśli nie możesz skorzystać z łazienki wtedy, gdy tego najbardziej potrzebujesz. Jesteś także bardziej podatna na zarażenie się od swych starszych dzieci przeziębieniem czy innymi chorobami (zobacz rozdział 18. o zapobieganiu takim przypadkom i radzeniu sobie z nimi). Jaki znaleźć sposób na zmniejszenie ciężaru wychowywania dzieci, który wzięłaś na swoje ciężarne barki? Najlepiej wygospodaruj więcej czasu na zadbanie o siebie – cel trudny, ale wart tego, by do niego dążyć. Możesz spróbować ulżyć sobie i wygospodarować więcej czasu wolnego, korzystając z czyjejś pomocy (płatnej lub ochotniczej).

*Moja pierwsza ciąża była trudna, z kilkoma poważnymi komplikacjami. Jestem teraz bardzo nerwowa, ponieważ znowu jestem w ciąży.*

Choć istnieje pewne prawdopodobieństwo, że obecna ciąża będzie przebiegała identycznie jak poprzednia, jedna ciąża z powikłaniami nie musi koniecznie zapowiadać tego samego w przypadku następnej. Często bywa tak, że kobieta, która za pierwszym razem płynęła przez wzburzony ocean, za drugim razem może się cieszyć żeglugą po spokojnych wodach. Pojawienie się komplikacji było jednorazowym wydarzeniem, takim samym jak infekcja czy wypadek, i jest mało prawdopodobne, by miało się powtórzyć. Komplikacje nie powtórzą się też, jeżeli zdołałaś zmienić swe wcześniejsze przyzwyczajenia i nawyki (takie jak palenie, picie alkoholu, zażywanie narkotyków), wyeliminować zagrożenia spowodowane skażeniem środowiska (ołów) lub też odpowiednio wcześnie zapewnić sobie fachową opiekę medyczną (zakładamy, że tym razem tak właśnie postąpiłaś).

Jeżeli przyczyną były przewlekłe problemy zdrowotne, takie jak np. cukrzyca lub wysokie ciśnienie krwi, to przeprowadzenie badań i leczenie jeszcze przed poczęciem lub we wczesnym stadium ciąży może w wielkim stopniu zredukować ryzyko ponownego wystąpienia powikłań. Porozmawiaj z lekarzem o komplikacjach, które miałaś przy poprzedniej ciąży, i o tym, co można zrobić, by się nie powtórzyły. Nieważne, jakie były problemy lub ich przyczyny (nawet jeśli nigdy ich nie określono), wszelkie wskazówki dotyczące wcześniej omówionych kwestii mogą przyczynić się do tego, by twoja ciąża była bardziej znośna i bezpieczna zarówno dla ciebie, jak i twojego dziecka.

*Moja pierwsza ciąża była bardzo przyjemna i spokojna. Dlatego też 42-godzinny poród z 5 godzinami parcia przeżyłam jako wielki szok. Czy znów czeka mnie to samo?*

Zrelaksuj się, ciesz się swoją ciążą, odrzuć wszelkie myśli o następnym trudnym porodzie. Dzięki bardziej wyrobionej macicy i luźniejszemu kanałowi rodnemu, drugi i następne porody są niemal zawsze łatwiejsze od pierwszego, przy założeniu, że nie wystąpi nietypowe ułożenie płodu lub inne nieprzewidziane komplikacje. Wszystkie fazy porodu ulegają skróceniu, a czas parcia potrzebnego do urodzenia dziecka skraca się bardzo znacząco.

## CIĄŻE ZBYT BLISKIE W CZASIE

*W ciążę zaszłam już w 10 tygodni po urodzeniu pierwszego dziecka. Niepokoję się, jaki może to mieć wpływ na stan mojego zdrowia i dziecka, które teraz noszę w sobie.*

Ponowne poczęcie przed całkowitym powrotem do sił po wcześniejszej ciąży i porodzie narzuca dość znaczny wysiłek twemu ciału, a dodatkowym czynnikiem powodującym osłabienie mogą być wszelkie zmartwienia i niepokoje. Przede wszystkim więc zrelaksuj się. Chociaż poczęcie w pierwszych trzech miesiącach poporodowych należy do rzadkości (graniczy prawie z cudem, jeżeli dziecko karmione jest wyłącznie piersią), to zaskoczyło ono również inne kobiety. Większość z nich urodziła normalne zdrowe dzieci, przypłacając to tylko trochę większym wyczerpaniem.

Niemniej badania wykazują, że dwa, do dwóch i pół roku to pod względem medycznym najlepszy odstęp pomiędzy ciążami. Zatem powinnaś zdawać sobie sprawę z ceny, jaką trzeba zapłacić przy dwóch następujących po sobie porodach, i zrobić wszystko, by była jak najmniejsza. Na przykład:

- Zapewnić sobie najlepszą opiekę prenatalną, i to od momentu, jak tylko się dowiesz, że jesteś w ciąży. Powinnaś też bardzo skrupulatnie wypełniać polecenia lekarza i starać się nie opuszczać zaplanowanych wizyt.

- Przestrzegać diety ciążowej (zobacz rozdział 4.). Możliwe, że twój organizm nie miał jeszcze szans odbudowania swych zasobów i ciągle może być wycieńczony. Prawdopodobnie będziesz musiała skompensować te niedobory składników odżywczych zarówno dla twego własnego dobra, jak i dla dobra dziecka. Zwróć szczególną uwagę na białko (codziennie przynajmniej 75 gramów lub 3 dawki dziennie) i żelazo (powinnaś przyjmować odpowiedni preparat przeznaczony dla kobiet w ciąży).

- Dbać o właściwy przyrost masy ciała. Twego nowego płodu nie interesuje to, czy zdołałaś zrzucić zbędne kilogramy z poprzedniej ciąży. Oboje potrzebujecie takiego samego (ok. 11-15 kg) przyrostu masy ciała również w czasie obecnej ciąży. Dlatego nawet nie próbuj się odchudzać. Dokładnie nadzorowany stopniowy przyrost masy będzie stosunkowo łatwy do zredukowania w okresie późniejszym, szczególnie jeśli uzyskano go poprzez stosowanie diety najwyższej jakości. Zajmowanie się małym dzieckiem i niemowlęciem też może w tym pomóc. Nie pozwól również, by brak czasu lub energii uniemożliwiał ci spożywanie odpowiedniej ilości pokarmu. Karmienie i opieka nad pierwszym dzieckiem nie powinny być przeszkodą dla odpowiedniej opieki nad twym przyszłym potomkiem. Uważnie obserwuj przyrost masy ciała i jeżeli nie przebiega on tak, jak powinien, bacznie przyjrzyj się swemu zapotrzebowaniu na kalorie i wypełnij wszystkie zalecenia dotyczące zwiększenia masy ciała zawarte na s. 159.

• Zastanów się nad sposobem karmienia. Jeśli karmisz piersią starsze dziecko, kontynuuj to tak długo, jak tylko jesteś w stanie. Jeżeli jednak czujesz się kompletnie wycieńczona, zastanów się nad uzupełnieniem karmienia piersią gotowymi mieszankami lub całkowitym odstawieniem od piersi. Porozmawiaj z lekarzem o różnych możliwościach. Gdybyś postanowiła nadal karmić piersią, dostarczaj organizmowi dodatkowe kalorie, aby móc wykarmić zarówno dziecko, jak i płód (czyli około 500 do 800 dodatkowych kalorii dziennie) oraz odpowiednią ilość białka (5 dawek), wapnia (6 dawek) i płynów (1 kubek na godzinę w porze aktywności fizycznej). Potrzebować będziesz również dużo odpoczynku. Więcej wskazówek znajdziesz w książce *Pierwszy rok życia dziecka*.

• Odpoczywaj – częściej, niż jest to zwykle przyjęte. Wymagać to będzie nie tylko twojej determinacji, ale również pomocy twego współmałżonka i, jeśli to możliwe, wszystkich pozostałych osób – które powinny przejąć jak najwięcej spraw związanych z gotowaniem, sprzątaniem i opieką nad starszym dzieckiem (szczególnie w przypadku czynności wymagających częstego podnoszenia i przenoszenia). Ustal pewne priorytety: mniej ważne sprawy poczekają do jutra, a gdy poczujesz, że dziecko śpi, ty też się połóż. Jeśli nie karmisz piersią, pozwól ojcu przejąć obowiązki związane z karmieniem nocnym.

• Ćwicz. Ale tylko tyle, ile potrzeba, by utrzymać się w formie i zrelaksować, nie przeforsować. Jeżeli trudno ci znaleźć czas na regularne ćwiczenia, spróbuj połączyć aktywność ruchową z normalnymi codziennymi zajęciami związanymi z opieką nad dzieckiem. Na przykład – zabierz je w wózku na długi energiczny spacer. Możesz również zapisać się na specjalne zajęcia z odpowiednimi dla okresu ciąży ćwiczeniami (wskazówki dotyczące wyboru zajęć – patrz s. 193) albo pływać w basenie. Unikaj jednak forsownych ćwiczeń.

• Wyeliminuj lub zminimalizuj wszystkie inne czynniki ryzyka mogące wpłynąć na twoją ciążę, takie jak np. palenie i picie. Twój organizm i twoje dziecko nie powinny być wystawione na działanie żadnych dodatkowych stresów.

# PO RAZ DRUGI

*To jest moja druga ciąża. Czym będzie się różnić od pierwszej?*

Ponieważ nigdy dwie ciąże nie są dokładnie takie same, nie sposób przewidzieć, jakie będą podobieństwa (lub różnice) tych dziewięciu miesięcy do poprzednich. Są jednak pewne uogólnienia dotyczące drugiej ciąży i następnych, które zwykle się sprawdzają (jak to jednak jest w przypadku wszystkich uogólnień, żadne nie sprawdzają się dokładnie):

- Zapewne wcześniej „poczujesz", że jesteś w ciąży. Większość kobiet w drugiej ciąży jest bardziej wyczulona na wczesne objawy ciąży i potrafi je rozpoznać. Objawy te czasem różnią się od poprzednich – na przykład możesz mieć większe lub mniejsze poranne nudności, niestrawności czy inne komplikacje żołądkowe; czuć się bardziej zmęczona (zwłaszcza jeśli przy pierwszej ciąży miałaś czas na drzemki, a teraz ledwie możesz na chwilkę usiąść) lub mniej (prawdopodobnie ponieważ jesteś teraz zbyt zajęta, by zauważyć zmęczenie albo już się do niego przyzwyczaiłaś); częściej lub rzadziej oddawać mocz (zapewne tym razem częste oddawanie moczu pojawi się wcześniej). Objawy, które są mniej wyraźne w drugiej ciąży i w następnych, to zwykle: zachcianki lub awersje związane z jedzeniem, powiększenie oraz wrażliwość piersi, a także niepokój (skoro już to wszystko przeżyłaś, ciąża raczej nie będzie powodem do panikowania).

- Wcześniej będzie po tobie „widać", że jesteś w ciąży. Ponieważ mięśnie brzucha i podbrzusza są bardziej rozciągnięte, brzuszek „wyskoczy" ci szybciej niż za pierwszym razem. Możesz także zauważyć różnicę w noszeniu płodu, gdyż dziecko numer dwa (lub trzy albo cztery) zwykle bywa większe niż pierworodne, toteż będziesz miała więcej do dźwigania. Inne potencjalne skutki owego „rozluźnienia" mięśni brzucha: zaostrzenie bólów pleców i innych, związanych z ciążą.

- Szybciej poczujesz ruchy płodu. Możesz za to podziękować rozciągniętym mięśniom – są spore szanse na wyczucie kopnięć dziecka znacznie wcześniej niż poprzednio, bo już w 16 czy 18 tygodniu. Lepiej też będziesz wiedziała, iż to właśnie je odczuwasz, ponieważ już wiesz, jak to jest.

- Będziesz mniej podekscytowana. Oczywiście poczujesz dreszczyk na myśl o kolejnym dziecku, ale prawdopodobnie za-

uważysz, że siła tego doznania (oraz niepowstrzymanej chęci rozgłoszenia dobrej nowiny wszystkim osobom mijanym na ulicy) jest mniejsza. Reakcja ta jest zupełnie normalna (przecież już przez to wszystko przeszłaś) i nie ma nic wspólnego z miłością, jaką czujesz do tego dziecka.

- Możesz, dzięki rozciągniętym mięśniom, oczekiwać łatwiejszego i szybszego porodu. Rozluźnienie (zwłaszcza okolic biorących aktywny udział w porodzie) połączone z doświadczeniem, jakiego nabyło już twoje ciało, złożą się na to, że dziecko numer dwa szybciej przyjdzie na świat. Każda faza porodu może być krótsza, a parcie znacznie krótsze. (Oczywiście zakładając, że nie wystąpią żadne komplikacje, takie jak na przykład ułożenie dziecka w pozycji utrudniającej poród.)

- Zastanawiać się pewnie będziesz, jak powiedzieć pierwszemu dziecku o rodzeństwie, które jest „w drodze". Przygotowanie pierworodnego na życiową zmianę, jaką jest przejście z pozycji jedynaka na pozycję starszego dziecka, zgodnie z prawdą, w sposób pełny zrozumienia i odpowiedni do jego wieku, powinno nastąpić podczas ciąży. Wskazówki, jak tego dokonać, znajdziesz w książkach *Pierwszy rok życia dziecka* oraz *Drugi i trzeci rok życia dziecka*. W przygotowaniu pierwszego dziecka pomoże także czytanie książek *What to Expect When Mommy's Having A Baby* i *What To Expect When the New Baby Comes Home*.

*Moje pierwsze dziecko jest bardzo udane. Teraz, gdy znowu jestem w ciąży, nie mogę się pozbyć obaw, że tym razem nie będę już miała tyle szczęścia.*

Prawdopodobieństwo, że znowu zgarniesz główną nagrodę w loterii, jest olbrzymie. Matka, która urodziła „doskonałe" dziecko, nie tylko może znowu wygrać los, lecz także liczyć na niekłopotliwą ciążę. Co więcej, przy każdej następnej ciąży jej szanse będą wzrastały dzięki wyeliminowaniu istniejących czynników negatywnych (palenie, picie alkoholu, zażywanie narkotyków) i wzmocnieniu wszystkich czynników pozytywnych (odpowiednia dieta, ćwiczenia i opieka medyczna).

## DUŻA RODZINA

*Po raz szósty jestem w ciąży. Czy stwarza to jakieś dodatkowe ryzyko dla mojego dziecka lub dla mnie?*

W kręgach medycznych przez długi czas wierzono, że kobiety posiadające sześcioro lub więcej dzieci z każdą następną ciążą wystawiają siebie i swoje potomstwo na zwiększone ryzyko. Jednak dzięki postępowi w położnictwie kobiety otoczone należytą opieką prenatalną mają wielkie szanse na urodzenie zdrowych dzieci w szóstej czy jeszcze późniejszej ciąży. Najnowsze badania wykazują, że jedynymi zagrożeniami związanymi z takimi ciążami są: niewielki wzrost częstotliwości występowania ciąż wielopłodowych (bliźniąt, trojaczków i tak dalej) oraz nieznaczne zwiększenie ryzyka narodzin dziecka z trisomią 21 – zaburzeniem chromosomalnym[1] (aczkolwiek nie ma pewności, czy jest to związane z postępującym wiekiem matki czy liczbą wcześniejszych ciąż).

A więc możesz cieszyć się ciążą i swoją dużą rodziną, jednakże musisz przedsięwziąć kilka środków ostrożności:

• Rozważ możliwość przeprowadzenia testu prenatalnego, jeżeli masz 30 lub wię-

cej lat (nie czekaj, aż będziesz mieć 35), jako że występowanie problemów chromosomalnych u potomstwa zdaje się w znaczący sposób wzrastać wcześniej u kobiet, które rodziły wielokrotnie.

• Postaraj się uzyskać jak największą pomoc i odłóż na jakiś czas wszystkie zbędne prace domowe. Naucz starsze dzieci, by były bardziej samodzielne (nawet mały berbeć potrafi sam się ubrać i rozebrać albo posprzątać zabawki itd.). Wyczerpanie nie jest dobre dla żadnej ciężarnej kobiety, a szczególnie dla tej, która musi troszczyć się o takie duże rodzinne stadko.

• Pilnuj masy ciała. Dość powszechne jest wśród kobiet, które wielokrotnie rodziły, że przy każdej następnej ciąży przybywa im parę zbędnych kilogramów. Jeżeli tak jest i w twoim przypadku, musisz szczególnie uważać, by jedząc odpowiednio dużo, nie przybierać jednak nadmiernie na wadze. Nadwaga zwiększa niektóre zagrożenia, głównie te związane z trudną akcją porodową, może również skomplikować przeprowadzenie zabiegu cięcia cesarskiego, a także wydłużyć czas powrotu do pełni sił. Z drugiej strony musisz zwrócić też uwagę na to, czy czasem nie jesteś zbyt zabiegana i dlatego nie jesz wystarczająco dużo, by osiągnąć właściwą masę ciała.

## WIELOKROTNE CIĘCIA CESARSKIE

*Gdy urodziłam pierwsze dziecko przez cięcie cesarskie, powiedziano mi, że nigdy nie będę mogła urodzić drogami naturalnymi ze względu na nieprawidłową budowę miednicy. Chcę mieć sześcioro dzieci tak jak moja matka. Czy są ograniczenia co do liczby cesarskich cięć, które można mieć?*

B udowa miednicy nie musi mieć wpływu na wielkość twojej rodziny. Już nie ustanawia się arbitralnie ograniczeń w licz-

---

[1] Aczkolwiek zgodnie z tym opracowaniem duża rodzina zdaje się nie stwarzać dużych zagrożeń dla dzieci, inne opracowania dowiodły, że wraz z urodzeniem każdego następnego dziecka zwiększa się ryzyko zachorowania przez matkę w późniejszym wieku na cukrzycę insulinoniezależną.

bie cesarskich cięć dla kobiety, a wielokrotne cesarskie cięcia są ogólnie uważane za bardziej bezpieczne, niż wcześniej sądzono. Oczywiście bezpieczeństwo to zależy od rodzaju wykonywanego cięcia i charakteru blizny. Porozmawiaj o swoich obawach z położnikiem, ponieważ ktoś w pełni zaznajomiony z twoją historią kliniczną potrafi przewidzieć, czy jakieś czynniki stoją na drodze ku temu, byś mogła mieć dużą rodzinę.

Jeżeli przeszłaś wiele cięć cesarskich, możesz – ze względu na dużą liczbę blizn lub rodzaj nacięć macicy – być wystawiona na większe ryzyko pęknięcia macicy w czasie skurczów porodowych. Z tego powodu powinnaś być szczególnie wyczulona na wszelkie oznaki zapowiadające rozpoczęcie porodu (skurcze, pojawienie się krwi, pęknięcie błon płodowych – patrz s. 329) w końcowych miesiącach ciąży. Jeżeli takowe się pojawią, zawiadom swojego lekarza i natychmiast udaj się do szpitala. Powinnaś go również zawiadomić za każdym razem, gdy wystąpi u ciebie krwawienie lub ostry, nie dający się niczym wytłumaczyć ból brzucha.

## PORÓD DROGAMI NATURY PO CESARSKIM CIĘCIU (PDNCC)

*Ostatnie dziecko urodziłam drogą cięcia cesarskiego. Ponownie jestem w ciąży i zastanawiam się, jakie są moje szanse na odbycie porodu naturalnego.*

Gdy choć raz cięcie cesarskie – zawsze cięcie cesarskie – to obowiązujący do niedawna położniczy dekret wyryty w kamieniu, a raczej w macicach kobiet, które przeszły jeden lub więcej porodów z interwencją chirurgiczną. Obecnie uznaje się, że – w przypadku większości kobiet – powtórzenie cesarskiego cięcia nie musi być czynnością rutynową i że warto spróbować porodu drogami natury po cesarskim cięciu (PDNCC), przynajmniej w sprzyjających okolicznościach. Praktyka wykazuje, że 60% kobiet, które przeszły zabieg cięcia cesarskiego, może przy następnych ciążach urodzić normalnie drogami natury. Nawet kobiety, które więcej niż raz rodziły przez cięcie cesarskie, i takie, które spodziewają się bliźniaków, mają duże szanse na odbycie udanego porodu drogami natury, przy przedsięwzięciu odpowiednich środków ostrożności.

To, czy będziesz mogła spróbować urodzić drogami naturalnymi po uprzednim porodzie poprzez cięcie cesarskie, zależeć będzie od rodzaju cięcia macicy wykonywanego przy porodzie, jak również od tego, jakie przyczyny spowodowały interwencję chirurgiczną w czasie porodu. Jeżeli miałaś wykonane cięcie w dolnym odcinku macicy (w poprzek dolnej jej części) tak jak około 95% kobiet – twoje szanse są duże; jeżeli jednak wykonano u ciebie cięcie klasyczne (wzdłuż środka macicy), popularne w przeszłości, a dziś stosowane w szczególnych przypadkach, ze względu na pęknięcia macicy – nie będziesz raczej mogła próbować rodzić pochwowo. Jeżeli prawdopodobieństwo zaistnienia tych samych przyczyn, dla których przeprowadzono u ciebie cięcie cesarskie, jest niewielkie (stan zagrożenia płodu, przedwczesne oddzielenie się łożyska, nieprawidłowe usadowienie łożyska, infekcja, położenie miednicowe, stan przedrzucawkowy), jest bardzo możliwe, że tym razem będziesz mogła rodzić drogami naturalnymi. Jeżeli przyczyną były schorzenia przewlekłe (cukrzyca, wysokie ciśnienie krwi, choroby serca) albo nieuleczalne (na przykład bardzo zwężona miednica), najprawdopodobniej konieczne będzie ponowne wykonanie cięcia cesarskiego. Nie polegaj całkowicie na swojej pamięci, jeśli idzie o rodzaj cięcia, jakie u ciebie wykonano, lub przyczynę przeprowadzenia zabiegu; sprawdź lub każ sprawdzić swojemu lekarzowi przebieg poprzedniego cięcia cesarskiego.

Jeżeli tym razem bardzo pragniesz porodu drogami naturalnymi – a twój wywiad medyczny automatycznie cię nie dyskwalifikuje – już teraz omów z lekarzem tę sprawę. Spróbuj też przedyskutować z nim – i zapoznać się z jego opinią na ten temat – wyniki najnowszych badań, które przemawiają za wykonywaniem rutynowych cięć cesarskich; z ich powodu niektórzy lekarze wcześniej zachęcający do PDNCC teraz zastanawiają się nad swymi poglądami. Badania te ujawniły zwiększone ryzyko pęknięcia macicy i wystąpienia innych komplikacji u kobiet, które przeszły PDNCC; w ich przypadku prawdopodobieństwo było trzykrotnie większe dla porodu spontanicznego, pięciokrotnie większe, gdy poród był wywoływany bez zastosowania prostaglandyny (substancji używanej do rozszerzenia kanału szyjki macicy) i piętnaście razy większe, jeśli zastosowano tę substancję przy wywoływaniu porodu. Niemniej jednak relatywne ryzyko wystąpienia tych komplikacji podczas PDNCC – choć statystycznie wielkie – okazuje się małe: przeciętnie u 5 na 1000 kobiet rodzących spontanicznie oraz u około 24 na 1000 z porodem wywoływanym za pomocą prostaglandyny. Część kobiet po rozmowie z lekarzem dojdzie do wniosku, że dodatkowe ryzyko wiążące się z PDNCC na pewno nie jest warte korzyści, jakie daje uniknięcie cesarskiego cięcia, podczas gdy reszta zdecyduje, że jednak jest – zwłaszcza jeśli okoliczności wiążące się z problemami zostaną w dużym stopniu wyeliminowane.

Aby zwiększyć swoje szanse na przebycie udanego porodu siłami natury, musisz znaleźć lekarza, który będzie popierał twoją decyzję. Twoja rola w zapewnieniu bezpiecznego przebiegu porodu drogami naturalnymi jest równie ważna jak rola lekarza. Dlatego powinnaś:

- Upewnić się, czy lekarz dysponuje dokładnymi danymi dotyczącymi twoich poprzednich cesarskich cięć.

- Wiedzieć jak najwięcej. Dowiedz się wszystkiego, co możesz, na temat porodu drogami natury po cesarskim cięciu, zastanów się nad swoją opinią. Informacje zdobędziesz od organizacji zajmujących się sprawami rodzenia i/lub od swojego lekarza.

- Uczęszczać na zajęcia szkoły rodzenia i traktować je poważnie, by być przygotowaną do efektywnego porodu, a tym samym móc zminimalizować stres dla twojego dziecka.

- Zaplanować poród w szpitalu wyposażonym w pełny sprzęt oraz zatrudniającym kadry przygotowane do przeprowadzenia nagłego cięcia cesarskiego, gdyby jednak okazało się ono konieczne.

- Poprosić lekarza, by – jeśli to będzie możliwe – zaniechał używania prostaglandyny czy innych stymulatorów hormonalnych do wywołania porodu. Pamiętaj, że jeśli jednak okaże się, iż poród musi być wywoływany, lekarz na wszelki wypadek może sprzeciwić się porodowi siłami natury.

- Porozmawiać z lekarzem o zastosowaniu w twoim przypadku środków uśmierzających ból. Niektórzy lekarze ograniczają leki podczas PDNCC, by nie doszło do ukrycia uczucia zbliżającego się pęknięcia, mimo iż większość badań wykazuje, że można bezpiecznie stosować środki przeciwbólowe w przypadku PDNCC, jeśli poród jest dokładnie monitorowany.

- Upewnij się, że lekarz będzie przy tobie od początku do końca porodu. Uważne monitorowanie w znacznym stopniu zmniejsza potencjalne ryzyko.

Aczkolwiek twoje szanse na poród fizjologiczny są dość duże – szczególnie jeśli zastosowano wszelkie środki zapobiegawcze – musisz pamiętać, że nawet u kobiety, która nigdy nie była poddana zabiegowi cięcia cesarskiego, istnieje 20-procentowe ryzyko, że takiego zabiegu będzie potrzebować. Tak więc nie czuj się rozczarowana, jeśli w twoim przypadku, mimo jak największych starań ze strony twojej i twojego lekarza, historia się powtórzy. W końcu najważniejsze jest możliwie najbezpieczniejsze urodzenie twego ukochanego dziecka – i o to właśnie chodzi.

Nie czuj się także winna, jeśli na długo przed porodem postanowisz (po konsultacji ze swoim lekarzem), że wolałabyś z wyboru mieć drugie cesarskie cięcie, niż spróbować porodu drogami natury. Jedna trzecia wszystkich porodów przez cesarskie cięcie to porody powtórne, a wiele z nich wykonuje się na prośbę rodzących matek. Powtarzamy: najważniejsze jest bezpieczeństwo podczas porodu.

# OTYŁOŚĆ

*Mam około 25 kg nadwagi. Czy wystawia to mnie i moje dziecko na większe ryzyko w czasie ciąży?*

Większość otyłych matek[1] i ich dzieci przechodzi okres ciąży i poród bezpiecznie i zdrowo. Jednakże zagrożenia dla zdrowia zwielokrotniają się tak samo jak zbędne kilogramy, i to zarówno w czasie samej ciąży, jak też później. Również trudne może być dokładne określenie wieku ciąży, ponieważ u otyłych kobiet owulacja często jest nieregularna, a metody, których lekarze tradycyjnie używają w celu ustalenia terminu (badanie wysokości dna i wielkości macicy), mogą być nieskuteczne ze względu na warstwy tłuszczu. Nadmiernie obłożony tkanką tłuszczową brzuch może również uniemożliwić lekarzowi palpacyjne określenie wielkości płodu i jego pozycji, tak że konieczne może się okazać zastoso-

wanie sprzętu diagnostycznego w celu uniknięcia niespodzianek w czasie porodu. W czasie porodu mogą się także pojawić kłopoty, jeżeli płód jest dużo większy niż zazwyczaj, co często się zdarza w przypadku otyłych matek (nawet tych, które nie objadają się nadmiernie w czasie ciąży). W końcu, gdy konieczne jest cięcie cesarskie, duży brzuch może skomplikować zarówno sam zabieg, jak i rekonwalescencję po nim.

Mamy jednak dla ciebie, podobnie jak dla innych kobiet w ciąży wysokiego ryzyka, dobre wieści: stojąca na wysokim poziomie opieka medyczna oraz dbanie o siebie może w znacznym stopniu zmniejszyć zagrożenie zarówno dla ciebie, jak i dla twojego dziecka. Od strony medycznej zapewne przejdziesz więcej testów i badań niż typowa kobieta w ciąży niskiego ryzyka: wcześniejsze USG, by dokładniej określić wiek ciąży, a później – by określić wielkość dziecka i jego pozycję; przynajmniej jeden test na tolerancję glukozy lub badanie w kierunku cukrzycy ciążowej najprawdopodobniej pod koniec drugiego trymestru, by sprawdzić, czy wykazujesz jakieś oznaki rozwijającej się cukrzycy; a przed końcem ciąży – inne testy diagnostyczne w celu określenia stanu zdrowia dziecka.

Sama też wiele możesz zdziałać dla siebie i swojego dziecka. Wyeliminowanie wszystkich zagrożeń dla ciąży, które ty sama możesz wyeliminować – na przykład palenie papierosów i picie alkoholu – jest szczególnie istotne. Unikaj również nadmiernego przyrostu masy ciała w miarę postępowania ciąży. Prawdopodobnie pod czujnym okiem lekarza przytyjesz mniej niż zwyczajowo zalecane 11 do 15 kg bez uszczerbku dla masy urodzeniowej dziecka czy jego zdrowia. Niemniej jednak twoja dzienna dieta musi zawierać przynajmniej 1800 kalorii i składać się z pożywienia bogatego w witaminy, minerały i białka (patrz *Dieta ciążowa*). Aby zapewnić jak największą wartość odżywczą spożywanych przez ciebie kalorii, spraw, by liczył się każdy kęs,

---

[1] Definicje się różnią, jednak zazwyczaj kobietę uważa się za otyłą, jeżeli jej masa stanowi 120% jej masy idealnej, za bardzo otyłą – gdy stanowi 150%.

i starannie wybieraj to, co jesz. (Powinnaś też bardzo skrupulatnie przyjmować preparat witaminowy dla kobiet w ciąży zawierający kwas foliowy.) Regularne wykonywanie ćwiczeń zgodnie ze wskazówkami lekarza również pomoże utrzymać wagę w normie, bez potrzeby drastycznego ograniczenia diety.

Przed następną ciążą, jeśli taką planujesz, spróbuj maksymalnie zbliżyć się do twojej idealnej wagi z okresu przed poczęciem. Znacznie ułatwi to przebieg ciąży.

## KONFLIKT RH

*Lekarz powiedział, że badanie krwi wykazało, iż mam grupę Rh–. Co to oznacza dla mojego dziecka?*

Oznacza to, że są zadatki na kłopoty – na szczęście tym kłopotom można łatwo zapobiec. Odrobina wiedzy z zakresu biologii pomoże ci zrozumieć, w jaki sposób. Każda komórka ciała ma na swej powierzchni liczne antygeny, czy też struktury przypominające „antenki". Jednym z tych antygenów jest czynnik Rh. Wszyscy dziedziczymy komórki krwi, które albo ten czynnik mają (wówczas osoba taka ma Rh+), albo też nie (mówimy wówczas o Rh–). Jeśli kobieta ciężarna nie ma czynnika Rh (czyli ma ujemne Rh), a jej płód ma je (czyli ma dodatnie Rh), układ immunologiczny organizmu matki będzie uważać płód (oraz jego Rh dodatnie komórki krwi) za „obcy". W ramach odpowiedzi układ kobiety wyśle więc armie antyciał do ataku na intruza. Zjawisko takie nazywamy konfliktem Rh.

Wszystkie kobiety we wczesnym okresie ciąży przechodzą badanie na obecność czynnika Rh, zwykle podczas pierwszej wizyty. Jeśli okaże się, że przyszła matka ma czynnik Rh dodatni, a tak jest u 85% kobiet, sprawa kompatybilności staje się nieistotna, ponieważ niezależnie, czy płód będzie miał czynnik Rh+ czy Rh–, nie występują obce antygeny w komórkach krwi dziecka, które mogłyby zmobilizować układ immunologiczny matki.

Jednak kiedy matka, tak jak ty, ma czynnik Rh–, badaniom poddany zostaje również ojciec dziecka, by sprawdzić, czy ma czynnik Rh dodatni czy ujemny. Gdyby się okazało, iż twój mąż ma czynnik Rh–, wasze dziecko będzie miało taki sam (gdyż dwoje „ujemnych" rodziców nie może posiadać „dodatniego" dziecka), a to oznacza, że twój organizm nie będzie postrzegać go jako „obcego". Gdyby jednak twój mąż miał czynnik Rh+, wówczas zaistniałoby prawdopodobieństwo, że płód odziedziczy ten czynnik po nim, w wyniku czego powstanie pomiędzy wami konflikt.

Ta niezgodność zwykle nie jest nawet zapowiedzią problemów podczas pierwszej ciąży. Kłopoty zaczynają się dopiero wtedy, gdy trochę krwi dziecka przeniknie do krwiobiegu matki podczas pierwszego porodu (lub poronienia). Wówczas organizm matki w ramach naturalnego procesu obronnego wytwarza przeciwciała wymierzone przeciwko czynnikowi Rh. Same przeciwciała są niegroźne – do czasu aż kobieta zajdzie ponownie w ciążę i będzie nosić kolejne dziecko mające czynnik Rh+. Nowe przeciwciała mogą podczas kolejnej ciąży przeniknąć przez łożysko do krwiobiegu płodu i zaatakować jego czerwone ciałka krwi, powodując u niego nieznaczną (jeśli poziom przeciwciał matki jest niski) lub poważną (jeśli poziom ich jest wysoki) niedokrwistość. Tylko w bardzo rzadkich przypadkach takie przeciwciała powstają już przy pierwszej ciąży, a dzieje się tak, jeśli krew dziecka przejdzie przez łożysko do krwiobiegu matki.

Zapobieganie powstaniu przeciwciał Rh jest głównym sposobem ochrony płodu w przypadku wystąpienia konfliktu Rh. Większość lekarzy stosuje podwójną terapię. W 28 tygodniu ciąży ciężarnej z grupą Rh– podaje się w zastrzyku immunoglobulinę Rh, zwaną Rhogam, aby zapobiec powstaniu przeciwciał. Powtórna dawka podawana jest w ciągu 72 godzin po porodzie, jeśli badanie krwi wykaże, iż u noworodka występuje grupa Rh+. W przypadku gdy dziecko ma grupę Rh–, żadne leczenie nie jest konieczne. Rhogam podawany jest również po poronieniu, ciąży ektopowej, aborcji, biopsji kosmówki, amniopunkcji, wystąpieniu krwawienia macicznego lub urazu podczas ciąży. Zaaplikowanie odpowiedniej dawki Rhogamu w powyższych przypadkach może uprzedzić wystąpienie poważniejszych komplikacji w przebiegu przyszłej ciąży.

Gdyby kobieta z Rh– nie otrzymała Rhogamu podczas poprzedniej ciąży, a badania wykazałyby, iż w jej organizmie powstały przeciwciała zdolne zaatakować płód z grupą krwi Rh+, wówczas można poprzez kordocentezę sprawdzić grupę krwi płodu. Jeśli ma on czynnik Rh–, to wówczas i matka, i dziecko mają zgodne typy krwi i nie ma powodów do obaw czy leczenia. Gdyby jednak miało ono czynnik Rh+, zaistniałby konflikt z grupą krwi matki, toteż poziom przeciwciał w organizmie matki musiałby być pod stałą kontrolą. W przypadku gdyby poziom ten stał się niepokojąco wysoki, zostałyby przeprowadzone badania w celu ocenienia, w jakim stanie znajduje się płód. Jeśli w jakimkolwiek momencie bezpieczeństwo płodu będzie zagrożone z powodu choroby hemolitycznej lub konfliktu Rh, konieczna może się okazać transfuzja krwi z grupą Rh–. Jeśli konflikt miał poważny charakter – co się rzadko zdarza – transfuzję przeprowadza się przed porodem. Częściej jednak można z tym zaczekać aż do narodzin i dokonać natychmiast po rozwiązaniu. W łagodnych przypadkach, gdy poziom przeciwciał jest niski, transfuzja może być zbędna. Niemniej jednak w razie konieczności lekarze będą przygotowani do jej przeprowadzenia tuż po porodzie.

Zastosowanie Rhogamu w znacznym stopniu obniżyło konieczność przeprowadzania transfuzji w przypadku, gdy podczas ciąży nastąpił konflikt Rh, do mniej niż 1%, a w przyszłości ta ratująca życie procedura może być już tylko medycznym cudem z przeszłości.

Do podobnego konfliktu może dojść z powodu innego czynnika występującego we krwi, antygenu Kella (kolejnej „antence" znajdującej się w komórkach krwi), jednak dochodzi do niego znacznie rzadziej niż do konfliktu Rh. Jeśli ojciec ma te przeciwciała, a matka nie, może to zapowiadać problemy. Podczas standardowych badań, będących częścią pierwszego rutynowego badania krwi, sprawdza się, czy we krwi matki krążą przeciwciała anty-Kella. Jeśli zostaną one wykryte, badaniom zostaje poddana krew ojca, w celu sprawdzenia, czy jest ona Kell-dodatnia. Jeśli tak jest, dalej postępuje się jak w przypadku konfliktu Rh.

## SAMOTNA MATKA

*Jestem samotna, jestem w ciąży i jestem z tego powodu bardzo szczęśliwa, niepokoi mnie jednak fakt, że będę musiała przejść przez to sama.*

To, że nie masz męża, nie oznacza, że będziesz musiała przebyć ciążę samotnie. Wsparcie, którego będziesz potrzebować, może pochodzić nie tylko od współmałżonka. Dobry przyjaciel lub krewny, który jest ci bliski i w którego obecności dobrze się czujesz, może w czasie ciąży bardzo ci pomóc zarówno emocjonalnie, jak i fizycznie. Osoba ta na wiele sposobów może odgrywać rolę „ojca" w okresie dziewięciu miesięcy i później – towarzyszyć ci w czasie badań prenatalnych bądź zajęć w szkole rodzenia; cierpliwie wysłuchiwać nurtujących cię pytań i obaw; wspólnie z tobą wybiegać myślami naprzód, radośnie oczekując tego, co nadejdzie; pomagać w przygotowaniu twego domu na przybycie nowego mieszkańca i w końcu być twoim trenerem, pomocnikiem i obrońcą w czasie porodu. Zastanów się także nad możliwością przystąpienia do grupy pomocy dla samotnych matek w ciąży i po porodzie.

# DZIECKO PO 35 ROKU ŻYCIA

*Mam 38 lat, jestem w ciąży po raz pierwszy i prawdopodobnie ostatni. Bardzo ważne jest, by to dziecko było zdrowe, ale przeczytałam tak wiele na temat zagrożeń, jakie niesie ze sobą ciąża po 35 roku życia.*

Zajście w ciążę po 35 roku życia stawia cię w dobrym i coraz liczniejszym towarzystwie. Podczas gdy odsetek kobiet dwudziestoparoletnich zachodzących w ciążę nieco spadł w ostatnich dziesięcioleciach, to niemal się podwoił w przypadku kobiet powyżej 35 roku życia. I mimo że liczba dzieci urodzonych przez kobiety w wieku pomiędzy 40 a 50 lat nadal pozostaje raczej niewielka, to ich szeregi także się podwoiły.

Skoro żyjesz już jednak dłużej niż 35 lat, to wiesz, że nic w życiu nie jest całkowicie wolne od ryzyka. Tak samo jest z ciążą w każdym wieku. I chociaż ryzyko to nie jest na początku zbyt duże, to jednak z wiekiem wzrasta – poczynając od lat „nastu". Większość starszych wiekiem matek uważa, że korzyści, jakie płyną z faktu założenia rodziny w czasie im odpowiadającym, zdecydowanie przeważają nad ryzykiem, jakie takie postępowanie może ze sobą nieść. W tym przekonaniu podtrzymuje je również fakt, że wszystkie najnowsze odkrycia na polu medycyny zagrożenia takie zdecydowanie redukują.

Największym zagrożeniem dla rozrodu u kobiety z twojej grupy wiekowej jest to, że może ona w ogóle nie zajść w ciążę z powodu zmniejszonej płodności. Gdy już zostanie pokonana ta przeszkoda i dojdzie do zapłodnienia, kobieta staje przed większym niebezpieczeństwem urodzenia dziecka z zespołem Downa. Prawdopodobień-

stwo wzrasta wraz z wiekiem: w przypadku matki 20-letniej 1 na 10 000, 35-letniej 3 na 1000 i w końcu 1 na 100 u matek 40-letnich. Spekuluje się, że ta i inne nieprawidłowości chromosomalne, aczkolwiek dalej stosunkowo rzadkie, występują częściej u kobiet starszych, ponieważ ich komórki jajowe są również starsze (każda kobieta rodzi się z pewnym życiowym ich zapasem), kobiety te były dłużej wystawione na działanie promieniowania, różnych leków, infekcji itd. (Wiadomo jednak, że nie zawsze to komórka jajowa jest odpowiedzialna za takie nieprawidłowości chromosomalne. Przyjmuje się, że minimum 25% wszystkich przypadków zespołu Downa łączy się z defektem w nasieniu ojca).

Choć zespołowi Downa nie potrafimy zapobiec, podczas badań prenatalnych możemy go rozpoznać. Takie testy diagnostyczne są rutynowo stosowane u matek powyżej 35 roku życia, a także u innych kobiet zaliczających się do kategorii wysokiego ryzyka, w tym takich, u których badania kontrolne dały niepomyślne wyniki. Istnieje wiele innych zagrożeń, których ryzyko wystąpienia wzrasta nieznacznie wraz z wiekiem. U starszych kobiet, zwłaszcza powyżej 40 roku życia, istnieje większe zagrożenie wysokim ciśnieniem krwi (szczególnie u tych z nadwagą), cukrzycą, a także chorobą wieńcową, lecz wszystkie te schorzenia są powszechniejsze w starszych grupach wiekowych, dzięki czemu łatwiej je kontrolować. Starsze matki są też bardziej narażone na poronienie (z powodu starszych komórek jajowych), wystąpienie stanu przedrzucawkowego oraz przedwczesnego porodu (czemu w wielu przypadkach można zapobiec). Akcja porodowa i sam poród przeciętnie trwają dłużej oraz wykazują nieznaczną tendencję do komplikacji, częściej też konieczne stają się cesarskie cięcia czy inne formy ingerencji podczas porodu (jak na przykład użycie kleszczy czy próżniociągu położniczego). U niektórych starszych kobiet zmniejszenie napięcia mięśni i większa elastyczność stawów mogą mieć wpływ na wystąpienie pewnych trudności w czasie porodu, ale u wielu innych, dzięki doskonałej kondycji fizycznej będącej zasługą zdrowego stylu życia, nie stanowią żadnego problemu.

Mimo tych nieco większych zagrożeń, mamy też dobre wieści dla ciężarnej kobiety powyżej 35 roku życia. Obecnie starsze mamy mają znacznie więcej środków do swojej dyspozycji niż kiedykolwiek wcześniej. Badanie wad rozwojowych można przeprowadzić jeszcze w macicy dzięki dużej różnorodności testów przesiewowych i diagnostycznych, co oznacza, iż ryzyko noszenia przez ponad 35-letnią kobietę dziecka z poważnymi wadami wrodzonymi może być zmniejszone do poziomu porównywalnego do ryzyka dotyczącego młodszych kobiet. Choroby przewlekłe, częściej występujące u starszych matek, mogą być kontrolowane. Leki i ścisły nadzór medyczny mogą czasami powstrzymać przedwczesny poród. A przełomowe odkrycia medyczne nadal zmniejszają ryzyko wystąpienia komplikacji na sali porodowej.

Lecz te wszystkie osiągnięcia, które pozwalają pomóc starszym matkom bezpiecznie przejść ciążę i urodzić zdrowe dzieci, bledną przy tym, czego mogą dokonać matki w starszym wieku, by zwiększyć swe szanse, a mianowicie wykonywanie ćwiczeń, przestrzeganie odpowiedniej diety oraz poddanie się wysokiej jakości opiece prenatalnej. Sam zaawansowany wiek rozrodczy nie musi od razu kwalifikować matki do kategorii wysokiego ryzyka. Może to spowodować połączenie wielu indywidualnych zagrożeń. Gdy starsza matka podejmuje mozolny trud wyeliminowania lub zminimalizowania jak największej liczby czynników ryzyka, ujmuje sobie jakby lat i stwarza tym samym szansę urodzenia zdrowego dziecka równą tej, jaką ma o wiele od niej młodsza matka. Jest też parę innych plusów. Uważa się, że ten nowy typ kobiety – lepiej wykształconej (więcej niż poło-

wa starszych wiekiem matek ukończyła studia), zorientowanej na karierę zawodową, bardziej ustatkowanej może, dzięki swej dojrzałości i zrównoważeniu, lepiej wypełniać rolę matki. Ponieważ są starsze i prawdopodobnie zdążyły się już wyszumieć, możliwe jest, że nie będą tak bardzo obrażone na los, który narzuca im nowe obowiązki. Jedno z opracowań wykazało, że te matki ogólnie w większym stopniu akceptowały swoje macierzyństwo i przejawiały więcej cierpliwości i innych cech korzystnych dla rozwoju ich dzieci. I chociaż może mają mniej sił fizycznych niż wtedy, gdy były młodsze, radość, jaką niesie macierzyństwo, nadrabia z nawiązką niedobory energii. Zrelaksuj się więc, ciesz się swym stanem i bądź dobrej myśli. Nigdy dotąd oczekiwanie na dziecko w wieku powyżej 35 lat nie było tak bezpieczne.

## WIEK I BADANIA GENETYCZNE W CELU WYKRYCIA ZESPOŁU DOWNA

*Mam 34 lata. Termin porodu przypada na dwa miesiące przed moimi 35 urodzinami. Czy powinnam rozważyć przeprowadzenie badań w kierunku zespołu Downa?*

Prawdopodobieństwo urodzenia dziecka z zespołem Downa nie wzrasta nagle po 35 urodzinach. Ryzyko to zwiększa się stopniowo od wczesnych lat po dwudziestce, by osiągnąć największy wzrost u kobiet po 40 roku życia. Tak więc nie ma jasnej naukowej odpowiedzi na pytanie, czy ma sens przeprowadzenie badań prenatalnych, gdy przekroczy się wstydliwy wiek 35 lat. 35 rok życia jest po prostu arbitralnie narzuconą granicą, wybraną przez lekarzy, próbujących wykryć jak największą liczbę płodów z zespołem Downa, bez niepotrzebnego narażania większej liczby matek i ich dzieci na niewielkie ryzyko powstające w trakcie wykonywania niektórych rodzajów badań prenatalnych. Niektórzy lekarze doradzają kobietom, które ukończą 35 rok życia, przeprowadzenie takich badań jak amniopunkcja, inni – nie.

W wielu przypadkach lekarz może w pierwszej kolejności zaproponować, by przeprowadzono badania przesiewowe i oceniono ich wynik (patrz s. 49), zanim kobieta poniżej 35 roku życia zostanie poddana amniopunkcji. Nieprawidłowy wynik takiego badania wskazuje na możliwość, ale nie na prawdopodobieństwo wystąpienia zespołu Downa i innych nieprawidłowości u płodu, dlatego lekarz prawdopodobnie zasugeruje, żeby w następnej kolejności przeprowadzić amniopunkcję. I chociaż badanie to nie wykrywa wszystkich przypadków występowania zespołu Downa, jest to przydatne narzędzie badawcze. Z drugiej strony w przypadku, gdy wynik badania przesiewowego jest w normie, amniopunkcja przestaje być koniecznością – zakładając, że nie istnieją inne wskazania do jej przeprowadzenia poza wiekiem (patrz s. 53). Omów wszystkie swoje obawy i różne opcje z lekarzem oraz konsultantem genetycznym.

## WIEK OJCA

*Mam tylko 31 lat, ale mój mąż ponad 50. Czy zaawansowany wiek ojca stwarza jakieś ryzyko dla dziecka?*

Na przestrzeni dziejów wierzono, że rola ojca w procesie reprodukcji ogranicza się tylko do zapłodnienia. Dopiero w XX wieku (już zbyt późno, by pomóc tym wszystkim królowym, które postradały życie, nie mogąc wydać na świat męskich potomków) odkryto, że nasienie ojca odgrywa decydującą rolę genetyczną w określeniu płci dziecka. Również w ostatnich paru latach naukowcy sformułowali twierdzenie głoszące, że starsze nasienie może mieć wpływ na powstawanie takich wad wrodzonych, jak zespół Downa. Podobnie jak komórka jajowa starszej wiekiem matki, tak samo i pierwotne spermatocyty ojca dłużej wystawione były na działanie wszelkich niebezpiecznych czynników środowiskowych i przypuszczalnie zawierają zmienione lub zniszczone geny bądź chromosomy. Na podstawie wyników odrębnych badań udowodniono, że w około 25% lub 30% wszystkich przypadków zespołu Downa wadliwy chromosom pochodził od ojca. Wydaje się również, że ryzyko wystąpienia zespołu Downa wzrasta, gdy wiek ojca przekracza 50 lub 55 lat, aczkolwiek związek ten nie jest tak oczywisty jak w przypadku wieku matki.

Jednakże mimo istnienia tych opracowań, sformułowanie wiążących wniosków pozostaje w dalszym ciągu niewykonalne – głównie ze względu na nieodpowiednie zorganizowanie systemu badań naukowych. Do tej pory zainicjowanie takich, koniecznych dla uzyskania konkretnych rezultatów, badań na szeroką skalę było utrudnione z dwóch powodów. Przede wszystkim zespół Downa jest stosunkowo rzadki (około 1 przypadek na 700 urodzin). Ponadto w większości przypadków starsi ojcowie są partnerami starszych matek, co bardzo komplikuje możliwość wyjaśnienia niezależnej roli wieku ojca.

Tak więc pytanie, czy zespół Downa i inne wady wrodzone można łączyć z zaawansowanym wiekiem ojca, ciągle w dużym stopniu pozostaje bez odpowiedzi. Eksperci uważają, że zachodzi tu jakiś związek (chociaż nie jest jasne, w jakim wieku on się zaczyna), jednakże ryzyko jest prawie na pewno bardzo małe. Obecnie konsultanci genetyczni nie zalecają przeprowadzania amniopunkcji tylko ze względu na wiek ojca, jeżeli jednak miałabyś do końca martwić się o możliwe – chociaż mało prawdopodobne – skutki wpływu wieku twego męża na zdrowie dziecka, sensowne staje się poproszenie lekarza o przeprowadzenie badań przesiewowych (patrz s. 40), jeżeli już ci ich nie zaproponowano. Jeśli wynik badania będzie prawidłowy, możesz cieszyć się spokojem bez konieczności wykonywania amniopunkcji.

# MIĘŚNIAKI

*Od kilku lat mam mięśniaki i nigdy nie sprawiały mi żadnych kłopotów. Czy teraz, gdy jestem w ciąży, to się zmieni?*

Istnieje możliwość, że mięśniaki przeszkodzą ci w bezproblemowym przebyciu ciąży. W rzeczywistości większość tych niezłośliwych guzów na wewnętrznych ścianach macicy (częściej występujące u kobiet powyżej 35 roku życia) nie ma żadnego wpływu na ciążę. Niemniej jednak mięśniaki są czasami przyczyną problemów, zwiększając w nieznacznym stopniu ryzyko poronienia, przedterminowego porodu, porodu miednicowego i wystąpienia innych komplikacji. Aby zminimalizować ryzyko ich wystąpienia, powinnaś:

• Być pod opieką lekarza.

• Omówić temat mięśniaków ze swoim lekarzem, tak byś była lepiej zorientowana w stanie ogólnym oraz niebezpieczeństwach związanych z twoim konkretnym przypadkiem.

• Zredukować inne zagrożenia ciążowe.

• Zwracać szczególną uwagę na objawy mogące sygnalizować zbliżające się kłopoty (patrz s. 130).

Czasami kobieta, która ma mięśniaki może odczuwać parcie lub ból w okolicy brzucha. Zwykle nie jest to coś, czym należałoby się zbytnio martwić, trzeba jednak o tym powiadomić lekarza. Wypoczynek w łóżku przez następne 4 czy 5 dni i bezpieczne środki przeciwbólowe zwykle przynoszą ulgę.

Czasami mięśniaki ulegają martwicy lub skręcają się, powodując ból w brzuchu, któremu często towarzyszy gorączka. Rzadko konieczna jest interwencja chirurgiczna w celu usunięcia mięśniaka, który powoduje te lub inne problemy. Czasem, gdy lekarze podejrzewają, że mięśniaki mogą przeszkodzić w bezpiecznym porodzie drogami natury, mogą zdecydować się na wykonanie cięcia cesarskiego. Jednak w większości przypadków nawet duży mięśniak nie przeszkodzi płodowi, gdyż macica rozszerza się podczas ciąży.

*Kilka lat temu usunięto mi parę mięśniaków. Czy będzie to miało wpływ na moją ciążę?*

W większości przypadków chirurgiczne usunięcie niewielkich mięśniaków macicy nie ma wpływu na następne ciąże. Jednakże rozległy zabieg chirurgiczny mający na celu usunięcie dużych guzów może osłabić macicę do tego stopnia, że nie wytrzyma ona porodu. Jeżeli po przejrzeniu twojej historii choroby zawierającej dane o zabiegach chirurgicznych, którym byłaś poddana, lekarz zdecyduje, że w twoim przypadku występują duże zmiany pooperacyjne, to konieczne będzie wykonanie cięcia cesarskiego. Powinnaś zaznajomić się z pierwszymi oznakami nadchodzącego porodu (patrz s. 329). Powinnaś też mieć przygotowany plan na wypadek zaistnienia natychmiastowej potrzeby przetransportowania do szpitala po rozpoczęciu akcji porodowej.

# GRUCZOLISTOŚĆ

*Po latach cierpienia na gruczolistość wreszcie jestem w ciąży. Czy w moim stanie będę miała problemy związane z tą dolegliwością?*

Z gruczolistością wiążą się zwykle dwie kwestie stanowiące wyzwanie: trudności z poczęciem oraz ból. Gratulacje: zajście w ciążę oznacza, iż poradziłaś sobie z pierwszą z nich. A teraz jeszcze lepsza wiadomość: ciąża może pomóc ci pokonać drugą trudność. Objawy gruczolistości, takie jak ból, ulegają zmniejszeniu podczas ciąży. Najprawdopodobniej wynika to ze zmian hormonalnych. Kiedy dochodzi do wstrzymania jajeczkowania, fragmenty śluzówki macicy wszczepiające się heterotopowo stają się mniejsze i mniej wrażliwe. A ponieważ ciąża jest czymś dla normalnego organizmu kobiety całkowicie naturalnym, kobieta, która cierpi na gruczolistość, może się czuć „normalnie" po raz pierwszy od okresu dojrzewania. U jednych kobiet poprawa jest większa, u innych mniejsza. Wiele z nich nie ma żadnych objawów przez cały przebieg ciąży; u niektórych dolegliwości zwiększają się, w miarę jak płód rośnie i coraz mocniej kopie – szczególnie jeśli te kopnięcia wypadają na wrażliwe miejsca. Na szczęście jednak gruczolistość nie zwiększa ryzyka związanego z noszeniem dziecka czy w trakcie porodu (chyba że przeprowadzone zostanie nacięcie macicy, co nieznacznie zwiększa ryzyko jej pęknięcia). Mniej wesoła nowina jest taka, że ciąża jest tylko czasem wytchnienia, a nie lekarstwem na objawy gruczolistości. Po porodzie i odstawieniu dziecka od piersi objawy zwykle powracają.

## NIEWYDOLNOŚĆ CIEŚNIOWO-SZYJKOWA

*W czasie pierwszej ciąży w piątym miesiącu doszło do poronienia. Lekarz powiedział, że powodem była niewydolność cieśniowo-szyjkowa[1]. Właśnie uzyskałam pozytywny wynik domowego testu ciążowego i jestem przerażona, że znów powtórzy się ten sam problem.*

---

[1] Szyjka macicy to ujście macicy, przez które rodzi się dziecko.

Teraz, gdy już rozpoznano u ciebie niewydolność cieśniowo-szyjkową, twój lekarz powinien wiedzieć, jakie podjąć działania, aby zapobiec ponownemu poronieniu. Niewydolna szyjka to taka, która rozwiera się przedwcześnie pod wpływem parcia wzrastającej macicy i płodu (występuje w 1 lub 2 ciążach na każde 100). Sądzi się, że jest przyczyną 20-25% wszystkich poronień w drugim trymestrze. Niewydolna szyjka może być efektem genetycznie uwarunkowanej słabości szyjki, wystawienia kobiety na działanie DES (patrz s. 43), gdy była jeszcze w łonie matki, nadmiernego rozciągnięcia lub poważnych pęknięć szyjki zaistniałych w czasie poprzednich porodów, biopsji stożkowej przeprowadzonej w celu wykrycia raka szyjki macicy, chirurgii szyjkowej lub leczenia laserem. Noszenie więcej niż jednego płodu może również doprowadzić do powstania niewydolnej szyjki, w takim wypadku jednak problem ten zwykle nie daje o sobie znać przy następnych pojedynczych ciążach.

Niewydolność cieśniowo-szyjkową zwykle wykrywa się u kobiet, u których doszło do poronienia w drugim trymestrze po wystąpieniu progresywnego bezbolesnego skrócenia i ścieśnienia szyjki i jej rozwierania bez uchwytnych skurczów macicy i krwawienia z pochwy. Można ją także rozpoznać, gdy badanie USG lub badanie lekarskie wykaże, iż szyjka macicy przedwcześnie się skraca lub otwiera.

Jeśli lekarz, który opiekuje się tobą podczas ciąży, jeszcze nie wie o twoim problemie, jak najszybciej go z nim zaznajom. Możliwe, że założenie szwu okrężnego na część pochwową szyjki macicy zostanie przeprowadzone między 12 a 16 tygodniem w celu uniknięcia powtórzenia się tragedii. Ten prosty zabieg wykonywany jest przez macicę z miejscowym znieczuleniem. Dwanaście godzin po jego zakończeniu pacjentka może powrócić do normalnych zajęć, ale utrzymywanie stosunków seksualnych może być zabronione w okresie trwania ciąży, a częste badania lekarskie staną się konieczności. Leczenie można także rozpocząć, gdy badanie USG lub badanie lekarskie potwierdzą rozwarcie szyjki, nawet jeśli wcześniej nie było poronienia. To, kiedy zostaną zdjęte szwy, zależy częściowo od lekarza, a częściowo od sytuacji. Zwykle usuwane są one na parę tygodni przed przewidywanym terminem porodu, w niektórych przypadkach nie zdejmuje się ich aż do czasu rozpoczęcia akcji porodowej, chyba że wcześniej pojawi się infekcja, krwawienie lub przedwczesne pęknięcie błon.

Przy zastosowaniu szwów twoje szanse donoszenia płodu są raczej dość duże. Niemniej jednak będziesz musiała być bardzo wyczulona na wszelkie oznaki zbliżających się powikłań w drugim trymestrze lub na początku trzeciego: parcie w dolnej części brzucha, wydzielinę z pochwy z zawartością krwi lub bez, zwiększoną częstotliwość oddawania moczu. Jeżeli stwierdzisz występowanie któregoś z tych objawów, niezwłocznie udaj się do gabinetu lekarskiego lub punktu pomocy doraźnej.

## ZAPŁODNIENIE *IN VITRO* (ZIV)

*Poczęłam moje dziecko przez zapłodnienie in vitro. Czy moje szanse, by urodzić je zdrowe, są tak samo duże jak u wszystkich innych?*

Fakt, że zaszłaś w ciążę w laboratorium, a nie w łóżku, nie wpływa w żaden widoczny sposób na twoje szanse posiadania zdrowego dziecka[1]. Ostatnie badania wykazały, że jeżeli wszystkie inne czynniki są identyczne (wiek, szkodliwe otoczenie, stan

___
[1] Chociaż dysponujemy mniejszą ilością informacji na temat transferu wewnątrzjajowodowego gamet i zapłodnienia wewnątrzjajowodowego, to zakłada się, że szanse urodzenia zdrowych dzieci poczętych przy użyciu tych nowszych metod są takie same.

macicy, liczba płodów itd.), to nie daje się zauważyć znaczącego wzrostu występowania komplikacji podczas ciąży i porodu u matek po ZIV. Nie wydaje się również, by wzrastało ryzyko urodzenia dziecka z wadami wrodzonymi – nawet jeśli embrion został w pewnym momencie zamrożony.

Statystyki wykazują nieco zwiększoną liczbę poronień u matek po ZIV, ale spowodowane jest to prawdopodobnie faktem dokładniejszego niż zwykle monitorowania kobiet, u których dokonano ZIV, a co za tym idzie – rozpoznawania i rejestrowania każdej ciąży i każdego poronienia. Sytuacja ta nie dotyczy większości populacji kobiet, u której wiele poronień występuje przed stwierdzeniem ciąży i dlatego są nie zauważone lub nie odnotowane.

Jednak pewne różnice między twoją ciążą i pozostałymi wystąpią – przynajmniej na początku. Jako że pozytywny wynik testu nie musi koniecznie oznaczać ciąży i ponieważ co rusz ponawiane próby mogą być bardzo wyczerpujące emocjonalnie i finansowo, a także ponieważ nigdy od razu nie wiadomo, z ilu embrionów probówkowych rozwiną się płody – te pierwsze 6 tygodni ciąży po ZIV jest zwykle o wiele bardziej wyczerpujące nerwowo niż we wszystkich pozostałych przypadkach. Co więcej, jeżeli matka po ZIV poroniła po pierwszych próbach zapłodnienia, może się okazać konieczne ograniczenie stosunków seksualnych i innych form aktywności fizycznej, zalecany też może być całkowity wypoczynek w łóżku. Aby pomóc w podtrzymaniu rozwijającej się ciąży w czasie pierwszych dwóch miesięcy, może być również potrzebna kuracja hormonalna (progesteronem). Ale gdy tylko minie ten okres, możesz oczekiwać, że twoja ciąża będzie przebiegać mniej więcej tak samo jak u wszystkich – chyba że nosisz w sobie więcej niż jeden płód, jak to się zdarza w przypadku 5-25% matek po ZIV. Jeżeli dotyczy to ciebie – patrz s. 163.

Tak jak w każdym innym przypadku, twoje szanse posiadania zdrowego dziecka można znacznie zwiększyć poprzez dobrą opiekę medyczną, doskonałą dietę, umiarkowany wzrost masy ciała, zachowanie zdrowej równowagi między odpoczynkiem i ćwiczeniami, unikanie alkoholu, tytoniu i nie przepisanych leków.

## OPRYSZCZKA

*Bardzo się cieszę, że zaszłam w ciążę, ale jednocześnie się martwię, ponieważ mam opryszczkę narządów płciowych. Czy moje dziecko może się ode mnie zarazić?*

Opryszczka narządów płciowych występująca podczas ciąży jest powodem do troski, ale nie do strachu. Choć to prawda, iż dziecko poprzez zakażony kanał rodny jest narażone na infekcję tą chorobą przenoszoną drogą płciową – a stan noworodka może być poważny, ponieważ jego układ odpornościowy nie jest jeszcze rozwinięty – istnieją duże szanse na to, że twoje dziecko przyjdzie na świat bezpieczne, zdrowe i zupełnie wolne od opryszczki, szczególnie jeśli wraz z lekarzem podejmiecie zapobiegawcze kroki w trakcie ciąży i porodu.

Przede wszystkim do zakażenia noworodka dochodzi dość rzadko. Ryzyko, że dziecko się zarazi, wynosi 2 do 3%, jeśli u matki wystąpiła podczas ciąży nawracająca infekcja (czyli że już wcześniej miała opryszczkę). Po drugie, choć infekcje pierwotne (takie, które występują po raz pierwszy) w początkowym okresie ciąży zwiększają ryzyko poronienia czy przedwczesnego porodu, są one rzadkością. Nawet dzieci, które są bardziej narażone – czyli te, których matki miały pierwszy atak opryszczki na krótko przed rozwiązaniem – mają do 75% szans na ucieczkę przed infekcją. I wreszcie, choroba ta – choć nadal poważna – zdaje się mieć łagodniejszy przebieg u noworodków, niż to bywało w przeszłości.

Jeżeli więc zaraziłaś się opryszczką przed zajściem w ciążę, co jest najbardziej prawdopodobne, zagrożenie dla twojego dziecka jest niewielkie. A przy dobrej opiece medycznej może zostać jeszcze bardziej zmniejszone. Kobiety, które miały opryszczkę i u których w czasie rozpoczęcia akcji porodowej nadal występują aktywne zmiany, zwykle rodzą poprzez cięcie cesarskie, aby ochronić dziecko przed zakażeniem. Niektórzy lekarze co tydzień przeprowadzają

## Oznaki i objawy opryszczki narządów płciowych

Najbardziej prawdopodobne jest, że opryszczka narządów płciowych może zostać przeniesiona na płód właśnie podczas pierwotnej lub pierwszej infekcji. Powinnaś więc poinformować lekarza, czy występują u ciebie następujące objawy tej choroby: gorączka, bóle głowy, złe samopoczucie, bolesność przez dwa lub więcej dni, której towarzyszy ból w okolicy narządów płciowych, swędzenie, ból w czasie oddawania moczu, wydzieliny z pochwy i z cewki moczowej, miękkość w pachwinie, jak również zmiany skórne – najpierw w formie pęcherzyków, a później strupów. Leczenie zwykle trwa od dwóch do trzech tygodni i w tym czasie nadal istnieje możliwość przeniesienia choroby.

Jeżeli masz opryszczkę narządów płciowych, uważaj, by nie zarazić nią swego partnera (on też powinien uważać, jeżeli jest zarażony). Unikajcie stosunków płciowych, gdy u któregoś z was pojawią się zmiany skórne. Po korzystaniu z toalety lub po odbytym stosunku myj dokładnie ręce łagodnym mydłem, bierz codziennie prysznic lub kąpiel, utrzymuj zmiany skórne w czystości, staraj się, by były suche i posypuj je skrobią zbożową, noś bawełniane majtki i unikaj noszenia strojów zbyt obcisłych w okolicy krocza. Jeśli badanie w kierunku opryszczki dało wynik negatywny, ważne jest podjęcie kroków, aby nie nabawić się pierwszej infekcji (na przykład przestrzegać zasad bezpiecznego seksu, w przypadku gdy nie żyjesz w związku monogamicznym).

badania w celu wykrycia aktywnych infekcji, jeśli u ciężarnej zmiany pojawiają się na krótko przed terminem rozwiązania, i wykonują posiewy aż do porodu – inni natomiast sprawdzają tylko, czy występują aktywne zmiany (lub czy pojawiają się znaki wskazujące na zbliżający się atak aktywnej infekcji) w chwili, gdy rozpoczyna się akcja porodowa. Oba te sposoby postępowania mają na celu to, by niepotrzebnie nie przeprowadzać cięcia cesarskiego.

Ponieważ istnieje niewielka możliwość rozprzestrzenienia się infekcji do organizmu płodu, gdy tylko usunięty zostanie stanowiący ochronę worek owodniowy, cięcie przeprowadza się zazwyczaj od 4 do 6 godzin po pęknięciu błon, jeśli występują aktywne zmiany. Noworodki zagrożone opryszczką są zwykle izolowane od pozostałych, aby zapobiec rozszerzeniu się infekcji. Gdyby taka infekcja się rozwinęła, choć jest to mało prawdopodobne, leczenie przy użyciu leków antywirusowych zmniejszy ryzyko wystąpienia trwałych uszkodzeń. W przypadku gdy u matki występuje infekcja aktywna, może ona mimo to w dalszym ciągu opiekować się swym dzieckiem i nawet karmić piersią, pod warunkiem że zachowa szczególne środki ostrożności, aby uniknąć przeniesienia wirusa na dziecko.

# INNE CHOROBY PRZENOSZONE DROGĄ PŁCIOWĄ

*Słyszałam, że opryszczka może uszkodzić płód. Czy jest to również prawdziwe w odniesieniu do innych przenoszonych drogą płciową chorób?*

Zła wiadomość to ta, że inne choroby przenoszone drogą płciową istotnie stanowią zagrożenie dla płodu (jak i dla matki). A teraz dobra wiadomość: większość z nich jest łatwa do rozpoznania i bezpiecznego leczenia, nawet podczas ciąży. Ponie-

waż jednak kobiety często nie zdają sobie sprawy z tego, że są zarażone, zaleca się przeprowadzenie badań u wszystkich kobiet we wczesnym etapie ciąży p r z y n a j m n i e j w kierunku następujących chorób przenoszonych drogą płciową: chlamydii, rzeżączki, zapalenia wątroby typu B, AIDS oraz kiły. Pamiętaj, że choroby przenoszone drogą płciową nie występują wyłącznie u jednej grupy ludzi lub wyłącznie u osób żyjących na pewnym poziomie ekonomicznym. Mogą się przytrafić kobietom (i mężczyznom) w każdej grupie wiekowej, każdej rasy czy pochodzenia etnicznego i na każdym poziomie ekonomicznym zarówno wśród mieszkańców wsi, jak i dużych miast. Główne choroby przenoszone drogą płciową to:

**Rzeżączka.** Od dawna wiadomo, że rzeżączka wywołuje u dziecka urodzonego zakażonym kanałem rodnym zapalenie spojówek, ślepotę oraz inne poważne infekcje. Z tego powodu kobiety w ciąży są rutynowo badane pod kątem występowania tej choroby, zwykle już podczas pierwszej wizyty prenatalnej (patrz s. 107). Czasami, szczególnie u kobiet z wysokim ryzykiem występowania chorób przenoszonych drogą płciową, badanie powtarzane jest w późniejszym okresie ciąży. Jeżeli zakażenie rzeżączką zostanie stwierdzone, natychmiast poddawane jest leczeniu antybiotykami. Po leczeniu pobiera się jeszcze jeden posiew, by upewnić się, czy dana kobieta jest już wyleczona. Jako dodatkowy środek ostrożności po porodzie wkrapla się do oczu każdego noworodka maść antybiotykową. Jeżeli zależy ci najpierw na bliskim kontakcie z dzieckiem, zabieg ten można odłożyć na godzinę – ale nie dłużej.

**Kiła.** Badanie w kierunku tej choroby (mogącej wywołać różne wady wrodzone oraz być przyczyną urodzenia martwego dziecka) jest także rutyną podczas pierwszej wizyty prenatalnej. Leczenie antybiotykami zarażonej ciężarnej kobiety przed upływem

4 miesiąca ciąży, kiedy to zwykle infekcja zaczyna przekraczać granicę, jaką stanowi łożysko, prawie zawsze chroni płód przed powstaniem uszkodzeń. Bardzo dobrą nowiną jest gwałtowny spadek przypadków zarażenia się dziecka od matki. Centrum Kontroli Chorób jest wręcz optymistycznego zdania, iż wkrótce kiła całkowicie zniknie z terenu Stanów Zjednoczonych.

**Chlamydia.** Chlamydia, choć dopiero niedawno uznana została za chorobę stwarzającą potencjalne zagrożenie dla matek, jest teraz częściej zgłaszana do Centrum Kontroli Chorób niż rzeżączka. Szczególnie podatne na nią są seksualnie aktywne kobiety poniżej 25 roku życia. Chlamydia to najpowszechniejsza infekcja przekazywana płodowi przez matkę – oto, dlaczego badanie na obecność chlamydii w czasie ciąży jest dobrym pomysłem, szczególnie jeżeli w przeszłości miałaś wielu partnerów seksualnych, co znacznie zwiększyło prawdopodobieństwo zarażenia się tą chorobą. Jako że ponad połowa wszystkich kobiet zarażonych chlamydią nie odczuwa żadnych objawów, często pozostaje ona nie zauważona, jeśli nie przeprowadzi się odpowiednich badań.

Bezzwłoczne leczenie chlamydii przed ciążą lub w jej trakcie może zapobiec przeniesieniu choroby chlamydialnej (zapalenie płuc, na szczęście najczęściej łagodne – oraz infekcja oczu, która czasem przybiera poważną postać) z matki na jej dziecko w czasie porodu. Aczkolwiek najlepszym czasem na kurację jest okres przed poczęciem, to również zastosowanie antybiotyków u zarażonej ciężarnej kobiety może skutecznie zapobiec infekcji u dziecka. Maść antybiotykowa stosowana tuż po urodzeniu chroni noworodka przed chlamydialną oraz rzeżączkową infekcją oczu.

**Bakteryjna vaginoza.** Ta przenoszona drogą płciową choroba może wywoływać takie komplikacje, jak przedwczesne pęknięcie błon oraz zakażenie wewnątrzowodniowe, prowadzące do przedwczesnego porodu. Można ją powiązać także z niską masą urodzeniową. Przypuszczalne objawy tego schorzenia to m.in. cuchnący, stęchły czy „rybi" zapach z pochwy i/lub płynne, mlecznobiałe lub szarawe upławy. Swędzenie bądź podrażnienie występuje rzadko, a wiele kobiet nie zauważa żadnych objawów. Chociaż bakteryjna vaginoza jest chorobą przenoszoną drogą płciową, może także wystąpić u kobiety nie utrzymującej kontaktów seksualnych. Sposób, w jaki kobiety te mogą się zarazić, nie jest pewny. Podczas gdy część lekarzy przeprowadza badania na obecność bakteryjnego zakażenia pochwy tylko u kobiet, u których występuje duże zagrożenie przedterminowym porodem, inni uważają, że powinno się w tym kierunku badać wszystkie kobiety, dlatego też możesz być badana podczas pierwszej wizyty prenatalnej. Leczenie objawowe bakteryjnej vaginozy za pomocą antybiotyków jest skuteczne.

**Kłykciny kończyste.** Te przenoszone drogą płciową kłykciny mogą pojawiać się w każdym miejscu w obrębie narządów płciowych, a wywoływane są przez ludzki wirus papilloma. Ich wygląd może zmieniać się od ledwie widocznych zmian skórnych aż po miękkie, aksamitne, płaskie guzy lub przypominające kalafior narośla; ich zabarwienie rozciąga się od blado- do ciemnoróżowego. I choć rzadko bywają przenoszone na dziecko, w 5-15% wszystkich przypadków wywołują zapalenie szyjki macicy, mogące przekształcić się później w raka szyjki. Leczenie może obejmować środki przepisane na receptę stosowane miejscowo, bezpieczne dla kobiet w ciąży. Nie wolno używać leków dostępnych w aptekach bez recepty. Jeżeli to konieczne, duże kłykciny można usunąć w późniejszym okresie ciąży poprzez zamrażanie, wypalanie elektryczne lub terapię laserem. W niektórych przypadkach leczenie wstrzymuje się w ciąży, a wznawia po porodzie.

**Rzęsistkowica.** Objawy tej przenoszonej drogą płciową choroby wywoływanej przez pasożyty (zwanej także infekcją rzęsistkową lub „rzęsistkiem") to zielonkawe, pieniste upławy z pochwy o nieprzyjemnym rybim zapachu oraz – często – swędzenie. U około połowy osób zarażonych nie występują żadne objawy. Choć schorzenie to zwykle nie wywołuje poważnej choroby, istnieje ryzyko, iż u ciężarnej kobiety spowoduje przedterminowy poród, zatem nie należy odkładać leczenia. Zwyczajowo przepisywany lek doustny uważany jest za bezpieczny, nawet we wczesnym etapie ciąży.

**Zespół nabytego braku odporności (AIDS).** Zakażenie wirusem HIV, powodującym AIDS, stanowi zagrożenie nie tylko dla przyszłej matki, ale również dla jej dziecka. Duży odsetek (szacunki mówią o 20-65%) dzieci urodzonych przez matki nosicielki wirusa HIV wykazuje w okresie do 6 miesięcy po narodzinach oznaki rozwijającej się infekcji. Podejrzewa się także, że sama ciąża może przyspieszyć proces chorobowy w organizmie matki. Z tych względów niektóre zarażone kobiety decydują się na przerwanie ciąży. Przed podjęciem jakichkolwiek działań każdy, u kogo test na obecność HIV da wynik pozytywny, powinien rozważyć możliwość przeprowadzenia powtórnego badania (nie zawsze testy są dokładne i czasami mogą dać wynik pozytywny u kogoś, kto nie jest tym wirusem zarażony, zwłaszcza u kobiety, która urodziła kilkoro dzieci). Jeżeli drugi test da wynik pozytywny, bezwarunkowo konieczna staje się konsultacja w poradni AIDS odnośnie do możliwych sposobów leczenia. Leczenie matki nosicielki wirusa HIV przez podawanie AZT lub innych leków antyretrowirusowych i, dodatkowo, witaminy A może znacznie obniżyć ryzyko zakażenia przez nią dziecka – wszystko wskazuje na to, że bez wyniszczających skutków ubocznych. Zdecydowanie się na poród przez cięcie cesarskie (które zostanie przeprowadzone, za-

nim rozpoczną się skurcze i dojdzie do pęknięcia błon) może zredukować do zera ryzyko przeniesienia wirusa na dziecko.

Jeżeli podejrzewasz, że możesz być zarażona którąś z chorób przenoszonych drogą płciową, upewnij się u lekarza, czy zostałaś poddana odpowiednim badaniom, a jeśli nie – poproś o ich przeprowadzenie. Jeżeli test da wynik pozytywny, pamiętaj, by rozpocząć leczenie, a jeśli okaże się to konieczne – także leczenie twego partnera. Ochroni to nie tylko twoje zdrowie, ale też zdrowie twego dziecka.

# STRACH PRZED AIDS

*Zarówno mój mąż, jak i ja mieliśmy wielu partnerów, zanim się poznaliśmy. Ponieważ czasami AIDS nie ujawnia się nawet przez lata, jaką mam pewność, że nie jestem nosicielką wirusa HIV i że nie przekażę tej choroby mojemu dziecku?*

Nawet jeśli mieliście wielu partnerów, prawdopodobieństwo, że ty i twój mąż zaraziliście się wirusem HIV (ludzki wirus niedoboru odporności) wywołującym AIDS przed waszym poznaniem, jest niewielkie, jeżeli żadne z was nie należy do grupy wysokiego ryzyka (hemofilicy, narkomani stosujący narkotyki dożylnie, biseksualiści i homoseksualiści). Możesz się jednak uspokoić, poddając się testom. Gdyby jednak – co jest mało prawdopodobne – okazało się, że wyniki testów będą pozytywne, należy poddać się natychmiastowemu leczeniu, które może pomóc zarówno matce, jak i dziecku (o zakażeniu wirusem HIV czytaj obok).

*Byłam zaskoczona, gdy lekarz spytał mnie, czy chcę się poddać testowi na obecność HIV– nie sądzę, bym należała do grupy wysokiego ryzyka.*

Badania w kierunku HIV u kobiet ciężarnych stają się coraz powszechniejsze, bez względu na to, czy w ich wcześniejszych

## Szczepienia w ciąży

Ponieważ różnego rodzaju zakażenia mogą stać się przyczyną problemów w ciąży, dobrze jest zadbać o wszystkie konieczne szczepienia p r z e d zajściem w ciążę. Większość szczepionek, w których wykorzystane są żywe formy wirusów (w tym szczepionka trójwalentna przeciw odrze, śwince i różyczce oraz przeciw ospie wietrznej), nie jest zalecana podczas ciąży. Inne szczepionki – według Centrum Kontroli Chorób – nie powinny być podawane rutynowo, lecz jedynie w razie potrzeby. Do tej grupy należą szczepienia przeciw wirusowemu zapaleniu wątroby typu A czy szczepienie pneumokokowe. Po pierwszym trymestrze bezpiecznie możesz się zaszczepić przeciwko tężcowi, błonicy i wirusowemu zapaleniu wątroby typu B przy użyciu szczepionek zawierających martwe lub nieaktywne wirusy. Centrum Kontroli Chorób zaleca również każdej kobiecie w drugim i trzecim trymestrze ciąży, by – mimo swego stanu – podczas sezonu grypowego zaszczepiła się przeciwko grypie. Spytaj lekarza, które szczepienia są bezpieczne podczas ciąży oraz których z nich – jeśli w ogóle – możesz potrzebować.

losach można się doszukać zachowań kwalifikujących je do grup wysokiego ryzyka. W wielu stanach USA wymaga się od lekarzy, by proponowali poradnictwo dotyczące zakażenia wirusem HIV oraz zlecali kobietom ciężarnym badania w celu wykrycia obecności tego wirusa. Natomiast Amerykańskie Stowarzyszenie Położników i Ginekologów zaleca, by wszystkie kobiety w ciąży, niezależnie od stopnia ryzyka, przechodziły to badanie. Tak więc nie czuj się urażona, powinnaś raczej się cieszyć, że twój lekarz ma na względzie twoje dobro i zaleca wykonanie badań.

## POZIOM PRZECIWCIAŁ RÓŻYCZKI

*Jako dziecko byłam szczepiona przeciwko różyczce, lecz prenatalne badanie krwi wykazało, że mam niski poziom przeciwciał różyczki. Czy powinno mnie to martwić?*

Nie, ale powinnaś zachować ostrożność. Szczególnie musisz unikać kontaktu z różyczką w pierwszym trymestrze, gdyż wówczas ryzyko, że dziecko w poważnym stopniu ucierpi z powodu tej choroby, jest największe (patrz s. 465). (Nie jest to wcale trudne, ponieważ większość dzieci i dorosłych została zaszczepiona.) Mimo iż nie zostaniesz zaszczepiona podczas ciąży, stanie się to zaraz po porodzie, przed opuszczeniem szpitala. Wtedy przeprowadzenie tego zabiegu będzie bezpieczne, nawet jeśli karmisz piersią.

## WIRUSOWE ZAPALENIE WĄTROBY TYPU B

*Jestem nosicielką żółtaczki typu B i właśnie dowiedziałam się, że jestem w ciąży. Czy moje nosicielstwo może mieć szkodliwy wpływ na dziecko?*

Fakt, że jesteś nosicielką wirusowego zapalenia wątroby typu B (podobnie jak około 40 000 innych kobiet w ciąży), jest pierwszym sygnałem wskazującym, że twemu dziecku nie stanie się krzywda. W zależności od wyniku testu na antygen powierzchniowy wirusowego zapalenia wątroby typu B, zostanie ci podana zarówno immunoglobulina przeciwko WZW typu B, jak i szczepionka przeciw tej chorobie. Leczenie twojego dziecka rozpocznie się w ciągu 12 godzin po porodzie i za pomocą immunoglobuliny, i szczepionki; leczenie to niemal zawsze zapobiega rozwinięciu się zakażenia. Tak więc upewnij się, czy twój lekarz wie o twoim stanie i że twoje dziecko będzie stosownie leczone. W celu uzyskania większej ilości informacji na temat zakażenia WZW – patrz s. 466.

# ZAŁOŻONA WKŁADKA DOMACICZNA

*Od dwóch lat mam założoną wkładkę domaciczną i właśnie odkryłam, że jestem w ciąży. Chcemy mieć to dziecko – czy jest to możliwe?*

Zajście w ciążę przy stosowaniu antykoncepcji zawsze jest trochę niepokojące, ale to się zdarza. Prawdopodobieństwo zajścia w ciążę z założoną wkładką domaciczną wynosi mniej niż 1 na 100 przypadków, w zależności od rodzaju użytej wkładki i tego, czy została prawidłowo założona. Kobieta, która zachodzi w ciążę, mając założoną wkładkę, i nie chce ciąży przerwać, ma dwa wyjścia, które powinna jak najszybciej omówić z lekarzem: pozostawienie wkładki na miejscu lub jej usunięcie.

To, które z rozwiązań jest lepsze, zwykle zależy od tego, czy w czasie badania można dostrzec wyraźnie wychodzącą z szyjki macicy nitkę połączoną z wkładką. Jeżeli jej nie widać, szanse, by ciąża przebiegała w sposób niezakłócony mimo obecności wkładki, są bardzo duże. Po prostu wkładka zostaje przyciśnięta do ściany macicy przez powiększający się worek owodniowy otaczający dziecko, a podczas porodu wypchnięta zazwyczaj razem z łożyskiem. Jeżeli jednak w okresie wczesnej ciąży nitka połączona z wkładką jest dalej widoczna, zwiększa się ryzyko zakażenia. W takim wypadku szanse na bezpieczny i udany przebieg ciąży znacznie wzrastają, gdy po potwierdzeniu zapłodnienia zostanie ona jak najszybciej usunięta. Jeżeli tak się nie stanie, istnieje duże prawdopodobieństwo samoistnego poronienia płodu, natomiast w przypadku usunięcia wkładki ryzyko wynosi tylko 20%. Jeżeli nie brzmi to zbyt uspokajająco, pamiętaj, że średnia poronień we wszystkich ciążach szacowana jest na około 15-20%.

Jeżeli wkładka nie zostanie usunięta, powinnaś być wyczulona – szczególnie w pierwszym trymestrze – na wszelkie krwawienia, skurcze lub wysoką gorączkę, a to ze względu na fakt, że wkładka domaciczna może stwarzać u ciebie wyższe ryzyko pojawienia się komplikacji we wcześniejszym okresie ciąży (patrz *Ciąża ektopowa*, s. 124 oraz *Poronienie*, s. 121). W przypadku pojawienia się tych objawów niezwłocznie powiadom lekarza.

# PIGUŁKI ANTYKONCEPCYJNE W CZASIE CIĄŻY

*Zaszłam w ciążę, używając pigułek antykoncepcyjnych. Zażywałam je jeszcze przez ponad miesiąc, ponieważ nie miałam pojęcia, że jestem w ciąży. Czy może to mieć jakieś skutki dla mojego dziecka?*

Najlepiej, gdybyś przestała używać doustnych środków antykoncepcyjnych na 3 miesiące lub przynajmniej 2 normalne cykle miesiączkowe przed próbą zajścia w ciążę. Jednakże poczęcie nie zawsze czeka na idealne warunki i od czasu do czasu zdarza się, że kobieta zachodzi w ciążę, gdy zażywa pigułki. Mimo wszystkich ostrzeżeń, które przypuszczalnie przeczytałaś w ulotce dołączonej do pigułek, nie ma powodu do obaw. Statystycznie nie istnieje żaden niezbity dowód mogący świadczyć o zwiększonym ryzyku występowania wad rozwojowych płodu w przypadkach, gdy poczęcie nastąpiło w okresie zażywania przez matkę doustnych środków antykoncepcyjnych. Omówienie tych zagadnień z lekarzem powinno w jeszcze większym stopniu rozwiać twoje obawy.

# ŚRODKI PLEMNIKOBÓJCZE

*W ciążę zaszłam w czasie, gdy używałam środków plemnikobójczych wraz z krążkiem dopochwowym. Stosowałam tę metodę jeszcze parę razy, zanim się dowiedzia-*

*łam, że jestem w ciąży. Czy środki chemicz-ne mogły uszkodzić nasienie przed samym poczęciem lub płód już po nim?*

Ocenia się, że spośród kobiet, które zacho-dzą w ciążę każdego roku, od 300 000 do 600 000 używa środków plemnikobój-czych w okresie poczęcia i/lub w pierwszych tygodniach ciąży, zanim dowiedzą się, że po-częły dziecko. Tak więc pytanie dotyczące skutków działania środków plemnikobój-czych w okresie poczęcia i samej ciąży jest bardzo istotne dla wielu oczekujących dziec-ka par – jak również tych stojących przed ko-niecznością wyboru metody kontroli urodzin.

Na szczęście jak dotychczas odpowiedzi są uspokajające. Do tej pory nie sugerowano ni-czego ponad luźny związek między stosowa-niem środków plemnikobójczych a występo-waniem pewnych wad wrodzonych. Najnow-sze i najbardziej przekonujące opracowania nie stwierdziły wzrostu częstotliwości wystę-powania takich wad nawet w przypadku nie-przerwanego używania środków plemnikobój-czych w okresie wczesnej ciąży. A więc zgod-nie z najlepszymi dostępnymi informacjami na ten temat, zarówno ty, jak i pozostałe od 299 999 do 599 999 przyszłych matek (i przy-szłych ojców) możecie odetchnąć – wydaje się, że naprawdę nie ma się czym martwić.

Jednakże w przyszłości możesz poczuć się lepiej, jeśli będziesz stosować inną i chy-ba pewniejszą metodę antykoncepcji. A po-nieważ narażenie embrionu czy płodu na działanie niepotrzebnych substancji che-micznych nigdy nie jest dobre, powinnaś – jeżeli dalej używasz środków plemnikobój-czych – odpowiednio wcześnie zaplanować przerwę w ich stosowaniu w przypadku, je-śli ponownie zamierzasz zajść w ciążę.

## ŚRODKI ZAWIERAJĄCE PROGESTERON

*W zeszłym miesiącu lekarz przepisał mi Proverę w celu wywołania opóźniającego*

*się okresu. Okazuje się, że byłam w ciąży. Ulotka ostrzega, aby ciężarne kobiety ni-gdy nie zażywały tego leku. Czy u mojego dziecka mogą wystąpić wady wrodzone?*

Używanie leku zawierającego progeste-ron, na przykład Provery, aczkolwiek nie jest zalecane, nie stanowi powodu do zmartwień. Ostrzeżenia firm farmaceu-tycznych mają na celu ochronę nie tylko ciebie, ale też ich samych: na wypadek ewentualnych procesów sądowych. Prawdą jest, że niektóre opracowania mówią o ry-zyku (jak 1 na 1000) wystąpienia pewnych wad wrodzonych w przypadkach, gdy płód wystawiony był na działanie takiego leku, jednakże ryzyko to jest tylko nieznacznie większe od ryzyka wystąpienia tych samych wad w każdej innej ciąży.

To, czy lek zawierający progesteron fak-tycznie wywołuje powstawanie pewnych wad wrodzonych, nie jest do końca pewne. Niektórzy lekarze uważają, że tylko pozor-nie powoduje owe wady – umożliwiając czasem utrzymywanie obumarłej ciąży ko-biecie, która w innym wypadku by poroni-ła. Prawdopodobnie potrzeba będzie wielu lat dokładnych badań nad setkami tysięcy ciężarnych kobiet, aby móc definitywnie określić skutki działania (jeśli w ogóle ist-nieją) leków zawierających progesteron na rozwój płodu. Lecz zgodnie z tym, co obec-nie wiadomo, uważa się, że jeśli nawet pro-gesteron jest faktycznie teratogenem (sub-stancją mogącą uszkodzić jajo płodowe lub płód), to jest to środek o bardzo słabym działaniu (patrz *Spojrzenie na ryzyko z per-spektywy*, s. 80). Tak więc to zagadnienie możesz wykreślić ze swej listy obaw.

## ŚRODKI ZAWIERAJĄCE ESTROGENY

*Moja matka zażywała DES, gdy była ze mną w ciąży. Czy może to mieć jakiś wpływ na moją ciążę i moje dziecko?*

Zanim poznano zagrożenia, jakie niosło ze sobą stosowanie leku przeciwdziałającego poronieniom, a zawierającego syntetyczny estrogen – diethylstilbestrolu (DES), ponad milion kobiet zdążyło go użyć. Wynik: wiele z ich córek urodziło się ze strukturalnymi wadami dróg rodnych (u większości tak niewielkimi, że nie mają żadnego znaczenia z ginekologicznego i położniczego punktu widzenia). Wiele z tych dzieci urodzonych przez kobiety przyjmujące DES przekroczyło już wiek, w którym można mieć dzieci. Pozostałe, tak jak ty, jeszcze są w wieku rozrodczym – i martwią się o wpływ, jaki owe wywołane przez DES wady mogą mieć teraz na przebieg ich ciąży. Na szczęście u większości kobiet skutki te wydają się minimalne – ocenia się, że przynajmniej 80% spośród kobiet wystawionych na działanie DES mogło mieć dzieci.

Jednakże u kobiet z najpoważniejszymi wadami zdaje się występować zwiększone ryzyko zaistnienia pewnych problemów w okresie ciąży: ciąża ektopowa (prawdopodobnie ze względu na wadliwą budowę jajowodów), poronienie w środkowym trymestrze lub przedwczesny poród (zwykle z powodu osłabionej lub niewydolnej szyjki macicy, która pod naporem rosnącego płodu może rozewrzeć się przedwcześnie). Ze względu na zagrożenia występujące w tego rodzaju komplikacjach nieodzowne jest powiadomienie lekarza o tym, że byłaś wystawiona na działanie DES[1]. Musisz również pamiętać o objawach towarzyszących tego rodzaju niefortunnym okolicznościom. W przypadku, gdy się pojawią, musisz natychmiast powiadomić o tym swego lekarza.

Jeżeli zaistnieje podejrzenie występowania niewydolności cieśniowo-szyjkowej, podjęte zostanie najprawdopodobniej jedno z następujących dwóch rozwiązań: albo między 12 a 16 tygodniem ciąży założony zostanie

---

[1] Ze względu na nieco większe ryzyko występowania komplikacji ciążowych u kobiet, które były narażone na działanie DES, opiekę nad ich ciążą powinien nadzorować lekarz położnik.

wokół szyjki macicy szew okrężny, albo będzie się przeprowadzać regularne badania szyjki w celu wykrycia oznak przedwczesnego rozwarcia. Kiedy tylko te oznaki się pojawią, podjęte zostaną dalsze działania mające na celu powstrzymanie przedwczesnego porodu (patrz s. 35)

## ŻYCIE NA DUŻYCH WYSOKOŚCIACH

*Niepokoję się, ponieważ żyjemy na dużej wysokości, a słyszałam, że może to stwarzać problemy w czasie ciąży.*

Ponieważ jesteś przyzwyczajona do oddychania rzadszym powietrzem tam, gdzie żyjesz, jest mniej prawdopodobne, byś mogła mieć jakieś kłopoty spowodowane wysokością, niż w przypadku gdybyś dopiero co tam się przeprowadziła po, powiedzmy, trzydziestu latach przebywania na poziomie morza. I chociaż u kobiet żyjących na dużych wysokościach w bardzo niewielkim stopniu zwiększa się możliwość rozwinięcia takich komplikacji ciążowych, jak nadciśnienie i zatrzymanie wody oraz nieco mniejsza od przeciętnej masa noworodka, to poprzez dobrą opiekę prenatalną skojarzoną z własnym rozsądnym postępowaniem (przestrzeganie diety, utrzymywanie odpowiedniej wagi, abstynencja, jeśli idzie o alkohol i narkotyki) można zagrożenia te znacznie zminimalizować. Podobnie ma się rzecz z unikaniem przez ciebie palenia tytoniu, jak również samego przebywania w towarzystwie osób palących. Palenie, które odbiera dziecku tlen i uniemożliwia optymalny rozwój na każdej wysokości, zdaje się powodować jeszcze większe szkody w przypadku dużych wysokości, zmniejszając więcej niż dwukrotnie średnią masę nowo narodzonego dziecka. Forsowne ćwiczenia mogą również pozbawić twoje dziecko tlenu, dlatego też warto zdecydować się na energiczny spacer zamiast męczącego biegu i (dotyczy to oczywiście wszystkich ciężarnych kobiet) przerwać go przed pojawieniem się objawów wyczerpania.

I chociaż ty powinnaś poradzić sobie z dużą wysokością bez większych kłopotów, to jednak u kobiet przyzwyczajonych do życia na niższych wysokościach mogą wystąpić w czasie ciąży trudności z przystosowaniem się do warunków panujących na wysokościach o wiele wyższych od poziomu morza. Niektórzy lekarze sugerują wręcz odłożenie wyjazdu na tereny wysokogórskie aż do okresu po porodzie (patrz s. 218). Oczywiście wykluczone są też wszelkie próby wspinaczki i zdobywanie szczytów.

## RELIGIJNE OGRANICZENIA OPIEKI MEDYCZNEJ

*Ze względu na moje poglądy religijne jestem przeciwna pomocy medycznej. Dotyczy to w szczególności ciąży, która jest procesem naturalnym. Jednak moje wewnętrzne przeświadczenie mówi mi, że to może być niebezpieczne.*

Masz rację – to może być niebezpieczne. Ciąża jest co prawda procesem naturalnym, ale równocześnie takim, który bez odpowiedniej opieki medycznej może być ryzykowny zarówno dla matki, jak i dla dziecka – a ty musisz zdecydować, czy warto takie ryzyko podejmować. Czy chcesz poza swym ryzykiem osobistym podejmować również ryzyko prawne, jeżeli twemu dziecku przytrafi się coś, czemu mogłaś zapobiec dzięki opiece prenatalnej? Niektóre sądy obarczają matki odpowiedzialnością za ich postępowanie mogące przyczynić się do uszkodzenia płodu. Nie sądzę, by twoje wewnętrzne przeświadczenie negowało ważność zasad religijnych, gdy podpowiada ci, że to raczej ludzkie życie – nie tylko twoje, lecz również twego najdroższego dziecka – jest tutaj stawką.

Na koniec może warto jeszcze dodać, że prawie żadne przekonania religijne nie są sprzeczne z dobrą i bezpieczną opieką położniczą. Porozmawiaj o swych przekonaniach z dwoma lub trzema rozsądnymi lekarzami. Bardzo możliwe, że znajdziesz lekarza lub położną, którzy będą w stanie bezpiecznie połączyć twoje zasady religijne z dobrą opieką medyczną być może przy pomocy twojego duchownego.

## WYWIAD RODZINNY

*Niedawno odkryłam, że i moja matka, i jedna z jej sióstr straciły dzieci wkrótce po ich urodzeniu. Nikt nie wie dlaczego. Czy mogłoby to przydarzyć się mnie?*

Zwykle ukrywało się rodzinne historie związane z chorobą lub śmiercią niemowląt, tak jakby strata dziecka była powodem do wstydu. Obecnie zdajemy już sobie sprawę, że dokładne zbadanie historii wcześniejszych pokoleń może pomóc ochronić obecne. Chociaż śmierć dwójki dzieci w podobnych okolicznościach może być wyłącznie przypadkowa, to rozsądny wydaje się jednak pomysł spotkania z konsultantem genetycznym lub specjalistą z zakresu medycyny matczyno-płodowej w celu uzyskania porady. Twój lekarz będzie zapewne mógł polecić ci takich specjalistów.

Każda para, nie dysponująca informacjami na temat możliwych wad dziedzicznych w ich rodzinach, uczyniłaby mądrze, starając się jak najwięcej o tym dowiedzieć, przepytując na przykład starszych członków swych rodzin. Ponieważ w przypadkach wielu wad dziedzicznych możliwa jest diagnostyka prenatalna, posiadanie takich dodatkowych informacji odpowiednio wcześniej pozwala zapobiegać pewnym problemom, zanim się jeszcze pojawią, bądź w przypadku, gdy już istnieją – podejmować właściwe leczenie.

*W naszej rodzinie było kilkoro dzieci, które po porodzie wydawały się zdrowe, a później zaczęły coraz częściej chorować i w końcu umierały we wczesnym dzieciństwie. Czy powinnam się tym martwić?*

Wśród głównych przyczyn chorób i śmierci niemowląt w pierwszych paru dniach lub tygodniach życia wymienić można wrodzone wady metaboliczne. U dzieci urodzonych z tego rodzaju defektem genetycznym występuje brak jakiegoś enzymu lub innej substancji chemicznej, uniemożliwiający metabolizm określonego składnika pokarmowego (którego – zależy od tego, jakiego hormonu brakuje). Jak na ironię – życie dziecka staje się zagrożone z chwilą, gdy tylko rozpocznie się karmienie.

Na szczęście większość tego rodzaju zaburzeń można rozpoznać prenatalnie lub zaraz po porodzie, po czym z powodzeniem je leczyć. Obecnie dostępne są testy w kierunku trzydziestu chorób neonatalnych, możliwych do przeprowadzenia tuż po porodzie (przy czym badania te nie są wykonywane rutynowo i rodzice muszą konkretnie o nie poprosić; patrz s. 286). Istnieją dowody, że wczesne rozpoznanie i interwencja lekarska może wiele zmienić w prognozach dla tych chorób. Tak więc możesz uważać, że masz dużo szczęścia, ponieważ wcześniej dysponujesz informacją o tych rodzinnych przypadkach, i teraz powinnaś koniecznie zapoznać z nią swego lekarza, a także – jeśli jest to zalecane – pracownika poradni genetycznej.

## PORADNICTWO GENETYCZNE

*Ciągle się martwię o to, że mogę mieć jakiś problem na podłożu genetycznym i nic o nim nie wiedzieć. Czy powinnam się zgłosić do poradni genetycznej?*

Prawdopodobnie każdy z nas ma przynajmniej jeden gen odpowiedzialny za zaburzenia o podłożu genetycznym. Ponie-

waż na szczęście większość takich chorób wymaga pasującej do siebie pary genów: jednego od matki i jednego od ojca, zwykle nie występują one u ich dzieci. Jedno lub oboje rodzice mogą zostać przebadani pod kątem takich schorzeń przed ciążą lub w czasie jej trwania. Lecz przeprowadzenie tych badań ma sens tylko wtedy, jeśli zachodzi wyższe niż przeciętne prawdopodobieństwo, że oboje rodzice są nosicielami określonej choroby. Wskazówka ma często charakter etniczny lub geograficzny. Na przykład ostatnio zalecano, by wszyscy przedstawiciele rasy kaukaskiej grupy etnicznej byli badani pod kątem zwłóknienia torbielowatego (gdyż zmutowane geny odpowiedzialne za to schorzenie posiada 1 na 25 osób pochodzących z Europy, a należących do tej rasy). Żydowskie pary, których przodkowie przybyli z Europy Wschodniej, powinny zostać przebadane pod kątem choroby Tay--Sachsa czy choroby Canavana. (Pierwsza z tych chorób zdarza się także w innych grupach etnicznych, takich jak Amerykanie pochodzenia irlandzkiego, potomkowie francuskich osadników ze stanu Luizjana czy Kanadyjczycy pochodzenia francuskiego). Podobnie czarnoskóre pary powinny zostać przebadane w kierunku niedokrwistości sierpowato-krwinkowej, a osoby pochodzące z obszaru śródziemnomorskiego – w kierunku talasemii (dziedzicznej formy niedokrwistości). Badanie zwykle zalecone zostanie jednemu z rodziców; badanie drugiego staje się konieczne dopiero wtedy, gdy wynik pierwszego badania jest pozytywny.

Choroby, które mogą być przenoszone przez pojedynczy gen pochodzący od jednego z rodziców, który jest nosicielem (takie jak na przykład hemofilia) lub jest dotknięty daną chorobą (na przykład pląsawicą Huntingtona), zazwyczaj wcześniej zamanifestowały swoją obecność w rodzinie, lecz informacja o tych przypadkach być może nie jest rozpowszechniona wśród twoich krewnych. Z tego właśnie powodu tak ważne jest przechowywanie wszelkich informacji dotyczących historii zdrowotnej danej rodziny.

Na szczęście większość rodziców oczekujących narodzenia dziecka znajduje się w grupie niskiego ryzyka przekazania jakichś wad genetycznych i nie musi nigdy odwiedzać poradni genetycznej. Zwykle położnik w rozmowie z daną parą poruszy podstawowe zagadnienia genetyczne, a w razie zaistnienia potrzeby dokładniejszej konsultacji odeśle do specjalistów z zakresu genetyki lub medycyny matczyno-płodowej. Dotyczy to:

- par, u których badania krwi wykazały, że są nosicielami schorzeń o podłożu genetycznym, które mogą zostać przekazane ich dzieciom;

- rodziców, którzy już mają jedno lub więcej dzieci z wrodzonymi wadami genetycznymi;

- par, które trzy lub więcej razy spotkały przypadki poronienia;

- par, które wiedzą o przypadkach wystąpienia chorób dziedzicznych u swoich przodków. Niekiedy (jeśli w grę wchodzi na przykład zwłóknienie torbielowate lub talasemia) przeprowadzenie testu DNA rodziców przed poczęciem dziecka sprawia, że interpretowanie wyników badań płodu staje się łatwiejsze;

- par, w których jeden partner ma genetyczną wadę (taką jak na przykład wrodzona choroba serca);

- kobiet ciężarnych, u których badania przesiewowe na obecność wad płodu dały wynik pozytywny (patrz s. 49);

- par blisko ze sobą spokrewnionych; ryzyko dziedziczenia chorób przez potomstwo jest największe, jeśli rodzice są krewnymi (na przykład jak 1 do 9 u kuzynów pierwszej linii);

- kobiet powyżej 35 roku życia.

Pracownik poradni genetycznej został wyszkolony, by móc, na podstawie profili genetycznych, zapewnić takim parom jak największe szanse na posiadanie zdrowego dziecka. Może im pomóc w zastanowieniu się, czy powinni mieć dzieci, a jeśli już oczekują narodzin potomka, zasugerować przeprowadzenie odpowiednich badań prenatalnych.

Poradnictwo genetyczne ochroniło setki tysięcy par z grupy wysokiego ryzyka przed rozpaczą z powodu noszenia dziecka z poważnym schorzeniem. Najlepiej udać się do poradni genetycznej jeszcze przed poczęciem, a w przypadku osób blisko spokrewnionych, przed ślubem. Ale nawet gdy ciąża zostanie potwierdzona, nie jest jeszcze za późno.

Jeżeli badanie wykaże, że płód ma poważną wadę, oczekujący rodzice staną przed podjęciem decyzji, czy należy przerwać ciążę. Choć decyzja ta należy tylko do nich, pracownik poradni genetycznej może w dużym stopniu pomóc w jej podjęciu. (Więcej informacji znajdziesz na s. 55)

## TWÓJ SPRZECIW WOBEC PRZERYWANIA CIĄŻY

*Mój mąż i ja nie uznajemy przerywania ciąży. Czy tylko dlatego, że mam 37 lat, musi w moim przypadku być przeprowadzone rozpoznanie przedporodowe?*

Najlepszym powodem do przeprowadzenia rozpoznania przedporodowego jest to, że niemal zawsze daje ono poczucie spokoju. Znakomita większość dzieci, których matki mogłyby się znaleźć w grupie zwiększonego ryzyka, a przeszły takie badania, dostaje świadectwo zdrowia. I chociaż wiele par optuje za przerwaniem ciąży w rzadkich przypadkach, gdy wieści są złe, to badanie może być cenne również wtedy, gdy aborcja nie jest brana pod uwagę. Jeśli wykryta wada jest śmiertelna, rodzice mają dość czasu, by przeboleć to jeszcze przed narodzinami, co później eliminuje u nich poczucie szoku. Gdy ujawniane są innego rodzaju defekty, rodzice mają możność już na samym początku przygotować się na życie z dzieckiem specjalnej troski. Badania te mogą też stać się pomocne przy podejmowaniu decyzji, gdzie i kiedy dziecko powinno się narodzić. Rodzice mogą także zacząć zwalczać w sobie reakcje (odrzucenie, uraza czy poczucie winy), które pojawią się wraz z odkryciem, że ich dziecko ma wadę, a nie będą czekać, aż po porodzie te właśnie odczucia narażą na szwank związki między rodzicami a dzieckiem oraz sam związek pomiędzy rodzicami.

Rodzice mogą dowiedzieć się z wyprzedzeniem na temat ich konkretnego przypadku i przygotować się, by móc zapewnić swemu dziecku jak najlepsze życie. Być może nawet odkryją, iż wada jest uleczalna jeszcze w okresie życia płodowego lub że specjalne zabiegi w czasie porodu albo tuż po nim pozwolą dziecku rozwijać się normalnie. Rodzice, którzy nie czują się na siłach, by unieść taką decyzję, wiedząc z góry o możliwych zagrożeniach, mogą wziąć pod uwagę adopcję.

Tak więc, jeśli zalecana jest diagnostyka prenatalna, to nie odrzucaj jej z góry. Porozmawiaj ze swoim lekarzem, konsultantem genetycznym lub specjalistą z zakresu medycyny matczyno-płodowej, by pomogli ci zrozumieć różne możliwe sytuacje, zanim podejmiesz decyzję. Co więcej, nie pozwól, aby twój sprzeciw wobec przerywania ciąży pozbawił ciebie i twych lekarzy wielu potencjalnie cennych informacji.

# CO WARTO WIEDZIEĆ
## Diagnostyka prenatalna

Czy to chłopiec czy dziewczynka? Czy będzie miała blond włosy jak babcia i zielone oczy dziadka? Głos taty i plastyczną smykałkę mamy, a może – o nie! – odwrotnie? Liczba pytań stawianych w czasie ciąży o wiele przewyższa liczbę odpowiedzi, dając tym samym frapujący materiał do debat toczonych przez dziewięć miesięcy podczas obiadów, do sąsiedzkich spekulacji i biurowych zakładów.

Jednakże jest jedna kwestia, która nie stanowi tematu żadnych śmiesznych zakładów. Większość rodziców waha się, czy w ogóle ją poruszać: „Czy z moim dzieckiem wszystko jest w porządku?" Do niedawna odpowiedzi na to pytanie można było udzielić dopiero przy porodzie. Obecnie można na nie (do pewnego stopnia) odpowiedzieć już pierwszym trymestrze, dzięki diagnostyce prenatalnej.

Ze względu na nieodłączne zagrożenia, jakkolwiek małe by one były, diagnostyka prenatalna nie jest dla każdego. Większość rodziców dalej będzie grać w oczekiwanie ze szczęśliwym przeświadczeniem co do ogromnych szans na to, że ich dzieci są naprawdę „w porządku". Ale dla tych, dla których obawy są czymś więcej niż normalnym zdenerwowaniem przyszłych rodziców, korzyści wynikające z diagnostyki prenatalnej mogą o wiele bardziej przewyższyć wszelkie zagrożenia. Do kobiet będących potencjalnymi kandydatkami do przeprowadzenia diagnostyki prenatalnej należą te, które:

- Mają ponad 35 lat.

- Należą do rodziny, w której występowały choroby genetyczne i/lub nosiciele takich chorób.

- Same mają choroby o podłożu genetycznym (takie jak zwłóknienie torbielowate lub wrodzona wada serca).

- Przeszły infekcje (takie jak różyczka lub toksoplazmoza), mogące spowodować uszkodzenie okołoporodowe.

- Od czasu poczęcia wystawione były na działanie substancji, które według nich mogły być szkodliwe dla ich rozwijającego się dziecka (konsultacja z lekarzem może pomóc w ustaleniu, czy w danym przypadku diagnoza prenatalna jest uzasadniona).

- Uprzednio miały nieudane ciąże i dzieci z urazami okołoporodowymi.

- Uzyskały pozytywny wynik prenatalnych badań przesiewowych

# BADANIA PRZESIEWOWE

Ponieważ niektóre badania z dziedziny diagnostyki prenatalnej wiążą się z potencjalnym ryzykiem, większość kobiet najpierw przechodzi badania przesiewowe, nim podjęta zostanie decyzja o przeprowadzeniu rozpoznania prenatalnego. Podczas gdy część lekarzy oferuje te badania kobietom powyżej 35 roku życia lub tym, które należą do grup wysokiego ryzyka, pozostali lekarze zalecają, by pominęły one te badania i od razu poddały się biopsji kosmówki lub amniopunkcji. Bardziej popularne badania przesiewowe to test potrójny (badanie alfafetoproteiny w surowicy krwi matki, zawsze przeprowadzane w drugim trymestrze ciąży) i badanie ultrasonograficzne (najczęściej przeprowadzane w drugim trymestrze, ale może być dokonane także wcześniej lub później). Badania przesiewowe w pierwszym trymestrze to obiecująca nowa oferta, która nie jest jeszcze powszechnie dostępna, lecz naukowcy i lekarze mają nadzieję, że wkrótce wczesne przeprowadzanie badań przesiewowych stanie się standardem w opiece medycznej.

## BADANIA PRZESIEWOWE W PIERWSZYM TRYMESTRZE

Przeprowadzane w pierwszym trymestrze badanie przesiewowe w kierunku zespołu Downa składa się z badania ultrasonograficznego w celu stwierdzenia, czy na karku płodu zbiera się nadmiar płynu (zgrubienie fałdu karkowego) oraz badania krwi w celu sprawdzenia, czy poziomy białek osocza A i hCG – dwóch hormonów wytwarzanych przez płód i przekazywanych do krwiobiegu matki – są wysokie. (Naukowcy badają także, czy wykazywany ultrasonografem brak kości nosowej również może oznaczać zwiększone prawdopodobieństwo wystąpienia zespołu Downa.) Kobietom, u których wyniki są nieprawidłowe, zaproponowana zostanie amniopunkcja.

**Kiedy są wykonywane?** Między 10 a 14 tygodniem ciąży.

**Jak są przeprowadzane?** Zarówno badanie ultrasonograficzne (patrz s. 49), jak i badanie krwi są prostymi zabiegami.

## BADANIA PRZESIEWOWE W DRUGIM TRYMESTRZE

### TEST POTRÓJNY

Test potrójny to proste badanie krwi, którego zadaniem jest sprawdzenie trzech hormonów wytwarzanych przez płód, a przekazywanych do krwiobiegu matki: alfafetoproteiny (AFP), hCG (ludzkiej gonadotropiny kosmówkowej) i estriolu. Niektórzy lekarze badają także poziom innego hormonu, inhibiny-A, jednak większość nadal polega na wynikach testu potrójnego. (Naukowcy są w trakcie poszukiwania innych substancji znajdujących się we krwi matki, które prawdopodobnie będzie można dodać do listy tych, które sprawdza się podczas badania krwi w celu poprawienia wykrywalności wad wrodzonych.) Podwyższone poziomy alfafetoproteiny w surowicy krwi matki mogą oznaczać wadę cewy nerwowej u dziecka, taką jak na przykład rozszczep kręgosłupa tylny (deformacja kręgosłupa)[1]. Nieprawidłowo niskie poziomy sugerują zwiększone ryzyko wystąpienia zespołu Downa i innych wad chromosomowych. Test potrójny nie może stwierdzić wad wrodzonych, lecz jedynie wykazać, że istnieje większa możliwość ich wystąpienia. A ponieważ jest to tylko badanie przesiewowe, każdy nieprawidłowy wynik oznacza, że należy przeprowadzić dalsze badania. W rzeczywistości bowiem wskaźnik fałszywie pozytywnych wyników w badaniach przesiewowych jest bardzo wysoki. Tylko 1 lub 2 z 50 kobiet, które miały nieprawidłowo wysoki odczyt, będzie faktycznie nosiła dziecko z wadą. Dalsze badania przeprowadzone u pozostałych 48 wykażą, że podwyższone poziomy MSAFP wynikają z tego, iż jest więcej niż jeden płód, że płód jest kilka tygodni starszy lub młodszy, niż początkowo sądzono, lub że wynik testu jest zwyczajnie błędny. Jeśli kobieta nosi jedno dziecko, a badanie ultrasonografem potwierdzi wiek ciąży, to jako kolejną przeprowadza się amniopunkcję.

**Kiedy jest wykonywane?** Między 15 a 18 tygodniem ciąży. Wyniki otrzymuje są zazwyczaj w ciągu tygodnia.

**Czy jest bezpieczne?** Ponieważ do testu potrójnego potrzebna jest jedynie próbka

krwi, nie wiąże się z nim żadne niebezpieczeństwo. Największe ryzyko jest takie, że fałszywy wynik pozytywny doprowadzi do następnych zabiegów stwarzających już pewne zagrożenie – oraz, w rzadkich przypadkach, do poronienia terapeutycznego ze wskazań medycznych lub wypadkowego poronienia normalnego płodu. Zanim zaczniesz się zastanawiać nad podjęciem jakichkolwiek kroków na podstawie wyników badań prenatalnych, przypilnuj, by doświadczony lekarz lub konsultant genetyczny przyjrzał się wynikom. Gdybyś miała jakieś wątpliwości, zwróć się o opinię do innego źródła.

## ULTRASONOGRAFIA

W prowadzenie ultrasonografii sprawiło, że położnictwo jest bardziej precyzyjną dziedziną wiedzy, a ciąża wydarzeniem dużo mniej stresującym dla wielu przyszłych rodziców. Poprzez wykorzystanie fal dźwiękowych o tak wysokiej częstotliwości, że nie są słyszalne dla ludzkiego ucha, za pomocą ultrasonografii możliwa jest wizualizacja i „badanie" płodu bez użycia promieni rentgenowskich. Chociaż ultrasonografia okazuje się dość dokładna w przypadku większości zastosowań, diagnozowanie wad wrodzonych może niekiedy dostarczyć fałszywie negatywnych wyników (odnosi się wrażenie, że wszystko jest w porządku, a w rzeczywistości nie jest) oraz fałszywie pozytywnych (wygląda na to, że jest jakiś problem, gdy tymczasem go nie ma).

USG I stopnia jest zwykle wykonywane w celu określenia wieku ciąży i wykonuje się je przed 12 tygodniem. Natomiast dokładniejsze USG – II stopnia – w celu bardziej specjalistycznej oceny płodu przeprowadzane jest zwykle między 18 a 22 tygodniem ciąży. Poza określaniem wieku ciąży i sprawdzaniem, czy nie występują jakieś nieprawidłowości, ultradźwięki mogą być wykorzystywane do:

---

[1] Badania wykazują, że ryzyko urodzenia dziecka z wadą cewy nerwowej można znacznie obniżyć, jeśli matka przyjmuje preparaty witaminowe dla kobiet w ciąży zawierające kwas foliowy przed zajściem w ciążę i podczas pierwszych jej tygodni.

- Określenia przyczyny krwawienia we wczesnej lub bardziej zaawansowanej ciąży.

- Zlokalizowania wkładki śródmacicznej, która była założona przed poczęciem.

- Zlokalizowania płodu przed biopsją kosmówki lub amniopunkcją.

- Określenia stanu płodu, jeśli przeprowadzone w 14 tygodniu badanie za pomocą urządzenia Dopplera nie wykazało bicia serca lub jeśli w 22 tygodniu ruchy płodu nie są wyczuwalne.

- Określenia, czy matka nosi więcej niż jedno dziecko.

- Zmierzenia ilości płynu owodniowego.

- Jeśli rozrost macicy jest nieprawidłowy, sprawdzenia, czy nie ma mięśniaków.

- Zmierzenia płodu, gdy brany jest pod uwagę wcześniejszy poród lub gdy poród się opóźnia.

- Wykrycia zmian szyjki macicy, które mogą wskazywać na przedwczesny poród.

- Określenie ułożenia, wielkości, dojrzałości lub ewentualnych nieprawidłowości łożyska.

- Oceny stanu płodu na podstawie obserwacji jego aktywności, ruchów oddechowych oraz objętości płynu owodniowego (patrz s. 321).

- Potwierdzenia położenia miednicowego lub innych nietypowych położeń płodu i pępowiny przed mającym nastąpić porodem.

**Kiedy jest wykonywane?** W każdym okresie ciąży, w zależności od wskazań.

**Jak jest wykonywane?** Badanie można wykonać przez brzuch lub przez pochwę, czasami, gdy zajdzie taka potrzeba, lekarz może przeprowadzić ultrasonografię na oba sposoby. Zabiegi są krótkie (od 5 do 30 minut) i bezbolesne, z wyjątkiem przeprowadzanego w pierwszym trymestrze badania przezbrzusznego, do którego wykonania konieczny jest pełen pęcherz, co powoduje pewien dyskomfort u badanej.

Podczas badania przyszła matka leży na plecach. W badaniu przezbrzusznym nagi brzuch kobiety zostaje pokryty warstwą olejku lub żelu, która ma poprawić przewodzenie dźwięku, następnie wolno przesuwany jest po powierzchni brzucha przetwornik. W przypadku badania transwaginalnego przetwornik wprowadzany jest do pochwy. W obydwu sposobach badania urządzenie rejestruje echo fal dźwiękowych w momencie, gdy odbijają się od części ciała dziecka. Z pomocą technika lub lekarza możesz rozróżnić bijące serce, kręgosłup, głowę, ramiona i nogi. Może nawet uda ci się ujrzeć swe dziecko w chwili, gdy ssie palec. W większości przypadków możesz otrzymać „zdjęcie" swojego dziecka, nagranie na kasecie wideo lub trójwymiarowy obraz komputerowy do pokazania przyjaciołom i rodzinie. Obecnie obrazy są coraz wyraźniejsze, toteż nawet osoby nie będące ekspertami (jak na przykład rodzice) są w stanie np. odróżnić głowę od pośladków. Często również daje się rozróżnić narządy płciowe i można domyślić się płci dziecka, chociaż bez stuprocentowej pewności (jeżeli nie chcesz poznać płci swojego dziecka, powiedz o tym wcześniej lekarzowi).

**Czy jest bezpieczne?** W ciągu wielu lat stosowania klinicznego i w celach badawczych nie stwierdzono żadnych znanych zagrożeń, wręcz przeciwnie – całe mnóstwo korzyści płynących z używania USG. Wielu lekarzy rutynowo zleca przeprowadzenie USG przynajmniej raz w czasie trwania ciąży. Jednakże większość ekspertów coraz powszechniej zaleca, by wykorzystywać ultradźwięki w czasie ciąży tylko w przypadkach, dla których istnieją uzasadnione wskazania.

Ostatnio przeprowadzone badania wykazują, że w rzeczywistości płód może słyszeć wysoki dźwięk wytwarzany przez ultrasonograf. Prawdopodobnie fale dźwiękowe z tego urządzenia „uderzają" jego ucho z częstotliwością porównywalną do najwyższych dźwięków fortepianu. Słyszenie ich nie wyrządza dziecku żadnej krzywdy, lecz może stymulować jego zmysły na tyle, że podczas badania będzie się poruszać. A ponieważ dźwięk jest miejscowy, wystarczy, że płód poruszy głową, by go uniknąć.

# BADANIA DIAGNOSTYCZNE

Oprócz ultrasonografii (która może być wykorzystywana zarówno do badań przesiewowych, jak i diagnostycznych) istnieje wiele innych sposobów diagnostyki prenatalnej, które mogą ci być zaoferowane podczas ciąży. Dwa najpopularniejsze z nich to biopsja kosmówki i amniopunkcja.

## BIOPSJA KOSMÓWKI

Ponieważ biopsja kosmówki jest przeprowadzana w pierwszym trymestrze, może wcześniej dać wyniki (oraz, jakże często, uczucie spokoju) niż amniopunkcja, która zwykle przeprowadzana jest po 16 tygodniu ciąży. Wczesne diagnozowanie jest także pomocne dla tych, którzy biorą pod uwagę przerwanie ciąży, gdy dzieje się coś złego.

Sądzi się, że dzięki biopsji kosmówki będzie można w końcu faktycznie wykrywać wszystkie 3800 zaburzeń powodowanych przez wadliwe geny lub chromosomy. W przyszłości umożliwi ona prawdopodobnie leczenie i korekcję wielu z tych schorzeń jeszcze w macicy. Obecnie biopsja kosmówki przydatna jest do wykrywania tylko takich zaburzeń, dla których istnieje już technologia badawcza, jak na przykład zespół Tay-Sachsa, anemia sierpowato-krwinkowa, większość zwłóknień torbielowatych i zespół Downa. Biopsja kosmówki nie może służyć do wykrywania wad cewy nerwowej czy innych wad anatomicznych. Badanie w kierunku poszczególnych chorób (oprócz zespołu Downa) wykonywane jest zwykle wówczas, gdy dana choroba wystąpiła już wcześniej w rodzinie lub gdy wiadomo, że rodzice są nosicielami. Wskazania do przeprowadzenia badania są takie same jak w przypadku amniopunkcji. W niektórych przypadkach konieczne może być przeprowadzenie zarówno biopsji kosmówki, jak i amniopunkcji (patrz s. 53).

**Kiedy jest wykonywana?** Między 10 a 13 tygodniem ciąży.

**Jak jest wykonywana?** Biopsja kosmówki jest najczęściej przeprowadzana w szpitalu. W zależności od położenia łożyska, próbka komórek pobierana jest przez pochwę i szyjkę (biopsja przezszyjkowa) albo za pomocą igły wprowadzonej przez powłoki brzuszne (biopsja przezbrzuszna). Żaden z zabiegów nie jest całkowicie bezbolesny, dolegliwości wahają się od bardzo łagodnych do poważnych.

W zabiegu przeszyjkowym ciężarna leży na stole zabiegowym, podczas gdy długa, cienka rurka wprowadzana jest przez pochwę do macicy. Korzystając z pomocy USG, lekarz umieszcza rurkę pomiędzy wyściółką a kosmówką macicy – błoną płodową, która ostatecznie uformuje łożysko od strony płodu. Próbki kosmków (przypominających palce wypustek kosmówki) są wtedy odcinane lub odsysane dla dalszych badań diagnostycznych.

W przypadku biopsji przezbrzusznej pacjentka również leży na plecach na stole zabiegowym. USG zostaje użyte do określenia położenia łożyska i obejrzenia ścian macicy, a następnie, by pomóc lekarzowi znaleźć bezpieczne miejsce, w które można wprowadzić igłę. Ciągle pod kontrolą USG igła prowadząca zostaje przez brzuch i ścianę macicy wprowadzona w brzeg łożyska, po czym węższa igła, służąca do pobierania próbek, zostaje wsunięta w igłę prowadzącą. Następnie obraca się nią i przesuwa w przód i w tył około 15-20 razy i wyciąga z próbką komórek przeznaczonych do dalszego badania.

Jako że kosmki kosmówki są pochodzenia płodowego, badanie ich może dostarczyć kompletny obraz struktury genetycznej rozwijającego się płodu. Wyniki badania są znane w ciągu 3 do 5 dni.

**Czy jest bezpieczna?** Choć jak na razie z większości badań wynika, że biopsja kosmówki jest bezpieczna, a jej wyniki wiarygodne, zabieg ten niesie ze sobą nieznacznie większe ryzyko niż amniopunkcja, może w niewielkim stopniu zwiększyć prawdopodobieństwo poronienia oraz łączy się go z wyodrębnionymi przypadkami deformacji kończyn. Jednak najczęściej okazuje się, iż to brak doświadczenia u osoby przeprowadzającej badanie zdaje się być przyczyną tych rzadkich komplikacji. Zagrożenia te należy porównać z korzyściami płynącymi z wczesnej diagnozy prenatalnej dzięki biopsji kosmówki. Aby zmniejszyć ryzyko wiążące się z tym badaniem, wybierz ośrodek cieszący się dobrą renomą oraz poczekaj, aż minie 10 tydzień ciąży.

Po przeprowadzonej biopsji kosmówki może czasami wystąpić krwawienie z pochwy, co nie powinno jednak stanowić powodu do zmartwień, chociaż zawsze należy o tym poinformować lekarza. Twój lekarz powinien również wiedzieć, czy krwawienie trwa przez trzy dni, czy dłużej. Ponieważ występuje także niewielkie zagrożenie infekcją, pamiętaj, by powiadomić o każdej gorączce, która pojawi się w pierwszych paru dniach po zabiegu[1].

---

[1] Ponieważ istnieje potencjalna możliwość przedostania się czerwonych ciałek krwi płodu do układu krążenia matki, niektórzy lekarze uważają, że kobietom z grupą krwi Rh– powinno się

Ze względu na fakt, że wiele kobiet po tym zabiegu jest fizycznie i emocjonalnie bardzo wyczerpanych (nie jest tu czymś niezwykłym pójście do łóżka i długi sen) zazwyczaj zaleca się, by mające poddać się zabiegowi kobiety już wcześniej zapewniły sobie transport po jego wykonaniu i nie planowały żadnych innych zajęć na resztę dnia.

# AMNIOPUNKCJA

K omórki płodowe, związki chemiczne i mikroorganizmy w płynie owodniowym otaczającym płód dostarczają szerokiego zakresu informacji dotyczących nowej istoty ludzkiej – jej struktury genetycznej, stanu zdrowia, a także stopnia rozwoju. Możliwość pobrania i przebadania tego płynu poprzez amniopunkcję sprawiła, że stała się ona jednym z najważniejszych badań prenatalnych. Amniopunkcja z dokładnością ponad 99% wykazuje lub – co zdarza się znacznie częściej – wyklucza zespół Downa. Jej przeprowadzenie zalecane jest, gdy:

- Matka ma ponad 35 lat. Od 80 do 90% wszystkich amniopunkcji wykonywane jest wyłącznie z powodu zaawansowanego wieku matki, przede wszystkim w celu ustalenia, czy u płodu występuje zespół Downa, który częściej się zdarza wśród dzieci matek starszych. (Bardziej zaawansowane badania przesiewowe, obecnie udoskonalane przez naukowców, mogą w najbliższej przyszłości wykluczyć potrzebę przeprowadzania amniopunkcji, kiedy jedynym powodem do jej wykonania jest wiek.)

- Para ma już dziecko z nieprawidłowością chromosomalną, taką jak zespół Downa, lub zaburzeniem metabolicznym, takim jak zespół Huntera.

- Para ma już dziecko lub bliskiego krewnego z uszkodzeniem układu nerwowego.

---

przed wykonaniem biopsji kosmówki podawać immunoglobulinę, zwaną globuliną anty-D.

# Powikłania związane z amniopunkcją

Chociaż powikłania takie są rzadkie, ocenia się, że w przypadku 1 zabiegu na 100 po jego zakończeniu może wystąpić odpływanie płynu owodniowego. Jeżeli zauważysz wodnistą wydzielinę z pochwy, natychmiast zgłoś się do swojego lekarza. Istnieją duże szanse, że wyciek po paru dniach ustanie, jednakże odpoczynek w łóżku oraz dokładna obserwacja są zalecane do czasu, gdy to nie nastąpi.

- Matka jest nosicielką związanej z chromosomem wady genetycznej, takiej jak hemofilia (w której przypadku ryzyko przekazania jej przez matkę każdemu z mających narodzić się synów wynosi 50%). W przypadku hemofilii za pomocą anmiopunkcji można rozpoznać płeć dziecka oraz wykazać, czy odziedziczyło ono wadliwy gen.

- Oboje rodzice są nosicielami autosomalnej recesywnej choroby dziedzicznej, takiej jak choroba Tay-Sachsa lub niedokrwistość sierpowato-krwinkowa, i w związku z tym narażeni są na ryzyko (jak 1 do 4) posiadania dotkniętego tą chorobą dziecka.

- Wiadomo, że u jednego z rodziców występuje pląsawica Huntingtona, która jest przenoszona poprzez autosomalne dziedziczenie cechy dominującej, stwarzając tym samym ryzyko odziedziczenia tej choroby przez dziecko w stosunku jak 1 do 2.

- Zaistnieje podejrzenie o toksoplazmozę, rumień zakaźny lub inne infekcje.

- Wyniki badań (zwykle testu potrójnego lub USG) okazują się nieprawidłowe i przebadanie płynu owodniowego jest konieczne w celu określenia, czy stan płodu rzeczywiście wykazuje jakieś nieprawidłowości.

- Konieczne jest określenie stopnia rozwoju płuc płodu (które jako jeden z ostatnich organów zaczynają funkcjonować samodzielnie).

**Kiedy jest wykonywana?** Diagnostyczna amniopunkcja wykonywana jest zwykle między 16 a 18 tygodniem ciąży, czasem nawet już w 14, a czasem dopiero w 20 tygodniu. Badania nad przeprowadzonymi wcześniej amniopunkcjami (czyli między 11 a 14 tygodniem ciąży) jak na razie wykazują, że znacznie zwiększa się liczba komplikacji. Wyniki testu są zwykle dostępne po tygodniu. Amniopunkcję można również wykonywać w ostatnim trymestrze w celu ustalenia stopnia rozwoju płuc płodu.

**Jak jest wykonywana?** Po przebraniu się ciężarna zostaje ułożona na stole badawczym w pozycji na plecach, a jej ciało przykryte tak, by widoczny był tylko brzuch. Płód i łożysko zostają następnie zlokalizowane za pomocą USG, tak by lekarz w trakcie zabiegu mógł je bezpiecznie ominąć. Brzuch smaruje się roztworem antyseptycznym, a niekiedy znieczula się miejscowo środkiem podobnym do używanej przez stomatologów nowokainy. (Ponieważ zastrzyk znieczulający jest równie bolesny jak samo przejście igły amniopunkcyjnej, większość lekarzy go pomija.) Następnie długa igła zostaje wprowadzona poprzez ściany brzucha do macicy, po czym pobiera się niewielką ilość płynu owodniowego z worka otaczającego płód. (Płód wytwarza dodatkową ilość płynu owodniowego w miejsce tego, który został pobrany.)

Ograniczone ryzyko uszkodzenia płodu w tej fazie zabiegu jest jeszcze bardziej zmniejszone poprzez stosowanie jednoczesnej obserwacji USG. Przed zabiegiem, trwającym nie dłużej niż pół godziny, sprawdza się u matki i płodu tętno, ciśnienie i inne parametry. Kobietom z grupą krwi Rh– zwykle po zakończeniu amniopunkcji wstrzykuje się immunoglobulinę anty-Rh,

# Jeśli problem zostaje wykryty

W ponad 95% przypadków diagnostyka prenatalna nie wykazuje żadnych widocznych nieprawidłowości. W pozostałych odkrycie przez oczekującą dziecka parę, że coś jest nie w porządku, nie stanowi pociechy. Jednakże w połączeniu z ekspertyzą genetyczną informacja taka może zostać wykorzystana do podjęcia istotnych decyzji, dotyczących zarówno tej ciąży, jak i przyszłych. Do możliwych opcji można zaliczyć następujące:

**Kontynuowanie ciąży.** Ta opcja jest często wybierana, gdy przyszli rodzice czują, że zarówno oni, jak i oczekiwane dziecko, będą mogli żyć z ujawnioną wadą, lub wtedy, gdy rodzice przeciwni są aborcji w każdych okolicznościach. Nawet jeżeli przerwanie ciąży jest propozycją nie do przyjęcia, wyrobienie sobie poglądu na temat tego, czego mniej więcej można się spodziewać, pozwala rodzicom poczynić właściwe przygotowania (i emocjonalne, i praktyczne) do przyjęcia dziecka specjalnej troski, przekazania dziecka innej rodzinie, zainteresowanej zaadoptowaniem dziecka specjalnej troski, lub oswoić się z myślą o narodzinach dziecka nie mającego wielkich szans na przeżycie.

**Przerwanie ciąży.** Jeżeli badanie ujawnia wadę, która może być śmiertelna lub w wysokim stopniu upośledzająca, a ponowny test i/lub konsultacja doradcy genetycznego potwierdzają wcześniejszą diagnozę[1], wielu rodziców decyduje się na przerwanie ciąży. W takim przypadku tkanki płodu zostaną starannie przebadane; zabieg ten może stać się pomocny w oszacowaniu, czy nieprawidłowości mogą się powtórzyć w przyszłości. Większość par, mając już tę wiedzę, a w pamięci dobre rady lekarza lub doradcy genetycznego, próbuje znowu z nadzieją, że wyniki testów prenatalnych – a tym samym rezultat ciąży – okażą się następnym razem pomyślniejsze. Najczęściej tak się właśnie dzieje.

[1] Jest b a r d z o w a ż n e, aby zasięgnąć opinii u drugiego źródła oraz przeprowadzić dodatkowe zalecone badania, nim zdecydujemy się na przerwanie ciąży.

**Prenatalne leczenie płodu.** Takie rozwiązanie możliwe jest tylko w kilku wypadkach, chociaż można oczekiwać, że w przyszłości stawać się będzie coraz powszechniejsze. W skład takiego leczenia wchodzić mogą: transfuzja krwi (konflikt serologiczny), chirurgia (na przykład, drenaż niedrożnego pęcherza); podawanie enzymów lub leków (takich, jak sterydy, mające przyspieszyć rozwój płuc u płodu, który będzie musiał urodzić się przed terminem). Wraz z rozwojem techniki coraz więcej rodzajów chirurgii prenatalnej, manipulacji genetycznej oraz innych zabiegów medycznych na płodzie stawać się będzie również czymś codziennym.

**Dawstwo narządów.** Jeśli rozpoznanie wykaże, że wady płodu nie pozwolą mu normalnie żyć, niekiedy jest możliwe dawstwo jednego lub więcej zdrowych organów noworodkowi w potrzebie. Dla niektórych rodziców ta opcja stanowi przynajmniej niewielkie pocieszenie w ich własnej tragedii. Po pomocną wiedzę w takich przypadkach można się zwrócić do specjalisty medycyny matczyno-płodowej lub neonatologa.

Choć poczyniono wielkie postępy w diagnostyce prenatalnej, trzeba pamiętać, że daleko jej jeszcze do doskonałości. Pomyłki przytrafiają się nawet w najlepszych laboratoriach czy placówkach, nawet najlepszym specjalistom dysponującym najnowocześniejszym sprzętem – przy czym częściej zdarzają się wyniki fałszywie pozytywne niż fałszywie negatywne. Dlatego właśnie zawsze powinno się przeprowadzić dalsze badania lub zwrócić o dodatkową konsultację u innego specjalisty, by potwierdzić wynik wskazujący, iż z płodem dzieje się coś złego.

Należy też wiedzieć, że większość par nigdy nie będzie musiała przez to przechodzić. Większość kobiet w ciąży, u których przeprowadza się badania prenatalne, otrzymuje taką diagnozę, na jaką liczyły od samego początku: że wszystko jest dobrze i z ich ciążą, i z dzieckiem, które noszą.

by wykluczyć możliwość wywołania konfliktu Rh (patrz s. 29).

Jeżeli nie jest to konieczną składową całej diagnozy, już w chwili otrzymania wyników rodzice mogą dowiedzieć się, jakiej płci jest dziecko, lub poczekać i dowiedzieć się o niej w tradycyjny sposób na sali porodowej. (Jeśli wybierzesz tę pierwszą możliwość, pamiętaj, że pomyłki, choć rzadko, lecz się zdarzają.)

**Czy jest bezpieczna?** Większość kobiet po zabiegu nie odczuwa niczego poza łagodnym bólem lub skurczem. Niektórzy lekarze zalecają odpoczynek przez resztę dnia, inni nie. Rzadko występuje niewielkie krwawienie z pochwy lub wyciek płynu owodniowego. W bardzo nielicznych przypadkach rozwija się infekcja lub inne komplikacje, mogące doprowadzić do poronienia, toteż amniopunkcja powinna być stosowana wyłącznie wtedy, gdy korzyści przeważają nad zagrożeniami.

## INNE RODZAJE DIAGNOSTYKI PRENATALNEJ

Dziedzina diagnostyki prenatalnej poszerza się bardzo szybko i coraz to nowe metody badań poddawane są fachowej ocenie. Oprócz standardowych metod wymienionych powyżej są jeszcze inne stosowane eksperymentalnie lub tylko w wyjątkowych przypadkach. Należą do nich:

**Przezskórne pobieranie próbek krwi z pępowiny (PUBS).** To badanie krwi z pępowiny płodu, wykonywane po 18 tygodniu ciąży, jest przydatne w diagnozowaniu licznych chorób krwi i skóry, niewykrywalnych przez amniopunkcję. Za pomocą tego badania sprawdza się też nieprawidłowe wyniki amniopunkcji, diagnozuje przyczyny opóźnienia wzrostu płodu w późnej ciąży lub uzyskuje informację, czy płód został zarażony potencjalnie niebezpieczną chorobą, taką jak różyczka, toksoplazmoza lub ru-

mień zakaźny. Ponieważ badanie to przeprowadzane jest od niedawna, nie mamy ostatecznych wyników badań nad jego dokładnością, ale uważa się, że na jego wynikach można polegać.

PUBS wykonywany jest w sposób podobny do amniopunkcji, z taką różnicą jedynie, iż prowadzona za pomocą USG igła wchodzi nie w worek owodniowy, lecz w naczynie krwionośne pępowiny w celu otrzymania malutkiej próbki krwi płodu. Na wyniki zwykle należy poczekać 3 dni. PUBS niesie ze sobą ryzyko nieco większe niż amniopunkcja oraz wiąże się go z niewielkim, dodatkowym ryzykiem przedwczesnego porodu lub nagłego przerwania błon.

**Badanie krwi matki dla określenia płci płodu,** aczkolwiek ciągle jeszcze eksperymentalne, może być cenne w przypadkach diagnozowania pewnych chorób dziedzicznych, przekazywanych wyłącznie męskim potomkom.

**Pobieranie skóry płodu.** Niewielka próbka skóry płodu zostaje pobrana, a następnie poddana badaniom w celu wykrycia niektórych schorzeń skóry.

**Obrazowanie za pomocą rezonansu magnetycznego.** Metoda ta jest ciągle w fazie badań i opracowań, jednak wydaje się, że będzie można za jej pomocą uzyskać wyraźniejszy obraz stanu płodu czy jakichkolwiek nieprawidłowości niż za pomocą USG. Naukowcy pracują nad ulepszeniem sprzętu w celu szybszego otrzymania obrazu; obecnie (ponieważ płód nie jest w bezruchu zbyt długo) otrzymanie użytecznego obrazu stanowi trudne zadanie. Przeprowadzenie tego badania podczas ciąży wydaje się bezpieczne.

**Echokardiografia.** Za pomocą tej metody można wykryć wady serca płodu poprzez wykorzystanie nakierowanych ultradźwięków, ukazujących również przepływ krwi przez serce oraz wokół niego.

# 3

# W czasie ciąży

Kobiety ciężarne zawsze się niepokoiły. Natomiast niepokojące je problemy zmieniały się przez pokolenia, gdyż ginekologia oraz przyszli rodzice odkrywali coraz więcej na temat tego, co ma wpływ, a co nie ma wpływu na dobry stan nie narodzonego dziecka. Nasze babcie, skłonne wierzyć w najróżniejsze opowieści, wierzyły, że ujrzenie małpy przez kobietę ciężarną spowoduje, że urodzi ona dziecko podobne do małpy, albo że uderzenie się w brzuch ze strachu pozostawi na dziecku znamię w kształcie ręki. Jesteśmy cały czas narażeni na codzienny zalew opowieści prasowych (zazwyczaj równie przerażających i bezpodstawnych jak babcine przesądy) i w rezultacie mamy inne zmartwienia: Czy powietrze, którym oddycham, jest zanieczyszczone? Czy woda, którą piję, jest bezpieczna? Czy moja praca lub palenie papierosów przez męża, lub filiżanka porannej kawy są szkodliwe dla zdrowia mojego dziecka? A co ze zdjęciem rentgenowskim zęba? Problemy te stają się źródłem zmartwień, co z kolei przyczynia się do nerwowego przebiegu ciąży. Mogą one jednak stać się podstawą działania, dając ci poczucie, że kontrolujesz to, co się dzieje, jednocześnie zwiększając już i tak niemałe szanse na to, że wszystko pójdzie dobrze. Warto też pamiętać (i powtarzać sobie) tę uspokajającą mantrę: nigdy jeszcze w historii położnictwa ciąża i rodzenie dzieci nie były tak bezpieczne.

## CO MOŻE CIĘ NIEPOKOIĆ

### ALKOHOL

*Zanim się dowiedziałam, że jestem w ciąży, przy kilku okazjach piłam alkohol. Czy mógł on zaszkodzić mojemu dziecku?*

Oto poczniesz i porodzisz syna; Wystrzegaj się przeto odtąd i nie pij wina ani innego napoju upajającego" – powiedział anioł do matki Samsona w *Księdze Sędziów*. Postawmy sprawę jasno – matka Samsona miała szczęście. Mogła zacząć zamawiać wodę mineralną, gdy jej syn był tylko iskierką w oku swojego ojca. Niestety niewiele kobiet ma tyle szczęścia, by dowiedzieć się o poczęciu dziecka z takim wyprzedzeniem. A ponieważ zwykle przyszłe matki nie są świadome swego odmiennego stanu aż do chwili, gdy ciąża trwa już kilka tygodni, większości z nich zdarza się zrobić coś, czego nie zrobiłyby, gdyby miały jego świadomość. Na przykład wypicie kilku kieliszków jest najczęstszym problemem, z którym zwracają się ciężarne pacjentki w czasie pierwszej wizyty.

Na szczęście jest to jeden z problemów, o których można szybko zapomnieć. Nie udowodniono bowiem, że wypicie kilku kieliszków alkoholu we wczesnym okresie ciąży może okazać się szkodliwe dla zarodka. Jednakże nadużywanie alkoholu w czasie ciąży jest związane z występowaniem zaburzeń u potomstwa. Nie jest to zaskakujące, gdy weźmiemy pod uwagę fakt, że alkohol przenika do krwi płodu w takim samym stężeniu jak do krwi matki; każdy kieliszek wypity przez ciężarną kobietę jest dzielony z jej dzieckiem. Ponieważ wyeliminowanie alkoholu z krwi płodu trwa dwukrotnie dłużej niż z krwi matki, dziecko może być na etapie tracenia przytomności, gdy jego matka zaczyna się dobrze czuć.

Nadużywanie alkoholu (ogólnie uważa się, że jest to wypicie 5 lub 6 kieliszków wina, piwa lub czystego spirytusu dziennie) jest niebezpieczne, bo oprócz wielu poważnych komplikacji prowadzi do tak zwanego zespołu alkoholowego płodu. Jest on nazywany „kacem, który trwa przez całe życie" i sprawia, że dzieci rodzą się z niską masą urodzeniową, zwykle z niedorozwojem umysłowym, licznymi deformacjami (szczególnie głowy czy twarzy, a także kończyn, serca oraz ośrodkowego układu nerwowego); jest też przyczyną wysokiej śmiertelności. Te dzieci, które przeżyją, w późniejszym okresie mają problemy w nauce, są niedostosowane behawioralnie czy społecznie oraz generalnie mają trudności z oceną sytuacji. Im szybciej osoba nadużywająca alkoholu przestanie pić, tym mniejsze jest zagrożenie dla jej dziecka.

Ryzyko wiążące się z kontynuowaniem picia alkoholu z pewnością zależy od dawki: im więcej pijesz, tym większe niebezpieczeństwo stwarzasz swemu dziecku. Jednak nawet umiarkowane spożywanie alkoholu (1-2 kieliszki dziennie lub sporadycznie 5-6 kieliszków) w czasie całej ciąży wiązać

się może z licznymi poważnymi problemami, takimi jak zwiększone prawdopodobieństwo poronienia, przedwczesna akcja porodowa, komplikacje podczas porodu, niska masa urodzeniowa, poród martwego płodu, nieprawidłowy wzrost oraz problemy rozwojowe w dzieciństwie. Picie takie powiązano także z bardziej subtelnym efektem alkoholowym płodu, charakteryzującym się licznymi problemami w zakresie rozwoju i zachowania.

Chociaż niektóre kobiety piją alkohol podczas ciąży w małych ilościach – na przykład jeden kieliszek przed zaśnięciem – a mimo to udaje im się wydać na świat zdrowe dziecko – to nie znaczy, że taka praktyka jest bezpieczna. Wszystko, co wiemy na temat alkoholu i ciąży, prowadzi do następującej sugestii: chociaż nie powinnaś się zamartwiać z powodu alkoholu, który wypiłaś, nim się dowiedziałaś, że nosisz dziecko, rozważniej byłoby powstrzymać się od picia alkoholu przez pozostały okres ciąży – może z wyjątkiem symbolicznej lampki wina uświetniającej bardzo szczególną okazję (alkohol powinien być spożywany wraz z posiłkiem, gdyż jedzenie zmniejsza jego wchłanianie).

Dla niektórych kobiet jest to sprawa bardzo łatwa – szczególnie dla tych, które wyrabiają w sobie niechęć do alkoholu we wczesnym okresie ciąży. Dla innych, szczególnie dla tych, które są przyzwyczajone do wieczornego relaksu przy koktajlu lub do picia wina do kolacji, całkowita abstynencja może okazać się kłopotliwa i wymagająca zmiany stylu życia.

Jeśli pijesz, aby się zrelaksować, poszukaj innych metod relaksu, jak muzyka, ciepłe kąpiele, masaże, ćwiczenia, czytanie. Jeśli picie alkoholu jest codziennym rytuałem, którego nie chcesz się pozbyć, to wypij sobie „dziewiczą Mary" (jest to „krwawa Mary" bez wódki), sok jabłkowy, winogronowy lub piwo bezalkoholowe do obiadu lub kolacji, „dziewiczą Sangrię" (przepis na s. 104) w godzinie koktajlu, podane o zwyczajowej porze, w zwyczajowych szklankach, zgodnie z rytuałem[1]. Jeżeli mąż dotrzyma ci towarzystwa i będzie pił to co ty (przynajmniej w twojej obecności), będzie ci łatwiej osiągnąć wytyczony cel.

## PALENIE PAPIEROSÓW

*Palę od dziesięciu lat. Czy to wpłynie ujemnie na zdrowie mojego dziecka?*

Na szczęście nie ma żadnych podstaw, żeby stwierdzić, iż palenie – nawet rozpoczęte 10 lub 20 lat przed ciążą – będzie miało negatywny wpływ na płód. Jednak udowodnione jest, że palenie papierosów w czasie ciąży – szczególnie po 4 miesiącu – jest niebezpieczne. Jeśli palisz, to w efekcie płód jest zamknięty w wypełnionym dymem łonie. Przyspiesza się bicie jego serca, dziecko kaszle, prycha, a co najgorsze, z powodu niedoboru tlenu nie może rosnąć i rozwijać się tak, jak powinno.

Efekty mogą być tragiczne. Palenie uznaje się za przyczynę około 115 tys. poronień i 5600 zgonów dzieci przed ukończeniem pierwszego roku życia. Może także zwiększyć ryzyko szeroko rozumianych komplikacji w ciąży. Do najgroźniejszych należą: krwawienie z pochwy, ciąża ektopowa, wadliwe usadowienie łożyska, przedwczesne oddzielenie łożyska, przedwczesne pęknięcie błon, wcześniejszy poród. Aż 14% przedwczesnych porodów spowodowanych jest paleniem tytoniu przez matki.

Są również niepodważalne dowody na to, że palenie papierosów przez przyszłą matkę wpływa bezpośrednio na rozwój dziecka

---

[1] Choć dla osoby pijącej alkohol od czasu do czasu bezalkoholowe odpowiedniki napojów alkoholowych mogą być dobre, to u osoby uzależnionej będą one tylko wywoływać chęć do napicia się czegoś mocniejszego. Jeśli tak jest w twoim przypadku, unikaj wszelkich napojów, a nawet okoliczności, kojarzących ci się z piciem.

w jej łonie. Największym zagrożeniem jest niska masa urodzeniowa, mniejsza długość płodu, mniejszy obwód głowy, a także rozszczepienie podniebienia lub wargi. W krajach wysoko rozwiniętych, jak USA czy Wielka Brytania, jedna trzecia noworodków z niską masą urodzeniową jest efektem palenia papierosów przez ich matki. Ta niska masa jest główną przyczyną chorób dziecięcych i śmierci dziecka krótko przed porodem, w jego trakcie lub zaraz po nim.

Istnieje również inne potencjalne ryzyko. Dzieci matek palących są bardziej podatne na bezdech (brak oddechu) i pięciokrotnie bardziej narażone na śmierć (SIDS – zespół nagłej śmierci niemowlęcia, tzw. śmierć w kołysce) niż dzieci matek niepalących. Wypalenie trzech paczek papierosów dziennie powoduje czterokrotne zwiększenie prawdopodobieństwa niskiego wyniku w skali Apgar (standardowej oceny stanu dziecka w chwili porodu). Istnieją też dowody na to, że zwykle dzieci te są narażone na takie długoterminowe efekty, jak fizyczny czy intelektualny niedorozwój, zwłaszcza jeżeli rodzice palą w ich obecności. Dzieci palaczy nikotyny są szczególnie podatne na choroby układu oddechowego, infekcje uszu, gruźlicę, alergie pokarmowe, astmę; są drobnej postury, mają problemy z nauką, w tym z ADHD (zespołem nadpobudliwości psychoruchowej z zaburzeniami koncentracji uwagi). Badania wykazały również, że kobiety ciężarne, które palą papierosy, częściej rodzą dzieci nadmiernie agresywne w pierwszych latach życia i sprawiające kłopoty swym zachowaniem aż do osiągnięcia wieku dorosłego. Dzieci matek palących podczas ciąży częściej są hospitalizowane w pierwszych latach życia niż dzieci tych, które w czasie ciąży powstrzymywały się od palenia. Wreszcie dzieci te stoją przed większym ryzykiem wystąpienia nowotworu i są bardziej skłonne same zacząć palić.

Dawniej uważano, że przyczyną tych zjawisk było nieprawidłowe odżywianie płodu w czasie ciąży; kobiety więcej paliły, aniżeli

## Pierwszy prezent dla dziecka

Prawdopodobnie proces rzucania palenia nie będzie łatwy, co być może już znasz z własnego doświadczenia. Jednak wolne od dymu otoczenie – czy to w łonie matki czy też poza nim – jest najwspanialszym prezentem, jaki ofiarujesz swemu dziecku.

jadły. Jednak najnowsze badania obalają tę teorię: kobiety palące, które jedzą i przybierają na wadze tyle samo, ile niepalące, mimo wszystko rodzą dzieci mniejsze.

Badania wykazały, że skutki palenia papierosów, podobnie jak picia alkoholu, zależą od wielkości dawki: palenie tytoniu powoduje zmniejszenie masy urodzeniowej dzieci proporcjonalnie do liczby wypalonych papierosów, na przykład palenie paczki papierosów dziennie oznacza trzydziestoprocentowe prawdopodobieństwo wydania na świat dziecka z niższą masą urodzeniową niż u osoby niepalącej. Dlatego też ograniczenie liczby papierosów, które wypalasz, może w pewnym stopniu pomóc. Ale samo ograniczanie jest iluzoryczne, gdyż palacz często zmniejsza liczbę wypalanych papierosów, jednak częściej i mocniej zaciąga się każdym papierosem. Tak samo dzieje się w przypadku, gdy próbuje zredukować ryzyko paleniem papierosów o niższej zawartości ciał smolistych czy nikotyny.

Nie należy się jednak załamywać. Badania wykazały, że kobiety, które przestały palić we wczesnych miesiącach ciąży – nie później niż w 3 miesiącu – zmniejszyły ryzyko urodzenia chorego dziecka do minimum. Im wcześniej, tym lepiej, ale rzucenie palenia nawet w ostatnim miesiącu może pomóc w dostarczeniu dziecku dostatecznej ilości tlenu. Niektórym palącym kobietom najłatwiej będzie rzucić palenie właśnie we wczesnym stadium ciąży, gdy wyrabia się niesmak do papierosów – prawdopodobnie ostrzeżenie płynące z organizmu. Jeśli nie będziesz miała tyle szczęścia i nie wyrobi się w tobie taki niesmak, na stronie 61 znajdziesz wskazówki, jak rzucić palenie.

Ponieważ nikotyna uzależnia, większość ludzi zamyka się w sobie po rzuceniu palenia, chociaż stopień niechęci to sprawa indywidualna. Niektórzy ludzie czują łaknienie tytoniu, niekiedy są podenerwowani, zatroskani, niespokojni, inni czują zmęczenie, mrowienie i drętwienie rąk i nóg, pustkę w głowie oraz zaburzenia układu trawiennego. Większość osób na początku kaszle więcej, gdyż nagle ich organizm jest w stanie wydzielić zanieczyszczenia, które nagromadziły się w płucach.

Aby ograniczyć ilość wydzielanej nikotyny oraz zmniejszyć podenerwowanie, należy spożywać owoce, soki owocowe, mleko i warzywa, a tymczasowo ograniczyć ilość spożywanego mięsa, drobiu, ryb i sera; należy unikać kofeiny, która może jedynie zwię-

## Przyrost masy ciała a palenie papierosów

Choć wiele kobiet pali papierosy, by nie przytyć, brak dowodów potwierdzających słuszność tej tezy. Wielu palaczy ma bowiem nadwagę. Jednak prawdą jest, iż niektórzy palacze, choć nie wszyscy, przybierają na wadze, gdy rzucają palenie. Przeciętna kobieta przybiera około 4 kg w pierwszych czterech miesiącach po odstawieniu papierosów (przecięt-ny mężczyzna – około 3 kg); niektóre więcej, a inne wcale. Co ciekawe, osobom, które tyją podczas próby zerwania z nałogiem, zwykle udaje się rzucić palenie – co więcej, najczęściej bez większego problemu pozbywają się później nabytych kilku kilogramów. Odchudzanie się podczas rzucania palenia najczęściej kończy się porażką w obu tych zadaniach.

# Metody rzucenia palenia papierosów

**Znajdź powód, aby rzucić palenie.** Jesteś w ciąży, więc sprawa jest łatwa.

**Znajdź własną metodę na rzucenie palenia.** Chcesz przerwać od razu czy stopniowo? Tak czy owak, wybierz sobie „ostatni dzień" w niedalekiej przyszłości. Zaplanuj go sobie tak, aby był on wypełniony zajęciami – takimi, które nie kojarzą ci się z paleniem.

**Określ, dlaczego palisz.** Czy palisz dla przyjemności, stymulacji czy relaksu? Aby zredukować frustrację, mieć coś w ręku czy żeby zaspokoić łaknienie? A może palisz z przyzwyczajenia, zapalając papierosa bez zastanowienia? Jeśli określisz przyczynę palenia, łatwiej będzie ci znaleźć coś w zamian.

• Jeśli palisz po to, aby mieć coś w ręku, spróbuj bawić się długopisem, ołówkiem; zrób coś na drutach, wypoleruj srebro, napisz list, pograj na pianinie, naucz się malować, zrób parę szmacianych lalek, rozwiąż kilka krzyżówek lub układankę, zagraj w grę planszową – rób wszystko, aby zapomnieć o papierosach.

• Jeśli palisz papierosy dla smaku, to zastąp je czymś – gumą nikotynową, surowymi jarzynami, prażoną kukurydzą, razowym chlebem. Unikaj słodyczy, gdyż są to jedynie puste kalorie.

• Jeśli palisz dla stymulacji, staraj się uzyskać tę energię z szybkiego spaceru, ciekawej książki lub konwersacji.

• Jeśli palisz dla relaksu lub zredukowania napięcia, spróbuj zastąpić palenie ćwiczeniami fizycznymi lub relaksującymi. Albo posłuchaj muzyki. Albo idź na długi spacer. Albo niech ktoś zrobi ci masaż. Albo pokochaj się z mężem.

• Jeśli palisz dla przyjemności, poszukaj sobie przyjemności w innych rozrywkach, najlepiej takich, które wykluczają możliwość zapalenia papierosa. Idź do kina, odwiedź sklepy dziecięce, idź do ulubionego muzeum, na koncert lub do teatru. Idź na kolację z przyjaciółką uczuloną na dym papierosowy. Albo zagraj w coś, np. w tenisa.

• Jeśli palisz z przyzwyczajenia, unikaj otoczenia, w którym zwykle paliłaś, i palących przyjaciół. Odwiedzaj natomiast miejsca, w których obowiązuje zakaz palenia.

• Jeśli palenie kojarzy ci się z jakimś konkretnym napojem lub daniem, unikaj tych rzeczy albo jedz w innym miejscu (powiedzmy, że paliłaś przy śniadaniu, ale nigdy w łóżku – jedz zatem śniadanie w łóżku!).

• Kiedy czujesz, że masz ochotę zapalić, weź kilka głębokich wdechów, wstrzymując oddech między nimi. Ostatni oddech wstrzymaj, zapalając jednocześnie zapałkę. Wypuść powoli powietrze i zdmuchnij zapałkę. Udawaj, że był to papieros, i zgnieć ją w popielniczce.

**Jeśli przytrafi ci się zapalić papierosa, nie załamuj się.** Po prostu wróć do swego planu z przekonaniem, że każdy nie wypalony papieros przynosi korzyść twojemu dziecku.

**Podchodź do rzucenia palenia jako do czegoś nieodwołalnego.** Nie wolno palić w metrze, w kinach, w niektórych restauracjach i w wielu miejscach pracy. Teraz musisz sobie powiedzieć, że zakaz ten przez pewien okres będzie dotyczył ciebie i nie wolno ci palić papierosów.

**Jeśli za pierwszym razem się nie uda...** nie zaprzestawaj próbować. Wielu osobom nie udało się rzucić palenia przy pierwszej próbie, lecz dopiero przy którejś z kolejnych. Poproś lekarza o informację na temat miejsc, w których znajdziesz pomoc dla swych starań. Wypróbuj hipnozy, akupunktury czy technik relaksacyjnych, gdyż sprawdzają się w przypadku wielu osób. Jeśli łatwiej byłoby ci rzucać palenie w grupie, pomyśl o programach prowadzonych przez Anonimowych Palaczy (trudności lepiej pokonywać w towarzystwie – i przy jego wsparciu) czy innych organizacji, które milionom osób pomogły rozprawić się z nałogiem.

**Uwaga:** Choć stosowanie plastrów nikotynowych czy gum antynikotynowych w czasie ciąży nie jest całkowicie bezpieczne, palenie stanowi jeszcze większe zagrożenie. Porozmawiaj z lekarzem o tym, jakie będzie najlepsze rozwiązanie.

kszyć stan podenerwowania. Należy dużo wypoczywać i dużo się ruszać, aby otrzymać energię, którą czerpano z nikotyny. Unikaj – na ile to jest możliwe – zajęć wymagających szczególnego skupienia i koncentracji, a staraj się przez cały dzień wykonywać czynności nie obciążające umysłu. Można wybrać się do kina czy innego miejsca, w którym palenie jest zakazane. Jeśli w wyniku odstawienia nikotyny cierpisz na poważną depresję, jak najszybciej porozmawiaj z lekarzem. Najgorsze efekty rzucenia palenia będą cię męczyć tylko przez kilka tygodni, natomiast zyski będą widoczne – na przykładzie twoim i twojego dziecka – przez całe życie.

*Moja szwagierka wypalała dwie paczki papierosów dziennie przez trzy ciąże, nie miała żadnych komplikacji i urodziła duże, zdrowe dzieci. Dlaczego ja mam przestać palić?*

Każdy z nas słyszał różne opowieści o ludziach, którym się coś udało – o pacjencie chorym na raka, któremu dawano 10% szansy na przeżycie, a który dożył sędziwego wieku, lub też o ofierze trzęsienia ziemi, która przeżyła kilka dni pod gruzami bez jedzenia i picia. Ale jest coś o wiele mniej inspirującego w kobiecie, której – mimo iż pali papierosy, ryzykując zdrowie swojego dziecka – udaje się urodzić zdrowe i nie uszkodzone potomstwo.

Nie można tak ryzykować, gdy chodzi o zdrowie dziecka. A rzucenie palenia jest jednym z najbezpieczniejszych sposobów na urodzenie zdrowego dziecka i zapewnienie sobie lekkiego i bezproblemowego porodu. Oczywiście, istnieje szansa, że mimo palenia urodzisz zdrowe dziecko, ale nie ma gwarancji, że nie będzie ono cierpiało na którąś z opisanych wyżej chorób. Twoja szwagierka miała szczęście (do pewnego stopnia mogło ono być wynikiem warunków genetycznych, których ty być może nie posiadasz). Ale czy warto ryzykować?

Z drugiej strony, wady fizyczne i psy-chiczne mogą ujawnić się dopiero po latach. To pozornie zdrowe niemowlę może wyrosnąć na dziecko podatne na choroby, nadpobudliwe i mające kłopoty z nauką.

Należy jeszcze wziąć pod uwagę wpływ, jaki może mieć palenie papierosów na twoje dziecko, gdy zostanie ono przeniesione z twojego wypełnionego dymem łona do twoich równie wypełnionych dymem pokoi. Dzieci palących rodziców są częściej chore i częściej w dzieciństwie przebywają w szpitalach. Częściej też zdarzają się wśród nich przypadki zespołu nagłej śmierci niemowlęcia (SIDS). Tak więc rzucenie palenia jest czymś najlepszym, co możesz zrobić dla siebie – i dla twojego dziecka.

# GDY INNI PALĄ W TWOJEJ OBECNOŚCI

*Przestałam palić papierosy, ale mój partner wciąż wypala dwie paczki dziennie. Kilku moich współpracowników również pali po kilka paczek dziennie. Czy może to zaszkodzić mojemu dziecku?*

Okazuje się, że palenie negatywnie wpływa nie tylko na osobę palącą, ale również na osoby wdychające dym. Oddziałuje także na płód, gdy matka jest w pobliżu osoby palącej – wniosek z tego, że jeżeli w pobliżu ciebie ktoś pali, to twoje dziecko otrzymuje prawie tyle zanieczyszczeń, jakbyś ty sama wypalała papierosa.

Jeśli nawet twój partner nie jest w stanie rzucić palenia, to poproś go, żeby chociaż robił to w innym pokoju, z daleka od ciebie i dziecka. Rzucenie palenia byłoby oczywiście najlepsze nie tylko dla twojego męża, ale także dziecka. Dzieci rodziców palących – matek l u b ojców – są bardziej zagrożone wystąpieniem zespołu nagłej śmierci niemowlęcia (SIDS), problemami z oddychaniem w każdym wieku, a także uszkodzeniem płuc, nawet jeszcze w wieku dorosłym.

Znaczne jest również prawdopodobieństwo, że dzieci te będą w przyszłości palaczami.

Prawdopodobnie nie będziesz w stanie przekonać swoich współpracowników i znajomych, aby dla ciebie rzucili palenie, ale może uda ci się przekonać ich do ograniczenia palenia. Jeżeli tam, gdzie mieszkasz, funkcjonuje prawo chroniące niepalących, będzie to łatwe. Jeżeli nie, to zrób to w sposób bardzo delikatny – pokaż im tę książkę, aby mogli przeczytać o wpływie papierosów na płód. Jeśli to ci się nie uda, postaraj się przekonać dyrekcję zakładu, aby wydała rozporządzenie ograniczające palenie do specjalnie wyznaczonych miejsc, które zabraniałoby palenia wśród niepalących. Gdyby to nie przyniosło rezultatów, postaraj się na czas ciąży zmienić miejsce pracy.

## ZAŻYWANIE MARIHUANY

*Zażywam marihuanę od około dziesięciu lat. Robię to tylko na przyjęciach. Czy to mogło wpłynąć negatywnie na dziecko, które obecnie noszę? I czy palenie trawki w czasie ciąży jest szkodliwe?*

W przeciwieństwie do palenia papierosów, nie wszystkie skutki zażywania marihuany są nam znane. Tak więc osoby palące marihuanę testują na sobie substancję, której niebezpieczne skutki będą znane dopiero w przyszłości. A ponieważ marihuana przechodzi do płodu, matki, zażywając ją, również robią ze swoich nie narodzonych dzieci króliki doświadczalne.

Zazwyczaj odradza się palenie marihuany parom planującym poczęcie potomstwa, gdyż może to utrudniać zapłodnienie. Natomiast jeśli jesteś już w ciąży, nie masz powodu zamartwiać się o swoje palenie w przeszłości, gdyż brak jakichkolwiek dowodów, że ma to ujemny wpływ na płód. Jednakże kontynuowanie palenia marihuany podczas ciąży może mieć mniej szczęśliwe zakończenie. Niektóre badania wyka-

zują, że w przypadku kobiet ciężarnych, które zażywają marihuanę choćby raz w miesiącu, bardziej prawdopodobne jest, że: masa ich ciała nieproporcjonalnie wzrośnie, będą cierpieć na chroniczne wymioty, które, nie leczone, mogą poważnie zakłócić odżywianie płodu; będą miały gwałtowny, przedłużony lub zahamowany poród albo cięcie cesarskie; doświadczą w czasie porodu smołkowego wycieku płynu owodniowego (komplikacja, która może wskazywać na to, że życie płodu znalazło się w niebezpieczeństwie) oraz że urodzą dzieci, które będą musiały być poddane reanimacji zaraz po porodzie. Palenie marihuany przez matkę może także wywołać uszkodzenia genów, które mogą powodować wady wrodzone lub nowotwór u potomstwa, a także prowadzić do zaburzeń uwagi czy innych, podobnych problemów, jak przy alkoholowym zespole płodu (patrz s. 57): guzy; zakłócenia wzroku, symptomy odwykowe w okresie niemowlęctwa. Marihuana ma również zgubny wpływ na funkcje łożyska i układu wydzielania wewnętrznego, co może przeszkodzić w szczęśliwym donoszeniu ciąży.

Dlatego w czasie ciąży traktuj marihuanę jak każdy inny narkotyk. Nie przejmuj się, jeśli paliłaś we wczesnym okresie ciąży. Jest bardzo mało prawdopodobne, że to mogło ci zaszkodzić, gdyż negatywne skutki marihuany ujawniają się w miarę rozwoju ciąży. Jeśli czujesz pokusę, wypróbuj któryś z podanych sposobów na rzucenie palenia – odzwyczajanie się od obu nałogów jest bardzo podobne. Jeżeli jednak sądzisz, że ciężko ci z niego zrezygnować, jak najszybciej poproś o poradę swojego lekarza czy innego specjalistę.

## KOKAINA I INNE NARKOTYKI

*Zażywałam kokainę tydzień wcześniej, zanim dowiedziałam się, że jestem w ciąży. Teraz martwię się, że mogło to mieć zły wpływ na stan mojego dziecka.*

Nie martw się, że zrobiłaś to w przeszłości; po prostu postanów sobie, że nigdy więcej. Chociaż bowiem wcześniejsze zażywanie narkotyku nie powinno mieć niepożądanych skutków, kontynuowanie nałogu podczas ciąży może się okazać katastrofą. Kokaina, przenikając przez łożysko, może je zniszczyć, ograniczając dopływ krwi do płodu i hamując jego rozwój, zwłaszcza rozwój głowy. Może spowodować poronienie, przedwczesny poród, urodzenie martwego dziecka, a także porażenia przy porodzie czy liczne długotrwałe problemy u dziecka. Zaliczają się do nich chroniczne biegunki, drażliwość, płaczliwość, problemy natury neurologicznej i zaburzenia zachowania (jak np. zaburzenia kontroli odruchów, uwagi czy reagowania na innych ludzi), zaburzenia rozwoju motorycznego oraz niski iloraz inteligencji.

Oczywiście, im częściej przyszła matka zażywa kokainę, tym większe ryzyko dla dziecka. Lecz nawet okazjonalne zażywanie w późniejszym okresie ciąży może być niebezpieczne. Na przykład, jedno zażycie narkotyku w trzecim trymestrze ciąży może spowodować skurcze, zaburzenia pracy serca płodu.

Powiedz swojemu lekarzowi o każdym przypadku zażycia narkotyku od chwili poczęcia, im więcej bowiem lekarz lub położna wie, tym lepiej dla ciebie i dla dziecka. Jeśli masz problemy z całkowitym rzuceniem kokainy, natychmiast zwróć się o profesjonalną pomoc.

Kobiety ciężarne, które zażywają jakiekolwiek narkotyki – nie zalecane przez lekarza, który wie o ich ciąży – również narażają swoje dzieci na niebezpieczeństwo. Każdy nielegalny narkotyk (jak heroina, LSD, PCP) oraz każdy przepisany uzależniający lek (narkotyki, środki uspokajające i uśmierzające, tabletki odchudzające) może spowodować zaburzenia w rozwoju płodu, jeśli nie zostanie w porę odstawiony. Zapytaj lekarza lub inną dobrze poinformowaną osobę na temat wszelkich używek, jakie przyjmowałaś, będąc już w ciąży – albo zadzwoń pod jeden z numerów telefonów podanych w *Dodatku*, aby się dowiedzieć jakie są skutki ich brania. Jeżeli nadal bierzesz narkotyki, zwróć się o pomoc do specjalisty w celu jak najszybszego rzucenia nałogu (na przykład do dyplomowanego doradcy ds. uzależnień, specjalisty zajmującego się uzależnieniami lub pracownika centrum terapeutycznego). Zastosowanie się do rad zalecanych w programie „ciąża wolna od narkotyków" może znacząco wpłynąć na przebieg i zakończenie twojej ciąży.

## KOFEINA

*Piję kawę, by utrzymać się na nogach przez cały dzień. Czy teraz, gdy jestem w ciąży, powinnam odstawić kofeinę?*

Chociaż istnieją dowody na to, że czerpanie energii z kofeiny nie jest najlepszym pomysłem podczas ciąży, picie niewielkiej ilości kawy raczej nie spowoduje żadnych problemów. Kofeina (znajdująca się w kawie, herbacie i niektórych napojach chłodzących) przechodzi do łożyska i dostaje się do krwiobiegu płodu, lecz nie wiadomo dokładnie, w jakim stopniu (i przy jakiej dawce) ma na niego wpływ. Z ostatnio przeprowadzonych badań wynika, że kobiety, które piją 2 czy nawet 3 filiżanki kawy dziennie, prawdopodobnie nie narażają swoich dzieci na ryzyko. Niemniej jednak liczba poronień zwiększa się nieznacznie u kobiet pijących 5 lub 6 filiżanek kawy każdego dnia.

Obecnie prowadzi się coraz więcej badań nad wpływem kawy na rozwój płodu. Dopóki jednak nie zbierze się wystarczająco dużo danych, lepiej zachować ostrożność i albo unikać kawy w czasie ciąży, albo ograniczyć jej spożywanie do ilości nie większej niż 2 filiżanki dziennie. Przeliczając przyjmowaną dawkę, zwróć uwagę, że kofeina występuje nie tylko w kawie, lecz również w kofeinowych napojach chłodzących, jogurcie kawowym, herbacie i czekoladzie (przy czym jej zawartość jest różna w różnych produktach). Zważ także, że mocne napary podawane w kawiarniach zawierają znacznie więcej kofeiny niż kawa podawana w domu. Podobnie kawa rozpuszczalna zawiera jej mniej niż zaparzana.

Są dodatkowe powody, dla których warto w czasie ciąży zrezygnować lub ograniczyć picie napojów i spożywanie produktów zawierających kofeinę. Po pierwsze, kofeina jest moczopędna, odwadnia i odwapnia organizm – ze szkodą dla zdrowia matki i dziecka. Jeżeli i bez tego masz problemy ze zbyt częstym oddawaniem moczu, spożycie kofeiny jeszcze je powiększy. Po drugie, kawa i herbata, zwłaszcza ze śmietanką i cukrem, są sycące, lecz nie pożywne i mogą zepsuć twój apetyt na potrzebne twemu organizmowi pożywne produkty. Coca-cola i inne zawierające kofeinę napoje są nie tylko sycące, lecz także zawierają składniki chemiczne o wątpliwej wartości i duże ilości niepożądanego cukru czy sztucznych substancji słodzących. Po trzecie, kofeina może pogłębić naturalne w czasie ciąży wahania nastroju, zakłócić wypoczynek i przeszkodzić ci w należnym odpoczynku, zwłaszcza jeśli spożywasz ją po południu. I wreszcie, przeszkadza w przyswajaniu żelaza, którego ty i twoje dziecko potrzebujecie.

**Jak zerwać z nałogiem kofeinowym lub go ograniczyć.** Pierwszy krok, motywacja, jest łatwy dla ciężarnych: zapewnić dziecku możliwie najzdrowsze wkroczenie w życie. Następnie musisz stwierdzić, dlaczego spożywasz kofeinę i które napoje musisz wykreślić ze swojego jadłospisu. Jeżeli pociąga cię smak kawy lub herbaty albo przyjemność picia ciepłego napoju, przerzuć się na ich bezkofeinowe odpowiedniki (które zawierają jedynie nieznaczne ilości kofeiny) – ale nigdy nie zastępuj nimi mleka, soku po-

marańczowego czy innych pożywnych napojów.

Jeśli picie napojów zawierających kofeinę stanowi codzienną rutynę (przerwa na kawę, czytanie gazety, oglądanie telewizji), przerzucenie się na wiele bezkofeinowych odpowiedników powinno być udanym „oszustwem".

Jeżeli pijesz colę dla jej smaku, zastąp ją bezkofeinowymi odpowiednikami, jednak pamiętaj, że w diecie ciążowej nie ma miejsca na napoje gazowane. Zastąp je wodami niegazowanymi o różnych smakach oraz niesłodzonymi sokami owocowymi (prócz popularnych soków pomarańczowych i jabłkowych, wypróbuj soki z owoców jagodowych, wiśniowe, żurawinowe, z owoców mango, papai, passiflory i innych, w niezliczonych dostępnych kombinacjach[1]).

Jeśli chcesz podnieść ciśnienie za pomocą porannej kawy, wiedz, że istnieją inne, lepsze środki, jak odpowiednie jedzenie (zwłaszcza zawierające węglowodany i białko) albo ćwiczenia (taniec, jogging, uprawianie miłości). Po kilku dniach niewątpliwej niedyspozycji po odstawieniu kofeiny lub ograniczaniu jej spożycia poczujesz się lepiej niż kiedykolwiek przedtem (oczywiście złe samopoczucie charakterystyczne dla okresu wczesnej ciąży nie ustąpi).

**Minimalizacja objawów towarzyszących odzwyczajaniu się od kofeiny.** Każdy, kto jest uzależniony od kofeiny, wie, że co innego chcieć z tym zerwać, a co innego zrobić to. Kofeina uzależnia. U tych osób, które przyjmowały ją w dużych ilościach, a rzuciły z dnia na dzień, mogą wystąpić objawy odstawienia, takie jak: bóle głowy, rozdrażnienie, zmęczenie, ospałość. Dlatego też lepiej zmniejszać dawkę stopniowo.

---

[1] Niektóre mieszane soki owocowe bazują głównie na soku jabłkowym, ubogim w wartości odżywcze; spójrz zatem na zawartość składników, by wybrać te soki, które zawierają witaminę C, A, wapń, potas i/lub żelazo.

Na początek ogranicz się do dwóch filiżanek dziennie (wypijanych przy posiłku, co zmniejszy wpływ kofeiny na organizm) przez kilka dni. Kiedy już przyzwyczaisz się do tej ilości (zakładając, że chcesz całkowicie zerwać z piciem kawy), stopniowo zmniejszaj dzienne racje o ćwierć filiżanki, aż do jednej filiżanki dziennie, a gdy potrzeba spożywania kofeiny znacznie się zmniejszy, odstaw ją zupełnie. Albo czasowo przerzuć się na kawę z obniżoną zawartością kofeiny w okresie odwykowym, stopniowo zmniejszając w niej zawartość kofeiny.

Gdyby twoim kubkom smakowym brakowało „normalnej" kawy, zadowolisz je, pijąc dobrej jakości kawę bezkofeinową. Nawet miłośnicy kawy espresso mogą czuć się usatysfakcjonowani, ponieważ obecnie dostępne bezkofeinowe espresso jest niemal tak samo aromatyczne jak jego odpowiedniki zawierające kofeinę.

Odzwyczajanie się będzie przyjemniejsze i łatwiejsze, jeśli skorzystasz z następujących sugestii:

- Utrzymuj poziom cukru we krwi, a więc poziom energii. Jedz często małe posiłki bogate w białko i węglowodany. Spożywaj również preparat uzupełniający dla kobiet w ciąży.

- Codziennie wykonuj ćwiczenia odpowiednie dla twojego stanu (patrz s. 187), jak najwięcej czasu spędzając na świeżym powietrzu.

- Wysypiaj się – co z pewnością nie będzie trudne, jeśli zrezygnujesz z kofeiny.

## HERBATKI ZIOŁOWE

*Piję duże ilości herbatek ziołowych. Czy mogę nadal bezpiecznie je pić w czasie ciąży?*

Ponieważ temat wpływu ziół na ciążę nie został dokładnie przebadany, niestety nie istnieje jednoznaczna odpowiedź na twoje pytanie. Dopóki nie będziemy więcej wiedzieć, FDA zaleca, by podczas ciąży i w czasie karmienia piersią z ostrożnością podchodzić do większości herbatek ziołowych. Mimo iż wiele kobiet piło różne herbatki, będąc w odmiennym stanie, a nie doświadczyło komplikacji, prawdopodobnie najbezpieczniejszym podejściem będzie powstrzymanie się – bądź przynajmniej ograniczenie – od ich picia na czas ciąży – chyba że zostały ci one zalecone lub polecone przez lekarza.

Aby mieć pewność, że herbata nie zawiera naparu z ziół, których lekarz ci nie polecił, starannie czytaj etykiety; niektóre pozornie owocowe napary zawierają także różne zioła. Trzymaj się lepiej zwykłej (czarnej) herbaty (najlepiej bezkofeinowej), która została wzbogacona dodatkowym smakiem, albo przygotuj własną mieszankę, dodając do wrzącej wody czy bezkofeinowej herbaty któryś z poniższych składników: sok pomarańczowy, jabłkowy, ananasowy czy inny; plasterki cytryny, lemonki, pomarańczy, jabłka, gruszki czy innych owoców; liście mięty, cynamon, gałkę muszkatołową, goździki. Picie zielonej herbaty prawdopodobnie należy również ograniczyć, gdyż b y ć m o ż e zakłóca rozwój komórek i wzrost płodu. N i g d y nie zaparzaj domowej herbatki z roślin rosnących w twym ogródku, jeżeli nie masz całkowitej pewności, jakie to rośliny i czy można je bezpiecznie spożywać podczas ciąży.

## ŚRODKI ZASTĘPUJĄCE CUKIER

*Nie chciałabym przybrać zbyt dużo na wadze. Czy mogę stosować środki zastępujące cukier?*

Nieprzyjemna to wiadomość dla pełnych nadziei dietetyków, ale stosowanie środków zastępujących cukier rzadko pomaga w utrzymaniu odpowiedniej masy ciała. Może przyczyna tkwi w tym, że oso-

# Skoncentrowane soki owocowe

Skoncentrowane soki owocowe, które są bezsprzecznie zdrowe i odżywcze, będą najlepszym słodzikiem do stosowania podczas ciąży. W kuchni znajdują zaskakująco wiele zastosowań (w większości przepisów można nimi zastąpić cukier; przyjrzyj się przepisom od s. 99 oraz w książce *Dieta przyszłej matki*) i kupuje się je gotowe. Szukaj ich w różnych gotowych produktach, takich jak dżemy, galaretki, pełnoziarniste ciastka, babeczki, płatki śniadaniowe, batoniki z ziarnami, ciastka do tosterów, jogurtay i napoje gazowane. W przeciwieństwie do produktów słodzonych cukrem i jego substytutami, większość tych słodzonych skoncentrowanymi sokami owocowmi sporządzana jest z wartościowych składników, na przykład z pełnoziarnistej mąki, z niewielką zawartością zdrowych tłuszczów i bez dodatków chemicznych. Niemniej przeczytaj uważnie skład, ponieważ niekiedy skoncentrowane soki owocowe są również używane do słodzenia bezwartościowych odżywczo produktów.

ba słodząca herbatę takim substytutem „odbiera" sobie zaoszczędzone kalorie, zjadając dodatkowo parę ciastek. Nawet gdyby preparaty zastępujące cukier gwarantowały utrzymanie masy ciała, kobiety w ciąży i tak powinny podchodzić do nich z ostrożnością. Przede wszystkim większość sprzedawanych w sklepach produktów słodzonych sztucznymi słodzikami to artykuły bezwartościowe pod względem odżywczym (są przeładowane konserwantami, a ubogie w substancje odżywcze), dlatego też powinnaś podchodzić do nich bardzo selektywnie. Spośród słodkich wybieraj tylko najbardziej wartościowe (na przykład odtłuszczony jogurt czy babeczka z pełnych ziaren). Ponadto badania na temat tych środków zastępujących cukier, szczególnie w przypadku kobiet w ciąży, są niewystarczające. Oto, co obecnie wiemy na temat tych substancji[1]:

**Aspartam (Equal, NutraSweet).** Aspartam wykorzystuje się w napojach, jogurtach i mrożonych deserach, a nie w produktach pieczonych czy gotowanych, ponieważ nie może on być długo wystawiany na działanie wysokiej temperatury. Badania przeprowadzane przez przemysł spożywczy nie wykazują szkodliwego działania aspartamu (który jest zbudowany z dwóch aminokwasów oraz metanolu) na ciążę[2], jednak niektórzy eksperci kwestionują wyniki tych badań i zalecają, by do czasu, gdy będziemy wiedzieć więcej, kobiety ciężarne unikały tej substancji słodzącej. Wielu lekarzy zezwoli ci na przyjmowanie jej w niewielkich ilościach. Prawdopodobnie nie ma nic złego w słodzeniu kawy czy herbaty jedną saszetką aspartamu lub jedzeniu posiłku składającego się ze słodzonego aspartamem jogurtu. Jednak stałe wypełnianie diety napojami gazowanymi czy deserami słodzonymi aspartamem nie jest dobrym rozwiązaniem.

**Sacharyna.** Niewiele badań przeprowadzono nad przyjmowaniem sacharyny podczas ciąży u ludzi, jednak te przeprowadzone na zwierzętach wykazują zwiększoną liczbę przypadków nowotworów u potomstwa ciężarnych zwierząt, które spożyły tę substancję chemiczną. Nie mamy pewności, czy takie samo ryzyko istnieje dla naszych potomków. Niemniej jednak badania te sugerują, że rozsądnie będzie wystrzegać się sacharyny przy przygotowaniach do ciąży, przed poczęciem oraz pod-

---

[1] Jeśli nabawiłaś się cukrzycy ciążowej lub cierpiałaś na cukrzycę przed zajściem w ciążę, porozmawiaj z lekarzem, których z tych substancji powinnaś używać.

[2] Kobiety chore na fenyloketonurię muszą ograniczyć przyjmowanie fenyloalaniny i generalnie zaleca się im unikanie aspartamu.

czas samej ciąży – tym bardziej że wiadomo, iż słodziki przenikają przez łożysko oraz są bardzo wolno usuwane z tkanek płodu. Nie martw się jednak z powodu sacharyny, którą spożyłaś, zanim się dowiedziałaś, że jesteś w odmiennym stanie, gdyż jeśli nawet istnieje jakieś ryzyko z nią związane, to z pewnością jest ono bardzo niewielkie.

**Sucralose (Splenda).** Ten sporządzony z cukru słodzik był od lat używany w różnych krajach bez żadnych widocznych skutków chorobowych. Badania przeprowadzone w USA uznały go za bezpieczny, a spotkać go można w najróżniejszych produktach, w tym w napojach, wypiekach oraz lodach. Ponieważ nadano mu postać nieprzyswajalną przez organizm, daje słodki smak i niewiele kalorii; został zaakceptowany do użycia przez diabetyków.

**Acesulfam-K (Sunnette).** Używanie tego słodzika, 200 razy słodszego niż cukier, zostało dopuszczone do wypieków, wyrobu deserów z żelatyną, gum do żucia oraz napojów gazowanych. Dopóki jednak nie zostaną przeprowadzone wiarygodne i dokładne badania (a nie istnieją żadne wyniki dowodzące, że jest on bezpieczny), rozsądne wydaje się unikanie tego środka zastępującego cukier w czasie oczekiwania na dziecko.

**Sorbitol.** Jest krewniakiem cukru, występującym w naturalnej postaci w wielu owocach. Jest o połowę mniej słodki niż cukier, a używany jest w różnorodnych produktach spożywczych i można go – w niewielkich ilościach – bezpiecznie przyjmować podczas ciąży. Jednak większe jego dawki mogą stać się przyczyną kłopotów, gdyż mogą wywoływać biegunkę.

**Mannitol.** Mannitol, mniej słodki od cukru, jest słabo przyswajany przez organizm, toteż dostarcza mniej kalorii. Podobnie jak sorbitol, w niewielkich ilościach jest bezpieczny, jednak w większych wywołuje biegunkę.

**Laktoza.** Ten występujący w mleku cukier jest o jedną szóstą mniej słodki od cukru i nadaje potrawom lekko słodki smak. Jednak u osób z nietolerancją laktozy może wywołać przykre objawy; dla wszystkich innych jest bezpieczny.

# KOT W DOMU

*Mam w domu dwa koty. Słyszałam, że koty przenoszą chorobę szkodliwą dla płodu. Czy muszę pozbyć się moich zwierząt?*

Nie odprawiaj swych kocich przyjaciół. Skoro mieszkasz z kotami od dłuższego czasu, istnieje duże prawdopodobieństwo, że już zaraziłabyś się toksoplazmozą i uodporniła na tę chorobę (patrz s. 459). Szacuje się, że do 40% społeczeństwa amerykańskiego jest zarażonych, a stopień zarażenia jest większy wśród ludzi, którzy hodują koty, często jedzą surowe mięso lub piją nie pasteryzowane mleko. Jeśli nie badano cię, zanim zaszłaś w ciążę, aby sprawdzić, czy jesteś odporna, najprawdopodobniej nie będziesz badana teraz, jeżeli nie wystąpią objawy choroby (niektórzy lekarze przeprowadzają regularne badania u kobiet ciężarnych, które mają kontakt z kotami).

Jeśli byłaś badana przed zajściem w ciążę i wykazano twój brak odporności lub jeśli nie jesteś pewna co do swojej odporności, powinnaś podjąć następujące środki ostrożności w celu uniknięcia infekcji:

• Daj koty do przebadania weterynarzowi, by stwierdził, czy mają aktywną infekcję. Jeżeli choć jeden z nich ma, oddaj je do schroniska lub poproś przyjaciela o opiekę nad nimi przez przynajmniej sześć miesięcy – okres, w ciągu którego choroba może się rozprzestrzenić. Jeśli są zdrowe, zatrzymaj je, nie dawaj im jednak surowego mięsa, nie pozwalaj myszkować poza domem ani polować na myszy lub ptaki (które mogą zarazić je toksoplazmozą) i bratać się z innymi kotami. Nie czyść sama legowiska zwierząt, a skoro już musisz, używaj rękawiczek jednorazowych i myj ręce po skończeniu oraz po dotknięciu kota. Legowisko powinno być czyszczone codziennie.

- Wkładaj rękawiczki do prac ogrodowych. Nie kop w ziemi, która może być zanieczyszczona kocimi odchodami. Nie pozwalaj dzieciom bawić się w piasku, który mógł być używany przez koty.

- Myj owoce i warzywa, szczególnie te z przydomowych ogródków. Płucz je obficie i/lub obieraj albo gotuj.

- Jeśli dotykałaś surowego mięsa, dokładnie umyj ręce.

- Nie spożywaj surowego bądź nie dogotowanego mięsa i nie pasteryzowanego mleka. W restauracjach zamawiaj dobrze wypieczone mięso.

Niektórzy lekarze zalecają rutynowe badania przed lub zaraz po zapłodnieniu wszystkim kobietom, aby te z wynikiem pozytywnym mogły być spokojne, wiedząc, że są odporne, a te z negatywnym – przedsięwziąć środki ostrożności w celu uniknięcia infekcji. Inni lekarze uważają, że koszty takich badań byłyby większe niż korzyści z nich wynikające.

## SPORT

***Lubię grać w tenisa i pływać. Czy mogę to bezpiecznie kontynuować?***

Ciąża zwykle nie oznacza konieczności zaniechania uprawiania sportów; pamiętaj tylko, że gdy nosisz w sobie nowe życie, rozsądnie jest zachować umiar. Większość lekarzy nie tylko zezwala, lecz wręcz zachęca pacjentki, u których ciąża przebiega prawidłowo, do kontynuowania uprawiania tych dyscyplin sportowych, w których są

dobre – tak długo, jak długo jest to możliwe, jednak z pewnymi zastrzeżeniami. Wśród tych najważniejszych znajdują się uwagi: „Zawsze poradź się lekarza przed przystąpieniem albo kontynuowaniem danego programu ćwiczeń" oraz „Nigdy nie ćwicz tak długo, by poczuć silne zmęczenie". (Więcej informacji na ten temat znajdziesz w rozdziale „Ćwiczenia fizyczne podczas ciąży", s. 187.)

## GORĄCE KĄPIELE I SAUNA

***Mamy w domu wannę. Czy mogę zażywać gorących kąpieli podczas ciąży?***

Nie będziesz musiała przerzucać się na zimny prysznic, ale chyba dobrze byłoby się powstrzymać od długich, gorących kąpieli. Wszystko, co podnosi temperaturę twojego ciała do ponad 102°F (38,9°C) – niezależnie, czy długa kąpiel, czy zbyt długi pobyt w saunie, czy wyczerpująca praca w upale – jest potencjalnie niebezpieczne dla rozwoju płodu, zwłaszcza w początkowych miesiącach ciąży. Badania wykazały, że gorąca kąpiel nie podnosi temperatury ciała kobiety do niebezpiecznego poziomu natychmiast – trwa to przynajmniej 10 minut (dłużej, gdy ramiona nie są zanurzone bądź gdy temperatura wody ma 38,9°C lub mniej) – lecz ponieważ różna jest indywidualna odporność, raczej nie rozgrzewaj brzucha w wannie. Wolno ci jednak moczyć stopy.

Jeżeli już zażyłaś krótkich kąpieli w gorącej wodzie, nie ma powodu do niepokoju. Badania wykazały, że kobiety odruchowo wychodzą z wanny, zanim ich ciało osiągnie temperaturę 38,9°C, gdyż zaczynają się źle czuć. Jeżeli jednak masz wątpliwości, porozmawiaj z lekarzem o możliwości przeprowadzenia USG lub innych badań w celu uspokojenia cię.

Długie pobyty w saunie również mogą być nierozsądne. Kobieta ciężarna jest ogólnie bardziej zagrożona odwodnieniem, wystąpieniem zawrotów głowy czy niskim ciśnieniem krwi, a wszystkie te objawy mogą się nasilić podczas korzystania z sauny. Podobnie jak w wypadku gorących kąpieli, ciężarne powinny unikać wszystkiego, co może się przyczynić do podniesienia temperatury ciała.

Więcej informacji na temat bezpieczeństwa korzystania z różnych terapii oferowanych w ośrodkach rekreacyjno-leczniczych (masaże, aromaterapia i in.) znajdziesz na s. 209.

## DZIAŁANIE MIKROFAL

*Czytałam, że kontakt z kuchnią mikrofalową jest niebezpieczny dla rozwijającego się płodu. Czy powinnam wyłączyć mają kuchenkę z kontaktu do czasu, aż dziecko się urodzi?*

Kuchnia mikrofalowa może być najlepszym przyjacielem przyszłej matki, pomagając jej przygotować pożywne dania w szybkim tempie. Ale, jak to bywa z wieloma nowoczesnymi cudami techniki, mówi się też o nowoczesnej groźbie. Większość badań uznaje mikrofale za bezpieczne. Wierzy się jednak, że dwa rodzaje tkanki ludzkiej: rozwijający się zarodek i oko, są szczególnie narażone na działanie mikrofal, ponieważ mają zbyt małą pojemność, aby rozproszyć ciepło wytworzone przez te fale. Jednakże, zamiast wyłączyć swoją kuchenkę z kontaktu, powinnaś podjąć pewne środki ostrożności podczas jej używania.

Przede wszystkim upewnij się, że twoja kuchenka nie przecieka. Nie używaj jej, jeśli uszczelki okalające drzwiczki są uszkodzone, jeśli kuchenka nieszczelnie się zamyka lub coś jest przytrzaśnięte w drzwiczkach. Nie próbuj badać przecieków sama, gdyż niedrogie domowe przyrządy do pomiaru napromieniowania nie są dokładne. Skonsultuj się z punktem usługowym lub ośrodkiem zdrowia. Być może te placówki przeprowadzą odpowiednie badania lub polecą

ci kogoś kompetentnego. Po drugie – nie stój naprzeciw kuchenki podczas jej pracy (w odległości 50 cm promieniowanie jest o 100% mniejsze niż w odległości 5 cm). I na koniec, przestrzegaj starannie zaleceń producenta dotyczących używania i czyszczenia sprzętu.

## ELEKTRYCZNE KOCE I PODUSZKI

*Używamy koca elektrycznego przez całą zimę. Czy jest to bezpieczne dla dziecka, którego oczekujemy?*

Lepiej przytul się do męża, a jeśli marzną wam nogi, używajcie ciepłej kołdry, termostatu lub nagrzejcie łóżko kocem elektrycznym, zanim pójdziecie spać. Elektryczne koce mogą znacznie podnieść temperaturę ciała i choć ich użycie nie ma oczywistego związku z problemami ciążowymi, potencjalne niebezpieczeństwo istnieje. Lepiej więc znajdź inne źródło ciepła. Nie martw się jednak, jeśli już spędziłaś kilka nocy pod kocem elektrycznym – prawdopodobieństwo, że zaszkodziło to twojemu dziecku, jest bardzo małe, nawet w teorii.

Równie ostrożnie używaj poduszki elektrycznej. Jeżeli lekarz zaleci ci jej stosowanie, owiń ją w ręcznik w celu zmniejszenia ciepła, które przewodzi, oraz ogranicz jej stosowanie do 15 minut. Nie śpij z nią.

## TELEFONY KOMÓRKOWE

*Spędzam kilka godzin dziennie na rozmowach przez telefon komórkowy. Czy może to mieć szkodliwy wpływ na moje dziecko?*

Telefony komórkowe stały się niemal nieodzownym urządzeniem w naszych gorączkowych czasach, umożliwiając nam bycie w kontakcie niezależnie od tego, gdzie się znajdujemy. Mogą się okazać wręcz niezastąpione dla ciężarnej wojowniczki szos, gdyż dzięki nim odbierzesz ważny telefon od lekarza czy położnej, na który nie możesz poczekać w domu; umówisz się na spotkanie konsultacyjne z pediatrą, siedząc w poczekalni poradni położniczej; powiadomisz współmałżonka o pierwszych sygnałach porodu – bez konieczności szukania budki telefonicznej. Telefon komórkowy zapewni ci większą elastyczność w czasie pracy, gdyż nie będziesz przykuta do biurka (w wyniku czego będziesz miała więcej czasu na odpoczynek, relaks czy przygotowania do narodzin dziecka).

To, czy telefony komórkowe i emitowane przez nie promieniowanie stanowią zagrożenie dla tych, którzy ich używają, czy nie, jest tematem kontrowersyjnym. Jednak nawet teoretyczne ryzyko wydaje się ograniczone wyłącznie do użytkownika – nie wskazano bowiem związku z poronieniami czy wadami wrodzonymi.

Oczywiście telefony komórkowe narażają na jedno całkowicie realne zagrożenie. Prowadzenie samochodu i jednoczesne rozmawianie przez telefon komórkowy nie jest bezpieczne (a także prawnie zakazane w niektórych krajach) przy żadnej prędkości i w żadnych okolicznościach, ale zwłaszcza wtedy, gdy wywołane hormonami ciążowe roztargnienie sprawia, że łatwiej się rozkojarzasz. Nawet rozmowa przez urządzenie głośno mówiące bywa ryzykowna, jeśli odwraca twoją uwagę od tego, co się dzieje na drodze. Bądź rozsądna i zatrzymaj się w bezpiecznym miejscu, zanim zaczniesz używać telefonu.

## PROMIENIE ROENTGENA

*Miałam serię prześwietleń dentystycznych, zanim dowiedziałam się, że jestem w ciąży. Czy mogło to zaszkodzić mojemu dziecku?*

Zwykle rezygnuje się z rutynowych prześwietleń u dentysty do czasu porodu, jeśli wiadomo, że kobieta jest w ciąży – po prostu dla dodatkowego bezpieczeństwa.

Przede wszystkim prześwietlenie dentystyczne kierowane jest z dala od macicy. Po drugie – ołowiany fartuch skutecznie chroni macicę i dziecko przed napromieniowaniem. Stwierdzenie bezpieczeństwa innych typów napromieniowania jest bardzo skomplikowane, ale pewne jest, że prześwietlenie diagnostyczne rzadko stanowi groźbę dla zarodka lub płodu. Trzy czynniki mają wpływ na szkodliwość promieniowania rentgenowskiego:

- **Dawka promieniowania.** Poważne uszkodzenie zarodka lub płodu następuje przy bardzo wysokich dawkach (50 do 250 radów). Przy dawkach niższych niż 10 radów nie jest możliwe żadne uszkodzenie. Ponieważ nowoczesny sprzęt do prześwietleń nie wytwarza więcej niż 5 radów podczas normalnego badania diagnostycznego, takie badania nie przedstawiają problemu dla kobiet ciężarnych.

- **Kiedy następuje napromieniowanie?** Nawet przy wysokich dawkach nie istnieje zagrożenie dla zarodka przed zagnieżdżeniem się (do 6 lub 8 dnia po zapłodnieniu). Ryzyko uszkodzenia zwiększa się w okresie wczesnego rozwoju płodu (3 i 4 tydzień po zapłodnieniu) oraz istnieje ciągłe ryzyko uszkodzenia ośrodkowego układu nerwowego podczas całej ciąży, ale tylko przy wysokich dawkach.

- **Czy dochodzi do napromieniowania macicy?** Dzisiejszy sprzęt do prześwietleń pomaga dokładnie wyodrębnić prześwietlane miejsce, co chroni inne części ciała przed napromieniowaniem. Przy większości prześwietleń brzuch i miednica matki, a więc macica, chronione są ołowianym fartuchem. Ale nawet prześwietlenie brzucha nie powinno stwarzać niebezpieczeństwa, gdyż dawka promieniowania praktycznie nigdy nie wynosi więcej niż 10 radów.

Oczywiście, mimo wszystko niemądrze jest narażać się na jakiekolwiek, choćby najmniejsze, ryzyko, dlatego zaleca się przesunięcie prześwietleń na okres poporodowy. Co innego, jeśli ryzyko jest nieuniknione. Ponieważ prawdopodobieństwo uszkodzenia zarodka przez prześwietlenie jest nieznaczne, również zdrowie matki nie ucierpi w wyniku wykonania koniecznego prześwietlenia. I tak minimalne ryzyko może być jeszcze zmniejszone przez stosowanie się do następujących wskazówek:

• Zawsze poinformuj lekarza, który zaleca prześwietlenie, oraz osobę, która je wykonuje, o swojej ciąży.

• Nie poddawaj się prześwietleniu, jeśli możesz je zastąpić inną metodą diagnostyczną.

• Jeśli prześwietlenie jest konieczne, niech odbędzie się w odpowiednich warunkach. Sprzęt powinien być nowoczesny i w dobrym stanie, a osoba posługująca się nim – wykwalifikowana. Badanie powinno się odbyć pod nadzorem radiologa. W miarę możliwości promienie powinny być tak skierowane, aby objęły tylko część ciała przeznaczoną do prześwietlenia; macica powinna być chroniona fartuchem ołowianym.

• Dokładnie spełniaj polecenia technika obsługującego sprzęt, zwłaszcza nie ruszaj się podczas zdjęcia, aby nie musiało być ono powtórzone.

• Przede wszystkim, jeśli byłaś lub masz być prześwietlona, nie marnuj czasu na zamartwianie się możliwymi konsekwencjami. Twoje dziecko jest w większym niebezpieczeństwie, gdy zapominasz zapiąć pasy bezpieczeństwa.

# NIEBEZPIECZEŃSTWA CZYHAJĄCE W GOSPODARSTWIE DOMOWYM

*Czy powinnam się niepokoić niebezpieczeństwami czyhającymi w domu, na przykład związanymi ze sprzątaniem czy używaniem sprayu przeciwko owadom? A co z wodą z kranu – czy mogę ją bezpiecznie pić podczas ciąży?*

Kobieta ciężarna patrzy na wszystko z innej perspektywy. Tak, zagrożenia ze strony środowiska – nawet w twoim ogrodzie – istnieją i trzeba o nich pamiętać, lecz bledną one w porównaniu z problemami kobiet w czasach twojej prababci, gdy nowoczesne położnictwo było jeszcze w powijakach. Wszystkie dzisiejsze niebezpieczeństwa razem wzięte (alkohol, tytoń, narkotyki) są mniej groźne dla ciebie i twojego dziecka niż dla twoich przodków była jedna niewykwalifikowana akuszerka o brudnych rękach. W rzeczywistości bowiem ciąża i poród nigdy jeszcze nie były tak bezpieczne. Choć nie musisz zamieniać swego domostwa w sterylne pomieszczenie, warto jednak podjąć pewne kroki nawet w miejscu zamieszkania:

**Środki utrzymania czystości.** Wiele środków utrzymania czystości jest powszechnie stosowanych przez dziesięciolecia i jak dotąd nie zauważono zależności między czystymi domami i defektami porodowymi. Dezynfekując miskę klozetu czy polerując stół, nie narażasz zdrowia swojego dziecka. Usuwając bakterie i inne zarazki środkami czyszczącymi, ochraniasz swoje dziecko, zapobiegając infekcji.

Żadne badania nie dowiodły, że okazjonal-

## Niech twój dom oddycha

Szczelne zamykanie domu z pewnością obniży rachunki za ogrzewanie, ale może też podnieść ryzyko zanieczyszczenia powietrza w pomieszczeniu. Otwieraj na oścież okna w zimie oraz w piękne wiosenne dni – niech wpłynie świeże powietrze.

# Zieleń w domu

Nie da się całkowicie wyeliminować zanieczyszczeń powietrza w pomieszczeniu. Meble, obrazy, dywany, boazeria wydzielają niewidzialne opary, zanieczyszczając powietrze, którym oddychasz w domu, biurze czy innym zamkniętym pomieszczeniu. Ale nie martw się – przeciętny poziom zanieczyszczenia wewnątrz budynków nie jest szkodliwy ani dla ciebie, ani dla twojego dziecka, jednak zawsze warto sprawić, by powietrze wokół was było zdrowsze. Można tego dokonać bardzo łatwo, wprowadzając rośliny do domu. Rośliny wchłaniają niezdrowe opary z powietrza, dodając tlen i oczywiście piękno do środowiska domowego. Mają też dodatkową zaletę: dają radość płynącą z codziennego oglądania tych pięknych wytworów natury. Wybierając rośliny, unikaj tych, których spożycie grozi zatruciem: na przykład filodendronu czy bluszczu pospolitego. Choć ty raczej nie będziesz przeżuwać liści, nie można już tego samego powiedzieć o twoim maleństwie, gdy tylko nauczy się pełzać po domu.

ne wdychanie środków utrzymania czystości ma szkodliwy wpływ na rozwijający się płód; z drugiej strony nie wykazały, że częste wdychanie jest całkowicie bezpieczne. Nie ma zatem powodu do obaw. Jednak sprzątaj ostrożnie i z wyczuciem, zwracając uwagę na potencjalnie niebezpieczne chemikalia. Mogą ci się przydać następujące rady:

• Jeśli produkt wydziela ostry zapach, nie wdychaj go bezpośrednio. Używaj go w pomieszczeniu o dobrej wentylacji lub nie używaj wcale.

• Używaj rozpylaczy ręcznych zamiast aerozolu. Są one także bezpieczniejsze dla środowiska naturalnego.

• Nigdy (nawet gdy nie jesteś w ciąży) nie mieszaj produktów opartych na bazie amoniaku i chloru; taka mieszanka wytwarza śmiertelne opary.

• Staraj się unikać produktów takich, jak środki do czyszczenia chemicznego, których etykietki ostrzegają o toksyczności.

• Nakładaj gumowe rękawiczki do sprzątania. Ochronią one twoje ręce przed zniszczeniem oraz zapobiegną przenikaniu potencjalnie toksycznych chemikaliów przez skórę.

**Ołów.** W ostatnich latach wykryto, że ołów – o którym od dawna wiadomo, że obniża iloraz inteligencji dzieci, które mają stały kontakt z kruszejącą farbą – może oddziaływać również na ciężarne kobiety i płody. Zwiększony kontakt z tym metalem może zwiększyć ryzyko rozwinięcia się spowodowanego ciążą nadciśnienia, a nawet utraty ciąży. Naraża on dzieci na wiele problemów, od poważnych zaburzeń neurologicznych do stosunkowo niewielkich defektów porodowych. Ryzyko się zwiększa, gdy dziecko ma kontakt z ołowiem jeszcze w macicy i po urodzeniu.

Na szczęście całkiem łatwo uniknąć kontaktu z ołowiem i problemów, które może on spowodować. Oto przykłady.

• Ponieważ woda jest źródłem ołowiu, pij wodę bezołowiową (zob. dalej).

• Stara farba jest głównym źródłem ołowiu. Jeżeli twój dom był wybudowany przed 1955 rokiem i trzeba z jakiegoś powodu usunąć warstwę farby, wyprowadź się z domu na czas trwania robót. Jeśli zauważysz, że w starszym domu farba się łuszczy, zleć przemalowanie ścian, aby zawierająca ołów farba przestała odpadać, albo jej zerwanie. Pamiętaj, by trzymać się z daleka podczas tych robót.

• Innym popularnym źródłem ołowiu jest jedzenie i picie zanieczyszczone ołowiem z glinianych, fajansowych lub porcelanowych naczyń. Jeżeli posiadasz naczynia domowego wyrobu, importowane, bardzo stare lub z innych powodów budzące wątpliwości co do bezpieczeństwa ich użycia, nie przechowuj i nie podawaj w nich potraw i napojów, zwłaszcza kwaśnych (ocet, pomidory, wino, napoje bezalkoholowe).

**Woda z kranu.** Woda, zaraz po tlenie, jest substancją najważniejszą dla życia. Ludzie mogą wytrzymać przynajmniej tydzień bez jedzenia, ale tylko parę dni bez wody. Inaczej mówiąc, bardziej należy się martwić, jeśli nie pijecie wody, niż jeśli ją pijecie.

Kiedyś woda stanowiła zagrożenie dla istot, których życie podtrzymywała, przenosząc dur brzuszny i inne choroby. Obecna technologia jednak wyeliminowała takie groźby, przynajmniej w rozwiniętych częściach świata. Choć woda z kranu jest zwykle bezpieczna i nadaje się do picia, zdarzają się wyjątki. Czasem jest ona zanieczyszczona ołowiem pochodzącym ze starych rur ołowianych, przez które przepływa, lub z nowych rur lutowanych ołowiem. Czasem też zostaje zanieczyszczona bakteriami (na przykład *E. coli*, *shigella* czy salmonellą), wirusami bądź pasożytami. Na innych obszarach chemikalia wyciekające z fabryk, toksyczne wysypiska śmieci, odpady z farm również doprowadziły do potencjalnie niebezpiecznych zanieczyszczeń. Woda pochodząca z podziemnej studni może być równie zanieczyszczona jak woda z rzek, jezior i strumieni. Aby się upewnić, że szklanka wypitej wody wyjdzie tobie – i twojemu dziecku – na zdrowie, skorzystaj z poniższych rad:

- Skonsultuj się z lokalną placówką ochrony środowiska lub ośrodkiem zdrowia w kwestii czystości wody pitnej. Jeśli jakość wody w twoim kranie (z powodu awarii rury, lokalizacji twojego domu w pobliżu śmietniska lub dziwnego smaku czy koloru) różni się od wody w innych domach, poproś o jej przebadanie.

- Jeśli wynik badania twojej wody będzie niezadowalający, zamontuj w kranie kuchennym filtr węglowy (jego rodzaj zależeć będzie od tego, jakie zanieczyszczenia są w wodzie). Filtr będzie ci służył dłużej, jeśli będziesz oczyszczać wodę do picia i gotowania, a nie do zmywania naczyń itp. Możesz też używać butelkowej wody do picia i gotowania. Bądź jednak świadoma, że nie każda butelkowa woda, reklamowana jako „czysta", wolna jest od zanieczyszczeń. Niektóre z nich są równie zanieczyszczone jak woda z kranu, a inne są napełniane wodą prosto z kranu. Unikaj wody destylowanej, z której usunięto wartościowe minerały, takie jak fluorki.

- Jeśli podejrzewasz obecność ołowiu w wodzie lub badania wykazują wysoki jego poziom, idealnym wyjściem byłaby zmiana kanalizacji, ale to nie zawsze jest możliwe. Aby zmniejszyć poziom ołowiu w wodzie pitnej, używaj zimnej wody do celów spożywczych (gorąca zawiera więcej ołowiu z rur) i odpuszczaj wodę z kurka przez około 5 minut rano (i każdorazowo, gdy woda jest wyłączona przez co najmniej 6 godzin) przed użyciem.

- Jeśli twoja woda pachnie lub smakuje chlorem, przegotuj ją lub odstaw na 24 godziny przed spożyciem, co sprawi, że znaczna ilość tej substancji chemicznej wyparuje.

**Środki owadobójcze.** Chociaż niektóre owady, jak brudnica mniszka, są niebezpieczne dla drzew i roślin, a inne, jak karaluchy i mrówki, dla twojej wrażliwości, raczej nie zagrażają one ludziom – nawet ciężarnym kobietom. Bezpieczniej żyć z nimi, niż tępić je środkami chemicznymi, gdyż niektóre z nich mogą mieć wpływ na powstawanie wad płodu.

Oczywiście twoi sąsiedzi (jeśli nie są w ciąży i nie mają małych dzieci) mogą się nie zgodzić. Jeśli twoje sąsiedztwo zostało akurat spryskane, unikaj przebywania na powietrzu przez 2 do 3 dni. W domu miej zamknięte okna. Jeśli budynek, w którym mieszkasz, ma być spryskany środkiem przeciwko karaluchom bądź innym owadom, poproś, by twoje mieszkanie zostało pominięte. Gdyby jednak spryskiwanie było absolutnie konieczne, pozamykaj szafki kuchenne, zabezpieczając ich zawartość, oraz przykryj powierzchnie, na których przyrządzasz jedzenie. Jeśli to możliwe, opuść mieszkanie na dzień lub dwa, i wietrz je jak najdłużej. Chemikalia są potencjalnie szkodliwe tylko tak długo, jak długo unosi się ich zapach. Kiedy rozpylony płyn osiądzie, poproś kogoś o przetarcie powierzchni do przygotowywania potraw.

Jeżeli to możliwe, stosuj naturalne sposoby zwalczania szkodników. Wyrywaj chwasty, zamiast je spryskiwać. Poproś kogoś o ręczne usunięcie larw brudnicy i innych owadów z roślin, potem włóż je do naczynia z naftą. Niektóre szkodniki mogą być usunięte z ogrodu poprzez spryskiwanie silnym strumieniem wody lub specjalnym mydłem owadobójczym, ale takie procedury zwykle muszą być kilkakrotnie powtórzone, zanim przyniosą efekty. Innym sposobem byłoby sprowadzenie biedronek lub innych pożytecznych zwierzątek (dostępnych w sklepach ogrodniczych).

W domu zainstaluj pułapki w celu pozbycia się karaluchów i mrówek; używaj gałązek cedru zamiast naftaliny w szafach z odzieżą. Poszukaj nietoksycznych preparatów w sklepach lub w katalogu z towarami przyjaznymi dla środowiska. Jeżeli masz dzieci lub zwierzęta, trzymaj w s z y s t k i e pułapki i pestycydy w miejscach dla nich niedostępnych. Nawet „naturalne" środki, w tym kwas borny, mogą się stać trujące, jeśli zostaną spożyte lub ich opary – wchłonięte; wywołują one również podrażnienia oczu.

Nie wpadaj w panikę, jeśli przypadkowo miałaś kontakt z owado- i chwastobójczymi środkami. Krótkie pośrednie zetknięcie najprawdopodobniej nie zagrozi twojemu dziecku. Niebezpieczny byłby długotrwały kontakt, np. codzienna praca przy taki chemikaliach (w fabryce lub na spryskiwa nym polu).

**Opary z farb.** W całym królestwie zwierzęcym przyjście na świat nowego potomka poprzedzone jest gorączkowymi przygotowaniami. Ptaki ścielą gniazda piórami, wiewiórki moszczą dziuple liśćmi i gałązkami, a przyszli rodzice przerzucają w sklepach próbki farb i tkanin. Prawie we wszystkich przypadkach następuje malowanie dziecinnych pokoi – co w czasach farb na bazie rtęci i ołowiu mogło stwarzać zagrożenie zdrowia dziecka. Obecnie dostępne farby nie zawierają ołowiu ani rtęci, dlatego też prawdopodobnie nie są szkodliwe. Lecz ponieważ nie jesteśmy pewni, jakie jeszcze niebezpieczne substancje zostaną wykryte w składzie farb, dobrze byłoby uznać malowanie za niewłaściwą rozrywkę dla oczekujących matek – nawet tych, które koniecznie starają się czymś zająć w ostatnich dniach oczekiwania. Istnieją też inne powody, by poszukać kogoś innego do wykonania tego zadania. Powtarzanie niektórych ruchów podczas malowania może wywołać naciągnięcie mięśni pleców, już i tak obarczonych dodatkowym ciężarem. Na dodatek wspinanie się po najwyższych stopniach drabiny jest niebezpieczne, a opary farby mogą spowodować mdłości. Niech więc raczej oczekujący ojciec zajmie się tą stroną przygotowań.

Staraj się przebywać poza domem, gdy jest on malowany. Niezależnie od tego, czy jesteś w nim czy nie, niech okna będą szeroko otwarte. (Gdyby renowacja ludzkich gniazd mogła zawsze być przeprowadzana w ciepłe wiosenne dni, tak jak to jest w świecie zwierząt!) Unikaj bliskiego kontaktu ze środkami do usuwania farby, które są bardzo toksyczne, oraz trzymaj się z dala od procesu jej usuwania, zwłaszcza jeśli pozbywacie się farby sporządzonej na bazie rtęci lub ołowiu.

# ZANIECZYSZCZENIE POWIETRZA

*Zdaje się, że w czasie ciąży nawet oddycha-nie nie jest bezpieczne. Czy zanieczyszcze-nie powietrza w mieście może mieć zły wpływ na moje dziecko?*

Mieszkanie na przystanku autobuso-wym lub spanie w budce telefonicz-nej przy zatłoczonej autostradzie mogłoby, oczywiście, narazić twój płód na bliski kon-takt z zanieczyszczeniami i pozbawić go tlenu. Jednak normalne oddychanie w du-żym mieście nie jest tak ryzykowne, jak myślisz. Miliony kobiet żyją i oddychają w dużych miastach i rodzą miliony zdro-wych dzieci.

Tak więc oddychanie nie ma szkodliwe-go wpływu na twoje dziecko. Nawet dawka tlenku węgla, która może wywołać chorobę w organizmie matki, nie ma złego wpływu na zarodek we wczesnym stadium ciąży (chociaż tlenek węgla w późniejszym okre-sie ciąży mógłby go mieć). Oczywiście, roz-sądnie jest unikać wyjątkowo zanieczyszczo-nego powietrza, nawet jeśli nie jesteś w cią-ży. Oto, jak to robić:

- Unikaj pomieszczeń ciągle wypełnionych dymem. Pamiętaj, że cygaro i fajka, któ-rymi palący się nie zaciąga, wydzielają więcej dymu do powietrza niż papierosy. Ponieważ o dymie tytoniowym wiemy, iż jest substancją zanieczyszczającą szkod-liwą dla płodu (patrz s. 59-63), poproś rodzinę, gości i współpracowników o nie-palenie w twojej obecności.

- Sprawdź układ wydechowy w swoim sa-mochodzie, żeby nie ulatniały się spaliny i nie rdzewiała rura wydechowa. Nigdy nie zapalaj silnika w garażu przy za-mkniętych drzwiach, zamykaj wentylację samochodową, poruszając się wśród du-żego ruchu samochodowego.

- Jeśli w twoim mieście ogłoszony jest stan groźnego zanieczyszczenia, jak najdłużej

przebywaj w budynku; pozamykaj okna i wyłącz wentylację. Dokładnie przestrze-gaj instrukcji adresowanych do najbar-dziej zagrożonych mieszkańców. Jeśli masz ochotę na ruch, pójdź do sali gimnastycz-nej albo na spacer po hipermarkecie.

- Nie biegaj, nie spaceruj i nie jeźdź na ro-werze wzdłuż zatłoczonych autostrad nie-zależnie od pogody, ponieważ będąc w ruchu, wdycha się więcej powietrza – i zanieczyszczeń. Lepiej więc wybierz się na przejażdżkę po parku czy dzielnicy mieszkaniowej, gdzie jest dużo drzew. Drzewa, podobnie jak rośliny domowe, oczyszczają powietrze.

- Upewnij się, że przewody kominowe w twoim domu są drożne. Jeśli nie są, mogą napełnić powietrze tlenkiem węgla i innymi szkodliwymi gazami. Także przed rozpaleniem w kominku sprawdź, czy przewód kominowy jest drożny.

- Zadbaj o zieleń w domu (ramka na s. 73). Rośliny oczyszczają powietrze i sprawiają, że łatwiej oddychać w domu i na dworze.

- Jeżeli pracujesz na dworcu autobusowym lub w innym niekorzystnym dla zdrowia miejscu o dużym zanieczyszczeniu, po-proś o przeniesienie na bezpieczne stano-wisko na czas ciąży w celu wyelimino-wania nawet hipotetycznego ryzyka, że zanieczyszczone powietrze zaszkodzi twojemu dziecku.

# NIEBEZPIECZEŃSTWA W MIEJSCU PRACY

*Tyle się słyszy o niebezpieczeństwach w pra-cy, ale skąd wiadomo, które miejsce pracy jest bezpieczne?*

Większość posad można łączyć z dru-gim zajęciem, jakim jest karmienie i opiekowanie się małym dzieckiem – to dobra wiadomość dla milionów ciężarnych matek, zmuszonych do pracy na pełnym etacie na obu stanowiskach. Choć badania są w toku (jak mogłaś już zauważyć, jeśli chodzi o położnictwo, badaniom naukowym nigdy nie ma końca), z tego, co obecnie wiadomo, większość miejsc pracy jest całkowicie bezpieczna dla kobiet w ciąży i ich potomstwa. W niektórych (na przykład w zakładach chemicznych czy przy kontakcie z promieniami Roentgena) istnieją jednak pewne niebezpieczeństwa, których można uniknąć, stosując odpowiednie środki zapobiegawcze lub zmieniając zakres obowiązków; innych nie przebadano jeszcze na tyle, by określić, w jakim stopniu są bezpieczne.

Oto krótki przegląd tego, co wiemy (i czego nie wiemy) na temat bezpieczeństwa pracy w czasie ciąży:

**Praca biurowa.** Na szczęście monitor komputera – w przeciwieństwie do wcześniej panujących poglądów – nie stanowi zagrożenia dla ciężarnej kobiety. Od początku lat osiemdziesiątych, kiedy to komputer stał się najdokładniej badanym środkiem przekazu, pojawiają się raporty stwierdzające jego związek z problemami ciąży. Spośród wszystkich dotychczas przeprowadzonych badań żadne nie wykazały istnienia konkretnego związku między niskim poziomem promieniowania (niższym niż promieniowanie słoneczne) emitowanym przez monitor a poronieniami, chociaż taki związek sugerowano. Co więcej, mimo że w ostatnich latach miliony kobiet są wystawione na działanie monitorów, nie zanotowano zwiększenia liczby urodzeń dzieci chorych czy z wadami wrodzonymi.

Choć nie ma żadnego dowodu na to, że praca (i zabawa) przy komputerze może przyczynić się do urodzenia słabszego dziecka, istnieją dowody, iż bywa przyczyną licznych nieprzyjemnych doznań, takich jak bóle szyi, oczu, nadgarstków, ramion czy pleców, a także zawroty czy bóle głowy, łączące się z typowymi niedogodnościami ciążowymi. Aby zredukować te objawy, rozważ, co następuje:

- Podczas dnia nie przebywaj zbyt długo w pozycji siedzącej – nawet szybkie przejście do łazienki dobrze ci zrobi.

- Siedząc przed ekranem, wykonuj od czasu do czasu ćwiczenia rozciągające i/lub relaksujące.

- Używaj krzesła z regulowaną wysokością i z oparciem, które podtrzymuje dolną część pleców; dopilnuj, żeby klawiatura i monitor znajdowały się na odpowiedniej wysokości. Górna część monitora powinna być na poziomie oczu, na wyciągnięcie ręki od ciebie. Jeśli to możliwe, używaj klawiatury ergonomicznej, zaprojektowanej tak, by zredukować możliwość wystąpienia zespołu urazowego nadgarstka (patrz s. 238), oraz podkładki pod nadgarstki. Dłonie leżące na klawiaturze powinny się znajdować poniżej łokci, a przedramiona powinny być ułożone równolegle do podłogi.

**Praca w służbie zdrowia.** Odkąd pierwszy lekarz przebadał pierwszego pacjenta, pracownicy służby zdrowia podjęli ryzyko. Ryzykują własne życie za cenę ratowania i podnoszenia jakości życia innych. I chociaż takie ryzyko jest nieodłączną częścią

---

## Za dużo pracy, za mało rozrywki

Nie obawiaj się odpoczynku – za dużo pracy, a zbyt mało rozrywki w czasie ciąży może stanowić przyczynę problemów ciążowych. Niezależnie od rodzaju wykonywanej pracy, nie zapomnij o zachowaniu wystarczająco dużej porcji energii fizycznej i pyschicznej, która jest niezbędna do zajęcia się sobą i oczekiwanym przez ciebie dzieckiem. Rady na ten temat znajdziesz na s. 112.

# Proszę o ciszę

Hałas jest najczęstszym niebezpieczeństwem związanym z wykonywaniem pracy. Może on spowodować utratę słuchu u ludzi najbardziej na niego narażonych. Najnowsze badania sugerują, że hałas[1] może spowodować u płodu niedosłyszenie dźwięków o wysokiej częstotliwości oraz może przyczynić się do przedwczesnego porodu i opóźnienia rozwoju płodu wewnątrz macicy.

Konieczne jest przeprowadzenie kolejnych badań, lecz zanim znane będą ich wyniki, przyszłe matki, pracujące w bardzo głośnym otoczeniu, gdzie wymagana jest ochrona słuchu, lub narażone na silne wibracje towarzyszące hałasowi, chcąc uniknąć ryzyka, powinny prosić o czasowe przeniesienie. Wszystkie przyszłe matki powinny unikać słuchania głośnej muzyki (szczególnie w zamkniętym pomieszczeniu, np. samochodzie) oraz chodzenia na koncerty rockowe.

ich pracy, kobiety ciężarne pracujące w służbie zdrowia powinny chronić swoje zdrowie, tak jak to tylko możliwe. Do potencjalnych niebezpieczeństw należy kontakt z chemikaliami (np. tlenek etylenowy, formaldehyd) używanymi do sterylizacji narzędzi, z lekami przeciwrakowymi i z infekcjami, np. wirusowym zapaleniem wątroby czy AIDS, z promieniowaniem jonizującym (używanym w diagnostyce i leczeniu). Większość pracy technika wykorzystującego niskie dawki promieni Roentgena do diagnozowania nie będzie się wiązała z narażaniem się na promieniowanie na niebezpiecznym poziomie. Niemniej jednak zaleca się, by kobiety w wieku rozrodczym, które pracują w miejscach o dużym natężeniu promieniowania, zakładały specjalną osłonę mierzącą dzienny poziom radiacji, na który były wystawione. Dzięki temu można sprawić, by rocznie nie przekroczono niebezpiecznego pułapu promieniowania. Jeśli pracujesz w ryzykownych warunkach, podejmij odpowiednie środki ostrożności lub na jakiś czas zmień pracę.

[1] Czym jest nadmierny hałas? Ogólnie rzecz biorąc, najlepiej unikać ponad ośmiogodzinnego przebywania w hałasie powyżej 80 czy 90 decybeli (na przykład kosiarka do trawy czy ruch uliczny); więcej niż dwóch godzin hałasu powyżej 100 decybeli (na przykład praca piły łańcuchowej, wiertarki pneumatycznej czy pojazdu śnieżnego); ponad piętnastu minut hałasu powyżej 115 decybeli (na przykład dźwięki bardzo głośnej muzyki, klaksonów samochodowych czy odgłosy piaskowania).

**Praca w fabryce.** Bezpieczeństwo pracy w fabryce uzależnione jest od rodzaju wytwarzanego produktu oraz, do pewnego stopnia, od zasad stosowanych przez jej właścicieli.

Twój związek zawodowy lub inna organizacja pracownicza pomoże ci stwierdzić, czy twoje zdrowie jest należycie chronione[2].

**Praca w komunikacji powietrznej.** Odsetek przypadków utraty ciąży poprzez poronienie jest n i e z n a c z n i e większy od przeciętnego u kobiet pracujących na pokładach samolotów będących w locie (czyli u personelu obsługującego oraz pilotów), zwłaszcza jeśli spędzają one tam dużo czasu. Nie znamy dokładnej przyczyny tego mechanizmu, lecz uważa się, że należy go wiązać z promieniowaniem słonecznym, na którego działanie wystawione są te kobiety podczas lotów na znacznych wysokościach. Promieniowanie jest najintensywniejsze w pobliżu biegunów, a najmniejsze nad równikiem. Kobiety ciężarne, które często podróżują na dużych wysokościach, zwłaszcza

[2] Do substancji, których kobieta ciężarna powinna podczas ciąży unikać, należą: aceton, kwas alifatyczny, środki alkilujące, aluminium, węglowodory aromatyczne i chlorowane, arsen, benzen, tlenek węgla, sulfotlenek metylu, dioksyna, tlenek etylenu, ołów, lit, organiczne związki rtęci, fenole, wielochlorki bifenylu i wszelkie rozpuszczalniki organiczne, chlorek etylu, chlorek winylu oraz ksylen.

w pobliżu biegunów, mogłyby rozważyć możliwość zmiany trasy lotów i wybrać loty krótsze, na mniejszej wysokości. Jeśli martwią cię loty, które odbyłaś, zanim dowiedziałaś się o swojej ciąży, porozmawiaj z lekarzem – on cię z pewnością uspokoi.

**Ciężka praca fizyczna.** Praca, która wymaga dźwigania ciężkich przedmiotów, wielogodzinnego wysiłku fizycznego, pracy zmianowej lub ciągłej pozycji stojącej, może podnieść ryzyko przedwczesnego porodu. Jeśli pracujesz w takich warunkach, między 20 a 28 tygodniem ciąży poproś o przeniesienie na inne stanowisko do czasu odzyskania sił po porodzie (patrz s. 243).

**Praca stresująca emocjonalnie.** Stres związany z niektórymi miejscami pracy daje się we znaki wszystkim pracownikom, a pracownicom w ciąży w szczególności. Przeprowadzono kiedyś badania mające na celu wykazanie, że silny stres przyczynia się u ciężarnych kobiet do wystąpienia zaburzeń ciąży (taki stres może wywołać kłopoty ze zdrowiem w każdym czasie). Zatem rozsądnie będzie ograniczyć czynniki stresujące w twoim życiu na tyle, na ile jest to możliwe – zwłaszcza teraz. Najbardziej oczywistym sposobem będzie zmiana pracy na mniej stresującą albo skorzystanie ze zwolnienia. Jednak nie wszyscy mogą sobie na to pozwolić; jeśli od wykonywanej pracy wiele zależy w sensie finansowym lub zawodowym, prawdopodobnie odejście wywoła u ciebie jeszcze większy stres. Zastanów się więc nad sposobami zmniejszenia napięcia, takimi jak medytacje, ćwiczenia i rozrywki (obejrzenie filmu zamiast pracy do późnego wieczora). Pomocna będzie też rozmowa z pracodawcą na temat tego, że praca po godzinach, nadmiar pracy czy ogólnie stres może mieć zły wpływ na ciążę i że zindywidualizowanie tempa pracy ułatwi ci przejście przez ciążę (stres bowiem zdaje się zwiększać bóle pleców i inne przykre strony twego stanu) oraz ogólnie lepiej wykonywać zadania. Jeśli prowadzisz samodzielną działalność, jeszcze trudniej ci będzie zwolnić tempo, lecz warto się nad tym zastanowić.

**Inne zawody.** Nauczycielki i pracownice socjalne, które mają styczność z małymi dziećmi, narażone są na potencjalnie niebezpieczne infekcje, jak np. różyczka, rumień zakaźny czy wirus cytomegalii. Osoby zajmujące się zwierzętami i pracujące w rzeźni mogą zarazić się toksoplazmozą (z drugiej strony, mogą być na nią uodpornione, wtedy ich dzieciom nic nie zagraża), a pracownice pralni – innymi infekcjami. Jeśli pracujesz w warunkach grożących chorobą, dopilnuj wykonania stosownych szczepień i podejmij środki ostrożności, np. nakładaj rękawice, maskę itp.

Artystki, fotograficy, farmaceuci, kosmetyczki, osoby pracujące w pralni chemicznej, przy obróbce skór, w rolnictwie czy ogrodnictwie mogą być narażone na działanie różnych szkodliwych chemikaliów. Jeśli używasz takich środków, zabezpiecz się przed ich szkodliwym działaniem, może nawet zrezygnuj z części pracy, która wymaga ich użycia. Ale nie zamartwiaj się tym, że miałaś kontakt z chemikaliami przed stwierdzeniem, że jesteś w ciąży, gdyż zwykle występują one w zbyt małym stężeniu, żeby zaszkodzić matce lub nie narodzonemu dziecku.

# CO WARTO WIEDZIEĆ
## Spojrzenie na ryzyko z perspektywy

Chcesz, by twoje dziecko urodziło się zdrowe, i zrobiłabyś wszystko, by mieć pewność, że tak się stanie. Rzucasz palenie i picie. Starasz się dobrze odżywiać. Często chodzisz do lekarza. Dwa razy się zastanawiasz, nim weźmiesz lekarstwo, które nie zostało ci przepisane na czas ciąży. Ale co począć z czynnikami, na które nie masz wpływu? Z tymi lekarstwami, drinkami czy papierosami sprzed chwili, gdy uświadomiłaś sobie, że jesteś w ciąży? Substancjami chemicznymi, na których działanie byłaś wystawiona, zanim zdałaś sobie sprawę z tego, że w twoim stanie mogą one stanowić zagrożenie? Z wirusem, który wywołał wysoką gorączkę?

Każda bez wyjątku kobieta ciężarna ma styczność z teratogenem (substancją potencjalnie szkodliwą dla rozwijającego się embrionu czy płodu) na jakimś etapie ciąży. Na szczęście większość z tych kontaktów jest całkowicie nieszkodliwa – ostatecznie nie mają one najmniejszego wpływu na ciążę. Zastanawiając się nad tym, jakie jest prawdopodobieństwo, iż konkretne zetknięcie się z taką substancją mogło jednak być ryzykowne – oraz jak duże jest to ryzyko – warto wziąć pod uwagę poniższe zagadnienia.

**Jak silny jest teratogen?** Bardzo nieliczne leki są silnymi teratogenami. Na przykład thalidomide – lek używany na początku lat sześćdziesiątych w Europie i obecnie wprowadzony w USA do ograniczonego użytku – był przyczyną zniekształceń płodów w pewnym okresie ich rozwoju. Lek przeciw trądzikowi Accutane, niedawno odkryty teratogen, wywołujący zaburzenia u 1 na 5 zarodków. Z drugiej strony mamy leki, jak np. hormon Provera – progesteron, które wywołują zaburzenia niezmiernie rzadko (1 na 1000 zarodków). Większość leków klasyfikuje się pomiędzy tymi dwoma eks-

tremami; na szczęście niewiele jest tak silnych jak thalidomide czy Accutane (lub jego pochodne).

Często trudno stwierdzić, czy lek w ogóle jest teratogenny czy nie, nawet gdy wpływa na powikłanie ciążowe. Na przykład, jeśli zaburzenie występuje u dzieci, których matki, będąc w ciąży, brały antybiotyk w czasie infekcji z gorączką, przyczyną zaburzenia może być infekcja lub gorączka, nie zaś lekarstwo.

**Czy zarodek jest genetycznie podatny na działanie teratogenu?** Tak jak nie każdy zaraża się katarem, tak nie każdy płód jest zaatakowany przez teratogen.

**Kiedy zarodek był narażony na kontakt z teratogenem?** Okres ciąży, podczas którego teratogeny mogą wyrządzić krzywdę dziecku, jest bardzo krótki. Na przykład thalidomide był nieszkodliwy po 52 dniu. Podobnie wirus różyczki wpływa na tylko 1% płodów po trzecim miesiącu ciąży. Od szóstego do ósmego dnia po zapłodnieniu (zanim jeszcze kobieta zauważy brak miesiączki) zapłodnione jajo podróżuje jajowodem do macicy i jest wtedy wyjątkowo mało wrażliwe na wpływ wszystkiego, co napotka na swojej drodze, a co za tym idzie – raczej nie podlega zniekształceniu. Jeśli nawet ulegnie nieznacznemu uszkodzeniu, potrafi samo je zwalczyć. Wtedy jedyną śmiertelną groźbą dla jaja jest błąd genetyczny lub zewnętrzny czynnik, np. duża dawka promieniowania.

Okres, w którym formowane są organy – od zagnieżdżenia się jaja w macicy około 6-8 dnia do końca 3 miesiąca – to czas największego zagrożenia. Po 3 miesiącu niebezpieczeństwo zniekształcenia jest znacznie mniejsze; najczęstsze urazy spowodowane w tym okresie to zahamowania wzrostu płodu i uszkodzenie jego ośrodkowego układu nerwowego i układu rozrodczego.

**Jak duży był kontakt z teratogenem?** Wpływ teratogenu zależy zwykle od jego dawki. Jedno krótkie diagnostyczne prześwietlenie promieniami Roentgena nie spowoduje problemu, ale kilka cięższych prześwietleń mogłoby. Palenie papierosów od czasu do czasu w pierwszych paru miesiącach najprawdopodobniej nie zaszkodzi dziecku, ale intensywne palenie przez całą ciążę znacznie zwiększa ryzyko.

**Jak duże znaczenie ma właściwe odżywianie się przez matkę?** Tak jak ty jesteś bardziej odporna na wirus kataru, gdy jesteś dobrze odżywiona, tak twój płód łatwiej zwalczy wpływ teratogenów, gdy jest dobrze odżywiony – oczywiście, za twoim pośrednictwem.

**Czy kontakt z teratogenem ma też wpływ na matkę?** Uspokajająca jest wiadomość, że kontakt ze środkiem chemicznym, który nie jest na tyle toksyczny, żeby mieć wpływ na matkę, nie zaszkodzi też dziecku.

**Czy kilka czynników naraz zwiększa ryzyko?** Trio: niewłaściwa dieta, palenie papierosów i nadużywanie alkoholu, duet: palenie i używanie środków uspokajających oraz inne „zgubne kombinacje" mogą znacznie zwiększyć ryzyko.

**Czy istnieje jakiś nieznany czynnik ochronny?** Nawet jeśli wszystkie czynniki są identyczne, nie wszystkie zarodki reagują jednakowo. Podczas eksperymentów na zarodkach myszy o identycznych uwarunkowaniach genetycznych, poddanych działaniu identycznych teratogenów na tym samym stopniu rozwoju, tylko jedno zwierzę z dziewięciu urodziło się z defektem. Nikt dokładnie nie wie dlaczego, ale prawdopodobnie kiedyś medycyna znajdzie rozwiązanie tego sekretu.

# MIERZĄC RYZYKO I KORZYŚCI

Spójrzmy prawdzie w oczy: życie pełne jest ryzyka i korzyści. Wszystko, co robisz – od przejścia przez ulicę po wzięcie tabletki na przeziębienie – w jakimś stopniu wiąże się z nimi. Niektóre zajęcia dostarczają wielu korzyści, inne łączą się z dużym stopniem ryzyka, a w jeszcze innych ryzyko i korzyści są takie same. W większości przypadków istnieją sposoby na to, by zredukować ryzyko bez uszczerbku dla przyjemności – w innych nie ma takiej możliwości.

Mierzenie ryzyka i korzyści w podejmowaniu życiowych decyzji może sprawić, że życie stanie się znacznie bezpieczniejsze. Jest to szczególnie ważne podczas ciąży, kiedy to dokonywane przez ciebie wybory mają wpływ nie tylko na twoje zdrowie, lecz także na zdrowie dziecka. Na przykład zagadnienie ryzyka i korzyści pojawia się wtedy, gdy zastanawiasz się nad tym, czy do obiadu napić się wina czy wody gazowanej; czy zjeść na lunch frytki i batonik czy też kanapkę i owoc; czy zapalić papierosa czy nie. Czy korzyści płynące z picia alkoholu, palenia lub trwania przy bezwartościowej diecie warte są potencjalnego zagrożenia dla ciebie i dziecka? W większości przypadków z pewnością odpowiesz, że nie. Ale to nie oznacza, że nie można zrobić wyjątku przy jakiejś uroczystej okazji. Na przykład jeden kieliszek wina wypity dla uczczenia rocznicy: ryzyko dla dziecka jest zerowe, a korzyść (bardziej uroczysty wieczór) naprawdę znaczna. Albo duży kawałek tortu z okazji urodzin – prawda, że dużo pustych kalorii, ale właściwie nie pozbawią one dziecka składników odżywczych, no a poza wszystkim, to przecież twoje urodziny.

Niektóre decyzje dotyczące ryzyka i korzyści nie są trudne. Na przykład regularne spożywanie alkoholu w dużych ilościach przez całą ciążę może okaleczyć twoje dziecko na całe życie (patrz s. 57). Pozbawienie się przyjemności picia może być niełatwe, ale ryzyko jest tu oczywiste.

Wyobraź sobie, że przechodzisz grypę z gorączką, która może zagrozić dziecku. Lekarz bez wahania zapisze lek na zbicie gorączki. W tym przypadku korzyść z użycia leku znacznie przewyższa ewentualne ryzyko. Z drugiej strony, jeśli temperatura jest tylko nieznacznie podwyższona, nie zagraża ona dziecku i pomoże twojemu organizmowi zwalczyć wirus. Dlatego lekarz da twojemu organizmowi szansę samoobrony, gdyż potencjalne ryzyko przyjęcia leku jest większe niż korzyść.

Inne decyzje mogą nie być tak oczywiste. A jeśli masz okropny katar z zatokowym bólem głowy, przez który nie możesz spać w nocy? Czy powinnaś wziąć tabletkę, która pomoże ci odpocząć? A może powinnaś męczyć się w bezsenne noce, co nie przyniesie pożytku ani tobie, ani twojemu dziecku? Oto najlepszy sposób podejścia do takich decyzji:

- Poszukaj innych sposobów o niższym poziomie ryzyka. Może zażycie leku nie jest konieczne (patrz *Dodatek*)? Spróbuj. Jeśli inny sposób nie przynosi pożądanych rezultatów, powróć do tabletek.

- Zapytaj lekarza o ryzyko i korzyści. Pamiętaj, że większość leków nie została przebadana pod kątem przyjmowania ich podczas ciąży, a tylko o nielicznych w i e m y, iż wywołują wady wrodzone. W rzeczywistości stosowanie wielu leków okazało się bezpieczne w ciąży. Badania codziennie przynoszą nowe informacje na ten temat, a twój lekarz będzie z nimi zaznajomiony.

- Zdecyduj, czy można zwiększyć korzyść przy zmniejszeniu ryzyka (wzięcia najmniejszej dawki najbardziej skutecznego środka przeciwbólowego), i upewnij się, że gdy już podejmujesz to minimalne ryzyko, osiągniesz też korzyść (weź tabletkę przed pójściem spać, przed wypoczynkiem).

- Po konsultacji z lekarzem (i, w wypadku najbardziej skomplikowanych decyzji, z pracownikiem poradni genetycznej lub specjalistą medycyny matczyno-płodowej) zrób przegląd zebranych informacji – porównaj korzyści i ryzyko – podejmij decyzję.

Podczas ciąży często będziesz musiała podejmować inteligentne decyzje. Niemal każda z nich będzie miała wpływ na zdrowie twojego dziecka. Miej na uwadze, że jeden przypadkowy zły wybór nie powinien mieć wpływu na ciążę, lecz jeśli będzie powtarzany – już może. Jeśli już popełniłaś parę niewielkich błędów, których nie możesz naprawić, zapomnij o nich. Po prostu dokonuj lepszych wyborów do końca ciąży. I zawsze pamiętaj, przewaga jest po stronie twojego dziecka!

# 4

# Dieta ciążowa

Rozwija się w tobie nowa mała istota ludzka – powstaje dziecko. Oto dobra wiadomość: już teraz ma ono wielką szansę na to, by urodziło się zdrowe. A jeszcze lepsza to ta, że sama masz przynajmniej trzy razy dziennie możliwość znacznie zwiększyć tę szansę poprzez prawidłowe odżywianie się.

Oto prezentujemy dietę ciążową[1] – plan odżywiania się stworzony po to, by dać twojemu dziecku jak najlepszy start w zdrowe życie. Przestrzeganie tej diety, zapewniającej dostarczanie wartościowego pożywienia, może zwiększyć prawdopodobieństwo urodzenia dziecka z prawidłową masą urodzeniową, wpłynąć na rozwój mózgu płodu i ograniczyć ryzyko wystąpienia niektórych wad wrodzonych. Może nawet zwiększyć szanse twojego dziecka na to, że wyrośnie na zdrowego dorosłego człowieka.

Ale nie tylko dziecko skorzysta na tej diecie. Dieta ciążowa zwiększa szanse na bezpieczne przebycie ciąży (pewne komplikacje, takie jak niedokrwistość i stan przedrzucawkowy, częściej przytrafiają się kobietom źle odżywionym); na przyjemny przebieg ciąży (rozsądna dieta potrafi zminimalizować poranne nudności, zmęczenie, zaparcia i wiele innych objawów); pomaga osiągnąć stan równowagi emocjonalnej (dobre odżywianie się jest w stanie złagodzić huśtawki nastrojów); zwiększa szanse na terminowy poród (ogólnie rzecz biorąc, kobiety będące na właściwej diecie rzadziej rodzą przedwcześnie) oraz na szybsze dojście do siebie po porodzie (dobrze odżywiony organizm łatwiej powraca do pierwotnego stanu, szybciej też traci przybrane kilogramy).

Oczywiście trzymanie się diety ciążowej – podobnie jak każdej specjalnej diety – wymaga zaangażowania i, do pewnego stopnia, samodyscypliny. Wymaga też – przynajmniej u większości kobiet – całkowitego zrewidowania nawyków związanych z jedzeniem. Innymi słowy, dieta ta jest dla przeciętnego konsumenta zadaniem trudnym do wykonania.

Kobiety oczekujące narodzin dziecka różnie reagują na nowe wyzwanie. Być może przyjmiesz je bez wahania czy zastrzeżeń, stosując się do zaleceń diety z przekonaniem, z jakim przygotowujący się do olimpiady sportowiec angażuje się w trening. Albo też stracisz entuzjazm, gdy zapoznasz się ze spisem wymogów. Jeśli nie masz zamiaru ściśle przestrzegać diety, możesz z niej wybrać to, co ci odpowiada, łagodząc jej zasady tak, by pasowały do twojego zwykłego sposobu odżywiania się. A może wy-

[1] W poprzednich wydaniach dieta ta była nazywania „dietą najlepszej szansy”. W najnowszym wydaniu autorki odeszły od tej nazwy.

starczy ci raz rzucić okiem na zasady „codziennej dwunastki", by z krzykiem pobiec do najbliższej restauracji typu fast food.

Niezależnie od twojej reakcji dietę tę możesz zastosować, oczekując na narodziny dziecka. Najlepiej, byś jej przestrzegała dokładnie przez większość czasu albo luźno, ale przez cały czas. Pozostając wierna hamburgerom i frytkom, możesz skorzystać z kilku wskazówek, które pomogą ci prawidłowo odżywiać siebie i dziecko przez następne dziewięć miesięcy.

Podejmując decyzje co do sposobu odżywiania się podczas ciąży, miej na uwadze, że nawyki związane z jedzeniem – nawet te wieloletnie – można zmienić, toteż łatwiej ci będzie przestrzegać zasad diety ciążowej w miarę upływu miesięcy. Powiedzmy, że nigdy nie miałaś apetytu na pełnoziarnisty chleb, ale po kilku miesiącach jedzenia go zauważysz, iż teraz straciłaś apetyt na biały. Albo na przykład od szkoły średniej miałaś zwyczaj nie jeść śniadania – tymczasem uczynienie z tego posiłku bezdyskusyjnej części poranka sprawi, że zaczniesz się zastanawiać, jak można bez niego funkcjonować przez cały dzień. Czy produkty zawierające cukier były twoją ulubioną grupą pokarmową? Przyzwyczajenie się w ciągu dziewięciu miesięcy do bardziej wartościowych słodyczy doprowadzi cię do wniosku, iż dobre odżywianie siebie i dziecka wcale się nie wyklucza. Zmieniaj stare nawyki na nowe stopniowo, gdyż wtedy dieta może okazać się wyzwaniem, któremu będziesz w stanie sprostać.

## DZIEWIĘĆ PODSTAWOWYCH ZASAD NA DZIEWIĘĆ MIESIĘCY ZDROWEGO JEDZENIA

**Liczy się każdy kęs.** Masz tylko 9 miesięcy na posiłki i przekąski, aby dać swojemu dziecku najlepszy z możliwych start w życie. Spraw, aby każdy z nich się liczył. Uno-

sząc widelec do ust, rozważ: „Czy to jest najlepszy kęs, jaki mogę dać mojemu dziecku?" Jeśli tak – przełknij. Jeśli nie, zastanów się nad bardziej wartościowym. Choć większość kęsów powinna zaspokajać potrzeby prawidłowego odżywiania, inne mogą – i powinny – dawać czystą przyjemność. Jeśli więc wybrane przez ciebie produkty nie są odżywcze, powinny przynajmniej dawać przyjemność (przeczytaj *Oszukiwanie z czystym sumieniem*, s. 87).

**Kaloria kalorii nierówna.** Starannie wybieraj źródła kalorii, przedkładając jakość nad ilość. Choć może się to wydawać oczywiste – i jednocześnie niesprawiedliwe – te 200 kalorii zawarte w pączku to nie to samo co 200 kalorii pochodzących z pełnoziarnistej babeczki z rodzynkami. A 100 kalorii z chipsów ziemniaczanych nie może się równać 100 kaloriom z pieczonego ziemniaka podanego ze skórką (czy z porcją pieczonych frytek, patrz s. 100). Twoje dziecko skorzysta więcej na 2000 pożywnych, bogatych kalorii dziennie niż na 2000 w większości pustych. Będzie to także korzystne dla twojego ciała po porodzie.

**Głodząc siebie, głodzisz dziecko.** Tak jak nie przejdzie ci nawet przez myśl, aby głodzić swoje dziecko po urodzeniu, nie powinnaś myśleć o głodzeniu go, gdy mieszka sobie w twojej macicy[1]. Masa twojego ciała jest bez znaczenia dla płodu czerpiącego z niego życie. Potrzebuje on regularnego odżywiania w regularnych odstępach – nawet kiedy ty nie jesteś głodna, twoje dziecko jest. Nie opuszczaj więc posiłków, gdyż częste posiłki stanowią najlepszą metodę na dobre odżywianie płodu. Wyniki ostatnio przeprowadzonych badań wskazują, że matki jedzące przynajmniej 5 razy

---

[1] Izraelskie badania wykazały duży wzrost liczby przedwczesnych urodzeń po Jom Kippur, co sugeruje, że poszczenie w późnym okresie ciąży może powodować przyspieszenie porodu.

## Podwajaj wartość odżywczą, nie kaloryczną

Kiedy to tylko możliwe, wybieraj takie produkty, które wypełniają zapotrzebowanie na więcej niż jeden składnik (np. jogurt zapewnia wapń i białko, a brokuły – na zielone warzywa liściaste, witaminę C i wapń). Takie wartościowe odżywianie się uczyni przyjmowanie „codziennej dwunastki" znacznie łatwiejszym bez obciążania żołądka. „Codzienna dwunastka" zaczyna się na stronie 87.

dziennie (na przykład 3 posiłki główne plus 2 przekąski albo 5 małych posiłków) mają większe szanse na terminowe rozwiązanie.

**Najważniejsza jest skuteczność.** Wypełnij swoje dzienne zapotrzebowanie na pożywienie w najbardziej efektywny sposób w ramach twojego zapotrzebowania na kalorie. Spożycie kanapki posmarowanej 6 łyżeczkami masła orzechowego (jeśli możesz, zmniejsz ilość) z jego 750 kaloriami, czyli ok. 25% dziennej dawki, jest mniej efektywnym sposobem zdobycia 25 gramów białka niż spożycie hamburgera z 8 dekagramami mięsa indyczego – 250 kalorii. Zjedzenie 1,5 pucharka lodów (ok. 450 kalorii) jest mniej efektywnym sposobem na zdobycie 300 miligramów wapnia aniżeli wypicie szklanki chudego mleka (90 kalorii) lub zjedzenie kubeczka odtłuszczonego jogurtu (100 kalorii). Tłuszcz, ponieważ ma dwa razy więcej kalorii na gram niż białko lub węglowodany, jest szczególnie nieefektywnym rodzajem kalorii. Wybieraj chude mięso zamiast tłustego, chude lub odtłuszczone mleko i produkty mleczne zamiast pełnotłustych, potrawy pieczone na ruszcie zamiast smażonych; cienko smaruj masłem; przyrządzaj sauté na łyżeczce lub dwóch oliwy z oliwek, nie na jednej czwartej kubka. I zawsze staraj się wybierać te produkty, które będą zaspokajały więcej niż jedno zapotrzebowanie; dzięki temu dostaniesz więcej odżywczych składników przy mniejszej liczbie kalorii (zobacz ramka powyżej).

Skuteczność jest także ważna, jeśli masz kłopoty z przyrostem masy ciała. Wybieraj pożywienie, które jest w pełni odżywcze i kaloryczne – na przykład awokado, orzechy i suszone owoce, które mogą zaspokoić głód, nie wypełniając nadmiernie twojego żołądka. Unikaj takich kalorii, jak w prażonej kukurydzy i sałatkach, które przynoszą zupełnie odwrotny efekt.

**Złożony problem węglowodanów.** Niektóre kobiety przejęte zbyt dużym przyrostem masy ciała podczas ciąży błędnie odrzucają węglowodany ze swojej diety. Prawda, że rafinowane i/lub proste węglowodany (jak np. w białym pieczywie, białym ryżu, rafinowanych zbożach, ciastach, ciasteczkach, precelkach, cukrach, syropach) są odżywczo ubogie. Ale nierafinowane i/lub złożone węglowodany (chleby pełnoziarniste i razowe, brązowy ryż, świeże warzywa i owoce suszona fasola i groszek oraz oczywiście gorące ziemniaki – szczególnie w łupinach), a także świeże owoce dostarczają niezbędnych ilości witaminy B, minerałów, białka i błonnika. Są one dobre dla twojego dziecka i dla ciebie. Zmniejszają nudności i zaparcia, ponieważ są wypełniające i bogatoresztkowe, ale nie tuczące (jeśli nie pławią się w maślanych sosach), pomogą ci także kontrolować przyrost masy. Ostatnie badania sugerują też inną korzyść dla jedzących złożone węglowodany – jedzenie dużej ilości błonnika może zmniejszyć ryzyko rozwoju cukrzycy w ciąży. Uważaj jednak, by przechodzić na dietę bogatą w błonnik stopniowo, bo możesz rozregulować żołądek.

**Słodkie nic: nic prócz kłopotów.** Niestety kalorie pochodzące z cukru są pustymi kaloriami. Jednak pamiętaj, nie stanie się nic złego, jeśli raz po raz po nie sięgniemy – nawet podczas ciąży sumują się one znacznie szybciej, niż myślisz, nie zostawiając wystarczająco dużo miejsca dla kalorii odżywczo wartościowych. Co więcej, badania wykazały, iż cukier nie tylko jest bezwartościowy, lecz w dużych ilościach staje się potencjalnie szkodliwy. Badania te sugerują, iż zamiłowanie do cukru, pomijając otyłość, wiązać można z próchnicą zębów, cukrzycą, chorobami serca czy nowotworem okrężnicy. Prawdopodobnie największą wadą cukru jest jednak to, że aż nazbyt często znajduje się go w produktach, które w całości są małowartościowe. Czasem dodawany jest tylko do poprawienia smaku produktu nie spełniającego normy naturalności – na przykład do sosu pomidorowego zrobionego z niedojrzałych pomidorów.

Cukier rafinowany występuje na półkach sklepowych pod różnymi nazwami, na przykład jako syrop skrobiowy czy skoncentrowany sok w puszce. Cukry nie rafinowane, takie jak sztuczny miód, nie są same w sobie bardziej odżywcze niż rafinowane, z tym jednak że mogą być wykorzystywane w bardziej wartościowych produktach – zwłaszcza tych spotykanych w działach ze zdrową żywnością. Postaraj się jednak ograniczyć spożywanie cukru we wszelkich formach, gdyż zaoszczędzone dzięki temu kalorie mogą zostać przyjęte w postaci bardziej odżywczych produktów.

Do smacznego i pożywnego zastąpienia substancji słodzących zamiast cukru używaj: owoców (na przykład mielone daktyle, rodzynki lub posiekane suszone morele) i koncentratów soków owocowych (takich jak jabłkowy, pomarańczowy, z owoców mango, z winogron) nie rozcieńczonych mrożonych lub nie. Mają słodki smak, a jednocześnie stanowią źródło witamin, pierwiastków śladowych oraz wartościowych fitochemikaliów (substancji chemicznych pochodzenia roślinnego, wspierających organizm w walce przeciwko chorobom i procesowi starzenia się). Cukier nie zawiera żadnej z tych substancji. Dostępne w sprzedaży słodzone nimi produkty niemal zawsze zrobione są z pełnych ziaren i zdrowych tłuszczów i nie zawierają wątpliwych dodatków chemicznych. Kupuj je bądź przygotowuj w domu, korzystając z przepisów zamieszczonych w tym rozdziale oraz w książce *Dieta przyszłej matki*. Część niskokalorycznych substytutów cukru wydaje się bezpieczna do stosowania podczas ciąży – szczególnie sucralose (Splenda – patrz s. 68).

**Dobre jedzenie pamięta, skąd pochodzi.** Jeśli twoja marchewka „nie widziała" swojego macierzystego pola przez miesiące (a nie została ugotowana, przetworzona, zakonserwowana i zapuszkowana od razu po zebraniu), prawdopodobnie nie ma już do zaoferowania twojemu dziecku zbyt wiele ze swoich naturalnych walorów. Wybieraj świeże warzywa i owoce, kiedy jest na nie sezon, lub świeże mrożonki czy warzywa i owoce w puszce[1], jeśli tamte są już nieosiągalne lub nie masz czasu, aby je przygotować (są tak pożywne jak świeże, ponieważ są mrożone bądź puszkowane natychmiast po zebraniu). Próbuj jeść trochę surowych warzyw i/lub owoców każdego dnia. Jeśli gotujesz warzywa – to w mikrofali, na parze lub lekko je podsmażaj, aby zachowały witaminy i minerały. Rozgotowuj owoce bez dodatku cukru. Unikaj gotowych produktów, które „złapały" wiele związków chemicznych, tłuszczu, cukru czy soli w czasie przygotowywania. Najczęściej są one mało odżywcze. Wybieraj pieczoną pierś z indyka zamiast wędzonej; pełnoziarnisty makaron z sosem serowym z naturalnego sera (najlepiej niskotłuszczowego) w miejsce intensywnie pomarańczowych dań (są przygotowane z rafinowanej mąki, przetworzonego sera i zawierają sztuczne barwniki); świeżą owsiankę przygotowaną z płat-

---

[1] Choć żywność mrożona lub puszkowana może być odżywcza, unikaj tych konserw, do których dodany został cukier, duże ilości niezdrowego tłuszczu, sodu czy dodatków spożywczych i konserwantów.

# Oszukiwanie z czystym sumieniem

Siła woli jest niezwykle ważna, zwłaszcza teraz, gdy jesteś w ciąży. Niemniej jednak każdy ma potrzebę, by od czasu do czasu poddać się jakiejś pokusie i nie czuć się winnym. Dlatego też raz dziennie (albo rzadziej, jeśli zbyt szybko przybierasz na wadze czy masz kłopoty z przestrzeganiem diety) daj się skusić na coś, co może nie odpowiada najwyższym odżywczym standardom, lecz jednak ma pewne zalety – mrożony jogurt czy babeczkę otrębową (która zawiera więcej cukru niż same otręby). Od czasu do czasu naciesz się czymś, co nie ma za wiele wartości, ale nie jest wcale takie szkodliwe – na przykład cheeseburger z restauracji typu fast food. I od czasu do czasu poczęstuj się czymś, co nie zaspokaja żadnych potrzeb poza twoim apetytem: pączek z lukrem, deser karmelowy na ciepło czy batonik czekoladowy.

Jeżeli możesz, zawsze staraj się być wybiórcza w „oszustwach" – słodką bułeczkę posmaruj masłem orzechowym lub lekkim serkiem zamiast zwykłym masłem; dodaj pokrojonego banana czy orzechy do deseru lodowego; wybierz taki batonik czekoladowy, w którym zamiast toffi są migdały. Kolejna strategia polega na tym, by te dania były niewielkie – na przykład podziel się z kimś porcją smażonych krążków cebuli, zamiast zamawiać dla siebie osobną; weź cienki kawałek placka orzechowego zamiast sporej jego porcji. Oszukuj tylko na tym, na co naprawdę masz wielką ochotę i co bardzo lubisz. Nie oszukuj, gdy czujesz, że nie będziesz w stanie poprzestać na jednym.

ków owsianych (jeśli lubisz, dodaj cynamon i posiekane lub suszone owoce do smaku) zamiast zawierających niewiele błonnika, wysoko słodzonych mieszanek.

**Zdrowe żywienie powinno być sprawą rodzinną.** Jeśli w domu znajdują się jednostki „wywrotowe", zmuszające cię do pieczenia ciasteczek czekoladowych lub do dodania chipsów ziemniaczanych do listy twoich zakupów, z pewnością trudniej ci będzie właściwie się odżywiać. Spraw, aby pozostali członkowie rodziny byli twoimi sprzymierzeńcami i odżywiali się zdrowo razem z tobą. Upiecz naturalnie słodzone owocowe ciasteczka owsiane zamiast czekoladowych; przynieś do domu pieczone chipsy ziemniaczane zamiast ich tłustych odpowiedników. Dzięki temu będziesz miała zdrowe dziecko i lepszą sylwetkę, a domownicy – mąż i pozostałe dzieci (jeśli je masz) – zachowają dobrą formę i kondycję, a także zdrowsze nawyki żywieniowe.

Nie zaniechaj diety po urodzeniu dziecka. Badania wykazują, iż prawidłowe odżywianie nie tylko zapewnia lepszy wynik ciąży, ale wiąże się także ze zmniejszeniem ryzyka wystąpienia wielu chorób, w tym cukrzycy dorosłych i nowotworów. A to oznacza, iż rodzina, która dobrze się odżywia, cieszy się dobrym zdrowiem.

**Nie sabotuj diety.** Nawet najlepsza dieta prenatalna na świecie jest zagrożona, jeśli przyszła matka nie wyeliminuje alkoholu, papierosów i innych niebezpiecznych substancji ze swojego życia (poczytaj o tym w rozdziale 3.). Jeśli jeszcze tego nie zrobiłaś, zmień swoje nawyki.

# CIĄŻOWA „CODZIENNA DWUNASTKA"

**Kalorie.** Stara maksyma, że kobieta w ciąży je za dwoje, jest prawdziwa. Ale ważne jest, aby pamiętać, że jedno z tych dwojga jest maleńkim, rozwijającym się płodem, którego zapotrzebowanie na kalorie jest odpowiednio niższe od twojego – zwykle wynosi mniej więcej 300 kalorii dziennie. Tak więc, jeśli masa twego ciała jest przeciętna, potrzebujesz tylko około 300 kalorii więcej niż zwykle, aby utrzymać prawidłową masę ciała w ciąży. (Aby określić w przybliżeniu, jak wielu kalorii potrzebujesz, pomnóż swoją masę przez 24 – jeśli przez większość czasu siedzisz; przez 30 – jeśli jesteś umiarkowanie aktywna; przez (do) 44, jeśli jesteś bardzo aktywna. Ponieważ część z każdej dawki kalorii w zależności od indywidualnych właściwości – nawet w czasie ciąży jest spalana, a zapotrzebowanie na kalorie też jest zmienne, liczba, którą otrzymujesz, też jest przybliżona (miarą masy jest kilogram).

Podczas pierwszych trzech miesięcy ciąży możesz potrzebować mniej niż 300 dodatkowych kalorii, chyba że próbujesz nadrobić deficyt masy. Kiedy twój metabolizm będzie przyspieszony w późniejszym okresie ciąży, możesz potrzebować więcej niż 300 dodatkowych kalorii dziennie. Przyjmowanie większej liczby kalorii, niż wymaga tego rosnące dziecko i ty sama, jest nie tylko niekonieczne, ale też niemądre. Z drugiej strony, spożywanie mniejszej liczby kalorii jest nie tylko niemądre, ale potencjalnie niebezpieczne; kobiety, które nie pobierają dodatkowych kalorii w czasie ciąży – szczególnie w II i III trymestrze – mogą poważnie zakłócić rozwój swojego dziecka.

Są cztery wyjątki od głównej zasady. W każdym z tych przypadków przyszła matka powinna poradzić się swojego lekarza odnośnie do jej zapotrzebowania na kalorie:

1) kobiety z nadwagą, które stosując prawidłową dietę, mogą prawdopodobnie zmniejszyć liczbę kalorii;

2) kobiety z poważną niedowagą, które najwyraźniej potrzebują większej liczby kalorii;

3) młode dziewczyny, które jeszcze same rosną i mają szczególne potrzeby odżywcze;

4) kobiety noszące więcej niż jeden płód – muszą one dodać po 300 kalorii na każdy z nich.

Zjedzenie 300 dodatkowych kalorii dziennie – to brzmi jak sen „żarłoka". Przykro to mówić – ale tak nie jest. W czasie, kiedy popijałaś swoje 4 szklanki mleka

(ogółem 360 kalorii dla odtłuszczonego mleka) lub pobierałaś równowartość, jedząc produkty bogate w wapń i dodatkową potrzebną dawkę białka – przebrałaś dozwoloną miarkę. Oznacza to, że zamiast dodawać coś nowego, prawdopodobnie powinnaś ograniczyć spożycie wielu z tych potraw, do których jesteś przyzwyczajona, i podporządkować się zasadom odpowiedniego żywienia swego dziecka oraz utrzymania rozsądnej masy ciała. Aby mieć pewność, że otrzymujesz maksymalnie odżywcze dawki kalorii, musisz stać się ekspertem od skutecznej diety.

Ale choć w czasie ciąży liczy się każda kaloria, miej na uwadze, że nie trzeba ich dosłownie liczyć. Zamiast się przejmować skomplikowanymi obliczeniami podczas każdego posiłku, stań raz w tygodniu na dokładnej wadze, aby sprawdzić przybór masy. Waż się o tej samej porze dnia, naga lub zawsze w tym samym ubraniu (lub w innym, które mniej więcej tyle samo waży), aby twoje obliczenia nie poszły na marne z powodu dużego posiłku w jednym tygodniu a ciężkiego swetra w następnym. Jeśli przyrost twojej masy przebiega zgodnie ze schematem (przeciętnie około 500 g tygodniowo), znaczy to, że spożywasz odpowiednią liczbę kalorii. Jeśli jest mniejszy – przyjmujesz zbyt mało; jeśli jest większy, spożywasz zbyt dużo. Utrzymaj lub zmniejsz dopływ energii pochodzącej z pożywienia, jeśli tak trzeba, ale upewnij się, że nigdy nie odrzucasz wymaganych składników odżywczych razem z tymi zbędnymi kaloriami.

**Białka: 3 dawki dziennie.** Białka zbudowane są z substancji zwanych aminokwasami, które są kompleksami budującymi ludzkie komórki: i są szczególnie ważne, ponieważ tworzą nową istotę ludzką, której komórki powielają się w zawrotnym tempie. Staraj się więc spożywać codziennie 60 do 70 gramów białka. Choć ilość ta może się wydawać duża, większość Amerykanów zjada przynajmniej tyle, nawet specjalnie się do

## Dogonić białka

Dla większości kobiet pokrycie zapotrzebowania na białko podczas ciąży nie stanowi większego problemu. Jeśli jednak pod koniec dnia zorientujesz się, że brakuje ci pół lub nawet całej dziennej dawki, możesz szybko uzupełnić ją za pomocą wysokobiałkowej przekąski. Na przykład wypróbuj sałatki z jaj (pół dawki, jeśli sporządzisz ją z 1 jajka i 2 białek) z pełnoziarnistym krakersem; podwójnego koktajlu mlecznego (2/3 dawki białka – patrz s. 102) lub 3/4 miarki niskotłuszczowego serka (pełna dawka białka) przybranego świeżymi owocami, rodzynkami i cynamonem, posiekanym pomidorem i bazylią albo – jeśli lubisz na ostro – sosem salsa. Nie powinnaś jednak przyjmować wysokobiałkowych suplementów w płynie bądź w proszku – zawierają one składniki, które nie są bezpieczne podczas ciąży, ponadto stanowią źródło wielu kalorii i bywają drogie. Poza tym możesz za ich sprawą przyjąć z a  d u ż o białka.

tego nie przykładając. Aby uzyskać swoją dawkę białka, musisz jeść łącznie 3 dawki z grupy pokarmów białkowych, wyszczególnionych w diecie ciążowej (patrz s. 94). Kiedy obliczasz dawki białka, nie zapomnij zliczyć tych, które znajdują się w produktach zawierających wapń: szklanka mleka i ok. 30 g sera dostarczają 1/3 dawki białka; kubeczek jogurtu = 1/2 dawki; ok. 110 g łososia z puszki = 1 dawka.

**Pokarmy z witaminą C: przynajmniej 3 dawki dziennie.** Ty i twoje dziecko – oboje potrzebujecie witaminy C do odbudowy tkanek, leczenia ran i wielu innych procesów metabolicznych. Twoje dziecko potrzebuje jej także do prawidłowego wzrostu i rozwoju silnego kośćca i zębów. Witamina C jest substancją odżywczą, której organizm nie może przechowywać, tak więc nowa porcja jest potrzebna każdego dnia. Pokarmy bogate w witaminę C najlepiej jeść świeże i nie gotowane, bo wystawienie na światło, ciepło i powietrze z czasem niszczy witaminę. Jak wynika z listy pokarmów z witaminą C (patrz dalej, s. 96), daleki „w kolejce" sok pomarańczowy nie jest jedynym ani najlepszym źródłem tej podstawowej witaminy.

**Pokarmy zawierające wapń: 4 dawki dziennie.** Kiedyś w szkole podstawowej uczyłaś się prawdopodobnie, że człowiek w okresie wzrostu potrzebuje dużo wapnia, aby mieć silne kości i zęby. Takie same potrzeby ma rosnący płód. Wapń jest także niezbędny dla mięśni, serca i rozwijających się nerwów, krzepliwości krwi, aktywności enzymów. Nie tylko twoje dziecko coś utraci, jeśli nie będziesz spożywać dość wapnia. Jeśli pobierane ilości są nieodpowiednie, twoja „fabryka" tworząca dziecko będzie wyciągać wapń z twoich kości, aby pokryć zapotrzebowanie, zostawiając ci na starość choroby układu kostnego.

Bądź więc pilna i skrzętnie przestrzegaj spożywania 4 dawek pokarmów bogatych w wapń. I nie martw się, jeśli pomysł wypicia 4 szklanek mleka dziennie nie przemawia do ciebie. Wapń wcale nie musi być podawany w szklankach. Może być serwowany w kubeczku jogurtu, kawałku sera lub dużej porcji domowego twarogu (niektóre z obecnie dostępnych w sklepach twarożków są wzbogacone w wapń). Może być ukryty w zupie, potrawce, chlebach, deserach; najłatwiej znaleźć go w formie nietłustego mleka w proszku lub odtłuszczonego mleka skondensowanego (1/3 miarki i 1/2 miarki przypada średnio na szklankę płynnego mleka lub dawkę wapnia). Jeśli wybierasz szklankę, możesz zwiększyć siłę wapnia w każdej z nich, pijąc mleko z dodatkową ilością wapnia albo chude mleko plus inne produkty nabiałowe. Albo podwoić dawkę wapnia, rozpuszczając w wodzie 1/3 miarki odtłuszczonego mleka w proszku (patrz: podwójny koktajl mleczny, s. 102).

Kobiety, u których występuje nietolerancja na mleko lub po prostu w ogóle nie jedzą produktów mlecznych, mogą przyjmować wapń w innych produktach niż nabiał. (Na przykład szklanka wzmocnionego wapniem soku pomarańczowego dostarcza dawki wapnia oraz witaminy C). Lista produktów bogatych w wapń, zamieszczona na stronie 96, zawiera wiele pozycji, które nie są nabiałem. Wegetariankom, kobietom, u których występuje nietolerancja laktozy, i tym, które z jakiegokolwiek powodu są niepewne, czy dzięki diecie zapewniają sobie wystarczającą ilość wapnia (1200 mg dziennie), zaleca się przyjmowanie suplementu wapniowego.

**Zielenina, żółte warzywa, żółte owoce: 3 dawki dziennie lub więcej.** Ten ulubiony „króliczy zestaw" dostarcza witaminy A w formie beta-karotenu, który jest niezbędny rosnącym komórkom (komórki twojego dziecka rozmnażają się w niewiarygodnym tempie), zdrowej skórze, kościom, oczom. Beta-karoten może wręcz zmniejszyć ryzyko powstania niektórych postaci nowotworu. Zielenina oraz żółte warzywa i owoce dostarczają także dawek innych niezbędnych witamin (witaminy E, ryboflawiny, kwasu foliowego i innych witamin z grupy B); wielu minerałów (wiele zielonych liści zapewnia dużą ilość wapnia, a równocześnie związków mineralnych); zwalczających choroby fitochemikaliów oraz chroniącego przed zaparciami błonnika.

Bogaty wybór zielonych liściastych czy żółtych warzyw oraz żółtych owoców można znaleźć na stronie 97. Te kobiety, które mają „antywarzywne" skłonności, mogą być mile zaskoczone, gdy odkryją, że marchew i szpinak nie są jedynymi źródłami witaminy A oraz że witamina ta występuje także w jednych z najbardziej kuszących słodkości, jakie ma do zaoferowania natura: suszonych morelach, żółtych brzoskwiniach, kantalupach, mango. Te natomiast, które lubią warzywa w postaci płynnej, mogą być

szczęśliwe, wiedząc, że mogą czasami zastąpić zieleninę i żółte warzywa szklanką soku warzywnego. Jednak nie wszystkie owoce i warzywa powinny być przyjmowane w postaci soków, ponieważ większość nie zawiera odpowiedniej ilości błonnika. Uważaj też na soki, które w rzeczywistości są jedynie słodkimi, owocowymi „napojami".

**Inne owoce i warzywa: 2 dawki dziennie lub więcej.** Oprócz produktów bogatych w witaminę C i beta-karoten A, potrzebujesz także co najmniej dwóch rodzajów innych warzyw lub owoców dziennie. Niegdyś uważano, że należą do niższej kategorii w łańcuchu pokarmowym, lecz obecnie wiemy, że wiele z nich jest nie tylko bogatych w niezbędne do utrzymania zdrowia podczas ciąży minerały – potas i/lub magnez, lecz także zawierają takie składniki, jak bor – pierwiastek śladowy, którego znaczenie dopiero zaczynamy rozumieć. Niektóre z tych warzyw i owoców są również bogate w fitochemikalia, a te o czerwonym zabarwieniu (na przykład arbuzy i czerwone winogrona) zawierają duże ilości likopenu[1], który ma działanie antyutleniające. Wiele tych produktów zostało wyszczególnionych na stronie 97.

**Produkty pełnoziarniste i rośliny strączkowe: 6-11 dawek dziennie.** Produkty ziarniste (nie oczyszczana pszenica, owies, żyto, jęczmień, kukurydza, ryż, pszenżyto, komosa ryżowa itd.) i rośliny strączkowe (groch, fasola, orzeszki ziemne, suszony groszek i fasola) są pełne substancji odżywczych, szczególnie witamin z grupy B[2], które są potrzebne twojemu dziecku. Te skoncentrowane, złożone węglowodany są też bogate w żelazo i pierwiastki śladowe, tj. cynk, selen, magnez, które są bardzo ważne w czasie ciąży. Dodatkowy plus: pro-

---

[1] Naturalny czerwony barwnik.
[2] Z wyjątkiem witaminy $B_{12}$, która występuje wyłącznie w produktach zwierzęcych.

dukty skrobiowe mogą też pomóc w zmniejszeniu porannych nudności.

Choć te życiodajne produkty mają wiele substancji odżywczych, każdy z nich ma własną moc. Aby uzyskać maksimum korzyści, uwzględnij różnorodność produktów pełnoziarnistych i roślin strączkowych w twojej diecie. Bądź twórcza: np. posyp rybę lub kurczaka otrębami owsianymi z przyprawami i parmezanem. Dodaj pszenżyto do pilawu ryżowego. Użyj płatków jęczmiennych w swoim ulubionym przepisie na owsiane ciasteczka itp. Do zupy użyj natomiast fasolki limeńskiej zamiast zwykłej białej.

Nie zaliczaj oczyszczonych ziaren (np: chleba czy kaszki zrobionych z białej mąki) do tych źródeł, w których znajdziesz żądane składniki. Nawet jeśli są one wzbogacone, ciągle brakuje w nich włóknika, białek i więcej niż tuzina witamin i składników mineralnych, które można znaleźć w tych oryginalnych produktach pełnoziarnistych i strączkowych. Ich listę znajdziesz na stronie 97.

**Pokarmy bogate w żelazo: kilka dziennie.** Duża ilość żelaza jest podstawą zapewnienia prawidłowego rozwoju krwi płodu i twojej i będziesz potrzebować go więcej w ciągu tych 9 miesięcy niż w jakimkolwiek innym okresie życia. Wydobądź tak wiele żelaza ze swojej diety, jak tylko możesz (patrz s. 98). Spożywanie pokarmów bogatych w witaminę C w zestawie z pokarmami bogatymi w żelazo zapewni absorpcję tego pierwiastka przez organizm.

Ponieważ często trudno jest wypełnić zapotrzebowanie na żelazo w czasie ciąży mimo stosowania diety, poleca się, aby około 20 tygodnia ciężarna kobieta przyjmowała dziennie 30-50 mg związków żelaza prócz zestawu witaminowego dla ciężarnych. Aby dodatkowe żelazo było lepiej przyswajane, powinno ono być spożywane między posiłkami, popijane sokami owocowymi bogatymi w witaminę C lub wodą (nigdy mlekiem, herbatą czy kawą). Gdyby badania w kierunku niedokrwistości wykazały, że zasoby żelaza w organizmie ciężarnej są niewielkie, lekarz może jej przepisać 60 do 120 mg.

**Pokarmy bardzo tłuste: codziennie 4 pełne lub 8 połówek dawek, lub równowartość kombinacji.** Zgodnie z ogólnie akceptowanymi zasadami nie więcej niż 30% kalorii u dorosłego powinno pochodzić z tłuszczu (w przeciętnej amerykańskiej diecie 40% kalorii pochodzi z tłuszczu). Ta trzydziestoprocentowa zasada dotyczy również ciebie. To znaczy, że jeśli ważysz ok. 60-65 kg i potrzebujesz ok. 2100 kalorii dziennie (zobacz wskazówki w *Dodatku*, jeśli ważysz mniej lub więcej), nie więcej niż 630 z nich powinno pochodzić z tłuszczu. 70 g tłuszczu – czyli tyle, ile znajdziesz w dużym hamburgerze z dużą porcją frytek – to 630 kalorii. Oznacza to, że zapotrzebowanie na tłuszcz jest z pewnością najłatwiejsze do wypełnienia – i najłatwiejsze do przekroczenia. I chociaż nic się nie stanie, kiedy zjemy trochę więcej zielonych produktów czy produktów z witaminą C lub nawet tych pełnoziarnistych lub bogatych w wapń, to nadmiar tłuszczu może spowodować nadmierny wzrost masy. Utrzymanie pobierania tłuszczów na średnim poziomie jest dobrym pomysłem, ale całkowite jego wyeliminowanie z diety jest potencjalnie groźne. Tłuszcz jest niezbędny twojemu rozwijającemu się dziecku; kwasy tłuszczowe są po prostu podstawą. W trzecim miesiącu szczególnie korzystne są kwasy tłuszczowe omega-3 (patrz ramka s. 92).

Uważnie śledź spożycie tłuszczów. Pokrywaj zapotrzebowanie organizmu, ale nie przekraczaj go. Nie zapominaj, że tłuszcze, których używasz, gotując i przygotowując posiłki, też się liczą. Jeśli smażysz jajka na 1/2 łyżki masła (1/2 dawki) i mieszasz surówkę z białej kapusty i innych warzyw z łyżką majonezu (1 dawka), uwzględnij 1 i 1/2 dawki w swoich dziennych obliczeniach.

Jeśli przyrost masy ciała nie jest wystarczający, a zwiększenie ilości innych produk-

## Fakty o dobrym tłuszczu

Czy myślisz, że wszystkie tłuszcze są złe? Otóż niektóre, takie jak wielonienasycone kwasy tłuszczowe omega-3 DHA (kwas dokozaheksenowy) ostatnio zyskują sobie sławę jako zdrowe. Okazało się, że DHA obniża poziom cholesterolu i ciśnienie krwi, a także zmniejsza ryzyko wystąpienia chorób serca, co jest bardzo ważną informacją dla tych z was, które troszczą się o serce. Jeszcze ważniejszy jest DHA dla ciężarnych kobiet i młodych matek. Ponieważ DHA stanowi główny budulec mózgu i siatkówki, jest niezbędny do prawidłowego rozwoju mózgu i rozwoju oczu płodu oraz noworodków. Dlatego też przyjmowanie odpowiedniej ilości DHA w diecie ciążowej (zwłaszcza w ostatnich trzech miesiącach, kiedy to mózg dziecka rozwija się w szybkim tempie) i podczas karmienia piersią (zawartość DHA w mózgu dziecka potraja się podczas pierwszych trzech miesięcy życia) jest niezwykle ważne. Istnieje jeszcze jeden powód, dla którego warto jeść produkty bogate w DHA: eksperci podejrzewają, że istnieje związek pomiędzy niedoborem tego składnika i depresją poporodową.

Nie znamy jeszcze zalecanej dziennej dawki DHA, ale obecnie trwają badania nad jej ustaleniem. Zanim to nastąpi, staraj się regularnie spożywać różne produkty, które go zawierają. Duże ilości DHA znajdujemy w tłuszczach rybich, np. łososia, pstrąga, śledzi, anchois i sardynek, a także w jajkach wzbogaconych w DHA i orzechach ziemnych. Mniejsze jego ilości znajdujemy w nasionach lnu, kurczaku, zwykłych jajach, tuńczyku z puszki, krabach, krewetkach i wątrobie. Ponieważ nie mamy dowodów na to, że olej rybny w kapsułkach można bezpiecznie przyjmować podczas ciąży, lepiej zapewnić sobie DHA z pożywienia, a nie z preparatów uzupełniających.

tów odżywczych nie przynosi efektów, spróbuj dziennie dodać 1 dawkę więcej tłuszczu niż zwykle (ale nie więcej); skoncentrowane kalorie, których dostarczasz, mogą pomóc osiągnąć optymalną masę. Więcej informacji na temat tłuszczu i cholesterolu podczas ciąży znajdziesz na stronie 142. Pamiętaj, iż substytut tłuszczu Olestra (nazwa handlowa Olean), znajdowany w takich produktach przetworzonych, jak chipsy, może wywołać rozstrój żołądka – a kobiecie ciężarnej dodatkowe powody do niego na pewno nie są potrzebne.

**Pokarmy słone: umiarkowanie.** Swojego czasu medycyna wprowadziła nakaz ograniczenia soli w czasie ciąży, ponieważ przyczyniała się ona do zatrzymywania wody w organizmie i uczucia wzdęcia. Teraz wierzy się, że pewien wzrost ilości płynów ciała w czasie ciąży jest konieczny i normalny oraz że umiarkowana ilość sodu jest konieczna do utrzymania odpowiedniego poziomu płynów. To raczej niedobór sodu może być szkodliwy dla płodu. W dalszym ciągu jednak uważa się, że bardzo duża ilość sodu i pokarmów solonych (takich jak ogórki z octu, sos sojowy i chipsy ziemniaczane), szczególnie gdy są za często spożywane, nie jest zdrowa dla nikogo. Wysokie spożycie sodu jest ściśle związane z wysokim ciśnieniem krwi – stanem, który może powodować wiele potencjalnie groźnych komplikacji w czasie ciąży, porodu i połogu. Jako zasadę generalną wprowadź: zamiast dodawać sól podczas gotowania, sól swoje potrawy przy stole. Gdy najdzie cię wielka ochota na ogórka konserwowego, zjedz go – lecz postaraj się, by był to tylko jeden, a nie pół słoika. Jeżeli lekarz nie będzie innego zdania (na przykład dlatego, że masz nadczynność tarczycy), używaj soli jodowanej, by mieć pewność, że pokrywasz zwiększone zapotrzebowanie organizmu na ten pierwiastek.

**Płyny: co najmniej osiem szklanek o pojemności 200-250 ml dziennie.** Nie tylko jesz za dwóch, ale też pijesz za dwóch. Jeśli zawsze byłaś jedną z tych, które przeżywają dzień prawie bez łyka czegokolwiek, teraz jest czas, aby to zmienić. Tak jak objętość płynów w organizmie wzrasta w czasie ciąży, tak też wzrasta twoje zapotrzebowanie na płyny. Twój płód też ich potrzebuje.

Większość jego ciała – tak jak twojego – stanowi woda. Dodatkowe płyny pomagają w utrzymaniu miękkości skóry, zmniejszają prawdopodobieństwo zaparć, oczyszczają twoje ciało z toksyn i zbędnych produktów oraz redukują nadmierne obrzęki i ryzyko infekcji dróg moczowych. Upewnij się, że pijesz co najmniej 8 kubków dziennie. Liczbę tę można zwiększyć, zwłaszcza jeśli jest gorąco. Musisz pamiętać, że odwodnienie lub niedobór płynów są czynnikami zwiększającymi ryzyko wcześniejszego porodu.

Oczywiście cała porcja wody nie musi pochodzić z kranu. Możesz liczyć mleko (które zawiera 2/3 wody), soki owocowe i warzywne, nie słodzone, bezkofeinowe napoje (ogranicz ich ilość), bezkofeinową kawę i herbatę (na gorąco bądź na zimno, z lodem) zupy i butelkowaną wodę mineralną i gazowaną. Nie przesadzaj jednakże z ilością wysokokalorycznych napojów (takich jak np. soki), gdyż możesz za dużo przybrać na wadze. Staraj się też nie pić przed jedzeniem (chyba że zbyt szybko przybywa ci kilogramów), gdyż przypuszczalnie poczujesz się zbyt syta, by zapewnić sobie „codzienną dwunastkę" z posiłków. Rozłóż spożycie płynów na cały dzień i nie próbuj pić więcej jak dwie szklanki na raz.

**Preparaty uzupełniające dla kobiet w ciąży.** Teoria, że zdrowa ciężarna kobieta rzeczywiście może uzyskać wszystkie potrzebne jej odżywczo produkty z własnej kuchni, głoszona była długie lata przez wielu lekarzy. I rzeczywiście mogłaby – jeśli mieszkałaby w laboratorium, gdzie jej pożywienie byłoby przygotowywane z produktów zawierających na pewno wszystkie witaminy, minerały, a ich dawki byłyby adekwatne do

## Co jest w tabletce?

Nie ma standardu określonego przez FDA, Amerykańską Szkołę Gastrologów i Ginekologów czy Krajową Akademię Nauk mówiącego dokładnie, co musi zawierać tabletka, aby mogła być nazwana uzupełniającą w okresie prenatalnym. Najprawdopodobniej lekarz przepisze ci odpowiedni preparat, dzięki czemu nie będziesz musiała długo dumać przy wyborze. (Nie odrzucaj jednak zbyt pochopnie witamin dostępnych prosto z półki – niejednokrotnie zawierają te same dawki co preparaty sprzedawane na receptę, a bywają znacznie tańsze. Porównaj listę składników na etykiecie.)

Jeśli sama wybierasz preparat witaminowy, szukaj takiego, który zawiera:

- Nie więcej niż 4000 jednostek witaminy A; powyżej 10 000 jednostek daje dawkę toksyczną. Wielu producentów zmniejszyło zawartość witaminy A w swych preparatach lub zastąpiło ją beta-karotenem, znacznie bezpieczniejszym źródłem witaminy A.
- Przynajmniej 400 do 600 mcg kwasu foliowego.
- 250 mg wapnia. Jeżeli nie przyjmujesz wystarczającej ilości wapnia z pożywienia (patrz s. 89), będziesz potrzebować uzupełnienia dla osiągnięcia 1200 mg potrzebnych podczas ciąży. Nie zażywaj więcej niż 250 mg wapnia (albo więcej niż 25 mg magnezu) równocześnie z żelazem w dawkach uzupełniających, gdyż minerały te utrudniają przyswajanie żelaza. Wszystkie większe dawki zażywaj dwie godziny przed lub po przyjęciu żelaza.

- 30 mg żelaza.
- 80 mg witaminy C.
- 15 mg cynku.
- 2 mg miedzi.
- Nie więcej niż 400 jednostek witaminy D.
- W przybliżeniu ZDŻ witaminy E (15 mg), tiaminy, czyli witaminy $B_1$ (1,4 mg), ryboflawiny (1,4 mg), niacyny (18 mg) i witaminy $B_{12}$ (2,6 mg). Większość preparatów zawiera dwa lub trzy razy więcej, niż wynosi ZDŻ dla powyższych substancji. Nic nam nie wiadomo o szkodliwych skutkach takich dawek.
- Niektóre preparaty mogą także zawierać magnez, fluorek, biotynę (witaminę H), fosfor i/lub kwas pantotenowy.

dziennego spożycia; jeśli nigdy nie jadłaby „w biegu" ani nie czuła się zbyt źle, aby jeść; jeśli zawsze wiedziałaby na pewno, że nosi tylko jedno dziecko i że jej ciąża nie jest ciążą wysokiego ryzyka. Ale w prawdziwym świecie preparaty uzupełniające dostarczają dodatkowego zabezpieczenia zdrowia – i kobieta, która chce być bezpieczna, może się lepiej czuć z takim właśnie zabezpieczeniem.

Preparat uzupełniający jest jednak tylko dodatkiem. Żadna tabletka, bez względu na to, jak jest kompletna, nie może zastąpić dobrej diety. To bardzo ważne, aby większość witamin i minerałów pochodziła z pożywienia, ponieważ substancje odżywcze są w ten sposób najbardziej efektywnie przyswajane. Świeże pokarmy (nie przetworzone) zawierają nie tylko te substancje, o których wiemy i które mogą być zsyntetyzowane w pigułce, ale prawdopodobnie wiele innych, które jeszcze nie zostały odkryte. Prenatalne uzupełnienia pół wieku temu nie zawierały cynku i innych minerałów, o których obecnie wiemy, że są konieczne, aby zapewnić dobre zdrowie. Ale chleb z pełnego przemiału zawsze je zawierał. Podobnie z pokarmami dostarczającymi włóknika i wody (owoce i warzywa zawierają oba składniki) oraz ważnymi kaloriami z białkiem – z których żadnego nie zapewnia tabletka. (Uważaj na pastylki, których opis podaje, że są równowartością dziennego zapotrzebowania na warzywa – nigdy ich nie zastąpią.)

I nie myśl, że ponieważ mało jest dobrze, to dużo jest lepiej. Witaminy i minerały w dużych dawkach działają na organizm jak narkotyki i tak powinny być traktowane, szczególnie przez przyszłe matki. Niektóre z nich – takie jak witamina A i witamina D – działają toksycznie nawet w poziomie miernie podwyższonym niż dawka dzienna polecana (DDP obecnie nazywana jest zalecaną dawką żywieniową – ZDŻ). Pobieranie więcej tych witamin w dziennej diecie, niż wymaga ZDŻ, nie jest jednak uważane za niebezpieczne. Jednakże uzupełnienie ponad ZDŻ, powinno być brane pod uwagę tylko pod kontrolą lekarza – jeśli przynosi korzyści. To samo dotyczy preparatów ziołowych i innych. Przyjmowanie większej ilości tych witamin z pożywienia niż ZDŻ nie jest jednak postrzegane jako ryzykowne.

# GRUPY POKARMOWE

Wiele pokarmów spełnia więcej niż jeden wymóg, tak więc wyselekcjonowane grupy pokarmów mogą się pokrywać. Na przykład te same 3 szklanki mleka dostarczają ci 3 dawek wapnia i jedną białka. Przyjmuj te wielowartościowe produkty jak najczęściej, gdyż dzięki temu zaoszczędzisz na kaloriach – i miejscu w żołądku.

## POKARMY BIAŁKOWE

Każdego dnia zjedz 3 z niżej podanych produktów albo kombinację stanowiącą ekwiwalent 3 dawek. Dawka zawiera od 20-25 gramów białka, a powinnaś zjeść 60--75 gramów dziennie. Miej na uwadze, że większość produktów mlecznych zaspokaja także zapotrzebowanie na wapń, dlatego też stanowią szczególnie wartościowy wybór.

3 szklanki o objętości 200-250 mleka beztłuszczowego lub odtłuszczonego, lub odtłuszczonej maślanki,
45 dag wzbogaconego chudego mleka (czyli odtłuszczone mleko zmieszane z produktem mlecznym o stałej konsystencji),
3/4 kubka[1] (0,4 1 litra) domowego twarogu o niskiej zawartości tłuszczu,

---

[1] kubek (czyli inaczej miarka amerykańska) = 0,55 litra (przyp. tłum.).

# Białka roślinne

Już nie uważa się, by wegetarianie całkowicie wystrzegający się mięsa i produktów pochodzenia zwierzęcego (weganie) musieli łączyć różne rodzaje białek roślinnych (na przykład ziarna i nasiona roślin strączkowych) przy każdym posiłku, jeżeli tylko przyjmują co dzień pewną ilość każdego z rodzajów tych białek. (Weganie potrzebują 4 dawek białka dziennie.) Abyś miała pewność, że zapewniasz sobie pełną dawkę białka w każdym posiłku, podwój jedną z dawek podanych niżej albo wybierz z połówki (wszystkie mają zawartość białka między 10 a 13 gramów). Jeśli chodzi o potrawy tu nie wyszczególnione (takie jak wegetariańskie hamburgery czy „mięsa" z sojowego lub pszenicznego glutenu, w których zawartość białka jest bardzo różna), sprawdź wielkość porcji, zawartość białka, po czym dostosuj odpowiednio do nich ilość przyjmowanych białek.

*Uwaga:* Wiele z tych produktów pokrywa zapotrzebowanie nie tylko na białka, ale jednocześnie na pełne ziarna i nasiona roślin strączkowych.

Poniżej przedstawione potrawy są wartościowym pożywieniem dla wszystkich kobiet w ciąży, zatem te, które nie są wegetariankami, mogą także z nich korzystać.

## NASIONA ROŚLIN STRĄCZKOWYCH
(pół dawki białka)

1 kubek ugotowanego bobu lub fasolki perłowej,
3/4 kubka gotowanych różnych rodzajów fasoli,
2/3 kubka gotowanej soczewicy lub grochu łuskanego,
1/2 kubka gotowanych nasion soi,
tofu lub inne produkty sojowe (sprawdź na etykiecie, czy mają 10-12 gramów białka),
produkty z glutenu pszennego (sprawdź na etykiecie, czy mają 10-12 gramów białka).

## ZIARNA
(pół dawki białka)

1 i 1/2 kubka gotowanego brązowego ryżu, kaszy gryczanej, jęczmienia, prosa bądź wpierw gotowanej, obsuszonej, a następnie pokruszonej pszenicy[1],
1 i 1/3 kubka gotowanego dzikiego ryżu,
55 gramów (ważone przed ugotowaniem) makaronu sojowego,
55-110 gramów (ważone przed ugotowaniem; wielkość dawki uzależniona jest od zawartości białka) makaronu z pełnoziarnistej mąki pszennej,
55 gramów (ważone przed ugotowaniem) makaronu o dużej zawartości białka,
2/3 kubka (ważone przed ugotowaniem) płatków owsianych bądź innych płatków śniadaniowych z pełnymi ziarnami,
40 gramów gotowych do jedzenia, pełnoziarnistych płatków śniadaniowych,
4 kromki chleba z pełnoziarnistej mąki,
1/3 kubka kiełków pszenicy.

## ORZECHY I NASIONA
(pół dawki białka)

3/4 kubka nasion: sezamu, słonecznika, dyni,
1/2 kubka orzechów brazylijskich lub orzeszków ziemnych,
42 gramy orzechów nerkowca, włoskich lub pistacjowych,
2 i 1/2-3 łyżki stołowe masła orzechowego.

## PRODUKTY MLECZNE I JAJKA
(pół dawki białka)

1 i 1/4 kubka odtłuszczonego mleka,
42 gramy niskotłuszczowego sera cheddar, amerykańskiego lub szwajcarskiego,
1/4 kubka niskotłuszczowego twarogu,
1/4 sera parmezan,
1/3 kubka odtłuszczonego mleka w proszku plus 2 łyżki stołowe kiełków pszenicy,
1 i 1/4 kubka czystego, odtłuszczonego jogurtu,
1 duże jajko plus 2 duże białka,
2 duże jajka.

---

[1] Ziarna te mają niewiele białka; wzbogać je zatem 2 łyżkami stołowymi kiełków pszenicznych na każdą porcję.

1 i 3/4 kubka jogurtu o niskiej zawartości tłuszczu,

5 dag (pół kubka) startego sera parmezan,

5 dużych białek z jaj,

2 duże jaja lub 2 białka,

100 g tuńczyka w sosie własnym z puszki,

70 g kurzego lub indyczego mięsa bez skóry,

100 g ryby lub krewetek,

140 g małży, krabów lub mięsa z homara,

85 g chudej wołowiny, jagnięciny, wieprzowiny lub ciemnego kurzego mięsa lub 11 dag kawałków niechudego mięsa,

85 g cielęciny,

85 g wątróbki i innych podrobów (nie jedz ich zbyt często, ponieważ w podrobach zwierzęcych odkładają się substancje chemiczne),

140-170 g tofu,

1 dawka strukturalnego białka warzywnego bądź innego „niby-mięsa" (zawartość białka w nich jest różna; sprawdź na etykiecie).

## POKARMY BOGATE W WAPŃ

Powinnaś zjeść 4 dawki dziennie z przedstawionych poniżej pokarmów lub jakąkolwiek kombinację, która jest ich równowartością. Zapewnij sobie 1200 mg każdego dnia. Każda pozycja zawiera około 300 mg wapnia i może jednocześnie wypełniać zapotrzebowanie na białko.

200-250 ml maślanki o obniżonej zawartości tłuszczu,

200-250 ml odtłuszczonego lub jednoprocentowego mleka[1],

3/4 szklanki mleka o zwiększonej zawartości wapnia lub wzbogaconego chudego mleka,

1/2 kubka skondensowanego odtłuszczonego mleka,

---

[1] Pij odtłuszczone lub jednoprocentowe mleko jak najczęściej. Jeśli nie tolerujesz laktozy, pij mleko o zmniejszonej zawartości laktozy albo weź tabletkę redukującą laktozę przed spożyciem produktów mlecznych.

1 i 1/2 kubka nietłustego domowego twarogu,

ok. 40 g sera cheddar lub amerykańskiego,

35 g sera szwajcarskiego,

15-25 dag odtłuszczonego, pełnego jogurtu,

1/2 kubka odtłuszczonego mrożonego jogurtu[2],

1/4-1/3 kubka mleka w proszku bez tłuszczu (w zależności od ilości potrzebnej do przyrządzenia jednego kubka),

17 dag soku pomarańczowego o zwiększonej zawartości wapnia,

10 dag makreli z puszki wraz z ościami,

11 dag łososia z puszki wraz z ościami,

8,5 dag sardynek z puszki wraz z ościami,

2-3 łyżki stołowe zmielonych nasion sezamu,

mleko sojowe i białko sojowe[3],

wzbogacone mleko ryżowe[4],

tofu[5],

1 i 3/4 kubka brokułów,

1 kubek zielonych części kapusty,

1 i 1/2 kubka gotowanego jarmużu albo zielonych części rzepy,

2 tortille z mąki kukurydzianej[6].

## POKARMY Z WITAMINĄ C

Przyjmuj codziennie co najmniej 3 dawki witaminy C. Nasz organizm nie potrafi magazynować tej witaminy, toteż pamiętaj o jej zażyciu każdego dnia. Miej na uwadze, że wiele z produktów zawierających witaminę C zaspokaja jednocześnie zapotrzebowanie na zieleninę, żółte warzywa i żółte owoce.

1/2 grejpfruta,

1/2 kubka soku grejpfrutowego,

1 mała pomarańcza,

1/3 kubka soku pomarańczowego,

1/2 kubka rozcieńczonego mrożonego soku pomarańczowego,

2 łyżki koncentratu pomarańczowego,

---

[2,3,4,5,6] Zawartość wapnia w nich jest różna; sprawdź na etykiecie, by mieć pewność, że 1 porcja zawiera około 30% dziennej dawki.

1/2 mango średniej wielkości,
1/2 kubka papai w kostkach,
1/4 małej kantalupy,
1 i 1/3 kubka jagód lub malin,
1/2 małej czerwonej papryki lub 1 średnia zielona papryka,
2/3 kubka ugotowanych brokułów,
1 i 1/2 dużego pomidora,
1 kubek soku pomidorowego,
3/4 kubka soku warzywnego,
3/4 kubka ugotowanych kalafiorów,
3/4 kubka świeżego jarmużu,
1 kubek posiekanych zielonych części kapusty,
3/4 kubka ugotowanej kalarepy,
1 i 1/2 kubka startej świeżej kapusty.

## ZIELENINA, ŻÓŁTE WARZYWA I ŻÓŁTE OWOCE

Potrzebujesz dziennie 3 lub więcej dawek produktów podanych poniżej, z których jeden powinien być surowy, by dostarczyć organizmowi dodatkowego błonnika. Próbuj wybrać i żółte, i zielone. Pamiętaj, wiele z tych produktów wypełnia również zapotrzebowanie na witaminę C.

1/8 kantalupy (ok. 10-12 cm długości),
2 duże świeże lub suszone morele,
1/2 średniego mango,
1 duża nektarynka lub żółta brzoskwinia,
1 miarka papai w kostkach,
1/2 średniej śliwy daktylowej,
1 łyżka niesłodzonej dyni z puszki,
1/3 kubka gotowanej botwiny,
3/4 kubka gotowanych brokułów lub liści rzepy,
1/2 średniej surowej marchwi lub 1/3 miarki gotowanej marchwi,
1/2 kubka gotowanej kapusty (odmiana z południa USA),
1 i 1/2 kubka cykorii,
1/3 kubka gotowanej kapusty włoskiej lub liści gorczycy,
8-10 dużych liści ciemnozielonej sałaty,

1 kubek ugotowanej brukwi,
1/2 kubka surowego szpinaku lub 1/4 miarki gotowanego,
1/4 małego sweet potato („słodki ziemniak" – roślina tropikalna, przyrządza się jej korzenie),
1/3 kubka gotowanej botwiny szwajcarskiej.

## INNE OWOCE I WARZYWA

Zjedz codziennie co najmniej 2 z produktów wypisanych poniżej.

1 jabłko,
1 średni banan,
2/3 kubka jagód,
2/3 kubka drylowanych świeżych wiśni,
2/3 kubka winogron,
1 średnia biała brzoskwinia[1],
1 średnia gruszka,
1 średniej wielkości plaster ananasa, świeżego lub z puszki, niesłodzonego,
6-7 sztuk szparagów,
1 kubek zielonych kiełków,
2/3 kubka kiełków brukselki,
3/4 kubka zielonej fasoli,
1 kubek świeżych grzybów,
9 płatków okry,
1/2 kubka pietruszki,
2/3 kubka gotowanego pasternaku,
1 średni ziemniak,
2/3 kubka cukinii.

## PRODUKTY PEŁNOZIARNISTE I NASIONA ROŚLIN STRĄCZKOWYCH

Jedz codziennie od 6 do 11 dawek z wymienionych niżej potraw. Jeśli przyswajasz szybko – raczej 6, jeśli powoli – raczej bliżej 11.

---

[1] „Biała brzoskwinia" to nazwa jeszcze ciągle nieoficjalna tego owocu, który dopiero powoli dociera do Polski; ma on biały miąższ, bardzo słodki smak, ale wcale nie jest spokrewniony z brzoskwiniami.

1 kawałek pełnoziarnistego chleba – pszennego, ryżowego, z innego gatunku zboża lub sojowego,

1/2 kubka gotowanego brązowego ryżu,

1/2 kubka gotowanego dzikiego ryżu,

1/2 kubka gotowanych pełnoziarnistych produktów zbożowych (np. owsianka), 30 gramów (30 g – około jednego kubka, choć porcje mogą być różne) pełnoziarnistych, przyrządzonych do jedzenia produktów zbożowych (mączek) bez dodatku cukru lub z jego niewielką ilością (mniej niż 3 gramy) bądź posłodzone sokiem owocowym (kruszona pszenica, pożywne zboża, inne gatunki zdrowej żywności),

2 łyżki kiełków pszenicy,

1/2 kubka gotowanego prosa, kaszy (np. gryczanej) lub komosy ryżowej,

1/2 kubka gotowanej pełnoziarnistej, sojowej lub innej bogatej w białko pasty,

1 mały chleb kukurydziany (zrobiony z nie wyrośniętego ciasta),

1/2 kubka gotowanej fasoli lub groszku,

1 kukurydza lub pełnoziarnista tortilla.

## POKARMY BOGATE W ŻELAZO

Małe ilości żelaza można znaleźć w większości owoców i warzyw, zbożach i mięsach, które spożywasz każdego dnia. Ale próbuj jeść codziennie niektóre z podanych niżej produktów zawierających dużo żelaza, odpowiednio do twojego zapotrzebowania. I znowu: wiele z produktów bogatych w żelazo pokrywa jednocześnie zapotrzebowanie na inne składniki.

Kaczka, bez skóry,

chuda wołowina,

wątroba i inne podroby (wybieraj je rzadko, ponieważ istnieje potencjalne ryzyko, że zawierają one dużą ilość szkodliwych substancji chemicznych),

ostrygi (gotowane; nie jedz nigdy surowych),

sardynki,

kapusta biała, włoska, rzepa,

karczochy,

ziemniaki w łupinach,

dynie,

szpinak,

glony (skrętnice),

gotowane nasiona roślin skrobiowych (groszek zielony, soczewica, fasole itp.),

gotowana fasola sojowa i inne produkty sojowe,

mąka świętojańska i puder świętojański do wypieków,

melasa,

suszone owoce.

## TŁUSZCZ – POKARMY BOGATE W TŁUSZCZE

Jedz codziennie 4 pełne (około 14 gramów każda) lub 8 dawek podzielonych na pół (około 7 gramów każda) lub ich kombinacje, jeśli ważysz 60-65 kg (patrz *Dodatek*, jeśli ważysz więcej lub mniej). Nie zwiększaj tej ilości, chyba że zbyt wolno przybierasz na wadze. Nie ograniczaj tej ilości, chyba że przybierasz zbyt szybko. Jak najczęściej wybieraj zdrowe tłuszcze (zaznaczone gwiazdką *) oraz utrzymuj równowagę pomiędzy czystymi tłuszczami (masło, margaryna czy olej) i tłustymi potrawami (zawierającymi dużo tłuszczu, ale jednocześnie wiele innych substancji odżywczych). W typowej amerykańskiej diecie mamy wiele źródeł tłuszczu, których nie wymieniono poniżej; głównie dlatego, że nie spełniają kryteriów wartościowego pożywienia. Jeśli chodzi o nie wymienione tu produkty spożywcze sprzedawane w opakowaniach, sprawdź zawartość tłuszczu na etykiecie, mając na uwadze ilość gramów tłuszczu na pół bądź całą dawkę. Wiele wysokotłuszczowych produktów spełnia też inne wymagania „codziennej dwunastki".

## TŁUSTE POTRAWY
(połowy dawki)

30 g sera (szwajcarski, cheddar, provolone, mozzarella),
ok. 40 g odtłuszczonego sera mozzarella,
2 łyżki tartego sera parmezan,
1 i 1/2 łyżki lekkiej śmietany,
1 łyżka gęstej śmietany lub kremówki,
2 łyżki bitej śmietany,
2 czubate łyżki kwaśnej śmietany,
1 łyżka sera kremowego,
1 kubek pełnego mleka,
1 i 1/2 kubka 2% mleka,
2/3 kubka odtłuszczonego mleka,
1/2 pucharka lodów,
1 kubeczek pełnotłustego jogurtu,
1 łyżka masła orzechowego*,
1/2 kubka białego sosu,
2 duże jajka lub 2 duże żółtka*,
1/4 małego awokado*,
2 porcje ciastka „najlepszej szansy", innych ciasteczek lub bułeczek*, przepisy na nie znajdziesz poniżej,
ok. 170 g tofu*,
200 g jasnego mięsa indyczego lub kurzego bez skóry,
ok. 110 g łososia świeżego lub z puszki*,
85-170 gramów chudego mięsa (w zależności od rodzaju),
3/4 kubka sałatki z tuńczyka ze zwykłym majonezem.

## CZYSTE TŁUSZCZE
(pełne dawki)

1 łyżka oleju roślinnego (najlepiej z oliwek*, rzepakowego* lub z orzechów włoskich*),
1 łyżka stołowa margaryny[1] lub masła,
2 łyżki stołowe „lekkiej" margaryny,
1 łyżka stołowa zwykłego majonezu,
2 łyżki stołowe zwykłego sosu sałatkowego[2].

# PRZEPISY

C zy masz ochotę na frytki lub koktajl mleczny? Albo na ciastka zanurzone w mleku? Co byś powiedziała na odpowiedni dla dziecka napój lub śniadanie wymarzone dla ciężarnych czempionów? Oto kilka przepisów, aby zaspokoić twój apetyt na słodycze i przekąski oraz aby podsunąć ci pomysły na koktajle i śniadania. Po dalsze zajrzyj do książki *Dieta przyszłej matki.*

## KREM POMIDOROWY

Przepis na trzy porcje
1 łyżka margaryny lub masła,
2 łyżki pełnoziarnistej mąki,
1 i 3/4 kubka odtłuszczonego, chudego mleka,
3 kubki pomidorowego lub warzywnego soku,
1/4 kubka pasty pomidorowej,
sól i pieprz do smaku,
świeże lub suche oregano i bazylia do smaku.

Możliwe dodatki:
6 łyżek twarogu domowego (1/2 dawki białka) lub
2 łyżki tartego sera parmezan (1/4 dawki białka; 1/2 dawki wapnia) lub
1 łyżka kiełków pszenicy (1/2 dawki produktów pełnoziarnistych).

1. W rondelku rozpuść margarynę na małym ogniu. Dodaj mąkę i mieszaj na bardzo małym ogniu przez 2 minuty. Powoli dodawaj do mleka i gotuj dalej na małym ogniu, mieszając od czasu do czasu, aż zgęstnieje.

--------

[1] Najmniej izomerów trans-kwasów tłuszczowych zawierają lekkie margaryny, ale najlepiej używać niskotłuszczowej margaryny o niskiej zawartości tych izomerów.
[2] Ponieważ zawartość tłuszczu w sosach sałatkowych jest różna, przeczytaj etykietę; każde 14 gramów tłuszczu daje 1 dawkę. Jeśli chodzi o sosy domowego wyrobu, każda łyżka stołowa oleju odpowiada 1 dawce.

2. Dodawaj sok, pastę pomidorową i przyprawy i mieszaj aż do gładkości. Gotuj w dalszym ciągu na małym ogniu przez 5 minut, mieszając od czasu do czasu.

3. Podawaj zupę ciepłą, posypaną oregano lub bazylią, twarogiem, parmezanem lub kiełkami pszenicznymi – jeśli chcesz.

**Jedna porcja = 1 dawka wapnia, 1 dawka witaminy C, 1 dawka zieleniny – jeśli używałaś soku warzywnego.**

# PIECZONE FRYTKI

**Przepis na dwie porcje:**
1 i 1/2 łyżki oleju rzepakowego,
2 duże ziemniaki,
2 białka,
koszerna, gruboziarnista sól i pieprz do smaku.

1. Nagrzej piec do 200°C. Wysmaruj nieprzypalającą blaszkę do pieczenia olejem rzepakowym.

2. Oczyść dokładnie ziemniaki pod bieżącą wodą, osusz. Pokrój je wzdłuż na plasterki grubości 8 milimetrów, następnie potnij na frytki pożądanego rozmiaru. Osusz.

3. W naczyniu średniej wielkości roztrzep białko, by uzyskać pianę. Dodaj ziemniaki i przewracaj, aż pokryją się białkiem.

4. Ułóż frytki pojedynczą warstwą na przygotowanej blaszce. Układaj w odstępach, aby się nie zlepiały. Piecz tak długo, aż będą kruche na zewnątrz, koloru jasnobrązowego i miękkie w środku, czyli około 30-35 minut. Przypraw solą, pieprzem i podawaj natychmiast.

**1 porcja = 1 dawka warzyw.**

# ENERGETYCZNY OMLET

**Przepis na jedną porcję:**
1 i 1/4 kubka wody,
1/2 kubka ziaren owsa,
2 łyżki kiełków pszenicy (jeśli masz zaparcia,

zamiast całości lub części kiełków użyj innych nieprzetworzonych ziaren),
2 łyżki stołowe mielonych nasion lnu,
sól do smaku (dowolnie),
1/3 kubka nietłustego mleka w proszku.

1. Doprowadź wodę do wrzenia w małym rondelku. Dodaj owies, kiełki pszenicy, nasiona lnu i sól, jeśli trzeba, wymieszaj dokładnie. Zmniejsz płomień i gotuj przez 5 minut lub dłużej, w zależności od pożądanej konsystencji, dodając wody, jeśli potrzeba.

2. Zdejmij rondel z kuchenki i mieszając, wsypuj mleko w proszku. Podawaj natychmiast.

**Odmiana słodka**: Dodaj dwie łyżki rodzynek i łyżkę koncentratu jabłkowego (albo paczuszkę słodzika), w chwili kiedy dodasz owies albo w ostatniej minucie gotowania – jeśli lubisz nie rozgotowane rodzynki; dodaj szczyptę zmielonego cynamonu i/lub sól do smaku (dowolna ilość), w czasie kiedy dodajesz mleko.

**Odmiana ostra**: Dodaj tarty parmezan lub niskotłuszczowy cheddar (ok. 14 g = 1/2 dawki wapnia), kiedy dodajesz mleko.

**Odmiana z ziarnami**: Całość lub część owsa zastąp różnymi ziarnami (pełne płatki żytnie, jęczmienne, pszenne; dostępne w sklepach ze zdrową żywnością oraz w działach z takimi produktami w wielu supermarketach).

**1 porcja = 1 dawka białka; 1 dawka produktów pełnoziarnistych; 1 dawka wapnia; dużo włóknika.**

# BABECZKI OTRĘBOWE

**Przepis na 12-16 babeczek:**
olej rzepakowy w sprayu,
2/3 kubka rodzynek,
1 kubek koncentratu soku (na przykład jabłkowego, ananasowego, z jasnych winogron lub owoców mango),
1/4 kubka koncentratu soku pomarańczowego,
1 i 1/2 kubka nieprzetworzonych otrębów,

1 kubek mąki pełnopszennej,
1/2 kubka kiełków pszenicy,
1/2 kubka zmielonych nasion lnu,
1 i 1/4 łyżeczki sody oczyszczonej,
1/2 kubka kruszonych orzechów,
1 łyżeczka mielonego cynamonu (dowolnie),
1 i 1/2 kubka małotłustej maślanki,
2 duże białka lekko ubite,
1/3 kubka nietłustego mleka w proszku,
2 łyżki oleju rzepakowego.

1. Rozgrzej piec do ok. 175°C. Wszystkie foremki lekko natłuść olejem lub wyłóż papierem do pieczenia.
2. W małym rondelku wymieszaj rodzynki, 1/4 miarki koncentratu soku pomarańczowego. Zagotuj na małym ogniu, mieszając od czasu do czasu, przez 5 minut.
3. Wymieszaj w misce otręby, mąkę, kiełki, nasiona lnu, sodę, orzechy i cynamon.
4. W innej misce ubij razem maślankę, białka, mleko w proszku, olej i pozostały koncentrat soku.
5. Połącz suche i płynne składniki, mieszając uważnie. Dodaj rodzynki w podgrzanym soku. Napełnij uprzednio przygotowane foremki do 2/4 objętości.
6. Piecz do czasu, aż patyczek, którym sprawdzasz ciasto, będzie czysty – około 20 minut.

**Odmiana owocowa**: Dodaj 2 średnie jabłka lub gruszki i wmieszaj je w tym samym czasie co orzechy. Jeśli nie masz kłopotów z zaparciami, dodaj jedną miarkę owsa, owsianych otrębów lub innych płatków nie przetworzonych gatunków.

**1 duża babeczka = 1 i 1/2 dawki produktów pełnoziarnistych; 1/2 dawki białka; bardzo dużo włóknika. Dodatki owocowe dają 1 dawkę z grupy innych owoców.**

# PEŁNOPSZENNE NALEŚNIKI MAŚLANE

**Wystarczy na 3 porcje (ok. 12 naleśników):**
1 kubek małotłustej maślanki,
1 łyżeczka koncentratu soku jabłkowego,

3/4 kubka mąki pełnopszennej,
3 łyżki kiełków pszenicy,
2 łyżki stołowe zmielonych nasion lnu,
1/3 kubka nietłustego mleka w proszku,
szczypta soli do smaku,
1/2 łyżeczki zmielonego cynamonu do smaku,
2 łyżeczki proszku do pieczenia,
2 duże białka,
olej rzepakowy w sprayu,
1 łyżeczka masła.

**Dowolne dodatki:**
niesłodzony przecier jabłkowy (1 dawka z grupy innych owoców),
zaprawa owocowa lub masło jabłkowe,
1/2 kubka małotłustego jogurtu (1/2 dawki wapnia).

1. Umieść pierwsze dziewięć składników w misce miksera i wymieszaj tak, by się połączyły. W misce ubij białka na sztywno. Szybko wymieszaj składniki z ubitymi białkami. Odstaw na godzinę.
2. Spryskaj powierzchnię patelni lub okrągłej nieprzypalającej blachy do pieczenia sprayem do smażenia, a następnie rozgrzej go na średnim ogniu. Gdy powierzchnia będzie gorąca, dodaj masło, a kiedy się roztopi, rozprowadź je równomiernie. Następnie rozmieszaj ciasto i nałóż łyżką na blachę w takiej ilości, by powstały naleśniki o średnicy 5-7 cm. Kiedy powierzchnia naleśnika zaczyna bulgotać, a spód jest lekko brązowy, odwróć go na drugą stronę. Następne naleśniki rób w ten sam sposób, spryskując patelnię każdorazowo olejem, aż do zużycia ciasta.
3. Podawaj naleśniki z jednym lub wszystkimi dodatkami.

**Odmiany**: Dodaj do ciasta któryś z następujących składników: 1/4 miarki rodzynek (1/2 dawki innych owoców); 6 całych suszonych moreli (trochę żelaza); 1 dawkę żółtych owoców; pół banana, gruszki lub jabłka pokrojonych w kawałki (pół dawki innych owoców); 1/4 miarki kruszonych orzechów (1/4 dawki tłuszczu; trochę białek).

**1/3 przepisu = 1 dawka produktów pełnoziarnistych, 1 dawka białka; 1/2 dawki wapnia; dużo włóknika.**

# PODWÓJNY KOKTAJL MLECZNY

**Przepis na 1 porcję**
**Uwaga:** zamroź obranego, owiniętego w folię banana 12-24 godzin przed przyrządzaniem koktajlu.
1 kubek odtłuszczonego lub małotłustego mleka,
1/3 kubka nietłustego mleka w proszku,
1 mrożony banan pokrojony w plasterki,
1 łyżeczka esencji waniliowej,
szczypta mielonego cynamonu do smaku.

Umieść wszystkie składniki w misce miksera i zmiksuj do konsystencji purée. Podawaj natychmiast.

**Odmiana z owoców jagodowych:** Dodaj 1/2 miarki owoców – świeżych lub mrożonych, niesłodzonych i jedną łyżkę mrożonego koncentratu jabłkowego; nie dodawaj cynamonu.

**Odmiana pomarańczowa**: Dodaj 2 łyżki mrożonego koncentratu pomarańczowego; nie dodawaj cynamonu.

**1 koktajl = 2 dawki wapnia; 2/3 dawki białka; 1 dawka innych owoców; w wersji jagodowej dodatkowo 1 dawka innych owoców i 1 dawka witaminy C, jeśli używałaś truskawek; w wersji pomarańczowej dodatkowo 1/2 dawki witaminy C.**

# BATONY FIGOWE

**Przepis na około 36 batonów:**
1 kubek plus 2 łyżki stołowe skoncentrowanego soku owocowego,
4 łyżki margaryny lub masła o temperaturze pokojowej,
1 łyżka stołowa fruktozy, cukru nieoczyszczonego lub Splendy,
1 i 1/2 kubka pełnopszennej mąki,
3/4 kubka kiełków pszenicy,
1 i 1/2 łyżeczki esencji waniliowej,
olej rzepakowy w sprayu,
1/2 kg suchych pokrojonych fig,
2 łyżki zmielonych migdałów lub orzechów.

1. Wlej skoncentrowany sok do rondelka i podgrzewaj na małym ogniu, aż będzie ciepły.
2. Masło i fruktozę wymieszaj w misce do uzyskania puszystej masy. Dodaj 1/2 kubka plus 2 łyżki stołowe skoncentrowanego soku, po czym mieszaj dalej, aż składniki dokładnie się połączą.
3. Dodaj mąkę, kiełki pszenicy, nasiona lnu i wanilię, wymieszaj do konsystencji ciasta. Podziel ciasto na połowę, formując z każdej z nich wałek. Zapakuj je osobno w woskowany papier i ochładzaj przez godzinę.
4. Podgrzej piekarnik do temperatury 175°C. Spryskaj nieprzypalającą blachę do pieczenia tłuszczem w sprayu.
5. Zmieszaj figi i pozostały koncentrat jabłkowy i gotuj w rondelku na małym gazie aż do uzyskania miękkości, czyli około 15 minut. Odstaw z kuchenki, dodaj zmielone orzechy i mieszaj aż do uzyskania gładkiej konsystencji.
6. Na przygotowanej blasze rozłóż jeden z wałków ciasta tak, by miał kształt prostokąta i był bardzo cienki. Jak najmocniej rozpłaszcz brzegi. Rozlej mieszankę figową równomiernie na cieście, rozwałkuj drugą część ciasta między dwoma kawałkami woskowanego papieru do tych samych rozmiarów co pierwsza. Ściągnij górny papier, po czym połóż ciasto na mieszankę figową. Usuń pozostały papier, dociśnij lekko z góry powierzchnię, wyrównaj końcówki za pomocą ostrego noża.
7. Piecz aż do uzyskania jasnobrązowego koloru, 25-30 minut. Potnij na batoniki, kwadraciki, wielokąty lub inne figury, kiedy ciasto jest jeszcze gorące. Przed podaniem poczekaj, aż wystygną na drucianej siatce.

**3 ciastka = 1 dawka produktów pełnoziarnistych; 1 dawka innych owoców; trochę żelaza; dużo włóknika.**

# OWOCOWE CIASTECZKA OWSIANE

**Przepis na 24 ciasteczka:**
olej rzepakowy w sprayu,
10 prażonych daktyli,

6 łyżek koncentratu soku owocowego,
2 łyżki oleju rzepakowego,
1 i 1/2 kubka owsa
1 kubek rodzynek,
1/4 do 1/2 kubka posiekanych orzechów,
mielony cynamon do smaku,
1 duże białko.

1. Podgrzej piec do temperatury 175°C, lekko natłuść blaszkę do pieczenia olejem w sprayu.
2. Wymieszaj daktyle i koncentrat soku w rondelku. Gotuj na małym ogniu tak długo, aż owoce zmiękną, czyli około 15 minut. Przełóż następnie mieszankę do miski miksera lub robota kuchennego, ucieraj do uzyskania konsystencji purée. Uzyskaną masę przełóż do miski, dodaj olej, owies, rodzynki, posiekane orzechy i cynamon, po czym dokładnie wymieszaj.
3. W osobnej misce ubij lekko białko. Wlej ostrożnie do reszty. Ciasto nakładaj łyżką na uprzednio przygotowaną rozgrzaną blachę, zostawiając pięciocentymetrowe odstępy między ciastkami.
4. Piecz do uzyskania koloru jasnobrązowego 10-15 minut.

**3 ciasteczka = 1 dawka innych owoców; 1/2 dawki produktów pełnoziarnistych; trochę żelaza; dużo włóknika.**

**Odmiana czekoladowa**: Zamiast cynamonu dodaj 1/2 miarki kawałeczków czekolady.

## JOGURT OWOCOWY

**Przepis na 1 porcję:**
3/4 kubka zwykłego małotłustego jogurtu,
1/2 łyżeczki świeżego miąższu pomarańczowego,
1/2 kubka świeżych lub mrożonych niesłodzonych truskawek,
1 łyżka koncentratu soku pomarańczowego,
5 łyżeczek koncentratu soku owocowego,
szczypta mielonego cynamonu do smaku.

Umieść wszystkie składniki w misce miksera lub robota kuchennego, po czym zmik-suj do uzyskania konsystencji purée. Podawaj w takiej postaci lub jako sos do owoców, ciast lub naleśników.

**1 kubek = 1 dawka witaminy C; 3/4 dawki wapnia.**

## NAPÓJ Z ROZTARTYCH OWOCÓW

**Przepis na 1 porcję:**
**Uwaga:** Owoce potrzebne do przygotowania jednego kubka napoju obierz, wydryluj lub usuń szypułki i listki, po czym posiekaj.
1 kubek mango, truskawek, kantalupa, żółtych brzoskwiń, bananów i/lub papai,
1/2 kubka schłodzonego soku (pomarańczowego, jabłkowego, mango, gruszkowego czy innego stuprocentowego soku) lub 3 łyżki stołowe skoncentrowanego soku owocowego, ewentualnie 1/2 kubka pokruszonego lodu.

Umieść owoce, sok i lód w pojemniku miksera, dokładnie zmiksuj i pij z przyjemnością.

**1 kubek = 2 dawki innych owoców, w zależności od użytych owoców.**

## DESER TRUSKAWKOWY

**Przepis na 4 porcje:**
2 kubki świeżych lub mrożonych niesłodzonych truskawek,
1 kubek rozdrobnionych kostek lodu (1/2 miarki, jeśli używasz mrożonych owoców),
1/4 kubka koncentratu soku jabłkowego lub więcej do smaku,
1 łyżka świeżego soku cytrynowego,
1/2 łyżeczki esencji rumowej.

Umieść wszystkie składniki w pojemniku miksera i rozetrzyj na purée. Podawaj zimne w wysokich szklankach.

**Odmiana bananowa**: Truskawki zastąp dwoma dojrzałymi bananami średniej wielkości pokrojonymi w małe kawałki.

**1 porcja = 1 dawka innych owoców; 1 dawka witaminy C lub 2 dawki innych owoców, jeśli używasz banana.**

# DZIEWICZA SANGRIA

**Przepis na 5-6 porcji**

3 kubki niesłodzonego soku z jasnych bądź ciemnych winogron,

3/4 kubka koncentratu soku jabłkowego,

1 łyżka świeżego soku cytrynowego,

1 mała cytryna, obrana, pokrojona w plasterki i bez pestek,

1 małe jabłko, nie obrane, pokrojone na ósemki, oczyszczone,

3/4 kubka wody sodowej.

kostki lodu.

Połącz wszystkie składniki oprócz wody sodowej i lodu w dużym pojemniku. Dobrze wymieszaj i ochłodź. Tuż przed podaniem dodaj wodę sodową. Podawaj z lodem w kieliszkach do wina.

**1 porcja = 1 dawka innych owoców.**

# Część 2

# DZIEWIĘĆ MIESIĘCY CIĄŻY

## Od poczęcia do porodu

# 5
# Pierwszy miesiąc
## W przybliżeniu od 1 do 4 tygodnia

Gratulacje. Witaj, kobieto w ciąży! Choć niemal na pewno jeszcze nie widać tego po tobie, niezawodnie zaczęłaś już czuć, że jesteś w ciąży. Niezależnie od tego, czy jest to tkliwość piersi, uczucie zmęczenia czy też inne wczesne objawy ciąży, twoje ciało przygotowuje się na zbliżające się miesiące poświęcone na rozwój płodu. W miarę upływu tygodni będziesz zauważać zmiany w niektórych czę-ściach ciała; niektórych z nich się spodziewasz (np. w obrębie brzucha), niektóre będą dla ciebie niespodzianką (np. w stopach czy oczach). Odnotujesz też zmiany w sposobie, w jaki żyjesz – i patrzysz na życie. Staraj się jednak nie myśleć (i nie czytać) zanadto naprzód. Na razie usiądź wygodnie, odpręż się i ciesz się tym, że właśnie przeżywasz jedną z najbardziej ekscytujących i satysfakcjonujących przygód w życiu.

## CZEGO MOŻESZ OCZEKIWAĆ W CZASIE PIERWSZEJ WIZYTY PRENATALNEJ

Pierwsza wizyta prenatalna prawdopodobnie będzie najdłuższa w trakcie całej ciąży oraz bez wątpienia najpełniejsza, jeśli chodzi o treść. Nie tylko będzie więcej testów, badań[1] (łącznie z kilkoma, które zostaną przeprowadzone tylko raz, właśnie podczas tej wizyty) czy zbierania informacji (składających się na twój pełny wywiad medyczny), lecz także więcej czasu zostanie poświęcone na zadawanie pytań (które ty masz do lekarza czy on do ciebie) i odpowiadaniu na nie. Otrzymasz wiele rad, począwszy od tego, jak powinnaś się odżywiać (a jak nie odżywiać), poprzez preparaty uzupełniające, które powinnaś przyjmować, a skończywszy na tym, czy (i jak) powinnaś ćwiczyć. Zatem nie zapomnij zabrać ze sobą nie tylko listy pytań i spraw, które już przyszły ci do głowy, lecz także notesu i długopisu (albo W oczekiwaniu na dziecko – terminarz), by móc robić notatki.

Praktyka jednego lekarza może różnić się nieznacznie od praktyki innego. Ogólnie biorąc, badanie powinno obejmować:

**Potwierdzenie twojej ciąży.** Lekarz zechce skontrolować: odczuwane przez ciebie objawy ciążowe i datę ostatniej miesiączki, po

---

[1] Więcej informacji na temat badań i testów znajdziesz w *Dodatku*.

to by określić termin porodu (patrz s. 8); ocenić szyjkę macicy i macicę w celu rozpoznania i określenia przybliżonego wieku ciążowego. Prawdopodobnie zostanie też przeprowadzony test ciążowy (moczu i krwi).

**Pełen wywiad.** Żeby zapewnić ci jak najlepszą opiekę, twój lekarz będzie chciał dowiedzieć się o tobie jak najwięcej. Przygotuj się do tej wizyty – przeglądnij informacje przechowywane w domu lub zadzwoń do opiekującego się tobą lekarza internisty, aby odświeżyć sobie pamięć na temat: wywiadu medycznego (choroby przewlekłe, przebyte poważne choroby i operacje, znane ci alergie, łącznie z alergiami na leki); odżywczych preparatów uzupełniających (witaminowych, mineralnych, ziołowych i tym podobnych) lub leków (sprzedawanych na receptę i bez), które bierzesz obecnie lub brałaś od czasu poczęcia; wywiadu rodzinnego (schorzeń genetycznych, chorób przewlekłych, nietypowych wyników ciąży); wywiadu ginekologicznego i położniczego (wieku, w którym wystąpiła pierwsza miesiączka, długości cyklu miesiączkowego, czasu trwania i regularności cykli); wywiadu położniczego (urodzeń żywych, poronień, usunięcia ciąży[1]), jak również przebiegu poprzednich ciąż i porodów.

Lekarz zada ci także pytania dotyczące twojej sytuacji społecznej (na przykład o wiek i zawód) i o nawyki (co jesz, czy ćwiczysz, czy pijesz, palisz, czy od czasu do czasu przyjmujesz lekkie narkotyki) i o inne czynniki dotyczące twojego życia osobistego, które mogą mieć wpływ na ciążę (informacje na temat ojca dziecka, twojego pochodzenia etnicznego).

**Pełne badanie lekarskie:** lekarz oceni ogólny stan twego zdrowia, przeprowadzając badanie serca, płuc, piersi, brzucha; pomiar

---

[1] Nie wahaj się przed podaniem informacji o każdym usunięciu ciąży – przydadzą się one lekarzowi do oceny obecnej ciąży; lekarz na pewno nie będzie osądzać twoich decyzji. Jeśli chcesz, możesz poprosić, by wszelkie dane dotyczące aborcji, które przeszłaś, lekarz zachował dla siebie.

ciśnienia tętniczego krwi, które będzie kontrolowane w czasie następnych wizyt; zanotowanie twojego wzrostu i masy ciała zwykłej i obecnej; kontrola rąk i nóg pod względem występowania żylaków i obrzęków (obrzmienie w wyniku gromadzenia się płynu w tkankach), która służy do porównania w następnych wizytach; badanie zewnętrznych narządów płciowych oraz pochwy i szyjki macicy (przy użyciu wzierników oraz pobranie wymazu z szyjki macicy); badanie narządów miednicy mniejszej oburącz (jedna ręka w pochwie, druga na brzuchu) oraz przez odbytnicę i pochwę; ocena wymiarów twojej miednicy kostnej (przez którą twoje dziecko wyjdzie na świat).

**Grupę testów.** Niektóre testy są wykonywane rutynowo u każdej kobiety ciężarnej; niektóre są rutynowo wykonywane tylko w niektórych regionach kraju lub zalecane przez jednych lekarzy, a przez innych nie; niektóre są przeprowadzane tylko wtedy, gdy wymagają tego okoliczności. Najpowszechniej wykonywane badania w ciąży to:

• badanie krwi – aby oznaczyć grupę, czynnik Rh (patrz s. 29), poziom hCG i sprawdzić, czy nie ma niedokrwistości (patrz s. 184);

• badanie ogólne moczu na zawartość glukozy (cukru), białka, białych ciałek krwi, krwinek czerwonych i bakterii;

• badanie krwi określające miano przeciwciał (ich poziomy) i odporność na taką chorobę, jak różyczka;

• testy wykrywające infekcje, takie jak: kiła, rzeżączka, wirusowe zapalenie wątroby typu B, chlamydioza i, coraz częściej, wirus HIV;

• testy genetyczne w kierunku mukowiscydozy, anemii sierpowato-krwinkowej, choroby Tay-Sachsa bądź innych chorób uwarunkowanych genetycznie – jeśli jest to wskazane;

• rozmazy cytologiczne PAPA dla wykrycia raka szyjki macicy;

## Co się dzieje wewnątrz ciebie

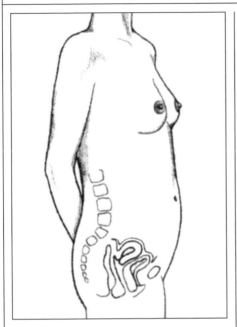

▲ *Na razie jeszcze nic nie można z twojego wyglądu wywnioskować. Choć mogłaś zaobserwować kilka zmian fizycznych – na przykład możesz mieć nieco pełniejsze piersi, a podbrzusze lekko zaokrąglone – nikt inny tego raczej nie zauważy. Przyjrzyj się dokładnie swojej talii – być może nie zobaczysz jej przez wiele miesięcy.*

▼ *Pod koniec pierwszego miesiąca twoje dziecko (które tak naprawdę ma dwa tygodnie, gdyby liczyć od chwili poczęcia) jest bardzo małym, podobnym do maleńkiej kijanki embrionem, znacznie mniejszym od ziarenka ryżu. Choć jeszcze daleko mu do ludzkiego kształtu, embrion uformował się już w znacznym stopniu w porównaniu z bezkształtną masą komórek, jaką był jeszcze tydzień temu: już widać głowę (z zaznaczoną jamą ustną), prymitywne serce, które zaczęło pracować, oraz zaczątki mózgu. Wkrótce pojawią się zawiązki rąk i nóg.*

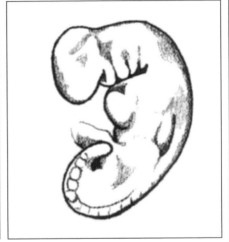

• badanie poziomu zawartości cukru we krwi w celu sprawdzenia skłonności ku cukrzycy u kobiet, które miały w rodzinie przypadki cukrzycy i które mają wysokie ciśnienie krwi, poprzednio urodziły dzieci z nadmierną masą urodzeniową lub wadami wrodzonymi, lub też nadmiernie przybrały na wadze podczas poprzedniej ciąży. (Wszystkie kobiety przechodzą badanie przesiewowe pod kątem cukrzycy ciążowej mniej więcej w 28 tygodniu; patrz s. 261).

**Możliwość dyskusji.** Oto nadarza się okazja do zadania wielu pytań i porozmawiania o tym, co cię martwi.

# CO MOŻESZ ODCZUWAĆ

Możesz doświadczać wszystkich objawów, które przedstawiamy poniżej, albo jednego lub dwóch z wymienionych. Od tej pory musisz koniecznie pamiętać o jednej ważnej sprawie: że każda kobieta i każda ciąża są inne; jest bardzo niewiele objawów ciąży, które można określić jako uniwersalne.

**OBJAWY FIZYCZNE:**

- brak miesiączki, chociaż możesz mieć nieznaczne krwawienie (plamienie) w okresie spodziewanej miesiączki lub kiedy jajo płodowe zagnieżdża się w macicy (między 7 a 10 dniem po zapłodnieniu);

- zmęczenie i senność;

- częste oddawanie moczu;

- nudności z wymiotami lub bez i/lub nadmierne wydzielanie śliny;

- zgaga, niestrawność, wzdęcia;

- awersja do jedzenia, różne zachcianki;

- zmiany w obrębie piersi (najwyraźniej zauważane u kobiet, u których piersi zmieniają się przed miesiączką, i nieco mniej u tych, które urodziły już dzieci); pełność, ciężkość, napięcie, przyciemnienie obwódki brodawkowej (zabarwienie wokół brodawki). Gruczoły potowe wokół brodawki stają się wystające, wyglądają jak duże gęsie guzki; pojawia się sieć niebieskich żył występujących pod skórą, które dostarczają krew do rosnących piersi (chociaż u niektórych kobiet nie muszą się one pojawić).

**ODCZUCIA PSYCHICZNE:**

- niestabilność porównywalna do objawów przedmiesiączkowych, na którą mogą się składać drażliwość, zmiany nastroju, nieracjonalność, płaczliwość;

- niepokój, strach, radość, podniecenie – jedno lub wszystkie.

# CO MOŻE CIĘ NIEPOKOIĆ

## PRZEKAZANIE WIADOMOŚCI

*Kiedy powinnam powiedzieć przyjaciołom i rodzinie, że oczekujemy narodzin dziecka?*

Na to pytanie tylko w y znacie odpowiedź. Niektórzy przyszli rodzice wprost nie mogą się doczekać, by przekazać wszystkim dobrą wiadomość (nie wspominając o licznych nieznajomych, którzy akurat znaleźli się w pobliżu na ulicy czy siedzieli obok w autobusie). Inni natomiast na początku mówią tylko wybranym osobom, zaczynając od tych najbliższych i najdroższych (najbliższa rodzina i być może przyjaciele), po czym czekają, aż stan matki będzie już oczywisty, zanim rozpowszechnią wiadomość. Jeszcze inni decydują się zwlekać z obwieszczeniem, nim skończy się trzeci miesiąc, na wypadek poronienia (zwłaszcza jeśli wcześniej stracili dziecko).

Zatem przedyskutujcie temat i zróbcie tak, jak wam będzie najwygodniej. Pamiętaj tylko, żeby mieć czas przeżyć radość we dwoje.

## POINFORMOWANIE SZEFA

*Nikt w pracy jeszcze nie wie o tym, że jestem w ciąży, i nie jestem pewna, kiedy i jak powinnam o tym powiedzieć, zwłaszcza szefowi. Nie wiem, jak zareagują.*

Ponieważ większość kobiet w ciąży jednocześnie zasila szeregi pracowników, sprawy dotyczące tego stanu w pracy uważane są za ważne zarówno dla pracowników, jak i dla pracodawców. Oficjalne urlopy czy przywileje różnią się znacznie w zależności od zakładu pracy, podobnie jak nieoficjalne podejście rodziny i przyjaciół. Przy podejmowaniu decyzji o tym, w jaki sposób poruszyć temat ciąży przy zwierzchnikach, musisz wziąć pod uwagę następujące problemy:

**Jak się czujesz i czy już widać po tobie, że jesteś w ciąży.** Jeśli poranne nudności sprawiają, że więcej czasu spędzasz nad muszlą klozetową niż przy biurku; jeśli zmęczenie związane z pierwszym trymestrem utrudnia ci podniesienie głowy z poduszki; albo jeśli brzuch jest już za bardzo wypukły, by tłumaczyć się śniadaniem, prawdopodobnie nie zdołasz długo zachować tajemnicy. W takim wypadku rozsądniej jest powiedzieć wcześniej, niż czekać, aż szef (i wszyscy inni w biurze) sami to zauważą. Z drugiej strony jednak, jeżeli nadal czujesz się dobrze i bez problemu zapinasz pasy w samochodzie, możesz wstrzymać się nieco z obwieszczeniem.

**Jaką wykonujesz pracę.** Jeśli pracujesz w warunkach lub wśród substancji potencjalnie szkodliwych dla ciąży lub płodu (patrz s. 76), musisz powiadomić szefa – oraz poprosić o przeniesienie lub zmianę zakresu obowiązków – natychmiast po zorientowaniu się, że jesteś w odmiennym stanie.

**Jaką jesteś pracownicą.** Kobieta informująca pracodawcę, że jest w ciąży, może niepotrzebnie wywołać wiele obiekcji, takich jak „Czy będzie mogła pracować?", „Czy myślami będzie w pracy czy przy dziecku?" lub „Czy nie zostawi nas na lodzie?" Możesz rozwiać część z tych obaw, informując o swym stanie zaraz po ukończeniu raportu, podpisaniu korzystnej umowy, wygraniu sprawy, podsunięciu znakomitego pomysłu lub czegokolwiek innego, co udowodni, że możesz być zarówno kobietą w ciąży, jak i wartościowym pracownikiem.

**Czy planowane są podwyżki.** Jeśli obawiasz się, że informacja o tym, że jesteś w ciąży, może wpłynąć na wynik planowanych podwyżek płac, poczekaj na ich ogłoszenie, nim wychylisz się z wiadomością. Pamiętaj, że trudno ci będzie udowodnić, iż zostałaś pominięta przy awansie wyłącznie dlatego, że jesteś w odmiennym stanie (i wkrótce staniesz się pracownikiem oraz jednocześnie matką, niekoniecznie w takiej kolejności).

**Czy w twoim zakładzie pracy szumi od plotek.** Jeśli plotka to jeden z głównych produktów wytwarzanych przez twoją firmę, bądź szczególnie ostrożna. Gdyby szeptana wiadomość o twojej ciąży dotarła do szefa, zanim ty mu to powiesz, będziesz musiała stawić czoło rozmowom o sprawach związanych nie tylko z ciążą, ale i z zaufaniem. Dlatego też zrób wszystko, by twój przełożony dowiedział się pierwszy – albo przynajmniej, by na osobach, którym najpierw powiesz, można było polegać, że nie pisną ani słowa.

**Czy w pracy panują rodzinno-przyjacielskie stosunki.** Postaraj się określić, jakie jest nastawienie twojego szefa do ciąży i rodziny. Jeśli w pracy są kobiety, które były wcześniej w ciąży, wypytaj je o to – lecz bądź dyskretna w swych dociekaniach. Sprawdź w dokumentach, jaka jest polityka firmy względem kobiet w odmiennym stanie czy urlopów macierzyńskich (jeżeli w ogóle takowa istnieje). Możesz też zorganizować poufne spotkanie z osobą z działu personalnego. W firmie, która ma tradycję pomagania matkom: obecnym i przyszłym, warto wcześniej podać do wiadomości informację o ciąży. Tak czy inaczej, ty sama wiesz najlepiej, czemu będziesz musiała stawić czoło.

A kiedy już zdecydujesz się ogłosić wiadomość w miejscu pracy, zastanów się nad następującymi zagadnieniami:

**Poznaj swoje prawa.** Kobiety w ciąży – oraz ogólnie rodzice – mają mniej praw w Stanach Zjednoczonych niż w większości krajów uprzemysłowionych. Niemniej jednak poczyniono pewne kroki na poziomie prawa federalnego poprzez „Akt zakazujący dyskryminowania kobiet w ciąży" oraz „Akt dotyczący zwolnienia lekarskiego opiekuńczego", a wiele dodatkowych kroków uczyniły dobrowolnie firmy patrzące w przyszłość, o nastawieniu prorodzinnym. Wiedząc, co mówi prawo, oraz mając świadomość przywilejów wynikających z przepisów wewnętrznych firmy, będziesz wie-

# Wygoda i bezpieczeństwo w miejscu pracy

Nawet jeśli jeszcze nie masz dzieci w domu, praca w trakcie ciąży będzie od ciebie wymagała wyćwiczenia niełatwej sztuki łączenia obowiązków zawodowych i rodzinnych. Sztuka ta – zwłaszcza w pierwszym i ostatnim trymestrze, w których objawy ciąży bywają przygnębiające, a ciążowe rozkojarzenie utrudnia skupienie uwagi – może okazać się szczególnie wycieńczająca czy przytłaczająca. Innymi słowy, przygotuj się dobrze na nadchodzące lata, kiedy będziesz musiała być jednocześnie matką i pracownicą. Poniższe wskazówki nie ułatwią ci tej pracy na dwóch etatach jednocześnie, jednak mogą sprawić, że stanie się ona mniej wycieńczająca oraz bezpieczniejsza:

- Znajdź czas dla swojego żołądka. Jedz trzy posiłki dziennie (właśnie teraz powinnaś pamiętać o tym, co mama mówiła ci na temat znaczenia spożywania śniadania) plus przynajmniej dwie przekąski, niezależnie od tego, jak bardzo jesteś zajęta. Pomocne może się okazać planowanie spotkań przy posiłku – pamiętaj, byś mogła wybierać – oraz przechowywanie zapasów wartościowych przekąsek w biurku, torebce i lodówce, jeśli taka znajduje się w miejscu pracy.

- Uważaj na masę swego ciała. Nie pozwól, by stres w pracy – bądź jedzenie w pośpie-

chu – sprawiły, że będziesz za mało przybierać na wadze.

- Podchodź często do zbiornika z wodą – ale nie w celu wysłuchania najnowszych plotek, tylko aby uzupełnić swoją szklankę. Możesz też trzymać w biurku butelkę z wodą. Wypijanie około 2 litrów wody dziennie często zapobiega występowaniu uciążliwych objawów ciąży oraz infekcjom dróg moczowych, połączonym z przedwczesnym porodem.

- Nie powstrzymuj się z oddawaniem moczu. Opróżnianie pęcherza za każdym razem, gdy poczujesz taką potrzebę (ale nie rzadziej niż co dwie godziny), także zapobiega wystąpieniu infekcji dróg moczowych.

- Ubieraj się stosownie, ale jednocześnie wygodnie. Unikaj obcisłych, ograniczających ruchy ubrań, skarpet czy podkolanówek utrudniających krążenie oraz za wysokich bądź za niskich obcasów (najlepsze są szerokie, około 5 cm wysokości). Noś pończochy zaprojektowane specjalnie z myślą o ciężarnych, gdyż pomogą w zminimalizowaniu wielu objawów ciąży; będzie ci w nich znacznie wygodniej, jeśli dużą część dnia spędzasz na nogach.

---

działa, co możesz zrobić, a co nie. Na przykład niektóre zakłady pracy płacą za dni nieobecności, inne – nie. Jeszcze inne zezwalają na wykorzystanie w tym czasie zwolnienia lekarskiego i urlopu wypoczynkowego. Jeśli twoja firma posiada swój regulamin wewnętrzny, w nim powinnaś znaleźć potrzebne informacje. Albo umów się na spotkanie w cztery oczy z pracownikiem działu personalnego bądź inną osobą odpowiedzialną za przywileje pracownicze.

**Ułóż plan.** Wydajność zawsze wiąże się z dobrą pracą, a właściwe przygotowanie zawsze robi wrażenie na ludziach. Zatem nim ogłosisz wiadomość o ciąży, sporządź plan, który będzie zawierać informacje o tym, jak długo postanawiasz pozostać

w pracy (biorąc pod uwagę różne nieprzewidziane problemy medyczne, łącznie z przedwczesnym porodem); ile będzie trwać twój urlop macierzyński i/lub wychowawczy; jak zamierzasz dokończyć wszystkie sprawy, którymi się zajmujesz, nim odejdziesz; zaproponuj też, jak inni mogliby zająć się tym, czego ty nie zdołasz wykonać. Gdybyś chciała wrócić najpierw na pół etatu, teraz jest właściwy moment, by o tym powiedzieć. Spisz plan na kartce, wtedy na pewno o niczym nie zapomnisz.

**Wybierz właściwą chwilę.** Nie próbuj powiadamiać szefa, jadąc samochodem na spotkanie czy wtedy gdy on właśnie wychodzi z pracy w piątkowe popołudnie. Umów się na spotkanie, by nikt się nie spieszył

- Nie stój przez cały czas. A w każdym razie jak najmniej. Jeśli twoja praca wymaga długiego stania, staraj się robić sobie jak najdłuższe przerwy na siedzenie (z uniesionymi stopami) bądź spacer. Jeżeli to możliwe, trzymaj jedną stopę na niskim stołeczku, z nogą ugiętą w kolanie, aby nieco odciążyć plecy.

- Trzymaj stopy wyżej. Stołeczek lub pudełko umiejscowione pod biurkiem pomogą ci to robić w dyskretny sposób.

- Rób sobie przerwy. Jak najczęściej. Wstań, przejdź się parę kroków – jeśli głównie siedzisz; usiądź ze stopami w górze – jeśli często stoisz. Gdy masz przerwę, a w firmie znajduje się wolna sofa, połóż się na kilka minut na lewym boku. Zrób kilka ćwiczeń rozciągających, szczególnie pleców, nóg i szyi.

- Uważaj, czym oddychasz. Trzymaj się z dala od zadymionych pomieszczeń; dym nie tylko jest szkodliwy dla dziecka, ale pogłębia też uczucie zmęczenia. Unikaj trujących oparów i chemikaliów (patrz s. 75).

- Uważaj przy podnoszeniu przedmiotów. Za każdym razem, gdy coś podnosisz, rób to właściwie, nie obciążając pleców (patrz s. 206).

- Miej przy sobie szczoteczkę do zębów. Mycie zębów po każdym posiłku i przekąsce jest szczególnie ważne teraz, gdy jesteś w ciąży (patrz s. 177). Jeśli masz poranne nudności, bardzo się przyda coś do odświeżenia oddechu (oraz chroniącego zęby) między nawrotami wymiotów. Mycie zębów pomaga też nieco osuszyć usta przy nadmiernym wydzielaniu śliny (bardzo powszechnym w pierwszym trymestrze, a dość krępującym w pracy).

- Wprowadź kilka ulepszeń. Dwie najczęściej spotykane przypadłości związane z pracą biurową: zespół cieśni nadgarstka oraz bóle pleców są jeszcze powszechniejsze wśród pracownic w ciąży. Więcej na ten temat znajdziesz na stronach 206 i 238.

- Od czasu do czasu rozluźnij się. Nadmiar stresu nie jest dobry ani dla ciebie, ani dla dziecka. Staraj się więc robić sobie przerwy na jak najpełniejszy relaks: przynieś słuchawki, byś mogła posłuchać muzyki, zamknij oczy i pogrąż się w medytacji czy w marzeniach na jawie, zrób kilka ćwiczeń rozciągających albo udaj się na pięciominutowy spacer wokół budynku.

- Słuchaj głosu swego ciała. Jeśli czujesz się zmęczona, zwolnij tempo; gdy czujesz się wyczerpana, idź wcześniej do domu.

i nie zajmował czymś innym. Postaraj się wybrać dzień i godzinę, kiedy zwykle w twojej firmie jest mniej napięć. Przełóż spotkanie, gdyby sytuacja nagle uległa zmianie.

**Podkreśl pozytywne aspekty.** Nie zaczynaj od przeprosin czy obaw. Zamiast tego powiedz szefowi, że nie tylko cieszysz się, że będziesz miała dziecko, ale jesteś przekonana, iż zdołasz połączyć pracę i obowiązki rodzinne.

**Bądź elastyczna, ale miej zasady.** Uzbrojona w swój plan, przygotuj się do dyskusji oraz na kompromisy (upewnij się, że w planie jest miejsce na negocjacje), jednak nie wycofuj się z wszystkiego. Wytycz odpowiadające realiom postanowienia, których będziesz się trzymać.

**Miej to na piśmie.** Kiedy ustalicie już szczegóły dotyczące wszystkiego, co wiąże się z twoją ciążą i urlopem macierzyńskim, uzyskaj potwierdzenie na piśmie, by potem nie powstały zbędne nieporozumienia (typu „Nigdy nie mówiłem, że...").

**Doceń działanie wspólnymi siłami.** Jeśli twoja firma nie jest tak prorodzinna, jak byś chciała, zastanów się nad połączeniem sił w sprawie wystosowania petycji dotyczącej ustalenia pewnych przywilejów dla rodziców. Miej jednak na uwadze, że wraz z innymi rodzicami możesz spotkać się z wrogim nastawieniem ze strony bezdzietnych pracodawców; ponieważ coraz więcej jest praw dla osób posiadających rodzinę, u tych, którzy jej nie mają, narasta niechęć. Upewnienie się, że identyczne przywileje zostaną udzielone pracownikom zmuszonym do wzięcia wolnego na opiekę nad chorym współmałżonkiem czy rodzicami, pozwoli zjednoczyć ludzi w firmie, zamiast dzielić.

# ZMĘCZENIE

*Cały czas jestem zmęczona. Martwię się, że nie będę mogła pracować.*

To byłoby zadziwiające, gdybyś nie była zmęczona. W ciąży twój organizm pracuje intensywniej nawet wtedy, gdy odpoczywasz, i bardziej niż u nieciężarnej w czasie górskiej wspinaczki (nie zdajesz sobie sprawy z tego wysiłku, ale on jest faktem). Po pierwsze, jest to tworzenie systemu podtrzymującego życie twego dziecka – łożyska, którego rozwój nie zakończy się w pierwszym trymestrze ciąży. Po drugie, twoje samopoczucie wynika z przystosowywania się organizmu pod względem fizycznym i psychicznym do wymagań ciąży. Dlatego powinnaś oszczędzać energię, aż twoje ciało się dostosuje, a łożysko będzie w pełni wykształcone (około 4 miesiąca ciąży). Do tego czasu nie możesz pracować, jeśli rzeczywiście nie masz siły; ale jeśli ciąża przebiega normalnie, to absolutnie nie ma powodu, dla którego miałabyś przerywać swoje zajęcia (przyjmując, że lekarz nie sprzeciwia się twojej aktywności i/lub pracy, która nie jest męcząca ani wyczerpująca – patrz s.76).

Większość kobiet ciężarnych jest szczęśliwa i spokojniejsza, jeśli się czymś zajmuje. Ponieważ zmęczenie jest całkowicie uzasadnione, nie staraj się z nim walczyć. Uznaj je za sygnał płynący z twojego ciała, który oznacza, że potrzebujesz odpoczynku. Trudno to wykonać, ale warto spróbować.

**Traktuj siebie jak dziecko.** Jeśli po raz pierwszy oczekujesz dziecka, ciesz się, że masz szansę zadbać o siebie bez poczucia winy. Jeśli już masz jedno lub więcej dzieci, będziesz musiała jakoś wszystko pogodzić. Pamiętaj, że ciąża to nie czas, by starać się o status „supermamy".

Zapewnienie odpowiedniego odpoczynku jest ważniejsze niż utrzymanie czystości w domu czy gotowanie pracochłonnych obiadów. Postaraj się mieć wolne wieczory. Spędzaj je na czytaniu, oglądaniu telewizji i przeglądaniu książki z imionami. Jeśli masz już dzieci, to czytaj im bajki, graj z nimi w gry czy oglądaj razem z nimi dziecięce filmy, zamiast włóczyć się po placach zabaw. Jeżeli dzieci są na tyle duże, by mogły wyręczyć cię w obowiązkach, włącz je do wykonywania codziennych prac domowych. (Gdy w domu są dzieci, zmęczenie jest bardziej dokuczliwe, ponieważ jesteś obarczona większą liczbą zajęć i masz mniej czasu na odpoczynek. Z drugiej strony każdy myśli, że matka zajmująca się dziećmi jest przyzwyczajona do wyczerpania i nadmiaru zajęć i nie zwraca już na nie uwagi.)

Nie czekaj aż do zmroku, jeśli stać cię na luksus popołudniowej drzemki, i nie przejmuj się, że to może wyglądać na zbytnie pobłażanie sobie. Jeśli nie możesz spać, to chociaż poleż z dobrą książką. Drzemka w pracy nie jest rozsądnym postępowaniem, ale gdy nie masz napiętego planu pracy, to gdy tylko możesz, kładź stopy na biurko i relaksuj się. Drzemka w domu, gdy są dzieci, może być trudna, ale może i tobie uda się odpocząć w czasie ich popołudniowego snu (jeśli kładą się one w ciągu dnia), przyjmując, że potrafisz tolerować nie umyte naczynia i kurz na meblach.

**Pozwól innym traktować cię jak dziecko.** Upewnij się, że twój współmałżonek ma równy – a najlepiej większy – udział w obowiązkach domowych, łącznie z praniem i zakupami. Do pomocy mogą się włączyć także starsze dzieci. Zaakceptuj ofertę teściowej i pozwól jej sprzątnąć mieszkanie, kiedy przyjdzie z wizytą. Pozwól swoim rodzicom zabrać starsze dzieci do zoo w niedzielę, zwerbuj przyjaciółkę, by zajęła się dziećmi, abyś od czasu do czasu mogła się wybrać gdzieś wieczorem.

**Każdej nocy śpij o godzinę lub dwie dłużej.** Nie oglądaj już wiadomości telewizyjnych o 23⁰⁰ i połóż się wcześniej spać. Poproś męża, by zrobił ci śniadanie, i rano wstań później.

**Upewnij się, że twoja dieta jest właściwa.** Zmęczenie w pierwszym trymestrze ciąży jest często wzmożone przez niedobór żelaza, białka i kalorii. Nie zaszkodzi podwójna kontrola dla upewnienia się, czy jesz wszystko, co jest wymagane dla organizmu w ciąży. Gdy czujesz się zmęczona i słaba, nie próbuj rozruszać swego ciała kawą, mocną herbatą czy cukierkami. Energii nie starczy ci na długo, a po czasowym pobudzeniu cukier we krwi stanie się jeszcze bardziej wyczerpującym ciężarem.

**Kontroluj swoje otoczenie.** Nieodpowiednie oświetlenie, zanieczyszczone powietrze o złym obiegu („syndrom chorego budynku") lub nadmierny hałas w twoim domu czy w pracy mogą się przyczynić do wywołania zmęczenia. Bądź czujna na powyższe problemy i próbuj je korygować.

**Chodź na wycieczki** lub uprawiaj wolne biegi, spaceruj, chodź po zakupy i wykonuj rutynowe zajęcia ciężarnej. Zmęczenie może się wzmóc, jeśli będziesz zbyt dużo wypoczywać i zażywać za mało ruchu. Ale nie przesadzaj z zajęciami. Zastanów się, nim coś zrobisz, i najpierw prześledź środki ostrożności ze s. 187.

Chociaż zmęczenie prawdopodobnie ustąpi w czwartym miesiącu ciąży, to możesz się go znowu spodziewać w ostatnim trymestrze – czyżby to sama natura przygotowywała cię do długich bezsennych nocy, kiedy już będziesz miała dziecko w domu? Kiedy zmęczenie jest poważne, zwłaszcza

jeśli towarzyszą mu: omdlenia, bladość, duszność i/lub niemiarowość serca, powinnaś zawiadomić o tym lekarza (patrz *Niedokrwistość*, s. 184).

# PORANNE NUDNOŚCI

*Nigdy nie miałam porannych nudności. Czy w ogóle jestem w ciąży?*

Poranne nudności, podobnie jak zachcianki na ogórki w occie czy lody, są jednym z ciążowych truizmów, niekoniecznie prawdziwych. Badania pokazują, że tylko nieco więcej niż połowa kobiet w ciąży ma nudności i wymiotuje rano – co oznacza, iż niecała połowa ich nie doświadcza. Jeśli należysz do tej drugiej grupy, możesz się uważać za ciężarną szczęściarę.

*Poranne nudności trwają u mnie cały dzień. Obawiam się, że nie zdołam wyżywić mego dziecka.*

Na szczęście „poranne" dolegliwości (błędnie nazywane chorobą), występujące rano, w południe czy nocą, a nawet – jak w twoim przypadku – przez cały dzień, rzadko kolidują z prawidłowym odżywianiem tak, by szkodziły rozwijającemu się płodowi. Nawet te kobiety, które rzeczywiście chudną podczas pierwszych kilku tygodni z powodu trudności z zatrzymaniem pożywienia w organizmie, nie wyrządzają żadnej krzywdy swemu dziecku – jeśli tylko nadrobią zaległości żywieniowe w następnych miesiącach. U większości kobiet objawy te po trzecim miesiącu ciąży już nie występują – chociaż niektóre ciężarne odczuwają je aż do drugiego trymestru ciąży. Zdarza się też, szczególnie dotyczy to ciąży mnogiej, że nudności występują przez całe 9 miesięcy. Zasadnicza zaleta: te objawy, podobnie jak inne, są znakiem, że hormony dobrze wykonują swoją pracę.

Jakie są przyczyny tych porannych dolegliwości? Nikt nie jest tego pewien, lecz teorii nie brakuje. Wiadomo, że ośrodek wymiotny zlokalizowany jest w pniu mózgu. Można sądzić, że istnieją dziesiątki czynników stymulowanych przez ten ośrodek podczas ciąży, między innymi wysoki poziom hormonu ciążowego hCG we krwi w pierwszym trymestrze ciąży, wyższy poziom estrogenu, rozciąganie mięśniówki macicy, relatywne rozluźnienie mięśniówki przewodu pokarmowego (co powoduje pogorszenie trawienia), nadmiar kwasu żołądkowego oraz wyostrzony zmysł powonienia, charakterystyczny dla ciężarnych kobiet. Nie wszystkie kobiety w ciąży mają poranne nudności. U tych, które je mają, nie zawsze dolegliwości występują z tym samym natężeniem. Niektóre przeżywają kilka chwil słabości, inne stale czują się źle, lecz nigdy nie wymiotują, innym wreszcie zdarza się parę razy dziennie wymiotować. Prawdopodobnie jest kilka przyczyn takiego zróżnicowania:

**Poziom hormonów**. Poziom wyższy niż normalnie (gdy kobieta nosi ciążę mnogą) wzmaga poranne nudności, niższy poziom może je zminimalizować lub wyeliminować.

**Reakcja ośrodka w mózgu odpowiedzialnego za nudności i wymioty na hormony wydzielane w czasie ciąży i inne czynniki.** Ta reakcja może pojawić się u kobiety, która cierpi na typowe w czasie ciąży poranne nudności lub nie i to bez względu na ich poziom. Kobieta, u której ośrodek wymiotny jest szczególnie wrażliwy (na przykład ma chorobę lokomocyjną i morską), z wielkim prawdopodobieństwem będzie odczuwała silniejsze nudności i wystąpią u niej wymioty.

**Stres.** Doskonale wiadomo, że stres różnego pochodzenia może powodować rozstrój żołądkowo-jelitowy, nic dziwnego zatem, że objawy mogą się nasilać w chwilach stresu.

**Zmęczenie**. Fizyczne i psychiczne zmęczenie także może nasilać poranne nudności (i odwrotnie – poranne nudności mogą wzmóc zmęczenie).

Fakt, że ranne dolegliwości są charakterystyczne i bardziej poważne w pierwszych ciążach, podtrzymuje koncepcję, że mają w tym swój udział zarówno czynniki fizyczne, jak i psychiczne. Pod względem fizycznym organizm kobiety, która po raz pierwszy jest w ciąży, nie jest przygotowany na napór hormonów i innych czynników, z którymi przedtem nie miał do czynienia.

Pod względem emocjonalnym ciąża w pierwszych dniach prawdopodobnie budzi niepokój, chyba że kobiety nie mają czasu na obawy dzięki zajmowaniu się starszymi dziećmi. (Są też kobiety, które mają znacznie silniejsze nudności w następnych ciążach niż w pierwszej.) Bez względu na przyczynę poranne nudności nie są przyjemne dla kobiety, która je odczuwa. Potrzebuje ona wszelkiego wsparcia, jakie mogą jej zaoferować bliscy, rodzina i lekarz.

Niestety, jak dotąd czas jest jedynym lekarstwem na poranne nudności. Istnieje jednak kilka sposobów na złagodzenie ich objawów i zminimalizowanie wpływu na przebieg ciąży.

• Stosuj dietę bogatą w białko i węglowodany – zwalczają one nudności. Ogólnie dobre odżywianie jest pomocne, zatem jedz najlepiej, jak to możliwe w istniejących okolicznościach.

• Pij dużo płynów – zwłaszcza jeśli tracisz je z powodu wymiotów. Jeśli częściej zwracasz płyny niż stały pokarm, po prostu pij więcej. Skoncentruj się na sokach owocowych lub warzywnych, zupach, rosołach. Jeśli płyny przyprawiają cię o mdłości, jedz stałe pokarmy, zawierające dużą ilość wody, jak: świeże owoce i warzywa – szczególnie sałatę, melony i owoce cytrusowe. Niektóre kobiety twierdzą, że picie i jedzenie naraz powoduje obciążenie przewodu pokarmowego. Jeśli i ty jesteś tego samego zdania, spróbuj pić między posiłkami.

- Pobieraj preparaty uzupełniające dla kobiet w ciąży (patrz s. 120) jako wyrównanie środków odżywczych, których możesz mieć niedobór. Zażywaj je o tej porze dnia, kiedy prawdopodobnie nie zwrócisz ich – najlepiej z wieczorną przekąską. Twój lekarz może ci zalecić 50 mg witaminy $B_6$, która podobno pomaga w leczeniu mdłości u niektórych kobiet. Nie bierz żadnych leków (tradycyjnych ani ziołowych) przeciwko porannym mdłościom, chyba że zaleci je lekarz. Chociaż niektóre lekarstwa mogą pomóc, recepta na nie zostanie prawdopodobnie wystawiona wyłącznie, gdy dolegliwości są naprawdę poważne.

- Unikaj widoku, zapachu i smaku jedzenia, które wywołuje u ciebie mdłości lub wymioty. Unikaj całkowicie zapachów jedzenia, jeśli powodują one nudności – co się często zdarza ciężarnym kobietom z powodu wyostrzonego zmysłu powonienia. Nie bądź męczennicą i nie smaż mężowi kiełbaski z jajkami, gdy z powodu ich zapachu musisz biec do łazienki. Jeżeli nieprzyjemna woń z mieszkania sąsiadów staje się nie do zniesienia, uszczelnij szparę pod drzwiami ręcznikami; pomocne może być też włączenie wiatraczków przy oknach. Nie zmuszaj się do jedzenia potraw, których widok nie sprawia ci przyjemności, a co gorsza, przyprawia cię o mdłości. Pozwól oczom, nosowi i językowi, aby były twoim przewodnikiem w planowaniu posiłków. Wybierz tylko te słodkie rzeczy, które tolerujesz (witaminę A i białko otrzymasz np. z brzoskwini i białego sera). Albo jadaj wyłącznie pikantne potrawy, jeśli przyczyniają się one do zmniejszenia dolegliwości żołądkowych. Na śniadanie zjedz np. przypieczoną na ruszcie kanapkę z serem i pomidorem zamiast płatków i soku pomarańczowego.

- Unikaj dymu tytoniowego, który wzmaga poranne nudności.

- Jedz wcześnie i często – zanim poczujesz głód. Kiedy żołądek jest pusty, kwas żołądkowy nie ma co trawić oprócz wyściółki żołądka. To również może powodować mdłości. Niski poziom cukru we krwi spowodowany jest długimi przerwami między posiłkami. Lepiej spożywać sześć małych posiłków dziennie aniżeli trzy duże. Dostarczaj twemu organizmowi odżywczych przekąsek (suszone owoce, krakersy zbożowe, precle).

- Jedz w łóżku – z tych samych powodów powinnaś jeść często: żeby uniknąć pustego żołądka i aby utrzymać prawidłowy poziom cukru we krwi. Przed snem zjedz przekąskę bogatą w białko i węglowodany, np. szklankę mleka i otręby pszenne. Rano, 20 minut przed planowanym wstaniem z łóżka, zjedz przekąskę zawierającą węglowodany: kilka krakersów, herbatników ryżowych, płatków śniadaniowych na sucho lub garść rodzynek. Trzymaj je w pobliżu łóżka, bo gdy się obudzisz głodna w środku nocy, będą ci potrzebne. Gdy dana przekąska węglowodanowa (na przykład krakersy) zacznie ci się kojarzyć z mdłościami, przerzuć się na inną.

- Dobrze sypiaj i odprężaj się. Zarówno emocjonalne, jak i fizyczne wyczerpanie może zaostrzyć poranne dolegliwości.

- Ranek witaj w wolnym tempie – pośpiech zwiększa nudności. Nie wyskakuj z łóżka. Zamiast tego poleż, jedząc przekąskę przez 20 minut, potem wstań wolno do śniadania. To może się wydawać niemożliwe, jeśli masz dzieci, ale spróbuj obudzić się przed nimi, by mieć dla siebie tę spokojną chwilę, zanim twój mąż lub dzieci będą cię potrzebować.

- Myj zęby pastą, która nie powoduje mdłości, lub płucz jamę ustną po każdych wymiotach, tak jak po każdym posiłku. (Poproś dentystę, by polecił ci dobry preparat do płukania.) Nie tylko pomaga to utrzymać świeżość w jamie ustnej i redukuje mdłości, ale zmniejsza ryzyko uszkodzenia zębów i dziąseł, które występuje wtedy, gdy na resztkach pokarmowych pozostałych w jamie ustnej po wymiotach zaczynają się rozwijać bakterie.

- Zredukuj stres do minimum. Poranne mdłości występują u kobiet, które żyją w dużym stresie, zarówno w pracy, jak i w domu (patrz s. 125 – o walce ze stresem).

- Spróbuj zakładać „morskie bransolety". Elastyczne taśmy szerokości jednego cala założone na obu nadgarstkach w punktach znanych akupresurze podnoszą ciśnienie wewnątrz nadgarstka i często likwidują mdłości. Nie powodują one ubocznych skutków i są osiągalne w aptekach oraz w sklepach ze zdrową żywnością. Być może lekarz zaleci bardziej zaawansowane formy akupresury, takie jak opaski na nadgarstki na baterie, działające na zasadzie stymulacji elektronicznej itp.

- Wypróbuj sposoby medycyny alternatywnej (patrz s. 244), między innymi akupunkturę, akupresurę, biofeedback czy hipnozę, które często okazują się pomocne przy zmniejszaniu mdłości. Niektórym kobietom pomagają techniki medytacji lub wizualizacji.

U 7 na 2 tysiące ciężarnych nudności i wymioty są tak poważne, że wymagają leczenia. Jeśli jest tak i w twoim wypadku, to zapoznaj się z materiałem na s. 512.

## NADMIERNE WYDZIELANIE ŚLINY

*Moje usta przez cały czas są wypełnione śliną. Połykanie jej przyprawia mnie o mdłości. Co się dzieje?*

Nadmierne wydzielanie śliny jest jeszcze jednym objawem ciążowym. Jest on nieprzyjemny, ale nieszkodliwy oraz najczęściej krótkotrwały, gdyż zwykle zanika po pierwszych kilku miesiącach. Jest on charakterystyczny u kobiet, które cierpią na poranne mdłości, i wygląda na to, że stanowi ich przyczynę. Nie ma żadnego pewnego leku, ale częste mycie zębów miętową pastą do zębów, płukanie miętową wodą lub żucie gumy bez cukru mogą pomóc.

## CZĘSTE ODDAWANIE MOCZU

*Biegam do łazienki co pół godziny. Czy to normalne, żeby oddawać mocz tak często?*

Z największą częstotliwością – chociaż nie jest to reguła – kobiety ciężarne odwiedzają toaletę w pierwszym i ostatnim trymestrze ciąży. Jednym z czynników powodujących wzrost częstotliwości oddawania moczu jest zwiększona objętość płynu w organizmie oraz doskonalsza sprawność nerek, które szybciej pozbywają się szkodliwych produktów przemiany materii. Innym z nich jest ucisk powiększającej się macicy, która znajduje się w miednicy w sąsiedztwie pęcherza moczowego. Ucisk na pęcherz zmniejsza się około czwartego miesiąca ciąży, gdy macica rośnie do środka jamy brzusznej, i na ogół nie występuje aż do trzeciego trymestru, kiedy dziecko „zejdzie" z powrotem w dół do miednicy w dziewiątym miesiącu ciąży. Ponieważ ułożenie narządów wewnętrznych u każdej kobiety zmienia się nieznacznie, częstotliwość oddawania moczu w ciąży również może się zmieniać. Część kobiet ledwie go odnotowuje, podczas gdy innym dokucza przez większą część dziewięciu miesięcy.

Pochylenie się do przodu, kiedy oddajesz mocz, pomoże ci zapewne opróżnić całkowicie pęcherz moczowy oraz zredukować „wycieczki" do łazienki. Jeśli często wstajesz w nocy, spróbuj ograniczyć – lecz nie wyeliminować – picie płynów w godzinach poprzedzających położenie się do łóżka. Jednak podczas pozostałej części dnia nie ograniczaj przyjmowania ich.

***Dlaczego nie oddaję moczu częściej niż przed ciążą?***

**B**rak wyraźnie zwiększonej częstotliwości oddawania moczu może być u ciebie czymś całkowicie normalnym, szczególnie jeżeli zwykle często chodzisz do łazienki. Niemniej musisz mieć pewność, że przyjmujesz dostatecznie dużo płynów (przynajmniej 8 szklanek dziennie). Przyjmowanie zbyt małej ilości płynów może się stać przyczyną nie tylko rzadkiego oddawania moczu, lecz także prowadzić do infekcji dróg moczowych.

## ZMIANY W OBRĘBIE GRUCZOŁÓW PIERSIOWYCH

***Z trudem rozpoznaję moje piersi – są ogromne. Są również wrażliwe. Czy po urodzeniu dziecka takie pozostaną, czy wrócą do dawnego kształtu?***

**P**rzywyknij teraz do niespodzianek ze strony piersi. Chociaż ich kształt i wygląd mogą nie być zgodne z modą, to są one jednym ze znamion ciąży. Twoje piersi są obrzmiałe i wrażliwe z powodu wzrostu ilości estrogenu i progesteronu produkowanych przez twój organizm (ten sam mechanizm działa przed miesiączką, kiedy kobiety doświadczają zmiany gruczołów piersiowych – ale w ciąży zmiany są bardziej uwydatnione). Zmiany te nie występują przypadkowo, na ślepo. Są one celowe: mają przygotować twoje piersi do karmienia dziecka, gdy przyjdzie ono na świat.

Oprócz wyżej wymienionych na pewno sama zauważyłaś jeszcze inne zmiany w gruczołach piersiowych. Obwódka (barwniko-wa powierzchnia wokół brodawki) staje się ciemniejsza, większa i może mieć cętki na ciemnej powierzchni. To ściemnienie trochę zblednie, ale nie zniknie całkowicie po porodzie. Możesz też zauważyć małe grudki na obwódce, czyli gruczoły łojowe (potowe), które są bardziej widoczne podczas ciąży, a wracają później do normy. Cała siatka żył, która przecina gruczoł sutkowy – wyraźnie widoczna na jaśniejszej skórze – obrazuje drogę dostarczania pokarmu w systemie matka-dziecko. To zjawisko nie trwa długo, po porodzie – lub, jeśli karmisz piersią, po pewnym czasie po odstawieniu dziecka od piersi – wygląd skóry wraca do normy.

Na szczęście nie będziesz się musiała przyzwyczajać do niezwykłej tkliwości i wrażliwości piersi, które występują na początku ciąży. Choć w miarę rozwoju ciąży piersi będą rosnąć – mogą się powiększyć nawet o trzy numery miseczki biustonosza – raczej nie będą już tak wrażliwe na dotyk, gdy minie trzeci lub czwarty miesiąc. To, czy piersi po porodzie staną się obwisłe, w części zależy od ciebie. Rozciąganie i opadanie tkanki, z której są zbudowane, nie jest wynikiem samej ciąży, lecz nienoszeniem odpowiedniego biustonosza (choć tendencja do obwisania może być uwarunkowana genetycznie). Niezależnie od tego, jak jędrne są obecnie twoje piersi, chroń je na przyszłość, nosząc dobry biustonosz podtrzymujący. Jeśli masz biust szczególnie duży lub o skłonnościach do opadania, nie od rzeczy będzie noszenie biustonosza także w nocy. Najprawdopodobniej najwygodniejszy do snu okaże się rozciągliwy, bawełniany stanik sportowy.

Skontaktuj się z lekarzem, jeśli piersi powiększyły ci się na początku ciąży, po czym nagle zmniejszyły się (zwłaszcza gdyby bez powodu zanikły też inne objawy ciąży).

***W pierwszej ciąży moje piersi bardzo się powiększyły, ale teraz, w drugiej ciąży, wcale się nie zmieniły. Czy to coś złego?***

Kobiety o małym biuście, oczekujące, że w ciąży kształty im się zaokrąglą, są niekiedy rozczarowane, przynajmniej przez jakiś czas. Niektóre doznania, takie jak znaczne powiększenie piersi, występujące w pierwszej ciąży, nie ujawniają się silnie w czasie następnych ciąż, być może dlatego, że gruczoły piersiowe dzięki poprzedniemu doświadczeniu nie potrzebują już dużego przygotowania i reagują mniej dramatycznie na hormony ciążowe. U tych kobiet piersi mogą się stopniowo powiększać w czasie ciąży lub mogą utrzymać swoją wielkość do czasu porodu, kiedy zacznie się produkcja mleka.

## PREPARATY UZUPEŁNIAJĄCE

### Czy muszę brać witaminy?

W istocie żadna kobieta nie odżywia się idealnie każdego dnia, zwłaszcza we wczesnej ciąży, kiedy zdarzają się dolegliwości poranne i brak apetytu, lub gdy ta niewielka ilość substancji odżywczych, które udaje jej się przełknąć, nie zostaje w żołądku na długo. Chociaż codzienne przyjmowanie preparatów uzupełniających nie zastąpi właściwej diety ciążowej, może jednak zapewnić, iż twoje dziecko nie ucierpi, gdy nie uda ci się osiągnąć planowanych celów związanych z odżywianiem. Są też i inne ważne powody, dla których warto zażywać witaminy. Po pierwsze, z badań wynika, iż u dzieci kobiet przyjmujących preparat witaminowy zawierający kwas foliowy w pierwszych miesiącach (a nawet jeszcze przed poczęciem) znacznie rzadziej zdarzały się przypadki wady cewy nerwowej (takie jak rozszczep kręgosłupa tylny) i prawdopodobnie innych wad wrodzonych. Po drugie, co najmniej jedno badanie wykazało, iż przyjmowanie preparatu zawierającego przynajmniej 10 mg witaminy $B_6$ przed ciążą i we wczesnym jej okresie zminimalizowało poranne nudności.

Dobre preparaty stworzone specjalnie dla kobiet w ciąży dostępne są na receptę i bez recepty (na s. 93 przeczytasz o tym, co powinien zawierać dobry preparat). Nie bierz żadnych innych preparatów ze składnikami odżywczymi niż te ciążowe bez zgody lekarza.

U niektórych kobiet przyjmowanie preparatu uzupełniającego wzmaga mdłości, zwłaszcza na początku ciąży. Pomóc tutaj może zmiana preparatu lub zażywanie tabletki podczas jedzenia (chyba że wymiotujesz zaraz po posiłku). Lepiej tolerowane, a także łatwiejsze w przełknięciu bywają tabletki powlekane. Gdyby jednak nawet one były dla ciebie nie do przyjęcia, zastanów się nad preparatem do żucia. Upewnij się jednak, czy wybrany przez ciebie środek spełnia w przybliżeniu takie same wymogi jak te przygotowane z myślą o kobietach w ciąży. Jeśli preparat został ci przepisany przez lekarza, zwróć się do niego, żeby polecił ci inny.

W niektórych przypadkach żelazo zawarte w lekach może powodować zaparcia lub biegunkę. Także w tym przypadku pomóc może zmiana preparatu. Spożywanie preparatów nie zawierających żelaza (lekarz zapisze takie, które rozkładają się w jelicie, a nie we wrażliwym żołądku) może również zmniejszyć dolegliwości i objawy. Zapytaj swego lekarza o radę.

### Jem płatki śniadaniowe w dużych ilościach oraz pieczywo wzbogacone. Jeśli będę też brać preparat uzupełniający, to czy nie będzie już za dużo witamin i składników mineralnych?

Można przesadzić z dobrymi rzeczami, ale niekoniecznie w taki sposób. Przyjmowanie preparatu uzupełniającego dla kobiet w ciąży połączone z przeciętną dietą zawierającą dużo wzbogaconych produktów raczej nie doprowadzi do przedawkowania witamin i składników mineralnych. Żeby przyjąć za dużo substancji odżywczych, musiałabyś brać jeszcze inne preparaty witaminowe – a tego kobieta przy nadziei nigdy nie powinna robić, chyba że tak jej poleci lekarz świadomy jej stanu. Dobrze jednak wiedzieć, które produkty są wzbogacone większą niż zalecana ilością witamin A, D, E i K, ponieważ w dużych dawkach mogą one być trujące. Większość pozostałych witamin i substancji mineralnych jest rozpuszczalna w wodzie, co oznacza, że ich nadmiar, nie spożytkowany przez organizm, jest po prostu wydalany z moczem. A przy okazji, to właśnie z tego powodu mówi się, że zwariowani na punkcie preparatów odżywczych Amerykanie mają najdroższy mocz na świecie.

## UCISK W DOLNEJ CZĘŚCI BRZUCHA

*Mam męczące uczucie ucisku w dolnej części brzucha. Czy powinnam się martwić poronieniem lub ciążą ektopową?*

Wygląda na to, że jesteś bardzo wrażliwa na sygnały dawane przez ciało – co bywa bardzo dobre (na przykład pomaga oznaczyć moment owulacji) – albo niezbyt dobre (gdy martwisz się wieloma niewinnymi dolegliwościami czy bólami ciążowymi). Nie martw się. Uczucie ucisku (jeśli nie towarzyszy mu ból, krwawienie czy inne podobne objawy) nie jest sygnałem poronienia czy ciąży ektopowej, a zdarza się często, zwłaszcza w pierwszej ciąży. Prawdopodobnie to czuły radar, jakim jest twoje ciało, wychwytuje część z wielu zmian zachodzących w dolnej części jamy brzusznej, czyli tam, gdzie obecnie znajduje się macica. To, co czujesz, może się wiązać z implantacją, zwiększonym przepływem krwi, tworzeniem się wyściółki macicy lub po prostu faktem, że twoja macica zaczyna się powiększać.

Dla własnego spokoju spytaj o to uczucie lekarza (jeśli nadal będzie ci ono towarzyszyć) podczas kolejnej wizyty w gabinecie.

## PORONIENIE

*Na podstawie tego, co czytam i co mówi mi moja mama, obawiam się, że mogłam, mogę i będę mogła przyczynić się do wystąpienia poronienia.*

Wielu oczekującym matkom obawa przed poronieniem zatruwa radość w pierwszym trymestrze ciąży. Niektóre kobiety wstrzymują się nawet z rozgłaszaniem szczęśliwej wiadomości, że będą miały dziecko, aż do czwartego miesiąca ciąży, kiedy już istnieje duże prawdopodobieństwo utrzymania jej. Wiele jeszcze musimy się dowiedzieć na temat przyczyn wczesnego poronienia, jednak kilka czynników uważa się za nie związane z tym problemem. Wśród nich są następujące:

• Kłopoty po wkładce wewnątrzmacicznej. Uszkodzenie endometrium lub infekcja spowodowane założoną wkładką (IUD) mogą uniemożliwić zagnieżdżenie w macicy, ale nie powinny powodować poronienia, gdy już dokonała się prawidłowa implantacja.

• Poronienia sztuczne[1]. Okaleczenie endometrium w wyniku wielokrotnych poronień może utrudniać implantację, ale nie powinno być poza tym odpowiedzialne za wczesne poronienie.

• Krótkotrwały niepokój emocjonalny – wynikający z kłótni albo krótkotrwałego stresu w miejscu pracy bądź w domu.

---

[1] Choć kilkakrotne przerwania ciąży czy inne zabiegi wymagające rozszerzenia szyjki macicy nie stanowią bezpośredniego powodu wczesnego poronienia, mogą one w rezultacie spowodować niewydolność cieśniowo-szyjkową, częstą przyczynę poronienia w późniejszym okresie ciąży (patrz s. 35).

- Upadek lub inne lekkie przypadkowe uszkodzenie ciała. Ale poważne obrażenia mogą w konsekwencji spowodować poronienie. Tak więc powinnaś zawsze przestrzegać zasad bezpieczeństwa – na przykład zapinaj pasy bezpieczeństwa w samochodzie, nie wchodź na chwiejące się drabiny.

- Zwykła i zazwyczaj wykonywana praca fizyczna: praca domowa, dźwiganie dzieci, zakupów czy innych ciężkich przedmiotów (patrz s. 212), wieszanie firanek, przesuwanie mebli i umiarkowane, bezpieczne ćwiczenia[1].

- Stosunek płciowy – chyba że kobieta w swym wywiadzie ma przebyte poronienia lub istnieje duże ryzyko utraty ciąży.

Te poszczególne czynniki jednak mogą w pewien sposób zwiększyć ryzyko poronienia. Niektóre z nich (złe odżywianie, palenie papierosów, niewydolność hormonalna lub brak równowagi hormonalnej, bakteryjne zakażenie pochwy, chlamydioza i inne choroby przenoszone drogą płciową oraz niektóre choroby przewlekłe u matki, w tym toczeń, wrodzona choroba serca, ciężka choroba nerek, cukrzyca, choroby tarczycy), kiedy już zostaną rozpoznane, zwykle mogą być wyeliminowane lub przynajmniej kontrolowane. Tymczasem innych (zakażenie różyczką czy inną chorobą niebezpieczną dla płodu; narażenie na działanie dużej dawki promieniowania czy leków szkodliwych dla płodu; wysoka gorączka czy założona wkładka domaciczna w chwili zapłodnienia) niełatwo uniknąć, lecz ponieważ zwykle są wydarzeniami jednorazowymi, raczej nie powtórzą się w następnej ciąży. Kilka czynników, które mogą wywołać poronienie (takie jak nieprawidłowa budowa macicy, duży włókniak macicy i pewne cho-

roby przewlekłe u matki) trudno wyeliminować, lecz często można sobie z nimi poradzić poprzez zabiegi chirurgiczne czy inne procedury medyczne.

Rzadko przyczyną powtarzających się poronień jest to, że w odpornych na zakażenia komórkach matki atakują komórki zarodka. W takich przypadkach pomocna może być immunoterapia.

**Kiedy nie należy się denerwować.** Ważne, by wiedzieć, iż niekoniecznie każdy skurcz, ból czy niewielkie plamienie stanowią jednoznaczne sygnały zbliżającego się poronienia. Niemal w każdej normalnej ciąży, na którymś etapie jej trwania, zdarzają się te, zwykle niegroźne, objawy. I choć powinnaś zgłosić je swemu lekarzowi podczas najbliższej wizyty (lub nawet wcześniej, jeśli potrzebne ci zapewnienie ze strony specjalisty), poniższe objawy nie stanowią powodów do obaw:

- Delikatne skurcze, bolesność lub uczucie ciągnięcia jednej strony lub w obrębie całego brzucha. Jest to spowodowane rozciąganiem więzadeł powiększającej się macicy. Dopóki skurcze nie są ostre i stałe lub nie towarzyszy im krwawienie, to nie ma powodu do zmartwienia.

- Plamienie w czasie przypadającej miesiączki, 7 do 10 dni po poczęciu, kiedy maleńka grupa komórek przytwierdzona do ściany macicy zacznie rozwijać się w twoje dziecko. Lekkie krwawienie w tym czasie jest charakterystyczne i nie oznacza problemów z ciążą – tak długo, jak nie towarzyszy mu ból podbrzusza.

- Lekkie plamienie o różowym zabarwieniu po stosunku. W miarę rozwoju ciąży szyjka macicy staje się bardziej wrażliwa i nabrzmiała od naczyń krwionośnych. Niekiedy podczas stosunku dochodzi do jej podrażnienia, w wyniku czego pojawia się lekkie krwawienie. Zdarza się ono dość często i zwykle nie oznacza zagrożenia, chyba że znacznie się nasila albo towarzyszą mu skurcze. Powiedz swemu

---

[1] W przypadku ciąży wysokiego ryzyka lekarz może zalecić ograniczenie tych zajęć lub wręcz leżenie w łóżku. Jednak ograniczaj aktywność fizyczną jedynie na polecenie lekarza.

## Prawdopodobne oznaki poronienia

**Kiedy natychmiast dzwonić do lekarza?**

- Kiedy stwierdzisz krwawienie ze skurczami lub bólem w podbrzuszu (ból po jednej stronie we wczesnej ciąży może nasuwać podejrzenie ciąży ektopowej i uzasadnia skontaktowanie się z lekarzem).

- Kiedy ból jest intensywny i utrzymuje się dłużej niż jeden dzień, nawet jeśli nie towarzyszy mu plamienie czy krwawienie.

- Kiedy krwawienie jest obfite tak jak miesiączka lub lekkie plamienie utrzymuje się przez więcej niż 3 dni.

- Kiedy w twoim wywiadzie jest poronienie, a masz krwawienie lub plamienie ze skurczami.

**Kiedy natychmiast kontaktować się ze szpitalem?**

- Kiedy krwawienie jest tak obfite, że zużywasz kilka podpasek w ciągu godziny, lub gdy ból jest nie do zniesienia.

- Kiedy zauważysz skrzepy krwi lub zaróżowioną wydzielinę – co może oznaczać już rozpoczęte poronienie. Kiedy nie możesz skontaktować się ze swoim lekarzem, idź natychmiast do najbliższego punktu medycznego. Lekarz być może zechce, byś zabezpieczyła materiał, który wydaliłaś (w słoiku, plastikowej torebce lub innym opakowaniu), aby móc stwierdzić, czy to poronienie zagrażające, czy zupełne, czy niezupełne, i w razie wątpliwości nakazać wyłyżeczkowanie.

lekarzowi o wszelkich plamieniach występujących po stosunku.

**Jeśli podejrzewasz poronienie.** Jeśli masz któreś z objawów podanych w tabeli (powyżej), skontaktuj się ze swoim lekarzem, a jeśli jest on nieosiągalny, zgłoś się natychmiast do punktu opieki medycznej. Podczas oczekiwania na pomoc połóż się, jeśli są na to warunki, lub odpoczywaj w fotelu z nogami uniesionymi do góry. To nie zapobiega poronieniu, jeśli ma do niego dojść, ale powinno pomóc ci się odprężyć. Musisz zrozumieć, że większość kobiet, która miała krwawienia we wczesnej ciąży, donosiła ciążę i urodziła w terminie zdrowe dziecko.

Jeśli poronienie jest spodziewane lub zdiagnozowane, patrz s. 490.

*Tak naprawdę nie czuję, że jestem w ciąży. Czy mogłabym poronić, nie wiedząc o tym?*

Na tak wczesnym etapie trudno czuć się ciężarną, nawet jeśli występują u ciebie wczesne objawy ciąży, takie jak poranne nudności czy zmęczenie – a już zwłaszcza, jeśli ich nie masz. Prawdopodobnie przez jakiś czas ciąża pozostanie pojęciem abstrakcyjnym, przynajmniej do czasu, aż pojawią się jakieś namacalne jej dowody, na przykład zaokrąglony brzuch czy bicie serca dziecka. Strach przed poronieniem, którego można nie zauważyć, choć powszechny, jest prawie bezzasadny. Kiedy ciąża już się rozwija, trudno przeoczyć oznaki poronienia. „Brak odczuwania ciąży" nie stanowi jeszcze w tym okresie powodu do zmartwienia. Aby jednak mieć całkowitą pewność, podziel się swymi obawami z lekarzem podczas następnej wizyty.

## STAN TWOJEGO DZIECKA

*Jestem bardzo nerwowa, ponieważ nie czuję naprawdę mojego dziecka. Mogłabym nie wiedzieć, że nie żyje?*

W tym stadium nie można zauważyć powiększenia brzucha lub wyraźnej aktywności płodu. Trudno sobie wyobrazić, że dziecko rzeczywiście żyje i rośnie. Ale śmierć płodu czy zarodka bez jego wydalenia z macicy w czasie poronienia występuje bardzo rzadko. Kiedy tak się zdarza, kobieta w końcu traci wszystkie oznaki ciąży. Gruczoły piersiowe przestają być tkliwe i nie powiększają się, pojawiają się brązowawe upławy, chociaż nie ma krwawienia. Na podstawie badania lekarz stwierdzi, że macica zmniejszyła się.

Jeżeli w pewnym momencie znikną u ciebie wszystkie objawy ciąży lub gdy będziesz miała odczucie, że macica się nie powiększa, powiadom lekarza. Będzie to pozytywniejsze podejście do sprawy niż siedzenie i zamartwianie się.

## CIĄŻA EKTOPOWA

*Od czasu do czasu czuję ściskanie. Czy to mogłaby być ciąża ektopowa?*

Ciąże ektopowe – czyli pozamaciczne, zwykle umiejscowione w jajowodzie[1] – zdarzają się bardzo rzadko. Wiele z nich rozpoznaje się, zanim kobieta się zorientuje, że jest w ciąży. Zatem skoro lekarz potwierdził ciążę na podstawie wyniku badania krwi oraz badania lekarskiego, możesz raczej skreślić ciążę ektopową z listy spraw, o które mogłabyś się martwić.

Istnieje kilka czynników sprawiających, że kobieta staje się bardziej podatna na ciążę pozamaciczną:

• poprzednia ciąża ektopowa;

• przebyte stany zapalne w miednicy mniejszej wywołane chorobą przenoszoną drogą płciową;

• przebyte operacje brzuszne lub jajowodowe z pooperacyjnym bliznowaceniem;

• podwiązanie jajowodów (sterylizacja chirurgiczna), niepomyślne podwiązanie ja-

jowodów lub zabieg ponownego udrożnienia podwiązanych jajowodów;

• IUD – wkładka wewnątrzmaciczna (IUD zapobiega implantacji zapłodnionego jajeczka w macicy, a nie poza nią, stąd wzrost ryzyka ciąży ektopowej w przypadku jej stosowania)[2];

• p r a w d o p o d o b n i e, choć dowody nie są jednoznaczne, wielokrotne usuwanie ciąży;

• p r a w d o p o d o b n i e narażenie matki na działanie dietylostilbestrolu (DES), który może doprowadzić do znacznych zaburzeń w układzie rozrodczym.

Choć ciąża ektopowa występuje rzadko, to każda ciężarna kobieta – szczególnie z grupy wysokiego ryzyka – powinna być zorientowana w objawach. Okresowy skurcz, prawdopodobnie rezultat zagnieżdżenia, zwiększonego przepływu krwi lub napinania włókien mięśniowych w miarę powiększania się macicy, nie jest jedynym objawem. Wszystkie z opisanych poniżej objawów wymagają natychmiastowej interwencji medycznej. Jeśli nie możesz się skontaktować ze swoim lekarzem, natychmiast zgłoś się do szpitala, gdy zaczniesz odczuwać:

• ostry, skurczowy ból z nadwrażliwością, zazwyczaj w podbrzuszu – początkowo po jednej stronie lub promieniujący do całego brzucha. Ból może się nasilać w czasie napinania się jelita grubego, kaszlu, ruchu. Jeśli dojdzie do pęknięcia jajowodu, ból staje się bardzo ostry i silny przez krótki czas, zanim rozprzestrzeni się do miednicy;

• brązowawe plamienie pochodzące z pochwy lub jasno zabarwione krwawienie (okresowe bądź stałe), które mogą być poprzedzone bólem i trwać kilka dni lub

---

[1] Zwykle jej przyczyną jest pewna nieregularność jajowodu, która blokuje komórkę jajową i nie pozwala jej zejść do macicy. Bardzo rzadko zapłodniona komórka zagnieżdża się w jajniku, jamie brzusznej bądź w szyjce macicy.

[2] Jednakże stosowanie wkładki wewnątrzmacicznej w przeszłości najprawdopodobniej nie zwiększa ryzyka ciąży ektopowej.

tygodni. Czasami jednak krwawienie nie występuje, chyba że dojdzie do przerwania jajowodu;

- obfite krwawienie na skutek pęknięcia jajowodu;

- nudności i wymioty – u około 25-50% kobiet – które łatwo można pomylić z porannymi nudnościami;

- zawroty głowy lub uczucie słabości u niektórych kobiet. W przypadku pęknięcia jajowodu wystąpią: zwolnienie tętna, bladość skóry i omdlenie;

- bóle ramion (pochodzące z miednicy) u niektórych kobiet;

- uczucie parcia na stolec u niektórych kobiet.

W przypadku ciąży ektopowej szybka interwencja medyczna może uratować jajowód i płodność kobiety (patrz s. 497 – leczenie ciąży ektopowej). Fakty wskazują na to, że ponad połowa leczonych kobiet w ciągu roku samorzutnie zachodzi w ciążę o normalnym przebiegu.

# STRES W TWOIM ŻYCIU

*Moja praca jest bardzo stresująca. Jestem w ciąży, choć tego nie planowałam. Czy powinnam przestać pracować?*

Stres przez kilka ostatnich dziesięcioleci stał się ważnym przedmiotem badań naukowych z powodu jego oddziaływania na nasze życie. W zależności od tego, jak się z nim potrafimy uporać i jak na niego reagujemy, stres może być dla nas dobry (pobudza do lepszego działania i efektywniejszego funkcjonowania) lub zły (kiedy wydostanie się spod kontroli, zalewa nas i osłabia nasze siły). Jeśli stres zwiększa twoją wydajność w pracy, pobudza cię, mobilizuje, to nie powinien zagrażać twojej ciąży. Ale jeśli stres powoduje niepokój, bezsenność lub depresję albo wywołuje takie objawy, jak bóle głowy, bóle pleców, utratę apetytu, jeśli sprawia, że czujesz się wykończona, może być szkodliwy (porady, jak zwalczyć zmęczenie, znajdziesz na s. 114). W rzeczywistości badania wykazują, że e k s t r e m a l n y stres przyszłej matki oraz spowodowany nim wzrost poziomu hormonów mogą zwiększyć ryzyko przedterminowego porodu oraz niskiej masy urodzeniowej.

Negatywne reakcje na stres mogą wynikać ze zmiennych nastrojów w ciąży. I takie reakcje, jak utrata apetytu, nieprawidłowe odżywianie, bezsenność, mogą przynieść ci wiele szkody – jeśli pozwolisz, by trwały w drugim i trzecim trymestrze ciąży. Dla twego dziecka teraz bezwzględnie ważne jest, byś nauczyła się walczyć ze stresem.

W zwalczaniu stresu powinny ci pomóc poniższe wskazówki.

**Mów o stresie.** Nie duś niepokoju w sobie – jest to najlepszy sposób wyzbycia się go. Prowadź otwarte dyskusje z mężem, spędzając trochę czasu pod koniec każdego dnia (najlepiej nie tuż przed spaniem) na rozmowach i dzieleniu się swymi troskami czy frustracjami. Być może to sprawi ci ulgę, pomoże znaleźć jakieś rozwiązanie i trochę humoru w szczególnych sytuacjach. Możliwe, że pomocna będzie rozmowa z innym członkiem rodziny, lekarzem, przyjacielem czy kimś z twojej grupy wyznaniowej; możesz także przyłączyć się do grupy samopomocy w ciąży, jeśli taka funkcjonuje w twojej okolicy. Jeśli nic nie pomoże, weź pod uwagę wizytę u specjalisty.

**Rób coś z nim.** Wykryj, rozpoznaj źródła stresu w twoim życiu i zdecyduj, co możesz zmienić. Jeśli próbujesz robić za dużo, wycofaj się z niektórych dziedzin – tych, które nie są najważniejsze. Jeśli wymagana jest od ciebie zbyt duża odpowiedzialność w domu czy w pracy, zdecyduj, co można odłożyć lub przekazać komuś innemu. Naucz się

## Jasna strona optymizmu

Od dawna uważano, że optymiści żyją dłużej i są zdrowsi. Teraz się sugeruje, iż matki o optymistycznym podejściu do życia mogą polepszyć perspektywy swych jeszcze nie narodzonych dzieci. Według przeprowadzanych obecnie badań pozytywne podejście kobiet z grupy wysokiego ryzyka zmniejsza prawdopodobieństwo przedwczesnego porodu i urodzenia dziecka z niską masą urodzeniową. Mniejszy poziom stresu u optymistek zdecydowanie odgrywa rolę w zmniejszaniu ryzyka; tymczasem uważa się, że wysoki poziom stresu wiąże się z różnorodnymi problemami zdrowotnymi, tak ciążowymi, jak i innymi. Jednak stres to prawdopodobnie nie wszystko. Nie ma w tym nic dziwnego, że optymistki będą bardziej dbały o siebie – lepiej się odżywiały, więcej czasu poświęcały na ćwiczenia, unikały narkotyków, alkoholu czy innych szkodliwych substancji. A takie pozytywne zachowanie – napędzane przez pozytywne myślenie – może oczywiście mieć bardzo dobry wpływ na ciążę i płód.

Naukowcy wskazują na to, iż nigdy nie jest za późno, by zacząć korzystać z dobrodziejstwa, jakie niesie ze sobą optymizm, nawet jeśli już jesteś w ciąży. Oczekiwanie najlepszych rzeczy – zamiast najgorszych – może wręcz sprawić, by się spełniły.

To jest najlepszy powód, by sądzić, że szklanka mleka jest do połowy pełna, a nie do połowy opróżniona.

mówić „nie" nowym zadaniom czy zajęciom, zanim będziesz ich miała za dużo. Czasem siedzenie z notesem i sporządzanie listy setek spraw, które trzeba załatwić (w domu i pracy), oraz planowanie, jak to zrobić, może pomóc ci kontrolować cały ten chaos w życiu. Dzięki tej liście masz nadzór nad realizacją zamierzonych planów.

**Przesypiaj go.** Sen to recepta na odnowienie umysłu i ciała. Częste odczuwanie napięcia i niepokoju jest spowodowane nieczęstym „zamykaniem oczu". Jeśli masz problemy z zasypianiem, patrz s. 179.

**Przejedz swój stres.** „Niszczący" styl życia prowadzi do „niszczącego" stylu jedzenia. Nieodpowiednie odżywianie podczas ciąży oddziałuje dwojako: może ograniczać twoje zdolności radzenia sobie ze stresami i rozwój twego dziecka. Koniecznie więc jedz 3 duże lub 6 małych posiłków dziennie oraz dużo przekąsek.

**Wymyj go.** Ciepła kąpiel (ale nie za gorąca) jest doskonałym sposobem, aby się rozluźnić. Staraj się kąpać po każdym wyczerpującym dniu; pomoże ci to również łatwiej zasypiać.

**Wyrwij się z niego na jakiś czas.** Walcz ze stresem poprzez: aktywność, która cię zrelaksuje (np. sport, rozważ to ze swoim lekarzem, prześledź s. 187); czytanie; obejrzenie dobrego filmu; słuchanie muzyki (również z kaset lub płyt CD przy użyciu słuchawek, co możesz robić podczas pracy, w czasie obiadu, picia kawy itp.); długie (lub krótkie) spacery podczas śniadania lub obiadu – ale nie zapomnij o jedzeniu w odpowiednich porach; medytacje (zamknij oczy i stwórz w myślach sielankowy obraz lub wpatruj się w uspokajający obraz lub zdjęcie, które znajduje się w twoim pokoju); biofeedback; masaże (poproś małżonka o wymasowanie pleców czy ramion albo wykosztuj się na profesjonalnego masażystę – sprawdź jednak, czy ma on uprawnienia i poinformuj go, że jesteś w ciąży). Ćwicz techniki relaksacyjne (patrz ramka na sąsiedniej stronie) nie tylko dlatego, że przydadzą ci się one podczas porodu, lecz także dlatego, że pomagają zwalczyć napięcie przy każdej okazji.

**Uciekaj od stresu.** Może twoje problemy nie są warte stresu czy niepokoju i niepotrzebnie wyczerpujesz się psychicznie. Jeśli na przykład przyczyną jest praca, zastanów się nad wcześniejszym udaniem się na

## Ćwiczenie relaksacyjne

Istnieje wiele sposobów relaksowania się, na przykład joga i medytacja. Możesz się wybrać na grupowy kurs któregoś z tych dwóch „odpędzaczy" stresu albo uczyć się technik indywidualnie z instruktorem. Jeśli jednak w twym wypełnionym zajęciami dniu nie ma czasu na żadną z tych opcji, wypróbuj poniższe, proste metody, ponieważ łatwo się ich nauczyć oraz można je wykonywać w każdej chwili i w dowolnym miejscu. Jeśli uznasz to ćwiczenie za użyteczne, możesz je wykonywać, kiedy tylko odczujesz zaniepokojenie i napięcie. Ćwiczenie powtarzaj kilka razy dziennie.

1. Usiądź z zamkniętymi oczami. Wyobraź sobie jakąś piękną scenerię – taką, w jakiej odczuwasz spokój. Następnie świadomie rozluźniaj się, zaczynając od stóp, przechodząc powoli do góry przez nogi, tułów, szyję i twarz. Oddychaj tylko przez nos (chyba że jest za duszno, oczywiście). Kiedy wydychasz, wypowiedz głośno słowo „raz" (lub inny prosty wyraz). Kontynuuj to ćwiczenie przez 10-20 minut.

2. Wciągnij powietrze powoli i głęboko przez nos, wypychaj brzuch. Policz do czterech. Potem, pozwalając rozluźnić się ramionom i mięśniom szyjnym, wydychaj powoli, licząc do sześciu. Powtórz tę sekwencję 4-5 razy.

---

zwolnienie lekarskie albo pracuj na pół etatu (jeżeli możesz sobie na to pozwolić finansowo), albo tymczasowo przejdź na inne stanowisko bądź przekaż innym przynajmniej część swych zajęć, by zmniejszyć stres do poziomu, na jakim potrafisz sobie z nim poradzić.

Pamiętaj o tym, że stres jeszcze bardziej się pogłębi, gdy dziecko przyjdzie na świat. Lepiej więc nauczyć się, jak sobie z nim radzić.

## WIELKI STRACH O ZDROWIE DZIECKA

*Wiem, że to prawdopodobnie irracjonalne, ale nie mogę spać, jeść ani skoncentrować się w pracy, ponieważ obawiam się, że moje dziecko nie będzie normalne.*

Każda oczekująca matka – a także ojciec – denerwuje się, czy jej dziecko będzie normalne. To zdenerwowanie i strach, który nie daje się ukoić żadnymi perswazjami, jest jednym z nieuniknionych efektów ciąży, bardzo wyczerpującym oraz często wymagającym uwagi. W takiej sytuacji porozmawiaj ze swoim lekarzem. Może ocena ultrasonograficzna twojej ciąży i/lub prenatalne badania przesiewowe, które wcześniej zostały zaplanowane albo zostaną specjalnie zlecone, pomogą ci zwalczyć strach. Wielu lekarzy woli zalecić to badanie, gdy pacjentka jest szczególnie zaniepokojona i twierdzi, że ma ku temu powody (np. spędzała dużo czasu w gorącej kąpieli, zanim stwierdziła, że jest w ciąży), nawet jeśli jej obawy są wyolbrzymione. Dzieje się tak, ponieważ ryzyko, jakie niesie ze sobą badanie, nie jest tak duże jak potencjalna cena przytłaczającego niepokoju (szczególnie jeśli przeszkadza on przyszłej mamie jeść i spać).

Choć badania te nie wykryją wszystkich potencjalnych defektów, mogą dostarczyć wielu informacji dotyczących rozwoju płodu. Nawet zarys normalnego dziecka ukazany na obrazie USG – na którym wszystkie kończyny i organy będą prawidłowo umiejscowione – może dać ukojenie. Widok ten, w połączeniu z dobrymi wynikami innych badań oraz ustnym zapewnieniem lekarza (oraz prawdopodobnie specjalisty wykonującego badanie ultrasonografem), pomoże ci powrócić do normalnego życia: dbać o siebie i odżywiać swe dziecko. Możliwe, że uspokoi cię też rozmowa z innymi kobietami w ciąży, na przykład na zajęciach dla przyszłych matek. Wszak przekonanie się, iż wszystkie dzielimy te same troski, potrafi przynieść ulgę.

Jeśli jednak nic nie jest w stanie cię uspokoić, być może potrzebna ci jest pomoc specjalisty, który potrafi zmniejszyć niepokój.

# DEPRESJA

*Wiem, że powinnam się czuć szczęśliwa z powodu ciąży, ale już z góry obawiam się, że owładnie mną depresja po porodzie.*

Być może błędnie uważasz za depresję normalne zmiany nastroju w ciąży – odczuwane przez 7 na 10 przyszłych matek. Te zmiany są bardziej zaznaczone w pierwszym trymestrze ciąży i generalnie występują u kobiet, które zwykle cierpią na przedmiesiączkową niestałość emocjonalną. Ambiwalentność uczuć w ciąży została potwierdzona, występuje nawet wtedy, gdy ciąża jest planowana, i może być jeszcze wyolbrzymiona. Chociaż nie ma leku na zmienne nastroje, to unikanie cukru, czekolady, kofeiny, postępowanie zgodnie z zaleceniami diety ciążowej, zachowanie równowagi między pracą a odpoczynkiem może pomóc. Ćwiczenia oraz rozmawianie o swoich uczuciach także pomagają sprawić, by huśtawka nastrojów była mniej dokuczliwa.

Jeśli cały czas – lub bardzo często – czujesz się przygnębiona, możesz należeć do 10-16% kobiet walczących z depresją ciążową o łagodnym bądź średnim nasileniu. Depresja podczas ciąży może zwiększyć ryzyko wystąpienia komplikacji. Źle wpływa na organizm nawet wtedy, gdy nie jest się w odmiennym stanie.

Oto kilka czynników predysponujących do wystąpienia depresji:

- depresje występujące w rodzinie;

- stres związany z sytuacją finansową lub małżeńską;

- brak emocjonalnej podpory ze strony ojca dziecka i trudności z porozumiewaniem się z nim;

- hospitalizacja lub konieczność leżenia w łóżku z powodu komplikacji w czasie ciąży;

- lęk o własne zdrowie, zwłaszcza jeśli u ciężarnej występują choroby przewlekłe lub jeśli wcześniej zdarzały się jej komplikacje lub choroby w trakcie ciąży;

- lęk o zdrowie dziecka, szczególnie w wypadku, gdy kobieta ma we własnym lub rodzinnym wywiadzie przypadki wad wrodzonych lub innych komplikacji.

Najbardziej powszechne objawy prawdziwej depresji, prócz uczucia smutku, pustki i emocjonalnego letargu, obejmują: zaburzenia snu (śpisz za dużo lub za mało); zmianę nawyków żywieniowych (nie jesz w ogóle lub jesz bezustannie), długotrwałe lub nienormalne przemęczenie i/lub nadmierne pobudzenie czy niepokój; przedłużający się brak zainteresowania pracą, zabawą czy innymi zajęciami bądź przyjemnościami; zmniejszoną zdolność koncentracji i myślenia; przesadne huśtawki nastroju, a nawet myśli autodestrukcyjne. Występować mogą również nieuzasadnione bóle albo dolegliwości. Jeśli masz podobne objawy, zacznij od wypróbowania tych wskazówek, jak radzić sobie z depresją poporodową, które zdają się pasować do twojego obecnego stylu życia (patrz s. 410).

Jeśli objawy utrzymują się dłużej niż dwa tygodnie, pomów o swym stresie z lekarzem lub poproś o skierowanie do terapeuty, który będzie mógł ci zaproponować psychoterapię[1]. Uzyskanie odpowiedniej pomocy jest istotne, ponieważ depresja może ci przeszkodzić w odpowiednim dbaniu o sie-

---

[1] Ponieważ depresja może również być wynikiem zaburzeń funkcjonowania tarczycy (a to w czasie ciąży wymaga natychmiastowego leczenia), badanie krwi powinno wyłączyć najpierw tę ewentualność.

## Do partnera ciężarnej kobiety

Każda strona tej książki przeznaczona jest dla obojga oczekujących: matki i ojca. Jako przyszły ojciec, uzyskasz wiele wiadomości dotyczących ciąży (oraz lepiej zrozumiesz te wariackie objawy, na które uskarża się twoja żona), czytając razem z nią, miesiąc po miesiącu. Ponieważ jednak możesz mieć pytania dotyczące wyłącznie ciebie oraz mieć własne troski, jest tu również rozdział dla ciebie – partnera ciężarnej kobiety. Zobacz rozdział *Ojcowie także oczekują*.

bie i dziecko, zarówno teraz, jak i po porodzie. Aby podjąć decyzję w sprawie zastosowania leków przeciwdepresyjnych, musicie razem z lekarzem (a najlepiej także z terapeutą) rozważyć ewentualne ryzyko (dla ciebie oraz dla dziecka) i potencjalne korzyści. Badania wykazują, że takie selektywne inhibitory wychwytu zwrotnego serotoniny, jak Prozac, Zoloft i Paxil są bezpieczne dla kobiet w ciąży, niemniej jednak konieczna będzie konsultacja z lekarzem przed rozpoczęciem lub kontynuowaniem przyjmowania leków przeciwdepresyjnych, gdy oczekujesz dziecka.

Skonsultuj się również z lekarzem, zanim zaczniesz korzystać z medycyny alternatywnej. Takie sprzedawane bez recepty preparaty, jak SAM-e[1] czy St. John's Wort[2], które podobno poprawiają nastrój, nie zostały jeszcze wystarczająco przebadane pod kątem bezpiecznego przyjmowania ich w czasie ciąży. Wstępne badania nad korzyściami płynącymi z lekkiej terapii (uważa się, że pomaga ona zwiększyć poziom serotoniny – hormonu odpowiedzialnego za nastroje – w mózgu) w celu leczenia depresji podczas ciąży są jednak obiecujące i mogą stanowić bezpieczną alternatywę dla leków.

---

[1] Lek, którego nazwa jest skrótem od występującego w każdej żywej komórce związku chemicznego S-adenozylometioniny i biorącego udział w wielu czynnościach biologicznych. Uważa się, iż lek ten pomaga na depresję i artretyzm (przyp. tłum.).

[2] Preparat ziołowy na bazie dziurawca zwyczajnego (przyp. tłum.).

Uczucie przygnębienia podczas ciąży stawia cię przed nieco większym ryzykiem wystąpienia depresji poporodowej. Ale dobrą wiadomością jest to, że leczenie środkami przeciwdepresyjnymi podczas ciąży – i/lub po porodzie – może temu zapobiec. Zapytaj o to swego lekarza.

## DŹWIGANIE INNYCH DZIECI

*Czy teraz, gdy ponownie jestem w ciąży, mogę nosić na rękach moją dwuletnią córkę, która jest dość ciężka?*

Będziesz musiała wymyślić jakąś wymówkę, żeby poszła na spacerek na własnych nóżkach. Jeżeli lekarz nie zaleci inaczej, noszenie umiarkowanie ciężkich przedmiotów (nawet postawnych przedszkolaków) nie jest niewskazane, ale powinnaś unikać wysiłku prowadzącego do wyczerpania twoich sił fizycznych (patrz s. 206 – wysiłek przy podnoszeniu ciężarów). Zrzucanie winy na nie narodzone dziecko może wzbudzać w starszym rodzeństwie uczucie zazdrości i rywalizacji.

Tak jak twoja ciąża, tak i twoje plecy mogą nie podołać wysiłkowi dźwigania obydwóch: i płodu, i dziecka. Powinnaś więc ograniczyć dźwiganie tego drugiego do minimum. Ale bądź pewna, że winienie za to pleców, a nie dziecka, zmniejszy reakcję zazdrości, a rekompensatą niech będzie wspólne siedzenie.

# W jakich sytuacjach powiadomić lekarza?

Najlepiej ustalić z lekarzem sposób postępowania w razie nagłych zdarzeń, zanim do nich dojdzie. Jeśli jednak tego nie zrobiłaś, a objawy wymagają natychmiastowej interwencji lekarskiej, spróbuj postępować w ten oto sposób: najpierw zadzwoń do gabinetu lekarza. Jeśli nie jest dostępny i po kilku minutach nie oddzwania, skontaktuj się ponownie, zostawiając informację o twoim problemie. Następnie wybierz się prosto do najbliższego punktu pogotowia bądź zadzwoń na numer 999.

Jeśli zgłaszasz któryś z poniższych objawów, koniecznie wspomnij o wszelkich innych odczuwanych objawach, niezależnie od tego, jak bardzo mogą ci się one wydawać nie związane z zasadniczym problemem. Konkretnie określ, kiedy po raz pierwszy każdy z tych objawów wystąpił, jak często się powtarza oraz co według ciebie nasila dany objaw, a co osłabia.

## DZWOŃ NATYCHMIAST, JEŚLI MASZ KTÓRYŚ Z PONIŻSZYCH OBJAWÓW:

- Ból podbrzusza po jednej lub obu stronach z towarzyszącym mu krwawieniem lub nudnościami i wymiotami.
- Silny ból górnej części podbrzusza, z nudnościami lub bez, oraz opuchnięcie dłoni i twarzy.
- Obfite krwawienie z pochwy (zwłaszcza występujące razem z bólem brzucha lub pleców).
- Odkrztuszanie plwociny z krwią.
- Odpływanie płynu z pochwy.
- Nagłe uczucie pragnienia, zmniejszenie oddawania moczu lub trwający cały dzień bezmocz. Ból lub uczucie pieczenia przy oddawaniu moczu, jeśli towarzyszą mu dreszcze i gorączka przekraczająca 38,8°C i/lub bóle pleców.
- Nagły i silny obrzęk rąk, twarzy i powiek, z towarzyszącym mu bólem głowy, trudności z widzeniem lub nagłe znaczne przybranie na wadze (więcej niż kilogram) nie wynikające z przejedzenia.
- Zakłócenia widzenia (zamazany obraz, osłabienie wzroku, podwójne widzenie) trwające dłużej niż dwie godziny.
- Bardzo silne wymioty z towarzyszącym im bólem i/lub gorączką.
- Biegunka (oddawanie stolca częściej niż dwa razy dziennie), zwłaszcza z zawartością krwi lub śluzu.

- Ruchy płodu rzadsze niż dziesięć na godzinę (patrz s. 239) po 28 tygodniu ciąży.

## ZADZWOŃ DO LEKARZA TEGO SAMEGO DNIA (ALBO NASTĘPNEGO DNIA RANO, JEŚLI OBJAWY WYSTĄPIĄ W NOCY), GDY MASZ PONIŻSZE OBJAWY:

- Silne, nie ustępujące bóle w dolnej części podbrzusza, po jednej lub obu jego stronach.
- Krwawienie z pochwy (przy czym lekkie plamienie 7 do 10 dni po poczęciu lub lekkie różowe plamienie po stosunku w późniejszym okresie ciąży nie jest powodem do obaw).
- Krwawienie z sutków lub odbytu, krew w moczu.
- Opuchnięcie dłoni, twarzy, powiek.
- Silne bóle głowy trwające dłużej niż dwie, trzy godziny.
- Nagłe przybranie na wadze, nie mające nic wspólnego z przejedzeniem.
- Ból lub pieczenie podczas oddawania moczu.
- Omdlewanie, zawroty głowy.
- Dreszcze i gorączka ponad 38,5°C (bez objawów przeziębienia lub grypy) – dzwoń tego samego dnia; gorączka ponad 39°C – dzwoń natychmiast. (Staraj się natychmiast zbić każdą gorączkę ponad 38,5°C, biorąc acetaminofen.)
- Silne nudności i wymioty; wymioty częściej niż dwa do trzech razy dziennie w pierwszym trymestrze; wymioty w późniejszym okresie ciąży – jeśli nie dokuczały ci one na wczesnym etapie.
- Swędzenie całego ciała, połączone z oddawaniem ciemniejszego moczu, jasnych stolców czy żółtaczką (zżółknięciem skóry i białek oczu) lub bez.
- Brak odczuwalnych ruchów płodu przez ponad 24 godziny, po 20 tygodniu ciąży.

Lekarz może chcieć, żebyś dzwoniła do niego z różnych powodów lub w różnych okolicznościach. Pokaż mu więc tę listę, a jeśli należy coś do niej dodać, zapisz to poniżej:

.......................................................................

.......................................................................

.......................................................................

# CO WARTO WIEDZIEĆ
## Regularna opieka medyczna

W ostatnich dziesięcioleciach ruch propagujący troskę o własne zdrowie nauczył Amerykanów za pośrednictwem książek, kaset wideo, telewizji, ulotek i ostatnio także Internetu – wszystkiego, począwszy od pomiaru ciśnienia krwi i tętna, do domowego leczenia nadwerężonych mięśni i przeciwdziałania infekcjom. Efektywny wpływ tego jest bez wątpienia pozytywny – zmniejszenie liczby przypadków zgłaszających się do lekarzy oraz pozyskanie lepszych potencjalnych pacjentów. Najlepsze z tego wszystkiego jest uświadomienie sobie odpowiedzialności za własne zdrowie i ten potencjał pozwoli nam przeżyć w zdrowiu lata, które nadejdą.

Jest nieskończenie wiele sposobów, które sprawią, że dziewięć miesięcy ciąży minie bezpiecznie i wygodnie, poród będzie łatwiejszy, a oczekiwane dziecko zdrowsze. Jednak próba przeżycia tego okresu samodzielnie, nawet jeśli jest to tylko kilka miesięcy, stanowiłaby pogwałcenie zasady współpracy pomiędzy pacjentem a pracownikiem służby zdrowia, a każda z tych stron ma inne umiejętności i sposoby postępowania. Nie ma nic dziwnego w tym, że regularna opieka medyczna wiele zmienia: kobiety regularnie odwiedzające lekarza podczas ciąży rodzą większe, zdrowsze dzieci i rzadziej zdarza się im przedwczesny poród czy inne poważne problemy związane z ciążą.

## WYKAZ WIZYT W CIĄŻY

Najlepiej byłoby pierwszą wizytę u lekarza lub położnej złożyć jeszcze przed poczęciem, wtedy gdy twoje dziecko jest dopiero w planach. Jest to marzenie wielu kobiet, szczególnie tych, u których ciąże są nie planowane – marzenie, na którego realizację tak trudno się zdobyć. Druga wizyta powinna nastąpić wtedy, gdy podejrzewasz, że jesteś w ciąży[1].

Badanie wewnętrzne pomoże potwierdzić ciążę i wykryć potencjalne problemy wymagające intensywnego nadzoru. Potem terminarz wizyt zależeć będzie już od preferencji wybranego przez ciebie lekarza, jak również od twojego profilu położniczego i ogólnego stanu zdrowia. W przypadku ciąży niskiego ryzyka prawdopodobnie będziesz zjawiać się u lekarza raz w miesiącu (niektórzy lekarze mogą wyznaczać wizyty rzadziej). Następnie co dwa tygodnie, aż do ostatniego miesiąca, kiedy to częstotliwość wizyt będzie różna[2].

Abyś wiedziała, czego możesz się spodziewać podczas każdej wizyty prenatalnej, przejrzyj rozdziały dotyczące danego miesiąca ciąży.

## ZADBAJ O SIEBIE

Jesteś oczywiście pochłonięta sprawami związanymi z ciążą. Ale chociaż twoje dbanie o zdrowie zaczyna się od brzucha, to nie powinno się na nim kończyć. Nie czekaj na kłopoty, ale je ubiegaj. Zamów wizytę u dentysty – uzupełnienie ubytków, profilaktyka dają bezpieczeństwo w ciąży (s. 177). Jeśli to konieczne, odwiedź alergologa. Nie będziesz miała teraz wykonywanych testów

---

[1] Niektórzy lekarze wyznaczają termin pierwszej wizyty na 6 tydzień.

[2] Badania wskazują, że zdrowym, wykształconym kobietom całkowicie wystarcza tylko 9 wyznaczonych wizyt lekarskich, niemniej jednak większość przyszłych matek woli, by było ich więcej.

uczuleniowych, ale jeśli chorujesz na poważne choroby alergiczne, trzeba baczniej obserwować twój stan. Lekarz rodzinny lub specjalista powinien również skontrolować choroby przewlekłe lub inne dolegliwości, aby nie umknęły z pola widzenia położnika; jeśli w czasie ciąży kontaktowałaś się tylko z położną, powinnaś wszystkie problemy przedyskutować z położnikiem lub lekarzem rodzinnym.

Jeżeli w czasie ciąży wynikną nowe choroby, nie ignoruj ich. Nawet jeśli zauważyłaś objawy, które nie wzbudziły twoich obaw, omów je z lekarzem jak najszybciej. Twoje dziecko potrzebuje całkowicie zdrowej matki.

## Jeśli masz wątpliwości

Czasami sygnały z organizmu, przepowiadające coś złego, nie są całkiem jasne. Czujesz się słabo i niezbyt dobrze. Ale gdy nie odczuwasz objawów wyszczególnionych w tabeli na s. 130 oraz dobrze przesypiasz noce, chociaż nie masz okazji odpoczywać w dzień, nie wpadaj w panikę i nie dzwoń do lekarza.

Złe samopoczucie w ciąży jest normalnym objawem i jest sygnałem, że potrzebujesz więcej odpoczynku niż normalnie. Niedokrwistość, uczucie przemęczenia i łatwość zapadania na różnego rodzaju infekcje to sygnały, że twój organizm domaga się większej ilości odpoczynku.

# 6
# Drugi miesiąc
## W przybliżeniu od 5 do 8 tygodnia

Być może zaplanowałaś dokładnie moment poczęcia i już od kilku tygodni wiesz, że oczekujesz narodzin dziecka. Albo może ciąża była zaskoczeniem, więc dowiedziałaś się o niej, będąc już w drugim miesiącu. Tak czy inaczej, pewnie wciąż jeszcze przyzwyczajasz się do tego, iż rozwija się w tobie nowe życie. Prawdopodobnie też powoli przyzwyczajasz się do wymogów, jakie wiążą się z twoim stanem – od tych fizycznych (to dlatego jestem taka zmęczona!) poprzez logistyczne (najkrótsza droga do łazienki prowadzi…) po dietetyczne (kawa bezkofeinowa z podwójnym mleczkiem, proszę!).

## CZEGO MOŻESZ OCZEKIWAĆ W CZASIE BADANIA OKRESOWEGO

Jeśli jest to twoja pierwsza wizyta, cofnij się do s. 107. Jeśli jest to drugie badanie, możesz oczekiwać, że będzie ono znacznie krótsze. A ponieważ wszystkie badania już zostały wykonane, prawdopodobnie nie będziesz już tyle razy kłuta i ciągana od gabinetu do gabinetu. Spodziewać się więc możesz poniższych badań, choć zdarzają się pewne odstępstwa w zależności od twoich potrzeb oraz metod postępowania lekarza[1].

- Masa ciała i ciśnienie krwi;

- mocz na zawartość cukru i białka;

- badanie rąk i stóp pod kątem występowania obrzęków (opuchnięcie), podudzi pod kątem żylaków;

- objawy, które odczuwasz, szczególnie te nadzwyczajne;

- pytania lub problemy, o które chcesz zapytać – sporządź listę.

## CO MOŻESZ ODCZUWAĆ

Miej zawsze na uwadze, że każda ciąża jest inna, jak inna jest każda kobieta. Możesz odczuwać jeden, dwa lub wszystkie z poniższych objawów, jednocześnie lub nie. Niektóre mogą się ciągnąć od poprzedniego miesiąca, inne mogą być zupełnie nowe. Odczuwać możesz też inne, rzadziej występujące objawy.

[1] Więcej informacji na temat badań znajdziesz w *Dodatku*.

## Co się dzieje wewnątrz ciebie

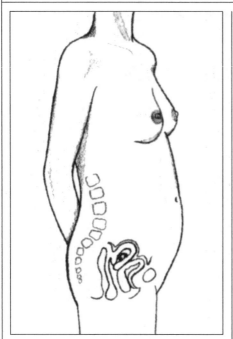

▼ *Embrion, choć ma dopiero 2,5 cm długości, zaczyna coraz bardziej przypominać dziecko. Zniknął ogonek, a pod koniec drugiego miesiąca kształtują się ręce i stopy (łącznie z paluszkami!), oczy (z zamkniętymi powiekami), uszy, koniuszek nosa oraz język. Obecne są już wszystkie główne organy i układy wewnętrzne, ale czeka je jeszcze długi okres rozwoju. Embrion wykonuje spontaniczne ruchy, jednak upłynie jeszcze wiele tygodni, nim staną się one na tyle silne, by były odczuwalne. Szybko rozwija się łożysko, które będzie służyć jako system podtrzymania życia.*

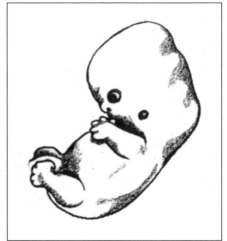

▲ *Choć osoby z twojego otoczenia zapewne jeszcze nie zauważają, że jesteś w ciąży, ty mogłaś już odkryć, iż ubrania stają się przyciasne w talii. Pewnie też potrzebny ci jest większy biustonosz. Pod koniec tego miesiąca macica, normalnie wielkości pięści, urośnie do rozmiaru dużego grejpfruta.*

Nie zdziw się, że nie masz objawów, jeśli nie „czujesz" jeszcze, że jesteś w ciąży.

### OBJAWY FIZYCZNE:

- zmęczenie i senność;
- częste oddawanie moczu;
- nudności z wymiotami lub bez i/lub nadmierne ślinienie;
- zaparcia;
- zgaga, niestrawność, wzdęcia;
- niechęć do jedzenia i zachcianki;
- zmiany w obrębie gruczołów piersiowych: pełność, ciężkość, napięcie, ściemnienie obwódki brodawkowej (ciemniejsza otoczka wokół brodawki). Gruczoły potowe wokół brodawki stają się wystające, wyglądają jak gęsie guzki, siatka niebieskich linii ukazuje się pod skórą jako droga transportująca krew do piersi;
- biaława wydzielina z pochwy (leukorrhea);
- okresowe bóle głowy (podobne do bólów występujących u kobiet przyjmujących pigułki antykoncepcyjne);
- okresowe omdlenia i zawroty głowy;
- „obcisłość" bielizny wokół talii i biustu; brzuch może stać się większy, spowodowane jest to raczej rozciągnięciem kości miednicy niż wzrostem macicy.

**ODCZUCIA PSYCHICZNE:**

- niestałość porównywalna do objawów przedmiesiączkowych, na którą składa się

drażliwość, zmienny nastrój, nieracjonalność, płaczliwość;

- niepokój, strach, radość, podniecenie – niektóre lub wszystkie z tych objawów.

# CO MOŻE CIĘ NIEPOKOIĆ

## ZMIANY W OBRĘBIE ŻYŁ

*Mam niebieskie linie podskórne na piersiach i brzuchu. Czy to normalne?*

Te żyły (które sprawiają, że cała twoja klatka piersiowa i brzuch wyglądają jak mapa samochodowa) są nie tylko czymś normalnym, nie stanowiącym powodu do obaw, ale oznaczają, iż twój organizm robi to, co do niego należy. Są one częścią systemu żył, powiększonego w związku z ciążą, który transportuje większą ilość krwi odżywiającej twoje dziecko. Ukazują się one najwcześniej i są najbardziej widoczne u bardzo szczupłych i delikatnie zbudowanych kobiet. W przypadku kobiet otyłych lub o ciemnej karnacji siatka żylna może być mniej widoczna lub niezauważalna w ogóle aż do końca ciąży.

*Od czasu, gdy jestem w ciąży, mam brzydko wyglądające czerwone linie na udach. Czy to żylaki?*

Linie te nie wyglądają ładnie, lecz to nie żylaki. Są to prawdopodobnie pajączki, z oczywistych powodów potocznie nazywane „pajęczymi żyłkami". Pajączki mogą powstać w wyniku zmian hormonalnych podczas ciąży, choć niektóre kobiety mają do nich dziedziczne predyspozycje. Zwykle bledną i znikają po porodzie; a jeśli nie, można je leczyć u dermatologa za pomocą zastrzyków z soli fizjologicznej bądź lasera. Obie te metody niszczą żyły, które zapadają się i ostatecznie zanikają. Krem z witaminą K, czasami zalecany do użytku zewnętrznego, nie jest skuteczny – zawarte w nim molekuły są zbyt duże, by mogły penetrować skórę.

*Moja matka i babcia miały żylaki podczas ciąży i miały z nimi problemy również potem. Czy mogłabym jakoś zapobiec temu w czasie mojej ciąży?*

Ponieważ występowanie żylaków często jest rodzinne, powinnaś jak najszybciej świadomie pomyśleć o zapobieganiu, zwłaszcza że żylaki mają tendencję do pogarszania się w następnych ciążach.

Normalnie zdrowe żyły transportują krew obwodową w kierunku serca. Ponieważ muszą one pracować przeciwko sile grawitacji, robią to za pomocą serii zastawek, które zapobiegają cofaniu się krwi. Jeśli zastawki są uszkodzone lub nieprawidłowe, tak jak się zdarza u niektórych ludzi, krew spływa do splotów żylnych, gdzie jest wysokie ciśnienie grawitacyjne (zazwyczaj w nogach, lecz niekiedy również w odbycie w postaci hemoroidów oraz w sromie), i tworzy tam rozdęcia (żyły z powodu swej budowy ulegają rozciągnięciu i rozszerzeniu). Problem jest bardziej powszechny u ludzi otyłych i cztery razy częstszy u kobiet niż mężczyzn.

U kobiet z predyspozycjami do żylaków problem pojawia się już w pierwszym okresie ciąży. Przemawia za tym kilka czynników: zwiększające się ciśnienie z żył macicy w kierunku żył miednicy, wzrastające ciśnienie w żyłach kończyn dolnych, zwiększenie objętości krwi; rozluźnienie włókien mięśniowych w ścianie żył, uwarunkowane hormonalnie. Objawy żylakowe nie są trudne do rozpoznania, ale dają u większości kobiet bolesne dolegliwości. Wystąpić może lekki lub ostry ból w nogach bądź uczucie ociężałości czy opuchnięcia – albo żadne z nich. Może się uwidocznić zarys niebieskich żył lub serpentyna żylna, biegnąca od kolana do uda lub sromu. W poważnych przypadkach skóra poprzecinana żyłami staje się obrzmiała, sucha i wrażliwa. W takim wypadku porozmawiaj z lekarzem na temat jej nawilżania. Sporadycznie może rozwinąć się zakrzepowe zapalenie żył (patrz s. 510), dlatego zwróć uwagę lekarza na te objawy.

Na szczęście możliwe jest wczesne zapobieganie żylakom podczas ciąży lub zredukowanie do minimum ich objawów poprzez obniżanie ciśnienia w żyłach kończyn dolnych. Oto wskazówki:

• Unikaj nadmiernego przyrostu masy ciała.

• Unikaj długiego stania lub siedzenia. Jeśli siedzisz, trzymaj nogi na poziomie przynajmniej bioder. Stojąc bądź siedząc, od czasu do czasu rozciągnij nogę w kostce. Kiedy leżysz, podłóż pod nogi poduszkę, by je lekko unieść. Gdy odpoczywasz lub śpisz, staraj się leżeć na lewym boku.

• Unikaj dźwigania ciężarów.

• Unikaj wysiłku podczas wypróżniania. Pomogą przedstawione na s. 156 sposoby zapobiegania zaparciom.

• Noś rajstopy ściągające lub elastyczne pończochy. Wkładaj je, zanim wstaniesz z łóżka rano (zanim krew spłynie do stóp) i zdejmuj wieczorem przed położeniem się spać. Porozmawiaj z lekarzem o ich rozmiarze i rodzaju.

• Nie noś ograniczającej ruchy odzieży; unikaj ciasnych pasków i majtek, pończoch, skarpet z elastyczną górą, podwiązek i ciasnych butów. Unikaj też wysokich obcasów, wybieraj obuwie na obcasie płaskim lub średniej wysokości.

• Ćwicz, każdego dnia przez 20-30 minut spaceruj lub pływaj. Jeśli jednak czujesz ból, zrezygnuj z intensywnego aerobiku, joggingu, jazdy na rowerze oraz ćwiczeń z obciążeniem (patrz s. 187).

• Spożywaj witaminę C, o której część lekarzy mówi, iż utrzymuje elastyczność żył.

Chirurgiczne usunięcie żylaków nie jest zalecane podczas ciąży, chociaż może być przeprowadzone kilka miesięcy po porodzie[1].

W najlepszym przypadku jednak problem wyjaśni się lub poprawi samoistnie po porodzie, zazwyczaj w czasie, kiedy masa ciała powróci do poziomu sprzed ciąży.

## PROBLEMY Z CERĄ

*Moja skóra wygląda tak jak wtedy, gdy byłam nastolatką!*

Aura ciąży, która powoduje, że szczęśliwe kobiety aż promienieją, jest spowodowana nie tylko radością wynikającą z macierzyństwa, ale także wzrostem poziomu substancji endogennych w związku ze zmianami hormonalnymi. Są jednak kobiety – szczególnie te, u których występują zmiany skórne podobne do przedmiesiączkowych – które nie doświadczają takiej radości i czują się wyłączone z tej aury.

Chociaż zmiany skórne są bardzo trudne do zlikwidowania, następujące sugestie mogą pomóc w ich minimalizacji:

• Uwierz w dietę ciążową, która jest dobra zarówno dla twojej skóry, jak i dla dziecka.

• Pij dużo wody. Picie wody sprawia, że skóra jest czysta i dobrze nawilżona.

---

[1] Operacja chirurgiczna lub skleroterapia przeprowadzane w celu usunięcia żylaków są głównie zabiegami kosmetycznymi, toteż żylaki mogą pojawić się ponownie.

- Myj twarz 2-3 razy dziennie łagodnym tonikiem.

- Używaj lekkiego kremu nawilżającego. Niekiedy przyczyną przesuszenia skóry są ostre mydła przeciwtrądzikowe i inne produkty, które tak naprawdę dopiero stają się przyczyną kłopotów z cerą.

- Wybieraj takie preparaty do skóry, które nie zatykają porów. Jeśli używasz podkładu czy pudru, sprawdź, czy nie są tłuste.

Jeśli twój lekarz wyrazi na to zgodę, zażywaj suplement witaminy $B_6$ (nie więcej niż 25 do 50 mg). Witamina ta jest niekiedy zalecana w leczeniu kłopotów z cerą wywołanych hormonami (może również pomóc w złagodzeniu porannych nudności, patrz s. 117).

Przy poważnych kłopotach z cerą, wymagających porady dermatologa, koniecznie poinformuj tego specjalistę, że jesteś w ciąży. Niektóre lekarstwa na trądzik, zwłaszcza Accutane i Retin-A, nie powinny być używane przez ciężarne kobiety, gdyż mogą się okazać szkodliwe dla płodu. Poproś dermatologa o inne preparaty, bezpieczne dla matek oczekujących dziecka.

Dla niektórych kobiet w ciąży sucha, często swędząca skóra stanowi duży problem. Bardzo pomocne mogą być: preparaty nawilżające (dla optymalnej absorpcji powinno się je stosować, gdy skóra jest jeszcze wilgotna – po kąpieli lub prysznicu); picie dużej ilości płynów; nawilżanie powietrza w domu (patrz s. 457), zwłaszcza w sezonie grzewczym. Zbyt częste kąpiele, szczególnie w mydle, powodują wysuszenie skóry. Ogranicz więc kąpiele mydlane (bierz raczej prysznic) i staraj się używać do mycia delikatnych zmywaczy, toników.

W przypadku kobiet cierpiących na egzemę ciąża zdaje się jeszcze pogarszać ten stan. Kremów z małą ilością kortyzonu można bezpiecznie używać w czasie ciąży, jeśli nie stosuje się ich zbyt obficie. Spytaj lekarza lub dermatologa, który krem mógłby ci polecić.

# POSZERZENIE TALII

*Dlaczego moja talia już się poszerzyła? Myślałam, że przynajmniej do trzeciego miesiąca nie będzie nic widać.*

Poszerzenie talii może być widocznym efektem ciąży, zwłaszcza jeśli jesteś szczupła i nie masz nadmiaru ciała, którym byś mogła ukryć powiększającą się macicę. Może to być również skutek rozdęcia jelit spowodowanego przez nadmierne gazy bądź zaparcia, a obie te przypadłości bardzo często zdarzają się podczas ciąży. Z drugiej strony – jest to oznaka szybkiego przyrostu masy ciała. Jeśli przytyłaś więcej niż 1,5 kg do tego czasu, przeanalizuj swoją dietę – może spożywasz za dużo niepotrzebnych kalorii. Przejrzyj dietę ciążową i przeczytaj o przyroście masy ciała na s. 168.

# UTRATA DAWNEJ SYLWETKI

*Czy po urodzeniu dziecka wrócę jeszcze do mojej poprzedniej figury?*

W ciąży przeciętna kobieta uzyskuje trwale 1-2 kg masy, czemu często towarzyszy obwisłość skóry, ale nie jest to nieunikniony rezultat ciąży. Dodatkowe kilogramy są efektem nadmiernego przyrostu masy ciała, jedzenia nieodpowiednich pokarmów i/lub unikania ćwiczeń gimnastycznych podczas całych dziewięciu miesięcy.

Przyrost masy w ciąży ma dwa cele: odżywiać rozwijający się płód i zmagazynować rezerwy na okres karmienia dziecka piersią. Jeśli kobieta przybiera na wadze tylko tyle, ile trzeba, by zrealizować te zadania, i utrzymuje dobrą kondycję fizyczną, jej figura wróci do stanu sprzed ciąży, lub będzie bardzo jego bliska, po około sześciu miesiącach od porodu, szczególnie gdy wykorzysta zmagazynowaną tkankę tłuszczową poprzez karmienie piersią[1]. Nie martw się więc i przejdź do czynów.

Dzięki ćwiczeniu i przestrzeganiu diety teraz możesz mieć potem lepszą figurę niż kiedykolwiek wcześniej, ponieważ będziesz musiała się nauczyć, jak optymalnie dbać o swój organizm.

Jeśli twój mąż przyłączy się do ciebie i zacznie prowadzić zdrowy tryb życia, będzie również lepiej wyglądać, kiedy już urodzi się wam dziecko.

## MACICA ZA MAŁA (LUB ZA DUŻA)

*Podczas ostatniej wizyty położna powiedziała mi, iż moja macica jest dość mała. Czy to oznacza, że dziecko nie rośnie prawidłowo?*

Rodzice rzadko czekają do chwili narodzenia dziecka z obawami co do jego wielkości. Jednak – podobnie jak zaraz po porodzie – nie ma się o co martwić. Ostatecznie, ocenianie wielkości macicy z zewnątrz nie jest precyzyjne w żadnym okresie ciąży, a już szczególnie na samym początku. Obliczenie, jaka powinna być ta wielkość, również nie jest łatwe (chyba że masz całkowitą pewność co do dnia poczęcia), ponieważ wiek twojej ciąży może być oceniony z błędem aż kilkutygodniowym na plus lub na minus. Prawdopodobnie twoja położna planuje wyznaczyć termin badania USG w celu dokładnego zmierzenia wielkości macicy oraz określenia wieku ciąży, a także sprawdzenia, czy nie wystąpiły jakieś rozbieżności, które raczej rzadko się zdarzają.

---

[1] Niektóre matki karmiące piersią tracą bardzo niewiele kilogramów, lecz ich figura zwykle wraca do przedciążowej, gdy tylko odstawią dziecko. Jeśli dzieje się inaczej, zwykle przyczyną jest spożywanie zbyt wielu kalorii, a spalanie za mało. Matki karmiące dziecko butelką będą musiały po porodzie schudnąć za pomocą diety i ćwiczeń.

*Powiedziano mi, że wielkość macicy wskazuje na 12. tydzień, jednak według moich obliczeń jestem w ciąży dopiero 9 tygodni. Dlaczego zatem mam tak dużą macicę?*

Istnieje duże prawdopodobieństwo, że twoja macica jest dlatego większa, niż powinna być, że jesteś w bardziej zaawansowanej ciąży, niż przypuszczasz. Możliwe, że wraz z lekarzem wcześniej źle określiliście datę lub wielkość (powtórzmy: zewnętrzne pomiary wielkości macicy nie są precyzyjne). Aby to sprawdzić, a także z powodu innych, mniej prawdopodobnych ewentualności (na przykład takich, że nosisz dwojaczki, masz włókniaki macicy lub nadmiar płynu owodniowego), zapewne lekarz zleci badanie USG.

## POCHYLONA MACICA

*Lekarz powiedział mi, że mam pochyloną macicę. Czy stanowi to problem?*

Prawdopodobnie nie. Mniej więcej 1 na 5 kobiet ma pochyloną macicę (tyłozgięcie macicy), której dno jest pochylone do tyłu, zamiast do przodu. W większości przypadków macica „naprostowuje się" pod koniec pierwszego trymestru.

Jeśli rzeczywiście występuje u ciebie ta przypadłość, możesz doświadczać takich objawów, jak uczucie ciężkości pęcherza moczowego, jakby leżała na nim cegła (czyli twoja macica); niemożność całkowitego opróżnienia pęcherza; długie okresy nieoddawania moczu, trwające 4 lub więcej godzin. Jeśli występują u ciebie te objawy, jak najszybciej zadzwoń do lekarza, aby problem się nie nasilił i nie doszło do poważnej infekcji dróg moczowych (patrz też s. 452).

## ZGAGA I NIESTRAWNOŚĆ

*Cały czas mam niestrawność i zgagę. Czy to z powodu mojego dziecka?*

Podczas gdy ty zdajesz sobie sprawę z dyskomfortu jelitowo-żołądkowego, twoje dziecko w swojej błogości nie odczuwa tego i jest na to odporne – tak długo, jak długo nie wpływa to negatywnie na twoje prawidłowe odżywianie.

Chociaż niestrawność w czasie ciąży jest spowodowana tą samą przyczyną (zazwyczaj pobłażaniem sobie) co w innych okresach życia, istnieją dodatkowe czynniki, które powodują, że w ciąży jest ona utrapieniem. Na początku ciąży twój organizm produkuje dużą ilość progesteronu i relaksyny, które powodują rozluźnienie mięśni gładkich, z których zbudowany jest również przewód pokarmowy. W rezultacie pokarm przesuwa się wolniej w przewodzie pokarmowym, zalegając w nim i powodując niestrawność. To jest niedogodne dla ciebie, ale korzystne dla dziecka, ponieważ zwolnienie perystaltyki pozwala na lepszą absorpcję substancji odżywczych i przedostawanie się ich do krwi, a z nią poprzez łożysko do układu płodu.

Zgaga występuje wtedy, gdy mięśniówka oddzielająca przełyk od żołądka kurczy się, pozwalając pokarmowi i ostrym sokom żołądkowym cofać się z żołądka do przełyku. Kwas żołądkowy podrażnia wrażliwą śluzówkę przełyku, powodując jej martwicę w miejscu uszkodzenia. W ostatnich dwóch trymestrach ciąży problem może być złożony, gdyż powiększająca się macica zacznie uciskać żołądek.

W czasie ciąży nie ma mowy o uwolnieniu się od niestrawności – jest to właśnie jedna z najmniej przyjemnych wiadomości. Jednak dysponujemy kilkoma skutecznymi sposobami uniknięcia zgagi i niestrawności lub zminimalizowania dyskomfortu. Przestrzegaj następujących zaleceń:

- Unikaj nadmiernego jedzenia, ponieważ obciąża ono żołądek.
- Nie zakładaj ciasnych rzeczy na brzuch i wokół talii.
- Jadaj dużo małych posiłków, a nie trzy obfite.

- Jedz wolno, dokładnie przeżuwając małe kęsy.
- Przez kilka godzin po jedzeniu staraj się pozostawać w pozycji wyprostowanej. Nie jedz obfitych posiłków przed położeniem się do łóżka.
- Wyłącz z diety pokarmy, które powodują dolegliwości żołądkowo-jelitowe. Najbardziej szkodliwe są potrawy ostre i bardzo mocno przyprawione, smażone lub tłuste, mięsa konserwowe (kiełbasa wędzona, hot dogi, bekon), czekolada, kawa, alkohol, mięta (nawet w gumie do żucia).
- Nie pal papierosów.
- Unikaj zginania się w pasie przy pochylaniu; zginaj raczej kolana.
- Śpij z głową uniesioną na ok. 15 cm.
- Odprężaj się (patrz s. 127). Wypróbuj także dodatkowe lub alternatywne metody leczenia (patrz s. 244), takie jak medytacja, wizualizacja, biofeedback bądź hipnoza.
- Poproś lekarza, by polecił ci leki na nadkwaśność czy inne sprzedawane bez recepty medykamenty, które można bezpiecznie stosować podczas ciąży. Jeśli trudno ci wypełnić zapotrzebowanie na wapń, pomyśl o takich lekach przeciwko zgadze, które zawierają ten składnik, na przykład Tums lub Rolaids. Unikaj jednak tych, w których skład wchodzi sód lub dwuwęglan sodowy.

## NIECHĘĆ DO JEDZENIA ORAZ ZACHCIANKI

*Pewne pokarmy – szczególnie zielone warzywa – zawsze lubiłam jeść. Teraz jakoś dziwnie smakują. Natomiast mam zachcianki na potrawy o małej wartości odżywczej.*

Ciążowy „obrazek" męża biegającego pospiesznie w środku nocy w płaszczu nieprzemakalnym zarzuconym na piżamę w poszukiwaniu lodów i słoika pikli, aby zadośćuczynić zachciankom swej żony, jest bardziej wytworem karykaturzystów aniżeli rzeczywistości. Jak dotychczas niewiele zachcianek ciężarnych żon jest spełnianych przez mężów. Ale wiemy z własnego doświadczenia, że nasze nawyki smakowe ulegają w ciąży jakimś zmianom.

Badania wykazują, że do 90% oczekujących matek ma zachciankę przynajmniej na jeden pokarm (najczęściej lody, choć zazwyczaj bez pikli, albo owoce), a 50-85% – awersję do przynajmniej jednego pokarmu. Do pewnego stopnia za nagłe żołądkowe dziwactwa ponosi winę „dewastacja" hormonalna – która prawdopodobnie wyjaśnia, dlaczego awersja do pokarmów i zachcianki są charakterystyczne dla pierwszego trymestru pierwszej ciąży, kiedy ta „dewastacja" osiąga szczyt.

Jednak hormony nie są jedynym usprawiedliwieniem dla ciążowej awersji pokarmowej i zachcianek. Dawna teoria, że są one czułymi sygnałami płynącymi z naszego organizmu – w przypadku rozwijania się apetytu na różne substancje – nie zadowala nas, ale zgadzamy się z tym, iż zachcianki oznaczają zwykle, że czegoś potrzebujemy (i to ich zasługa). Podobny sygnał pojawia się np. po wypiciu kawy, która ma działać podtrzymująco w ciągu pracowitego dnia. Jeśli słaby napój alkoholowy przed obiadem wydaje się za mocny lub nagle nie możesz się oderwać od grejpfrutów, jeśli z drugiej strony nie możesz patrzeć na ryby, a masz ochotę na lody z owocami i śmietankę, to też ufaj sygnałom wysyłanym przez twój organizm.

Fakt, że sygnały dotyczące pokarmów są niepewne, wynika z tego, że prawdopodobnie odstąpiliśmy znacznie od naturalnego łańcucha pokarmowego i dlatego nie potrafimy interpretować tych sygnałów poprawnie. Doszliśmy do wniosku, że jeśli pokar-

my pochodzą z natury, to zachcianki na węglowodany i wapń powinny iść w kierunku owoców, jagód, mleka, sera. Nic dziwnego, że różnorodność nęcących możliwości, dostępna w obecnych czasach, może nas wprawić w zakłopotanie.

Całkowite zignorowanie zachcianek i awersji nie byłoby rozsądne. Czasem można reagować na nie bez narażania potrzeb odżywczych dziecka, jednak gdy wiesz, że lepiej byłoby się obyć bez tego, na co masz chęć, poszukaj czegoś w zamian, co przynajmniej częściowo zaspokoi apetyt, a nie dostarczy pustych kalorii. Wybierz mrożony jogurt czekoladowy zamiast mrożonego batonika czekoladowego, mieszankę suszonych owoców i orzechów zamiast paczki żelków, pieczone naturalne chipsy zamiast tych barwiących palce. Gdyby substytuty okazały się nieskuteczne, pomóc mogą zajęcia fizyczne. Zatem kiedy najdzie cię chętka na coś niezdrowego, spróbuj zrobić coś, co lubisz: wybierz się na krótki spacer, poczytaj interesującą książkę, odwiedź w Internecie chat-room dla kobiet w ciąży, zagraj w grę na komputerze. Oczywiście czasami poddanie się pokusie spożycia czegoś mniej wartościowego odżywczo nie szkodzi, jeżeli dany produkt nie zawiera jakiejś substancji szkodliwej (na przykład nie jest to napój alkoholowy) oraz jeśli zachcianka ta nie zastąpi czegoś odżywczego w twojej diecie.

Jeśli doświadczysz nagłej awersji do kawy lub alkoholu, lodów czekoladowych, kremów, to bardzo dobrze. Rezygnacja z tego wszystkiego będzie o wiele zdrowsza. Jeśli jest to ryba, mleko, których nie możesz już tolerować, nie wysilaj się dłużej, bo możesz znaleźć wiele innych rekompensujących źródeł (patrz *Dieta ciążowa*).

Zachcianki i awersje do pokarmów zanikają lub słabną w czwartym miesiącu ciąży. Potrzeby emocjonalne mogą być przyczyną przedłużania się czasu trwania zachcianek smakowych. Jeśli zarówno ty, jak i twój małżonek zdajecie sobie sprawę z własnych

# Proszę o pasteryzowane

Pasteryzacja, wynaleziona przez francuskiego naukowca Louisa Pasteura w połowie XIX wieku, była najlepszą rzeczą, jaka wydarzyła się w mleczarstwie, od kiedy istnieją krowy. I nadal tak jest, przynajmniej jeśli chodzi o kobiety w ciąży. Aby ochronić siebie i dziecko przed zakażeniem niebezpiecznymi bakteriami, zawsze się upewnij, że pijesz pasteryzowane mleko oraz że wszystkie spożywane przez ciebie sery i inne produkty mleczne zostały sporządzone z pasteryzowanego mleka. Soki, które mogą zawierać bakterie *E. coli* czy inne niebezpieczne drobnoustroje, także powinny zawsze być poddane pasteryzacji. Pasteryzuje się obecnie nawet jajka (eliminuje to ryzyko związane z salmonellą, a nie zmienia smaku ani wartości odżywczej), choć nie są one jeszcze powszechnie dostępne.

---

potrzeb, to łatwiej je zaspokoić. Zamiast wyrażać życzenia w środku nocy, znajdź czas na spokojne pieszczoty lub romantyczną kąpiel we dwoje.

Niektóre kobiety mają ochotę konsumować specyficzne substancje takie, jak glina, popiół i krochmal. Te nawyki mogą być oznaką niedoborów różnych substancji, zwłaszcza żelaza, i powinnaś je zgłosić lekarzowi.

## WSTRĘT DO MLEKA LUB JEGO NIETOLERANCJA

*Nie toleruję mleka, a picie czterech filiżanek dziennie wywołuje u mnie dolegliwości. Czy moje dziecko cierpi z tego powodu?*

Nie mleko jest potrzebne twemu dziecku, ale wapń. Chociaż mleko jest najbardziej odpowiednim źródłem wapnia w amerykańskiej diecie i najczęściej zalecanym podczas ciąży, to są jeszcze inne substytuty, które mają tak samo dużo wartości odżywczych. Wiele osób nie tolerujących laktozy (nie mogą spożywać mlecznego cukru, laktozy) toleruje inne rodzaje produktów mlecznych, takie jak: sery, pełnotłuste jogurty i mleko ze zmniejszoną ilością laktozy, która w 70% do 100% jest odpowiednio przetwarzana i przybiera łatwo przyswajalną formę. (Istnieje jeszcze inna zaleta produktów mlecznych bez laktozy: część

z nich zawiera zwiększoną ilość wapnia. Sprawdź etykietkę i wybierz te, które do nich należą.) W zminimalizowaniu lub całkowitym wyeliminowaniu kłopotów żołądkowych wynikających ze spożywania nabiału pomagają także tabletki z laktozą przyjmowane przed piciem mleka czy jedzeniem produktów mlecznych bądź dodawanie kilku kropli laktozy lub tabletek z laktozą bezpośrednio do mleka.

Nawet jeśli od lat cierpisz na nietolerancję laktozy, możesz odkryć, że w drugim czy trzecim miesiącu ciąży jesteś w stanie znieść niektóre produkty nabiałowe – czyli wtedy, gdy zapotrzebowanie płodu na wapń jest największe. Jeśli tak jest, nie popadaj w przesadę; trzymaj się głównie tych produktów, które w najmniejszym stopniu mogą wywołać nieprzyjemną reakcję. Wszak nie ma sensu wywoływać sensacji trawiennych. Nawet jeśli nie tolerujesz żadnych produktów mlecznych lub jesteś na nie uczulona, możesz zapewnić swemu dziecku tyle wapnia, ile ono potrzebuje, pijąc soki wzbogacone w ten pierwiastek oraz jedząc nienabiałowe produkty wyszczególnione w dziale *Pokarmy bogate w wapń* na s. 96.

Jeżeli twój problem dotyczący mleka nie ma podłoża psychicznego, a jest wynikiem niesmaku, wypróbuj inne pokarmy mleczne lub bezmleczne, bogate w wapń. Na pewno wiele z nich nie będzie drażnić twoich kubków smakowych. Lub oszukaj je mlekiem, które pojawi się na twoim stole w ukrytej postaci, na przykład jako owsianka, w zu-

## Czy rzeczywiście masz nietolerancję laktozy?

Wiele osób myli nietolerancję laktozy z niestrawnością. Aby się przekonać, czy tolerujesz nabiał w niewielkich ilościach, poproś kogoś z rodziny, by podawał ci przez kilka dni koktajl mleczny sporządzony z normalnego beztłuszczowego mleka, a następnie z mleka pozbawionego laktozy i aby nie informował cię, który jest który. Jeżeli masz objawy niestrawności tylko po normalnym mleku, prawdopodobnie masz nietolerancję laktozy.

pie, babeczkach, sosach, koktajlach mlecznych, mrożonych deserach, budyniach.

Jeśli mimo najlepszych chęci nie pokryjesz całkowicie zapotrzebowania na wapń stosowaniem odpowiedniej diety, poproś swojego lekarza, aby polecił ci wapniowy preparat uzupełniający. Musisz także się upewnić, czy przyjmujesz odpowiednią ilość witaminy D (którą dodaje się do krowiego mleka); sprawdź pod tym kątem uzupełniający preparat dla kobiet w ciąży, który przyjmujesz.

## CHOLESTEROL

*Mój mąż i ja przestrzegamy diety niskocholesterolowej i niskotłuszczowej. Czy powinnam to kontynuować podczas ciąży?*

Kobietom w ciąży i nieciężarnym kobietom w okresie rozrodczym jest czego pozazdrościć, przynajmniej gdy weźmie się pod uwagę miłośników boczku, jajek i steków: do pewnego stopnia są chronione przed zatykaniem tętnic przez cholesterol.

Fakt, że cholesterol jest potrzebny do rozwoju płodu, powoduje, że organizm matki automatycznie zwiększa jego produkcję i podnosi poziom cholesterolu we krwi od 25 do 40%. Chociaż nie możesz stosować diety bogatej w cholesterol, nie czuj się zbyt ograniczona w swoim działaniu[1].

Jeśli lubisz jajka, jedz codziennie jedno (ale nie może być surowe ani nawet nie w pełni ścięte, chyba że jest pasteryzowane) i ser (najlepiej niskotłuszczowy), aby pokryć niedobory wapnia, a mięso spożywaj okazjonalnie (ale bez poczucia winy). Nie przesadzaj jednak, ponieważ pokarmy bogate w cholesterol są również bogate w tłuszcz i kalorie, a ich nadmiar spowoduje nadmierny przyrost masy ciała. Zbyt duża ilość tłuszczu mogłaby spowodować, że przekroczysz swoją normę. Pamiętaj, że żywność bogata w cholesterol zawiera również dużą ilość tłuszczów zwierzęcych, częstokroć zanieczyszczonych niepożądanymi chemikaliami.

Jeśli nie musisz koniecznie jadać majonezu, masła, żółtek jaj, baraniny, to czym prędzej z nich zrezygnuj (nie dotyczy to dzieci do lat 2[2]).

Diety bezcholesterolowej powinni szczególnie przestrzegać mężczyźni (starsi) z wysokim poziomem cholesterolu we krwi oraz ci, którzy pragną go uniknąć. Serwowanie dwurodzajowego śniadania, obiadu i kolacji – bez cholesterolu i zawierających cholesterol – jest nie tylko sprawą wysiłku związanego z przygotowaniem, ale rozważnym działaniem w celu upowszechnienia zdrowej diety w kręgu rodzinnym. Wybieraj raczej mięso drobiowe bez skóry, niskotłuszczowe produkty mleczne, oleje roślinne (na przykład z oliwek lub rzepakowy),

---

[1] Kobiety z hipercholesteremią, czyli rodzinnie uwarunkowanym wysokim poziomem cholesterolu, są wyjątkiem od zasady zwolnienia z cholesterolowego reżimu podczas ciąży. Kobiety te powinny nadal kontynuować zalecenia lekarzy dotyczące diety.

[2] Dzieci poniżej drugiego roku życia potrzebują tłuszczu i cholesterolu do prawidłowego wzrostu i rozwoju mózgu, toteż nigdy nie można stosować u nich diety niskotłuszczowej i niskocholesterolowej, chyba że pod ścisłym nadzorem medycznym.

a także białko kurze zamiast żółtka. (Lub jedz jajka zawierające DHA omega-3 – patrz s. 92, pochodzące od kur karmionych paszą zdrową dla serca.) Ciesz się cholesterolową rozrzutnością przebiegle, gdy wiesz, że nie ma w pobliżu nikogo, komu mogłaby lecieć ślinka.

## DIETA UBOGA W MIĘSO WIEPRZOWE I WOŁOWE

*Z mięsa jem tylko kurczaki. Ponadto jem ryby. Czy dostarczam mojemu dziecku wszystkiego, czego mu potrzeba?*

Twoje dziecko będzie zdrowe i szczęśliwe. Ryby i mięso drobiowe zawierają więcej białka i mniej tłuszczu w porównaniu z tzw. mięsem czerwonym (wołowina, wieprzowina). Dieta uboga w mięso wołowe i wieprzowe zawiera mniej cholesterolu, co dla ciebie nie odgrywa tak wielkiej roli, gdy jesteś w ciąży, ale jest korzystne dla męża i pozostałych członków rodziny, którzy ukończyli drugi rok życia.

## DIETA WEGETARIAŃSKA

*Jestem wegetarianką i cieszę się doskonałym zdrowiem. Ale wszyscy mówią, że powinnam jeść mięso, ryby, jaja i produkty mleczne, żeby urodzić zdrowe dziecko. Czy to prawda?*

Wegetarianki rodzą zazwyczaj zdrowe dzieci, dzięki swym zasadom dietetycznym. Muszą jednak bardziej uważać w czasie ciąży niż kobiety jedzące mięso i w swojej diecie zwrócić uwagę na poniższe punkty:

**Dostarczanie białka.** U wegetarianki, która jada jaja i produkty mleczne, norma białka zostaje całkowicie pokryta. Weganki,

które nie jadają jajek ani nie piją mleka, muszą uzupełniać dietę białkami roślinnymi, aby przyjąć wszystkie cztery dawki białka (o jedną więcej niż niewegetarianki; (*Białka roślinne*, s. 95). Niektóre substytuty mięsa są wartościowym źródłem białka, podczas gdy inne mają go mało, a za to bogate są w tłuszcz i kalorie. Czytaj uważnie etykietki, pamiętając o tym, że 20 do 25 mg białka oznacza jedną dawkę.

**Dostarczanie wapnia.** To nie problem dla wegetarianki, która jada produkty mleczne, ale kłopot dla tej, która ich nie je. Wiele produktów zawierających soję jest bogatych w wapń. Wystrzegaj się jednak mleka sojowego obciążonego cukrami (cukier biały, syrop kukurydziany, miód); szukaj produktów pełnosojowych i sprawdzaj na etykietkach, jaka jest w nich zawartość wapnia (około 300 mg równa się jednej dawce).

Jeśli produkt ma być zaliczony do pożywienia bogatego w wapń, to powinien go zawierać w formie przyswajalnej dla organizmu; w przeciwnym razie będzie zupełnie bezwartościowy. Płatki kukurydziane są znakomitym bezmlecznym źródłem wapnia, dostarczającym go w ilości pokrywającej zapotrzebowanie na ten pierwiastek. Kolejnym źródłem wapnia jest sok pomarańczowy z jego dodatkiem. Inne pokarmy bogate w wapń wyszczególniono na s. 96.

Na wszelki wypadek weganom poleca się preparaty uzupełniające wapń (wegetarianie przyjmują go w wystarczającej ilości).

**Witamina B$_{12}$.** Choć niedobory witaminy B$_{12}$ zdarzają się rzadko, to wegetarianie, a szczególnie weganie, często przyjmują jej za mało, ponieważ głównym źródłem tej witaminy są produkty mięsne. Z tego powodu powinni przyjmować dodatkowo preparaty zawierające witaminę B$_{12}$ i kwas foliowy oraz żelazo.

**Witamina D.** Jest to ważna witamina, w naturze występująca w tranie. Jest ona także syntetyzowana w skórze pod wpływem promieni słonecznych, ale z powodu kapryśnej pogody i zachmurzonego nieba oraz niebezpieczeństw wynikających ze spędzania zbyt długiego czasu na słońcu nie jest to źródło witaminy D, na którym można polegać. Dotyczy to szczególnie kobiet o ciemnej skórze. Chodzi o to, by zabezpieczyć odpowiednią ilość witaminy D. Według norm amerykańskich szklanka mleka powinna zawierać 400 mg witaminy D. Jeśli nie pijesz krowiego mleka, upewnij się, czy witamina D znajduje się w mleku sojowym lub preparacie uzupełniającym dla kobiet w ciąży. Uważaj jednak i nie stosuj witaminy D w dawce większej niż zalecana dla kobiety w ciąży, bo przedawkowanie może być szkodliwe.

# DIETY UBOGIE W WĘGLOWODANY

*Aby schudnąć, jestem na diecie ubogiej w węglowodany, a bogatej w białko. Czy mogę ją kontynuować podczas ciąży?*

Jedyna odpowiednia dieta na czas ciąży to taka, która jest dobrze zbilansowana – dlatego też dieta ciążowa obfituje w białko i węglowodany. Diety ograniczające przyjmowanie węglowodanów (łącznie z owocami, warzywami i ziarnami) redukują ilość substancji odżywczych niezbędnych dla rozwijającego się płodu (i jego coraz grubszej mamy), dlatego też są całkowicie nierozsądne. W rzeczywistości diety takie prowadzą do urodzenia dziecka z niską masą urodzeniową. I jeszcze jedna ważna sprawa: matki oczekujące narodzin dziecka nie powinny być na diecie odchudzającej. Będzie na to mnóstwo czasu, gdy dziecko przyjdzie na świat – jeśli, miejmy nadzieję, dieta, na którą się wówczas zdecydujesz, będzie także dobrze wyważona. A z tym wiąże się kolejne ważne zagadnienie: reklama może sprawić, iż dieta stanie się modna, ale nie stanie się zdrowsza.

# „ŚMIETNIKOWE JEDZENIE"

*Jestem uzależniona od „śmietnikowej diety" – pączków, chipsów, hamburgerów i frytek. Wiem, że powinnam się zdrowiej odżywiać, ale nie jestem przekonana, czy uda mi się zmienić zwyczaje.*

Trudno o lepszą do tego okazję. Zanim zaszłaś w ciążę, nieodpowiednia dieta mogła zaszkodzić tylko tobie, a teraz może zaszkodzić też twemu dziecku. Jeśli utrzymasz dawną dietę – pączki, hamburgery – skażesz swoje dziecko na niewłaściwe odżywianie podczas najważniejszych dla niego dziewięciu miesięcy. Jedząc bezwartościowe pokarmy, sprawisz, że twoje dziecko nie urośnie. Na szczęście można zerwać z nałogami – nawet ze śmietnikowym jedzeniem. Oto kilka bezbolesnych sposobów na odejście od tego nawyku, które są warte zachodu:

**Zmień miejsce spożywania posiłków.** Jeśli zwykle jadłaś na śniadanie słodką bułkę przy biurku w pracy, zacznij jeść lepsze śniadania w domu. Jeśli zazwyczaj jadasz lunch w pobliskim barze z hamburgerami, a wiesz, że nie potrafisz się oprzeć wielkiemu hamburgerowi z frytkami, kup zdrową kanapkę w pobliskim sklepie – albo pójdź do restauracji, w której nie serwuje się hamburgerów.

**Przestań sądzić, że jedzenie to wrzucanie czego się da.** Zamiast sięgać po to, co jest łatwiejsze lub najbardziej pod ręką, trzeba raczej wybrać to, co jest najlepsze dla dziecka. Zaplanuj posiłki. Jedz je regularnie i długo, żeby mieć pewność, że dostarczasz organizmowi „codzienną dwunastkę".

**Nie ulegaj pokusom.** Nie trzymaj w domu cukierków, chrupek, słodkich ciastek robionych z rafinowanej mąki i słodzonych napojów (inni członkowie rodziny przetrwają bez nich i faktycznie będą mieć z tego korzyść). Gdy w pracy wszyscy robią sobie przerwę na kawę i słodycze, nie odpowiadaj na ten sygnał. W domu i w pracy miej przygotowane zdrowe przekąski – świeże owoce, orzechy, wypieki z pełnymi ziarnami, paluszki i krakersy, soki, jajka ugotowane na twardo i ser (ostatnie dwa dobrze przechowywać w lodówce w miejscu pracy lub w specjalnej torbie na lunch, do której można włożyć lód.).

**Zamieniaj na inne.** Nie potrafisz wyobrazić sobie lunchu bez hamburgera? Niech będzie to zatem hamburger wegetariański lub z mięsa indyczego, a jest on coraz bardziej popularny w różnych restauracjach i na wynos – mają one mniej tłuszczu i kalorii. (Dodaj ser, sałatę, pomidora, ogórki konserwowe czy inne twoje ulubione hamburgerowe dodatki, a zapomnisz o braku wołowiny.) Brakuje ci pączka do porannej kawy? Zamiast niego wybierz pełnoziarnistą babeczkę. Nagle, w środku nocy, bierze cię chęć na chipsy? Wybierz te pieczone, o niskiej zawartości tłuszczu, zanurzone w sosie salsa, dzięki czemu będą miały intensywniejszy smak oraz sporą dawkę witaminy C.

**Nie usprawiedliwiaj złych nawyków żywieniowych brakiem czasu.** Prawda jest taka, że przygotowanie do pracy kanapki z pieczonym mięsem z indyka, serem, sałatą i pomidorem albo spakowanie owoców i jogurtów nie zajmuje więcej czasu niż stanie w kolejce po hamburgera.

Jeśli perspektywa przygotowania porządnego obiadu każdego wieczoru wydaje się przytłaczająca, gotuj naraz dwa lub trzy obiady. Zdaj się na prostotę: fantazyjne posiłki zasadniczo nie tylko są pracochłonne, ale również zawierają dużo tłuszczu i kalorii, a mało substancji odżywczych. W celu przyrządzenia szybkiego posiłku: usmaż filet rybny, po czym podaj go z ulubionym kupnym sosem salsa, małym posiekanym awokado oraz sokiem wyciśniętym ze świe-

żej limonki. Albo gotowaną, pozbawioną skóry pierś kurczaka polej sosem pomidorowym i posyp niskotłuszczowym serem mozzarella, a następnie włóż to wszystko do piekarnika. Lub też nafaszeruj naleśnik jajecznicą, startym niskotłuszczowym serem cheddar i warzywami ugotowanymi na parze. Kiedy nie masz czasu zaczynać wszystkiego od początku (czy kiedykolwiek go masz?), nie wahaj się i skorzystaj z fasolki konserwowej, gotowych zup o niskiej zawartości sodu, mrożonych lub paczkowanych, gotowych i zdrowych posiłków[1] (szeroki ich wybór znajdziesz w sklepie ze zdrową żywnością, a także w dobrych supermarketach), warzyw mrożonych lub świeżych, wstępnie umytych i pokrojonych, czy wreszcie gotowych sałatek przygotowywanych przez pracowników sklepów.

**Nie usprawiedliwiaj swego stylu odżywiania niskim budżetem.** Szklanka soku pomarańczowego lub mleka jest tańsza niż puszka coca-coli. Usmażony na rożnie w domu kurczak z pieczonymi ziemniakami jest tańszy od sandwicza z kurczakiem i frytek kupionych w barze typu fast food.

**Rzuć z dnia na dzień.** Gdy zauważysz, że od jednego się zaczyna, nie oszukuj się wmawianiem, iż tylko raz zjesz pączka z coca-colą. Zamiast tego powiedz sobie: koniec z byle jakim jedzeniem, przynajmniej do porodu. Być może po porodzie ze zdumieniem zauważysz, jak trudno jest zerwać z tymi nowymi nawykami jedzeniowymi: niemal tak samo jak z poprzednimi, złymi. Zatem dawanie dobrego przykładu dzieciom co do sposobu odżywiania się będzie znacznie łatwiejsze.

**Przestrzegaj diety ciążowej.** Zrób wszystko, by stała się częścią twojego życia.

---

[1] Sprawdź na etykietce, czy nie ma w nich niezdrowych dodatków, czy zawartość białka jest odpowiednia oraz czy nie zawierają za dużo sodu.

# Ocena dodatków spożywczych

Dodatki spożywcze występujące w naszym jedzeniu musiały zostać zatwierdzone przez odpowiednie władze, jednak liczni rzecznicy praw konsumenta kwestionują proces ich dopuszczania czy samo bezpieczeństwo spożywania tych dodatków. Amerykańskie Centrum Naukowe dla Dobra Publicznego (CSPI), które uważnie przygląda się tym sprawom, dzieli poniższe, powszechnie stosowane (choć niekoniecznie wymieniane) dodatki w następujący sposób:

**UWAŻANE ZA BEZPIECZNE (z wyjątkiem pojedynczych przypadków osób na nie uczulonych). Swobodnie używaj produktów zawierających:** alginat, tokoferol (witamina E), kwas askorbinowy (witamina C), beta-karoten, propionian wapnia, stearyoilomleczan wapnia, karagen, kazeina, kwas cytrynowy, kwas etylenodiaminotetraoctowy- (EDTA), kwas izoaskorbinowy, glukonian żelazawy, kwas fumarowy, żelatyna, glicerol, gumy: arabska, furcelleran, ghatti, guar, karaya, mączka chleba świętojańskiego i ksantanowa; kwas mlekowy, lecytyna, mono- i dwuglicerydy, sole fosforanów, kwas fosforowy, estry steroli roślinnych, monostearynian polioksyetylenosorbitolu, tristearynian polioksyetylenosorbitolu, monooleinian polioksyetylenosorbitolu, sorbinian potasu, alginian propylenowo-glikolowy, askorbinian sodu, benzoesan sodu, karboksymetyloceluloza, kazeinian sodu, cytrynian sodu, propionian sodu, stearyoilomleczan sodu, kwas sorbowy, monostearynian sorbitanu, skrobia, skrobia modyfikowana, Sucralose, monoazotan tiaminy, wanilina, etyl waniliny, olej roślinny, estry steroli.

**NIETOKSYCZNE, ale w dużych dawkach mogą być szkodliwe lub przyczyniać się do złego odżywienia. Ograniczaj przyjmowanie:** kofeiny, słodu kukurydzianego, dekstrozy (cukru kukurydzianego, glukozy), wysokocukrowego syropu kukurydzianego, uwodornionego hydrolizatu skrobi, uwodornionego oleju roślinnego, cukru inwertowanego, maltitolu, mannitolu, salatrimu, soli, sorbitolu, cukru.

**LEPIEJ UWAŻAĆ, poniższe dodatki mogą stanowić zagrożenie i powinny zostać dokładniej przebadane. Staraj się unikać:** sztucznych barwników, Citrus Red nr 2 i Red nr 40, aspartamu (znajduje się w słodzikach NutraSweet i Equal), bromowanych olejów roślinnych, butylohydroksyanizolu, butylohydroksytoluenu, parabenu heptylowego, chininy.

**LEPIEJ UWAŻAĆ – w przypadku osób z alergiami, nadwrażliwością czy o innych negatywnych reakcjach. Jeśli należysz do nich, unikaj:** sztucznych barwników, Yellow nr 5, sztucznych i naturalnych substancji smakowych, aspartamu (znajduje się w słodzikach Nutra-Sweet i Equal), beta-karotenu, kofeiny, karminy, koszenili, kazeiny, żywicy tragakantowej, hydrolizowanego białka roślinnego, laktozy, glutaminianu sodu, chininy, wodorosiarczanu sodu, siarczynów, bezwodnika kwasu siarkawego.

**NIEBEZPIECZNE w ilościach zwykle konsumowanych lub niewystarczająco przebadane. Unikaj:** acesulfamu potasu, sztucznych barwników (Blue nr 1, Blue nr 2, Green nr 3, Red nr 3, Yellow nr 6), cyklaminianu, Olestry, bromianu potasu, galusanu propylu, sacharyny, azotanu i azotynu sodu.

# FAST FOOD

*Wychodzę z przyjaciółmi na szybkie jedzenie średnio raz w miesiącu. Czy powinnam z tego zrezygnować dla dobra mojej ciąży?*

W ciągu minionych kilku lat większość głównych sieci restauracji typu fast food przynajmniej postarało się o to, by zaproponować coś konsumentom dbającym o zdrowe odżywianie. Niestety, wiele z tych nowości zostało już usuniętych z menu, ponieważ nie było na nie popytu. (Czy kogoś to zaskakuje, że osoby odwiedzające restauracje typu fast food nie dbają o zdrowe odżywianie?) Jeśli jednak będziesz uważnie dokonywać wyboru, nadal możesz wychodzić z tego typu miejsc bez poważnego uszczerbku dla zdrowia, pod warunkiem jednak, że nie będziesz wchodzić tam zbyt często. Przeczytaj informację o wartości odżywczej, którą można dostać wysyłkowo lub, na życzenie, na miejscu, gdyż pomoże ci ona w dokonaniu wyboru. Więcej na ten temat znajdziesz na stronie 228.

# SUBSTANCJE CHEMICZNE W POŻYWIENIU

*Czy wśród substancji chemicznych stosowanych do konserwacji żywności (siarkowe związki konserwujące w warzywach, związki rtęci w rybach, antybiotyki w mięsie i kiełbasach) jest coś, co można jeść w czasie ciąży?*

Sprawozdania dotyczące stosowania środków konserwujących do żywności straszą apetyty – zwłaszcza kobiet ciężarnych, które obawiają się nie tylko o swoje zdrowie, ale i o zdrowie swojego nie narodzonego dziecka. Za sprawą środków przekazu określenie „chemiczny" staje się synonimem „niebezpieczny", a „naturalny" – „bezpieczny". Ale żadne uogólnienie nie jest prawdziwe.

Wszystko, co jemy, zawiera związki chemiczne. Niektóre z nich są szkodliwe, inne nie, a jeszcze inne nawet korzystne. „Naturalny" środek często bywa lepszy niż sztuczny, chociaż może też być szkodliwy. „Naturalne" grzyby bywają trujące, jajka, masło i tłuszcze zwierzęce są przyczyną wielu chorób serca, a „naturalny" cukier i miód są łączone z cukrzycą. Ale nie można ci nakazać, byś całkowicie zrezygnowała z jedzenia tych pokarmów, możemy tylko powiedzieć o ich szkodliwym niekiedy wpływie na zdrowie twojego dziecka.

Niezależnie od tego, co słyszałaś, nie udowodniono ponad wszelką wątpliwość, by jakiekolwiek stosowane obecnie produkty czy dodatki stawały się przyczyną uszkodzenia płodu. Większość amerykańskich kobiet w ciąży, które nie przestrzegają za-

sad bezpiecznego odżywiania, rodzi zdrowe dzieci. Niebezpieczeństwo wynikające ze stosowania związków chemicznych jest coraz bardziej odległe.

Jeśli chcesz również wyeliminować to odległe ryzyko, prześledź poniższe punkty, które pomogą ci w decyzji, co kupować, a co nie.

• Stosuj dietę ciążową jako podstawę do selekcji pokarmów; to spowoduje, że unikniesz żywności przetworzonej i wielu innych potencjalnych zagrożeń. Dieta ta skłoni cię do zaopatrzenia się w zielone i żółte warzywa, które zawierają ochronny beta-karoten, oraz w inne owoce i warzywa zawierające duże ilości fitochemikaliów, niwelujących szkodliwy wpływ toksyn zawartych w naszym pożywieniu.

• Oszczędnie używaj większości substytutów cukru. Uzasadnienie znajdziesz na stronie 66.

• Gdy to możliwe, gotuj ze świeżych składników lub korzystaj z mrożonek i organicznej, gotowej żywności paczkowanej. Unikniesz wtedy wielu budzących wątpliwości dodatków spożywczych, które zazwyczaj występują w daniach gotowych. Twoje potrawy będą miały większą wartość odżywczą.

• Wybieraj ryby uważane za zdrowe, pamiętając o zasadzie, że kobiety ciężarne (a także matki karmiące oraz małe dzieci) powinny bardziej zwracać uwagę na jedzenie niż reszta społeczeństwa. Wedle wskazówek Agencji Ochrony Środowiska[1], powinnaś unikać jedzenia mięsa rekina, miecznika, makreli królewskiej oraz ryby o nazwie tilefish (*Lopholatilus chamaelonticeps*). Te duże ryby zawierają silne stężenie metylu rtęci, substancji chemicznej szkodliwej dla rozwijającego się

---

[1] W Polsce informacji tych udzielają Oddziały Epidemiologii przy stacjach Sanitarno-Epidemiologicznych (przyp. tłum.).

systemu nerwowego płodu. (Dotyczy to częstego spożywania tych ryb, nie martw się więc, jeśli okazyjnie zjadłaś którąś z nich). Powinnaś także ograniczyć spożycie ryb słodkowodnych złowionych przez członków rodziny i przyjaciół, do około 20 dag (po przyrządzeniu) tygodniowo; ryby sprzedawane w sklepach zwykle mają mniejszą zawartość substancji zanieczyszczających w mięsie, tych zatem możesz bez obaw jeść więcej. Wystrzegaj się również spożywania jakichkolwiek ryb złowionych w wodach zanieczyszczonych (na przykład ściekami czy wyciekami z fabryk) lub tropikalnych, takich jak ostrobok, seriola, koryfena (gdyż niekiedy zawierają toksyny). Na szczęście zostaje jeszcze wiele gatunków ryb, którymi możesz raczyć się bezpiecznie i często (według zaleceń rządowych można bez ryzyka jeść ok. 40 dag przyrządzonej ryby tygodniowo). Wybieraj spośród następujących gatunków: łosoś, bas morski, sola, flądra, łupacz, halibut, okoń oceaniczny, rdzawiec, dorsz, tuńczyk (uważa się, że bezpieczniejszy jest z puszki niż świeży) i pstrąg z hodowli oraz licznych mniejszych ryb oceanicznych, ryb hodowlanych, w puszce czy wreszcie najróżniejszych potraw z owoców morza. Pamiętaj, że wszystkie ryby i owoce morza powinny być dobrze ugotowane lub usmażone/upieczone.

• Unikaj pokarmów zawierających azotany i azotyny (w tym również azotanu sodu): frankfurterek, salami, mięsa konserwowego, wędzonych ryb i mięsa. Poszukaj wyrobów, które nie zawierają powyższych konserwantów. (Miej jednak na uwadze, iż wszelkie gotowe do spożycia mięsa powinny zostać podgrzane, patrz s.151).

• Jeśli możesz wybrać pomiędzy produktami sztucznie barwionymi, aromatyzowanymi lub inaczej sztucznie wzbogaconymi a produktami naturalnymi, to oczywiście wybierz te drugie. Niektóre ze sztucznych barwników budzą wątpliwości (patrz ramka ze strony 146) i używa się ich do poprawienia żywności, która sama w sobie nie jest wartościowa.

• Gotuj, nie używając sztucznych aromatów np. glutaminianu sodu itp. Zamawiając danie w chińskiej restauracji, poproś, by do twojego nie dodano glutaminianu sodu[1].

• Do gotowania wybieraj chude mięso bez tłuszczu i skóry, ponieważ spożywane przez zwierzęta substancje chemiczne najczęściej odkładają się właśnie w tłuszczu. W przypadku drobiu mniej chemii dostanie się do twojego organizmu, jeśli usuniesz i tłuszcz, i skórę. Z tego samego powodu nie jedz zbyt często podrobów (takich jak wątroba czy nerki). Jeśli możesz (i stać cię na to), kupuj mięso drobiowe z ferm prowadzących chów organiczny, bez użycia hormonów i antybiotyków. Mięso kur trzymanych w większej swobodzie raczej nie będzie skażone tymi substancjami, a także np. salmonellą, ponieważ ptactwo nie jest trzymane w ciasnych pomieszczeniach, w których często rozwijają się choroby.

• Dla ostrożności myj dokładnie owoce i warzywa przed ich spożyciem, dokładnie spłukuj pod bieżącą wodą[2]. Praktycz-

---

[1] Co prawda uważa się, że glutaminian sodu nie jest szkodliwy dla kobiet w ciąży, jednak u pewnych ludzi wywołuje on negatywne reakcje, takie jak bóle głowy i problemy żołądkowe.

[2] Gdybyś chciała użyć płynu do mycia naczyń, pamiętaj, że podaje się w wątpliwość bezpieczeństwo takiego postępowania. Część ekspertów uważa ten zabieg za nieszkodliwy, jednak inni wskazują na możliwość przedostania się detergentów do produktów, z czym wiążą się kolejne problemy. Bezpieczniejsza bywa żywność oczyszczona fabrycznie, ale takowa nie została dotąd wystarczająco przebadana. Gdy używasz płynu do mycia lub żywności wcześniej oczyszczonej, koniecznie obficie opłucz ją wodą.

niej jest obrać warzywa i owoce ze skórki, gdyż w ten sposób związki chemiczne zostaną usunięte szczególnie w przypadku woskowanych warzyw (takich jak ogórki, niekiedy pomidory, jabłka, papryka czy bakłażany). Obieraj skórkę, gdy po wymyciu nadal sprawia wrażenie, że jest czymś pokryta.

• Strzeż się produktów wyglądających jak „malowane". To zabalsamowanie i tę nieskazitelność owoców i warzyw uzyskano dzięki pestycydom. Albo też zostały pokryte konserwantami, by zachowały swój piękny wygląd nawet po długiej drodze do sklepu. Produkty, które nie są tak ładne, mogą być zdrowsze.

• Kupuj produkty atestowane jako organiczne, gdy jest to możliwe, ponieważ w większości są one wolne od związków chemicznych. Choć mogą one zawierać pozostałości pochodzące z zanieczyszczeń gleby, powinny być mniej szkodliwe od żywności uzyskanej w sposób konwencjonalny. Jeśli żywność organiczna jest dostępna w twojej okolicy i stać cię na to, by ją kupować, wybieraj właśnie ją. W przypadku gdyby nie była ona dostępna, poproś o jej sprowadzenie kierownika twego ulubionego sklepu. Warto się postarać, ponieważ na pewno zostaniesz wysłuchana – szczególnie jeśli jesteś stałym klientem. Im większy będzie popyt na taką żywność, tym niższe będą jej ceny.

• Faworyzuj rodzime produkty. Importowane produkty (jak i żywność z nich produkowana) mogą zawierać więcej pestycydów. Stosowanie pestycydów w innych krajach – w porównaniu z USA – jest bardziej swobodne. (Importowane banany nie są zanieczyszczone, gdyż rząd nadzoruje źródła ich pochodzenia.)

• Urozmaicaj swoją dietę. Różnorodność zapewnia prawidłowe odżywianie i pozwala uniknąć nadmiernego narażania się na potencjalnie toksyczne substancje. Wybieraj spośród takich elementów pożywienia, jak: brokuły, kapusta i marchew; melon, brzoskwinia i truskawki; łosoś, halibut i sola; płatki owsiane, pszenne i kukurydziane.

• Nie bądź fanatyczką. Chociaż unikasz ryzyka w odżywianiu, co jest godne polecenia, fundujesz sobie stres.

## BEZPIECZNE SUSHI

*Sushi to moje ulubione danie, ale słyszałam, że nie powinnam go jeść podczas ciąży. Czy to prawda?*

Przykro to powiedzieć, lecz niestety sushi i sashimi muszą na okres ciąży podzielić los sake (japońskiej wódki, często serwowanej do tych potraw) – są niedopuszczalne. To samo dotyczy surowych ostryg i małży, „obsmażanego" tuńczyka i łososia, rybnych tatarów i carpaccio oraz wszelkich innych surowych i niedogotowanych ryb czy skorupiaków morskich. Ale nie oznacza to konieczności unikania ulubionych restauracji orientalnych, ponieważ oferują one znacznie więcej dań – nawet bary z sushi. Klopsiki z dokładnie ugotowanej ryby z owocami morza i/lub warzywami są wręcz bardzo zdrowe – tylko pamiętaj o tym, by sos sojowy miał niską zawartość sodu. (Nie martw się jednak, jeśli wcześniej zjadłaś surową rybę.)

## NA OSTRO

*Uwielbiam pikantne potrawy – im bardziej ostre, tym lepsze. Czy mogę tak się odżywiać podczas ciąży?*

Ciężarne wielbicielki ostrych dań mogą nadal wypróbowywać wytrzymałość swych kubków smakowych za sprawą chili, sosów salsa czy wysmażonych potraw –

## Bezpieczne jedzenie

Większym zagrożeniem niż związki chemiczne są w pożywieniu mikroorganizmy – bakterie i pasożyty – które mogą je zanieczyszczać. Te „łobuziaki" mogą powodować rozstrój żołądka i inne poważne choroby. Aby mieć pewność, że najgorszą rzeczą, jaka może cię spotkać z powodu jedzenia, jest nadkwaśność, kupuj je, przygotowuj i jedz, zachowując poniższe zasady ostrożności:

- Jeśli masz jakieś wątpliwości – wyrzuć. Niech ta zasada będzie dla ciebie regułą. Odnosi się ona do każdej żywności, co do której masz choćby podejrzenie, że może być zepsuta. Czytaj daty przydatności do spożycia podane na opakowaniach i przestrzegaj ich.

- Kiedy robisz zakupy, unikaj ryb, mięsa oraz jajek, które nie są należycie chłodzone bądź trzymane w lodzie. Nie bierz słoików, z których coś cieknie lub które przy otwieraniu nie wydają charakterystycznego dźwięku. Unikaj zardzewiałych czy wybrzuszonych – lub w jakikolwiek inny sposób zniekształconych – puszek.

- Myj ręce p r z e d wzięciem w nie żywności oraz p o dotknięciu surowego mięsa, ryb czy jajek. Gdy masz na dłoniach rany lub stany zapalne, włóż gumowe albo plastikowe rękawice do przygotowywania potraw. Pamiętaj, by myć te rękawice tak samo często jak własne ręce.

- Utrzymuj w czystości kuchenne blaty i zlew. Do przygotowywania potraw używaj raczej powierzchni gładkich (takich jak szkło, stal nierdzewna i formika) niż porowatych (drewno i plastik z nacięciami, w których może gromadzić się brud). Często pierz myjki i stosuj tylko czyste gąbki (często je też zmieniaj) – mogą się w nich znajdować bakterie.

- Dania na gorąco podawaj jako gorące, dania na zimno – zimne. Resztki natychmiast włóż do lodówki i dokładnie podgrzej przed ponownym użyciem. (Produkty łatwo się psujące, które leżały dłużej niż dwie godziny, lepiej wyrzucić.) Nie jedz mrożonek, jeśli się rozmroziły i zostały ponownie zamrożone.

- Daj czas mrożonkom, by rozmroziły się w lodówce. (Mierz temperaturę w lodówce termometrem, sprawdzając, czy wynosi 5°C lub mniej. Najlepiej byłoby, by temperatura w zamrażarce wynosiła minus 18°C, jednak wiele nie spełnia tego wymogu – nie martw się, jeśli twoja też nie.) Kiedy się spieszysz, używaj do rozmrażania kuchenki mikrofalowej albo włóż żywność w szczelnym plastikowym pojemniku do ciepłej wody i zmieniaj ją co 30 minut. Nigdy nie rozmrażaj w temperaturze pokojowej.

na tyle, na ile są w stanie znieść praktycznie nieuniknioną zgagę i niestrawność. Pikantne potrawy nie stanowią żadnego zagrożenia dla ciąży i płodu, a warto też wiedzieć, że papryka wszelkich odmian (także tych ostrych) zawiera dużo witaminy C, toteż potrawy z nią są bardzo wartościowe odżywczo. Ciesz się więc ich smakiem i nie zapominaj o czymś przeciwko nadkwaśności.

## ZEPSUTA ŻYWNOŚĆ

*Zjadłam dzisiaj rano jogurt, nie zdając sobie sprawy z tego, iż data jego przydatności do spożycia minęła tydzień temu. Nie miał zmienionego smaku, lecz teraz zastanawiam się, czy nie wyrządziłam jakiejś krzywdy swemu dziecku.*

Nie ma co płakać nad zepsutym mlekiem... czy jogurtem. Choć jedzenie przeterminowanych produktów mlecznych nie jest szczególnie dobrym pomysłem, rzadko jednak bywa niebezpieczne. Skoro nie wystąpiły u ciebie żadne objawy chorobowe po zjedzeniu przeterminowanej przekąski (objawy zatrucia pokarmowego zwykle pojawiają się w ciągu ośmiu godzin), najwyraźniej nic złego się nie stało. Poza tym niewielkie jest prawdopodobieństwo zatrucia się jogurtem, który przez cały czas znajdował się w lodówce. Ale w przyszłości uważniej przyglądaj się datom przydatności do spożycia, nim kupisz czy zjesz towar z grupy łatwo psujących się. Nigdy też

- Marynuj mięso, ryby czy drób w lodówce, a nie na kuchennym blacie. Po użyciu wylej marynatę, ponieważ zawiera potencjalnie szkodliwe bakterie. Jeśli lubisz używać marynaty jako dipu lub sosu – odlej trochę, nim włożysz do niej mięso.

- Podczas ciąży nigdy nie jedz surowego, niedogotowanego i niedopieczonego mięsa, drobiu, ryb ani skorupiaków. Zawsze dokładnie gotuj mięso i ryby (do temperatury 71°C) i drób (do 82°C). Generalna zasada jest taka, że specjalny termometr powinno się wbijać w najgrubszą część mięsa, z daleka od kości, tłuszczu czy chrząstek. W przypadku drobiu najlepiej umieścić termometr w ciemnym mięsie.

- Nie jedz nie ściętych jajek; dotyczy to także sadzonych – powinny być podsmażone z obu stron. Gdy wyrabiasz ciasto, które zawiera surowe jajka, oprzyj się pokusie oblizania łyżeczki (czy palców!). Jedynym wyjątkiem od tej reguły są jaja pasteryzowane, ponieważ proces pasteryzacji skutecznie eliminuje ryzyko zakażenia salmonellą.

- Dokładnie płucz surowe warzywa (zwłaszcza jeśli nie będą one gotowane).

- Unikaj lucerny i kiełków, gdyż często przenoszą one bakterie.

- Trzymaj się tylko pasteryzowanych produktów mlecznych i sprawdź, czy były przechowywane w lodówce. Miękkie sery, takie jak feta, brie, sery pleśniowe oraz serki „meksykańskie", sporządzone z niepasteryzowanego mleka (często zwanego „surowym"), mogą być skażone bakterią *Listeria monocytogenes* (patrz s. 459), toteż są szczególnie niewskazane dla kobiet w ciąży.

- Bakterią *Listeria monocytogenes* skażone mogą być także hot dogi oraz wędliny podawane na zimno, takie jak salami, wędzona kiełbasa, wołowina peklowana oraz pasztetowa.

- Także soki powinny być pasteryzowane. Unikaj soków oraz cydru niepasteryzowanego, niezależnie od tego, czy pochodzą ze sklepu ze zdrową żywnością czy z przydrożnego sklepiku. Jeśli nie masz pewności co do danego napoju, lepiej go nie pij.

- Gdy wybierasz się na posiłek do restauracji, unikaj dań, które sprawiają wrażenie, że podczas ich przygotowywania nie przestrzegano podstawowych zasad higieny. Niektóre znaki są bardzo oczywiste: żywność łatwo psująca się przetrzymywana jest w temperaturze pokojowej, pracownicy kuchni i kelnerzy przenoszą jedzenie w rękach, łazienki nie są posprzątane – i tak dalej.

nie spożywaj niczego, co jest pokryte pleśnią. Więcej na temat bezpiecznego jedzenia znajdziesz w ramce *Bezpieczne jedzenie.*

*Zatrułam się czymś, co zjadłam poprzedniego wieczoru, i wymiotowałam. Czy to mogło zaszkodzić mojemu dziecku?*

Zatrucie pokarmowe jest bardziej szkodliwe dla ciebie niż dla twojego dziecka. Główne zagrożenie – dla ciebie i dziecka – jest takie, że odwodnisz się z powodu wymiotów oraz biegunki. Zatem koniecznie dużo pij (w tej chwili jest to ważniejsze od jedzenia konkretnych potraw), aby uzupełnić poziom płynu w organizmie. Gdybyś miała długotrwałą biegunkę i/lub krwawe czy śluzowate stolce, skontaktuj się też z le-

karzem. Więcej na ten temat znajdziesz na stronie 457.

# CZYTAJĄC ETYKIETY

*Mam ochotę jeść dobrze, ale trudno jest ocenić, co zawierają produkty, które kupiłam.*

Etykietki są tak oznaczone, aby za dużo ci nie pomóc i nie zdradzić. Patrz na nie jednak podczas kupowania żywności, staraj się odczytać drobny druk dotyczący głównie składników i wartości odżywczej. Z tej listy (która ma za zadanie ci pomóc) dowiesz się, co przeważa w danym produkcie (począwszy od składnika, który występuje w największej ilości, do ostatniego, którego jest najmniej).

## Nie oceniaj owocu po skórce

Jeśli chodzi o wartość odżywczą, to im ciemniejsze są owoce i warzywa, tym więcej w nich witamin i minerałów (zwłaszcza witaminy A). Pamiętaj jednak, że liczy się kolor pod skórką, a nie na zewnątrz. Tak więc ogórki, które mają ciemną skórkę i jasny miąższ, blado wypadają pod tym względem, natomiast doskonale prezentują się kantalupy (jasne na zewnątrz, ciemne pod skórką). Więcej informacji znajdziesz na stronie 90.

Uważne przeczytanie pozwoli ci stwierdzić, czy dominującym składnikiem danego rodzaju płatków śniadaniowych są zboża rafinowane czy pełne ziarna. Dowiesz się z niej też, czy produkt zawiera dużo cukru, soli, tłuszczu oraz dodatków. Na przykład jeśli cukier znajduje się na jednej z czołowych pozycji na liście lub jeśli występuje w licznych różnych postaciach (jako syrop skrobiowy, miód lub cukier), to wiesz, że jego zawartość jest duża. Sprawdzanie gramatury niczemu nie służy, chyba że wyjdzie rozporządzenie nakazujące oddzielenie cukru „dodanego" od cukru występującego naturalnie – na przykład w owocach. Bo choć liczba gramów cukru na obecnie drukowanych etykietach może być taka sama dla soku pomarańczowego i napoju owocowego, nie jest to ten sam cukier: jeden pochodzi z naturalnego, wartościowego soku, a drugi jest cukrem dodanym do napoju.

Na podstawie etykiety zapoznajemy się z wartością odżywczą produktu, co jest ważne dla kobiety ciężarnej, która może policzyć zawartość białka i kalorie i według tego zdecydować się na kupno. Lista zawierająca skład procentowy urzędowo zalecanych dawek dziennych jest mniej użyteczna, bo nie uwzględniono na niej dawek zalecanych dla kobiet w ciąży. Nadal wysokim popytem cieszą się produkty urozmaicone, o wysokiej wartości odżywczej.

Tak jak należy zwracać uwagę na mały druk, tak też należy ignorować duży. Gdy pudło z angielskimi babeczkami śmiało głosi: „wyprodukowane z pszenicy, otrębów i miodu", to po przeczytaniu małego druku dowiadujemy się, że przeważającym składnikiem jest mąka biała, a nie z pełnego przemiału, że babeczki zawierają bardzo mało cennych otrębów (jedna z ostatnich pozycji na liście) i że znajduje się w nich dużo zwykłego cukru (wysoka pozycja na liście), a miodu – mało.

Trzeba też uważać na oznaczenia „wzbogacony" i „wzmocniony". Dodanie kilku witamin do bezwartościowego jedzenia nie uczyni go dobrym pożywieniem. Lepiej ci zrobi miseczka płatków owsianych, zawierających dużo witamin niż taka sama ilość płatków z mąki rafinowanej, z 12 gramami cukru oraz witaminami i bezwartościowymi minerałami.

# CO WARTO WIEDZIEĆ
## Troska o własne bezpieczeństwo

Dom. Szosa. Podwórze za domem. Największe zagrożenia pojawiające się przed kobietą są wynikiem wypadków, a nie komplikacji w ciąży. Wypadki wyglądają często jak zdarzenia losowe, przypadkowe. Często są rezultatem zaniedbania, nierozwagi – w części jesteś jej ofiarą – łatwo im jednak zapobiec przy odrobinie ostrożności i rozsądku. Oto uwagi, które mogą ci pomóc zabezpieczyć się przed wypadkiem:

• Przyznaj, że w czasie ciąży nie jesteś pełna gracji. Jeśli twój brzuch rośnie, przesuwa się twój środek ciężkości i łatwiej tracisz równowagę. Z trudem też widzisz swoje stopy. Te zmiany właśnie powodują, że łatwo możesz ulec wypadkowi.

• Zawsze zapinaj pas bezpieczeństwa (w samochodzie i w samolocie). Jeśli zajmujesz przednie siedzenie pasażera wyposażone w poduszkę powietrzną, odsuń fotel maksymalnie do tyłu. Jeśli prowadzisz samochód z poduszką powietrzną w kierownicy, odchyl kierownicę jak najdalej od brzucha i usiądź co najmniej 25 cm od kierownicy. Usuń wszystkie przedmioty z deski rozdzielczej, gdyż mogą one uderzyć w ciebie jak pociski. Jeśli to możliwe, zajmuj w samochodzie tylne siedzenie.

• Nigdy nie wchodź na niestabilne krzesła i drabiny, a najlepiej nie wchodź w ogóle na nic.

• Nie chodź na wysokich obcasach, w nie dopasowanych pantoflach, sandałach z rzemyków i wszystkich innych, które spadają i narażają na większe ryzyko skręcenia kostki. Nie chodź po śliskiej podłodze w skarpetach ani rajstopach.

• Uważaj w czasie wchodzenia do wanny i wychodzenia; lepiej, by twoja wanna czy brodzik w kabinie prysznicowej nie miały śliskiej powierzchni. Warto przymocować uchwyty do wanny, gdyż dzięki nim łatwiej ci będzie zachować bezpieczeństwo w kąpieli, w miarę jak tracisz zwinność.

• Przyjrzyj się „niebezpieczeństwom" czyhającym na ciebie w domu i na podwórku: dywanom bez antypoślizgowego spodu, zwłaszcza na schodach; zabawkom i śmieciom na klatce schodowej; słabemu oświetleniu schodów i holu; napiętym kablom przeciągniętym po podłodze; wypastowanej podłodze; oblodzonym chodnikom.

• Włączaj na noc małą lampkę, która oświetli ci drogę podczas nocnych wypraw do łazienki i z powrotem. Sprawdź, czy na drodze do łazienki nie leżą jakieś przedmioty.

• Prześledź przepisy bezpieczeństwa dotyczące uprawianych przez ciebie dyscyplin sportowych, kieruj się wskazówkami ze s. 187.

• Nie przesadzaj z aktywnością i koniecznie śpij tyle, ile potrzebujesz. Przyczyną wypadku może być także zmęczenie.

# 7

# Trzeci miesiąc

*Przeciętnie od 9 do 13 tygodnia*

Chociaż to ostatni miesiąc pierwszego trymestru, wczesne objawy ciąży mogą być nadal silnie odczuwane. Pewnie zastanawiasz się nad przyczyną dręczącego cię zmęczenia: czy jest to typowe osłabienie związane z pierwszym trymestrem, czy też wynika ono z tego, że co noc budzisz się po trzy razy, aby pójść do toalety. Lecz nie martw się – nadchodzą lepsze dni! Jeśli nudności czy wymioty nękały cię uporczy-

wie, właśnie pojawia się światełko na końcu tunelu. Będziesz miała też więcej energii, toteż łatwiej poderwiesz się do działania – a ponieważ parcie na pęcherz ulegnie osłabieniu, rzadziej też będziesz biegać do łazienki.

Najlepszą jednak wiadomością jest to, że podczas comiesięcznego badania usłyszysz niesamowity dźwięk bicia serca twojego dziecka – dzięki czemu wszystkie przykre objawy staną się mało istotne.

## CZEGO MOŻESZ OCZEKIWAĆ W CZASIE BADANIA OKRESOWEGO

W tym miesiącu możesz oczekiwać, że twój lekarz, w zależności od swego stylu pracy i twoich potrzeb, przeprowadzi następujące badania[1]:

- waga i ciśnienie krwi:
- badanie moczu, zawartość cukru i białka w moczu;
- czynność serca płodu;

- wielkość macicy na podstawie zewnętrznego badania i porównania jej wielkości do charakterystycznej dla danego wieku ciążowego;
- wysokość dna macicy;
- obrzęki rąk i stóp, żylaki podudzi;
- pytania i problemy, o których chcesz porozmawiać – przygotuj wcześniej listę.

## CO MOŻESZ ODCZUWAĆ

Jak zwykle pamiętaj, że każda ciąża jest inna, jak inna jest każda kobieta. Możesz odczuwać poniższe objawy jedno-

cześnie lub nie. Jedne są kontynuacją objawów z poprzedniego miesiąca, inne są zupełnie nowe. Niektóre objawy mogą występować u ciebie mniej wyraziście, ponieważ już zdążyłaś się do nich przyzwyczaić.

[1] Badania i testy opisane są w oddzielnym rozdziale *Dodatek*.

# Co się dzieje wewnątrz ciebie

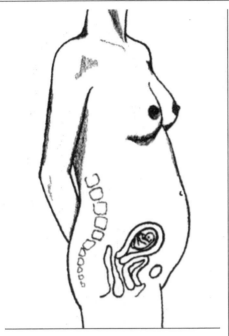

▲ *W tym miesiącu macica jest nieco większa od grejpfruta i możesz zauważyć, że stajesz się szersza w pasie. Pod koniec miesiąca macica będzie wyczuwalna tuż nad kością łonową, w dolnej części podbrzusza.*

▶ *Twoje dziecko ma już wygląd płodu – w dodatku szybko się rozwija, pod koniec*

*miesiąca będzie miał 6,5-7,5 cm i ważył ok. 42 gramów. Jest on mniej więcej wielkości jabłka. Głowa, spoczywająca teraz na szyi, a nie płasko na ramionach, nadal jest nieproporcjonalnie duża: stanowi jedną drugą długości. Pojawia się też na niej zarys wzoru, w jakim rosnąć będą włosy. Oczy zaczynają się zbiegać, a uszy umiejscawiać po bokach głowy, dzięki czemu płód coraz bardziej przypomina człowieka. Na palcach rąk i stóp pojawiają się miękkie paznokcie, a ręce stają się coraz sprawniejsze. W jamie ustnej rozwinęły się kubki smakowe i odruch ssania. Ukształtowało się dwadzieścia zalążków tego, co w przyszłości stanie się zębami. Dziecko oddaje już mocz, wydalając go do płynu owodniowego. Organy płciowe są już na tyle rozwinięte, by można było określić płeć, a za pomocą aparatu Dopplera usłyszysz bicie serca swego dziecka.*

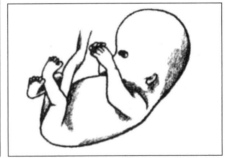

Mogą też wystąpić inne, rzadziej spotykane objawy.

**OBJAWY FIZYCZNE:**

- zmęczenie i senność;

- częste oddawanie moczu;

- nieznaczne zwiększenie obfitości upławów;

- nudności z wymiotami lub bez i/lub ślinotok;

- zaparcia;

- zgaga, niestrawność, wzdęcia;

- niechęć do jedzenia i zachcianki;

- zmiany w obrębie gruczołów piersiowych: pełność, ciężkość, twardość, ściemnienie obwódki (ciemniejsza otoczka brodawki); gruczoły potowe na obwódce stają się wystające jak gęsie guzki; pod skórą powiększa się siatka niebieskich linii;

- zwiększenie liczby widocznych żyłek na brzuchu i nogach;

- okresowe bóle głowy;

- na talii i biodrach ubranie staje się ciasne. Brzuch może się uwidocznić pod koniec miesiąca;

- wzrost apetytu.

**ODCZUCIA PSYCHICZNE:**

- nadpobudliwość podobna do przedmiesiączkowej, choć prawdopodobnie bardziej dokuczliwa (rozdrażnienie,

zmienne nastroje, nerwowość, płaczliwość);

- obawy, strach, radość, podniecenie;
- nowy spokój wewnętrzny.

# CO MOŻE CIĘ NIEPOKOIĆ

## ZAPARCIA

*Od kilku tygodni mam straszne zaparcia. Czy to typowe?*

Bardzo typowe. Istnieje kilka przyczyn. Po pierwsze, zwiększony poziom pewnych hormonów podczas ciąży powoduje, że mięśniówka jelit rozluźnia się, co spowalnia proces wydalania. Po drugie, rosnący płód uciska na jelita, hamując ich normalną aktywność. Ale nie traktuj zaparć jako dolegliwości nieodzownie związanej z ciążą. Zarówno one, jak i hemoroidy, często będące ich skutkiem, można pokonać za pomocą podanych niżej sposobów.

**Walcz za pomocą błonnika.** Unikaj żywności pozbawionej błonnika (białego ryżu, białego pieczywa), gdyż często jest ona przyczyną zaparć, a jadaj świeże owoce i warzywa (surowe lub lekko podgotowane bez skórki); kasze, pieczywo i ciasta pełnoziarniste; warzywa strączkowe (suszoną fasolę i groch); suszone owoce (rodzynki, śliwki, morele, figi). Potrzebujesz około 25 do 35 gramów błonnika dziennie[1]. Jeśli dotychczas jadałaś mało włóknika, wprowadzaj go teraz stopniowo do swojej diety (ubocznym efektem stosowania diety bogatowłóknikowej są częste wzdęcia podobne do dolegliwości ciążowych). Jedz

sześć małych posiłków dziennie, a nie próbuj ścisnąć wszystkiego w trzech przeładowanych posiłkach, bo to dla ciebie niewskazane.

Jeśli nie pomagają powyższe dietetyczne manipulacje w połączeniu z niżej wymienionymi metodami postępowania, dodaj do swej diety silnie działający błonnik w postaci płatków pszennych czy psyllium[2] (postępując zgodnie z instrukcją na opakowaniu). Zacznij od małej dawki i stopniowo zwiększaj ją do kilku łyżek stołowych. Unikaj jednak nadmiernej ilości tych produktów o bardzo wysokiej zawartości błonnika – tak szybko przechodzą przez układ trawienny, iż mogą zakłócić przyswajanie ważnych składników odżywczych. Niezależnie od tego, jak źle się czujesz, nie licz na pomoc środków ziołowych, oleju rycynowego ani innych stymulujących środków przeciw zaparciom. Choć przynoszą ulgę, mają bardzo nieprzyjemne skutki uboczne – a stosowane na dłuższą metę są wręcz szkodliwe. Nie bierz żadnych leków (sprzedawanych na receptę i bez recepty, ziołowych) bez aprobaty lekarza.

**Płyny.** Zaparcie nie mija od dużej ilości płynów wprowadzonych do organizmu. Jedynie soki owocowe i warzywne skutecznie rozmiękczają stolec i przesuwają pokarm w przewodzie pokarmowym. Niektórym ludziom pomaga filiżanka gorącej wody z cytryną. W poważnych zaparciach pomagają suszone owoce.

---

[1] Na etykiecie informującej o wartości odżywczej podaje się ilość błonnika na porcję; sprawdzaj w ten sposób, czy przyjmujesz dostateczną ilość tego składnika. Pamiętaj jednak, że wiele błonnika znajduje się też w żywności nie oznaczonej takimi etykietkami.

[2] Preparat zawierający rodzaj błonnika rozpuszczalnego (przyp. tłum.).

**Gdy poczujesz, że musisz się udać do toalety – nie zwlekaj.** Powstrzymywanie się od wypróżnienia może osłabić mięśnie odpowiedzialne za kontrolę nad tym procesem i doprowadzić do zaparć. Przed problemem uchroni cię wyczucie czasu – na przykład nieco wcześniej niż zwykle zjedz bogate w błonnik śniadanie, by udać się do ubikacji jeszcze przed wyjściem do pracy.

**Sprawdź, co zawierają preparaty uzupełniające i leki.** Zaparcia niekiedy są skutkiem przyjmowania preparatów zawierających wapń i żelazo, leków przeciw nadkwaśności z wapniem i aluminium czy innymi lekami sprzedawanymi na receptę lub bez. Jeśli podejrzewasz, że tak się dzieje w twoim przypadku, porozmawiaj z lekarzem na temat ewentualnej zmiany preparatu czy leków.

**Zacznij kampanię ćwiczeń.** Aktywne ciało aktywizuje jelita, zatem dodaj do swego planu dnia energiczny półgodzinny spacer oraz dowolne, sprawiające ci przyjemność oraz bezpieczne dla kobiet w ciąży ćwiczenia (patrz *Ćwiczenia podczas ciąży* na s. 187). Jeśli twoje wysiłki są bezowocne, skonsultuj się z lekarzem. Przepisze ci preparaty przeciw zaparciu.

*Wszystkie moje ciężarne koleżanki mają problemy z zaparciem. Ja nie; faktycznie oddaję stolec bardzo regularnie. Czy mój układ dobrze funkcjonuje?*

Kobiety ciężarne są wciąż pouczane przez matki, przyjaciółki, książki, lekarzy i albo akceptują zaparcia, uważając je za normalne i nieuniknione, albo – jeśli ich nie mają – martwią się, że coś jest nie tak. Wszystko wskazuje na to, iż twój organizm funkcjonuje znakomicie. Być może doskonałe trawienie wynika ze stylu życia – który prowadzisz już od dawna albo zaczęłaś to robić, gdy tylko dowiedziałaś się o swym odmiennym stanie. Walka z zaparciami za

pomocą żywności bogatej w błonnik, płynów oraz regularnych ćwiczeń z powodzeniem bilansuje naturalne w czasie ciąży zwolnienie funkcji organizmu. Wszystko działa więc znakomicie. Jeśli do tej pory nie odżywiałaś się w ten sposób, wydajność twego układu trawiennego zapewne nieco spadnie, zanim twój organizm zdąży się przystosować. Ustaną też tymczasowe wzdęcia, które często towarzyszą zmianom w diecie. Powinnaś jednak nadal dbać o regularne wypróżnienia.

*Nie mam w ogóle zaparć, a wręcz od kilku tygodni mam luźne stolce – prawie tak, jakby to była biegunka. Czy to normalne, czy też powinnam się martwić?*

Normalne w przypadku ciąży jest zwykle to, co jest normalne dla danej kobiety. Dla ciebie mogą to być częste wypróżnienia. Każdy organizm inaczej reaguje na hormony ciążowe – twój może reagować przyspieszeniem, a nie zwolnieniem procesu wypróżniania. Możliwe też, że zwiększona aktywność jelit jest wynikiem zmian w diecie oraz wprowadzenia ćwiczeń fizycznych.

Spróbuj zmniejszyć ilość produktów stymulujących pracę jelit, takich jak na przykład suszone owoce (zwłaszcza śliwki), a dodać objętościowe (np. banany), aż stolce staną się mniej luźne. Koniecznie dużo pij, by nie doszło do utraty płynów.

Jeśli korzystasz z toalety bardzo często, częściej niż trzy razy dziennie, albo jeżeli stolce są wodniste, krwiste czy śluzowate, skontaktuj się z lekarzem. Długotrwałe biegunki podczas ciąży wymagają interwencji medycznej.

## WZDĘCIA (GAZY)

*Jestem bardzo wzdęta i martwię się, że to dokuczliwe dla mnie ciśnienie może również uszkodzić moje dziecko.*

Przytulny i bezpieczny „kokon", czyli macica, ochrania ze wszystkich stron twoje dziecko, a płyn owodniowy nie przepuszcza żadnych niebezpiecznych bodźców jelitowych. Dziecko wręcz uspokaja się dzięki bulgotaniom i szmerom pochodzącym z twojego żołądka.

Ale dziecko nie będzie szczęśliwe, jeśli wzdęcia – nasilające się zwłaszcza pod koniec dnia – spowodują, że przestaniesz regularnie i odpowiednio się odżywiać. Dzięki poniższym środkom możesz uniknąć tego ryzyka (i zminimalizować dyskomfort).

**Wypróżniaj się regularnie.** Zaparcie jest typową przyczyną gazów i wzdęcia.

**Nie objadaj się.** Obfite posiłki zwiększają uczucie wzdymania. Przeciążają także przewód pokarmowy i tak już pracujący wydajniej podczas ciąży. Zamiast trzech dużych posiłków jadaj sześć małych – albo trzy posiłki i kilka małych przekąsek.

**Nie połykaj.** Kiedy będziesz jeść pospiesznie lub w biegu, możesz się zachłysnąć zarówno powietrzem, jak i jedzeniem. To złapane powietrze tworzy w jelicie bolesną „kieszeń powietrzną".

**Panuj nad sobą.** Zwłaszcza podczas posiłków: napięcie i niepokój są przyczyną zachłyśnięć powietrzem, co z kolei bywa przy-

---

## Inne przyczyny zmęczenia, humorów i zaparć

Czy ostatnio czujesz się zmęczona, masz zmienne humory i zaparcia? Witaj w klubie ciężarnych! To oczywiście zmiana poziomu hormonów wywołuje u większości kobiet spodziewających się dziecka te nieznośne objawy. Ale niedobór innego hormonu, o nazwie T4 (tyroksyna), niekiedy do złudzenia przypomina popularne dolegliwości ciążowe, oraz wiele innych: w szczególności przybieranie na wadze, kłopoty ze skórą, bóle i kurcze mięśni, zmniejszenie popędu płciowego, kłopoty z pamięcią, obrzęki (szczególnie stóp i rąk), a nawet zespół urazowy nadgarstka. (Kolejny objaw, jakim jest zwiększona wrażliwość na zimno, nie dziwi podczas ciąży, gdyż kobiety w ciąży częściej mają podwyższoną temperaturę ciała.) Dlatego też lekarzom zdarza się przeoczyć niedoczynność tarczycy (niedobór hormonów tarczycy wynikający z niedostatecznego wydzielania ich przez gruczoł tarczycy) u ciężarnej kobiety. Ale dolegliwość ta, która spotyka 1 na 50 kobiet, może mieć niekorzystny wpływ na ciążę (siejąc także spustoszenie w czasie połogu – patrz s. 417), dlatego koniecznie trzeba ją jak najszybciej rozpoznać i leczyć.

Rzadziej podczas ciąży występuje nadczynność tarczycy (polegająca na tym, że nadmiernie aktywny gruczoł produkuje za dużo hormonów), jednak nie leczona staje się przyczyną komplikacji. Objawy nadczynności tarczycy (często trudne do odróżnienia od objawów ciążowych), to między innymi zmęczenie, bezsenność, rozdrażnienie, podwyższona ciepłota ciała i wrażliwość na gorąco, przyspieszona akcja serca oraz utrata masy ciała (bądź trudności z przybraniem na wadze).

Jeśli w przeszłości zdiagnozowano u ciebie nieprawidłowe funkcjonowanie tarczycy (nawet jeśli potem nastąpiła poprawa) lub jeśli obecnie bierzesz leki tarczycowe, koniecznie powiadom o tym swojego lekarza. Ponieważ organizm samoistnie zwiększy wydzielanie hormonów tarczycy podczas ciąży, aby w ten sposób pokryć zapotrzebowanie płodu, prawdopodobnie będziesz musiała powrócić do zażywania leków lub dobrać inną dawkę leku, który już stosujesz.

Jeżeli nigdy nie rozpoznano u ciebie nieprawidłowego funkcjonowania tarczycy, ale doświadczasz któregoś lub wszystkich wyżej wymienionych objawów jej niedoczynności czy nadczynności (w szczególności gdy w twojej rodzinie zdarzały się przypadki chorób tarczycy – gdyż są one często dziedziczone), poproś lekarza, by zbadał cię pod tym kątem. Zwykłe badanie krwi wskaże, czy występuje u ciebie problem z tarczycą czy też nie. Wynik badania powinien określić zarówno poziom hormonu tarczycy (T4), jak i ilość TSH – hormonu stymulującego tarczycę. Zawyżony poziom TSH wskazuje na to, że organizm czyni wysiłki, by skłonić gruczoł do normalnego funkcjonowania. Zbyt niski lub zbyt wysoki poziom TSH oznacza, że istnieje jakiś problem, którego nie zdradzają hormony tarczycy.

czyną wzdęć. Aby się uspokoić, zrób przed posiłkiem kilka głębokich wdechów.

**Unikaj wzdymających produktów.** Twój żołądek wie, które to produkty – a dla każdej osoby może to być coś innego. Częstym winowajcą są: cebula, kapusta, suszone owoce, gęste sosy, słodycze zawierające dużą ilość cukru i oczywiście uciążliwa fasola.

# WAGA I NADWAGA

*Zaniepokojona jestem tym, że w pierwszym trymestrze nie przybrałam na wadze.*

Niektóre kobiety mają problem, by przybrać choć 30 gramów w pierwszych tygodniach, niektóre nawet kilogram schudną, zwykle te cierpiące na poranne nudności. Na szczęście natura zabezpiecza dzieci takich matek w czasie ciąży: zapotrzebowanie płodu na kalorie i substancje odżywcze w pierwszych tygodniach nie jest duże w porównaniu z okresem późniejszym, tak więc wczesne dostarczanie dużej ilości pokarmów jest bezcelowe.

Kontroluj dokładnie masę ciała, abyś do końca ciąży mogła się z łatwością poruszać (przyrost prawidłowy – około 0,5 kg na tydzień przez 8 miesięcy). A jeśli masz niedowagę, to spróbuj przyjmować „dawki uderzeniowe" bogate w kalorie. Spróbuj też spożywać z każdym dniem coraz więcej, nie opuszczać posiłków oraz częściej sięgać po przekąski. Jeśli nie potrafisz zjeść dużo naraz, jedz cztery do sześciu małych posiłków dziennie zamiast trzech dużych. Odłóż sałatki, zupy czy wypełniające napoje na czas po głównym posiłku, aby nie zaspokajać nimi apetytu. Jedz produkty bogate w zdrowe tłuszcze (orzechy, tłuste ryby, awokado, oliwę z oliwek), ale nie próbuj dodać sobie kilogramów za sprawą „śmietnikowej diety" – taka dieta zaokrągli tylko twoje biodra i uda, a nie dziecko.

*Jestem zaskoczona tym, że w pierwszym trymestrze ciąży przytyłam aż 6 kg. Co powinnam teraz zrobić?*

Nie odwrócisz już tego – a jeśli chcesz utrzymać prawidłowy przyrost masy ciała do czasu porodu, twoja waga powinna teraz stanąć. Czyli nie możesz sobie pozwolić na dodatkowe kilogramy aż do następnego trymestru. Twoje dziecko potrzebuje kalorii i środków odżywczych, głównie w miesiącach bezpośrednio poprzedzających poród. Mylisz się, sądząc, iż szybko stracisz dodatkowe kalorie, które nagromadziłaś. Utrata i utrzymywanie wagi nie są wskazane podczas ciąży, a szczególnie groźne są w drugim i trzecim trymestrze, w których następuje najznaczniejszy wzrost płodu.

Jeśli nie możesz nic zrobić ze swoją nadwagą, to pozostaje ci jedynie wierzyć, że nie będziesz dalej przybierać na wadze z taką szybkością. Niektóre kobiety błyskawicznie przybierają na wadze, gdyż pobłażają sobie w jedzeniu słodyczy, traktując to jako rekompensatę za ich ranne dolegliwości. Jeśli ten błyskawiczny przyrost masy ciała jest i twoim problemem, to zastosuj urozmaiconą dietę. Inne kobiety za dużo tyją w pierwszym trymestrze ciąży, bo ulegają złej propagandzie mówiącej, że kobieta w ciąży musi jeść za dwoje. Przejrzyj dietę ciążową (patrz rozdział 4. oraz książka *Dieta przyszłej matki*, by się przekonać, dlaczego pogląd ten jest niesłuszny, oraz po to, by się dowiedzieć, jak należy prawidłowo się odżywiać z korzyścią dla zdrowia dziecka, a przy tym nie przytyć 30 kg. Tak duży przybór masy nie tylko szpeci twój wygląd, ale też utrudnia zrzucenie wagi po porodzie.

# BÓLE GŁOWY

*Głowa boli mnie teraz częściej niż kiedykolwiek. Czy muszę tak cierpieć?*

To, że kobiety częściej cierpią na bóle głowy akurat wtedy, gdy powinny unikać pewnych leków przeciwbólowych, jest jedną z ironii wiążących się z ciążą. Ale choć z tą ironią musisz jakoś żyć, wcale nie oznacza to, że należy również nadmiernie cierpieć. Zapobieganie, w połączeniu z domowymi metodami (patrz niżej) – a jeśli i one zawiodą, acetaminofenem (Paracetamol) – może przynieść ulgę przy powtarzających się bólach głowy występujących podczas ciąży.

Najskuteczniejszy sposób uniknięcia lub pozbycia się bólu głowy uzależniony jest od przyczyny, która go wywołuje. Ciążowe bóle głowy są najczęściej rezultatem zmian hormonalnych (odpowiadających za zwiększenie częstotliwości i natężenia wielu boleści, w tym zatokowych bólów głowy), zmęczenia, napięcia, głodu, stresu fizycznego i emocjonalnego oraz połączenia tych czynników.

Spośród poniżej przedstawionych sposobów zapobiegania czy leczenia bólów głowy znajdziesz lek na twój przypadek:

**Rozluźnij się.** Ciąża to okres wielkiego niepokoju, stąd i dokuczliwych bólów głowy. Niektórym kobietom ulży w tym przypadku medytacja i joga. Powinnaś przeczytać książkę na temat ćwiczeń relaksacyjnych (również s. 127).

Oczywiście ćwiczenia relaksacyjne nie są przeznaczone dla każdego – niektóre kobiety odczuwają wzmożone napięcie zamiast ulgi. Dla nich najlepszym sposobem zlikwidowania napięcia i bólów głowy jest położenie się na 10-15 minut w ciemnym, cichym pokoju, wygodnie na sofie albo z uniesionymi stopami.

**Dużo odpoczywaj.** Ciąża jest okresem, kiedy odczuwa się duże zmęczenie, zwłaszcza w pierwszym i ostatnim trymestrze, a w przypadku kobiet ciężko pracujących – przez całe dziewięć miesięcy. Sen może być zaburzony, gdy zaczniesz odczuwać ruchy dziecka. Jesteś zmęczona, bezustannie zadajesz sobie pytanie: Jak ja sobie poradzę ze wszystkim po porodzie? – i to zwiększa stres. Świadomie staraj się bardzo często odpoczywać zarówno w dzień, jak i w nocy. Ale nie śpij za dużo, gdyż nadmiar snu powoduje ból głowy.

**Regularnie spożywaj posiłki.** Dbaj o to, by regularnie jeść. Głód może również być przyczyną bólu głowy. Noś w torebce wysokoenergetyczne przekąski (krakersy, batoniki z pełnymi ziarnami, suszone owoce), trzymaj je w schowku w samochodzie, w szufladzie biurka w pracy. Zawsze też przechowuj ich odpowiedni zapas w domu.

**Staraj się o spokój i ciszę.** Jeśli jesteś uczulona na hałas, pozostawaj jak najdalej od niego. Unikaj głośnej muzyki, hałaśliwych restauracji, huku i tłumu. W domu ścisz dzwonek telefonu, TV i radio.

**Wietrz.** Przebywanie w przegrzanym, pełnym dymu papierosowego, nie wietrzonym pokoju powoduje ból głowy, dlatego, jeśli tylko możesz, unikaj takich miejsc lub przynajmniej jak najczęściej opuszczaj je, by pospacerować. Ubieraj się „na cebulkę": gdy znajdziesz się w jakimś dusznym miejscu, ściągnij wierzchnią „warstwę". Jeżeli pracujesz w kiepsko wentylowanym pomieszczeniu, to jeśli możesz, przenieś się do lepiej wietrzonego. Jeśli to niemożliwe, rób sobie częste przerwy.

**Zmień oświetlenie.** Część kobiet zauważa, że ból głowy mogą wywołać pewne czynniki środowiskowe, takie jak oświetlenie. Sprawcą bywają fluorescencyjne żarówki w pomieszczeniach pozbawionych okien. W takim przypadku pomoże wymiana żarówek na zwykłe i/lub przeniesienie się do pokoju z oknami.

**Metody alternatywne.** Medycyna alternatywna czy metody uzupełniające także mogą być pomocne, na przykład akupunktura, biofeedback, masaże.

**Stosuj zimne i gorące okłady.** Aby ulżyć zatokowym bólom głowy, 4 razy dziennie rób zimne i gorące okłady na bolące miejsca, zaczynając od 30 sekund, wydłużając stopniowo do 10 minut. Na bóle ściskające spróbuj zastosować lód na kark przez 20 minut oraz zamknąć oczy i zrelaksować się.

**Wyprostuj się.** Przyczyną bólów głowy jest też długie, męczące czytanie z głową stale pochyloną nad książką i inne prace wymagające długotrwałego pochylania się. Zwróć na to uwagę.

Jeśli ból głowy trwa kilka godzin, zdarza się bardzo często lub towarzyszy mu gorączka, zaburzenia widzenia oraz obrzęki rąk oraz twarzy, natychmiast zgłoś się do lekarza.

*Cierpię na migreny. Słyszałam, że to typowe w ciąży. Czy to prawda?*

W iele kobiet w czasie ciąży cierpi na częste migreny, inne natomiast twierdzą, że są one rzadsze niż normalnie. Nie jest znana przyczyna, dlaczego migreny nawracają u jednych, a u innych występują bardzo rzadko.

Migrena to szczególna postać bólu głowy. Jej powstanie wiąże się ze skurczem i zwężeniem naczyń krwionośnych głowy następujących po nagłym ich rozszerzeniu. To wpływa na przepływ krwi i powoduje ból oraz inne objawy. Objawy są różne u różnych osób, ale zazwyczaj do migreny predysponuje zmęczenie. Po zmęczeniu występują nudności, wymioty, biegunka, nadwrażliwość na światło, widzenie jak przez mgłę. Po minucie do godziny od pierwszego ostrzeżenia migreny pojawia się intensywny i tętniący ból zlokalizowany po jednej stronie i rozprzestrzeniający się na dru-

gą. Niektórzy odczuwają ból w ramieniu lub całej połowie ciała, zawroty głowy, dzwonienie w uszach, katar, mają oczy podbiegłe krwią i są rozdrażnieni.

Jeśli w przeszłości miewałaś migreny, to zapobiegaj im podczas ciąży, a jeżeli czujesz, iż nadchodzi atak, to staraj się unikać stresu (patrz s. 125), czekolady, serów, kawy, czerwonego wina. Postaraj się ustalić, co – jeśli jest coś takiego – powstrzymuje atak po wystąpieniu pierwszych objawów. Wielu ludziom pomagają następujące metody: przemycie twarzy zimną wodą lub przyłożenie zimnego okładu czy woreczka z lodem; unikanie hałasu, światła, nieprzyjemnych zapachów, leżenie z zasłoniętymi oczami w zaciemnionym pomieszczeniu przez dwie do trzech godzin (oddawanie się drzemce, medytacjom, słuchanie muzyki, ale nie czytanie czy oglądanie telewizji); biofeedback (patrz s. 244). Gdy i to nie pomoże, spytaj lekarza, jakie leki przeciwko migrenie możesz bezpiecznie zażywać podczas ciąży oraz które metody będą najbardziej skuteczne.

Jeśli odczuwasz objawy podobne do migrenowych po raz pierwszy, zadzwoń natychmiast do lekarza. Mogą one oznaczać nie migrenę, ale poważne komplikacje związane z ciążą. Skontaktuj się z lekarzem, gdy bóle będą uporczywe, długotrwałe, powracające często lub będą rezultatem gorączki oraz jeśli będą im towarzyszyły zaburzenia widzenia, obrzęki twarzy i rąk.

## ROZSTĘPY SKÓRNE

*Obawiam się, że będę miała rozstępy. Czy można im zapobiec?*

W iele kobiet – zwłaszcza tych, które preferują bikini – rozstępy skórne przerażają bardziej niż cellulitis. Przynajmniej u 90% kobiet powstają różowe lub czerwone, lekko wcięte (czasami swędzące) pasemka na piersiach, udach i/lub brzuchu.

Są one wywołane rozciągnięciem skóry z powodu szybkiego i dużego przyrostu masy ciała.

Kobiety o dobrej, elastycznej skórze (czynnik dziedziczny lub efekt wieloletniego prawidłowego żywienia i ćwiczeń) przechodzą kilka ciąż bez rozstępów. Rozstępy można zminimalizować, a nawet im zapobiegać, dzięki utrzymaniu właściwego, stopniowego przyrostu masy ciała. Prawidłowa dieta także może pomóc. Choć nie ma medycznych dowodów na to, iż kremy faktycznie zapobiegają powstaniu rozstępów, niektóre kobiety są co do tego przekonane. Niezależnie od skuteczności preparatów, przyjemnie będzie twojemu mężowi wcierać ci je w brzuch. A dodatkowym plusem jest to, iż kremy zapobiegają wysuszeniu czy swędzeniu skóry.

Jeśli masz rozstępy skórne, to możesz się pocieszyć, że stopniowo zblędną one w ciągu kilku miesięcy po porodzie. Porozmawiaj też z dermatologiem o leczeniu ich p o r o d z i e za pomocą terapii laserowej lub preparatu Retin-A.

## BICIE SERCA DZIECKA

*Moja przyjaciółka słyszała bicie serca swego dziecka w połowie trzeciego miesiąca. Ja jestem w ciąży o tydzień starszej, a mój lekarz nie słyszał jeszcze mojego dziecka.*

Zwykły stetoskop, którego kiedyś używano rutynowo do wykrywania bicia serca płodu, nie jest dostatecznie czuły, by mógł wychwycić dźwięk uderzeń przed 17 czy 18 tygodniem. Obecnie do słuchania bicia serca – już w 10 czy 12 tygodniu – używany jest aparat Dopplera, czyli ręczne urządzenie ultradźwiękowe, które wzmacnia dźwięk. Ale nawet to urządzenie nie wychwyci żadnego dźwięku w tak wczesnym okresie, jeśli uniemożliwia to ułożenie dziecka, umiejscowienie łożyska, pozycja macicy, otyłość matki. Możliwe też, że

opóźnieniu winna jest nieznaczna pomyłka w obliczeniach. Poczekaj miesiąc; słyszalne w 14 tygodniu cudowne bicie serca twojego dziecka stanie się wielką radością. Jeśli jesteś niespokojna o swe dziecko, lekarz może zalecić ci badanie USG, które zarejestruje czynność serca płodu, z jakiegoś powodu niesłyszalną przez aparat Dopplera. (Częste używanie tego urządzenia uważane jest za całkowicie bezpieczne.)

## SEKS

*Wszystkie moje koleżanki, które były w ciąży, mówią, że w tym czasie miały zwiększony pociąg seksualny – niektóre przeżywały wielokrotne orgazmy. Dlaczego ja czuję się tak nieseksownie?*

Ciąża to okres zmian wielu aspektów twojego życia, również seksualnego. Wiele kobiet wcześniej nie przeżywało orgazmów, jak również nie odczuwało pociągu seksualnego, a teraz w ciąży nagle czują jedno i drugie. Inne kobiety, przyzwyczajone do „żarłocznego" apetytu na seks i łatwego przeżywania orgazmów, nagle w ciąży nie odczuwają tej potrzeby i trudno się podniecają. Te zmiany w seksie są niepokojące, irytujące, dziwne albo wszystko naraz. I to jest jak najbardziej normalne. Czytając rozdział *Współżycie płciowe podczas ciąży* (s. 229), uzyskasz wiele wyjaśnień na ten temat.

Niektóre z czynników mogą szczególnie nasilać się we wczesnym etapie ciąży: nudności oraz zmęczenie powodują, że czujesz się nieseksowna; tymczasem kochanie się bez obaw o zajście (lub niezajście) w ciążę uwolni cię od zahamowań i może sprawić, że poczujesz się bardziej atrakcyjna niż kiedykolwiek wcześniej. Niekiedy też apetyt na seks wywołuje poczucie winy, że powinnaś raczej doświadczać przewagi uczuć macierzyńskich. Inne fizyczne bądź emocjonalne czynniki powodujące łatwość osiągania orgazmu (i to, że jest on silniejszy czy trudniejszy do osiągnięcia) będą występować przez cały okres ciąży.

Najważniejsze jest, by wiedzieć, że reakcje – zarówno twoje, jak i twojego męża – mogą być podczas ciąży bardziej dziwaczne niż erotyczne; jednego dnia czujesz się seksownie, drugiego już nie. Wzajemne zrozumienie i otwarta rozmowa, a także poczucie humoru pomogą wam poradzić sobie z tym.

## SEKS ORALNY

*Słyszałam, że seks oralny jest niebezpieczny w czasie ciąży. Czy to prawda?*

Oralne stymulowanie kobiecych narządów płciowych jest bezpieczne w ciąży tak długo, jak długo twój partner uważa, by nie wprowadzić powietrza do pochwy. To bowiem mogłoby stwarzać niebezpieczeństwo przedostania się powietrza do krwiobiegu, a w konsekwencji wystąpienia zatoru blokującego naczynia krwionośne, co stanowi śmiertelne zagrożenie zarówno dla matki, jak i dziecka.

Natomiast oralne stymulowanie penisa jest zawsze bezpieczne podczas ciąży i przez wiele par uważane za bardzo satysfakcjonujące zastępstwo stosunku. Więcej informacji na temat tego, co jest bezpieczne, a co nie, gdy chodzi o seks podczas ciąży, znajdziesz na s. 229.

## SKURCZ PO ORGAZMIE

*Dostałam skurczu brzucha po orgazmie. Czy to oznacza, że seks źle wpływa na moje dziecko? Czy to może być przyczyną poronienia?*

Skurcz – podczas orgazmu i po nim – oraz towarzyszący mu czasami ból w krzyżu jest charakterystyczny i mało szkodliwy

w normalnej i obarczonej niskim ryzykiem ciąży. Jego powody są fizykalne: stanowią połączenie naturalnego, zwiększonego przepływu krwi w strefie łonowej podczas ciąży, równie naturalnego w tym stanie przeciążenia narządów płciowych oraz normalnych skurczów macicy po orgazmie. Skurcz ma też aspekt psychiczny: występuje jako rezultat powszechnych, choć nieuzasadnionych obaw o to, czy w wyniku stosunku nie ucierpi dziecko. Wreszcie bywa też połączeniem obu czynników, gdyż związek między ciałem a umysłem jest w sprawach intymnych niezwykle silny.

Skurcz nie jest oznaką szkodliwego działania seksu na płód. Wielu naukowców zgadza się, że seksualne rozluźnienie i orgazm w ciąży małego ryzyka jest bezpieczny i nie jest przyczyną poronień. Jeśli skurcze cię niepokoją, poproś partnera, by delikatnie masował dolną część pleców, dzięki czemu osłabną nie tylko skurcze, lecz także wszelkie napięcia, które je wywołują. Część kobiet czuje po odbyciu stosunku również skurcze w nogach. Sposoby na zwalczenie tych nieprzyjemnych objawów znajdziesz na s. 240 (Przeczytaj także *Współżycie płciowe podczas ciąży*, s. 229.)

## BLIŹNIĘTA I WIĘCEJ

*Jestem już bardzo gruba. Czyżbym miała mieć bliźnięta?*

Przypuszczalnie masz nadwagę, ponieważ przytyłaś za dużo w pierwszym trymestrze. Jeśli jesteś drobnej budowy, to rosnąca macica staje się bardziej widoczna, niż gdybyś była solidniejszej budowy. Duży brzuch nie musi oznaczać bliźniąt czy trojaczków. By prawidłowo to rozpoznać, lekarz weźmie pod uwagę inne szczegóły:

• Wielkość brzucha w stosunku do wieku ciążowego. Jeżeli macica rośnie bardziej, niż odpowiada to wiekowi ciążowemu, może to oznaczać więcej niż jedno dziecko. Innym wytłumaczeniem dużego brzucha jest złe obliczenie daty porodu, nadmierna ilość płynu owodniowego albo włókniaki.

- Przesadne objawy ciąży. Objawy takie, jak: wymioty, niestrawność, obrzęki mogą błędnie sugerować bliźnięta, bo te same objawy występują w przypadku ciąży jednopłodowej.

- Bicie więcej niż jednego serca. W zależności od położenia płodów lekarz może słyszeć dwa osobne bicia serca. Ale ponieważ bicie jednego serca może być słyszalne w różnych miejscach, to o bliźniętach będzie świadczył tylko fakt, że słyszane są rytmy o różnych częstotliwościach. Tym objawem lekarz się nie kieruje, by stwierdzić ciążę bliźniaczą.

- Predyspozycja. Nie można zwiększyć możliwości urodzenia bliźniąt. Szansa urodzenia bliźniąt jest dziedziczna lub predestynują do niej różne czynniki, np. wiek powyżej 35 lat (w tym wieku kobieta uwalnia więcej niż jedną komórkę jajową); używanie leków stymulujących owulację; zapłodnienie pozaustrojowe. Bliźnięta częściej spotyka się u czarnych kobiet niż u białych, a rzadziej u Azjatek i Latynosek.

W przypadku podejrzenia ciąży bliźniaczej lekarz zaleca badanie ultrasonograficzne. Ta metoda jest rozstrzygająca z wyjątkiem przypadku, gdy jeden płód zasłania drugi.

*Zaskoczył mnie fakt, że zamiast jednego będę miała dwoje dzieci. Czy wiążą się z tym stanem większe zagrożenia dla nich – a także dla mnie?*

Ciąż wielopłodowych jest teraz coraz więcej. Obecnie 1 rodzina na 41 spodziewa się bliźniąt, w porównaniu z 1 na 100 jedno czy dwa pokolenia temu. Mimo że część ciąż mnogich nadal jest wynikiem istniejących od dawna czynników, takich jak nieprzewidziane wyroki natury bądź predyspozycje dziedziczne, to naukowcy wskazują na kilka nowych czynników, obecnie odpowiedzialnych za zwiększenie liczby tego typu ciąż. Na przykład, coraz częściej matkami zostają kobiety w wieku powyżej 35 lat, u których występują nieregularne owulacje i częściej wydalana jest więcej niż jedna komórka jajowa – mają one większą szansę na powicie dwojga i więcej dzieci. Inną przyczyną stały się leki przeciwko niepłodności (które także częściej są przyjmowane przez starsze kobiety, ponieważ płodność wraz z wiekiem maleje), gdyż skutkiem ich działania jest wydalanie większej liczby komórek jajowych. Wreszcie zapłodnienie *in vitro* – zabieg polegający na tym, że zapłodniona w probówce komórka jajowa zostaje implantowana w macicy. Ponieważ w procesie tym udział bierze kilka komórek, zwiększa się możliwość ciąży mnogiej.

Jeśli jednak współczesne matki stoją przed większym prawdopodobieństwem noszenia bliźniąt, lepsze mają też perspektywy na bezpieczny poród. Dzieje się tak głównie za sprawą wykorzystania USG we wczesnej diagnostyce zagrożeń; rzadko już się zdarza, by rodziców zaskoczyły dwojaczki w chwili porodu. Wcześniejsze ostrzeżenie nie tylko pozwala zapewnić bliźniętom wszystkie niezbędne rzeczy po narodzinach (nie trzeba już w ostatniej chwili biec do sklepu po dodatkową kołyskę czy wyprawkę), lecz również zmniejsza prawdopodobieństwo wystąpienia medycznych komplikacji podczas ciąży i porodu. Lekarz może przedsięwziąć liczne środki zapobiegawcze przeciwko pewnym, częstym w przypadku ciąż mnogich, problemom takim, jak: nadciśnienie, niedokrwistość, przedwczesne oddzielenie się łożyska. Będziesz zatem miała lepsze perspektywy na donoszenie ciąży oraz na urodzenie dzieci w doskonałym stanie.

## Bliźnięta

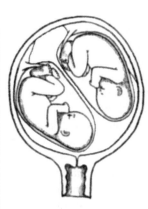

◀ Bliźnięta dwujajowe pochodzą z dwóch komórek jajowych, zapłodnionych w tym samym czasie; każdy płód ma oddzielne łożysko.

▶ Bliźnięta jednojajowe to te, które pochodzą z jednej komórki jajowej – po jej podziale rozwijają się dwa oddzielne płody; w zależności od momentu podziału mogą zajmować to samo łożysko lub mieć własne łożyska.

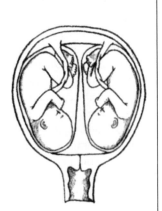

**Dodatkowa opieka lekarska.** Ryzyko związane z ciążą wielopłodową może zostać ograniczone przez odpowiednie nadzorowanie przez lekarza (nie przez położną). W przypadku ciąży mnogiej będziesz musiała odbyć więcej wizyt u lekarza niż kobieta spodziewająca się jednego dziecka (po 20 tygodniu ciąży co drugi tydzień, a po 30 tygodniu ciąży – co tydzień). Lekarz będzie bardziej szczegółowo cię badał i obserwował, by nie przeoczyć jakichś ewentualnych komplikacji. Gdyby więc wystąpił jakiś problem, szybko zostanie zażegnany, a jego skutki zniwelowane. Powinnaś być świadoma sytuacji, które wymagają kontaktu z lekarzem – patrz s. 130.

**Dodatkowe odżywianie.** Jedzenie dla trojga (lub więcej) podwaja odpowiedzialność. Odpowiednia dieta jest najlepszą rzeczą, jaką możesz zrobić dla swoich dzieci, gdyż ma ona wpływ na jeden z podstawowych problemów ciąży wielopłodowej, jaki stanowi niska masa urodzeniowa dziecka. Zamiast urodzić dziecko o masie 2,5 kg lub mniej (co kiedyś było uważane za standard), dzięki stosowaniu prawidłowej diety bliźniaki mogą osiągnąć masę około 3-3,5 kg każde.

W przypadku bliźniąt musisz dawki żywieniowe pomnożyć razy dwa. Na każde dodatkowe dziecko przeznacza się: 300 kalorii; 1 dawkę białka; 1 dawkę wapnia. W przypadku ciąży wielopłodowej, w której dochodzi do zmniejszenia objętości żołądka przez uciskającą macicę, ważne jest, by jeść mało, ale bardziej wartościowo. Unikaj bezwartościowej żywności, która zabiera miejsce tej odżywczej. Jedzenie wartościowych produktów oraz podzielenie dziennej porcji żywności na 6 małych posiłków plus liczne przekąski to lepszy sposób niż „upychanie" wszystkiego w 3 posiłkach. A ponieważ jeden płód więcej to większe zapotrzebowanie na żelazo, kwas foliowy, cynk, miedź wapń, witaminy $B_6$, C i D, pamiętaj o regularnym przyjmowaniu preparatu uzupełniającego dla kobiet w ciąży i – jeśli został ci przepisany przez lekarza – preparatu zawierającego żelazo.

**Nabieranie dodatkowej masy.** Dziecko w łonie matki oznacza większy przyrost masy ciała, ale nie z powodu jego samego, lecz przez dodatkowe elementy: łożysko, płyn owodniowy. Lekarz zaleci ostrożne nadzorowanie wzrostu masy ciała, który powinien wynieść 17-22 kg przez całą ciążę, chyba że masz dużą nadwagę, względnie 50% więcej niż wynosi norma dla ciąży jednopłodowej, to oznacza przyrost około 0,5 kg tygodniowo w pierwszej połowie ciąży i ok. 0,7 kg tygodniowo w drugiej). Masa ciała uzyskana przez stosowanie prawidłowej diety ma duży wpływ na urodzenie zdrowego dziecka.

**Dodatkowy odpoczynek.** Jeśli nosisz bliźnięta, twój organizm pracuje ze zwielokrotnioną siłą, czyli będzie też potrzebował więcej odpoczynku. Upewnij się, czy rzeczywiście więcej odpoczywasz. Postaraj się znaleźć czas na drzemkę z nogami uniesionymi do góry, zaangażuj do prac domowych swego męża i staraj się robić niektóre rzeczy „na skróty" (na przykład gotuj z użyciem mrożonych lub wcześniej przygotowanych warzyw). Jeżeli pracujesz zawodowo, to pracuj mniej lub przestań pracować, gdy czujesz dokuczliwe zmęczenie. Lekarz może nakazać ci ograniczenie ćwiczeń fizycznych i innych zajęć ruchowych.

**Dodatkowa pomoc dla dodatkowych objawów ciąży bliźniaczej.** Ponieważ popularne nieprzyjemne objawy ciąży (takie jak: poranne nudności, niestrawność, bóle pleców, zaparcia, hemoroidy, obrzęki, żylaki, skrócony oddech i zmęczenie) zwykle nasilają się u kobiet noszących w swym łonie więcej niż jeden płód, powinny one wiedzieć o różnych metodach przynoszących ulgę. I choć ulga może być czymś iluzorycznym przy ciąży bliźniaczej, zawarte w niniejszej książce sugestie dotyczące radzenia sobie z dolegliwościami odnoszą się do wszystkich matek, niezależnie czy noszą jedno dziecko czy więcej. Poproś lekarza o dodatkowe rady; porozmawiaj, gdy objawy są szczególnie nasilone.

Bardzo rzadką dolegliwością, niekiedy pojawiającą się w przypadku ciąży wielopłodowej w późniejszych miesiącach, bywa rozejście spojenia łonowego. Sytuacja ta, wywołana zwiększonym ciężarem dwóch lub więcej płodów, może doprowadzić do ograniczenia ruchów i silnego bólu punktowego w miednicy; skontaktuj się z położnikiem, jeśli odczuwasz któryś z tych objawów.

**Dodatkowe środki ostrożności.** W zależności od przebiegu twojej ciąży lekarz może

ci poradzić, byś przestała pracować nawet w 24 tygodniu ciąży. Postaraj się o pomoc w domu i jeśli istnieje realne ryzyko wystąpienia komplikacji, przebywaj w domu w łóżku. Leżenie w szpitalu podczas ostatniego miesiąca ciąży jest zwykle zarezerwowane dla ciąż mnogich z komplikacjami. Badania wykazują, że gdy ciąża bliźniacza przebiega prawidłowo, pobyt w szpitalu wcale nie zapobiega wcześniejszemu rozwiązaniu. Jeśli będziesz postępować dokładnie według zaleceń lekarza, dotrwasz szczęśliwie do końca. (Pamiętaj jednak, że „koniec" w przypadku ciąży mnogiej jest bliższy niż „koniec" w ciąży pojedynczej. Najnowsze badania sugerują, że idealnym terminem porodu bliźniąt i trojaczków jest 37 tydzień, a nie 40.) Na wszelki wypadek zapisz się do szkoły rodzenia w drugim trymestrze i zapoznaj z objawami zbliżającego się przedwczesnego porodu (patrz s. 269).

*Wszyscy sądzą, że to bardzo podniecające, że będziemy mieć dwojaczki. Z wyjątkiem nas samych. Czy z nami jest coś nie w porządku?*

Małżeństwo oczekujące dziecka rzadko bierze pod uwagę, że trzeba będzie kupić dwa łóżeczka, dwa krzesełka, dwa wózki itp. Przygotowujemy się psychicznie i fizycznie na przyjęcie jednego dziecka, a wiadomość, że będziemy mieć dwoje, wywołuje niepokój. Nadchodząca odpowiedzialność za wychowanie jednego dziecka jest już wystarczająca.

Zaakceptuj więc fakt, że to jest nieodwołalne, i nie wiń siebie za to uczucie. Zamiast czuć się winna, przygotuj się do tego, że będziesz miała dwoje dzieci. Porozmawiaj ze swoim mężem i kimś, kto ma bliźnięta. Twój lekarz może ci podać nazwiska rodziców bliźniąt, względnie może skierować cię do lokalnej organizacji zrzeszającej takich rodziców. Dzielenie się uczuciami i świadomość, że nie będziecie jedynymi rodzicami bliźniąt, pomoże ci pogodzić się z tą myślą i cieszyć z ciąży. Choć bliźnięta na początku oznaczają podwójny wysiłek, później zawsze okazują się podwójną radością.

## CIAŁKO ŻÓŁTE

*Mój lekarz powiedział, że mam ciałko żółte na jajniku. Twierdzi, że to nie jest problem, a ja się tym martwię.*

K każdego miesiąca po owulacji formuje się ciałko żółte. Zajmuje ono miejsce w pęcherzyku Graafa uprzednio zajętym przez komórkę jajową. Ciałko żółte produkuje progesteron i estrogen i jeśli nie dochodzi do zapłodnienia, zanika po 14 dniach. W wyniku tego spadek poziomu hormonów powoduje menstruację. Gdy dochodzi do zapłodnienia, ciałko żółte podtrzymywane hormonem hCG (produkowanym przez trofoblast – komórki rozwijające się w kierunku łożyska) rośnie i produkuje progesteron i estrogen niezbędne do odżywiania i utrzymania ciąży, dopóki łożysko nie przejmie tej funkcji. W najlepszym przypadku ciałko żółte zaczyna zmniejszać się ok. 6-7 tygodnia ciąży i przestaje funkcjonować ok. 10 tygodnia, gdy jego praca dla płodu jest już ukończona.

W 1 na 10 ciąż ciałko żółte nie przestaje funkcjonować lub nie cofa się i zamienia w ciałko luteinowe. Tak jak twój lekarz cię zapewnił, to ciałko luteinowe nie jest problemem, ale dla uspokojenia lekarz za pomocą USG nadzoruje jego rozmiar i zachowanie. Jeśli będzie duże lub będzie grozić skrętem bądź pęknięciem, może zalecić usunięcie chirurgiczne. Taka sytuacja jest konieczna w przypadku 1% ciałek żółtych, a po 12 tygodniu ciąży taki zabieg wykonuje się rzadko.

## NIEMOŻNOŚĆ ODDANIA MOCZU

*Przez kilka ostatnich nocy nie mogłam oddać moczu, chociaż miałam wrażenie, że pęcherz jest pełen.*

P rawdopodobnie twoja m pochyla się ku tyłowi i teraz cewkę moczową, czyli przewód po z pęcherzem. Ten coraz silniejszy na może sprawić, że oddanie moczu stanie s niemożliwe. Sporadycznie dochodzi do wycieku moczu w chwili, gdy pęcherz jest przepełniony. Lekarz może próbować przemieścić macicę i odsunąć ją od cewki moczowej na jej właściwą pozycję. W innych przypadkach konieczne jest cewnikowanie (usunięcie moczu cewnikiem). Zapytaj lekarza o najwłaściwsze rozwiązanie w twoim przypadku.

## ROPNE ZAPALENIE GARDŁA

*Moje najstarsze dziecko złapało ropne zapalenie gardła. Czy mogłoby się stać coś złego dziecku, którego oczekuję, gdybym i ja się zaraziła?*

D zieci często dzielą się zarazkami. Dlatego też im więcej dzieci jest w domu (szczególnie w wieku szkolnym), tym większe ryzyko „złapania" przeziębienia czy innej infekcji w czasie ciąży.

Zwiększ zatem środki ostrożności (nie pij z tej samej szklanki, oprzyj się pokusie dokończenia rojącej się od bakterii kanapki, często myj ręce) i wzmocnij swój układ odpornościowy (zwykle osłabiony w czasie ciąży) przez właściwe odżywianie oraz częsty odpoczynek.

Jeśli obawiasz się, że jednak zaraziłaś się ropnym zapaleniem gardła, jak najszybciej udaj się do lekarza. Infekcja nie stanowi zagrożenia dla dziecka, jeśli jest odpowiednio leczona właściwie dobranymi antybiotykami. Lekarz przepisze ci lek, by zlikwidować ten stan zapalny, oczywiście bezpieczny dla kobiet w odmiennym stanie. Nigdy nie bierz leków przepisanych twoim dzieciom czy innym członkom rodziny.

## CO WARTO WIEDZIEĆ
### rost masy ciała podczas ciąży

ykających się
czy to u leka-
, czy na przy-
wadze?; Który
hy dziecka?

Porównywanie odpowiedzi może niepokoić niektóre kobiety. Panie, które w pierwszym trymestrze jadły za dwoje i przybrały
5 kg, zaczynają się zastanawiać, o ile to jest za
dużo. Inne, które mają mniejszy apetyt z powodu porannych nudności, niewiele przybierają na wadze lub wręcz chudną i zastanawiają się, czy tak może być. Wszystkie natomiast zastanawiają się, ile to jest w sam raz.

**Całkowity przyrost.** Obecnie uważa się, że
przyrost masy ciała w ciąży wynoszący 7 kg
jest niedostateczny. Matki, które przytyły
mniej niż 10 kg, częściej rodzą przedwcześnie dzieci z niską masą urodzeniową oraz
zbyt wcześnie odczuwają skurcze macicy.
Podobnie nie zaleca się, by kobiety jadły,
ile chcą, i nadmiernie przytyły. Nadwaga
matki utrudnia bowiem ocenę wielkości
dziecka; przesila mięśnie i powoduje ból
krzyża i nóg, zwiększa zmęczenie i ryzyko
wystąpienia żylaków; dziecko może urosnąć do takich rozmiarów, że jego urodzenie drogami naturalnymi będzie utrudnione
lub niemożliwe; częściej występują komplikacje pooperacyjne po cięciu cesarskim;
zrzucenie masy ciała po porodzie może być
trudne.

Masa ciała matki i masa urodzeniowa
dziecka niekoniecznie korelują ze sobą. Moż-

na przytyć 20 kg, a urodzić dziecko o masie
3 kg, albo przytyć 10 kg, a urodzić dziecko
o masie 4 kg. Ważniejsza od ilości jedzenia
jest jego jakość. Prawidłowy i bezpieczny
jest przyrost masy ciała w ciąży wynoszący
12-17 kg. Dla kobiety o drobnej budowie
przyrost masy będzie zbliżony do 12 kg,
a dla dobrze zbudowanej do 17 kg. Na przyrost masy ciała w ciąży składa się: 3-4 kg
dziecko, 7-12 kg łożysko, piersi, płyny
i inne elementy (patrz tab. na końcu rozdziału). Taki przyrost masy zapewnia też szybszy powrót do normalnej wagi po porodzie.

Kobiety z niedowagą, które zaszły w ciążę, powinny podczas pierwszego trymestru
tyle przybrać na wadze, by drugi trymestr
rozpocząć od normy, aby osiągnąć wymagany w ciąży przyrost masy ciała 12-17 kg.
Kobiety, które miały nadwagę 10-20%, muszą uważniej postępować i jeść mniej, ale
bardziej wartościowe pokarmy, i być pod
kontrolą lekarza. Ciąża nie jest okresem do
odchudzania się ani utrzymywania stałej
masy ciała, bo płód nie może się utrzymać
z samego tłuszczu matki, który nie zapewnia mu wartości odżywczych.

Kobiety spodziewające się więcej niż
jednego dziecka muszą ustalić dietę razem
z lekarzem. Pomimo bliźniąt lub trojaczków
powinny przytyć nie więcej niż 17 do 22 kg.

**Tempo wzrostu.** Przeciętna masa ciała
w pierwszym trymestrze ciąży powinna
wzrosnąć o 1,5-2 kg i około 0,5 kg na tydzień, tj. 6-7 kg razem, w drugim trymestrze

---

## *Więcej na temat przyrostu masy ciała*

I jeszcze jeden powód, dla którego warto
uważnie przyglądać się wadze: naukowcy za-
uważyli, że kobiety, które przybrały więcej
niż zalecane 12 do 17 kilogramów, podno-

szą niemal o 75% ryzyko wystąpienia trudności w karmieniu piersią. Im więcej dodatkowych kilogramów, tym bardziej ryzyko to
wzrasta.

167

## W razie niedowagi

Ostatnie badania wykazały, że kobiety z niedowagą mogą zapewnić odpowiednią masę swemu dziecku przez zażywanie preparatów uzupełniających przeznaczonych dla kobiet w ciąży, które zawierają 25 miligramów cynku. Jeśli masz niedowagę, sprawdź, czy twój preparat zawiera tę ilość cynku.

ciąży. Przyrost masy powinien być kontynuowany w tempie ok. 0,5 kg na tydzień podczas 7 i 8 miesiąca ciąży, a w 9 miesiącu ciąży o 0,5 kg na tydzień spaść w stosunku do 8 miesiąca, aby przyrost całkowity w trzecim trymestrze wynosił 4-5 kg.

Kobietom rzadko udaje się przybierać na masie według takiego idealnego wzoru. Nie jest źle, jeśli odchylenia są niewielkie – przyrost 0,25 kg w jednym tygodniu, 0,75 kg w następnym. Najlepiej jednak, by przyrost masy przebiegał harmonijnie, bez nagłych skoków i spadków. Jeśli w którymkolwiek tygodniu drugiego trymestru przybrałaś więcej niż 1,5 kg lub w którymkolwiek tygodniu trzeciego trymestru przybrałaś więcej niż 1 kg, zwłaszcza gdy nie wiążesz tego z nadmierną podażą sodu, omów to ze swoim lekarzem. Zgłoś się do lekarza także, jeśli w okresie od czwartego do ósmego miesiąca ciąży nie przybierasz na wadze dłużej niż przez dwa tygodnie.

Jeśli twój rzeczywisty przyrost masy znacznie różni się od planowanego (7 kg w pierwszym trymestrze zamiast 1,5-2 kg lub 10 kg zamiast 6 kg w drugim trymestrze), nie próbuj go zatrzymywać; zobaczysz, że się unormuje. Razem z lekarzem ponownie ustal dietę odpowiednią do potrzeb twojego dziecka. Pamiętaj, że twoje dziecko potrzebuje odpowiedniej dziennej dawki pożywienia przez całą ciążę. Kontroluj masę ciała od samego początku ciąży, a nie będziesz musiała narzucać swojemu dziecku diety po to, żeby uchronić siebie od nadmiernej ilości tłuszczu.

## Co się składa na dodatkowe kilogramy?

(wartości przybliżone)

| | |
|---|---|
| Dziecko | 3,5 kg |
| Łożysko | 0,7 kg |
| Płyn owodniowy | 0,9 kg |
| Powiększenie macicy | 1,0 kg |
| Gruczoły piersiowe | 0,5 kg |
| Objętość krwi matki | 2,0 kg |
| Płyny komórkowe | 2,0 kg |
| Tkanka tłuszczowa | 3,5 kg |
| Ogółem przyrost: | 13,5 kg |

# 8

# Czwarty miesiąc

*W przybliżeniu od 14 do 17 tygodnia*

Wreszcie rozpoczął się drugi trymestr ciąży, który dla większości kobiet jest najprzyjemniejszy ze wszystkich – już jego początek przynosi kilka miłych zmian. Po pierwsze, większość z najbardziej dokuczliwych objawów wczesnociążowych łagodnieje lub wręcz odchodzi w przeszłość. Jeśli nudności jeszcze nie minęły, to właśnie teraz powinny zupełnie zaniknąć. Poczujesz też przypływ energii. Następna zmiana na lepsze dotyczy twojego wyglądu: teraz zaokrąglenie w dolnej części brzucha nie będzie już wyglądać jak efekt zbyt obfitego posiłku, a raczej jak brzuszek kobiety w ciąży.

## CZEGO MOŻESZ OCZEKIWAĆ W CZASIE BADANIA OKRESOWEGO

W tym miesiącu kontrolna wizyta u lekarza może obejmować następujące badania, dobrane pod kątem stanu pacjentki i zgodne ze stylem pracy lekarza[1]:

- masa ciała i ciśnienie krwi;

- badanie moczu z oznaczeniem poziomu cukru i białka;

- określenie czynności serca płodu;

- wymiary macicy w badaniu palpacyjnym;

- wysokość dna macicy;

- kontrola rąk i stóp pod kątem obrzęków i żylaków;

- weryfikacja obserwowanych objawów, szczególnie budzących niepokój pacjentki;

- wyjaśnienie innych wątpliwości.

## CO MOŻESZ ODCZUWAĆ

Jak zwykle pamiętaj, że każda ciąża jest inna, jak inna jest każda kobieta. Wymienione niżej objawy mogą występować razem lub w odstępach czasowych, mogły pojawić się w ubiegłym miesiącu lub dopiero teraz. Jeszcze inne mogą być trudne do zauważenia, gdyż już się do nich przyzwyczaiłaś. Ewentualnie mogą występować inne, rzadkie objawy.

---

[1] Badania i testy opisane są w oddzielnym rozdziale *Dodatek*.

# Co się dzieje wewnątrz ciebie

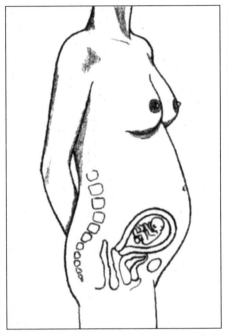

▲ Macica jest teraz wielkości małego melona i pod koniec miesiąca można ją wyczuć mniej więcej 4 cm pod pępkiem. Jeśli jeszcze nie „wyrosłaś" ze swych ubrań, teraz możesz się tego spodziewać.

▶ Twoje dziecko staje się coraz dłuższe i cięższe (ma około 13 cm i tyle samo dekagra-mów), a jego ciało rośnie szybciej niż głowa, proporcjami bardziej przypominając człowieka. Wykształciły się linie papilarne dłoni i stóp, a także tymczasowe owłosienie ciała zwane lanugo. Dziecko potrafi ssać palec, połykać płyn owodniowy i wydalać go jako mocz, wykonuje też ruchy oddechowe. W pełni funkcjonuje łożysko, służąc za źródło substancji odżywczych oraz tlenu. U dziewczynek wykształciła się macica wraz z jajnikami wyposażonymi w prymitywne komórki jajowe. Kości dziecka stają się coraz twardsze, dziecko rusza rączkami i nóżkami (wkrótce poczujesz te pierwsze kopnięcia!).

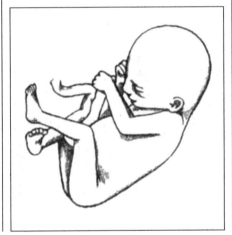

**OBJAWY FIZYCZNE:**

- zmęczenie;

- rzadsze oddawanie moczu;

- ustanie wymiotów i nudności lub znaczne ich ograniczenie (u niektórych kobiet dolegliwości te będą się nadal utrzymywać, a u małej grupy mogą się dopiero rozpocząć);

- zaparcia;

- zgaga, niestrawność, wzdęcia;

- dalsze powiększenie piersi, jednak zazwyczaj ze zmniejszeniem bolesności i obrzęku;

- sporadyczne bóle głowy;

- ewentualne omdlenia, zawroty głowy, szczególnie przy nagłej zmianie pozycji ciała;

- nieżyt nosa i krwawienie z nosa;

- nieżyt ucha;

- krwawienie dziąseł;

- wzrost apetytu;

- lekkie obrzmienie kostek i stóp, rzadziej rąk i twarzy;

- żylaki podudzi i/lub odbytu;

- skąpa biaława wydzielina z pochwy;

- pod koniec czwartego miesiąca pierwsze ruchy płodu (głównie u kobiet bardzo szczupłych lub gdy nie jest to pierwsza ciąża).

**ODCZUCIA PSYCHICZNE:**

- zmienność nastrojów podobna do zespołu napięcia przedmiesiączkowego, tj. drażliwość, płaczliwość;

- radość i pełniejsze zrozumienie, jeśli ma się poczucie „bycia w ciąży";

- frustracja z powodu „stanu przejściowego" – już nie mieścisz się w swoich ubraniach, lecz jeszcze nie wyglądasz na tyle „grubo", by nosić odzież ciążową;

- poczucie rozbicia, chaosu myślowego, roztargnienie, upuszczanie przedmiotów, kłopoty z koncentracją i z pamięcią.

# CO MOŻE CIĘ NIEPOKOIĆ

## RUCHY PŁODU

*Nie czuję jeszcze ruchów dziecka; czy jest to zły znak? Czy tylko nie potrafię rozpoznać kopania?*

Ruchy płodu są zazwyczaj powodem największej radości w ciąży, a ich brak – największego niepokoju. Te lekkie kopnięcia i drgania bardziej zapewniają cię o rozwijającym się w tobie nowym życiu niż pozytywny wynik testu ciążowego, rosnący brzuch czy nawet odgłos bicia serca. Jednak część matek oczekujących narodzin dziecka, szczególnie po raz pierwszy, poczuje to dopiero w czwartym miesiącu.

Choć płód porusza się od około 7 tygodnia ciąży, matka zaczyna odczuwać ruchy malutkich rączek i nóżek znacznie później. Ten pierwszy ważny objaw życia pojawia się między 14 a 26 tygodniem ciąży (zazwyczaj między 18 a 22). Odchylenia od tego terminu są częste. Kobieta, która już wcześniej rodziła, może rozpoznać te ruchy wcześniej, ponieważ wie, czego się spodziewać. Także mięśniówka jej macicy jest bardziej rozciągnięta, co sprawia, że kopanie jest łatwiej wyczuwalne. Kobieta bardzo szczupła może wcześnie odczuwać bardzo delikatne ruchy, natomiast kobieta otyła może je rozpoznawać dopiero, gdy staną się mocniejsze.

Jeśli ruchy płodu powinny być już wy-

czuwalne, a nie są – prawdopodobnie źle obliczono wiek ciąży. Innymi razy kopnięcia i drgania występują, lecz matka nie potrafi ich rozpoznać. Dość często te pierwsze ruchy mylone są ze wzdęciami czy zwykłymi ruchami w układzie pokarmowym.

Nikt nie jest w stanie powiedzieć osobie spodziewającej się dziecka po raz pierwszy, czego może się spodziewać. Sto matek może opisać to wrażenie na sto sposobów. Najczęściej porównuje się je do trzepotania lub „drżenia" w brzuchu, ale także do uderzania, trącania łokciem, pękania bańki, szarpania, burczenia czy uczucia podobnego do tego, gdy na huśtawce w wesołym miasteczku znajdziemy się do góry nogami.

Choć często nie wyczuwa się ruchów płodu aż do 20 tygodnia ciąży, a nawet dłużej, lekarz może zlecić badania USG w celu oceny stanu dziecka, gdy matka nie czuje ruchów płodu lub gdy lekarz nie może wywołać jego reakcji przez odpowiednią stymulację do 22 tygodnia. Jednak w sytuacji, gdy czynność serca płodu jest wyraźna i wszystko zdaje się rozwijać prawidłowo, lekarz może jeszcze odłożyć termin tego badania.

## WYGLĄD

*Popadam w depresję, gdy spojrzę w lustro lub wejdę na wagę. Jestem bardzo gruba.*

W społeczeństwie, w którym modna jest szczupła sylwetka, przyrost masy ciała w ciąży może być źródłem depresji. Jest jednak różnica między kilogramami przybieranymi bez powodu (gdy silna wola odmawia posłuszeństwa) a tymi, które uzyskujemy z najwspanialszej przyczyny, jaką jest rozwój naszego dziecka i konieczność dostarczenia tego, co jest mu do rozwoju niezbędne. Poza tym wiele osób uważa, że ciężarna kobieta jest piękna. Dla wielu żon i ich mężów zaokrąglający się zarys brzucha jest najpiękniejszym i najbardziej zmysłowym kształtem kobiety.

Jeśli tylko odżywiasz się prawidłowo i nie przekraczasz norm spożycia zalecanych dla danego okresu ciąży (patrz s. 168) – nie powinnaś się czuć „gruba", lecz po prostu „ciężarna". Dodatkowe centymetry w talii są uzasadnionym objawem ciąży i znikną prędko po urodzeniu dziecka. Jeśli się przejadasz, to samousprawiedliwiające narzekania nie pomogą, a wręcz mogą pobudzić apetyt. Należy po prostu zmienić przyzwyczajenia żywieniowe. Jednak należy pamiętać, że odchudzanie w celu utraty zbędnych kilogramów lub utrzymania wagi może być bardzo niebezpieczne. Nie wolno eliminować produktów zalecanych w ciąży, by zmniejszyć przyrost masy ciała.

Kontrola masy ciała nie jest jedynym sposobem dbania o wygląd. Można dobierać rzeczy, które nie będą podkreślać zaokrągleń; zamiast próbować wcisnąć się w stare ubrania, wybierz coś z bogatej oferty ubrań ciążowych, dobrze pasujących do kształtu figury, a nie próbujących ją zatuszować (patrz następny punkt). Dobrze jest też zmienić uczesanie na wymagające mniej starań, zadbać o cerę i pamiętać o codziennym makijażu.

## STRÓJ CIĄŻOWY

*Nie mogę się wcisnąć nawet w najobszerniejsze dżinsy, lecz obawiam się kupna ubrań ciążowych.*

Nigdy nie było tak łatwo być modną w ciąży. Dawno minęły czasy, gdy noszono tylko obszerne suknie i bluzy. Wiele nowych fasonów prezentuje się ciekawie i wygodnie, poza tym często można je nosić także po porodzie.

By łatwiej zaplanować swoją ciążową garderobę, dobrze jest zdać sobie sprawę z następujących faktów:

• Dopiero zaczęłaś przybierać na wadze. Nie ma sensu wydawanie mnóstwa pieniędzy na nowe stroje ciążowe w chwili, gdy po raz pierwszy nie zmieścisz się w stare spodnie, zwłaszcza że te nowe rzeczy będziesz nosić bardzo krótko. Tak więc najlepiej dokonywać zakupów w miarę rozwoju ciąży, a po dokładnym przejrzeniu szafy może się okazać, że potrzebujesz mniej rzeczy, niż ci się wydawało.

• Nie należy się ograniczać tylko do ubrań typowo ciążowych. Jeśli coś ci odpowiada i pasuje, to możesz to nosić, nawet jeśli nie ma takiego przeznaczenia. W ten sposób nie wydasz fortuny na ubrania,

## Pozowanie do zdjęć

Jeśli ostatnio unikasz obiektywu („nie chcę uwieczniać ĄĄkolejnychĘĘ 5 kilogramów!"), zastanów się nad tym, jaką przybrać pozę. Choć może wolałabyś zapomnieć o tym, jak wyglądasz w czasie ciąży, twoja przyszła pociecha na pewno z przyjemnością obejrzy kiedyś „swoje pierwsze zdjęcie" – i ty również.

Aby zachować dla potomności zmiany zachodzące w twym wyglądzie, poproś kogoś, by co miesiąc robił ci zdjęcie z profilu. Ubierz się w obcisłe ubranie, które dobrze uwidoczni twoją sylwetkę; wkładaj te fotografie do albumu, do którego możesz też włożyć zdjęcie z ultrasonografu, jeśli je masz.

które nosi się tylko przez krótki czas. Mimo to nie trzeba kupować zbyt wiele, bo nawet jeśli to nie są ubrania ciążowe, to często po połogu nie chce się już ich nosić i wędrują na dno szafy.

- Własny styl ma znaczenie także podczas ciąży. Jeśli zazwyczaj nosisz bardzo eleganckie lub sportowe ubrania, nie musisz z nich rezygnować ani się spieszyć ze zmianą na fason ciążowy. Chociaż poczucie odmiany może sprawić przyjemność, jest na to jeszcze sporo czasu.

- Dodatki zawsze mają wielkie znaczenie. Przyjemność, jaką daje piękna apaszka, kolczyki, rajstopy o wspaniałym odcieniu czy nawet ładne tenisówki, wynagrodzi ci wiele nieuniknionych kompromisów, na jakie będziesz musiała pójść w sprawach mody.

- Wielkie znaczenie ma także bielizna. Dobrze dopasowany, wzmocniony biustonosz jest bardzo ważny, szczególnie wtedy, gdy rosnący biust sprawia, że twoje stare biustonosze są bezużyteczne. Dobrze jest skorzystać z porad sprzedawczyni. Nie należy robić zapasów, lecz kupić najwyżej dwie sztuki i na następne zakupy wybrać się, gdy biust znów urośnie. Także majtki należy kupować w większym rozmiarze i najlepiej takie, które nosi się właściwie pod brzuchem, tj. bikini.

- Najlepszym przyjacielem kobiety w ciąży jest szafa jej męża. Duże podkoszulki, bluzy i koszule świetnie pasują do spodni i pod ogrodniczki. Spodnie od dresu i szorty sprostają twoim nowym wymiarom jeszcze przez parę miesięcy.

- Dobrze jest także pożyczać stroje od koleżanek, a po połogu oddać swoje rzeczy znajomym, które właśnie zaszły w ciążę.

- Ze względu na przyśpieszony metabolizm, częściej ma się uczucie ciepła i dlatego dobrze jest zadbać, aby ubrania były wykonane z włókien naturalnych. Można zmienić rajstopy na kolanówki, lecz trzeba wybierać te bez ciasnej gumki. Jasne kolory i luźne obszerne stroje także zapobiegają przegrzaniu. Zimą ubiór złożony z kilku warstw ma tę dobrą stronę, że gdy robi się cieplej, można rzeczy stopniowo zdejmować.

## FARBOWANIE I PROSTOWANIE WŁOSÓW, I TRWAŁA ONDULACJA

*Moje włosy straciły zupełnie wygląd, nie chcą się układać. Czy ondulacja jest bezpieczna?*

Choć powiększający się brzuch jest głównym widocznym objawem ciąży, to nie jest to objaw jedyny. Wszędzie zmiany są wyraźne: od dłoni, które mogą okresowo przyjąć różowoczerwone zabarwienie, po wnętrze jamy ustnej (dziąsła mogą być obrzmiałe i krwawić). Włosy nie są wyjątkiem i mogą wyglądać lepiej (np. nabrać połysku) lub gorzej (gdy tracą sprężystość i stają się bardzo miękkie).

W normalnej sytuacji trwała ondulacja byłaby najprostszym sposobem na poprawę fryzury, ale nie jest tak podczas ciąży. Po pierwsze, pod wpływem hormonów włosy zachowują się w sposób nieprzewidywalny: ondulacja może się wcale nie udać. Po drugie, stosowane roztwory chemiczne wchłaniają się przez skórę głowy do naczyń krwionośnych, wątpliwe jest zatem bezpieczne ich stosowanie podczas ciąży. Jak dotąd badania nie potwierdzają związku między stosowaniem tych środków a wadami rozwojowymi płodu. Jednak zanim uzna się trwałą ondulację za całkiem bezpieczną – należy przedsięwziąć wszystkie środki ostrożności i poczekać do urodzin dziecka. Nie należy się jednak niepokoić, jeśli ma się już wcześniej wykonaną trwałą ondulację. Niebezpieczeństwo jest właściwie tylko teoretyczne i naprawdę nie ma się czym martwić.

Stan włosów można poprawić przez bardzo dobre odżywianie i stosowanie wysokiej jakości szamponów, odżywek i środków do układania włosów (a także lokówki). Jednak musisz się pogodzić z wiadomością, że włosy zapewne pozostaną takie do końca ciąży, zatem zastanów się, czy nie lepiej zmienić fryzurę na nie wymagającą układania, na przykład bardzo krótką – bądź taką, która układa się sama: na przykład wycieniowaną.

**Regularnie prostuję włosy, ale czy mogę nadal to robić teraz, gdy jestem w ciąży?**

Musisz zdobyć się na dodatkowe poświęcenie na rzecz swojego nie narodzonego dziecka. Choć nie ma dowodów na to, że preparaty do prostowania włosów stanowią zagrożenie dla ciąży, nie udowodniono też ich całkowitego bezpieczeństwa. A ponieważ zawierają one silnie działające substancje chemiczne, wchłaniające się przez skórę, a włosy ciężarnej kobiety mogą reagować inaczej – najlepiej pozostawić fryzurę w spokoju. Nie martw się jednak, jeśli wcześniej prostowałaś włosy.

**Właśnie wybierałam się do fryzjera na farbowanie włosów, gdy dowiedziałam się od przyjaciółki, iż farby do włosów mogą być przyczyną wad wrodzonych u dzieci. Czy to prawda?**

Choć najbardziej ostrożni lekarze wciąż doradzają swym ciężarnym pacjentkom, by nie używały farb do włosów w czasie ciąży, żadne badania nie wskazały na związek tych preparatów z wadami wrodzonymi. Najwyraźniej tak niewiele substancji chemicznych znajdujących się w farbach przenika przez skórę, że nie wywołują one żadnych niepożądanych skutków.

Wprawdzie możesz się nie martwić o wpływ farby na płód, ale jeżeli chodzi o twój wygląd – powinnaś zacząć się niepo-

koić. Z powodu zmian hormonalnych włosy mogą inaczej reagować na stosowane środki chemiczne, niżbyś sobie tego życzyła, i zmienić kolor na inny, niż zaplanowałaś.

# ŚWIADOMOŚĆ „BYCIA W CIĄŻY"

*Teraz, gdy mój brzuch rośnie, zaczynam wierzyć, że naprawdę jestem w ciąży. Choć planowaliśmy to dziecko, nagle poczułam się wystraszona, jak w pułapce, nawet przeciwna tej ciąży.*

Nawet najbardziej pragnący dziecka rodzice mogą być zaskoczeni, gdy ciąża stanie się faktem. Jednak gdy się dobrze zastanowić, nie ma w tym nic dziwnego. Wszak niewidoczny mały intruz wywraca twoje życie do góry nogami, odbiera ci swobodę, którą uważałaś za coś oczywistego, a nakłada nieoczekiwane wymagania – i fizyczne, i emocjonalne. Każda sfera życia – od wydatków, przez życie towarzyskie, posiłki, po współżycie płciowe – zmienia się nawet przed jego urodzeniem. A świadomość, że zmiany te będą się nasilać, gdy dziecko przyjdzie na świat, wywołać może mieszane uczucia w zależności od nastawienia rodziców.

Badania dowodzą, że stan, w którym ma się mieszane uczucia co do ciąży, pewne obawy, a nawet czuje się lekki sprzeciw, jest nie tylko czymś normalnym, lecz wręcz zdrowym – tak długo, jak długo zdajemy sobie z niego sprawę i nad nim panujemy. A jest to niewątpliwie najlepszy czas na przemyślenia. Jeśli teraz odpowiednio przemyślisz ewentualne żale, jakie możesz żywić w przyszłości (na przykład o to, że nie będziesz mogła posiedzieć zbyt długo w sobotnie wieczory, pod wpływem chwili wybrać się na weekendową wycieczkę, pracować w swym normalnym tempie lub wydawać pieniądze tak, jak masz ochotę), to nie będziesz musiała stawiać im czoła po porodzie. Najlepiej porozmawiaj z partnerem –

i namów go, by zrobił tak samo. Pomocne będą też rozmowy z przyjaciółmi, którzy decydując się na rodzicielstwo, dokonali już zmian w swoim życiu.

Choć nowy styl życia – w zależności od tego, jakie ustalicie priorytety – może stanowić większą bądź mniejszą odmianę, prawdą jest, że kiedy z „dwojga" staniecie się „trojgiem", wasze życie już nigdy nie będzie takie jak poprzednio. Lecz choć pewne sfery życia będą ograniczone, otworzą się inne, i być może kiedy dziecko się narodzi, ty także poczujesz się jak nowo narodzona, a nowe chwile będą najwspanialsze ze wszystkich, jakie dotąd przeżyłaś.

## NIECHCIANE PORADY

*Teraz, gdy moja ciąża stała się widoczna, wszyscy – począwszy od mojej teściowej po obcych w windzie – udzielają mi dobrych rad. Nie mogę tego znieść.*

Trudno byłoby szukać schronienia na bezludnej wyspie, tak więc nie ma sposobu na to, by ciężarna kobieta uniknęła spontanicznych porad znajomych. Już sam widok brzucha przyszłej matki wyzwala w każdym doradcę. Wybierzesz się na poranny jogging do parku, a już ktoś cię beszta: „W pani stanie nie powinno się biegać!" Gdy niesiesz dwie torby z zakupami ze sklepu, bez wątpienia usłyszysz: „Myśli pani, że powinna nosić takie ciężary?" Albo kiedy wyciągasz w autobusie rękę do góry, by złapać za uchwyt, ktoś spieszy z ostrzeżeniem: „Jeśli będzie się pani tak się rozciągać, dziecku owinie się pępowina wokół szyi!"

Co ma począć przyszła matka z tymi niepotrzebnymi radami oraz nieuniknionymi przepowiedniami płci dziecka? Po pierwsze, należy pamiętać, że większość tych uwag nie ma żadnego znaczenia. Babcine opowieści, które jednak m a j ą jakiś sens, wszystkie znajdują medyczne uzasadnienie i są częścią standardowej opieki lekarskiej.

O tych bezpodstawnych, którym brak sensu, lecz które wciąż pokutują jako mity o ciąży, można spokojnie zapomnieć. Rady wywołujące obawy („A jeśli to prawda?") najlepiej omówić z lekarzem, położną bądź osobą prowadzącą zajęcia w szkole rodzenia.

Bez względu na to, czy uwagi te brzmią wiarygodnie czy wręcz przeciwnie, nie wolno dać się ponieść nerwom. Nie będzie to z korzyścią ani dla ciebie, ani dla dziecka. Najlepiej grzecznie i z humorem dać do zrozumienia rozmówcy, że ufasz swojemu lekarzowi i to on pokieruje twoim postępowaniem. Możesz też uprzejmie wysłuchać uwag, ale po prostu nie przejmować się nimi.

Jednak musisz być na to przygotowana i próbować do tego przywyknąć. Jeśli ktokolwiek może usłyszeć więcej dobrych rad niż kobieta w ciąży, to jest to tylko matka z maleńkim dzieckiem.

*Teraz, gdy wyraźnie widać, że jestem w ciąży, wszyscy: koledzy, przyjaciele, a nawet obcy ludzie podchodzą, by dotknąć mojego brzucha – często bez pytania. Nie czuję się z tym dobrze.*

Są okrągłe, śliczne i mają w sobie coś jeszcze... Postawmy sprawę jasno: brzuch ciężarnej kobiety aż się prosi o pogłaskanie. Jednak choć impuls popychający do dotykania „brzuszka" jest trudny do przezwyciężenia, jest on też nieodpowiedni – szczególnie bez pytania o zgodę.

Niektórym kobietom nie przeszkadza dotyk cudzych dłoni, niektórym sprawia to wręcz przyjemność. Jeśli jednak takie głaskanie nie sprawia ci przyjemności, nie wahaj się o tym powiedzieć. Powiedz albo prosto z mostu (choć grzecznie); „Wiem, że mój brzuch kusi, by go dotknąć, lecz wolałabym, żebyś tego nie robił" – albo dla odmiany dotknij brzucha tej osoby („No i jak ci się to podoba?"). Może ten ktoś zastanowi się, nim następnym razem pogłaska ciężarną po brzuchu.

# ZABURZENIA PAMIĘCI

*W ubiegłym tygodniu wyszłam z domu bez portfela, dziś rano zupełnie zapomniałam o ważnym spotkaniu. Nie mogę się na niczym skupić i mam wrażenie, że tracę głowę.*

Nie jesteś odosobniona. Wiele kobiet ma poczucie, jakby „przybierały na wadze, a traciły szare komórki". Nawet kobiety dumne ze swego zorganizowania i zdolności do stawiania czoła skomplikowanym zadaniom nagle zauważają, że zapominają o ważnych spotkaniach, nie mogą się skoncentrować i tracą równowagę. Na szczęście to „roztrzepanie" podobne do stanu, którego doświadcza wiele kobiet przed miesiączką, jest przejściowe. Jak wiele innych objawów jest ono spowodowane zmianami hormonalnymi w ciąży.

Zaniepokojenie tym stanem może go tylko pogorszyć. Uznanie go za normalny, a nawet przyjęcie z pewną dozą humoru, pomoże w jego złagodzeniu. Pomocne jest także jak największe ograniczenie stresu. Być może nie będziesz mogła pracować tak dużo i tak wydajnie jak przed ciążą. Zapisywanie obowiązków w pracy i w domu może pomóc walczyć z umysłowym chaosem i ustrzec nas od potencjalnych kłopotów (jak np. zostawianie otwartych drzwi lub czajnika na gazie). Możesz też polegać na elektronicznym notesie, jeśli oczywiście nie zapomnisz, gdzie go zostawiłaś.

Choć szeroko reklamuje się zbawienne dla zapominalskich właściwości miłorzębu dwuklapowego (*Gingko biloba*), nie uważa się tego produktu za bezpieczny podczas ciąży – zapomnij zatem o przyjmowaniu preparatów ziołowych w swej walce z wywołanym przez ciążę zapominalstwem.

Powinnaś się za to przyzwyczaić do trochę mniejszej wydajności w pracy, gdyż stan ten może trwać także przez parę tygodni po urodzeniu dziecka (jako skutek zmęczenia, a nie zaburzeń hormonalnych) albo może minąć dopiero, gdy dziecko zacznie przesypiać całe noce.

# DUSZNOŚĆ

*Czasem mam kłopoty z oddychaniem. Czy to normalne?*

Odetchnij z ulgą – oczywiście jeśli tylko możesz – i uspokój się. Niewielkie duszności są czymś normalnym i wiele ciężarnych kobiet cierpi z ich powodu na początku drugiego trymestru. Za ten stan odpowiedzialne są znowu hormony ciążowe. Stymulują one bowiem ośrodek oddechowy w celu zwiększenia częstotliwości i głębokości oddechów, przez co masz uczucie „ciężkiego oddychania". Za ich sprawą dochodzi też do rozszerzania naczyń włosowatych dróg oddechowych i innych naczyń włosowatych w całym ciele, rozluźnienia mięśni płuc, oskrzeli oraz innych. Im ciąża jest bardziej zaawansowana, tym trudniej się oddycha, gdyż powiększająca się macica, uciskając na przeponę, ściska płuca i uniemożliwia im pełne rozszerzenie się.

Jednakże ostra duszność powiązana z przyspieszeniem oddechu, zasinieniem warg i koniuszków palców, ewentualnie z bólem w klatce piersiowej i przyspieszonym tętnem może być sygnałem poważniejszych dolegliwości i wymaga natychmiastowego kontaktu z lekarzem lub stacją pogotowia.

# KŁOPOTY Z UZĘBIENIEM

*W mojej jamie ustnej dochodzi do prawdziwego spustoszenia. Przy każdym myciu zębów krwawią mi dziąsła, myślę też, że mam dziury w zębach. Nie idę jednak do dentysty, gdyż obawiam się znieczulenia.*

Gdy cała uwaga skupia się na brzuchu, łatwo przeoczyć to, co dzieje się w ustach – dopóki i ta część ciała nie zacznie domagać się o troskę. Niestety, ciąża często źle wpływa na stan dziąseł, które podobnie jak błony śluzowe nosa, za sprawą hormonów ciążowych stają się obrzmiałe, zaczerwienione oraz łatwiej krwawią. Hormony te zwiększają również podatność dziąseł na działanie płytki nazębnej i bakterii, co w krótkim czasie może pogorszyć dolegliwości. Czerwone, wrażliwe, krwawiące dziąsła mogą sygnalizować zapalenie dziąseł, które nie leczone prowadzi do zapalenia przyzębia. Badania wykazują, iż ta poważna choroba dziąseł może u ciężarnej kobiety zwiększyć prawdopodobieństwo przedwczesnego porodu lub urodzenia dziecka z niską masą urodzeniową. To powinno być najlepszym argumentem przemawiającym za koniecznością dbania o higienę jamy ustnej! Kolejnym powodem jest skłonność do obluzowywania się zaniedbanych zębów (co tłumaczy stary przesąd, że kobieta traci jeden ząb z każdą ciążą). Na szczęście tym potencjalnym zagrożeniom można całkowicie zapobiegać. Unikniesz problemów z zębami i dziąsłami, jeśli w czasie ciąży (a najlepiej przez całe życie) będziesz postępować zgodnie z poniższymi wskazówkami:

• Zwracaj uwagę na to, co jesz, zwłaszcza między posiłkami. Słodycze (szczególnie klejące się) zostaw sobie na później – gdy będziesz mogła wymyć zęby zaraz po ich spożyciu. Jeśli jesz coś między posiłkami, a nie możesz umyć zębów, przeczytaj poniższe sposoby ich wyczyszczenia. Spożywaj jak najwięcej produktów bogatych w witaminę C, która wzmacnia dziąsła i zmniejsza ryzyko krwawienia. Pamiętaj też o dziennej porcji wapnia (patrz s. 94), potrzebnego przez całe życie do tego, by zęby były zdrowe i mocne.

• Regularnie szczotkuj zęby i czyść je nitką, zgodnie z zaleceniami dentysty.

• Aby jeszcze bardziej zmniejszyć ilość bakterii w jamie ustnej, szczotkuj także język. Będziesz miała świeży oddech.

• Jeśli nie możesz umyć zębów tuż po jedzeniu, żuj gumę bez cukru, ugryź kawałek sera lub – jeżeli nie masz alergii (patrz s. 186) – weź do ust garść orzeszków ziemnych. Wszystko wskazuje na to, że te produkty mają właściwości antybakteryjne.

• Niezależnie od tego, czy masz kłopoty z uzębieniem, umów się na wizytę u dentysty na kontrolę i czyszczenie zębów, przynajmniej raz podczas tych dziewięciu miesięcy. Podczas czyszczenia usunięty zostaje kamień nazębny, który nie tylko jest jedną z przyczyn powstawania dziur w zębach, lecz także pogarsza istniejące problemy z dziąsłami. Unikaj prześwietlenia promieniami Roentgena, a jeżeli jest ono absolutnie niezbędne, pamiętaj o środkach ostrożności przedstawionych na s. 71. Gdyby rutynowy zabieg wymagał znieczulenia, sprawdź, czy możesz z nim się wstrzymać. Ale problemy, które nie leczone mogą ulec pogorszeniu, powinny zostać załatwione jak najszybciej. Poproś dentystę, by sprawdził stan twoich dziąseł, jeżeli w przeszłości miałaś z nimi kłopoty.

Lepiej nie czekać, aż zęby i dziąsła upomną się o szybką pomoc – dlatego też najważniejsza jest profilaktyka. Jak najszybciej umów się na wizytę u dentysty, gdy podejrzewasz, że już masz dziurę w zębie lub że zaczyna się rozwijać jakiś inny problem. Odkładanie pilnej interwencji dentystycznej jest zwykle bardziej niebezpieczne niż sam zabieg. Na przykład nie leczone bardzo zepsute zęby są przyczyną infekcji rozprzestrzeniającej się po całym organizmie, co naraża i matkę, i dziecko na niebezpieczeństwo. Bolące czy zainfekowane zęby mądrości także powinny zostać jak najszybciej wyleczone.

Niemniej prawdą jest, że przy wszystkich poważniejszych zabiegach dentystycznych podczas ciąży niezbędne są szczególe środki ostrożności. W większości zabiegów wystarczy tylko miejscowe znieczulenie, a jeśli absolutnie konieczna jest narkoza, to powinna być ona podawana przez doświadczonego anestezjologa, który zadba o to, by płód otrzymywał niezbędną ilość tlenu, oraz poda środek, który jest bezpieczny podczas ciąży. Aby się upewnić, że zabieg jest całkowicie bezpieczny, omów sprawę znieczulenia zarówno z dentystą, jak i z lekarzem prowadzącym ciążę. Spytaj również lekarza, czy uważa, że przed zabiegiem stomatologicznym i po nim trzeba będzie podać antybiotyk.

Jeśli po tym zabiegu masz policzki opuchnięte jak chomik i nie możesz zjeść nic o stałej konsystencji, będziesz musiała wprowadzić drobne zmiany do swej diety. Dieta płynna może na przykład opierać się na koktajlach mlecznych (zobacz *Podwójny koktajl mleczny*, s. 102), napojach cytrusowych (jeśli nie powodują pieczenia dziąseł) i innych sokach owocowych czy warzywnych, a także domowych zupach kremach, zrobionych ze zwykłej zupy zmiksowanej z twarożkiem, jogurtem i chudym mlekiem. A gdy będziesz już w stanie jeść miękkie potrawy, dołącz do menu warzywa purée, rybę lub tofu, jajka sadzone, niesłodzony jogurt, mus jabłkowy i inne gotowane owoce, rozgniecionego banana lub ziemniaka, a także gęste płatki śniadaniowe na gorąco, wzbogacone odtłuszczonym mlekiem w proszku.

*Czy podczas ciąży mogę stosować środki do wybielania zębów?*

W czasie ciąży bezpieczniej olśniewać ludzi osobowością niż białymi zębami. Dotychczas nie przeprowadzono dostatecznej liczby badań nad skutkami używania profesjonalnych i domowych metod wybielania zębów (zwłaszcza tych, które wymagają zastosowania nadtlenku oraz światła ultrafioletowego). Obecnie lekarze i dentyści ostrzegają, że lepiej zachować ostrożność, niż później żałować. Dopóki nie uzyska się wiarygodnych informacji, kobiety przy nadziei nie powinny wybielać zębów

(Ale nie martw się, jeśli już poddałaś się tej procedurze, gdyż nie udowodniono, że jest ona szkodliwa.)

*Odkryłam, że mam z boku, na dziąśle, grudkę, która krwawi przy każdym myciu zębów.*

W czasie ciąży nietrudno o dolegliwość. Ale nie martw się tym, co odkryłaś. Prawdopodobnie jest to ziarniniak ropotwórczy, który może umiejscowić się na dziąśle lub jakiejkolwiek innej części ciała. Choć często krwawi i nosi złowrogą nazwę: „guz ciążowy", jest zupełnie nieszkodliwy. Po porodzie zwykle całkowicie zanika, a gdyby sprawiał dużo kłopotów, można go usunąć chirurgicznie.

## TRUDNOŚCI ZE SPANIEM

*Nigdy dotąd nie miałam kłopotów ze spaniem. Czuję się tak, jakbym nie mogła sobie znaleźć miejsca w łóżku.*

N ic dziwnego – trudno się położyć wygodnie w łóżku, gdy myśli gonią jak szalone, a brzuch rośnie. Można te problemy potraktować jako przygotowanie do bezsennych nocy, które czekają cię przez pierwsze kilka miesięcy życia dziecka. Albo wypróbować poniższe metody:

• Ćwicz. Osoba, która codziennie ćwiczy (patrz s. 187), łatwiej zasypia wieczorem. Nie ćwicz jednak tuż przed snem, gdyż wywołane gimnastyką pobudzenie nie pozwoli ci zapaść w sen wtedy, gdy głowa dotknie poduszki.

• Zrezygnuj z drzemki w ciągu dnia (choć drzemka nie jest złym rozwiązaniem dla osób łatwo zasypiających wieczorem), a zamiast niej wypoczywaj.

• Niech obiad będzie czasem wypoczynku. Nie łykaj łapczywie posiłków, siedząc przed telewizorem, lecz spożywaj je przy stole, ze współmałżonkiem, innym członkiem rodziny lub przyjacielem. Porozmawiaj o przyjemnych sprawach. Jednak pamiętaj, by nie jeść posiłku tuż przed spaniem.

• Ustal sobie jakiś rytuał związany z kładzeniem się spać i przestrzegaj go. Pora poobiednia powinna być wypełniona spokojnymi, relaksującymi zajęciami. Poczytaj trochę (byle nie coś, od czego nie będziesz się mogła oderwać) lub obejrzyj telewizję (unikaj programów pełnych przemocy, szarpiących nerwy, dzienników telewizyjnych), posłuchaj muzyki relaksującej, wykonaj kilka ćwiczeń rozciągających lub relaksacyjnych (patrz s. 127), weź ciepłą kąpiel, poproś o masaż pleców. Dobrym sposobem jest też seks.

• Przed samym zaśnięciem zjedz lekką przekąskę. Przyczyną kłopotów z zasypianiem bywają zbyt obfite posiłki bądź całkowity ich brak. Stary wypróbowany sposób, polegający na wypiciu przed snem szklanki ciepłego mleka teraz również może się okazać bardzo skuteczny. Mleko nie tylko przypomni ci o czasach, gdy kładziono cię spać z ulubionym pluszowym misiem, lecz przede wszystkim dzięki zawartości aminokwasu L-tryptofan podwyższy poziom serotoniny w mózgu wywołującej senność. Aminokwas ten występuje także w mięsie indyka (dlatego po tradycyjnej amerykańskiej uczcie z okazji Święta Dziękczynienia, na którą przyrządza się indycze mięso, goście często czują się senni) i jajkach. Jeśli wieczorem nie masz apetytu na te smakołyki, wypróbuj słodkie przekąski nasenne, takie jak ciastka z płatkami owsianymi lub babeczka ze szklanką mleka, owoce i ser, jogurt i rodzynki.

• Zrób wszystko, aby było ci wygodnie. W sypialni nie powinno być ani za gorą-

co, ani za zimno, materac – powinien być twardy, a poduszki – dobrze podpierające. Na s. 205 znajdziesz wskazówki dotyczące wygodnych pozycji do snu. Im szybciej nauczysz się wygodnie spać na lewym boku, tym łatwiej będzie ci w późniejszym okresie ciąży.

• Przewietrz się. Duszne pomieszczenie nie jest dobrym miejscem do snu. Otwieraj okna każdego dnia z wyjątkiem okresu mrozów i upałów (wentylator lub urządzenie klimatyzacyjne zapewnią właściwą cyrkulację powietrza). Nie śpij z przykrytą głową, gdyż będziesz wdychać mniej tlenu, a więcej dwutlenku węgla i nabawisz się bólu głowy.

• Nie kładź się do łóżka z innego powodu niż spanie (lub seks). Kojarzenie łóżka z czytaniem, oglądaniem telewizji, przeglądaniem poczty i innymi czynnościami przeszkadza niektórym ludziom zasnąć.

• Jeśli zaśnięcie uniemożliwiają ci częste spacery do toalety, po godzinie 18.00 pij jak najmniej[1] oraz staraj się unikać długiego stania, gdyż zwiększa ono częstotliwość oddawania moczu wieczorną porą.

• Uspokój umysł. Jeśli nie możesz spać, bo dręczą cię problemy rodzinne czy zawodowe, postaraj się rozwiązać je w ciągu dnia lub przynajmniej porozmawiać o nich wczesnym wieczorem z mężem czy z kimkolwiek innym. Jeśli nie masz partnera do rozmowy, spisz swe kłopoty, a następnie spróbuj znaleźć rozwiązanie dla przynajmniej jednego z nich. Ale kiedy przychodzi pora snu, odłóż troski na bok.

• Nie używaj leków (tradycyjnych czy ziołowych) ani alkoholu, by zasnąć. Mogą być szkodliwe dla dziecka, a stosowane na dłuższą metę i tak są nieskuteczne. W porze popołudniowej unikaj kofeiny (zawar-

---

[1] Pamiętaj jednak, by wypijać odpowiednią ilość płynów każdego dnia (czyli co najmniej 8 szklanek).

tej w herbacie, kawie, napojach chłodzących) i/lub dużych ilości czekolady, gdyż utrudniają zaśnięcie.

• Nie kładź się do łóżka, dopóki nie poczujesz zmęczenia. Może potrzebujesz mniej snu, niż ci się wydaje? Przesunięcie chwili pójścia do łóżka może paradoksalnie pomóc w zaśnięciu.

• Nie obracaj się z boku na bok, jeśli nie możesz zasnąć. Skoro nie śpisz, wstań i zajmij się czymkolwiek, a wtedy zmęczysz się na tyle, by łatwiej ci było zasnąć po powrocie do łóżka.

• Oceń zapotrzebowanie na sen na podstawie samopoczucia, a nie ilości czasu spędzanego w łóżku. Pamiętaj, że wielu ludzi przyznających się do kłopotów ze snem śpi znacznie więcej, niż przypuszcza. Lepiej odpoczywasz, jeśli nie jesteś wiecznie przemęczona (nie myląc przemęczenia z normalnym zmęczeniem wywołanym przez ciążę).

• Staraj się codziennie wstawać o tej samej porze, nawet w święta i weekendy. Dzięki temu z czasem ustabilizuje się cykl snu i czuwania.

• Nie zamartwiaj się bezsennością, gdyż z jej powodu nie stanie się nic złego ani tobie, ani twojemu dziecku. Jeśli nie możesz zasnąć, wstań i poczytaj, siądź przy Internecie, pooglądaj telewizję, aż poczujesz senność. Przejmowanie się brakiem snu jest bardziej stresujące niż sama bezsenność.

## CHRAPANIE

*Mój mąż twierdzi, że od pewnego czasu chrapię – czego nigdy wcześniej nie robiłam. Czy powinnam się tym martwić?*

Chrapanie zakłóca nocny sen zarówno chrapiącemu, jak i osobie śpiącej obok (ponieważ po narodzinach dziecka nieraz będziecie wyrywani ze snu, lepiej teraz dobrze się wysypiać). Przyczyną chrapania bywa typowe podczas ciąży „zatkanie nosa", dlatego też warto umieścić w sypialni nawilżacz powietrza oraz spać z głową na podwyższeniu. Ale może być ono także objawem okresowego bezdechu sennego, czyli stanu polegającego na krótkotrwałym zatrzymaniu oddychania podczas snu, co prowadzi do tymczasowego zmniejszenia ilości wdychanego tlenu. A ponieważ stały dopływ tlenu ma istotne znaczenie właśnie teraz, gdy oddychasz za dwoje, chrapiąca kobieta w ciąży powinna zostać zbadana pod kątem tego schorzenia i w razie potrzeby leczona. Do chrapania i występowania bezdechu przyczynia się także otyłość, toteż sprawdź, czy nie za szybko przybierasz na wadze. Podczas następnej wizyty lekarskiej spytaj o okresowy bezdech senny.

## UPŁAWY (WYDZIELINA Z POCHWY)

*Zauważyłam skąpe białawe upławy. Obawiam się, że jest to objaw zakażenia.*

Wodniste mleczne upławy o łagodnym zapachu (*leukorrhea*) nie są objawem patologicznym i przypominają upławy, które występują u niektórych kobiet przed miesiączką. Ponieważ ich ilość może się zwiększyć w trakcie ciąży, w niektórych przypadkach zaleca się stosowanie podpasek higienicznych w ostatnich miesiącach ciąży. Nie należy stosować tamponów, gdyż zwiększają one ryzyko zasiedlenia pochwy przez bakterie.

Poza tym, że upławy mogą urażać zmysł estetyki twój i twojego męża (może on zrezygnować z seksu oralnego), nie ma powodów do obaw. Oczywiście należy utrzymywać okolice krocza w czystości, świeżości oraz suchości – porady na ten temat znajdziesz przy następnym pytaniu.

Nie należy stosować irygacji. Zakłócają one naturalną równowagę mikroorganizmów w pochwie, co może doprowadzić do poważnego stanu, jakim jest bakteryjne zakażenie pochwy. Poza tym podczas tego zabiegu dojść może do szczególnie niebezpiecznego podczas ciąży wprowadzenia powietrza do macicy.

**Obawiam się, że mam infekcję pochwy. Czy powinnam wziąć to lekarstwo, które zwykle biorę, czy skontaktować się z lekarzem?**

W ciąży nigdy nie powinno się samemu stawiać rozpoznania ani leczyć – nawet, gdy chodzi o coś tak pozornie prostego jak infekcja pochwy. Nawet jeżeli spotykało cię to już wiele razy wcześniej i jeśli na pamięć znasz objawy (żółtawe, zielonkawe albo gęste i „serowate" upławy o odpychającej woni, którym towarzyszą: pieczenie, swędzenie, zaczerwienienie, bolesność), nawet jeśli leczyłaś się z powodzeniem środkami sprzedawanymi bez recepty – tym razem spytaj lekarza.

Sposób leczenia uzależniony będzie od rodzaju infekcji. Jeśli jest to infekcja drożdżami, którą podczas porodu można zarazić dziecko (w postaci nieszkodliwej pleśniawki, łatwej do wyleczenia drożdżowej infekcji jamy ustnej), to lekarz zapewne przepisze ci czopki dopochwowe lub żel, maść czy krem, które stosuje się za pomocą aplikatora. (Niestety środki te mogą zlikwidować zakażenie tylko tymczasowo i będzie powracać ono wielokrotnie do chwili rozwiązania, wymagając powtórnego leczenia). Gdyby natomiast objawy wskazywały na zakażenie bakteriami, konieczne jest szybkie leczenie środkami doustnymi, ponieważ nie leczone zwiększa ryzyko przedwczesnego porodu.

Można przyspieszyć wyleczenie oraz zapobiec ponownemu zakażeniu przez utrzymywanie okolicy krocza w czystości i suchości. Sprzyja temu skrupulatna higiena, zwłaszcza po wizycie w toalecie (zawsze podcieraj się od przodu do tyłu); podczas kąpieli dokładnie opłukuj okolice pochwy po umyciu mydłem; staraj się nie używać drażniących, perfumowanych mydeł, płynów do kąpieli i perfum; noś bawełnianą bieliznę, nie wkładaj obcisłych strojów do ćwiczeń – szczególnie, jeśli nie są z bawełny.

Ryzyko wystąpienia zakażenia pochwy znacznie zmniejsza zjadanie co dzień jednego kubka jogurtu zawierającego żywe bakterie *Lactobacillus acidophilus* (sprawdź na etykiecie – większość jogurtów je zawiera). Nie stosuj irygacji; przeczytaj wyjaśnienie zawarte w poprzednim pytaniu.

Gdyby się okazało, iż zakażenie jest przekazywane drogą płciową, wystrzegaj się stosunków (oraz wszelkich innych sytuacji intymnych, w których dotykane są narządy płciowe), dopóki oboje z partnerem nie zostaniecie wyleczeni. Być może lekarz zasugeruje wam używanie prezerwatyw do końca ciąży – lub przez sześć miesięcy po wyleczeniu. Aby nie doszło do ponownego zakażenia, należy szczególnie uważać, by nie przenieść zarazków z odbytu do pochwy (palcami, penisem, językiem).

# PODWYŻSZONE CIŚNIENIE TĘTNICZE KRWI

**W czasie ostatniej wizyty okazało się, że mam nieznacznie podwyższone ciśnienie krwi. Czy powinnam się tym martwić?**

Niepokojenie się ciśnieniem krwi może tylko spowodować jego wzrost. Poza tym nieznacznie podwyższone ciśnienie podczas jednej wizyty zapewne nie stanowi powodu do zmartwień. Być może byłaś zdenerwowana, gdyż jadąc do lekarza, utknęłaś w korku ulicznym albo w pracy czeka na ciebie sterta papierów. Może zwyczajnie się czymś denerwowałaś – martwiłaś się, że za dużo – albo za mało – przybrałaś na wadze, że musisz porozmawiać o niepokojących objawach, nie mogłaś się doczekać, by usłyszeć bicie serca dziecka. Albo może też w ogóle denerwujesz się perspektywą wizyty w gabinecie lekarskim, czyli masz „nadciśnienie na widok białego fartucha". Godzinę później, gdy jesteś już spokojna, ciśnienie może całkowicie wrócić do normy. Ale ponieważ trudno jest ustalić przyczynę jednorazowego podwyższonego wyniku – lekarz może zalecić ci, byś do następnej wizyty stosowała kilka sposobów na obniżenie ciśnienia. Między innymi może ci poradzić, byś nie przejmowała się zbyt mocno wszystkim oraz jadła pożywienie zawierające mniej sodu i tłuszczu, a więcej warzyw i owoców. W niektórych przypadkach ciśnienie krwi monitoruje się przez 24 godziny, by sprawdzić, czy podczas wykonywania rutynowych zajęć jest ono także podwyższone.

Jednak jeśli podwyższone ciśnienie krwi utrzymuje się, może się okazać, że jesteś w grupie 1-2% kobiet ciężarnych, u których występuje tzw. podwyższone ciśnienie w przebiegu ciąży. Ten typ nadciśnienia jest niegroźny; ustępuje po porodzie.

Tak zwane normalne ciśnienie tętnicze krwi podczas ciąży ulega pewnym wahaniom. Wynik podstawowy (charakterystyczny dla pacjentki) uzyskuje się podczas pierwszej wizyty kontrolnej. Zazwyczaj ciśnienie lekko spada podczas pierwszych miesięcy, jednak od około siódmego miesiąca zaczyna wzrastać.

Jeśli podczas pierwszego lub drugiego trymestru ciśnienie skurczowe (liczba pierwsza) wzrasta do ponad 130 lub podnosi się o 30 ponad wynik podstawowy lub ciśnienie rozkurczowe (druga liczba) wynosi ponad 85 lub podniosło się o 15 ponad wynik podstawowy i utrzymało się na tym poziomie podczas przynajmniej dwóch odczytów odległych od siebie o przynajmniej 6 godzin, to niezbędna będzie dokładniejsza obserwacja i zapewne również stosowne leczenie. W trzecim trymestrze leczenie rozpoczyna się tylko, gdy wzrost ciśnienia tętniczego jest znaczniejszy.

Jeśli takiemu stanowi towarzyszy nagły wzrost masy ciała (więcej niż kilogram, którego nie można wytłumaczyć przejadaniem się), znaczny obrzęk rąk, stóp i dłoni (w wyniku zatrzymania wody w organizmie) i/lub pojawienie się białka w moczu, możemy mieć do czynienia ze stanem przedrzucawkowym (tzw. PiH – nadciśnienie indukowane przez ciążę). U kobiet pozostających pod regularną opieką medyczną stan ten jest wykryty, zanim wystąpią poważne objawy, jak: nieostre widzenie, bóle głowy, drażliwość, bóle brzucha. Jeżeli zaobserwujesz u siebie takie objawy, natychmiast skontaktuj się z lekarzem (patrz s. 261 i *Dodatek*).

## CUKIER W MOCZU

*Podczas ostatniej kontroli okazało się, że w moczu pojawił się cukier. Mój lekarz powiedział, że nie ma powodu do obaw, ja jednak jestem przekonana, że mam cukrzycę.*

Zaufaj lekarzowi i nie martw się. Niewielka ilość cukru w moczu w pojedynczym badaniu podczas ciąży nie jest jeszcze objawem cukrzycy. Najwyraźniej twój organizm spełnia dobrze swe zadania: dba o to, by płód otrzymywał odpowiednią ilość glukozy (cukru).

Ponieważ insulina jest odpowiedzialna za poziom glukozy we krwi, jak i jej wchłanianie przez komórki – ciąża wyzwala mechanizm antyinsulinowy, który powoduje, że odpowiednia ilość glukozy znajduje się we krwi odżywiającej płód. Jest to doskonała machina, nie zawsze jednak pracuje ona idealnie. Czasem mechanizm działa tak wydajnie, że we krwi znajduje się więcej glukozy, niż wynoszą potrzeby matki i dziecka – więcej, niż mogą tolerować nerki. Nadmiar jest wydalany z moczem. I stąd nierzadki w ciąży wynik badania, szczególnie w trzecim trymestrze, gdy efekt antyinsulinowy nasila się. Właściwie połowa kobiet ciężarnych w pewnym okresie ciąży ma pozytywny wynik badania poziomu cukru w moczu.

Najczęściej na podwyższony poziom cukru we krwi organizm reaguje zwiększeniem produkcji insuliny, która tę nadwyżkę eliminuje, dając prawidłowe wyniki podczas następnej wizyty. Jednak u niektórych kobiet, szczególnie u tych, które chorują na cukrzycę lub mają do niej skłonności (z powodu występowania tej choroby w rodzinie lub wieku czy masy ciała), ta nadprodukcja insuliny może się okazać niewystarczająca. Utrzymuje się podwyższony poziom cukru w moczu i we krwi. U pacjentek, u których dotychczas nie stwierdzono cukrzycy, jest to tzw. cukrzyca ciążowa. Około 28 tygodnia wszystkie ciężarne kobiety przechodzą badanie przesiewowe na tolerancję glukozy pod kątem cukrzycy ciążowej; kobiety z grupy podwyższonego ryzyka mogą przechodzić je wcześniej.

## NIEDOKRWISTOŚĆ

*U mojej przyjaciółki podczas ciąży stwierdzono niedokrwistość. Jak mogę stwierdzić, czy ja mam niedokrwistość? Jak temu zapobiegać?*

B adanie krwi pod kątem niedokrwistości wykonuje się podczas pierwszej wizyty kontrolnej i u niektórych kobiet niedobór żelaza wykrywa się już wtedy. Czasem stan taki pochodzi jeszcze sprzed ciąży ze względu na utratę żelaza podczas miesiączki. Jeśli od momentu zapłodnienia i ustania miesiączki podaż żelaza w diecie jest wystarczająca, to jego zapasy są uzupełniane. Więk-

sze zapotrzebowanie na żelazo, niezbędne do produkowania czerwonych ciałek krwi, pojawia się dopiero około 20 tygodnia ciąży, gdyż wówczas dochodzi do znacznego wzrostu objętości krwi. Wtedy ponownie może dojść do wyczerpania zapasów. A ponieważ nie wszystkie kobiety dostarczają organizmowi niezbędną dawkę żelaza, wiele z nich w trzecim trymestrze będzie mieć niedokrwistość.

W przypadku nieznacznego niedoboru żelaza może nie być żadnych objawów, lecz gdy liczba krwinek czerwonych przenoszących tlen wyraźnie spada, można obserwować następujące objawy: bladość, znaczne zmęczenie, osłabienie, kołatanie serca, duszności, a nawet omdlenia. Możemy mieć wtedy do czynienia z sytuacją, gdy potrzeby dziecka zaspokajane są w pierwszej kolejności, ponieważ rzadko u dzieci matek z anemią obserwujemy niedobór żelaza przy urodzeniu.

Choć wszystkie ciężarne kobiety narażone są na anemię z niedoborem żelaza, niektóre znajdują się w grupie podwyższonego ryzyka. Należą do niej kobiety, które urodziły kilkoro dzieci w krótkich odstępach czasu; kobiety, które często wymiotują lub jedzą mniej ze względu na nudności; kobiety z ciążą mnogą; kobiety, które zaszły w ciążę w stanie niedożywienia i/lub od momentu zapłodnienia odżywiają się zbyt ubogo.

Aby zapobiec niedoborom żelaza, dieta przyszłej matki powinna być bogata w ten pierwiastek (patrz s. 91). Uważaj jednak na to, z jakimi produktami spożywasz składniki pokarmowe zawierające żelazo. Napoje zawierające kofeinę przyjmowane razem z pożywieniem bogatym w żelazo (lub preparatem uzupełniającym żelazo) zmniejszają jego absorpcję. Z drugiej strony, absorpcji tego biopierwiastka sprzyjają produkty bogate w witaminę C. Ponieważ zapewnienie wystarczającej ilości żelaza z samego pożywienia jest praktycznie niemożliwe, zwykle przepisuje się kobietom ciężarnym dodatkową dzienną dawkę w wysokości od 30 do 50 mg żelaza, niezależnie od preparatu uzupełniającego dla kobiet w ciąży.

Znakomita większość przypadków anemii podczas ciąży wywołana jest przez niedobór żelaza. W przypadku gdy ta przyczyna zostanie wykluczona, potrzebne będą dalsze badania w celu ustalenia innego powodu.

## KRWAWIENIE Z NOSA I NIEŻYTY NOSA

*Prawie cały czas dokucza mi nieżyt nosa i często krew leci mi z niego bez specjalnej przyczyny. Czy powinnam się denerwować?*

Nie, ale możesz już gromadzić zapasy chusteczek do nosa. Nieżyt nosa oraz krwawienie są bardzo częstymi dolegliwościami, prawdopodobnie dlatego, że podniesiony poziom estrogenów i progesteronu powoduje zwiększony przepływ krwi przez błonę śluzową nosa. Ulega ona obrzmieniu i staje się delikatniejsza; podobnie jak szyjka macicy, gdy dojrzewa do porodu.

Stan ten może się stopniowo pogarszać, a poprawa nastąpi dopiero po porodzie. Może dojść także do zbierania wydzieliny w okolicy nozdrzy tylnych, co jest przyczyną nocnego kaszlu i dławienia się. Nie należy stosować kropli do nosa ani żadnych leków, chyba że zostaną one przepisane przez lekarza. Całkowicie bezpieczne i zaskaku-

jąco skuteczne są natomiast spraye na bazie soli.

Katar i krwawienia z nosa są częstsze zimą, gdy ciepłe, suche powietrze w ogrzewanych pomieszczeniach wysusza delikatne błony śluzowe dróg oddechowych. Stosowanie nawilżacza powietrza może w znacznym stopniu zapobiegać takiej sytuacji. Można także spróbować nawilżać nozdrza przez nacieranie ich wazeliną za pomocą patyczków z watą. Niektórym pomagają w udrożnieniu dróg oddechowych specjalne płatki przyklejane po bokach nosa. Ponieważ nie są to leki, mogą być całkowicie bezpiecznie stosowane.

Spożywanie 250 mg witaminy C (po uzgodnieniu z lekarzem), jako dodatek do bogatej w witaminę C diety, powoduje wzmocnienie ścian naczyń włosowatych i obniża ryzyko krwawienia. (Uwaga! Nie należy przedawkować witaminy C!)

Czasem przyczyną krwawienia jest zbyt mocne wydmuchiwanie nosa, wobec tego przypominamy, jak należy poprawnie je wykonywać: zatkać kciukiem jedną dziurkę, a następnie delikatnie wydmuchiwać śluz z drugiej dziurki. Tak samo wyczyścić drugą dziurkę i powtarzać do całkowitego udrożnienia nosa.

By zatrzymać krwawienie, należy usiąść lub stanąć i lekko pochylić się do przodu, a nie kłaść się czy odchylać do tyłu. Potem należy uciskać oba nozdrza palcami przez 5 minut. Jeżeli krwawienie nie ustanie po trzech próbach lub powtarza się często i jest dość silne, należy skontaktować się z lekarzem.

---

## Szczepienie przeciw grypie

Amerykańskie Centrum Kontroli Chorób Zakaźnych zaleca każdej kobiecie w drugim i trzecim trymestrze ciąży szczepienie przeciwko grypie. Na tym etapie ciąży organizm jest bardziej podatny na zarażenie się grypą oraz bardziej narażony na powikłania pogry-

powe, w tym na zapalenie płuc. Szczepienie nie wyrządzi żadnej krzywdy dziecku, a efekty uboczne dla matki są praktycznie zerowe. Najgorsze, co może ją spotkać, to lekka gorączka i uczucie większego niż zwykle zmęczenia przez kilka dni.

## Może orzeszka?

Wiadomo od dawna, że rodzice, którzy byli lub są na coś uczuleni, mogą przekazać skłonności alergiczne – choć niekoniecznie na te same alergeny – swemu jeszcze nie narodzonemu dziecku. Wedle niektórych badań alergiczki (lub kobiety, które wcześniej miały alergie) jedzące w czasie ciąży i karmienia dziecka piersią mocno uczulające pożywienie (na przykład orzeszki ziemne lub produkty mleczne) częściej przekazują alergie na te właśnie produkty swoim dzieciom. Jeśli kiedykolwiek byłaś na coś uczulona, zastanów się wspólnie z lekarzem prowadzącym lub alergologiem, czy nie powinnaś wprowadzić pewnych ograniczeń w swej diecie na czas ciąży (oraz – jeśli planujesz karmić piersią – także po niej).

# ALERGIA

*Alergia dokucza mi teraz bardziej. Wciąż mam katar i oczy łzawią mi prawie przez cały czas.*

Może mylisz uczulenie ze zwykłym nieżytem nosa, który w ciąży występuje częściej. Niewykluczone, że twój stan przyczynił się do pogłębienia alergii, choć u wielu szczęśliwych kobiet objawy alergiczne słabną w okresie ciąży. Skoro wszystko wskazuje na to, iż ty do nich nie należysz, zapytaj lekarza, które leki łagodzące objawy będą bezpieczne. Niektóre leki (także przeciwhistaminowe) są stosunkowo bezpieczne, lecz należy sprawdzić, czy lek, który zwykle stosujesz, do nich należy[1].

Jednak najlepszym sposobem na walkę z alergiami podczas ciąży jest zapobieganie – unikanie substancji uczulających, jeśli je znasz.

• Jeśli są to pyłki albo inne alergeny znajdujące się w powietrzu, należy przebywać w dobrze wentylowanych pomieszczeniach zamkniętych, w których powietrze jest oczyszczane. Po pobycie na świeżym powietrzu należy myć ręce i twarz, a także zaopatrzyć się w okulary przeciwsłoneczne zapobiegające bezpośredniemu wnikaniu pyłków do oczu.

• Jeśli alergenem jest kurz, postaraj się, by kto inny odkurzał i zamiatał mieszkanie. Odkurzacz, mokra ścierka lub mop wzbijają w powietrze mniej kurzu niż tradycyjna miotła. Należy też stosować wilgotne ściereczki do kurzu (poszukaj specjalnych szmatek do kurzu) zamiast szczotek z piórami. Należy unikać miejsc takich, jak strychy lub pełne książek biblioteki.

• Osoby uczulone na niektóre produkty spożywcze nie powinny ich spożywać, nawet jeśli są w ciąży zalecane (w *Diecie ciążowej* znajdziesz produkty zastępcze).

• Jeśli zwierzęta powodują atak alergii, należy poinformować o tym znajomych, by przed naszą wizytą mogli usunąć z pokoju zwierzęta i ich posłania. I oczywiście, jeśli nasze własne zwierzę staje się przyczyną reakcji alergicznej, należy się starać, by nie miało ono wstępu do części mieszkania (szczególnie sypialni).

• Uczulenie na dym papierosowy można kontrolować przez unikanie miejsc publicznych, gdzie dozwolone jest palenie papierosów, fajek czy cygar. Należy też poprosić bliskie nam osoby, by nie paliły papierosów w naszym mieszkaniu.

---

[1] Jeżeli przy dużej ilości wydzieliny jest ona bardzo gęsta, należy zwiększyć przyjmowanie płynów, aby zrównoważyć ich wydalanie i rozrzedzić wydzielinę.

# Co warto wiedzieć
## Ćwiczenia fizyczne w czasie ciąży

Robią to dyrektorzy, osoby starsze, lekarze, prawnicy i pracownicy budowlani. Dlaczego więc nie miałyby tego robić kobiety w ciąży? Chodzi o ćwiczenia fizyczne. Odpowiedź na powyższe pytanie brzmi „tak" w przypadku każdej zdrowej kobiety w niepowikłanej ciąży.

Traktowanie ciąży jak choroby, a przyszłej matki jak inwalidki, zbyt delikatnej, aby mogła wejść na parę stopni lub nieść torbę z zakupami, to poglądy przestarzałe. Z pewnością umiarkowane ćwiczenia są nie tylko bezpieczne, ale wręcz korzystne dla przyszłej matki i dziecka. Najnowsze badania wskazują wręcz, że nawet intensywne ćwiczenia wydają się bezpieczne i nie zwiększają ryzyka przedterminowego porodu.

Jednak przed wyruszeniem na ścieżkę zdrowia należy złożyć wizytę w gabinecie lekarza. Nawet jeśli czujesz się znakomicie, musisz poddać się badaniu kontrolnemu, zanim włożysz dres męża. W ciąży wysokiego ryzyka często trzeba ograniczyć liczbę i rodzaj ćwiczeń, a nawet całkowicie z nich zrezygnować do momentu rozwiązania. Jednak jeśli ciąża przebiega bez komplikacji, a lekarz udzielił pozwolenia, to przemyśl poniższe wskazówki.

## KORZYŚCI PŁYNĄCE Z REGULARNYCH ĆWICZEŃ FIZYCZNYCH

Kobiety, które nie wykonują żadnych ćwiczeń fizycznych w czasie ciąży, stają się coraz mniej sprawne, szczególnie dlatego, że z każdym dniem przybierają na wadze. Dobry zestaw ćwiczeń, który można ująć w planie każdego dnia, powinien temu zapobiec. Doda ci też więcej energii (nic dziwnego!), pomoże uzyskać lepsze samopoczucie fizyczne i psychiczne, poprawi nocny sen (jeżeli tylko nie będziesz ćwiczyć tuż przed położeniem się do łóżka!), wzmocni mięśnie, zwiększy ich wytrzymałość, sprawi też, że łatwiej poradzisz sobie z nierównowagą wywołaną przez powiększający się brzuch. Zmniejszą się bóle pleców, problemy z zaparciami i obrzękami (na przykład stóp i dłoni), wreszcie pomoże ci szybciej powrócić do figury sprzed zajścia w ciążę. Pamiętaj, że wzmocnienie ciała i poprawa wytrzymałości ułatwia poród.

Poniżej przedstawiamy kategorie ćwiczeń szczególnie korzystnych podczas ciąży:

**Aerobic.** Są to powtarzane rytmicznie ćwiczenia wysiłkowe, które podnoszą zapotrzebowanie mięśni na tlen, jednak nie na tyle, by przekroczyć jego dostawy (chodzenie, jogging, jazda na rowerze, pływanie). Ćwiczenia zbyt wysiłkowe, by można je było uprawiać przez 20-30 minut koniecznych do osiągnięcia tego „efektu treningowego" (na przykład sprint), nie są uważane za aerobic. Aerobic pobudza pracę serca i płuc, mięśni i stawów, doprowadzając do takich zmian ogólnoustrojowych, jak wzrost wykorzystania tlenu, co jest korzystne dla matki i dziecka. Ten typ ćwiczeń poprawia krążenie (usprawniając dopływ składników odżywczych i tlenu do płodu i zmniejszając ryzyko powstawania żylaków nóg i odbytu lub zatrzymywanie płynów). Zwiększa siłę i napięcie mięśni (co zapobiega bólom kręgosłupa i zaparciom i pomaga nosić dodatkowy ciężar, jakim jest ciężarna macica). Zwiększa też wytrzymałość, co ułatwia radzenie sobie w czasie długiego porodu; może pomóc w utrzymaniu odpowiedniego poziomu cukru we krwi, ułatwia spalanie kalorii – można sobie wtedy pozwolić na dodanie do diety wartościowych produktów bez groźby przybrania na wadze, a to sprzy-

## Ćwiczenia rozciągające mięśni nóg i ramion

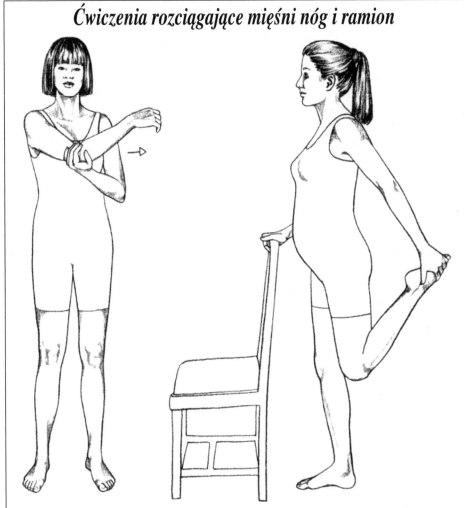

▲ **ROZCIĄGANIE MIĘŚNI RAMION:** *Stań ze stopami rozstawionymi na szerokość ramion i nogami lekko ugiętymi w kolanach. Jedną ręką przytrzymaj drugą tuż za łokciem. Następnie wydychając powietrze, pociągnij łokieć w kierunku drugiego ramienia. Staraj się naciągać przez 5 do 10 sekund.*

▲ **ROZCIĄGANIE MIĘŚNI NÓG W POZYCJI STOJĄCEJ:** *Jedną ręką przytrzymuj się oparcia ciężkiego krzesła lub innego stabilnego przedmiotu. Drugą natomiast chwyć z tyłu stopę po tej samej stronie ciała (np. lewą ręką lewą stopę). Dociskając stopę do pośladka, jednocześnie odchylaj górną część nogi do tyłu. Plecy proste! Powtórz to ćwiczenie po drugiej stronie. Staraj się naciągać przez 10 do 30 sekund.*

ja szybszemu odzyskaniu dobrej figury po porodzie. Aerobic zwiększa też odporność na zmęczenie, poprawia sen, daje poczucie pewności siebie i ogólnie zwiększa odporność na stres psychiczny i fizyczny.

**Calisthenics.** Są to rytmiczne lekkie ćwiczenia tonizujące i rozwijające mięśnie oraz korygujące postawę. Zestaw ćwiczeń przygotowany specjalnie dla kobiet ciężarnych może dać doskonały efekt: złagodzenie bó-

## Dobra kondycja i zdrowie

Czy ćwiczenia wzmacniają, czy osłabiają układ immunologiczny? To zależy od natężenia zajęć. Badania wykazują, że jeśli ćwiczysz się aż do wystąpienia uczucia wyczerpania, na przykład tak, jakbyś przygotowywała się do maratonu, mogą obniżyć odporność, prowadząc do częstszego chorowania. Na tej podstawie należy wysunąć oczywisty wniosek: nie należy przesadzać z ćwiczeniami, zwłaszcza gdy starasz się być zdrowa za dwóch.

Z drugiej strony, regularna, umiarkowana aktywność fizyczna, na przykład codzienne energiczne spacery czy pływanie, wzmacnia odporność, dzięki czemu rzadziej się cierpi na przeziębienia czy inne choroby. Lekkie ćwiczenia, takie jak spacery (bez wysiłku), sprawiają, że przeziębienia trwają krócej i mają łagodniejszy przebieg, jeśli w ogóle do nich dojdzie. Ale choć nie ma nic złego w kontynuowaniu spacerów, gdy kapie z nosa, to przy gorączce, kaszlu i grypie należy wypoczywać. Zrób sobie wtedy przerwę w ćwiczeniach, dopóki nie wydobrzejesz.

---

lów pleców, poprawę odporności psychicznej, fizycznej, przygotowanie ciała matki do wysiłku związanego z porodem. Inne ćwiczenia mogą być niebezpieczne.

**Ćwiczenia z ciężarami.** Ten rodzaj ćwiczeń wzmacnia siłę mięśni. Nie należy jednak ćwiczyć z ciężarkami, które wymagają

wstrzymywania oddechu, gdyż mogą one zmniejszyć przepływ krwi przez macicę. Lepiej więc używaj małych ciężarków i wykonuj więcej powtórzeń.

**Ćwiczenia w wodzie.** Są to jedne z najprzyjemniejszych i najbardziej efektywnych ćwiczeń dla kobiet w ciąży. Ćwiczenia w wo-

## Pozycja wyjściowa i ćwiczenia Kegla

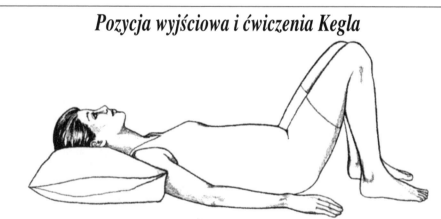

*Leżenie na plecach, ugięte kolana oddalone o około 30 cm, stopy płasko położone na podłożu. Głowa i barki położone na poduszce, ramiona wzdłuż ciała. Uwaga: Pozycja wyjściowa powinna być stosowana wyłącznie do czwartego miesiąca. Później wszelkie ćwiczenia wymagające leżenia płasko na plecach nie są zalecane. Podstawą ćwiczeń Kegla jest napięcie mięśni w okolicy odbytu i pochwy\* i utrzymanie jak najdłużej (8-10 sekund). Później – powolne rozluźnienie mięśni i odpoczynek. Wykonaj trzy serie po dziesięć do dwudzie-*

*stu powtórzeń każdego dnia. Zrób także trzy szybkie serie: policz szybko do dziesięciu lub dwudziestu, przy każdym liczeniu ściskając lub rozluźniając mięśnie macicy. Ćwiczenia Kegla można wykonywać zawsze, w trakcie i po ciąży, w pozycji stojącej bądź siedzącej.*

---

*\* Aby mieć pewność, że używasz właściwych mięśni, postaraj się podczas wizyty w toalecie zatrzymać mocz podczas jego oddawania. Jeśli ci się to uda, znaczy, że używałaś odpowiednich mięśni.*

## Unoszenie miednicy

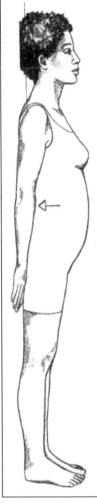

*Przyjmij pozycję wyjściową. Wydech z jednoczesnym przyciskaniem pleców do podłoża. Wdech i rozluźnienie mięśni grzbietu. Powtarzamy parokrotnie. Ćwiczenie można wykonywać w pozycji stojącej, opierając się o ścianę. Tym razem wdech w momencie dociskania pleców do ściany. Ćwiczenie w pozycji stojącej dobrze służy poprawieniu postawy. Po czwartym miesiącu wykonuj to ćwiczenie wyłącznie w pozycji stojącej, albo jego następujący wariant: klęcząc i opierając się na przedramionach lub stojąc, kołysz miednicą do przodu i do tył. Nie ruszaj plecami, które powinny być wyprostowane. Ta wersja unoszenia miednicy pomaga także w zwalczeniu bólu związanego z rwą kulszową.*

dzie – takie jak pływanie, wodny aerobic i calisthenics, ćwiczenia wyrabiające siłę lub rozciągające – nie tylko poprawią twoją figurę lub pomogą ją utrzymać, lecz także poprawią ci samopoczucie. Stanowią również niewielkie obciążenie dla organizmu. Ciało zanurzone w wodzie ma tylko jedną dziesiątą swej normalnej wagi (to wielka zaleta, gdy brzuch rośnie!), zatem możesz ćwiczyć dłużej, intensywniej, a mniej się zmęczyć. Ćwiczenie w wodzie nie obciąża też stawów, dlatego też bardzo trudno nabawić się kontuzji. I jeszcze jeden plus: w wo-

dzie nie dochodzi do przegrzania organizmu, chyba że jest ona zbyt ciepła. A ponieważ ćwiczenia te są bezpieczne, nie ma przeciwwskazań, byś kontynuowała je aż do porodu – zakładając oczywiście, że nie występują żadne powikłania ciążowe. Uważaj więc tylko na śliskie posadzki na pływalni, unikaj nurkowania i nie pływaj w wodzie, w której nie masz gruntu pod nogami. Pamiętaj też, że ćwiczenia w wodzie powinny być specjalnie dobrane do wodnego środowiska. Wykonywanie ćwiczeń „lądowych" jest znacznie mniej efektywne.

**Joga.** Joga kładzie nacisk na oddychanie, relaks, pozycję i świadomość swego ciała, dlatego też doskonale nadaje się do uprawiania w czasie oczekiwania na narodziny dziecka. Wybierz takie zajęcia, które zostały specjalnie dobrane z myślą o kobietach w ciąży, gdyż niektóre klasyczne pozycje są ryzykowne, zatem należy je zmodyfikować odpowiednio do twojego etapu ciąży. Jeśli chodzi o stronę fizyczną, joga wzmacnia mięśnie, zwiększa ich wytrzymałość, poprawia postawę i pomaga w jej utrzymaniu (dodając wdzięku wtedy, gdy wydaje się on czymś iluzorycznym), sprawia, że krążenie jest lepsze, oddychanie – efektywniejsze, a także zmniejsza bóle i dolegliwości ciążowe, zwłaszcza pleców i nóg. Twierdzi się, że niektóre pozycje wręcz minimalizują niestrawność czy mdłości. Jeśli chodzi o stronę psychiczną, joga likwiduje napięcie oraz niepokoje, pomagając się zrelaksować. Służy jako doskonałe przygotowanie do porodu, dzięki temu, że uczy kobietę wizualizacji, koncentracji oraz izolowania i rozluźniania poszczególnych części ciała.

**Techniki relaksacyjne.** Ćwiczenia oddechowe oraz relaksacyjne uspokajają umysł i ciało i pozwalają zaoszczędzić energię na czas, gdy będzie najbardziej potrzebna; poprawiają również umiejętność koncentrowania się na danym zadaniu, a także sprawiają, że ćwicząca ma większą świadomość swego ciała. Wszystko to pomaga sprostać wyzwaniu, jakim jest wydanie dziecka na świat. Techniki relaksacyjne (patrz s. 127) przynoszą efekty zarówno w połączeniu z bardziej wysiłkowymi ćwiczeniami, jak i stosowane same – szczególnie w ciąży wysokiego ryzyka, kiedy aktywne zajęcia nie są wskazane.

**Zwiększenie napięcia mięśni miednicy.** Ćwiczenia Kegla są proste i służą wzmocnieniu mięśni okolicy pochwy i krocza, przygotowując je do porodu. Pomocne są także w okresie połogu. Prawidłowe i regularne wykonywanie tych ćwiczeń często zapobiega pęknięciu krocza lub konieczności jego nacięcia. Ćwiczenia te pomagają w szybszym dojściu do formy po porodzie, sprawiają, że seks staje się przyjemniejszy, oraz zapobiegają nietrzymaniu moczu. Mogą je wykonywać wszystkie kobiety w każdym miejscu i czasie.

## STWORZENIE DOBREGO PLANU ĆWICZEŃ

**Początek.** Najlepiej rozpocząć dbanie o kondycję przed zajściem w ciążę, ale nigdy nie jest za późno na rozpoczęcie ćwiczeń, nawet w dziewiątym miesiącu ciąży. Jednak lepiej najpierw uzyskać przyzwolenie lekarza.

**Rozpoczynamy w spokojnym tempie.** Gdy już zdecydujesz się na ćwiczenia, może cię kusić przebiegnięcie 5 kilometrów pierwszego dnia albo wykonanie serii ćwiczeń jednego popołudnia. Taki entuzjastyczny początek kończy się zazwyczaj bólem mięśni, utratą ochoty na dalsze ćwiczenia, a nawet może być niebezpieczny.

Oczywiście, jeśli gimnastykę rozpoczęto przed ciążą, to można dalej stosować ten sam typ ćwiczeń, lecz z pewnymi zmianami (patrz s. 195). Jeśli nie – początki powinny być bardzo ostrożne. 10 minut roz-

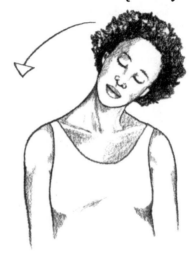

### Rozluźnienie mięśni szyi

*Szyja to często miejsce napięcia mięśni, szczególnie w momentach stresowych. To ćwiczenie pozwala na zniesienie napięcia mięśni szyi i odprężenie reszty ciała. Proszę usiąść w wygodnej pozycji na krześle z prostym oparciem, oczy zamknięte. 1. Lekko przechyl głowę w jedną stronę, kierując ucho do ramienia tak daleko, jak możesz to zrobić bez wysiłku (ale nie unoś ramienia), jednocześnie robiąc wdech. Zatrzymaj pozycję na trzy do sześciu sekund. Wydech, rozluźnienie. Powtórz ćwiczenie po drugiej stronie. Powtarzaj trzy do czterech razy, zmieniając stronę i rozluźniając mięśnie między powtórzeniami. Wykonuj to ćwiczenie kilka razy dziennie. 2. Powoli pochyl głowę do przodu, kierując podbródek do klatki piersiowej tak daleko, jak możesz to zrobić bez wysiłku. Następnie powoli obracaj głowę, policzkiem do prawego ramienia – jak najdalej, ale bez wysiłku (nie unoś ramienia do policzka). Zatrzymaj pozycję na trzy do sześciu sekund. Wydech, rozluźnienie. Powtórz rozciągnięcie po lewej stronie. Powtarzaj serię trzy do czterech razy, kilkakrotnie w ciągu dnia.*

grzewki, 5 minut cięższych ćwiczeń i 5 minut ćwiczeń relaksujących wystarczy. Po paru dniach można wydłużyć okres intensywnych ćwiczeń o około 5 minut aż do 20-30 minut, a nawet więcej, jeśli nie wystąpi uczucie dyskomfortu.

**Nie wolno pomijać rozgrzewki.** Rozgrzewka może się stać nużąca, gdy chcemy jak najprędzej zacząć (i skończyć) ćwiczenia cięższe. Jest to jednak zasadnicza część wszystkich typów gimnastyki. Zapobiega zbyt gwałtownemu przyspieszeniu czynności serca i niebezpieczeństwu uszkodzenia mięśni lub stawów, co może się zdarzyć, gdy są one „zimne" (szczególnie w czasie ciąży). Spacer przed biegiem, wolne pływanie przed przyspieszeniem tempa to podstawa bezpieczeństwa.

**Rozciąganie.** Po krótkiej rozgrzewce wykonaj kilka ćwiczeń rozciągających, każde przez 10 do 20 sekund; rozciągaj niezbyt mocno, starając się utrzymać równowagę. (Ponieważ teraz stawy są luźniejsze niż zwykle, jesteś bardziej narażona na kontuzje).

**Gimnastykę powinny kończyć ćwiczenia relaksująco-oddechowe.** Opadnięcie na kanapę po ciężkich ćwiczeniach może zdawać się logiczne, ale jest wbrew fizjologii. Dochodzi wtedy do uwięzienia krwi w pracujących mięśniach, co obniża jej dopływ do innych narządów i do płodu. Skutkiem tego mogą być także zawroty głowy, dodatkowe skurcze serca, nudności. Należy więc po biegu spacerować przez 5 minut, po intensywnym pływaniu bawić się przy brzegu basenu, wykonać lekkie ćwiczenia odprężające po każdym innym wysiłku. Naciągnięcie mięśni po ćwiczeniach można zatrzymywać na 20 do 30 sekund, uważaj jednak, by nie balansować. Później dobrze jest poleżeć parę minut na kanapie. Zawrotom głowy można też zapobiec przez powolne wstawanie po wykonywaniu ćwiczeń na podłodze.

Uwaga: Ćwiczeń rozciągających nie należy wykonywać aż „do granic wytrzymałości" ze względu na niebezpieczeństwo uszkodzenia stawów rozluźnionych w okresie ciąży.

**Czas też ma duże znaczenie.** Za krótkie ćwiczenia nie dadzą oczekiwanego efektu, a za długie są zbyt męczące. Gimnastyka powinna trwać od 30 minut do godziny lub nawet dłużej. Jeśli gimnastykowałaś się przed zajściem w ciążę i lekarz wyraża zgodę, możesz kontynuować poprzedni program ćwiczeń, pod warunkiem że są to ćwiczenia bezpieczne. Wysiłek powinien być łagodny lub umiarkowany. Dla kobiet, które nie ćwiczyły regularnie przed zajściem w ciążę, realistycznym i bezpiecznym celem powinien być program do 30 minut ćwiczeń – wliczając w to rozgrzewkę i ćwiczenia rozprężające – trzy razy w tygodniu. Jeśli czas ćwiczeń jest ograniczony, można spróbować szybkiego dziesięciominutowego marszu trzy razy dziennie.

**Kontynuacja.** Nieregularne ćwiczenia (4 razy w pierwszym tygodniu i ani razu w następnym) nie podniosą sprawności. W podniesieniu sprawności pomogą regularne ćwiczenia 3-4 razy w tygodniu. Jeżeli dokucza zmęczenie, nie należy zmuszać się do ciężkich ćwiczeń, lecz wykonywać chociaż rozgrzewkę, aby mięśnie zachowały sprawność i aby zachować dyscyplinę. Wiele kobiet czuje się lepiej, wykonując parę ćwiczeń – choć niekoniecznie pełen plan ćwiczeniowy – codziennie.

**Ćwiczenia powinny odbywać się zawsze o ustalonej porze dnia.** Wyznaczenie specjalnego czasu daje większą pewność, że ćwiczenia będą wykonane, np. rano przed pójściem do pracy, podczas przerwy na kawę lub przed obiadem. W przypadku nieregularnych godzin pracy i odpoczynku można spacerem iść do pracy lub zaparkować samochód czy wysiąść z autobusu w takim miejscu, by drogę do pracy choć w części pokonać pieszo. Można też odprowadzić starsze dziecko do szkoły (czy do przyjaciela), zamiast je podwozić samochodem. Nie korzystaj z windy, lecz wejdź po schodach, a w sobotnie popołudnie pooglądaj eksponaty w ulubionym muzeum – ani się nie spostrzeżesz, kiedy minie godzina czy dwie. Zamiast zasiadać po obiedzie przed telewi-

# Wybieramy ćwiczenia wskazane w okresie ciąży

Wybierz odpowiednie dla ciebie ćwiczenia. Choć najczęściej nie ma przeciwwskazań co do kontynuowania dyscypliny sportu bądź rodzaju ćwiczeń uprawianych przed zapłodnieniem, można dodać jeszcze parę nowych. Oto ćwiczenia, które może wykonywać nawet nowicjuszka:

- szybki marsz,
- pływanie (woda nie powinna być za ciepła ani za zimna),
- ćwiczenia w wodzie przystosowane specjalnie dla kobiet w ciąży*,
- jazda na rowerze stacjonarnym, bez nadmiernego wysiłku*,
- ćwiczenia na urządzeniu do stepu (bez nadmiernego wysiłku) lub chodzenie po schodach,
- urządzenie do wiosłowania, bez nadmiernego wysiłku,
- calisthenic dla kobiet w ciąży,
- joga dla kobiet w ciąży,
- unoszenie miednicy (ćwiczenia Kegla)*,
- ćwiczenia relaksacyjne*.

Ćwiczenia, które podczas ciąży może wykonywać wyłącznie osoba wysportowana i z doświadczeniem sportowym:

- bieganie, do 3 kilometrów dziennie, najlepiej po stacjonarnej bieżni* lub płaskim terenie**,
- tenis w deblu (granie samemu stanowi zbyt duży wysiłek),
- cross narciarski,
- unoszenie lekkich ciężarów (wydech przy podnoszeniu; unikaj wstrzymywania oddechu i nadwerężeń),
- jeżdżenie na rowerze (bardzo ostrożnie, wyłącznie w kasku),

---

\* Są to ćwiczenia bez obciążeń, najprostsze do wykonywania podczas ciąży.
\*\* Tylko niewiele bardzo wysportowanych kobiet może nadal wykonywać bardziej wysiłkowe ćwiczenia bez skutków ubocznych. Najpierw należy w tej sprawie skonsultować się z lekarzem.

- jeżdżenie na łyżwach (bardzo ostrożnie; zaprzestać, gdy brzuch stanie się na tyle duży, by przeszkadzać w utrzymaniu równowagi),
- wspinaczka (z wyłączeniem nierównego terenu i dużych wysokości),
- siatkówka (ostrożnie),
- ćwiczenia Piłata, technika Alexandra, tai chi (przystosowane dla kobiet w ciąży – można je uprawiać tak długo, jak długo pozycje przyjmowane przez kobietę w ciąży będą dla niej wygodne,
- kick-boxing (w miarę trwania ciąży wiele kobiet zauważa, że nie są w stanie kopać tak wysoko ani poruszać się tak szybko jak poprzednio),
- ćwiczenia taneczne (tak długo, jak są przyjemne).

Ćwiczenia, których nawet doświadczony sportowiec powinien unikać ze względu na związane z nimi zagrożenia, to:

- bieganie powyżej 3 kilometrów dziennie,
- jazda konna,
- narciarstwo wodne,
- nurkowanie lub skoki do basenu,
- płetwonurkowanie (sprzęt do nurkowania może upośledzić krążenie, a choroba dekompresyjna stanowi zagrożenie dla płodu),
- softball, piłka nożna i inne sporty kontaktowe,
- sprint (wymaga szybkiego wdychania dużej ilości tlenu),
- narciarstwo zjazdowe (ryzyko stanowią niebezpieczne upadki),
- cross narciarski na wysokości powyżej 3000 metrów (duża wysokość pozbawia tlenu matkę i dziecko),
- jeżdżenie na rowerze po mokrym chodniku lub krętych ścieżkach (ryzyko upadku) oraz szybka jazda w pozycji pochylonej do przodu (może wywoływać ból pleców),
- calisthenic nie przystosowany dla kobiet w ciąży.

## „Koci grzbiet"

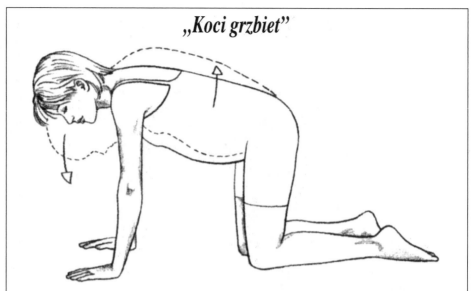

To ćwiczenie jest wskazane przez cały okres ciąży aż do porodu dla zmniejszenia obciążenia kręgosłupa przez ciężarną macicę. Proszę uklęknąć i oprzeć się na ramionach, rozluźnić mięśnie grzbietu (bez nadmiernego zgięcia kręgosłupa). Głowa, szyja i kręgosłup w linii prostej. Wygięcie kręgosłupa w górę z opuszczeniem głowy i silnym napięciem mięśni brzucha i pośladków. Stopniowe rozluźnienie i powrót do pozycji wyjściowej. Powtórzyć parę razy.

zorem, można namówić męża na spacer. Bez względu na liczbę zajęć, jeśli tylko się chce – zawsze można znaleźć czas na trochę ruchu.

**Uzupełnienie dodatkowo spalanych kalorii.** Możliwość dodania paru smakołyków do diety to prawdopodobnie największa zaleta wykonywanej gimnastyki. Jak zawsze należy obliczać kalorie. Dodać można będzie te składniki pokarmowe, które mają wysoką wartość odżywczą, gdyż po półgodzinnej gimnastyce należy dodać około 100-200 kalorii. Jeśli spożycie kalorii odpowiada natężeniu wysiłku, lecz nie obserwuje się przybierania na wadze – może się okazać, że ćwiczenia są zbyt intensywne.

**Uzupełnianie płynów.** Na każde pół godziny wysiłku należy wypić co najmniej szklankę płynu, by uzupełnić straty powstałe w wyniku pocenia się. Potrzeby mogą być większe w ciepłe dni lub przy obfitym poceniu. Pić należy przed ćwiczeniami, podczas ćwi-

czeń i po nich. Waga może sugerować zapotrzebowanie na płyn: 2 szklanki na każde 0,5 kilograma wypocone podczas ćwiczeń. Aby wiedzieć, ile straciłaś na wadze, zważ się przed ćwiczeniami i po. Dobrze jest zacząć przyjmowanie płynów na 30 do 45 minut przed zaplanowanymi zajęciami.

**Wybierz odpowiednią grupę.** Jeśli preferujesz ćwiczenia w grupie, wybierz takie zajęcia, które zostały opracowane z myślą o kobietach w ciąży. A ponieważ nie każdy, kto uważa się za eksperta, naprawdę nim jest, zapytaj instruktora o referencje, zanim się zapiszesz na jego zajęcia. Niektórym kobietom, zwłaszcza pozbawionym samodyscypliny, lepiej służą zajęcia grupowe – dzięki nim mogą liczyć na wsparcie i ocenę pozostałych członków grupy. Najlepszymi programami są zestawy ćwiczeń, których tempo jest średnio intensywne, a zaangażowanie mięśni niewielkie – zajęcia odbywają się przynajmniej trzy razy w tygodniu,

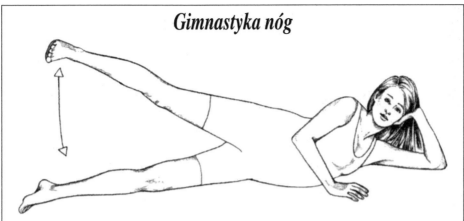

# Gimnastyka nóg

*Leżenie na lewym boku, ramiona, biodra i kolana w linii prostej. Prawa dłoń spoczywa na podłodze z przodu klatki piersiowej, lewa wspiera głowę. Rozluźnienie mięśni i wdech. Następnie wydech z powolnym uniesieniem prawej nogi na maksymalną wysokość. Stopa zgięta, strona wewnętrzna nogi skierowana prosto w dół. Wydech z opuszczeniem nogi. Powtórz 10 razy, następnie obróć się na drugi bok i wykonaj 10 powtórzeń drugą nogą. Ćwiczenie to można wykonywać z nogą wyprostowaną bądź zgiętą w kolanie.*

można je dostosować do indywidualnych możliwości każdej kobiety, muzyka nie jest zbyt szybka, toteż nie zmusza uczestników do pracy ponad siły, a w razie pytań odpowiedzi udzielają specjaliści od spraw medycznych.

**Baw się dobrze.** Każdego rodzaju ćwiczenia: czy indywidualne, czy grupowe, powinny być czymś, czego nie możesz się doczekać, a nie od czego się wymigujesz; czymś, co uważasz za przyjemność, a nie tortury. Wybierz zatem ćwiczenia sprawiające ci przyjemność i – jeśli chcesz – zabierz ze sobą kogoś do towarzystwa. Okazuje się bowiem, że wspólne ćwiczenia pomagają ściśle trzymać się programu zajęć. Spotykaj się więc z koleżanką na spacerze zamiast na kawie ze słodką bułką.

## BEZPIECZEŃSTWO ĆWICZEŃ

**Nie wolno rozpoczynać gimnastyki z uczuciem głodu.** Stara zasada, że nie wolno pływać po posiłku, ma dużo racji, ale również niewskazane są ćwiczenia przy pustym żołądku. Jeśli nic nie jadłaś od kilku godzin, warto zjeść lekką przekąskę i napić się czegoś na 15 do 30 minut przed rozpoczęciem rozgrzewki. Najlepsze są pokarmy bogate w potas, na przykład banan czy sok pomarańczowy. Jeżeli nie lubisz jeść w tak krótkim odstępie czasu przed ćwiczeniami, to możesz to zrobić godzinę przed ich rozpoczęciem.

**Ubranie sportowe.** Należy zaopatrzyć się w wygodne, luźne ubranie sportowe, dające swobodę ruchów. Wszystkie części garderoby, łącznie z bielizną (bawełnianą!), powinny być wykonane z tkanin pozwalających ciału na oddychanie. Noś wygodny i dobrze podtrzymujący biustonosz – lub stanik sportowy. Wygodne obuwie sportowe zabezpieczy stopy i stawy. Należy nosić obuwie zaprojektowane do danego rodzaju ćwiczeń – na przykład buty do biegania nie nadają się do chodzenia i mogą wręcz przyczynić się do upadku.

**Prawidłowe podłoże.** Parkiet lub wykładzina w pomieszczeniach jest lepsza od

# Ostrzeżenie przed niektórymi ćwiczeniami

Niektóre tradycyjne ćwiczenia fizyczne nie są bezpieczne podczas ciąży. Należą do nich wszystkie te, które wymagają leżenia płasko na plecach po czwartym miesiącu ciąży, wywołują ucisk na mięśnie brzucha (na przykład ćwiczenia mięśni brzucha poprzez przechodzenie z pozycji leżącej do siedzącej czy podnoszenie obu nóg); mogą sprawić, iż do pochwy przedostanie się powietrze („rowerki" w pozycji leżącej, stanie na ramionach lub ćwiczenia, podczas których podciągasz kolana do klatki piersiowej przy klęczeniu wspartym na przedramionach); naciągają mięśnie wewnętrznej części uda (np. siedzenie na podłodze ze stopami stykającymi się podeszwami butów i pochylanie się do przodu lub kołysanie kolanami); wywołują wygięcie krzyża do wewnątrz; wymagają zrobienia „mostku" (przechylenia się do tyłu) czy innych wygięć ciała – lub przy których dochodzi do dużego zgięcia lub rozciągnięcia stawów (pełne przysiady), skoków, podskoków, nagłych zmian kierunku lub ruchów rwanych.

zimnej podłogi wyłożonej płytkami. (Gdy podłoga jest śliska – nie ćwicz w skarpetkach lub rajstopach.) Ćwicząc na świeżym powietrzu, wybierajmy miękkie bieżnie lub trasy porośnięte trawą, a nie drogi i chodniki o twardej nawierzchni. Najlepsze też jest równe podłoże. Nie biegaj w dół, gdyż taki bieg bardziej obciąża stawy i mięśnie niż bieg pod górę. Jednak w ostatnim trymestrze bieganie pod górkę bywa za bardzo męczące, więc lepiej się go wystrzegaj.

**Dziel czas.** Jeśli to możliwe, lepiej dzielić czas przeznaczony na ćwiczenia na dwa lub trzy krótkie etapy, niż wykonywać je podczas jednej długiej serii, ponieważ wtedy mięśnie będą pracowały bardziej efektywnie. Pamiętaj także, by ćwiczyć powoli, bez szybkich powtórzeń – zrób między nimi krótką przerwę. To właśnie wtedy dochodzi do tworzenia się mięśni, a nie podczas ruchu.

**Umiar.** Nigdy nie należy się przemęczać. Chemiczne produkty takiego wysiłku, które znajdują się we krwi, są szkodliwe dla dziecka (także jeśli ma się zaprawę atletyczną – nie należy ćwiczyć do granic możliwości, nawet przy braku zmęczenia). Jest parę sposobów na stwierdzenie nadmiernego wysiłku. Po pierwsze, przy dobrym samopoczuciu można kontynuować ćwiczenia, ale gdy pojawi się ból lub nadwerężenie – należy przestać. Także obfite pocenie się to sygnał, aby zwolnić tempo. Utrzymywanie się tętna powyżej 100 uderzeń serca na minutę w 5 minut po zakończeniu gimnastyki to też znak, że ćwiczenia były zbyt intensywne. Inny sygnał to konieczność drzemki po wysiłku. Zamiast przyjemności ma się uczucie wycieńczenia.

**Kiedy skończyć ćwiczenie?** Organizm sam da znak, dając do zrozumienia, że jest zmęczony. Natychmiast przyjmij tę wskazówkę i zaprzestań ćwiczeń. Poważniejsze sygnały mogą być powodem, by zadzwonić do lekarza: ból w dowolnej części ciała (biodro, plecy, miednica, klatka piersiowa, głowa itd.); kurcz lub ból kłujący, który nie mija w chwili przerwania ćwiczeń; skurcze macicy i ból w klatce piersiowej, zawroty głowy, bardzo gwałtowne bicie serca (*tachycardia*), utrata tchu, trudności z chodzeniem lub brak kontroli nad mięśniami, nagły ból głowy, znaczne obrzmienie rąk, stóp, stawu skokowego oraz twarzy, wyciek płynu owodniowego lub krwawienie z pochwy – albo, po 28 tygodniu, zwolnienie lub brak ruchów płodu. W drugim i trzecim trymestrze można obserwować spadek sprawności. Jest to normalne i stanowi kolejny sygnał na zwolnienie tempa.

**Temperatura.** Podniesienie temperatury ciała nawet o 0,2°C może się okazać niebezpieczne, gdyż upośledzony jest dopływ

# Siad skrzyżny, ćwiczenia rozciągające

*Siedzenie ze skrzyżowanymi nogami jest szczególnie wygodne w ciąży. Należy tak siadać przy każdej okazji i wykonywać ćwiczenia ramion: położyć ręce na barkach, a następnie unieść je wysoko nad głową. Na zmianę wyciągać ramiona wysoko, próbując dosięgnąć sufitu. Powtórzyć 10 razy na każde ramię. Nie wolno balansować ciałem. Inny wariant tego ćwiczenia: Przechyl ciało w jedną stronę, jednocześnie wyciągając ramię, następnie wykonaj łuk w drugą stronę, by wrócić do pozycji wyjściowej. Powtórz, po czym zrób to ćwiczenie po drugiej stronie.*

krwi do macicy na rzecz zwiększenia ukrwienia skóry, co służy ochłodzeniu ciała. Nie korzystaj więc z sauny, pokojów pary czy kąpieli w gorącej wodzie. Nie ćwicz na dworze w bardzo gorące lub wilgotne dni ani w przegrzanych pomieszczeniach. Jeśli zwykle chodzisz na spacery, to przejdź się po dużym sklepie z klimatyzacją wtedy, kiedy termometr na zewnątrz wskazuje upał. Nie ubieraj się zbyt ciepło. Noś lekkie ubranie latem i ciepłą bieliznę zimą. Kiedy wychodzisz, aby poćwiczyć, powinnaś czuć lekki chłód, ćwiczenia szybko cię rozgrzeją. Możesz włożyć kilka warstw ubrania, tak aby w miarę rozgrzewania łatwo pozbyć się kolejnych części garderoby. I nie wolno czekać na objawy przegrzania. Trzeba im zapobiec.

**Zachowanie ostrożności.** Nawet najbardziej wysportowane kobiety w ciąży mogą utracić swój wdzięk. W związku z przesunięciem środka ciężkości wraz z macicą do przodu rośnie niebezpieczeństwo upadku

i trzeba o tym pamiętać. W końcowym okresie ciąży należy unikać sportów wymagających nagłych ruchów lub dobrego zmysłu równowagi.

**Wzrost ryzyka urazu.** Wiele przyczyn, jak np. rozluźnienie stawów, zmiana środka ciężkości, roztargnienie, powoduje, iż kobiety ciężarne częściej ulegają urazom, niż się tego spodziewają. Nie ryzykuj.

**Oszczędzanie kręgosłupa, ustawienie stóp.** Od piątego miesiąca nie należy wykonywać ćwiczeń w leżeniu płasko na wznak, gdyż znacznych rozmiarów macica może wywierać ucisk na naczynia krwionośne, upośledzając krążenie. Przesadne prostowanie stóp może być powodem kurczu łydek bez względu na okres ciąży. Stopy należy zginać, kierując palce ku twarzy.

**Zmniejszenie intensywności ćwiczeń w ostatnim trymestrze.** Choć znane są opowieści o ciężarnych zawodniczkach, które aż

## Zrób to w domu

Niech te proste ćwiczenia staną się częścią twego programu albo wykonuj je raz na jakiś czas, podczas dnia pełnego zajęć (nawet podczas przerwy w pracy) jako sposób na poprawę krążenia.

**Ćwiczenia oddechowe.** To ćwiczenie polegające na głębokim oddychaniu pomoże ci nauczyć się prawidłowego oddychania podczas porodu, a także wzmocni jeden z potrzebnych do niego mięśni. Usiądź na podłodze, opierając się plecami o ścianę, lub na krześle z oparciem. Połóż ręce na brzuchu, następnie weź głęboki wdech (brzuch zostanie nieco wypchnięty do przodu). Zrób wydech i napnij (lub ściśnij) mięśnie poprzeczne brzucha (czyli te, których używasz do wciągania brzucha). Wykonaj dziesięć powtórzeń – nie obawiaj się, nie ściśniesz dziecka! Ćwiczenie to wzmacnia plecy, mięśnie brzucha i przygotowuje cię do parcia podczas porodu.

**Skręty tułowia.** W pozycji stojącej lub siedzącej wykonaj skręt w pasie raz w jedną, raz w drugą stronę. Popatrz przez jedno ramię, potem przez drugie. Poruszaj swobodnie ramionami przy każdym powtórzeniu.

**Zginanie w biodrach.** Stań bokiem przy oparciu ciężkiego krzesła, przytrzymując je jedną ręką dla równowagi. Wyciągnij przed siebie nogę po przeciwnej stronie krzesła, kolano lekko zgięte. Następnie, robiąc wydech, prostuj powoli nogę, jednocześnie unosząc ją na wysokość biodra (lub tak wysoko, jak możesz bez wysiłku). Wdech – i postaw nogę z powrotem na podłogę. Powtórz to ćwiczenie z drugą nogą.

**Ćwiczenie mięśni klatki piersiowej[1].** Przyłóż dłonie do ściany lub framugi drzwi. Dłonie powinny się znajdować na wysokości ramion, łokcie – zgięte. Następnie pochyl całe ciało do przodu, zginając ręce w łokciach, aż poczujesz, że mięśnie są rozciągnięte. Zatrzymaj ruch na dziesięć do dwudziestu sekund, powtórz pięć razy.

**Przysiady.** Stań ze stopami płasko na podłodze, rozstawionymi na szerokość ramion. Powoli obniż ciało do pozycji przysiadu, cały czas trzymając pięty na podłodze, a plecy – wyprostowane. Jeśli zaczynasz unosić pięty, zwiększ nieznacznie odległość między stopami. Zatrzymaj przysiad na dziesięć do trzydziestu sekund, dla odpoczynku kładąc ręce na kolanach. Powoli wyprostuj się, kładąc dłonie na kolanach i unosząc ramiona. Powtórz pięć razy. To ćwiczenie jest szczególnie pomocne, jeśli chciałabyś rodzić w przysiadzie.

---

do samego porodu biegały na bieżni lub pływały, to dla większości kobiet wskazane jest ograniczenie ćwiczeń w czasie ostatnich trzech miesięcy. Zrezygnowanie z nich jest mądrą decyzją. Szczególnie dotyczy to dziewiątego miesiąca, gdy samo rozciąganie i energiczny marsz powinny zastąpić resztę ćwiczeń. Powrót do ćwiczeń gimnastycznych można rozpocząć w 6 tygodni po porodzie.

**Nawet jeśli nie ćwiczysz... nie siedź w miejscu!** Długotrwałe siedzenie powoduje nadmierny napływ krwi do żył w nogach, powodując obrzęki i inne poważne problemy. Jeśli twoja praca wiąże się z wielogodzinnym siedzeniem lub jeżeli dużo czasu spędzasz przed telewizorem lub często odbywasz dalekie podróże, koniecznie zrób sobie przerwę mniej więcej co godzinę, udając się na pięcio- czy dziesięciominutowy spacer. A kiedy przebywasz w pozycji siedzącej, raz na jakiś czas wykonaj ćwiczenia poprawiające krążenie, takie jak głębokie wdechy, wyciągnięcie nóg do przodu, obciągnięcie stóp, poruszanie palcami u nóg. Możesz też ściskać mięśnie brzucha i pośladków (coś jakby ruszanie biodrami w pozycji siedzącej). Jeżeli często puchną ci dłonie, co pewien czas wyciągnij ręce nad głowę, kilkakrotnie otwierając i zaciskając pięści.

---

[1] Ćwiczenie to nazywane jest potocznie „pompkami w pozycji stojącej".

# BRAK AKTYWNOŚCI RUCHOWEJ W CZASIE CIĄŻY

Gimnastyka w okresie ciąży z pewnością daje bardzo wiele korzyści. Lecz ciągłe siedzenie (tak z wyboru, jak i z zalecenia lekarza), stosowanie jedynego ćwiczenia: wsiadania i wysiadania z samochodu itp., także nie zaszkodzi ani matce, ani dziecku. Jeśli jest to zalecenie lekarza – można w ten sposób pomóc dziecku i sobie. Lekarz z pewnością zaleci ograniczenie ruchu w przypadku trzech lub więcej poronień samoistnych bądź porodu przedwczesnego, w przypadku rozwarcia szyjki macicy, krwawienia lub okresowego plamienia, w drugim czy trzecim trymestrze, ciąży mnogiej, rozpoznania łożyska przodującego lub wywołanego ciążą nadciśnienia (stan przedrzucawkowy) lub choroby serca. Należy ograniczyć aktywność ruchową, gdy matka cierpi na nadciśnienie tętnicze, cukrzycę, choroby tarczycy, anemię lub inną chorobę krwi, znaczną nad- lub niedowagę albo gdy dotychczas prowadziła wyłącznie siedzący tryb życia. Także w sytuacji, gdy ostatni poród był nagły lub rozwój płodu w poprzedniej ciąży przebiegał nieprawidłowo, lekarz może zabronić (lub przynajmniej zalecić wstrzymanie się) wykonywania jakichkolwiek ćwiczeń.

Czasem dopuszczalne są tylko ćwiczenia ramion bądź zajęcia ruchowe w wodzie, przystosowane specjalnie dla kobiet w ciąży, lecz w takiej sytuacji najlepiej porozumieć się z lekarzem.

# 9
# Piąty miesiąc
## W przybliżeniu od 18 do 22 tygodnia

To, co jeszcze do niedawna było pojęciem abstrakcyjnym, teraz staje się – dosłownie – czymś namacalnym. Prawdopodobnie pod koniec tego miesiąca lub na początku przyszłego po raz pierwszy poczujesz ruchy dziecka. To cudowne uczucie, w połączeniu z niemałą już wypukłością brzucha, nada twemu stanowi realnego wymiaru. Choć jeszcze minie trochę czasu, nim dziecko pojawi się na sali dla noworodków, przyjemnie jest wiedzieć, że już istnieje.

## CZEGO MOŻESZ OCZEKIWAĆ W CZASIE BADANIA OKRESOWEGO

Kolejne badanie – zapewne już traktujesz je jak rutynowe zajęcie. W tym miesiącu wizyta kontrolna u lekarza może obejmować następujące badania, dobrane pod kątem stanu pacjentki i zgodne ze stylem pracy lekarza[1]:

- ciśnienie tętnicze krwi;

- badanie moczu z oznaczeniem poziomu cukru i białka;

- czynność serca płodu;

- wymiary i kształt macicy w badaniu zewnętrznym;

- wysokość dna macicy;

- kontrola stóp i rąk pod kątem obrzęków i żylaków;

- weryfikacja obserwowanych objawów, szczególnie tych, które budzą niepokój pacjentki;

- wyjaśnienie innych wątpliwości pacjentki.

## CO MOŻESZ ODCZUWAĆ

Jak zwykle pamiętaj, że każda ciąża jest inna, jak inna jest każda kobieta. Wymienione niżej objawy mogą występować razem lub w odstępach czasowych, mogły pojawić się w ubiegłym miesiącu lub dopiero teraz. Jeszcze inne mogą być trudne do zauważenia, gdyż już się do nich przyzwyczaiłaś. Ewentualnie mogą występować inne, rzadkie objawy.

[1] Badania i testy opisane są w oddzielnym rozdziale *Dodatek*.

# Co się dzieje wewnątrz ciebie

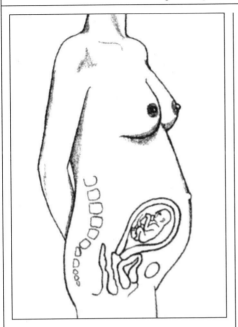

▲ *Za tobą połowa ciąży. Macica osiągnie wysokość pępka mniej więcej w 20 tygodniu. Teraz już nie da się ukryć swego stanu.*

▶ *Pod koniec tego miesiąca płód ma długość 18-23 cm (czyli prawie połowę tego, ile będzie miał w chwili porodu) i waży niemal 0,5 kilograma. W miarę jak wzmacniają się jego mięśnie oraz szkielet, rozrasta się układ nerwowy,*

*płód staje się coraz bardziej ruchliwy, a jego ruchy – skoordynowane. Potrafi wykonywać liczne ćwiczenia gimnastyczne (łącznie z fikaniem koziołków), dzięki czemu rośnie i rozwija umiejętności motoryczne. Ruchy te są – wreszcie! – na tyle silne, byś mogła je poczuć. Dobrze rozwinięte uszy potrafią już rozpoznawać dźwięki; dziecko ma regularne pory snu i stanu czuwania, potrafi robić wiele min i grymasów, w tym marszczyć widoczne już brwi. Na głowie pojawiły się pierwsze włosy. Skóra jest pomarszczona, różowa, półprzezroczysta, pokryta białą mazią płodową zwaną vernix. Chroni ona przed płynem owodniowym oraz sprawia, że dziecko jest bardziej śliskie, a przez to łatwiej je wydać na świat. U chłopców jądra zaczynają schodzić z jamy brzusznej do worka mosznowego.*

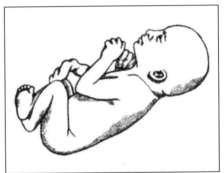

**OBJAWY FIZYCZNE:**

- ruchy płodu;

- zwiększenie ilości białawych upławów (*leukorrhea*);

- bóle podbrzusza i boków (wynik rozciągania więzadeł podtrzymujących macicę);

- zaparcia;

- zgaga, niestrawność, wzdęcia;

- okresowe bóle głowy, omdlenia, zawroty głowy;

- nieżyt nosa i krwawienie z nosa, uczucie niedrożności;

- nieżyt ucha;

- krwawienie z dziąseł;

- wzmożony apetyt;

- kurcze nóg;

- obrzęki stóp i kostek oraz czasami twarzy i rąk;

- żylaki podudzi i/lub żylaki odbytu;

- przyspieszona czynność serca;

- łatwiejsze lub trudniejsze osiąganie orgazmu;

- ból pleców;

- zmiana pigmentacji skóry na brzuchu i/lub twarzy;

- wystający pępek.

**ODCZUCIA PSYCHICZNE:**

• coraz pełniejsza świadomość „bycia w ciąży";

• rzadsze zmiany nastroju, lecz nadal może się pojawiać drażliwość oraz płaczliwość;

• utrzymujące się roztargnienie.

# CO MOŻE CIĘ NIEPOKOIĆ

## ZMĘCZENIE

*Męczę się, gdy wykonuję ćwiczenia gimnastyczne lub sprzątam. Czy powinnam przestać?*

Nie tylko powinnaś przestać, gdy jesteś zmęczona, ale jeśli tylko jest to możliwe, przestań, zanim poczujesz zmęczenie. Doprowadzanie się do stanu wyczerpania nigdy nie jest wskazane, a szczególnie podczas ciąży, gdyż jego skutki odbijają się nie tylko na matce, ale i na dziecku. Należy dokładnie obserwować reakcje organizmu. Gdy podczas biegu zaczyna się tracić oddech lub gdy ma się wrażenie, że odkurzacz waży tonę – trzeba zrobić przerwę.

Zamiast układać swe zajęcia na zasadzie maratonu, trzeba ustalić specjalne tempo pracy i odpoczynku – na zmianę. Zazwyczaj można sobie poradzić z pracą i gimnastyką bez niepotrzebnego przepracowania. A jeśli czasem na coś nie starczy sił lub czasu, to jest to dobre przygotowanie na dni, kiedy obowiązki matki często nie pozwolą na dokończenie rozpoczętych prac. (Patrz s. 114, jak radzić sobie ze zmęczeniem.)

## OMDLENIA I ZAWROTY GŁOWY

*Czuję, że kręci mi się w głowie, nawet gdy wstaję z łóżka lub z krzesła. A wczoraj podczas zakupów prawie zemdlałam. Co to znaczy? Czy jest to niebezpieczne dla dziecka?*

W serialach omdlewanie jest uważane za jeden z najpewniejszych objawów ciąży. Jednak scenarzyści mijają się z prawdą: mdlenie nie jest głównym objawem ciąży. Omdlenia i zawroty głowy są wszelako z różnych powodów bardzo powszechne wśród kobiet w odmiennym stanie.

W pierwszym trymestrze zawroty głowy mogą wystąpić na skutek dysproporcji między gwałtownie powiększającą się objętością naczyń krwionośnych a objętością krwi. W drugim – przyczyną może być ucisk rosnącej macicy na naczynia krwionośne. Zawroty głowy mogą pojawić się za każdym razem, gdy zbyt gwałtownie podnosisz się z pozycji siedzącej lub leżącej. Przyczyną tego jest nagłe odpłynięcie krwi z mózgu spowodowane zmianą pozycji. Leczenie jest proste: zawsze należy wstawać powoli. Gwałtowne poderwanie się, by odebrać telefon, najpewniej skończy się lądowaniem na kanapie.

Inny powód takiego stanu to niski poziom cukru we krwi. Takim zawrotom głowy można przeciwdziałać poprzez spożywanie pokarmów białkowych podczas każdego posiłku (co pomaga w utrzymaniu odpowiedniego poziomu cukru) i drobnych przekąsek między posiłkami. Warto nosić w torebce rodzynki, owoce, herbatniki z otrębami lub paluszki w celu szybkiego podniesienia poziomu cukru. Zawroty głowy bywają również oznaką odwodnienia, zatem zawsze dbaj o to, by wypijać odpowiednią ilość płynów – przynajmniej 8 szklanek dziennie lub więcej, jeśli jest bardzo ciepło lub po ćwiczeniach.

Zawroty głowy mogą pojawiać się także podczas pobytu w przegrzanym sklepie czy biurze lub w czasie jazdy autobusem, szczególnie gdy jesteś za ciepło ubrana. Wtedy najlepiej zaczerpnąć świeżego po-

# Gorąco i zimno.
## Jak znosić ekstremalną temperaturę podczas ciąży

Jeśli mieszkasz w klimacie, w którym przez cały rok jest bardzo zimno lub bardzo gorąco, lub też zdarzyło ci się, że jesteś w ciąży podczas najgorętszego lata czy najzimniejszej zimy od lat, istnieje wiele sposobów na zachowanie bezpieczeństwa i wygody wtedy, gdy słupek rtęci na termometrze wskazuje ekstremalną temperaturę.

**Zbijanie temperatury.** Łatwo doprowadzić organizm do przegrzania, gdy metabolizm pracuje na wysokich obrotach. Jeśli chcesz, by było ci jak najchłodniej, noś lekkie, przewiewne ubrania, na przykład bawełniane. Staraj się nie ćwiczyć na dworze w najgorętszej porze dnia, spaceruj przed śniadaniem lub po obiedzie albo uczęszczaj na ćwiczenia grupowe odbywające się w klimatyzowanych pomieszczeniach. Zawsze odpoczywaj, gdy poczujesz przegrzanie organizmu. Jeśli to tylko możliwe, unikaj przebywania na słońcu, zwłaszcza w gorące dni, a jeśli musisz wyjść, wcieraj w skórę emulsję chroniącą przed działaniem słońca (słońce nasila naturalne u niektórych kobiet zmiany w zabarwieniu skóry). Aby się ochłodzić, zrób sobie letnią kąpiel lub weź prysznic. Jak najczęściej przebywaj w klimatyzowanych pomieszczeniach. Jeśli nie masz klimatyzacji w domu, spędzaj czas w bibliotekach, muzeach lub supermarketach. Same wiatraczki nie zdadzą się na nic, jeśli temperatura wynosi ponad 32°C.

A co najważniejsze: pij, pij, pij. Musisz zapewniać organizmowi odpowiednią ilość płynów, gdyż dzięki temu unikniesz uczucia osłabienia czy zawrotów głowy w ciepłe dni, zminimalizujesz pozostałe nieprzyjemne objawy ciąży, unikniesz infekcji dróg moczowych i zapobiegniesz przedterminowemu porodowi. Wypijaj przynajmniej 8 szklanek wody dziennie, lub więcej, jeśli wykonywałaś ćwiczenia fizyczne lub obficie się spociłaś. Dobrze jest wyrobić sobie – lub utrzymać – nawyk picia, zabierając ze sobą butelkę z wodą – miej ją zawsze przy sobie, gdziekolwiek będziesz. Unikaj kofeiny i alkoholu, które mogą stać się przyczyną odwodnienia, a także napojów zawierających cukier czy stuprocentowych soków owocowych, które zatrzymują wodę w układzie trawiennym, przez co nie krąży ona po organizmie.

**Ograniczanie zimna.** Choć ciężarnym kobietom zwykle jest w zimie cieplej niż innym, warto rozważyć kilka wskazówek dotyczących niskiej temperatury. Temperatura taka może zmniejszyć dopływ krwi do łożyska, przez co mniej substancji odżywczych trafia do płodu. Aby uniknąć tego problemu, ubieraj się ciepło w zimowe miesiące, pamiętając o czapce, gdyż najwięcej ciepła uwalnia się przez odkrytą głowę! Pamiętaj jednak, byś była ubrana warstwowo, tak by można było łatwo pozbyć się części odzieży, jeśli zrobi ci się za gorąco.

wietrza, wychodząc na zewnątrz lub otwierając okno. Dobrze jest też zdjąć płaszcz i rozluźnić ubranie w okolicy szyi i pasa – to też powinno przynieść ulgę. W sytuacji, gdy czuje się zbliżające omdlenie, należy zwiększyć przepływ krwi przez naczynia poprzez przyjęcie pozycji leżącej z uniesieniem stóp (nie głowy!) lub siedzącej z pochyleniem głowy do przodu, między kolana. Jeśli w danej sytuacji nie ma możliwości położenia się, można uklęknąć na oba lub na jedno kolano, pochylić się tak jak przy wiązaniu sznurowadeł. Całkowite omdlenie jest rzadkie, a nawet gdy się zda-

rza, nie ma powodu do obaw – choć chwilowo zmniejszony jest przepływ krwi przez naczynia mózgowe, to nie ma to wpływu na zdrowie dziecka[1].

Podczas kolejnej wizyty należy poinformować lekarza o częstotliwości i nasileniu zawrotów głowy, natomiast wypadki utraty przytomności należy zgłaszać natychmiast, gdyż częste omdlenia mogą być objawem anemii, która musi być zbadana.

---

[1] Pierwsza pomoc dla ciężarnej, która rzeczywiście zemdlała, jest taka sama jak w innych przypadkach omdleń.

# WZORCE RUCHÓW PŁODU

*W zeszłym tygodniu każdego dnia czułam lekkie ruchy, a tymczasem dzisiaj przez cały dzień nie czułam nic. Czy coś się stało?*

Niepokój związany z pierwszym odczuciem ruchu często bywa zastąpiony przez niepokój spowodowany tym, że ruchy płodu wydają się za rzadkie albo przez jakiś czas nie są wyczuwane. Jednak na tym etapie ciąży obawy te – choć zrozumiałe – zwykle są bezpodstawne. Częstotliwość zauważalnych ruchów na razie jest bardzo zróżnicowana; wzorce ruchów bywają w najlepszym wypadku chaotyczne. Choć płód porusza się niemal bez przerwy, tylko niektóre z jego ruchów są na tyle silne, byś mogła je poczuć. Innych nie wyczuwasz z powodu pozycji płodu (ponieważ na przykład jest skierowany twarzą – i kopnięciami – do wewnątrz). Albo wreszcie z powodu swoich zajęć – jeśli dużo chodzisz czy poruszasz się, kołyszesz płód do snu; nawet jeśli nie śpi, ty możesz być zbyt zajęta, aby zauważyć ruchy. Istnieje też prawdopodobieństwo, że przesypiasz porę największej aktywności dziecka; dla wielu dzieci przypada ona na środek nocy. (Nawet na tym etapie dzieci najczęściej zabierają się do działania akurat wtedy, gdy ich matki śpią.)

Jednym ze sposobów na wywołanie ruchów płodu, jeśli nie czułaś ich przez cały dzień, jest położenie się na godzinę czy dwie wieczorną porą, najlepiej po wypiciu szklanki mleka, soku pomarańczowego lub po jakiejś przekąsce. Połączenie twojego braku aktywności z wstrząsem, jakim jest energia z posiłku, może skłonić go do poruszania się. Wiele matek zauważa, że do 20 tygodnia, raz na jakiś czas nie odczuwa ruchów płodu przez dzień czy dwa, a nawet przez trzy czy cztery dni. Później – choć nie należy panikować – prawdopodobnie rozsądnie postąpisz, dzwoniąc do lekarza, żeby mieć pewność, iż dwudziestoczterogodzinna przerwa w odczuwaniu ruchów płodu nie jest powodem do niepokoju – oczywiście zakładając, że już ruchy te wyczuwasz.

Gdy minie 28 tydzień ciąży, ruchy płodu stają się bardziej konsekwentne, dlatego też dobrze, by matka nabrała zwyczaju codziennego sprawdzania jego aktywności.

# POZYCJA DO SPANIA

*Zawsze spałam na brzuchu. Teraz boję się to robić, a nie mogę sobie znaleźć innej wygodnej pozycji.*

Rezygnacja z ulubionej pozycji podczas snu może być tak przykra jak rozstanie z ukochanym misiem, gdy miało się sześć lat. Trzeba się pogodzić z tym, że przyjdzie ci spędzić parę bezsennych nocy, lecz tylko do chwili, kiedy przyzwyczaisz się do nowego ułożenia. A czas na zmianę jest już teraz, zanim rosnący brzuch uczyni to jeszcze trudniejszym.

Dwa najczęstsze ułożenia podczas snu: na brzuchu i na plecach – nie są zbyt wygodne w czasie ciąży. Pozycja „na brzuchu" jest niewygodna ze względów oczywistych – przeszkadza rosnący brzuch i spanie na nim byłoby jak spanie na arbuzie. Pozycja na plecach, choć wygodniejsza, sprawia, że cała masa ciężarnej macicy spoczywa na kręgosłupie, jelitach i dwóch głównych naczyniach krwionośnych: aorcie (odpowiedzialnej za rozprowadzanie krwi z serca po całym ciele) oraz żyle głównej dolnej (żyle odpowiedzialnej za odpływ krwi z całej dolnej części ciała do serca). Może się to stać przyczyną bólu pleców oraz hemoroidów, sprawić, że układ trawienny będzie mniej wydajny, przeszkadzać w oddychaniu i krążeniu krwi, a nawet wywoływać hipotensję, tj. niskie ciśnienie krwi.

Nie znaczy to jednak, że należy spać na stojąco. Zwijanie się w kłębek lub prostowanie w leżeniu na boku – najlepiej lewym – z założeniem jednej nogi na drugą lub z poduszką między nimi (spójrz na ilustrację)

*Spanie na lewym boku*

jest najlepsze tak dla matki, jak i dla płodu. Nie tylko ułatwiony jest przepływ krwi
ze składnikami odżywczymi do łożyska,
lecz wspomagana jest także praca nerek,
co oznacza skuteczniejsze usuwanie niepotrzebnych produktów przemiany materii
i nadmiaru płynów oraz zmniejszenie obrzęku kostek, stóp i rąk.

Niewiele osób potrafi spać w nie zmienionej pozycji przez całą noc. Nie ma powodu do obaw, gdy budzimy się nagle
w pozycji na plecach lub brzuchu. Nic złego się nie stało i należy powrócić do pozycji na lewym boku. Zmiana ułożenia może
być niewygodna przez parę nocy, ale ciało
dostosuje się do niej bardzo szybko. „Po-
duszka pod ciało", długa na przynajmniej
150 cm lub w kształcie klina, także może
pomóc, ponieważ spanie na boku staje się
wygodniejsze, a utrzymanie tej pozycji – ła-
twiejsze. Jeśli nie masz specjalnej poduszki, posłuż się jakąkolwiek inną. Układaj ją
przy ciele w różnych pozycjach, aż wresz-
cie dopracujesz taką, w której będzie ci najwygodniej.

# BÓLE PLECÓW

*Bardzo dokucza mi ból pleców. Boję się, że
pod koniec dziewiątego miesiąca nie będę
potrafiła wstać.*

Bóle i inne niewygody w czasie ciąży nie
są po to, byś czuła się źle – choć tak
właśnie jest. Są to objawy towarzyszące
przygotowaniu ciała kobiety na moment,
gdy dziecko będzie się rodzić. Jednym
z nich jest ból pleców. W okresie ciąży stawy biodrowo-krzyżowe, które zazwyczaj
są nieruchome, zaczynają się rozluźniać,
by umożliwić łatwiejsze przejście dziecka
w czasie porodu. To oraz powiększony brzuch
zaburzają poczucie równowagi. By temu
zapobiec, często dochodzi do odwodzenia
ramion do tyłu i zginania szyi. Wypinanie
brzucha, by nikt nie przeoczył stanu matki,
tylko komplikuje problem. Skutkiem jest
znaczne wygięcie kręgosłupa w dolnej części pleców, napięcie mięśni pleców oraz ból.

Ból nawet z takiej przyczyny jest dokuczliwy. Lecz choć tej przyczyny nie można usunąć, to można zwalczyć (lub chociażby uśmierzyć) sam ból. Najlepsze postępowanie to
oczywiście zapobieganie: silne mięśnie brzucha sprzed ciąży, prawidłowa postawa i zręcz-
ne ruchy. Ale w tej chwili też nie jest za późno, by tę zręczność poprawić w celu zmniejszenia bolesności pleców. Aby prawidłowo
się prostować, należy ćwiczyć mięśnie miednicy (patrz s. 190). A oto inne rady:

- Zapobieganie nadmiernemu przybieraniu
  na wadze (patrz s. 168). Dodatkowe kilogramy tylko niepotrzebnie obciążają kręgosłup.

- Zaleca się unikanie pantofli na wysokim
  obcasie, a nawet płaskich, które nie mają
  odpowiedniej konstrukcji wspierającej
  stopę. Niektórzy lekarze zalecają szerokie obcasy do wysokości 5 cm. Bywają
  też specjalnie projektowane buty i wkładki stosowane do zapobiegania bólom nóg
  i kręgosłupa. Dobrze jest skorzystać z ra-

dy lekarza lub sprzedawcy obuwia w dobrym sklepie.

- Należy nauczyć się prawidłowego podnoszenia ciężarów (paczek, dzieci, prania, książek itp.). Nie wolno robić tego gwałtownie. Po pierwsze stajemy stabilnie w lekkim rozkroku i napinamy pośladki. Uginamy kolana (a nie zginamy się w pasie) i podnosimy ciężar, używając mięśni ramion i nóg; a nie pleców (patrz rycina poniżej). Jeśli ból jest szczególnie dokuczliwy, należy unikać noszenia ciężarów. Jeżeli jednak zachodzi taka potrzeba – dobrze jest nosić zakupy w dwóch siatkach po jednej w każdej ręce, a nie dźwigać wszystko w jednej ręce, opierając siatkę na brzuchu.

- Unikać długiego stania. Jeśli jest to konieczne – należy jedną stopę oprzeć na niskim taborecie i ugiąć tę nogę w kolanie, co zapobiega nadmiernemu napinaniu mięśni krzyża. Podczas stania na twar-

dym podłożu, np. podczas gotowania lub mycia naczyń, należy podłożyć pod nogi dywanik, który zapobiegnie poślizgom i zmniejszy nacisk.

- Prawidłowe siedzenie. Siedzenie obciąża kręgosłup o wiele bardziej niż inne czynności, tak więc prawidłowe siedzenie ma duże znaczenie. Krzesło powinno dawać odpowiednie wsparcie kręgosłupowi: najlepiej z prostym oparciem dla pleców, poręczami (należy się na nich wspierać podczas wstawania) i twardym siedziskiem, co zapobiega „zapadaniu się". Należy unikać krzeseł bez oparcia i ławek. Nigdy nie należy zakładać nogi na nogę. Jest to nie tylko przyczyna upośledzenia krążenia (przyczyniająca się do powstawania żylaków, „pajączków" i obrzęków), ale powoduje też zbytnie przeciążenie, przegięcie miednicy w przód, co z kolei nasila ból. Jeśli to tylko możliwe, dobrze jest używać podnóżka (patrz ryc. s. 209).

*Kiedy coś podnosisz uginaj kolana*

- Długotrwałe siedzenie może być tak samo uciążliwe dla twych pleców jak nieprawidłowa pozycja. Staraj się nie siedzieć dłużej niż godzinę bez przespacerowania się czy rozciągnięcia mięśni pleców; najlepiej jednak ustalić godzinny limit czasu.

- Zaleca się też spanie na twardym materacu lub położenie deski pod miękki. Wygodna pozycja do snu uzyskana za pomocą poduszki pod ciało (długości przynajmniej 150 cm) sprawi, że po przebudzeniu ból jest mniejszy. Aby wstać, należy przełożyć obie nogi razem na krawędź łóżka i postawić je na podłodze, zamiast przewracać się na bok.

- Należy omówić z lekarzem, czy dla uśmierzenia bólu i/lub wzmocnienia kręgosłupa można by zastosować pas ciążowy.

- Unikaj sięgania wysoko ponad głowę, ponieważ wówczas dochodzi do naciągania mięśni pleców. Zamiast wyciągać ramiona w celu odłożenia naczyń, powieszenia obrazka czy poprawienia firan, używaj niskiego, stabilnego podnóżka.

*Wygodne siedzenie*

- Aby ból mięśni zelżał chwilowo, stosuj zmiany temperatury. Przyłóż worek z lodem na 15 minut, następnie termofor z gorącą wodą na 15 minut lub weź ciepłą (lecz nie gorącą) kąpiel. Oba pojemniki owiń w ręcznik lub kawałek tkaniny.

- Naucz się odpoczywać. Wiele dolegliwości związanych z plecami pomnażają stresy. Jeśli wydaje ci się, że mogą być główną przyczyną dyskomfortu – gdy pojawi się ból, należy wykonywać ćwiczenia relaksujące (patrz też s. 125 – na temat walki z codziennym stresem).

- Wykonuj proste ćwiczenia, które wzmocnią mięśnie brzucha, jak tzw. „koci grzbiet" (s. 194), i ćwiczenia mięśni miednicy (s. 190). Przyłącz się do grupy trenującej jogę przystosowaną dla kobiet w ciąży lub zastanów się nad terapią wodną, jeśli tylko znajdziesz terapeutę posiadającego wiedzę medyczną – i ciążową.

- Zastanów się nad wizytą u kręgarza lub fizykoterapeuty, który specjalizuje się w problemach ciąży – albo wypróbuj terapię alternatywną, na przykład akupunkturę lub biofeedback (patrz str. 244).

## NOSZENIE STARSZYCH DZIECI

*Mam trzyipółletnią córkę, która zawsze chce, by zanieść ją na piętro, ale pod jej ciężarem załamują się moje plecy.*

Lepiej złamać ten zły zwyczaj dziecka, a nie własne plecy. Obciążenie noszonym cały czas płodem jest wystarczające, bez dodawania 20 kg przedszkolaka. Jednak nie należy czynić odpowiedzialnym za tę zmianę przyszłego brata lub siostrę, lecz właśnie bolące plecy. Wchodzenie po schodach stanie się radośniejsze, jeśli zaśpiewacie specjalną piosenkę na tę okazję („Hop, po schodkach, w górę, hop!") lub namówisz małą na wyścig do góry. I nie zapomnij też pochwalić dziecka za to, że w ten sposób pomaga mamie. Oczywiście zdarza się, że maluch odmawia samodzielnego marszu, wtedy należy nauczyć się poprawnego podnoszenia (patrz s. 206) i upewnić się, że nie zaszkodzi płodowi, chyba że lekarz zabrania takich ćwiczeń.

## KŁOPOTY ZE STOPAMI

*Wszystkie moje buty stały się okropnie ciasne. Czy stopy rosną mi tak jak brzuch?*

**B**rzuch nie jest jedyną częścią ciała kobiety w ciąży mającą skłonność do rozrastania się. A buty mogą cię cisnąć z kilku powodów. Po pierwsze, stopy puchną za sprawą normalnego podczas ciąży zatrzymania płynów. Albo jest na nich za dużo tkanki tłuszczowej, jeżeli przybierasz za szybko na wadze. A do tego wszystkiego mogą się nieco powiększać, bo choć nie biorą udziału w porodzie, to hormony ciążowe, przygotowując organizm do tego wydarzenia, poluźniają stawy w stopach (a także inne stawy w ciele). Obrzęk oraz nadwaga zazwyczaj znikają po porodzie. Choć stawy także ulegną ponownemu zacieśnieniu, to stopy mogą powiększyć się na stałe nawet o jeden rozmiar buta. Pewnie cieszą się z tego miłośnicy kupowania butów – a martwią ci, którzy tego nie znoszą.

Tymczasem należy stosować metody mające na celu zmniejszenie obrzęków (s. 259), jeśli one są ich główną przyczyną, i kupić kilka par butów, które będą pasowały w tej chwili i sprostają twym potrzebom w przyszłości (byś na koniec nie była bosa i ciężarna). Nie powinny mieć obcasów wyższych niż 5 cm, powinny mieć antypoślizgowe podeszwy i dużo miejsca na puchnące stopy (przymiarki należy dokonywać pod koniec dnia, gdy stopy są najbardziej obrzęknięte). Buty powinny być ze skóry lub tkaniny, co umożliwi stopom „oddychanie".

Buty lub wkładki ortopedyczne, korygujące środek ciężkości w okresie ciąży, mogą przynieść ulgę nie tylko stopom, ale też kręgosłupowi i całym nogom. Są one dostępne w dwóch różnych wzorach dla sześciu pierwszych miesięcy ciąży oraz trzeciego trymestru. Należy poprosić lekarza o pomoc w ich nabyciu. Także pantofle domowe mają duże znaczenie i pomagają walczyć z bólem. Jeśli to tylko możliwe – dobrze jest nosić je także w pracy.

## SZYBKO ROSNĄCE WŁOSY I PAZNOKCIE

*Mam wrażenie, że włosy i paznokcie nigdy nie rosły mi tak prędko.*

**P**rzyspieszenie przepływu krwi i zwiększenie ilości substancji odżywczych powoduje także lepsze odżywienie komórek skóry. Przyjemnym tego efektem jest taki przyrost paznokci, że trudno nadążyć z robieniem manicure'u, i włosów, które rosną szybciej, niż ty jesteś w stanie umówić się z fryzjerem. Jeśli masz szczęście, to włosy ci także zgęstniały i nabrały połysku.

Poprawa odżywienia skóry może jednak spowodować także mniej przyjemne efekty. Owłosienie może się pojawiać w miejscach, gdzie kobiety sobie tego nie życzą. Twarz – okolice warg, broda, policzki to główne miejsca występowania spowodowanego ciążą hirsutyzmu, ale może on dotyczyć też ramion, nóg, pleców i brzucha. Większość tych włosów znika w ciągu 6 miesięcy po porodzie, lecz resztki mogą pozostawać jeszcze dłużej.

Nie poleca się przeprowadzania elektrolizy podczas ciąży, choć nie udokumentowano niekorzystnego wpływu tego zabiegu; to samo dotyczy laserowego usuwania włosów. Ponieważ ryzyko jest czysto teoretyczne, nie martw się, jeśli wcześniej poddałaś się którejś z tych metod. Oczywiście wyrywanie włosów nie pociąga za sobą żadnego ryzyka.

# W CENTRUM ODNOWY BIOLOGICZNEJ

*Dostałam od przyjaciółki w prezencie urodzinowym dzień pobytu w centrum odnowy biologicznej. Wiąże się to z wieloma przyjemnościami, między innymi aromaterapią i masażami. Czy są one bezpieczne podczas ciąży?*

Nikt tak jak kobieta w ciąży nie zasługuje na dzień rozpieszczania i nie potrzebuje go. (Może tylko z wyjątkiem matki noworodka, ale kiedy urodzi się dziecko, nie będziesz miała czasu na odwiedzanie centrum odnowy biologicznej.) Bez wahania zatem skorzystaj z zaproszenia, zastosuj się jednak do poniższych sugestii:

**Poinformuj o swoim stanie.** Najpierw lekarza, by mieć pewność, że nie ma w twoim konkretnym przypadku zastrzeżeń. Następnie recepcjonistkę, gdy będziesz się umawiać na wizytę. Omówcie wszelkie ograniczenia, by dostosować zabiegi do twych potrzeb. Wszystkim osobom przeprowadzającym zabiegi także powiedz, że jesteś w ciąży.

**Ostrożnie z masażami.** Nic tak doskonale nie łagodzi bólu i dolegliwości ciążowych i nie likwiduje stresu i zmęczenia jak masaż. Upewnij się jednak, czy twój masażysta został przeszkolony w zakresie masażu prenatalnego i postępuje zgodnie ze wskazówkami z poniższej ramki.

**Unikaj olejków roślinnych i ziół.** Ponieważ nieznany jest wpływ większości olejków roślinnych na ciążę, a niektóre z nich mogą być szkodliwe, wystrzegaj się wszelkich masaży i zabiegów, do których wykorzystuje się aromaterapię. Kobiety ciężarne powinny w szczególności unikać olejków z następujących roślin: bazylii, drzewa cedrowego, szałwii muszkatołowej, kopru włoskiego, jałowca, majeranku, mirry, rozmarynu, szałwii i tymianku. Olejki te mogą stymulować skurcze macicy.

**Wypoczywaj w odpowiedniej pozycji.** Nie należy spędzać dużo czasu, leżąc płasko na plecach, szczególnie po czwartym miesiącu. Poproś masażystę, byś mogła położyć się na specjalnym stole z wycięciem na twój brzuch lub by podłożył ci poduszki zaprojektowane dla kobiet w ciąży – albo by pozwolił ci położyć się na lewym boku. Za-

---

## Prawidłowo wykonany masaż

Nie możesz się doczekać końca tych uciążliwych bólów pleców albo czujesz niepokój, który nie pozwala nocami spać? Masaż może złagodzić dręczące cię ciążowe bóle, napięcia i stresy – oraz zapewnić spokojny sen. Aby mieć pewność, że masaż wykonywany w czasie ciąży jest nie tylko rozluźniający, lecz także bezpieczny, postępuj zgodnie z poniższymi wskazówkami:

- Unikaj masaży w pierwszym trymestrze, ponieważ mogą one wywołać zawroty głowy i nasilić poranne nudności.
- Sprawdź, czy twoja masażystka ma odpowiednie kwalifikacje.
- Poszukaj takiego terapeuty, który dobrze zna wskazania i przeciwwskazania dla ko-

biet w ciąży. Na przykład: dysponuje specjalnym stołem z wycięciem na powiększony brzuch, aby można było wygodnie leżeć twarzą w dół podczas masażu pleców. Wie, że: nie należy masować mięśni brzucha, lub przynajmniej ograniczyć masaż tego miejsca do delikatnych dotknięć; nie należy masować stóp i stawu skokowego oraz miejsca między kciukiem a palcem wskazującym, gdyż uważa się, że znajdujące się tam punkty mogą wywołać skurcze; nie należy używać olejków do aromaterapii (patrz wyżej).

Kiedy będziesz już miała pewność, że znajdujesz się w dobrych rękach – odpręż się i przyjemnie spędź czas!

biegi kosmetyczne twarzy, manicure, pedicure i inne powinny być wykonywane w pozycji siedzącej czy w półprzysiadzie albo gdy leżysz na lewym boku.

**Lśniąca cera.** Dowiedz się, które zabiegi w obrębie twarzy czy całego ciała – na przykład takie jak peeling kwasem glikolowym – mogą szczególnie drażnić skórę uwrażliwioną pod wpływem hormonów ciążowych. Porozmawiaj z kosmetyczką na temat tego, jakie preparaty sprawią ci największą ulgę i nie są obarczone prawdopodobieństwem wywołania reakcji alergicznej.

**Wybieraj chłód.** Zanurzanie się w wannie pełnej gorącej wody czy siedzenie w saunie z pewnością nie powinno być częścią planu dnia (ponieważ nadmiernie podnoszą temperaturę ciała). Zrezygnuj też z okładów ziołowych. Bezpieczna jest jednak – i bardzo relaksująca – kąpiel w ciepłej wodzie stanowiąca część hydroterapii.

**Uważaj, czym oddychasz.** Jeśli w planie masz manicure czy pedicure, sprawdź, czy są wykonywane w dobrze wentylowanym pomieszczeniu. Wdychanie substancji chemicznych o silnej woni nigdy nie służy zdrowiu, a już szczególnie nie wtedy, gdy oddycha się za dwóch.

# PRZEBARWIENIA SKÓRNE

*Zauważyłam ciemną linię, która biegnie w dół, przez środek brzucha, oraz ciemne plamy na twarzy. Czy takie przebarwienia są normalne i czy pozostaną one po porodzie?*

Winę za to ponoszą te uciążliwe (ale przydatne!) hormony ciążowe. Podobnie jak wywołały hiperpigmentację, czyli ściemnienie, obwódek wokół sutków, teraz odpowiadają za ciemnienie *linea alba* (kresa biała) – białej linii, której zapewne nigdy nie zauważyłaś, prowadzącej przez środek brzucha do spojenia łonowego. Pod-

czas ciąży przemianowuje się ją na *linea negra* (kresa ciemna). Bywa ona bardziej widoczna u kobiet o ciemnej karnacji niż u tych z jasną skórą.

Niektóre kobiety, zwykle te o ciemnej karnacji, miewają też przebarwienia – przypominające maskę lub konfetti – na czole, nosie i policzkach. Są one ciemne u kobiet o jasnej skórze i jasne u kobiet o ciemnej. Ta „maska ciążowa", czyli ostuda, stopniowo będzie zanikać po porodzie. Zanim to jednak nastąpi, nie należy próbować jej rozjaśniać, choć można ją ukryć za pomocą pudru w kremie.

Wiele kobiet zauważa także, że widoczniejsze i ciemniejsze stają się piegi czy pieprzyki oraz że ciemne miejsca występują tam, gdzie skóra jest często pocierana, na przykład po wewnętrznej stronie ud. Wszystkie te hiperpigmentacje znikną po wydaniu dziecka na świat.

Przebarwienia mogą też stawać się intensywniejsze pod wpływem słońca, dlatego też gdy wychodzisz na dwór w słoneczny dzień, wszystkie odsłonięte części ciała smaruj emulsją z faktorem ochronnym – co najmniej SPF 15. Unikaj wielogodzinnego przebywania na słońcu – nawet po zastosowaniu emulsji ochronnej. Przyda ci się duży kapelusz, całkowicie zacieniający twarz, oraz długie rękawy zasłaniające ramiona (jeśli dobrze znosisz ciepło). Ponieważ istnieją pewne dowody na to, że nadmierne przebarwienia mogą się wiązać z niedoborem kwasu foliowego, sprawdź, czy preparat uzupełniający, który zażywasz, zawiera go, oraz jedz codziennie zielone warzywa liściaste, pomarańcze, pełnoziarnisty chleb oraz płatki śniadaniowe.

*Skoro podczas ciąży nie wolno mi się opalać, to czy przynajmniej mogę używać emulsji brązującej?*

Najwyraźniej emulsje te nie były najważniejsze dla naukowców i muszą dopiero przejść badania nad bezpieczeństwem ich stosowania podczas ciąży. Tak więc choć nie ma dowodów na to, że są szkodliwe dla kobiety przy nadziei (a zapewne nie są, ponieważ – według przedstawicieli firm producenckich – aktywna substancja chemiczna wywołująca efekt opalenizny absorbowana jest wyłącznie przez trzy pierwsze warstwy skóry), nie ma również dowodu, że są całkowicie bezpieczne.

Jeśli z braku informacji nie wiesz, jak postąpić, porozmawiaj z lekarzem. Niektórzy zezwalają na używanie emulsji brązujących po pierwszym trymestrze, inni uważają, że roztropniej jest pozostać bladą przez całe dziewięć miesięcy. Tak czy inaczej, nie martw się, jeśli wcześniej już korzystałaś z tych preparatów.

Przy podejmowaniu decyzji rozważ też pewną, czysto techniczną sprawę: w miarę powiększania się twojego brzucha możesz mieć kłopoty z równomiernym nałożeniem samoopalacza – stawiając sprawę jasno, wyzwaniem będzie swobodne dosięgnięcie nóg.

## INNE DZIWNE OBJAWY SKÓRNE

*Moje ręce wydają się cały czas czerwone. Czy to tylko moja wyobraźnia?*

Nie, i nie jest to także wina płynu do mycia naczyń. To znowu działanie hormonów. Podniesienie ich poziomu powoduje zaczerwienienie i swędzenie rąk (a czasem także stóp), u 2/3 populacji ciężarnych kobiet rasy białej i 1/3 rasy czarnej. Objaw ten zniknie po porodzie.

Paznokcie mogą ulec zmianom, takim jak stwardnienie lub zmiękczenie, mogą też stać się nierówne. Stosowanie lakieru do paznokci może tylko pogorszyć sytuację. W razie pojawienia się objawów zakażenia należy poinformować o tym lekarza. Upewnij się też, czy przyjmujesz zalecane 4 dawki wapnia dziennie (patrz s. 89).

*Skóra moich nóg staje się czasem sina i plamista. Czy to objaw choroby krążenia?*

Z powodu podniesienia poziomu estrogenów u niektórych kobiet dochodzi do przejściowej zmiany zabarwienia skóry, której towarzyszy uczucie zimna. Nie ma to żadnego znaczenia i ustąpi po porodzie.

*Pod pachą na wysokości biustonosza pojawiło się małe, wypukłe znamię. Boję się, że to może być rak skóry.*

Chodzi zapewne o małą brodawkę o charakterze łagodnym, często pojawiającą się w czasie ciąży, głównie w okolicach narażonych na częste pocieranie (doły pachowe). Brodawki te pojawiają się najczęściej w drugim i trzecim trymestrze, znikają po porodzie. Jeżeli nie znikną, lekarz łatwo może je usunąć.

Dla upewnienia się co do rozpoznania należy zmienione miejsce pokazać lekarzowi przy następnej wizycie.

*Ostatnio pojawiły się na mojej skórze potówki. Myślałam, że mają je tylko dzieci.*

Mogą one pojawiać się u wszystkich. Najczęściej jednak – u kobiet ciężarnych, ze względu na wzrost wydzielania potu przez gruczoły egzokrynowe, zlokalizowane na całym ciele i biorące udział w regulacji ciepłoty ciała. Posypywanie ciała mąką ziemniaczaną i unikanie przegrzewania pomoże zmniejszyć tę wysypkę i zapobiec jej ponownemu pojawianiu się. Istnieje też wydzielanie apokrynowe (gruczoły zlokalizowane są pod pachami, biustem, w okolicy sromu) i ten typ wydzielania potu zmniejsza swe nasilenie w okresie ciąży. Tak więc choć rośnie prawdopodobieństwo pojawienia się wysypki, to mniej dokuczliwy będzie zapach potu. Jeżeli czujesz ogólne swędzenie, ale nie masz wysypki, zadzwoń do lekarza.

# WZROK

*Mam wrażenie, że od kiedy zaszłam w ciążę, mój wzrok znacznie się pogorszył. I szkła kontaktowe są zbyt słabe. Czy to złudzenie?*

To prawda, że wzrok może ulec pogorszeniu, gdyż oczy to kolejny narząd, na który mogą wywrzeć wpływ zmiany hormonalne. Pogorszyć może się nie tylko ostrość wzroku, ale twarde szkła kontaktowe nagle mogą stać się niewygodne. Retencja płynów, która zmienia zakrzywienie oka, może być przynajmniej częściowo winna za te denerwujące zmiany. Uczucie suchości oka, wywołane przez zmniejszenie wytwarzania łez pod wpływem hormonów, także może się przyczynić do podrażnienia czy nieprzyjemnego doznania. I jakby tego nie było dość, zwiększona ilość płynów zmieniająca kształt rogówki pogłębia u niektórych ciężarnych kobiet krótko- lub dalekowzroczność.

Po porodzie wzrok i oczy powinny wrócić do stanu sprzed ciąży. Ponieważ nie ma sensu wydawanie pieniędzy na nowe szkła kontaktowe, można w czasie ciąży zdecydować się na noszenie okularów. Nie czas teraz na laserową korektę wzroku. Choć zabieg ten nie stanowi żadnego zagrożenia dla dziecka, przeprowadzenie go przesadnie skorygowałoby wzrok i wymagałoby powtórzenia. Poza tym dłużej trwałoby gojenie. Okuliści zalecają unikania operacji podczas ciąży, na 6 miesięcy przed poczęciem i 6 miesięcy po porodzie. Choć lekkie zaburzenie ostrości wzroku nie jest w ciąży zjawiskiem rzadkim, to inne objawy mogą sygnalizować poważniejsze kłopoty.

Jeśli pojawia się wrażenie ściemniania, widzenie punktów i plam, zamazanie, podwójne widzenie i utrzymuje się ono 2-3 godziny, nie należy czekać, aż stan ten minie sam, lecz natychmiast skontaktować się z lekarzem. Chwilowe widzenie plam po przebywaniu w pozycji stojącej przez pewien czas lub gdy nagle się podniosłaś

z pozycji siedzącej, jest dość powszechne i nie stanowi powodu do obaw – niemniej jednak powinnaś zgłosić je lekarzowi.

# RUTYNOWE BADANIE ULTRASONOGRAFEM

*Moja ciąża jest całkowicie prawidłowa, bez żadnych komplikacji. Jednak lekarz zaleca, bym w tym miesiącu przeszła badanie ultrasonografem. Czy to naprawdę jest konieczne?*

W dzisiejszych czasach badanie takie nie jest zarezerwowane wyłącznie dla kobiet, których ciąża przebiega z powikłaniami. W rzeczywistości większość lekarzy rutynowo zaleca szczegółowe (poziom 2) badanie ultrasonografem między 20 a 22 tygodniem – głównie w celu zapewnienia, że wszystko przebiega dokładnie tak, jak powinno (niekiedy bywa ono przeprowadzane dla przyczyn diagnostycznych, patrz s. 50). A ponieważ badanie to jest bezinwazyjne i nie może zaszkodzić ani ciąży, ani płodowi, stanowi całkowicie bezpieczną metodę uzyskania pewności.

Dodatkowy plus dla rodziców stanowi przyjemność spojrzenia na dziecko i zabrania ze sobą do domu pamiątkowego zdjęcia na pierwszą stronę albumu. Jest też okazją, by po raz pierwszy poczuć przywiązanie. Ale pamiętaj, że nie musisz poddać się temu badaniu, jeśli nie masz ochoty lub jeśli twoje ubezpieczenie nie pokrywa kosztów „rutynowego" badania, a ty nie chcesz za nie płacić. Powiadom lekarza o swej decyzji.

*Wybieram się na badanie ultrasonografem w 20 tygodniu ciąży, a nie jestem pewna, czy chcę znać płeć dziecka.*

Tę decyzję mogą podjąć tylko rodzice. Jeżeli nie ma medycznych powodów, dla których informacja ta jest istotna, stanowi wyłącznie możliwość. I nie ma tutaj dobrych czy złych decyzji. Niektórzy rodzice wolą wiedzieć z przyczyn czysto praktycznych: aby łatwiej im było kupić odpowiednią wyprawkę, pomalować pokoik dziecięcy czy wybrać imię (a można tylko jedno!). Inni zwyczajnie nie mogą znieść niepewności. Jeszcze inni wreszcie wolą się tylko domyślać i dowiedzieć się w sposób tradycyjny, kiedy dolna część ciała dziecka pojawi się na świecie. Wybór należy do ciebie.

Jeśli postanowisz, że chcesz dowiedzieć się teraz, pamiętaj, iż określanie płci dziecka za pomocą badania ultrasonograficznego[1] nie jest ścisłe (w przeciwieństwie do punkcji owodni, wyznaczającej płeć dziecka na podstawie analizy chromosomów). Wielu rodzicom powiedziano przy tym badaniu, iż będą mieć córkę, a tymczasem lekarz na sali porodowej obwieścił „to chłopiec!" – lub odwrotnie. Zatem podejmując decyzję o tym, czy chcesz znać płeć dziecka, pamiętaj, że jest to tylko i wyłącznie odgadywanie.

## NISKO USADOWIONE ŁOŻYSKO

**Lekarz powiedział, że badanie USG wykazało, że łożysko jest zlokalizowane w pobliżu szyjki macicy. Dodał, że jeszcze nie ma powodu do niepokoju, ale ja oczywiście się martwię.**

Tak jak płód – łożysko w okresie ciąży może się przemieszczać. Nie dzieje się to identycznie jak z dzieckiem, lecz polega na przesuwaniu w górę w miarę rozciągania i wzrostu dolnej części macicy. Choć u około 20-30% kobiet w drugim trymestrze łożysko jest nadal w dolnym odcinku (w 20

tygodniu procent ten jest nawet większy), to najczęściej przed porodem znajduje się ono w trzonie macicy. Jeśli tak się nie stanie i łożysko jest zlokalizowane nisko w macicy, mamy do czynienia z tzw. *placenta previa*, czyli łożyskiem przodującym. Występuje ono u bardzo niewielu ciąż donoszonych. W jednym na cztery przypadki położenie łożyska jest tak niskie (łożysko częściowo lub całkowicie pokrywa ujście macicy), że może powodować poważne problemy.

Innymi słowy, twój lekarz miał rację – biorąc pod uwagę statystykę – że jest za wcześnie na obawy.

## PASY BEZPIECZEŃSTWA

*Czy należy zapinać pasy bezpieczeństwa w samochodzie lub samolocie?*

Najczęstszą przyczyną śmierci kobiet w wieku rozrodczym jest wypadek samochodowy. A najlepszy sposób na uniknięcie tego nieszczęścia, a także poważnego urazu i matki, i nie narodzonego dziecka, to zapięcie pasów. Statystyki wskazują wyraźnie, że znacznie bezpieczniej jest zapinać pasy, niż tego nie robić.

*Pasy dla dwojga*

---

[1] Ultrasonograficzne określenie płci opiera się na uwidocznieniu jąder, które zstępują do moszny zwykle w połowie ciąży. Jednakże 2-4% chłopców rodzi się z niezstąpionymi jądrami (wnętrostwo), co jest głównym źródłem pomyłek.

Dla maksimum bezpieczeństwa i wygody pas należy przełożyć poniżej brzucha, wokół miednicy i nóg (ud). Jeżeli pas da się zapiąć przez ramię, zrób to tak, aby przechodził ukośnie między piersiami (nie pod pachą) i w dół przez bok brzucha. Nie obawiaj się, że ucisk pasa w momencie raptownego zatrzymania samochodu uszkodzi płód – jest on bardzo dobrze chroniony wodami płodowymi i mięśniami macicy, czyli dwoma najlepszymi na świecie zabezpieczeniami przed uderzeniem.

Zapinanie pasów w samolocie w chwili wyświetlenia komunikatu nakazującego to zrobić jest nie tylko wymagane, lecz także stanowi najlepsze zabezpieczenie dla ciebie przed wyrzuceniem do przodu podczas turbulencji. Zatem będąc w powietrzu, także przypnij się do siedzenia!

# WPŁYW CZYNNIKÓW ZEWNĘTRZNYCH NA ROZWÓJ PŁODU

*Pewna moja przyjaciółka twierdzi, że zabieranie jeszcze nie narodzonego dziecka na koncerty muzyki poważnej uczyni zeń melomana, a inna prosi męża o głośne czytanie, by zaszczepić dziecku miłość do książek. Czy to nie bzdury?*

W badaniach nad nie narodzonymi dziećmi coraz trudniej rozdzielić prawdę od nonsensu. I choć wiele teorii nie ma w sobie krzty prawdy, to naukowcy zaczynają się przekonywać, że niektóre z nich mogą znaleźć faktyczne potwierdzenie. Jednak na razie należy czekać na wyniki tych badań, zanim udzieli się pewnych odpowiedzi.

Ponieważ zmysł słuchu jest dość dobrze rozwinięty pod koniec drugiego trymestru lub na początku trzeciego, prawdą jest, że dzieci „słyszą" muzykę i głośne czytanie. Lecz jakie to może mieć skutki – do końca nie wiadomo. Część naukowców twierdzi, że można przez odpowiednią stymulację w czasie ciąży stworzyć „superdziecko". Są metody, które sprawiają, że dzięki nim dzieci potrafią mówić w wieku 6 miesięcy, a czytać w wieku 1,5 roku dzięki ekspozycji płodu na kompleksową imitację pracy serca matki. Choć nie istnieją dowody potwierdzające korzyści z prenatalnego manipulowania rozwojem intelektualnym dziecka, istnieją teoretyczne zagrożenia. Jednym z nich jest to, że płód, podobnie jak noworodek, ma naturalny cykl snu i czuwania – cykl, który rodzice mogą niechcący, w najlepszej wierze, zakłócić, czyniąc z macicy miejsce nauki. Takie stymulacyjne zakłócenia mogą wręcz zaburzyć rozwój, zamiast go wspomóc (podobnie jak budzenie drzemiącego noworodka do zabawy kartami). Drugie zagrożenie: płody, podobnie jak noworodki, mają indywidualny cykl rozwoju, który trzeba respektować; manipulowanie przy tym cyklu na dłuższą metę może okazać się szkodliwe. A co najważniejsze, zawsze istnieje ryzyko, że w dążeniu do osiągnięcia szczytów intelektualnych rodzice mogą przegapić to, czego wszystkie niemowlęta i dzieci najbardziej potrzebują, z czego mają najwięcej korzyści: bezwarunkową miłość.

Nie mamy tu na celu dowodzenia, że próby nawiązania kontaktu z dzieckiem przed urodzeniem, przez czytanie lub słuchanie muzyki, są szkodliwe lub są stratą czasu. Każdy sposób porozumiewania się z nie narodzonym dzieckiem może dać początek tworzeniu więzi między rodzicami a maluchem. Niekoniecznie ułatwi to kontakt z dzieckiem w przyszłości, ale na pewno uczyni najwcześniejsze chwile tuż po porodzie łatwiejszymi.

Oczywiście, jeśli przemawianie do dużego brzucha jest dla ciebie krępujące, nie martw się, że przez to dziecko utraci możność poznania matki. Przyzwyczaja się ono do jej głosu, a także do głosu ojca, w każdej chwili, gdy rozmawiają ze sobą lub z kimś obcym. To dlatego tyle noworodków sprawia wrażenie, że rozpoznają głosy rodziców

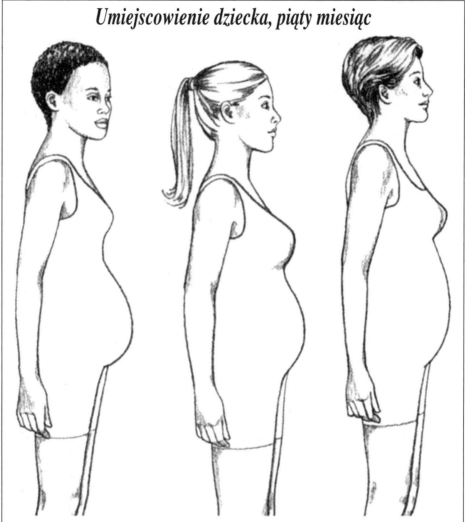

## Umiejscowienie dziecka, piąty miesiąc

*Oto tylko trzy z bardzo różnych sposobów, w jaki umiejscowiona jest ciężarna macica pod koniec piątego miesiąca. Jednak możliwości jest nieskończenie wiele w zależności od budo-* *wy matki i przyrostu masy ciała w ciąży oraz ustawienia macicy – dziecko może być położone wyżej lub niżej, brzuch może być większy lub mniejszy, szerszy lub węższy.*

i reagują na nie już w chwili urodzenia. Dziecko jest szczególnie dobrze zaznajomione z twoim głosem, ponieważ słyszy go nie tylko z zewnątrz, ale też od wewnątrz, i reaguje na niego uspokojeniem. Badania wykazują, że bicie serca płodu zwalnia się w odpowiedzi na głos matki, co sugeruje kojący wpływ matki jeszcze przed urodzeniem.

Płód słyszy również inne dźwięki ze świata zewnętrznego, dzięki czemu może przyzwyczaić się do tych, które są częste w twym otoczeniu. Podczas gdy dziecko, które w czasie swego życia płodowego nigdy nie słyszało szczekającego psa, może się zaniepokoić, to dziecko, które słyszało szczekanie przez cały czas trwania ciąży – nawet nie mrugnie okiem.

Również kontakt z muzyką może mieć wpływ na płód. Pewne badania wykazały, że niektóre płody manifestowały swoje upodobania muzyczne (przez zmianę ruchów) do określonych rodzajów muzyki – przeważnie spokojnej. Istnieją nawet dowody na to, że niemowlęta mogą pamiętać muzykę słyszaną w macicy. Przeprowadzono badanie, podczas którego wielokrotnie grano utwór Debussy'ego kobietom w ciąży w chwili, gdy i one, i ich nie narodzone pociechy, były zrelaksowane. Ten sam utwór zdawał się mieć wyraźnie uspokajający wpływ na dzieci po porodzie. Choć nie udokumentowano, by taki pozytywny stosunek do muzyki we wczesnym wieku miał długotrwały efekt, niemniej większość ekspertów jest zgodna co do tego, że prezentowanie narodzonemu dziecku dobrej muzyki znacznie bardziej wpływa na to, czy stanie się ono potem miłośnikiem tej sztuki, niż robienie tego wówczas, gdy przebywa ono jeszcze w łonie matki.

Istnieją sugestie, że zmysł dotyku jest już rozwinięty w życiu płodowym, tak więc dla zwiększenia więzi między matką a dzieckiem można poklepywać brzuch lub bawić się kolankiem czy łokciem wyczuwalnym przez skórę. Nawet jeśli nie ma to żadnego znaczenia, nie jest też szkodliwe. Zresztą nie wymaga to specjalnego wysiłku, bo nawet obcy nie mogą wręcz oderwać ręki od brzucha – czego pewnie już masz świadomość.

Jedno jest pewne: niezależnie od tego, czy kontakt z dzieckiem znajdującym się w łonie będzie ostatecznie dla niego korzystny, ma on na pewno duże znaczenie dla ciebie, ponieważ maleństwo staje się kimś bardziej rzeczywistym, bliższym tobie (oraz twemu mężowi) jeszcze zanim się narodzi. Teraz należy cieszyć się obecnością dziecka, a na naukę będzie jeszcze wiele czasu. I tak się okaże, że dzieci dorastają zawsze zbyt prędko. Nie ma potrzeby przyspieszania tego procesu, szczególnie przed narodzinami.

# RODZICIELSTWO

*Martwię się, czy będę szczęśliwa po narodzinach dziecka.*

Wiele osób podchodzi do wszystkich ważniejszych wydarzeń w życiu, takich jak: ślub, nowa praca lub dziecko, z niepokojem, czy sprawią im one radość. Zwykle sprawiają, jeżeli tylko ich oczekiwania są realistyczne.

Jeśli wyobrażasz sobie, że wracasz ze szpitala do domu z gruchającym, uśmiechniętym dzieckiem jak z reklamy, może lepiej poczytaj trochę na temat tego, jakie naprawdę są noworodki. Twoje maleństwo nie tylko nie będzie gruchać ani się uśmiechać przez wiele tygodni, lecz właściwie wcale nie będzie się z tobą porozumiewać, może z wyjątkiem płaczu – który zwykle rozlega się wtedy, gdy właśnie siadasz do obiadu, wpadasz w romantyczny nastrój, musisz pójść do toalety lub trudno ci się ruszyć ze zmęczenia.

Jeśli obraz macierzyństwa ogranicza się do porannych spacerów w parku, wizyt w słoneczne dni w zoo, wielogodzinnego dobierania małych, kolorowych ubranek, to też czeka cię rewizja wyobrażeń. Wiele z tych pogodnych poranków zacznie się tak wcześnie, że będzie jeszcze ciemno, słoneczne dni mogą upłynąć w pralni, a tylko parę ubranek uniknie poplamienia bananową papką i witaminami.

Lecz to, czego można oczekiwać, to często najcudowniejsze doświadczenia życia. Poczucia spełnienia, jakie daje przytulanie śpiącego, ciepłego maleństwa (nawet jeżeli jeszcze przed chwilą było małym diabełkiem), nie da się porównać z niczym innym. To oraz pierwszy bezzębny uśmiech warte jest bezsennych nocy, spóźnionych obiadów, „gór" prania i nerwowego pożycia płciowego.

Czy można więc spodziewać się radości? Tak, jeśli oczekujesz prawdziwego dziecka.

## Ciężarne kobiety są „smaczne"

Jeśli odnosisz wrażenie, że teraz częściej niż kiedykolwiek bywasz celem ataku komarów masz rację. Naukowcy odkryli, iż kobiety w ciąży przyciągają dwa razy więcej komarów, niż te nie będące przy nadziei. Ciężarne częściej biorą wdech, uwalniając więcej dwutlenku węgla, którego komary są smakoszami. Kolejny powód, dla którego komary ustawiają się w kolejce do kobiet w ciąży jest taki, że przyciąga je ciepło, a przyszłe mamy zwykle mają większą ciepłotę ciała, wywołaną przez proces rozwoju dziecka. Zatem jeśli podróżujesz lub mieszkasz w miejscu, gdzie jest dużo komarów (szczególnie gdy wiąże się z nimi jakieś zagrożenie dla zdrowia), przygotuj się odpowiednio. Unikniesz ich ukąszeń, pozostając w pomieszczeniu, zakładając na okna i drzwi szczelne moskitiery oraz używając środków przeciwko owadom nie zawierających substancji DEET[1].

## BÓLE BRZUCHA

*Niepokoją mnie bardzo bóle, które pojawiają się po bokach miednicy.*

To, czego doświadczasz, zapewne jest ciążowym odpowiednikiem bólów wzrostowych: rozciąganie się mięśni i więzadeł podtrzymujących powiększającą się macicę. Boleści tych doświadcza większość ciężarnych kobiet; ból może mieć charakter skurczu lub kłucia i zwykle zauważalny jest wtedy, gdy podnosisz się z łóżka lub krzesła albo gdy kaszlniesz. Trwa chwilę lub przez wiele godzin. Dopóki jest przejściowy i nie towarzyszą mu: podwyższona temperatura, dreszcze, krwawienia, obfite upławy, omdlenia bądź inne nietypowe objawy – nie ma powodu do obaw. Odpoczynek w wygodnej pozycji powinien przynieść znaczną ulgę. Ból ten należy zgłosić lekarzowi przy następnej wizycie, aby uzyskać potwierdzenie, że jest to tylko jeszcze jeden normalny – choć uciążliwy – objaw towarzyszący ciąży.

## PÓŹNE PORONIENIE

*Znajomi twierdzą, że gdy minie trzeci miesiąc ciąży, nie ma już ryzyka poronienia. Ale znam kobietę, która straciła dziecko w piątym miesiącu.*

Chociaż to prawda, że po trzecim miesiącu możliwość poronienia jest bardzo znikoma, to sporadycznie zdarza się utrata płodu między 12 a 22 tygodniem ciąży. Jest to tzw. późne poronienie i stanowi mniej niż 25% poronień samoistnych. Rzadko się zdarza w ciążach niepowikłanych. Po 22 tygodniu, gdy płód waży już około 500 g i ma szanse na przeżycie pod opieką specjalnych służb medycznych, poród taki nazywa się porodem przedwczesnym, a nie poronieniem.

W przeciwieństwie do poronień w pierwszym trymestrze, których przyczyną jest zazwyczaj sam płód, w drugim trymestrze powodem są zazwyczaj zaburzenia dotyczące łożyska lub matki. Łożysko może przedwcześnie oddzielić się od macicy, być nieprawidłowo zagnieżdżone lub nie produkować prawidłowych hormonów odpowiedzialnych za utrzymanie ciąży. Być może matka przeszła operację, która wywarła wpływ na jej zdolność donoszenia ciąży. Inne przyczyny to: ciężka infekcja, nie leczona przewlekła choroba, znaczne niedożywienie, zaburzenia hormonalne, mięśniaki macicy, nieprawidłowo zbudowana macica lub niewydolna i przedwcześnie rozwierająca się szyjka. Ciężki uraz psychiczny (np. udział w ciężkim wypadku samocho-

---

[1] Substancja blokująca receptory węchu owadów; kobiety w ciąży nie powinny jej stosować, ponieważ przenika przez skórę.

dowym bez obrażeń fizycznych) odgrywa małą rolę w wywołaniu poronienia bez względu na okres ciąży.

Wczesne objawy poronienia w środkowym trymestrze to utrzymujące się przez parę dni różowe lub brunatne upławy o specyficznej woni. W przypadku zaobserwowania takich upławów nie należy wpadać w panikę, gdyż nie musi to być objaw niebezpieczny. Należy jednak zawiadomić lekarza jeszcze tego samego dnia. W razie znacznego krwawienia ze skurczami lub bez należy natychmiast skontaktować się z lekarzem lub udać się do szpitala (na s. 496 – znajdziesz informacje o tym, jak postępować w przypadku zagrożenia poronieniem i zapobieżenia mu w przyszłości).

# PODRÓŻE

*Czy to bezpiecznie wyjechać na wakacje, które planowaliśmy z mężem na ten miesiąc?*

Dla większości kobiet podróż w tym okresie jest nie tylko całkowicie bezpieczna, ale jest także ostatnią okazją na pełną radość z bycia we dwoje. Jeszcze bez pieluch, butelek, słoików z jedzeniem dla dziecka – następne wakacje nie będą już tak łatwe. Teraz też jest najlepsza chwila na zaplanowanie podróży w interesach.

Oczywiście należy uzyskać zgodę lekarza; w przypadku nadciśnienia, cukrzycy lub innych schorzeń internistycznych bądź położniczych, może on jej nie udzielić. (Co nie znaczy, że odpoczynek jest całkowicie zabroniony. Jeśli przeciwwskazana jest podróż – można znaleźć hotel o godzinę drogi od gabinetu lekarza i tam korzystać z życia!) Długie, męczące podróże nawet w nie obciążonej ryzykiem ciąży nie są najlepszym pomysłem, szczególnie w pierwszym trymestrze, gdy organizm matki dopiero przygotowuje się fizycznie i psychicznie do nowej roli. Przeciwwskazane są również podróże w trzecim trymestrze, gdyż w razie po-

rodu przedwczesnego znajdziesz się daleko od swego lekarza. A gdy otrzymasz zezwolenie od lekarza, będziesz już tylko musiała poczynić kilka planów i przedsięwziąć pewne środki ostrożności, aby podróż była bezpieczna i przyjemna dla ciebie oraz dziecka.

**Wybierz odpowiednie miejsce.** Z powodu przyspieszonego metabolizmu nie będziesz się dobrze czuć w gorącym i wilgotnym klimacie. Jeśli jednak wybierzesz takie miejsce, upewnij się, czy hotel oraz środki transportu mają klimatyzację. Pij dużo płynów i unikaj słońca. Wyprawy w tereny położone na dużych wysokościach (powyżej 2100 metrów) mogą być niebezpieczne ze względu na to, iż przystosowanie do zmniejszonego poziomu tlenu w powietrzu może być dla matki i dziecka zbyt dużym obciążeniem. W razie gdy taka podróż jest konieczna, postaraj się stopniowo zwiększać wysokość (na przykład, jeśli prowadzisz samochód, podjeżdżaj po 600 metrów dziennie, zamiast od razu zdobyć wysokość 2400 metrów). Aby zminimalizować ryzyko wystąpienia ostrej choroby górskiej[1], przez kilka dni od przyjazdu unikaj wysiłku, pij dużo płynów, jedz częste małe posiłki zamiast trzech obfitych, unikaj ciężkostrawnej żywności oraz – jeśli to możliwe – postaraj się nocować w miejscu położonym na niższej wysokości.

Gdy kobieta jest w trzecim trymestrze ciąży, lekarz może zalecić niestresowy test kardiotokograficzny w każdy z trzech pierwszych dni pobytu oraz późniejsze testy dwa razy w tygodniu.

W przypadku niepokojących objawów dotyczących stanu płodu może być konieczne podanie tlenu i powrót na teren niżej położony.

Terenem, który może być niefortunnym miejscem na podróż, są kraje Trzeciego Świa-

---

[1] Objawy: utrata apetytu, nudności, wymioty, wzdęcia, niepokój, zmęczenie, duszności, zmiany psychiczne.

# Zmęczenie związane z podróżą samolotem

Dodaj zmęczenie spowodowane podróżą samolotem do normalnego ciążowego zmęczenia, a będziesz miała ochotę zakończyć podróż jeszcze przed jej rozpoczęciem. Rozsądnie jest zatem zmniejszyć do minimum – jeśli nie możesz całkowicie wyeliminować – fizyczne zmęczenie, będące efektem podróżowania między różnymi strefami czasowymi. Oto kilka sposobów:

**Zacznij zmieniać strefę czasu, nim wyruszysz w podróż.** Możesz „wprowadzić się" do strefy czasowej, do której zmierzasz, poprzez stopniowe przestawianie zegarka – oraz swojego planu dnia – do przodu lub wstecz. Na kilka dni przed wyjazdem na wschód zacznij wcześniej wstawać i wcześniej się kłaść spać. Przed wyjazdem na zachód natomiast, połóż się nieco później spać i później wstawaj (jeśli możesz). Podczas lotu samolotem postaraj się spać, gdyby była to pora snu w miejscu przeznaczenia – w przeciwnym razie postaraj się nie spać.

**Żyj czasem lokalnym.** Gdy już przyjedziesz na miejsce, cały czas żyj zgodnie z czasem lokalnym. Jeśli dotrzesz do pokoju hotelowego w Paryżu o godzinie 7.00, zmęczona całonocnym lotem, powstrzymaj chęć zrobienia sobie drzemki aż do południa. Zjedz zdrowe śniadanie, wybierz się nieśpiesznym spacerkiem na zwiedzanie zabytków. Nie zmuszaj się – rób częste przerwy, by usiąść ze stopami w górze – ale usilnie staraj się nie kłaść, bo wtedy nieodwołalnie byś zasnęła. Jedz posiłki także zgodnie z lokalnym czasem, a nie twym wewnętrznym (czując głód, zjedz drobną przekąskę, lecz zaczekaj z głównym posiłkiem, dopóki zegar nie pokaże, że czas na obiad), oraz zrób wszystko, by nie zasnąć, dopóki nie wybije godzina, o której zwykle się kładziesz – ale według czasu lokalnego. Dzięki temu powinnaś przespać całą noc. Unikaj też zbyt długiego spania, gdyż przez to trudniej ci będzie zasnąć o zwykłej porze. Nawet jeśli uważasz, że nie jest ci potrzebne budzenie, zamów je.

**Szukaj słońca.** Słońce pomoże ci w przestawieniu zegara biologicznego, zatem pierwszy dzień w nowym miejscu postaraj się spędzić na dworze. Jeśli znalezienie tam słońca nie należy do łatwych zadań, przynajmniej posiedź na dworze w dziennym świetle. Jeśli jechałaś z zachodu na wschód, najłatwiej ci będzie znaleźć słońce o poranku; jeśli jechałaś w odwrotną stronę, wyjdź na dwór późnym popołudniem.

**Jedz i pij, a zmiana czasu stanie się mniej dokuczliwa.** Każdy, kto często podróżuje, wie, jak bardzo odwadniające są loty samolotem. Odwodnienie często wzmaga przykre objawy związane z długotrwałym lotem między strefami czasowymi (nie wspominając już o ryzyku wystąpienia komplikacji ciążowych!). Pij jak najwięcej wody w samolocie i po dotarciu na miejsce. Poświęć też czas na regularne odżywianie, preferując żywność bogatą w substancje dodające energii, takie jak białko czy węglowodany złożone. Będziesz się czuła mniej zmęczona, jeśli trochę poćwiczysz (nic forsownego: spacer po parku lub kilka okrążeń w hotelowym basenie).

**Nie oczekuj cudów.** Nie bierz ż a d n e g o lekarstwa ani preparatu ziołowego bez zgody lekarza. Nawet takie ziołowe lekarstwo jak melatonina, która zdaniem niektórych zapobiega skutkom zmęczenia związanego z długim lotem, a nawet je leczy (choć nie jest to naukowo potwierdzone), nie jest bezpieczne podczas ciąży.

**Daj sobie czas.** Po kilku dniach zmęczenie minie, a ty będziesz bardziej zgrana z lokalnym czasem.

Być może problemy ze snem – a co za tym idzie, zmęczeniem – będą trwać przez całą podróż. Ale postawmy sprawę jasno: niekiedy mniej winna jest podróż, a bardziej noszenie sporego ciężaru, przy którym bagażowy na lotnisku czy boy hotelowy ci nie pomoże.

ta. Tu trzeba by zastosować szczepienia ochronne, a to niesie znaczne ryzyko dla ciąży (spytaj lekarza). Te rejony mają też często charakter „wylęgarni" dla potencjalnie niebezpiecznych bakterii, na które nie ma szczepionki. To jeszcze jeden powód, dla którego należy ich unikać w czasie ciąży.

**Należy założyć, że wycieczka będzie odpoczynkiem.** Lepiej wybrać wycieczkę czy podróż służbową ze stałym miejscem pobytu niż wędrówkę do dziesięciu miejsc w ciągu tygodnia. Lepiej też wybrać wycieczkę, na której samemu ustala się tempo, niż taką, gdzie jest ono narzucone przez przewodnika. Parę godzin intensywnego zwiedzania lub zakupów (albo spotkań) powinno być zastąpione czytaniem, odpoczynkiem lub drzemką.

**Ubezpiecz się.** Wykup ubezpieczenie na podróż, na wszelki wypadek gdyby komplikacje ciążowe wymagały od ciebie zmiany planów i trzymania się w pobliżu miejsca zamieszkania. Zastanów się też nad ubezpieczeniem na wypadek konieczności transportu pod nadzorem medycznym, jeśli celem twej podróży jest inny kontynent, na wypadek szybkiego powrotu do domu, pod nadzorem lekarskim. Ubezpieczenie medyczne podczas podróży przydatne będzie także w przypadku, jeśli twoje normalne ubezpieczenie nie pokrywa kosztów leczenia za granicą.

**Informacje dotyczące przebiegu ciąży.** Należy zabrać ze sobą historię choroby, zawierającą informacje dotyczące przebiegu ciąży oraz grupy krwi, stale pobieranych leków, uczuleń itp., a także nazwisko i adres lekarza prowadzącego. Trzymaj wszystkie lekarstwa w bagażu podręcznym oraz wepnij dodatkowe recepty na każde lekarstwo w portfel czy paszport – to na wypadek, gdyby twój bagaż tymczasowo lub na stałe zaginął. Czasem takie recepty muszą być potwierdzone przez miejscowego leka-

rza i o to można poprosić np. lekarzy z izby przyjęć miejscowego szpitala. Przydać ci się też może dodatkowa para okularów – lub przynajmniej recepta na nie.

**Spakuj wszystko, co ciężarnej niezbędne.** Sprawdź, czy wzięłaś wystarczającą ilość witamin na całą podróż; torebkę mleka w proszku – jeśli obawiasz się, czy na miejscu dostaniesz pasteryzowane świeże mleko (ale rozpuszczaj wyłącznie w wodzie z pewnego źródła – patrz niżej); trochę pełnoziarnistych krakersów czy innych nie psujących się przekąsek (patrz s. 117); weź opaski uciskowe, jeśli doskwierają ci poranne nudności, lub lekarstwa na chorobę lokomocyjną zatwierdzone przez lekarza; wygodne buty, które są na tyle duże, by zmieściły się w nich stopy opuchnięte po wielu godzinach zwiedzania zabytków czy pracy; wreszcie niniejszą książkę, byś mogła poszukać informacji. Możesz też chcieć spakować termometr, waciki nasączone alkoholem, emulsję chroniącą przed słońcem, bandaże, maść z antybiotykiem, tampony nasączone wyciągiem wodnym z oczaru wirginijskiego – jeśli masz problemy z hemoroidami, krem na miejsca podrażnione, spray antybakteryjny lub ściereczki do dezynfekowania szaletów publicznych.

**Adres położnika w miejscu przeznaczenia,** na „wszelki wypadek". Może w tym pomóc lekarz prowadzący. Jeśli nie – można taką informację uzyskać po przybyciu na miejsce. W razie nagłej potrzeby pomocy może też udzielić najbliższy szpital lub stacja pogotowia.

**Kontynuacja diety.** Choć dla matki są to wakacje, dziecko cały czas ciężko pracuje nad swym wzrostem i rozwojem i ma takie same potrzeby co do odżywiania jak zawsze. Dlatego też nie wolno zupełnie zarzucać pewnych rygorów diety. Jeśli przemyśli się zamówienie składane kelnerowi, to można skosztować lokalnych przysmaków,

# Bóle brzucha w podróży

Jeśli pomimo swych najlepszych starań masz kłopoty żołądkowe związane z podróżowaniem, powinny pomóc środki farmakologiczne, które zalecił ci lekarz (miejmy nadzieję, że nie zapomniałaś ich spakować!). Gdyby jednak nie zadziałały bądź jeśli oddajesz więcej niż trzy luźne stolce na osiem godzin, którym mogą towarzyszyć mdłości, wymioty, dreszcze czy gorączka, powinnaś skontaktować się z lekarzem.

jednocześnie zapewniając potrzeby dziecka. Nie wolno opuszczać śniadań czy obiadów, by pozwolić sobie na wystawną kolację.

**Nie pij wody nieznanego pochodzenia**, (a nawet nie myj w niej zębów), chyba że masz całkowitą pewność co do jej czystości. Jeśli w miejscu przeznaczenia czystość wody jest pod znakiem zapytania, do picia i mycia zębów używaj wody butelkowanej albo zabierz ze sobą podgrzewacz wody bądź grzałkę w celu przegotowania wody miejscowej. Urządzenia te można kupić w sklepach lub zamówić w katalogu ze sprzętem turystycznym. (Często wykorzystywana do dezynfekowania wody jodyna może nie być bezpieczna dla ciężarnej kobiety.) Zapotrzebowanie na płyny możesz też zaspokajać sokami owocowymi. Unikaj również lodu, chyba że masz pewność, iż został zrobiony z przegotowanej lub butelkowanej wody.

**Nie pływaj.** W niektórych rejonach jeziora czy ocean mogą być zanieczyszczone. Sprawdź, czy w woda w miejscu, do którego się wybierasz, jest czysta, nim dasz nurka. Uważaj także na nieprawidłowo chlorowane baseny.

**Jedz wybiórczo.** W pewnych rejonach nie powinno się jeść surowych, nie obranych owoców, warzyw lub sałatek (sama obieraj owoce, uprzednio je myjąc, a po obraniu umyj ręce, aby zapobiec przeniesieniu zarazków na owoce; banany i pomarańcze zwykle są bezpieczniejsze niż inne owoce ze względu na ich grubą skórkę). Gdziekol-

wiek się znajdziesz, nie jedz gotowanych potraw, które są letnie lub mają temperaturę pokojową, surowego czy nie dogotowanego lub nie dosmażonego mięsa, ryb i drobiu, a także nie pasteryzowanego lub przechowywanego poza lodówką nabiału oraz dań sprzedawanych przez handlarzy ulicznych – nawet jeśli są one gorące. Zdobądź informacje na temat wszelkich zagrożeń dla zdrowia w kraju, do którego się wybierasz, oraz o ewentualnych szczepieniach.

**Środki zapobiegające dolegliwościom ze strony przewodu pokarmowego.** By zapobiec zaparciom, należy spożywać odpowiednią ilość błonnika, płynów, a także wykonywać ćwiczenia gimnastyczne (patrz s. 156). Można też zjeść śniadanie (lub choćby jego część) trochę wcześniej, by mieć czas na spokojną wizytę w łazience przed wyruszeniem na całodzienną wycieczkę.

**Nie można powstrzymywać oddawania moczu.** Może to powodować zakażenia dróg moczowych. Jeśli trzeba, należy od razu iść do łazienki (przynajmniej tak szybko, jak znajdziesz toaletę).

**Noś rajstopy elastyczne**, szczególnie gdy pojawią się żylaki kończyn dolnych, ale także wcześniej, by im zapobiegać. Należy je wkładać przed długim okresem siedzenia (w samochodzie, pociągu) albo stania (np. w muzeum). Pomagają one także w zminimalizowaniu opuchlizny stóp i stawów skokowych.

**Należy unikać bezruchu.** Długie siedzenie może upośledzać krążenie w kończynach.

Tak więc należy często wstawać z miejsca, przeciągać się, rozciągać mięśnie, poruszać nogami i rozmasować je, a także unikać krzyżowania nóg. Jeśli możesz, zdejmij buty oraz unieś lekko stopy. Gdy podróżujesz samolotem albo pociągiem, wstań przynajmniej raz na godzinę lub dwie, by przejść się korytarzem. Także podczas podróży samochodem trzeba urządzać postoje co najmniej co 2 godziny, by rozprostować się i zrobić krótki spacer. Wykonuj proste ćwiczenia przedstawione na stronie 198 dla pozycji siedzącej.

**Podróżując samolotem**, należy się upewnić, czy w danej linii lotniczej nie obowiązują specjalne przepisy dotyczące kobiet ciężarnych. Dobrze jest też postarać się o miejsce z przodu samolotu, przy przejściu, aby mieć łatwy dostęp do toalety. Nie wolno korzystać z samolotów wyposażonych w kabiny bez regulacji ciśnienia, np. małe samoloty prywatne. Nie dotyczy to linii komercyjnych. Gdy rezerwujesz lot, spytaj, czy linia serwuje specjalne dania, i zamów takie, które dostarczy dużą ilość białka, oraz pełnoziarnisty chleb. Niektóre linie podają dania niskocholesterolowe, jajeczno-mleczno-wegetariańskie lub oparte na owocach morza, bogatsze w składniki odżywcze niż zwykłe posiłki. Weź ze sobą pełnoziarniste krakersy i paluszki, osobno paczkowane plasterki sera, surowe warzywa, świeże owoce oraz inne zdrowe przekąski, które będą stanowić uzupełnienie posiłków w samolocie – albo pozwolą ci przetrwać lot, jeśli żadne dania nie są podawane. Nie zapomnij o piciu dużej ilości wody, mleka czy soków owocowych. (Nie odwodnisz się i będziesz też częściej musiała wstawać do toalety, więc co jakiś czas rozprostujesz nogi.)

Pas bezpieczeństwa należy założyć poniżej brzucha. Trzeba też wziąć pod uwagę ewentualną różnicę czasu (patrz ramka ze s. 219) i odpocząć już przed podróżą, a także zaplanować relaks po przybyciu na miejsce.

**Podróżując samochodem**, należy zabrać pełną torbę przekąsek i termos z sokiem lub mlekiem. Na długie podróże dobrze jest zaopatrzyć się w specjalną poduszkę wzmacniającą plecy. Jeśli jest się pasażerem, można odsunąć siedzenie maksymalnie do tyłu, co da swobodę ruchu nóg. Jeśli jesteś kierowcą, usiądź najdalej, jak możesz, i ustaw kierownicę wyżej, z daleka od brzucha. I oczywiście zapnij pasy.

**Podróżując pociągiem** – w razie długiej podróży dobrze jest wybrać pociąg z wagonem restauracyjnym. W innym przypadku zabierz napoje i przekąski. Podróżując nocą, należy zarezerwować miejsce do spania, bo nie ma sensu rozpoczynać wakacji w stanie wyczerpania.

# WYJŚCIE DO RESTAURACJI, BARU, KAWIARNI

*Staram się stosować zdrową dietę, lecz często muszę się spotykać w sprawach zawodowych np. na obiedzie i wtedy staje się to prawie niemożliwe.*

Zazwyczaj kłopotem dla większości ciężarnych kobiet nie jest zmiana martini na wodę mineralną podczas spotkania służbowego przy posiłku, lecz taki wybór potraw, by z listy ciężkich sosów i kuszących słodyczy wybrać coś prawdziwie wartościowego pod względem odżywczym. Oto parę sugestii:

• Nim sięgniesz po zawartość koszyczka z pieczywem, rozejrzyj się za pełnoziarnistym chlebem. Jeśli go tam nie znajdziesz, spytaj, czy może mają go w kuchni – w najgorszym wypadku znajdzie się pełnopszenne pieczywo kanapkowe. Gdyby go jednak nie było, staraj się nie przejadać białym pieczywem. Ostrożnie z masłem, którym smarujesz chleb i bułki, oraz oliwą z oliwek, w której maczasz pieczywo. Zapewne znajdzie się jeszcze wiele innych źródeł tłuszczu w restauracyjnym menu – sos sałatkowy, masło czy olej z oliwek w warzywach – a tłuszcze mają skłonność do szybkiego sumowania się.

• Zamów jako pierwsze danie sałatkę z zielonych warzyw i poproś, by sos (lub czysty olej i ocet) podano ci osobno, tak byś mogła kontrolować ilość przyjmowanych tłuszczów. Inne potrawy, które doskonale nadają się na pierwsze danie, to koktajl z krewetek, owoce morza ugotowane na parze, pieczarki czy inne warzywa z grilla.

• Z zup najlepiej wybrać czysty rosół, bulion, fasolową lub zupę z soczewicy (duży talerz wystarczy za cały posiłek, szczególnie jeśli posypie się ją startym żółtym serem), warzywną (zwłaszcza z patatów, marchwi oraz pomidorową). Unikaj zup kremów i rybnych, chyba że wiesz, iż zostały przygotowane z mleka albo jogurtu, a nie ze śmietany.

• Danie główne powinno zawierać jak najwięcej białka i jak najmniej tłuszczu. Drób, ryby, cielęcina to najlepszy wybór, pod warunkiem że nie jest to potrawa smażona lub pieczona w maśle czy polana ciężkim sosem. Można poprosić o osobne podanie sosu. Szef kuchni zwykle może spełnić prośbę o to, by ryba lub kurczak zostały opieczone, grillowane czy pieczone z niewielką ilością tłuszczu bądź całkowicie bez jego użycia. Jeśli jesteś wegetarianką, poszukaj w menu tofu, fasoli i groszku, żółtego sera oraz potraw będących ich połączeniem. Na przykład we włoskiej restauracji warto zamówić lasagne z jarzynami, a w chińskiej: ser sojowy i warzywa.

• Jako przystawki polecane są ziemniaki i pataty (z wyjątkiem smażonych), ciemny ryż, kasza, makarony, warzywa strączkowe (suszona fasola i groch) oraz lekko podgotowane świeże warzywa. Świetnym miejscem na wybór przystawki są bary sałatkowe, jeśli napełnisz swój talerz warzywami i garnirem bez sosów (lepiej posypać je startym żółtym serem i polać lekkim sosem sałatkowym albo odrobiną zwykłego) oraz zrezygnujesz z tych sałatek, które już pływają w sosach czy majonezach. Nie bierz niczego z baru sałatkowego, który sprawia wrażenie zaniedbanego, nie chłodzonego i brudnego, bez szklanej osłony.

• Jeśli codziennie jadasz na mieście, staraj się wybierać (przynajmniej jak najczęściej) świeże czy gotowane owoce, które nie są słodzone ani polane likierem – ale możesz dodać do nich łyżeczkę bitej śmietany do smaku. Gdybyś jednak miała większy apetyt na słodycze, możesz zamówić sorbet owocowy, mrożony jogurt albo – raz na jakiś czas – gałkę lodów. Jeśli jednak i tego byłoby mało, zjedz z kimś do spółki obfity deser.

## CO ZAMÓWIĆ W RESTAURACJI

Nie zawsze można samemu wybrać restaurację, zwłaszcza jeśli to nie ty płacisz rachunek. Gdy jednak wybór należy do ciebie, miej na uwadze fakt, że niektóre kuchnie nadają się lepiej dla ciężarnej osoby oraz że powiększają się szeregi wykształconych restauratorów serwujących zdrową żywność niezależnie od stylu. Nie popadaj w rozpacz, jeśli nie ty wybierasz – znajdziesz coś do zjedzenia w każdym lokalu, pod warunkiem że dokonasz rozsądnego wyboru.

Warto wiedzieć, czego szukać, a czego unikać w restauracjach specjalizujących się w danej kuchni. Traktuj poniższe informacje jako ogólne rady, pamiętając o zróżnicowaniu w stylach przyrządzania potraw, nawet w ramach tej samej kuchni.

**Owoce morza, steakhouse, kuchnia amerykańska.** W miejscach tych opiekane, grillowane i pieczone świeże owoce morza, drób oraz czerwone mięsa (jeśli możesz, wybieraj chude) – czyli same dobre dania – są specjalnością zakładu, a zwykle podawane są z pieczonymi ziemniakami, świeżymi warzywami i sałatkami. Czasami są tam doskonale wyposażone bary sałatkowe, w których znajdziesz warzywa i owoce bez sosów; jeśli będziesz rozsądnie wybierać, za ich pomocą wypełnisz za jednym razem wiele wymagań na substancje odżywcze. *Rada:* Choć restauracje te powoli przestawiają się na pełnoziarniste pieczywo, wiele nadal podaje wyłącznie chleb zrobiony z rafinowanej mąki, przygotuj się więc na zaspokojenie zapotrzebowania na pełne ziarna przy innym posiłku – albo za sprawą dzikiego ryżu czy roślin strączkowych (fasola, groch) podanych jako przystawka. *Wegetarianki:* Choć w niektórych tego typu restauracjach jest wegetariańska potrawa dnia (na przykład z makaronem czy roślinami strączkowymi), w innych serwuje się wyłącznie półmisek jarzyn, który potem trzeba uzupełnić posiłkiem bogatym w białka.

**Kuchnia włoska.** Kuchnia śródziemnomorska cieszy się zasłużoną renomą zdrowej kuchni. Skosztuj grillowane lub pieczone ryby, kurczaka, cielęcinę lub chudą wołowinę, a także świeże, ugotowane zielone warzywa (takie jak szpinak, brokuły i rzepa), sałatki (szczególnie te przyrządzone z odżywczych, ciemnozielonych warzyw, jak sałata rzymska i rukola) oraz pizzę z sosem pomidorowym, serem i świeżymi warzywami (takimi jak papryka i brokuły), makarony zmieszane z rybą, owocami morza, kurczakiem i serem. Wybierz marinarę lub inne sosy na bazie pomidorów czy innych warzyw zamiast sosów kremowych oraz pełnopszenną pizzę i makaron, jeśli takie znajdują się w menu. *Rada:* Unikaj potraw w panierce chlebowej, smażonych na głębokim tłuszczu lub na patelni albo polanych gęstym sosem. Skorzystaj z pizzy czy innych dań przyrządzonych z sera o zmniejszonej zawartości tłuszczu, jeśli taka znajduje się w ofercie. *Wegetarianki:* Pizza, ma-

karony i potrawy warzywno-serowe (wegetariańskie lasagne, bakłażan z serem) są doskonałymi propozycjami dla osób, które jedzą nabiał. Kilka czubatych łyżeczek parmezanu wzbogaci w białka i wapń każde danie przygotowane na bazie makaronu. Weganki mogą wybrać dania – jeśli takie są serwowane – z fasoli lub wegetariańskie potrawy z makaronem oraz sałatki i surówki, przy czym trudno będzie pokryć nimi zapotrzebowanie na białko.

**Kuchnia francuska.** Unikaj klasycznej kuchni francuskiej, zwykle bogatej w tłuszcze zwierzęce, a raczej zdecyduj się na lżejsze dania. Wybieraj ryby, drób i czerwone mięso opieczone, duszone, ugotowane w postaci gulaszu, grillowane bądź gotowane, a unikaj gęstych sosów, panierek (*en croute*), pasztecików (*pâté*), a także kiełbas i kaczki peklowanej solą, a następnie upieczonej i polanej własnym tłuszczem, podrobów, krwistego i surowego mięsa wołowego (tatar). Dobry wybór stanowią również niektóre dania z małych restauracyjek, takie jak kurczak z rożna z warzywami lub gulasze przyrządzone z czerwonego mięsa bądź drobiu, z warzywami czy fasolą. *Rada:* Jako pierwsze danie zamów sałatkę lub zupę z jarzyn, aby częściowo zaspokoić głód, oraz nie zapomnij o pokryciu zapotrzebowania na warzywa. Jeśli chcesz skosztować gęstych sosów, poproś, by podano ci je osobno. *Wegetarianki:* Być może trudno będzie znaleźć wiele źródeł białka, więc warto wcześniej sprawdzić, co znajduje się w menu.

**Kuchnia chińska.** Dobre chińskie dania są sporządzone na bazie ryb, czerwonego mięsa, drobiu i warzyw, które podsmaża się tylko przez chwilę, dzięki czemu mają największą wartość odżywczą. To prawda, że chińskie jedzenie niekiedy obfituje w sód (za sprawą sosu sojowego), tłuszcze (dzięki szczodremu podlewaniu olejem) oraz może zawierać glutaminian sodowy (patrz s. 148). Ale w większości chińskich restauracji zostanie wzięta pod uwagę prośba o przygotowanie posiłku bez glutaminianu sodu, z niewielką ilością oleju (lub zupełnie bez niego) i kapką sosu sojowego. Często można zamówić dziki ryż. Dobrym daniem na rozpoczęcie posiłku są zupy i pierożki gotowane na parze. Zamawiaj dania z ryb, skorupiaków, drób, czerwone mięso lub twarogi z roślin strączkowych (tofu), przedkładając je nad te, w których produkty bogate w białko są jedynie dekoracją. Wypróbuj specjałów przygotowanych na parze i nie dodawaj sosu sojowego (chyba że zażyczyłaś sobie, by nie dodawano go do twojego zamówienia – w takim przypadku możesz dodać odrobinę do smaku). *Rada:* Unikaj smażonych („chrupkich") dań, łącznie z warzywami smażonymi na głębokim tłuszczu w cieście jajecznym; słodko-kwaśnych dań z dużą ilością cukru, a także żeberek wieprzowych. Ogranicz biały ryż oraz biały makaron. Jeśli pikantne potrawy wywołują zgagę, zamawiaj je w łagodniejszej wersji. *Wegetarianki:* Łatwy wybór dla weganek, ponieważ tofu i inne „niby-mięsa" (przygotowane na bazie soi lub pszenicy) są tam serwowane oraz przyrządzane w taki sposób, że mają dużą wartość odżywczą. Do wielu dań dodaje się wartościowe warzywa, takie jak brokuły.

**Kuchnia japońska.** Unikaj potraw smażonych (agemono, katsu, agedashi i tempura) oraz tych, w skład których wchodzą surowe ryby i surowe owoce morza (sushi, sashimi; patrz s. 149). Wybieraj dania gotowane (nimono), opiekane lub grillowane (jakitori), zupy miso, roladki sushi z warzyw, dania z soi, gulasze (domburi), smażoną wołowinę z pędami bambusa (sukijaki) oraz makarony (wybierz sobę z mąki gryczanej). Smacznym i wartościowym pierwszym daniem jest edamame (gulasz z sera sojowego). Dipy zwykle nie zawierają tłuszczu, choć niektóre obfitują w cukier czy sól. *Rada:* Jeśli masz przemożną ochotę na tempurę, skubnij trochę od towarzysza przy stole, ale nawet nie próbuj surowej ryby czy surowych owoców morza. *Wegetarianki:* Wybór może być ograniczony. Nim zasiądziecie do stołu, sprawdźcie, czy w menu znajdują się dania przygotowane z tofu lub soi, bo możecie spędzić czas nad talerzem makaronu.

**Kuchnia tajska.** Podobnie jak w większości kuchni azjatyckich, dania tajskie bywają albo pyszne, albo niezbyt dobre. Poszukaj pieczonej lub grillowanej ryby czy drobiu. Dobre są także dania pieczone i potrawki z jarzyn, upewnij się tylko, czy znajduje się w nich dużo mięsa z ryb, drobiu, czerwonego mięsa, owoców morza czy tofu. *Rada:* Poproś, by dla ciebie smażono na niewielkiej ilości tłuszczu, oraz unikaj potraw smażonych na głębokim tłuszczu, przyprawionych curry, i wszystkiego, do czego dodano mleko kokosowe lub śmietanę, a także słodkich sosów (są zbyt bogate w cukier). *Wegetarianki:* Warto szukać dań przygotowanych z tofu; w niektórych miejscach znajdziecie i inne „niby-mięsa".

**Kuchnia hinduska.** Jeżeli przyprawy nie drażnią twego układu pokarmowego, w hinduskiej restauracji możesz się najeść do syta. Podaje się tam bogate w białko, pieczone lub opiekane ryby (tandoori) i drób (zwykle marynowany w jogurcie) oraz wartościowe odżywczo sałatki, zupy i dania wegetariańskie, a także pełnopszenne hinduskie pieczywo (roti, chapati, paratha). *Rada:* Unikaj dań smażonych, proś o dziki ryż. *Wegetarianki:* W tych restauracjach zawsze dostaniecie soczewicę, groch, ciecierzycę, żółty ser i dania warzywne, dzięki czemu jest to dla was doskonała kuchnia.

**Kuchnia meksykańska, hiszpańska i teksańsko-meksykańska.** Powinnaś preferować restauracje serwujące lekkie dania, gdzie używa się olejów warzywnych zamiast smalcu, i takie, w których podaje się dużo warzyw. Jeszcze lepsze będą te lokale, w których serwuje się niskotłuszczowe sery, tortille z pełnopszennej mąki i dziki ryż. Najlepiej zamówić: gazpacho i zupę z ciemnej fasoli, asadę (kurczak z rusztu i owoce morza), dania w stylu Veracruz (z sosem pomidorowym), salsa, pikantne sosy. Paella (hiszpański gulasz z kurczaka i owoców morza) zwykle obfituje w białko, lecz przy okazji nasycisz się ubogim odżywczo białym ryżem. *Rada:* Jeśli surowe warzywa serwowane są w smażonym taco, poproś, by dla ciebie podano je bez taco. Jeśli nie ma sałatki, możesz ją „wypić" w formie gazpacho. Nie jedz smażonych potraw, spożywaj jak najmniej białego ryżu, chipsów taco oraz rafinowanej fasoli, która może ociekać smalcem – lepiej zamów czystą fasolkę na przystawkę. *Wegetarianki:* Jeśli w lokalu używa się oleju roślinnego zamiast smalcu, dobry wybór stanowić będzie enchilada z serem i fasolą, burrito i quesadilla – jeżeli nie są smażone. W pewnych tego typu restauracjach podaje się ser sojowy, „niby-boczek" i „śmietankę" z tofu dla weganek.

**Styl z Luizjany oraz kuchnia francuskich osadników południa Stanów Zjednoczonych (Cajunów).** Kuchnia Cajunów może być bardzo smaczna, ale bywa skąpana w tłuszczu. Wybieraj więc gotowane, przyrządzone na parze, opiekane i grillowane ryby czy owoce morza oraz zdrowe gulasze z owoców morza, drobiu i warzyw, a także jambalaję oraz gumbo. *Rada:* Unikaj tłustych kotletów wieprzowych czy innych tłustych dań, nie racz się zbyt obficie białym ryżem. *Wegetarianki:* wybór może być ograniczony, więc wcześniej przestudiuj menu; dobrym rozwiązaniem będzie zamówienie fasoli, jeśli nie została przygotowana na tłuszczu zwierzęcym.

**Kuchnia czarnoskórych mieszkańców południowych stanów USA.** Żywność w większości tego typu restauracji jest smażona lub z innego powodu kapiąca od tłuszczu. Nawet zdrowe zielone warzywa, takie jak rzepa lub kapusta, przyrządzane bywają z nadmiarem tłuszczu lub skwarkami z boczku. Jeśli będziesz miała szczęście, znajdziesz kucharza skłonnego opiec, upiec lub przygotować z rusztu porcję kurczaka czy ryby specjalnie dla ciebie. Gdyby kurczak był jedynym wyborem, poproś o pierś, po czym przed zjedzeniem oskub ją z panierki czy/ /lub skórki. Z przystawkami niemal na pewno będą kłopoty. Hush puppy[1] są smażone, krążki cebulowe też. Ziemniaki także się smaży albo ugniata z dużą ilością masła. Inne dania mączne, takie jak ciastka, chleb z mąki kukurydzianej (chyba że został sporządzony z niepozbawionej kiełków mąki kukurydzianej), pierogi i nadzienia są ubogie odżywczo. *Rada:* Zamów słodkie pataty (przynajmniej otrzymasz trochę beta-karotenu). Poproś, by warzywa zostały ugotowane na parze lub zrobione sauté oraz podane bez nadmiaru tłuszczu (nawet warzywa przygotowane w tradycyjny sposób będą lepsze niż żadne). Z nadmiarem spożytego tłuszczu poradzisz sobie, unikając go przez kolejne dni. *Wegetarianki:* Tu też wybór jest niewielki. Sprawdźcie menu, zanim usiądziecie do stołu.

**Kuchnia grecka i bliskowschodnia.** Podobnie jak inne kuchnie basenu Morza Śródziemnego, kuchnie te są znakomite dla kobiet w ciąży. Wybieraj pieczone, grillowane lub opiekane ryby, drób, a także chude mięsa (na przykład shish kebab), dania warzywne, rybne lub z czerwonego mięsa i/lub serem feta; potrawy z soczewicy, bobu i kurczaka; zupy na bazie jogurtu; warzywa zielone sauté (horta); sałatki warzywne; gotowane pełne ziarna i wreszcie bulgur[2]. *Rada:* Poproś o pełnopszenną pitę, z hummusem[3] czy olejem z oliwek zamiast masła.

---

[1] Ciastka z mąki kukurydzianej smażone na głębokim tłuszczu (przyp. tłum.).

[2] Danie z łupanej pszenicy (pzyp. tłum.).

[3] Mieszanka ugniecionej cieciorki, tahini (pasta z mielonych nasion sezamu), oleju, soku cytrynowego i czosnku, używana zwykle jako dip (przyp. tłum.).

Unikaj białego ryżu i nadziewanych nim potraw, a także specjałów smażonych i owijanych w ciasto filo. *Wegetarianki:* Kuchnia ta zwykle stanowi świetny wybór, ponieważ serwuje dania z fasoli, soczewicy, polentę, bulgur i sery.

**Kuchnia niemiecka, rosyjska i środkowo-europejska.** Tradycyjnie dania w tych stylach gotowania obfitują w panierki, różnego rodzaju pierogi, makarony i tłuste kiełbasy zawierające azotany w dużym stężeniu. Niewiele można znaleźć warzyw przygotowanych w sposób zachowujący wartość odżywczą, opiekanych ryb czy czerwonych mięs. Niektóre bardziej nowoczesne lokale podają ryby i drób z rusztu – jeśli nie, przeszukaj menu pod kątem potraw opiekanych bądź z grilla (kotlety, kurczak, steki) lub gulaszów mięsno-warzywnych. Świetnym uzupełnieniem dania są kasze czy ziemniaki. *Rada:* Aby potrawa na bazie kiełbasy była bardziej odżywcza, zamów do niej przystawkę z sałatką lub surówką. *Wegetarianki:* Te kuchnie nie mają im zbyt wiele do zaoferowania.

**Pizzerie.** Dwa kawałki typowej pizzy z serem na cienkim spodzie zapewniają więcej niż wynosi jedna dawka białka, dwie dawki wapnia i wiele witamin oraz pierwiastków śladowych na rozsądnie spożyte 400 do 500 kalorii, a pizza pełnopszenna dodatkowo dostarcza kilku dawek pełnych ziaren. Ale pizza w mgnieniu oka dostarczy też dziennej dawki tłuszczu, zwłaszcza jeśli weźmiesz dodatkowy ser, kiełbasę pepperoni czy inne rodzaje kiełbasy, więc należy uważać przy zamawianiu. *Rada:* Poproś o pizzę z różnymi warzywami (najlepsze: papryka i brokuły) oraz o nisko- lub beztłuszczowy ser, jeśli jest. Zamów jeszcze sałatkę, a otrzymasz pełnowartościowy posiłek. *Wegetarianki:* Pizza z serem stanowi dobry wybór dla tych, które jedzą przetwory mleczne, jednak pizza z samym sosem i warzywami nie dostarcza odpowiedniej ilości białka dla we-

ganek, które powinny poszukać pizzerii podających także pizzę z serem sojowym lub nawet sojową kiełbasą pepperoni.

**Bistra i stołówki.** Co nowocześniejsze jadłodajnie oferują dużą różnorodność zdrowych dań (omlety z białek, gofry z otrębami, wegetariańskie hamburgery, hamburgery z mięsem z indyka), świetne pieczywa wieloziarniste oraz świeżo ·przyrządzone warzywa. Niemal we wszystkich znajdą się takie tradycyjne dania, jak: ryba pieczona, kurczak z rusztu, sałatki (warzywna bez boczku, specjalność szefa kuchni, nicejska) czy kanapki (krojone mięso z kurczaka bądź indyka, żółty ser, jajko, tuńczyk z niewielką ilością majonezu) sporządzone z pełnoziarnistego pieczywa oraz surówki jako przystawka. *Rada:* Nie zamawiaj sałatki z surowej kapusty, jeśli dużo w niej majonezu, zrezygnuj z frytek, a sos sałatkowy niech podadzą osobno. Zastąp majonez musztardą, jeśli istnieje taka możliwość. Nie jedz więcej niż jednego ogórka z octu – zawiera dużo sodu. *Wegetarianki:* Kanapki z jajkami i żółtym serem oraz wegetariańskie hamburgery stanowią dla was dobry wybór.

**Bary sałatkowo-kanapkowe.** Powstrzymaj się od ogórków z octu i kapusty kiszonej (zbyt słone), tłustych czy konserwowanych azotanem ryb, mięs na ciepło oraz na zimno w plasterkach (np. wędzony łosoś, białe ryby, pastrami, peklowana wołowina, frankfurterki, salami, mielonka, szynka i ozorki). Zamiast tego zamów krojone, świeże mięso z indyka lub kurczaka (nie przetworzone); opiekanego lub smażonego kurczaka czy rybę, sałatkę z tuńczyka, jajek lub kurczaka albo ser szwajcarski na pełnopszennym chlebie. Dodatkowo zamów surówkę z białej kapusty i innych warzyw z dodatkiem majonezu (albo jeszcze lepiej, z dodatkiem octu, gdyż taka będzie zawierała mniej tłuszczu i kalorii) oraz pomidora w plasterkach z sałatą. *Rada:* Unikaj też dodatkowego majonezu (kalorie pochodzące z tłuszczu szybko się sumują) – zamiast niego poproś o musztardę. Jeśli w menu znajduje się sałatka, zamów ją (sos osobno) lub poproś o sałatkę owocową, by zrekompensować niedostatek przystawek ze świeżych warzyw. *Wegetarianki:* Zwykle w menu znajdują się dania z jajek i sera, ale weganki mogą mieć trudności z zamówieniem, choć w niektórych tego typu lokalach podaje się wegetariańskie zupy z fasolą bądź soczewicą, a nawet wegetariańskie hamburgery.

**Restauracje i bary żydowskie lub koszerne.** Stosuj podobną zasadę jak w innych barach (patrz wyżej): unikaj przetworzonych mięs i ryb, zamawiając jako główne danie drób lub ryby opiekane lub z rusztu. *Rada:* Nie jedz tłustych mięs, ogranicz się do kilku kęsów placków ziemniaczanych, puddingu ziemniaczanego z olejem, mocno słodzonego kuglu i blintzu[1], a także faszerowanej kiszki ziemniaczanej. Nie przesadź z solonymi, koszernymi piklami. *Wegetarianki:* W koszernych restauracjach serwujących mięsa niewiele znajdziecie dla siebie – albo nawet nic, może z wyjątkiem sałatek i surówek. W lokalach, w których podaje się wyłącznie dania z produktów mlecznych, zapewne będzie coś odpowiedniego dla was, przynajmniej dla tych, które jedzą dania owolaktowegetariańskie. Pamiętajcie jednak, że w lokalach obu typów dania nie będą bardzo wartościowe odżywczo.

**Restauracje wegetariańskie i oferujące zdrową żywność.** Nic dziwnego, że są one szczególnie zalecane, jeśli chodzi o odżywianie. Aby wypełnić zapotrzebowanie na białko, wybierz coś z dań z serem, jogurtem, serem tofu, roślinami strączkowymi (fasola, soczewica, groch), rybami i drobiem albo niby-mięsa (wegetariańskie hamburgery, hot dogi i tak dalej). Rozsmakuj się

w produktach pełnoziarnistych oraz świeżych warzywach. *Rada:* Desery mogą zawierać dużo cukru, lecz jeśli są przygotowane ze świeżych owoców i/lub pełnego ziarna, mają jednocześnie dużą wartość odżywczą. *Wegetarianki:* Są to dla was idealne restauracje, niezależnie, czy jesteście wegankami, czy też owolaktowegetariankami.

**Bary szybkiej obsługi.** Oczywiście nie znajdziecie w nich zdrowej żywności (chyba że będzie to jedna z niewielu placówek ze zdrowymi daniami, specjalizujących się w koktajlach owocowych, naleśnikach i innych wartościowych daniach). Niemniej jedne potrawy są lepsze od innych, a należą do nich: kurczak z grilla, opiekany lub z rusztu; kanapki z grillowanym mięsem z kurczaka (zamów je z sałatą i pomidorem, bez majonezu, dodaj plasterek żółtego sera – jeśli potrzebujesz wapnia); kanapki z mięsem z indyka lub kurczaka i serem (z pełnopszennego, a nie białego pieczywa, poproś o dodatkowego pomidora); burrito bądź taco z fasolą i żółtym serem lub kurczakiem; pojedyncze cheeseburgery (najlepiej z pomidorem i sałatą); pizza na cienkim cieście, z serem i warzywami (zrezygnuj z kiełbasy pepperoni); pita; pieczone ziemniaki (bez tłustego przybrania); sałatki (z grillowanym mięsem z kurczaka lub sałatka szefa kuchni, poproś o sos o niskiej zawartości tłuszczu) oraz zupy. Coraz częściej pojawiają się wegetariańskie hamburgery – dodatkowo zamów do niego ser. Jeśli jest bar sałatkowy (czysty, dobrze utrzymany), poszukaj świeżych warzyw, sera i jajek, po czym polej je sosem sałatkowym o niskiej zawartości tłuszczu. *Rada:* Nie pozwól się skusić na podwójnego czy jeszcze większego hamburgera, smażonego kurczaka lub rybę, ponieważ pokrywają one połowę dziennej dawki kalorii; nie zamawiaj sobie frytek (najwyżej skubnij kilka od swego towarzysza przy stole); unikaj koktajli (zwykle zawierają o wiele za dużo kalorii i niewiele – jeśli w ogóle – mleka). Jedna z głównych

---

[1] Cienkie, rolowane bliny, zwykle faszerowane białym serem; pieczone i podawane ze śmietanką (przyp. tłum.).

sieci proponuje na deser mrożone jogurty, co stanowi dobry sposób na zaspokojenie apetytu na słodycze i częściowe pokrycie zapotrzebowania na wapń. Jeśli masz jakieś wątpliwości, poproś, by pokazano ci informację o wartości odżywczej różnych dań i wybierz takie główne danie, które nie posiada więcej niż 500 kalorii na 20 gramów białka. (Kalorii powinno być mniej, jeśli całkowita ilość białka też jest mniejsza).

*Wegetarianki:* Jeżeli nie znalazłyście się w barze szybkiej obsługi ze zdrową żywnością, propozycji dla was może być niewiele. Pizza, kanapki serowo-warzywne, quesadilla z serem oraz burrito, a także pieczone ziemniaki z serem i brokułami będą odpowiednie dla tych, które jedzą produkty mleczne, jednak innym może braknąć szczęścia, chyba że w karcie znajdują się hamburgery wegetariańskie.

# CO WARTO WIEDZIEĆ
## Współżycie płciowe podczas ciąży

Pomijając cuda nauki i religii, każdemu życiu początek daje akt płciowy. Dlaczego więc teraz miałby się on stać problemem? Bez względu na to, czy seks przestanie istnieć, stanie się niewygodny lub da więcej przyjemności niż kiedykolwiek – w przypadku każdej pary oczekującej dziecka ulegnie on zmianom w czasie dziewięciu miesięcy ciąży.

Już przed zapłodnieniem istnieje duża różnorodność potrzeb i reakcji seksualnych. To, co może dać satysfakcję jednej parze (np. „obowiązkowe współżycie" raz w tygodniu), dla innych może być absolutnie niewystarczające, albowiem współżyją przynajmniej raz dziennie. Po zapłodnieniu te różnice mogą się jeszcze zwiększyć: ta druga para może np. od teraz współżyć nawet rzadziej niż raz w tygodniu i na odwrót.

Chociaż istnieją znaczne różnice pomiędzy poszczególnymi parami, to charakterystyczna jest sinusoidalna zmienność współżycia w każdym z trymestrów. Częsty jest spadek zainteresowania seksem na początku ciąży (wg jednego z badań u 54% kobiet podczas pierwszego trymestru stwierdzono, że libido wyraźnie spada). Ostatecznie zmęczenie, nudności, wymioty i bolesność piersi nie sprzyjają nocom pełnym pieszczot. U kobiet nie uskarżających się na te dolegliwości popęd płciowy utrzy-

muje się zazwyczaj na tym samym poziomie.

Część kobiet, lecz jest to mniejszość, spostrzega wzmożenie potrzeb seksualnych z tego powodu, że zmiany hormonalne powodują przekrwienie i nadwrażliwość sromu, lub dlatego, że zwiększona wrażliwość piersi jest źródłem przyjemnych doznań. Te osoby mogą po raz pierwszy doświadczyć orgazmu lub wielokrotnego orgazmu.

Zainteresowanie współżyciem rośnie zazwyczaj – choć nie zawsze – w drugim trymestrze, gdy oboje przyzwyczajają się już fizycznie i psychicznie do nowej sytuacji. W miarę zbliżania się porodu znów występuje pewne oziębienie stosunków (nawet większe niż w pierwszym trymestrze) z oczywistych powodów: po pierwsze większą niewygodę sprawia rosnący brzuch, po drugie bóle i niewygody rozwijającej się ciąży ostudzić mogą najgorętsze pożądanie, a po trzecie trudno jest się teraz skoncentrować na czymkolwiek innym niż mające nastąpić wydarzenie.

Nie tylko pociąg fizyczny, ale także przyjemność, jaką sprawia współżycie, słabnie podczas ciąży. Podczas jednego z badań wykazano, iż przed zapłodnieniem 21% badanych kobiet stwierdziło, że seks nie sprawia im przyjemności w ogóle lub bardzo niewielką. W ciągu pierwszych dwunastu tygodni ciąży liczba ta rośnie do 41%, by osiągnąć 59% w dziewiątym miesiącu. Te same badania wykazują, że w dwunastym tygodniu 1 para na 10 w ogóle nie współżyje, a w dziewiątym miesiącu dotyczy to już jednej trzeciej wszystkich par. Ale z drugiej strony więcej niż 4 na 10 kobiet czerpało przyjemność z seksu w tym okresie – więcej niż połowa z nich „bez problemu".

Innymi słowy, w czasie ciąży każda para inaczej podchodzi do problemu współżycia. Możesz zauważyć, że teraz sprawia ci ono więcej przyjemności lub stało się czymś, czego robić – choć chcesz – nie możesz. Może się też stać niewygodnym zobowiązaniem. Czasem całkiem się z niego rezygnuje, ale mimo to powinno się podchodzić do tego problemu w sposób jak najbardziej naturalny.

## ŚWIADOMOŚĆ PŁCI I WSPÓŁŻYCIA PODCZAS CIĄŻY

Niestety, wielu lekarzy traktuje sprawy współżycia w sposób bardzo zachowawczy, podobnie jak i my wszyscy. Często nie informują przyszłych rodziców, jakich zmian mogą oczekiwać lub nie w intymnej sferze pożycia. A to pozostawia wiele wątpliwości co do dalszego postępowania. Zrozumienie, w jaki sposób kontakty seksualne w okresie ciąży ulegają zmianie, pozwala na pozbycie się obaw i niepokojów, a często sprawia, że współżycie staje się łatwiejsze do zaakceptowania i bardziej satysfakcjonujące.

Po pierwsze wiele zmian psychicznych może wpływać na wzajemne pożądanie i samą przyjemność współżycia tak w sposób pozytywny, jak i negatywny. Świadomość takiego stanu rzeczy pozwala na to, by znacznie zmniejszyć wpływ niektórych czynników negatywnych na wzajemne stosunki. Z innymi musimy nauczyć się żyć... i kochać.

**Nudności i wymioty.** Jeżeli objawy te utrzymują się przez całą dobę, po prostu trzeba ten okres przeczekać. (Najczęściej mdłości zaczynają ustępować pod koniec pierwszego trymestru.) Jeżeli występują tylko o określonej porze, należy dostosować do nich swój rozkład dnia i wykorzystać czas, gdy dolegliwości te ustępują. Nie zmuszaj się, by wyglądać atrakcyjnie, gdy czujesz się okropnie. A stres może wręcz wzmóc te dolegliwości (patrz s. 115 – porady, jak zmniejszyć poranne wymioty).

**Zmęczenie.** Również ono powinno ustąpić do czwartego miesiąca ciąży (choć czasem powraca w ostatnim trymestrze). Do tego czasu należy częściej korzystać z okazji do współżycia podczas dnia, a nie zmuszać się do długich, bezsennych nocy. Jeśli masz wolne popołudnie w weekend, jest to doskonały czas na to, by urządzić sobie miłosną sesję w ramach popołudniowego relaksu.

**Zmiana figury.** Współżycie może się stać niezręczne i niewygodne w momencie, gdy rosnący brzuch stanie się duży i przerażający jak himalajski szczyt. W miarę rozwoju ciąży wiele par może uznać, że ze względu na to utrudnienie osiągnięcie przyjemności staje się niewarte zachodu (choć są sposoby na pokonanie pewnych niedogodności, patrz dalej). Poza tym nowe kształty kobiety mogą również osłabiać zainteresowanie partnera, podczas gdy należy pogodzić się z tą nową sytuacją zgodnie ze stwierdzeniem, że w ciąży „duże jest piękne".

**Przekrwienie i obrzęk narządów płciowych** wywołane przez hormonalne przekrwienie narządów miednicy może u niektórych kobiet podnieść siłę doznań seksualnych. Ale może też sprawić, że pożycie będzie mniej zadowalające (szczególnie w późniejszym okresie) ze względu na utrzymujące się po orgazmie uczucie pełności. Powoduje ono brak poczucia kompletnego przeżycia orgazmu. Także mężczyźni mogą odczuwać zwiększenie przyjemności (gdy są mile i przyjemnie pieszczeni) lub zmniejszenie (gdy „dopasowanie" narządów jest tak ścisłe, że nie dochodzi do erekcji).

**Wyciek siary (colostrum).** W późniejszym okresie ciąży niektóre kobiety zaczynają produkować siarę, czyli substancję zbliżoną składem do mleka. Może ona wyciekać z piersi podczas stymulacji płciowej, co czasem powoduje dekoncentrację w czasie gry wstępnej. Oczywiście nie ma powodów do niepokoju, a jeśli przeszkadza to partnerom, można tego uniknąć, rezygnując z drażnienia piersi.

**Bolesność piersi.** Niektóre szczęśliwe pary znajdują dodatkową przyjemność w tym, że piersi podczas ciąży stają się jędrniejsze i pełniejsze, jednak często (głównie w początkowym okresie) bolesność piersi eliminuje tę część ciała z gry miłosnej. (Należy poinformować partnera o takiej sytuacji, a nie cierpieć i znosić ból w milczeniu.) Jednak od momentu gdy bolesność piersi ustępuje (koniec pierwszego trymestru), utrzymujący się stan zwiększonej wrażliwości wzbogaca doznania obojga partnerów.

**Zmiany wydzieliny z pochwy.** Podczas ciąży wydzielina zmienia się pod względem objętości, konsystencji, zapachu i smaku. Zwiększenie wydzielania może spowodować, że stosunek płciowy będzie przyjemniejszy, gdy dotychczas pochwa była wyjątkowo wąska i/lub występowała znaczna jej suchość. Może jednak dojść do sytuacji, że pochwa jest tak wilgotna i śliska, że partner ma kłopoty z osiągnięciem orgazmu. Także intensywny zapach i smak wydzieliny może sprawić, że dla wielu partnerów seks oralny będzie nieprzyjemny.

Wcieranie olejków zapachowych w okolicy łonowej i po wewnętrznej stronie ud (ale nie w samą pochwę!) może tę uciążliwość zmniejszyć.

**Krwawienia wywołane wzrostem wrażliwości szyjki macicy.** W ciąży także ujście macicy staje się przekrwione w wyniku zwiększenia przepływu krwi przez wiele dodatkowych naczyń uzupełniających odżywienie macicy. Staje się ono także o wiele delikatniejsze. W tej sytuacji głębokie wprowadzenie prącia może spowodować krwawienie, szczególnie w okresie późniejszym, gdy szyjka przygotowuje się do porodu. Gdy do tego dojdzie (a jednocześnie lekarz zapewni cię, że krwawienie to nie zapowiada żadnych potencjalnych komplikacji wymagających zaprzestania współżycia), po prostu należy unikać głębokiego wprowadzania prącia do pochwy. Jest to także częsta przyczyna psychicznego niepokoju rzutującego na przyjemność współżycia i dlatego należy tego stanu unikać.

**Obawa przed urażeniem płodu lub spowodowaniem poronienia.** W prawidłowej ciąży współżycie nie niesie takiego zagrożenia. Płód jest dobrze chroniony wewnątrz worka owodniowego i macicy, a macica jest szczelnie oddzielona od środowiska zewnętrznego przez warstwę śluzu znajdującą się w ujściu szyjki macicy.

**Niepokój, że orgazm może być przyczyną poronienia lub porodu przedwczesnego.** Chociaż podczas orgazmu dochodzi do skurczów macicy – a skurcze te u pewnej grupy kobiet mogą być silniejsze i trwać do pół godziny po stosunku – nie są one sygnałem przedwczesnego porodu, nie niosą ze sobą niebezpieczeństwa w przypadku ciąży prawidłowej. Badania wykazują, że u par utrzymujących aktywność seksualną podczas ciąży rzadziej zdarzają się przypadki przedwczesnego porodu niż u tych, które się wstrzymują (prawdopodobnie wynika to z faktu, że bliskość fizyczna zwykle oznacza również bliskość emocjonalną, co ma pozytywny wpływ na przebieg ciąży). Jednakże orgazm, szczególnie o większym nasileniu (spowodowany przez masturbację), może być zakazany w ciąży wysokiego ryzyka z powodu zagrażającego poronienia lub porodu przedwczesnego.

**Strach, że płód „ma świadomość" lub „widzi, co się dzieje".** Choć płód może odczuwać z przyjemnością delikatne, kołyszące skurcze macicy podczas orgazmu – z pewnością niczego „nie widzi" i „nie wie", co się dzieje podczas stosunku, i z pewnością niczego nie będzie pamiętać. Reakcja płodu (uspokojenie w czasie stosunku, a po orgazmie silne ruchy i przyspieszona czynność serca) to tylko wynik procesów hormonalnych i zmian napięcia ścian macicy.

**Obawa, że wprowadzenie prącia do pochwy może być przyczyną infekcji.** Przez pierwsze 7-8 miesięcy ciąży, jeśli tylko mężczyzna nie jest zarażony chorobą przenoszoną drogą płciową, nie ma niebezpieczeństwa zakażenia ani matki, ani płodu. W worku owodniowym dziecko jest całkowicie zabezpieczone przed wniknięciem nasienia i drobnoustrojów chorobotwórczych. Wielu lekarzy uważa także, że stan ten występuje również w 9 miesiącu ciąży, gdy worek owodniowy jest nienaruszony (nie doszło do pęknięcia błon płodowych). Jednak z powodu niebezpieczeństwa pęknięcia błon płodowych zalecane jest stosowanie prezerwatywy w ciągu ostatnich 4-8 tygodni ciąży, co daje dodatkowe zabezpieczenie przed zakażeniem.

**Niepokój i podniecenie wywołane nadchodzącym porodem.** Oboje: przyszła matka i ojciec mają często mieszane uczucia co do zbliżającego się wydarzenia. Myśli o nowych obowiązkach i zmianach trybu życia,

finansowych i emocjonalnych kosztach wychowania potomstwa mogą zmniejszać potrzebę współżycia. To rozdwojenie uczuć, którego doznaje wiele par oczekujących dziecka, powinno być jednak tematem rozmowy partnerów, a nie znajdować ujście w sytuacjach intymnych.

**Zmiana stosunków.** Para może mieć kłopot z pogodzeniem się z myślą, że czas, gdy byli tylko kochankami czy też bezdzietnym małżeństwem, mija bezpowrotnie. Mimo wszystko większość z nas ciągle unika kojarzenia własnych rodziców z seksem, choć sami jesteśmy dowodem, że taki związek istnieje. Z drugiej jednak strony wiele par może odkryć, że ten nowy wymiar ich współżycia może dodać pełni ich kontaktom seksualnym i uczynić je bardziej pasjonującymi.

**Podświadoma niechęć.** Uczucie to ze strony przyszłego ojca pojawia się, gdy jest on zazdrosny, że teraz przyszła matka znajdzie się w centrum uwagi. Ze strony matki podświadoma niechęć narasta, gdy uważa, że to ona znosi wszystkie cierpienia dla dziecka (szczególnie jeśli w ciąży występują jakieś dolegliwości), którego oboje oczekują i z którego oboje się cieszą. Te problemy koniecznie muszą być wyjaśnione w trakcie rozmowy, lecz nie w łóżku.

**Przekonanie, że stosunek płciowy w ciągu ostatnich sześciu tygodni ciąży stanie się przyczyną rozpoczęcia czynności porodowej.** To prawda, że skurcze macicy wyzwalane przez orgazm stają się z rozwojem ciąży coraz mocniejsze. Ale jeśli tylko szyjka macicy nie jest odpowiednio przygotowana (dojrzała do porodu), to te skurcze nie mają charakteru wczesnej czynności porodowej. Może to potwierdzić także wiele niecierpliwych par, dla których przewidywany termin rozwiązania już minął. Jednakże ze względu na to, że nieznany jest bezpo-

## Ćwiczenia, które sprawiają przyjemność

Nie ma lepszego sposobu na łączenie przyjemnego z pożytecznym niż wykonywanie ćwiczeń Kegla podczas stosunku. Zadaniem tych ćwiczeń jest przygotowanie okolicy krocza do porodu; dzięki nim zostanie zredukowana konieczność wykonania nacięcia krocza oraz prawdopodobieństwo jego pęknięcia. Szybciej też przebiega rekonwalescencja poporodowa. I choć można te ćwiczenia wykonywać gdziekolwiek, kiedykolwiek (na s. 193 znajdziesz opis, jak to robić), wykonywanie ich podczas stosunku da wam obojgu więcej przyjemności.

średni mechanizm rozpoczynający poród, także przez ostatnie tygodnie ciąży lekarz może zalecić wstrzemięźliwość płciową w przypadku tendencji do porodu przedwczesnego. Niektórzy lekarze są zdania, że używanie prezerwatyw spowoduje zmniejszenie intensywności skurczów, ponieważ uniknie się wpływu znajdującej się w nasieniu prostaglandyny.

**Obawa przed urażeniem dziecka w okresie, gdy jego główka wstawia się do miednicy.** Nawet te pary, które nie miały dotychczas problemów ze współżyciem, mogą narzucić sobie pewien rygor. Wielu lekarzy uważa, że choć nie można w ten sposób zrobić dziecku krzywdy, to w tym okresie głębokie wprowadzenie prącia do pochwy nie jest wskazane i należy tego unikać.

Warto pamiętać, że także czynniki psychiczne mogą mieć wpływ na poprawę kontaktów seksualnych między partnerami.

**Zmiana charakteru współżycia z prokreacyjnego na rekreacyjny.** Niektóre pary, które musiały dokładać wielu starań, by doszło do zapłodnienia, mogą się wreszcie rozkoszować życiem płciowym samym w sobie, bez tych wszystkich prób wyznaczania owulacji, wykresów, kalendarzy i obaw. Mogą się cieszyć sobą w pełni po raz pierwszy od miesięcy lub lat.

Choć współżycie w okresie ciąży może nieść inne doznania niż przed ciążą, to zazwyczaj nie wiąże się z żadnym niebezpieczeństwem. Jest ono wręcz pożądane tak pod względem fizycznym, jak i psychicznym. Pomaga w utrzymaniu bliskiej więzi między partnerami, a jednocześnie przygotowuje mięśnie miednicy do porodu. Jest ono także czynnikiem relaksującym, co jest korzystne dla zainteresowanych, także dla dziecka.

## KIEDY NALEŻY OGRANICZYĆ WSPÓŁŻYCIE PŁCIOWE?

Ponieważ kontakty intymne dają przyszłym rodzicom bardzo wiele – idealny byłby stan, gdyby wszystkie pary mogły z tych przyjemności korzystać przez całą ciążę. Niestety, nie jest to dane wszystkim. W ciąży wysokiego ryzyka współżycie może być ograniczone na pewien czas lub nawet na całe 9 miesięcy. Niekiedy współżycie może być dozwolone pod warunkiem, że żona będzie unikała orgazmu lub też pożycie płciowe będzie ograniczone do pettingu. Najważniejsze jest, by wiedzieć, co i kiedy jest bezpieczne. Jeżeli lekarz zaleca wstrzemięźliwość, należy go zapytać, czy dotyczy to pełnego stosunku płciowego czy orgazmu i czy to ograniczenie dotyczy określonego okresu czy całej ciąży. Najczęstsze przyczyny, dla których należy unikać współżycia płciowego:

- pojawianie się krwawienia z nie wyjaśnionych przyczyn;

- podczas pierwszego trymestru u kobiet, których wcześniejsze ciąże zakończyły się poronieniem lub wystąpiło poronienie zagrażające bądź są objawy poronienia zagrażającego w obecnej ciąży;

---

# Wygodna pozycja

Na tym etapie ciąży (oraz w późniejszych) pozycje mają znaczenie. Zwykle najwygodniejsze jest leżenie na boku (partnerzy przodem do przodu lub przodem do pleców), gdyż nie musisz kłaść się na plecach. Z tego samego powodu wygodnie jest kobiecie być na górze (większa kontrola głębokości penetracji); dobrze służy też penetracja od tyłu. Pozycja z mężczyzną na górze sprawdza się przy szybkich stosunkach (pod warunkiem że partner podpiera się na ramionach, by nie obciążyć kobiety swą wagą), lecz po czwartym miesiącu już nie jest wskazana, należy bowiem unikać leżenia na plecach.

---

- podczas ostatnich 8-12 tygodni ciąży w przypadku kobiet, których poprzednie ciąże zakończyły się porodem przedwczesnym, wystąpiło zagrożenie porodem przedwczesnym lub obserwowane są objawy zagrożenia;

- w wypadku pękniętych błon płodowych;

- gdy rozpoznano łożysko przodujące (łożysko położone jest w pobliżu lub nad szyjką macicy) i stosunek płciowy mógłby spowodować jego przedwczesne oddzielenie, powodując krwawienie zagrażające matce i dziecku;

- w ciągu ostatniego trymestru w przypadku ciąży wielopłodowej.

## JAK W KONTAKTACH INTYMNYCH OSIĄGNĄĆ WIĘKSZĄ PRZYJEMNOŚĆ PRZY OGRANICZENIU AKTYWNOŚCI SEKSUALNEJ?

Trwałe związki seksualne, tak jak i trwałe małżeństwa, rzadko powstają w ciągu jednego dnia (albo nawet jednej wspaniałej nocy). Są wynikiem współpracy, cierpliwości, zrozumienia i miłości. Dotyczy to także już ustalonego rytuału pożycia płciowego, który w danej chwili doświadcza psychicznych i fizycznych niewygód ciąży. Oto parę sposobów, by utrzymać kontakty intymne na „najwyższym poziomie":

- Nie wolno pozwolić, by częstość zbliżeń fizycznych wpływała na inne sprawy związku. To jakość, a nie liczba kontaktów jest ważniejsza, i to szczególnie podczas ciąży.

- Wyjaśnienie niepokojów, które pojawiły się w waszym związku ze względu na nadchodzący moment narodzin dziecka, i związane z tym zmiany potrzeb i oczekiwań wobec sfery kontaktów intymnych. O wszystkim należy rozmawiać szczerze, a gdy problemy są zbyt trudne do rozwiązania, należy korzystać z pomocy specjalistów.

- Trzeba szukać wszystkich korzyści płynących ze współżycia: jest ono także dobrym fizycznym przygotowaniem do porodu – szczególnie jeśli będziesz pamiętać o wykonywaniu ćwiczeń Kegla podczas stosunku (patrz ramka powyżej). (Niewielu sportowców ma tyle przyjemności ze swych treningów!)

- Trzeba myśleć o próbowaniu nowych pozycji jako o przygodzie. Ale trzeba je wprowadzać cierpliwie. (Można nawet przećwiczyć je wstępnie w ubraniu, tak że wiadomo będzie, czego można się spodziewać przy prawdziwym zbliżeniu.) W powyższej ramce znajdziesz kilka propozycji.

- Swoje oczekiwania należy podporządkować wymogom medycznym. Choć niektóre kobiety przeżywają orgazm po raz pierwszy właśnie w ciąży – pewne badania dowodzą, że większość kobiet osiąga orgazm rzadziej niż przed zapłodnieniem – szczególnie w ostatnim trymestrze, gdy tylko 1 na 4 kobiety szczytuje.

- Jeśli lekarz zabroni kontaktów fizycznych w pewnym okresie ciąży, należy wyjaśnić, czy dozwolone jest osiąganie orgazmu przez wzajemną masturbację. Jeśli jest to tabu dla partnerki – może ona osiągnąć zadowolenie z zaspokojenia partnera.

- Jeżeli lekarz zakazał osiągania orgazmu, ale nie samego stosunku płciowego, możecie nadal czerpać przyjemność ze współżycia bez szczytowania. Może to nie dać tobie pełnego zadowolenia, ale stworzy choć poczucie intymności przy jednoczesnym dawaniu rozkoszy twemu partnerowi. Inne rozwiązanie to stosunek przez wprowadzenie prącia między uda bez penetracji.

Nawet jeśli charakter lub częstotliwość waszych kontaktów nie jest taka jak dotychczas – zrozumienie przyczyn zmian intensywności życia płciowego w ciąży może pomóc w utrzymaniu silnej więzi, a nawet jeszcze ją pogłębić, bez wyszukanych i częstych zbliżeń fizycznych.

# 10
# Szósty miesiąc
## *Przeciętnie od 23 do 27 tygodnia*

ałe rączki i nóżki potrafią już całkiem mocno uderzyć, a widoczne od zewnątrz ćwiczenia gimnastyczne i ataki czkawki mogą wręcz stać
się rozrywką dla osób z twojego otoczenia. Dziecko już dość podrosło, lecz w porównaniu do masy, jaką osiągnie za kilka miesięcy, jest jeszcze niewielkim ciężarem. Zakładając, że dobrze się czujesz
i masz zgodę lekarza, teraz przyszedł najlepszy czas na to, byś sama też nieco po-
ćwiczyła.

## CZEGO MOŻESZ OCZEKIWAĆ
## W CZASIE BADANIA OKRESOWEGO

adanie lekarskie w tym miesiącu będzie zapewne dość typowe. Możesz
się spodziewać, że pod koniec drugiego trymestru lekarz prowadzący zaproponuje ci badanie kontrolne, które będzie
obejmowało wymienione niżej punkty
(chociaż mogą być pewne różnice w zależności od twojej szczególnej sytuacji lub
schematu postępowania twojego lekarza)[1]:

• ważenie i mierzenie ciśnienia tętniczego
  krwi;

• badanie poziomu białka i cukru w moczu;

• badanie czynności serca płodu;

• określenie wysokości dna macicy;

• określenie wielkości macicy i położenia
  płodu poprzez badanie zewnętrzne;

• badanie kończyn w celu wykrycia ewentualnych obrzęków lub żylaków kończyn
  dolnych;

• omówienie objawów, które odczuwasz,
  a w szczególności tych nietypowych;

• pytania i problemy, które chcesz przedyskutować – przygotuj ich spis.

## CO MOŻESZ ODCZUWAĆ

ak zwykle pamiętaj, że każda ciąża jest
inna, jak inna jest każda kobieta. Możesz
odczuwać wszystkie wymienione niżej

objawy jednocześnie lub tylko niektóre z nich.
Jedne mogą trwać od poprzedniego miesiąca,
inne mogą się pojawić dopiero teraz. Część
objawów będzie ledwo zauważalna, ponieważ
przyzwyczaiłaś się do nich. Możesz mieć też
inne, mniej powszechnie występujące objawy.

---

[1] Badania i testy opisane są w oddzielnym rozdziale *Dodatek*.

# Co się dzieje wewnątrz ciebie

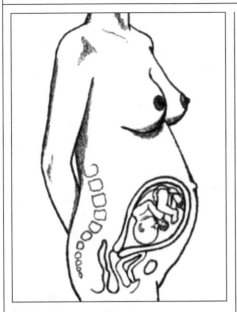

dziej skoordynowane („pedałowanie" nóżkami, przyciskanie ich do ściany macicy zapewne stanowi ćwiczenie chodzenia). Dziecko już ma silny chwyt, który może wykorzystać do łapania pępowiny – na szczęście pępowina, będąca źródłem substancji życiowych płodu, została tak zaprojektowana, by wytrzymała te ćwiczenia; jej zwarta, spiralna budowa zapobiega skręcaniu się i powstawaniu węzłów. Oczy dziecka zamykają się i otwierają, reagując na światło (płód może wręcz osłonić dłońmi oczy od ostrego światła padającego na brzuch mamy). Funkcjonują struny głosowe, ale dziecko nie wyda dźwięku aż do pierwszego poporodowego płaczu. Często zdarzają się natomiast czkawki, poruszające jego całym „macicznym" domkiem. Urodzone w tym okresie dziecko może już przeżyć na oddziale intensywnej terapii.

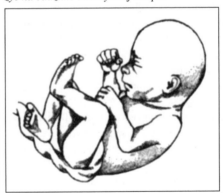

▲ Na początku tego miesiąca macica znajduje się w przybliżeniu 3,8 cm nad pępkiem. Pod koniec miesiąca będzie umiejscowiona zapewne 2,5 cm wyżej, na wysokości 6,3 cm. Sama macica obecnie ma wielkość piłki do koszykówki i możesz wręcz wyglądać, jakbyś to właśnie ją miała przypiętą do brzucha!

▶ Dziecko ma około 30 cm długości i waży niecały kilogram. Ruchy płodu – a aktywność płodu jest nadal wysoka – są coraz bar-

**OBJAWY FIZYCZNE:**

- lepiej odczuwalna aktywność płodu;
- białawe upławy pochwowe;
- bolesność podbrzusza (spowodowana naciąganiem więzadeł podtrzymujących macicę);
- zaparcia;
- zgaga, niestrawność, wzdęcia;
- okresowe bóle głowy, zasłabnięcia lub zawroty głowy;
- przekrwienie śluzówki nosa lub krwawienia z nosa; uczucie „zatykania się" ucha;
- „różowa szczoteczka do zębów" z powodu krwawiących dziąseł;

- nadmierny apetyt;
- kurcze mięśni kończyn dolnych;
- delikatne obrzęki okolicy stawu skokowego i stóp, okresowo dotyczące również rąk lub twarzy;
- żylaki kończyn dolnych i/lub żylaki okołoodbytnicze;
- świąd skóry brzucha;
- wystający pępek;
- bóle pleców;
- przebarwienia skóry brzucha i/lub twarzy;
- powiększenie piersi.

**ODCZUCIA PSYCHICZNE:**

- rzadsze występowanie zmienności nastrojów; nadal będziesz roztargniona;

- zaczyna pojawiać się uczucie znudzenia z powodu tego, że jesteś w ciąży;

- niepokój dotyczący przyszłości.

# CO MOŻE CIĘ NIEPOKOIĆ

## BÓL I CIERPNIĘCIE RĘKI

*Często budzę się w środku nocy, ponieważ palce mojej prawej ręki są zdrętwiałe. Czasami nawet bolą. Czy jest to związane z ciążą?*

Drętwienie czy mrowienie w palcach jest czymś normalnym w czasie ciąży i uważa się, że to wynik ucisku opuchniętych tkanek na nerwy. Jednak ból należy do niepokojących objawów. Jeśli drętwienie i ból ograniczają się do kciuka, palca wskazującego, środkowego i połowy serdecznego, to są one objawami zespołu cieśni nadgarstka. Chociaż jest on najczęściej spotykany u ludzi wykonujących prace wymagające wielokrotnego powtarzania ruchów ręki, np. krojenie mięsa, granie na pianinie, pisanie na maszynie, występuje jednak również u kobiet w ciąży. Jest to spowodowane tym, że w czasie ciąży pojawia się obrzęk kanału nadgarstka, przez który przechodzą nerwy zaopatrujące palce. Rezultatem jest wzrost ciśnienia powodujący drętwienie, mrowienie, palenie i/lub ból. Objawy te mogą dotyczyć ręki i nadgarstka, mogą też promieniować aż do ramienia.

Ponieważ w okresie ciąży płyny w tkankach gromadzą się przez cały dzień, obrzęk i towarzyszące mu objawy mogą być bardziej nasilone w nocy. Staraj się, aby w czasie spania unikać pozycji, która mogłaby powodować ucisk na kończyny, ponieważ wtedy objawy te mogą się nasilać. Spróbuj też, kładąc się do snu, ułożyć je nieco wyżej. Drętwienie możesz złagodzić przez uniesienie ręki powyżej brzegu łóżka i energiczne potrząsanie nią. Jeśli występuje ono nadal (bolesne lub bezbolesne) i zakłóca sen – omów ten problem ze swoim lekarzem. Czę-

sto pomaga unieruchomienie nadgarstka i unikanie tytoniu (którego tak czy inaczej powinno się unikać) oraz kofeiny. Niektórym ciężarnym ulgę przynosi akupunktura. Jeśli przypuszczasz, że problem jest związany zarówno z wykonywaną pracą, jak i z ciążą, powinnaś postępować w następujący sposób: rób częste przerwy w pracy; przestań pracować, kiedy poczujesz ból; podnoś przedmioty całymi dłońmi; pisz na miękkiej klawiaturze; staraj się, by ręce w nadgarstkach były wyprostowane, a dłonie poniżej łokci. Zapisywane zazwyczaj przy zespole cieśni nadgarstka niesterydowe i sterydowe leki przeciwzapalne nie są zalecane w ciąży. Zapytaj o to lekarza. Ból spowodowany zespołem cieśni nadgarstka zwykle mija w 2 do 3 tygodni po porodzie.

## MROWIENIE

*Często czuję mrowienie w rękach i nogach. Czy wskazuje ono na zaburzenia w krążeniu krwi?*

Jak gdyby było nie dość tego, że podczas ciąży czujesz się jak na igłach, to na domiar niektóre kobiety czują okresowo niepokojące uczucie mrowienia w kończynach. Chociaż może to być odczuwane jako zaburzenia w krążeniu krwi, to zazwyczaj tak nie jest. Uważa się, że uczucie mrowienia wywoływane jest przez ucisk nagromadzonych płynów na zakończenia nerwowe, i nie należy się nim denerwować. Pomóc mogą zmiany pozycji ciała. Jeśli mrowienie przeszkadza ci w normalnym życiu – poinformuj o tym lekarza prowadzącego.

# NIEZRĘCZNOŚĆ

*Ostatnio upuszczam wszystko, co podnoszę. Dlaczego nagle stałam się niezręczna?*

Niezręczność – podobnie jak dodatkowe centymetry w pasie – jest nieodłącznym elementem ciąży. To przejściowe zjawisko, tak jak niektóre inne objawy towarzyszące ciąży, spowodowane jest rozluźnieniem więzadeł stawowych i zatrzymaniem wody w organizmie i powoduje, że mniej pewnie trzymasz różne przedmioty. Również brak koncentracji z powodu roztargnienia może być czynnikiem powodującym niezręczność (patrz s. 177) – lub brak zręczności będący wynikiem zespołu cieśni nadgarstka (patrz s. 238). Z tym jednak niewiele można zrobić, zaleca się jedynie podejmowanie prób staranniejszego chwytania przedmiotów. I może to niezły pomysł, aby przez następne kilka miesięcy mąż zajmował się twoją porcelaną.

# KOPANIE

*Niekiedy dziecko kopie cały dzień, kiedy indziej wydaje się bardzo spokojne. Czy jest to normalne?*

Płód jest po prostu człowiekiem i tak jak my ma „lepsze" dni, kiedy ma ochotę rozpychać się i kopać piętami (a także łokciami lub kolanami), i „gorsze" dni, kiedy woli leżeć sobie na plecach i odpoczywać. Najczęściej jego aktywność związana jest z tym, co robisz. Uspokaja go kołysanie. Tak więc, kiedy cały dzień jesteś „na nogach", rytm twojego ciała prawdopodobnie uspokaja dziecko i nie zauważasz większej ruchliwości (kopania) – częściowo z powodu zmniejszonej aktywności płodu, częściowo dlatego, że jesteś bardzo zajęta. Zaledwie jednak zwolnisz tempo lub się rozluźnisz, on lub ona zaczyna się uaktywniać

(wiele dzieci niestety zwykle postępuje tak samo również po urodzeniu). To dlatego większość przyszłych matek lepiej czuje ruchy dziecka w nocy lub w chwilach wypoczynku w ciągu dnia. Aktywność płodu może również wzrastać po spożyciu posiłku, prawdopodobnie jest to reakcja na wzrost poziomu glukozy (cukru) we krwi. Większą aktywność dziecka możesz zauważyć również wtedy, gdy jesteś podniecona lub zdenerwowana – powiedzmy, gdy masz przeprowadzić prezentację (dziecko może być stymulowane przez adrenalinę matki).

Dzieci są najbardziej aktywne pomiędzy 24 a 28 tygodniem ciąży, gdy są jeszcze na tyle małe, że mogą się przemieszczać w macicy. Ale ich ruchliwość jest zmienna. Jest ona wyraźnie widoczna w badaniu USG, a nie zawsze jest odczuwana przez bardzo zajętą matkę. Pomiędzy 28 a 32 tygodniem ciąży aktywność płodu staje się bardziej zorganizowana i stała, z wyraźnymi okresami odpoczynku i ruchliwości.

Nie ulegaj pokusie, aby porównywać swoje spostrzeżenia o ruchliwości dziecka ze spostrzeżeniami innych kobiet. Każdy płód, jak każdy noworodek, ma indywidualny model ruchliwości i rozwoju. Niektóre wydają się zawsze aktywne, inne przeważnie spokojne. Kopanie niektórych jest tak regularne, że mamy mogłyby ustawiać sobie według nich zegarek, aktywność innych zdaje się nie wykazywać żadnej regularności. Wszystkie warianty są normą tak długo, jak długo nie wystąpi radykalne zmniejszenie lub zaprzestanie aktywności.

Ostatnie badania sugerują (i jest to bardzo dobry pomysł), by od 28 tygodnia ciąży kontrolować ruchy płodu dwukrotnie w ciągu dnia – raz rano, kiedy aktywność wydaje się mała, i raz wieczorem, kiedy występuje tendencja do jej ożywienia. W jaki sposób przeprowadzić tę kontrolę?

Spójrz na zegarek, kiedy zaczynasz liczyć. Licz wszelkie ruchy (kopanie, poruszenie, szmery, przewracanie się). Kiedy naliczysz 10 ruchów, zanotuj czas. Na ogół będziesz odczuwała około 10 ruchów w czasie 10 minut. Czasami będzie to trwało dłużej.

Jeśli nie naliczyłaś 10 ruchów w ciągu godziny, wypij trochę mleka lub zjedz coś. Potem połóż się, odpręż i odpocznij, i spróbuj liczyć ponownie. Jeśli w czasie kolejnej godziny nie naliczyłaś 10 ruchów, zadzwoń bezzwłocznie do swojego lekarza. Wprawdzie taki brak aktywności nie zawsze wskazuje na problemy, może jednak sporadycznie oznaczać jakiś problem lub niepokojący sygnał ze strony płodu. W takich przypadkach konieczna będzie szybka interwencja.

Im bliżej wyznaczonego terminu porodu, tym ważniejsze staje się regularne kontrolowanie ruchów płodu.

### Czasami dziecko porusza się tak mocno, że aż boli.

Twoje dziecko rozwija się w macicy, staje się coraz silniejsze i ruchy, które kiedyś przypominały drżenie skrzydeł motyla, teraz stają się coraz mocniejsze. Nie bądź zaskoczona, jeśli zostaniesz uderzona w żebro lub w brzuch czy w szyjkę macicy tak mocno, że aż zaboli. Kiedy stwierdzisz, że jesteś szczególnie gwałtownie atakowana, spróbuj zmienić pozycję. Być może spowoduje to, że zostanie zakłócona równowaga małego napastnika i że na pewien czas przerwie on atak.

### Wydaje mi się, że dziecko kopie wszędzie. Czy oznacza to, że mogę mieć bliźnięta?

W którymś momencie ciąży prawie każda kobieta zaczyna myśleć, że ma bliźnięta lub „ludzką ośmiornicę". Oczywiście w większości przypadków nie jest to prawdą. Zazwyczaj w 34 tygodniu ciąży macica zaczyna ograniczać ruchliwość stale rosnącego płodu. Zanim jednak do tego dojdzie, płód jest zdolny do wykonywania akrobatycznych wyczynów. Dlatego też,

kiedy czujesz się okładana przez tuzin piąstek, to prawdopodobnie są to tylko dwie piąstki wędrujące dookoła, wsparte uderzeniami malutkich kolan, łokci i stóp.

Spójrz na stronę 163, jeśli chcesz się dowiedzieć czegoś więcej na temat bliźniąt i metod ich diagnozowania.

# KURCZE MIĘŚNI KOŃCZYN DOLNYCH

### W nocy mam kurcze mięśni nóg. Przeszkadza mi to w spaniu.

Trapiona gonitwą myśli i powiększającym się brzuchem i tak prawdopodobnie masz już dość problemów, by nie spać. A do tego dochodzą dolegliwości spowodowane kurczami mięśni kończyn dolnych. Niestety, te bolesne kurcze, występujące najczęściej w nocy, są powszechne wśród ciężarnych w drugim i trzecim trymestrze ciąży. Na szczęście można im zapobiegać lub łagodzić je.

Ponieważ do czynników, które prawdopodobnie przyczyniają się do występowania kurczów, należą zmęczenie i nagromadzenie płynów w nogach, pomocne w zwalczeniu lub zmniejszeniu częstotliwości ich występowania będą: noszenie specjalnych rajstop oraz ćwiczenia fizyczne na zmianę z odpoczynkiem (z uniesionymi stopami). Pamiętaj o piciu odpowiedniej ilości płynów (co najmniej 8 szklanek dziennie).

Jeśli wystąpił skurcz mięśni łydki, wyprostuj nogę w kolanie, zginaj powoli w stawie skokowym i stawach palców i unoś ją do góry. Powinno to wkrótce zmniejszyć ból (wielokrotne powtarzanie tego ćwiczenia przed udaniem się na spoczynek być może pozwoli nawet na uniknięcie tych dolegliwości). Czasami pomaga również stanie na zimnej powierzchni. Jeśli żadna z tych metod nie łagodzi bólu, ulgę może przynieść masaż lub miejscowe ogrzanie. Jeśli to również nie pomaga, skontaktuj się

## Ćwiczenia rozciągające zapobiegające kurczom

*Stań twarzą do ściany, w odległości około dwóch kroków od niej. Następnie oprzyj się dłońmi o ścianę, nie odrywając pięt od podłogi. Jeśli czujesz napięcie w łydkach, to znaczy że wykonujesz ćwiczenie prawidłowo. Odczekaj 10 sekund – potem zrób 5 sekund odpoczynku. Powtórz 2-3 razy.*

z lekarzem, a jeśli ból wciąż trwa, należy rozważyć, czy nie wytworzył się w żyle skrzep krwi, co upoważniałoby lekarza do interwencji medycznej.

## KRWAWIENIE Z ODBYTU I ŻYLAKI OKOŁOODBYTNICZE

***Jestem zaniepokojona krwawieniem z odbytu.***

K rwawienie z odbytu jest zawsze niepokojącym objawem, szczególnie podczas ciąży – dlatego że dotyczy obszarów znajdujących się w bezpośredniej bliskości dróg rodnych. W przeciwieństwie jednak do krwawienia z pochwy krwawienie z odbytu nie jest objawem wskazującym na zagrożenie ciąży. Jest ono często w czasie ciąży spowodowane zewnętrznymi żylakami odbytnicy. Hemoroidy, które są żylakowato poszerzonymi naczyniami żylnymi odbytnicy, występują u 20-50% ciężarnych. Żyły te, tak jak i żyły kończyn dolnych, są w tym czasie bardzo podatne na tworzenie się żylaków.

Żylaki okołoodbytnicze mogą powodować swędzenie, ból lub krwawienie. Szczeliny okołoodbytnicze także często się zdarzają podczas ciąży. Mogą występować razem z hemoroidami lub same i zwykle są bardzo bolesne. Oba problemy często są wywoływane zaparciami lub mają z nimi bezpośredni związek.

Nie próbuj sama szukać przyczyny krwawienia z odbytu – zawsze musi być ono skonsultowane z lekarzem. Gdyby jednak okazało się, że masz hemoroidy i/lub szczeliny odbytu, to w procesie ich leczenia ty możesz odegrać zasadniczą rolę. Właściwa pielęgnacja może często wyeliminować potrzebę bardziej radykalnej terapii.

**Unikaj zaparć.** Nie muszą one wcale towarzyszyć ciąży. Profilaktyka zaparć od samego początku jest często doskonałym sposobem zapobiegania tworzeniu się żylaków i szczelin okołoodbytniczych.

**Unikaj dodatkowego nacisku na żyły odbytnicy.** Śpij na boku, nie na plecach; unikaj długiego stania i siedzenia; nie napręzaj się przy oddawaniu stolca, a także nie korzystaj zbyt długo z toalety (nie trzymaj w toalecie książek i czasopism, wtedy nie będzie cię korciło, by usiąść i poczytać). Przy oddawaniu stolca może pomóc ci oparcie stóp na podnóżku. Kładź się kilka razy dziennie – jeśli to możliwe, na lewym boku – aby ulżyć napiętym żyłom wokół odbytu. Jeżeli możesz, oglądaj telewizję, czytaj i załatwiaj całą papierkową robotę w tej właśnie pozycji.

**Wykonuj regularnie ćwiczenia Kegla.** Te proste ćwiczenia poprawiają krążenie krwi w tej części ciała (patrz s. 189).

**Staraj się zmniejszyć dyskomfort.** W tym celu dwa razy dziennie rób kąpiele w wannie (patrz *Dodatek*); możesz też przykładać okłady z oczaru wirginijskiego lub woreczki z lodem. Wypróbuj i zimną, i ciepłą terapię, by sprawdzić, która przynosi większą ulgę – lub stosuj je zamiennie.

**Nie stosuj żadnych leków bez zgody lekarza.** Używaj tylko takich leków, czopków, środków przeczyszczających czy rozluźniających stolec, które zostały ci przepisane przez lekarza, który wie, że jesteś w ciąży. Nie stosuj oleju mineralnego, gdyż może pozbawić cię cennych substancji odżywczych.

**Przestrzegaj zasad higieny.** Po każdym oddaniu stolca myj okolice krocza (od pochwy do odbytu) ciepłą wodą, zawsze podcierając się w kierunku od przodu ku tyłowi. Używaj wyłącznie białego, miękkiego papieru toaletowego, nie wycieraj się zbyt mocno.

Właściwa pielęgnacja może zapobiec utrwaleniu żylakowatego poszerzenia naczyń żylnych odbytnicy. Mogą one sprawiać trochę kłopotu podczas porodu, szczególnie wówczas, kiedy faza parcia się przedłuża, lecz znikają zazwyczaj po porodzie, jeśli środki profilaktyczne są nadal stosowane.

# ŚWIĄD BRZUCHA

*Stale swędzi mnie brzuch. Doprowadza mnie to do szaleństwa.*

B rzuchy kobiet ciężarnych są „brzuchami swędzącymi", a uczucie świądu może wzrastać wraz z rozwojem ciąży. Skóra na brzuchu mocno się napina. Rezultatem jest suchość wywołująca u niektórych kobiet wyjątkowe swędzenie. Spróbuj się nie drapać, ponieważ to tylko pogorszy sprawę. Ulgę może przynieść smarowanie brzucha preparatami nawilżającymi lub redukującymi swędzenie. Możesz także wypróbować płyn na bazie tlenku cynku i wody wapiennej lub kosmetyki na bazie płatków owsianych. Jeżeli odczuwasz swędzenie na całym ciele, zgłoś to lekarzowi.

# WYSTAJĄCY PĘPEK

*Mój pępek był dotąd idealnie wklęsły, a teraz cały wystaje na zewnątrz. Czy zostanie taki również po porodzie?*

W ystający pępek nie jest najlepszą ozdobą kobiety w stroju bikini, niemniej jednak podczas ciąży nie sposób go uniknąć. W miarę jak macica rozrasta się i wypycha ku przodowi, nawet najbardziej wklęsły pępek „wyskoczy" na zewnątrz, na długo przed porodem, zwykle około szóstego miesiąca. Po porodzie raczej wróci na swe poprzednie miejsce, lecz będzie zapewne większy, a skóra bardziej wiotka niż przed ciążą. Jeśli to twoja druga ciąża, pępek prawdopodobnie stanie się wypukły znacznie wcześniej niż przy pierwszej.

# ZATKANE PRZEWODY MLECZNE

*Martwię się niewielką, wrażliwą grudką z boku piersi. Co to może być?*

C hoć jeszcze kilka miesięcy dzieli cię od karmienia dziecka, wygląda na to, że twoje piersi już się do tego przygotowują. A rezultat? Zatkane przewody mleczne. Te czerwone, wrażliwe na dotyk, twarde grudki, bardzo często występują nawet w bardzo wczesnym okresie ciąży, szczególnie przy drugiej i kolejnych ciążach. Ciepłe kompresy (bądź strumień ciepłej wody skierowany na piersi, na przykład pod prysznicem) zapewne oczyści przewód w ciągu kilku dni, a metodę tę można będzie stosować także podczas karmienia piersią. Niektórzy specjaliści twierdzą, że pomaga noszenie biustonoszy bez usztywnień – ale musisz sprawdzić, czy noszony przez ciebie biustonosz dostatecznie podtrzyma piersi.

Pamiętaj też, że w czasie ciąży należy co miesiąc badać piersi. Choć badanie na obecność guzków jest trudniejsze u ciężarnej z powodu zmian zachodzących w obrębie piersi, nadal jednak powinno się je przeprowadzać. Gdy coś cię zaniepokoi, powiedz o tym lekarzowi podczas następnej wizyty.

## ZATRUCIE CIĄŻOWE LUB STAN PRZEDRZUCAWKOWY

*Moja przyjaciółka przebywała ostatnio w szpitalu z powodu stanu przedrzucawkowego. W jaki sposób można taki stan rozpoznać?*

Na szczęście stan przedrzucawkowy (znany również jako nadciśnienie wywołane ciążą) nie jest powszechny. W swojej najłagodniejszej formie występuje tylko u 5--10% ciężarnych. Większość tych przypadków występuje u kobiet, które zachodząc w ciążę, chorowały na przewlekłe nadciśnienie tętnicze. Stan przedrzucawkowy najczęściej występuje w pierwszych ciążach i powyżej 20 tygodnia ciąży. Wystąpić może też czynnik dziedziczny. Jeśli twoja matka cierpiała na stan przedrzucawkowy, będąc z tobą w ciąży, albo matka twego męża – gdy była w ciąży z nim, to istnieje nieco większe ryzyko, że ty także będziesz obarczona zatruciem ciążowym. Ważną rolę odgrywa dieta: badania wykazały, iż u kobiet ze stanem przedrzucawkowym częściej występuje niedobór witamin E i C (masz więc kolejny powód, by podczas ciąży dobrze się odżywiać). Wśród kobiet objętych regularną opieką prenatalną, z wcześnie postawionym rozpoznaniem i wcześnie leczonych, można zapobiegać niepotrzebnym komplikacjom. Chociaż rutynowe wizyty w poradni wydają się czasami stratą czasu, szczególnie gdy ciąża przebiega prawidłowo, to jednak dzięki nim można wykryć najwcześniejsze objawy, zwiastujące stan przedrzucawkowy. Do tych wczesnych objawów należą: nagłe przybranie na wadze, bez jednoczesnego zwiększenia ilości przyjmowanego pożywienia, poważne opuchnięcia rąk i twarzy, niewytłumaczalne bóle pleców, ból lub pieczenie w przełyku lub żołądka i/lub zaburzenia wzroku. Gdy zauważysz którykolwiek z powyższych objawów, zadzwoń do lekarza. Patrz s. 475 – wskazówki na temat postępowania w przypadku wysokiego ciśnienia krwi u kobiet w ciąży oraz s. 499 – więcej informacji na temat stanu przedrzucawkowego.

## POZOSTANIE W PRACY

*Planowałam pracować aż do porodu, ale czy jest to bezpieczne?*

Wiele kobiet z powodzeniem łączy pracę i ciążę do czasu rozwiązania, bez konieczności kompromisów z którejkolwiek strony. Jednak niektóre zajęcia są oczywiście bezpieczniejsze i bardziej nadają się dla przyszłej matki. Prawdopodobnie podjęcie decyzji, czy masz pracować do samego porodu, będzie miało przynajmniej trochę wspólnego z rodzajem wykonywanej przez ciebie pracy. Jeśli pracujesz przy biurku, zapewne możesz zaplanować, że pojedziesz na porodówkę prosto z pracy, bez żadnego zagrożenia dla ciebie czy twego dziecka. Niezbyt stresująca praca w pozycji siedzącej bywa wręcz mniej uciążliwa niż pozostanie w domu i przygotowywanie wygodnego gniazdka dla maleństwa za pomocą odkurzacza lub mopa. A trochę spaceru –

# Medycyna komplementarna i alternatywna

Skończyły się czasy, gdy medycyna alternatywna była mniej więcej tak samo źle postrzegana przez medycynę konwencjonalną jak babcine przesądy (i tyleż jej przyznawano racji). Teraz te pozornie odmienne metody leczenia nie są już uważane za rozbieżne – wręcz przeciwnie, coraz więcej lekarzy z obu dziedzin uważa je za uzupełniające się. Dlatego też medycyna komplementarna i alternatywna ma coraz większe szanse na to, by w którejkolwiek ze swych licznych form znaleźć miejsce w życiu twoim oraz twojej rodziny.

Specjaliści medycyny komplementarnej traktują zdrowie oraz dobre samopoczucie holistycznie, badając i łącząc w całość zarówno zdrowie fizyczne, jak i sprawy związane z odżywianiem, uczuciami i sprawami duchowymi. Jednocześnie kładą nacisk na zdolność ciała do samouleczenia – przy niewielkiej jedynie pomocy naturalnych przyjaciół, takich jak zioła, zabiegi fizyczne, potęga ducha i umysłu.

Ponieważ ciąża nie jest chorobą, lecz raczej „normalnym" etapem w życiu, medycyna komplementarna i alternatywna może stanowić naturalny dodatek do opieki położniczej – i dla wielu kobiet oraz ich lekarzy już nim jest. Obecnie wykorzystuje się szerokie spektrum technik, z różnym skutkiem, podczas przebiegu ciąży i w trakcie porodu. Są wśród nich:

• Akupunktura i akupresura mogą łagodzić wiele objawów ciążowych, na przykład poranne nudności, oraz zmniejszać bóle porodowe. Istnieje też elektropunktura, czyli metoda stymulacji elektrycznej za pomocą igieł do akupunktury. Pomaga ona wywoływać terminowy poród.

• Biofeedback – metoda pomagająca pacjentom kontrolować biologiczne reakcje na ból fizyczny lub stres emocjonalny. Może być bezpiecznie używana do redukowania różnych objawów ciąży, w tym bólu głowy i innych bólów, bezsenności, być może także porannych nudności. Biofeedback jest wykorzystywany do obniżenia ciśnienia krwi, jak również zwalczania depresji, niepokoju czy stresu.

• Chiropraktyka, w której za pomocą specjalnych zabiegów zwalcza się bóle pleców i rwę kulszową u kobiet ciężarnych.

• Dobrze wykonany masaż (patrz s. 209) może pomóc na niektóre z ciążowych przypadłości, na przykład na zgagę, bóle głowy i pleców czy rwę kulszową, jednocześnie przygotowując mięśnie do porodu. Podczas porodu służy do rozluźniania mięśni między skurczami i łagodzenia bólu pleców.

• Refleksologia, czyli terapia polegająca na uciskaniu określonych miejsc na stopach, dłoniach i uszach może przynieść ulgę w różnorodnych bólach, a także służy do stymulowania porodu czy redukowania bólów porodowych. Ponieważ uciskanie pewnych miejsc na stopach czy w ich pobliżu oraz na dłoniach może wywołać skurcze, musisz wybrać dobrze wyszkolonego refleksologa, który wie, że jesteś w ciąży. Ważne, by przed terminem porodu unikał wyżej wspomnianych miejsc.

• Hydroterapia lub terapeutyczne wykorzystanie ciepłej wody (zwykle w wannie jacuzzi) stosowane jest w wielu szpitalach czy klinikach położniczych do tego, by rodząca kobieta mogła się rozluźnić oraz do zmniejszenia dyskomfortu. (Miejsca, z których wypływa woda pod ciśnieniem, powinny znajdować się jednak z daleka od pochwy, aby woda nie dostała się do wnętrza.) Część kobiet decyduje się na poród w wodzie – patrz s. 15.

godzina czy dwie dziennie, w pracy czy poza nią – nie tylko nie jest szkodliwe, lecz wręcz korzystne (zakładając, że nie przenosisz ciężkich towarów). Prace wysiłkowe, bardzo stresujące i/lub łączące się z długotrwałym staniem to jednak zupełnie inna sprawa – a także temat pewnych kontrowersji.

Pewne badania przeprowadzone na grupie ciężarnych lekarek z intensywnego stacjonarnego programu szkoleniowego wykazały, że choć kobiety te były na nogach 65 godzin tygodniowo, nie występowało u nich więcej komplikacji ciążowych niż u kobiet pracujących znacznie krócej i na mniej stresujących posadach. Jednak inne badania su-

• Aromaterapia, która polega na wykorzystaniu olejków zapachowych do leczenia ciała, umysłu i ducha, bywa stosowana przez niektórych lekarzy w czasie trwania ciąży. Większość specjalistów zaleca jednak ostrożność, ponieważ pewne aromaty (w postaci skoncentrowanej) mogą okazać się niebezpieczne dla ciężarnej kobiety (więcej znajdziesz na s. 209).

• Medytacja, wizualizacja, techniki relaksacyjne mogą bez ryzyka pomóc kobiecie przebrnąć przez różne fizyczne czy emocjonalne stresy podczas ciąży, od dokuczliwych porannych nudności po bóle porodowe.

• Hipnoza jest użyteczna w obróceniu dziecka przy porodzie pośladkowym (w połączeniu z bardziej tradycyjnym obrotem zewnętrznym na główkę), w powstrzymywaniu przedterminowego porodu oraz do znoszenia bólu podczas porodu.

• Moksa, czyli połączenie akupunktury z ciepłem (w postaci tlącego się chińskiego piołunu), stosowana w celu obrócenia dziecka znajdującego się w pozycji pośladkowej.

• Leki ziołowe, czyli preparaty roślinne, używane od czasów, gdy ludzie po raz pierwszy zaczęli się rozglądać za środkami na dolegliwości, obecnie stosowane przez niektórych lekarzy w celu łagodzenia symptomów ciążowych. Jednak większość specjalistów nie zaleca ciężarnym kobietom środków ziołowych, gdyż nie przeprowadzono jeszcze wyczerpujących badań nad ich bezpiecznym stosowaniem (patrz niżej).

Wyraźnie zatem z powyższego wynika, iż medycyna niekonwencjonalna zaczyna mieć wpływ na położnictwo. Nawet najbardziej wierni tradycji ginekolodzy położnicy zaczynają zdawać sobie sprawę z tego, że w tych metodach tkwi siła nie do zlekceważenia oraz że należy je włączać do rutynowej opieki nad ciężarną. Jednak przy korzystaniu z metod medycyny komplementarnej i alternatywnej podczas ciąży należy postępować z rozwagą i pamiętając o pewnych zastrzeżeniach:

• Leki uzupełniające oraz preparaty ziołowe nie są badane ani zatwierdzane przez odpowiednie instytucje. Ponieważ nie zostały wystarczająco przebadane – w przeciwieństwie do innych leków – bezpieczeństwo ich przyjmowania nie zostało klinicznie potwierdzone. Nikt się nie upiera, że nie istnieją takie leki i preparaty, które można bez obaw stosować podczas ciąży, lecz uważa się jedynie, że nie ma na razie oficjalnego systemu określającego, które są bezpieczne, a które – nie. Zanim będzie więcej wiadomo, lepiej unikać leków homeopatycznych bądź ziołowych, preparatów uzupełniających bądź leczenia aromaterapią, chyba że zostały one konkretnie przepisane przez lekarza medycyny konwencjonalnej posiadającego wiedzę z dziedziny medycyny alternatywnej, świadomego twego stanu. (Dotyczy to również okresu po narodzeniu dziecka, jeśli karmisz piersią.)

• Zabiegi uzupełniające, zwykle łagodne – bądź wręcz korzystne – mogą takie nie być dla ciężarnej kobiety. Od leczniczego masażu poczynając, na chiropraktyce kończąc, pojawiają się liczne zastrzeżenia, które należy brać pod uwagę w przypadku kobiety w ciąży.

• Medycyna komplementarna czy alternatywna może mieć bardzo silne skutki. W zależności od sposobu stosowania, tkwiący w niej potencjał uzdrawia bądź stanowi zagrożenie. Miej na uwadze, że „naturalny" nie jest synonimem „bezpiecznego", tak samo jak „chemiczny" nie odpowiada „niebezpiecznemu". Poproś lekarza, by pomógł ci się ustrzec przed potencjalnymi pułapkami oraz zasugerował te zabiegi, które mogą ci pomóc, a nie zaszkodzić.

gerują, że praca bardzo męcząca, stresująca lub taka, która wymaga długiego stania po 28 tygodniu – zwłaszcza jeśli kobieta ma jeszcze inne dzieci, którymi musi się opiekować – może zwiększyć ryzyko wystąpienia pewnych komplikacji, w tym przedwczesnego porodu, wysokiego ciśnienie krwi matki i niskiej masy urodzeniowej dziecka.

Czy kobiety, których praca wymaga długiego stania, tj. sprzedawczynie, kucharki, policjantki, kelnerki, lekarki, pielęgniarki itd., powinny pracować po 28 tygodniu ciąży? Aby otrzymać ostateczną odpowiedź na to pytanie, trzeba wykonać jeszcze wiele badań. Amerykańskie Towarzystwo Medyczne zaleca kobietom, które pracują w pozycji stojącej przez więcej niż 4 godziny dziennie, przerwanie pracy (lub przeniesienie do pracy przy biurku) około 24 tygodnia ciąży, tym zaś, których praca wymaga stania przez połowę każdej godziny pracy, przerwanie jej około 32 tygodnia ciąży. Wielu lekarzy uważa te zalecenia za zbyt surowe oraz niepraktyczne i zezwala pracować tym kobietom, których ciąża ma przebieg prawidłowy i które dobrze się czują. Nie jest jednak dobrym pomysłem kontynuowanie pracy zawodowej przez cały czas, a to nie tyle z powodu teoretycznego zagrożenia dla płodu, ile z powodu realnego ryzyka nasilenia takich dolegliwości, jak: bóle pleców, żylaki kończyn dolnych lub żylaki okołoodbytnicze.

Zapewne warto wcześniej udać się na zwolnienie, jeśli pracujesz w systemie zmianowym (co może wywołać zaburzenia apetytu i snu, a także zwiększyć zmęczenie); twoja praca pogarsza problemy związane z ciążą (bóle głowy, pleców, zmęczenie); oraz jeśli występuje zwiększone ryzyko upadku czy innych urazów. Niektórzy specjaliści zalecają kobietom, by przerwały pracę po 20 tygodniu ciąży, jeśli ich praca polega na ciągnięciu, pchaniu bądź wspinaniu się (schody, słupy, drabiny) czy schylaniu się poniżej poziomu pasa – jeśli praca jest intensywna; jeśli jest umiarkowana, to należy ją przerwać po 28 tygodniu. Podnoszenie – nawet częste – przedmiotów ważących ok. 11 kilogramów lub mniej zwykle nie bywa przyczyną komplikacji, podobnie jak podnoszenie ciężarów do 23 kilogramów od czasu do czasu (co powinno uspokoić ciężarne matki niemowląt i przedszkolaków). Jednak kobiety, które w pracy muszą często podnosić przedmioty ważące 23 kilogramy bądź więcej, raczej powinny pójść na zwolnienie około 20 tygodnia, natomiast często podnoszące ciężary od 11 do 23 kilogramów – około 34 tygodnia. Kobiety, które tylko czasami podnoszą przedmioty ważące ponad 23 kilogramy, powinny przerwać pracę w 30 tygodniu ciąży.

Czujesz się zagubiona? Nie jesteś pewna, które z tych wskazówek dotyczą właśnie ciebie? Przy podejmowaniu decyzji poproś lekarza o radę. Pamiętaj też, że niezależnie od tego, jak długo pozostajesz w pracy, istnieją sposoby na zredukowanie związanego z nią fizycznego stresu w okresie ciąży. Patrz s.112.

# BÓL PORODOWY

*Nie mogę się doczekać chwili, gdy zostanę matką, lecz z mniejszą niecierpliwością czekam na sam poród. Przede wszystkim obawiam się bólu.*

Choć niemal każda przyszła matka niecierpliwie czeka na urodzenie dziecka, to niewiele z nich oczekuje samego porodu. Lęk przed nieznanym jest oczywisty i normalny, zwłaszcza u tych kobiet, które nigdy przedtem nie doświadczyły podobnego odczucia.

Nie ma sensu bać się bólu, lecz warto się do niego przygotować. Jeśli kobieta wyobraża sobie, że poród będzie jednym wielkim wspaniałym przeżyciem, to po 24 godzinach rozrywającego bólu będzie cierpiała zarówno z powodu bólu, jak i rozczarowania. A ponieważ nie przewidywała tego bólu, trudno jej sobie z nim poradzić.

Kobiety najbardziej obawiające się bólu, jak i te, które nie biorą go pod uwagę, na ogół znacznie trudniej przechodzą poród niż kobiety, które realistycznie podchodzą do rzeczywistości i są przygotowane na każdą ewentualność.

Jeżeli przygotujesz się zarówno ciałem, jak i duchem, powinno to zmniejszyć twój niepokój, a jednocześnie sprawi, że łatwiej przejdziesz przez poród.

**Ucz się.** Jedną z przyczyn, z powodu których poród był tak przerażający dla wielu pokoleń kobiet, było to, że nie rozumiały one tego, co i dlaczego się z nimi dzieje. Dobre szkoły rodzenia (patrz s. 250) uczą przyszłych rodziców, a jednocześnie przygotowują ich krok za krokiem, etap za etapem, na chwilę porodu. Większa wiedza przyczynia się do zmniejszenia strachu. Jeśli nie możesz zapisać się na taki kurs, jak najwięcej czytaj o rodzeniu dziecka (postaraj się zapoznać ze wszystkimi poglądami na ten temat). Twoja niewiedza może cię drogo kosztować.

**Ruszaj się.** Z pewnością nie wzięłabyś udziału w maratonie bez odpowiedniego przygotowania. Powinnaś więc też odpowiednio przygotować się do porodu, który stanowi nie mniejsze wyzwanie. Dokładnie wykonuj wszystkie ćwiczenia zalecone przez lekarza prowadzącego i/lub nauczyciela w szkole rodzenia.

**Nie myśl teraz o bólu.** O bólach porodowych, bez względu na ich siłę, można przytoczyć dwa stwierdzenia. Po pierwsze są one ograniczone w czasie, choć wydaje się to nie do wiary. Poród nie będzie trwał wiecznie. Na ogół poród pierwszego dziecka trwa od 12 do 14 godzin, ale tylko kilka z tych godzin będzie trudnych do zniesienia (choć poród może niekiedy przeciągać się znacznie dłużej, wielu lekarzy nie pozwoli na to, by trwał powyżej 24 godzin i zaleci zakończenie go metodą cięcia cesarskiego, jeśli nie nastąpi odpowiedni postęp). Po drugie jest to ból, który ma określony, pozytywny cel. Skurcze stopniowo rozwierają szyjkę macicy, a każdy skurcz przybliża cię do urodzenia dziecka. Jednakże podczas bardzo trudnego porodu możesz na skutek bólu zapomnieć o tym celu. Nie czuj się winna – wiele kobiet w takiej chwili zachowuje się tak samo. Stopień wytrzymałości na ból nie odzwierciedla twojej miłości macierzyńskiej.

**Pamiętaj, żeby porodu nie przechodzić samotnie.** Nawet gdybyś w czasie porodu nie była zbyt rozmowna – albo przyjacielsko nastawiona – to zawsze pocieszająca będzie

myśl, że twój mąż (lub bliska przyjaciółka czy krewna) będzie obok ciebie po to, aby wytrzeć ci czoło, podać lód, wymasować plecy lub kark, albo po to, abyś mogła na niego nakrzyczeć. Twój partner powinien wziąć udział w kursach szkoły rodzenia razem z tobą. W wypadku gdyby nie było to możliwe, powinien przynajmniej przeczytać rozdział o porodzie, zaczynający się od strony 333 oraz o roli partnera rodzącej na stronie 346, by wiedzieć, czego się spodziewać.

Wiele kobiet, niezależnie od tego, czy ktoś im towarzyszy czy też nie, uważa, że bardzo służy im czyjaś pomoc.

**Bądź gotowa na zastosowanie znieczulenia, jeśli będzie to konieczne.** Prośba lub zgoda na znieczulenie nie oznacza ani niepowodzenia, ani słabości (synonimem „matki" nie jest „męczennica"). Niekiedy któraś z form łagodzenia bólu jest wręcz niezbędna, by kobieta rodziła najefektywniej. Na s. 272 znajdziesz więcej informacji dotyczących środków znieczulających podczas porodu.

I choć trudno w to uwierzyć w chwili, gdy próbujesz oddychać w trakcie uciążliwego skurczu, naprawdę większość kobiet szybko zapomina o bólach rodzenia krótko po zakończeniu parcia (lub przynajmniej po tym, jak sto czy dwieście razy dzieliły się wrażeniami z porodu z przyjaciółmi i znajomymi). Gdyby było inaczej, wokół nas byłoby wielu jedynaków.

# PORÓD

*Jestem pełna obaw dotyczących porodu. Co będzie, jeśli zapomnę o wszystkim, czego się nauczyłam w szkole rodzenia?*

Edukacja przedporodowa to dla kobiet w ostatnich dziesięcioleciach ogromny krok naprzód, prawdopodobnie ważniejszy niż wspaniałe postępy medycyny. Jednakże stworzenie modelu idealnego porodu powoduje czasami, że przyszli rodzice czują się zmuszeni do tego, by taki idealny poród osiągnąć. Małżonkowie przygotowują się do porodu jak do ważnego egzaminu końcowego. Nic też dziwnego, iż wielu z nich się obawia, że zawiodą, a to z kolei powoduje, że sprawiają zawód sobie nawzajem, a także swym dzieciom, lekarzom, położnym, a szczególnie swoim nauczycielom.

Na szczęście większość nauczycieli w szkołach rodzenia reprezentuje obecnie bardziej wyważone, mniej dogmatyczne podejście: takie, w którym uznaje się, iż rodzić można na wiele sposobów. Większość szkół nie ukazuje już porodu jako rodzaju testu, który matka zdaje (ma ćwiczyć oddech, rodzić w sposób tradycyjny i nie brać leków) lub oblewa (jest zbyt spanikowana, by pamiętać o ćwiczeniach oddychania, zgadza się na leki przeciwbólowe i/lub na końcu rodzi przez cięcie cesarskie). O tym wszystkim trzeba pamiętać, ale jeżeli nawet zapomnisz z powodu bólu i podniecenia o tym, o czym powinnaś pamiętać i co powinnaś wykonywać, nie zmienia to wyniku porodu ani nie zamieni go w twoją porażkę.

Naucz się w szkole rodzenia wszystkiego, czego możesz, lub korzystaj z książek, lecz nie zapomnij o tym, że poród jest naturalnym procesem, przez który większość przechodzi szczęśliwie od tysięcy lat, zanim pani Lamaze urodziła syna, który później został lekarzem. Pamiętaj też, że naturalny nie oznacza automatycznie „idealny" czy „bezpieczny". Przed wprowadzeniem nowoczesnych technologii medycznych poród był niebezpieczny i wiele matek i dzieci nie przeżywało go. Zatem wybierz – jeśli możesz – sposób „naturalny", lecz przygotuj się również na przyjęcie pomocy w postaci interwencji medycznej, jeśli będzie ci ona potrzebna, i nie czuj się z tego powodu winna ani nie sądź, że spotkało cię niepowodzenie. Pamiętaj, iż najważniejszym celem porodu, jedynym liczącym się na dłuższą metę, jest zdrowe dziecko oraz zdrowa matka.

**Obawiam się, że zrobię coś kłopotliwego w czasie porodu.**

Perspektywa krzyku, płaczu lub mimowolnego opróżnienia pęcherza lub jelit może ci się teraz wydawać czymś bardzo zawstydzającym. Uniknięcie upokorzenia będzie jednakże ostatnią rzeczą, o której będziesz myślała w czasie porodu. Pamiętaj także o tym, że nic z tego, co zrobisz w czasie porodu, nie zaszokuje tych, którzy będą z tobą, a którzy niewątpliwie wszystko to już przedtem widzieli i słyszeli. Więc odłóż na bok swoje zahamowania w chwili, kiedy zostaniesz przyjęta do szpitala czy kliniki położniczej, a następnie nie wahaj się przed robieniem wszystkiego, co przychodzi ci naturalnie bądź co przynosi ci ulgę. Jeżeli jesteś osobą, która zazwyczaj wyraża swoje emocje za pomocą słów – nie staraj się powstrzymywać jęków lub nawet krzyków. Z drugiej strony, jeśli jesteś osobą na ogół małomówną i wolisz raczej „płakać w poduszkę" – nie czuj się zobowiązana do tego, aby przekrzyczeć kobiety znajdujące się w pokojach obok.

**Mam dość sprecyzowane wyobrażenie o tym, jak powinien wyglądać poród. Nie chciałabym stracić kontroli nad sytuacją.**

Jeśli jesteś typem lubiącym mieć wszystko pod kontrolą, to myśl o powierzeniu spraw wiążących się z porodem personelowi medycznemu może być nieco denerwująca. Oczywiście, chcesz, by zajęli się tobą i dzieckiem jak najlepiej, lecz wolałabyś sama kontrolować sytuację. Istnieją spore szanse, że tak się stanie, szczególnie gdy starannie przygotujesz się do tego: poprzez przykładanie się do ćwiczeń przygotowujących do porodu, zaznajomienie się z procesem wydawania dziecka na świat, a także za sprawą dobrej, wydajnej współpracy z lekarzem – jeśli jeszcze tego nie zrobiłaś. Ustalając z lekarzem plan porodu (patrz s. 270) i wyszczególniając w nim to, czego pragniesz, a także to, czego sobie nie życzysz, również w ten sposób zwiększasz swoją kontrolę nad przebiegiem porodu.

Mimo to ważne jest, aby zrozumieć, że niekoniecznie musisz panować nad swoim porodem. Nawet najlepiej przygotowane plany mogą zostać zmienione z powodu nieprzewidzianych okoliczności. Dlatego też dobrze jest przygotować się i na taką ewentualność. Na przykład: wykonałaś starannie masaż krocza (patrz s. 326) w nadziei urodzenia dziecka bez nacięcia krocza, lecz po trzech godzinach parcia krocze nie chce się rozciągnąć. Albo zaplanowałaś sobie przebycie porodu bez środków znieczulających, ale wyjątkowo długi i wyczerpujący okres aktywnego porodu pozbawił cię sił. Dlatego ważną częścią twojej edukacji przedporodowej będzie uświadomienie sobie, kiedy zrezygnować z kontroli w najlepszym interesie twoim i twojego dziecka.

## ZWIEDZANIE SZPITALI

*Szpitale zawsze kojarzyły mi się z chorobami, więc czuję przed nimi lęk. Co mogę zrobić, by spokojnie przejść nad myślą rodzenia w jednym z tych miejsc?*

Piętro porodówki jest bez wątpienia najradośniejsze ze wszystkich. Mimo to zapewne przybędziesz na nie z trwogą, bo nie wiesz, czego oczekiwać. Dlatego właśnie znakomita większość szpitali i klinik położ-

niczych zachęca pary oczekujące narodzin dziecka do zwiedzania oddziałów opieki nad matką i dzieckiem. Zapisując się, zapytaj o taką ewentualność. W niektórych placówkach można wypożyczyć kasety wideo, na których zarejestrowane są miejsca związane z porodem, a część oferuje „wirtualne wycieczki" poprzez swoje strony internetowe. Możesz także wpaść do szpitala z nieoficjalną „wizytą" w godzinach odwiedzin; nawet jeśli sam oddział, na którym odbywają się porody, jest niedostępny, to spróbuj zerknąć do sali poporodowej czy dokładnie przyjrzeć się sali noworodków. Potem, gdy sama będziesz rodzić, będziesz się czuła swobodniej, a poza tym zobaczysz, jak wyglądają nowo narodzone dzieci, nim będziesz trzymać w ramionach własne.

Najprawdopodobniej spodoba ci się to, co ujrzysz podczas wizyty. Choć szpitale czy kliniki położnicze różnią się między sobą, to rosnąca konkurencja i walka o pacjenta sprawia, że liczba udogodnień i jakość oferowanych usług jest imponująca. Pokoje porodowe – wcześniej wyjątek – teraz stają się regułą. Na stronie 14 znajdziesz więcej informacji.

## SZKOŁA RODZENIA PRZY DRUGIEJ CIĄŻY

*Jestem po raz drugi w ciąży. Czy rzeczywiście powinnam znowu wybrać się do szkoły rodzenia?*

---

## Gdy coś budzi niepokój

Może ten atak bólu podbrzusza za bardzo przypomina skurcze, by można go było zignorować? Albo pojawiły się zmiany w upławach pochwowych, ból w dolnej części pleców czy miednicy – lub po prostu czujesz coś tak nieokreślonego, że nie jesteś w stanie sprecyzować, co się dzieje. Choć może nie jest to nic niebezpiecznego, należy postępować ze zwiększoną ostrożnością, zatem przeczytaj porady zawarte na stronach 130 i 269, czy aby nie należy zadzwonić do lekarza. Jeśli nie znalazłaś swych objawów na liście, pewnie i tak najlepiej będzie zadzwonić. Poinformowanie o nietypowych objawach może pomóc w rozpoznaniu przedterminowego porodu lub komplikacji ciążowych, a to ma istotne znaczenie dla końcowego wyniku ciąży. Pamiętaj, że ty najlepiej znasz swój organizm.

Nawet najbardziej doświadczone osoby skorzystają z zajęć prowadzonych w ramach szkoły rodzenia – przede wszystkim dlatego, że każdy poród jest inny, zatem to, czego doświadczyłaś poprzednim razem, może się różnić od tego, co może cię czekać teraz. Po drugie, sprawy związane z porodem szybko się zmieniają, więc prawdopodobnie pojawiło się wiele nowości od czasu, gdy ostatni raz leżałaś na łóżku porodowym – nawet jeśli było to ledwie kilka lat temu. Od tamtego czasu mogły pojawić się nowe możliwości; zabiegi – wówczas rutynowe – teraz mogą stanowić rzadkość, a te, które były rzadkością – są rutyną. Przyjęcie innego podejścia staje się szczególnie ważne wtedy, gdy decydujesz się na skorzystanie z innego szpitala czy kliniki położniczej.

Istnieje jednak i taka możliwość, że nie będziesz musiała uczęszczać na zajęcia razem z nowicjuszami. W wielu miejscach organizowane są także kursy „odświeżające pamięć".

## CO WARTO WIEDZIEĆ
### Edukacja przedporodowa

W połowie zeszłego stulecia przygotowanie do porodu polegało na wymalowaniu pokoju dziecięcego, przygotowaniu wyprawki i walizki pełnej pięknych koszul nocnych, która gotowa czekała przy drzwiach. Tym, na co czekano, było pojawienie się dziecka, a nie doświadczenie porodu. Kobiety nie wiedziały prawie nic na temat porodu, a ich mężowie jeszcze mniej. A ponieważ należało się spodziewać, że matka najprawdopodobniej będzie znieczulona podczas porodu, a roztargniony ojciec będzie czytał gazety w poczekalni, ich brak wiedzy na ten temat nie miał większego znaczenia.

Obecnie, kiedy znieczulenie ogólne zarezerwowane jest głównie dla nagłych przypadków cięcia cesarskiego, poczekalnie są zarezerwowane dla zdenerwowanych dziadków, a mama i tata razem mogą uczestniczyć w porodzie, taki brak wiedzy nie jest ani rozsądny, ani zalecany. Przygotowanie się do urodzenia dziecka oznacza przygotowanie się do samego procesu porodu, a także oczekiwanie na przyjście na świat nowego człowieka. Pary oczekujące przyjścia dziecka dosłownie pożerają książki i czasopisma, a także przeszukują zasoby Internetu i oglądają kasety wideo. Uczestniczą w pełni we wszystkich wizytach przed porodem, poszukując odpowiedzi na wszystkie swoje pytania i starając się rozwiać wszelkie wątpliwości. I coraz częściej uczestniczą w zajęciach prowadzonych przez tzw. szkoły rodzenia.

Czym zajmują się szkoły rodzenia i dlaczego jest ich coraz więcej? Pierwsze szkoły rodzenia miały za cel wytłumaczenie nowego podejścia do porodu – tzn. bez znieczulenia i bez obaw – i były powszechnie znane jako szkoły rodzenia naturalnego. Od tego czasu przesunięto akcent z porodu naturalnego (chociaż nadal wiele osób uważa go za idealny) na kształcenie się i przygotowanie do wielu wariantów porodu. Robi się to po to, aby w momencie, kiedy się okaże, że poród będzie ze znieczuleniem lub bez, drogami naturalnymi lub drogą cięcia cesarskiego, z nacięciem krocza lub bez niego, rodzice w pełni byli w stanie zrozumieć to, co się dzieje, i w pełni mogli uczestniczyć w porodzie.

Cele większości współczesnych szkół rodzenia to:

• Przekazanie dokładnych i wyważonych informacji dotyczących porodu drogami natury oraz o ewentualnych komplikacjach, o powszechnie spotykanych w szpitalach procedurach i zabiegach, interwencjach medycznych – łącznie z różnymi metodami znieczulania. Cel: zmniejszenie lęku, zwiększenie umiejętności znoszenia bólu i podejmowania decyzji, a także dokładne przygotowanie pary oczekującej przyjścia dziecka na świat na większość prawdopodobnych scenariuszy porodu.

• Nauczenie specjalnie opracowanych metod relaksacji (odpoczynku), oderwania uwagi od porodu, panowania nad pracą mięśni i kontroli oddychania – wszystkie te elementy przyczyniają się do poczucia kontroli nad porodem, a jednocześnie zwiększają wytrzymałość kobiety i jej odporność na ból. Techniki te są zróżnicowane w zależności od profilu wybranej szkoły.

• Stworzenie owocnego, aktywnego klimatu pomiędzy rodzącą matką a jej partnerem. Jeśli ów klimat zostanie utrzymany w czasie porodu, może on pomóc zminimalizować obawy matki i zwiększyć jej starania w czasie porodu. Dzięki temu partner staje się też integralną częścią porodu.

## KORZYŚCI WYNIKAJĄCE Z UCZESTNICTWA W ZAJĘCIACH PROWADZONYCH PRZEZ SZKOŁY RODZENIA

Korzyści, jakie wyniosą małżonkowie z tych zajęć, zależą od rodzaju szkoły, nauczyciela i ich własnej postawy. Ogólnie rzecz biorąc, zajęcia te jednym przynoszą większą korzyść, a drugim mniejszą. Niektórzy czują się w grupie swobodnie, a dzielenie się odczuciami jest dla nich czymś naturalnym i pomocnym. Inni czują się nieswojo, a opowiadanie o swoich odczuciach jest ich zdaniem trudne i do niczego nie prowadzi. Niektóre osoby uczą się z przyjemnością technik relaksacyjnych i prawidłowego oddychania, podczas gdy inne uważają je za niepotrzebne i niepożądane, a nawet za stymulujące stres. Niektóre kobiety znajdują w tych technikach skuteczny sposób opanowania bólu porodowego, natomiast inne nie korzystają z nich wcale. Jednakże prawie każde małżeństwo odnosi korzyści z uczestnictwa w dobrej szkole rodzenia – a na pewno niczego nie traci.

A oto niektóre z tych korzyści:

• Możliwość spędzania wspólnie czasu z innymi małżeństwami, które również spodziewają się przyjścia dziecka na świat, co pozwala na dzielenie się doświadczeniami, porównywanie postępów czy opowiadanie o obawach. Te spotkania są również szansą na nawiązanie przyjaźni na przyszłość z osobami, które też mają dzieci. Wiele grup urządza sobie nawet spotkania już po urodzeniu dzieci.

• Zwiększenie udziału ojca w tym szczególnym momencie życia kobiety, jakim jest ciąża, a zwłaszcza wtedy, gdy nie jest możliwy jego udział w wizytach przedporodowych. Zajęcia w szkołach rodzenia zaznajamiają go z samym procesem porodu, a także umożliwiają kontakt z innymi przyszłymi ojcami. Niektóre szkoły prowadzą nawet specjalne zajęcia tylko dla ojców, dając im szansę wyrażania swoich odczuć i obaw, którymi nie chcą obciążać swoich partnerek.

• Szansa uzyskania odpowiedzi na pytania, które pojawią się w okresach pomiędzy wizytami w poradni, a także na te, o których nie chciałabyś rozmawiać z lekarzem.

• Możliwość otrzymania praktycznych instrukcji dotyczących ćwiczeń oddechowych i relaksacyjnych, a niekiedy także alternatywnych metod łagodzenia bólu, lub nawiązania dobrego kontaktu z ekspertem w tej dziedzinie. Może to być pomocne w opanowaniu strachu przed bólem, a w sytuacji idealnej – sprzyja radzeniu sobie ze strachem podczas porodu, co sprawia, że rodząca nie musi przyjmować leków.

- Okazja do uwierzenia w siebie i swoje umiejętności (które pozwolą ci lepiej przejść przez trudy porodu) poprzez pogłębianie wiedzy (która pomoże ci zwalczać strach przed nieznanym). Ta siła sprawi, że będziesz miała większe poczucie kontroli nad tym, co się dzieje.

- Możliwość doskonalszego, mniej stresowego porodu, dzięki lepszemu zrozumieniu samego procesu rodzenia i umiejętności radzenia sobie w tej sytuacji. Małżeństwa, które uczestniczyły w kształceniu przedporodowym, oceniają swoje doznania jako bardziej satysfakcjonujące niż te pary, które w nim nie uczestniczyły.

- Możliwość nieznacznego skrócenia czasu trwania porodu. Badania wykazują, że przeciętny poród kobiet, które uczestniczyły w zajęciach prowadzonych przez szkoły rodzenia, jest trochę krótszy niż tych, które w nich nie uczestniczyły. Prawdopodobnie dlatego, iż szkolenie i lepsze przygotowanie pozwala im na pracę zgodnie ze skurczami – a nie przeciwko. Nie gwarantuje to jednak krótkiego porodu, a stwarza jedynie szansę na skrócenie go.

## WYBÓR SZKOŁY RODZENIA

W niektórych ośrodkach, gdzie jest mało szkół, wybór jest względnie prosty. W innych różnorodność ofert może utrudnić ci wybór. Kursy są różne. Niektóre prowadzone są przez szpitale, inne przez prywatnych instruktorów, a jeszcze inne przez lekarzy w poradniach. Są kursy dla kobiet we wczesnym okresie ciąży, tzn. w pierwszym czy drugim trymestrze, na których omawia się problemy dotyczące odżywiania, ćwiczeń, rozwoju płodu, higieny seksu. Są też zajęcia trwające od 6 do 10 tygodni, rozpoczynające się zazwyczaj w 7 czy 8 miesiącu, które koncen-

trują się głównie na porodzie i opiece nad noworodkiem i matką w połogu.

Jeśli możliwości wyboru są niewielkie, udział w jakiejkolwiek szkole rodzenia jest przypuszczalnie lepszy niż nic – jeżeli potrafisz zachować dystans i nie przyjmujesz wszystkiego zbyt dosłownie. Jeżeli tam, gdzie mieszkasz, istnieje możliwość wyboru szkoły, spróbuj zdecydować, opierając się na następujących przesłankach:

**Kto sponsoruje kurs?** Kurs prowadzony przez twojego lekarza lub rekomendowany przez niego zwykle sprawdzi się najlepiej. Dobry będzie też kurs przy szpitalu, w którym będziesz rodzić. Jeśli poglądy twojego nauczyciela ze szkoły rodzenia dotyczące porodu różnią się od poglądów reprezentowanych przez osobę, która będzie przy twoim porodzie, to na pewno nie unikniesz konfliktów. Jeśli takie rozbieżności się pojawiają, to jak najszybciej zgłoś się z nimi do swojego lekarza.

**Jak liczna jest grupa?** Małe jest piękne. Za ideał uważa się grupę składającą się z 5-6 par małżeńskich. Grupa licząca więcej niż 10 czy 12 par będzie już za duża. Jest to ważne nie tylko dlatego, że w małych grupach nauczyciel może poświęcić więcej czasu i uwagi poszczególnym parom (co jest niezwykle ważne przy wykonywaniu ćwiczeń oddechowych i relaksacyjnych), lecz także dlatego, że poczucie wspólnoty jest w takich grupach silniejsze.

**Jaka jest linia przewodnia?** Poproś, by ci ją przedstawiono, a jeśli to możliwe, spędź trochę czasu na zajęciach. Na dobrym kursie powinno się rozmawiać o cesarskim cięciu (zaznaczając, że może to dotyczyć 15 do 25% uczestników) oraz o porodzie z użyciem środków medycznych (część kobiet może ich potrzebować lub po prostu chce z nich skorzystać), a także o psychicznych, emocjonalnych i technicznych aspektach wydawania dziecka na świat.

## Informacja dotycząca szkół rodzenia

Poproś swojego lekarza o informację o szkołach rodzenia w twoim rejonie lub zadzwoń do szpitala, w którym zamierzasz urodzić. Jeśli interesują cię zajęcia dotyczące pierwszych trymestrów ciąży, zapytaj o nie podczas jednej z pierwszych wizyt, jeśli nie, to zainteresuj się nimi w III trymestrze.

**Jaki jest styl prowadzenia zajęć?** Czy nauczyciel jest osobą o otwartym umyśle, z elastycznym podejściem, czy też myśli jednotorowo i jest dogmatykiem? Czy oczekiwania, jakim mają sprostać uczniowie, są realne czy nie? (Uważaj, czy na przykład nie zapewnia się ciebie, że poród będzie krótki, bezinterwencyjny.) Nie sposób przewidzieć, jakie poglądy reprezentuje nauczyciel, zanim weźmiesz udział w prowadzonych przez niego zajęciach – pewne rozeznanie może ci dać uczestnictwo w nich bądź rozmowa z nauczycielem przed podjęciem decyzji o zapisaniu się.

**Jaka jest liczba porodów bez znieczulenia wśród „absolwentek" szkół rodzenia?** Ta informacja może być bardzo pomocna, ale czasami może też wprowadzać w błąd. Czy duża liczba porodów bez znieczulenia wskazuje na dobre przygotowanie absolwentek tych szkół do radzenia sobie z bólem, czy rzeczywiście rzadziej potrzebowały one zastosowania środków znieczulających? Czy też dlatego, że prośbę o środek znieczulający uważały za osobistą porażkę, więc ze stoickim spokojem wytrzymywały najgorsze bóle? Być może najlepszym sposobem znalezienia odpowiedzi byłaby rozmowa z niektórymi absolwentkami.

**W jaki sposób są prowadzone zajęcia w szkole?** Czy pokazuje się filmy z prawdziwych porodów? Czy usłyszysz opinie ojców i matek, które ostatnio rodziły? Czy będą dyskusje, czy tylko wykłady? Czy przyszli rodzice będą mieli możliwość zadawania pytań? Czy zapewnia się odpowiednią ilość czasu na praktyczne ćwiczenie różnych technik?

## NAJPOPULARNIEJSZE FILOZOFIE W SZKOŁACH RODZENIA

Zajęcia w szkołach rodzenia znajdujących się w twojej okolicy mogą być prowadzone przez pielęgniarki, położne lub dyplomowanych specjalistów. Reprezentowane przez nich filozofie porodu różnią się, nawet jeśli zostali wyszkoleni w ramach tego samego programu. Oto najpopularniejsze szkoły:

**Lamaze.** Szkoła Lamaze'a, zapewne najpopularniejsza w Stanach Zjednoczonych, została założona przez doktora Ferdynanda Lamaze'a w latach pięćdziesiątych zeszłego stulecia. Jej główną ideą jest zastosowanie przez rodzącą matkę technik relaksacyjnych i oddechowych w połączeniu ze stałym wsparciem ze strony współmałżonka (lub innego partnera) oraz wyszkolonej pielęgniarki, dzięki czemu matka może przeżyć poród w sposób jak najbardziej naturalny. Według filozofii Lamaze'a, poród jest czymś normalnym, naturalnym i zdrowym, a zdolność kobiety do rodzenia w sposób naturalny może być albo poprawiona, albo zmniejszona przez wsparcie, jakie otrzymuje od osoby zapewniającej opiekę zdrowotną oraz przez otoczenie (klinika położnicza, dom lub szpital). Celem szkolenia Lamaze'a jest aktywna koncentracja, która ma swe podstawy w rozluźnieniu i rytmicznym oddychaniu. Kobiety, w celu poprawienia zdolności koncentracji, zachęca się do skupienia uwagi na jakimś punkcie. Na kursach mówi się także o wygodnych pozycjach do rodzenia; o technikach oddychania czy masażu; umiejętnościach porozumiewania się;

a także o innych sposobach umożliwiających jak najprzyjemniejszy poród. Udzielane są informacje dotyczące pierwszych dni połogu i karmienia piersią. Choć filozofia Lamaze'a opiera się na założeniu, że kobieta ma prawo rodzić bez rutynowej interwencji medycznej, na zajęciach omawiane są najczęściej stosowane rodzaje takiej interwencji (w tym znieczulenie), aby przygotować pary na każdy możliwy scenariusz porodu. Tradycyjny kurs Lamaze'a składa się z sześciu dwu- lub dwuipółgodzinnych lekcji.

**Bradley.** Ta szkoła zapoczątkowała aktywny udział ojca w porodzie. Przykłada ona szczególną wagę do odpowiedniej diety jako podstawy zdrowej ciąży i wykonywania ćwiczeń, które mają łagodzić dyskomfort występujący w ciąży, przygotowywać mięśnie do porodu, a piersi do karmienia. Kobiety uczą się naśladować pozycję i oddychanie (powolne i głębokie) w czasie snu, by mogły potem wykorzystać je w czasie porodu, i stosować techniki relaksacyjne, które mogą złagodzić dolegliwości pierwszego okresu porodu. Nie zaleca ona modelu oddychania stosowanego w szkole Lamaze'a, a propaguje tzw. brzuszne, głębokie oddychanie. Bardziej zaleca rodzącym kobietom, aby skoncentrowały się na swoim ciele i współpracowały z nim, zamiast odrywać uwagę od własnego ciała i skupiać ją na jakimś punkcie otoczenia (co jest zalecane w metodzie Lamaze'a), by zapomnieć o dyskomforcie. Zgodnie z techniką Bradleya, kobieta podczas porodu potrzebuje ciemnego pomieszczenia, ciszy, wygodnego oparcia oraz powinna mieć zamknięte oczy. Technika ta przyjmuje, że poród jest bolesny, toteż kładzie nacisk na pogodzenie się z bólem. Środki medyczne są stosowane wyłącznie w przypadku komplikacji i cięcia cesarskiego (które się omawia, by rodzice byli przygotowani na każdą ewentualność), i około 94 procent „absolwentek" rodzących pochwowo obchodzi się bez nich.

Typowy kurs Bradleya trwa 12 tygodni, od 6 miesiąca poczynając, a zwykle prowadzą go pary małżeńskie. Istnieją też kursy dla „początkujących", podczas których koncentruje się głównie na sprawach prenatalnych, a także zajęcia w okresie połogu, lecz żadne z nich nie są obowiązkowe.

**Kursy Międzynarodowego Stowarzyszenia Kształcenia Przedporodowego.** Zajęcia te zwykle obejmują szersze spektrum problemów, przedstawiając większość opcji dla rodziców dostępnych obecnie w ośrodkach opieki nad matką i dzieckiem. Uznają wolność indywidualnego wyboru, dlatego też na zajęciach przedstawia się wiele różnych możliwości, a nie tylko jedno podejście do porodu. Prowadzący zajęcia mają certyfikat wydany przez to stowarzyszenie.

**Kursy Stowarzyszenia Położnych i Szkół Rodzenia.** Stowarzyszenie to, które założyła akuszerka, podkreśla prawo kobiety do naturalnego, bezznieczuleniowego porodu wtedy, gdy jest to możliwe, i nie uznaje rutynowych interwencji medycznych. Zamiast uczyć oczekujących rodziców metod unikania bólu, pomaga się im znaleźć sposoby na radzenie sobie z nim.

**Technika Aleksandra.** Technika ta także uznaje poród za proces normalny, naturalny i funkcjonalny. Technika Aleksandra pokazuje kobietom, jak radzić sobie z bólami porodowymi, uczy je świadomej kontroli nad pozycją i ruchami, a za pomocą ćwiczeń zmusza ciało do zmiany nawyku napinania się w nawyk rozluźniania.

**Poród w stanie hipnozy.** Podczas indywidualnych lub grupowych zajęć naucza się, jak wykorzystać hipnozę do zmniejszenia nieprzyjemnych doznań i bólu (a u najbardziej podatnych kobiet do całkowitego ich wyeliminowania), do osiągnięcia stanu głębokiego zrelaksowania, a także poprawienia nastroju i podejścia do tego, co się dzieje w czasie porodu. Zajęcia te stają się coraz bardziej dostępne. Poproś lekarza lub organizacje zajmujące się hipnozą kliniczną, by podali ci nazwy dyplomowanych terapeutów hipnotyzerów w twej okolicy. (Więcej na temat rodzenia w hipnozie znajdziesz na stronie 278.)

**Inne szkoły.** Wachlarz jest szeroki. Organizacje zajmujące się kształceniem nauczycieli dla szkół rodzenia wydają dyplomy pielęgniarkom, uznając je za przygotowane do prowadzenia zajęć obejmujących wiele nurtów, w tym szkoły Lamaze'a i Bradleya. Pielęgniarki te mogą uczestniczyć w porodach. Nauczycieli kształcą również chrześcijańskie szkoły rodzenia. Są wreszcie i zajęcia prowadzone pod kątem rodzenia w konkretnym szpitalu, jak i sponsorowane przez organizacje medyczne, organizacje profilaktyki zdrowotnej i inne, zajmujące się zdrowiem. W niektórych rejonach organizowane są zajęcia prenatalne zaczynające się zwykle w pierwszym trymestrze; omawiane są na nich różne aspekty ciąży i porodu.

**Zajęcia domowe.** Jeśli leżysz w łóżku, mieszkasz w odległym terenie lub z jakiegoś innego powodu nie możesz uczęszczać na zajęcia grupowe, możesz skorzystać z jeszcze innych możliwości. Jedną z nich jest pełny program Lamaze'a na kasetach wideo, a można go otrzymać w Lamaze International. Inną opcję stanowi program szkolenia „At-Home" („Domowy"), dostępny w Childbirth Institute. Program ten, prócz nagrań wideo, oferuje także ilustrowany podręcznik, karty instruktażowe dla twego partnera i kasetę magnetofonową lub płytę CD, dzięki której można ćwiczyć techniki relaksacyjne i wizualizacyjne, jakich nauczyliście się w trakcie zajęć, podczas jazdy samochodem, w biurze czy gdziekolwiek indziej poza domem (będzie ona użyteczna także w trakcie porodu). Jeszcze inną opcję stanowią serie kaset audio bądź wideo wydane przez New Way Childbirth. Poruszają one tak sprawy związane z rodzeniem, jak i tworzeniem się więzi uczuciowej.

**Zajęcia weekendowe w kurortach.** Na zajęciach tych można nauczyć się tego samego co na zwykłych zajęciach, z tym że są one zaplanowane na weekend, a nie na kilka tygodni. Stanowią przyjemną opcję dla tych, którzy mogą – i chcą – wyjechać. Prócz tego, że tworzy się koleżeńska atmosfera między rodzicami oczekującymi na narodziny dziecka (duży plus, jeśli nie masz innych ciężarnych przyjaciół), podczas takich weekendów można przeżyć romantyczne chwile – co jest miłym plusem dla dwojga, mających wkrótce stać się trojgiem.

# 11
# Siódmy miesiąc

*Przeciętnie od 28 do 31 tygodnia*

Oto trymestr trzeci – i nareszcie ostatni! Wkraczając w ten końcowy etap ciąży, możesz nadal cieszyć się świetnym samopoczuciem lub, jak wiele innych kobiet, skarżyć na bóle oraz wiele innych dolegliwości ciążowych. Im większy ciężar dźwigasz, tym bardziej obciążone są twoje plecy, nogi, a przede wszystkim psychika. Początek tego trymestru oznacza, że do porodu zostało już tylko kilka miesięcy, a zatem powinnaś zacząć to wydarzenie planować, przygotowywać się do niego oraz uczyć się o nim – najwyższy czas zapisać się na zajęcia szkoły rodzenia – jeżeli jeszcze tego nie zrobiłaś!

## CZEGO MOŻESZ OCZEKIWAĆ W CZASIE BADANIA OKRESOWEGO

Na ten miesiąc, poza rutynowymi badaniami, zaplanowano kilka nowości. Możesz się spodziewać, że twój lekarz zaproponuje ci w tym miesiącu badanie kontrolne, które będzie obejmowało wymienione niżej punkty (chociaż mogą wystąpić pewne różnice w zależności od twojej szczególnej sytuacji lub schematu postępowania twojego lekarza)[1]:

- ważenie i mierzenie ciśnienia tętniczego krwi;

- badanie czynności serca płodu;

- badanie poziomu cukru i białka w moczu;

- określenie wysokości dna macicy;

- określenie wielkości i położenia płodu (poprzez badanie zewnętrzne);

- badanie kończyn pod kątem obrzęków i kończyn dolnych pod kątem żylaków;

- omówienie objawów, jakie odczuwasz, zwłaszcza tych nietypowych;

- twoje problemy i pytania – przygotuj ich spis.

- przesiewowe badanie poziomu glukozy;

- badanie krwi pod kątem niedokrwistości.

---

[1] Badania i testy opisane są w oddzielnym rozdziale *Dodatek*.

## Co się dzieje wewnątrz ciebie

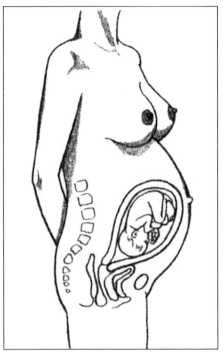

▲ Na początku tego miesiąca ciąży macica znajduje się przeciętnie 28 cm powyżej górnej części kości łonowej, by pod koniec urosnąć o kolejne 2,5 cm – płód będzie wyczuwalny 11,5 cm nad pępkiem. Choć może ci się wydawać, że w twym łonie brakuje już wolnej przestrzeni dla rosnącego dziecka (jakby wypełniało cały brzuch), to przed tobą jeszcze aż 8 do 10 tygodni „rozrastania się"!

▼ Dziecko gwałtownie przybiera na wadze i pod jego skórą odkłada się coraz więcej tkanki tłuszczowej; pod koniec tego miesiąca on lub ona będzie ważyć około 1,4 kg i mieć około 40 cm długości. Lanugo (czyli ten tymczasowy meszek płodowy na ciele dziecka) powoli zanika i pozostaje już tylko na plecach oraz ramionach. Zaczynają rosnąć włosy na głowie (u jednych dzieci bardziej, u innych mniej intensywnie), są rzęsy i brwi, a paznokcie dorosły do końca palców dłoni i stóp. Skóra jest różowa i gładka. Tęczówki dzieci o jasnej skórze są błękitne, a dzieci o ciemnej skórze – zwykle brązowe, choć ostateczny kolor oczu poznamy dopiero wiele tygodni bądź miesięcy po przyjściu potomka na świat. W tym i następnych dwóch miesiącach bardzo szybko rozwija się głowa i proces ten utrzyma się przez następne dwa lata życia. Płuca, choć wciąż jeszcze niedojrzałe, zaczynają powoli funkcjonować; dziecko urodzone na tym etapie życia płodowego ma sporą szansę na przeżycie.

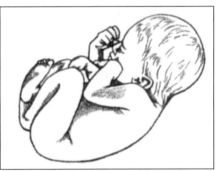

## CO MOŻESZ ODCZUWAĆ

Możesz odczuwać wszystkie wymienione niżej objawy jednocześnie lub tylko niektóre z nich. Jedne mogą trwać od poprzedniego miesiąca, inne mogą się pojawić dopiero teraz, jeszcze innych możesz nie zauważać, ponieważ przyzwyczaiłaś się do nich. Możesz mieć również inne, mniej powszechnie występujące objawy.

**OBJAWY FIZYCZNE:**

• silniejsza i częstsza aktywność płodu;

• nasilające się białawe upławy pochwowe;

• bóle w dolnej części podbrzusza lub z boku ciała;

• zaparcia;

• zgaga, niestrawność, gazy, wzdęcia;

- sporadyczne bóle głowy, mdłości, zawroty głowy;

- przekrwienie nosa, sporadyczne krwawienie z nosa, uczucie „zatkania uszu";

- „różowa szczoteczka do zębów" spowodowana krwawiącymi dziąsłami;

- kurcze mięśni kończyn dolnych;

- bóle pleców;

- niewielkie obrzęki w okolicy stawu skokowego i stóp, czasami dotyczące również twarzy i rąk;

- żylaki kończyn dolnych;

- hemoroidy (żylaki odbytnicy);

- świąd brzucha;

- wystający pępek;

- spłycenie oddechu;

- trudności z zasypianiem;

- sporadyczne skurcze Braxtona-Hicksa, zazwyczaj bezbolesne (macica twardnieje na chwilę, po czym wraca do normy);

- niezręczność (zwiększająca ryzyko upadku);

- powiększenie piersi;

- siara wyciekająca lub tylko obecna w powiększonych piersiach (aczkolwiek ta substancja wytwarzana przed mlekiem może się nie pojawić aż do okresu po porodzie).

### ODCZUCIA PSYCHICZNE:

- zwiększenie obaw dotyczących macierzyństwa, zdrowia dziecka i porodu;

- roztargnienie;

- marzenia i fantazje na temat dziecka;

- pogłębienie uczucia znużenia ciążą, pragnienie zakończenia jej.

# CO MOŻE CIĘ NIEPOKOIĆ

## NARASTAJĄCE ZMĘCZENIE

*Słyszałam, że kobiety w ostatnim trymestrze ciąży mają się podobno czuć wspaniale. Ja czuję się cały czas zmęczona.*

Mają się... – jest wyrażeniem, które powinno być wykreślone ze słownika kobiety ciężarnej. Chociaż niektóre kobiety czują się mniej zmęczone w trzecim trymestrze niż w pierwszym i drugim, wiele nadal odczuwa zmęczenie – niekiedy jeszcze większe niż do tej pory. Teraz masz faktycznie więcej powodów, aby czuć się bardziej zmęczona niż wypoczęta. Po pierwsze jesteś teraz o wiele cięższa. Po drugie z powodu obecnych rozmiarów możesz mieć kłopoty ze spaniem. Mogą one być również spowodowane przeciążeniem twojego umysłu obawami, planami i fantazjami dotyczącymi dziecka. A jeśli masz także inne obowiązki niż noszenie, odżywianie oraz przygotowywanie się na przybycie dziecka – takie jak opieka nad innymi dziećmi, praca lub i jedno, i drugie – czynnik zmęczenia zwiększa się znacznie. Fakt, że zmęczenie podczas ciąży jest czymś normalnym, wcale nie oznacza, iż powinnaś je ignorować lub poddawać się mu.

Jest to niewątpliwie sygnał od twojego ciała, że należy odpocząć. Przyjmij tę wskazówkę: jeżeli to możliwe, traktuj odpoczynek i relaks jako coś najważniejszego, rezygnując z wszelkich niepotrzebnych zajęć. Staraj się zachować siły na czas porodu, a zwłaszcza na to, co nastąpi po nim. Wyjątkowe zmęczenie, które nie ustępuje po wypoczynku, powinnaś zgłosić lekarzowi. Często na początku trzeciego trymestru ujawnia się niedokrwistość (patrz s. 184) mogąca wywołać takie zmęczenie i dlatego wielu lekarzy rutynowo zaleca ponowne wykonywanie badania krwi w 7 miesiącu ciąży.

# OBRZĘKI STAWU SKOKOWEGO I STÓP

*Moje kostki są opuchnięte, zwłaszcza kiedy jest ciepło oraz pod koniec dnia. Czy jest to zły objaw?*

Opuchnięte kostki i cisnące buty są znane prawie każdej ciężarnej kobiecie. Choć nie jest to szczególnie atrakcyjne czy przyjemne, należy do zjawisk całkowicie normalnych. Dawniej obrzęki (opuchnięcie wywołane gromadzeniem się płynów w tkankach) uważano za oznakę potencjalnego zagrożenia ciąży, obecnie jednak lekarze twierdzą, że nieznaczne opuchnięcie kostek i stóp jest skutkiem zwiększania się ilości płynów w organizmie, niezbędnych w okresie ciąży. Rzeczywiście, u 75% kobiet w pewnym okresie ciąży występuje taki obrzęk[1]. Jest to szczególnie powszechne pod koniec dnia, przy ciepłej pogodzie lub po dłuższym staniu albo siedzeniu. Zazwyczaj znikają one w ciągu nocy – po kilku godzinach spędzonych w pozycji leżącej.

Generalnie obrzęk jest tylko drobną dolegliwością. Aby ją złagodzić, unikaj długotrwałego przebywania w pozycji stojącej, a gdy siedzisz, staraj się trzymać stopy na podwyższeniu; w miarę możliwości co pewien czas kładź się na chwilę, najlepiej na lewym boku; noś wygodne obuwie i kapcie oraz unikaj skarpet i podkolanówek z gumkami. Pomocne będą także regularne przerwy na ćwiczenia zaaprobowane przez lekarza, na przykład szybkie, pięciominutowe spacery po korytarzu w zakładzie pracy.

Ulgę – a także dodatkowe (i często niepożądane) ciepło może też przynieść noszenie rajstop wspomagających. Dla ciężarnych kobiet oferuje się kilka ich rodzajów – pełne (z miejscem na brzuszek) lub sięgające kolan czy ud (w nich przynajmniej nie

będzie ci tak ciepło). Kupując, wybieraj rozmiar na podstawie masy ciała przed ciążą. Rajstopy ściągające zakładaj rano, kiedy nie ma jeszcze obrzęków. Gdy jest gorąco, posyp nogi i stopy niewielką ilością mąki kartoflanej, by uniknąć nadmiernego pocenia się.

Pomóż swojemu organizmowi w usuwaniu szkodliwych substancji, wypijając co najmniej 8 do 10 ćwierćlitrowych szklanek płynu na dzień. Brzmi to paradoksalnie, lecz picie jeszcze większej ilości wody – do 1 galona (4,5 l) dziennie – pomaga wielu kobietom uniknąć nadmiernego gromadzenia wody w organizmie. Chociaż obecnie nie uważa się, że konieczne jest ograniczenie spożycia soli podczas prawidłowej ciąży (może być wskazane u kobiet z nadciśnieniem tętniczym), to jednak jej nadmiar może zwiększyć zatrzymywanie wody.

Jeśli puchną ci ręce i/lub twarz albo obrzęk utrzymuje się dłużej niż przez 24 godziny – powiadom swojego lekarza. Taki obrzęk może nic nie znaczyć, ale jeśli towarzyszy mu gwałtowny przyrost ciężaru ciała, nadciśnienie i pojawienie się białka w moczu, może on sygnalizować tzw. stan przedrzucawkowy (patrz s. 499 – nadciśnienie spowodowane ciążą).

# PRZEGRZANIE

*Niemal cały czas czuję, że jest mi gorąco, i bardzo się pocę. Czy to normalne?*

Ponieważ podstawowa przemiana materii (czyli współczynnik spalania energii w stanie spoczynku) w czasie ciąży wzrasta o około 20%, zaczyna się robić gorąco. Będzie ci za gorąco nie tylko w ciepłe dni, ale i zimą, kiedy inni dygoczą z zimna. Prawdopodobnie też więcej się pocisz, szczególnie nocą. Ma to swoje dobre i złe strony – z jednej strony pomaga się ochłodzić i usunąć szkodliwe produkty przemiany materii, ale z drugiej jest zdecydowanie nieprzyjemne.

Rady, jak się ochłodzić, znajdziesz na stronie 203.

---

[1] U 1 na 4 ciężarne nie stwierdza się obrzęków i jest to też zupełnie normalne. Inne mogą tego objawu nawet nie zauważyć.

## Nie zapomnij o liczeniu kopnięć

Teraz, gdy przekroczyłaś 28 tydzień ciąży, powinnaś codziennie sprawdzać, czy czujesz ruchy płodu. Gdybyś w ciągu dnia była zbyt zajęta, by je zauważyć, koniecznie powinnaś przeprowadzić test polegający na liczeniu kopnięć rano i wieczorem (patrz s. 293) i zgłosić lekarzowi wszelkie zaobserwowane zmiany.

## CZKAWKA PŁODU

*Czasami czuję regularne, lekkie skurcze w brzuchu. Czy to jest kopanie, ruchy lub coś innego?*

Może trudno ci w to uwierzyć, lecz twoje dziecko najprawdopodobniej ma czkawkę. To zjawisko nie jest wcale takie rzadkie u płodów w ostatnim trymestrze ciąży. Niektóre mają czkawkę kilka razy dziennie każdego dnia. Inne nie mają jej w ogóle. To samo może się powtarzać po urodzeniu.

Lecz zanim chwycisz papierową torbę, powinnaś wiedzieć, że czkawka nie powoduje tego samego dyskomfortu u dzieci (wewnątrz lub poza jamą macicy) co u dorosłych – nawet jeśli trwa dwadzieścia minut lub dłużej. A więc zrelaksuj się i baw się tym zjawiskiem pochodzącym z twego brzucha.

## WYKWITY SKÓRNE

*Nie dość, że mam już rozstępy, to jeszcze pojawiają się na nich jakieś swędzące pryszcze.*

Nie martw się. Pozostało ci już mniej niż trzy miesiące do porodu; a wówczas pożegnasz się z większością nieprzyjemnych objawów towarzyszących ciąży, między innymi też z wykwitami skórnymi. Tymczasem może uspokoić cię informacja, że choć wykwity skórne nie są zbyt miłe, to jednak nie stanowią one zagrożenia dla ciebie ani twojego dziecka. Zmiany określane jako swędzące pokrzywkowe grudki, plamy znikają po porodzie i na ogół nie pojawiają się w kolejnych ciążach. Chociaż zmiany te najczęściej pojawiają się w rozstępach na brzuchu, to czasami można je również znaleźć na udach, pośladkach i ramionach przyszłej matki. Pokaż tę wysypkę swojemu lekarzowi, który najprawdopodobniej zapisze ci jakiś miejscowy i/lub antyhistaminowy lek lub zastrzyk, aby złagodzić dolegliwości.

W czasie ciąży mogą pojawić się różnego rodzaju zmiany skórne i choć zawsze powinnaś pokazać je lekarzowi, to rzadko stanowią one jakieś niebezpieczeństwo. Niektóre z nich trzeba leczyć, inne znikną same po porodzie.

## WYPADKI

*Kiedy byłam dzisiaj na spacerze, potknęłam się o krawężnik i upadłam na brzuch. Czy dziecku mogła się stać jakaś krzywda?*

Kobiety w ostatnim trymestrze ciąży nie można by chyba nazwać najzręczniejszym stworzeniem na świecie. Do jej niezręczności i częstych upadków – zwłaszcza na brzuch – przyczynia się słabe poczucie równowagi (ponieważ środek ciężkości przesunął się do przodu) i rozluźnienie więzadeł stawowych. Zwiększa się też tendencja do łatwego męczenia się, a także coraz trudniej jest spoglądać na stopy poprzez rosnący brzuch.

Choć upadek na chodniku może pozostawić ślady w postaci zadrapań i siniaków (zwłaszcza ślady na twoim „ego"), to niezmiernie rzadko niezręczność matki może spowodować uszkodzenie płodu. Dziecko jest chronione przez najwymyślniejszy układ amortyzujący, złożony z płynu owodniowego, błon, mięśnia macicy i jamy brzusznej. Musiałabyś ulec bardzo poważnemu wypadkowi, który naruszyłby tę ochronę, doprowadzając do uszkodzenia płodu.

Mimo iż najprawdopodobniej nie wyrządziłaś dziecku żadnej szkody, powinnaś powiadomić swojego lekarza o wypadku. Może on wyznaczyć ci dodatkową wizytę, aby skontrolować czynność serca płodu (głównie po to, aby wszystkich uspokoić).

W niezwykle rzadkich przypadkach, kiedy wypadek faktycznie ma wpływ na ciążę, może dojść do oddzielenia łożyska. Jeżeli zauważysz krwawienie z pochwy, sączenie płynu owodniowego, tkliwość brzucha lub skurcze macicy bądź gdy przestałaś czuć ruchy – natychmiast skontaktuj się z lekarzem. Jeśli nie uda ci się z nim skontaktować – jedź do stacji pogotowia ratunkowego.

## BÓL W OBRĘBIE KOŃCZYNY DOLNEJ I OKOLICY LĘDŹWIOWEJ

*Czuję ból po prawej stronie pleców, promieniujący do biodra i nogi. Co się dzieje?*

Jest to kolejne „ryzyko zawodowe" przyszłych matek. Ucisk powiększającej się macicy (który powoduje również wiele innych dolegliwości) na nerw kulszowy może wywołać ból promieniujący z okolicy lędźwiowej do pośladków i kończyny dolnej.

Miejscowe zastosowanie termoforu, a także że odpoczynek mogą temu zaradzić, podobnie jak ćwiczenie polegające na unoszeniu miednicy w pozycji stojącej (patrz s. 190). Ucisk na nerw zmniejszyć może również pływanie. Ból kulszowy może zniknąć wraz ze zmianą położenia dziecka bądź może trwać aż do porodu. W poważnych przypadkach zaleca się pozostawanie w łóżku przez kilka dni lub specjalne ćwiczenia. Pomocne mogą również okazać się metody medycyny komplementarnej i alternatywnej, takie jak chiropraktyka, akupunktura czy masaże terapeutyczne (patrz s. 244).

## ORGAZM A DZIECKO

*W chwilę po tym, gdy odczuję orgazm, dziecko zazwyczaj przestaje na pół godziny kopać. Czy seks w tym okresie ciąży nie zagraża mojemu dziecku?*

Dziecko to człowiek, nawet jeśli jest jeszcze w łonie swojej matki, i jego reakcje na seks rodziców mogą być bardzo różne. Na niektóre dzieci, być może na twoje też, rytmiczne ruchy podczas stosunku i skurcze macicy następujące po orgazmie wpływają bardzo uspokajająco. Inne, stymulowane przez tę aktywność, mogą się stać jeszcze żywsze. Obydwie reakcje są normalne. Żadna z nich nie wskazuje na to, że płód jest świadom tego, co się dzieje, lub że dzieje mu się jakakolwiek krzywda.

W rzeczywistości bowiem, jeżeli lekarz nie zaleci inaczej, możesz nadal czerpać przyjemność z uprawiania seksu – oraz przeżywania orgazmu – aż do chwili rozwiązania. Spójrzmy prawdzie w oczy: być może od chwili pojawienia się niemowlęcia w domu upłynie wiele czasu, gdy znów spokojnie będziecie mogli się kochać.

## PRZESIEWOWE BADANIA POZIOMU GLUKOZY

*Lekarz powiedział, że powinnam zrobić przesiewowe badanie poziomu glukozy, by sprawdzić, czy nie mam cukrzycy ciążowej. Dlaczego akurat to badanie jest mi potrzebne i na czym ono polega?*

Nie jesteś odosobniona – niemal wszyscy lekarze zlecają badanie pod kątem cukrzycy ciążowej u prawie wszystkich swych pacjentek około 28 tygodnia ciąży[1]. Najprawdopodobniej zlecone ci badanie należy do grupy badań rutynowych. Jest ono również bardzo proste, zwłaszcza jeśli lubisz słodycze. Zostaniesz poproszona o wypicie bardzo słodkiego napoju zawierającego glukozę, zwykle smakującego jak orzeźwiający napój pomarańczowy, na godzinę przed pobraniem krwi. Nie musisz się spieszyć z piciem. Zwykle przełyka się ten napój bez problemów czy efektów ubocznych, jedynie niewiele kobiet – zwłaszcza te, które nie przepadają za słodkimi napojami – miewają nudności. Naukowcy (zapewne ci pełni współczucia, którzy sami kiedyś pili glukozę i przysięgli sobie znaleźć smaczniejsze rozwiązanie) prowadzą właśnie badania nad tym, czy kobiety mogłyby otrzymywać glukozowy odpowiednik w postaci żelowych tabletek. Jak na razie pacjentki przyjmujące je w ramach badań zgłosiły mniej efektów ubocznych (choć pewnie częściej bolały je zęby).

Wynik badania krwi wykazujący podwyższone wartości sugeruje, że kobieta nie produkuje wystarczającej ilości insuliny do przetworzenia dodatkowej ilości glukozy w organizmie – wówczas zleca się kolejne badanie, tym razem na tolerancję glukozy. Jest ono przeprowadzane w celu zdiagnozowania cukrzycy ciążowej, na czczo, trwa trzy godziny, a polega na wypiciu mocno skoncentrowanej glukozy. Objawy mogące wskazywać na tę chorobę to m.in. zwiększone łaknienie i pragnienie, częste oddawanie moczu (nawet w drugim trymestrze), nawracające infekcje pochwy i podwyższone ciśnienie krwi.

Cukrzyca ciążowa pojawia się u 1-2% kobiet w ciąży, dlatego też wątpliwy jest jej status jednej z najczęstszych komplikacji ciążowych. Na szczęście łatwo z nią walczyć. Gdy poziom cukru we krwi jest dokładnie kontrolowany poprzez dietę, ćwi-

czenia i – jeśli to konieczne – leki, wówczas przebieg ciąży u kobiety z cukrzycą ciążową jest zupełnie normalny i urodzi ona zdrowe dzieci. W większości (97 do 98%) przypadków poziom cukru we krwi wyrównuje się po porodzie. Jednak niektóre kobiety (zwykle otyłe) są obarczone zwiększonym ryzykiem wystąpienia cukrzycy w późniejszym okresie życia. Jeśli masz cukrzycę ciążową, regularnie chodź na wizyty kontrolne, dbaj o odpowiednią masę ciała, stosuj właściwą dietę, ćwicz systematycznie, wreszcie zaznajom się z objawami tej choroby, byś mogła je jak najwcześniej zgłosić lekarzowi. Na stronie 471 znajdziesz więcej informacji na temat tej choroby i radzenia sobie z nią.

## ZESPÓŁ NIESPOKOJNYCH NÓG

*Wieczorem, mimo zmęczenia, nie mogę się wygodnie położyć, ponieważ wciąż coś dzieje się z moimi nogami. Wypróbowałam wszystkich sposobów na kurcze nóg, ale nic nie pomaga. Co jeszcze mogę zrobić?*

Przy tylu różnych problemach, które zakłócają ciężarnej kobiecie nocny odpoczynek, fakt, że przeszkadzają jej także nogi, śmiało wydawać się może czymś nie fair. Ale tak właśnie dzieje się w przypadku do 15% kobiet przy nadziei, doświadczających tego, co ma nawet swoją nazwę: zespół niespokojnych nóg. W nazwie tej zawarte jest owo uczucie niepokoju, czyhające wewnątrz stóp i/lub nóg, nie pozwalające ciału w pełni odetchnąć. Najczęściej występuje ono w nocy, lecz czasem uderza późnym popołudniem – lub po prostu za każdym razem, gdy tylko położysz się lub usiądziesz.

Specjaliści nie są pewni przyczyn zespołu niespokojnych nóg, który występuje u niektórych ciężarnych kobiet, a jeszcze mniej mają pewności co do sposobów leczenia tej przypadłości. Żadna ze sztuczek na kurcze nóg – w tym pocieranie czy roz-

---

[1] Kobiety znajdujące się w grupie zwiększonego ryzyka wystąpienia cukrzycy ciążowej, na przykład starsze bądź otyłe, albo z historią cukrzycy w rodzinie, przechodzą to badanie wcześniej i częściej.

# Więcej powodów do jedzenia warzyw

Czy chcesz wychować dziecko, które będzie jadło warzywa? Musisz sama je jeść właśnie teraz. Badania wykazują, że w trzecim trymestrze płód rozpoznaje smaki pokarmów, jakie trafiają z organizmu matki do wód płodowych. A ostatnio prowadzone badania sugerują, że pożywienie przyjmowane przez ciężarną matkę (oraz w trakcie karmienia piersią, ponieważ smak trafia do mleka matki tą samą drogą) ma wpływ na przyszłe preferencje smakowe dziecka. Na przykład jedno doświadczenie wykazało, że dzieci matek, które w czasie ciąży lub karmienia piersią piły sok marchewkowy, chętniej jadały płatki śniadaniowe z dodatkiem soku marchewkowego niż dzieci matek trzymających się z dala od tego soku. Interesujące badania – i warte przemyślenia, gdy następnym razem na twym stole znajdą się brokuły.

ciąganie – nie przynosi ulgi. Nie ma również mowy o jakichkolwiek lekach, ponieważ tych, którymi obecnie leczy się zespół niespokojnych nóg, nie można bezpiecznie stosować podczas ciąży.

Prawdopodobnie do istnienia tego problemu przyczyniają się: dieta, stres i inne czynniki środowiskowe, zatem warto śledzić, co jesz, co robisz, jak się czujesz każdego dnia, abyś mogła zaobserwować, które nawyki życia codziennego – jeśli w ogóle którekolwiek – wywołują niepokojące objawy. Na przykład część kobiet zauważa, że objawy pogarszają się po spożyciu węglowodanów o zbyt późnej porze. Prawdopodobnie wywołana brakiem żelaza niedokrwistość staje się przyczyną tego zespołu, zatem warto poprosić lekarza o badanie mające wykluczyć tę ewentualność – i przy okazji zapytać, jakie proponuje leczenie. Nie zaszkodzi też wypróbować wskazówek dotyczących spania, znajdujących się na stronie 179. Niestety dla wielu kobiet uczucie ulgi oraz sen są teraz iluzorycznym komfortem. Jeśli jesteś jedną z nich, musisz się pogodzić z zespołem niespokojnych nóg do chwili rozwiązania.

## MARZENIA I FANTAZJE

*Miewam ostatnio tak wiele wyrazistych, fantastycznych snów – w nocy i w dzień – o dziecku, że zaczynam podejrzewać, iż coś jest ze mną nie tak.*

Choć wiele z tych snów w nocy i na jawie, jakie teraz miewasz, może napełnić cię obawami, że tracisz zdrowy rozsądek, w rzeczywistości pomagają ci go zachować. Sny i fantazje, przerażające lub też wywołujące uczucie ciepła w sercu, są czymś zdrowym i naturalnym. Mogą ci pomóc przebrnąć bez stresu przez obawy czy lęki związane z macierzyństwem. Także oczekujący narodzin dziecka tatusiowie miewają dziwne sny czy fantazje, które pojawiają się właśnie wtedy, gdy tylko próbują poradzić sobie ze świadomymi czy podświadomymi obawami związanymi ze zbliżającym się ojcostwem.

Poniżej przedstawione sny i fantazje ciążowe opowiadane są najczęściej, a każde z nich odzwierciedla co najmniej jedną głęboko zakorzenioną troskę, która nie może znaleźć ujścia w inny sposób. Prawdopodobnie część z nich jest ci znana:

• Gubienie rzeczy – od kluczyków po własne dziecko; zapominanie o nakarmieniu go, zaniechanie wizyty lekarskiej; wyjście do sklepu i pozostawienie dziecka samego w domu; nieprzygotowanie na narodziny dziecka. Sny te są pochodną strachu przed zostaniem nieodpowiedzialną matką.

• Bycie atakowaną bądź krzywdzoną – przez intruzów, włamywaczy, zwierzęta; spadanie ze schodów, bo ktoś cię popchnął bądź się poślizgnęłaś. Sny takie mogą wskazywać na twoją wrażliwość.

- Na pomoc! – sny o przebywaniu w zamkniętym pomieszczeniu bez możliwości ucieczki: w tunelu, samochodzie, małym pokoju; tonięcie w basenie, jeziorze, roztapiającym się śniegu czy myjni samochodowej – są odzwierciedleniem obaw przed uwiązaniem oraz pozbawieniem wolności przez nowego członka rodziny.

- Nieprzestrzeganie diety podczas ciąży, nadmierny przyrost masy ciała lub znaczny jej wzrost w ciągu jednej nocy, objadanie się; spożywanie niewłaściwych pokarmów bądź niespożywanie pokarmów niezbędnych – jest to temat powszechny dla tych kobiet, które próbują dostosować się do ograniczeń dietetycznych.

- Utrata atrakcyjności – kobieta staje się nieatrakcyjna lub odrażająca dla męża, mąż znajduje sobie inną kobietę – wszystko to wyraża obawę wspólną dla wielu kobiet, które boją się, że ciąża zniszczy na zawsze ich wygląd i odstraszy męża.

- Zbliżenia (płciowe) – zarówno pozytywne, jak i negatywne, dające poczucie przyjemności lub winy – mogą odzwierciedlać zażenowanie lub ambiwalentność seksualną tak często odczuwaną w ciąży.

- Śmierć i zmartwychwstanie – pojawienie się zmarłych rodziców lub innych krewnych – umysł być może w ten podświadomy sposób łączy stare i nowe pokolenia.

- Życie rodzinne z nowym dzieckiem, przygotowywanie się na przyjście na świat dziecka, zabawa z nim w czasie snu to ćwiczenie rodzicielstwa, łączącego matkę z dzieckiem jeszcze przed porodem.

- Wyobrażanie sobie dziecka może wskazywać na różne obawy. Myśli dotyczące deformacji dziecka, choroby, strachu, że jest za duże lub za małe – wyrażają obawę dotyczącą stanu zdrowia dziecka. Fantazje na temat posiadania przez dziecko niezwykłych umiejętności (jak umiejętność mówienia lub chodzenia w momen-

cie urodzenia) mogą wskazywać na obawę co do inteligencji. Przeczucie, że dziecko będzie chłopcem lub dziewczynką, może oznaczać, że zbyt mocno pragniesz jego lub jej. Dotyczyć to może również koloru włosów i oczu dziecka lub podobieństwa do jednego z rodziców. Koszmary nocne, dotyczące urodzenia zupełnie dorosłego dziecka, mogą oznaczać obawę przed dotykaniem i opiekowaniem się malutkim dzieckiem.

- Sny o bólu podczas porodu lub jego braku albo o tym, że nie będziesz mogła wydać dziecka na świat, oznaczają strach przed porodem.

Chociaż marzenia i fantazje w ciąży mogą powodować więcej obaw niż normalnie, to czasami stają się użyteczne. Jeśli posłuchasz tego, co mówią twoje fantazje o twoich odczuciach na temat macierzyństwa, ułatwi ci to przejście do prawdziwego macierzyństwa.

## CZEKAJĄCA CIĘ ODPOWIEDZIALNOŚĆ

*Zaczynam martwić się o to, czy dam sobie radę z pracą, domem, małżeństwem, a także z dzieckiem.*

Wiele młodych matek próbuje być „superkobietą", radzącą sobie z pełnym etatem w pracy, utrzymaniem porządku w domu, dbaniem o pełną lodówkę, o posiłki; starającą się być czułą (czytaj: seksowną) partnerką i przykładną matką, a przy okazji jeszcze zdolną przenosić góry.

Niewielu udaje się to bez poświęcenia zdrowia fizycznego i psychicznego, niekiedy też małżeństwa.

To, jak dobrze sobie poradzisz, zależeć będzie od podejmowanych przez ciebie decyzji: obecnie oraz po przyjściu dziecka na świat. Będzie ci łatwiej, jeśli pogodzisz się

## Pracować czy nie pracować

Jeśli ciąg dalszy brzmi w twym przypadku „oto jest pytanie" – nie spiesz się teraz ze znalezieniem odpowiedzi. Choć z pewnością powinnaś już się nad tym wyborem zastanawiać, rozmawiać o nim ze współmałżonkiem i z przyjaciółkami (zarówno z tymi, które wróciły do pracy po urodzeniu dziecka, jak i z tymi, które wolały tego nie robić), a nawet sporządzić listę „za i przeciw" czy kalkulować finanse, lepiej jednak poczekaj z ostateczną decyzją do chwili, gdy spędzisz już trochę czasu w nowej pracy: wypełniając obowiązki matki. Niektórym kobietom wystarczy wziąć w ramiona noworodka, by ich plany o powrocie do pracy zmieniły się o 180 stopni. Inne doznają zupełnie innego objawienia: po kilku tygodniach urlopu macierzyńskiego uświadamiają sobie, że pełnoetatowe macierzyństwo nie jest dla nich. Poczekaj więc trochę, aby w odpowiednim momencie podjąć wygodną dla ciebie decyzję. Pamiętaj, że w tym przypadku nie ma trafnych decyzji – każda matka musi słuchać głosu swego serca (i portfela). Nie zapomnij też, że ostateczna decyzja nie jest wcale ostateczna. Gdyby coś się zmieniło w twym sercu po kilku miesiącach – czy nawet latach – zawsze m o ż e s z zmienić zdanie.

z myślą, że nie dasz rady zrobić wszystkiego – a już na pewno zrobić tego dobrze. Dlatego należy wyznaczyć sobie priorytety, po czym uszeregować je według ważności (ustawienie wszystkich na pierwszym miejscu byłoby nie fair). Jeśli dziecko, mąż i praca są na pierwszym miejscu w twojej hierarchii wartości, będziesz musiała odsunąć na plan drugi utrzymanie domu w idealnej czystości. Jeśli najważniejsze jest macierzyństwo i masz możliwość przerwania pracy, zrezygnuj czasowo ze swojej kariery i/lub podejmij pracę w niepełnym wymiarze godzin. Lub, jeśli to wykonalne, zabierz pracę do domu.

Trzeba też pożegnać się z nierealnymi oczekiwaniami. Nikt nie jest doskonały, choć może na początku trudno przyjdzie ci się pogodzić tą prawdą. Jeśli będziesz się starała zrobić wszystko dobrze, bez wątpienia okaże się, iż cel staje się nieosiągalny. Pomimo twych najlepszych starań łóżka będą nie pościelone, a pranie nie poskładane, danie na wynos zagości na twym stole, a „seksowna" będzie oznaczać, że wreszcie znajdziesz czas na umycie włosów. Jeśli masz zbyt wysokie oczekiwania – nawet jeśli byłaś w stanie sprostać im przed przyjęciem obowiązków rodzicielskich – to możesz być pewna, że spotka cię rozczarowanie.

Niezależnie od tego, jakie zmiany postanowisz poczynić w życiu, łatwiej ci będzie przechodzić przez nie z drugą osobą, a nie w pojedynkę. Za większością szczęśliwych mam stoi tata, który nie tylko dzieli z nią obowiązki domowe, lecz też jest pod każdym względem równorzędnym partnerem w rodzicielstwie: od przewijania, przez kąpanie, po przytulanie. Co dobre dla ciebie, jeszcze lepsze dla niego: nawet po długim dniu w biurze nie istnieje przyjemniejszy sposób na spędzenie czasu po pracy niż dbanie o dziecko i zajmowanie się nim. Jeśli ojca nie ma tak często, jak byś sobie tego życzyła (albo nie jest wcale wzorcowym tatusiem), będziesz musiała zastanowić się nad pomocą z innych źródeł: na przykład ze strony dziadków dziecka czy innych krewnych, żłobka bądź pracowników opieki społecznej, opiekunek do dziecka.

## PORÓD PRZEDWCZESNY

*Czy jest coś, co mogę zrobić, aby mieć pewność, że moje dziecko nie urodzi się przedwcześnie?*

Istnieje większe prawdopodobieństwo, że twoje dziecko przyjdzie na świat raczej później niż przed wyznaczonym terminem. W Stanach Zjednoczonych tylko niewiele porodów należy do przedwczesnych czy przedterminowych – czyli przed 37 tygodniem ciąży. W większości dotyczy to kobiet, które już wcześniej zaliczono do grupy zwiększonego ryzyka przedwczesnego[1] porodu.

Pomimo że szanse na donoszenie dziecka do planowanego terminu rozwiązania są spore, prawie zawsze można coś jeszcze poprawić. Poniżej zostaną przedstawione czynniki ryzyka uważane za przyczynę przedwczesnych porodów – wszystkie można utrzymywać pod kontrolą; wyeliminuj więc te, które dotyczą ciebie, a pomożesz dziecku pozostać w twym łonie do planowanego terminu (między 38 a 42 tygodniem).

**Palenie.** Przestań palić przed poczęciem lub jak najwcześniej w ciąży. (Miej na uwadze, że rzucenie palenia w każdym momencie ciąży jest lepsze niż niezrobienie tego.)

**Używanie alkoholu.** Unikaj piwa, wina i mocnych alkoholi.

**Nadużywanie leków lub narkotyków.** Nie zażywaj żadnych leków – łącznie z dostępnymi bez recepty czy ziołowymi – bez zgody lekarza, który wie, że jesteś w ciąży; nie bierz żadnych niemedycznych, „rekreacyjnych" czy nielegalnych środków.

**Niewłaściwy przyrost masy ciała.** Jeśli masa twego ciała przed ciążą mieściła się w granicach normy, to do terminu porodu winna wzrosnąć o 12 kg. Jeśli miałaś poważną niedowagę, będziesz musiała przybrać prawie 16 kg. Kobiety z dużą nadwagą, które się bardzo dobrze odżywiają i otrzymały przyzwolenie lekarza, mogą bez ryzyka przybrać mniej.

**Nieodpowiednie odżywianie.** Przestrzegaj zrównoważonej diety; upewnij się, że twoja dieta zawiera cynk (niektóre badania łą-

czą niedobór cynku ze zwiększonym ryzykiem wystąpienia porodu przedwczesnego).

**Infekcja dziąseł.** Dbaj o zęby i dziąsła. Pamiętaj, by przynajmniej raz w czasie ciąży pójść do dentysty, aby nie nabawić się infekcji dziąseł.

**Ciężka praca fizyczna lub długotrwałe przebywanie w pozycji stojącej.** Jeśli twoja praca zawodowa lub zajęcia domowe i praca wymagają codziennie kilkugodzinnego stania, być może należałoby skrócić czas spędzany w pozycji stojącej. Jeśli ciężko pracujesz fizycznie, podnosisz przedmioty, pomyśl o ograniczeniu tych zajęć.

**Stosunki płciowe (tylko w przypadku niektórych kobiet).** Choć znakomita większość przyszłych matek może kontynuować współżycie do porodu, te znajdujące się w grupie wysokiego ryzyka wystąpienia porodu przedwczesnego powinny powstrzymywać się od stosunków płciowych i/lub orgazmu w czasie dwóch lub trzech ostatnich miesięcy ciąży (orgazm u tych kobiet oraz obecność prostaglandyny w spermie może spowodować uaktywnienie czynności skurczowej macicy).

Inne czynniki ryzyka nie zawsze są możliwe do wyeliminowania, lecz zmodyfikować można czasem ich skutki:

**Zakażenia.** Niektóre choroby zakaźne i infekcje (np. różyczka, pewne choroby weneryczne, zakażenia układu moczowego i dróg rodnych) mogą postawić matkę przed dużym ryzykiem wystąpienia przedterminowego porodu. Jeśli pojawi się infekcja, stanowiąca zagrożenie dla płodu, to wcześniejsze ukończenie ciąży wydaje się sposobem, w jaki organizm próbuje ocalić dziecko przed niebezpiecznym środowiskiem. Antybiotyki zwykle nie tylko leczą zakażenie, lecz jednocześnie zapewniają organizm, że wszystko jest w porządku i „ocalenie" nie stanowi konieczności.

---

[1] Wskaźnik porodów przedwczesnych jest niższy u kobiet białych (mniej niż 6 na 100), a większy u czarnych (niemal 13 na 100), co tylko częściowo wynika z przyczyn socjoekonomicznych.

W przypadku zakażenia wewnątrzmacicznego obronna reakcja organizmu stymuluje produkcję prostaglandyn, które mogą zainicjować poród, a także substancji, które mogą uszkadzać błony płodowe, doprowadzając do ich przedwczesnego pęknięcia. W przypadku gdyby faktycznie do tego doszło, niektórzy lekarze zapobiegawczo przepisują matce antybiotyki (niezależnie od tego, czy coś wskazuje na wystąpienie infekcji), choć nadal nie ma pewności, czy metoda ta pomaga zapobiegać temu problemowi.

Całkowite uniknięcie infekcji jest niemożliwe, lecz istnieje wiele zapobiegawczych metod zminimalizowania ryzyka zachorowania. Większość z nich opiera się na zasadach zdrowego rozsądku: unikaj kontaktu z chorymi osobami, pamiętaj o odpowiedniej ilości wypoczynku oraz o ćwiczeniach, dobrze się odżywiaj, nie zaniedbuj regularnej opieki prenatalnej. Inne – takie jak picie dużej ilości wody oraz oddawanie moczu wtedy, gdy czujesz taką potrzebę (by uniknąć infekcji pęcherza moczowego) mogą już nie być tak oczywiste. Aby zapobiec przedterminowemu porodowi, należy badać się pod kątem zakażenia pochwy i leczyć je. Część lekarzy zaleca używanie prezerwatyw w ostatnich miesiącach ciąży, by zredukować ryzyko wystąpienia zakażenia prowadzącego do przedterminowego porodu.

**Brak równowagi hormonalnej.** Może on spowodować późne poronienie, a także wywołać poród przedwczesny. Leczenie zapobiega powstaniu tego problemu.

**Niewydolność cieśniowo-szyjkowa.** Jest to stan, w którym szyjka rozwiera się wcześnie (pod wpływem ciężaru rosnącego płodu), i często pozostaje nie zdiagnozowany do czasu, aż dojdzie do późnego poronienia lub przedterminowego porodu. Zdiagnozowanie tego stanu pozwala uniknąć porodu przedwczesnego dzięki założeniu szwu okrężnego na szyjkę około 14 tygodnia ciąży. (Więcej informacji znajdziesz na stronie 35.)

**Przedwczesne skrócenie i rozszerzenie szyjki macicy.** Z nieznanych przyczyn, które raczej nie mają związku z niewydolnością cieśniowo-szyjkową, u niektórych kobiet szyjka macicy słabnie i zbyt wcześnie się otwiera. Obecnie przeprowadzone badania sugerują, że to przedwczesne skrócenie i rozszerzenie może być, przynajmniej częściowo, spowodowane krótszą niż normalnie szyjką. Rutynowe badanie ultrasonograficzne szyjki macicy, przeprowadzone w drugim trymestrze ciąży, wykrywa obecność tego schorzenia u kobiet z grupy wysokiego ryzyka i jest powszechną i zapewne użyteczną procedurą.

**Wrażliwa macica.** Badania sugerują, że macica niektórych kobiet jest szczególnie wrażliwa, a ta skłonność może uaktywnić przedwczesną czynność skurczową. Niektórzy specjaliści uważają, że regularna obserwacja takich kobiet w trzecim trymestrze może pomóc w profilaktyce porodu przedwczesnego. Przepisuje się leki i zaleca całodzienne lub okresowe leżenie w łóżku, aby wyciszyć skurcze.

**Łożysko przodujące** (łożysko nisko usadowione, blisko ujścia wewnętrznego szyjki macicy lub tuż za nim; patrz s. 504). Stan ten, który niekiedy wywołuje przedterminowy poród, można wykryć w trakcie badania USG. Czasami nie podejrzewamy go aż do momentu pojawienia się krwawienia w drugim lub trzecim trymestrze ciąży. Gdy łożysko przodujące zostanie zdiagnozowane, przedwczesnemu przybyciu dziecka na świat zapobiega się przez ścisły reżim łóżkowy.

**Przewlekła choroba matki.** Choroby przewlekłe, takie jak wysokie ciśnienie krwi, choroby serca, wątroby czy nerek lub cukrzyca sprawiają, że ryzyko przedwczesnego porodu jest większe. Jednak dobra opieka medyczna oraz dbanie o siebie (patrz rozdział 19), a niekiedy także pozostanie w łóżku, zwykle pozwalają temu zapobiec.

**Silny stres emocjonalny.** Czasami można wyeliminować przyczynę stresu lub zminimalizować go (przez przerwanie pracy, która go wywołuje, lub uzyskanie porady w przypadku kłopotów małżeńskich). Czasami przyczyny nie da się wyeliminować, np. jeśli straciłaś pracę lub w rodzinie ktoś ciężko choruje bądź zmarł. Ale każdy rodzaj stresu można zmniejszyć poprzez stosowanie technik relaksacyjnych, właściwe odżywianie, równoważenie okresów aktywności i odpoczynku, a także poprzez omawianie tego problemu z mężem lub z przyjaciółmi, terapeutą albo w grupie samopomocy prowadzonej przez zawodowego doradcę (patrz także s. 125).

**Wiek poniżej 17 roku życia.** Optymalne odżywianie i odpowiednia opieka prenatalna mogą zredukować ryzyko przedwczesnego porodu, pomagając zrekompensować fakt, że zarówno matka, jak i jej dziecko ciągle jeszcze rosną.

**Wiek powyżej 35 roku życia.** Ryzyko można zmniejszyć przez właściwe odżywianie, odpowiednią opiekę prenatalną, eliminowanie sytuacji stresowych, a także prenatalne badania przesiewowe dotyczące zaburzeń genetycznych i problemów położniczych typowych dla kobiet powyżej trzydziestego piątego roku życia.

**Niski poziom społeczno-ekonomiczny lub niski poziom wykształcenia.** Pomocne może okazać się: odpowiednie odżywianie, wczesne objęcie właściwą opieką medyczną, prenatalną i wyeliminowanie tylu czynników ryzyka, ile będzie możliwe.

**Nieprawidłowa budowa macicy lub duże mięśniaki.** Te nieprawidłowości mogą być skutkiem działania hormonu DES, który został podany matce ciężarnej, gdy była z nią w ciąży[1], a także efektem operacji macicy,

wadą wrodzoną mającą wpływ na kształt lub pojemność macicy lub rezultatem innych chorób. Jeśli stan ten został zdiagnozowany, to właściwa interwencja chirurgiczna – jeszcze przed zajściem w ciążę – powodująca korekcję nieprawidłowości, często zapobiega wystąpieniu porodu przedwczesnego.

**Ciąża wielopłodowa.** Kobiety, u których stwierdza się ciążę wielopłodową, rodzą przeciętnie 3 tygodnie wcześniej (choć sugerowano, że terminowe rozwiązanie w przypadku bliźniąt przypada na 37 tydzień, co może oznaczać, że trzy tygodnie mniej – wcale nie znaczy „mniej"). Staranna opieka prenatalna, prawidłowe odżywianie, reżim łóżkowy, ograniczenie aktywności na tyle, na ile jest to konieczne w ostatnim trymestrze ciąży – wszystko to może zapobiec porodowi przedwczesnemu.

**Nieprawidłowości ze strony płodu.** W niektórych przypadkach diagnoza prenatalna pozwala na wykrycie wady i jej leczenie jeszcze w łonie matki. Czasami taka korekcja pozwala na ukończenie ciąży w terminie.

**Porody przedwczesne w wywiadzie.** Rozpoznanie przyczyny może pozwolić na jej usunięcie. Szczególnie staranna opieka prenatalna, zmniejszenie innych czynników ryzyka i ograniczenie aktywności mogą zapobiec wystąpieniu porodu przedwczesnego. Choć fakt, że ty sama urodziłaś się przed terminem, nie stanowi głównego czynnika wpływającego na przedwczesne narodziny twego dziecka, to twoje „wymiary" w chwili narodzin mogą już mieć wpływ na masę urodzeniową dziecka, które w sobie nosisz.

**Przyczyna nieznana.** Czasami jednak zdarza się tak, że nie występuje żaden z wyżej

---

[1] Jeśli nie masz pewności co do tego, czy twoja matka otrzymała DES, a urodziłaś się przed 1971 rokiem, kiedy lek ten przepisywano kobietom, którym groziło poronienie, spytaj rodziców o tę ewentualność.

## Nie powstrzymuj się

Powstrzymywanie się od oddawania moczu – mimo że czujesz taką potrzebę – zwiększa ryzyko infekcji pęcherza moczowego, a to z kolei prowadzi do podrażnienia macicy i wzniecenia czynności skurczowej. A więc – nie powstrzymuj się!

---

wymienionych czynników ryzyka, a zdrowa kobieta z prawidłowym przebiegiem ciąży, doskonale dbająca o siebie, nagle zbyt wcześnie zaczyna rodzić bez żadnej uchwytnej przyczyny. Być może kiedyś uda się znaleźć przyczynę – oraz sposób na jej wyeliminowanie – takich porodów przedwczesnych, lecz obecnie obejmuje się wszystkie lub część z nich pojęciem „przyczyna nieznana”.

Gdy istnieją czynniki ryzyka, proponuje się używanie domowych monitorów, co obniżyłoby liczbę przedwczesnych porodów. Z dotychczasowych badań nie wynika jasno, czy ten rodzaj techniki się sprawdza. Jednakże zaleca się zaznajamianie matek z objawami przedwczesnego porodu i regularny kontakt z lekarzem, co może bardzo pomóc, gdy pojawi się tego rodzaju problem.

Jeśli, mimo najlepszych starań, przedwczesny poród jednak się rozpocznie, można go niekiedy zahamować do czasu osiągnięcia przez dziecko większej dojrzałości. Bardzo korzystne może się okazać każde, nawet najmniejsze wydłużenie czasu trwania ciąży. Każdy dodatkowy dzień, który dziecko spędza w macicy, zwiększa jego szansę nie tylko na przeżycie, lecz również na dobre zdrowie. Zatem, choć możliwość przedwczesnego pojawienia się dziecka nie jest duża, a jeszcze mniejsza, jeśli nie znajdujesz się w grupie zwiększonego ryzyka, warto zaznajomić się z objawami (patrz poniżej) zagrażającego porodu przedwczesnego i nauczyć się je rozpoznawać, aby móc powiadomić lekarza w momencie wystąpienia nawet najmniejszych podejrzeń, że rozpoczyna się poród. Nie bój się, że przeszko-

dzisz swojemu lekarzowi. Jeśli zauważysz u siebie którykolwiek z poniższych objawów, kontaktuj się bez względu na porę dnia i nocy.

Objawy:

- skurcze podobne do miesiączkowych z biegunką lub bez, mdłości lub niestrawność;

- ból i ucisk w dolnej części pleców lub zmiana charakteru dolegliwości bólowych w tej części ciała;

- bolesność lub uczucie ucisku w miednicy, promieniujące do okolicy lędźwiowej i ud;

- zmiana charakteru upławów – zwłaszcza jeśli są wodniste, podbarwione przez krew różowo lub brunatnie;

- pęknięcie błon płodowych – sączenie lub wyciek płynu owodniowego z pochwy.

Możesz mieć wszystkie te objawy, mimo że poród jeszcze się nie rozpoczął, i tylko lekarz może to stwierdzić. Jeśli uzna on, że poród już się rozpoczął, to prawdopodobnie zostaniesz błyskawicznie przebadana. Więcej informacji na temat porodu przedwczesnego znajdziesz na s. 508.

A gdybyś ostatecznie znalazła się wśród mniejszości kobiet rodzących przed terminem, jest dla ciebie także dobra wiadomość. Nowoczesna opieka medyczna stwarza ci możliwość przyniesienia ze szpitala do domu zdrowego, normalnego dziecka – choć chwila powrotu odłożona zostanie na dni, tygodnie lub nawet miesiące, po to, by zwiększyć te szanse.

# DZIECKO O NISKIEJ MASIE URODZENIOWEJ

*Wiele czytałam o dzieciach z niską masą urodzeniową. Czy jest coś, co mogę zrobić, aby mieć pewność, że nie będę miała dziecka z niedowagą?*

Większości przypadków urodzeń dzieci o niskiej masie urodzeniowej można zapobiec. Możesz zatem zrobić wiele, a czytając tę książkę, masz już pewne szanse. W USA do tej kategorii dzieci (poniżej 2500 g) zalicza się około 7 na 100 noworodków, a trochę więcej niż 1 na 100 do grupy dzieci o bardzo niskiej masie urodzeniowej (1500 g lub mniej). Jednakże wśród kobiet świadomych znaczenia prawidłowej opieki medycznej i własnej pielęgnacji (oraz mających tyle szczęścia, by móc sobie pozwolić na pierwsze, i na tyle poinformowanych, by dobrze wypełnić drugie) współczynnik ten jest znacznie niższy. Większości najczęstszych przyczyn urodzenia dziecka z niską masą urodzeniową – takich na przykład, jak palenie papierosów, picie alkoholu, branie narkotyków (zwłaszcza kokainy) przez matkę, złe odżywianie, wysoki poziom stresu[1], a także niewystarczająca opieka prenatalna – można w pełni zapobiec. Wiele innych, jak choćby przewlekła choroba matki, można kontrolować dzięki dobrej współpracy pomiędzy przyszłą matką a jej lekarzem. Głównej przyczynie, czyli porodowi przedwczesnemu, także często jesteśmy w stanie zapobiec (patrz s. 267).

Oczywiście pewnych przyczyn nie można wyeliminować, np. takich, jak niska masa urodzeniowa matki, nieprawidłowe łożysko czy choroby genetyczne. Powodem może też być bardzo krótki odstęp w czasie (krótszy niż 9 miesięcy) między ciążami. Lecz

---

[1] Wszystko wskazuje na to, że głęboki stres i obawy mogą ograniczyć przepływ krwi (a zatem i substancji odżywczych) do macicy.

nawet w tych przypadkach odpowiednia dieta i właściwa opieka prenatalna mogą je w pewien sposób skompensować. A kiedy dziecko urodzi się bardzo małe, to doskonała opieka medyczna, obecnie powszechnie dostępna, daje szansę przeżycia i prawidłowego rozwoju nawet tym najmniejszym.

Jeśli uważasz, że pewne fakty wskazują na to, iż możesz urodzić dziecko o niskiej masie urodzeniowej, powinnaś podzielić się swoimi obawami z lekarzem. Badanie i/lub USG zapewne cię uspokoi, że dziecko rozwija się w prawidłowym tempie. Gdyby jednak się okazało, iż jest małe, można przedsięwziąć kroki mające na celu wykrycie przyczyn powolnego wzrostu i, w miarę możliwości, przeciwdziałanie (patrz s. 502).

# PLAN PORODU

*Moja przyjaciółka, która niedawno rodziła, powiedziała mi, że jeszcze przed porodem ustaliła ze swoim lekarzem plan porodu. Czy ja też powinnam to zrobić?*

Planowanie porodów staje się coraz bardziej powszechne. Uznano, że coraz więcej kobiet – i ich partnerów – chciałoby w miarę możliwości uczestniczyć w podejmowaniu decyzji dotyczących porodu. Niektórzy lekarze rutynowo proszą przyszłych rodziców o sporządzenie planu porodu. Inni chętnie dyskutują o nim z pacjentką, jeśli ona sobie tego życzy. Typowy plan łączy życzenia i preferencje rodziców z tym, co zaakceptuje lekarz i szpital i co z praktycznego punktu widzenia jest realne do wykonania. Nie jest to żaden kontrakt, lecz pisemne porozumienie pomiędzy lekarzem i/lub szpitalem bądź kliniką położniczą a pacjentką, mające na celu wypracowanie planu porodu jak najbardziej odpowiadającego ideałom pacjentki, ale zarazem usuwającego nierealne nadzieje po to, by uniknąć rozczarowań i niepotrzebnych konfliktów w czasie porodu.

Plan porodu może obejmować wiele różnych zagadnień. Dokładna jego zawartość zależeć będzie od rodziców, lekarza i szpitala bądź kliniki położniczej, a także od konkretnej sytuacji. A oto niektóre ze spraw, co do których możesz wyrazić swoje preferencje (odsyłamy cię do odpowiednich zagadnień, zanim podejmiesz ostateczną decyzję):

• miejsce porodu – na przykład pokój porodowy czy porodowo-poporodowy; patrz s. 14;

• czas pozostawania w domu od momentu rozpoczęcia porodu oraz moment, w którym wolałabyś udać się do szpitala czy kliniki położniczej;

• jedzenie i/lub picie podczas aktywnego okresu porodu (s. 342);

• kiedy możesz spacerować lub siedzieć w czasie porodu;

• używanie soczewek kontaktowych w trakcie porodu (zazwyczaj nie zezwala się na to, jeśli niezbędne jest wykonanie znieczulenia ogólnego);

• nadanie indywidualnego charakteru atmosferze porodu (przez muzykę, światło, przedmioty przyniesione z domu);

• użycie aparatu fotograficznego lub kamery wideo;

• użycie lustra, byś mogła zobaczyć poród;

• zastosowanie kroplówki (s. 343);

• zastosowanie środków przeciwbólowych i ich rodzaj (s. 272);

• zewnętrzne (stałe lub okresowe) i wewnętrzne monitorowanie stanu płodu (s. 344);

• zastosowanie oksytocyny w celu indukowania lub wzmocnienia czynności skurczowej macicy (s. 337);

• pozycje w trakcie porodu (s. 353);

• nacięcie krocza lub zastosowanie innych zabiegów w celu uniknięcia nacięcia krocza (s. 349);

• zastosowanie kleszczy lub próżniociągu położniczego (s. 351);

• wykonanie cięcia cesarskiego (s. 294);

• obecność innych ważnych członków rodziny (oprócz męża) w trakcie porodu;

• obecność starszych dzieci przy porodzie lub bezpośrednio po nim;

• odśluzowanie noworodka; odśluzowanie wykonane przez ojca;

• możliwość przytulenia dziecka natychmiast po urodzeniu; karmienie piersią bezpośrednio po porodzie;

• odłożenie chwili przecięcia pępowiny, ważenie dziecka, zakraplanie oczu dopiero po pierwszym pozałonowym kontakcie matki z dzieckiem;

• zezwolenie, by ojciec przeciął pępowinę;

• przechowywanie krwi z pępowiny (patrz s. 328).

Do planu możesz włączyć życzenia dotyczące połogu, takie jak np.:

• twoja obecność przy ważeniu dziecka, badaniu pediatrycznym lub pierwszej kąpieli;

• żywienie dziecka w szpitalu (zgodne z planem karmienia lub na życzenie dziecka, pomoc w karmieniu piersią, unikanie dokarmiania butelką)[1];

• umiejętne postępowanie z przepełnionymi gruczołami sutkowymi w przypadku, gdy nie karmisz piersią (s. 389);

• obrzezanie (patrz *Pierwszy rok życia dziecka*);

• pobyt w jednym pokoju wraz z dzieckiem;

• wizyta innych dzieci (patrz *Pierwszy rok życia dziecka*);

---

[1] Więcej informacji na ten temat w książce *Pierwszy rok życia dziecka*.

## Plan zapasowy

Jeśli wszystko pójdzie dobrze, plan porodu, zatwierdzony wcześniej przez lekarza, zostanie włączony do twojej kartoteki i razem z tobą powędruje na salę porodową. Na wypadek, gdyby plan porodu nie czekał tam na ciebie, warto zrobić kilka kopii, by móc je zabrać ze sobą do szpitala czy kliniki położniczej, aby w ten sposób zapobiec nieporozumieniom co do twych życzeń. Każda zmiana personelu otrzyma jedną kopię (przy pewnej dozie szczęścia nie przeczekasz na sali porodowej wielu zmian!). Ważny jest również sposób, w jaki plan zostanie przekazany: raczej nie należy wciskać go pod nos pielęgniarce, która dopiero co przyszła do pracy. Lepiej pokaż go w sposób uprzejmy, nienachalny, na przykład mówiąc: „Czy zechciałaby pani rzucić okiem na plan porodu, który przygotowaliśmy z lekarzem?"

---

- postępowanie lecznicze po porodzie dotyczące ciebie i/lub twojego dziecka;

- czas pobytu w szpitalu, zapobieganie komplikacjom (patrz s. 393).

Oczywiście w dobrze ułożonym planie porodu najważniejsze jest miejsce na zmiany. Choć najprawdopodobniej będzie on przebiegał zgodnie z twoim życzeniem, nikt nie może ci zagwarantować jego prawidłowej realizacji. Ponieważ nie sposób dokładnie przewidzieć, jak będzie – lub nie będzie – przebiegał poród, przygotowany z wyprzedzeniem plan może się okazać nie najlepszy, toteż w ostatniej chwili zajdzie konieczność wprowadzenia w nim paru korekt. Na jego weryfikację może też wpłynąć fakt, że nagle zmienisz zdanie (na przykład wcześniej byłaś kategorycznie przeciwna znieczuleniu, lecz gdy nastąpiły skurcze, z całą stanowczością poprosiłaś o nie). Niezależnie od tego, na ile uda się zrealizować twój plan, w trakcie porodu trzeba zawsze pamiętać o najważniejszej sprawie – zdrowiu i bezpieczeństwie matki oraz dziecka – wszelkie inne sprawy są drugorzędne.

---

# CO WARTO WIEDZIEĆ
## Wszystko na temat znieczulenia w czasie porodu

**D**nia 19 stycznia 1847 roku szkocki lekarz James Young Simpson nalał pół łyżeczki chloroformu na chusteczkę i przyłożył ją do nosa rodzącej kobiety. Mniej niż pół godziny później stała się ona pierwszą kobietą, która urodziła dziecko przy zastosowaniu znieczulenia w trakcie porodu. Wystąpiło tylko jedno powikłanie: kiedy kobieta pamiętająca jeszcze swój pierwszy bolesny poród, który trwał trzy dni, obudziła się, trudno było ją przekonać, że jest już po porodzie.

Ta rewolucja w położnictwie została z radością powitana przez kobiety, lecz przeciwstawił się jej kler, a także niektórzy lekarze, którzy wierzyli, że kobiety zostały stworzone do tego, by znosić ból podczas porodu. Łagodzenie tego bólu uważali za niemoralne.

Oponenci jednak nie mieli szans na zatrzymanie tej rewolucji. Kiedy wiadomość o tym, że poród nie musi oznaczać bólu, rozprzestrzeniła się, pacjentki oddziałów położniczych zaczęły się domagać uśmierzenia bólu. Nie stawiano już pytania o miejsce anestezji w położnictwie (ponieważ było ono nienaruszalne), lecz o jej rodzaj, który byłby najbardziej odpowiedni dla rodzących kobiet.

Rozpoczęło się poszukiwanie doskonałego środka znieczulającego – środka, który eliminowałby ból, nie szkodząc ani matce, ani dziecku. Dokonany został ogromny postęp w tej dziedzinie (i wciąż się dokonuje). Środki przeciwbólowe i znieczulające stają się z roku na rok coraz bardziej bezpieczne i efektywne.

Jednak w latach pięćdziesiątych i sześćdziesiątych ten wspaniały związek pomiędzy kobietami rodzącymi a znieczuleniem zaczął się psuć. Kobiety chciały być świadome swego porodu i doznawać wszystkich odczuć, nawet tych bolesnych. Chciały też, aby ich dzieci rodziły się tak samo jak one rześkie, nie oszołomione środkami znieczulającymi.

W latach siedemdziesiątych nieprzejednane kobiety rzuciły wyzwanie lekarzom, a ich okrzykiem bojowym stało się hasło „poród naturalny dla wszystkich". Dzisiaj światli lekarze i pacjentki uznają, że choć poród bez zastosowania środków medycznych jest najkorzystniejszy, niekiedy nie leży on w najlepszym interesie matki i dziecka. Uważają oni również, iż pragnienie ucieczki przed rozrywającym bólem jest rzeczą naturalną (a nie grzeszną) i dlatego znieczulenie może odgrywać pewną rolę w porodzie naturalnym. Znieczulenie zalecane jest w takich przypadkach, jak:

- długi i skomplikowany poród – ponieważ stres wywołany bólem może doprowadzić do zakłócenia równowagi chemicznej, a ta zakłócać może czynność skurczową macicy, przepływ krwi do płodu lub doprowadzić do wyczerpania matki, zmniejszając tym samym jej zdolność do efektywnego parcia;

- gdy ból jest większy niż wytrzymałość matki, gdy matka jest tak podniecona, że wpływa to na zakłócenie postępu porodu lub ogranicza jej zdolność do parcia;

- gdy konieczne jest założenie kleszczy lub użycie próżniociągu położniczego (aby ułatwić urodzenie się dziecka) (patrz s. 351);

- gdy konieczne jest przyhamowanie niebezpiecznie szybkiego porodu.

Głównym problemem związanym z zastosowaniem środków medycznych w położnictwie jest nie tylko bezpieczeństwo osoby bezpośrednio je otrzymującej (matki), lecz także otrzymującej je pośrednio – tego całkiem niewinnego świadka zdarzeń (czyli dziecka). Niekiedy dziecko kobiety, której podano środki znieczulające w trakcie rodzenia, może po porodzie być senne, ociężałe, obojętne i – choć znacznie rzadziej – mieć trudności z oddychaniem czy ssaniem oraz nieregularną akcję serca. Badania wykazują jednak, że przy prawidłowym podaniu znieczulenia można całkowicie uniknąć tych niepożądanych skutków. W razie wystąpienia niekorzystnych efektów nie należy się martwić – zwykle mijają one wkrótce po przyjściu dziecka na świat. Nawet gdyby noworodek był wyjątkowo ospały na skutek podania zbyt dużej dawki środków znieczulających lub zastosowania silnej narkozy (co zdarza się rzadko) i nie mógł spontanicznie oddychać w chwili porodu, wówczas wykonuje się szybką reanimację (prosty zabieg), aby nie dopuścić do długotrwałych następstw braku dostępu powietrza. Odrębnym zagadnieniem jest wpływ znieczulenia na postęp porodu; środki podane w nieodpowiednim momencie mogą zwolnić bądź nawet zatrzymać ten proces.

Rozsądne stosowanie środków znieczulających zawsze wymaga rozważenia ryzyka i korzyści, jakie mogą spowodować. W przypadku leków używanych w położnictwie w trakcie porodu ryzyko i korzyści muszą być rozważone zarówno w stosunku do matki, jak i dziecka. W niektórych przypadkach ryzyko ich użycia wyraźnie przewyższa korzyści, jakie one oferują, tak jest wówczas, gdy płód z uwagi na poród przedwczesny lub inne czynniki nie wydaje się dość silny, aby dać sobie radę ze stresami spowodowanymi zarówno porodem, jak i środkami znieczulającymi.

Większość ekspertów zgadza się z tym, że ryzyko związane z zastosowaniem środków znieczulających można zmniejszyć, a korzyści zwiększyć przez:

- wybranie leku o najmniejszych skutkach ubocznych i stanowiącego najmniejsze ryzyko dla matki i dziecka, powodującego jednocześnie uśmierzenie bólu; podanie go w mniejszej, skutecznej dawce; podanie go w optymalnym czasie w trakcie porodu. Ekspozycja płodu na znieczulenie ogólne w czasie porodu przez cięcie cesarskie jest zazwyczaj zminimalizowana przez krótki czas jego działania na dziecko w czasie zabiegu, tzn. chroni je przed nim wydobycie dziecka w ciągu kilku minut od podania matce środków znieczulających, zanim zdołają one w znacznych ilościach przejść przez łożysko;

- korzystanie z pomocy doświadczonego anestezjologa (masz prawo nalegać na to, jeśli będziesz poddana znieczuleniu ogólnemu lub np. nadtwardówkowemu).

# NAJCZĘŚCIEJ UŻYWANE ŚRODKI PRZECIWBÓLOWE

W trakcie porodu można zastosować wiele środków przeciwbólowych (tzn. uśmierzających ból), znieczulających (powodujących utratę czucia) i uspokajających. To, jaki środek (jeżeli w ogóle będzie zastosowany) należy podać, zależy od okresu porodu, preferencji pacjentki (z wyjątkiem nagłych przypadków), danych z wywiadu, od obecnego jej stanu i stanu dziecka, a także od preferencji i doświadczenia położnika i/lub anestezjologa. Skuteczność zależy od samej kobiety (różne leki mają inny wpływ na różnych ludzi), dawki i innych czynników (bardzo rzadko zdarza się, że środek nie wywołuje zamierzonego efektu, nie zmniejszając w ogóle bólu lub tylko w niewielkim stopniu). Uśmierzenie bólu w położnictwie osiąga się najczęściej za pomocą znieczulenia zewnątrzoponowego lub Demerolu, ale istnieje też wiele innych możliwości; część z nich należy do tradycji, inne wywodzą się z medycyny komplementarnej i alternatywnej.

**Znieczulenie zewnątrzoponowe.** Znieczulenie to, polegające na miejscowej blokadzie nerwu, stosuje się zarówno przy porodzie tradycyjnym, jak i przez cięcie cesarskie. Obecnie stanowi najpopularniejsze rozwiązanie przy łagodzeniu bólów porodowych. Więcej kobiet wyraźnie prosi o tego rodzaju znieczulenie niż o jakiekolwiek inne i ponad 50% rodzących w szpitalach je otrzymuje. Główną przyczyną tej popularności jest relatywne bezpieczeństwo (potrzeba mniejszej dawki w celu otrzymania pożądanego efektu), łatwość podawania oraz przyjemne dla pacjentki skutki (znieczulenie miejscowe w dolnej części ciała pozwala na zachowanie przytomności w trakcie porodu i na tyle świadomości, by móc powitać dziecko natychmiast po urodzeniu).

Przed podaniem znieczulenia aplikuje się poprzez kroplówkę płyny (ma to na celu zapobieganie spadkowi ciśnienia krwi – efektu ubocznego doświadczanego przez część kobiet). Ponieważ lek może stłumić potrzebę wypróżnienia, w niektórych szpitalach tuż przed lub tuż po podaniu znieczulenia wprowadza się cewnik do pęcherza moczowego i pozostawia na czas działania leku, aż do momentu odpływu moczu. Natomiast w innych szpitalach personel medyczny opróżnia pęcherz co jakiś czas za pomocą cewnika.

Najpierw dolną i środkową część pleców kobiety przeciera się środkiem antyseptycznym, po czym, za pomocą środka znieczulającego, wywołuje się odrętwienie niewielkiego obszaru pleców. Następnie, zwykle gdy kobieta leży na lewym boku, siedzi w pozycji wyprostowanej bądź pochyla się, oparta o stół lub małżonka, partnera w porodzie czy pielęgniarkę, przez pozbawione czucia miejsce wprowadza się do kręgosłupa dużą igłę. Niektóre kobiety w chwili jej wprowadzenia czują niewielkie napięcie. Inne natomiast mogą doznać lekkiego mrowienia czy krótkotrwałego, przeszywającego bólu w momencie trafienia igły we właściwe miejsce. Potem igła zostaje usunięta, a pozostaje cewnik przymocowany plastrem do pleców, dzięki czemu kobieta może poruszać się z boku na bok. Brak czucia w nerwach macicy następuje w trzy do pięciu minut po podaniu początkowej dawki. Pełny efekt jest odczuwalny po dziesięciu minutach. Środek znieczula nerwy w całej dolnej części ciała, w znacznym stopniu łagodząc bóle. Wiele kobiet odkrywa, że po jego zastosowaniu może nadal efektywnie przeć; gdyby jednak parcie okazało się niewystarczające, wstrzymuje się dawkowanie, by kobieta miała pełną kontrolę nad procesem. Podawanie znieczulenia można łatwo ponowić po porodzie, aby uśmierzyć ból w trakcie zszywania pęknięć czy nacięć krocza.

Podczas podawania znieczulenia często kontroluje się ciśnienie krwi. Z powodu potencjalnego ryzyka nagłego spadku ciśnienia nie podaje się znieczulenia w przypadku wystąpienia komplikacji wywołujących krwawienie, czyli takich jak łożysko przodujące lub przedwczesne oddzielenie łożyska, zaawansowany stan przedrzucawkowy lub rzucawka porodowa, stan zagrożenia płodu. Aby przeciwdziałać spadkowi ciśnienia, dodatkowo, prócz płynów dożylnych, rodzącej podaje się także stosowny lek. Pomocne jest również to, że matka leży na lewym boku, a zatem macica pochyla się w lewym kierunku. Ponieważ zastosowanie znieczulenia czasem łączy się ze zwolnieniem akcji serca płodu, zwykle wymagane jest stałe jej monitorowanie.

Do innych, na szczęście rzadkich, efektów ubocznych znieczulenia należą: drżenie lub odrętwienie tylko jednej strony ciała (w przeciwieństwie do pełnego znieczulenia) oraz poporodowe bóle głowy. Znieczulenie to może okazać się mało skuteczne w przypadku kobiet doświadczających bólu pleców (gdy płód znajduje się w pozycji pośladkowej, a jego głowa uciska na plecy matki).

W przeszłości sądzono, że zastosowanie znieczulenia może spowolnić bądź wstrzymać akcję porodową, przez co częściej uciekano się do cięcia cesarskiego, używano kleszczy i próżniociągu położniczego. Jednak najnowsze badania wykazały, że tak się nie dzieje i znieczulenie nie ma wpływu na zwiększenie prawdopodobieństwa porodu chirurgicznego. Zwykle poród ze znieczuleniem może trwać nieco dłużej, gdyż lek nieznacznie spowalnia skurcze. Jednak w razie konieczności podaje się oksytocynę przyspieszającą proces porodu.

„Ruchome znieczulenie" to jeszcze inna opcja, polegająca na wykorzystaniu zmniejszonej dawki leku o innym składzie niż w przypadku tradycyjnego znieczulenia. Wprawdzie nie znieczula w pełni, ale w zamian nie zmniejsza odczuwania ani nie hamuje funkcji ruchowych, co oznacza, że rodząca czuje skurcze, a także może – jeśli chce – wstać, pospacerować. Niestety, znieczulenie tego rodzaju może być podawane tylko przez wysoce wyspecjalizowanego anestezjologa i obecnie nie jest jeszcze szeroko dostępne.

Jeśli zdecydujesz się na znieczulenie zewnątrzoponowe, pamiętaj, by zostało ci ono podane zaraz po rozpoczęciu akcji porodowej, przy rozwarciu 3-4 cm. Poproś, by poziom leku nie był zbyt wysoki i nie blokował całkowicie twych funkcji motorycznych – albo zapytaj o „znieczulenie ruchome", jeśli jest ono dostępne.

**Inne blokady miejscowe.** *Blokada nerwu sromowego* używana jest sporadycznie, w celu uzyskania bezbolesnego drugiego okresu porodu i zazwyczaj zarezerwowana jest dla porodu fizjologicznego. Przeprowadza się ją, wprowadzając igłę w okolicę kroczową lub pochwową (podczas gdy pacjentka leży na plecach z nogami ułożonymi na podpórkach). Działanie znieczulające dotyczy tylko tej okolicy, nie znosi bólu pochodzącego z macicy. Blokada ta użyteczna jest również, gdy zachodzi konieczność użycia kleszczy lub próżniociągu położniczego, a czas jej trwania wystarcza zarówno na wykonanie nacięcia krocza, jak i jego zeszycie. Często stosuje się ją wraz z Demerolem lub środkami uspokajającymi, co daje doskonałe i względnie bezpieczne znieczulenie – nawet jeśli nie ma anestezjologa.

*Znieczulenie dokanałowe* (do cięcia cesarskiego) lub *znieczulenie dokanałowe niskie czy znieczulenie do kleszczy czy próżniociągu położniczego podczas porodu naturalnego* wykonuje się przez podanie pojedynczej dawki bezpośrednio przed porodem. Gdy matka siedzi bądź leży na boku, aplikuje się jej środek znieczulający do płynu otaczającego rdzeń kręgowy. W czasie działania środka znieczulającego mogą występować wymioty i nudności przez około 1- -1,5 godziny. Podobnie jak przy stosowaniu znieczulenia zewnątrzoponowego, również w tym przypadku istnieje ryzyko obniżenia ciśnienia tętniczego krwi. Aby temu zapobiec, stosuje się odpowiednio wysokie ułożenie nóg, ułożenie kobiety na lewym boku, podaje płyny infuzyjne i ewentualnie leki. W przeciwieństwie do pacjentek otrzymujących znieczulenie zewnątrzoponowe, po porodzie w znieczuleniu dokanałowym należy pozostać w pozycji leżącej na plecach przez około 8 godzin. Niekiedy zdarzają się poporodowe bóle głowy, które można łagodzić lekami. Znieczulenie to, podobnie jak zewnątrzoponowe, nie powinno być stosowane w przypadku łożyska przodującego, przedwczesnego oddzielenia łożyska, stanu przedrzucawkowego, rzucawki lub stanu zagrożenia płodu.

**Środki przeciwbólowe.** Meperidine hydrochloride – silny środek przeciwbólowy (znany pod nazwą Demerol) – jest jednym z najczęściej stosowanych w praktyce położniczej. Najskuteczniej działa podany dożylnie lub domięśniowo (zazwyczaj jest to jeden zastrzyk w pośladek, lecz gdy zajdzie taka potrzeba, można powtarzać go co 2 godziny). Demerol zazwyczaj nie zakłóca czynności skurczowej macicy, choć przy większych dawkach skurcze mogą ulec osłabieniu, a ich częstość zwolnieniu. Może on też normalizować czynność skurczową

w przypadku dysfunkcji macicy. Tak jak i inne środki przeciwbólowe, Demerol podawany jest zazwyczaj dopiero przy wyraźnym postępie porodu, a bóle przepowiadające poród zostały wykluczone, lecz nie później niż na 2 do 3 godzin przed spodziewanym urodzeniem dziecka. Reakcje matki na lek i jego działanie przeciwbólowe mogą być bardzo różne. Niektóre kobiety wyraźnie odczuwają jego relaksujące działanie, doskonale radzą sobie ze skurczami. Inne nie lubią tego uczucia oszołomienia, stwierdzają, że wcale nie uśmierza bólu, i radzą sobie gorzej. W zależności od wrażliwości kobiety mogą wystąpić różne objawy uboczne, takie jak: nudności, wymioty, depresja i spadek ciśnienia tętniczego krwi. Wpływ Demerolu na noworodka zależy od całkowitej dawki i czasu podania (czasu, który upłynął od podania leku do urodzenia dziecka). Jeśli środek ten został podany na krótko przed urodzeniem dziecka – może ono urodzić się senne i niezdolne do pierwszego krzyku. Rzadziej może on wywołać depresję oddechu, czyniąc koniecznym zastosowanie tlenoterapii. Środek może mieć też wpływ na akcję serca dziecka, co wykrywa zewnętrzne monitorowanie serca płodu. Wszelkie efekty uboczne oddziałujące na noworodka mają zwykle charakter krótkotrwały, a jeśli jest to konieczne, można im łatwo przeciwdziałać. Demerol może być również stosowany w celu uśmierzenia bólu podczas szycia krocza, usunięcia łożyska lub wykonania cięcia cesarskiego.

**Inne przeciwbólowe środki medyczne stosowane podczas porodu.** Poniżej przedstawione środki używane są rzadziej niż poprzednio opisane.

*Środki uspokajające.* Środki te (takie jak Phenergan lub Vistaril) stosuje się w celu uspokojenia i zrelaksowania wyjątkowo zdenerwowanych kobiet, aby mogły pełniej uczestniczyć w porodzie. Środki uspokajające mogą nasilać działanie środków przeciwbólowych, takich jak np. Demerol. Podobnie jak środki przeciwbólowe, są one stosowane na pewnym etapie zaawansowania porodu, na długo jednak przed urodzeniem się dziecka. Sporadycznie tylko używa się ich w początkowym okresie porodu, w przypadku gdy niepokój matki ma wpływ na postępowanie porodu. Reakcje kobiet na działanie środków uspokajających są różne. Niektórym podoba się oszołomienie, podczas gdy innym przeszkadza ono w sprawowaniu kontroli nad porodem. Dawka ma tu ogromne znaczenie. Mała może zmniejszyć niepokój, nie wpływając na czujność. Tymczasem podanie większej dawki może spowodować zaburzenia mowy, a także wywoływać zasypianie pomiędzy szczytami skurczów, co utrudni zastosowanie opanowanych wcześniej technik porodowych. Choć ryzyko związane z wpływem środków uspokajających na płód czy noworodka jest niewielkie, warto, byście ty i twój partner wypróbowali technik relaksacyjnych nie wymagających brania środków medycznych (medytacje, masaże, hipnoza), nim poprosisz o środki uspokajające lub je przyjmiesz.

*Znieczulenie ogólne.* Kiedyś był to najpopularniejszy sposób znieczulenia podczas porodu. Dzisiaj znieczulenie to, które gwałtownie usypia pacjentki, jest używane niemal wyłącznie do nagłych porodów operacyjnych, gdy nie ma czasu na podanie znieczulenia miejscowego. Może też być niekiedy zastosowane w celu urodzenia główki siłami natury, jeśli dziecko jest ułożone pośladkowo.

W celu indukcji znieczulenia ogólnego nieodzowne są środki wziewne w połączeniu z innymi lekami. Wykonywane jest ono przez anestezjologa na sali operacyjnej. Kobieta jest przytomna podczas przygotowania do znieczulenia, lecz w trakcie znieczulenia traci świadomość i zdolność odczuwania bólu na czas potrzebny do skończenia porodu. Zazwyczaj jest to kwestia minut. Kiedy się obudzi, może czuć się zdezorientowana i niespokojna, kaszleć, od-

czuwać ból gardła wywołany przez rurkę intubacyjną – patrz niżej, odczuwać mdłości czy nawet wymiotować. Znieczulenie może również wywołać zaburzenia w oddawaniu moczu i stolca. Innym skutkiem ubocznym jest okresowe obniżenie ciśnienia krwi.

Główny problem tkwi jednak w tym, że znieczulenie ogólne dotyczy nie tylko matki, lecz i płodu. Niekorzystny wpływ na płód można zmniejszyć poprzez podanie środków znieczulających jak najbliżej chwili wyjścia na świat. W ten sposób dziecko rodzi się, nim środek znieczulający dotrze do niego w ilości mogącej przynieść jakieś negatywne skutki. Tlenoterapia matki oraz położenie jej w pozycji na boku (zwykle lewym) także zwiększa ilość tlenu dostarczanego do płodu, minimalizując efekt działania środka znieczulającego.

Choć kiedyś kobiecie rutynowo nakazywano, by nic nie jadła przed porodem oraz ograniczyła przyjmowanie płynów z obawy przed wystąpieniem wymiotów i możliwością aspiracji zwymiotowanego pożywienia do układu oddechowego, gdyby poród miał się odbyć w pełnym znieczuleniu, obecnie w wielu szpitalach i klinikach położniczych nie wymaga się już tego. Dzieje się tak, ponieważ bardzo rzadko dochodzi do aspiracji; ryzyko wynosi 7 na 10 milionów przypadków. Niektórzy przypuszczają też, że takie głodzenie nie jest korzystne dla rodzącej kobiety i jej dziecka. Przy pełnym znieczuleniu do gardła zostanie wprowadzona przez usta rurka dotchawicza, co zapobiegnie nawet najmniejszej możliwości wystąpienia aspiracji. Przed zabiegiem mogą też zostać podane doustne środki alkalizujące w celu zneutralizowania działania kwaśnej treści żołądkowej, w przypadku gdyby doszło do jej zaaspirowania.

**Medycyna komplementarna i alternatywna jako metody znieczulania.** Istnieje coraz więcej opcji dla tych kobiet, które poszukują innych środków znieczulających podczas porodu niż medyczne. Ich celem jest zmiana postrzegania bólu bez użycia leków. Są one szczególnie zalecane kobietom, które nie chcą rodzić pod wpływem środków farmaceutycznych lub które są w trakcie leczenia uzależnienia od narkotyków lub alkoholu i nie powinny stosować środków uspokajających bądź substancji przeciwbólowych mających wpływ na nastrój:

*Hipnoza.* Mimo pewnej dozy niedowierzania i sceptycyzmu wyniesionego z nocnych klubów, hipnoza jest w wykwalifikowanych rękach przyjętym w świecie medycznym środkiem zwalczającym ból – często z dużym powodzeniem. W hipnozie nie ma nic tajemniczego. Nie wprowadza ona nikogo w trans ani nie sprawia, że jesteś pod kontrolą innej osoby. Nie śpisz ani nie jesteś w stanie oszołomienia; wszystko polega na tym, byś potrafiła się zrelaksować i skoncentrować na procesie, który dzieje się wewnątrz ciebie. Czujesz się mniej więcej identycznie jak wówczas, gdy jesteś tak zaabsorbowana dobrym filmem w telewizji, że nie słyszysz, o co pyta cię mąż. Takie stany naturalnej hipnozy zdarzają się nam co jakiś czas.

Hipnoza wykorzystywana podczas porodu polega na zastosowaniu sugestii i potęgi umysłu do kontrolowania nieprzyjemnych doznań podczas porodu. Jeśli wszystko się powiedzie, to za pomocą hipnozy uzyskuje się bardzo wysoki poziom podatności na sugestię, dzięki któremu (w zależności od indywidualnych predyspozycji i rodzaju zastosowanej hipnozy) można uzyskać prawie wszystko, od poczucia wygody i relaksu począwszy, do całkowitego wyeliminowania odczuwania bólu. Uważa się, że około 15% społeczeństwa jest wysoce podatne na hipnozę, 25% jest bardzo odporne, a reszta znajduje się w przedziale pomiędzy nimi; bardzo niewielki odsetek przechodzi przez cięcie cesarskie bez znieczulenia i odczuwania bólu. Osoby, które są podatne na hipnozę, zwykle do pewnego stopnia lubią

samotność, potrafią na długi czas skupić uwagę i mają żywą wyobraźnię.

Szkolenie dotyczące zastosowania hipnozy w czasie porodu powinno się się odbywać pod kierunkiem osoby mającej certyfikat w tej specjalności. Unikaj osób bez medycznie potwierdzonych referencji, ponieważ hipnoza może być użyta niewłaściwie. Możesz być szkolona w hipnozie bądź autohipnozie albo też polegać na tym, że lekarz będzie w czasie porodu czynił odpowiednie sugestie. Szkolenie powinno się rozpoczynać wiele tygodni lub miesięcy przed planowanym terminem porodu. Jeśli zacznie się w pierwszym trymestrze, można dzięki niemu zminimalizować takie ciążowe dolegliwości, jak poranne nudności. Więcej na ten temat znajdziesz na stronie 245.

*TENS* (przezskórna elektryczna stymulacja włókien nerwowych). W metodzie tej używa się elektrod w celu stymulacji włókien nerwowych unerwiających szyjkę macicy i pozostałe jej części. Z teoretycznego punktu widzenia zakłada się, że ta stymulacja tłumi impulsy przebiegające drogą tych nerwów, np. impulsy bólowe. Intensywność stymulacji jest kontrolowana przez pacjentkę, co pozwala na zwiększanie jej w czasie skurczów i zmniejszanie w przerwach pomiędzy nimi. Choć nie ma naukowych dowodów na to, że TENS pomaga w zmniejszeniu bólów porodowych, najwyraźniej działa na część kobiet. TENS jest dostępny w niektórych szpitalach i warto sprawdzić, czy twój do nich należy.

*Akupunktura.* Od dawna stosowana jest w Chinach, coraz bardziej popularna w Stanach Zjednoczonych. Prawdopodobnie oparta jest na takich samych zasadach jak TENS. Stymulacja wywoływana jest przez nakłuwanie skóry specjalnymi igłami. Niektóre badania wykazują, że zastosowanie akupunktury może zmniejszyć konieczność podania innych środków znieczulających podczas porodu.

*Fizykoterapia.* Masaż, ciepło, ucisk lub kontrucisk czy refleksologia zastosowane przez specjalistę, męża lub przyjaciela (którzy wiedzą, co podczas porodu jest bezpieczne, a co nie) często znosi odczucie bólu. Technik tych uczy się w niektórych szkołach rodzenia.

*Zmiana czynników ryzyka.* Wiele czynników emocjonalnych i fizycznych może wpływać na to, w jaki sposób kobieta może odczuwać ból porodowy. Ich zmiana powoduje często poprawę samopoczucia w czasie porodu (patrz s. 357).

*Rozrywka.* Oglądanie telewizji, słuchanie muzyki, medytacje, wykonywanie ćwiczeń oddechowych – wszystko to może zmniejszyć percepcję wrażeń bólowych. Podobnie może zadziałać koncentrowanie myśli na czymś miłym (obraz dziecka z ultrasonografu, przyjemny krajobraz, zdjęcie ulubionego miejsca) lub wykonywanie ćwiczeń wizualizacyjnych (na przykład wyobrażanie sobie, jak dziecko jest powoli wypychane za sprawą skurczów, przygotowuje się na opuszczenie łona, jest podekscytowane i szczęśliwe).

## PODJĘCIE DECYZJI

Kobiety mają dzisiaj znacznie szerszy wybór rodzaju porodu niż kiedykolwiek wcześniej. Z wyjątkiem pewnych szczególnych sytuacji decyzja dotycząca znieczulenia będzie należała do ciebie. Aby podjąć najlepszą decyzję, dotyczącą ciebie i dziecka, należy:

• Omówić jeszcze przed porodem temat dotyczący użycia środków przeciwbólowych i znieczulających. Doświadczenie twojego lekarza powoduje, że jest on nieocenionym partnerem – choć zwykle jego głos nie jest decydujący – w procesie podejmowania decyzji. Dowiedz się, jakiego rodzaju leki twój lekarz stosuje najczęściej, a także jakie skutki uboczne mogą wystąpić. Poinformuj się również, kiedy lekarz uważa znieczulenie za absolutnie konieczne, a kiedy decyzja należy do ciebie.

• Przyjąć do wiadomości, że chociaż urodzenie dziecka jest naturalnym doświadczeniem każdej kobiety, nie jest ono próbą dzielności, siły lub wytrzymałości. Ból porodowy opisano jako jeden z najsilniej odczuwanych przez człowieka. Dzięki znieczuleniu medycyna dała kobietom szansę złagodzenia bólu. Zostało ono nie tylko zaakceptowane, lecz w niektórych przypadkach stało się wręcz wskazane.

• Pamiętać o tym, że zastosowanie znieczulenia podczas porodu niesie ze sobą zarówno korzyści, jak i ryzyko. Powinno się korzystać z niego tylko wtedy, gdy korzyści przeważają nad ryzykiem. Zapoznaj się z metodami medycyny komplementarnej i alternatywnej, rozważając ich zastosowanie w pierwszej kolejności – jeśli to możliwe – lub w połączeniu z lekami (co ogólnie rzecz biorąc, oznacza, że będziesz potrzebować mniejszej ich dawki).

• Nie podejmować z góry nie podlegających zmianie decyzji. Chociaż można czynić pewne teoretyczne rozważania na temat tego, co może być najlepszym rozwiązaniem w pewnych okolicznościach, to jednak nie sposób przewidzieć, jak będzie przebiegał poród, jak zareagujesz na skurcze i czy będziesz wymagała znieczulenia. Nawet jeśli bardzo boisz się bólu i jesteś całkowicie pewna, że chcesz otrzymać znieczulenie zewnątrzoponowe, warto najpierw spróbować metod medycyny komplementarnej i alternatywnej, a poród może okazać się łatwiejszy do zniesienia, niż ci się wydaje.

Jeśli w czasie porodu poczujesz potrzebę zastosowania środków znieczulających, omów to ze swoim instruktorem, lekarzem czy pielęgniarką. Nie nalegaj jednak, by podano ci je natychmiast. Spróbuj wytrzymać przez mniej więcej 15 minut i wykorzystaj ten czas w jak najlepszy sposób. Koncentrując się na technikach relaksacyjnych lub ćwiczeniach oddechowych i korzystając z pomocy instruktora, staraj się zminimalizować dyskomfort. Być może stwierdzisz, że dzięki wsparciu łatwiej będziesz znosić ból. Może też tak się zdarzyć, że przetrwanie tych 15 minut da ci siłę przetrwania porodu bez dodatkowych środków. Jeśli jednak po tych 15 minutach stwierdzisz, że środki przeciwbólowe są ci niezbędne – poproś o nie i nie miej wyrzutów sumienia z tego powodu. Kiedy lekarz zadecyduje o natychmiastowym zastosowaniu znieczulenia, ze względu na ciebie czy dziecko, czekanie nie jest uzasadnione.

Pamiętaj też, że niezależnie od tego, jak ciężki będzie poród, zapomnisz o nim w chwili, gdy słodkie maleństwo znajdzie się w twych ramionach.

# 12
# Ósmy miesiąc
### *Przeciętnie od 32 do 35 tygodnia*

W tym przedostatnim miesiącu możesz nadal rozkoszować się każdą chwilą albo czuć znużenie z powodu dźwigania brzucha wielkości arbuza (nie wspominając już o spaniu z nim!). Tak czy inaczej, na pewno jesteś zaabsorbowana i podekscytowana wydarzeniem, którego nie możesz się doczekać: narodzinami twego dziecka. Oczywiście wraz z partnerem czujecie, że radości towarzyszy lekki niepokój, szczególnie jeśli jest to wasze pierwsze wejście w świat rodziców. Rozmowy o tych całkowicie normalnych odczuciach, prowadzone najlepiej w gronie przyjaciół i członków rodziny będących już rodzicami, pomogą wam zrozumieć, że za pierwszym razem każdy tak się czuje.

## CZEGO MOŻESZ OCZEKIWAĆ
## W CZASIE BADANIA OKRESOWEGO

Po 32 tygodniach ciąży twój lekarz może cię poprosić o to, abyś przychodziła do kontroli co dwa tygodnie, żeby zapewnić lepszą opiekę tobie i twojemu dziecku. Możesz się spodziewać, że zostaną skontrolowane następujące parametry, zależnie od twojej szczególnej sytuacji i stylu pracy lekarza[1]:

• masa ciała i ciśnienie krwi;

• cukier i białko w moczu;

• czynność serca płodu;

• wysokość dna macicy;

• wielkość (możesz poznać szacunkowy ciężar) i położenie płodu;

• badanie kończyn pod kątem występowania obrzęków i kończyn dolnych pod kątem pojawienia się żylaków;

• test na obecność paciorkowców grupy B;

• inne objawy, które odczuwasz, zwłaszcza te niezwykłe;

• poza tym omówienie twoich pytań i problemów – przygotuj ich spis.

---

[1] Badania i testy opisane są w oddzielnym rozdziale *Dodatek*.

# CO MOŻESZ ODCZUWAĆ

Możesz odczuwać wszystkie poniżej wymienione objawy jednocześnie lub tylko niektóre z nich. Niektóre mogą trwać od poprzedniego miesiąca, inne mogą pojawić się dopiero teraz. Możesz mieć również inne mniej powszechnie występujące objawy.

**OBJAWY FIZYCZNE:**

- silna, regularna aktywność płodu;

- nasilające się białawe upławy pochwowe;

- nasilające się zaparcia;

- okresowe bóle głowy, mdłości lub zawroty głowy;

- zgaga, niestrawność, wiatry, wzdęcia;

- przekrwienie błony śluzowej nosa i sporadyczne krwawienie z nosa; uczucie „zatkania uszu";

- „różowa szczoteczka do zębów" spowodowana krwawieniem z dziąseł;

- kurcze mięśni kończyn dolnych;

- bóle pleców;

- ucisk i/lub ból w okolicy miednicy;

## Co się dzieje wewnątrz ciebie

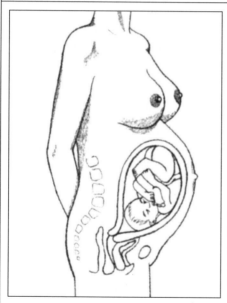

niejszy i mniej pomarszczony, tkanka tłuszczowa wypełnia bowiem jego śliczne kształty. Wokół nadgarstków i szyi pojawiły się zmarszczki, a dołeczki, które już wkrótce będziesz całować, zaczynają się pojawiać na łokciach i kolankach. Ponieważ w jego macicznym domku robi się coraz ciaśniej, dziecko ma niewiele miejsca na gimnastykę; będziesz odczuwać, że kopnięciom coraz bardziej brakuje wigoru, za to poczujesz więcej kręcenia i wiercenia się. Podobnie jak noworodek, płód ma regularne okresy REM (lub aktywnego snu), głębokiego snu, aktywnego stanu przebudzenia oraz spokojnego czuwania. Mózg rozwija się w fantastycznym tempie. Płuca są już niemal całkowicie wykształcone, a dziecko urodzone na tym etapie rozwoju ma wielkie szanse na dobre zdrowie.

▲ *Oto pewna ciekawostka ciążowa: długość w centymetrach od górnej części kości łonowej do górnej części macicy mniej więcej zgadza się z liczbą tygodni ciąży, które masz za sobą: w 34 tygodniu ciąży macica ma długość około 34 cm, mierząc od kości łonowej.*

▶ *Płód, który ma około 46-51 cm długości i waży 2,27-2,72 (przybierając na wadze w tempie około 1,5 dkg na dzień), jest pulch-*

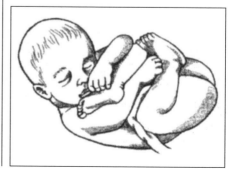

- lekkie obrzęki w okolicy stawu skokowego i stóp; sporadycznie obrzęki twarzy i rąk;

- żylaki kończyn dolnych;

- żylaki odbytnicy;

- świąd brzucha;

- wystający pępek;

- narastające skrócenie oddechu, spowodowane naciskiem macicy na płuca (które ustępuje nieco, gdy dziecko przesunie się niżej);

- trudności w zasypianiu;

- zwiększenie liczby skurczów Braxtona-
-Hicksa;

- nabrzmienie piersi;

- niezręczność;

- siara wyciekająca z piersi (chociaż może ona pojawić się dopiero po porodzie).

**ODCZUCIA PSYCHICZNE:**

- pragnienie, by ciąża dobiegła końca;

- obawy dotyczące zdrowia dziecka i porodu;

- wzrastające roztargnienie;

- podniecenie – pomieszane z lekkim niepokojem – na myśl, że to już niedługo.

# CO MOŻE CIĘ NIEPOKOIĆ

## SKRÓCENIE ODDECHU

*Czasami mam problemy z oddychaniem. Czy oznacza to, że moje dziecko otrzymuje wtedy niewystarczającą ilość tlenu?*

Skrócenie oddechu nie oznacza, że tobie czy twojemu dziecku brakuje tlenu. Zmiany w układzie oddechowym podczas ciąży faktycznie pozwalają kobietom na pobieranie większej ilości tlenu i lepsze wykorzystanie go. Ale większość kobiet doświadcza różnych problemów z oddychaniem (niektóre opisują to jako świadomą potrzebę pogłębienia oddechu) – szczególnie w ostatnim trymestrze, kiedy to powiększająca się macica uciska płuca poprzez przeponę. Ulgę odczuwają zazwyczaj dopiero wtedy, kiedy brzuch obniża się (kiedy płód przesuwa się bardziej do dolnej części miednicy, w pierwszej ciąży zazwyczaj około 2-3 tygodni przed porodem – patrz s. 317). Będzie ci łatwiej oddychać, jeśli siedząc, będziesz trzymała plecy prosto i nie będziesz się garbiła (co wyjdzie też na dobre twoim plecom), jeśli będziesz spała w pozycji półsiedzącej (z dwoma czy trzema po-

duszkami) i unikała znacznej aktywności fizycznej.

Niektóre kobiety nie będą nigdy odczuwały skróconego oddechu i to też będzie zupełnie normalne.

Jednakże skrócenie oddechu w znacznym stopniu z towarzyszącym przyspieszeniem oddechu, sinymi wargami i sinymi czubkami palców, z bólem w klatce piersiowej i/lub z przyspieszeniem tętna jest nienormalne i wymaga natychmiastowego powiadomienia twojego lekarza bądź wizyty w stacji pogotowia ratunkowego.

## SKURCZE BRAXTONA-HICKSA

*Co jakiś czas moja macica zdaje się twardnieć i napinać. Co się dzieje?*

Są to prawdopodobnie skurcze Braxtona-
-Hicksa, które zazwyczaj po 20 tygodniach ciąży zaczynają przygotowywać macicę do porodu. Wieloródki odczuwają je zwykle silniej i wcześniej. Mięsień macicy napina się, przygotowując się do prawdziwych skurczów, które „wypchną" dziecko w ozna-

czonym terminie. Na początku będziesz odczuwała je jako bezbolesne (nieprzyjemne)
stwardnienie macicy, rozpoczynające się od
dna i stopniowo przesuwające się ku dołowi,
zanim się rozluźni. Trwają one na ogół około
15 do 30 sekund, a więc wystarczająco długo, by wykonać ćwiczenia oddechowe, lecz
mogą trwać również 2 minuty lub dłużej.

Kiedy zbliża się 9 miesiąc, skurcze te stają się częstsze, intensywniejsze – czasami
nawet bolesne. Chociaż nie są one na tyle
skuteczne, by wydalić płód, to mogą
zapoczątkować proces skracania i rozwierania się szyjki, dając ci przedsmak porodu,
jeszcze zanim się on rozpocznie.

Aby złagodzić dolegliwości, które możesz odczuwać w czasie tych skurczów,
spróbuj zmiany pozycji: jeśli stałaś, połóż
się i zrelaksuj, jeżeli siedziałaś – wstań
i pochodź trochę. Tego rodzaju ćwiczenia
możesz także wykorzystać do porodu, wykonując je wraz z ćwiczeniami oddechowy-
mi czy innymi technikami stosowanymi
w trakcie porodu, których się uczyłaś, a które pomogą ci poradzić sobie z prawdziwymi skurczami, gdy tylko się pojawią.

Chociaż skurcze Braxtona-Hicksa nie oznaczają właściwego porodu, to czasami trudno
je od niego odróżnić (zobacz: okres przedpo-
rodowy, poród pozorny, poród prawdziwy, str.
329). Mogą być też trudne do odróżnienia od
przedwczesnej czynności skurczowej macicy,
która zazwyczaj poprzedza poród przedwczesny. Koniecznie więc opisz je lekarzowi podczas następnej wizyty. Powiadom go
natychmiast, jeśli skurcze są częste (częstsze
niż 4 na godzinę) i/lub towarzyszy im ból
(pleców, brzucha, miednicy) czy inne niż
zwykle upławy pochwowe. Zrób to również,
jeśli należysz do grupy ryzyka wystąpienia
porodu przedwczesnego (patrz s. 265).

## TKLIWOŚĆ ŻEBER

*Czuję się tak, jakby dziecko wkładało nóż-
ki pomiędzy moje żebra. To naprawdę boli.*

W późniejszych miesiącach ciąży, kiedy dziecku zaczyna brakować miej-
sca w jego ciasnej kwaterze, czasami się wydaje, że znajduje ono zaciszne miejsce dla
swoich nóg pomiędzy twoimi żebrami. Czasem zmiana pozycji matki wywołuje zmianę pozycji dziecka. Spróbuj zrobić kilka
„kocich grzbietów" (s. 194), mogą one spowodować zmianę położenia dziecka. Możesz też wykonać następujące ćwiczenie:
weź głęboki oddech, podnosząc jedną rękę
ponad głowę, a następnie wypuść powietrze, opuszczając ramię. Powtórz to kilka
razy z każdą ręką – być może dziecko zmieni pozycję.

Jeśli to nie zadziała – poczekaj. Gdy twój
mały rozrabiaka przesunie się w dół miednicy (co zazwyczaj następuje 2 lub 3 tygodnie przed porodem u pierwiastek, a u wieloródek często dopiero podczas porodu),
prawdopodobnie nie będzie już w stanie
podnieść nóżek tak wysoko.

## NIETRZYMANIE MOCZU
## WYWOŁANE UCISKIEM

*Wczoraj wieczorem oglądałam śmieszny
film i za każdym razem, gdy się śmiałam,
miałam wrażenie, że popuszczam mocz.
Czy dzieje się coś złego?*

Niektóre kobiety w ostatnim trymestrze
ciąży mają problemy z nietrzymaniem
moczu, zazwyczaj wtedy, kiedy śmieją się,
kaszlą, kichają lub wykonują ćwiczenia.
Określamy to wysiłkowym nietrzymaniem
moczu, które jest rezultatem ogromnego ucisku rosnącej macicy na pęcherz. Upewnij się
(wąchając), że to, co popuszczasz, na pewno
jest moczem; jeśli nie będzie to miało zapachu moczu, natychmiast poinformuj lekarza,
ponieważ istnieje niewielkie prawdopodobieństwo, iż jest to płyn owodniowy. Gdy będziesz pewna, że to mocz, powiedz o tym lekarzowi podczas następnej wizyty.

W międzyczasie skorzystaj z przedstawionych poniżej rad, by do pewnego stopnia kontrolować wysiłkowe nietrzymanie moczu:

- Unikaj pożywienia i napojów mogących podrażnić pęcherz, w tym kawy, innych napojów zawierających kofeinę, owoców i napojów cytrusowych, pomidorów, ostrych potraw, napojów gazowanych (nawet tych nie zawierających cukru) i alkoholu we wszelkich postaciach.

- Wykonuj starannie ćwiczenia Kegla (patrz s. 189). Pomagają one w pokonaniu tej nieprzyjemnej dolegliwości oraz wzmacniają mięśnie miednicy, których praca jest niezbędna przy porodzie oraz okresie poporodowym. Ponieważ poprawa może być widoczna dopiero po kilku tygodniach, nie poddawaj się, jeśli nie zauważysz szybkich wyników.

- Wykonuj ćwiczenia Kegla lub skrzyżuj nogi, gdy poczujesz, że musisz zakaszleć czy kichnąć, albo jeśli masz podnieść coś ciężkiego.

- Staraj się zapobiegać infekcji dróg moczowych (patrz s. 452).

- Unikaj zaparć (patrz s. 156), ponieważ stolec też może uciskać na pęcherz moczowy. Do osłabienia mięśni dna miednicy przyczynia się wysiłek przy oddawaniu stolca.

- Uważaj, by nie za szybko przybierać na wadze. Niepotrzebne kilogramy tylko zwiększą ucisk na pęcherz moczowy.

Niektóre kobiety doświadczają nietrzymania moczu przy nagłym parciu na pęcherz. Jeśli masz z tym problemy, postaraj się je złagodzić, ćwicząc pęcherz. Częściej chodź do toalety – co pół godziny lub co godzinę – czyli zanim jeszcze poczujesz nie poddającą się kontroli potrzebę oddania moczu. Po tygodniu postaraj się robić dłuższe przerwy pomiędzy wizytami w toalecie.

Pamiętaj o wypijaniu co najmniej 8 szklanek płynów każdego dnia – nawet jeśli dolega ci nietrzymanie moczu. Ograniczenie ilości przyjmowanych płynów nie pomoże mięśniom w skuteczniejszym trzymaniu moczu, a może doprowadzić do infekcji dróg moczowych i/lub odwodnienia.

## KĄPIELE

*Moja mama mówi, że nie powinnam się kąpać po 34 tygodniu ciąży. Natomiast lekarz mówi, że mogę. Kto ma rację?*

W tym przypadku twoja matka, przy najlepszych intencjach, nie jest najlepiej poinformowana. Prawdopodobnie opiera ona swoje ostrzeżenia na tym, co powiedziała jej matka wtedy, kiedy sama była w ciąży z tobą. W czasach twych babć wierzono, że brudna woda podczas kąpieli może wniknąć do pochwy czy dalej do szyjki i spowodować zakażenie. Jednak poglądy się zmieniły i teraz zezwala się kobietom na kąpiele w wannie. Obecnie uważa się, że woda nie dostaje się do pochwy, może z wyjątkiem irygacji bądź skoków do basenu. Lecz nawet gdyby woda przedostała się do pochwy, to według przeprowadzonych w warunkach klinicznych badań czop śluzowy, znajdujący się w szyjce, zabezpiecza skutecznie wejście do macicy, chroniąc błony płodowe otaczające płód, płyn owodniowy i sam płód przed inwazją mikroorganizmów. Dlatego też większość lekarzy, w przypadku prawidłowo przebiegającej ciąży, zezwala na kąpiele w wannie aż do czasu pęknięcia błon płodowych. Coraz więcej lekarzy zezwala też na kąpiele w trakcie trwania akcji porodowej (jako formy hydroterapii) lub wręcz zachęca do nich, a niektórzy przeprowadzają nawet porody pod wodą (patrz s. 15). Właściwie wszyscy zezwalają na branie pryszniców aż do samego porodu.

Jednakże kąpiele i prysznic nie są pozbawione ryzyka, zwłaszcza w ostatnim try-

## Badania noworodków, które mogą uratować życie

Większość dzieci przychodzi na świat w dobrym zdrowiu i w takim pozostaje. Jednak niewielki odsetek tych, które najwyraźniej rodzą się zdrowe, nagle zaczyna chorować. Obecnie dostępne są testy pozwalające na rozpoznanie trzydziestu chorób neonatalnych, z których wiele stanowi zagrożenie dla życia, jeśli nie zostaną odpowiednio wcześnie rozpoznane i leczone. Jednak testy te nie są powszechnie dostępne. Medycyna czyni starania, aby można było wykonywać badania w kierunku jak największej liczby tych chorób, w tym fenyloketonurii, wrodzonej niedoczynności tarczycy, wrodzonego rozrostu kory nadnerczy, deficytu biotynidazy, choroby syropu klonowego, galaktozemii, homocystynurii i anemii sierpowato-krwinkowej.

Jeśli w miejscu twego zamieszkania nie przeprowadza się przynajmniej najważniejszych badań, zleć ich wykonanie prywatnemu laboratorium. Do badania wykorzystana zostanie próbka krwi pobrana w szpitalu podczas rutynowego zabiegu polegającego na zebraniu kilku kropli krwi z pięty noworodka po szybkim ukłuciu igłą.

Istnieje małe prawdopodobieństwo, że wynik któregokolwiek z tych badań będzie pozytywny, ale gdyby jednak tak się stało, zweryfikowaniem wyników i leczeniem zajmie się lekarz pediatra lub specjalista z poradni genetycznej. Wczesne rozpoznanie i natychmiastowa interwencja mogą wiele zmienić w rokowaniach choroby.

---

mestrze, kiedy niezręczność może spowodować poślizgnięcie i upadek. Kąp się bardzo ostrożnie, aby zapobiec takim nieszczęściom. Umieść w wannie czy pod prysznicem antypoślizgową matę. Jeśli jest to możliwe, skorzystaj z pomocy innej osoby przy wchodzeniu i wychodzeniu z wanny.

## PROWADZENIE POJAZDU

*Z trudem mieszczę się za kierownicą. Czy mogę jeszcze prowadzić?*

Możesz tak długo siedzieć za kierownicą, jak długo się tam mieścisz, w czym pomoże ci przesunięcie fotela do tyłu i nachylenie kierownicy. Zakładając, że miejsca jest wystarczająco dużo, a nie masz zawrotów głowy ani żadnych innych objawów mogących wpłynąć na bezpieczeństwo prowadzenia pojazdu, możesz pozostać kierowcą na krótkich dystansach aż do dnia porodu.

Jednak podróże samochodem trwające dłużej niż godzinę są raczej zbyt męczące w czasie ciąży, niezależnie od tego, kto jest kierowcą. Jeśli musisz udać się w długą podróż i masz na to zgodę swojego lekarza, zmieniaj się z kimś za kierownicą, zatrzy-

muj się co godzinę lub dwie, aby wstać i pospacerować trochę. Wykonuj ćwiczenia rozluźniające mięśnie szyi i rozciągające (s. 191 i 197), gdyż dzięki nim powinnaś lepiej się czuć. Jednakże nie próbuj sama przyjechać do szpitala, gdy rozpocznie się poród. Nie zapomnij także o najważniejszym przepisie drogowym: podczas każdej podróży samochodem, niezależnie od tego, czy jesteś kierowcą, czy pasażerem (nawet jeśli jesteś pasażerem, którego wiozą do porodu do szpitala czy kliniki położniczej), zawsze zapinaj pasy.

## PACIORKOWCE GRUPY B

*Mój lekarz planuje przeprowadzić badanie na obecność paciorkowców grupy B. Co to oznacza?*

Oznacza to, że twój lekarz podejmuje wszystkie środki ostrożności – a jeśli chodzi o paciorkowce z grupy B, warto tak postępować.

Paciorkowce grupy B są bakteriami, które występują w pochwie zdrowych kobiet. W przypadku nosicieli nie stanowią one żadnego zagrożenia. Jednak u noworodka, który może się nimi zarazić podczas porodu, mogą stać się przyczyną poważnych infekcji.

Ponieważ u nosicieli tego rodzaju paciorkowców nie występują widoczne objawy, dopiero badania mogą wykazać, czy kobieta w ciąży jest nimi zakażona. Z tego względu wielu lekarzy rutynowo zaleca to badanie kobietom pomiędzy 35 a 37 tygodniem ciąży. (Badanie przeprowadzone przed 35 tygodniem nie jest dokładne w oznaczaniu, kto będzie nosicielem paciorkowców grupy B w chwili porodu.) Jeśli lekarz nie zaproponuje ci badania, możesz o nie śmiało poprosić. Niektórzy lekarze nie przeprowadzają go rutynowo; zamiast tego leczą kobiety, które przybywają do szpitalnego porodu w sytuacji zagrożenia (poród przedterminowy, przedwczesne pęknięcie błon płodowych lub gorączka). Większość lekarzy nie będzie tracić czasu na badania kobiet, które wcześniej urodziły dziecko z infekcją paciorkowcową grupy B, lecz od razu zajmą się leczeniem.

Badanie na obecność paciorkowców grupy B przypomina wymaz z szyjki macicy; wykonuje się wymaz z pochwy i odbytu. Kobietom, które mają wynik pozytywny, podaje się podczas porodu antybiotyki przez kroplówkę. Jeśli obecność paciorkowców zostanie wykryta w moczu, dodatkowo podaje się doustnie antybiotyki w ostatnich kilku tygodniach ciąży.

## ZALEŻNOŚĆ MIĘDZY WZROSTEM TWOJEGO CIĘŻARU CIAŁA A WIELKOŚCIĄ DZIECKA

*Przybrałam tyle na wadze, że aż się boję, że dziecko będzie bardzo duże i trudno będzie je urodzić.*

Sam fakt, że nastąpił znaczny przyrost masy ciała, nie oznacza, że dotyczy to również dziecka. Istnieje wiele innych czynników, w tym uwarunkowania genetyczne, twoja własna masa urodzeniowa (jeśli była ona wysoka, może też taka być w przypadku twego dziecka), masa przed zajściem w ciążę (cięższe kobiety często mają ciężkie dzieci) oraz sposób odżywiania, który sprawił, że przybrałaś na wadze. W zależności od powyższych, jeśli wzrost masy ciała wynosi 17,5-20 kg, to twoje dziecko może ważyć 3,0-3,5 kg, a gdy wynosi on 11,5 kg, może ono ważyć 3,5 kg. Jednak przeciętnie im większy wzrost masy ciała matki, tym większe dziecko.

Lekarz, badając brzuch i określając wysokość dna macicy, może w przybliżeniu podać masę dziecka (choć jest ona obarczona pewnym błędem). Badanie ultrasonograficzne może dokładniej określić masę dziecka, lecz ten pomiar też nie jest bezbłędny.

Jeśli dziecko jest duże – nie oznacza to automatycznie problemów w czasie porodu. Chociaż ważące 3,0-3,5 kg dziecko często rodzi się szybciej niż ważące 4,0-4,5 kg, to jednak wiele kobiet rodzi większe dzieci drogami naturalnymi, bez komplikacji. Czynnikiem determinującym, jak przy każdym porodzie, jest fakt, czy główka dziecka (największa część) może przejść bez problemów przez kanał rodny w miednicy matki. Nawet jeśli zachodzi podejrzenie o dysproporcję pomiędzy główką płodu a miednicą matki (tzw. niewspółmierność główkowo-miednicowa), lekarz zezwoli matce na poród drogami natury. Poród taki jest bardzo starannie monitorowany i jeśli główka dziecka schodzi w dół, a szyjka prawidłowo się rozwiera, to zezwala się na kontynuowanie porodu. Jeśli nie ma postępu porodu, można zlecić podanie oksytocyny, a jeśli nadal brak postępu, wykonuje się cięcie cesarskie.

## TWOJA BUDOWA ANATOMICZNA A PORÓD

*Mam 152 cm wzrostu i jestem drobnej budowy. Obawiam się, że będę miała trudności z urodzeniem dziecka.*

Na szczęście, jeśli chodzi o rodzenie dzieci, liczy się to, co wewnątrz, a nie to, co widać na zewnątrz. O tym, jak trudny będzie poród, decyduje związek między wielkością i kształtem miednicy a wielkością główki dziecka. Nie zawsze można też „na oko" ocenić wielkość miednicy. Niska, drobna kobieta może mieć większą miednicę niż wysoka i mocno zbudowana. Lekarz poda ci oparte na wiedzy naukowej rokowanie co do twojego przypadku, zwykle po pierwszym badaniu prenatalnym. Gdyby zaistniała choć niewielka obawa, iż główka dziecka będzie zbyt duża, by mogła się urodzić siłami natury, wówczas przeprowadza się badanie USG.

Oczywiście zwykle ogólna wielkość miednicy, podobnie jak innych kości, jest mniejsza u osób o drobniejszej budowie. Na przykład Azjatki mają raczej mniejszą miednicę niż kobiety pochodzenia nordyckiego. Na szczęście mądra natura rzadko obdarza Azjatki dziećmi nordyckiego wzrostu – nawet jeśli ich ojciec jest wysoki i barczysty. Najczęściej noworodki są przystosowane wielkością do wielkości swych matek.

## JAKIEGO KSZTAŁTU JEST TWÓJ BRZUCH?

*Wszyscy mi mówią, że jak na ósmy miesiąc mam mały, nisko ułożony brzuch. Czy może to oznaczać, że moje dziecko rozwija się nieprawidłowo?*

Zdaje się, że dobrym pomysłem byłoby obowiązkowe włączenie do garderoby każdej kobiety ciężarnej zatyczek do uszu. Noszenie ich przez dziewięć miesięcy pozwoliłoby jej uniknąć zmartwień spowodowanych przez chybione komentarze i rady krewnych i przyjaciół – a nawet obcych – i zapobiec budzącym zawiść porównaniom jej brzucha z brzuchami innych kobiet w ciąży, które są większe, mniejsze, niższe, wyższe.

Tak jak nie można znaleźć kobiet o identycznych figurach, tak samo nie ma identycznych sylwetek kobiet w ciąży. Kształt i wielkość twojego brzucha podczas ciąży zależy od wielu różnorodnych czynników, w tym od profilu ciążowego: czy w momencie zajścia w ciążę byłaś wysoka czy niska, szczupła czy tęga, mocno zbudowana czy drobna, ile przybyło ci kilogramów i na jakiej diecie je przybrałaś. To, jak wyglądasz, rzadko wskazuje na wielkość skarbu, który nosisz w sobie. Drobna kobieta o małym, niskim brzuchu może urodzić większe dziecko niż grubokoścista kobieta, której brzuch jest wysoki i duży.

Właściwą ocenę rozwoju i stanu twojego dziecka może dać tylko lekarz. Jeśli nie jesteś właśnie u niego – to załóż swoje zatyczki i nie słuchaj tego, co do ciebie mówią inni, a będziesz miała o wiele mniej zmartwień.

*Wszyscy mi mówią, że urodzę chłopca, ponieważ mam duży brzuch i nie mam bioder. To pewnie jakiś babciny przesąd, ale czy nie tkwi w nim odrobina prawdy?*

Przewidywanie płci dziecka metodami babć czy innymi spełnia się w około połowie przypadków (a dokładnie, trochę częściej w przypadku chłopców, ponieważ na 100 dziewczynek rodzi się ich 105). Choć takie prawdopodobieństwo byłoby objawieniem w przypadku obstawiania zakładów w kasynie, nie należy się nim kierować przy wyborze koloru farby do pokoiku dziecinnego. Dotyczy to następujących teorii: „Masz chłopca, bo nosisz brzuch wysoko i do przodu", „Tylko przy dziewczynkach rośnie nos" i wszystkich innych, które nie wynikają z badania genetycznego czy USG.

## POŁOŻENIE DZIECKA

*Jak mogę się dowiedzieć, czy moje dziecko jest właściwie ułożone do porodu?*

# Ósmy miesiąc

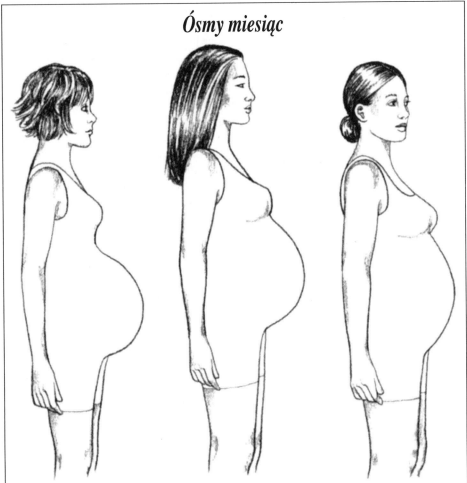

*Ryciny te pokazują trzy spośród wielu różnych sylwetek kobiet ciężarnych pod koniec ósmego miesiąca. Róż-
nice są teraz nawet większe niż przedtem. W zależności od wielkości i położenia dziecka, tak jak i od masy
i rozmiarów twojego ciała, twój brzuch może być wyższy lub niższy, większy lub mniejszy, bardziej lub mniej
zwarty.*

Zabawa w odgadywanie, gdzie są ramion-
ka, łokietki czy pośladki, bywa lepszym
sposobem na spędzenie miłego wieczoru niż
oglądanie telewizji, jednak nie jest zbyt dokładnym sposobem na ocenę pozycji, w jakiej ułożyło się dziecko. Lekarz zapewne
udzieli ci precyzyjniejszej informacji na ten
temat, badając twój brzuch. Na przykład
plecy dziecka wyczuwalne są jako zwykle
gładki, wypukły kształt, po którego drugiej
stronie znajduje się kilka nieregularności,
czyli tzw „małych części”: dłonie, stopy,
łokcie. W ósmym miesiącu głowa zwykle
układa się w pobliżu miednicy; jest okrągła, twarda, a po naciśnięciu wraca na swoje miejsce przy jednoczesnym ruchu całego
ciałka. Pośladki dziecka są już mniej regularnym kształtem i bardziej miękkim niż
głowa. Inną wskazówką może być wyznaczenie obszaru ciała, w którym słychać bicie serca: jeśli dziecko ułożone jest głową
w dół, wówczas bicie serca jest słyszalne
w dolnej części brzucha, natomiast najgło-
śniej usłyszysz je wtedy, gdy plecy dziecka

znajdują się z przodu. W przypadku jakich- kolwiek wątpliwości co do pozycji można ją sprawdzić za pomocą USG.

***Moja siostra miała dziecko ułożone w po- zycji pośladkowej. Czy to oznacza, że mnie też może to spotkać?***

Nie ma przypuszczeń co do istnienia ge- netycznych skłonności do pozycji po- śladkowej. Choć nie znamy dokładnej przy- czyny powstania takiego ułożenia, zachodzą pewne procesy, o których wiemy, że zwięk- szają prawdopodobieństwo tego, iż dziecko będzie chciało wyjść na świat pośladkami do przodu. Oto najczęstsze sytuacje:

• Dziecko jest mniejsze niż przeciętne lub jest wcześniakiem i nie ułożyło się od- powiednio w macicy.

• Jest więcej niż jeden płód.

• Macica ma nietypowy kształt, znajdują się w niej mięśniaki lub jest dość obszer- na, gdyż została rozciągnięta podczas po- przednich ciąż.

• Za mało lub za dużo wód płodowych.

• Łożysko częściowo bądź całkowicie za- krywa wejście szyjki macicy (o łożysku przodującym patrz na s. 504).

Znakomita większość dzieci przed poro- dem układa się w pozycji główką na dół (*ver- tex*). Inne można odpowiednio obrócić (czytaj niżej). Jeśli okaże się, że twoje dziecko należy do tych 3 czy 4%, które pozostają w pozycji pośladkowej do czasu porodu, powinnaś po- rozmawiać z lekarzem na temat rodzaju poro- du – najlepiej przed jego rozpoczęciem.

***Czy moje dziecko, które ułożyło się w po- zycji pośladkowej, można jakoś obrócić?***

Nigdy nie jest za wcześnie na to, aby przygotować się do porodu w położe- niu miednicowym, ale czasem jest za wcze-

śnie, aby się na niego skazywać. Większość dzieci przyjmuje pozycję określoną jako po- łożenie podłużne główkowe pomiędzy 32 a 36 tygodniem ciąży, ale niektóre utrzymu- ją w niepewności swoich rodziców i leka- rzy aż do samego porodu.

Do najczęściej używanych metod me- dycznych należy obrócenie płodu do pozy- cji głową w dół poprzez obrót zewnętrzny na główkę (ECV – z angielskiego *external cephalic version*). Polega ona na tym, że le- karz, posługując się ultrasonografem, pró- buje delikatnie obrócić płód, przykładając dłonie do brzucha matki. Stan płodu musi być bez przerwy monitorowany, aby mieć pewność, że pępowina przypadkowo się nie zaciśnie lub że nie zostanie naruszone łoży- sko. Zabieg ten najlepiej przeprowadzać w szpitalu, przed rozpoczęciem akcji poro- dowej lub na wczesnym jej etapie, gdy ma- cica jest jeszcze dość rozluźniona, gdyż od stanu jej rozluźnienia zależy, czy zabieg się powiedzie (dlatego też udaje się on częściej w drugiej i kolejnych ciążach). Naukowcy sprawdzają obecnie, czy podanie matce znieczulenia zewnątrzoponowego przed ECV zwiększy szanse na to, że uda się ob- rócić dziecko. Po obrocie większość dzie- ci pozostaje w pozycji głową w dół, jed- nak niektóre wracają do pozycji pośladko- wej w chwili porodu.

Niektóre położne zalecają w ostatnich ośmiu tygodniach ciąży ćwiczenia, których celem jest nakłonienie dziecka znajdujące- go się w pozycji pośladkowej do obrócenia się. Do ćwiczeń tych należy unoszenie mied- nicy (s. 190) lub pozostawanie trzy razy dzien- nie dwadzieścia minut w następującej po- zycji: uklęknij z kolanami w pewnej odle- głości od siebie, następnie pochyl się tak, byś klatką piersiową dotknęła podłogi, a brzuchem – niemal też. Choć nie ma me- dycznego dowodu na to, że tego rodzaju ćwiczenia pomagają, nic też nie wskazuje na ich szkodliwość. Niektórzy specjaliści medycyny alternatywnej i komplementar- nej twierdzą, że moksa, czyli rodzaj akupunktury wykorzystującej ciepło, może pomóc przy odwróceniu płodu znajdującego się w pozycji pośladkowej.

**Lekarz mi powiedział, że moje dziecko jest w położeniu pośladkowym. W jaki sposób może to wpłynąć na przebieg porodu?**

Jaki jest najlepszy sposób na urodzenie dziecka ułożonego w chwili porodu w pozycji pośladkowej? Odpowiedź na to pytanie nie jest jeszcze znana i nikt nie potrafi definitywnie orzec, czy poród drogami natury jest lepszy od cięcia cesarskiego – i vice versa, choć najnowsze badania zdają się faworyzować cięcie cesarskie[1]. Uważa się, że poród drogami natury jest całkowicie bezpieczny tylko w około jednej trzeciej przypadków porodów pośladkowych, ale tylko pod warunkiem, że lekarz ma doświadczenie w takich porodach (spytaj swego lekarza, czy przeprowadza porody pośladkowe w sposób naturalny i z jakim powodzeniem). Niektóre badania wykazują, że dodatkowe potencjalne ryzyko nie zawsze wiąże się z samym porodem, lecz z powodem, dla którego dziecko tak się ułożyło: na przykład jest ono wcześniakiem, jest za małe, jest to ciąża wielopłodowa bądź istnieją jakieś wady wrodzone.

Jeśli zabieg ten, tzn. obrót zewnętrzny na główkę, powiedzie się, może on zmniejszyć prawdopodobieństwo ukończenia porodu drogą cięcia cesarskiego. Z tego powodu stał się on bardziej popularny i większość lekarzy przynajmniej sporadycznie z niego korzysta. Niektórzy jednak się wahają z uwagi na powikłania. Tylko lekarz przeszkolony w wykonywaniu tego zabiegu i przygotowany do przeprowadzenia cięcia cesarskiego, jeśli zajdzie taka konieczność, powinien wykonywać obrót zewnętrzny na główkę.

Niektórzy lekarze rutynowo wykonują cięcie cesarskie w położeniu płodu podłużnym miednicowym, wierząc, że jest to najbezpieczniejsza droga przyjścia dziecka na świat. Inni, na podstawie własnego doświadczenia uważają, że w większości przypadków nie ma znaczenia, w jaki sposób urodzone zostanie dziecko ułożone w pozycji pośladkowej. Zezwolą oni na próbę naturalnego porodu pośladkowego (poród zaczyna się w sposób samoistny i zezwala się na jego kontynuowanie dopóty, dopóki przebiega on prawidłowo), jeżeli zaistnieją niżej wymienione warunki, z których część ocenia się za pomocą USG:

- Położenie płodu pośladkowe (nóżki płodu wyprostowane wzdłuż brzucha i klatki piersiowej tak, że stopy znajdują się obok jego twarzy).

- Dziecko ma niską masę i łatwo przejdzie przez drogi rodne (zazwyczaj poniżej 4,25 kg), ale nie za małe (poniżej 2,75 kg), aby poród siłami natury był bezpieczny; zazwyczaj poród przed 36 tygodniem ciąży, przy położeniu miednicowym, rozwiązuje się drogą cięcia cesarskiego.

- Nie ma objawów łożyska przodującego, wypadnięcia pępowiny lub innych objawów zagrożenia płodu, których nie można łatwo usunąć.

---

[1] Poród drogami naturalnymi w położeniu płodu miednicowym (pośladkowym) obarczony jest wysokim ryzykiem, od 3 do 5 razy większa jest zachorowalność i umieralność dzieci urodzonych w tym położeniu aniżeli w położeniu główkowym. Współcześni położnicy coraz częściej, a niektórzy zawsze w przypadku położenia miednicowego płodu kończą poród cięciem cesarskim. Jeśli rodząca życzy sobie zdecydowanie porodu drogami naturalnymi przy jednoczesnej świadomości wysokiego ryzyka dla płodu, oceniamy i obliczamy czynniki prognostyczne i podejmujemy odpowiednią decyzję. W Stanach Zjednoczonych opracowali czynniki rokownicze w porodzie miednicowym Latuchni i Andros z Chicago, w Polsce Słomko, Cekański i Troszyński. Decyzję o porodzie drogami naturalnymi w położeniu miednicowym zawsze uważamy za próbę i prowadzimy poród, ściśle nadzorując w stałej i pełnej gotowości operacyjnej (przyp. red. nauk. wyd. pol.).

## Jak ułożyło się twoje dziecko?

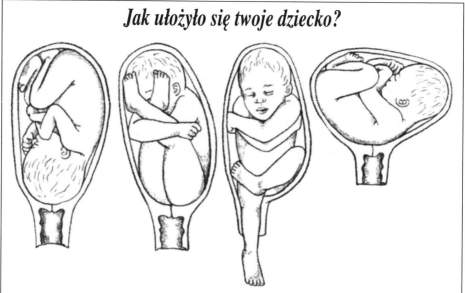

*Większość dzieci układa się główką w dół, czyli w pozycji* vertex. *Frank Breech to pozycja, w której część przodującą stanowią pośladki, a nogi ułożone są do góry, ze stopami przy twarzy. Z pozycją* footling breech *mamy do czynienia wtedy, gdy jedna lub obie nogi dziecka skierowane są ku dołowi.* Traverse *natomiast – gdy dziecko leży bokiem.*

- Matka może włożyć dużo wysiłku w poród, nie stwierdza się żadnych problemów położniczych lub innych, które mogłyby skomplikować poród siłami natury; jej miednica jest odpowiedniej wielkości; w wywiadzie nie ma żadnych danych o przebyciu ciężkich urazowych porodów; niektórzy lekarze dodają do tego wymóg, aby matka miała mniej niż 35 lat.

- Część przodująca w momencie porodu przeszła już do miednicy.

- Główka płodu nie jest nadmiernie odgięta, lecz bródka przygięta jest do klatki piersiowej.

- Wszystko (i wszyscy) przygotowani są do zabiegu chirurgicznego, jeśli okazałby się konieczny.

Jeśli próbujemy prowadzić poród drogami natury, niezbędne jest jego stałe monitorowanie, najlepiej na sali zabiegowej. Gdy wszystko idzie dobrze, szyjka macicy się rozszerza, a dziecko równomiernie się przesuwa w dół, można go kontynuować. Jeśli natomiast szyjka będzie rozwierała się zbyt wolno lub wystąpią inne problemy, to lekarz wraz z całym zespołem operacyjnym powinien być w każdej chwili przygotowany do cięcia cesarskiego. Stałe elektroniczne monitorowanie płodu jest absolutnie niezbędne, by mieć pewność, że z dzieckiem jest wszystko w porządku. Czasami stosuje się znieczulenie zewnątrzoponowe, by zapobiec nadmiernemu parciu, zanim dojdzie do całkowitego rozwarcia (co mogłoby doprowadzić do uwięźnięcia pępowiny pomiędzy dzieckiem a miednicą matki). Sporadycznie wykonuje się znieczulenie ogólne, aby dziecko mogło się szybciej urodzić. Można również użyć kleszczy, aby pomóc w urodzeniu główki bez zbędnego naciągania ciała i szyi. Rutynowo stosowane nacięcie krocza ułatwia zabieg.

Jeśli wymagania do przeprowadzenia próby porodu naturalnego nie są spełnione lub jeśli z jakiegokolwiek innego powodu uważa się, że poród taki byłby ryzykowny, planuje się cięcie cesarskie. Niekiedy jednak poród zaczyna się przed wyznaczoną datą i postępuje tak szybko, że nim dojdzie do zabiegu, pośladki zdążą zsunąć się do miednicy. W takim przypadku większość lekarzy będzie raczej skłonna spróbować porodu naturalnego, niż dokonywać pospiesznego, trudnego cięcia cesarskiego.

Najważniejsza zasada, jeśli dziecko pozostało w pozycji pośladkowej: musisz być elastyczna co do planów porodu i przygotowana na każdą sytuację. Choć masz spore szanse na normalny poród drogami natury, to jednak różne warunki mogą zadecydować o tym, że będziesz rodzić przez cięcie cesarskie. Zresztą na taką ewentualność powinna być przygotowana każda ciężarna kobieta (patrz s. 194).

## PORÓD BLIŹNIACZY

*Spodziewam się bliźniąt. Czym będzie się różnił mój poród od porodów innych kobiet?*

Może nie być żadnych innych różnic poza tą, że za twoje wysiłki zbierzesz podwójną nagrodę. Wiele porodów bliźniaczych odbywa się bez komplikacji, drogami natury[1]. Mają też jeszcze jedną zaletę: zwykle przebiegają szybciej niż w przypadku, gdy rodzi się jedno dziecko. Choć sama faza aktywnego porodu i parcia zwykle jest dłuższa, pierwsza faza zazwyczaj trwa krócej, co oznacza krótszy czas całkowity, od chwili gdy nastąpią pierwsze skurcze, do zakończenia parcia.

Jednakowoż istnieje większe ryzyko potencjalnych powikłań podczas porodu w przypadku ciąży bliźniaczej, dlatego też podejmuje się więcej środków ostrożności. Zazwyczaj zaleca się, aby przy porodzie w cią-

ży bliźniaczej obecny był anestezjolog, na wypadek gdyby zaszła konieczność wykonania cięcia cesarskiego, chociaż większość bliźniąt może urodzić się siłami natury (czasami za pomocą kleszczy, aby uchronić je przed nadmiernym urazem). Powinien też znajdować się w pobliżu pediatra lub neonatolog, gotowy do udzielenia noworodkom pomocy. Często też oba płody monitorowane są za pomocą elektrod zakładanych na główkę (jednej zewnętrznej, a drugiej wewnętrznej).

W przypadku bliźniąt – o czym wkrótce się dowiesz – należy zawsze być przygotowanym na niespodzianki, które mogą pojawić się przy porodzie. Ponieważ masz więcej niż jedno dziecko, możliwe jest, że wystąpi więcej niż jeden typ porodu. Na przykład (przy założeniu, że każde z nich znajduje się w osobnym worku owodniowym) może się zdarzyć, że worek pierwszego z dzieci przerwie się samoistnie, ale przy otwarciu drugiego potrzebna będzie ingerencja lekarska. Albo że pierwszy poród będzie łatwy, drogami natury, natomiast drugie dziecko będzie ułożone poprzecznie i trzeba będzie je wydobyć przez cięcie cesarskie.

W większości przypadków porodów drogami natury drugi noworodek pojawia się dwadzieścia minut po pierwszym, choć niekiedy czas ten się wydłuża. Jeśli drugie dziecko „zwleka z przyjściem na świat", lekarz może zalecić podanie oksytocyny lub zastosować kleszcze do przyspieszenia porodu, a niekiedy nawet przeprowadzić cięcie cesarskie. Jeśli drugie dziecko jest ułożone w pozycji pośladkowej, lekarz sięga do macicy, by obrócić płód. A kiedy już bliźnięta się narodzą, łożysko lub łożyska oddzielają się i rodzą szybko. Niekiedy jednak poród łożyska postępuje powoli i wymaga pomocy ze strony lekarza.

*Jestem w ciąży bliźniaczej i wiele słyszałam na temat tego, że bliźnięta często rodzą się przedwcześnie. Czy to prawda?*

---

[1] Jednakże wraz ze wzrostem liczby płodów wzrasta prawdopodobieństwo zakończenia ciąży drogą cięcia cesarskiego.

Rzeczywiście bliźnięta często przybywają na świat wcześniej niż dzieci z ciąż pojedynczych, gdyż choć na pewno jest im przyjemnie w twoim brzuchu, to szybko robi im się ciasno. Choć nic nie poradzisz na ten fakt, możesz wspólnie z lekarzem wiele zdziałać, by spróbować opóźnić poród (patrz s. 166 i 265). Pamiętaj też, że choć najlepszy termin dla bliźniąt to 37 tydzień, trzy tygodnie wcześniej nie jest zapewne dla nich terminem przedwczesnym.

## PORÓD TROJACZKÓW

*Czy fakt, że jestem w ciąży potrójnej oznacza nieuniknioność cesarskiego cięcia?*

Choć w macicy panuje tłok, to przy spełnieniu pewnych warunków poród może się odbyć drogami natury. Choć najczęściej trojaczki rodzą się przez cięcie cesarskie, to według najnowszych badań uważa się, że poród naturalny jest możliwy, gdy dziecko A (czyli to znajdujące się najbliżej „wyjścia") ułożone jest główką w dół, możliwe jest monitorowanie płodów i nie ma innych położniczych przeciwwskazań (takich jak stan przedrzucawkowy u matki bądź stan zagrożenia jednego czy więcej płodów). W niektórych przypadkach pierwsze i drugie dziecko może się urodzić w sposób naturalny, a dopiero ostatnie będzie wymagało przeprowadzenia cięcia cesarskiego. Oczywiście ważniejsze od urodzenia całej trójki drogami natury jest to, by cała wasza czwórka opuściła salę porodową w dobrym stanie zdrowia. I każda droga do tego celu uważana jest za słuszną.

## CIĘCIE CESARSKIE

*Lekarz powiedział mi, że być może będę musiała mieć wykonane cięcie cesarskie. Czy jest ono bardziej niebezpieczne od porodu drogami natury?*

Potocznie uważa się, że nazwa tej operacji pochodzi od Juliusza Cezara, który tym sposobem przyszedł na świat. Jest to jednak całkowicie nieprawdopodobne. W tamtych czasach operacyjne urodzenie dziecka niewątpliwie zakończyłoby się dla matki śmiercią. Juliusz Cezar mógłby przeżyć tę operację, ale jego matka nie. A wiadomo, że jego matka po tym porodzie żyła jeszcze wiele lat.

Dzisiaj cięcie cesarskie jest dla matki niemal tak samo bezpieczne jak poród drogami natury, a przy objawach zagrożenia płodu często również najbezpieczniejsze dla płodu. Chociaż uważa się je za poważną operację, to ryzyko z nim związane porównuje się raczej do wycięcia migdałków niż np. do wycięcia pęcherzyka żółciowego.

Cięcie cesarskie nie jest też samo w sobie niebezpieczne dla dziecka. Jeśli poród chirurgiczny jest naprawdę konieczny, to w rzeczywistości twoje dziecko będzie bezpieczne i prawdopodobnie bezpieczniejsze, niż gdyby poród odbywał się siłami natury. Każdego roku tysiące dzieci, które nie przeżyłyby przejścia przez drogi rodne (lub mogłyby zostać okaleczone), rodzą się zdrowe w trakcie cięcia cesarskiego.

Na ogół dzieci urodzone drogą cięcia nie różnią się od urodzonych drogami natury – chociaż dzieci z cięcia mają małą przewagę, jeśli chodzi o wygląd zewnętrzny. Mają one zazwyczaj piękne, okrągłe główki w przeciwieństwie do wydłużonych główek dzieci, które muszą przecisnąć się przez wąskie drogi rodne. Ocena punktowa stanu dziecka w skali Apgar, dokonywana w pierwszej i piątej minucie po porodzie, jest porównywalna dla dzieci z porodów operacyjnych i fizjologicznych. Pewnym minusem jest fakt, że w trakcie cięcia cesarskiego nie dochodzi do usuwania nadmiaru śluzu z dróg oddechowych, lecz może on być łatwo odessany po urodzeniu. Choć niekiedy podczas porodu chirurgicznego dochodzi do niewielkich skaleczeń, szczególnie jeśli dziecko znajduje się w położeniu pośladkowym lub gdy wcześniej zostały przerwane błony płodowe, to jednak

# Szpitale a liczba cięć cesarskich

Liczba wykonywanych cięć cesarskich jest różna w zależności od szpitala. Choć wiele poważnych ośrodków medycznych ma wysoki odsetek porodów operacyjnych, gdyż przyjmują one dużo pacjentek z ciążą wysokiego ryzyka, to jednak prócz tych przypadków odsetek porodów przez cięcie cesarskie jest dość niewielki, gdyż szpitale te mają dobry personel lekarski i oddziały intensywnej opieki noworodkowej. Niektóre małe szpitale mają wysoki ten odsetek, ponieważ nie mają stale pełnej obsady do wykonywania nagłego cięcia cesarskiego. Jeśli więc istnieją jakieś podejrzenia, że poród samoistny nie zakończy się pomyślnie lub że mogą się pojawić nagłe wypadki, wzywa się anestezjologa i cały zespół operacyjny, by wykonali cięcie cesarskie, nim się okaże, że taka jest konieczność. Dowiedz się od swojego lekarza, ile cięć cesarskich wykonuje się w twoim szpitalu i jakie inne zabiegi stosuje się, aby uniknąć porodu operacyjnego.

---

bardzo rzadko dochodzi do poważnego uszkodzenia dziecka – znacznie rzadziej niż podczas porodu samoistnego. Niekiedy u matki po cięciu cesarskim może dojść do zaburzeń w tworzeniu się więzi z dzieckiem, może ona mieć urazę do dziecka, które jej zdaniem pozbawiło ją przeżycia porodu i doprowadziło do okaleczenia jej ciała[1].

Może ona również odczuwać zazdrość w stosunku do matek, które urodziły samoistnie, i mieć poczucie winy z powodu zawodu, który sprawiła. Nie pozwala jej to na wytworzenie właściwego związku między nią a dzieckiem. Może również podejrzewać, że takie dziecko jest wyjątkowo wrażliwe (niektóre są), doprowadzając do nadmiernej opiekuńczości. Wszystkie te uczucia wyrządzają szkodę i nie pozwalają młodej matce od samego początku czuć radości i więzi ze swym nowo narodzonym dzieckiem. Jeśli jednak się pojawią, należy się im przeciwstawić, w razie potrzeby korzystając z pomocy specjalisty.

Często można zapobiec postawom destrukcyjnym od samego początku – nawet jeszcze przed rozpoczęciem porodu. Po pierwsze należy uzmysłowić sobie, że droga, jaką dziecko przyszło na świat, w żaden sposób nie wpływa ani na matkę, ani na dziecko. Po drugie ważne jest, aby rodzaj porodu w jak najmniejszym stopniu przeszkodził w tworzeniu się więzi między matką a dzieckiem. Porozmawiaj na długo przed porodem ze swoim lekarzem o tym, jakie są możliwości trzymania i karmienia dziecka jeszcze na stole operacyjnym, bezpośrednio po cięciu cesarskim, lub jeśli nie jest to możliwe, to w pokoju poporodowym. Napisz o tym szczegółowo w planie porodu, jeśli taki przygotowałaś (patrz s. 270); jeśli będziesz czekała aż do porodu, aby o tym porozmawiać, to może się zdarzyć, że zabraknie ci siły lub okazji ku temu. Da ci to również szansę na zakwestionowanie reguł szpitala, takich jak np. te, które wymagają, by każdy noworodek (nawet zdrowy) znajdował się na oddziale intensywnej opieki noworodków. Może zdołasz wywołać zmianę lub wyjątek od tych reguł, jeśli w racjonalny sposób przedstawisz swój punkt widzenia.

Nie panikuj, jeśli pomimo dobrych intencji czujesz się zbyt słaba, aby opiekować się dzieckiem, lub jeśli twoje dziecko wymaga obserwacji bądź opieki na oddziale intensywnej opieki noworodków. Nie ma dowodu na to, że więź matki i dziecka nawiązuje się tylko bezpośrednio po porodzie (patrz s. 390).

***Zawsze marzyłam o całkowicie naturalnym porodzie, ale obawiam się, że ostatecznie będę musiała mieć cięcie cesarskie.***

Skoro cięcia cesarskie są tak bezpieczne i niekiedy ratują życie, dlaczego większość ciężarnych kobiet przeraża sama myśl

---

[1] Kobiety po porodzie samoistnym mogą również odczuwać niechęć do swoich dzieci – prawie zawsze przejściową – z powodu bólu porodowego.

o nich? Częściowo dlatego, iż boimy się każdej poważnej operacji, nawet rutynowej i obarczonej niewielkim ryzykiem. Ale ponieważ większość ciężarnych kobiet przez wiele miesięcy przygotowuje się do porodu drogami natury, nie bierze zupełnie pod uwagę możliwości porodu operacyjnego. Oczekują, że mąż będzie je trzymał za rękę w chwili, gdy dysząc, wydają dziecko na świat – nie zaś tego, że będą biernie leżały, niekiedy nieprzytomne, a lekarz wysterylizowanymi przyrządami będzie wyciągał dziecko. Kiedy więc nagle stają przed koniecznością poddania się cięciu cesarskiemu, czują się pozbawione kontroli nad zaplanowanym doświadczeniem porodu. Niekiedy technika medyczna pociąga za sobą uczucia frustracji, rozczarowania, złości i winy, co rzuca cień na poród i połóg.

Ale tak wcale nie musi się dziać – kilka kroków przedsięwziętych już teraz uczyni perspektywę cięcia cesarskiego mniej złowrogą. Nawet jeśli nie masz powodów przypuszczać, że czeka cię tego typu operacja, zasięgnięcie wszystkich informacji na jej temat – na przykład od lekarza, w szkole rodzenia (które powinny ją omawiać) czy z książek – przygotuje cię i zmniejszy strach. Jeśli mimo wszystko przypuszczasz, że cięcie cesarskie będzie w twoim przypadku konieczne, odrób zadanie domowe jeszcze staranniej, odbywając całą lekcję poświęconą przygotowaniu do tego rodzaju porodu.

Nabycie wiedzy na temat cięcia cesarskiego ma jeszcze jedną zaletę. Otóż pozwoli ci ona – zakładając, że nie dojdzie do nagłego wypadku – prowadzić dialog z lekarzem na odpowiednim poziomie, jeśli on zaleci przeprowadzenie porodu operacyjnego: czy to przed rozpoczęciem porodu, czy już w jego trakcie.

Niezależnie od tego, czy przygotowujesz się na zaplanowane cięcie cesarskie czy też na jego prawdopodobieństwo, możesz chcieć porozmawiać ze swym lekarzem lub przypisaną ci położną na temat wielu spraw na jakiś czas przed porodem. Nie daj się zniechęcić zapewnieniami, iż nic nie wskazuje na to, byś miała rodzić przez cięcie cesarskie; wytłumacz, że chcesz być przygotowana, tak na wszelki wypadek. Powiedz lekarzowi, że chcesz wchodzić w skład grupy osób podejmujących decyzje (jeśli czas pozwoli na to), gdyby zaszła konieczność przeprowadzenia takiego porodu.

Oczywiście większość kobiet w ciąży nie wybierze z własnej woli porodu przez cięcie cesarskie i niemal 4 na 5 rodzić będą drogami natury. Te natomiast, które urodzą inaczej, nie powinny czuć się rozczarowane czy winne ani uważać, że zawiodły. Każdy poród (naturalny czy operacyjny, z zastosowaniem środków znieczulających czy bez), po którym matka i dziecko są zdrowi, bez wątpienia stanowi sukces.

# Jak uczynić z porodu drogą cięcia cesarskiego wydarzenie rodzinne?

Coraz popularniejsze staje się podejście do porodu operacyjnego jako do sprawy dotyczącej całej rodziny. Większość lekarzy i szpitali rozluźnia swoje rygory, dotyczące zasad postępowania w czasie cięcia cesarskiego. Możliwa jest obecność w pobliżu ojca oraz zachowanie świadomości u matki. Nowa rodzina poznaje się nawzajem od razu po urodzeniu dziecka, tak jak by to było podczas nieskomplikowanego porodu fizjologicznego. Badania wykazują, że taka „normalizacja" porodu operacyjnego pozwala małżonkom na lepszy odbiór samego porodu, zmniejsza możliwość wystąpienia depresji poporodowej i obniżenia samooceny u matki (obie te sprawy mogą stanowić problem po porodzie drogą cięcia cesarskiego) i pozwala na szybsze powstawanie więzi rodzinnych.

### Dlaczego obecnie przeprowadza się tak wiele cięć cesarskich?

Choć odsetek cięć cesarskich w USA jest ciągle wysoki w porównaniu z innymi krajami rozwiniętymi, nie wykonuje się ich już tak wiele jak kiedyś. Pod koniec lat osiemdziesiątych niemal 25% porodów stanowiły cięcia cesarskie, podczas gdy w latach siedemdziesiątych ich odsetek wynosił 5%. W roku 1996 spadł do 20%, by znowu nieznacznie wzrosnąć. Obecnie wynosi około 22% (w jednych szpitalach więcej, w innych mniej; więcej też w przypadku ciąży wysokiego ryzyka).

Wiele czynników przyczynia się do takiej – zdaniem wielu za wysokiej – liczby wykonywanych cesarskich cięć.

**Zmiany w praktyce położniczej.** Przede wszystkim cięcie cesarskie stało się wyjątkowo szybkim i bezpiecznym sposobem ukończenia ciąży – w większości przypadków matki mogą być przytomne w czasie wydobywania dziecka. Po drugie dzięki monitorowaniu płodu, używając KTG czy wielu innych testów, można dokładnie (lecz nie niezbicie) wykazać objawy zagrożenia płodu i konieczność natychmiastowego ukończenia porodu. Po trzecie coraz więcej przyszłych matek przybiera na wadze więcej niż zalecane 11-16 kilogramów, przez co przychodzi na świat większa liczba dużych dzieci, które trudno urodzić w sposób naturalny. Obserwuje się też dążenie do położnictwa nieinterwencyjnego. Choć zezwolenie naturze na dyktowanie własnego tempa, które nie jest przyspieszane przez przerwanie błon płodowych, podawanie oksytocyny lub użycie kleszczy, zazwyczaj pozwala na bardziej naturalny poród, może mieć także skutek w postaci opóźniania akcji porodowej, a co za tym idzie, prowadzić do konieczności wykonania cięcia cesarskiego. Ponadto wzrasta liczba starszych kobiet lub z przewlekłymi chorobami, które mogą z powodzeniem przejść ciążę, lecz częściej muszą

rodzić drogą cięcia cesarskiego. Ostatnim czynnikiem przyczyniającym się do wzrostu liczby przeprowadzanych cięć cesarskich jest powtórne cięcie cesarskie. Choć poród drogami natury po porodzie operacyjnym nadal uważa się za realną możliwość, wielu lekarzy (i samych kobiet) preferuje planowane cięcie cesarskie niż próbę porodu naturalnego, a dzieje się tak z wielu różnych powodów (patrz s. 26).

**Przygotowanie i poglądy lekarzy.** Choć społeczność medyczna stara się obniżyć liczbę cięć cesarskich, system nadal nie działa doskonale. Na przykład lekarz, który nie jest na tyle wyszkolony, by bezbłędnie odczytać wyniki monitorowania płodu, może zdecydować o przeprowadzeniu cięcia cesarskiego, kiedy odczyt jest niepomyślny (zamiast dwa razy sprawdzić, czy to na pewno coś złego dzieje się z dzieckiem, a nie z urządzeniem). Albo lekarz obawiający się oskarżenia o postępowanie niezgodne z etyką zawodową raczej wykona cięcie cesarskie, by nie być podanym do sądu w sytuacji, gdyby poród drogami natury mógł grozić jakimś potencjalnym niebezpieczeństwem. (Więcej procesów wytacza się lekarzom położnikom za niewykonanie cesarskiego cięcia – a w konsekwencji, za zły efekt końcowy – niż za wykonanie go.)

**Poglądy matki.** Ponieważ cięcie cesarskie jest bardzo bezpieczne, a za jego sprawą unika się bólu bądź ewentualnych obrażeń związanych z porodem naturalnym (ryzyko jest niewielkie), część kobiet (szczególnie tych, które już przez to przeszły) decyduje się na nie, a wręcz prosi o ten rodzaj porodu.

**Bezpieczeństwo matki i/lub dziecka.** Większość lekarzy przeprowadza cięcie cesarskie nie z wygody czy dla pieniędzy albo ze strachu o podanie do sądu, lecz – jak wykazują niektóre badania – ponieważ uważa, że w pewnych okolicznościach poród operacyjny najlepiej chroni matkę lub dziecko.

Obecnie uważa się, iż mimo wielu poważnych wskazań do wykonania tego zabiegu, część z nich jest wykonywana niepotrzebnie.

Aby liczba wykonywanych cięć cesarskich nadal spadała, wiele towarzystw ubezpieczeniowych, szpitali, grup medycznych i innych jednostek czy agencji wymaga bądź zachęca do:

- Zasięgnięcia drugiej opinii, jeśli jest to możliwe;

- Próby przeprowadzenia porodu naturalnego dla wszystkich kobiet, które wcześniej urodziły przez cięcie cesarskie, ale spełniają kryteria niezbędne do porodu drogami natury po cięciu cesarskim (PDNCC; patrz s. 26), łącznie z tym, że nie będzie przeprowadzana indukcja;

- Większej cierpliwości przy powolnie przebiegającej akcji porodowej i/lub długiej fazie parcia, szczególnie w przypadku kobiet, które otrzymały znieczulenie zewnątrzoponowe – zakładając, że matka i dziecko czują się dobrze – przed wykonaniem operacji;

- Korzystania z licznych, niezawodnych technik (na przykład takich, jak stymulowanie skóry głowy płodu, umieszczenie elektrod na skórze głowy płodu, profil biofizyczny czy stymulacja akustyczna; patrz s. 320) w celu potwierdzenia stanu zagrożenia płodu wykazanego monitoringiem;

- Konsultacji, w przypadku gdy monitorowanie płodu daje dwuznaczne wyniki – osobiście lub przez faksowanie wyników ekspertom, by móc jak najszybciej otrzymać drugą opinię na temat stanu płodu;

- Wprowadzenia systemu koleżeńskiej kontroli, w której ramach wszystkie przeprowadzane po raz pierwszy cięcia cesarskie są, po ich dokonaniu, wnikliwie studiowane, a wobec lekarzy wykonujących

niepotrzebne operacje przeprowadza się działania dyscyplinarne;

- Towarzystwa osoby opiekującej się rodzącą podczas porodu. W ten sposób można częściowo zredukować ryzyko porodu operacyjnego, pomagając kobiecie lepiej się zrelaksować, dzięki czemu będzie ona bardziej skutecznie rodzić;

- Lepszego szkolenia stażystów w szpitalach pod kątem porodu drogami natury po cięciu cesarskim (PDNCC), wykonywania obrotu zewnętrznego na główkę (aby obrócić płód ułożony w pozycji pośladkowej), urodzenia drogami natury płodu w tym położeniu, a także używania kleszczy i próżniociągu położniczego.

### Czy zwykle wie się wcześniej, że będzie się rodziło przez cięcie cesarskie, czy też wiadomo o tym w ostatniej chwili?

Większość kobiet zwykle nie wie, że urodzi dziecko w ten sposób, aż do rozpoczęcia porodu. Niemniej jednak czasami pojawiają się oznaki wskazujące, że potrzebne będzie cięcie cesarskie. Oto najczęściej spotykane:

- Poprzedni poród odbył się przez cięcie cesarskie (patrz s. 25), jeśli przyczyna, dla której tak się stało, nadal istnieje i nie można jej pokonać (na przykład choroba matki, nieprawidłowa budowa miednicy).

- Przy wcześniejszym cięciu cesarskim zastosowano klasyczne pionowe, a nie niskie poziome, nacięcie macicy, które może pęknąć podczas porodu. Rodzaj nacięcia wykonanego w macicy nie ma związku z rodzajem nacięcia brzucha – więc jeśli nie masz pewności, może zaistnieć konieczność skontaktowania się z lekarzem, który przeprowadzał poprzednią operację, lub sprawdzenia w twojej karcie, jaki rodzaj nacięcia wykonano w twoim przypadku.

- Indukcja (wywołanie) porodu u kobiety, która wcześniej rodziła przez cięcie cesarskie (patrz s. 25).

- Stan zagrożenia płodu lub nieprawidłowości sprawiające, że poród drogami natury staje się nadmiernie ryzykowny lub wręcz traumatyczny (nie dotyczy to wszystkich chorób płodu).

- Cukrzyca u matki – w przypadku gdy konieczne jest ukończenie ciąży przed terminem i stwierdza się niedostateczną dojrzałość szyjki.

- Inne choroby matki (w tym choroby serca i zaburzenia układu oddechowego), w przypadku gdy lekarz stwierdza, że poród drogami natury byłby ryzykowny.

- Infekcja wirusem HIV u matki (patrz s. 40), która może zostać przekazana dziecku podczas porodu naturalnego.

- Aktywna infekcja wirusem typu *Herpes*, szczególnie pierwotna, lub jeśli są dowody na to, że występują zmiany w szyjce macicy lub w obrębie narządów rodnych, albo jeśli zewnętrzne aktywne zmiany mogą podczas porodu mieć kontakt z rodzącym się dzieckiem.

- Łożysko przodujące (kiedy łożysko częściowo lub całkowicie blokuje ujście szyjki; patrz s. 504), ponieważ podczas akcji porodowej łożysko to może się przedwcześnie oddzielić, doprowadzając do krwotoku).

- Przedwczesne oddzielenie łożyska (s. 516) – występuje wyraźne oddzielenie łożyska od ściany macicy, stwarzające duże niebezpieczeństwo dla płodu, jeżeli nie zostanie on natychmiast wydobyty na świat.

- Możliwość istnienia niewspółmierności miednicowo-główkowej (gdy uważa się, że główka płodu jest zbyt duża, by przejść przez miednicę matki; patrz s. 365); sugeruje to wielkość dziecka określona w badaniu USG, wielkość miednicy określona

przez badanie promieniami Roentgena, tomografia komputerowa bądź pomiar miednicy wykonany przez rezonans magnetyczny albo wcześniejszy trudny poród. Choć ani USG płodu, ani pomiar miednicy oddzielnie nie pozwolą przewidzieć istnienia problemu, połączenie tych badań (zwane też indeksem płodowo-miednicowym) może pomóc zidentyfikować niekorzystną sytuację.

Istnieją też inne czynniki wskazujące na możliwość – lecz nie konieczność – wykonania cięcia cesarskiego:

- Nadciśnienie (patrz s. 475) lub choroba nerek u matki, jeśli wiadomo, że nie będzie ona w stanie znieść stresu porodu.

- Nietypowe ułożenie płodu, na przykład pozycja pośladkowa stopami do przodu (*footling*) lub poprzeczna (ramionami do przodu), co sprawia, że poród drogami natury jest trudny bądź wręcz niemożliwy (patrz s. 288).

Cięcie cesarskie planowane jest przed rozpoczęciem akcji porodowej wówczas, gdy konieczny jest szybki poród albo nie ma czasu na jego wywołanie, lub uważa się, że matka i/lub dziecko nie będą w stanie wytrzymać związanego z nim stresu. Każdy z poniższych przypadków może sprawić, że poród taki stanie się konieczny:

- Stan przedrzucawkowy lub rzucawka (patrz s. 499 i 515) nie poddające się leczeniu.

- Płód przenoszony (dwa lub trzy tygodnie po terminie, patrz s. 320), jeśli środowisko w macicy zaczyna się pogarszać.

- Stan zagrożenia matki lub płodu z dowolnego powodu.

Jednak w większości przypadków o potrzebie przeprowadzenia cięcia cesarskiego będzie wiadomo dopiero po rozpoczęciu akcji porodowej. Oto najczęstsze ku temu powody:

## Pytania do przedyskutowania z lekarzem, dotyczące cięcia cesarskiego

- Czy w przypadku gdy poród nie będzie postępować, będzie możliwe wypróbowanie innych metod, zanim podejmie się decyzję wykonania cięcia cesarskiego (wyłączając sytuacje nagłe)? Np. wykorzystanie oksytocyny w celu stymulacji czynności skurczowej lub wykorzystanie pozycji siedzącej dla zwiększenia skuteczności parcia?

- Czy możliwe będzie wykonanie innych testów w celu weryfikacji danych uzyskanych podczas monitorowania płodu, przed podjęciem decyzji o wykonaniu cięcia cesarskiego? Czy możliwe będzie uzyskanie innej opinii?

- Czy przed podjęciem decyzji o porodzie operacyjnym z powodu położenia miednicowego płodu podejmuje się próbę zmiany pozycji płodu (przez obrót zewnętrzny na główkę lub inną metodą; patrz s. 290)?

- Jaki rodzaj znieczulenia może być użyty? Jeśli czas nagli, to wówczas stosuje się znieczulenie ogólne (które cię usypia). Można też zastosować znieczulenie podpajęczynówkowe lub zewnątrzoponowe, które jest zwykle bardziej bezpieczne i pozwala ci na zachowanie przytomności (s. 274).

- Czy w czasie zabiegu macica zostanie przecięta nisko, w dolnym odcinku, tak aby istniała możliwość ukończenia następnej ciąży drogą porodu samoistnego? Powinnaś również dowiedzieć się (z powodów kosmetycznych), jak będzie wyglądało przecięcie powłoki brzusznej (które zazwyczaj nie jest związane z przecięciem macicy).

- Czy podczas cięcia (z zachowaniem świadomości lub bez świadomości) może być obecny twój instruktor ze szkoły rodzenia?

- Czy może być z tobą twoja położna (jeśli masz taką)?

- Czy będziesz mogła sama lub twój partner trzymać dziecko bezpośrednio po urodzeniu (jeśli jesteś w dobrym stanie i nie jesteś uśpiona) i czy będziesz mogła karmić je na sali operacyjnej?

- Czy będziesz mogła przebywać razem z dzieckiem w tej samej sali, jeśli nie będzie ono wymagało specjalistycznej opieki?

- Jak długo będziesz musiała przebywać w szpitalu po porodzie operacyjnym bez komplikacji? Jakich możesz się spodziewać niewygód i ograniczeń?

---

- Poród nie postępuje (szyjka macicy nie rozwiera się dostatecznie szybko) po 16-18 godzinach (niektórzy lekarze będą czekać dłużej) albo faza parcia przedłuża się, szczególnie jeśli dziecko i/lub matka nie czują się dobrze. W większości przypadków lekarze będą się starali przyspieszyć zbyt powolne skurcze za pomocą oksytocyny, zanim zdecydują się na cięcie cesarskie.

- Monitorowanie płodu albo inne badania stanu płodu wykażą stan zagrożenia płodu (patrz s. 344).

- Wypadnięta pępowina (patrz s. 521), która jeśli się zaciśnie, może odciąć dziecku dopływ tlenu, stając się przyczyną stanu zagrożenia płodu.

- Przerwanie macicy, stanowiące śmiertelne zagrożenie dla dziecka, jeśli natychmiast nie przyjdzie ono na świat.

- Wcześniej nie rozpoznany przypadek łożyska przodującego lub przedwczesnego oddzielenia się łożyska, szczególnie jeśli występuje ryzyko nadmiernego krwawienia.

Jeśli lekarz stwierdzi, że w twoim przypadku należy koniecznie przeprowadzić cięcie cesarskie, poproś go o szczegółowe wyjaśnienie przyczyny. Spytaj też, czy możliwe jest zastosowanie innej opcji. W zależności od okoliczności, zwykle dochodzi do próby naturalnego porodu. Jeśli nie czujesz się usatysfakcjonowana otrzymanymi wyjaśnieniami, powinnaś poprosić o opinię innej osoby – i ją otrzymać. Różni lekarze miewają różne sposoby postępowania, gdy chodzi o zaplanowany poród operacyjny.

# TWOJE BEZPIECZEŃSTWO PODCZAS PORODU

*Wiem, że postęp medycyny sprawił, że nie ma już wielu niebezpieczeństw, lecz ciągle boję się, że umrę w czasie porodu, tak jak moja babcia, gdy urodziła się mama.*

Dawno minęły czasy, kiedy kobiety ryzykowały życie, aby urodzić dziecko. Wciąż jednak tak jest w niektórych częściach świata. Dzisiaj w Stanach Zjednoczonych nie istnieje takie ryzyko. Szczególnie dotyczy to zdrowych kobiet znajdujących się pod stałą opieką lekarską. Krótko mówiąc, jeśli twoja ciąża zaliczana jest do grupy największego ryzyka, a najprawdopodobniej tak nie jest – martwisz się bez powodu. Poród jeszcze nigdy nie był tak bezpieczny dla matki i dziecka jak obecnie.

## BANK WŁASNEJ KRWI

*Obawiam się możliwości transfuzji w czasie porodu i przetoczenia zakażonej krwi. Czy mogę na zapas przechowywać własną krew?*

Po pierwsze istnieje bardzo małe prawdopodobieństwo, że będziesz wymagać transfuzji. Podczas porodu drogami natury czy cięcia cesarskiego kobieta zwykle nie traci aż tyle krwi, by stanowiło to jakieś zagrożenie, ponieważ podczas ciąży ilość krwi wzrasta o 40 do 50%. Po drugie w USA jest bardzo niewielkie ryzyko zakażenia się chorobami w wyniku transfuzji (1 na 65 dla zapalenia wątroby typu B, 1 na 105 000 dla zapalenia wątroby typu A oraz 1 na 500 000 do 1 na 1 000 000 dla HIV). Cała pobrana krew jest badana za pomocą specjalnych testów. Po trzecie możliwości oddawania własnej krwi są ograniczone i zarezerwowane dla pacjentów poddających się zabiegom chirurgicznym o wysokim stopniu ryzyka.

Dlatego kobiety ciężarne mogą nie zostać zaliczone do tej grupy.

Jeśli jednak masz powody, aby spodziewać się dużej utraty krwi w czasie porodu, porozmawiaj z lekarzem o możliwościach stworzenia banku własnej krwi, pamiętając jednak o tym, że oddawanie krwi na krótko przed porodem może stanowić problem, ponieważ może znacznie zmniejszyć objętość krwi czy doprowadzić do niedokrwistości. Możesz też zaplanować, aby krewny lub znajomy z taką samą grupą krwi oddał krew przeznaczoną dla ciebie bezpośrednio przed porodem. Musisz wszelako wziąć pod uwagę, iż nie każdy szpital jest do tego odpowiednio przygotowany i zobowiązany do przeprowadzania transfuzji bezpośrednich, a ryzyko zarażenia się wirusem HIV czy wirusowym zapaleniem wątroby typu C nie jest wcale mniejsze w przypadku otrzymania krwi od przyjaciela lub członka rodziny niż z banku krwi. Jeśli krew nie zostanie poddana odpowiednim badaniom, ryzyko to dodatkowo wzrasta.

Aby zminimalizować zagrożenie nadmiernej utraty krwi podczas porodu, możesz podjąć pewne kroki zapobiegawcze już w trakcie trzeciego trymestru, na przykład unikając jedzenia wszelkich substancji mogących zwiększyć krwawienie (większość z nich i tak nie jest zalecana podczas ciąży). Należy do nich aspiryna i inne leki, które ją zawierają (starannie czytaj etykiety lub spytaj lekarza); ibuprofen (i wszystko, co go zawiera); witamina E (prócz tej zawartej w preparacie uzupełniającym); preparaty z miłorzębu japońskiego oraz leki z zawartością alkoholu (na przykład syrop przeciwkaszlowy).

Jeśli twój sprzeciw wobec transfuzji krwi od innego dawcy ma podłoże religijne lub jeśli masz po temu inne, trudne do rozwiązania powody, porozmawiaj z lekarzem już teraz, nie czekając na rozpoczęcie porodu. W niektórych szpitalach stosuje się metody sprawiające, że „bezkrwawe operacje" są bezpieczniejsze.

# BEZPIECZEŃSTWO W CZASIE PODRÓŻY

*Mam zaplanowaną bardzo ważną podróż służbową w tym miesiącu. Czy mogę podróżować bezpiecznie w tak zaawansowanej ciąży, czy powinnam raczej odwołać ten wyjazd?*

Zanim zaplanujesz podróż, zaplanuj wizytę u lekarza. Różni lekarze mają odmienne punkty widzenia na temat podróżowania w ostatnim trymestrze. To, czy twój zachęci cię do wyjazdu, czy go odradzi, na tym etapie ciąży zależeć będzie zapewne od jego poglądu, a także kilku innych czynników. Pierwszym i najważniejszym z nich jest przebieg ciąży; jeśli nie jest powikłana, lekarz zapewne udzieli ci swego błogosławieństwa. Jego opinia będzie uzależniona od tego, jak bardzo zaawansowana jest ciąża (większość lekarzy odradza latanie samolotem po 36 tygodniu) oraz od tego, czy stoisz przed zwiększonym ryzykiem przedwczesnego porodu. Niemniej ważne jest to, jak się czujesz. Objawy ciąży, mnożące się w miarę upływających miesięcy, mają też skłonność do mnożenia się wraz z przebytymi kilometrami; podróżowanie zwiększa bóle pleców i uczucie zmęczenia, pogarsza stan żylaków i hemoroidów, a także sprawia, że stres psychiczny oraz fizyczny staje się trudniejszy do zniesienia. Do innych spraw, które należy wziąć pod uwagę, należy odległość i czas trwania podróży (oraz sam czas, jaki spędzisz na przemieszczaniu się), poziom fizycznego i psychicznego zaangażowania, a także to, czy podróż rzeczywiście jest konieczna (mało ważne, możliwe do przełożenia podróże mogą nie być warte ryzyka). Jeśli wybierasz się gdzieś samolotem, musisz być świadoma ograniczeń, jakie stawia wybrana przez ciebie linia lotnicza (jeśli takie ograniczenia istnieją). Część linii lotniczych nie przyjmie cię na pokład samolotu w dziewiątym miesiącu ciąży bez zaświadczenia lekarskiego oznaj-

miającego, że nie grozi ci nagły poród w czasie lotu; inne są mniej wymagające.

A gdy już dostaniesz zezwolenie od lekarza, będziesz musiała poczynić jeszcze wiele innych przygotowań. Na stronie 218 znajdziesz porady, jak zapewnić sobie przyjemną (bezpieczniejszą i wygodniejszą) podróż w czasie ciąży. Szczególnie ważne stanie się zadbanie o wypoczynek, lecz w tak zaawansowanej ciąży ważne jest, by mieć przy sobie nazwisko, numer telefonu i adres polecanego ci położnika czy pielęgniarki położnej (oraz szpitala czy kliniki położniczej, w których pracują) w miejscu przeznaczenia – upewnij się, że koszt ich usług pokryje twoje ubezpieczenie, jeśli będziesz musiała z nich skorzystać[1]. Jeśli podróżujesz w odległe miejsce, zastanów się, czy nie odbyć tej podróży z mężem; gdyby doszło do mało prawdopodobnej możliwości, że przyjdzie ci rodzić daleko od domu, przynajmniej nie będziesz sama.

# TWÓJ STOSUNEK DO PARTNERA

*Dziecko jeszcze się nie urodziło, a mój stosunek do męża zaczyna się zmieniać. Jesteśmy pochłonięci nadchodzącym porodem i dzieckiem, a nie sobą nawzajem, jak byliśmy kiedyś.*

Wszystkie małżeństwa przechodzą w różnym stopniu pewne zmiany dynamiki życia oraz zmieniają priorytety, gdy w rodzinie pojawia się dziecko. Badania wykazują, że jest to zazwyczaj mniej stresujące, jeśli małżeństwo rozpoczyna ten proces już w trakcie ciąży. Choć zmiana, którą obserwujesz w twoim stosunku do męża, nie wydaje się zmianą na lepsze, to lepiej, że odczuwasz ją teraz niż po urodzeniu dziecka. Pary, które idealizują trzyosobową rodzinę

---

[1] Jeśli twoje ubezpieczenie nie pokrywa kosztów leczenia w nagłych wypadkach, rozsądnie będzie wykupić odpowiednią polisę.

i które nie przewidują dezintegracji czy przerwania romansu, często źle znoszą nową rzeczywistość z maleńkim noworodkiem.

Chociaż pochłonięcie ciążą i spodziewanym porodem jest czymś normalnym, nie powinnaś pozwolić na nienormalne przekreślenie tego, co najważniejsze: twojego życia z mężem. Teraz jest odpowiedni czas na to, aby uczyć się, jak łączyć opiekę i karmienie dziecka z pielęgnacją twojego małżeństwa. Małżeństwo trzeba wspólnie pielęgnować, dbać o nie. Chociaż raz na tydzień spróbuj, byście razem coś obejrzeli, zjedli obiad czy poszli do galerii. Zróbcie coś, co nie ma nic wspólnego z porodem czy dziećmi. Kompletując wyprawkę, kup coś specjalnego i niespodziewanego dla męża. Wychodząc z gabinetu lekarza po kolejnej wizycie, zrób swojemu partnerowi niespodziankę w postaci biletów na jego ulubiony film lub imprezę sportową, o której wiesz, że bardzo chciałby ją zobaczyć. Porozmawiaj z nim przy obiedzie o tym, jak minął wam dzień, omów najnowsze wiadomości, nie poruszaj tematu dziecka. Od czasu do czasu przynieś do sypialni olejek do masażu, dotykajcie się tak, jak lubicie. Nawet jeśli nie masz ochoty na seks, taki rodzaj kontaktu sprawi, że poczujecie bliskość. Nie umniejszy to na pewno w żadnym calu tego wspaniałego wydarzenia, a wam przypomni, że w życiu jest jeszcze coś innego niż poród Lamaze'a i wyprawka.

Wspomnienia o tym pozwolą wam na utrzymanie dobrych stosunków później, kiedy będziesz spacerować z dzieckiem o godzinie drugiej nad ranem. (Wskazówki znajdują się w książce *Pierwszy rok życia dziecka*.) Dzięki waszej miłości przygotujecie dla swojego dziecka przytulne gniazdko, w którym będzie się czuło szczęśliwe i bezpieczne.

## CZY MOŻNA SIĘ TERAZ KOCHAĆ?

*Jestem w rozterce. Słyszę wiele sprzecznych informacji na temat stosunków w ostatnich tygodniach ciąży.*

Problem polega na tym, że istniejące dowody medyczne są sprzeczne. Na ogół uważa się, że sam stosunek lub orgazm nie wywołują porodu, chyba że jest już jego termin (choć wiele niecierpliwych par próbowało udowodnić coś innego). Z tego powodu wielu lekarzy pozwala pacjentkom (przy prawidłowym przebiegu ciąży) na współżycie seksualne – pod warunkiem że jeszcze je ono interesuje – aż do dnia porodu. Dotyczy to większości par małżeńskich.

Mimo iż najnowsze wyniki badań obalają rządzącą przez wiele lat teorię głoszącą, iż seks w późnym okresie ciąży może zwiększyć ryzyko przedwczesnego porodu w przypadku kobiet znajdujących się w grupie zwiększonego ryzyka, część lekarzy nadal przepisuje abstynencję w ostatnim trymestrze pacjentkom z tej grupy, tak na wszelki wypadek. Innym sugerowanym środkiem bezpieczeństwa – a niektórzy lekarze polecają go wszystkim parom, niezależnie od stopnia ryzyka – jest stosowanie prezerwatyw w ostatnich ośmiu tygodniach ciąży, gdyż prezerwatywy skutecznie mogą zapobiec powstaniu ewentualnej infekcji w trakcie stosunku, a także wywołaniu przedwczesnych skurczów przez zawartą w spermie prostaglandynę.

Rozwiej swoje wątpliwości podczas rozmowy z lekarzem. Gdy lekarz da ci „zielone światło", kochaj się, jeśli masz na to ochotę i jeśli cię to nie krępuje. Gdy zabroni (a stanie się to, jeśli jesteś w grupie wysokiego ryzyka zagrożenia porodem przedwczesnym) lub gdy stwierdza się łożysko przodujące, przedwczesne oddzielenie łożyska, niewyjaśnione krwawienie, pęknięcie błon płodowych – wtedy szukaj innych sposobów. Spróbujcie wybrać się do restauracji na romantyczną kolację przy zapalonych świecach czy na spacer pod gwiazdami, trzymając się za ręce, a wieczorem w domu obejmujcie się i całujcie, możecie też wziąć wspólny prysznic albo zróbcie sobie masaż. I chociaż takie środki zastępcze mogą nie być w pełni satysfakcjonujące, postaraj się nie zapominać, że macie jeszcze przed sobą całe życie na seks – choć dopóki dziecko nie zacznie przesypiać całej nocy, może być wam trudno wybrać odpowiednią porę.

# CO WARTO WIEDZIEĆ
## Informacje na temat karmienia piersią

Zanim nastał XX wiek, niemal każde dziecko było karmione piersią. Innych możliwości nie było. W pierwszych latach stulecia kobiety zaczęły domagać się praw, jakich przedtem nie miały – prawa do głosu, pracy, palenia papierosów, zrzucenia ograniczającej ruchy bielizny, sięgnięcia wzrokiem dalej niż kuchnia i pokój dziecinny. Karmienie piersią było staromodne, ograniczało ich wolność i reprezentowało to wszystko, przeciw czemu się buntowały. Nie tylko uważane było za formę niewolnictwa, lecz także za coś dla biedoty, która nie mogła sobie pozwolić na kupno składników potrzebnych do przygotowania odżywki. Dla nowoczesnej przedstawicielki klasy średniej karmienie butelką było najlepszym rozwiązaniem od czasu kupionego w sklepie, pokrojonego bochenka chleba.

Jak na ironię to właśnie odnowiony ruch kobiecy rozpropagował w latach sześćdziesiątych i siedemdziesiątych powrót do karmienia piersią. Kobiety chciały nie tylko wolności, lecz także kontroli – kontroli nad swoim życiem i swoim ciałem. Wiedziały, że kontrolę zyskuje się wraz ze wzrostem wiedzy. Natomiast ta udowodniła im, że karmienie piersią jest najlepsze zarówno dla ich dziecka, jak i dla nich samych. Wciąż rośnie liczba kobiet karmiących piersią, szczególnie wśród tych, które zdają sobie sprawę z korzyści z tym związanych.

## DLACZEGO KARMIENIE PIERSIĄ JEST NAJLEPSZE?

Nie ma najmniejszych wątpliwości, że w normalnych okolicznościach karmienie piersią jest najlepsze dla dziecka i stanowi doskonały sposób dostarczania mu pożywienia.

**Zrobione według potrzeb.** Mleko matki jest przygotowane zgodnie z zapotrzebowaniem ludzkich niemowląt i zawiera co najmniej 100 składników, których nie ma w mleku krowim, i nie można tego składu dokładnie powielić w technologiach przemysłowych. Mleko matki jest dostosowane do indywidualnych potrzeb każdego dziecka. Odpowiednie składniki są w zależności od potrzeb wybierane z krwiobiegu matki. Skład mleka zmienia się w zależności od dnia czy pory karmienia, a także w miarę wzrostu dziecka. Składniki odżywcze są dopasowane do potrzeb dziecka. Na przykład mleko matki zawiera o jedną trzecią mniej soli mineralnych niż bogate w sód krowie mleko, dzięki czemu nerki dziecka lepiej sobie z nim radzą. Zawiera też mniej fosforu; wysoka zawartość tego pierwiastka w krowim mleku łączona jest ze zmniejszonym poziomem wapnia w krwi dzieci karmionych z butelki.

**Łatwo się przyswaja.** Ilość białka w mleku matki jest niższa (wynosi 1,5%) niż w mleku krowim (gdzie wynosi 3,5%), przez co mleko matki jest dla dziecka łatwiejsze do strawienia. Białko w mleku matki to głównie laktoalbumina, która jest bardziej odżywcza i łatwiej przyswajalna niż główny składnik mleka krowiego (kazeinogen). Zawartość tłuszczu jest podobna, lecz tłuszcz z mleka matki jest łatwiej trawiony przez dziecko. Niemowlęta lepiej też przyswajają ważne mikroskładniki z mleka matki niż z mleka krowiego (którego mikroskładniki przeznaczone są dla młodych cieląt).

**Jest bezpieczne.** Możesz mieć pewność, że mleko, które podajesz dziecku bezpośrednio z piersi nie zostało nieprawidłowo przygotowane, nie jest skażone ani zepsute[1].

**Uspokaja trawienie.** Dzieci karmione piersią prawie nigdy nie cierpią na zaparcia, gdyż mleko matki jest łatwo strawne. Bardzo rzadko mają też biegunki, ponieważ mleko matki niszczy przyczyny, które je wywołują, a także sprzyja rozwojowi korzystnej flory bakteryjnej, co zapobiega zaburzeniom ze strony układu pokarmowego. Patrząc na to od strony czysto estetycznej, można stwierdzić, że wypróżnienia dzieci karmionych piersią pachną przyjemniej przynajmniej do momentu wprowadzenia pokarmów stałych.

**Zapewnia lepszą sylwetkę.** Karmienie piersią nie tylko rzadziej wywołuje otyłość u dzieci – wszystko wskazuje na to, że osoby karmione w ten sposób rzadziej cierpią na otyłość w późniejszym okresie życia. Uważa się też, że w wieku dorosłym mają niższy poziom cholesterolu.

**Zapewnia rozwój mózgu.** Karmienie piersią zdaje się lekko podwyższać poziom ilorazu inteligencji, przynajmniej do 15 roku życia. Wiąże się to nie tylko z zawartymi w mleku matki rozwijającymi mózg kwasami tłuszczowymi (DHA), lecz także bliskością, kontaktem między matką i niemowlęciem – a to doskonale wpływa na rozwój intelektualny dziecka.

**Zapobiega alergii.** Żadne dziecko nie ma alergii na mleko matki (choć u niektórych mogą wystąpić reakcje alergiczne na pewne pokarmy w diecie matki, w tym na mleko krowie). Z drugiej strony, beta-laktoglobulina (substancja zawarta w krowim mleku) może wywołać reakcje alergiczne w najróżniejszym stopniu, od lekkich po poważne. Preparaty na bazie mleka sojowego, często podawane w przypadku występowania u dziecka alergii na mleko krowie, są jeszcze odleglejsze w swym składzie od tego, co zaplanowała natura, i także wywołują uczulenia. Według przeprowadzonych badań, dzieci karmione piersią rzadziej chorują na astmę okresu dziecięcego niż maluchy karmione gotowymi preparatami.

**Zapobiega zakażeniom.** Dzieci karmione piersią nie tylko rzadziej miewają biegunki, lecz także są bardziej odporne na często występujące w pierwszym roku życia infekcje układu oddechowego, dróg moczowych, ucha oraz posocznicę (infekcję krwi[2]). Ta ochrona jest po części zapewniana przez przekazywanie czynników uodparniających z siary i mleka matki. Karmienie piersią zdaje się też obniżać prawdopodobieństwo wystąpienia białaczki okresu dziecięcego. Poprawia ono również reakcje odpornościowe na większość szczepionek (na przykład przeciwko tężcowi, błonicy i polio).

**Rozwija szczęki, zęby i podniebienie.** Ponieważ ssanie piersi wymaga więcej wysiłku niż ssanie smoczka od butelki, karmienie piersią przyczynia się do optymalnego rozwoju szczęk, zębów i podniebienia. Według ostatnich badań, dzieciom karmionym w ten sposób rzadziej psują się zęby.

Karmienie piersią ma także swoje zalety dla ciebie:

---

[1] Oczywiście jeżeli nie jesteś chora na coś, co stanowi przeciwwskazanie do karmienia piersią.

[2] Badania wykazują, iż wiele różnych chorób rzadziej występuje u dzieci karmionych piersią, a dotyczy to m.in. bakteryjnego zapalenia opon mózgowych, zatrucia jadem kiełbasianym, obumierającego zapalenia jelit, zespołu nagłej śmierci niemowlęcia, cukrzycy, choroby Leśniowskiego-Crohna, wrzodziejącego zapalenia jelita grubego, chłoniaków i innych przewlekłych chorób układu trawiennego.

**Wygoda.** Karmienie piersią nie wymaga żadnego wcześniejszego planowania czy przygotowania sprzętu. Można karmić dziecko w samochodzie czy samolocie, o każdej porze dnia i nocy. Mleko ma zawsze odpowiednią temperaturę. Dzięki temu, że karmienie w miejscach publicznych staje się coraz bardziej akceptowane i powszechne, wraz ze swoim dzieckiem możecie jeść przy tym samym stole w restauracji – przy zachowaniu pewnej dyskrecji i użyciu serwetki. Jeśli matka i dziecko nie przebywają cały dzień razem, np. gdy matka pracuje – mleko można odciągnąć do butelki i przechowywać w lodówce, aby można było w razie potrzeby karmić dziecko butelką.

**Oszczędność.** Nie trzeba kupować butelek, sterylizować ich lub kupować sterylizatorów i gotowych mieszanek. Nie ma w połowie opróżnionych butelek i otwartych puszek mieszanki, które mogłyby się zmarnować. Oszczędność dotyczy też spraw zdrowotnych. Niezależnie od tego, czy płacisz sama, czy też twoje towarzystwo ubezpieczeniowe, leczenie chorób, na które częściej zapadają dzieci karmione gotowymi preparatami, może być bardzo drogie.

**Szybsze odzyskanie formy.** Karmienie piersią przyspiesza obkurczanie się macicy i zmniejsza poporodowe upławy pochwowe, co oznacza mniejszą utratę krwi. Wymusza ono również więcej chwil odpoczynku dla młodej mamy, co – jak wkrótce się przekonasz – jest szczególnie ważne w pierwszych sześciu tygodniach po porodzie.

**Szybszy powrót do figury sprzed ciąży.** Karmienie piersią pozwala na lepsze spalanie tłuszczu, który pojawił się w czasie ciąży. Jeśli kobieta przyjmuje tylko taką liczbę kalorii, która zapewnia wytwarzanie mleka i zaspokaja jej potrzeby energetyczne (patrz s. 403), i jeśli pochodzą one z produktów odżywczych – może odzyskać figurę, zaspokajając równocześnie wszystkie odżywcze wymagania dziecka.

**Opóźnienie miesiączki.** Laktacja hamuje owulację i menstruację (przynajmniej w pewnym stopniu). Choć nie powinno się polegać na tym jako na środku antykoncepcyjnym, to może ona doprowadzić do opóźnienia pojawienia się miesiączki o kilka miesięcy, a przynajmniej do czasu zakończenia karmienia piersią.

**Budowanie kośćca.** Karmienie piersią może poprawić mineralizację kości po odstawieniu dziecka od piersi i zmniejsza ryzyko pęknięcia kości miednicy po menopauzie – przy założeniu, że przyjmujesz wystarczająco dużo wapnia, by zaspokoić zapotrzebowanie organizmu oraz do produkcji mleka.

**Mniejsze ryzyko wystąpienia nowotworów.** Karmienie dziecka piersią może obniżyć ryzyko wystąpienia pewnych nowotworów. Kobiety karmiące piersią są mniej zagrożone rakiem macicy oraz przedmenopauzalnym rakiem piersi.

**Zaleta największa i najcenniejsza.** Karmienie piersią zapewnia ścisły kontakt matki z dzieckiem, skóra przy skórze, oko w oko, przynajmniej 6 do 8 razy dziennie. Zaspokojenie potrzeb emocjonalnych, poczucie intymności, wspólne przeżywanie miłości i przyjemności może nie tylko dawać uczucie spełnienia i wzmocnić więź między matką a dzieckiem, lecz dodatkowo poprawić rozwój mózgu dziecka. (Uwaga dla matek bliźniąt: Wszystkie dobre strony karmienia piersią są w twoim przypadku podwójne. Na s. 406 znajdziesz wskazówki, które ułatwią ci karmienie.)

# DLACZEGO NIEKTÓRZY WOLĄ BUTELKĘ?

Są jednak kobiety, które nie karmią piersią z wyboru. I choć zalety karmienia z butelki są niepomiernie mniejsze od zalet karmienia piersią, dla niektórych kobiet są wystarczająco przekonujące.

**Więcej dzielenia się obowiązkami.** Pozwala ona na dzielenie się odpowiedzialnością z ojcem i na znacznie łatwiejsze nawiązywanie kontaktu z dzieckiem (chociaż ojciec dziecka karmionego piersią może karmić dziecko butelką z odciągniętym mlekiem matki oraz angażując się w inne zajęcia przy nim, na przykład kąpanie czy kołysanie).

**Więcej wolności.** Karmienie butelką nie przywiązuje matki do dziecka. Może ona pracować poza domem, nie martwiąc się o odciąganie i przechowywanie mleka, może odbyć kilkudniową podróż bez dziecka, robić zakupy, wychodzić wieczorem, a nawet spać przez całą noc, ponieważ ktoś inny może karmić dziecko (oczywiście te możliwości stoją otworem także przed matką karmiącą piersią, jeśli odciąga mleko lub podaje dodatkowe butelki z mieszanką).

**Być może więcej romantyczności.** Nie zakłóca ono życia seksualnego małżeństwa (jedynie w sytuacji, kiedy dziecko obudzi się o „złej porze" na karmienie). Karmienie piersią może czasem przeszkadzać. Po pierwsze, ponieważ hormony wywołujące laktację mogą powodować suchość pochwy (choć można temu zaradzić, stosując preparaty nawilżające), po drugie wyciek mleka z piersi podczas stosunku może na niektóre pary działać zniechęcająco. Kiedy karmisz butelką, piersi odgrywają raczej rolę zmysłową niż użyteczną.

**Mniej ograniczeń z jedzeniem.** Karmienie butelką nie ogranicza diety ani sposobu odżywiania. Możesz jeść mocno przyprawione potrawy i kapustę (chociaż wiele dzieci nie protestuje przeciwko tym smakom w mleku matki, a niektórym wręcz odpowiadają), nie musisz ograniczać ilości spożywanych produktów mlecznych, jeśli dziecko ich nie toleruje. Od czasu do czasu można wypić kieliszek wina czy drinka, a także nie martwić się o przyjmowanie odpowiedniej ilości substancji odżywczych.

**Mniej kłopotliwych sytuacji dla tych, które się krępują.** Jeśli wstydzisz się okazywania intymnego kontaktu z dzieckiem czy krępuje cię karmienie piersią w miejscach publicznych, może być ci trudno sobie wyobrazić, byś miała karmić piersią. Ale o tych sprawach można szybko zapomnieć; wiele kobiet podejmujących próbę karmienia piersią odkrywa, iż staje się to dla nich czymś naturalnym, nawet w miejscach publicznych.

**Mniej stresu.** Wiele kobiet uważa, że z natury są zbyt niecierpliwe bądź spięte, by karmić piersią. Jednak wiele z nich przy podjęciu próby karmienia (gdy dziecko już normalnie ssie) stwierdza, że jest to doskonały sposób na relaks, a samo karmienie nie sprawia najmniejszych kłopotów.

# DOKONANIE WYBORU

Coraz więcej kobiet nie ma problemu z wyborem. Niektóre z nich opowiedzą się za karmieniem piersią na długo przed

---

## *Pierś: obiekt seksualny czy praktycznego zastosowania?*

A może i to, i to? Jeśli się nad tym zastanawiasz, pamiętaj, że odgrywanie dwóch czy nawet więcej ról w życiu nie jest niczym niezwykłym – nawet ról bardzo różniących się od siebie, wymagających różnych umiejętności i poglądów (na przykład kochanka i matka). W ten sam sposób możesz potraktować dwie pełnione przez piersi funkcje – seksualną i praktyczną – każda jest ważna, żadna nie wyklucza drugiej. Pamiętaj o tym, podejmując decyzję o karmieniu piersią.

## Palenie papierosów a karmienie piersią

Nikotyna przedostaje się do mleka matki, więc jeśli palisz papierosy, a chcesz karmić piersią, najlepszą rzeczą, jaką możesz zrobić dla siebie i swojego dziecka, jest rzucenie palenia. Jeśli nie potrafisz rzucić (nie jest to łatwe, ale wykonalne, patrz s. 61), mimo wszystko powinnaś jednak zdecydować się na karmienie piersią, ponieważ dzięki temu do pewnego stopnia ochronisz dziecko przed niektórymi zagrożeniami płynącymi z biernego palenia. Możesz jeszcze bardziej zminimalizować zagrożenia dla dziecka wiążące się z paleniem papierosów przez:

• Ograniczanie się i palenie mniejszej liczby papierosów.
• Palenie papierosów z mniejszą zawartością nikotyny.
• Karmienie dziecka przynajmniej 95 minut po wypaleniu ostatniego papierosa, dzięki czemu w chwili przystawienia dziecka zawartość nikotyny w mleku będzie minimalna lub zerowa.
• Niepalenie w trakcie karmienia, a jeszcze lepiej, niepalenie w obecności dziecka. (Palenie może w znacznym stopniu zwiększyć ryzyko wystąpienia chorób i schorzeń układu oddechowego oraz zespołu nagłej śmierci niemowlęcia.)

tym, zanim zdecydują się zajść w ciążę. Inne, które przed ciążą nie zastanawiały się nad tym, decydują się na karmienie piersią po przeczytaniu, jak wiele z niego wynika korzyści. Jeszcze inne są targane sprzecznościami przez całą ciążę, a nawet w czasie porodu. Niewielka liczba kobiet, które uważają, że karmienie piersią jest nie dla nich, nie może jednak pozbyć się wewnętrznego przekonania, że powinny to zrobić, choćby ze względu na wynikające z niego korzyści.

Dla wszystkich niezdecydowanych kobiet mamy jedną sugestię: Spróbuj – może ci się spodoba. Możesz zawsze przestać, jeśli nie będzie ci to odpowiadało. Przede wszystkim ty i twoje dziecko skorzystacie z niego choćby przez krótki czas.

Daj szansę karmieniu piersią! Pierwsze kilka tygodni może nie być łatwe, nawet dla najbardziej przekonanych, gdyż jest to okres, w którym obie strony się uczą. Ogólnie uważa się, że pełen miesiąc czy nawet 6 tygodni karmienia piersią jest niezbędne dla ustalenia korzystnej relacji oraz dania matce czasu na podjęcie decyzji odnośnie do karmienia.

### KARMIENIE BUTELKĄ I PIERSIĄ

Część kobiet decydujących się na karmienie piersią dochodzi do wniosku, że z tej czy innej przyczyny nie mogą lub nie chcą karmić dziecka wyłącznie w ten sposób. Być może karmienie wyłącznie własnym mlekiem okazuje się niepraktyczne przy stylu życia, jaki kobieta prowadzi (zbyt wiele podróży służbowych albo praca, która sprawia, że odciąganie pokarmu staje się logistycznym koszmarem). Albo jest ono za trudne (liczne infekcje piersi, chroniczne niedobory mleka). Na szczęście karmienie piersią i butelką nie wykluczają się – niektóre kobiety z powodzeniem je łączą. Jeśli zdecydujesz się na takie połączenie, musisz pamiętać o tym, by poczekać, aż dziecko przyzwyczai się do piersi (co najmniej 2 lub 3 tygodnie, ale lepiej 5 lub 6), nim wprowadzisz butelkę. Więcej informacji na temat łączenia tych dwóch metod karmienia znajdziesz w książce *Pierwszy rok życia dziecka*.

### KIEDY NIE MOŻESZ LUB NIE POWINNAŚ KARMIĆ PIERSIĄ?

Niestety nie każda młoda matka może karmić piersią. Niektóre kobiety nie mogą lub nie powinny karmić piersią swoich dzieci. Przyczyny mogą być emocjonalne lub psychiczne, wynikające ze zdrowia matki lub dziecka, okresowe (w których przypadku zwykle można rozpocząć karmienie piersią po upływie pewnego czasu) lub długoterminowe. Oto najczęściej spotykane czynniki, uniemożliwiające karmienie piersią:

- Poważne choroby osłabiające (takie jak: choroby nerek lub serca, poważna anemia) lub ostra niedowaga – choć część kobiet jest w stanie pokonać te przeszkody i karmić swe dzieci piersią.

- Poważne infekcje, np. aktywna, nie leczona gruźlica (po dwóch tygodniach leczenia karmienie piersią powinno być możliwe); w tym czasie mleko może być odciągane (i wylewane), by w chwili rozpoczęcia karmienia nie zabrakło pokarmu.

- Choroby przewlekłe wymagające leczenia środkami szkodliwymi dla dziecka, przechodzącymi do mleka (takimi jak: środki stosowane w chorobach tarczycy, przeciwrakowe, obniżające ciśnienie, leki przeciwdepresyjne, np. lit, środki uspokajające czy nasenne). Jeśli musisz zażywać jakiekolwiek leki – skontaktuj się z lekarzem przed rozpoczęciem karmienia piersią[1]. W niektórych przypadkach możliwa jest zmiana leku lub zrobienie większych odstępów czasu pomiędzy przyjmowaniem go, aby możliwe było karmienie piersią[1].

- Kontakt z pewnymi toksycznymi substancjami chemicznymi w miejscu pracy; szczegółowe informacje znajdziesz na stronie 76.

- AIDS lub HIV, które mogą być przekazywane przez płyny ustrojowe (także mleko);

- Narkomania – zażywanie środków uspokajających, kokainy, heroiny, marihuany

czy nadmierne spożywanie alkoholu (małe dawki są dozwolone)[2].

- Głęboko zakorzeniona awersja do karmienia piersią. (Przypomnijmy jednak, że część matek zmienia zdanie w chwili przystawienia dziecka do piersi. Pomocne mogą okazać się rozmowy z kobietami, które też nie chciały karmić, ale przekonały się po pierwszej próbie.)

W niektórych sytuacjach karmienie piersią jest trudne z winy noworodka, lecz (przy odpowiedniej pomocy medycznej) staje się możliwe. Oto one:

- Choroby takie, jak: nietolerancja laktozy, fenyloketonuria (dziecko nie może strawić ani ludzkiego, ani krowiego mleka). W przypadku fenyloketonurii dziecko może być karmione piersią, jeśli otrzymuje jednocześnie odżywkę nie zawierającą fenyloalaniny; przy nietolerancji laktozy (niezmiernie rzadkiej w chwili narodzin) mleko matki może być poddane działaniu laktazy, aby stało się strawne.

- Rozszczep wargi i/lub podniebienia i inne deformacje jamy ustnej, które utrudniają ssanie piersi. Choć udane karmienie piersią w pewnym stopniu uzależnione jest od rodzaju wady, jednak przy odpowiedniej pomocy ssanie piersi staje się zwykle możliwe.

Niezmiernie rzadko nie udaje się doprowadzić do karmienia piersią, choć nie ma po temu żadnych przeciwwskazań – i to przy staraniach z obu stron.

Jeśli się okaże, że nie możesz karmić dziecka piersią – mimo iż bardzo tego pragnęłaś – nie ma sensu dokładać uczucia winy do rozczarowania. Nie powinnaś też

---

[1] Tymczasowa konieczność przyjmowania leku, na przykład penicyliny, nawet w okresie karmienia nie wyklucza szans na kontynuowanie go. Kobiety, które w czasie porodu wymagają podania antybiotyku lub potrzebują go z powodu infekcji piersi, mogą kontynuować karmienie piersią w trakcie przyjmowania leku.

[2] Pamiętaj jednak o tym, że gdy matka pije alkohol, dziecko otrzymuje mniej mleka i zwykle gorzej śpi. Aby dziecko ucierpiało jak najmniej, staraj się nie karmić przynajmniej dwie godziny od chwili wypicia alkoholu.

## Odrobina pomocy, duże osiągnięcia

Do karmienia potrzebne są tylko dwie osoby, lecz by mogło do niego dojść – często trzy. Ostatnie badania wykazują, że jeśli ojcowie udzielają swego wsparcia przy karmieniu piersią, matki będą starały się podjąć próbę w 96% przypadków; jeśli ich postawa jest obojętna, tylko 26% kobiet próbuje karmić piersią. Ojcowie: weźcie to pod uwagę!

tego robić, aby uczucie to nie zakłóciło niezmiernie ważnego procesu poznawania i kochania dziecka (procesu, w którym karmienie piersią nie jest koniecznością). Lepiej nie myśl o tym, weź butelkę (i dziecko), po czym czytaj dalej.

## SZTUCZNE KARMIENIE Z MIŁOŚCIĄ

Choć karmienie piersią jest wspaniałym doświadczeniem zarówno dla matki, jak i dla dziecka, to nie ma powodu, dla którego karmienie butelką nie mogłoby też nim być. Na butelce wychowano miliony szczęśliwych i zdrowych dzieci. Jeśli nie możesz lub nie chcesz karmić piersią, to nie upatruj niebezpieczeństwa w butelce, leży ono raczej w tym, że możesz dziecku przekazać poczucie winy lub frustracji. Wiedz, że przy minimalnym wysiłku miłość matki do dziecka może być przekazywana podczas karmienia butelką równie dobrze jak podczas karmienia piersią. Podczas każdego karmienia obejmuj dziecko, tak jakbyś to robiła, karmiąc je piersią (nie podpieraj butelki poduszką i nie zostawiaj dziecka samego z butelką w kołysce czy w wózku). Nie unikaj kontaktu z dzieckiem, jeśli jest to np. możliwe, odepnij bluzkę, tak aby dziecko mogło być przytulone do twojej piersi podczas karmienia z butelki.

# 13

# Dziewiąty miesiąc

*Przeciętnie od 36 do 40 tygodnia*

Wreszcie nadszedł oczekiwany miesiąc, na który się przygotowywałaś (i którego być może troszkę się obawiałaś) od momentu odczytania pozytywnego wyniku na teście ciążowym. Zapewne niecierpliwie czekasz na rozwiązanie (aby trzymać dziecko w ramionach, znów zobaczyć palce u stóp, spać na brzuchu) albo wcale o tym nie myślisz. Jednak pomimo nie-

uniknionego nawału zajęć (więcej wizyt lekarskich, kupowanie wyprawki, zakończenie różnych spraw w pracy, wybieranie koloru farby do pokoiku dziecięcego) dziewiąty miesiąc niekiedy wydaje się najdłuższym miesiącem ciąży. Oczywiście z wyjątkiem sytuacji, gdy poród nie następuje w planowanym terminie – wtedy najdłuższym z wszystkich miesięcy jest miesiąc dziesiąty.

## Czego możesz oczekiwać w czasie badania okresowego

W tym miesiącu wizyty lekarskie będą trwały dłużej niż dotąd (przygotuj sobie coś do czytania w poczekalni), będą wyznaczane co tydzień oraz staną się bardziej interesujące – lekarz oszacuje wielkość dziecka, a nawet spróbuje ocenić, ile czasu pozostało do porodu. Podekscytowanie będzie rosnąć, w miarę jak zbliża się „dzień próby". Możesz oczekiwać, że badanie będzie obejmowało wymienione niżej punkty. Jednak mogą być pewne różnice w zależności od twojej szczególnej sytuacji lub schematu postępowania lekarza[1]:

_____

[1] Badania i testy opisane są w oddzielnym rozdziale *Dodatek*.

- ważenie (następuje zwolnienie lub zatrzymanie przyrostu masy ciała);

- mierzenie ciśnienia tętniczego krwi (może być nieco wyższe, niż było w połowie ciąży);

- badanie obecności cukru i białka w moczu;

- zbadanie obrzęków (obrzmienia) na stopach i rękach oraz ewentualnych żylaków na nogach;

- badanie szyjki macicy od wewnątrz, aby sprawdzić, czy rozpoczął się proces zanikania i rozwierania; jeśli zaistnieje jakieś podejrzenie zakażenia, może zostać pobrany posiew;

- określenie wysokości dna macicy;

- badanie czynności serca płodu;

- określenie wielkości płodu (możesz się dowiedzieć, jaki jest przybliżony ciężar dziecka), określenie położenia (pierwsza główka czy pośladki?) i ustawienia płodu (twarzyczką ku przodowi czy do tyłu?) oraz wysokości (czy część przodująca jest ustalona?);

- omówienie twoich pytań i problemów, szczególnie dotyczących porodu – przy- gotuj sobie listę. Podaj częstotliwość skurczów Braxtona-Hicksa (jeśli wystę- pują) oraz inne, szczególnie te nietypowe objawy, które odczuwasz.

Możesz otrzymać od lekarza instrukcję, jak postępować, gdy rozpocznie się poród (kiedy zadzwonić, gdy podejrzewasz, że akcja porodowa się rozpoczęła, kiedy zapla- nować wyjazd do szpitala czy kliniki położ- niczej). Jeśli jej nie otrzymasz, nie zapomnij o to zapytać.

# CO MOŻESZ ODCZUWAĆ

Możesz odczuwać wszystkie wy- mienione niżej objawy jednocześ- nie lub tylko niektóre z nich. Jed- ne mogą trwać przez cały miesiąc, inne po- jawią się nagle. Część objawów będzie led- wo zauważalna z powodu ich stałego wy- stępowania oraz tego, że przyzwyczaiłaś się do nich. Mogą zostać one również zamasko- wane przez nowe, silniejsze wrażenia, któ- re bardziej zwracają twoją uwagę, zapowia- dają bowiem, że poród jest już bliski.

**OBJAWY FIZYCZNE:**

- zmiany w aktywności płodu (dziecko bar- dziej się „wierci" niż kopie z powodu stop- niowego zmniejszania się wolnej prze- strzeni);

- wydzielina z pochwy (*leukorrhea*) staje się gęstsza i zawiera więcej śluzu, w któ- rym można zobaczyć pasemka krwi, może też być zabarwiony na brązowo lub różowo po badaniu wewnętrznym lub po stosunku, lub dlatego że szyjka macicy zaczęła się rozszerzać;

- zaparcia;

- zgaga, niestrawność, wzdęcia i wiatry;

- okresowe bóle i zawroty głowy, skłon- ność do omdleń;

- obrzęk i przekrwienie śluzówki nosa, krwawienia z nosa, wrażenie „zatkanych" uszu;

- „zaróżowiona" szczoteczka do zębów z powodu krwawienia z dziąseł;

- skurcze mięśni nóg w nocy;

- nasilające się bóle kręgosłupa i uczucie ociężałości;

- dolegliwości i bolesność miednicy i po- śladków;

- narastające obrzęki kostek i stóp, a cza- sem dłoni i twarzy;

- żylaki na nogach;

- żylaki odbytu;

- świąd skóry brzucha;

- łatwiejsze oddychanie po obniżeniu się macicy i płodu;

- częste oddawanie moczu po obniżeniu się macicy i płodu, które sprawiło, że pęcherz moczowy jest uciskany;

- nasilająca się bezsenność;

- częstsze i silniejsze skurcze macicy (nie- które mogą być bolesne);

# Co się dzieje wewnątrz ciebie

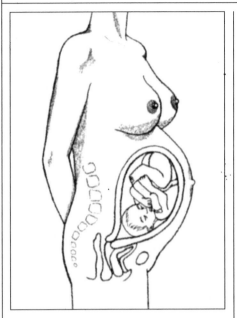

▲ *Dziecko znajduje się teraz tuż pod twoimi żebrami – a wymiary nie zmieniają się już z tygodnia na tydzień; górna część macicy znajduje się około 38 do 40 cm od sklepienia kości łonowej. Przyrost masy jest teraz wolniejszy, a nawet się zatrzymuje w miarę zbliżania się „tego dnia". Skóra na brzuchu wydaje się rozciągnięta do granic możliwości, a ty zapewne człapiesz bardziej niż kiedykolwiek wcześniej, prawdopodobnie dlatego, że dziecko obniżyło się już w oczekiwaniu na zbliżający się poród.*

▼ *Dziecko przygotowuje się do wykonania ruchu. W połowie tego miesiąca będzie już oficjalnie uważane za „terminowe", gotowe do wyjścia na świat. Przez cały ten miesiąc rozwój postępuje bardzo szybko, a dziecku przybywa 5 cm i 1,2 kg; w chwili urodzenia tkanka tłuszczowa będzie zwiększona o 15 procent. Dziecku obecnie brakuje miejsca, by kopać, jednak nie wolno zapomnieć o odnotowywaniu jego ruchów. Większość dzieci jest już ułożona w pozycji główką w dół, gotowa do porodu; u kobiet rodzących po raz pierwszy około 38 tygodnia płód „opadnie" w pobliże kości miednicy (służącej jako brama do rozpoczęcia porodu). Pępowina wydłuży się do około 60 cm, a waga łożyska osiągnie ok. 0,70 kg.*

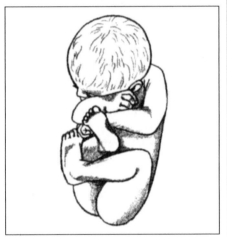

- trudności w poruszaniu się i niezgrabne ruchy;

- pojawienie się siary przy ucisku piersi lub wyciekającej samoistnie (niekiedy nie pojawia się aż do porodu);

- zmęczenie lub nadmiar energii (syndrom wicia gniazda), a niekiedy obydwa uczucia na przemian;

- wzrost lub utrata apetytu.

**ODCZUCIA PSYCHICZNE:**

- wzrastające podniecenie, niepokój, lęk, roztargnienie;

- uczucie ulgi, „że to prawie już";

- drażliwość i nadpobudliwość (zwłaszcza w stosunku do osób mówiących: „Ty jeszcze tutaj?");

- niecierpliwość i pobudzenie;

- sny i marzenia o dziecku.

# CO MOŻE CIĘ NIEPOKOIĆ

## ZMIANY W RUCHACH PŁODU

*Moje dziecko kopało do niedawna bardzo mocno. Teraz, choć nadal czuję jego ruchy, są one słabsze.*

W piątym miesiącu ciąży, kiedy po raz pierwszy poczułaś ruchy dziecka, macica przypominała obszerny pokój, w którym płód mógł uprawiać akrobacje, swobodnie kopać i boksować. Teraz, gdy w macicy jest coraz ciaśniej, taka gimnastyka staje się utrudniona. Pozostaje tylko trochę miejsca, umożliwiającego obracanie się, skręcanie lub inne drobne ruchy. Po ustaleniu się główki płodu w miednicy swoboda ruchów będzie jeszcze bardziej ograniczona.

Na tym etapie nie jest ważne, jaki rodzaj ruchów płodu odczuwasz, lecz to, abyś odczuwała jego aktywność codziennie. Jeżeli nie będziesz nic czuła (patrz poniżej) lub gdy zaskoczą cię paniczne ruchy dziecka, skontaktuj się z lekarzem.

*Dzisiaj przez całe popołudnie ledwo czułam ruchy dziecka. Czy powinnam się denerwować?*

M ogło się zdarzyć, że dziecko właśnie się zdrzemnęło (płody, podobnie jak noworodki, mają okresy głębokiego snu) lub byłaś zbyt zajęta, by zauważyć jakieś ruchy. Dla pewności sprawdź aktywność płodu nieco dokładniej za pomocą badania opisanego na stronie 239. Warto powtarzać opisany test parę razy dziennie w ciągu ostatniego trymestru ciąży. Dziesięć lub więcej zauważonych ruchów płodu w każdym okresie obserwacji świadczy o jego prawidłowej aktywności. Mniejsza liczba ruchów świadczyć może o konieczności przeprowadzenia dodatkowych badań i wyjaśnienia przyczyny małej aktywności dziecka. W takim przypadku skontaktuj się szybko ze swoim lekarzem. Chociaż dziecko względnie mało ruchliwe w macicy może być zupełnie zdrowe, to jednak ustanie ruchów może świadczyć o zagrożeniu. Wczesne wykrycie zagrożenia płodu za pomocą oceny jego ruchów i szybka interwencja lekarska mogą często zapobiec groźnym skutkom.

*Przeczytałam, że podobno liczba ruchów płodu zmniejsza się na krótko przed porodem. Wydaje mi się, że moje dziecko jest bardziej ruchliwe niż kiedykolwiek. Czy może to oznaczać, że będzie nadpobudliwe?*

M artwienie się o zbytnią aktywność dziecka przed porodem to przesada. Badania wykazują, że dzieci, które w życiu płodowym były bardzo ruchliwe, nie są częściej nadmiernie aktywne niż te, które w macicy były bardzo spokojne.

Badania również nie potwierdzają poglądu, że aktywność większości płodów zmniejsza się wyraźnie na krótko przed porodem. W zaawansowanej ciąży stwierdza się stałe, stopniowe zmniejszanie się liczby ruchów (od 25-40 na godzinę w 30 tygodniu ciąży do 20-30 na godzinę w terminie porodu). Prawdopodobnie jest to spowodowane zmniejszeniem wolnej przestrzeni i ilości płynu owodniowego oraz lepszą koordynacją ruchów płodu. Jednak bez dokładnego liczenia zwykle nie będziesz mogła tego zauważyć.

## JESZCZE RAZ O CZĘSTYM ODDAWANIU MOCZU

*Od kilku dni mam wrażenie, że nie wychodzę z toalety. Czy tak częste oddawanie moczu jest normalne na tym etapie?*

## Wybór pediatry

Dokonanie wyboru pediatry (lub lekarza rodzinnego) będzie jedną z najważniejszych decyzji, które przyjdzie ci podjąć jako matce. I nie ma sensu czekać z wyborem do chwili, gdy się nią staniesz. Weryfikacja potencjalnych kandydatów i dokonanie wyboru teraz, zanim jeszcze dziecko zacznie płakać o trzeciej nad ranem, znacznie ułatwi ci wejście w świat rodziców oraz pomoże w podejmowaniu rozsądnych – nie pochopnych – decyzji.

Jeśli nie wiesz, jak rozpocząć poszukiwania, poproś o rekomendacje ginekologa (jeśli mu ufasz) lub przyjaciół, sąsiadów czy współpracowników, którzy mają małe dzieci. Albo skontaktuj się ze szpitalem czy kliniką położniczą, w której będziesz rodzić (zadzwoń na oddział porodowy lub pediatryczny i poproś o opinię dyżurną pielęgniarkę, nikt lepiej nie przygląda się pracy lekarzy niż pielęgniarki).

Oczywiście, jeśli twoje ubezpieczenie ogranicza możliwość dokonania wyboru, zastanów się nad tym, jakie ono daje możliwości.

A kiedy już zawęzisz listę kandydatów do dwóch czy trzech, zadzwoń, by umówić się na konsultację – większość lekarzy się zgodzi. Weź ze sobą listę pytań dotyczących ważnych dla ciebie spraw, na przykład organizacyjnych (czy są godziny dyżurów telefonicznych dla młodych, nerwowych rodziców albo kiedy ktoś do ciebie oddzwoni), pomocy przy karmieniu piersią, obrzezania, stosowania antybiotyków. Koniecznie sprawdź, czy lekarz prowadzi wszystkie wizyty kontrolne, czy też są one prowadzone przez pielęgniarki. Dowiedz się również, z którym szpitalem on współpracuje i czy będzie mógł się zająć noworodkiem w szpitalu. Więcej pytań i spraw, które warto wziąć pod uwagę, znajdziesz w książce *Pierwszy rok życia dziecka*.

Wygląda na to, że powróciło znane ci już zjawisko, czyli częste oddawanie moczu. Ten irytujący objaw towarzyszy niektórym kobietom przez cały okres ciąży, jednakże staje się szczególnie dokuczliwy, gdy dochodzi do ucisku na pęcherz moczowy. A dzieje się tak nie tylko na początku ciąży, gdy macica umiejscowiona jest jeszcze nisko w miednicy, ale również niedługo przed rozwiązaniem, kiedy to płód wraca do niskiego położenia, przygotowując się do wyjścia na świat. Gdy tylko tej częstotliwości nie towarzyszą objawy zakażenia (patrz s. 452), wszystko przebiega w normie.

Niech ci nie przyjdzie do głowy ograniczać ilość przyjmowanych płynów w nadziei zmniejszenia częstotliwości wycieczek do toalety – i jak zwykle pamiętaj: gdy tylko poczujesz potrzebę, pójdź tam natychmiast. Szczególnie pamiętaj, by w czasie nocnych spacerów zawsze oświetlać sobie drogę – usuń z niej wszelkie przeszkody, takie jak na przykład buty, książki czy cokolwiek, o co możesz się potknąć – oraz by iść na boso, a nie w śliskich kapciach czy skarpetach.

# INSTYNKT WICIA GNIAZDA

*Słyszałam coś o instynkcie wicia gniazda. Naprawdę jest coś takiego?*

Potrzeba wicia gniazda może być tak realna i silna u ludzi jak u naszych upierzonych czy czworonożnych przyjaciół. Jeśli kiedykolwiek byłaś świadkiem narodzin szczeniąt czy kociąt, pewnie zauważyłaś niepokój matki tuż przed porodem, która nerwowo biega tam i z powrotem, gorączkowo drze papierki w kącie, a kiedy wreszcie czuje, że wszystko jest tak, jak być powinno, układa się na miejscu, gdzie ma nastąpić poród. Wiele kobiet w ciąży również doświadcza przemożnej potrzeby przygotowywania „gniazdka" tuż przed narodzinami dziecka. U wielu z nich pragnienie to ma charakter dość subtelny: nieoczekiwanie koniecznie muszą wyczyścić lodówkę i sprawdzić, czy w domu jest zapas papieru toaletowego na sześć miesięcy. Inne natomiast ten niezwykły wybuch maniakalnej energii objawiają w postaci dramatycznych, często irracjonalnych czy śmiesznych (przynajmniej dla osób patrzących na to z boku) zachowań: czyszczenia każdego zakątka pokoiku dziecięcego szczoteczką do zębów, układania rzeczy w szafkach kuchennych w kolejności alfabetycznej, prasowania wszystkiego, co akurat nie jest noszone, bądź układania i składania godzinami dziecięcych ubranek.

Choć pojawienie się potrzeby wicia gniazda nie należy do nieomylnych sygnałów zbliżającego się porodu, zwykle intensyfikuje się w miarę zbliżania się „wielkiej chwili". Jego przyczyną jest podwyższony poziom adrenaliny w organizmie matki. Pamiętaj też, że nie wszystkie kobiety doświadczają tego instynktu – a te, których to nie spotyka, mają tak samo udane porody i są takimi dobrymi matkami jak kobiety, u których instynkt ten wystąpił. Chęć, by zapaść się w fotel przed telewizorem, jest w ostatnich kilku tygodniach ciąży równie częsta jak przymus sprzątania szaf – i całkowicie zrozumiała.

Jeśli poczujesz konieczność przygotowywania gniazda, postaraj się zachować zdrowy rozsądek oraz ostrożność. Pokonaj nieokiełznaną chęć samodzielnego pomalowania pokoiku dziecięcego; pozwól, by ktoś inny wspinał się z wiaderkiem i wałkiem na drabinę, podczas gdy ty będziesz doglądać prac z dołu. Nie doprowadzaj się też do stanu wyczerpania z powodu sprzątania domu – energia będzie ci jeszcze potrzebna zarówno do porodu, jak i opieki nad noworodkiem. A co najważniejsze, nie zajmuj się wszystkim naraz. Choć dzielisz instynkt wicia gniazda z innymi przedstawicielami królestwa zwierząt, jesteś tylko człowiekiem i nie dasz rady zrobić wszystkiego w ostatniej chwili przed przyjściem twego ukochanego maleństwa na świat.

## KRWAWIENIE I PLAMIENIE

*Dzisiaj rano, zaraz po stosunku z mężem, zaczęłam krwawić. Czy to oznacza, że zbliża się poród lub że dziecku zagraża niebezpieczeństwo?*

Stwierdzenie każdego nowego objawu – w szczególności krwawienia i plamienia – w dziewiątym miesiącu ciąży natychmiast skłania do postawienia jednego z dwóch niepokojących pytań lub obu jednocześnie: „Czy to już czas? Czy dzieje się coś złego?" W twoim przypadku odpowiedź na to pytanie uzależniona jest od rodzaju krwawienia oraz towarzyszących mu okoliczności.

Śluz, w którym można zobaczyć pasemka krwi, lub zabarwiony różowo wkrótce po stosunku lub badaniu wewnętrznym, śluz zabarwiony brązowo lub brązowe plamienie w ciągu 48 godzin po stosunku lub badaniu – jest prawdopodobnie skutkiem poruszania lub otarcia bardzo wrażliwej w tym okresie szyjki macicy. Jest to zjawisko normalne i niegroźne – chociaż powinno być zgłoszone twojemu lekarzowi. Może on zalecić powstrzymanie się od współżycia aż do porodu.

Jasnoczerwone krwawienie lub utrzymujące się plamienie może pochodzić z łożyska i wymaga szybkiej oceny przez lekarza. Zawiadom go niezwłocznie. Jeżeli to będzie niemożliwe, niech ktoś zawiezie cię do szpitala.

Różowy, brązowy lub krwisty śluz w połączeniu ze skurczami macicy może sygnalizować początek porodu, niezależnie od tego, czy występuje po stosunku, czy też nie (objawy przedporodowe, poród pozorny i prawdziwy opisane są na stronie 329). Zawiadom twojego lekarza!

## PĘKNIĘCIE BŁON PŁODOWYCH W MIEJSCU PUBLICZNYM

*Żyję w ciągłym strachu, że błony płodowe pękną, gdy będę w miejscu publicznym.*

Nie ty jedna się tego obawiasz. Myśl o „worku wody" pękającym w autobusie lub zatłoczonym sklepie jest dla większości ciężarnych kobiet tak samo przerażająca jak publiczna utrata kontroli nad pęcherzem. Znana jest historia kobiety, którą

# Bądź gotowa

Obecnie nie ma praktycznie wątpliwości co do tego, że najlepszym sposobem przygotowania się do tego wielkiego wydarzenia jest zdobywanie wiedzy. Dlatego też uczyń wszystko, aby wspólnie ze swym partnerem dowiedzieć się jak najwięcej: wspólnie przeczytajcie następny rozdział oraz wszystkie inne materiały o porodzie, jakie tylko możecie zdobyć; oglądajcie filmy na wideo; chodźcie razem na zajęcia szkoły rodzenia. Niech jednak wasze przygotowania nie kończą się na tym etapie. Przygotujcie się też od strony praktycznej i estetycznej, planując coś dla rozrywki. Rozważcie, na przykład, możliwość sfilmowania porodu (najlepiej przez osobę trzecią, aby partner mógł bez przeszkód pełnić swą najważniejszą rolę), a może wystarczy kilka zdjęć? Zastanów się, czy muzyka ukoi twą duszę w chwili, gdy będziesz tego najbardziej potrzebowała? A może preferujesz spokój i ciszę? Co najlepiej odwróci twoją uwagę pomiędzy skurczami: gra w karty, sprawdzenie poczty elektronicznej na laptopie, obejrzenie powtórek ulubionego serialu w telewizji? (Naturalnie przygotuj się też na taką ewentualność, że gdy rozpoczną się skurcze, możesz nie mieć do tego cierpliwości.) Nie zapomnij spakować rzeczy potrzebnych do realizacji zaplanowanych zajęć (łącznie z filmem do aparatu!) do torby, którą zabierzesz ze sobą do szpitala czy kliniki położniczej! (Patrz s. 324.)

---

ta myśl ogarnęła tak obsesyjnie, że stale nosiła w torbie słoik z marynatami. Chciała go rzucić na ziemię, gdy tylko zauważy strugę płynu owodniowego („Och, przepraszam, ależ narobiłam bałaganu tymi ogórkami!").

Zanim zaczniesz szukać słoików w swojej szafie kuchennej, powinnaś się dowiedzieć dwóch rzeczy. Po pierwsze, pęknięcie błon płodowych przed rozpoczęciem porodu nie jest częste – zdarza się w mniej niż 15% ciąż. W momencie pęknięcia wypływanie płynu owodniowego zwykle nie jest bardzo obfite, z wyjątkiem sytuacji, gdy leżysz (co rzadko się zdarza w miejscu publicznym). Kiedy chodzisz lub siedzisz, główka dziecka zwykle zamyka ujście macicy, jak korek butelkę wina.

Po drugie, jeżeli błony płodowe pękną i nagle wytryśnie płyn owodniowy, możesz być pewna, że nikt w otoczeniu nie będzie na ciebie pokazywał, kręcił głową z niezadowoleniem lub, co gorsza, chichotał. Zamiast tego będą (podobnie jak sama byś zrobiła) proponować swoją pomoc lub dyskretnie cię ignorować. Weź pod uwagę, iż nikt nie może przeoczyć faktu, że jesteś ciężarna, i pomylić płynu owodniowego z czymkolwiek innym.

Wiele kobiet nigdy nie zaobserwowało gwałtownego tryskania płynu owodniowego mimo pęknięcia błon płodowych przed porodem. Działo się tak częściowo z powodu opisanego działania główki płodu, częściowo z powodu braku skurczów wyciskających płyn z macicy. Wszystkie one obserwowały raczej sączenie lub kapanie płynu, w sposób ciągły lub przerywany.

Poczucie bezpieczeństwa w ciągu ostatnich tygodni ciąży może dać ci noszenie wkładki czy podpaski (a jeśli naprawdę się martwisz, nawet pieluchomajtek dla dorosłych). Ich zaletą jest również to, że wchłaniają coraz obfitszą w tym okresie wydzielinę pochwową. Zastanów się też nad podłożeniem grubych ręczników, prześcieradła z ceraty czy szpitalnej jednorazówki pod pościel, na wypadek gdyby do pęknięcia błon płodowych doszło w środku nocy, gdyż doprowadziło to już do zniszczenia wielu materaców.

# OBNIŻENIE DNA MACICY I USTALENIE SIĘ CZĘŚCI PRZODUJĄCEJ PŁODU

*Jestem już w 38 tygodniu ciąży i nie odczuwam obniżenia macicy. Czy to znaczy, że przenoszę ciążę?*

Dno macicy obniża się, gdy przodująca część płodu zaczyna wchodzić do miednicy ciężarnej. W pierwszej ciąży następuje to zwykle na 2 do 4 tygodni przed porodem. Natomiast u kobiety, która już rodziła, rzadko stwierdza się to zjawisko przed rozpoczęciem porodu. Jednak podobnie jak we wszystkich sytuacjach dotyczących ciąży i porodu, regułą są wyjątki od reguły. Kobieta ciężarna po raz pierwszy może stwierdzić obniżenie dna macicy na 4 tygodnie przed wyznaczonym terminem porodu i urodzić 2 tygodnie „za późno" lub zacząć poród bez zauważalnego obniżenia macicy.

Często zmiana jest bardzo wyraźna. Możesz zauważyć, że brzuch jest nisko i znacznie bardziej wystaje. Znacznie zmniejsza się ucisk macicy ku górze, na przeponę oraz na żołądek. Następuje duża poprawa samopoczucia ciężarnej z powodu ułatwionego oddychania oraz możliwości spożywania obfitszych posiłków. Niestety odbywa się to kosztem nowych dolegliwości, wynikających z ucisku na pęcherz moczowy, stawy miednicy oraz okolicę krocza. Występuje wzrost częstości oddawania moczu, trudności w poruszaniu się oraz uczucie ucisku, a czasem ból okolicy krocza. Kiedy główka dziecka uciska na dno miednicy, ciężarna może odczuwać ostre, drobne kłucia, a przy ruchach główki występuje uczucie „toczenia się". W związku z nagłą zmianą położenia środka ciężkości bezpośrednio po obniżeniu dna macicy mogą występować trudności z utrzymaniem równowagi.

Zdarza się również, że obniżenie dna macicy pozostaje nie zauważone przez ciężarną. Twoja sylwetka na przykład może nie zmienić się wyraźnie, jeżeli dziecko leżało nisko od początku. Jeżeli nigdy nie odczuwałaś trudności w oddychaniu lub uczucia pełności po posiłkach lub jeśli zawsze często oddajesz mocz, możesz nie zaobserwować wyraźnych zmian.

Twój lekarz może stwierdzić ustalenie się główki dwoma sposobami. Część przodującą można wyczuć w miednicy w czasie badania wewnętrznego lub „wymacać" ją zewnętrznie przez powłokę brzucha. Jeżeli jest ustalona, to nie ma możliwości „pływania" czy „balotowania" główki.

Przesuwanie się części przodującej przez kanał miednicy można oceniać i mierzyć, centymetr po centymetrze. Całkowite ustalenie główki określa się jako wysokość zero centymetrów. Oznacza to, że główka płodu obniżyła się do poziomu kolców kulszowych (wystające wyrostki kostne po obu stronach kanału miednicy). Dziecko, które dopiero zaczyna się obniżać, może być na wysokości $-4$ lub $-5$ centymetrów. Na początku porodu główka przechodzi przez kanał rodny od wysokości 0 do +1, +2 centymetry. W chwili, gdy główka ukazuje się w wychodzie kanału rodnego i zewnętrzny brzeg pochwy tworzy na główce „koronę", wysokość wynosi +5 centymetrów. Kobieta, która zaczyna poród z główką płodu na wysokości 0 centymetrów, ma prawdopodobnie przed sobą mniej parcia niż rodząca z główką na wysokości $-3$, ale nie jest to regułą. Wysokość główki nie jest jedynym czynnikiem decydującym o postępie porodu.

Ustalenie się główki w miednicy kostnej sugeruje, że dziecko powinno przejść przez kanał miednicy bez trudności. Jednak również w tym zakresie nie ma absolutnej pewności. I przeciwnie, długie „balotowanie" główki płodu nad wejściem do miednicy niekoniecznie oznacza trudności przy porodzie. W rzeczywistości większość płodów, które nie weszły do wchodu miednicy na początku porodu, przechodzi potem gładko przez kanał miednicy. Dotyczy to zwłaszcza kobiet, które wcześniej już rodziły, raz lub więcej.

## KIEDY URODZISZ

*Właśnie zbadano mnie wewnętrznie i lekarka orzekła, że zapewne wkrótce rozpocznie się poród. Czy rzeczywiście może ona dokładnie przewidzieć, ile czasu jeszcze zostało?*

# Własnoręczne wywołanie czynności porodowej

Wszystko wskazuje na to, że pewne sprawy lepiej pozostawić naturze, a przynajmniej wykwalifikowanemu personelowi medycznemu. Proponowano już wiele technik samodzielnego wywołania czynności porodowej, jednak większość z nich jest albo nieskuteczna, albo szkodliwa, albo i jedno, i drugie. Na przykład, według jednego z badań, pozytywny efekt przynosiło stymulowanie brodawek. Kobiety, które od 39 tygodnia stymulowały brodawki przez trzy lub więcej godzin dziennie, rzadziej rodziły po przewidywanym terminie rozwiązania (a przy 21 i więcej godzinach tygodniowo niewiele miały też czasu na cokolwiek). Ponieważ stymulowanie nie tylko może wywołać akcję porodową, lecz także silne skurcze (takie, jakie wywołuje oksytocyna), nie powinno się stosować tej techniki bez nadzoru lekarskiego – nawet jeśli masz tyle czasu. Innymi słowy, nie próbuj robić tego w domu.

Inne techniki, o których być może słyszałaś, nie dowiodły skuteczności, a należą do nich: stosunek seksualny (metoda nie zawsze skuteczna, ale przynajmniej przyjemna), dużo chodzenia (jeżeli lekarz nie zalecił ci ograniczania ruchu), herbatka z liści maliny (nie stosuj przed przewidywanym terminem rozwiązania, ponieważ może wywołać wczesne skurcze), jednorazowa dawka oleju rycynowego (spytaj lekarza; wiele kobiet twierdzi, że odczuwa jedynie skurcze w jelitach, a nie porodowe).

Twój lekarz może tylko przypuszczać, choć są to przypuszczenia o naukowych podstawach. Istnieją wskazówki i objawy, że poród może się wkrótce rozpocząć. Lekarz zaczyna ich poszukiwać w dziewiątym miesiącu ciąży przez badanie brzucha ciężarnej od zewnątrz oraz przez badanie wewnętrzne. Czy nastąpiło obniżenie dna macicy lub ustalenie się części przodującej płodu? Do jakiej wysokości obniżyła się część przodująca? Czy nastąpiło już zaniknięcie lub rozwarcie szyjki macicy? Czy szyjka macicy staje się miękka i zaczyna przesuwać się do przodu pochwy (kolejna wskazówka zbliżającego się porodu), czy też nadal jest twarda i skierowana ku tyłowi?

Ale „wkrótce" może oznaczać kilka godzin lub trzy tygodnie i nawet więcej. Należy zapytać kobiety, jak euforia wywołana słowami „zacznie pani rodzić dziś wieczorem", przechodzi w depresję po tygodniu daremnego oczekiwania. Albo kobiety, które wracają do domu zrezygnowane po badaniu lekarskim, podczas którego zapewniono je, że „jeszcze kilka tygodni", a rano rodzą dziecko.

Stwierdzono, że ustalanie się części przodującej płodu, zanikanie i rozwieranie się szyjki macicy może następować u niektórych kobiet stopniowo, w ciągu tygodni lub nawet miesięcy. Dlatego też nie można traktować tych znaków jako pewnych wskazówek zbliżającego się porodu.

Należy posiadać dokładniejsze informacje na temat daty rozwiązania (na przykład jeśli minął już przewidywany termin) oraz bardziej formalne oszacowanie gotowości do wydania dziecka na świat. Jedną z metod jest połączenie wyniku w skali Bishopa (oceniającej zaniknięcie i rozwarcie szyjki macicy, od 0 do 3 każde), wysokość położenia części przodującej płodu (od 0 do 3) oraz struktury i umiejscowienia szyjki macicy (od 0 do 2 każde) z długością szyjki macicy. Kiedy wynik w skali Bishopa wynosi 6 lub więcej, a długość szyjki macicy – 26 mm lub mniej, są spore szanse na to, że poród rozpocznie się spontanicznie w ciągu siedmiu dni. Lekarz może też przeprowadzić badanie wydzieliny szyjkowo-pochwowej na obecność substancji zwanej fibronektyną płodową (choć badanie to, które jest bardzo kosztowne i jednocześnie nie można w pełni polegać na jego wyniku, zwykle jest zastrzeżone dla kobiet z grupy ryzyka przedterminowego porodu). Obecność fibronektyny płodowej zwykle oznacza, że poród rozpocznie się lada moment – jednak i w tym przypadku nie ma stuprocentowej gwarancji.

# Jak się czuje dziecko?

Lekarze co dzień odkrywają nowe metody sprawdzania stanu dziecka przebywającego jeszcze w łonie matki. Badania te mogą być przeprowadzone w 41 lub 42 tygodniu, gdy dziecko uważa się już za przenoszone, lub wcześniej (kiedykolwiek po 26 tygodniu ciąży), w przypadku zaistnienia obawy o stan płodu. Badania mogą być powtarzane okresowo, jeśli problem, który wywołał konieczność ich wykonania, utrzymuje się. Niektóre badania – w zależności od potrzeby – przeprowadza się w trakcie porodu.

Najpopularniejsze badania prenatalne stanu płodu to:

**Ocena ruchów płodu przez ciężarną.** Notowanie ruchów dziecka przez ciężarną (patrz s. 239) nie jest co prawda metodą, na której można polegać, jednak dostarcza pewnych wskazówek dotyczących stanu dziecka i bywa stosowane do wykrywania ewentualnych problemów. Zwykle dziesięć ruchów w okresie dwugodzinnym (lub krótszym) oznacza, że wszystko jest w porządku. Jeżeli ciężarna nie odczuwa odpowiedniej liczby ruchów dziecka, powinno się wykonać inne badania.

**Test niestresowy.** Na brzuchu ciężarnej umieszcza się czujnik monitora płodowego, podobnie jak będzie to w czasie porodu. Ocenia się reakcję serca płodu na ruchy płodu. Jeżeli podczas badania serce płodu nie przyspiesza w czasie ruchów lub gdy obserwuje się inne nieprawidłowości, wyniki uważa się za niepewne (co nie oznacza stanu zagrożenia płodu, a jedynie to, że jego stan wymaga dalszych badań). Wadą testu niestresowego (i monitorowania elektronicznego w ogóle) jest to, że dokładność testu zależy od doświadczenia osoby oceniającej wynik. (Uwaga: wynik może być wypaczony, jeśli matka paliła przed badaniem.)

**Test stymulacji akustycznej lub wibroakustycznej.** Jest to test niestresowy; na brzuchu matki umiejscowione zostaje urządzenie wytwarzające dźwięki i drgania (wibracje) w celu sprawdzenia, jak płód na nie reaguje. Jego dokładność jest większa niż tradycyjnego testu niestresowego; jest przydatny do oceny wyników innych testów.

**Test stresowy skurczowy lub test oksytocynowy.** Jeśli wyniki testu niestresowego są niejasne, lekarz może zalecić wykonanie testu stresowego. Test ten, który przeprowadza się w szpitalu, sprawdza reakcję dziecka na „stres" w postaci skurczów macicy, dzięki czemu można mieć pewne wyobrażenie tego, jak dziecko poradzi sobie podczas porodu.

# CIĄŻA PRZENOSZONA

*Mój termin porodu minął tydzień temu. Czy to możliwe, że poród sam się nie zacznie?*

Magiczna data zaznaczona jest w kalendarzu na czerwono. Każdy dzień w ciągu poprzedzających tę datę 40 tygodni został przekreślony z wielkim oczekiwaniem. Wreszcie, po długim czasie ten ważny dzień nadchodzi – i w około połowie przypadków dziecka nie ma. Oczekiwanie zamienia się w zniechęcenie. Wózek i łóżeczko dziecięce pozostają puste przez jeszcze jeden dzień. I jeszcze przez tydzień. I – w 10% przypadków – jeszcze dwa tygodnie, zwłaszcza u kobiet będących w ciąży pierwszy raz. Czy ta ciąża nigdy się nie skończy?

Chociaż kobiety, które osiągnęły 42 tydzień ciąży mogą w to uwierzyć z trudnością, żadna z ciąż, jakie kiedykolwiek się zdarzyły, nie trwała wiecznie. Nawet przed wprowadzeniem wzniecenia porodu. (To prawda, że pojedyncze ciąże mogą trwać nawet 44 tygodnie lub nieco dłużej, ale obecnie w znacznej większości wywołuje się poród po skończeniu 42 tygodnia.)

Dokładne badania wykazują, że aż w 70% przypadków rozpoznanie przenoszenia ciąży jest nieprawidłowe. Zwykle ciążę uważa się za przenoszoną z powodu błędu w obliczeniu czasu zapłodnienia, najczęściej z powodu nieregularnej owulacji lub niepewno-

Jest to badanie bardziej złożone i czasochłonne (może trwać nawet 3 godziny). Tutaj również ciężarna ma na brzuchu czujnik monitora płodowego. Jeżeli skurcze nie występują samoistnie dość często, można je wywołać przez dożylne podanie oksytocyny lub poprzez drażnienie brodawek sutkowych (za pomocą gorącego ręcznika lub ręką) przez ciężarną. Reakcja płodu na skurcze określa prawdopodobny stan dziecka i łożyska. Ta przybliżona symulacja porodu pozwala, jeżeli wyniki są niedwuznaczne, przewidzieć, czy płód może bezpiecznie pozostawać w macicy i czy poradzi sobie z dużymi wymaganiami, jakie wiążą się z prawdziwym porodem. (Test ten nie jest wskazany u kobiet rodzących przed terminem lub zagrożonych przedterminowym porodem; tych, u których doszło do przedwczesnego pęknięcia błon płodowych; po operacji macicy lub cięciu klasycznym podczas cięcia cesarskiego; wreszcie tych, u których zdiagnozowano łożysko przodujące.)

**Profil biofizyczny.** Jest to badanie, w którym za pomocą ultradźwięków ogólnie ocenia się cztery aspekty życia w łonie: ruchy oddechowe, ruchy płodu, napięcie mięśni płodu oraz objętość płynu owodniowego. Jeśli wyniki badań wszystkich tych czynników są prawidłowe, to dziecko zwykle miewa się dobrze. Jeśli natomiast którykolwiek jest nieprawidłowy

bądź niejasny, przeprowadza się badanie czynności serca płodu przy użyciu testu niestresowego, aby otrzymać bardziej dokładny obraz stanu dziecka.

**„Zmodyfikowany” profil biofizyczny.** Jest to połączenie testu niestresowego z oceną objętości wód płodowych. Niski ich poziom może oznaczać, że płód nie wydziela odpowiedniej ilości moczu oraz że łożysko nie funkcjonuje prawidłowo. Jeśli płód reaguje prawidłowo na test niestresowy, a objętość wód płodowych jest odpowiednia, zapewne nic złego się nie dzieje.

**Dopplerowska ocena perfuzji tętnicy pępowinowej.** Ten bezinwazyjny test wykonywany za pomocą ultradźwięków sprawdza przepływ krwi przez tętnicę pępowinową. Przepływ słaby, nieobecny lub w przeciwnym kierunku wskazuje na to, że płód nie jest odpowiednio odżywiany i prawdopodobnie nie rośnie prawidłowo.

**Inne badania oceniające dobrostan płodu.** Zalicza się do nich: kolejno przeprowadzane badania USG, oceniające ciągły wzrost płodu, pobranie płynu owodniowego (drogą amniopunkcji), elektrokardiografię płodową czy inne testy (w celu oceny pracy serca płodu) i test stymulacji główki płodu (ocena reakcji płodu na ucisk lub ukłucie w główkę).

---

ści kobiety co do daty ostatniej miesiączki. W rzeczywistości, jeżeli na wczesnym etapie ciąży wykonano badanie USG w celu dokładnej oceny czasu trwania ciąży, częstość przenoszenia obniża się z 10% (jak przez długi czas uważano) do 2%.

Jeżeli ciąża jest przeterminowana (przyjmuje się granicę 42 skończonego tygodnia ciąży, chociaż niektórzy położnicy podejmują działania wcześniej), lekarz będzie rozważać dwa główne czynniki. Po pierwsze postawi pytanie, czy wyznaczona data porodu jest właściwa. Zapewne jest, jeżeli cały czas koreluje z różnymi innymi kryteriami rozwoju ciąży, łącznie z wielkością macicy, wysokością dna macicy (najwyższy punkt macicy), pierwszymi ruchami płodu wyczu-

wanymi przez matkę oraz wykrytymi przez lekarza. Wcześnie wykonane badanie USG lub test ciążowy oparty na pomiarze poziomu gonadotropiny kosmówkowej we krwi ciężarnej mogą dodatkowo potwierdzać prawidłowość wyznaczonej daty.

Po drugie położnik będzie chciał ustalić, czy dziecko nadal dobrze się rozwija. Wiele dzieci prawidłowo rośnie i rozwija się w dziesiątym miesiącu ciąży (chociaż może to spowodować problemy w czasie porodu, gdy duże i wyrośnięte dziecko będzie miało trudności z przejściem przez miednicę rodzącej). Niekiedy jednak środowisko wewnątrz macicy, dotychczas idealne, zaczyna się pogarszać. Starzejące się łożysko nie dostarcza odpowiedniej ilości składników odżywczych i tlenu, a produkcja płynu owodniowego zmniejsza się. Niebezpiecznie zmniejsza się ilość płynu owodniowego w macicy. W tych warunkach dalszy rozwój płodu w macicy staje się utrudniony.

Dzieci urodzone po pewnym czasie przebywania w takich warunkach określa się jako przenoszone. Są one chude, z suchą, popękaną, łuszczącą się, luźną i pomarszczoną skórą bez warstwy mazi płodowej, pokrywającej zwykle skórę donoszonego noworodka. Ponieważ są „starsze" od innych noworodków, mają dłuższe paznokcie, więcej włosów, mają zwykle otwarte oczy i są aktywniejsze. Te, które przebywały w pogarszającym się środowisku wewnątrzmacicznym, mogą mieć zielonkawo zabarwioną skórę i pępowinę z powodu wydalenia smółki w łonie matki. Noworodki, które najdłużej przebywały w niekorzystnym środowisku, mają skórę żółtawą i są najbardziej zagrożone w czasie porodu lub nawet wcześniej.

Płody przenoszone są w większym stopniu zagrożone w czasie porodu i częściej rodzą się drogą cięcia cesarskiego. Dzieje się tak z kilku powodów. Są większe niż dzieci w 40 tygodniu ciąży i mają większy obwód główki. Mogą być gorzej zaopatrzone w tlen i składniki odżywcze. W czasie porodu mogą zaaspirować (wciągnąć do oskrzeli) smółkę. Dzieci te wymagają również specjalnej opieki na oddziale noworodkowym przez krótki okres po porodzie. Jednak znakomita większość dzieci urodzonych w 42 tygodniu prawidłowo przebiegającej ciąży nie jest przewlekle chora częściej niż dzieci urodzone w terminie porodu.

Jeżeli zostało ustalone z pewnością, że zakończył się 41 tydzień ciąży i w czasie badania stwierdzono, że szyjka macicy jest dojrzała (miękka), wielu lekarzy wybiera wzniecenie (wywołanie) porodu (patrz s. 335). Wzniecenie porodu lub cięcie cesarskie zostanie również zastosowane (niezależnie od dojrzałości szyjki), jeżeli występują komplikacje takie, jak nadciśnienie (przewlekłe lub wywołane przez ciążę), cukrzyca, zielony kolor płynu owodniowego z powodu wy-

dalenia smółki, zahamowanie wzrostu płodu lub inne zagrażające dziecku sytuacje. Jeżeli szyjka nie jest dojrzała, lekarz może to przyspieszyć przez zastosowanie przed wznieceniem porodu odpowiedniego leku, prostaglandyny $E_2$. Lekarz może również odczekać nieco dłużej, przeprowadzając jeden lub więcej spośród wymienionych testów oceny stanu płodu (patrz ramka s. 320), i sprawdzić, czy dziecko jest bezpieczne w macicy. Może powtarzać te testy jeden lub dwa razy w tygodniu aż do początku porodu.

Niektórzy lekarze będą czekać aż do 42 tygodnia ciąży lub nieco dłużej, by przechytrzyć Matkę Naturę – upewniając się jednocześnie za pomocą wymienionych badań, że dziecko i matka są w dobrym stanie. Jeżeli zostaną stwierdzone jakiekolwiek objawy niewydolności łożyska lub nieprawidłowo mała ilość płynu owodniowego, lub wystąpią jakiekolwiek inne sygnały o zagrożeniu matki lub dziecka, lekarz podejmie działanie. Zależnie od sytuacji będzie to albo wzniecenie porodu, albo cięcie cesarskie. Na pociechę niespokojnym przyszłym matkom trzeba podkreślić, że tylko nieliczne ciąże trwają dłużej niż kilka dni po skończeniu 42 pewnego tygodnia ciąży.

Zaleca się czasem dwa sposoby zmniejszenia ryzyka przenoszenia ciąży, ale obydwa mają pewne wady. Jeden z nich to codzienne drażnienie brodawek piersi. Ciężarna może to wykonywać samodzielnie w domu, ale istnieje ryzyko wyzwolenia bardzo silnych skurczów. Innym sposobem jest ręczne oddzielenie błon płodowych od dolnego odcinka macicy. Musi to być wykonane przez lekarza. Wielu specjalistów nie zaleca jednak takiego postępowania z powodu możliwości pęknięcia błon płodowych lub zakażenia. Jednak aktualne badania wykazują, że metoda ta, która wywołuje czynności porodowe poprzez wyzwolenie pewnych substancji chemicznych w organizmie, w tym prostaglandyny, jest bezpieczna i skuteczna w przypadku zaniknięcia szyjki macicy. Często po tym zabiegu obserwuje się skurcze i plamienia.

## *Dodanie otuchy przy niepewnych wynikach testów*

W zakresie badań płodu poczyniono wielki postęp. W dzisiejszych czasach istnieje wiele metod badania dobrostanu płodu i można z nich skorzystać w każdej chwili. Jednak mimo szybkiego rozwoju metody te nie są w stu procentach pewne i często okazuje się, iż wciąż daleko im do doskonałości. Choć wyniki fałszywie negatywne (badanie wykazuje, że wszystko jest w porządku, gdy tymczasem dzieje się inaczej) są raczej rzadkie, fałszywie pozytywne wyniki (wynik wskazuje na istnienie problemu, którego w rzeczywistości nie ma) są bardzo częste. Innymi słowy, podczas gdy dobry wynik niemal na sto procent wskazuje na dobry stan dziecka, zły – niekoniecznie oznacza problemy. Dlatego też niepokojący wynik któregokolwiek z dostępnych testów powinien

być potwierdzony jednym bądź kilkoma innymi badaniami w celu sprawdzenia, czy faktycznie mamy do czynienia ze stanem zagrożenia płodu.

Ponieważ fałszywie pozytywne wyniki zdarzają się zbyt często, a nieprawidłowa diagnoza może doprowadzić do niepotrzebnych interwencji (na przykład takich, jak cięcie cesarskie, choć poród mógłby odbyć się drogami natury), społeczność medyczna zaczęła nazywać słabe wyniki nie „stanem zagrożenia płodu", a jedynie „nie dającymi pewności". Wynik „nie dający pewności" nie wyklucza, iż stan zagrożenia płodu rzeczywiście występuje, ale też automatycznie go nie rozpoznaje. Czyli określenie „nie dający pewności" dokładnie to oznacza.

# PLANOWANE WYWOŁANIE CZYNNOŚCI PORODOWEJ

*W przypadku wielu moich znajomych poród nie zaczął się w sposób naturalny, lecz został wywołany. Czy zjawisko to staje się coraz częstsze?*

Za trendami porodowymi tak samo trudno jest podążać – lub je przewidzieć – jak za trendami w modzie, co szczególnie się sprawdza, jeśli chodzi o wywoływanie porodu. Przez wiele lat większość lekarzy rutynowo wywoływała czynność porodową, dzięki czemu dziecko pojawiało się na świecie w dogodnym dla wszystkich czasie. Z powodu tej praktyki odsetek indukowanych porodów był wysoki. Ale kiedy w społeczności położniczej zapanowała tendencja powrotu do porodu naturalnego, rutynowe wywoływanie akcji porodowej i wiele innych interwencji wyszło z mody. W Stanach Zjednoczonych ograniczono zezwolenie na używanie oksytocyny (substancji najczęściej używanej do wywołania porodu) do tych przypadków wywoływania czynności porodowej, które wynikały z konieczno-

ści, a nie na przykład z wygody. Pacjentki i większość lekarzy zaczęli doceniać zalety działania zgodnego z naturą, a liczba indukcji zdecydowanie spadła.

Jednak ostatnio znów coraz częściej mamy do czynienia z wywoływaniem akcji porodowej. Choć przyczyny tego „trendu retro" nie są jasne, możemy próbować tłumaczyć go na kilka sposobów. Bez wątpienia ważną rolę odgrywają zmiany, jakie zaszły w praktyce położniczej; coraz więcej lekarzy decyduje się na wywołanie czynności porodowej po 42 tygodniu ciąży. Jednak wydaje się, iż znów pojawia się czynnik wygody, i to nie tylko po stronie lekarzy. Coraz więcej kobiet pragnie zaplanować chwilę narodzin dziecka w swym pełnym zajęć terminarzu na określony dzień czy nawet porę dnia, kiedy będą mogły zapewnić starszemu dziecku opiekunkę. Natomiast kobiety rodzące w klinice, w której pracuje wielu lekarzy, często wolą, by poród odbył się wtedy, gdy ich ulubiony lekarz jest na dyżurze.

Choć argumenty te wydają się trudne do podważenia, korzyści płynące z wywołania porodu często są niewarte niewielkiego, lecz jednak istniejącego ryzyka z nim związanego. Amerykańskie Towarzystwo Po-

# Co zabrać do szpitala?

Owszem, mogłabyś się zjawić w szpitalu czy klinice położniczej z samym brzuchem i legitymacją ubezpieczeniową, ale nie byłoby to najlepszym pomysłem. Spakuj torbę wcześniej (byś nie musiała przerzucać wszystkiego do góry nogami w poszukiwaniu ulubionej płyty wtedy, gdy skurcze są już co pięć minut) i włóż do niej to z poniższej listy, co uważasz za słuszne:

Do porodu na oddziale porodowym

• Tę książkę; *W oczekiwaniu na dziecko – terminarz*, gdyż masz tam dużo miejsca na notatki z porodu. Do spisywania pytań i odpowiedzi dotyczących porodu, stanu twojego oraz dziecka przyda ci się notes i długopis; spisz imiona i nazwiska osób z opiekującego się tobą personelu;

• Plan porodu w kilku kopiach (patrz s. 270), by personel znał twoje oczekiwania;

• Zegarek z sekundnikiem do oceny czasu trwania skurczów;

• Jeżeli muzyka cię uspokaja, zabierz radio lub magnetofon z ulubionymi nagraniami;

• Jeżeli nie dowierzasz swojej pamięci, zabierz aparat fotograficzny, magnetofon lub kamerę wideo (jeżeli regulamin szpitala bądź kliniki położniczej na to pozwala – najczęściej tak);

• Coś dla rozrywki. Weź karty, krzyżówki, laptopa, minigrę komputerową czy cokolwiek, co choć trochę oderwie twą uwagę od porodu;

• Ulubiony balsam nawilżający do ciała, puder, tonik, olejek lub inny środek do masażu;

• Piłkę tenisową lub plastikowy kręgiel do masażu bolącej okolicy krzyżowej;

• Własną poduszkę dla wygody podczas porodu i po nim;

• Lizaki czy cukierki bez zawartości cukru, które pomogą utrzymać wilgoć w ustach (często zalecane są słodkie cukierki, jednak zwiększają one pragnienie);

• Szczoteczkę i pastę do zębów oraz płyn do płukania ust;

• Ciepłe skarpetki na wypadek, gdyby zmarzły ci stopy;

• Wygodne kapcie o przeciwpoślizgowych podeszwach – na wypadek, gdybyś chciała pochodzić w trakcie skurczów albo pospacerować pomiędzy karmieniami;

• Szczotkę do włosów;

• Gumkę lub spinkę do włosów, jeśli masz długie włosy i nie chcesz, by się splątały lub by opadały ci na twarz;

• Kanapki lub inne przysmaki dla tatusia, aby nie musiał cię opuszczać, gdy zgłodnieje;

---

łożników i Ginekologów przeciwstawia się temu trendowi poprzez zalecenie, by nie wywoływać porodu przed 39 tygodniem, a później tylko wówczas, gdy korzyści przewyższają ryzyko.

## ZAPLANUJ WCZEŚNIEJ SPOSÓB UŚMIERZANIA BÓLU PORODOWEGO

*W moim szpitalu można wcześniej podać informację, czy chce się rodzić ze znieczuleniem zewnątrzoponowym. Wszyscy się na to decydują i mnie też kusi, by nie czuć bólu. Czy jest jakiś powód, dla którego nie powinnam rodzić w znieczuleniu?*

Mimo upływu czasu moda lubi powracać: cienkie wysokie obcasy, krótkie spódniczki, cienkie krawaty i – jak sama zauważyłaś – poród ze znieczuleniem. Podczas gdy kobiety minionego pokolenia ostro walczyły o prawo do porodu bez leków, obecnie wiele kobiet domaga się swych praw do wydawania dziecka na świat bez bólu, a przynajmniej z jak najmniejszym bólem – czyli tak jak rodziły ich babcie w czasach, kiedy zaczęto stosować znieczulenie przy porodzie.

Problem z modą polega jednak na tym, że nie zawsze bierze ona pod uwagę dobro klienta (co mogą potwierdzić ofiary mody na wysokie obcasy). Choć poród bez znieczulenia bólu wydaje się najlepszy zarów-

• Butelkę szampana z wypisanym nazwiskiem dla uczczenia wydarzenia (możesz poprosić położną o przechowanie jej w lodówce). Można również wznieść toast sokiem pomarańczowym.

Do porodu w szpitalu:

• Jeżeli wolisz nosić własne rzeczy, zabierz swój szlafrok i/lub koszulę nocną. Pamiętaj, by wybrać taką, która ma z przodu rozpięcie, wygodne do karmienia noworodka. Musisz też wiedzieć, że chociaż ładna koszula poprawi twoje samopoczucie, to może ona zostać poplamiona krwią;

• Przybory toaletowe, w tym szampon, szczoteczkę, płyn do płukania ust i pastę do zębów, płyn nawilżający do skóry (która może być wysuszona z powodu utraty wody), emulsję do mycia ciała, mydło w mydelniczce, dezodorant, szczotkę do włosów, ręczne lusterko, zestaw do makijażu i wszystko, czego potrzebujesz do utrzymania higieny i urody. (Nie martw się, jeśli zapomnisz o czymś ważnym, gdyż zapewne będziesz mogła to dostać w szpitalu czy klinice położniczej);

• Podpaski ulubionej firmy, choć powinny być one zapewnione przez szpital. Nie używaj tamponów;

• Kilka zmian bielizny i biustonosz do karmienia;

• Coś dla rozrywki plus książki (łącznie ze spisem imion dla dziecka, jeśli jeszcze nie podjęliście decyzji);

• Zapas przekąsek: paczkę rodzynek, orzeszków, krakersy z grubo mielonych nasion lub inną „zdrową żywność", która pozwoli ci na regularne wypróżnienia niezależnie od diety szpitalnej oraz nie pozwoli ci głodować, jeśli zachce ci się jeść między posiłkami albo kiedy obudzisz się w środku nocy do karmienia;

• Relaksującą muzykę do słuchania podczas karmienia;

• Ubranie, w którym wrócisz do domu. Pamiętaj o tym, że nadal będziesz paradować z powiększonym brzuchem. (Przygotuj się wcześniej na to, że możesz wyglądać, jakbyś była w piątym miesiącu ciąży);

• Wyprawkę dla dziecka: śpioszki, kaftanik, buciki, kołderkę i koc – odpowiednio do pory roku i pogody. Pieluszki prawdopodobnie zostaną dostarczone przez szpital, ale możesz wziąć na wszelki wypadek;

• Fotelik samochodowy dla niemowlęcia. Większość szpitali nie pozwoli zabrać dziecka, jeśli nie zostanie ono bezpiecznie umiejscowione w przytwierdzonym, atestowanym foteliku ustawionym głową ku tyłowi – poza tym tak nakazuje prawo;

• Aparat fotograficzny;

• Pamiętnik, w którym będziesz zapisywać szczególne chwile;

• Książkę *Pierwszy rok życia dziecka.*

---

no dla matki, jak i dla dziecka, nie zawsze leży w ich najlepszym interesie (na przykład wtedy, gdy ból staje się tak silny lub trwa tak długo, że zakłóca postępowanie akcji porodowej). Jednak mimo notowanego ostatnio wzrostu popularności znieczulenia, rutynowe wcześniejsze zapisywanie się na poród ze znieczuleniem nie zawsze stanowi dobro dla matki i dziecka. Po prostu nie sposób przewidzieć, czy będzie ci potrzebne znieczulenie, zanim zaczną się bóle. I choć znieczulenie zewnątrzoponowe jest teraz bezpieczniejsze oraz bardziej skuteczne niż kiedykolwiek wcześniej, to jak każda ingerencja w proces porodu niesie ze sobą pewien stopień ryzyka, które należy rozważyć w odniesieniu do potencjalnych korzyści.

Innymi słowy, choć przygotowanie się na ewentualność zastosowania znieczulenia jest uzasadnione, to celowe planowanie go nie jest już rozsądne. Więcej na temat znieczulenia podczas porodu znajdziesz na stronie 272.

## STRACH PRZED NASTĘPNYM DŁUGIM PORODEM

*Za pierwszym razem miałam skurcze przez 48 godzin i w końcu urodziłam po 4,5 godzinach parcia. Wszystko skończyło się dobrze dla mnie i dziecka, ale przeraża mnie myśl o przechodzeniu tej tortury jeszcze raz.*

## Masaż ułatwiający poród

Czekasz z niecierpliwością na początek porodu? Nie siedź bezczynnie – wykonaj masaż krocza! Masaż taki, który od dawna zalecają akuszerki, pomaga rozciągnąć krocze w przygotowaniu na poród dziecka, zminimalizować uczucie „szczypania" w chwili pojawienia się główki, a nawet sprawić, że nie dojdzie do nacięcia czy pęknięcia krocza. Masaż jest łatwy w wykonaniu. Najpierw umyj starannie ręce wodą z mydłem (jeśli masować cię będzie partner, sprawdź, czy ma czyste ręce). Powinno się też obciąć paznokcie. Następnie nawilż kciuki (swoje lub jego albo palce wskazujące) odpowiednim żelem, po czym umieść palce wewnątrz pochwy. Uciśnij w dół (w kierunku odbytu), następnie przesuń palce w dół, następnie w górę, ku bokom krocza (albo poproś, by tak postępował twój partner). Ćwiczenie powtarzaj co dzień w ostatnich tygodniach ciąży. Uwaga: uczucie niewielkiego dyskomfortu bądź pieczenia w trakcie wykonywania masażu jest czymś normalnym, jednak gdy poczujesz ostry ból, zaprzestań. Pamiętaj też, że masaż krocza nie jest koniecznością (na przykład jeśli nie odpowiada ci sama myśl o nim, wydaje ci się czymś dziwnym czy po prostu nie masz czasu) i choć jeszcze brak klinicznych potwierdzeń, opowieści zachwalają jego skuteczność. Zwykle tak to już bywa, że różne rzeczy pomagają różnym ludziom.

Każdy zawodnik, który wraca na ring po tak ciężkiej pierwszej rundzie, zasługuje na nagrodę. Ty również możesz ją otrzymać. Choć istnieją spore szanse na to, że drugi poród będzie znacznie łatwiejszy, w sali porodowej wszystko się może zdarzyć. Znaczenie może mieć na przykład ułożenie dziecka czy też inne czynniki. Nie da się dokładnie przewidzieć, co tym razem może się wydarzyć – chyba że ktoś wierzy we wróżby z kryształowej kuli. Niemniej jednak drugi oraz następne porody rzeczywiście są zwykle łatwiejsze i krótsze niż pierwszy – niekiedy zdecydowanie krótsze. Szerszy kanał rodny i rozluźnione mięśnie stawiają zwykle mniejszy opór. Nawet jeżeli poród nie będzie wymagał mniejszego wysiłku (co niekiedy się zdarza), to powinien być mniej męczący. Najwyraźniejsza i najłatwiej zauważalna może być różnica w liczbie skurczów partych. „Wyparcie" drugiego dziecka trwa często minuty, a nie godziny.

## KARMIENIE PIERSIĄ

*Mam bardzo małe piersi i płaskie brodawki. Czy będę zdolna do karmienia piersią?*

Jeżeli głodne niemowlę będzie chciało zaspokoić głód, to nie będzie zwracało uwagi na opakowanie. Piersi nie muszą mieć idealnego kształtu i wielkości i mogą być wyposażone w dowolny rodzaj brodawek – małe i płaskie, duże i wystające, a nawet wciągnięte.

Wszystkie rodzaje piersi i brodawek mają zdolność wytwarzania i wydzielania mleka, którego ilość i jakość bynajmniej nie zależy od wyglądu zewnętrznego. Nie pozwól więc, by od karmienia odwiodły cię pokutujące mity czy babcine przesądy na temat rodzaju piersi zdolnych zaspokajać pragnienie dziecka.

Nie słuchaj też nikogo (starszego czy młodszego), kto ci wmawia, że sutki powinny się przygotować do karmienia za pomocą specjalnych kapturków powodujących lekkie zassanie brodawek, ręcznie bądź ręcznymi ściągaczami pokarmu. Te techniki nie tylko są zwykle mniej skuteczne niż brak działania, ale często mogą wyrządzić więcej szkody niż pożytku. Kapturki nie tylko kłopotliwie rzucają się w oczy, ale mogą powodować pocenie i podrażnienia. Poza tym manipulacje ręczne czy ręcznym ściągaczem mogą stymulować skurcze i niekiedy wywołać zakażenie piersi.

Niektórzy specjaliści zalecają, by przez całą ciążę nie myć brodawek i ich obwódki mydłem, lecz jedynie spłukiwać wodą. Mydło bowiem może wysuszyć skórę, utrudniając początki karmienia piersią. Jeśli masz suche, swędzące piersi, możesz stosować delikatne mydło lub emulsję nawilżającą, ale staraj się omijać obwódki i same brodawki. Na wysuszoną skórę sutków powinien pomóc krem na bazie lanoliny.

Gdy po porodzie okaże się, że dziecko ma trudności ze ssaniem z płaskich sutków, można spróbować je wyciągnąć za pomocą elektrycznego ściągacza używanego przez kilka dni przed samym karmieniem. W niektórych przypadkach należy używać odciągacza (ręcznego czy elektrycznego) przez dłuższy czas. I pamiętaj, że dziecko nie ssie samego sutka, lecz otaczającą go obwódkę, dlatego też upewnij się, czy maleństwo bierze do buzi także tę ciemniejszą otoczkę.

*Moja matka mówi, że w ósmym miesiącu ciąży mleko ciekło jej z piersi bez przerwy. Mnie nie leci. Czy to oznacza, że nie będę miała pokarmu?*

Niektóre kobiety ciężarne mogą wycisnąć z piersi rzadką, żółtawą wydzielinę. U innych wycieka ona samoistnie. Jest to siara wydzielana przed rozpoczęciem wytwarzania właściwego mleka. Zawiera więcej białka, mniej tłuszczu i cukru niż mleko powstające trzy lub cztery dni po porodzie. Zawiera również przeciwciała, które chronią dziecko przed chorobami.

U wielu kobiet nie zauważa się wydzielania siary aż do okresu poporodowego (nawet wtedy mogą tego nie zauważyć, aż dziecko zacznie ssać). Nie oznacza to braku pokarmu ani trudności w karmieniu.

## OPERACJE CHIRURGICZNE PIERSI A KARMIENIE PIERSIĄ

*Kilka lat temu przeszłam operację zmniejszenia biustu. Czy będę mogła karmić dziecko piersią?*

Wiele kobiet po takiej operacji może karmić piersią, choć większości z nich nie wytwarza wystarczającej ilości pokarmu, by mógł on być jedynym pożywieniem dla dziecka. To, czy będziesz mogła karmić dziecko piersią oraz ile mieszanki z butelki będzie ono musiało otrzymywać, zależy przynajmniej częściowo od stopnia zmniejszenia biustu, miejsca dokonania cięcia oraz sposobu przeprowadzenia zabiegu. Spytaj o to chirurga. Jeśli uważano, by nie uszkodzić przewodów mlecznych i połączeń nerwowych, zapewne będziesz mogła przynajmniej częściowo karmić.

Ale jeśli nawet słowa chirurga nie uspokoiły cię, warto przynajmniej spróbować. Aby zwiększyć szanse na karmienie dziecka piersią, powinnaś jak najwięcej czytać na

## Planowanie z wyprzedzeniem

Na jakim etapie zaawansowania porodu powinnaś zadzwonić do lekarza? Jak możesz się z nim skontaktować, jeśli skurcze rozpoczną się poza jego godzinami przyjęć? Czy przed wyjazdem do szpitala bądź kliniki położniczej skontaktować się z nim telefonicznie? Czy są jakieś specyficzne zagadnienia logistyczne dotyczące porodu, które zdaniem lekarza powinnaś mieć na uwadze? Porozmawiaj na te tematy z lekarzem podczas następnej wizyty i spisz sobie odpowiedzi. W przeciwnym wypadku zapomnisz o wskazówkach, gdy poród się rozpocznie.

Upewnij się też, czy znasz najlepszą drogę dojazdową do miejsca, w którym będziesz rodzić, ile mniej więcej czasu potrzeba na dojazd w różnych porach dnia i czym tam dojedziesz, jeśli nikt nie będzie mógł cię zawieźć. (Nie planuj, że sama się zawieziesz.) Jeśli masz dzieci, osobę starszą pod opieką bądź zwierzątko, z wyprzedzeniem zaplanuj, kto się nimi zajmie.

Kopie wszystkich informacji trzymaj w torebce i w spakowanej torbie, a także na drzwiach lodówki lub w nocnej szafce.

## Przechowywanie krwi z pępowiny

Chociaż praktyka ta jest nadal w fazie eksperymentalnej, niektórzy rodzice decydują się na pobranie krwi z pępowiny noworodka i przechowywanie jej na wypadek, gdyby komórki macierzyste były potrzebne w przyszłym leczeniu poważnych chorób u dziecka czy innego członka rodziny.

Ściąganie krwi z pępowiny jest całkowicie bezbolesnym i niegroźnym dla matki oraz dziecka zabiegiem, który trwa niecałe pięć minut, a wykonuje się go po zaciśnięciu i przecięciu pępowiny. Jednak przechowywanie krwi dużo kosztuje, a korzyści z niego płynące nie są oczywiste dla rodziny nie obarczonej dużym ryzykiem.

Dlatego też Amerykańskie Kolegium Położników i Ginekologów w ogóle nie zaleca przechowywania krwi z pępowiny, a Amerykańska Akademia Pediatrii (AAP) nie poleca dokonywania tego prywatnie, chyba że jeden z członków rodziny cierpi na chorobę, przy której przeszczepienie komórek macierzystych mogłoby być pomocne teraz bądź w przyszłości. Do chorób tych należą: białaczka, chłoniaki, neuroblastoma, anemia sierpowato-krwinkowa, anemia aplastyczna, talasemia, choroba Gauchera i zespół Hurlera, zespół Wiskotta-Aldricha, poważna hemoglobinopatia i inne. AAP wspomaga rodziców oddających krew z pępowiny do użytku ogólnego. Dla dawcy nie jest to związane z żadnymi kosztami, a może ocalić czyjeś życie.

Jeśli jesteś zainteresowana przechowywaniem bądź dawstwem krwi z pępowiny, porozmawiaj z lekarzem bądź skontaktuj się z International Cord Blood Foundation www.cordblooddonor.org lub Cord Blood Registry www.cordblood.com.

---

ten temat i pracować z konsultantem z poradni laktacyjnej, znającym problematykę karmienia po operacji zmniejszania piersi. Bardzo ważne, byś starannie obserwowała, ile pokarmu pobiera dziecko (sprawdzając przyrost masy jego ciała, a także liczbę suchych i mokrych pieluch). Gdyby ostatecznie się okazało, że nie masz wystarczającej ilości pokarmu, system karmienia uzupełniającego (który pozwala na jednoczesne karmienie piersią i z butelki) wspomoże wytwarzanie pokarmu przy jednoczesnym zapewnieniu dziecku odpowiedniej ilości pożywienia. Pamiętaj, że każda ilość matczynego mleka jest dla dziecka korzystna – nawet jeśli nie jest to jego jedyny pokarm.

**Mam implanty w piersiach. Lekarz powiedział, że nie powinny one przeszkodzić w karmieniu piersią, ale ja ciągle się martwię, iż nie będę w stanie karmić.**

Powiększenie biustu znacznie rzadziej przeszkadza w karmieniu piersią niż operacja polegająca na jego zmniejszeniu. Jednak podczas gdy wiele kobiet z implantami z powodzeniem karmi dziecko tylko i wyłącznie własnym mlekiem, nieznaczna ich mniejszość może wcale nie wytwarzać pokarmu. Aby uzyskać pewność, czy masz odpowiednią ilość pokarmu, musisz pilnie odnotowywać przyrost masy ciała dziecka oraz liczbę suchych i mokrych pieluch na koniec każdego dnia. Nie martw się rodzajem wszczepionych implantów, gdyż wyniki badań wskazują, iż silikon nie przedostaje się do pokarmu.

# MACIERZYŃSTWO

*Teraz, gdy narodziny dziecka są tak bliskie, zaczynam się martwić, jak będę się nim opiekować. Nigdy przedtem nie trzymałam na rękach noworodka.*

Kobiety nie rodzą się matkami (tak samo jak mężczyźni nie rodzą się ojcami), wiedzącymi instynktownie, jak utulić płaczące dziecko do snu, zmienić pieluchę czy wykąpać je. Macierzyństwo i rodzicielstwo w rzeczywistości jest sztuką, której trzeba się nauczyć. Doskonałe (a nawet prawie doskonałe, gdyż nie ma czegoś takiego jak rodzice doskonali) opanowanie tej roli wymaga wiele praktyki i ćwiczeń. Przez stulecia ta nauka przebiegała zwykle w młodym wieku, kiedy dziewczynki opiekowały się młodszym rodzeństwem czy innymi osobami z rodziny, podobnie jak uczyły się piec chleb lub cerować skarpety.

Obecnie duża część dorosłych kobiet nigdy nie ugniatała ciasta, nie miała w dłoni igły do cerowania i nie opiekowała się samodzielnie dzieckiem. Wiedzę o macierzyństwie i doświadczenie zdobywają praktycznie same, z małą pomocą książek, czasopism, Internetu, a jeżeli mają szczęście, na zajęciach organizowanych w szpitalu w pobliżu ich miejsca zamieszkania. Oznacza to, że przez pierwszy tydzień lub dwa (a niekiedy i dłużej) matka nie czuje się pewnie, gdy dziecko więcej płacze, niż śpi, pieluchy przeciekają i mimo używania „bezłzowych" szamponów płyną łzy. Jednak młoda matka zdobędzie doświadczenie, choć może zajmie jej to wiele czasu. Waha-

nia zamienią się w pewność. Matka, która bała się trzymać dziecko (czy się nie złamie?), nosi je pewnie na lewym ramieniu, podczas gdy prawą ręką płaci rachunki lub obsługuje odkurzacz. Odmierzanie kropli witamin, kąpanie, upychanie machających rączek i nóżek w śpioszkach przestaje być ciężką próbą. Umiejętności te, podobnie jak i inne codzienne czynności związane z opieką, stają się zupełnie naturalne, jakby wrodzone. Kobieta staje się matką i chociaż trudno być może ci w to uwierzyć – ty również nią będziesz.

Chociaż nic nie zastąpi tych dni zdobywania doświadczeń po urodzeniu pierwszego dziecka, to rozpoczęcie nauki przed porodem pozwoli uniknąć wielu trudności. Wiele może pomóc przyszłym mamom i tatusiom wizyta na oddziale noworodków i obejrzenie świeżo przybyłych gości; trzymanie, przewijanie i kołysanie niemowlęcia przyjaciółki bądź dziecka kogoś z rodziny; czytanie o pierwszym roku życia dziecka, a także oglądanie filmów lub udział w zajęciach dla młodych rodziców.

# CO WARTO WIEDZIEĆ
## Okres przedporodowy, poród pozorny, poród prawdziwy

W serialach telewizyjnych wygląda to zawsze podobnie i prosto. Około trzeciej nad ranem ciężarna siada na łóżku, chwyta się za brzuch, po czym budzi śpiącego obok męża, mówiąc słodkim głosem: „Kochanie, to już".

Dziwimy się, skąd ona wie, że to już czas. Jak rozpoznała początek porodu z taką chłodną, niemal kliniczną dokładnością, jeżeli nigdy przedtem nie rodziła. Co daje jej pewność, iż gdy pojedzie do szpitala i zostanie zbadana przez lekarza, nie dowie się, że daleko jej jeszcze do porodu, po czym przemykając się wśród pełniących nocną zmianę, wróci do domu tak samo ciężarna jak w chwili, gdy go opuszczała? Scenariusz, rzecz jasna.

Po naszej stronie ekranu (bez scenariusza w ręku) budzimy się często o trzeciej w stanie zupełnej niepewności. Czy są to rzeczywiście skurcze porodowe czy przepowiadające? Czy powinnam zapalić światło i zacząć się przygotowywać? Budzić męża? Czy powinnam wyciągać o pierwszej w nocy lekarza z łóżka, gdy tymczasem może się okazać, że to, co czuję, to skurcze przepowiadające, i rozpoznanie porodu jest fałszywe? Czy jeśli zadzwonię nie w porę, okażę się kobietą, która ciągle krzyczy: „Już rodzę!", i czy ktoś potraktuje mnie serio, kiedy będę naprawdę rodzić? A może będę jedyną ciężarną z grupy w szkole rodzenia, która nie rozpoznała porodu? A jeżeli pojadę za późno i urodzę na tylnym siedzeniu w taksówce (jak było to w filmie nadawanym o 23.00!)? Pytania mnożą się szybciej niż skurcze.

Większość kobiet, nie wiedząc dokładnie dlaczego, nie myli się w rozpoznaniu początku porodu. Niemal wszystkie dzięki instynktowi, szczęściu lub bolesnym skurczom porodowym, które nie budzą już żadnych wątpliwości, przybywają do szpitala we właściwym czasie, nie za wcześnie i nie za późno. Nie oznacza to jednak, że należy zdać się tylko na instynkt. Wcześniejsze zapoznanie się z objawami przedporodowymi, sygnałami rozpoczynającego się porodu lub porodu pozornego ułatwi podjęcie właściwej decyzji w wypadku rozpoczęcia się skurczów.

Nikt nie wie dokładnie, co wyzwala początek porodu (a większość kobiet bardziej martwi się o „kiedy" niż „dlaczego"), niemniej uważa się, iż za rozpoczęcie porodu odpowiedzialne są czynniki pochodzące prawdopodobnie od płodu, łożyska i matki. Ten bardzo zawiły proces rozpoczyna prawdopodobnie płód, którego mózg wysyła sztafetę chemicznych przekazów (które po przetłumaczeniu znaczyłyby zapewne „Mamusiu, wypuść mnie!") dających początek reakcji łańcuchowej hormonów u matki. Zmiany hormonalne z kolei torują drogę dla prostaglandyny i oksytocyny – substancji wszczynających skurcze w chwili, gdy wszystko jest gotowe do porodu.

# OBJAWY PRZEDPORODOWE

Zmiany i objawy fizyczne okresu przedporodowego mogą trwać przez miesiąc i dłużej – lub tylko kilka godzin. W okresie tym następuje skracanie się i rozwieranie szyjki macicy, które może zaobserwować lekarz. Istnieją też sygnały dostrzegalne przez ciężarną: obniżenie dna macicy i ustalenie się części przodującej płodu.

**Obniżenie się macicy i płodu.** Zwykle na dwa do czterech tygodni przed porodem u kobiet będących w ciąży po raz pierwszy płód zaczyna wchodzić do miednicy. U kobiet, które już rodziły, zdarza się to rzadko przed rozpoczęciem porodu.

**Uczucie narastającego ucisku w miednicy i na odbytnicę.** Skurcze (przypominające te, które towarzyszą miesiączce) i ból okolicy pachwin szczególnie często występują w drugiej i następnych ciążach. Może również występować ciągły ból okolicy krzyżowej.

**Zmniejszenie lub brak przyrostu masy ciała.** Zwykle przyrost masy ciała zmniejsza się w dziewiątym miesiącu. Przed rozpoczęciem porodu część kobiet traci na wadze 1,0-1,5 kilograma.

**Zmiany nastroju i zachowania.** Część ciężarnych w dziewiątym miesiącu odczuwa stałe i narastające zmęczenie. Inne czują nagły przypływ sił i energii. Niespodziewany pęd do szorowania podłogi i mebli bywa porównywany do „instynktu wicia gniazda", dzięki któremu samice różnych gatunków przygotowują gniazda dla oczekiwanego potomstwa.

**Zmiany wydzieliny pochwowej.** Wydzielina staje się obfitsza i bardziej gęsta.

**Różowe lub czerwone znaczenie.** Podczas skracania i rozwierania się szyjki zostają przerwane drobne naczynia krwionośne i śluz zabarwia się na różowo lub zawiera czerwone pasemka. Takie „znaczenie" poprzedza zwykle poród na około 24 godziny – ale może nastąpić wiele dni wcześniej.

**Wydalenie czopu śluzowego.** Kiedy szyjka staje się drobna i rozwarta, zamykający macicę w kanale szyjki „korek" ze śluzu zostaje wypchnięty. Ten galaretowaty czop może ukazać się na zewnątrz na tydzień lub dwa przed prawdziwymi skurczami lub na początku porodu.

**Nasilanie się skurczów przepowiadających (tzw. skurcze Braxtona-Hicksa).** Skurcze stają się częstsze i silniejsze, a następnie nawet bolesne.

**Biegunka.** Część kobiet odczuwa tuż przed rozpoczęciem porodu silne ruchy jelit i oddaje luźne stolce.

# OBJAWY PORODU POZORNEGO

Prawdziwy poród zwykle nie zacznie się, jeżeli:

• Skurcze nie są regularne i nie zwiększa się ich częstotliwość i natężenie;

• Skurcze zanikają w czasie chodzenia lub po zmianie pozycji;

• Wydzielina (jeżeli jest w ogóle) jest brązowa[1] (wydzielina tego rodzaju zwykle jest wynikiem badania wewnętrznego lub stosunku odbytego w ciągu ostatnich 48 godzin);

• Ruchy płodu nasilają się w czasie skurczów. Powiadom lekarza, jeśli ruchy staną się gwałtowne.

# OBJAWY PORODU PRAWDZIWEGO

Kiedy skurcze przepowiadające zaczynają być silniejsze, bardziej bolesne i częstsze, pojawia się pytanie: „Poród prawdziwy czy pozorny?" Poród jest prawdopodobnie prawdziwy, jeżeli:

• Przy większej aktywności i zmianach pozycji kobiety skurcze raczej się nasilają, niż słabną;

• Skurcze stają się stopniowo częstsze i bardziej bolesne i zwykle (choć nie zawsze)

bardziej regularne. (Jednakowoż nie każdy kolejny skurcz musi być koniecznie bardziej bolesny czy dłuższy – a trwają one zwykle około 30 do 70 sekund – od poprzedniego, jednak w sumie intensywność skurczów zwiększa się z postępem porodu.);

• Skurcze mogą być odczuwane jako kolka brzucha i być połączone z biegunką. Wczesne skurcze porodowe często przypominają silne bóle miesiączkowe. Ból bywa też umiejscowiony w dolnej części brzucha bądź jednocześnie brzucha i pleców, promieniując na nogi (zwłaszcza na górną część uda). Jednak umiejscowienie bólu nie jest niezawodną wskazówką, gdyż skurcze porodu pozornego też mogą być odczuwane w tych miejscach.

• Plamienie jest różowe lub z czerwonymi pasemkami;

• Pękają błony płodowe, choć w 15% porodów płyn odpływa – może sączyć lub tryskać – przed rozpoczęciem porodu, a w wielu innych błony nie pękają samoistnie i wymagana jest interwencja lekarza.

# KIEDY TELEFONOWAĆ DO LEKARZA?

Kiedy masz wątpliwości, zatelefonuj. Nawet jeżeli przestudiowałaś kilkakrotnie powyższą listę, możesz ciągle mieć wątpliwości, czy to już zaczyna się poród. Nie czekaj aż do uzyskania absolutnej pewności – chyba że planujesz poród w domu. Zatelefonuj do lekarza. Prawdopodobnie będzie mógł ocenić, nawet na podstawie twojego głosu podczas skurczu, czy to już odpowiednio silne skurcze (ale tylko wtedy, gdy nie będziesz się starała ukryć bólu z powodu dobrego wychowania). Strach przed zakłopotaniem w wypadku fałszywego alarmu nie powinien powstrzymywać cię przed porozumieniem się z lekarzem. Nikt

---

[1] Pojawienie się jasnoczerwonej krwi wymaga szybkiej konsultacji lekarza.

nie będzie z ciebie kpił. Nie będziesz pierwszą pacjentką błędnie oceniającą objawy porodu – i na pewno nie ostatnią.

Telefonuj o każdej porze dnia czy nocy, jeżeli wszystko wskazuje, że pójdziesz do szpitala. Nie pozwól, by nadmiernie rozwinięte poczucie winy lub grzeczność powstrzymała cię przed obudzeniem twojego lekarza w środku nocy. Ludzie, którzy wybrali zawód położnika, nie oczekują pracy wyłącznie między godziną ósmą a piętnastą.

Lekarz zwykle określi, kiedy powinnaś do niego zatelefonować – na przykład kiedy skurcze będą występowały z określoną częstotliwością, co 5, 8 lub 10 minut. Zadzwoń, kiedy przynajmniej część skurczów osiągnie taką częstotliwość. Nie czekaj, aż wszystkie przerwy międzyskurczowe będą idealnie równe, to może nigdy nie nastąpić. Skoro nie masz pewności, nie zakładaj z góry, że to nie może być prawdziwy poród. Lepiej zgrzeszyć nadmiarem ostrożności i zadzwonić.

Lekarz prawdopodobnie poinformował cię również, jak się zachować w wypadku pęknięcia lub podejrzenia o pęknięcie błon płodowych przy braku wyraźnych skurczów macicy. Niektórzy mówią: „Jeżeli pękną o trzeciej rano, proszę zaczekać do rana". Inni mogą zalecać natychmiastowe powiadomienie w takiej sytuacji. Przestrzegaj zaleceń lekarza, z wyjątkiem sytuacji, gdy: do wyznaczonego prawidłowo terminu porodu brakuje jeszcze kilku tygodni, wiesz, że dziecko jest małe lub nie jest ustalone w macicy, lub gdy płyn owodniowy nie jest jasny, ma natomiast kolor zielony lub brązowy. W tych sytuacjach telefonuj natychmiast.

Twój lekarz przypuszczalnie poinstruował cię, by w przypadku pęknięcia błon płodowych przy braku innych oznak porodu dzwonić jak najszybciej. Jeśli do wyznaczonego terminu porodu pozostało jeszcze kilka tygodni albo gdy doszło do wypadnięcia pępowiny (patrz s. 521) czy płyn owodniowy ma zabarwienie zielonkawobrązowawe, zadzwoń natychmiast. Jeżeli lekarz będzie nieuchwytny, natychmiast jedź do szpitala.

# 14
# Poród

R ozwój dziecka zajmuje dziewięć długich miesięcy, natomiast jego przyjście na świat jest sprawą godzin (choć może się wydawać, że są to nie kończące się godziny). Jednak tych kilka godzin najbardziej zaprząta uwagę ciężarnej (a także jej partnera) i rodzi więcej pytań, obaw i niepokoju niż jakiekolwiek inne zjawisko związane z ciążą. Kiedy się zacznie? I co ważniejsze, kiedy się skończy? Czy będę potrafiła znieść ból? Czy będzie mi potrzebne znieczulenie? Co to jest monitor płodowy? Nacięcie krocza? Co się stanie, gdy nie będzie postępu porodu? A co, gdy postęp będzie zbyt szybki i nie zdążę przyjechać do szpitala?

Odpowiedzi na te pytania i obawy znajdziesz na następnych stronach książki. Pomoc i wsparcie twojego partnera i personelu prowadzącego poród (lekarzy, położnych, pielęgniarek) oraz wiedza, że poród nigdy przedtem nie był tak bezpieczny i możliwy do kierowania jak obecnie, powinny pomóc ci odpowiednio przygotować się do tego wydarzenia. A także pamiętać o tym, że najważniejszy jest efekt końcowy: twoje nowo narodzone dziecko.

## CO MOŻE CIĘ NIEPOKOIĆ

### CZOP ŚLUZOWY I ZNACZENIE KRWIĄ

*Wydaje mi się, że zgubiłam czop śluzowy. Czy powinnam zadzwonić do lekarza?*

N a razie nie wysyłaj męża po szampana. Czop śluzowy – przejrzysty, kulisty, galaretowaty korek, umiejscowiony w szyjce macicy i pełniący przez cały okres ciąży funkcję naturalnej bariery, niekiedy wypada podczas procesu rozwierania się i zanikania szyjki. Choć nie każda kobieta tego doświadcza i wydalenie czopu nie ma żadnego wpływu na postępowanie porodu, wypadnięcie „korka" jest sygnałem, iż organizm przygotowuje się na „wielką chwilę". Jednak wcale nie zwiastuje nadejścia tej chwili – ani nawet tego, że jest ona bliska. Poród może nastąpić dopiero za jeden, dwa lub trzy tygodnie – w tym czasie szyjka będzie się stopniowo rozwierać. Innymi słowy, nie czas jeszcze na dzwonienie do lekarza czy nerwowe pakowanie walizki.

*Mam różową, śluzowatą wydzielinę. Czy to oznacza początek porodu?*

W ydzielanie śluzu krwistego lub koloru brązowego zwykle oznacza, że szyjka macicy skraca się lub rozwiera oraz że proces ten, prowadzący do rozpoczęcia porodu, jest już zaawansowany. Jednak jego chaotyczny przebieg będzie utrzymywał się do momentu wystąpienia pierwszych prawdziwych skurczów. Statystycznie istnieje spore prawdopodobieństwo, że pojawią się one w ciągu 24 do 48 godzin. Jednak u każdej kobiety program porodu przebiega inaczej, zatem przy błyskawicznie rozszerzającej się szyjce poród może nastąpić już za niecałą godzinę lub dopiero za kilka dni. Niepokój więc trwa.

Jeżeli wydzielina staje się nagle jasnoczerwona, zwłaszcza jeśli jest jej w przybliżeniu około 30 gramów (około dwóch łyżek stołowych), zadzwoń niezwłocznie do lekarza. Krwawienie może oznaczać przedwczesne oddzielanie się łożyska (patrz s. 516) lub łożysko przodujące (patrz s. 504), a to wymaga natychmiastowej pomocy lekarskiej.

## PĘKNIĘCIE BŁON PŁODOWYCH

**Obudziłam się w środku nocy w mokrym łóżku. Straciłam panowanie nad swoim pęcherzem czy pękły błony płodowe?**

Zapach prześcieradła może pomóc w rozstrzygnięciu tego pytania. Jeżeli zapach jest słodkawy (w przeciwieństwie do ostrej woni amoniaku charakterystycznej dla moczu), to prawdopodobnie przyczyną jest pęknięcie błon płodowych. Innym sygnałem świadczącym o przerwaniu błon otaczających twoje dziecko (błony te zawierają płyn owodniowy, w których przyszły noworodek żyje przez dziewięć miesięcy) jest utrzymujące się sączenie jasnego płynu o słomkowym kolorze. Nie obawiaj się, że go zabraknie – od chwili rozpoczęcia porodu płyn jest regularnie wytwarzany, a jego poziom samoistnie odnawia się co trzy godziny. Sączenie jest bardziej obfite, gdy leżysz. Natomiast zwykle zatrzymuje się lub traci na intensywności podczas stania lub siedzenia, ponieważ wówczas główka dziecka działa

jak „korek", tymczasowo uniemożliwiając dalsze wydalanie płynu. Odpływanie wód płodowych będzie też obfitsze – niezależnie od tego, czy siedzisz, czy stoisz – jeśli błony zostały przerwane w dolnej części, blisko szyjki macicy, niż gdyby nastąpiło to wyżej.

Lekarz zapewne udzielił ci wskazówek, co należy zrobić i kiedy dzwonić w przypadku pęknięcia błon płodowych. Postępuj zgodnie z jego instrukcjami, a także według niżej podanych wskazówek. I jak zwykle, gdy nie wiesz, jakie kroki należy podjąć, lepiej zgrzesz nadmiarem ostrożności, wzywając lekarza.

**Wody już odeszły, a ja nadal nie odczuwam żadnych skurczów. Kiedy zacznie się poród i co powinnam robić do tego czasu?**

Większość kobiet, u których dochodzi do przerwania błon płodowych przed porodem, może odczuć pierwsze skurcze w ciągu 20 godzin od chwili, gdy płyn owodniowy zacznie się sączyć. Pozostałe natomiast doświadczą ich w ciągu 24 godzin. Co oznacza, że poród jest tuż-tuż. Jednak mniej więcej jedna kobieta na dziesięć musi poczekać nieco dłużej.

Z upływem czasu rośnie ryzyko zakażenia dziecka lub matki – drogą zakażenia może być odpływający płyn owodniowy. Dlatego jeżeli wyznaczony termin porodu jest bliski, większość lekarzy dąży do rozpoczęcia porodu za pomocą oksytocyny w ciągu 24 godzin od pęknięcia błon. Niektórzy czekają najwyżej 6 godzin. Wiele kobiet, u których doszło do przerwania błon płodowych, jest zadowolonych z tego, iż wywołanie porodu zostanie przeprowadzone wcześniej niż później – wolą takie rozwiązanie od 24-godzinnego czekania z odpływającymi wodami.

Jeżeli stwierdzasz odpływanie płynu owodniowego z pochwy, to pierwszą czynnością, jaką powinnaś wykonać (oprócz zabrania ręcznika i paczki podpasek), jest zawiadomienie lekarza lub położnej (chyba że otrzymałaś inne instrukcje). W tym czasie staraj się utrzymać okolicę ujścia pochwy w maksymalnej czystości. Nie należy odbywać stosunków (choć wątpliwe, byś w takich okolicznościach miała na nie ochotę). Załóż podpaskę (nie wolno używać tamponów) w celu wchłaniania odpływającego płynu. Nie próbuj samodzielnie się badać! Podcieraj się w łazience od przodu ku tyłowi.

Rzadko, zwłaszcza w przypadku przedwczesnego pęknięcia błon płodowych (zwykle kiedy dziecko jest w położeniu miednicowym lub jest niedojrzałe), kiedy część przodująca płodu nie jest ustalona w miednicy, zdarza się wypadnięcie pępowiny. Pępowina wpada do ujścia macicy (do kanału szyjki macicy) lub nawet do pochwy w momencie odpłynięcia dużej ilości płynu. Czasem zdarza się nawet, że pętla pępowiny widoczna jest w ujściu pochwy lub ciężarna czuje coś w pochwie (patrz s. 521). Taka sytuacja wymaga natychmiastowej pomocy.

# ZABARWIENIE PŁYNU OWODNIOWEGO (SMÓŁKA)

*Wody, które mi odeszły, nie były bezbarwne, lecz miały zielonkawobrązowy kolor. Co to oznacza?*

Odpływający płyn owodniowy jest prawdopodobnie zabarwiony przez smółkę. Jest to ciemnozielona substancja, pochodząca z przewodu pokarmowego płodu. Zwykle smółka jest oddawana po porodzie, jako pierwsza „kupka" dziecka. Jednak czasami – zwłaszcza kiedy płód jest poddany silnym bodźcom w macicy lub kiedy jest już po terminie porodu – smółka zostaje wydalona do płynu owodniowego.

Samo zabarwienie płynu smółką nie jest pewnym objawem zagrożenia płodu, ale ponieważ sugeruje taką możliwość, zawiadom

lekarza jak najszybciej. Obecność smółki może także oznaczać, że to właśnie ty stoisz przed zwiększonym zagrożeniem zakażenia przed porodem, zatem powinno się ciebie dokładniej zbadać.

# MAŁA OBJĘTOŚĆ WÓD PŁODOWYCH

*Lekarz powiedział mi, że mam niewiele płynu owodniowego, zatem należy go uzupełnić. Czy jest to coś, czym powinnam się martwić?*

Zwykle Matka Natura sprawia, że w łonie znajduje się wystarczająca ilość samoodtwarzających się wód płodowych. Na szczęście medycyna zna sposób na utrzymanie prawidłowego poziomu wód, w przypadku gdyby zmniejszyła się ich objętość w czasie porodu. Wody płodowe uzupełnia się za pomocą roztworu soli fizjologicznej, wpompowywanej bezpośrednio do worka owodniowego poprzez cewnik założony do macicy. Zabieg ten, zwany amnioinfuzją, przeprowadzany jest również wtedy, gdy wody płodowe są średnio lub bardzo intensywnie zabarwione smółką.

Amnioinfuzja, która poprawia stan macicy, może znacznie zmniejszyć prawdopodobieństwo konieczności przeprowadzenia cięcia cesarskiego.

# WZNIECENIE PORODU

*Mój lekarz proponuje wzniecenie porodu. Jestem niezadowolona, ponieważ zawsze chciałam rodzić w sposób naturalny.*

Istnieją różne sytuacje, w których raczej powinno się – a niekiedy trzeba – doprowadzić do urodzenia dziecka wcześniej, niżby to nastąpiło samoistnie. Niekiedy najlepszym sposobem rozwiązania jest cięcie cesarskie. W innych sytuacjach, kiedy dziecko nie jest bezpośrednio zagrożone, stan ciężarnej i płodu pozwala na poród drogami natury, a lekarz zdecyduje, że poród taki jest możliwy, to zwykle wybiera wtedy wzniecenie porodu. Dzieje się tak, gdy na przykład:

• Nastąpiło zatrzymanie wzrostu płodu – z powodu nieodpowiedniego odżywienia płodu, przenoszenia (przebywanie w macicy dziesięć dni do dwóch tygodni powyżej wyznaczonej daty rozwiązania), małej objętości wód płodowych lub innych przyczyn – który jest wystarczająco dojrzały do życia poza macicą;

• Badania wskazują, że wydolność łożyska jest już niewystarczająca i środowisko wewnątrz macicy zaczyna być niekorzystne dla płodu;

• Błony płodowe zostały przerwane, a poród nie rozpoczyna się w ciągu 24 godzin od tego momentu (przy czym część lekarzy znacznie wcześniej przystąpi do wywoływania czynności porodowej);

• Wody płodowe są zakażone;

• Dokładnie wyznaczony termin porodu minął jeden lub dwa tygodnie temu;

• Ciężarna jest chora na cukrzycę i łożysko „starzeje się" wcześniej niż zwykle lub istnieje obawa, że dziecko w terminie porodu będzie zbyt duże;

• Ciężarna jest chora na ciężką gestozę (tzw. zatrucie ciążowe) lub jest w stanie przedrzucawkowym, które nie poddają się leczeniu, i zakończenie ciąży leży w interesie matki i dziecka;

• Ciężarna jest chora na przewlekłą lub ostrą chorobę, np. nadciśnienie, chorobę nerek, która zagraża matce i dziecku w wypadku dalszego trwania ciąży;

• Istnieje ciężki konflikt serologiczny w zakresie układu Rh, powodujący chorobę hemolityczną u płodu.

Indukcję niekiedy planuje się z wyprzedzeniem. Dotyczy to kobiet, które mogą nie zdążyć dojechać do szpitala czy kliniki położniczej na czas (na przykład ze względu na zbyt dużą odległość szpitala od miejsca zamieszkania), jak również matek, których poprzedni poród trwał bardzo krótko.

Pierwszym i najważniejszym krokiem zmierzającym do udanej indukcji jest doprowadzenie do rozwarcia szyjki macicy oraz jej zmiękczenie, aby była odpowiednio przygotowana do rozpoczęcia czynności porodowej. Zwykle dokonuje się tego poprzez podanie substancji hormonalnej, takiej jak prostaglandyna E-2 w formie żelu (albo czopka) dopochwowego[1]. Podczas tego całkowicie bezbolesnego zabiegu stosuje się żel, który za pomocą strzykawki zostaje umieszczony w pochwie, tuż przy szyjce. Następnie po kilku godzinach czekania, by żel zadziałał, przeprowadza się badanie sprawdzające, czy szyjka macicy jest dostatecznie rozpulchniona oraz czy rozpoczął się proces rozszerzania i zanikania. Gdy tak się nie dzieje, wówczas zostaje podana druga dawka prostaglandyny w żelu. Większość kobiet pozytywnie reaguje na żel i zwykle wystarcza on do wywołania skurczów oraz porodu[2]. Indukcję kontynuuje się w przypadku, gdy uzyskano rozwarcie, lecz nie występują skurcze.

Kolejnym krokiem podejmowanym przez część lekarzy jest sztuczne przebicie błon płodowych (zwanych również workiem owodniowym), które otaczają płód (patrz s. 348). Inni tymczasem zastosują oddzielenie błon płodowych od szyjki macicy – za-

---

[1] Część lekarzy stosuje metody mechaniczne rozwierania szyjki macicy, takie jak cewnik z balonem, rozszerzadło o zmiennej średnicy, a nawet zioła (*laminaria japonicum*) które, gdy zostaną wsunięte do szyjki macicy, stopniowo otwierają ją, wchłaniając otaczający ją płyn.

[2] Domowe metody rozwierania szyjki macicy (które kobiety mogą same stosować w domu) są obecnie na etapie badań i być może będą szerzej stosowane w przyszłości.

bieg ten nie ma na celu przebicia błon, ale często do tego dochodzi. Ponadto może być dla kobiety bolesny.

Do wywoływania czynności porodowej, gdy doszło już do rozwarcia, najczęściej używa się środka medycznego, jak na przykład oksytocyny (jeśli nie występują jeszcze skurcze). Oksytocyna jest naturalnym hormonem produkowanym przez przysadkę mózgową przez cały okres ciąży. Wraz z rozwojem płodu macica staje się coraz bardziej wrażliwa na działanie hormonu. W wypadku pełnej dojrzałości szyjki macicy oksytocyna może wywołać (lub przyspieszyć, patrz ramka na s. 338) poród, który przebiega tak samo jak rozpoczęty samoistnie. Najnowsze badania wykazują, iż podanie oksytocyny jednocześnie z prostaglandyną (a zatem wywoływanie czynności porodowej oraz rozwieranie się szyjki macicy przebiegają jednocześnie) skraca całkowity czas porodu, jednak większość lekarzy czeka na rozwarcie, nim poda oksytocynę. (Dopochwowe zaaplikowanie leku o nazwie Misoprostol wydaje się tak samo – lub nawet bardziej – skuteczne jak prostaglandyna i oksytocyna. Badania wykazują, iż przy Misoprostolu[1] wystarczy mniejsza dawka oksytocyny, a poród trwa krócej.)

Oksytocyna podawana jest zwykle dożylnie, gdyż sposób ten pozwala łatwo i dokładnie kontrolować tempo, w jakim środek trafia do organizmu matki. Rozpoczyna się od małej dawki leku i skurcze wywoływane

[1] W Polsce Misoprostol nie został wpisany na listę leków stosowanych w położnictwie, jest dopuszczony do stosowania w leczeniu choroby wrzodowej żołądka. W naszym kraju Misoprostol został uznany za lek przeciwwskazany w ciąży. Jest stosowany do wzniecenia porodu w przypadku ciąży obumarłej. Stymulacji dojrzewania szyjki macicy w Polsce dokonuje się prostaglandynami w postaci żelu (Propidil gel) wprowadzonego do kanału szyjki macicy. Mechaniczne rozwieranie szyjki instrumentalne lub przez stosowanie laminariów zostało w Polsce odrzucone jako działanie ryzykowne, które może potencjalnie wywołać liczne powikłania (przyp. red. nauk. wyd. pol.).

są powoli z jednoczesną ciągłą kontrolą czynności macicy i stanu dziecka (w czasie wzniecenia porodu cały czas musi być w pobliżu lekarz lub położna). Szybkość podawania leku zwiększa się stopniowo do momentu uzyskania efektywnych skurczów macicy. Może się zdarzyć, że macica jest bardzo wrażliwa na działanie oksytocyny i następuje tzw. hiperstymulacja – skurcze są zbyt długie i zbyt silne. Opisana wcześniej metoda pozwala łatwo zmniejszyć lub nawet przerwać podawanie oksytocyny.

Skurcze zaczynają się zwykle około 30 minut po rozpoczęciu podawania oksytocyny. Są one zwykle bardziej regularne i silniejsze niż na początku samoistnego porodu. Jeżeli po 6 do 8 godzin stosowania oksytocyny poród się nie zaczął lub nie postępuje, często odstępuje się od wzniecania porodu i wybiera inne postępowanie, zwykle cięcie cesarskie. Podawanie leku przerywa się również, gdy rozwinięte są odpowiednio silne i częste skurcze, utrzymujące się nawet bez stosowania oksytocyny.

Za pomocą skali Bishopa można wcześniej przewidzieć, czy wywołanie czynności porodowej zakończy się powodzeniem. Badania wykazują także, iż większe szanse na udaną indukcję porodu mają kobiety, u których wykryto fibronektynę płodową w wydzielinie szyjki macicy (FFN). (Więcej na temat skali Bishopa i FFN na s. 319.)

Wzniecenie porodu nie powinno być wykonywane, gdy konieczne jest natychmiastowe ukończenie ciąży, gdy istnieją wątpliwości, czy płód może przejść przez miednicę kobiety lub gdy przeprowadza się próbę porodu drogami natury po cięciu cesarskim. Nie wywołuje się również porodu, gdy łożysko dochodzi do ujścia wewnętrznego kanału szyjki macicy lub je zakrywa (łożysko przodujące), nastąpiło wypadnięcie pępowiny, płód ułożony jest bokiem, narządy rodne są zakażone opryszczką, a także gdy kobieta rodziła pięć lub więcej razy lub gdy w czasie cięcia cesarskiego przecinano trzon macicy, wiąże się to bowiem z większym ryzykiem

---

## Pomoc Matce Naturze

Niekiedy czynność porodowa rozpoczyna się samoistnie, jednak z jakiejś przyczyny skurcze nie są na tyle silne, aby były w stanie rozszerzyć szyjkę macicy, lub też następują zbyt wolno, aby poród mógł przebiegać normalnie. W takiej sytuacji lekarze najczęściej podają oksytocynę w celu wywołania bardziej efektywnych skurczów, co zapewnia dalszy postęp porodu.

---

pęknięcia macicy. Część lekarzy nie wznieca porodu w przypadku ciąży wielopłodowej (bliźniaczej, trojaczej itd.) ani gdy dziecko jest w położeniu miednicowym. Amerykańskie Towarzystwo Położników i Ginekologów zaleca, by w wypadku wzniecania porodu lekarz zawsze był przygotowany do szybkiego wykonania cięcia cesarskiego w razie potrzeby.

Część kobiet uważa, że szybkie rozpoczęcie silnych skurczów w wypadku ich wzniecenia jest nieprzyjemne, inne czują się nawet oszukane z powodu sztucznego skrócenia ich porodu i przez to odebrania części przeżyć i doświadczeń. Jeszcze inne są zadowolone z szybkiego i sprawnego urodzenia dziecka. Razem z partnerem przeżywają wzniecany poród zupełnie naturalnie, stosując wszystkie ćwiczenia oddechowe i inne techniki opanowane w szkole rodzenia – pamiętając, że poród wywoływany to przecież także poród. Zastanów się przez chwilę nad możliwością indukowania porodu, a później będzie ci łatwiej sobie z tym poradzić.

## WZYWANIE LEKARZA PODCZAS PORODU

*Właśnie rozpoczęły się skurcze i powtarzają się co trzy lub cztery minuty. Nie chcę postępować głupio i telefonować do lekarza, który powiedział mi, aby w ciągu kilku pierwszych godzin porodu pozostać w domu.*

Lepiej postępować głupio, niż żałować. Większość rodzących po raz pierwszy (u których poród nasila się powoli) może bezpiecznie liczyć na spędzenie kilku pierwszych godzin w domu. Natomiast jeżeli skurcze są silne – trwają przynajmniej 45 sekund

i powtarzają się częściej niż co 5 minut – to owe pierwsze godziny mogą równie dobrze być ostatnimi, szczególnie jeśli nie jesteś pierworódką. Istnieje możliwość, że znaczna część pierwszego okresu porodu minęła bezboleśnie i szyjka macicy rozwarła się już częściowo. Oznacza to, że nie zawiadamiając lekarza i narażając się na dramatyczny wyścig do szpitala na ostatnią minutę albo nieprzyjechanie na czas – postępowałabyś znacznie bardziej nierozsądnie, niż telefonując teraz.

Zanim zadzwonisz, obserwuj skurcze przez około 45 minut do godziny (oczywiście jeżeli nie następują one tak często, że dalsze czekanie oznaczałoby proszenie się o kłopoty). Postaraj się określić ich częstotliwość, czas trwania i siłę, by móc to przekazać. Ponieważ lekarz potrafi częściowo ocenić nasilenie skurczów na podstawie zmiany głosu kobiety w czasie skurczu, nie staraj się za wszelką cenę panować nad sobą, kiedy będziesz z nim rozmawiać.

Jeżeli czujesz, że poród jest zaawansowany, ale lekarz uważa inaczej, nie zadowalaj się zaleceniem czekania. Zapytaj, czy możesz pojechać do szpitala bądź gabinetu lekarskiego i sprawdzić, jak bardzo poród jest zaawansowany. Możesz zabrać do szpitala rzeczy przygotowane „na wszelki wypadek", ale bądź przygotowana, że wrócisz do domu, jeżeli poród na dobre się jeszcze nie zaczął.

## NIEREGULARNE SKURCZE

*W szkole rodzenia mówiono nam, by nie jechać do szpitala, dopóki skurcze nie są regularne i nie powtarzają się co 5 minut. Czuję skurcze częściej niż co 5 minut, ale są nieregularne. Nie wiem, co robić.*

**P**odobnie jak nie ma dwóch jednakowych ciąż, nie ma też dwóch identycznych porodów. Poród opisywany w książkach, w szkole rodzenia i przez lekarzy to poród typowy i „książkowy". Ale w praktyce nie zawsze można tak łatwo przewidywać stopniowe, regularne nasilanie się skurczów.

Jeżeli masz skurcze silne, długie (trwające od 40 do 60 sekund) i częste (powtarzające się co 5 minut lub częściej), to nawet jeśli różnią się one od siebie znacząco, nie czekaj w domu, aż będą idealnie regularne. Zadzwoń do lekarza lub jedź do szpitala, niezależnie od tego, co na ten temat słyszałaś lub czytałaś. Może się zdarzyć, że skurcze nie będą już bardziej regularne do końca porodu, a poród już jest bardzo zaawansowany. Nie zwlekaj z zawiadomieniem lekarza i jedź do szpitala – wahania i strata czasu mogą się skończyć nagłym porodem w domu.

## BÓLE KRZYŻOWE

*Odkąd zaczął się poród, okolica krzyża boli mnie tak mocno, że nie wiem, jak wytrzymam przez cały poród.*

**B**óle, które czujesz, są przez osoby zajmujące się porodami zwane „krzyżowymi". Uważa się, że „bóle krzyżowe" występują, gdy płód jest w ustawieniu tylnym, w którym tył głowy dziecka naciska na kość krzyżową rodzącej – to jest na tylną część miednicy. Jednak bóle takie mogą występować również przy innym ustawieniu płodu lub po zmianie ustawienia z głową ku tyłowi na głową ku przodowi[1].

Przyczyną może być powstanie w tym miejscu wzmożonego napięcia mięśni.

W razie występowania tego rodzaju bólów, które niestety często nie ustępują mię-

---

[1] Podczas większości porodów dochodzi do takiej zmiany. Jeśli dzieje się inaczej, lekarzowi albo udaje się dokonać obrócenia płodu, albo używa kleszczy (patrz s. 351).

dzy skurczami, a w czasie skurczu są trudne do zniesienia, rozważania na temat mechanizmu powstania nie są najważniejsze. Ważne jest, jak można je złagodzić, chociaż trochę. Istnieje kilka sposobów mogących przynieść ulgę, których przynajmniej warto spróbować.

**Zmniejszenie nacisku na kość krzyżową.** Próbuj zmieniać pozycję ciała – możesz spacerować wkoło (chociaż może to być niemożliwe z powodu silnych skurczów powtarzających się co chwilę), kucać, siadać „po turecku" albo leżeć. Przyjmij pozycję, która jest dla ciebie najwygodniejsza i w której odczuwasz najmniejszy ból. Jeżeli nie możesz się poruszać i wolisz leżeć, połóż się na boku w pozycji płodowej.

**Ciepłe lub zimne okłady przykładane przez partnera lub położne.** Można wykorzystać termofor owinięty w ręcznik, ciepłe kompresy, poduszkę elektryczną, woreczki z lodem lub zimny kompres – wybierz to, co przyniesie ci największą ulgę. Można też przykładać na zmianę gorące i zimne okłady.

**Przeciwnacisk.** Twój partner może spróbować różnych sposobów wywierania nacisku lub masażu najbardziej bolesnych miejsc okolicy krzyżowej lub w ich pobliżu i odnaleźć właściwą metodę. Powinien wykonywać bezpośredni ucisk lub ruchy okrężne za pomocą kostek pięści lub nadgarstka jednej ręki. Druga ręka powinna zwiększać nacisk ręki masującej. Możesz w tym czasie siedzieć lub leżeć na boku. Zmniejszenie bólu może przynieść stosowanie dość silnego przeciwnacisku, ale ulga może przynieść rezultat w postaci ciemnoniebieskich śladów, widocznych na plecach następnego dnia.

**Akupresura.** Ta metoda, mająca swe korzenie w starożytnej medycynie chińskiej, jest przypuszczalnie najstarszym sposobem uśmierzania bólu. W wypadku silnych bólów krzyżowych należy mocno naciskać palcem odpowiednie miejsce na powierzchni stopy – śródstopie u nasady dużego palca.

**Masaż.** Zamiast przeciwnacisku lub na przemian z nim można stosować bardzo silny masaż bolącej okolicy krzyżowej. Do tego szczególnie silnego masażu może być wykorzystana piłka tenisowa lub okrągły kręgiel (chociaż później możesz czuć się trochę obolała). Okresowo można zastosować puder lub olejek w celu ochrony skóry przed podrażnieniem.

**Inne metody przeciwbólowe.** Jeśli miałaś już pewne doświadczenia z medytacją, wizualizacją, autohipnozą czy refleksologią bólu, wypróbuj te metody teraz, gdyż często okazują się skuteczne. Dobrym sposobem uśmierzania bólu może się okazać również akupunktura, jednak poddanie się jej należy odpowiednio wcześniej zaplanować.

**Medyczne sposoby uśmierzania bólu.** Jeśli nic nie pomaga i nadal czujesz rozrywający ból, porozmawiaj z lekarzem o możliwości zastosowania środków przeciwbólowych, bezpiecznych na twoim etapie porodu.

# KRÓTKI PORÓD

*Czy krótki poród może być obecnie niebezpieczny dla dziecka?*

Krótki poród nie zawsze jest tak krótki, jak się to wydaje. Często się zdarza, że ciężarna, mając skurcze, nie odczuwa ich przez całe godziny, dni, a nawet tygodnie. Jednak rozwierają one stopniowo szyjkę macicy. Kiedy ciężarna poczuje pierwszy skurcz, poród jest już bardzo daleko zaawansowany. Taki wolno postępujący i nagle zakończony poród nie powoduje dodatkowo obciążenia dla płodu.

Niekiedy szyjka rozwiera się bardzo szybko, nawet w ciągu minut, w porównaniu z rozwarciem, które normalnie (zwłasz-

cza przy pierwszym porodzie) następuje po wielu godzinach trwania skurczów. Ale nawet taki gwałtowny i nagły poród (tzn. trwający trzy lub mniej godzin od początku do końca) rzadko stanowi zagrożenie dla płodu. Nie ma dowodów na to, że dla urodzenia dziecka w dobrym stanie potrzebny jest określony czas trwania porodu.

Bardzo rzadko skrajnie szybki poród może spowodować przerwanie zaopatrzenia płodu w tlen i inne składniki lub spowodować pęknięcia i inne urazy szyjki macicy, pochwy i krocza u rodzącej. Dlatego, jeżeli poród zaczyna się bardzo gwałtownie – skurcze są silne i następują jeden po drugim – szybko jedź do szpitala. Zastosowanie odpowiednich leków może nieco osłabić skurcze, pozwolić odpocząć dziecku i ochronić twoje ciało.

# ZBYT PÓŹNY PRZYJAZD DO SZPITALA

*Ciągle się boję, że nie zdążę do szpitala na czas.*

Dzięki Bogu, najbardziej zaskakujące i nagłe porody zdarzają się w kinie i telewizji. W rzeczywistości porody – zwłaszcza u kobiet, które nie rodziły – następują bardzo rzadko bez licznych wcześniejszych sygnałów. Jednak od czasu do czasu zdarza się, że kobieta, nie mając wcześniej żadnych bólów lub po pierwszym wyczuwalnym skurczu, nagle doznaje niepohamowanego uczucia parcia na stolec. Często nie rozpoznaje ona rzeczywistej przyczyny parcia i udaje się do ubikacji.

Choć niewielkie jest prawdopodobieństwo, że coś takiego ci się przydarzy, jednak dobrze byłoby, abyście razem z partnerem znali kilka podstawowych zasad postępowania w przypadku konieczności nagłego odebrania porodu (patrz s. 341 i 346). Kiedy już je poznacie, zrelaksujcie się, pamiętając, iż nagłe, szybkie porody zdarzają się niesłychanie rzadko.

## Nagły poród w samotności

1. Spróbuj zachować spokój.

2. Zatelefonuj po pogotowie ratunkowe. Poproś przyjmującego wiadomość o zawiadomienie twojego lekarza.

3. Wezwij na pomoc sąsiadkę, sąsiada lub kogokolwiek innego, jeżeli to możliwe.

4. Zacznij oddychać[1] w czasie skurczu, by powstrzymać się od parcia na stolec.

5. Umyj ręce i krocze, jeżeli możesz.

6. Rozłóż kilka czystych ręczników, gazet lub prześcieradeł na łóżku, kanapie lub na podłodze, połóż się i czekaj na pomoc.

7. Jeżeli pomimo oddychania w czasie skurczu dziecko zaczyna się rodzić przed przybyciem pomocy, delikatnie ułatw mu wydostanie się na

zewnątrz – możesz już przeć, gdy odczuwasz taką potrzebę.

8. W miarę jak główka dziecka zaczyna się pojawiać, oddychaj, wydmuchuj powietrze, nie przyj, lecz delikatnie naciskaj na okolice krocza, aby główka dziecka nie wyskoczyła zbyt gwałtownie. Poczekaj, aż będzie się stopniowo rodziła – nigdy nie próbuj jej wyciągnąć. Jeśli wokół szyjki dziecka owinięta jest pępowina, połóż pod nią zagięty w haczyk palec i ostrożnie przełóż przez główkę dziecka.

9. Następnie ujmij główkę delikatnie w obie ręce, leciutko naciskając ją ku dołowi (nie ciągnij!), jednocześnie prąc, by urodzić ramiona. W chwili gdy górna część rąk zaczyna wychodzić, lekko podnieś główkę do góry – poczujesz, jak rodzi się dalsza część rąk. Gdy ręce będą już wolne, ciało dziecka powinno wysunąć się bez przeszkód.

10. Połóż dziecko na brzuchu, a jeśli pępowina jest na tyle długa (nie szarp za nią), na piersi. Szybko owiń dziecko w koce, ręczniki lub cokolwiek, co masz pod ręką (najlepiej coś czystego; rzeczy niedawno prasowane będą nadal sterylne).

11. Nie próbuj wyciągnąć łożyska. Jeśli jednak samo urodzi się przed nadejściem pomocy, owiń je w ręczniki lub gazety i trzymaj powyżej dziecka – jeśli to tylko możliwe. Nie ma potrzeby próbować przecinać pępowiny.

12. W jak najwygodniejszej pozycji poczekaj wraz z dzieckiem na przybycie pomocy.

---

[1] Zalecenie rodzącym regulacji czynności oddechowej powinno uwzględniać nowe zdobycze wiedzy w zakresie fizjopatologii wymiany gazowej między matką a płodem. Już w czasie ciąży następuje miernego stopnia obniżenie ciśnienia parcjalnego dwutlenku węgla (tzw. hipokapnia), które nasila się szczególnie w końcowej fazie porodu. Hipokapnia znacznego stopnia pogarsza u rodzącej warunki wymiany gazowej płodu, tj. utrudnia transfer tlenu z krwi matczynej do płodowej, ponieważ wraz z obniżeniem $pCO_2$ (ciśnienia parcjalnego dwutlenku węgla) zmniejsza się dysocjacja tlenu we krwi matki. Z powyższych przyczyn regulacja oddychania powinna zawierać elementy uspokojenia i rozluźnienia, lecz nie należy dążyć do nadmiernego przyspieszenia i pogłębienia oddechu, następstwem tego jest bowiem znaczne obniżenie ciśnienia parcjalnego dwutlenku węgla (przyp. red. nauk. wyd. pol.).

# LEWATYWA

*Słyszałam, że lewatywa na początku porodu nie jest konieczna i zakłóca naturalny przebieg porodu.*

Kiedyś lewatywa była stosowana niezależnie od opinii rodzącej. Była to jedna z rutynowych czynności, wykonywanych przy przyjęciu do szpitala na początku porodu. Zakładano, że opróżnienie jelita p r z e d porodem bardziej udrożni drogi rodne (gdyż zawartość jelit nie będzie na nie uciskać)

i dziecko szybciej wyjdzie na świat. Uważano również, że lewatywa (powodująca wypróżnienie przed porodem) zaoszczędzi kobiecie zakłopotania z powodu oddania stolca w czasie porodu, a zatem rodząca pozbędzie się zahamowań przed dalszym parciem. Poza tym środowisko porodu nie zostanie zakażone kałem.

Na szczęście lewatywa już nie jest, ze słusznego powodu, zabiegiem rutynowym. Po pierwsze, stwierdzono, że nie ma obawy o blokowanie kanału rodnego przez wypełnioną kiszkę stolcową, jeżeli ciężarna oddawała stolec w ciągu 24 godzin – a w rzeczywistości przed porodem organizm zwykle sam się oczyszcza poprzez częste wypróżnienia. Po drugie, używanie podczas porodu jednorazowych, sterylnych podkładów, wyrzucanych natychmiast razem ze stolcem, zabezpiecza przed zakażeniem noworodka. I wreszcie, choć lewatywa zmniejsza prawdopodobieństwo oddania stolca w chwili porodu, nie eliminuje go całkowicie. I nie ma się czego wstydzić, gdyż jest to zupełnie normalne. Jak to się mówi... wszystko się może zdarzyć – także na sali porodowej.

## GOLENIE OWŁOSIENIA ŁONOWEGO

*Nie podoba mi się pomysł ogolenia mojego owłosienia łonowego. Czy nadal obowiązkowo wykonuje się to przed porodem?*

Obecnie tylko od ciebie zależy, czy będziesz miała ogolone owłosienie łonowe, ponieważ w większości amerykańskich szpitali zabroniono tego zabiegu. Kiedyś uważano, że włosy łonowe są zbiornikiem licznych bakterii, które mogłyby zakazić dziecko, a golenie uznawano za jedyny skuteczny sposób eliminowania tego zagrożenia. Jednak od czasu zastosowania spłukiwania okolicy przedsionka pochwy i krocza tuż przed porodem płynem bakteriobójczym zakażenia tego typu są rzadkie. W dodatku pewne badania wykazały większą częstość zakażeń u kobiet poddanych goleniu niż u pozostałych. Dzieje się tak prawdopodobnie dlatego, że w czasie golenia, nawet bardzo ostrożnego, powstają drobne, nawet mikroskopijne rany i nacięcia, stanowiące drogę wnikania zakażenia. Z punktu widzenia kobiety, upokorzenie w czasie golenia oraz świąd i pieczenie w czasie odrastania włosów są dodatkowymi argumentami, by zabieg ten stał się przeszłością. (Oczywiście

jeśli zwykle golisz lub usuwasz woskiem owłosienie łonowe, nie ma powodu, dla którego miałabyś zaprzestać tego podczas ciąży – uważaj tylko, by się nie zaciąć i nie dopuścić do podrażnienia.)

Część lekarzy uważa, że golenie ułatwia wykonanie i zeszycie nacięcia krocza, ponieważ oczyszcza pole działania. Jednak większości całkowicie wystarczy przycięcie włosów nożyczkami bądź odsunięcie ich. Lepiej dowiedz się wcześniej, czy twój lekarz należy do mniejszości nadal nakazującej pacjentkom golenie. Jeśli jesteś przeciwna takiej praktyce, nie czekaj z uzewnętrznieniem swych przekonań, aż trafisz do szpitala. Zaznacz swe preferencje w planie porodu.

## JEDZENIE I PICIE PODCZAS PORODU

*Słyszałam sprzeczne informacje na temat tego, czy dopuszczalne jest jedzenie i picie w trakcie porodu.*

Nic w tym dziwnego, gdyż panują sprzeczne poglądy na ten temat. Były czasy, w których surowo zabraniano jedzenia i picia od chwili rozpoczęcia czynności porodowej w obawie przed zadławieniem się pokarmem, gdyby zaszła konieczność podania ogólnego znieczulenia. Niektórzy lekarze oraz szpitale nadal podtrzymują to stanowisko. (Pozwalają jedynie na gryzienie kawałeczków lodu w celu zapewnienia płynów rodzącej kobiecie, dodatkowo podając też płyny dożylnie.) Wielu zezwala na przyjmowanie lekkich płynów i pokarmów w trakcie porodu niewielkiego ryzyka, tłumacząc to zapotrzebowaniem rodzącej na płyny i kalorie w celu zachowania sił, a co za tym idzie, jak najefektywniejszego działania.

Niewiele badań przeprowadzono na ten temat, jednak jedno z nich, które zajmowało się możliwością aspiracji ciała obcego do dróg oddechowych (która istnieje tylko w wypadku podania znieczulenia ogólnego, a rzadko się je stosuje) wykazało, iż dochodzi do tego incydentalnie: 7 przypadków na 10 milionów porodów. Nie przeprowadzono natomiast badań nad korzyścią poszczenia w trakcie porodu; powstrzymywanie się od jedzenia może wręcz zwiększyć poziom stresu i spowodować odwodnienie. Badania dowodzą również, że kobiety, którym pozwolono jeść i pić w trakcie porodu, rodziły przeciętnie o 90 minut krócej, rzadziej wymagały podania oksytocyny (w celu przyspieszenia czynności porodowej) lub innych środków przeciwbólowych oraz rodziły dzieci z lepszym wynikiem w skali Apgar, niż kobiety, które pościły. Choć możesz wcale nie mieć apetytu, mała przekąska w postaci mrożonego soku owocowego, żelków czy soków, gotowanych owoców, sucharków bądź czystego rosołku stanowi idealny wybór: doda ci energii wtedy, gdy będziesz jej bardzo potrzebować. Zatem przedyskutuj ten temat ze swoim lekarzem, a następnie włącz do planu porodu.

# RUTYNOWO ZAKŁADANY CEWNIK DOŻYLNY

*Kiedy odwiedzałam szpital, zauważyłam kobietę wychodzącą z pokoju porodowego z dożylnym cewnikiem na ręce. Czy jest to konieczne w czasie normalnego porodu?*

Dzięki wyświetlanym w telewizji serialom szpitalnym czy filmom wojennym wszyscy kojarzymy cewnik dożylny z widokiem rannych frontowców, głównych bohaterów umierających nagle na śmiertelną chorobę lub postrzelonych przez zazdrosnego kochanka. Trudno natomiast skojarzyć taki cewnik z normalnym porodem.

W niektórych szpitalach przyjęto, aby wszystkim rodzącym zakładać kroplówkę dożylną, zawierającą prosty roztwór odżywiają-cy i nawadniający. Stosuje się to częściowo w celu zapobiegania odwodnieniu i osłabieniu rodzącej z powodu powstrzymywania się od picia i jedzenia w czasie porodu (patrz poprzednie pytanie), częściowo w celu umożliwienia łatwego podawania leków w razie potrzeby (by podać lek, wystarczy wstrzyknąć go do cewnika – nie trzeba podawać bezpośrednio rodzącej). W tych sytuacjach cewnik dożylny zakładany jest profilaktycznie, aby zapobiec ewentualnym problemom.

Z drugiej strony, wielu lekarzy i położnych woli zaczekać z założeniem cewnika do chwili pojawienia się konkretnej potrzeby – na przykład poród się przedłuża i rodzącej zaczyna brakować energii albo planuje się podanie znieczulenia zewnątrzoponowego. Zapytaj swojego lekarza zawczasu o sposób postępowania i jeżeli sprzeciwiasz się rutynowemu zakładaniu cewnika, powiedz to. Być może cewnik zostanie założony dopiero w chwili, kiedy pojawi się wyraźna potrzeba.

Jeżeli lekarz uważa, że należy cewnik bezwzględnie założyć na początku porodu i nie ma zamiaru na ten temat dyskutować lub zostanie on założony w trakcie porodu, nie rozpaczaj. Cewnik taki jest tylko trochę niewygodny, bo po prostu jest w nim igła – a to, jak zawsze, wymaga pewnej uwagi. Jeśli cewnik będzie na ruchomym stojaku, możesz się swobodnie poruszać, pójść do łazienki lub na krótki spacer po korytarzu (jeżeli w pobliżu miejsca wkłucia pojawi się ból lub obrzęk, natychmiast powiedz o tym lekarzowi lub położnej).

Chociaż nie zawsze będziesz mogła podjąć decyzję co do założenia cewnika, masz prawo wiedzieć, jakie płyny są podawane do twoich żył. Pytaj lekarza lub położną, którzy podłączają kolejne butelki. Towarzyszący ci partner może przeczytać nalepki na butelce. Czasami leki mogą być podane bez porozumienia się z tobą, poproś wówczas o rozmowę z lekarzem tak szybko, jak to będzie możliwe. A jeszcze lepiej, poproś, by w twoim imieniu wypowiedział się twój partner.

# MONITOROWANIE PŁODU

*Słyszałam, że takie monitorowanie może prowadzić do niepotrzebnego wykonywania cięcia cesarskiego oraz powoduje pewne niewygody w czasie porodu. Czy będę go potrzebować?*

Dla kogoś, kto spędził pierwsze dziewięć miesięcy życia, pływając spokojnie i bezpiecznie w ciepłej i wygodnej kąpieli w płynie owodniowym, przeciśnięcie się przez ciasny i twardy odcinek miednicy matki nie jest akurat przyjemną wycieczką. Dziecko będzie ściskane, popychane i wgniatane do miednicy w czasie każdego skurczu.

Podczas tej męczącej podróży dziecko może być narażone na niebezpieczeństwo – dlatego monitorowanie płodu, dzięki któremu ocenia się jego stan, obserwując zmiany czynności serca płodu pod wpływem skurczów macicy, stało się tak powszechne. Celem monitorowania nie jest wykonywanie niepotrzebnych cięć cesarskich ani powodowanie pewnych niewygód dla rodzącej. W wielu szpitalach monitoruje się elektronicznie wszystkie porody. Praktycznie we wszystkich szpitalach monitorowana jest przynajmniej połowa porodów, zwłaszcza tzw. porodów wysokiego ryzyka, np. po stwierdzeniu zielonego płynu owodniowego, w czasie stosowania oksytocyny lub w wypadku długiego i trudnego porodu.

Przez pewien czas niektóre szpitale monitorowały wszystkie rodzaje pacjentki. Większość natomiast monitorowała przynajmniej połowę, a zwłaszcza kobiety z grupy podwyższonego ryzyka oraz te, których wody płodowe zabarwione były smółką, otrzymujące oksytocynę, znieczulenie zewnątrzoponowe czy przechodzące ciężki poród. Jednak po dokładniejszym przyjrzeniu się tym przypadkom okazało się, iż przy porodach niskiego ryzyka te wysoce stechnicyzowane przyrządy nie były wcale lepsze w wykrywaniu zagrożeń niż aparat Dopplera (patrz s. 162). Skoro urządzenie to jest używane do sprawdzania bicia serca dziecka w regularnych odstępach (co piętnaście do trzydziestu minut podczas pierwszej, a co pięć minut podczas drugiej fazy porodu), może być tak samo skuteczne w ocenie stanu płodu. (Jednak w niektórych szpitalach redukcja personelu może spowodować, że kontrola bicia serca płodu nie będzie wykonywana wystarczająco często. Jeśli nie jesteś podłączona do monitora płodowego, twój partner powinien kontrolować, czy bicie serca dziecka jest sprawdzane w zalecanych odstępach czasu.)

Ponieważ rutynowe, ciągłe, elektroniczne monitorowanie płodu jest uważane w niektórych szpitalach za przyczynę zwiększającej się liczby cięć cesarskich (gdy dochodzi do złego odczytu wyników bądź wyniki nie są sprawdzane innymi badaniami) oraz ponieważ część osób uważa je za kolejną elektroniczną inwazję w naturalny proces narodzin dziecka (zastępującą osobisty kontakt z pielęgniarką bezosobowym urządzeniem), praktyka ta w środowisku położniczym zdaje się powoli zanikać. Choć część lekarzy i szpitali nadal rutynowo monitoruje porody, Amerykańskie Towarzystwo Położników i Ginekologów uważa, że w ciążach niskiego ryzyka nieregularne kontrolowanie akcji serca płodu z powodzeniem może zastąpić stałe elektroniczne monitorowanie płodu.

Jeśli zatem twoja ciąża nie jest ciążą wysokiego ryzyka, zapewne ciągłe monitorowanie nie będzie ci potrzebne i być może nawet nie zbliżysz się do monitora płodowego podczas wydawania dziecka na świat. Jeśli jednak wraz z dzieckiem należycie do grupy wysokiego ryzyka (lub jeżeli przeprowadzana była indukcja czy podane znieczulenie zewnątrzoponowe), niemal na pewno zetkniesz się z monitorem na jakimś etapie porodu. Tak czy inaczej, dobrze będzie zapoznać się z rodzajami monitorowania.

Monitorowanie płodu może być prowadzone drogą zewnętrzną, jak i wewnętrzną.

**Monitorowanie zewnętrzne.** W tym najczęściej stosowanym typie monitorowania na brzuchu rodzącej założone są dwa czujniki. Jeden to przetwornik ultradźwiękowy rejestrujący uderzenia serca płodu. Drugi to miernik reagujący na nacisk i mierzący siłę i czas trwania skurczów macicy. Obydwa czujniki połączone są z monitorem, który wyświetla lub drukuje wartości pomiarów. Nie oznacza to, że rodząca musi być unieruchomiona w łóżku i przywiązana do aparatu jak stwór Frankensteina na długie godziny. W większości przypadków monitorowanie prowadzone jest w sposób przerywany i rodząca może poruszać się swobodnie między kolejnymi okresami monitorowania. Niektóre szpitale są wyposażone w monitory przenośne, które można przypiąć do ubrania rodzącej. Pozwala to na spacerowanie, podczas gdy dane o stanie dziecka przesyłane są do odbiornika przy łóżku porodowym lub na stanowisko centralnego monitorowania.

Podczas drugiego okresu porodu (podczas parcia), kiedy skurcze następują jeden po drugim i są bardzo silne, rodząca traci często orientację, kiedy przeć, a kiedy odpoczywać. Monitor pomaga wtedy określić początek i koniec każdego skurczu. Niekiedy monitor właśnie w tym momencie jest wyłączany, by nie przeszkadzał rodzącej w koncentracji. W takiej sytuacji czynność serca dziecka sprawdzana jest aparatem Dopplera.

**Monitorowanie wewnętrzne.** Monitorowanie wewnętrzne stosowane jest w sytuacjach, gdy potrzebny jest bardziej dokładny pomiar – na przykład, gdy podejrzewa się zagrożenie płodu. W tego typu monitorowaniu elektroda służąca do oceny uderzeń serca płodu jest umocowana na główce dziecka. Ponieważ elektroda musi być wprowadzona przez szyjkę macicy, monitorowanie wewnętrzne możliwe tylko wówczas, gdy rozwarcie szyjki wynosi przynajmniej 1-2 centymetry i błony płodowe są pęknięte. Siła skurczów może być mierzona przez czujnik umieszczony na brzuchu lub wypełniony płynem cewnik (plastikową rurkę) wprowadzony do macicy. Ponieważ monitorowanie wewnętrzne nie może być okresowo wyłączane i włączane, ogranicza możliwość poruszania się, chociaż możliwe są zmiany pozycji.

Niekiedy monitorowanie wewnętrzne połączone jest z tzw. telemetrią. Oznacza to, że sygnały przekazywane są drogą fal radiowych. Technika ta, wypróbowana w badaniach kosmicznych, pozwala na ciągłe monitorowanie bez połączenia z monitorem. Pacjentka jest zupełnie swobodna, może przyjąć dowolną, wygodną pozycję, pójść do łazienki lub nawet na spacer.

Podobnie jak inne inwazyjne techniki medyczne (wnikające do środka ciała), monitorowanie wewnętrzne niesie ze sobą pewne ryzyko. Istnieje niewielkie ryzyko infekcji i niekiedy u dziecka pojawia się zaczerwienienie lub (rzadko) ropień w miejscu umocowania elektrody. Bardzo rzadko może w tym miejscu pozostać maleńka „łysinka". Z powodu wymienionych zagrożeń, chociaż niewielkich – a także ponieważ założenie elektrody może wywołać chwilowy ból bądź nieprzyjemne uczucie u dziecka – monitorowanie wewnętrzne jest stosowane tylko wtedy, gdy przynosi duże korzyści.

Przy obu typach monitorowania odczyt świadczący o dobrym stanie płodu jest właściwie zawsze dokładny. Z drugiej strony jednak odczyty wskazujące na problem są już mniej dokładne. Zatem jeśli monitor wykazuje nieprawidłowy stan płodu, najprawdopodobniej jest to fałszywy alarm.

Fałszywe alarmy – mogące przybrać postać głośnego, dość przerażającego sygnału (gdy monitor został tak zaprogramowany, by zaalarmować personel w przypadku zmiany w pracy serca) – są częste. Niekiedy alarm jest skutkiem wadliwego funkcjonowania urządzenia, pojawia się również w przypadku niewłaściwej interpretacji; a czasem wywołują go zakłócenia spowo-

# Nagły poród: rady dla osoby pomagającej

## W domu lub w biurze

1. Spróbuj zachować spokój, jednocześnie starając się uspokajać rodzącą. Pamiętaj, że jeżeli nawet prawie nic nie wiesz na temat porodu, to ciała kobiety i dziecka są do niego przystosowane i niemal wszystko może nastąpić samoistnie.

2. Zadzwoń po pogotowie ratunkowe, poproś o przysłanie lekarza lub położnej.

3. Rodząca powinna w czasie skurczu oddychać, by powstrzymać się od mimowolnego parcia.

4. Gdy zbliża się poród, należy umyć ręce i okolicę krocza wodą z mydłem lub innym odpowiednim środkiem.

5. Jeżeli nie ma czasu, by położyć rodzącą na łóżku lub na stole, połóż gazety, czyste ręczniki lub złożone ubranie pod pośladki. Jeśli to możliwe, zabezpiecz powierzchnię, na której będzie się odbywać poród, obrusem z ceraty, zasłoną kabiny prysznicowej, gazetami, ręcznikami czy tym podobnymi materiałami. Na podłodze, pod wejściem do pochwy, można umieścić miskę na wody płodowe czy krew.

6. Jeżeli jest czas, połóż rodzącą na łóżku (lub na stole, biurku) tak, by pośladki lekko zwisały poza krawędź, ręce znajdowały się pod uniesionymi udami. Dobrze jest postawić dwa krzesła dla oparcia stóp. Kilka poduszek pod ramiona i głowę pozwoli przyjąć wygodniejszą przy porodzie pozycję półsiedzącą. Jeżeli oczekujesz na pomoc lekarską, a główka nie pojawia się, leżenie płasko spowolni poród. Zabezpiecz – na ile to możliwe – powierzchnię, na której odbywa się poród, w sposób opisany w punkcie 5.

7. Kiedy przodująca część główki dziecka zaczyna się pokazywać na zewnątrz, rodząca powinna oddychać szybko i powierzchownie (uwaga redaktora wydania polskiego, s. 341), i nie przeć. Należy wtedy położyć rękę na główce i wywierać delikatny nacisk na okolice krocza w przeciwnym kierunku, by zapobiec nagłemu wyskoczeniu główki. Pozwól urodzić się główce stopniowo i powoli – w żadnym wypadku nie wyciągaj główki na zewnątrz. Jeżeli wokół szyi dziecka biegnie pętla pępowiny, włóż pod nią palec i delikatnie przełóż nad główką.

8. Następnie weź lekko główkę w dwie ręce i skieruj ją delikatnie ku dołowi (nie ciągnij!), polecając jednocześnie przeć rodzącej, w celu urodzenia przedniego barku (ramienia). Po ukazaniu się górnego barku, podnieś delikatnie główkę, obserwując jednocześnie rodzenie się tylnego barku. Kiedy obydwa ramiona są już na zewnątrz, tułów i nóżki wyślizgują się bez trudu.

---

dowane zmianą nasilenia i częstotliwości skurczów. Nawet jeśli monitor faktycznie wykryje istnienie jakiegoś problemu, zwykle można mu łatwo zaradzić. Na przykład często nieprawidłowy zapis czynności serca dziecka jest następstwem pozycji przybranej przez ciężarną, gdy następuje ucisk głównych żył lub pępowiny płodu, co zakłóca przepływ krwi. W takim przypadku zmiana ułożenia ciała (położenie się na lewym boku) przynosi natychmiastową poprawę. Jeśli zaburzenia powstały w wyniku podania oksytocyny, należy zmniejszyć dawkę lub przerwać dozowanie leku. Kolejna sztuczka przywracająca pozytywny wynik będzie polegała na podaniu matce tlenu.

Doświadczony położnik musi wziąć pod uwagę bardzo wiele czynników, zanim rozpozna zagrożenie płodu. Gdyby nieprawidłowe odczyty regularnie się powtarzały, wówczas można podjąć jakieś kroki. Jeżeli istnieją słuszne podejrzenia, że płód jest zagrożony, natychmiast wykonuje się cięcie cesarskie. Gdy czas na to zezwala, dokonuje się dalszej oceny. Przede wszystkim przeprowadzone zostaną szybkie badania weryfikujące wyniki monitorowania, do których należy kontrola wód płodowych pod kątem występowania smółki; oszacowany zosta-

9. Połóż dziecko na brzuchu matki lub, jeżeli długość pępowiny na to pozwoli (nie ciągnij za nią), przy piersi. Szybko owiń dziecko w koc, ręcznik lub inny materiał (najlepiej czysty; materiał niedawno wyprasowany będzie względnie sterylny).

10. Nie próbuj wyciągać łożyska na zewnątrz. Natomiast jeżeli urodzi się samo przed przybyciem fachowej pomocy, owiń łożysko w ręcznik lub gazetę i trzymaj uniesione powyżej poziomu, na którym leży dziecko. Nie ma potrzeby podwiązywania i przecinania pępowiny.

11. Matka i dziecko powinny mieć zapewnione ciepło i wygodę do czasu przybycia fachowej pomocy.

**W drodze do szpitala**

Jeśli znajdujesz się w samochodzie, a poród gwałtownie postępuje, zatrzymaj pojazd. Wezwij pomoc przez telefon komórkowy (jeżeli go masz). W przeciwnym wypadku włącz światła alarmowe. Gdyby ktoś się zatrzymał, chcąc przyjść z pomocą, poproś go o wezwanie pogotowia. Jeżeli jesteś w taksówce, poproś taksówkarza o wezwanie pomocy przez radio.

Jeżeli to możliwe, połóż matkę na tylnym siedzeniu samochodu, położywszy pod nią płaszcz, kurtkę czy koc. Następnie, jeśli fachowa pomoc nie przybędzie na czas, postępuj tak jak w przypadku porodu w warunkach domowych. Gdy tylko dziecko się urodzi, jedź szybko do najbliższego szpitala.

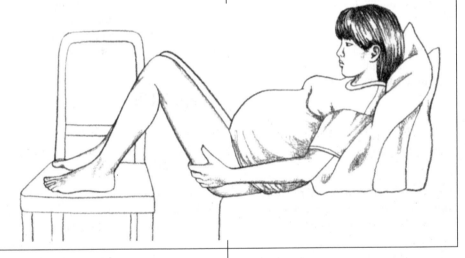

nie poziom pH w próbce krwi płodu pobranej ze skóry głowy; i/lub reakcja serca płodu na stymulacje dźwiękiem lub na ucisk skóry głowy. Ponieważ w celu przeprowadzenia niektórych z tych badań niezbędny jest dostęp do płodu, należy przebić błony płodowe, jeżeli nie przerwały się samoistnie lub nie zostały przebite wcześniej. Dodatkowo sprawdzona zostanie historia medyczna i położnicza matki, w celu określenia, czy nieprawidłowości czynności serca płodu mogą być powiązane z matczyną infekcją, chorobą przewlekłą lub zażywanymi przez matkę lekami, nie zaś z pojawieniem się stanu zagrożenia płodu. W niektó-

rych przypadkach wydruk z monitora przesyła się faksem do drugiego specjalisty, w celu skonsultowania wyniku. Gdy potwierdzony zostaje stan zagrożenia płodu, wówczas natychmiastowe cięcie cesarskie staje się koniecznością. Niekiedy lekarz może spróbować poprawić stan dziecka za pomocą leków. Jeżeli ich działanie przyniesie pozytywny efekt, uzyskuje się dodatkowy czas na przygotowania do operacji[1], zwięk-

[1] Ten dodatkowy czas, prócz innych zalet, zezwala na podanie znieczulenia zewnątrzoponowego zamiast znieczulenia ogólnego, zwykle koniecznego przy nagłych wypadkach.

szając szanse na urodzenie przytomnego dziecka. Niekiedy nawet udaje się nadal poprowadzić poród drogami natury.

Istnieje nowe urządzenie, które niedawno otrzymało pozytywną ocenę FDA i może dostarczyć lekarzom bardziej wiarygodny obraz warunków panujących w łonie matki. OxiFirst jest monitorem płodowym mającym postać płaskiej sondy, którą wprowadza się przez szyjkę i umiejscawia w pobliżu policzka dziecka, aby w ten sposób zmierzyć poziom tlenu w jego krwi. Staje się bardzo przydatny w sytuacji, gdy wynik monitorowania czynności serca dziecka jest trudny do zinterpretowania oraz gdy uzyskanie dodatkowych informacji może pomóc w podjęciu decyzji co do porodu: czy może on dalej postępować, czy też należy przeprowadzić cięcie cesarskie. Niestety, sprzęt ten jest nadal nowością i nie dysponuje nim większość szpitali.

## SZTUCZNE PRZERWANIE BŁON PŁODOWYCH

*Obawiam się, że jeśli błony płodowe nie pękną samoistnie, lekarze będą musieli sztucznie je przebić. Czy to boli?*

Większość kobiet nic nie czuje podczas przeprowadzania sztucznego przebicia błon płodowych, szczególnie jeśli poród już postępuje (trzeba sobie wszak radzić ze znacznie większymi bólami). Niektóre rodzące odczuwają jednak pewien dyskomfort, głównie z powodu wprowadzenia do pochwy narzędzia do amniotomii (urządzenia służącego do przeprowadzenia tego zabiegu), a nie z powodu samego przebicia. Zapewne poczujesz jedynie, jak wylewa się strumień wody, po którym wkrótce nastąpią (a przynajmniej powinny nastąpić) silniejsze i częstsze skurcze przesuwające dziecko. (Sztucznego przebicia błon płodowych dokonuje się również w celu przeprowadzenia

innych zabiegów, na przykład wewnętrznego monitorowania płodu, a także, w razie konieczności, porodu z użyciem kleszczy.)

Większość lekarzy zwleka z przerwaniem błon płodowych do momentu, aż rozwarcie szyjki wyniesie 5 cm, choć część z nich weźmie do rąk narzędzie do amniotomii już przy rozwarciu na 3-4 cm, jeśli poród przebiega zbyt wolno. Jeśli nie ma powodu, by przyspieszać przerwanie błon (poród postępuje prawidłowo), możecie wraz z lekarzem zdecydować, by wstrzymać wykonanie tego zabiegu. Niekiedy błony pozostają uparcie nietknięte przez cały poród (dziecko przychodzi na świat wraz z otaczającym go workiem owodniowym i lekarz lub położna muszą je przebić, aby dziecko mogło po raz pierwszy zaczerpnąć powietrza) – i tak też może się zdarzyć.

## WIDOK KRWI

*Widok krwi zawsze powodował u mnie zasłabnięcie. Co będzie, gdy zemdleję podczas porodu?*

Widok krwi u wielu ludzi powoduje takie właśnie reakcje. Ale, co ciekawe, nawet najbardziej wrażliwe kobiety i większość z ich współmałżonków przechodzą własny poród bez wąchania soli trzeźwiących.

Po pierwsze, w czasie porodu wcale nie ma tak wiele krwi – niewiele więcej niż się widzi w czasie miesiączki (nieco więcej w wypadku wykonania nacięcia lub pęknięcia krocza). Po drugie, nie będziesz widzem swojego porodu – będziesz bardzo aktywnym uczestnikiem, całą swoją energię skoncentrujesz na parciu i przebywaniu przez dziecko ostatnich kilku centymetrów. Będziesz tak podniecona i pochłonięta oczekiwaniem (i powiedzmy szczerze, bólem i zmęczeniem), że nie będziesz dostrzegać krwawienia ani niepokoić się nim. Jeśli zapytasz przyjaciółki, które niedawno zostały matkami, tylko nieliczne będą w stanie ci powiedzieć, ile krwi – jeżeli w ogóle – widziały podczas porodu.

Jeżeli jesteś przekonana, że nie zniesiesz widoku krwi, odwróć głowę od lustra (gdyby ktoś koniecznie chciał ci to pokazać) podczas wykonywania nacięcia krocza lub w chwili rodzenia się dziecka. Zamiast tego patrz na dół, na swój brzuch i rodzące się dziecko. Dzięki temu wcale nie zobaczysz krwi. (Także niektórzy ojcowie obawiają się, czy będą w stanie znieść widok porodu. Jeśli twój mąż obawia się tego aspektu porodu, powiedz mu, by rzucił okiem na stronę 440.)

## NACIĘCIE KROCZA

*Czy nacięcie krocza sprawi, że poród będzie dla mnie łatwiejszy i bezpieczniejszy dla dziecka?*

Kiedyś nie było żadnych wątpliwości, iż odpowiedź na to pytanie zabrzmi: tak! Ten nieskomplikowany zabieg chirurgiczny, polegający na nacięciu krocza w celu powiększenia ujścia pochwy tuż przed pojawieniem się w niej główki dziecka, od połowy zeszłego stulecia uważany był przez większość lekarzy za zupełnie rutynowy. Jednak położnictwo to nauka rozwijająca się, toteż opinia dotycząca tego zabiegu (oraz wielu innych) zmienia się wraz z jej postępem. Amerykańskie Towarzystwo Położników i Ginekologów obecnie zaleca, by nie przeprowadzać go rutynowo.

Przyczyna tego zwrotu jest prosta: okazuje się, że korzyści, które wcześniej dostrzegano, zwyczajnie nie istnieją. Z historycznego punktu widzenia, nacięcie krocza zostało wprowadzone w Irlandii w roku 1742 w celu ułatwienia trudnych porodów i uważano, że zapobiegnie wielu komplikacjom u matki, łącznie z pęknięciem krocza oraz nietrzymaniem moczu i stolca. Jeśli chodzi o noworodka, to wierzono, że zabieg ten zmniejszy ryzyko urazu porodowego (wywołanego długim i wysiłkowym parciem na

krocze), które mogłoby doprowadzić do porażenia mózgowego i innych uszkodzeń neurologicznych. Jednak najnowsze badania wykazują, że dzieci radzą sobie równie dobrze i bez tego zabiegu, nie doświadczając większego urazu głowy w związku z przedłużającą się drugą fazą porodu. Matki również doskonale dają sobie radę – tak samo, a nawet i lepiej – gdy nie mają nacinanego krocza. Całkowity czas trwania porodu wcale nie jest dłuższy, matki zwykle tracą mniej krwi, rzadziej zdarzają się infekcje, nietrzymanie stolca czy moczu, odczuwają mniejszy ból w okolicy krocza po porodzie. Nie są bardziej zagrożone wystąpieniem komplikacji poporodowych niż kobiety, u których przeprowadzono nacięcie krocza.

Jednak choć już nie poleca się rutynowego nacinania krocza, zabieg ten nadal może być praktykowany w pewnych okolicznościach położniczych. Nacięcie bywa wskazane, gdy dziecko jest duże i potrzebuje szerszego wyjścia; kiedy używa się kleszczy bądź próżniociągu położniczego; a także w przypadku dystocji barku dziecka (gdy w trakcie narodzin bark utknie w kanale rodnym).

Wykonuje się dwa główne rodzaje nacięcia krocza: środkowe i środkowo-boczne. Nacięcie pośrodkowe wykonuje się prosto ku tyłowi, w kierunku odbytu. Mimo jego zalet (w stosunku do długości nacięcia powoduje większe poszerzenie wychodu kanału rodnego, dobrze się goi i jest łatwiejsze do zeszycia, powoduje mniejsze krwawienie, rzadziej powoduje dolegliwości poporodowe i ulega zakażeniu) jest rzadziej stosowane w Stanach Zjednoczonych, z powodu większego ryzyka pęknięcia krocza aż do odbytu. By uniknąć tego niebezpieczeństwa, większość lekarzy wybiera nacięcie środkowo-boczne, które omija odbyt. Postępuje się tak zwłaszcza przy pierwszym porodzie.

Aby jak najbardziej zredukować prawdopodobieństwo, iż w twoim przypadku dokonane zostanie nacięcie krocza, oraz by łatwiej było ci bez niego urodzić, warto wykonywać ćwiczenia Kegla (patrz s. 189) oraz masaż krocza (patrz s. 326) na sześć do ośmiu tygodni przed spodziewaną datą rozwiązania. W czasie porodu mogą także pomóc: ciepłe kompresy, zmniejszające napięcie krocza, masaż, pozycja stojąca lub kuczna, wydech lub chrząknięcie w czasie parcia w celu łatwiejszego rozciągnięcia krocza, unikanie znieczulenia miejscowego, które zwiotcza mięśnie krocza. W trakcie fazy parcia jedna z osób pomagających prawdopodobnie będzie obserwować stan krocza, stosując na nie ucisk, aby główka dziecka nie została zbyt szybko wypchnięta, powodując niepotrzebnie rozdarcie.

Jeśli jeszcze nie rozmawiałaś z lekarzem na temat nacięcia krocza, zrób to teraz. Zapewne zgodzi się on, iż nie powinno się przeprowadzać tego zabiegu rutynowo. Udokumentuj swe uczucia wobec owej procedury w planie porodu (patrz s. 270), aby wiedział o nich personel szpitalny. Niemniej pamiętaj, iż niekiedy nacięcie krocza bywa niezbędne, a ostateczna decyzja powinna zostać podjęta nie przed porodem, lecz na sali porodowej, gdy przede wszystkim bierze się pod uwagę twoje dobro oraz bezpieczne przyjście na świat dziecka.

## ROZCIĄGNIĘCIE POCHWY PRZEZ PORÓD

*Obawiam się rozciągnięcia i pęknięcia pochwy. Czy po porodzie będę taka, jaka byłam wcześniej?*

Pochwa jest narządem bardzo elastycznym. W czasie porodu jej ściany rozciągają się jak w akordeonie. Kobieta, u której przed ciążą zdarzały się kłopoty z założeniem tamponu, potrafi urodzić 3-4-kilogramowe dziecko. Po porodzie, po kilku tygodniach narządy płciowe kobiety powracają niemal zupełnie do poprzednich rozmiarów.

Krocze, czyli przestrzeń pomiędzy pochwą i odbytem, jest również bardzo rozciągliwe, jednak nie aż tak jak pochwa. Aby zwiększyć jego elastyczność i zredukować rozciągnięcie, należy masować je przez kilka miesięcy poprzedzających poród. Podobnie ćwiczenia mięśni bioder wykonywane w tym okresie sprawiają, że stają się one bardziej elastyczne, wzmocnione i szybciej wracają do poprzedniego stanu.

Wiele par stwierdza, że po porodzie współżycie daje im więcej satysfakcji. Dzieje się tak dzięki nabyciu w czasie ćwiczeń przedporodowych większej kontroli nad mięśniami krocza i świadomemu kierowaniu nimi. Innymi słowy, po porodzie możesz nie być taka sama – możesz być nawet atrakcyjniejsza!

Większość kobiet uważa, że nieco większa „przestrzenność" doświadczana po porodzie jest praktycznie nieodczuwalna i nie przeszkadza w czerpaniu przyjemności z uprawiania miłości. Zresztą, taka sytuacja może być korzystna dla tych, które wcześniej miały bardzo małą pochwę – teraz stosunki seksualne staną się dla nich źródłem większej przyjemności.

Zdarza się, chociaż rzadko, że u kobiety poprzednio zadowolonej ze swojej budowy duże rozciągnięcie krocza w czasie porodu powoduje po porodzie zmniejszenie satysfakcji ze współżycia. Często dopiero po upływie czasu mięśnie wzmacniają się ponownie. Systematyczne, częste wykonywanie ćwiczeń Kegla po porodzie – podczas kąpieli, zmywania naczyń, spaceru z dzieckiem, prowadzenia samochodu, pracy przy biurku – bardzo przyspieszy ten proces. Natomiast jeżeli nie ma poprawy po sześciu miesiącach, porozmawiaj z lekarzem o ewentualnym leczeniu.

## PORÓD W STRZEMIONACH

*Nie cierpię mieć stóp w strzemionach. Czy będzie to konieczne podczas porodu?*

Niewiele kobiet (jeśli choć jedna) z tych, które przechodziły badanie miednicy, może wyrazić pozytywną opinię na temat rodzenia z nogami w strzemionach. Na szczęście większość rodzących nie będzie miała z nimi styczności podczas porodu – i to z kilku powodów. Po pierwsze, miejsce stołów porodowych wyposażonych w strzemiona w większości przypadków przejęły łóżka porodowe. Po drugie, obecnie porody przeprowadza się w różnych pozycjach, a czasy, kiedy kobieta mogła jedynie leżeć na plecach z rozszerzonymi nogami, odeszły do przeszłości. Po trzecie, kobiety – które tak jak ty chcą mieć jak największą kontrolę nad przebiegiem porodu i przeżyć go godnie – wrogo zapatrują się na używanie strzemion. Pomijając te argumenty, należy też przyznać, że dzisiejsze kobiety są znacznie lepiej przygotowane do rodzenia dzieci niż poprzednie pokolenia, a strzemiona, które wcześniej powstrzymywały rodzące przed rzucaniem się z lęku przed nieznanym, są najczęściej zupełnie niepotrzebne.

Jednak nadal pewna część lekarzy prosi pacjentki, by nie obawiały się strzemion, gdyż dzięki nim mają oni większe pole manewru – szczególnie w przypadku porodu z użyciem kleszczy, próżniociągu czy porodu pośladkowego. Część kobiet także uważa je za pomocne podczas parcia, ponieważ uda są rozchylone i skierowane ku tyłowi. Jak to zwykle bywa: różnym ludziom pomagają różne rzeczy.

Jakiś czas przed porodem porozmawiaj z lekarzem na temat strzemion. Prawdopodobnie twoje życzenia zostaną wzięte pod uwagę.

## UŻYCIE KLESZCZY I PRÓŻNIOCIĄGU POŁOŻNICZEGO

*Słyszałam już wszelkie możliwe przerażające opowieści o kleszczach czy próżniociągu położniczym. Czy są one bezpieczne?*

Pierwszą parę kleszczy położniczych skonstruował brytyjski chirurg Piotr Chamberlen Starszy w 1598 roku. Wykorzystał to narzędzie do wydobycia dziecka z kanału rodnego w sytuacji, gdy trudny poród zagrażał śmiercią matce i dziecku. Zamiast opisać wynalazek w najnowszym czasopiśmie naukowym, Chamberlen zachował to w tajemnicy, wyłącznie do prywatnego użytku dla czterech pokoleń lekarzy rodziny Chamberlenów i ich pacjentek, niektórych z rodzin królewskich. Niewiele brakowało, by użycie kleszczy skończyło się na zawsze razem z karierą ostatniego lekarza z rodziny. Jego skrzynka z narzędziami ukryta była pod podłogą domu rodziny Chamberlenów aż do połowy XVIII wieku.

Przez pewien czas (niemal aż do końca ubiegłego stulecia) wiele osób uważało, że używanie kleszczy powinno było zakończyć się na rodzinie Chamberlenów. Obawiano się, że instrument ten wyrządza więcej szkody niż dobra – jest wręcz odpowiedzialny za poważne obrażenia zarówno u dziecka, jak i u matki – co przyczyniło się do negatywnej opinii na jego temat. Jednak najnowsze badania wykazują, iż porody z zastosowaniem kleszczy nie są ani bardziej, ani mniej odpowiedzialne za negatywne skutki niż inne formy rodzenia, zatem istnieje dla nich miejsce we współczesnym położnictwie.

Podobnie jak w przypadku wszelkich innych ingerencji w poród, kleszcze powinien stosować wyłącznie lekarz mający doświadczenie z tego rodzaju porodami oraz wyłącznie wówczas, gdy zaistnieją poważne przesłanki. Najczęstszymi wskazaniami do użycia kleszczy są: zbyt długi poród, przedłużająca się druga część porodu (patrz s. 364), stan zagrożenia matki (matka jest wycieńczona, nie może efektywnie przeć lub występuje u niej choroba serca, mięśni, neurologiczna czy układu oddechowego, co także nie pozwala jej przeć), nieprawidłowe bicie serca dziecka, krwawienie z pochwy przy podejrzeniu o oddzielenie się łożyska albo wypadnięcie pępowiny.

Aby można było zastosować kleszcze, szyjka macicy powinna być rozwarta i skró-

# Użycie kleszczy i próżniociągu położniczego

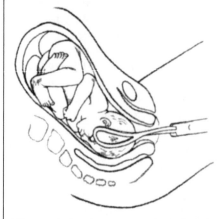
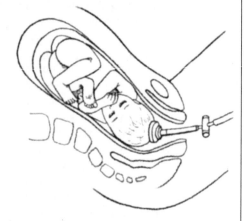

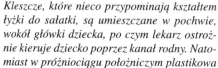

*Kleszcze, które nieco przypominają kształtem łyżki do sałatki, są umieszczane w pochwie, wokół główki dziecka, po czym lekarz ostrożnie kieruje dziecko poprzez kanał rodny. Natomiast w próżniociągu położniczym plastikowa*

*przyssawka zostaje przymocowana do główki dziecka. Próżniociąg delikatnie zasysa, co zwykle pomaga lekarzowi w wyciągnięciu na świat dziecka, które bez pomocy z zewnątrz utknęłoby w kanale rodnym.*

cona, błony płodowe – przerwane, a główka dziecka częściowo wysunięta. Dodatkowo należy przygotować się na wypadek zastosowania cięcia cesarskiego, gdyby interwencja z użyciem kleszczy okazała się nieskuteczna. Przed założeniem kleszczy podaje się matce znieczulenie miejscowe w okolice krocza. Następnie zakłada się kolejno zakrzywione, zaokrąglone łyżki kleszczy wokół główki dziecka, które następnie bezpiecznie przychodzi na świat.

Próżniociąg położniczy, będący alternatywą dla kleszczy, ma plastikową przyssawkę, która zostaje przytwierdzona do główki dziecka, aby bezpieczne przeciągnąć je przez kanał rodny. Próżniociąg staje się tak bardzo popularny w praktyce położniczej, że jest używany częściej od kleszczy. Wskazania do porodu przy jego użyciu są takie same jak w przypadku kleszczy i oba te instrumenty uznano za równie bezpieczne dla dziecka jak cięcie cesarskie. Próżniociąg nie powinien mieć zastosowania przed 34 tygodniem ciąży lub w przypadku, gdy dziecko znajduje się w położeniu miednicowym. Jeśli

zabieg nie przebiega pomyślnie lub przyssawka ześlizguje się z główki dziecka, należy go zaniechać. Podobnie jak w przypadku kleszczy, tak i tego rodzaju poród powinien być przeprowadzany przez lekarza mającego doświadczenie ze stosowaniem próżniociągu położniczego oraz przygotowanego do przeprowadzenia cięcia cesarskiego, gdyby zabieg się nie powiódł.

Jeśli podczas porodu lekarz zasugeruje użycie kleszczy czy próżniociągu w celu przyspieszenia akcji, możesz go spytać, czy mogłabyś odpocząć przez kilka kolejnych skurczów (jeżeli czas na to zezwala) i spróbować jeszcze raz; taka przerwa niekiedy dodaje nagle skrzydeł i energii do dalszego parcia. Spróbuj również zmienić pozycję: klęknij i podeprzyj się z przodu na łokciach, usiądź w przysiadzie – niech siła grawitacji pomoże w urodzeniu główki dziecka.

Wszelkie problemy związane z użyciem kleszczy czy próżniociągu podczas porodu powinny zostać omówione z lekarzem już teraz, nim poród się rozpocznie. Lekarz powinien rozwiać wszystkie twoje wątpliwości.

# WYNIK W SKALI APGAR

*Słyszałam, jak moi przyjaciele, którym niedawno urodziło się dziecko, rozmawiali o wyniku w skali Apgar. Co to jest Apgar?*

To pierwsze badanie twojego dziecka. System punktacji Apgar został opracowany w 1952 roku przez doktor Virginię Apgar, znanego pediatrę, w celu umożliwienia szybkiej oceny stanu noworodka. W minutę po narodzeniu się dziecka pielęgniarka bądź lekarz bada kolor skóry, częstość uderzeń serca, grymas twarzy w odpowiedzi na bodźce, aktywność ruchową i oddechy dziecka (pierwsze litery tych słów w języku angielskim tworzą skrót APGAR[1]). Dzieci, które otrzymały wynik pomiędzy 4 a 6 punktów często wymagają resuscytacji, polegającej na oczyszczeniu dróg odde-

---

[1] Technika mnemotechniczna stosowana jest przez licznych autorów, m.in. w piśmiennictwie polskim przyjęty został akronim OCENA pochodzący od pierwszych liter następujących słów: Oddychanie, Czynność serca, Efekt drażnienia cewnikiem, Napięcie mięśni, Aktualny wygląd (uwaga redaktora wydania polskiego).

chowych i podaniu tlenu. Dzieci z wynikiem poniżej 4 punktów potrzebują znacznie poważniejszej pomocy, a wręcz intensywnego postępowania ratującego życie.

Ocenę w skali Apgar przeprowadza się ponownie pięć minut po porodzie. Jeśli wynik wynosi w tym momencie 7 lub więcej, prognozy dla dziecka są bardzo dobre. Niższy wynik oznacza, że dziecko wymaga starannej opieki, niemniej jednak jego stan może szybko się poprawić.

Twoje nowo narodzone dziecko zostanie poddane także innym badaniom. Więcej informacji na ten temat znajdziesz w książce *Pierwszy rok życia dziecka*.

# POZYCJE PORODOWE

*Wiem, że w czasie porodu nie trzeba leżeć na plecach, jednak jaka pozycja jest najlepsza?*

Najlepsza pozycja to taka, w której ty czujesz się najlepiej. Może z jednym wyjątkiem, dotyczącym pozycji leżenia płasko na plecach, w której poród nie tylko

# SKALA APGAR

| OBJAW | PUNKTY | | |
|---|---|---|---|
| | 0 | 1 | 2 |
| Zabarwienie skóry* | Blade lub sine | Tułów różowy, kończyny sine | Różowe |
| Czynność serca | Niewykrywalna | Poniżej 100/minutę | Powyżej 100/minutę |
| Reakcja na cewnik w nosie | Brak | Grymasy | Krzyk |
| Napięcie mięśni | Wiotkość | Słabe ruchy kończyn | Pełna ruchliwość |
| Oddychanie | Brak | Wolne, nieregularne | Prawidłowe (krzyk) |

* U dzieci innych ras niż biała należy oceniać zabarwienie błony śluzowej ust, twardówki oka, warg, dłoni lub stóp.

## Pozycje rodzącej w czasie pierwszego okresu porodu

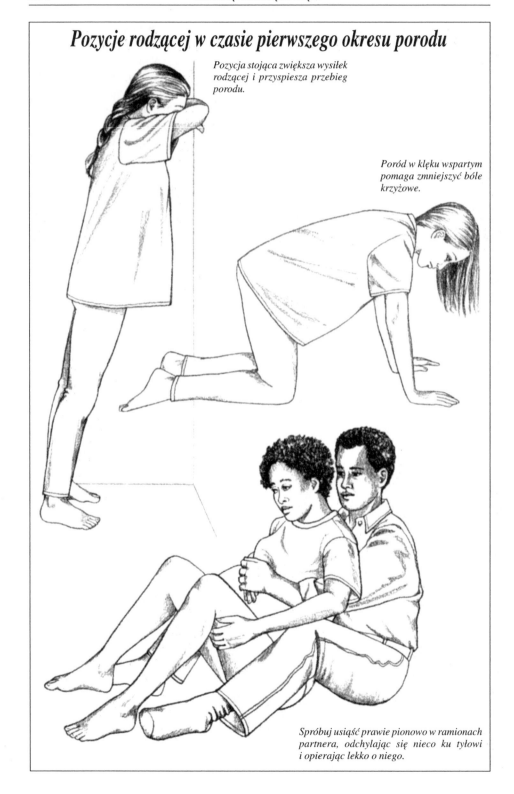

*Pozycja stojąca zwiększa wysiłek rodzącej i przyspiesza przebieg porodu.*

*Poród w klęku wspartym pomaga zmniejszyć bóle krzyżowe.*

*Spróbuj usiąść prawie pionowo w ramionach partnera, odchylając się nieco ku tyłowi i opierając lekko o niego.*

przebiega wolniej, ale także dochodzi do ucisku na główne naczynia krwionośne, co może potencjalnie zakłócić dopływ krwi do płodu – niemal każda pozycja lub kombinacja pozycji będzie lepszym rozwiązaniem. Szczególnie skuteczne są te, w których jesteś bodaj częściowo wyprostowana – wówczas udział w porodzie mogą mieć siły natury przyspieszające rozwarcie i wyjście dziecka na świat, przez co poród trwa krócej. Można zatem rodzić w pozycji stojącej, siedzącej (w łóżku, w fotelu piankowym oraz w ramionach partnera), przysiadzie bądź pozycji klęczącej, półprzysiadzie (na podłodze lub łóżku) albo siedząc na krześle w rozkroku. Choć wedle ostatnich badań spacerowanie podczas porodu nie przyspiesza chwili narodzin dziecka bardziej niż samo stanie (bądź inna pozycja wyprostowana), nie wyrządza żadnej szkody i może wręcz zredukować dyskomfort. Niektórym kobietom pewną ulgę przynosi również klęczenie (na łóżku czy na podłodze) i podpieranie się na łokciach.

Jeśli jednak jest ci wygodniej, gdy leżysz podczas porodu w łóżku, połóż się na lewym boku dla lepszego krążenia i od czasu do czasu kołysz biodrami (s. 190).

# CO WARTO WIEDZIEĆ
## Przebieg porodu

Tylko nieliczne ciąże przebiegają według schematu podawanego w podręcznikach położnictwa – z porannymi nudnościami, mijającymi pod koniec pierwszego trymestru, wystąpieniem pierwszych ruchów płodu dokładnie w 20 tygodniu ciąży i obniżeniem dna macicy na 2 tygodnie przed porodem. Podobnie jest z porodami – tylko nieliczne są lustrzanym odbiciem opisanego niżej schematu. Mimo to taki schemat typowego, przeciętnego porodu ułatwia przewidywanie przebiegu porodu konkretnej rodzącej. Schemat taki jest przydatny pod warunkiem, że pamięta się o możliwości wystąpienia sytuacji nietypowych, zdarzających się rzadziej, ale możliwych.

Poród został podzielony (dosyć swobodnie przez naturę, bardziej formalnie przez położników) na trzy okresy. Pierwszy okres porodu, składający się z fazy wczesnej (tzw. utajonej), fazy przyspieszenia (tzw. aktywnej) i fazy przejściowej – kończy się z chwilą całkowitego rozwarcia szyjki macicy. Drugi okres porodu, okres wydalania – kończy się urodzeniem dziecka. Trzeci okres porodu to urodzenie łożyska, a mówiąc poprawniej – popłodu. Pierwszy poród w życiu (u tzw. pierwiastki) trwa 14 godzin, następne są zwykle krótsze i trwają około 8 godzin (u wieloródki). Pamiętać jednak należy o tym, iż rozpiętość czasu bywa ogromna, od kilku godzin do kilku dni.

W każdym porodzie drogami natury, w ciąży donoszonej, można wyróżnić trzy wymienione fazy pierwszego okresu. Niektóre kobiety mogą nawet nie zauważyć, że poród się zaczął, aż do wystąpienia drugiej, a nawet trzeciej fazy, ponieważ ich skurcze nie są początkowo bolesne. Trzecia faza porodu kończy się, gdy szyjka rozwarła się całkowicie, tj. na 10 cm. Bardzo rzadko zda-

### Okresy i fazy porodu

**OKRES PIERWSZY**

**Faza pierwsza: wczesna bądź utajona** – skracanie się szyjki macicy i rozwieranie do około 3 cm.

**Faza druga: aktywna** – rozwieranie się szyjki macicy do około 7 cm.

**Faza trzecia: przejściowa** – rozwieranie szyjki macicy do 10 cm (pełne rozwarcie).

**OKRES DRUGI:** urodzenie dziecka

**OKRES TRZECI:** urodzenie łożyska (popłodu).

rza się, że kobieta wcale nie zauważyła pierwszego okresu porodu. Pierwszym sygnałem porodu jest dla niej nagłe wystąpienie uczucia parcia na stolec. Jest to już objaw drugiego okresu porodu.

Częstość i siła skurczów mogą pomóc w określeniu fazy porodu. Potwierdzenie postępu porodu uzyskuje się dzięki okresowemu badaniu wewnętrznemu.

Jeżeli poród nie postępuje według schematu przyjętego za prawidłowy, wielu lekarzy stara się pomóc Matce Naturze poprzez podanie oksytocyny. Jeżeli nie przynosi to skutku, rezygnuje się całkowicie z porodu naturalnego i wykonuje cięcie cesarskie. Inni wybierają dłuższe oczekiwanie przed podjęciem takiej decyzji, pod warunkiem dobrego stanu matki i dziecka.

# PIERWSZY OKRES PORODU

## FAZA PIERWSZA: WCZESNA LUB UTAJONA

Jest to zwykle najdłuższa i na szczęście najmniej dolegliwa faza porodu. Całkowite zaniknięcie szyjki macicy i jej rozwarcie do około 3 centymetrów może nastąpić w ciągu dni, a nawet tygodni pod wpływem skurczów, które mogą być niewyczuwalne lub bolesne, ale występują rzadko. U innych kobiet nie budzący wątpliwości poród rozpoczyna się przy zamkniętej szyjce macicy i rozwarcie do 3 centymetrów następuje w ciągu 2-6 godzin (rzadziej 24 godzin) silniejszych i bardziej regularnych skurczów. Skurcze w tej fazie trwają zwykle około 30- -45 sekund, choć bywają krótsze. Są lekkie lub średnio mocne, regularne lub nie (występują co 5 lub 20 minut) i nasilają się, chociaż niekoniecznie równomiernie. Część kobiet nie zauważa ich wcale.

Zostaniesz prawdopodobnie poinformowana, by pod koniec tej fazy lub na początku następnej udać się do szpitala.

**Co możesz odczuwać lub zauważyć.** Najczęstszymi objawami w fazie pierwszej są bóle okolicy krzyżowej (stałe lub podczas każdego skurczu), bóle podbrzusza podobne jak w czasie miesiączki, niestrawność, biegunka, uczucie gorąca w brzuchu, krwista wydzielina z pochwy. Możesz zauważyć wszystkie opisane objawy lub tyl-

ko niektóre. Błony płodowe mogą pęknąć (bądź zostać przerwane) zarówno przed, jak i w czasie porodu.

Zmienia się też stan emocjonalny. Możesz odczuwać podniecenie, ulgę, oczekiwanie, niepewność, strach i niepokój. Niektóre kobiety są odprężone i rozmowne, inne napięte i niespokojne.

**Co możesz robić:**

• Odpręż się. Lekarz prawdopodobnie mówił ci, abyś nie telefonowała przed rozpoczęciem silniejszych skurczów. Lekarz mógł również prosić o wcześniejszą wiadomość, gdyby skurcze rozpoczęły się w ciągu dnia lub w wypadku pęknięcia błon płodowych. Bezwzględnie musisz zatelefonować natychmiast, gdy płyn owodniowy jest zielony lub ciemny, jeżeli występuje jasnoczerwone krwawienie z pochwy, jeśli nie odczuwasz ruchów płodu (odczuwanie ich może być trudniejsze, ponieważ jesteś pochłonięta obserwacją skurczów; możesz więc przeprowadzić test opisany na stronie 240). Chociaż możesz nie czuć się najlepiej, rozmawiaj z lekarzem osobiście i nie proś o to męża. Każde pośrednictwo powoduje utratę cennych informacji.

• Jeżeli jest środek nocy, spróbuj zasnąć. Wypoczynek w tej fazie porodu jest bardzo ważny, ponieważ później będzie on niemożliwy. Nie obawiaj się, że prześpisz na-

# Czynniki wpływające na odczuwanie bólu

Nie ma wątpliwości – skurcze porodowe bolą! Lecz nie ma powodu, aby cierpieć bardziej, niż trzeba. Kilka czynników może sprawić, że ból będzie mniej lub bardziej odczuwalny, przy czym na większość z nich masz wpływ, szczególnie jeśli wcześniej poczynisz pewne plany.

| Odczuwanie bólu może być zwiększone przez: | Odczuwanie bólu może być zmniejszone przez: |
|---|---|
| Samotność | Towarzystwo i pomoc osób bliskich i doświadczonego personelu medycznego |
| Zmęczenie | Wypoczynek (nie przemęczaj się w ostatnim miesiącu ciąży); staraj się między skurczami rozluźnić mięśnie i odprężyć się |
| Głód i pragnienie | Lekkie jedzenie i picie we wczesnej fazie porodu; ssanie kostek lodu, picie płynów i małe przekąski, jeżeli są dozwolone |
| Myślenie o bólu i oczekiwanie na ból | Zajęcie się innymi czynnościami lub rozrywkami (nie podczas parcia); myślenie o skurczach jako o środku do celu, a nie cierpieniu; pamiętaj o tym, że choć skurcze są bolesne – to nie trwają wiecznie |
| Niepokój i strach, napięcie mięśni w czasie skurczów | Stosowanie technik rozluźniających, medytowanie czy wizualizacja między skurczami, skupienie uwagi na oddychaniu lub parciu |
| Lęk przed nieznanym | Zdobycie zawczasu jak największej wiedzy dotyczącej porodu; skoncentrowanie uwagi na świadomym zachowaniu w czasie kolejnego skurczu, a nie martwienie się na zapas |
| Pesymizm | Myślenie o tym, jaka jesteś szczęśliwa i jaka cudowna nagroda cię czeka |
| Poczucie bezradności | Dobre przygotowanie się do porodu, posiadanie wiedzy dającej poczucie pewności siebie i świadomego udziału w porodzie |

stępną fazę porodu – skurcze będą zbyt mocne. Jeżeli nie możesz zasnąć, nie leż w łóżku, licząc skurcze – poród wydaje się wtedy znacznie dłuższy i nużący. Lepiej wstań i zajmij się czymś. Posprzątaj pokój, przygotuj łóżeczko dziecka, spakuj rzeczy potrzebne w szpitalu, weź prysznic, zrób kanapki dla męża, ułóż pasjans lub poszukaj w internetowych chat-roomach kogoś, kto jest na tym samym etapie co ty.

• Jeżeli jest dzień, kontynuuj swoje normalne, zaplanowane zajęcia, z wyjątkiem wyjazdów w dalekie trasy. Jeżeli nic nie zaplanowałaś, poszukaj sobie jakiegoś zajęcia. Możesz wybrać coś z wymienionych wyżej zajęć, pójść na spacer, oglądać telewizję. Możesz przygotować posiłek i włożyć do zamrażarki – ułatwi to życie po porodzie. Zawiadom partnera i utrzymuj z nim kontakt, jednak jeśli jest on w pracy, nie musi jeszcze w pośpiechu wracać do domu.

- Oczekując na silniejsze skurcze, weź ciepłą kąpiel (pod warunkiem, że nie pękły błony płodowe, najpierw porozmawiaj z lekarzem) lub prysznic (uważaj, by się nie poślizgnąć). Jeżeli boli cię okolica krzyżowa, możesz przyłożyć ciepły termofor lub poduszkę elektryczną – nie stosuj aspiryny ani ibuprofenu (możesz natomiast wziąć – za zgodą lekarza – acetaminofen), nie leż na plecach.

- Zjedz lekki posiłek, jeżeli jesteś głodna (bulion, grzanka z przecierem jabłkowym, sok owocowy czy inną przekąskę zasugerowaną przez lekarza). Nie objadaj się i unikaj potraw ciężko strawnych: mięsa, mleka i tłuszczu. Trawienie pokarmu jest dla organizmu wysiłkiem, który w połączeniu z porodem staje się duży. Poza tym zjedzenie solidnego posiłku może być wbrew zaleceniom lekarza. Unikaj kwaśnych potraw, na przykład soku pomarańczowego.

- Mierz częstość występowania skurczów (od początku jednego do początku następnego) w okresach półgodzinnych, jeżeli występują częściej niż co 10 minut. Nie patrz jednak bez przerwy na zegarek.

- Pamiętaj o częstym oddawaniu moczu, nawet jeśli nie czujesz potrzeby.

- Wykonuj ćwiczenia relaksacyjne (patrz s. 127), jeżeli przynoszą ci one ulgę. Nie rozpoczynaj jeszcze ćwiczeń oddechowych – mogą ci się znudzić i zmęczyć cię, zanim jeszcze będą potrzebne.

### Co może robić partner:

Jeśli jesteś z rodzącą, która jest w tej fazie rodzenia, możesz jej pomóc na kilka sposobów:

- Ćwicz mierzenie częstości skurczów. Czas pomiędzy skurczami mierzy się od początku skurczu do początku następnego. Mierz ten czas okresowo i zapisuj. Gdy skurcze są częściej niż co 10 minut, mierz je częściej.

- Podtrzymuj rodzącą na duchu. Najważniejszym zadaniem w tej wczesnej fazie porodu jest odprężenie u rodzącej. Aby to uzyskać, partner musi być też spokojny i odprężony, zarówno wewnętrznie, jak i zewnętrznie. Niepokój jednej osoby udziela się drugiej nie tylko w czasie rozmowy, czasami zdenerwowanie można przekazać przez dotyk. Wspólne wykonywanie ćwiczeń odprężających lub delikatny powolny masaż może pomóc. Na ćwiczenia oddechowe jest jeszcze za wcześnie.

- Zrób wszystko, by rodząca czuła się dobrze, zapewnij jej wsparcie i pomoc. Będzie ich odtąd bardzo potrzebować.

- Zachowaj poczucie humoru i pomóż je zachować rodzącej – czas znacznie szybciej mija podczas miłych zajęć. Na tym etapie śmiech jest łatwiejszy niż później, gdy zaczną się silniejsze skurcze.

- Zajmij czymś rodzącą. Zaproponuj rozrywkę, która pomoże chociaż na chwilę zapomnieć o porodzie, np. grę w karty lub gry planszowe, rozwiązanie krzyżówki, obejrzenie śmiesznego serialu czy lekkiego filmu, przeglądanie książki z imionami dla dziecka, krótki spacer.

- Bądź silny, abyś mógł dać jej wsparcie. Powinieneś jeść co jakiś czas, nawet jeśli ona tego nie może robić. Jeśli nie chcesz jej opuszczać ani na chwilę, przygotuj sobie wcześniej kanapki, unikając przy tym wszystkiego, co ma intensywny, utrzymujący się długo zapach.

# Do szpitala lub kliniki położniczej

**Dojazd do szpitala lub kliniki położniczej.** Najprawdopodobniej lekarz zaleci udanie się do szpitala pod koniec fazy utajonej lub na początku fazy przyspieszenia pierwszego okresu porodu (skurcze występują wtedy zwykle co 5 minut lub częściej; jeżeli mieszkasz daleko od szpitala lub rodziłaś już, jedź wcześniej). Dojazd będzie szybszy i łatwiejszy, jeżeli twój partner jest zawsze w zasięgu, na przykład dzięki telefonowi komórkowemu czy pagerowi, i może szybko do ciebie dojechać (n i e próbuj sama dojechać do szpitala[1]), zapoznaliście się wcześniej z trasą, miejscami do parkowania i wiesz, którym wejściem udać się na oddział porodowy (jeżeli zaparkowanie może stanowić problem, lepiej wziąć taksówkę). W czasie jazdy rozlokuj się wygodnie na tylnym siedzeniu, połóż sobie poduszkę pod głowę. Rozluźnij pas na brzuchu. Jeżeli masz dreszcze, przykryj się kocem.

**Przyjęcie do szpitala bądź kliniki położniczej.** W poszczególnych szpitalach zwyczaje różnią się nieco, ale możesz oczekiwać następującej kolejności:

• Jeżeli byłaś wcześniej zarejestrowana w szpitalu (i tak jest najlepiej), czynność ta będzie krótka. Jeżeli skurcze będą silne, zarejestrowaniem zajmie się partner.

• Zostaniesz zaprowadzona na oddział porodowy przez położną. Czasem bywa i tak, że rodząca najpierw trafia do gabinetu izby przyjęć, gdzie bada się jej szyjkę macicy lub przez pewien czas monitoruje skurcze, aby się zorientować, czy faza aktywnego porodu już się rozpoczęła. W zależności od organizacji i zwyczajów w szpitalu, w czasie przygotowań do porodu partner i inni członkowie rodziny mogą zostać poproszeni o pozostanie na zewnątrz. (Uwaga dla mężczyzny: jest to właściwa chwila do odbycia ważnych rozmów telefonicznych, zaopatrzenia się w przekąskę, jeśli nic nie wziąłeś z domu, rozpako-

wania torby oraz schłodzenia szampana. Jeżeli nie zostaniesz wezwany na salę porodową w ciągu 20 minut, przypomnij którejś z położnych, że czekasz. Przygotuj się na to, że możesz być poproszony o włożenie sterylnego fartucha.)

• Położna zapyta cię o kilka spraw: od kiedy trwają skurcze i co ile minut się powtarzają, czy pękły błony płodowe, kiedy i co ostatni raz jadłaś itp.

• Położna poprosi cię (lub męża) o podpisanie formularza zawierającego zgodę na przyjęcie do szpitala.

• Otrzymasz szpitalny ubiór. Położna poprosi cię o oddanie próbki moczu do badania. Zmierzy tętno, ciśnienie krwi, temperaturę i częstość oddechów. Sprawdzi, czy nie widać odpływania płynu owodniowego, krwawienia lub krwistej wydzieliny. Osłucha czynność serca płodu za pomocą aparatu Dopplera lub włączy monitor płodowy, jeśli zajdzie taka potrzeba. Może też ocenić położenie płodu i pobrać próbkę krwi płodu.

• W zależności od zasad postępowania przyjętych przez lekarza i stosowanych w danym szpitalu, oraz być może twojego zdania, możesz mieć założony cewnik dożylny.

• Położna, lekarz prowadzący ciążę lub lekarz oddziału porodowego przeprowadzi badanie wewnętrzne i oceni długość rozwarcia szyjki macicy. Jeżeli rozwarcie wynosi przynajmniej 3-4 centymetry (niekiedy lekarze wolą poczekać do przynajmniej 5 centymetrów rozwarcia), a błony płodowe nie pękły samoistnie, lekarz może je przebić. Jest to całkowicie niebolesny zabieg – poczujesz tylko odpływanie ciepłego płynu. Jeżeli zdecydowałaś tak razem z lekarzem, może on pozostawić błony płodowe nienaruszone.

Jeżeli masz jeszcze jakieś pytania, których nie zadałaś wcześniej – o zasadach obowiązujących w szpitalu, o twoim stanie, o planach, jakie ma lekarz – to jest właściwa chwila, by to uczynić.

---

[1] Jeśli z jakiegoś powodu nie możesz skontaktować się ze swym partnerem, powinnaś mieć „zapasowego" kierowcę bądź numer telefonu do radio taxi. Partner dojedzie do ciebie do szpitala.

# DRUGA FAZA: FAZA PRZYSPIESZENIA LUB AKTYWNA

D**ruga faza pierwszego okresu porodu** jest zwykle krótsza od pierwszej i trwa średnio od 2 do 3,5 godziny (chociaż tu także zdarzają się duże odchylenia od tych wartości średnich). Skurcze stają się mocniejsze, dłuższe i częstsze. Gdy stają się silniejsze i dłuższe (40-60 sekund z wyraźnie zaznaczonym szczytem w połowie trwania skurczu) i częstsze (na ogół z przerwami 3-4-minutowymi, chociaż mogą występować odchylenia od normy), szyjka macicy rozwiera się do 7 centymetrów. Między skurczami jest mniej czasu na odpoczynek.

Prawdopodobnie w tej fazie znajdziesz się już w szpitalu bądź klinice położniczej, chociaż czasami zdarza się, że rozwieranie się szyjki macicy trwa tydzień czy nawet dwa. W takim przypadku możesz nie zdawać sobie sprawy z porodu do czasu, aż rozpocznie się kolejna jego faza.

**Co możesz odczuwać lub zauważyć.** Najczęstszymi objawami w tej fazie porodu są bardzo silne skurcze (w czasie skurczu możesz być nawet niezdolna do rozmowy), narastający ból okolicy krzyżowej i ud, zmęczenie i wzrost ilości krwistej wydzieliny z pochwy. Możesz zauważyć wszystkie wymienione objawy lub tylko niektóre. Jeżeli błony płodowe jeszcze nie pękły lub nie zostały przerwane, może to się zdarzyć teraz.

Następują również zmiany stanu psychicznego. Możesz być niespokojna, napięta i mieć trudności z odprężeniem albo przeciwnie, możesz być bardziej skoncentrowana. Możesz być niepewna i mieć wrażenie, że poród nigdy się nie skończy. Możesz też być podniecona i ośmielona tym, że poród rozpoczął się już na dobre. Niezależnie od tego, jakie będą twoje odczucia, musisz je zaakceptować i „wziąć się do roboty".

**Co możesz robić:**

- Jeżeli przygotowałaś się i zaplanowałaś sobie ćwiczenia oddechowe, to rozpocznij je od chwili, w której silne już skurcze utrudniają rozmowę (jeżeli nigdy przedtem nie wykonywałaś tych ćwiczeń, zademonstruje ci je położna – poprawi to twoje samopoczucie). Jeżeli ćwiczenia wydają ci się męczące lub nieskuteczne, nie musisz się do nich zmuszać. Kobiety rodziły przecież przez setki lat bez ćwiczeń oddechowych.

- Jeżeli lekarz pozwoli na to, pij często czyste płyny. Umożliwi to uzupełnienie płynów w organizmie oraz utrzymanie wilgotnych ust. Jeżeli jesteś bardzo głodna, a lekarz pozwoli na to, zjedz lekkostrawny i nie zawierający dużo tłuszczu ani błonnika posiłek (na przykład: sok z lodem, galaretka owocowa, zupa jabłkowa). Jeżeli lekarz zabroni spożywania jakichkolwiek pokarmów, może cię odświeżyć ssanie kostki lodu. Część lekarzy płyn podaje tylko dożylnie.

- Staraj się maksymalnie odprężyć i rozluźnić między skurczami. Będzie to coraz trudniejsze dla ciebie z powodu częstszych skurczów, ale jednocześnie coraz ważniejsze – z powodu zmniejszania się zapasu twoich sił. Korzystaj z technik relaksacyjnych, których mogłaś się nauczyć w szkole rodzenia, lub tych wymienionych na s. 127.

- Spaceruj wokół łóżka lub przynajmniej zmieniaj często pozycje, wybierając wygodne (zalecane w czasie porodu pozycje opisano na s. 353).

- Pamiętaj o częstym oddawaniu moczu. Z powodu wypełnienia i dużego ciśnienia w miednicy możesz nie zauważyć potrzeby opróżnienia pęcherza.

- Jeżeli ból jest silny i chciałabyś go złagodzić, powiedz o tym lekarzowi. Czasem może on zasugerować, by poczekać 15 minut do 0,5 godziny, zanim poda leki prze-ciwbólowe. W tym czasie może nastąpić szybki postęp porodu i leki nie będą już potrzebne albo też poczujesz się znacznie silniejsza i sama z nich zrezygnujesz.

**Co może robić partner:**

- Wręcz plan porodu (patrz s. 270) sporzą-dzony przez twoją rodzącą partnerkę każ-dej pielęgniarce czy innej osobie odbiera-jącej poród, aby personel medyczny był świadomy jej preferencji. Jeśli pojawi się nowa zmiana personelu, upewnij się, czy każda osoba otrzymała kopię.

- W miarę możliwości staraj się, by drzwi do pokoju porodowego były zamknięte, światła przygaszone i panowała cisza. Spokojna muzyka, jeżeli jest to dozwolo-ne, może również wpływać dobrze na ro-dzącą – chyba że woli ona oglądać tele-wizję. Cały czas zachęcaj ją do korzysta-nia z technik relaksacyjnych pomiędzy skurczami. W miarę możliwości bądź spokojny i opanowany, na przykład sam też wykonuj ćwiczenia oddechowe czy relaksacyjne.

- Obserwuj skurcze. Jeżeli włączony jest monitor płodowy, poproś lekarza lub po-łożną o wyjaśnienie, jak rozpoznawać skurcz na zapisie. Później, kiedy skurcze będą występowały jeden po drugim, bę-dziesz mógł informować partnerkę na początku każdego skurczu (monitor po-zwala go wykryć, zanim będzie odczu-walny). Możesz ją również pocieszyć, mówiąc, kiedy skurcz będzie się kończył. Dzięki temu będziecie mieć wspólne po-czucie pewności i wrażenie panowania nad porodem. Jeżeli monitor płodowy nie jest włączony, możesz rozpoznawać po-czątek i koniec skurczu, trzymając rękę na brzuchu partnerki.

- Oddychaj głośno razem z rodzącą pod-czas silnych skurczów, jeżeli jej to poma-ga. Nie nalegaj na wykonywanie ćwiczeń oddechowych, jeżeli są nieprzyjemne i nie przynoszą rodzącej ulgi.

- Jeżeli pojawiają się objawy hiperwenty-lacji (tzn. zbyt intensywnego oddychania: zawroty głowy, niewyraźne widzenie, mro-wienie i cierpnięcie palców rąk i stóp), pomagaj wydychać powietrze do papiero-wej torby (jeżeli nie zabrałeś ze sobą, po-proś o taką torebkę położną) lub do złą-czonych dłoni. Podczas następnego wde-chu rodząca wciąga to samo powietrze jeszcze raz. Po kilkakrotnym powtórzeniu tej czynności powinna poczuć się lepiej. Jeżeli to nie pomogło, zawiadom o tym lekarza lub położną.

- Staraj się rozmawiać dużo z rodzącą (oczy-wiście, jeżeli nie jest to dla niej męczą-ce), niech będzie pewna, że przeżywasz ten poród razem z nią. Chwal jej wysiłek i nie krytykuj (pomyśl, co chciałbyś usły-szeć, gdybyście zamienili się rolami). Przypomnij rodzącej, że każdy skurcz przy-bliża ją do zakończenia porodu i zobacze-nia dziecka, zwłaszcza gdy poród postę-puje powoli. Zaprzestań, jeśli takie ko-mentarze tylko ją denerwują.

- Możesz masować partnerce brzuch lub okolicę krzyżową, stosować „przeciwna-cisk" lub inną opanowaną wcześniej tech-nikę zmniejszającą dolegliwości porodu. (Wykonywanie masażu pleców, w chwili gdy rodząca siedzi, może wręcz skrócić czas trwania porodu.) Kieruj się wska-zówkami żony, jaki sposób ucisku lub masażu przynosi jej największą ulgę. Je-żeli odczuwa przykro jakiekolwiek próby masażu, poprzestań na pomocy słownej.

- Nie sądź, że rodząca nie odczuwa bólu, nawet jeżeli się nie skarży. Potrzebne jest jej twoje wsparcie i zrozumienie. Jednak nie mów jej, że wiesz, co czuje – nie wie tego nikt, kto sam nie rodził.

- Przypominaj rodzącej o odprężeniu się pomiędzy skurczami.

- Przypominaj jej o oddawaniu moczu, przynajmniej co godzinę.

- Jeżeli zezwala się na to, pamiętaj, by rodzącej nie zabrakło kostek lodu do ssania, jakiegoś napoju do popijania małymi łykami lub lekkich przekąsek. Proponuj je od czasu do czasu.

- Używaj wilgotnej myjki zamoczonej w zimnej wodzie, do przecierania twarzy oraz ciała rodzącej. Płucz myjkę często.

- Gdy zmarzną jej stopy, zaproponuj, że założysz jej ciepłe skarpety – kobiecie w jej stanie bardzo ciężko sięgnąć do stóp.

- Kontynuuj dotychczasowe rozrywki (gra w karty lub minigra wideo, głośne czytanie, rozmowa między skurczami), jeżeli odpowiada to rodzącej i dodaje jej otuchy.

- Proponuj okresową zmianę pozycji, spaceruj wokół z rodzącą, jeżeli to możliwe.

- Nie obrażaj się, jeżeli nie rozmawia z tobą lub wydaje się zirytowana twoimi zabiegami. Jeśli woli, byś mniej się angażował, dostosuj się do jej prośby. Nastrój kobiety rodzącej jest zmienny jeszcze bardziej niż w czasie ciąży – i nie bez powodu. Pozostań przy niej, by służyć taką pomocą, jakiej potrzebuje, ale zrozum, że to, czego jej potrzeba i czego chce, może się zmieniać z chwili na chwilę. Twoja rola jest bardzo ważna, nawet jeżeli momentami czujesz się zbyteczny.

- Pomagaj w utrzymaniu kontaktu między personelem medycznym i rodzącą, bądź jej posłańcem i pośrednikiem. Odpowiadaj na te pytania, na które potrafisz. Poproś położną lub lekarza o wyjaśnienia dotyczące postępowania, wyposażenia i stosowanych leków, by móc wszystko wyjaśnić rodzącej. Jeżeli rodząca chce dokładnie zobaczyć rodzenie się dziecka, poszukaj odpowiedniego lustra, by jej to umożliwić. W razie potrzeby bądź jej obrońcą, ale staraj się robić to cicho, poza pokojem porodowym, by nie przeszkadzać rodzącej.

- Jeżeli rodząca prosi o leki przeciwbólowe, powiedz jej, że zajmie to trochę czasu, i przekaż jej prośbę położnej lub lekarzowi. Położnik zechce prawdopodobnie porozmawiać z rodzącą na temat potrzeby takich leków i zbadać ją wewnętrznie, aby ocenić postęp porodu. Zdarza się, że krzepiąca wiadomość o szybkim postępie porodu lub chwila namysłu pozwalają rodzącej zrezygnować z leków. Nie okazuj jednak niezadowolenia, gdy rodząca i lekarz uznają, żeby takie leki zastosować. Pamiętaj, że poród to nie egzamin z wytrzymałości na ból, który żona oblała, prosząc o leki. Silny ból może spowolnić lub wręcz wstrzymać akcję porodową.

**Zadania personelu medycznego:**

- Stworzenie wygodnego środowiska i poczucia bezpieczeństwa. Wyjaśnienie twoich wątpliwości i pytań. (Nie wahaj się przed zgłoszeniem ich czy poproszeniem partnera lub innej osoby towarzyszącej ci, by zrobili to w twoim imieniu.)

- Monitorowanie stanu dziecka za pomocą aparatu Dopplera lub monitora płodowego oraz drogą obserwacji płynu owodniowego (zielone zabarwienie może być objawem zagrożenia płodu). Ocena położenia płodu za pomocą badania zewnętrznego.

- Okresowe badanie ciśnienia krwi.

- Okresowa ocena częstotliwości i siły skurczów macicy oraz ilości i rodzaju wydzieliny pochwowej (wkładka na łóżku powinna być zmieniana w razie potrzeby). Jeżeli nastąpi zmiana rodzaju i siły skurczów macicy lub pojawi się więcej krwi, zostanie przeprowadzone badanie wewnętrzne w celu oceny postępu porodu.

- W razie potrzeby przyspieszenie przebiegu porodu za pomocą oksytocyny lub poprzez przebicie błon płodowych.

- W razie potrzeby podanie środków przeciwbólowych.

# TRZECIA FAZA: FAZA PRZEJŚCIOWA

Faza przejściowa między pierwszym i drugim okresem porodu jest najtrudniejsza i najbardziej wyczerpująca dla rodzącej. Siła skurczów nagle wzrasta. Występują co 2-3 minuty i trwają od 60 do 90 sekund – niemal cały czas są równie silne. Niektóre kobiety, zwłaszcza te, które już rodziły wcześniej, odczuwają szczyt skurczu kilkakrotnie w ciągu tego czasu. Możesz mieć wrażenie, że skurcz nigdy nie mija całkowicie. Trudno jest odprężyć się między skurczami. Jednak rozwieranie się szyjki o ostatnie 3 centymetry prawdopodobnie nie będzie trwało długo. Rozwarcie całkowite do około 10 centymetrów następuje zwykle w czasie od 15 minut do 1 godziny.

**Co możesz odczuwać lub zauważyć.** W fazie przejściowej rodząca zwykle odczuwa silny ucisk w okolicy krzyżowej oraz krocza. Ucisk na odbytnicę może powodować uczucie parcia na stolec i jego oddanie oraz mimowolne pochrząkiwanie. Możesz odczuwać gorąco i pocić się lub przeciwnie, zimno i dreszcze, lub jedno i drugie na przemian. W miarę pękania nowych naczyń krwionośnych szyjki macicy wydzielina staje się coraz bardziej krwista. Występuje drżenie i marznięcie oraz skurcze nóg. Między skurczami często występują nudności, wymioty i zawroty głowy, spowodowane dużym zużyciem tlenu przez pracującą macicę i jego niedoborem w mózgu. Nic dziwnego, że możesz być wtedy wyczerpana.

Następują też zmiany stanu psychicznego. Możesz być nadmiernie drażliwa i zdenerwowana koniecznością powstrzymywania się od parcia, zniechęcona długim wysiłkiem, zdezorientowana. Możesz mieć trudności z rozluźnieniem się między skurczami i odpoczywaniem oraz z koncentracją (to wszystko razem wydaje się niemożliwe). Możesz też nagle poczuć wielkie podniecenie.

**Co możesz robić:**

- Wytrzymaj jeszcze trochę. Po zakończeniu tej fazy porodu, a niewiele ci już do tej chwili pozostało, szyjka macicy będzie rozwarta całkowicie i rozpoczniesz parcie.

- Zamiast martwić się czekającym cię wysiłkiem, pomyśl, że większość porodu jest już za tobą.

- Jeżeli czujesz bardzo silne parcie na stolec, staraj się nie zatrzymywać oddechu (chyba że zaleci to lekarz). Może pomóc ci w tym wydmuchiwanie powietrza lub szybkie oddychanie (patrz uwaga redaktora, s. 341). Rozpoczęcie parcia przed całkowitym rozwarciem szyjki macicy może spowodować jej obrzęk i przedłużenie porodu.

- Jeżeli nie chcesz, by ktokolwiek dotykał cię niepotrzebnie, i zabiegi partnera denerwują cię – nie ukrywaj tego przed nim.

- Jeżeli przynosi ci to ulgę, stosuj opanowaną wcześniej technikę oddychania (możesz poprosić położną o pomoc).

- Staraj się rozluźnić pomiędzy skurczami i oddychać powoli i regularnie.

**Co może robić partner:**

- Zwracając się do rodzącej, wyrażaj się jednoznacznie i bezpośrednio, bez zbędnych słów. Rozmowa może być dla niej obecnie męcząca. Nie obrażaj się, gdy rodząca nie potrzebuje twojej pomocy ani pociechy, nie narzucaj się swoją obecnością, ale pozostań obok, na wypadek gdyby zmieniła zdanie lub byłbyś potrzebny.

# Jeżeli poród nie postępuje

Przez postęp porodu rozumie się stopniowe rozwieranie się szyjki macicy oraz obniżanie się płodu i przechodzenie przez kanał rodny między kośćmi miednicy. Uważa się, że dla odpowiedniego postępu porodu muszą istnieć trzy główne czynniki: silne skurcze macicy skutecznie rozwierające szyjkę, odpowiednie położenie płodu umożliwiające przejście przez miednicę oraz odpowiednio obszerna dla przejścia płodu miednica.

Poród nieprawidłowy, w którym postęp jest zbyt powolny lub nie ma go wcale, może być spowodowany brakiem każdego z wymienionych czynników.

**Przedłużona faza utajona pierwszego okresu porodu** – gdy mimo długo trwającej czynności skurczowej macicy nie stwierdza się rozwierania szyjki lub rozwarcie jest niewielkie. U rodzącej po raz pierwszy stan taki rozpoznaje się po 20 godzinach skurczów, a u rodzącej ponownie (wieloródki) po 14 godzinach. Czasami rozwarcie nie występuje, ponieważ skurcze, mimo że przykro odczuwane, są zbyt słabe. Po prostu rozpoznanie porodu było przedwczesne i fałszywe (patrz s. 331). Niekiedy przyczyną braku postępu porodu jest zbyt wczesne podanie leków przeciwbólowych i osłabienie rozpoczynających się dopiero skurczów. Uważa się, że przyczyną może być również stan psychiczny rodzącej w chwili rozpoczynania się porodu. Wiadomo z badań, że w wyniku strachu, przerażenia w układzie nerwowym wydzielane są substancje, które teoretycznie mogą hamować skurcze macicy.

Lekarz może wybrać różne sposoby postępowania. Może zalecić zwiększenie aktywności (np. spacery), w celu pobudzenia macicy do skurczów. Można postąpić też dokładnie odwrotnie i zalecić wypoczynek i sen oraz zastosowanie technik rozluźniających mięśnie i odprężających. Jeżeli rodząca jest zbyt podniecona, by odprężyć się w sposób naturalny, można zaproponować trochę alkoholu lub podać leki uspokajające. Takie postępowanie pozwoli również odróżnić prawdziwy poród od pozornego (w wypadku porodu pozornego skurcze zwykle zmniejszają się podczas wypoczynku , snu bądź działania alkoholu). Należy pamiętać, jak bardzo ważne jest okresowe oddawanie moczu w trakcie porodu, gdyż pełny pęcherz może utrudnić dziecku przejście przez miednicę. Przeszkodzić mogą również pełne jelita, dlatego też, jeśli nie wypróżniłaś się w ciągu minionych 24 godzin, pomoże ci lewatywa).

Jeżeli rozpozna się rzeczywiście przedłużoną pierwszą fazę porodu, można ją przyspieszyć za pomocą oksytocyny, prostaglandyny E-2 czy innej substancji stymulującej czynność porodową. Jeżeli próby przyspieszenia porodu są nieskuteczne, lekarz powinien wziąć pod uwagę możliwość niewspółmierności porodowej (zbyt duża główka dziecka w stosunku do miednicy rodzącej).

Jeżeli nie stwierdza się zadowalającego postępu porodu po 24-25 godzinach (czasem wcześniej), większość lekarzy decyduje o wy-

---

• Podtrzymuj rodzącą na duchu, zachęcaj do dalszego wysiłku, ale nie mów zbyt dużo, gdy pragnie ona spokoju. W tej chwili więcej można wyrazić spojrzeniem i dotykiem niż słowami.

• Dotykaj rodzącej tylko wtedy, gdy odbiera to przyjemnie. Może jej sprawiać ulgę masaż brzucha lub nacisk wywierany na małej powierzchni w okolicy krzyżowej.

• Oddychaj głośno razem z nią podczas silnych skurczów, jeżeli jej to pomaga.

• Przypominaj rodzącej, by skoncentrowała uwagę na świadomym zachowaniu w czasie kolejnego skurczu. Może ona potrzebować pomocy w rozpoznaniu początku i końca skurczu.

• Pomóż rodzącej odpocząć, rozluźnić mięśnie i odprężyć się między skurczami, sygnalizując lekkim dotknięciem brzucha kończący się skurcz. Przypominaj o powolnym, rytmicznym oddychaniu między skurczami, jeśli jest w stanie to robić.

• Jeżeli skurcze następują jeden po drugim

konaniu cięcia cesarskiego. Niektórzy czekają trochę dłużej, pod warunkiem że matka i dziecko czują się dobrze.

**Pierwotne zaburzenie fazy przyspieszenia (aktywnej)** – rozpoznaje się, gdy druga faza pierwszego okresu porodu przebiega nieprawidłowo wolno (mniej niż 1-1,2 centymetra rozwarcia na godzinę u rodzącej po raz pierwszy i 1,5 centymetra na godzinę u rodzącej ponownie). Jeżeli stwierdza się jednak nawet niewielki postęp rozwarcia, wielu lekarzy wybiera postępowanie wyczekujące. Wiadomo bowiem, że 2/3 kobiet z takim zaburzeniem przebiegu porodu urodzi dziecko w sposób naturalny. Poród można przyspieszyć poprzez spacery, pozycję pionową oraz regularne opróżnianie pęcherza. Jeżeli poród się przedłuża, prawdopodobnie zostanie zastosowane dożylne podawanie płynów w celu uniknięcia odwodnienia.

**Wtórne zatrzymanie rozwierania** – oznacza, że w czasie drugiej fazy porodu nie stwierdzono żadnego postępu w ciągu co najmniej dwóch godzin. Ocenia się, że w około połowie takich sytuacji przyczyną jest niewspółmierność porodowa (zbyt duża główka dziecka w stosunku do miednicy rodzącej), która wymaga wykonania cięcia cesarskiego. W pozostałych przypadkach, gdy przyczyną jest osłabienie skurczów i wyczerpanie, zastosowanie oksytocyny czy innego sposobu na stymulację czynności porodowej (na przykład przebicie błon płodowych) powinno przyspieszyć poród. Również w tej sytuacji można wykorzystać

ciężar płodu do przyspieszenia porodu (siedzenie, kucanie, stanie lub spacer) oraz należy pamiętać o opróżnianiu pęcherza.

**Nieprawidłowe obniżanie się płodu** – część przodująca przesuwa się w kanale rodnym o mniej niż 1 centymetr na godzinę u kobiety rodzącej po raz pierwszy oraz o mniej niż 2 centymetry u pozostałych. W większości przypadków poród przebiega powoli, ale bez zwiększonego ryzyka. W sytuacji braku skurczów stosuje się substancje stymulujące czynności porodowe bądź przebija błony płodowe.

**Przedłużony drugi okres porodu** – trwa ponad dwie godziny u pierwiastki, której nie podano znieczulenia zewnątrzoponowego, trzy godziny natomiast u kobiety, która już rodziła (górna granica jest bliższa w drugim i kolejnych porodach). Wielu lekarzy rutynowo stosuje kleszcze, używa próżniociągu położniczego lub wykonuje cięcie cesarskie po upływie dwóch godzin. Inni czekają nieco dłużej na poród samoistny, pod warunkiem że obserwuje się chociaż powolny postęp oraz matka i płód są w dobrym stanie. Wykonuje się również obrót główki (tak, by lepiej pasowała kształtem do kanału miednicy) ręką lub za pomocą kleszczy. Wykorzystuje się też ciążenie – w tym okresie porodu wygodna może być pozycja półsiedząca lub zbliżona do kucznej.

Należy koniecznie pamiętać, że innego przebiegu porodu należy się spodziewać po podaniu znieczulenia zewnątrzoponowego. W tym przypadku oba okresy porodu trwać będą dłużej.

i rodząca czuje silne parcie – a nie była przez pewien czas badana – zawiadom położną lub lekarza. Może szyjka rozwarła się całkowicie.

- Jeżeli zezwala się na to, dostarczaj rodzącej kostek lodu do ssania, wody lub soku do picia oraz często wycieraj jej czoło wypłukaną w zimnej wodzie myjką.

- Pamiętaj o nagrodzie, jaka czeka was po tym długim wysiłku. Wkrótce zacznie się parcie, po którym nadejdzie oczekiwana chwila.

**Zadania personelu medycznego:**

- Stwarzanie wygodnej i bezpiecznej atmosfery.

- Ciągła obserwacja stanu twojego i twojego dziecka.

- Ciągła ocena siły i czasu trwania skurczów macicy oraz postępu porodu.

- Przygotowanie ciebie do porodu. Jeżeli nie przebywałaś dotychczas w pokoju porodowym, zostaniesz tam zaprowadzona.

# DRUGI OKRES PORODU
## Parcie i urodzenie dziecka

Do tego momentu twój aktywny udział w porodzie nie był istotny. Chociaż dotychczas poród niezaprzeczalnie kosztował cię wiele sił, większość pracy wykonywała macica i szyjka (oraz dziecko). Obecnie nastąpiło całkowite rozwarcie szyjki macicy i potrzebny jest twój wysiłek w celu przejścia płodu przez kanał rodny. Zwykle zajmuje to od pół godziny do godziny. Zdarza się jednak, że drugi okres porodu trwa 10 minut (albo jeszcze mniej) lub dwie, trzy bardzo długie godziny, a nawet dłużej.

W drugim okresie porodu skurcze są zwykle bardziej regularne niż w fazie przejściowej. Trwają wciąż od 60 do 90 sekund, ale czasem występują nieco rzadziej (zwykle co 2 do 5 minut) i bywają mniej bolesne, chociaż silniejsze. Powinien być teraz wyraźny okres przerwy i wypoczynku między skurczami, chociaż wciąż możesz mieć kłopoty z rozpoznaniem początku każdego skurczu.

**Co możesz odczuwać lub zauważyć.** Najsilniejszym wrażeniem w drugim okresie porodu jest uczucie niezwykle silnego parcia na stolec – chociaż niektóre rodzące nie odczuwają tego. Możesz poczuć nagły przypływ sił („drugi oddech") lub przeciwnie – zmęczenie. Możesz odczuwać bardzo nieprzyjemny ucisk na odbytnicę, bardzo silne skurcze powodujące każdorazowo unoszenie się macicy, zwiększenie się ilości krwistej wydzieliny pochwowej, mrowienie, rozciąganie, pieczenie lub kłucia w pochwie w chwili przechodzenia główki oraz mieć wrażenie śliskiej wilgoci.

Zwykle po rozpoczęciu parcia stan psychiczny poprawia się dzięki aktywnemu udziałowi w porodzie (chociaż niektóre kobiety czują się zakłopotane, zażenowane czy wystraszone czynnością parcia). Możesz być podniecona i ożywiona z powodu postępu porodu lub zniechęcona i drażliwa, gdy parcie trwa ponad godzinę. W czasie przedłużającego się drugiego okresu porodu uwaga kobiety jest często bardziej zajęta oczekiwaniem końca porodu niż dziecka. Jest to naturalna i chwilowa reakcja, która w żaden sposób nie świadczy o stopniu zdolności kobiety do miłości macierzyńskiej.

**Co możesz robić:**

• Przyjmij odpowiednią pozycję do parcia (pozycja zależy od zwyczaju przyjętego w szpitalu, wyboru lekarza, rodzaju łóżka, na którym rodzisz, i – miejmy nadzieję – od twojego wyboru pozycji najwygodniejszej i ułatwiającej parcie). Prawdopodobnie najlepsza jest pozycja półsiedząca lub zbliżona do kucznej, ponieważ wykorzystuje ciężar płodu i pozwala rodzącej skutecznie przeć. Czasem, gdy parcie nie jest wystarczająco silne, aby przesunąć dziecko przez kanał rodny, warto spróbować zmiany pozycji. Jeśli dotąd znajdowałaś się w pozycji lekko pochylonej, wypróbuj klęk podparty bądź przysiad.

• Daj z siebie wszystko. Im mocniej przesz, im więcej wkładasz w to energii, tym szybciej dziecko przejdzie przez kanał rodny. Staraj się jednak kontrolować swój wysiłek, koordynując jego rytm z poleceniami lekarza lub położnej. Gwałtowne, nieopanowane wysiłki powodują utratę sił, a nie przyspieszają porodu. Staraj się nie przeć górną częścią ciała, ponieważ możesz po porodzie odczuwać ból w klatce piersiowej. Lepiej skoncentruj się na punkcie poniżej pępka, wyobrażając sobie, że próbujesz się wypróżnić. Spróbuj też wyłączyć twarz z tego całego procesu, by nie mieć później sinoniebieskich policzków i przekrwionych oczu.

# Rodzi się dziecko

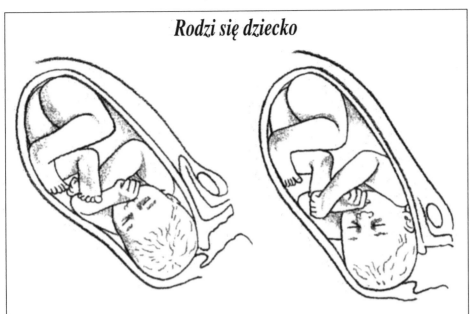

1. Szyjka macicy już zanikła, ale nie zaczęła się jeszcze rozwierać.

2. Szyjka macicy jest rozwarta całkowicie i główka dziecka zaczyna wchodzić do kanału rodnego (pochwy).

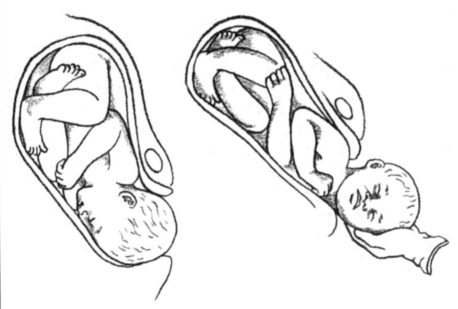

3. W celu przejścia największego wymiaru główki przez miednicę rodzącej dziecko obraca się w czasie porodu. Właśnie nieco uciśnięta główka ukazuje się w wyjściu kanału rodnego.

4. Główka, największa część ciała dziecka, jest urodzona; teraz szybko i bez problemów powinno urodzić się całe dziecko.

# Pierwszy widok dziecka

Ci, którzy spodziewają się, że noworodek jest tak okrąglutki, śliczny i różowy jak aniołki Botticellego, mogą przeżyć wstrząs. Dziewięć miesięcy moczenia się w płynie owodniowym i w dodatku kilkanaście godzin ściskania w kurczącej się macicy oraz w ciasnym kanale rodnym musi mieć wpływ na wygląd dziecka. Dowodem na to jest inny wygląd noworodków urodzonych drogą cięcia cesarskiego.

Na szczęście większość opinii zawiedzionych rodziców jest chwilowa. Pewnego ranka, miesiąc po przyniesieniu do domu tobołka z pomarszczoną, chudą istotką z zapuchniętymi oczami, znajdziecie w łóżeczku prawdziwego aniołka z obrazka.

**Dziwny kształt główki.** Główka płodu jest w stosunku do reszty ciała największą częścią, o obwodzie równym klatce piersiowej. Później, w czasie wzrostu dziecka, pozostałe części powiększają się szybciej i proporcje zmieniają się. W czasie przechodzenia przez kanał miednicy główka jest ściskana i zmienia kształt – nabiera formy zaostrzonego stożka. Ucisk częściowo rozwartej szyjki macicy powoduje jeszcze dodatkową zmianę kształtu – na czubku pojawi się obrzęk (zwany przedgło-

wiem). Obrzęk ten zniknie w ciągu jednego lub dwóch dni, natomiast kształt stożkowy zniknie w ciągu dwóch tygodni. Główka będzie wtedy tak okrągła jak na obrazach Botticellego.

**Włosy noworodka.** Włosy, pokrywające główkę noworodka, wykazują niewielkie podobieństwo do włosów, które wyrosną później. Niektóre noworodki są po prostu łyse, inne mają wręcz grubą grzywę. Większość ma jednak delikatną pokrywę miękkich włosów. Włosy z okresu noworodkowego i tak wypadną (chociaż może to nie być wyraźne) i zostaną stopniowo zastąpione nowymi, prawdopodobnie innego koloru i struktury.

**Warstwa mazi płodowej.** Uważa się, że warstwa serowatej substancji, pokrywającej skórę płodu, ma za zadanie ochronę przed długim działaniem płynu owodniowego. Noworodki urodzone przedwcześnie mają grubszą warstwę mazi, przenoszone nie mają jej prawie wcale, z wyjątkiem fałdów skóry i miejsc pod paznokciami.

**Obrzęk zewnętrznych narządów płciowych.** Występuje zarówno u noworodków płci mę-

---

- Nie przerywaj parcia z powodu zakłopotania i zażenowania. Ponieważ zaczęłaś naciskać na całą zawartość miednicy, na dziecko oraz na stolec i mocz, możesz wyprzeć również zawartość odbytnicy. Próby uniknięcia tego spowodują tylko przedłużenie porodu. Mimowolne popuszczanie moczu (lub nawet całkowite opróżnienie pęcherza) występuje u prawie każdej rodzącej. Nikt z obecnych w pokoju porodowym nie zdziwi się tym ani nie zwróci uwagi. Ty też nie powinnaś. Wszystkie wydaliny zostaną natychmiast wyrzucone, a jednorazowe, jałowe podkłady umożliwią zachowanie czystości.

- Zachowuj się naturalnie. Przyj wtedy, gdy czujesz taką potrzebę, chyba że otrzymujesz inne polecenie. Na początku skurczu zrób kilka głębokich oddechów, po czym

nabierz dużo powietrza i zatrzymaj je. W czasie szczytu skurczu przyj ze wszystkich sił, jak długo możesz zatrzymać oddech. W ciągu jednego skurczu możesz odczuwać potrzebę parcia nawet pięciokrotnie. Lepiej jest przeć wtedy za każdym razem, zamiast próbować ciągłego parcia przez cały skurcz (albo gdy ktoś liczy do dziesięciu). Zbyt długie zatrzymywanie oddechu powoduje wyczerpanie rodzącej oraz może doprowadzić do braku tlenu u płodu. Kilkakrotny głęboki oddech na zakończenie skurczu powinien przywrócić ci siły. Jeżeli ten naturalny mechanizm nie działa i rodząca nie odczuwa parcia lub jest ono zbyt słabe, wysiłkiem powinien pokierować lekarz lub położna.

- W czasie parcia rozluźnij mięśnie całego

skiej, jak i żeńskiej, szczególnie wyraźny jest jednak u chłopców urodzonych drogą cięcia cesarskiego. Obrzęknięte mogą być również brodawki i piersi noworodków obu płci (czasami wydzielana jest nawet biała lub różowa substancja nazywana „mlekiem czarownic") na skutek działania hormonów płciowych matki. Hormony te mogą również powodować mlecznobiałą lub nawet krwisto podbarwioną wydzielinę pochwową u dziewczynek. Objawy te są normalne i znikają w ciągu tygodnia lub dziesięciu dni.

**Lanugo.** Cienkie, puszyste włosy, zwane lanugo, mogą pokrywać ramiona, plecy, czoło i skronie donoszonych noworodków. Zwykle wypadają one pod koniec pierwszego tygodnia życia. U noworodków nie donoszonych włosy te są zwykle obfitsze i utrzymują się dłużej, a mniej obfite i utrzymujące się krócej – u przenoszonych.

**Opuchnięte oczy.** Obrzęk wokół oczu noworodka, normalny dla kogoś, kto przez dziewięć miesięcy był zanurzony w wodach płodowych, po czym został wypchnięty przez ciasny kanał rodny, może zwiększyć się pod wpływem maści aplikowanej w celu zapobieżenia infekcji oczu. Znika on zwykle w ciągu kilku dni. Oczy

dzieci białych są prawie zawsze niebieskie, niezależnie od koloru, jaki przybiorą później. U dzieci ciemnoskórych oczy po urodzeniu są zwykle brązowe.

**Znamiona na skórze i uszkodzenia skóry.** Bardzo często po porodzie stwierdza się, zwłaszcza u dzieci białych, czerwone plamy u podstawy czaszki, na powiekach, na czole, zwane plamami „łososiowymi". Natomiast u dzieci rasy żółtej, południowych Europejczyków i dzieci rasy czarnej spotyka się niebieskoszarą pigmentację głębokiej warstwy skóry, występującą na plecach, pośladkach i czasem na rękach i nogach – tzw. plamy „mongolskie". Znamiona te mogą zniknąć, zwykle w wieku około czterech lat. Naczyniaki to wyniesione ponad poziom skóry znamiona koloru truskawkowego. Mogą mieć różną wielkość, od drobnych punkcików do bardzo dużych. Z czasem mogą zblednąć do postaci perłowoszarych cętek i nawet zniknąć zupełnie. Znamiona koloru kawy z mlekiem mogą powstawać na skórze w każdym okresie życia i nie bledną. Zwykle nie są to zmiany niepokojące. Można zaobserwować również zaczerwienienia, drobne krostki i inne znikające z czasem zmiany skórne, które są efektem działania hormonów matczynych.

---

ciała, zwłaszcza ud i krocza. Ich napięcie przeciwdziała twojemu parciu.

• Natychmiast przerwij parcie, gdy otrzymasz takie polecenie (ochroni to główkę dziecka przed zbyt szybkim i gwałtownym porodem). Zamiast przeć, oddychaj szybko lub wydmuchuj powietrze.

• Odpoczywaj między skurczami, z pomocą partnera. Jeżeli jesteś bardzo wyczerpana, zwłaszcza kiedy drugi okres porodu się przedłuża, lekarz może zasugerować powstrzymanie się od parcia w ciągu kilku skurczów. Umożliwi to nabranie nowych sił.

• Nie martw się, gdy zobaczysz główkę dziecka w wyjściu pochwy, po czym zniknie ona znowu. Poród to „dwa kroki do przodu i jeden do tyłu".

• Pamiętaj o obserwacji w lustrze (jeżeli jest), gdy tylko będzie na co patrzeć. Ten widok (oraz dotknięcie główki dziecka, jeżeli lekarz pozwoli) może dodać ci sił, gdy parcie staje się trudne. W dodatku potem nie będzie już powtórnej możliwości zobaczenia tego momentu (chyba że mąż nagrywa to kamerą wideo).

**Co może robić partner:**

• Wciąż podtrzymuj rodzącą na duchu, staraj się zapewnić jej wygodę. Nie czuj się urażony, jeżeli partnerka zdaje się ciebie nie zauważać. Jej uwaga jest zajęta czym innym.

• Kieruj jej parciem i oddychaniem, stosując zasady poznane wcześniej. Możecie polegać na wskazówkach położnej lub lekarza.

- Nie czuj się onieśmielony doświadczeniem i wiedzą otaczającego cię personelu medycznego. Twoja obecność również jest bardzo ważna. W rzeczywistości wyszeptane przez ciebie słowa „kocham cię" mogą być ważniejsze dla rodzącej niż wszystko inne dookoła.

- Pomagaj jej odprężyć się i rozluźnić między skurczami. Możesz to uczynić miłymi słowami, stosując chłodny ręcznik na czoło, szyję i ramiona oraz, jeżeli to pomaga, stosując masaż okolicy krzyżowej lub „przeciwnacisk".

- Jeżeli jest to dozwolone, dostarczaj rodzącej kostek lodu bądź czegoś do picia w celu zwilżenia wyschniętych ust.

- W czasie parcia podpieraj jej plecy (w razie potrzeby), trzymaj za rękę, wycieraj czoło, jeżeli sobie tego życzy. Pomagaj utrzymać właściwą pozycję.

- Okresowo informuj rodzącą o postępie porodu. Jeżeli ukazuje się główka dziecka, przypominaj rodzącej o spojrzeniu w lustro. Jeśli rodząca nie patrzy lub nie ma lustra, opisuj jej rodzenie się dziecka centymetr po centymetrze. Weź jej rękę i dotknijcie razem główki dziecka.

- Jeżeli otrzymasz propozycję wzięcia dziecka na ręce zaraz po urodzeniu lub po przecięciu pępowiny, nie wpadaj w panikę. Jedno i drugie nie jest zbyt trudne i zrobisz to według instrukcji lekarza lub położnej. Powinieneś jednak wiedzieć, iż pępowiny nie da się przeciąć jak sznurka. Zdziwisz się, jaka jest twarda.

**Zadania personelu medycznego:**

- Personel medyczny zaprowadzi cię do pokoju porodowego. Jeżeli jesteś już na łóżku porodowym, w zależności od jego rodzaju, przed urodzeniem się dziecka może zostać odsunięta połowa łóżka.

- Kierowanie postępowaniem rodzącej w czasie rodzenia się dziecka.

- Okresowa ocena stanu dziecka, zwykle za pomocą monitora płodowego. W niektórych przypadkach monitor ten będzie pracował cały czas, aby kontrolować tak skurcze, jak i dziecko. Albo też wcale nie zostanie użyty, a bicie serca dziecka będzie badane co pięć minut za pomocą aparatu Dopplera.

- W chwili, gdy ukazuje się główka: przygotowanie jałowych chust i podkładów, rozłożenie narzędzi, założenie jałowych ubiorów i rękawiczek; umycie okolicy krocza płynem przeciwbakteryjnym. Położne zwykle tylko przywdziewają rękawice, nie zajmując się wykładaniem podkładów.

- Jeżeli jest to niezbędne – i tylko wtedy – wykonanie nacięcia krocza przed urodzeniem się główki (patrz s. 349). Prawdopodobnie wcześniej zostanie wykonany zastrzyk znieczulający krocze. Zostanie to wykonane na szczycie skurczu, gdy nacisk główki na krocze powoduje jego naturalne zdrętwienie i „znieczulenie". Podobnie na szczycie skurczu zostanie wykonane nacięcie, które, jeśli znieczulono krocze (albo jeśli otrzymałaś znieczulenie zewnątrzoponowe), prawdopodobnie nie będzie bolesne.

- Podjęcie decyzji o urodzeniu główki dziecka za pomocą próżniociągu położniczego lub kleszczy. Jeżeli nie wykonano wcześniej znieczulenia zewnątrzoponowego lub innego przewodowego, wykonuje się znieczulenie miejscowe, ponieważ operacja mogłaby być bolesna.

- Szybkie odessanie śluzu i płynu owodniowego z nosa i ust dziecka – natychmiast po urodzeniu główki – a następnie pomoc w urodzeniu barków (ramion) przez ich obrót.

- Zaciśnięcie i podwiązanie pępowiny, w czasie gdy dziecko leży na brzuchu matki. Może to wykonać również ojciec dziecka. Niektórzy lekarze wolą odczekać aż do momentu rodzenia się łożyska lub do chwili, gdy pępowina przestaje tętnić. Być może teraz będziesz miała okazję przez chwilę przytulić dziecko.

• Zapewnienie bezpieczeństwa dziecku i pierwsze czynności pielęgnacyjne: ocena jego stanu z wykorzystaniem punktacji w skali Apgar w pierwszej i piątej minucie po urodzeniu (patrz s. 353), wytarcie go w celu wysuszenia i pobudzenia do oddychania, umożliwienie identyfikacji przez pobranie odcisku palca dziecka i matki w rejestrze szpitalnym oraz przez założenie opasek identyfikujących na rączce i nóżce dziecka, podanie dziecku

maści do oczu chroniących przed zakażeniem, zważenie oraz zawinięcie dziecka dla ochrony przed utratą ciepła (w niektórych szpitalach pewne z wymienionych czynności mogą być pominięte, w innych wykonane później na oddziale noworodkowym, co da ci więcej czasu na stworzenie więzi ze swym nowo narodzonym dzieckiem).

• Pokazanie czystego już dziecka matce i ojcu. Jeżeli nie ma konieczności wykonania jakichś zabiegów u dziecka, należy umożliwić rodzicom zatrzymanie maleństwa. Jeżeli chcesz, możesz zacząć karmić dziecko piersią (nie martw się, jeżeli dziecko nie ssie od razu – patrz s. 397).

# TRZECI OKRES PORODU
## Urodzenie łożyska, czyli popłodu

Najgorsze minęło, najlepsze jest przed tobą. Podczas ostatniego okresu porodu (który może trwać od pięciu minut do pół godziny lub dłużej) zostanie urodzone łożysko, które umożliwiało życie dziecka w macicy. Będziesz nadal odczuwała łagodne skurcze, trwające około jednej minuty, chociaż możesz ich nie zauważyć. Obkurczanie się macicy spowoduje oddzielenie łożyska od ściany macicy i przesunie łożysko do dolnej jej części lub do pochwy, skąd będziesz je mogła wyprzeć. Natychmiast po urodzeniu łożyska zostanie zaopatrzone na cięcie lub pęknięcie krocza, jeśli do niego doszło.

**Co możesz odczuwać lub zauważyć.** Po zakończeniu porodu i wykonaniu ciężkiej pracy z nim związanej możesz czuć się bardzo zmęczona lub przeciwnie, możesz poczuć przypływ sił. Jeśli przez długi czas byłaś pozbawiona jedzenia i picia, możesz odczuwać wielkie pragnienie, a w wypadku długiego porodu głód. Niektóre kobiety odczuwają wtedy dreszcze. Zawsze stwierdza

się krwistą wydzielinę z pochwy (tzw. odchody), podobną jak w czasie bardzo obfitej miesiączki.

U wielu kobiet pierwszym doznanym uczuciem jest ulga. Mogą odczuwać też ożywienie i chęć rozmowy, podniecenie połączone z nowym poczuciem odpowiedzialności, niecierpliwość i pragnienie szybkiego urodzenia łożyska i zaopatrzenia krocza. Możesz być jednak zbyt podniecona lub zmęczona, by natychmiast podjąć opiekę nad dzieckiem. Niektóre kobiety odczuwają bardzo silne przywiązanie do męża oraz nową więź z dzieckiem. Inne mają poczucie obcości (kim jest ta istota wąchająca moje piersi?), a nawet żalu i pretensji (to przez niego tyle wycierpiałam!), zwłaszcza po trudnym porodzie. Nawiasem mówiąc, wcale to nie oznacza, że później nie pokochasz dziecka ze wszystkich sił (patrz s. 390).

**Co możesz robić:**

• Pomóż w urodzeniu łożyska przez parcie, w chwili gdy zostaniesz o to poproszona.

- Bądź cierpliwa w czasie zaopatrywania nacięcia lub pęknięcia krocza.

- Po przecięciu pępowiny karm lub trzymaj dziecko. W niektórych szpitalach, pod pewnymi warunkami, dziecko może przebywać chwilę w ogrzewanym łóżeczku lub być trzymane przez twego partnera w chwili, gdy łożysko jest usuwane z organizmu.

- Bądź dumna ze swojego wyczynu, odpręż się i uśmiechnij. Nie zapomnij podziękować partnerowi, który może się czuć przytłoczony, niedoceniony czy pozostawiony na bocznym torze.

**Co może robić partner:**

- Możesz spędzać cudowne chwile wraz z dwoma gwiazdami przedstawienia.

- Nie żałuj młodej matce słów uznania i pochwały – i pogratuluj również sobie dobrze wykonanej pracy.

- Trzymaj dziecko na rękach, przytul je, szepnij mu kilka słów albo zanuć melodię. Pamiętaj, że dziecko najprawdopodobniej słyszało twój głos, przebywając w łonie matki, więc zna jego barwę. Usłyszenie go teraz uspokoi je.

- Nie zapomnij uścisnąć również partnerki.

- Poproś o torebkę z lodem, by ukoić ból w kroczu partnerki – jeżeli nie zrobiła tego pielęgniarka.

- Poproś położną o jakiś sok, partnerka może być bardzo spragniona. Potem, jeżeli macie odpowiedni nastrój, otwórz szampana czy inny gazowany napój, w zależności od tego, co bardziej lubicie. (Jeśli matka jest odwodniona albo karmi, należy ograniczyć picie szampana.)

- Jeżeli masz odpowiedni sprzęt, możesz teraz zrobić dziecku jego pierwsze zdjęcia czy sfilmować je na wideo.

**Zadania personelu medycznego:**

- Pomoc w urodzeniu łożyska. Postępowanie może różnić się zależnie od wyboru lekarza i sytuacji. Niektórzy pociągają jedną ręką delikatnie za pępowinę, jednocześnie uciskając drugą ręką macicę, inni wywierają ucisk na macicę z góry ku dołowi, prosząc jednocześnie o parcie we właściwym momencie. Wielu lekarzy używa po porodzie (choć niektórzy zrobią to po pojawieniu się ramion) oksytocyny, w zastrzyku lub dożylnie, w celu przyspieszenia urodzenia łożyska, wzmocnienia skurczów macicy po urodzeniu łożyska, przyspieszenia powrotu macicy do poprzedniej wielkości oraz zmniejszenia krwawienia.

- Badanie łożyska w celu upewnienia się, czy jest całe. Jeżeli nie jest, lekarz sprawdzi ręką, czy w macicy nie pozostały fragmenty łożyska, i usunie je.

- Przecięcie pępowiny, jeżeli nie zrobiono tego wcześniej.

- Zeszycie nacięcia lub pęknięcia krocza, jeżeli jest taka potrzeba. W celu znieczulenia tej okolicy zostanie prawdopodobnie wstrzyknięty środek działający miejscowo (jeżeli nie zrobiono tego wcześniej lub poprzednie znieczulenie przestało działać). Poczujesz ukłucie.

- Sprawdzenie, czy w pochwie nie zostały gaziki używane w czasie szycia krocza.

- Umycie dolnej połowy ciała, pomoc w przebraniu się w czystą koszulę i założenie na krocze jednorazowych wkładek umocowanych paskiem. Być może podana ci zostanie torebka z lodem w celu uśmierzenia bólu w okolicy krocza.

- Kiedy ty i dziecko zapoznacie się już ze sobą (czyli mniej więcej po godzinie), prawdopodobnie noworodek zostanie szybko zabrany do odpowiedniego pomieszczenia (tymczasowo) i przeniesiony do sali poporodowej – chyba że rodziłaś w pokoju porodowo-poporodowym.

- Dostarczenie dziecka na oddział noworodkowy w celu kąpieli, dokładniejszego badania pediatrycznego (w tym badanie krwi pobranej z pięty i szczepienie przeciwko zapaleniu wątroby typu B) oraz innych czynności pielęgnacyjnych (jeżeli w szpitalu przyjęto tzw. system *rooming-in*[1],

otrzymasz dziecko z powrotem tak szybko, jak tylko będzie to możliwe, i zostanie ono umieszczone w przysuniętej do twego łóżka kołysce).

GRATULACJE!
DOKONAŁAŚ TEGO!
TRAZ MOŻESZ ODPOCZĄĆ
I NACIESZYĆ SIĘ
NOWO NARODZONYM DZIECKIEM!

## PORÓD MIEDNICOWY

W przypadku porodu drogami natury w położeniu miednicowym dziecka postępowanie i zachowanie się rodzącej i jej partnera są takie same jak w porodzie w położeniu główkowym. Inne jest natomiast postępowanie personelu medycznego. Może się ono różnić w zależności od rodzaju położenia miednicowego oraz wyboru drogi postępowania przez lekarza.

Aż do drugiego okresu porodu poród drogami natury w położeniu podłużnym miednicowym przebiega tak samo jak w położeniu podłużnym główkowym. Jest to jednak zawsze próba porodu podejmowana tak długo, jak długo poród postępuje prawidłowo. Ponieważ w każdej chwili może pojawić się konieczność wykonania cięcia cesarskiego, pod koniec pierwszego okresu porodu zostaniesz prawdopodobnie przeniesiona do sali operacyjnej lub w jej pobliże. W zależności od rodzaju położenia

miednicowego, najlepsze postępowanie wybierze lekarz (patrz s. 294). Często stosowanym postępowaniem przy porodzie miednicowym jest wyczekiwanie do momentu samoistnego urodzenia się nóg i dolnej połowy tułowia dziecka. Wykonuje się wtedy znieczulenie miejscowe i następnie rodzi się ramiona i główkę dziecka, z wykorzystaniem kleszczy[2] lub bez.

Często niezbędne jest wykonanie dużego nacięcia krocza, chociaż zdarza się również poród bez nacięcia. Pozycja rodzącej w czasie porodu dziecka w położeniu miednicowym jest różna – zależy od sytuacji i doświadczenia lekarza. Część lekarzy uważa, że najłatwiej udzielić pomocy, gdy rodząca leży na plecach z podniesionymi i przypiętymi nogami.

Dalsze postępowanie po urodzeniu dziecka jest takie samo jak po porodzie w położeniu główkowym.

## CIĘCIE CESARSKIE: PORÓD OPERACYJNY

W wypadku wykonywania cięcia cesarskiego nie będziesz mogła czynnie uczestniczyć w urodzeniu dziecka, jak to dzieje się przy porodzie

drogami natury. Twój najważniejszy udział w bezpiecznym urodzeniu dziecka to okres przed przybyciem do szpitala. Zadaniem

---

[1] Określenie to przyjęło się również w języku polskim i oznacza wspólne sale położniczo-noworodkowe (przyp. red. nauk. wyd. pol.).

[2] Współczesne polskie położnictwo nie posługuje się tą operacją położniczą w czasie porodu płodu w położeniu miednicowym (przyp. red. nauk. wyd. pol.).

tym jest odpowiednie przygotowanie się. Jeżeli przygotujesz się intelektualnie i emocjonalnie do możliwości cięcia cesarskiego, to w wypadku takiego zakończenia porodu zmniejszysz rozczarowanie, które możesz odczuwać, i łatwiej będzie ci przyjąć ten poród jako pozytywne przeżycie.

Dzięki możliwościom znieczulenia miejscowego i liberalizacji przepisów szpitalnych większość kobiet (i często również mężów) może być świadkiem porodu drogą cięcia cesarskiego. Ponieważ nie są zajęte parciem i zmęczone bólem, często są odprężone (przynajmniej do pewnego stopnia) i uradowane z powodu urodzenia dziecka. W wypadku typowego cięcia cesarskiego możesz oczekiwać:

• Ogolenia włosów na wzgórku łonowym, umycia tego miejsca płynem przeciwbakteryjnym oraz cewnikowania pęcherza, w celu jego opróżnienia i ułatwienia wydobycia dziecka.

• Po przewiezieniu na salę operacyjną przykrycia brzucha jałowymi chustami. Jeżeli w czasie operacji nie będziesz spała, to na wysokości ramion zostanie położona zasłona, uniemożliwiająca ci zobaczenie, jak nacinany jest brzuch.

• Zostanie założony cewnik dożylny (jeżeli nie zrobiono tego wcześniej), umożliwiający szybkie podawanie leków.

• Zostaniesz znieczulona za pomocą znieczulenia zewnątrzoponowego lub podpajęczynówkowego (obydwa rodzaje znieczulają dolną część ciała bez utraty świadomości) lub też znieczulenia ogólnego (połączonego z uśpieniem – wykonywane jest w nagłych przypadkach, gdy dziecko musi być wydobyte jak najszybciej).

• Jeżeli partner zamierza być obecny przy porodzie, zostanie przebrany w sterylny strój. Usiądzie przy twojej głowie. Będzie mógł trzymać cię za rękę i podtrzymywać

na duchu. Będzie miał również możliwość obserwowania operacji. (Niezależnie od tego, czy z góry wiadomo o konieczności cięcia cesarskiego czy nie, warto wcześniej zapytać lekarza, czy mąż będzie mógł być obecny przy operacji.) Zwykle, w wypadku zastosowania znieczulenia ogólnego, prosi się męża o pozostanie na zewnątrz sali operacyjnej.

• Jeżeli cięcie cesarskie wykonywane jest z nagłych wskazań, wszystko może przebiegać bardzo szybko. Postaraj się zachować spokój i nie przeraź się, jeżeli zauważysz wokół siebie nagły ruch i szybkie działanie personelu medycznego – tak to już czasem w szpitalach bywa. Bądź przygotowana na to, że ze względu na reguły obowiązujące w szpitalu oraz bezpieczeństwo twoje i twojego dziecka lekarz może zażądać, by twój partner opuścił pomieszczenie. Trwa to zwykle około pięciu do dziesięciu minut.

• Po upewnieniu się, że znieczulenie już działa, lekarz natnie skórę w dolnej części brzucha, tuż powyżej górnej linii włosów łonowych. Jeżeli nie będziesz spała, możesz mieć niebolesne uczucie podobne do rozpinania zamka błyskawicznego.

• W kolejności wykonywane jest następne nacięcie, tym razem w dolnej części macicy (poziome lub pionowe)[1]. Zostają przebite błony płodowe (jeżeli nie nastąpiło to wcześniej). Wykonuje się odsysanie płynu owodniowego – możesz słyszeć coś w rodzaju bulgotania lub przelewania.

• Następuje wydobycie dziecka, ręcznie lub za pomocą kleszczy. Zwykle asystent

---

[1] Zwykle preferowane jest cięcie poziome, ponieważ dokonuje się go w dolnej, cieńszej części macicy, co w rezultacie oznacza mniejsze krwawienie. Jednak w niektórych przypadkach, na przykład przy niskim umiejscowieniu łożyska albo gdy dziecko ułożyło się nietypowo, potrzebne będzie cięcie pionowe.

# Czy jest na sali pediatra?

Jeśli nie ma powodu, by przypuszczać, że z dzieckiem dzieje się coś niedobrego, obecność pediatry przy porodzie przez cięcie cesarskie nie jest bardziej konieczna, niż gdy poród odbywa się drogami natury. Wynik w skali Apgar zwykle jest taki sam przy obu rodzajach porodów, a dzieci czują się tak samo dobrze[1].

naciska na macicę. W wypadku znieczulenia zewnątrzoponowego (rzadziej przy znieczuleniu podpajęczynówkowym) możesz odczuwać ciągnięcie lub szarpnięcia oraz ucisk. Jeżeli chcesz zobaczyć rodzenie się dziecka, poproś lekarza o lekkie uniesienie zasłony. Pozwoli to na zobaczenie dziecka, ale bez oglądania szczegółów operacji.

- Zostanie odessana zawartość nosa i ust dziecka. Usłyszysz pierwszy krzyk noworodka. Jeżeli pępowina będzie wystarczająco długa, będziesz mogła chwilę popatrzeć na dziecko z bliska.

- Pępowina zostanie szybko zaciśnięta i przecięta. Zostaną wykonane wszystkie czynności pielęgnacyjne oraz umożliwiające identyfikację dziecka (opisane przy porodzie drogami natury). Lekarz wydobędzie łożysko.

- Lekarz przeprowadzi krótką kontrolę narządów rodnych oraz zeszyje wykonane wcześniej nacięcia. Cięcie macicy zostanie zszyte przy użyciu nici samowchłaniających, czyli takich, których nie trzeba potem usuwać. Cięcie na brzuchu natomiast będzie albo zszyte, albo spięte klamrami chirurgicznymi.

- W celu wywołania skurczu macicy i zmniejszenia krwawienia zostanie podana oksytocyna w postaci zastrzyku domięśniowego lub kroplówki dożylnej. W celu zmniejszenia ryzyka zakażenia może być podany dożylnie antybiotyk.

- Zależnie od stanu noworodka oraz zasad obowiązujących w szpitalu, dziecko może pozostać razem z tobą w pokoju. Jeżeli nie będziesz mogła go trzymać, prawdopodobnie otrzyma je twój mąż. Nie przerażaj się, jeżeli dziecko zostanie zabrane na oddział noworodkowy. Jest to postępowanie typowe w wielu szpitalach i nie musi oznaczać, że stan dziecka nie jest prawidłowy. Jeśli natomiast chodzi o więź matki z dzieckiem, to niezależnie od tego, co mogłaś słyszeć, tworzy się ona tak samo jak w przypadku porodu drogami natury.

---

[1] Jeśli cięcie cesarskie wykonuje się z powodu zagrożenia życia płodu lub innych przyczyn bezpośrednio negatywnie wpływających na stan płodu, obecność pediatry neonatologa wprawnego w prowadzeniu działania resuscytacyjnego jest niezbędna. W większości polskich klinik pediatra jest obecny przy każdym porodzie operacyjnym, co zwiększa bezpieczeństwo i sprawną opiekę nad noworodkiem (przyp. red. nauk. wyd. pol.).

# Część 3

# ROZWAŻANIA KOŃCOWE, ALE WCALE NIE NAJMNIEJ WAŻNE

## O okresie poporodowym, o ojcach i o następnym dziecku

# 15
# Pierwszy tydzień po porodzie

Oto nadeszła wyczekiwana chwila, na którą ciężko zapracowałaś – słodkie maleństwo spoczywa obecnie w twych ramionach, a nie w brzuchu. Oficjalnie zostałaś matką. Pamiętaj, że przejście z ciąży do połogu polega nie tylko na narodzinach dziecka. Ze zmianą tą wiąże się wiele objawów (pożegnanie z bólami oraz dolegliwościami ciążowymi, przywitanie bólów połogowych) i pytań („Dlaczego tak bardzo się pocę?"; „Dlaczego wyglądam, jakbym była w szóstym miesiącu ciąży?"; „Czyje to piersi?!").

## CO MOŻESZ ODCZUWAĆ

Pierwszy tydzień po porodzie zależy od rodzaju porodu, jaki przeszłaś (łatwy lub trudny, drogami natury lub cięciem cesarskim) i od innych czynników. Mogą wystąpić wszystkie objawy opisane poniżej lub tylko niektóre z nich.

**OBJAWY FIZYCZNE:**

- krwista wydzielina z pochwy (lochia), przypominająca menstruację;

- bolesne napięcie brzucha zależne od zwijania się macicy;

- wyczerpanie;

- dyskomfort w obrębie krocza, ból, drętwienie – jeżeli poród odbył się drogami natury, szczególnie gdy są założone szwy (ból nasila się przy kaszlu i kichaniu) albo gdy przeprowadzono cięcie cesarskie po długim porodzie;

- ból, a potem drętwienie w miejscu cięcia, jeżeli było cięcie cesarskie (szczególnie gdy jest to pierwsze cięcie);

- utrudnione siedzenie i chodzenie, szczególnie w przypadku porodu z nacięciem lub pęknięciem i szyciem krocza lub po cięciu cesarskim;

- jedno- lub dwudniowe trudności w oddawaniu moczu, dyskomfort w zakresie perystaltyki jelit przez pierwsze kilka dni, zaparcia;

- ogólna bolesność, jako następstwo silnego parcia podczas porodu;

- przekrwienie oczu, ciemnoniebieskie sińce wokół oczu, na policzkach i innych miejscach; są to widoczne ślady po gwałtownym parciu;

- potliwość, może być bardzo wzmożona, występuje przez pierwsze 2-3 dni;

- dolegliwość w obrębie brodawek sutkowych połączona z ich przekrwieniem przez pierwsze 3-4 dni po porodzie;

- owrzodzenie i pękanie brodawek sutkowych pojawia się po podjęciu karmienia piersią.

**ODCZUCIA PSYCHICZNE:**

- rozradowanie, depresja, wahania nastroju między tymi dwiema skrajnościami;

- uczucie niepewności, czy poradzisz sobie z macierzyństwem, szczególnie jeśli karmisz piersią;

- uczucie przytłoczenia fizycznymi, emocjonalnymi i praktycznymi wyzwaniami;

- frustracja pobytem w szpitalu, chciałabyś już go opuścić (lub jeżeli ciebie już wypisano, lecz dziecko musi pozostać na kilka dni);

# CO MOŻE CIĘ NIEPOKOIĆ

## KRWAWIENIE

*Mówiono mi o tym, że po porodzie mogę się spodziewać krwistych upławów, lecz kiedy po raz pierwszy wstałam z łóżka i zobaczyłam krew cieknącą mi po nogach, byłam naprawdę przerażona.*

Weź paczkę podpasek i uspokój się. Krwista wydzielina utrzymująca się przez trzy do dziesięciu dni po porodzie (złożona z wynaczynionej krwi, śluzu i elementów tkankowych z macicy), zwana odchodami krwawymi (lochia), jest zazwyczaj tak obfita (czasami obfitsza) jak krwawienie miesiączkowe. I mimo że krwiste upławy wydają się dużo obfitsze, niż to jest w rzeczywistości, nie przekraczają one objętościowo dwóch filiżanek, licząc od początku do momentu ich całkowitego ustania. Nagły wypływ krwistej wydzieliny z pochwy po wstaniu z łóżka, podczas pierwszych kilku dni, jest normalny i nie stanowi powodu do niepokoju (i zajmowania się tym faktem). W związku z tym, że głównym składnikiem odchodów bezpośrednio po porodzie będzie krew i nieliczne skrzepy, wydzielina będzie przez pięć dni do trzech tygodni czerwona, potem stopniowo zamieni się w wodnistożółtawą, następnie brązową i żółtawobiałą. W ra-

mach zachowania higieny osobistej można stosować podpaski higieniczne, nie należy natomiast używać tamponów. Upławy krwawe mogą trwać przez 6 tygodni, a czasami i dłużej. W przypadku niektórych kobiet lekkie krwawienie trwa przez trzy miesiące. Intensywność krwawienia może być różna, jak różna jest każda kobieta.

Karmienie piersią i podawana dożylnie oksytocyna (rutynowo stosowana przez niektórych lekarzy po porodzie) może ograniczyć wydzielanie odchodów poprzez przyspieszenie zwijania się macicy i powrotu do jej normalnych wymiarów. Kurczenie się macicy po porodzie jest ważne, ponieważ zapobiega nadmiernej utracie krwi poprzez zamknięcie naczyń, w miejscu gdzie oddzieliło się łożysko.

Jeśli podczas pobytu w szpitalu zauważysz któreś z objawów charakterystycznych dla poporodowego krwotoku opisanego na s. 525 (niektóre z tych punktów mogą również oznaczać zakażenie), zawiadom pielęgniarkę. Jeżeli któryś z tych objawów pojawi się ponownie, gdy będziesz w domu, natychmiast skontaktuj się z lekarzem. Jeżeli wizyta lekarza nie będzie możliwa, udaj się niezwłocznie do stacji pogotowia ratunkowego (jeżeli to możliwe, udaj się do szpitala, w którym rodziłaś).

# TWOJE SAMOPOCZUCIE PO PORODZIE

*Wyglądam i czuję się tak, jakbym była raczej na ringu bokserskim, a nie na sali porodowej. Jak to możliwe?*

R odząc dziecko, pracowałaś prawdopodobnie ciężej niż większość bokserów na ringu. Tak więc nie jest to niespodzianką, że po silnych skurczach i po wyczerpującym parciu podczas porodu wyglądasz i czujesz się jak bokser po stoczeniu paru rund. Wiele kobiet po porodzie twierdzi, że był on długi i/albo trudny. Poniżej wymienione oznaki nie są czymś niezwykłym po porodzie:

- ból w obrębie miednicy wynikający z rozciągnięcia;

- bolesność w miejscu nacięcia (nacięcie krocza, cięcie cesarskie), tkliwość w obrębie założonych szwów. Ból zwykle zanika po siedmiu do dziesięciu dniach, choć w pojedynczych przypadkach może się utrzymywać przez ponad miesiąc;

- podkrążone, przekrwione oczy, rezultat wysiłkowego parcia z napinaniem mięśni twarzy zamiast tylko dolnej części ciała (ciemne okulary mogą spełniać funkcję ochronną, dopóki oczy nie powrócą do normy; zimne dziesięciominutowe kompresy kilka razy dziennie mogą ten powrót do normy przyspieszyć);

- siniaki: od malutkich plamek na policzkach do ciemnosinych plam na twarzy i w górnej części klatki piersiowej; one także powstały przez silne parcie „twarzą” i klatką piersiową;

- bolesność w klatce piersiowej, trudności przy głębokim oddechu z powodu zmęczenia mięśni klatki piersiowej podczas silnego parcia (wskazane gorące kąpiele i natryski, ciepłe okłady mogą ograniczyć dolegliwości);

- ból i wrażliwość okolicy kości ogonowej, spowodowany zarówno obrażeniami mięśni miednicy, jak i pęknięciem samej kości ogonowej (ciepło i masowanie mogą być pomocne);

- ogólna bolesność całego ciała (i tu również wskazane ciepło).

To, że wyglądasz i czujesz się jak pobita, jest normalnym zjawiskiem po porodzie. Jeśli zauważyłaś u siebie wyszczególnione powyżej objawy oraz inne, poinformuj o tym bezzwłocznie lekarza prowadzącego lub pielęgniarkę.

# BÓLE POPORODOWE

*Miałam skurcze odczuwane jako bóle brzucha, szczególnie wtedy, gdy karmiłam.*

N iestety, z chwilą przyjścia dziecka na świat nie kończą się ani skurcze, ani związane z nimi dolegliwości. Zapewne doświadczasz tzw. bólów poporodowych wywołanych przez skurcze, które powodują zmniejszanie się macicy (od około 1 kg do ledwie kilku dekagramów) oraz pomagają jej powrócić na miejsce w obręczy miednicowej. Możesz śledzić proces kurczenia się macicy poprzez lekkie uciskanie dłonią miejsca położonego pod pępkiem – pod koniec szóstego tygodnia prawdopodobnie już jej nie poczujesz. Bardziej odczuwalne i intensywne są skurcze poporodowe u kobiet, u których mięśniówka macicy jest bardziej wiotka jako konsekwencja poprzednich porodów lub nadmiernego rozciągnięcia (w przypadku ciąży bliźniaczej). Skurcze poporodowe mogą być bardziej wyraźne podczas karmienia, kiedy uwalniana jest oksytocyna odpowiedzialna za stymulację skurczową. W razie konieczności można zastosować acetaminofen lub łagodne środki znieczulające, lecz bolesne skurcze poporodowe ustępują samoistnie po upływie 4-7 dni. Jeżeli łagodne środki znieczulające nie przynoszą ulgi lub jeśli dolegliwości bólowe trwają dłużej niż tydzień, zgłoś się do swojego lekarza, by wyjaśnić te i wszystkie inne problemy okresu poporodowego, w tym również kwestię infekcji.

## BÓL W OBRĘBIE KROCZA

*Nie miałam nacięcia krocza i krocze nie pękło podczas porodu. Dlaczego więc tak cierpię?*

Nie bierzesz pod uwagę, że ważące około 3500 g dziecko nie mogło przejść przez krocze nie zauważone. Nawet jeżeli krocze było nietknięte podczas porodu, zostało rozciągnięte, posiniaczone i ogólnie poranione. Tak więc normalnym rezultatem przebytego porodu jest łagodny lub bardziej dokuczliwy dyskomfort w obrębie krocza. Zdarza się, że ból towarzyszy przebywaniu w pozycji siedzącej. Istnieje także prawdopodobieństwo, że podczas parcia doszło do powstania hemoroidów czy pęknięć odbytu, które mogą być mało odczuwalne lub przeciwnie, wiązać się z silnymi bólami. Na stronie 241 znajdziesz rady, jak postępować w razie powstania hemoroidów.

*Miejsce, w którym dokonano nacięcia krocza, jest tak bolesne, iż obawiam się, że szwy są zakażone. Lecz jak to powiedzieć?*

Wszystkim porodom drogami natury (oraz niekiedy także w przypadku cięcia cesarskiego poprzedzonego długotrwałym porodem), gdy krocze zostało nacięte lub pękło, towarzyszy ból. Jak każda świeżo zszyta rana, tak i miejsce nacięcia czy też pęknięcia krocza potrzebuje czasu do zagojenia – zazwyczaj 7-10 dni.

Tak więc sam ból w tym czasie, nawet jeśli jest bardzo ostry, nie jest symptomem rozwijającej się infekcji. Infekcja jest oczywiście możliwa, lecz jest to bardzo mało prawdopodobne w sytuacji, gdy zapewniona jest prawidłowa opieka medyczna. Podczas pobytu w szpitalu pielęgniarka będzie kontrolować krocze co najmniej raz dziennie, aby się upewnić, że nie rozwija się zakażenie, nie ma stanu zapalnego. Jednocześnie położna poinformuje cię o zasadach poporodowej higieny krocza. Jest to bardzo ważne i zabezpiecza przed zakażeniem nie tylko ranę po nacięciu krocza, ale również całość dróg rodnych przed infekcją (gorączka połogowa). Z tych samych powodów poporodowe zasady higieny powinny też dotyczyć położnic, u których nie doszło do pęknięcia lub nacięcia krocza, dlatego:

- dbaj o czystość podpasek higienicznych, zmieniaj je co 4-6 godzin, zabezpiecz je przed przesuwaniem się do przodu i do tyłu;

- podczas usuwania podpaski unikaj przenoszenia drobnoustrojów z okolicy odbytu do przedsionka pochwy;

- spłukuj lub spryskuj ciepłą wodą (lub płynem antyseptycznym, jeżeli jest on zalecany przez lekarza) okolice krocza w trakcie oddawania moczu (by zmniejszyć uczucie pieczenia) oraz po oddaniu moczu czy stolca, dzięki czemu miejsce to będzie utrzymane w czystości; używaj suchej gazy do starannego wycierania krocza; możesz stosować również papierowe chusteczki, które otrzymasz w szpitalu, zawsze pamiętając o zasadzie wycierania od przodu ku tyłowi;

- staraj się nie dotykać rękoma okolicy krocza, dopóki rana po nacięciu całkiem się nie zagoi.

Oczywiście, że dyskomfort jest większy u kobiet, które miały nacięte krocze (możliwe swędzenie wokół miejsca założenia szwów oraz bolesność). Przedstawione poniżej sugestie zwykle sprawdzają się w przypadku wszystkich młodych matek. W złagodzeniu dolegliwości pomagają:

**Schładzanie.** Chłodzenie za pomocą okładów z leszczyny na sterylnej gazowej podpasce lub za pomocą gumowej rękawiczki chirurgicznej wypełnionej pokruszonym lodem i przyłożonej w okolicy krocza; co kilka godzin w pierwszej dobie po porodzie.

**Ogrzewanie.** Stosowanie ciepłych, dwudziestominutowych nasiadówek, przykładanie gorących kompresów trzy razy dziennie lub też nagrzewanie lampą.

**Znieczulenie.** Miejscowe znieczulenie w postaci aerozoli, kremów, maści lub podpasek zalecanych przez lekarza; mogą zostać przepisane łagodne środki uśmierzające ból.

**Ochrona.** Aby chronić obolałe miejsce przed wysiłkiem, kiedy to tylko możliwe, leż na boku, unikaj długotrwałego przebywania w pozycji stojącej bądź siedzącej. Łatwiej będzie ci siedzieć na poduszce lub dmuchanej podkładce (takiej, jaką zaleca się osobom cierpiącym na hemoroidy); przy siadaniu zaleca się zwieranie pośladków.

**Unikanie ucisku.** Ciasne ubrania – w szczególności obcisła bielizna – mogą ocierać i podrażniać ranę, nasilając ból.

**Ćwiczenia.** Uprawianie ćwiczeń Kegla (patrz s. 189) tak często jak to możliwe, po porodzie i przez cały okres poporodowy, w celu pobudzenia krążenia w okolicy krocza. Pomocne będzie to w gojeniu rany i przywróci odpowiednie napięcie mięśni. (Nie denerwuj się, gdy podczas ćwiczeń stwierdzisz brak czucia, wrażliwości w okolicy krocza. Bezpośrednio po porodzie krocze jest bardzo zdrętwiałe, czucie powróci stopniowo po kilku tygodniach.) Jeśli zauważysz intensywne zaczerwienienie, ból czy obrzęk krocza albo jeśli czujesz nieprzyjemny zapach dochodzący z tego miejsca, powinnaś natychmiast zawiadomić lekarza, gdyż prawdopodobnie są to objawy zakażenia.

# PROBLEMY Z ODDAWANIEM MOCZU

*Minęło już parę godzin od momentu, gdy urodziłam dziecko, a jeszcze nie jestem w stanie oddać moczu.*

Oddawanie moczu podczas pierwszych 24 godzin po porodzie większości kobiet przychodzi z trudnością. Część kobiet nie czuje w ogóle parcia na mocz, inne co prawda czują parcie, lecz nie są w stanie opróżnić pęcherza. Jeszcze inne oddają mocz, lecz połączone jest to z bólem i pieczeniem. Jest wiele powodów dysfunkcji pęcherza moczowego w okresie poporodowym:

- wzrastająca objętość pęcherza jest spowodowana tym, że po porodzie nagle wzrasta przestrzeń do jego rozprężenia; w ten sposób nie ma potrzeby częstego oddawania moczu;

- podczas porodu pęcherz moczowy może zostać uszkodzony, co stopniowo może prowadzić do porażenia. Konsekwencją będzie fakt, że nawet gdy pęcherz wypełni się moczem, nie będzie wysyłał odpowiednich sygnałów o konieczności oddania moczu;

- środki znieczulające mogą spowodować obniżenie wrażliwości pęcherza moczowego lub obniżenie czujności matki na sygnały pochodzące z pęcherza;

- ból w okolicy krocza może być przyczyną odruchowego skurczu w cewce moczowej (czyli przewodzie odprowadzającym mocz), który utrudni oddawanie moczu. Obrzęk (uwypuklenie) krocza może mieć związek z oddawaniem moczu;

- wrażliwość w miejscu zszytego nacięcia lub pęknięcia krocza może być przyczyną pieczenia i bólu przy oddawaniu moczu (ulgę w tym przypadku może przynieść pozycja stojąca przy oddawaniu moczu – stań okrakiem w toalecie, w ten sposób strumień moczu, przechodząc prosto w dół, nie uraża przez dotyk tkliwych miejsc w ścianie cewki moczowej). Pryskanie ciepłą wodą z plastikowej butelki zakończonej lejkiem (niekiedy można taką dostać od pielęgniarki) w trakcie oddawania moczu także zmniejsza dolegliwość;

• pewne czynniki psychiczne mogą wstrzymywać oddanie moczu: strach przed bólem pojawiającym się przy próżnym pęcherzu, brak komfortu psychicznego przy oddawaniu moczu, kłopot z użyciem podsuwacza, potrzeba pomocy drugiej osoby w toalecie.

Mimo zaistniałych trudności wskazane jest opróżnienie pęcherza moczowego w 6-8 godzin po porodzie, by ochronić w ten sposób układ moczowy przed możliwością infekcji. Spadek napięcia mięśniowego pęcherza po jego rozszerzeniu i ustąpienie krwawienia ułatwia zwijanie się mięśnia macicy (bowiem przepełniony pęcherz utrudnia macicy powrót do pierwotnego położenia). Dlatego właśnie położna po porodzie będzie pytać, czy oddałaś mocz. Przez jakiś czas po porodzie możesz być proszona o oddawanie moczu do specjalnego naczynia bądź basenu, dzięki temu możliwy jest pomiar ilości oddawanego przez ciebie moczu. Położna może też często sprawdzać palpacyjnie okolicę ponad spojeniem łonowym, by upewnić się, że twój pęcherz moczowy jest opróżniony.

Jeżeli nie oddałaś moczu przez 8 godzin po porodzie, lekarz może zalecić cewnikowanie (rurka wprowadzona przez cewkę moczową), by opróżnić pęcherz moczowy. Dzięki poniższym wskazówkom być może uda ci się samej oddać mocz.

• Musisz przyjmować odpowiednią ilość płynów – to, co zostaje przyjęte, jest wydalane.

• Spaceruj. Wstań z łóżka tak szybko po porodzie, jak to będzie możliwe, i zrób krót-ki spacer. Pomoże ci to uruchomić twój pęcherz moczowy i pobudzić prawidłowe funkcjonowanie jelit.

• Jeśli czujesz się skrępowana obecnością osób postronnych, poproś położną, by poczekała na zewnątrz toalety, kiedy ty z niej korzystasz. Położna może wrócić, gdy się już załatwisz, aby objaśnić ci zasady higieny okolicy krocza.

• Jeśli jesteś zbyt słaba, aby iść do toalety, i musisz korzystać z podsuwacza, poproś o zapewnienie ci w miarę możliwości odosobnienia i spokoju. Upewnij się, czy położna ogrzała naczynie (jeżeli jest z metalu) i dała ci ciepłą wodę do spłukania okolicy krocza (może to być pomocne w pobudzeniu oddania moczu). Korzystaj z podsuwacza, siedząc na nim, a nie leżąc.

• Ogrzewaj okolicę krocza ciepłymi nasiadówkami, ochładzaj natomiast, stosując pojemniki z lodem. Stosuj wymiennie obie te metody, zależnie od tego, która korzystniej zdaje się stymulować oddawanie moczu.

• Dźwięk płynącej z otwartego kranu wody pomoże ci w oddaniu moczu.

Po upływie 24 godzin problem zbyt małej ilości moczu ulega odwróceniu o 180° i mamy do czynienia z sytuacją nadmiernej ilości oddawanego moczu. Kobieta po porodzie zaczyna oddawać mocz częściej i w większych ilościach, w miarę jak nadwyżka hormonów ciążowych jest wydzielana z organizmu. Gdyby przez parę następnych dni oddawanie moczu nadal sprawiało trudności lub jeśli ilość moczu będzie niedostateczna, to bardzo możliwe, że rozwinęła się infekcja układu moczowego. Objawy stanu zapalnego w obrębie pęcherza (infekcji pęcherza moczowego), połączone z bólem i pieczeniem w cewce moczowej, mogą trwać nawet po obniżeniu lub ustaniu dolegliwości związanych z nacięciem lub pęknięciem krocza.

Do objawów nadwrażliwości, sygnalizujących rozwój infekcji w obrębie dróg wyprowadzających mocz, należy też częste oddawanie moczu w małych ilościach, niezbyt wysoka gorączka. Objawy infekcji nerek są bardziej ostre, mogą obejmować gorączkę 38-40°C i ból okolicy lędźwiowej po jednej lub po obu stronach – zazwyczaj w połączeniu z objawami zapalnymi pęcherza. Jeżeli lekarz stwierdzi infekcję, będzie chciał rozpocząć terapię antybiotykami, odpowiednią w stosunku do sprawczych mikroorganizmów. Możesz ze swej strony pomóc w leczeniu i przyspieszyć powrót do zdrowia, pijąc duże ilości dodatkowych płynów szczególnie soku żurawinowego.

**Nie jestem w stanie utrzymać moczu, on po prostu cieknie.**

Fizyczny stres związany z rodzeniem dziecka może sprawić, że wiele spraw tymczasowo wymyka się spod kontroli, a pęcherz moczowy w szczególności. Albo nie można oddać moczu, albo też wypływa on sam – jak w twoim przypadku. Takie wypływanie (nietrzymanie) moczu jest skutkiem zwiotczenia mięśni w okolicy krocza. Wykonuj ćwiczenia Kegla (są zalecane wszystkim kobietom w połogu) – mięśnie ponownie nabiorą sprężystości, dzięki czemu będziesz mogła świadomie utrzymywać mocz. Na stronie 284 znajdziesz porady dotyczące radzenia sobie z tym problemem; jeśli będzie się on utrzymywał przez dłuższy czas, skontaktuj się z lekarzem.

## PIERWSZE ODDANIE STOLCA

*Urodziłam prawie tydzień temu i jeszcze nie oddałam stolca. Chociaż czuję już potrzebę wypróżnienia, boję się coraz bardziej, że parcie na stolec może spowodować otwarcie rany po nacięciu.*

Pierwsze wypróżnienie po porodzie jest przełomowym momentem, którego lęka się każda młoda matka. A im bardziej moment ten jest przekładany, tym więcej niepokoju i przykrych doznań może przysporzyć. Każdy dzień poprzedzający ten moment może obfitować we wzrastający emocjonalny i fizyczny dyskomfort. Kilka czynników fizjologicznych powinno współpracować, aby jelita po porodzie ponownie zaczęły normalnie funkcjonować. Mięśnie tłoczni brzusznej, które umożliwiają parcie na stolec, są podczas porodu poddane naprężeniom, następstwem tego jest ich zwiotczenie i możliwość zapalenia. Jelita podczas porodu mogą poza tym ulec obrażeniom powodującym zwolnienie perystaltyki. I oczywiście jelita mogą ulec opróżnieniu przed lub podczas porodu i pozostać próżne, ponieważ w trakcie porodu nie przyjmuje się żadnych stałych pokarmów.

Lecz może też być tak, że najważniejszymi inhibitorami poporodowej aktywności jelit są czynniki psychiczne: nieuzasadniony strach przed rozejściem się szwów, obawa przed pogorszeniem się stanu hemoroidów, naturalny niepokój spowodowany brakiem intymności w warunkach szpitalnych oraz przejęcie się swoją rolą, które utrudnia spełnienie tego zadania. Aczkolwiek regulacja samoistna rzadko okazuje się skuteczna, nie pozostaje ci tylko bierne oczekiwanie. Istnieją kroki, które możesz przedsięwziąć, żeby rozwiązać ten problem.

**Nie denerwuj się.** Nic nie jest bardziej szkodliwe – jeżeli chodzi o powrót prawidłowej funkcji jelit i wypróżnienie – niż właśnie zbytnia nerwowość. Nie przejmuj się możliwością rozejścia się szwów, nie rozejdą się. I nie denerwuj się, jeśli samoregulacja jelitowa twojego organizmu potrwa kilka dni – jest to normalne.

**Przestrzegaj właściwej diety.** Jeżeli to możliwe, wybieraj ze szpitalnego menu potrawy, które zawierają ziarna zbóż, świeże owoce, jarzyny. Dodatki do szpitalnej diety, które stanowią źródło zaparć lub biegunek, pochodzą przeważnie spoza szpitala.

Korzystne pokarmy to: jabłka, rodzynki i inne suszone owoce, orzeszki, bułeczki z otrębami. Czekolada, tak często przynoszona w prezencie młodym matkom, pogarsza tylko uporczywe zaparcia. Jeśli jesteś w domu, pilnuj regularnego spożywania wartościowych posiłków, a także odpowiedniej ilości błonnika.

**Pij dużo płynów.** Pamiętaj o tym, że nie tylko musisz uzupełnić zapasy płynów, które utraciłaś podczas porodu, ale dieta płynna ma również wielkie znaczenie w zaparciach stolca. Powinnaś pić dużo wody i soków owocowych – szczególnie z jabłek czy gruszek – aby zapobiegać zaparciom.

**Ruszaj się.** Brak ruchu jest równoznaczny z obniżoną aktywnością jelit. Nie będziesz musiała brać udziału w biegu maratońskim w dzień po porodzie, ale powinnaś być gotowa do podjęcia krótkiej przechadzki korytarzem. Ćwiczenia Kegla, które możesz stosować bezpośrednio po porodzie, leżąc jeszcze w łóżku, będą pomocne we wzmożeniu napięcia mięśni nie tylko krocza, ale również odbytu. Kiedy znajdziesz się już w domu, chodź na spacery z dzieckiem. Na stronie 425 znajdziesz ćwiczenia, które możesz wykonywać po porodzie.

**Nie przyj.** Parcie nie spowoduje rozejścia się szwów, lecz może się stać przyczyną wystąpienia guzków krwawniczych. Jeżeli masz hemoroidy, ulgę może ci przynieść stosowanie ciepłych nasiadówek, miejscowe znieczulenie, czopki, ciepłe i zimne kompresy.

**Środki rozluźniające stolec.** W wielu szpitalach kobiety wypisywane do domu otrzymują środki rozluźniające stolec bądź przeczyszczające. Zatem gdy wszystko inne zawiedzie, one muszą pomóc.

Kilku pierwszym wypróżnieniom może towarzyszyć duży dyskomfort. Lecz w miarę upływu czasu stolec staje się coraz bardziej miękki, a wypróżnienia bardziej regularne, i ból związany z wypróżnieniem zmniejsza się lub znika całkowicie.

*Po porodzie z zakłopotaniem odkryłam, iż nie jestem w stanie utrzymać stolca, a także że bezwolnie puszczam gazy.*

Choć z pewnością poporodowe nietrzymanie stolca i gazów może wprawić w zażenowanie, nie jest rzadkim zjawiskiem. Poród powoduje rozciągnięcie oraz, w pewnym stopniu, zniszczenie mięśni i nerwów w okolicy krocza, przez co nie mogą one prawidłowo funkcjonować. W większości przypadków mięśnie i nerwy same wracają do poprzedniego stanu, jednak możesz przyspieszyć ten proces, rzetelnie wykonując ćwiczenia Kegla. Gdyby jednak problem nie ustępował, porozmawiaj z lekarzem o ewentualnym leczeniu. Niekiedy pomaga biofeedback (patrz s. 244), czasem jednak konieczna jest operacja, po której można szybko powrócić do normalnego stanu, jeśli tylko wykonuje się ćwiczenia Kegla.

## NADMIERNA POTLIWOŚĆ

*Budzę się w nocy mokra od potu. Czy to jest normalne?*

Nie jest to przyjemne, ale zupełnie naturalne. Młode matki są spoconymi matkami, gdyż wydalanie potu jest jednym ze sposobów, w jaki organizm pozbywa się płynów nagromadzonych podczas ciąży. Zwykle trwa to tydzień od momentu porodu. Często ten nieprzyjemny proces trwa przez parę tygodni, do czasu osiągnięcia pełnej regulacji hormonalnej.

Nie martw się tym. Możesz być pewna, że zasadnicza część utraconych z potem płynów jest na bieżąco stopniowo zastępowana (szczególnie gdy karmisz piersią, ale także, gdy tego nie robisz) przez płyny, które spożywasz na co dzień. Dla zapewnienia większego komfortu podczas nocnego wypoczynku, połóż sobie ręcznik na poduszce, jeśli największa potliwość występuje w nocy. Nie od rzeczy będzie w takich przypadkach mierzenie temperatury. Jeśli temperatura przekroczy 37,7°C, poinformuj o tym lekarza.

## ODPOWIEDNIA ILOŚĆ POKARMU

*Minęły już dwa dni, odkąd urodziłam, i nic nie wypływa z moich piersi, kiedy je naciskam. Nawet siara. Martwię się o dziecko – czy ono nie jest głodne.*

Twoje dziecko nie tylko nie umiera z głodu, ale nie jest nawet głodne. Dzieci nie rodzą się z apetytem i natychmiastowymi potrzebami pokarmowymi. Dopiero po jakimś czasie twoje dziecko zacznie łaknąć piersi pełnej mleka (trzeciego lub czwartego dnia po porodzie), a wówczas i ty niewątpliwie będziesz już w stanie je nakarmić.

Nie można powiedzieć, że teraz nie masz pokarmu. Siara, która (w chwili obecnej) dostarcza dziecku wystarczającą ilość substancji odżywczych oraz ważne przeciwciała nie wytwarzane jeszcze przez organizm noworodka (pomaga mu także w opróżnieniu układu pokarmowego z nadmiaru śluzu, natomiast jelit – ze smółki), z pewnością występuje w niezbędnych, choćby i niewielkich ilościach. W tym momencie potrzeby pokarmowe twojego dziecka ograniczają się do porcji pokarmu mieszczącej się w łyżeczce od herbaty. Aż do trzeciego lub czwartego dnia po porodzie, kiedy twoje piersi zaczynają obrzmiewać i masz poczucie ich pełności (znaczy to, że pojawiło się w nich mleko), niełatwo spowodować wypływ mleka poprzez ręczną stymulację. Za

to jednodniowe dziecko, wyłącznie z chęcią ssania, jest lepiej wyposażone niż ty, by zainicjować wypływ pokarmu.

## OBRZĘK PIERSI

*Wreszcie pojawił się pokarm, moje obrzęknięte piersi trzykrotnie przekroczyły swoją normalną wielkość, są ciężkie, opuchnięte, obolałe, nie mogę nosić stanika. Czy tak już będzie aż do momentu, kiedy odstawię dziecko od piersi?*

Gdyby faktycznie tak było, że karmiąca matka miałaby do końca całego okresu karmienia cierpieć z powodu obrzmiałych, boleśnie tkliwych, twardych jak granit i czasem rwących z bólu piersi – to większość dzieci zostałaby odstawiona od piersi, jeszcze zanim wkroczyłaby w drugi tydzień życia. Obrzmienie piersi (któremu niekiedy towarzyszy lekka gorączka)[1] spowodowane wydzielaniem się mleka może z karmienia uczynić czynność bardzo uciążliwą dla matki i może też być przyczyną frustracji dziecka, jeśli brodawka sutkowa ulegnie spłaszczeniu. Gdyby pierwsze podanie piersi zostało przesunięte w czasie, stan może ulec pogorszeniu, ponieważ matka lub dziecko nie będą w stanie rozpocząć karmienia.

Szczęśliwie obrzęk i jego przykre efekty (niekiedy obejmujące nawet pachy) stopniowo ustępują dzięki prawidłowej koordynacji i dystrybucji zapasu pokarmu rozłożonego na cały dzień. Dotyczy to również dolegliwości brodawek sutkowych, które stają się szczególnie bolesne około dwudziestego dnia karmienia. Ogólnie rzecz biorąc, dolegliwości ustępują tak szybko, jak szybko postępuje proces hartowania samej brodawki sutkowej poprzez częste karmienie. U niektórych kobiet dochodzi także do pękania brodawek sutkowych i krwawie-

---

[1] Powiadom lekarza, jeśli gorączka jest wyższa niż 38°C.

# W jakich sytuacjach powiadomić lekarza?

Niewiele kobiet może się pochwalić szczytową kondycją fizyczną czy emocjonalną tuż po urodzeniu dziecka – ale jest to zupełnie normalne w okresie połogu. Bardzo często w czasie pierwszych sześciu tygodni po urodzeniu dziecka kobiety odczuwają różnego rodzaju bóle, cierpienia i inne nieprzyjemne objawy, które wcale nie są oznaką problemów zdrowotnych. Choć na szczęście rzadko zdarzają się poważne problemy poporodowe, niemniej jednak wszystkie kobiety, które niedawno urodziły dziecko, powinny zdawać sobie sprawę z objawów mogących wskazywać na komplikacje. Zadzwoń natychmiast do lekarza, jeśli doświadczasz któregoś z poniższych objawów:

- Krwawienie, krew nasyca więcej niż jedną podpaskę w czasie jednej lub paru godzin. Jeśli nie jesteś w stanie skontaktować się z lekarzem, który asystował przy twoim porodzie, ktoś powinien zabrać cię w takim wypadku do najbliższej stacji pogotowia ratunkowego lub powinnaś się skontaktować telefonicznie z ośrodkiem pomocy medycznej. Podczas samego transportu lub gdy musisz czekać na przyjazd karetki pogotowia, połóż się. Weź opakowanie z lodem (bezpiecznie związana torebka plastikowa wypełniona kostkami lodu oraz papierowe ręczniki do wchłaniania wody z topiącego się lodu będą pomocne) i przyłóż do podbrzusza (bezpośrednio w rzucie macicy, jeśli możesz ją zlokalizować), jeśli to możliwe.

- Intensywne krwawienie jasnoczerwoną krwią w tydzień po porodzie. Nie denerwuj się jednak z powodu lekkiego, przypominającego miesiączkę krwawienia utrzymującego się do 6 tygodni (w przypadku niektórych kobiet nawet do 12) bądź też krwawienia nasilającego się w okresach większej aktywności fizycznej lub karmienia piersią.

- Odchody o cuchnącym zapachu. Prawidłowy zapach powinien przypominać zapach krwi miesiączkowej.

- Liczne bądź duże (wielkości cytryny lub większe) skrzepy w odchodach. Sporadyczne małe skrzepy przez kilka pierwszych dni są normą.

- Brak odchodów podczas pierwszych dwóch tygodni po porodzie.

- Ból, dyskomfort w obrębie dolnej części brzucha z lub bez obrzęku tej okolicy, trwający dłużej niż kilka pierwszych dni po porodzie.

- Ból w okolicy krocza utrzymujący się dłużej niż pierwsze kilka dni po porodzie.

- Temperatura ciała powyżej 37,7°C po pierwszych 24 godzinach, przez więcej niż 1 dzień. Krótki okres podwyższonej temperatury (do 38°C) bezpośrednio po porodzie (spowodowany odwodnieniem) lub niewysoka gorączka w czasie pojawienia się mleka – nie stanowią powodu do niepokoju.

- Zawroty głowy.

- Mdłości, wymioty.

- Miejscowy ból, opuchnięcie, zaczerwienienie, gorączka i wrażliwość piersi po ustąpieniu ich nabrzmiałości. Sytuacja taka może oznaczać zapalenie sutka lub infekcję piersi. Czekając na kontakt z lekarzem, rozpocznij domową terapię (patrz s. 405).

- Zlokalizowany obrzęk z lub bez zaczerwienienia, miejscowe ucieplenie, sączenie z rany po cięciu cesarskim.

- Trudności z oddawaniem moczu, ból, pieczenie podczas oddawania moczu, częste parcie na mocz z oddawaniem niewielkich jego ilości, skąpomocz, ciemna barwa moczu. Wskazane picie dużych ilości płynów i skontaktowanie się z lekarzem.

- Ostry ból klatki piersiowej. Może on być wywołany przez obecność zakrzepu w krążeniu płucnym (bólu tego nie należy mylić z obolałością klatki piersiowej wynikającą zwykle z wysiłkowego parcia). Jeżeli nie możesz skontaktować się z lekarzem, który opiekował się tobą podczas porodu, zadzwoń do najbliższej stacji pogotowia ratunkowego.

- Ból zlokalizowany, tkliwość, wrażliwość, zwiększone ucieplenie w łydce, udzie, obrzęk z lub bez zaczerwienienia i ból podczas zginania nogi – mogą sygnalizować skrzep krwi w żyle. Wskazany wypoczynek z uniesioną nogą i kontakt z lekarzem.

- Depresja, wywołana uczuciem, że nie potrafisz sobie radzić w trudnych sytuacjach. Stan taki może trwać parę dni (patrz s. 410). Uczucie złości skierowane na dziecko – szczególnie, jeśli towarzyszą mu zbrodnicze myśli.

nia. Dzięki odpowiedniej opiece dolegliwości te są zwykle tylko tymczasowe.

Karmienie może się stać przyjemne i może dać ci satysfakcję, zgodnie z twoimi oczekiwaniami, jeśli uwierzysz, że tak może być. Może też być bezbolesne. Ty sama możesz uczynić parę rzeczy, by obniżyć dyskomfort i przyspieszyć wprowadzenie prawidłowych zasad dystrybucji pokarmu (patrz *Początki karmienia piersią*).

## ZASTÓJ MLEKA W PRZYPADKU, GDY NIE PODEJMIESZ KARMIENIA PIERSIĄ

*Nie podjęłam karmienia. Rozumiem, że stopniowe zanikanie mleka może być bolesne.*

Bez względu na to, czy podjęłaś karmienie czy nie, twoje piersi będą pełne mleka na trzeci lub czwarty dzień po porodzie. Jakkolwiek dolegliwości te są na szczęście chwilowe, może to być niewygodne, a nawet bolesne. Niektórzy lekarze stosują leki hormonalne i inne środki farmakologiczne hamujące produkcję pokarmu. Lecz ze względu na poważne skutki uboczne i brak całkowitej pewności (niektóre z tych leków czasami nie hamują produkcji mleka, a nawet jeśli przynoszą pożądany efekt, to często laktacja powraca po odstawieniu leku) organizacje medyczne zajmujące się rozrodem i macierzyństwem wypowiedziały się przeciwko ich stosowaniu. Jeśli chodzi o poporodowy zastój mleka w piersi jako proces fizjologiczny, najlepsze wydaje się rozwiązanie tego problemu w sposób naturalny, co zawsze powinno być brane pod uwagę. Gruczoły piersiowe są przeznaczone do produkcji mleka tylko wtedy, gdy istnieje na nie zapotrzebowanie. Jeśli mleko nie jest na bieżąco wykorzystywane, jego produkcja ustaje. Mimo że sporadyczne wypływanie mleka może trwać przez kilka dni lub nawet tygodni, ostry zastój mleka nie

powinien trwać dłużej niż 12-24 godzin. W tym czasie możesz stosować okłady z lodu, łagodne środki przeciwbólowe. Noś dopasowany stanik. Unikaj gorącego natrysku – stymuluje on produkcję pokarmu.

## GORĄCZKA

*Niedawno wróciłam ze szpitala, a mam gorączkę 38 stopni. Czy to może mieć coś wspólnego z porodem?*

W roku 1847 młody wiedeński lekarz Ignaz Semmelweiss zasugerował, aby akuszerki myły ręce przed odbieraniem porodu, ponieważ mogłoby to znacznie zredukować liczbę infekcji związanych z wydawaniem dzieci na świat. Zatem obecnie prawdopodobieństwo wystąpienia zakażenia poporodowego u młodej matki jest znikome. A dzięki sir Aleksandrowi Flemingowi, brytyjskiemu naukowcowi, który wynalazł zwalczający zakażenie antybiotyk, ewentualne zakażenia można szybko wyleczyć.

Do najpoważniejszych przypadków infekcji zwykle dochodzi w ciągu 24 godzin po porodzie. Gorączka trzeciego czy też czwartego dnia może być objawem poporodowej infekcji – jednak bywa też wywołana chorobami nie związanymi z porodem. Niska gorączka (około 37,8°C) niekiedy towarzyszy nabrzmieniu piersi spowodowanemu pojawieniem się mleka. Czasem wynika z połączenia uczuć podekscytowania i wycieńczenia, co zdarza się często we wczesnym okresie połogowym. Jednak na wszelki wypadek poinformuj lekarza o podwyższonej temperaturze, jeśli utrzymuje się ona dłużej niż 4 godziny podczas pierwszych 3 tygodni po porodzie i nawet jeśli występują typowe objawy przeziębienia, grypy bądź wymioty. Lekarz oceni sytuację i w razie konieczności rozpocznie leczenie. Przeczytaj informacje na stronie 526, jeśli podejrzewa się zakażenie poporodowe.

# WIĘŹ EMOCJONALNA

*Mój nowo narodzony syn jest wcześniakiem, dlatego też przez najbliższe dwa tygodnie będzie przebywać na oddziale intensywnej terapii noworodkowej. Czy w chwili gdy opuści ten oddział, nie będzie za późno na nawiązanie dobrego kontaktu emocjonalnego?*

Powstawanie więzi, czyli naturalnego przywiązania matki do dziecka, przez pewien czas stanowiło temat kontrowersji w kręgach położniczych. Określenie to pochodzi z roku 1970, kiedy to grupa badaczy zaczęła sugerować, że oddzielenie noworodka od matki bezpośrednio po porodzie utrudnia nawiązanie kontaktu emocjonalnego w pierwszym okresie. Po opublikowaniu i zastosowaniu w praktyce wniosków płynących z tej pracy zarejestrowano wiele pozytywnych zmian w postępowaniu z noworodkiem.

Dzisiaj wiele ośrodków szpitalnych zachęca matki do trzymania dziecka po porodzie przy sobie, przytulania i pielęgnowania go, choćby przez 10 minut do godziny lub więcej, zamiast od razu po porodzie oddzielić je od matki i zabrać do sali noworodkowej w chwilę po przecięciu pępowiny. Coraz częściej matki przebywają ze swymi dziećmi w pokojach typu *rooming-in*, dzięki czemu rodzice mogą niemal cały czas towarzyszyć swoim dzieciom. Lecz jak to czasami bywa z popularyzacją dobrych idei, myśl o nawiązywaniu więzi emocjonalnych wkrótce zaczęto nadużywać, co zaowocowało nie najlepszymi konsekwencjami.

Matki, które miały poród operacyjny bądź skomplikowany poród drogami natury i nie mogły trzymać dziecka zaraz po tym, jak przyszło ono na świat, martwiły się, że ich późniejszy związek z dzieckiem zostanie na zawsze zakłócony. Niektórzy strasznie zdenerwowani rodzice, których dzieci musiały być przez kilka dni lub tygodni na oddziale intensywnej opieki medycznej, starali się wykorzystać każdą okazję do nawiązania więzi emocjonalnej z dzieckiem. Tak więc część z tej grupy rodziców zdobywała się na najbardziej szalone pomysły, z powodu naglącej potrzeby nawiązania natychmiastowego kontaktu z dzieckiem, i żądała tego nawet, gdy było to związane z ryzykiem dla samego dziecka. Oczywiście zawiązanie się więzi emocjonalnej między matką a dzieckiem na sali porodowej jest wspaniałe. To wczesne spotkanie matki i jej potomka daje im obojgu szansę nawiązania kontaktu – skóra do skóry, oko w oko. Jest to pierwszy stopień w rozwoju trwałego uczucia rodzicielskiego. Lecz tylko pierwszy stopień. I to wcale nie musi dziać się tuż po porodzie. To może stać się później: w szpitalnym łóżku lub przez otwór w szybie inkubatora, lub nawet tydzień później w domu. Kiedy rodzili się twoi rodzice, prawdopodobnie prawie nie widzieli swoich matek, a tym bardziej ojców, aż do momentu gdy znaleźli się w domu – zazwyczaj 10 dni po porodzie. A jednak ogromna większość z tego pokolenia wzrastała w silnych związkach rodzinnych.

Matki, które miały szansę nawiązania tego bezpośredniego poporodowego kontaktu z pierwszym dzieckiem, a z następnym już nie, zazwyczaj nie spostrzegają różnicy we wzajemnych związkach uczuciowych w obu przypadkach. Również rodzice adoptowanych dzieci, którzy często nie widzieli swoich dzieci aż do momentu opuszczenia przez nie szpitala (a czasem nawet później), potrafią nawiązać więź uczuciową równie silną jak rodzice biologiczni. Część ekspertów wierzy, że faktycznie do drugiej połowy pierwszego roku życia dziecka kontakt uczuciowy nie odgrywa jeszcze tak ważnej roli.

Oczywiście jest to proces skomplikowany, który nie dokonuje się – ani nie zaczyna – w jednej minucie. Nigdy nie jest za późno na zacieśnianie więzi emocjonalnej. Zamiast marnować energię, tęskniąc za straconym czasem, przygotuj się na spędzenie dalszej części życia w roli matki. Nie bój się dotykać, przemawiać i ewentualnie przytulać dziecko w trakcie jego pobytu na oddziale intensywnej opieki noworodkowej. W takich sytuacjach większość szpitali nie tylko zezwala na kontakt rodziców z dziećmi, lecz wręcz zachęca do niego. Spytaj pielęgniarkę z tego oddziału o najlepszy sposób na bliski kontakt z twoim nowo narodzonym dzieckiem w tym trudnym czasie. Więcej na temat opieki nad wcześniakami znajdziesz w książce *Pierwszy rok życia dziecka*.

*Mówiono mi, że więź uczuciowa nawiązana zaraz po porodzie zbliży matkę i dziecko do siebie, lecz kiedy trzymam moje dziecko, za każdym razem wydaje mi się ono obce.*

M iłość od pierwszego wejrzenia kwitnie w romantycznych książkach, lecz w życiu raczej ma charakter bardziej realny. Tego rodzaju uczucie, trwające całe życie, potrzebuje czasu, motywacji i mnóstwa cierpliwości, aby mogło w pełni się rozwinąć i pogłębić. Jeśli chodzi o uczucie miłości między noworodkiem a jego rodzicami, to działają tu te same reguły jak w uczuciu między kobietą a mężczyzną. Fizyczna bliskość pomiędzy matką a dzieckiem bezpośrednio po porodzie nie gwarantuje natychmiastowej bliskości emocjonalnej. Pojawienie się uczucia nie jest tak szybkie i oczywiste jak zmiany poporodowe w organizmie matki. Podczas tych pierwszych poporodowych sekund nie należy się automatycznie spodziewać bezmiaru macierzyńskiej miłości.

Faktycznie pierwsze doznania kobiety po przebytym porodzie o wiele bardziej przypominają ulgę niż miłość, szczególnie gdy poród nie należał do lekkich. Jest to uczucie ulgi wynikające z tego, że poród jest zakończony. Nie jest to wcale nic nienormalnego, gdy płaczący i areaktywny uczuciowo noworodek uznany zostaje przez matkę w pierwszej chwili za istotę obcą, a już na pewno nie kojarzy się z żadnym przyjemnym doznaniem. Nie pokrywa się to z wy-

idealizowanym obrazem małego płodu, który nosiłaś przez 9 miesięcy i co do którego (do niego lub do niej) czułaś coś więcej niż naturalną bliskość. Przeprowadzone badania dowiodły, że potrzeba średnio dwóch tygodni (a często trwa to dłużej, około dziesięciu tygodni), żeby u matki pojawiły się pierwsze pozytywne uczucia wobec nowo narodzonego dziecka.

To, w jaki sposób kobieta zareaguje na swoje dziecko podczas ich pierwszych kontaktów, może zależeć od różnych czynników – od długości i przebiegu porodu, od tego, czy pozostawała podczas porodu pod działaniem środków uspokajających lub znieczulających, od jej poprzednich doświadczeń (lub ich braku) z noworodkiem. Również zależy to od jej stosunku do sprawy posiadania dziecka, od wzajemnych kontaktów z mężem, od ubocznych powodów zdenerwowania, które mogą ją pochłonąć, ogólnie od stanu jej zdrowia i bardzo możliwe, że w największym stopniu – od jej osobowości.

Część najbardziej wartościowych układów wzajemnych zawiązuje się powoli. Daj samej sobie i swojemu dziecku szansę poznania i zaakceptowania siebie nawzajem, pozwól, by miłość rozwinęła się w sposób naturalny i niespieszny.

Jeżeli po paru tygodniach wzajemnych kontaktów nadal nie będziesz odczuwała bliskiej więzi z dzieckiem lub będziesz czuła w sobie złość lub antypatię skierowaną do dziecka, omów swoje uczucia z lekarzem pediatrą. To bardzo ważne, by w miarę wcześnie zapobiec trwałym szkodom we wzajemnych stosunkach.

## PRZEBYWANIE RAZEM Z DZIECKIEM (rooming-in)

*Gdy w szkole rodzenia mówiono nam o tym, że dzieci możemy mieć przy sobie, wydawało się to czymś cudownym. Po porodzie rzeczywistość okazała się gorsza niż piekło. Nie potrafię dziecka uspokoić i sprawić, by przestało płakać. Jaka ze mnie matka i co sobie pomyśli pielęgniarka, jeśli poproszę ją o zabranie dziecka?*

Przemawia przez ciebie bardzo wrażliwa matka. Właściwie już rodząc dziecko, dokonałaś czegoś więcej niż Herkules (Herkules nigdy by tego nie dokonał), a teraz jesteś na drodze do tego, by dokonać czegoś jeszcze większego, mianowicie wychowania swojego dziecka. Potrzeba paru dni odpoczynku pomiędzy porodem a rozpoczęciem wychowywania nie może być w żadnym przypadku źródłem poczucia winy.

Przebywanie cały czas z noworodkiem jest wspaniałym szpitalnym udogodnieniem, lecz wcale nie jesteś złą matką, gdy nie sprawia ci to przyjemności czy też czujesz się tym zbyt zmęczona. Oczywiście niektóre kobiety radzą sobie z problemem *rooming-in* z łatwością. Może spowodowane jest to lekkim przebiegiem porodu, co wpływa na ich pogodny nastrój i nie powoduje wyczerpania. Może część kobiet miała już pewne doświadczenie w kontakcie z nowo narodzonymi dziećmi, nabyte po poprzednich porodach lub też dzięki sprawowaniu opieki nad dziećmi innych matek. Dla takich kobiet płaczący noworodek o godzinie 3 w nocy nie będzie akurat powodem do radości, ale na pewno nie będzie uważany za nocną zmorę. Natomiast młoda matka, która nie zmrużyła oka przez 48 godzin, osłabiona przez wyczerpujący poród, która nigdy przedtem nie miała do czynienia z nowo narodzonym dzieckiem – będzie poprzez łzy z niedowierzaniem zadawała sobie pytanie: „Jak ja mogłam zdecydować się na macierzyństwo?"

Odgrywanie roli męczennicy może wzbudzić w matce żal do dziecka, czyli uczucie, które dziecko potrafi wyczuć. Zatem nie zmuszaj się do stałego przebywania z dzieckiem, jeśli tego nie chcesz, i pamiętaj, że zawsze wolno ci zmienić zdanie. Częścio-

wy *rooming-in*, czyli bycie z dzieckiem tylko za dnia, to też dobre rozwiązanie. Możesz też wyspać się pierwszego dnia, a zacząć być z dzieckiem cały czas od dnia drugiego. (Jeśli karmisz piersią, upewnij się, czy dziecko jest przynoszone na wszystkie karmienia i że nie podaje mu się dodatkowo butelki.) Bądź elastyczna. Bardziej koncentruj się na jakości wykorzystania czasu, który spędzasz z dzieckiem w szpitalu niż na jego ilości. Całodobowej opieki nad dzieckiem będziesz miała wkrótce pod dostatkiem w domu.

Powinnaś być świadoma tego, powinnaś być emocjonalnie i fizycznie przygotowana do wypełnienia tego zadania. Jednak pamiętaj, że będzie ci potrzebna pomoc. Najlepiej, gdyby twój mąż przynosił dziecko na nocne karmienie, zmieniał w razie konieczności pieluchy, przynosił dziecko do ciebie, a potem zabierał je z powrotem do łóżeczka. Jeżeli jesteś sama, poproś kogoś innego, aby odpłatnie lub za darmo przebywał z tobą przynajmniej przez kilka nocy, tak byś mogła odpocząć po porodzie.

# POWRÓT DO ZDROWIA PO CIĘCIU CESARSKIM

*Jaka będzie moja rekonwalescencja po urodzeniu dziecka przez cesarskie cięcie?*

Rekonwalescencja po cięciu cesarskim jest podobna do rekonwalescencji po każdej dużej operacji brzusznej, z tą jednak sympatyczną różnicą, że przy tamtych operacjach traci się stary, zużyty woreczek żółciowy czy wyrostek robaczkowy, a przy tej operacji ty zyskałaś coś zupełnie nowego – dziecko. Istnieją oczywiście i inne różnice, trochę mniej radosne niż powyższa.

Dodatkowym elementem w twojej rekonwalescencji będzie to, że podlegać będziesz również normalnej opiece poporodowej. Z wyjątkiem nienaruszonego w twoim

# Pobyt w szpitalu

To, ile czasu ty lub dziecko spędzicie w szpitalu, zależeć będzie od rodzaju porodu, a także waszego stanu zdrowia. Jeśli oboje z dzieckiem czujecie się dobrze i chcesz wcześniej wrócić do domu (ponieważ czekają na ciebie inne dzieci lub po prostu wiesz, że tam będzie ci lepiej), poproś lekarza o przygotowanie wszystkiego do wcześniejszego wypisu. W takim przypadku zorganizuj wizytę domową pielęgniarki (prawdopodobnie w ramach ubezpieczenia) albo po kilku dniach wybierz się wraz z noworodkiem do lekarza, by mieć całkowitą pewność, że nie wystąpiły żadne komplikacje. Dziecko zostanie zważone, przebadane (także pod kątem żółtaczki) oraz zapewne padnie pytanie o karmienie (dlatego warto prowadzić zapiski).

Jeśli natomiast zostaniesz w szpitalu przez pełne 48 czy 96 godzin, skorzystaj z okazji i jak najwięcej odpoczywaj. Solidny odpoczynek przyda ci się przed powrotem do domu.

---

wypadku krocza, będziesz doświadczać tych samych uciążliwości okresu poporodowego, które są konsekwencją przebytego porodu drogami natury, np. skurcze poporodowe, odchody, ból w okolicy krocza (jeśli przez długi czas próbowałaś urodzić w sposób naturalny, nim dokonano cięcia cesarskiego), obrzęk piersi, wyczerpanie, zmiany hormonalne, wypadanie włosów, pocenie się, depresja poporodowa.

Podczas rekonwalescencji po porodzie operacyjnym możesz np. odczuwać:

**Wpływ środków znieczulających.** Dopóki działanie środków znieczulających będzie trwało, będziesz poddana starannej obserwacji na oddziale intensywnej opieki medycznej. Twoje wrażenia z pobytu na tym oddziale mogą być później zamazane w pamięci lub nie będziesz po prostu nic pamiętała. Spowodowane jest to tym, że każdy inaczej reaguje na różne leki i efekt działania każdego leku jest inny. Indywidualna reakcja na lek i odmienny skutek zastosowania każdego leku powodują, że proces dochodzenia do siebie po operacji w kilka godzin lub po upływie dnia czy dwóch zależeć będzie od twojej reakcji i od rodzaju zastosowanych środków. Jeżeli dręczą cię złe sny i po przebudzeniu masz halucynacje lub jesteś zdezorientowana, twój mąż lub dyżurna pielęgniarka pomogą ci szybko wrócić do rzeczywistości. Na oddziale intensywnej opieki medycznej pozostaniesz także wtedy, gdy miałaś wykonane tzw. znieczulenie podpajęczynówkowe lub zewnątrzoponowe. Znieczulenie w dolnej części tułowia będzie (przy tym rodzaju znieczulenia) trwało dłużej, będzie ustępowało od palców u nóg w górę. Dlatego, jak tylko będziesz mogła, ruszaj palcami i nogami. Jeśli miałaś wykonane znieczulenie podpajęczynówkowe, będziesz musiała pozostać w łóżku i leżeć płasko na plecach przez około 8-12 godzin. Gdy będziesz przebywać na oddziale pooperacyjnym, możesz uzyskać pozwolenie na odwiedziny męża i dziecka.

**Ból wokół miejsca nacięcia.** Zaraz po tym, jak znieczulenie przestanie działać, twoja rana – jak każda inna – będzie prawdopodobnie potencjalnym źródłem bólu. Stopień bólu zależeć będzie od mnóstwa czynników, włączając w to twój indywidualny próg bólu i to, czy miałaś już wykonane cięcie cesarskie (pierwsze cięcie cesarskie jest zazwyczaj źródłem największych dolegliwości). W zależności od potrzeby będziesz prawdopodobnie otrzymywać leki znoszące efekt bólowy. Będziesz się czuła ogłupiała i znarkotyzowana, będzie to konsekwencją działania tych leków. Leki pozwolą ci jednak na zdobycie niezbędnej dla ciebie porcji snu. Nie denerwuj się, jeżeli rozpoczęłaś karmienie piersią – leki, o których mowa, nie przechodzą do pokarmu, a do chwili pojawienia się pokarmu silne środki przeciwbólowe okażą się raczej zbędne. Gdyby ból utrzymywał się przez kilka tygodni – a czasem tak bywa – możesz bez obaw brać leki przeciwbólowe sprzedawane bez recepty (poproś lekarza, by ci któreś polecił). Rana będzie się goić szybciej, jeśli przez pierwsze kilka tygodni po porodzie nie będziesz podnosić ciężkich przedmiotów, a nawet prowadzić samochodu.

**Możliwość pojawienia się nudności z lub bez wymiotów.** Problem ten nie zawsze występuje. Gdyby wystąpiły nudności, możesz otrzymać środki przeciwwymiotne (jeśli wymiotowałaś wcześniej, możesz porozmawiać ze swoim lekarzem o ewentualnym podaniu środków przeciwwymiotnych lub używaniu specjalnych opasek uciskowych noszonych na nadgarstkach i nie zawierających substancji medycznych, zapobiegających wystąpieniu nudności poporodowych).

**Ćwiczenia w oddychaniu i odkaszliwaniu.** Oddychanie i odkaszliwanie zalegającej wydzieliny pomoże ci uwolnić organizm od zalegających środków znieczulających i będzie pomocne w rozprężeniu płuc i utrzymaniu ich bez zalegania oraz jako dodatkowa ochrona przed możliwym zapaleniem. Taka płucna gimnastyka, jeśli jest wykonywana prawidłowo, może być związana z bólem. Możesz zminimalizować te dolegliwości poprzez unieruchomienie okolicy nacięcia za pomocą poduszki.

**Uczucie wycieńczenia.** Po operacji możesz się czuć słabo, zarówno z powodu utraty krwi, jak i z powodu działania znieczulenia. Jeśli przed operacją usiłowałaś przez kilka godzin urodzić dziecko drogami natury, bez wątpienia czujesz się wycieńczona.

**Regularna ocena twojego stanu ogólnego.** Pielęgniarka będzie kontrolować twój stan ogólny (mierzyć temperaturę, ciśnienie krwi, tętno, częstość oddechów), prowadzić zbiórkę dobową moczu, oceniać wydzielinę z po-

chwy. Zajmie się także zmianą opatrunku oraz sprawdzeniem konsystencji i stopnia obkurczenia macicy (czy jest ona na tyle obkurczona, by powrócić w obręb miednicy). Pielęgniarka będzie również sprawdzać stan twojego cewnika moczowego i venflonu założonego do żyły.

A oto, czego się możesz spodziewać, gdy znajdziesz się w twoim pokoju na oddziale szpitalnym:

**Kontynuacja oceny twojego stanu ogólnego.** Stan ogólny, zbiórka dobowa moczu, ocena wydzieliny z pochwy, zmiana opatrunku, kontrola obkurczenia macicy. Ocena powyższych parametrów i drożności cewnika moczowego oraz venflonu (będzie trwała tak długo, póki nie będą w normie) będzie prowadzona regularnie.

**Usunięcie cewnika moczowego.** Nastąpi to krótko po operacji. Oddawanie moczu będzie utrudnione, tak więc spróbuj skorzystać z rad przedstawionych na s. 383. Jeżeli one nie pomogą, na powrót może zostać założony cewnik moczowy, dopóki sama nie będziesz w stanie oddawać moczu.

**Skurcze poporodowe.** Pojawiają się około 12-24 godzin po porodzie. Zapoznaj się ze s. 381, by dowiedzieć się czegoś więcej o tych okresowo sprawiających dolegliwości skurczach.

**Powolny powrót do normalnej diety.** Niegdyś (a w niektórych szpitalach nadal) rutynowo podawano kobietom dożylnie płyny przez pierwsze 24 godziny po cięciu cesarskim, a w ciągu jednego czy dwóch dni po odłączeniu kroplówki zezwalano jedynie na picie wyłącznie czystych płynów. Jednak podanie czegoś konkretnego do jedzenia byłoby lepszym rozwiązaniem. Badania wykazują, że kobiety, którym wcześniej zaczęto na powrót podawać stałe pokarmy (oczywiście stopniowo, niemniej już 4 do

8 godzin po operacji), szybciej oddawały pierwszy stolec, a także średnio można je było wypisać ze szpitala 24 godziny wcześniej niż kobiety, które otrzymywały wyłącznie płynną dietę. Różne szpitale czy poszczególni lekarze przyjmują różne metody; od twojego stanu pooperacyjnego także będzie zależało, jak szybko odłączona zostanie kroplówka, a sztućce podane. Pamiętaj, że wprowadzenie stałych pokarmów powinno się odbywać stopniowo. Najpierw otrzymasz płyny, potem coś miękkiego i łatwo przyswajalnego (na przykład galaretkę), a następnie kolejne potrawy. Jednak na mdłych, lekkostrawnych daniach pozostaniesz przez co najmniej kilka dni; nawet nie myśl o przemyceniu dużego hamburgera. A kiedy już całkowicie wrócisz do jedzenia stałych produktów, nie zapomnij o płynach – zwłaszcza jeśli karmisz piersią.

**Ból promieniujący w stronę barków.** Podrażnienie przepony podczas operacji może powodować parogodzinny ostry ból barków. Środki przeciwbólowe mogą być w tym przypadku pomocne.

**Możliwość wystąpienia zaparcia.** Ponieważ perystaltyka jelit może być zwolniona z powodu znieczulenia i operacji, normalne jest, że pierwszy stolec oddaje się dopiero po kilku dniach. Z powodu zaparć niekiedy pojawiają się bolesne gazy. Można zastosować preparaty regulujące czynność układu pokarmowego, łagodne środki przeczyszczające, aby ułatwić oddanie stolca. Spróbuj niektórych rad podanych na s. 385, ale wyklucz z diety ciężko strawne elementy pożywienia. Jeżeli nie było wypróżnienia w czwartym i piątym dniu, zastosuj w miarę możliwości czopki.

**Dyskomfort w obrębie brzucha.** Gdy twój układ pokarmowy (częściowo zaburzony poprzez dokonaną operację) zacznie funkcjonować, uwięzione gazy mogą stać się przyczyną poważnych dolegliwości bólowych, szczególnie wtedy, gdy ich ciśnienie powoduje rozpieranie w obszarze linii cięcia. Dolegliwości mogą być silniejsze podczas ziewania, kaszlu, kichania. Poinformuj pielęgniarkę lub lekarza o swoich problemach.

Leki przeciwbólowe nie są zalecane w tej sytuacji, ponieważ przedłużają jedynie czas trwania tego problemu, który zazwyczaj utrzymuje się dzień lub dwa. W celu usunięcia zatrzymanych gazów stosuje się łagodne lewatywy lub czopki. Możesz spotkać się też z zaleceniem, abyś spacerowała po korytarzu. Pomocne mogą się też okazać takie ćwiczenia, jak: leżenie na lewym boku i leżenie na plecach, podciąganie nóg do góry, głęboki oddech z jednoczesnym przytrzymaniem miejsca po cięciu cesarskim. Jeżeli ból jest ostry i nie ustępuje, może zaistnieć potrzeba założenia rurki do odbytu, aby umożliwić odprowadzenie gazów.

**Zachęta do ćwiczeń.** Przed opuszczeniem łóżka zostaniesz prawdopodobnie zachęcona do poruszania palcami u nóg, obciągania stóp, by napiąć mięśnie łydek, oraz napierania palcami nóg na koniec łóżka i obracania się z boku na bok. Możesz również spróbować innych ćwiczeń:

1. Leżąc płasko na plecach, zegnij nogę w kolanie (stopa leży płasko na łóżku), drugą nogę wyciągnij do przodu, rozluźnij mięśnie brzucha, po czym ruchem ślizgowym powoli wyprostuj zgiętą w kolanie nogę. Powtórz to, zmieniając nogi.

2. Leżąc płasko na plecach, kolana wyprostowane, stopy płasko na łóżku, podnieś głowę na 30 sekund.

3. Leżąc na plecach, kolana zgięte, stopy płasko na łóżku, napnij mięśnie brzucha i wyciągnij jedną rękę, kierując ją nad tułowiem na drugą stronę łóżka na poziomie pasa. Powtórz ćwiczenie, zmieniając rękę.

Ćwiczenia te zmierzają do pobudzenia krążenia, szczególnie w nogach, i zapobiegają rozwojowi zakrzepów naczyniowych (lecz uprawianie niektórych z tych ćwiczeń może być bardzo bolesne, przynajmniej przez pierwsze 24 godziny albo i dłużej).

**Wstanie z łóżka po 8-24 godzinach po operacji.** Pierwszy raz usiądź z pomocą pielęgniarki, pomagając sobie poprzez unoszenie głowy nad poziom łóżka. Potem wesprzyj się rękami i przenieś nogi powoli do krawędzi łóżka, spuść je w dół i trzymaj tak przez kilka minut. Następnie powoli, z pomocą pielęgniarki, postaw nogi na podłodze, ręce tymczasem ciągle jeszcze trzymaj oparte na łóżku. Jeżeli poczujesz zawrót głowy (co jest normalne), usiądź z powrotem na łóżku. Spróbuj odzyskać równowagę, stojąc w miejscu przez parę minut, nim powoli zrobisz kilka pierwszych kroków. Te pierwsze kroki mogą być bardzo bolesne. Spróbuj stać w pozycji wyprostowanej, mimo pokusy, by się zgarbić – wbrew pozorom dyskomfort może się okazać w tym drugim przypadku większy. (Trudności z poruszaniem się są tymczasowe, choćby pierwsze kilka razy ktoś musiał ci pomóc wstać. W rzeczywistości wkrótce może się okazać, że jesteś bardziej aktywna niż kobieta po porodzie drogami natury, która zajmuje pokój obok.)

**Noszenie elastycznych pończoch.** Pobudzają krążenie. Ich stosowanie zmierza również do ochrony przed zakrzepami naczyniowymi.

**Przebywanie z dzieckiem.** Nie możesz jeszcze podnosić swojego dziecka, ale możesz je przytulać i karmić (jeżeli karmisz piersią, kładź dziecko na poduszce, powyżej linii nacięcia lub połóż się z nim na boku). W zależności od tego, jak się czujesz, i od zasad regulaminu szpitalnego, możesz spróbować zmodyfikować zasady obowiązujące matkę przebywającą z dzieckiem w systemie *rooming-in*. Część ośrodków położniczych preferuje nawet całodobowe przebywanie matki z dzieckiem; mąż mógłby stanowić dla ciebie nieocenioną pomoc, gdyby też przebywał z tobą.

**Kąpiel.** Do czasu usunięcia (lub wchłonięcia się) szwów prawdopodobnie nie uzyskasz pozwolenia na kąpiel lub prysznic.

**Usunięcie szwów.** Jeżeli twoje szwy lub klamry nie są rozpuszczalne poprzez absorpcję i wymagają zdjęcia, zostaną usunięte po czterech lub pięciu dniach po porodzie. I chociaż sama procedura zdjęcia szwów nie jest bardzo bolesna, możesz odczuwać pewien dyskomfort. Kiedy opatrunek jest zdjęty, obejrzyj ranę, korzystając z obecności lekarza lub pielęgniarki, spytaj, jak szybko możesz się spodziewać całkowitego zagojenia oraz które z zauważonych przez ciebie zmian są fizjologiczne, a które wymagają wzmożonej uwagi i nadzoru medycznego.

W większości przypadków czas oczekiwania na wypisanie ze szpitala do domu po porodzie wynosi około 4 dni. Jednak ty nadal będziesz potrzebować opieki i pomocy przy dziecku. Postaraj się, by ktoś mógł być przy tobie cały czas przez kilka pierwszych tygodni po porodzie.

# BÓLE PLECÓW

*Siostra powiedziała mi, że po porodzie bardzo bolały ją plecy, ponieważ podano jej znieczulenie zewnątrzoponowe. Ja nie miałam znieczulenia, a jednak też czuję ból pleców.*

Kiedyś przypuszczano, że na bóle pleców uskarżają się tylko kobiety, którym podano znieczulenie zewnątrzoponowe. Jednak badania wykazują, że dolegliwość ta jest równie częsta wśród kobiet rodzących bez znieczulenia. Twój ból zapewne wiąże się z naciągniętymi mięśniami brzucha (musiałaś już zauważyć, że wyglądają one teraz inaczej niż wcześniej) – są jeszcze zbyt słabe, aby mogły zapewniać plecom wsparcie. Ćwiczenia poporodowe (patrz *Powrót do normalnej sylwetki*, s. 425) pomogą w odbudowaniu kondycji tych mięśni, a w międzyczasie unikaj podnoszenia ciężkich rzeczy (z wyjątkiem swego dziecka).

# CO WARTO WIEDZIEĆ
## Początki karmienia piersią

Od czasu, gdy Ewa przystawiła Kaina do piersi po raz pierwszy, karmienie piersią jest naturalną umiejętnością matek i noworodków. Czy to prawda?

No, nie zawsze – przynajmniej nie od razu. Karmienie piersią staje się naturalną czynnością w różnym czasie u różnych par matek i noworodków, szybciej u jednych, a później u drugich. Czasami pewne fizyczne czynniki utrudniają pierwsze przystawienia do piersi, a czasami przyczyną pierwszych niepowodzeń jest po prostu brak doświadczenia u obojga partnerów. Ale cokolwiek mogłoby oddzielać twoje dziecko od twoich piersi, wystarczy trochę czasu i dostosujecie się wzajemnie, chyba że to ty poddasz się pierwsza. Niektóre z najbardziej wzajemnie satysfakcjonujących związków dziecka z piersią zaczęły się po kilku dniach – a nawet tygodniach – nieporadnych działań, niezręcznych wysiłków i łez po obu stronach.

Znajomość tego, co może nas spotkać, i jak sobie radzić z przeciwnościami, ułatwi to wzajemne dostosowanie się. Warto także pójść na zajęcia przyszpitalne w karmieniu piersią oraz zapoznać się z poniższymi radami:

- Przystaw dziecko do piersi jak najszybciej po urodzeniu, najlepiej już na sali porodowej, jeśli jest to możliwe. (Zobacz *Podstawowe zasady karmienia piersią*, s. 400.) Czasami stan matki nie pozwala na wczesne karmienie, a czasami stan dziecka, ale to absolutnie nie oznacza, że nie będą mogli zacząć z powodzeniem później. Nawet jeśli ty i dziecko czujecie się wspaniale, pierwsze doświadczenia w karmieniu niekoniecznie przebiegają gładko. Oboje macie jeszcze sporo do nauczenia się.

- Już w sali porodowej poproś lekarza o pomoc przy karmieniu, oczywiście jeżeli wszystko pójdzie dobrze. Postaraj się także przez cały pobyt szpitalny lub jego część przebywać z dzieckiem w systemie *rooming-in*; w innym przypadku zadbaj o to, aby pielęgniarka przynosiła ci dziecko do karmienia na żądanie noworodka.

- Jeśli możesz, postaraj się o profesjonalną pomoc. Najlepszym doradcą byłby specjalista z poradni laktacyjnej, towarzyszący ci przynajmniej podczas kilku pierwszych prób przystawiania dziecka – otrzymałabyś od niego wskazówki i instrukcje, co należy robić. Gdyby nie zapewniono ci jednak takiej pomocy, spytaj, czy konsultant bądź pielęgniarka z doświadczeniem w pomaganiu matkom przy karmieniu mogliby obserwować, jak karmisz, oraz udzielić ewentualnych wskazówek na wypadek niepowodzenia. Jeśli opuścisz szpital, nie uzyskawszy takiej pomocy, ktoś doświadczony w karmieniu piersią (pediatra, pielęgniarka wizytująca, pracownik poradni laktacyjnej) powinien ocenić stosowane przez ciebie metody w ciągu pierwszych kilku dni.

- Ogranicz liczbę gości, by mieć więcej okazji do karmienia. Jeśli przebywasz z dzieckiem w ramach systemu *rooming-in*, można poprosić, by odwiedzał was jedynie twój partner, co wyjdzie wam wszystkim na dobre – poznacie się lepiej we troje w swobodnej atmosferze, która jest niezbędna przy nauce karmienia.

- Bądź cierpliwa, gdy dziecko dopiero dochodzi do siebie po przeżyciach porodu. Jeśli podczas porodu otrzymałaś środki znieczulające lub jeśli poród był trudny lub przedłużony, to można oczekiwać, że twoje dziecko będzie senne i spowolniałe przy piersi przez pierwsze 2-3 dni. Nie ma powodu do zmartwień – wkrótce dziecko złapie rytm. Nie ma obaw, że dziecko będzie w tym czasie głodowało, w pierwszych dniach po urodzeniu noworodki mają małe potrzeby żywieniowe. Tym, czego rzeczywiście potrzebują, jest czuła opieka. Przytulenie do piersi jest równie ważne jak jej ssanie.

• Upewnij się, że apetyt i potrzeba ssania twojego dziecka nie są źle wykorzystane pomiędzy karmieniami. Na niektórych oddziałach szpitalnych rutyną jest bowiem uspokajanie płaczącego noworodka butelką z wodą i glukozą. Takie postępowanie może mieć dwojaki szkodliwy wpływ. Po pierwsze, podana butelka zaspokaja jeszcze delikatny w tym czasie apetyt na dłuższy czas. Gdy później dziecko zostanie ci przyniesione do karmienia, okaże się, że piersi nie były stymulowane do wytwarzania pokarmu – i zaczyna się błędne koło, uniemożliwiające powstanie prawidłowego systemu „produkcji wedle potrzeb". Po drugie, odruch ssania staje się wtedy słabszy, ponieważ uzyskanie pokarmu z butelki wymaga mniej wysiłku. W rezultacie ssanie piersi staje się dla dziecka trudniejszą czynnością, z którą nie może sobie poradzić i w końcu ją porzuca. Do innych przeszkód utrudniających karmienie należeć może podawanie dziecku uspokajających smoczków i butelki z mieszanką dla niemowląt. Powinnaś zatem, za pośrednictwem lekarza dziecka, wydać ścisłe wskazówki, by nie podawano twojemu maleństwu smoczków ani dodatkowego pokarmu, chyba że okaże się to niezbędne z przyczyn medycznych. Możesz nawet do łóżeczka dziecka przyczepić kartkę: „Karmienie tylko piersią".

• Karmienie na żądanie. Podawaj dziecku pierś przynajmniej 8 do 12 razy dziennie, nawet jeśli ono samo nie żąda jej jeszcze tak często. Dzięki temu nie tylko będziecie szczęśliwsi, ale i będziesz wytwarzać więcej mleka później, gdy apetyt dziecka będzie większy. Wymuszanie karmienia co 4 godziny może pogorszyć stan wczesnego nabrzmienia piersi oraz doprowadzić do późniejszego niedożywienia dziecka.

• Karm tak długo, jak dziecko tego pragnie. Kiedyś zalecano, by pierwsze karmienia były krótkie (pięć minut przy każdej piersi) – w ten sposób, poprzez stopniowe wzmacnianie sutków, zapobiegano ich obolałości. Bolesność sutków bywa najczęściej skutkiem nieprawidłowej pozycji dziecka podczas karmienia i nie ma nic wspólnego z czasem ssania. Większość noworodków zaspokaja głód po 10-45 minutach karmienia. Jeśli tylko znajdujecie się z dzieckiem w prawidłowej pozycji, nie ma sensu ograniczanie czasu karmienia. W idealnych warunkach jedna pierś powinna zostać całkowicie opróżniona podczas jednego przystawienia – to ważniejsze niż pamiętanie, by dziecko ssało z obu piersi[1]. Zatem nie odstawiaj dziecka, gdy minie 15 minut przeznaczonych na pierś numer jeden – poczekaj, aż ono samo przestanie ssać. Potem podaj mu, bez zmuszania, drugą pierś. Pamiętaj, by następne karmienie rozpoczęło się od piersi, którą dziecko zaczęło ssać, lecz jej nie opróżniło.

• Nie pozwól dziecku spać, jeśli miałoby przegapić porę karmienia. Są dzieci, które – szczególnie w pierwszych dniach życia – nie budzą się odpowiednio często do karmienia. Jeśli od ostatniego karmienia noworodka minęły 3 godziny, trzeba będzie go obudzić. Oto jeden ze sposobów: po pierwsze, w przypadku gdy dziecko jest szczelnie opatulone bądź ciepło ubra-

---

[1] Jeśli pierś nie zostanie opróżniona, dziecko nie otrzyma mleka II fazy (końcowego), zawierającego znacznie więcej kalorii niezbędnych do wzrostu niż mleko, które napłynęło do jego buzi wcześniej.

ne, odkryj je lub ubierz lżej: chłodne powietrze powinno je troszkę rozbudzić. Potem spróbuj je posadzić, jedną ręką podtrzymując dziecko, a drugą delikatnie głaszcząc je po plecach. Dobrze zrobi też masowanie nóżek i rączek lub delikatne przemywanie czółka chłodną wodą. W chwili gdy niemowlę się poruszy, szybko przybierz pozycję do karmienia. Możesz też przyłożyć śpiące dziecko do nagiej piersi, gdyż niemowlęta mają świetny zmysł powonienia, toteż zapach mleka matki może je obudzić.

• Nie próbuj karmić krzyczącego dziecka. Najlepiej byłoby, gdybyś zaczynała karmienie w chwili, gdy tylko dziecko zdradzi pierwsze oznaki głodu i zainteresowanie ssaniem – może to przybrać postać wkładania rączek do buzi, kręcenia główką w poszukiwaniu sutka lub po prostu objawić się szczególną czujnością. Płacz nie jest sygnałem do rozpoczęcia karmienia, zatem nie czekaj na jedną z ostatnich wskazówek głodu: rozpaczliwy wrzask. Jeśli jednak dziecko zaczęło już płakać, przed karmieniem spróbuj je chwilę pokołysać, uspokoić czy podać mu palec do ssania. Niedoświadczonemu w karmieniu dziecku trudno jest wszak spokojnie odnaleźć sutek, więc przyssanie się w chwili histerycznego płaczu może być po prostu niemożliwe.

• Zachowaj spokój. Rozpocznij karmienie wtedy, gdy jesteś jak najbardziej zrelaksowana, i postaraj się zachować spokój, nawet jeśli doszłoby do frustrujących wydarzeń. Odeślij gości na piętnaście minut przed rozpoczęciem karmienia, abyś mogła wyciszyć myśli i zapomnieć o wszelkich troskach (w tym o rachunku ze szpitala). Przed rozpoczęciem wykonaj kilka ćwiczeń relaksacyjnych (patrz s. 127), posłuchaj uspokajającej muzyki, jeśli ci to pomaga. W czasie karmienia bądź rozluźniona i pamiętaj, że będzie lepiej. Napięcie nie tylko zakłóci napływa-

nie mleka (czyli sposób, w jaki wytworzone przez twój organizm mleko staje się dostępne dla dziecka), lecz także wywoła niepokój u dziecka, gdyż niemowlęta są niesłychanie wrażliwe na nastrój matki. Zaniepokojone dziecko nie będzie ssać prawidłowo.

• Kiedy pojawi się pokarm, zacznij prowadzić notatki: spisuj godziny karmienia dziecka (rozpoczęcie i zakończenie) oraz liczbę zmoczonych i zabrudzonych pieluch każdego dnia, zanim karmienie się ustabilizuje. W ten sposób będziesz wiedziała, czy karmienie przebiega prawidłowo i będziesz mogła zdać dokładną relację pediatrze. Dąż do tego, by dziecko było karmione od 8 do 12 razy w każdym dwudziestoczterogodzinnym okresie, lecz nigdy nie zmuszaj maleństwa do ssania. Choć czas trwania karmienia może być różny, kiedy już zniknie nabrzmienie piersi i bolesność sutków, wynosi on przeciętnie pół godziny, a czas ten zwykle dzielony jest na dwie piersi (choć czasem niemowlę odwróci się czy zaśnie, nim przyssie się do drugiej piersi, i nie ma w tym nic złego, jeżeli opróżniło pierwszą)[1]. Na jeszcze dokładniejszą ocenę ilości pokarmu przyjmowanego przez dziecko wskaże ci przyrost masy ciała maleństwa oraz stan pieluch. W każdym dwudziestoczterogodzinnym okresie powinnaś naliczyć przynajmniej 6 mokrych pieluch (mocz nie powinien być ciemnożółty, lecz przejrzyście jasny) oraz 3 stolce. Niezależnie od czasu ssania, możesz być spokojna, że wszystko jest w porządku, jeśli tylko dziecko prawidłowo przybiera na wadze i prawidłowo się wypróżnia.

---

[1] Aby mieć pewność, że obie piersi są stymulowane, używaj czegoś, co będzie ci przypominać, do której piersi ostatnio dziecko przystawiałaś (na przykład wpinaj agrafkę po zewnętrznej stronie biustonosza). Albo zaznaczaj w swych notatkach, od której piersi zaczęło się danego dnia karmienie.

# Podstawowe zasady karmienia piersią

**1.** Znajdź spokojne miejsce. Dopóki wraz z dzieckiem nie nabierzecie wprawy, lepiej karmić w miejscach, w których nie ma zbyt wielu rzeczy rozpraszających uwagę oraz panuje względny spokój.

**2.** Napij się czegoś od razu – mleka, soku bądź wody – w celu uzupełnienia płynów. Unikaj gorących napojów (w razie gdyby się rozlały, możecie się poparzyć); a jeśli nie masz ochoty na napój zimny, wybierz letni. Jeżeli dawno nic nie jadłaś, zjedz jakąś zdrową przekąskę.

**3.** Miej zawsze w pobliżu książkę lub czasopismo do poczytania w trakcie długotrwałych sesji karmienia (ale odkładaj raz na jakiś czas czytanie, by przytulić, pogłaskać ssące dziecko). Włączony telewizor może nadmiernie rozpraszać uwagę, zwłaszcza w pierwszych tygodniach, tak samo jak rozmawianie przez telefon; wyłącz dzwonek, niech automatyczna sekretarka przyjmie za ciebie wiadomość – albo poproś kogoś innego o odebranie rozmowy.

**4.** Przybierz pozycję wygodną zarówno dla ciebie, jak i dla dziecka. Jeśli siedzisz, połóż poduszkę na kolanach, by dziecko znalazło się na wygodnej wysokości. Podeprzyj też łokcie na poduszce czy oparciach fotela, próba długotrwałego utrzymania dziecka ważącego 2,5-3,6 kilogramów może się bowiem zakończyć kurczami w rękach i bólem. Jeżeli to możliwe, trzymaj nogi na podwyższeniu.

**5.** Połóż dziecko na boku, twarzą do sutka i sprawdź, czy całe jego ciałko jest zwrócone w twoim kierunku – brzuszek do brzucha – a ucho, ramię i biodra tworzą linię prostą. Główka dziecka nie powinna być odwrócona, lecz tworzyć jedną linię z całym jego ciałem. (Wyobraź sobie, jak trudno by ci było pić i przełykać z głową skierowaną w bok. To samo dotyczy dziecka.) Prawidłowa pozycja to podstawa w zapobieganiu bolesności sutków i trudności przy karmieniu.

**6.** Specjaliści od karmienia zalecają na pierwsze tygodnie dwie pozycje. Pierwsza nazywa się pozycją krzyżową: trzymaj główkę dziecka przeciwną ręką (karmiąc dziecko z prawej piersi, trzymaj je lewą ręką). Dłoń powinna spoczywać między łopatkami dziecka, kciuk – za jego uszkiem, a pozostałe palce – za drugim uszkiem. Prawą dłonią uchwyć prawą pierś, przykładając kciuk nad sutkiem i otoczką (ciemną obwódką wokół sutka), w miejscu gdzie nosek dziecka dotykać będzie piersi. Palec wskazujący natomiast powinien się znajdować tam, gdzie z piersią zetknie się policzek dziecka. Lekko ściśnij pierś, by skierować sutek na nosek dziecka. Teraz już można przystawić dziecko (patrz punkt 7).

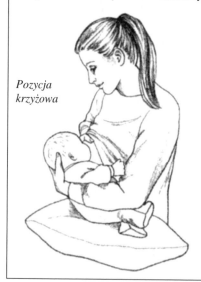

*Pozycja krzyżowa*

*Pozycja spod pachy*

Druga pozycja zwana jest pozycją spod pachy[1]. Umieść dziecko przy swym boku w pozycji półsiedzącej, z buzią skierowaną do ciebie, a nóżkami pod twą pachą (prawą, jeżeli karmisz z prawej piersi). Przytrzymując główkę dziecka prawą dłonią, uchwyć pierś tak samo jak w pozycji krzyżowej.

Gdy nabierzesz wprawy w karmieniu, spróbuj stosować również pozycję kołyskową, w której główka dziecka spoczywa w zgięciu łokcia, oraz pozycję leżącą, polegającą na tym, że oboje z dzieckiem leżycie na boku, brzuszek do brzucha. Ta ostatnia pozycja doskonale nadaje się do karmienia w nocy.

**7.** Połaskocz lekko usta dziecka sutkiem, aż otworzy szeroko buzię – tak jakby ziewało. Niektórzy specjaliści od karmienia polecają, by najpierw skierować sutek na nosek, poczym przesunąć w dół do górnej wargi, co sprawi, że buzia otworzy się szeroko. Dzięki temu dolna warga dziecka nie zassie się podczas karmienia. Jeśli odwróci ono główkę na bok, delikatnie klapnij je w policzek po bliższej tobie stronie, gdyż wtedy odruchem bezwarunkowym zwróci się ono znów w twoim kierunku.

---

[1] Pozycja ta jest szczególnie zalecana kobietom, które urodziły przez cesarskie cięcie i chcą uniknąć kontaktu dziecka z brzuchem; stosują ją również kobiety z dużym biustem, te, które mają małe, przedwcześnie urodzone dzieci lub bliźnięta.

**8.** Kiedy buzia dziecka jest szeroko otwarta, przysuń dziecko bliżej siebie – nie przesuwaj piersi do niego. Przyczyną wielu problemów z przystawieniem jest to, że matki nachylają się do dziecka, próbując wepchnąć mu sutek w usta. Należy bowiem mieć wyprostowane plecy, a dziecko przysuwać do siebie.

**9.** Nie próbuj wsunąć sutka w niechętne usta; poczekaj cierpliwie, aż dziecko przejmie inicjatywę. Czasem potrzeba kilku prób, nim dziecko na tyle szeroko otworzy buzię, by prawidłowo się przyssać.

**10.** Upewnij się, czy dziecko zasysa zarówno sutek, jak i jego otoczkę. Ssanie samego sutka nie wywoła ucisku na gruczoły mleczne i może wywołać bolesność oraz pękanie skóry sutka. Sprawdź też, czy dziecko na pewno ssie sutek, gdyż niektóre bardzo spragnione dzieci będą próbowały przyssać się do dowolnej części piersi (nawet jeśli nie wypłynie z niej mleko), przyczyniając się do powstania bolesnych siniaków.

**11.** Jeżeli pierś blokuje nosek dziecka, l e k k o u c i ś n i j ją w tym miejscu palcem. Możesz też troszkę podnieść dziecko, dając mu więcej miejsca do oddychania. Uważaj jednak, aby nie wypuściło z ust otoczki brodawki.

**12.** Sprawdź, jak dziecko przełyka. Jeśli wykonuje silne, regularne, rytmiczne ruchy (co widać po pracy jego policzków), oznacza to, że ssie w prawidłowy sposób.

**13.** Jeżeli dziecko zakończyło już ssanie, lecz nadal trzyma sutek, nagłe cofnięcie piersi może go zranić. Lepiej przerwij ssanie poprzez uciśnięcie piersi przy ustach dziecka lub włożenie palca w kącik ust dziecka, aby do jamy ustnej dostało się powietrze.

*Pozycja kołyskowa*

*Pozycja leżąca*

• Nie zaniechaj karmienia, jeśli z jakiegoś powodu dziecko przebywa na oddziale intensywnej opieki noworodkowej i nie może wrócić do domu razem z tobą. Wcześniaki oraz dzieci z innymi problemami lepiej się rozwijają, gdy są karmione mlekiem matki. Spytaj neonatologa lub pielęgniarkę, w jaki sposób mogłabyś w istniejącej sytuacji karmić dziecko piersią. Gdyby się okazało, że nie można dziecka karmić bezpośrednio z piersi, spytaj, czy możliwe jest podawanie mu twojego ściągniętego pokarmu. Jeśli nawet i to nie jest możliwe, postaraj się ściągać mleko, aby utrzymać jego wytwarzanie do czasu, kiedy dziecko będzie już można karmić prosto z piersi.

## OBRZĘK PIERSI: GDY MLEKO NAPŁYWA

W łaśnie wtedy, gdy ty i twoje dziecko zaczynacie się lepiej rozumieć, zaczyna też zwiększać się wydzielanie pokarmu. Dotychczas twoje dziecko otrzymywało małe ilości siary, a piersi nie sprawiały kłopotów. Aż nagle problemy zaczynają narastać: niespodziewanie, w ciągu kilku godzin, piersi stają się obrzmiałe, twarde i bolesne. Karmienie staje się trudne dla dziecka i sprawia ci ból[1]. Na szczęście ten okres obrzmienia sutków jest zwykle krótki – trwa nie więcej niż 24 do 48 godzin, choć niekiedy aż tydzień. Podczas gdy trwa, mamy kilka sposobów zmniejszenia obrzmienia i usunięcia towarzyszących nieprzyjemnych doznań:

• Na początku karmienia przyłóż ciepły okład, który zmiękczy otoczkę sutka i spra-

---

[1] Niektóre szczęśliwe matki nie doświadczają obrzmienia sutków, gdy pojawia się większa ilość pokarmu. Być może tak się dzieje, ponieważ ich dzieci bardzo dobrze ssały od urodzenia. Zwykle problemy z obrzmieniem zmniejszają się z każdym następnym dzieckiem.

wi, że napłynie mleko. Najlepiej to zrobić poprzez przyłożenie materiału zamoczonego w ciepłej – nie gorącej – wodzie na samą obwódkę albo pochylając się nad miską z ciepłą wodą. Delikatny masaż piersi, którą dziecko ssie, także prowadzi do stymulowania napływania mleka.

• Po karmieniu użyj kostek lodu do zmniejszenia obrzęku. I jakkolwiek by to dziwnie brzmiało oraz wyglądało, ukojenie daje także przykładanie chłodnych liści kapusty (weź większe liście z zewnętrznej części główki i w każdym z nich zrób otworek na sutki; przed przyłożeniem do piersi umyj je i osusz).

• Przez całą dobę noś dobrze dopasowany biustonosz (na szerokich ramiączkach, z naturalnej tkaniny). Gdy obolałe, nabrzmiałe piersi są dodatkowo uciskane, mogą bardzo boleć – dlatego też sprawdź, czy biustonosz nie jest za ciasny. Ubieraj się w luźne ubrania, które nie będą drażnić nadwrażliwych piersi.

• Nie daj się skusić na ominięcie lub skrócenie karmienia z powodu bólu. Im mniej twoje dziecko ssie, tym większe będzie obrzmienie.

• Przed karmieniem odciągnij ręcznie nieco pokarmu, aby zmniejszyć obrzęk. Wypływ mleka będzie łatwiejszy, a dziecku łatwiej się będzie przyssać do bardziej miękkiej otoczki.

• Zmieniaj pozycję dziecka przy kolejnym karmieniu (przy jednym trzymaj je w pozycji pod pachą, przy drugim – w pozycji kołyskowej – patrz s. 401). W ten sposób można mieć pewność, że przewody mleczne są opróżniane, co zmniejsza bolesność wywołaną nabrzmieniem piersi.

• Jeśli ból będzie bardzo silny, zastanów się nad wzięciem acetaminofenu lub innego środka przeciwbólowego, przepisanego ci przez lekarza.

# Dieta karmiącej matki

Jakość wytwarzanego przez ciebie pokarmu nie zawsze jest ściśle powiązana z jakością tego, co jesz. Wartości białka, tłuszczu i węglowodanów w twoim mleku zwykle nie zależą od ilości tych składników odżywczych w twoim pożywieniu, taka zależność istnieje jednak odnośnie do niektórych witamin (np. witaminy A i B$_{12}$). Ale co innego można już powiedzieć o produkcji mleka. Kobiety, których pożywienie jest na przykład pozbawione białka i/lub kalorii, mogą wydzielać mleko o właściwym składzie, ale w mniejszej ilości. Aby produkować dużo dobrego mleka, kontynuuj przyjmowanie uzupełniających ilości witamin i składników mineralnych jak w okresie ciąży i ściśle stosuj dietę ciążową podaną w rozdziale 4, ale z pewnymi modyfikacjami:

- Zwiększ liczbę kalorii w swoim pożywieniu o około 500 kalorii ponad twoje zapotrzebowanie z okresu przed ciążą. Nie musisz się sztywno trzymać tego zalecenia; podobnie jak w ciąży, pozwól, aby waga była twoim przewodnikiem. Jeżeli nagromadziłaś duże zapasy tłuszczu w okresie ciąży lub jeszcze przedtem, to możesz spożywać mniej kalorii. Nagromadzony tłuszcz zostanie zużyty do produkcji mleka, a ty stracisz na wadze. Jeżeli masz niedobór wagi i podczas ciąży nie zgromadziłaś zbyt wiele tkanki tłuszczowej, to prawdopodobnie będziesz potrzebowała więcej niż 500 dodatkowych kalorii dziennie (zalecana dawka dobowa uwzględnia zużycie zapasów tłuszczu, których ty akurat nie posiadasz). Bez względu na twoją aktualną wagę czasami możesz stwierdzić, że potrzebujesz więcej kalorii, ponieważ dziecko rośnie i żąda więcej mleka. Czy tak jest w rzeczywistości, możesz potwierdzić, ważąc się. Zwiększ liczbę przyjmowanych kalorii, gdy zaczniesz gwałtownie chudnąć. Jeśli wcale nie tracisz kilogramów, a co gorsza: zaczyna ci ich przybywać, lepiej ograniczaj jedzenie. Wskazówką, czy przyjmujesz odpowiednią liczbę kalorii, będzie też masa dziecka: jego prawidłowe przybieranie na wadze oznacza, że twoja

dieta jest wystarczająco dobra do wytwarzania wartościowego pokarmu.

- Jeżeli jesteś wegetarianką, nadal zażywaj uzupełniający preparat witaminowy w tabletkach, zalecany na okres ciąży.

- Zwiększ spożycie wapnia do pięciu dawek dziennie. To zwiększone zapotrzebowanie pokryjesz z niewielkim wysiłkiem za pomocą soku pomarańczowego wzbogaconego wapniem, mleka lub wapnia w postaci suplementu.

- Zmniejsz spożycie białka do trzech dawek dziennie.

- Wypijaj przynajmniej osiem szklanek płynów dziennie (mleko, woda, rosół i inne zupy, soki), więcej podczas upałów i jeśli się dużo pocisz. (Chociaż nie ma przeciwwskazań do picia filiżanki czy dwóch herbaty lub kawy, lub okazjonalnie napojów alkoholowych, nie wliczaj tych płynów do dobowego zapotrzebowania, gdyż mają one wpływ odwadniający.) Nadmiar płynów nie jest zalecany, gdyż zalanie siebie płynami (więcej niż 12 szklanek dziennie) paradoksalnie może zmniejszyć produkcję mleka. W ocenie twojego zapotrzebowania na płyny pomoże odczucie pragnienia i ilość wydalanego moczu.

- Pamiętaj o jedzeniu pożywienia bogatego w niezbędny do tworzenia mózgu DHA (patrz s. 92).

- Dogadzaj sobie od czasu do czasu. Po dziewięciu miesiącach zważania na każdy kęs teraz zasługujesz na ulubiony deser. Kluczem jest umiarkowanie. Małe ilości cukru nie wpłyną niekorzystnie na produkcję mleka, ale stałe spożywanie słodyczy może tak wpłynąć, gdyż stępi twój apetyt na potrzebne składniki odżywcze. To samo odnosi się do innych nadmiernie odżywczych pokarmów, jak frytki lub biały chleb; spożywaj je, gdy masz ochotę, jako dodatek do zdrowej diety – lecz niech nie stanowią podstawy twego żywienia.

# BOLESNE BRODAWKI

Wzmożona wrażliwość brodawek może sprawić, że karmienie zamienia się w doświadczenie przykre i frustrujące. Na szczęście większość kobiet nie cierpi zbyt długo, gdyż sutki szybko się wzmacniają, a karmienie staje się bezbolesne. Jednak część kobiet (szczególnie jeśli nieprawidłowo przystawiają dzieci lub ich maleństwa ssą entuzjastycznie jak małe pijawki) dłużej cierpi na bolesność i pękanie skóry na sutkach, do tego stopnia, iż zaczynają się bać każdego karmienia. Są jednak sposoby, które przynoszą ulgę:

• Upewnij się, czy trzymasz dziecko w prawidłowej pozycji, twarzą do piersi (patrz ramka ze strony 400).

• Wystawiaj bolesne lub pęknięte brodawki na powietrze na chwilę po każdym karmieniu. Chroń je przed drażniącym działaniem ubrania i innych czynników poprzez zakładanie specjalnych kapturków brodawkowych do noszenia pod stanikiem. Zmieniaj często wkładki laktacyjne, gdy stają się wilgotne od mleka. Sprawdź też, czy nie mają one plastikowej wyściółki, która tylko utrzymuje wilgoć.

• Jeśli mieszkasz w wilgotnym klimacie, po karmieniu wystaw piersi na działanie suszarki do włosów ustawionej na średnią temperaturę i trzymanej w odległości 15 do 20 cm najwyżej przez dwie do trzech minut. Wielu kobietom zabieg ten przynosi ulgę. Natomiast w suchym klimacie pomoże nawilżanie – poczekaj, aż mleko pozostałe na piersi po karmieniu wyschnie. Możesz także wycisnąć kilka kropli po zakończeniu karmienia, po czym rozetrzeć je na sutkach, ale poczekaj z włożeniem biustonosza, aż pokarm wyschnie.

• Sutki są chronione i nawilżane w naturalny sposób poprzez gruczoły potowe i wy-

dzielinę gruczołów skórnych. Jednak badania wykazują, iż stosowanie preparatów wykonanych ze zmodyfikowanej lanoliny może zapobiec i/lub wyleczyć pękniętą skórę brodawek. Po karmieniu nałóż bardzo dobrej jakości, czystą lanolinę medyczną, ale uważaj, by nie używać wazeliny i produktów, które ją zawierają, czy innych tłustych preparatów. Myj brodawki tylko wodą – nigdy mydłem, spirytusem czy zwilżonymi papierowymi ręczniczkami – i to obojętnie, czy brodawki są chore czy też nie. Dziecko zostało już uodpornione na twoje zarazki, a samo mleko jest czyste.

• Przyłóż do obolałych piersi zwykłe saszetki z herbatą zanurzone potem w ciepłej wodzie. Herbata, dzięki swym właściwościom, koi i leczy sutki.

• Zmieniaj pozycję podczas karmień tak, aby brodawka z otoczką były uciskane w różnych płaszczyznach, a nie tylko w jednej, lecz zawsze układaj dziecko tak, aby było zwrócone twarzą do piersi.

• Nie faworyzuj jednej piersi, ponieważ jest mniej obolała czy na sutku nie ma pęknięć; brodawki wzmocnią się wyłącznie przez to, że będą używane. Postaraj się, by dziecko ssało z obu piersi przy każdym karmieniu, nawet gdyby miało to trwać tylko kilka minut. Karmienie jednak zaczynaj od mniej obolałej piersi, ponieważ niemowlęta mocniej ssą, gdy są głodne. Jeśli odczuwasz ból w obu brodawkach, zacznij karmić od tej, na której poprzednio skończyłaś.

• Rozluźnij się psychicznie podczas 15 minut poprzedzających karmienie. Relaks wzmocni odruch wyrzucania mleka (co oznacza, że dziecko będzie mogło ssać z mniejszym wysiłkiem), podczas gdy napięcie psychiczne może ten odruch upośledzić. Jeśli czujesz bardzo silny ból, zapytaj lekarza, które ogólnie dostępne leki przeciwbólowe mogłyby go uśmierzyć.

# Leki a karmienie piersią

Wiele leków można bezpiecznie stosować podczas karmienia piersią, o innych wiadomo, że stosować ich nie można, a o pozostałych wciąż nie ma naukowej opinii. Postępuj podobnie jak w czasie ciąży, sprawdzając wszystkie leki (na receptę i bez) z ginekologiem i pediatrą, nim któryś weźmiesz. Nie zapomnij poinformować każdego lekarza wystawiającego ci receptę, że karmisz piersią. Pamiętaj, że najlepiej zażyć lek tuż po zakończeniu karmienia, w ten sposób będzie go najmniej w twoim mleku, gdy przystąpisz do następnego karmienia.

---

- Jeśli sutki są popękane, powinnaś uczulić się na objawy zapalenia (patrz dalej). Do infekcji dojść może wtedy, gdy zarazki przenikną do przewodów mlecznych przez pęknięcia brodawek.

## SPORADYCZNE POWIKŁANIA

Na ogół karmienia przebiegają bez powikłań od czasu, gdy dojdzie do unormowania produkcji mleka, aż do odstawienia od piersi. Czasami jednak powikłania się zdarzają, między innymi następujące:

**Zaczopowany przewód mleczny.** Czasami przewód mleczny może ulec zaczopowaniu, powodując nagromadzenie mleka w zraziku gruczołowym. Ponieważ ten stan (stwierdzany jako małe i bolesne obrzmienie sutka, z zaczerwienioną skórą nad obrzmieniem) może prowadzić do zakażenia, konieczna jest szybka próba wyleczenia[1]. Najlepszym sposobem, aby to zrobić, jest przystawianie dziecka do chorej piersi zawsze jako pierwszej i przyzwolenie, aby dziecko maksymalnie opróżniło tę pierś. Jeżeli dziecko tego nie uczyni, to pozostałe mleko powinno być odciągnięte ręką lub odciągaczem. Ważne jest, aby stanik nie był za ciasny (nie noś biustonoszy z fiszbinami) i nie uciskał przewodu mlecznego oraz aby zmieniać pozycje karmienia, co pozwala na równomierne rozłożenie ucisku dziąseł na poszczególne zatoki mleczne. Ulgę może przynieść przykładanie gorących lub ciepłych kompresów przed karmieniem i delikatne masowanie piersi (odpowiednio ułożony policzek dziecka doskonale wymasuje zaczopowany przewód). Podczas leczenia tego schorzenia nie powinno się odstawiać dziecka od piersi; zakończenie karmienia w tym czasie może tylko nasilić problem.

**Zapalenie sutka.** Bardziej poważnym schorzeniem związanym z wydzielaniem mleka jest zapalenie sutka, które może się rozwinąć w jednym lub w obu sutkach, najczęściej pomiędzy 10 a 28 dniem połogu (choć niekiedy bywa wcześniej lub później), zwykle po urodzeniu pierwszego dziecka. Przyczyny połogowego zapalenia sutka są zwykle złożone. Zastój mleka w piersi w następstwie dużej produkcji lub rzadkich karmień, wtargnięcie bakterii do gruczołu sutkowego poprzez pęknięcie brodawki i obniżona odporność matki spowodowana stresem, zmęczeniem lub nieodpowiednim odżywianiem składają się na przyczyny tej choroby.

Najczęstsze objawy zapalenia sutka są następujące: silna bolesność, stwardnienie, zaczerwienienie i obrzęk sutka, a także symptomy podobne do grypy: dreszcze i gorączka 38-39°C. Jeżeli stwierdzisz u siebie te objawy, skontaktuj się ze swoim lekarzem. Szybkie leczenie jest konieczne, a może polegać na leżeniu w łóżku, przyjmowaniu antybiotyków i leków przeciwbólowych, zwiększeniu ilości płynów i stosowaniu

---

[1] Zastój mleka w zrazikach gruczołowych jest następstwem niedrożności przewodów wyprowadzających. Drożność przewodów przywracamy współcześnie, stosując oksytocynę. Powyżej opisana sytuacja wymaga bezwzględnie porady lekarskiej we wczesnym stadium (przyp. red. nauk. wyd. pol.).

## Karmienie bliźniąt

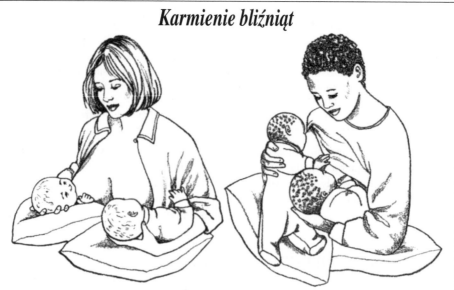

*Część matek bliźniąt woli karmić jedno dziecko naraz, uważając, że tak jest łatwiej i skuteczniej. Inne nie chcą spędzać całego dnia na karmieniu i dla nich przystawianie obojga dzieci za jednym razem stanowi oszczędność czasu, a zdaje egzamin. Oto dwie pozycje do stosowania przy karmieniu bliźniąt: 1. Połóż oba niemowlęta w pozycji spod pachy, podtrzymując ich główki na poduszkach. 2. Połączenie pozycji kołyskowej i spod pachy; podtrzymuj dzieci na poduszkach i próbuj tak długo, aż i tobie, i im będzie wygodnie.*

okładów z lodu lub rozgrzewających. Podczas leczenia należy nadal karmić. Najprawdopodobniej to właśnie zarazki od dziecka spowodowały zapalenie, wobec czego nie ma obawy, że zaszkodzą mu teraz. Poza tym opróżnianie piersi usuwa zastój mleka i zapobiega zaczopowaniu przewodów mlecznych. Zawsze zaczynaj karmienie od chorej piersi i opróżniaj ją po karmieniu, jeśli dziecko tego nie uczyni. Jeśli ból jest tak silny, że nie dajesz rady karmić, to spróbuj odciągać pokarm, leżąc w ciepłej kąpieli z piersiami swobodnie unoszącymi się w wodzie. W czasie kąpieli nie używaj elektrycznego odciągacza!

Opóźnienie bądź przedwczesne zaprzestanie leczenia zapalenia sutka może prowadzić do powstania ropnia sutka z następującymi objawami: ostry, przeszywający ból; ograniczone obrzmienie wrażliwe na dotyk; odczucie gorąca w okolicy ropnia; wahania ciepłoty ciała od 37,5 do 39,5°C. Leczenie polega na chirurgicznym otwarciu ropnia w znieczuleniu. Niekiedy po operacji pozostawia się dren w piersi. W większości przypadków można kontynuować karmienie piersią.

W bardzo rzadkich, poważnych przypadkach zapalenia sutka, gdy karmienie zainfekowaną piersią musi być tymczasowo wstrzymane, należy używać odciągacza pokarmu, aby opróżniać pierś do czasu zakończenia leczenia i powrotu do karmienia niemowlęcia. W międzyczasie dziecko może ssać zdrową pierś.

Nie pozwól, aby kłopoty z sutkami i karmieniem zniechęciły cię do karmienia następnych dzieci. Wczesne obrzmienie sutków i kłopoty z brodawkami występują o wiele rzadziej po następnych porodach.

# KARMIENIE PIERSIĄ PO CIĘCIU CESARSKIM

Czas, w którym będziesz mogła przystawić dziecko do piersi po raz pierwszy po porodzie, będzie zależał od twojego samopoczucia i od stanu zdrowia twojego dziecka. Jeśli oboje czujecie się dobrze, to prawdopodobnie będziesz mogła przystawić dziecko do piersi jeszcze w sali operacyjnej po zakończeniu operacji (jeśli była przeprowadzona w znieczuleniu miejscowym) lub wkrótce potem na oddziale poporodowym. Jeśli jesteś osłabiona po znieczuleniu ogólnym lub twoje dziecko potrzebuje natychmiastowej opieki na oddziale noworodkowym, to będziesz musiała poczekać. Jeżeli po 12 godzinach nadal nie będziecie mogli się spotkać, to powinnaś się zapytać o konieczność odciągania (w tym czasie wydziela się siara) w celu wzbudzenia produkcji mleka.

Karmienie piersią po rozwiązaniu cięciem cesarskim możesz uważać początkowo za niezbyt wygodne. Dolegliwości będą mniejsze, jeśli będziesz unikać ucisku na ranę pooperacyjną, stosując następujące techniki: połóż poduszkę na podbrzuszu pod dziecko, leż na boku itp. Zarówno bóle w podbrzuszu podczas karmienia, jak i bolesność rany są normalnymi odczuciami, które będą ustępować w następnych dniach.

# KARMIENIE BLIŹNIĄT

Karmienie piersią, jak każdy inny aspekt opieki nad nowo narodzonymi bliźniętami (czy wieloraczkami), wydaje się niemożliwe do czasu, aż osiągniesz pewien rytm działania. Z chwilą gdy stanie się rutyną, okaże się nie tylko możliwe, ale i bardzo satysfakcjonujące. Aby z powodzeniem karmić bliźnięta, należy wypełniać następujące zalecenia:

- Stosuj wszystkie zalecenia żywieniowe dla karmiących matek (patrz *Dieta ciążowa*) oraz następujące dodatkowe: 400-500 kalorii powyżej twoich potrzeb sprzed ciąży na każde dziecko, które karmisz (może się okazać konieczne zwiększenie liczby spożywanych kalorii, w miarę jak dzieci rosną i mają większy apetyt, lub zmniejszenie, jeśli karmienie piersią uzupełniasz podawaniem mieszanek mlecznych i/lub pokarmów stałych lub jeśli zgromadziłaś duże zapasy tłuszczu, których chętnie byś się pozbyła); dodatkowy posiłek białkowy (łącznie do czterech) i dodatkowe dawki wapnia (łącznie sześć).

- Pij 8-12 szklanek płynów dziennie, ale nie więcej, ponieważ nadmiar płynów może zmniejszyć wytwarzanie mleka.

- Staraj się, aby maksymalnie odciążono cię w pracy domowej, przygotowywaniu posiłków i opiece nad dziećmi. W ten sposób zaoszczędzisz energię. Zmęczenie wywołuje zmniejszenie ilości pokarmu.

- Wypróbuj różne możliwości karmienia bliźniąt: oddzielnie (co może ci zająć dziesięć lub więcej godzin dziennie) albo oba razem (patrz ilustracje na stronie 406). Dobrym kompromisem, który zbliża matkę i dziecko, są karmienia indywidualne i razem w taki sposób, aby każde z dzieci miało przynajmniej jedno wyłącznie własne karmienie w ciągu dnia. Ojciec czy opiekunka mogą w tym czasie podać butelkę drugiemu dziecku. W butelce może być uprzednio odciągnięte mleko matki lub uzupełniająca mieszanka mleczna.

- Uznaj fakt, że bliźnięta mają różne osobowości, potrzeby i rytmy karmień, i nie próbuj traktować ich identycznie. Rób notatki, aby się upewnić, że żadne z bliźniąt nie opuszcza przysługującego mu karmienia.

# 16
# Pierwsze sześć tygodni po porodzie

Albo czujesz się teraz jak świeżo upieczona mama układająca sobie wszystko w nowym życiu, albo się zastanawiasz, w jaki sposób połączyć opiekę nad niemowlęciem z wymaganiami stawianymi przez twoje starsze dzieci. Niemal na pewno całą uwagę w ciągu dnia i nocy koncentrujesz na nowym przybyszu, co jednak nie oznacza, że masz zaniedbać siebie i własne potrzeby. Pierwsze sześć tygodni po narodzinach dziecka to okres „leczenia”, podczas którego twój organizm i psychika powoli wracają do normalności (cokolwiek by to miało oznaczać). Pojawiające się w tym czasie pytania i troski będą głównie dotyczyły dziecka, ale obok nich znajdą się i te „mamocentryczne”, począwszy od stanu uczuć („Czy kiedykolwiek przestanie mi się zbierać na płacz podczas oglądania reklam towarzystw ubezpieczeniowych?”), a skończywszy na pożyciu intymnym („Czy jeszcze kiedyś wróci mi na «to» chęć?”) czy wyglądzie („Czy jeszcze kiedyś włożę spodnie zapinane na zamek?”). Odpowiedź na większość twoich pytań brzmi: Tak, tylko musisz trochę poczekać.

## CO MOŻESZ ODCZUWAĆ

Podczas pierwszych sześciu tygodni po porodzie, w zależności od typu porodu, który przebyłaś (łatwy, trudny, drogami natury lub przez cięcie cesarskie), i od tego, jak dużą pomoc otrzymasz w domu, oraz od innych indywidualnych czynników – możesz zauważyć u siebie następujące objawy (wszystkie albo tylko niektóre z nich):

**OBJAWY FIZYCZNE:**

• kontynuacja przypominającej miesiączkę wydzieliny z pochwy (odchodów) o barwie ciemnoczerwonej, różowej, przechodzącej w brąz, potem żółtawobiałej;

• zmęczenie, wyczerpanie;

• utrzymujący się ból, dyskomfort, drętwienie w okolicy krocza – dotyczy przede wszystkim kobiet, które rodziły drogami natury (szczególnie wtedy, gdy są założone szwy) lub długo parły, nim przeprowadzono cięcie cesarskie;

• zmniejszenie się dolegliwości bólowych, w dalszym ciągu może się pojawiać drętwienie po cięciu cesarskim (szczególnie, gdy było to pierwsze cięcie);

• utrzymujące się zaparcia stolca (powinny jednak zanikać w pierwszym tygodniu po porodzie);

- stopniowe spłaszczanie brzucha – w miarę zmniejszania się macicy i jej powrotu w obręb miednicy (całkowity powrót do sylwetki sprzed porodu zapewnią ci tylko ćwiczenia);

- stopniowa utrata masy ciała;

- wypadanie włosów;

- dyskomfort w obrębie piersi, bolesność sutków, która utrzyma się do czasu pełnej regulacji cyklu karmienia;

- ból pleców (wynikający z osłabienia mięśni brzucha oraz noszenia dziecka na rękach);

- bóle stawów (na skutek ich osłabienia ciążą);

- ból ramion, barków, szyi (jako konsekwencja noszenia dziecka).

**ODCZUCIA PSYCHICZNE:**

- podniecenie na przemian z depresją, duże wahania nastroju;

- zawstydzenie na przemian ze wzrastającą pewnością siebie;

- niewielkie zainteresowanie seksem albo – rzadziej – wzmożone pożądanie.

# CZEGO MOŻESZ OCZEKIWAĆ W CZASIE KONTROLI POPORODOWEJ

Lekarz opiekujący się tobą umieści cię prawdopodobnie w planie okresowych kontroli poporodowych w 4-6 tygodni po wyjściu ze szpitala[1]. Przebieg wizyty zależeć będzie od twoich życzeń, potrzeb czy problemów i również od stylu praktyki zawodowej reprezentowanego przez tego lekarza. Kontrola podczas wizyty obejmować będzie między innymi:

- pomiar ciśnienia krwi;

- ocenę masy ciała, która prawdopodobnie spadnie o około 7,7-9 kg lub więcej;

- kontrolę obkurczenia macicy, czy wróciła do normalnego kształtu sprzed ciąży, ocenę jej wymiarów i lokalizacji;

- ocenę szyjki macicy, która będzie w fazie cofania się do stanu sprzed ciąży, może być jeszcze trochę rozpulchniona;

- ocenę pochwy, która powinna być obkurczona i powinna odzyskać sprężystość, jaką miała przed ciążą;

- ocenę stanu blizny po nacięciu i zszyciu krocza lub po jego pęknięciu, a jeżeli miałaś cięcie cesarskie – ocenę blizny po cięciu;

- badanie piersi;

- sprawdzenie, czy masz żylaki na nogach i hemoroidy;

- wyjaśnienie pytań i problemów, które chcesz omówić z lekarzem.

Podczas tej wizyty lekarz będzie chciał również porozmawiać z tobą o metodach kontroli urodzeń, które możesz stosować. Jeżeli zaplanujesz użycie kapturka naszyjkowego, a twoja szyjka powróciła już po porodzie w dostatecznym stopniu do normy, będzie można założyć nowy – stary nie będzie już pasował. Jeśli stan szyjki na to nie pozwala, lekarz może zalecić stosowanie prezerwatyw do czasu, aż założenie kapturka będzie możliwe. Jeżeli nie karmisz piersią i planujesz brać pigułki antykoncepcyjne, możesz otrzymać stosowną receptę. Są dostępne środki, które można bezpiecznie stosować podczas karmienia – jeśli karmisz, a jako środek antykoncepcyjny preferujesz pigułki, poproś lekarza o receptę.

---

[1] Jeśli miałaś cięcie cesarskie, twój lekarz może chcieć skontrolować stan blizny około trzech tygodni po porodzie.

# CO MOŻE CIĘ NIEPOKOIĆ

## PRZYGNĘBIENIE POPORODOWE I DEPRESJA

*Mam wszystko, czego pragnęłam: wspaniałego męża, cudowne dziecko. Dlaczego więc jestem taka przygnębiona?*

O koło 60-80% kobiet, które niedawno zostały matkami, czuje (przynajmniej czasami) lekki smutek w chwilach, które przecież należą do najcudowniejszych w ich życiu. Na tym właśnie polega paradoks depresji poporodowej.

Hormony, tak często obwiniane za huśtawkę nastrojów u kobiet, mogą częściowo stanowić przyczynę depresji poporodowej, do której objawów należą między innymi: smutek, płacz, poirytowanie, rozdrażnienie, niepokój. Poziom estrogenów i progesteronu drastycznie obniża się po porodzie, a wraz z tym pogarsza się też samopoczucie młodej matki. Dlaczego jednak spadek poziomu hormonów dotyczy wszystkich kobiet, gdy tymczasem nie każda z nich odczuwa depresję poporodową? Prawdopodobnie z tych samych powodów, dla których część kobiet cierpi na zespół przedmiesiączkowy, podczas gdy inne nigdy go nie doświadczają. Wniosek jest prosty: wrażliwość kobiet na huśtawkę hormonalną jest bardzo różna. Potwierdzeniem tej teorii jest fakt, że kobiety, które silnie przeżywają zespół przedmiesiączkowy, częściej stają się ofiarami przygnębienia poporodowego i depresji.

Ale istnieje też wiele czynników nie związanych z hormonami, które prawdopodobnie przyczyniają się do powstania przygnębienia poporodowego – stan ten zwykle pojawia się około trzeciego dnia po porodzie, lecz może się objawić w każdej chwili w pierwszym roku życia dziecka, i częściej dotyka kobiety, które urodziły drugie dziecko. Zapewne zaskoczy cię – oraz przyniesie

ulgę – wiadomość, że wiele twoich uczuć zna większość młodych matek. Część z nich to:

**Rozczarowanie porodem i/lub sobą.** Jeśli nie spełniły się twoje oczekiwania idealnego porodu (na przykład chciałaś rodzić drogami natury, a tymczasem wykonano cięcie cesarskie), prawdopodobnie będziesz się obwiniać za to, że zawiodłaś (choć to nieprawda) albo że zostałaś oszukana.

**Rozczarowanie dzieckiem.** Ono jest takie małe, czerwone, opuchnięte i niekontaktowe – zupełnie nie przypomina uśmiechniętego aniołka z dołeczkami w policzkach, jakiego sobie wyobrażałaś. Poczucie winy z powodu rozczarowania pogłębia depresję.

**Przesilenie.** Poród, to wielkie wydarzenie, na które się przygotowywałaś i którego nie mogłaś się doczekać, jest już za tobą. Co dalej?

**Zejście z pierwszego na dalszy plan.** Teraz to dziecko jest gwiazdą. Zaczęło się już w szpitalu: goście woleli biec do sali dla noworodków, niż posiedzieć przy twoim łóżku czy spytać cię o zdrowie. Potem dom, do którego przyjaciele i rodzina przychodzili, by pogruchać nad kołyską, a ciebie ledwo zauważano. Status rozpieszczanej ciężarnej księżniczki, którym mogłaś się cieszyć, należy zapewne do przeszłości. Możesz się teraz czuć jak Kopciuszek, na którego nie czeka żaden królewski bal, a jedynie kolejne karmienie o północy.

**Pobyt w szpitalu.** Jeśli nadal przebywasz w szpitalu, możesz się czuć sfrustrowana brakiem kontroli nad życiem swoim i dziecka.

**Powrót do domu.** Nie jest rzeczą niezwykłą przygnębienie i przepracowanie wywołane obowiązkami, które musisz wykonywać (szczególnie gdy masz więcej dzieci, a brakuje ci dodatkowej pomocy).

**Wyczerpanie.** Przemęczenie ciężkim porodem, zbyt mała ilość snu w szpitalu w związku z całodobową opieką nad dzieckiem – często nakłada się na poczucie, że nie masz wystarczająco dużo siły do wypełniania obowiązków związanych z macierzyństwem.

**Poczucie braku kompetencji.** Pieluchy, kąpiele, pielęgnacja pępka, karmienie. Z pierwszym dzieckiem wiąże się tyle nowych obowiązków, że łatwo podczas ich wypełniania popełniać błędy – tym bardziej że jeszcze wiele pozostało do nauczenia. Czyż macierzyństwo nie powinno było przyjść naturalnie?

Nawet przy drugim dziecku nieraz zdarzają się chwile zwątpienia w siebie. Jak dać sobie radę z równoczesną opieką nad młodszym i starszym dzieckiem? Dlaczego kolejne dziecko tak bardzo różni się od poprzedniego? Dlaczego metoda skuteczna w przypadku pierwszego nie skutkuje w przypadku drugiego?

**Trudności z karmieniem piersią.** Bolesne nabrzmienie piersi, obolałe, popękane brodawki, nerwowość i frustracja po obu stronach: dopóki nie nabierzecie wprawy w karmieniu, możesz się obawiać, czy jesteś naturalnie predysponowana do karmienia dziecka piersią.

**Tęsknota za dawnym „ja".** Skończyło się beztroskie życie, możliwość zrobienia kariery. Wszystko to minęło bezpowrotnie po porodzie, a ty jeszcze nie poczułaś się dobrze w swej nowej roli. Kim właściwie jesteś?

**Niezadowolenie z własnego wyglądu.** Przedtem byłaś gruba i w ciąży, teraz jesteś tylko gruba. Nie możesz znieść noszenia rzeczy, które nosiłaś podczas ciąży, lecz nic innego ci nie pasuje. I nawet nie ma co wspominać o podkrążonych oczach.

**Inne możliwe przyczyny.** Być może twoja ciąża była nieplanowana lub nawet niechciana. Masz problemy finansowe lub kłopoty w pracy. W twoim życiu mogą zachodzić poważne zmiany (np. przeprowadzka, zmiana pracy, rozwód, ciężka choroba lub śmierć w rodzinie).

Niestety, o depresji poporodowej niewiele można powiedzieć dobrego (poza tym, że jest czymś całkowicie normalnym i bardzo powszechnym), chyba jedynie to, że nie trwa długo, zwykle około 48 godzin, choć w przypadku niektórych kobiet może się przeciągnąć aż do kilku tygodni. I chociaż nie ma innego sposobu na walkę z tą depresją niż przeczekanie, poniższe wskazówki mogą poprawić samopoczucie:

• Uwolnij się od poczucia winy. Fakt, że niedawno stałaś się matką, stawia przed tobą wielkie wyzwania, a dosłownie wszyscy (w tym pediatrzy, pielęgniarki opiekujące się niemowlętami czy specjaliści od rozwoju dzieci) wciąż uczą się w tej dziedzinie czegoś nowego. Nawet, gdy sama się czegoś nauczysz, nie oznacza to, że osiągnęłaś perfekcję. Nie ma doskonałych rodziców ani doskonałych dzieci. Zaakceptuj ten fakt, a życie stanie się prostsze.

• Jeżeli przygnębienie pojawia się w szpitalu, poproś męża, żeby zamówił obiad na dwie osoby, i spróbuj zjeść go razem z nim. Jeśli wizyty cię irytują, to je ogranicz; jeśli dają ci zadowolenie, proś o częstsze odwiedziny. Jeśli to pobyt w szpitalu tak cię denerwuje, poproś o wcześniejsze wypisanie do domu.

• Zwalczaj zmęczenie i uczucie przytłoczenia, prosząc o pomoc innych bądź akceptując ją; nie wykonuj czynności, które mogą poczekać (jak napisanie kartek z podziękowaniami czy układanie ubranek dziecka); odpoczywaj, kiedy twoje dziecko śpi. Wykorzystaj czas karmienia na relaks, opiekuj się i/lub karm dziecko, leżąc w łóżku lub siedząc w wygodnym fotelu z uniesionymi nogami.

- Stosuj dietę karmiącej matki (patrz s. 403), aby zachować zdrowie i formę (minus 500 kalorii i 3 dawki wapnia, jeśli nie karmisz piersią). Unikaj cukru (szczególnie w połączeniu z czekoladą), ponieważ może działać jako czynnik wyzwalający depresję.

- Jeśli chcesz, to płacz – ale też śmiej się. Oglądaj ulubione seriale lub wypożyczaj komedie. Śmiech to jedno z najlepszych lekarstw na depresję – oraz na niemal wszystkie inne problemy.

- Spróbuj medytować lub stosuj inne techniki relaksacyjne, by odzyskać spokój wtedy, gdy czujesz, że zaczynasz go tracić (patrz s. 127).

- Jeżeli to możliwe, znajdź opiekunkę do dziecka, a sama wybierz się na obiad. Jeśli karmisz, powinno ci się udać wymknąć na kilka godzin do pobliskiej restauracji. Gdyby to było niemożliwe, zamów obiad na telefon (albo pozwól, by mąż coś upitrasił), ubierz się wyjściowo, zapal świeczki i włącz nastrojową muzykę. Nie zapomnij o poczuciu humoru, na wypadek gdyby niemowlę postanowiło zakłócić wasze romantyczne chwile.

- Dbaj o swój wygląd. Wyglądaj dobrze, a będziesz się dobrze czuła! Chodzenie cały dzień w podomce, z potarganymi włosami, może doprowadzić każdego do złego samopoczucia. Rano, zanim twój mąż wyjdzie, weź prysznic (potem możesz już nie mieć okazji), uczesz się, zrób makijaż (jeśli zwykle go robisz). Kup sobie jakiś nowy ciuch; teraz może być luźny, gdy schudniesz (a schudniesz na pewno!), będziesz mogła nosić pasek.

- Wyjdź z domu. Idź na spacer z dzieckiem lub jeśli masz z kim je zostawić – wyjdź sama. Zestaw ćwiczeń fizycznych (przedstawionych na s. 425) pomoże ci przegnać smutek poporodowy oraz wzmocnić mięśnie.

- Jeśli uważasz, że na twoje kłopoty dobre będzie towarzystwo, spotkaj się z młodymi matkami, które znasz, i podziel się swoimi odczuciami. Jeśli nie masz zaprzyjaźnionych kobiet, które niedawno rodziły, spróbuj nawiązać nowe kontakty. Zapytaj pediatrę o nazwiska kobiet w twoim sąsiedztwie, które są w podobnej sytuacji, lub nawiąż kontakt z kobietami ze szkoły rodzenia, które uczęszczały razem z tobą na kurs, i w miarę możliwości spotykajcie się co tydzień. Albo zapisz się do grupy samopomocy młodych matek lub na poporodowe zajęcia gimnastyczne, poszukaj kontaktów w Internecie czy wreszcie porozmawiaj z lekarzem: swoim bądź dziecka.

- Jeśli twoje kłopoty wymagają kurowania w samotności, postaraj się o to. Chociaż depresja karmi się samotnością, niektórzy uczeni zaprzeczają temu właśnie w odniesieniu do depresji poporodowych. Gdy odwiedzają cię goście, którzy współczują ci, unikaj ich, bo pogarsza to tylko twój stan. Nie powinnaś jednak traktować swojego męża zbyt chłodno. Porozumienie w okresie poporodowym jest dla was obojga niezmiernie ważne. (Mężczyźni także ulegają poporodowej depresji. Twój mąż może potrzebować ciebie w równym stopniu, jak ty potrzebujesz jego.)

- Jeśli jesteś samotną matką, poproś jedną lub więcej osób z grona rodziny czy przyjaciół o możliwość uzyskania ich pomocy wtedy, gdy będziesz jej potrzebować. Nikt nie powinien być zmuszony do przebywania w samotności.

### Moje dziecko ma już ponad miesiąc, a ja nadal odczuwam przygnębienie. Czyż nie powinnam teraz czuć się lepiej?

Gdy depresja nie chce ustąpić, należy wziąć pod uwagę możliwość, iż stanowi ona poważny problem. Choć terminy „depresja poporodowa" i „przygnębienie poporodowe" często stosuje się zamiennie, tak naprawdę określają dwa różne stany. Prawdziwa depresja poporodowa (z angielskiego PPD – *postpartum depression*) zdarza się rzadziej (dotyka około 10 do 20% kobiet), ale ma cięższy przebieg (trwa od kilku tygodni do roku, a nawet dłużej). Może rozpocząć się już przy porodzie, lecz najczęściej rozwija się od miesiąca do dwóch po nim. Niekiedy PPD zaczyna się późno, dopiero wtedy, gdy kobieta po raz pierwszy ma miesiączkę bądź po odstawieniu dziecka od piersi (czyli huśtawka hormonalna zaczyna się na nowo). Bardziej podatne na tę chorobę są kobiety, które wcześniej przechodziły PPD, w ich wywiadzie rodzinnym pojawiła się depresja albo doświadczają ciężkich objawów zespołu przedmiesiączkowego, podczas ciąży często były przygnębione i/lub miały komplikacje ciążowe i porodowe albo mają chore bądź trudne dziecko.

Objawy PPD są podobne, lecz znacznie intensywniejsze od objawów przygnębienia poporodowego. Należą do nich: skłonność do płaczu, rozdrażnienie, kłopoty ze snem (trudności z zasypianiem lub senność przez cały dzień), problemy z jedzeniem (brak apetytu albo wilczy apetyt), utrzymujące się uczucie smutku, beznadziejności i bezradności, a także niemożność (czy brak chęci) dbania o siebie oraz o niemowlę, wreszcie luki w pamięci.

Jeśli dotąd nie wypróbowałaś metod łagodzących przygnębienie poporodowe (patrz s. 410), zrób to koniecznie teraz – część z nich może pomóc także w przypadku depresji poporodowej. Jednak jeśli objawy utrzymają się przez 2-3 tygodnie bez żadnej odczuwalnej poprawy, prawdopodobnie nie obejdzie się bez pomocy lekarskiej. Nie czekaj, by się o tym przekonać. Najpierw zadzwoń do lekarza i poproś o badanie tarczycy. Ponieważ nieprawidłowości w poziomie hormonów tarczycy mogą prowadzić do niestałości emocjonalnej, zwykle od tego badania rozpoczyna się rozpoznanie

PPT (patrz s. 417). Jeśli się okaże, że masz prawidłowy poziom hormonów tarczycy, poproś o skierowanie do specjalisty doświadczonego w leczeniu depresji poporodowej i jak najszybciej umów się na wizytę. Połączenie leków antydepresyjnych (niektóre są bezpieczne nawet dla kobiet karmiących piersią) z poradnictwem przynosi szybkie efekty. Terapia światłem, stosowana zamiast lub oprócz leczenia środkami farmakologicznymi, także uwolni cię od dolegliwości PPT. Niezależnie od tego, na jaką formę terapii zdecydujesz się po rozmowie ze specjalistą, pamiętaj o jak najszybszym rozpoczęciu leczenia. Nie leczona depresja może zahamować proces zawiązywania się więzi uczuciowej z noworodkiem, utrudnić pielęgnowanie go oraz stłumić radość z obecności dziecka. Prawdopodobnie fatalnie wpłynie na inne twoje związki (z mężem, z innymi dziećmi), a także na zdrowie.

Według ostatnich badań kobiety z grupy wysokiego ryzyka, które zaraz po porodzie przyjmowały leki antydepresyjne (takie jak Paxil, Zoloft czy Prozac), w większości przypadków uniknęły depresji poporodowej. Niektórzy lekarze wręcz przepisują małe dawki tych leków w ostatnim trymestrze ciąży kobietom, które mają depresję w wywiadzie. Jeśli postanowisz ponownie zajść w ciążę, porozmawiaj z lekarzem na ten temat już wcześniej, będziesz bowiem w stanie zapobiec depresji poporodowej, nim ona się pojawi.

U niektórych kobiet, oprócz objawów depresji po porodzie, występuje niepokój lub lęk; niekiedy dochodzi u nich wręcz do ataków paniki, którym towarzyszy gwałtowne bicie serca, szybki oddech, napady gorąca i zimna, ból w klatce piersiowej, zawroty głowy czy drgawki. Także te objawy wymagają jak najszybszego leczenia (być może połączonego z braniem leków) pod okiem specjalisty.

Znacznie rzadsza, ale poważniejsza od depresji jest psychoza poporodowa. Do jej ob-

# Pomoc w depresji poporodowej

Do niedawna praktyka medyczna nie interesowała się depresją poporodową – podobnie jak zespołem przedmiesiączkowym. Depresję powszechnie ignorowano, lekarze mówili o niej tylko zdawkowo, a kobiety cierpiały na nią w ciszy i zażenowaniu. Skutek był taki, że wiele kobiet nie szukało informacji na temat depresji poporodowej ani licznych, skutecznych, dostępnych metod terapii. A co najgorsze, młode matki nie otrzymywały pomocy wtedy, gdy jej potrzebowały.

Na szczęście ostatnio poczyniono wiele wysiłków w celu należytego traktowania depresji poporodowej przez społeczność lekarską. W wielu stanach USA już się rozpoczęły lub wkrótce się rozpoczną kampanie na rzecz edukacji społeczeństwa i wymagać się będzie, by przed wypisem ze szpitala kobiety otrzymały materiały edukacyjne na temat PPD. Dzięki temu młode matki (i ich partnerzy) szybciej zauważą objawy i poszukają pomocy. Także lekarze coraz więcej wiedzą na temat depresji poporodowej – uczą się, jak określać czynniki ryzyka predysponujące ciężarne kobiety do PPD, jak rutynowo przeprowadzać· badania przesiewowe w kierunku tej choroby, a także leczyć ją szybko, bezpiecznie i z dobrym skutkiem. Naukowcy starają się ocenić skuteczność wykrywania PPD za pomocą prostego badania standardowego (składającego się z kilku pytań) przeprowadzanego 6 tygodni po porodzie.

Depresja poporodowa należy do najłatwiejszych w leczeniu form depresji, zatem jeśli cię dopadnie, nie cierp dłużej niż to konieczne. Powiedz, co czujesz, by otrzymać natychmiastową pomoc.

---

jawów należą: oderwanie od rzeczywistości, halucynacje i omamy. Jeśli dręczą cię myśli samobójcze, stany gwałtowności i agresji, słyszysz głosy, widzisz rzeczy albo masz inne oznaki psychozy, natychmiast zadzwoń do lekarza. Nie pomniejszaj tego, co czujesz, ani nie daj się zwieść uspokajaniem, że to normalne w okresie połogu, gdyż wcale tak nie jest. Czekając na lekarza, nie rób absolutnie niczego pod wpływem gwałtownych uczuć – poproś lepiej sąsiada lub kogoś z rodziny czy przyjaciół, aby zostali z tobą.

*Czuję się wspaniale od czasu, gdy trzy tygodnie temu urodziłam dziecko. Czy to możliwe, że moje wspaniałe samopoczucie ma swoje źródło w przebytym porodzie?*

Przygnębienie poporodowe zdarza się często, lecz to nie znaczy, że dotyka wszystkie kobiety. Dlatego też nie ma powodów, by wierzyć, że jesteś w emocjonalnym dołku, gdy czujesz się właściwie świetnie. Ponieważ większość przypadków depresji ujawnia się podczas pierwszego tygodnia po porodzie, raczej można już uznać, że udało ci się jej uniknąć. Fakt, że nie masz depresji poporodowej, nie znaczy, że twojej rodziny nie dotyczy ten problem. Badania wskazują, że jeśli żona cierpi na depresję tego typu, mąż (który, wierz lub nie, także przechodzi zmiany hormonalne po narodzinach dziecka) nie jest nią zagrożony, natomiast gdy żona czuje się świetnie, dramatycznie rośnie możliwość wystąpienia depresji u ojca/męża. Upewnij się więc, czy twój partner nie cierpi na obniżenie nastroju (przygnębienie); niektórzy mężowie starają się ukrywać swoje uczucia, by nie sprawiać dodatkowego kłopotu żonom (patrz s. 445).

# POWRÓT DO PRZEDPORODOWEJ MASY CIAŁA I FIGURY

*Wiedziałam, że nie będę mogła włożyć bikini zaraz po porodzie, lecz wciąż wyglądam jak w szóstym miesiącu, a jestem tydzień po porodzie.*

Chociaż poród powoduje szybszą utratę masy ciała niż jakakolwiek dieta cud (średnio 6-7 kg), większość kobiet nie chudnie wystarczająco szybko. Taka opinia rodzi się szczególnie po ujrzeniu własnej sylwetki w lustrze – mimo że poród już minął, wygląda ona nadal nieciekawie. Prawda jest bolesna – żadna kobieta opuszczająca salę porodową nie wygląda znacznie szczuplej niż w chwili, gdy się na niej znalazła. Przyczyną wypukłego brzucha jest powiększona nadal macica, która wróci do wielkości sprzed ciąży po upływie 6 tygodni – w tym czasie stopniowo zmniejszać się będzie twój obwód w pasie. Powodem są także pozostające jeszcze w organizmie płyny, których około 2,5 kg zniknie w ciągu najbliższych kilku dni. Natomiast rozciągnięte mięśnie i skóra brzucha pozostaną obwisłe do końca życia, jeżeli nie rozpoczniesz odpowiednich ćwiczeń. (Patrz: *Powrót do normalnej sylwetki*, s. 425.)

Choć na pewno nie będzie to łatwe, przez pierwsze 6 tygodni po porodzie nie powinnaś ani przez chwilę myśleć o swojej figurze – szczególnie jeśli karmisz piersią. Jest to bowiem czas powrotu do normalnego stanu, podczas którego uzupełnia się energię oraz nabiera odporności na infekcje, zatem należy dobrze i obficie się odżywiać. Już teraz zacznij przestrzegać reguł diety dla karmiących (jeśli karmisz), ewentualnie odejmując od niej 500 kalorii i dodatkową dawkę wapnia[1] – jeśli nie karmisz, aby powoli i równomiernie tracić na wadze. Jeżeli po 6 tygodniach nie schudniesz ani o kilogram, zmniejsz liczbę kalorii w pożywieniu. Jednak nie przesadzaj, jeśli karmisz piersią: przyjmowanie mniej niż 1800 kalorii dziennie może zredukować ilość wytwarzanego mleka, a zbyt szybkie spalanie tłuszczu uwalnia do krwi toksyny, które następnie trafiają do mleka. Jeśli nie karmisz, przez 6 połogowych tygodni trzymaj się rozsąd-

nej, dobrze wyważonej diety wyszczuplającej.

Wiele kobiet zauważa, iż dodatkowe kilogramy znikają w okresie karmienia piersią, inne są zaniepokojone, gdyż waga ani drgnie. Jeżeli należysz do tej drugiej grupy, nie rozpaczaj: powinnaś bez trudu zrzucić zbędne kilogramy po odstawieniu dziecka od piersi.

To, jak szybko wrócisz do wagi sprzed ciąży, zależy także od tego, ile kilogramów i centymetrów przybyło ci w czasie noszenia dziecka. Jeśli nie przytyłaś więcej niż 11,5 kg, powinnaś bez morderczej diety wbić się w przedciążowe dżinsy już w ciągu kilku miesięcy. Jeśli natomiast przybyło ci ponad 16 kg, w powrót do masy ciała sprzed ciąży zapewne trzeba będzie włożyć więcej wysiłku i czasu – od dziesięciu miesięcy do nawet dwóch lat.

# MLEKO MATKI

*Czy wszystko, co jem, piję lub zażywam, przechodzi do mojego mleka? Czy coś z tych rzeczy może szkodzić dziecku?*

Karmienie piersią jest czynnością wymagającą znacznie mniej poświęceń niż karmienie dziecka wewnątrz macicy. Lecz tak długo, jak długo karmisz piersią, zważanie na to, co jesz, upewni cię, iż dziecko otrzymuje dobry pokarm. Podstawowe elementy, takie jak białka, tłuszcze, węglowodany, składające się na mleko ludzkie, niezależne są od tego, co matka zje. Jeżeli matka spożywa za mało kalorii i białka, aby wyprodukować mleko, to będą wykorzystywane zapasy zgromadzone w organizmie i dziecko będzie otrzymywało pełnowartościowy pokarm tak długo, aż ich zabraknie. Brak witamin w diecie matki odbije się jednak na zaspokajaniu potrzeb dziecka w tym zakresie. Wiele substancji, od leków po przyprawy, może także przedostawać się do mleka z różnym rezultatem.

---

[1] Kobiety, które nie karmią, powinny nadal przyjmować odpowiednią ilość wapnia, aby w późniejszym okresie życia uniknąć osteoporozy. W razie konieczności przyjmuj wapń w postaci suplementu, gdyż dzienna dawka tego pierwiastka powinna wynosić 1200 mg.

Aby mleko było bezpieczne i zdrowe dla dziecka:

- Zapoznaj się z regułami diety kobiet karmiących (patrz. s. 403).

- Unikaj pożywienia, na które twoje dziecko jest wrażliwe, np. czosnek, cebula, kabaczki; produkty mleczne i czekolada są często sprawcami kłopotliwych wzdęć u niektórych, chociaż nie u wszystkich dzieci. Jedno z badań wykazało, że większość dzieci uwielbia smak mleka po spożyciu przez karmiącą matkę czosnku („Mamusiu, poproszę sałatkę cesarską...”), niemniej jednak bardziej wybrednym niemowlętom zupełnie nie odpowiadał smak wywołany mocnymi przyprawami („...ale bez curry!”). Co ciekawe, takie gusty zwykle odpowiadają preferencjom matek. Przyprawy i dania, które są niemowlętom już znane, ponieważ mama jadła je podczas ciąży i/lub po porodzie, okazują się ulubionymi daniami dziecka. (Co oznacza, że jeśli matka w czasie ciąży miała zachcianki na indyjską kuchnię, jej dziecko cieszy się z mleka „przyprawionego” curry.) Dziecko zwykle preferuje te smaki nawet w późniejszym życiu – dobry powód, by jeść warzywa!

- Spożywaj witaminy, szczególnie te zalecane dla kobiet w ciąży i karmiących piersią. Nie przyjmuj innych witamin bez porozumienia z lekarzem.

- Nie pal. Wiele toksycznych substancji z dymu tytoniowego przedostaje się do krwiobiegu i może potem przechodzić do mleka. Palenie obok dziecka może powodować choroby układu oddechowego, a także zwiększa ryzyko wystąpienia SIDS (zespołu nagłej śmierci niemowlęcia). Jednak jeśli nie jesteś w stanie rzucić palenia, nie rzucaj karmienia piersią! (patrz s. 308).

- Nie zażywaj leków (tradycyjnych czy ziołowych) bez konsultacji z lekarzem.

Choć część leków jest całkowicie bezpieczna dla karmiących matek, to wiele z nich przedostaje się do mleka i nawet w małej dawce mogą być szkodliwe dla noworodka (szczególnie niebezpieczne są leki stosowane w chorobie tarczycy, przeciwnadciśnieniowe, przeciwnowotworowe, leki przeciwbólowe na receptę, środki uspokajające, barbiturany, leki uspokajające, sole litu, radioaktywny jod, bromki). Często leki, które zażywasz, będą musiały zostać zastąpione przez inne, bardziej bezpieczne dla twojego dziecka. Niektóre leki można podawać w taki sposób, by stanowiły jak najmniejsze zagrożenie[1]. Może zaistnieć konieczność okresowego odstawienia leku na czas karmienia i opieki nad dzieckiem. Podczas wizyty u lekarza upewnij się, że lekarz przepisujący ci leki jest zorientowany w twojej sytuacji i wie, że karmisz dziecko piersią. Wszystkie nielegalne substancje są szkodliwe w trakcie karmienia i należy ich unikać.

- Ogranicz alkohol. Tylko od czasu do czasu wolno ci wypić jednego drinka. Częste spożywanie alkoholu przez karmiącą matkę może wywołać u dziecka ospałość, osłabić rozwój układu nerwowego, spowolnić rozwój motoryczny i obniżyć poziom produkcji mleka. Jeśli jednak chcesz wypić alkohol, zrób to tuż po karmieniu i postaraj się nie karmić przez co najmniej dwie godziny.

- Ogranicz kofeinę. Jedna filiżanka kawy lub herbaty dziennie prawdopodobnie nie wpłynie szkodliwie na dziecko za pośrednictwem pokarmu. Ponieważ jednak kofeina odkłada się w organizmie niemowlęcia, zamiast szybko z niego się uwalniać, unikaj większych jej ilości. Już cztery filiżanki dziennie mogą wywołać u dzieci (co się często zdarza) roztrzęsie-

---

[1] Na przykład lekarz poradzi ci branie leku tuż przed karmieniem albo godzinę przed następnym, gdyż wtedy tylko minimalna ilość przedostanie się do pokarmu.

# Kłopoty z tarczycą

Niemal wszystkie młode matki czują się wycieńczone i zmęczone. Wiele z nich ma kłopoty ze zrzuceniem wagi, cierpi z powodu depresji o różnym nasileniu i wypadania włosów. Nie brzmi to miło, ale tak się dzieje w przypadku większości młodych matek w okresie połogu; wraz z upływem czasu sytuacja zdecydowanie się poprawia. Jednak w przypadku około 5 do 9% kobiet cierpiących na zapalenie tarczycy czas nie niesie poprawy. Problem polega na tym, że objawy poporodowego zapalenia tarczycy (PPT – z angielskiego *postpartum thyroiditis*) są bardzo podobne do tego, co czują wszystkie kobiety tuż po urodzeniu dziecka, toteż zdarza się, że choroba nie jest rozpoznana i leczona przez długi czas.

Poporodowe zapalenie tarczycy zaczyna się w przypadku większości kobiet między pierwszym a trzecim miesiącem po porodzie od krótkotrwałej nadczynności tego gruczołu (zapewne wywołanej stanem zapalnym i załamaniem jego funkcjonowania, wywołanych atakiem przeciwciał stymulujących nadmierne wydzielanie hormonów tarczycy). Okres, w którym nadmierna ilość hormonów tarczycy krąży w krwi, może trwać kilka tygodni lub dłużej. W okresie nadczynności chora odczuwa zwykle zmęczenie, poirytowanie, zdenerwowanie, jest jej gorąco, więcej się poci i cierpi na bezsenność – wszystkie te stany nie są niczym niezwykłym w czasie połogu, dlatego tak trudno postawić prawidłowe rozpoznanie. W tej fazie leczenie zwykle nie jest konieczne.

Po tym okresie najczęściej następuje niedoczynność tarczycy, wywołana wydzielaniem przez ten gruczoł niedostatecznej ilości hormonów, z powodu zniszczeń wyrządzonych przez przeciwciała. (W niektórych przypadkach PPT kończy się na nadczynności tarczycy, ponieważ zniszczenia gruczołu nie są na tyle poważ-

ne, by zmniejszyć wydzielanie hormonów.) W okresie niedoczynności utrzymuje się zmęczenie, któremu towarzyszy depresja (dłużej trwająca, zwykle cięższa niż przygnębienie bądź depresja poporodowa), bóle mięśni, wypadanie włosów, suchość skóry, nietolerancja na zimno, osłabienie pamięci oraz niemożność zrzucenia wagi.

Jeśli objawy połogowe wydają się silniejsze i bardziej długotrwałe, niż się spodziewałaś, gdy z ich powodu nie możesz jeść, spać ani cieszyć się dzieckiem, zgłoś się do lekarza. Badania wykażą, czy przyczyną twych kłopotów jest PPT. (Niektórzy endokrynolodzy są zdania, iż zapalenie tarczycy często odpowiada za depresję poporodową, toteż wszystkie kobiety cierpiące na depresję powinny przejść badanie tarczycy.) Nie zapomnij powiedzieć o wszystkich przypadkach kłopotów z tarczycą występujących w twojej rodzinie, gdyż choroby tego gruczołu często są dziedziczne.

Większość kobiet wychodzi z poporodowego zapalenia tarczycy rok po porodzie. W tym czasie powinny brać preparat zawierający hormon tarczycy, gdyż dzięki niemu o wiele szybciej poczują się lepiej. Niestety niedoczynność tarczycy utrzymuje się u około 25% kobiet, co oznacza dożywotnie leczenie (jest ono bardzo proste, polega bowiem na przyjmowaniu codziennie tabletki i badaniu krwi raz na rok). Zdarzają się przypadki samoistnego wyleczenia się z zapalenia tarczycy, lecz choroba ma tendencję do nawrotów podczas kolejnych ciąż lub po nich. Część kobiet może zachorować na niedoczynność tarczycy lub chorobę Gravesa-Basedowa (nadczynność) w późniejszym okresie. Dlatego też po przebytym PPT należy co roku badać tarczycę, a jeśli planuje się następną ciążę – poddać się temu badaniu przed poczęciem i podczas ciąży.

nie, podenerwowanie i trudności z zasypianiem. (Niektóre dzieci znajdują się pod wpływem kofeiny, gdy matka wypije tylko filiżankę czy dwie; jeżeli twoje dziecko wydaje się rozdygotane i ma kłopoty z zapadnięciem w sen, wyeliminuj kofeinę całkowicie, po czym zobacz, czy coś się zmieni.)

• Nie używaj środków przeczyszczających (niektóre z nich mogą działać także na twoje dziecko). Zwiększ ilość pektyn i płynów w pożywieniu.

• W walce z bólem kieruj się rozsądkiem. Dobrym wyborem dla ciebie jest acetaminofen oraz metody alternatywne (patrz

s. 454 oraz *Dodatek*). Stosuj aspirynę lub ibuprofen tylko wtedy, gdy pozwoli ci na to lekarz. Stosuj dawki ściśle według zaleceń lekarza. Nie nadużywaj leków, nie korzystaj z nich zbyt często.

- Wybieraj żywność, która jest jak najbliższa swej naturalnej postaci. Czytaj uważnie etykietki – dzięki temu nie kupisz tych produktów, które zawierają dodatki chemiczne, w tym sztuczne barwniki i substancje smakowe (patrz s. 146).

- Uważaj na słodziki. Unikaj sacharyny, ponieważ przedostaje się do pokarmu. Podczas badań przeprowadzanych na zwierzętach okazało się, że ma działanie rakotwórcze. Sucralose (Splenda) natomiast jest bezpieczna, podobnie jak aspartam; przedostają się do pokarmu tylko w znikomej ilości, więc mogą być w umiarkowanych dawkach bezpiecznie stosowane. Sprawdź jednak, czy spożywana przez ciebie żywność zawierająca słodziki nie jest przy okazji pełna innych chemicznych dodatków (więcej na temat słodzików znajdziesz na s. 66).

- Unikaj żywności, która może zawierać pestycydy. Myj dokładnie owoce i warzywa, ewentualnie je obieraj, jedz niskotłuszczowy lub beztłuszczowy nabiał, chude mięso, białe mięso drobiowe bez skóry i jak najmniej podrobów. (Pestycydy strawione przez zwierzęta odkładają się w tłuszczu, skórze i niektórych organach wewnętrznych.)

- Unikaj jedzenia ryb, których mięso może być skażone. (Rady dotyczące bezpiecznego jedzenia ryb i owoców morza dla kobiet w ciąży dotyczą także karmiących matek; patrz s. 147). A ponieważ na pewno chciałabyś teraz uniknąć zatrucia pokarmowego, przejrzyj także wskazówki żywieniowe na stronie 150.

- Jeśli masz wysoki poziom ołowiu we krwi (ponad 40 mikrogramów na decylitr), lepiej przerwij karmienie całkowicie lub przynajmniej do czasu, gdy poziom ten się obniży.

# SAMOCZYNNE WYPŁYWANIE MLEKA

*Mam wrażenie, że mleko cały czas wypływa mi z piersi. Czy to normalne? Jak długo to będzie trwać?*

Kilka pierwszych tygodni karmienia należy do bardzo mokrych: mleko wypływa, kapie, a nawet tryska z piersi, w dodatku może się to stać w każdej chwili, w każdym miejscu – bez ostrzeżenia. Niespodziewanie poczujesz mrowienie związane z wypływaniem pokarmu i nim zdążysz chwycić wkładkę laktacyjną lub sweter, by ukryć swój stan, patrzysz – a wokół sutków widać mokre kółka nadające nowego znaczenia określeniu „mokry podkoszulek".

Oprócz tych niefortunnych sytuacji, które mogą się zdarzyć w miejscach publicznych („To dlatego urzędnik w banku patrzył na mnie dziwnym wzrokiem!"), możesz doświadczyć samoczynnego wypływania pokarmu w trakcie snu czy ciepłej kąpieli pod prysznicem, a także gdy usłyszysz płacz dziecka, myślisz lub rozmawiasz o nim. Mleko niekiedy wypływa z jednej piersi, gdy dziecko ssie drugą, a jeśli harmonogram karmień jest już w miarę ustabilizowany, pokarm może wypłynąć w czasie oczekiwania, aż niemowlę dobrze się przyssie.

Choć wypływanie mleka może być niewygodne, nieprzyjemne i bardzo kłopotliwe, to ten efekt uboczny karmienia piersią jest całkowicie normalny oraz często spotykany, szczególnie w pierwszych tygodniach połogu. (Brak wypływania pokarmu lub niewielki wypływ też jest normalny; kobiety, które zostały matkami po raz drugi, często odnotowują, iż teraz zjawisko to jest znacznie mniej nasilone niż przy pierwszym dziecku.) W większości przypadków funkcjonowanie organizmu matki stabilizuje się, a wypływanie pokarmu znacznie słabnie, gdy niemowlę jest już karmione regularnie. Zanim jednak tak się stanie, warto uczynić coś, aby życie z objawami, których nie można zlikwidować, było mniej uciążliwe:

• Kup zapas wkładek laktacyjnych. Prawdopodobnie będziesz musiała je zmieniać przy każdym karmieniu albo nawet częściej. Pamiętaj, iż w wypadku wkładek obowiązuje ta sama zasada co przy pieluchach – gdy są mokre, należy je zmienić. Sprawdź, czy używane przez ciebie wkładki nie mają plastikowej wyściółki, która zatrzymuje wilgoć i prowadzi do podrażnienia sutków. Jedne kobiety preferują wkładki jednorazowe, inne – bawełniane, wielokrotnego użytku.

• Chroń łóżko. Jeśli zauważysz, że duża ilość pokarmu wycieka z twoich piersi nocą, używaj dodatkowych wkładek albo podkładaj sobie do spania duży ręcznik. Ostatnią rzeczą, na jaką miałabyś teraz ochotę, byłaby codzienna zmiana pościeli albo co gorsza – kupowanie nowego materaca.

• Nie odciągaj pokarmu, by zapobiec jego samoistnemu wyciekaniu. Dodatkowe odciąganie nie powstrzyma tego procesu, a wręcz przeciwnie: im bardziej stymulujesz piersi, tym więcej wytwarzają pokarmu i z tym intensywniejszym wyciekaniem będziesz się borykać.

• Postaraj się powstrzymać wyciekanie. Kiedy karmienie i wytwarzanie pokarmu już się ureguluje, możesz spróbować zatrzymać wypływanie mleka, naciskając na sutki (lepiej nie rób tego w miejscach publicznych) czy przyciskając ręce do piersi. Nie rób tego w pierwszych tygodniach, może bowiem dojść do zatrzymania napływania pokarmu i zatkania przewodów mlecznych.

# DŁUGOTRWAŁY POWRÓT DO ZDROWIA PO PRZEBYTYM CIĘCIU CESARSKIM

*Minął tydzień po cięciu cesarskim. Czego mogę oczekiwać?*

Z pewnością wiele się wydarzyło od chwili, gdy przykuta do miejsca wracałaś do siebie – jak każda młoda matka masz jeszcze przed sobą kilka tygodni na całkowity powrót do zdrowia. Miej na uwadze, iż im więcej otrzymasz teraz potrzebnej ci pomocy (oraz im ściślej będziesz się trzymać wskazówek lekarza), tym ten powrót będzie szybszy. Zanim to jednak nastąpi, oto, czego możesz oczekiwać:

**Duże zapotrzebowanie na pomoc.** Płatna pomoc jest najlepszym wyjściem w czasie pierwszego tygodnia po przyjściu do domu. Gdy jest to niemożliwe, postaraj się, by był przy tobie ktoś (mąż, matka, ktoś z rodziny, przyjaciółka), kto będzie mógł ci pomóc. Bezwzględnie unikaj dźwigania ciężarów (dotyczy to również noszenia dziecka), nie podejmuj się wykonywania prac domowych do końca pierwszego tygodnia. Jeżeli już musisz nosić dziecko na rękach – podnoś je z poziomu pasa, wtedy wykorzystujesz mięśnie ramion, a nie brzucha. Gdy musisz podnieść coś z podłogi, zegnij kolana, a nie zginaj się w pasie.

**Lekki ból lub brak dolegliwości bólowych.** Do obecnej chwili ból powinien już zniknąć. Jeżeli odczuwasz ból, pomocny okazać się może łagodny środek przeciwbólowy. Jeśli karmisz piersią, nie używaj innych leków niż acetaminofen, dopóki nie poradzisz się lekarza.

**Postępująca poprawa.** Blizna po cięciu cesarskim będzie bolesna i tkliwa przez kilka tygodni, lecz będzie następować znaczna poprawa. Staraj się nosić delikatne, obszerne rzeczy, które nie będą urażać blizny i będą ją chronić. Przypadkowe kłucia i inne odmiany miejscowego bólu w okolicy blizny, również swędzenie, są normalnym zjawiskiem, jeśli chodzi o gojącą się ranę (poproś lekarza, by polecił ci jakąś maść przeciwko swędzeniu). Zdrętwienie skóry dookoła blizny będzie trwało przez dłuższy czas, prawdopodobnie przez wiele miesięcy. Przed całkowitym zagojeniem się prawdopodobnie zniknie guzełkowatość w obrębie blizny, a sama blizna będzie koloru różowoczerwonego. Jeżeli ból się przedłuża, skóra dookoła linii cięcia ma kolor żywoczerwony lub gdy zauważysz sączącą się z rany brązową lub żółtą wydzielinę – zgłoś się do lekarza. Istnieje wtedy podejrzenie zakażenia rany (mała ilość przejrzystego płynu wydobywająca się z rany jest normą, lecz możesz powiadomić o tym lekarza prowadzącego).

**Odczekaj 4 tygodnie przed rozpoczęciem współżycia.** Wskazówki dotyczące kobiet po cięciu cesarskim są praktycznie takie same jak dla tych, które rodziły drogami natury – przy czym o czasie, który należy odczekać, decyduje gojenie się rany po cięciu. Na kilku następnych stronach znajdziesz więcej informacji na ten temat.

**Zacznij się ruszać.** Gdy ból minie, będziesz mogła zacząć ćwiczyć. Nie masz prawdopodobnie nadwerężonych mięśni krocza (chyba że przed operacją długo próbowałaś urodzić drogami natury) i nie musisz wykonywać ćwiczeń Kegla, chociaż mogą się one przydać każdemu. Szczególną uwagę zwróć na mięśnie brzucha (s. 425). Ćwicz według zasady „wolno i równomiernie". Wchodź w program stopniowo i kontynuuj go codziennie. Bądź przygotowana na to, że powrót do stanu sprzed porodu zajmie ci kilka miesięcy.

## ROZPOCZĘCIE WSPÓŁŻYCIA

*Kiedy wraz z mężem będziemy mogli rozpocząć współżycie?*

W dużym stopniu zależy to od ciebie. Zgodnie z zaleceniami Amerykańskiego Towarzystwa Pediatrów i Ginekologów, w większości przypadków można bezpiecznie wrócić do współżycia wtedy, gdy kobieta czuje się gotowa – zwykle nastąpi to mniej więcej w ciągu czterech tygodni po porodzie, choć wiele położnych zezwala na odbywanie stosunków płciowych nawet w dwa tygodnie po porodzie. Lekarz może jednak zalecić dłuższe zwlekanie, jeśli rana wolno się goi, doszło do zakażenia albo cały czas wydzielana jest lochia. Warto wówczas posłuchać jego rady. Niektórzy lekarze nadal uznają regułę sześciu tygodni, kiedyś narzucaną wszystkim kobietom niezależnie od ich stanu. Jeśli przypuszczasz, że twój lekarz należy do ich grona, podczas gdy ty wcześniej czujesz się gotowa do rozpoczęcia współżycia, zapytaj go, dlaczego uważa twoje zdanie za nierozsądne. Przy braku konkretnej przyczyny upieraj się przy swoim, ale nie decyduj sama. Gdyby stan zdrowia i zasady bezpieczeństwa wymagały sześciotygodniowej wstrzemięźliwości, pamiętaj, że przy opiece nad noworodkiem czas mija szybko. Do tego czasu ciesz się uprawianiem miłości na inne sposoby.

## BRAK ZAINTERESOWANIA „UPRAWIANIEM MIŁOŚCI"

*Lekarz zezwolił mi już na powrót do współżycia, lecz seks jest ostatnią rzeczą, na jaką mam ochotę.*

Seks rzadko znajduje się w pierwszej dziesiątce rzeczy, na które kobieta po porodzie ma ochotę, i jest po temu ważna przyczyna.

Seks wymaga energii, koncentracji i czasu – wszystkiego, czego brakuje młodym rodzicom. Libido twoje i twojego męża musi regularnie konkurować z bezsennymi nocami, męczącymi dniami, brudnymi pie-

# Łatwy powrót do seksu

**Nawilżanie.** Obniżony poziom hormonów w okresie poporodowym (nie wracają do normy z powodu karmienia piersią) może spowodować niewygodną suchość w pochwie i bolesność przy stosunku. Używanie kremów nawilżających, takich jak żel K-Y, dopóki nie powróci twoja własna wydzielina, może zmniejszyć ból, a wzmocnić przyjemne doznania.

**Używaj leków, jeśli to konieczne.** Lekarz prowadzący może przepisać ci estrogeny w kremie, aby zmniejszyć ból i tkliwość.

**Rozgrzewka.** Pomyśl o grze wstępnej jako o przystawce, która pobudzi twój apetyt na główny posiłek. Upajaj się długą grą wstępną!

**Rozluźnienie.** Zastosuj techniki relaksacyjne (patrz s. 127), weźcie razem prysznic, zróbcie masaż albo cokolwiek innego, co mogłoby cię odprężyć. Wypij kieliszek wina czy drinka, jeśli nie karmisz piersią – a nawet gdy karmisz, byle nie za często. Pamiętaj jednak, że nadmiar alkoholu tłumi pożądanie i obniża jakość współżycia.

**Zadbaj o nastrój.** Przyćmione światła lub aromatyczne świeczki (są bardziej romantyczne) sprawią, iż poczujesz się znacznie lepiej – właśnie teraz, gdy jeszcze nie powróciłaś do poprzedniej figury. (Pamiętaj, że twój partner w znacznie mniejszym stopniu niż ty będzie zwracać uwagę na „cielesne niedostatki".) Puść nastrojową muzykę i włącz automatyczną sekretarkę, byście nie musieli odbierać telefonów.

**Różne pozycje.** Bok do boku lub kobieta na mężczyźnie; pozycje te pozwalają na większą kontrolę penetracji i zmniejszają możliwość nacisku na okolicę krocza (nacięcia) czy bliznę po cesarskim cięciu. Wypróbuj, która pozycja jest dla ciebie wygodniejsza.

**Inne sposoby zaspokajania pożądania.** Jeśli stosunek płciowy nie sprawia ci jeszcze przyjemności, szukaj zaspokojenia we wzajemnym stymulowaniu narządów płciowych lub seksie oralnym. Gdy oboje jesteście zbyt zmęczeni na fizyczną aktywność, postarajcie się odnaleźć przyjemność w zwykłym byciu razem. Nie ma wszak nic złego (jest natomiast wiele dobrego) w leżeniu razem w łóżku, pieszczeniu się, całowaniu i opowiadaniu sobie o dziecku.

luchami i płaczącym bez końca dzieckiem. Twoje ciało wciąż powraca do zdrowia po urazie, jakim był poród, a poziom hormonów ponownie ulega normalizacji. Obawy przed bólem, przed uszkodzeniem narządów wewnętrznych, przed tym, że nie jesteś taka sama jak przed porodem, przed ponownym zajściem w ciążę – mogą niekorzystnie wpływać na ciebie. Jeżeli karmisz piersią, to podświadomie może zaspokajać twoje zapotrzebowanie na intymność. Poza tym uprawianie miłości może stymulować niewygodny – a także mało seksowny – wyciek mleka. Cokolwiek by mówić, okresowy spadek zainteresowania seksem nie jest czymś zaskakującym, lecz zupełną prawidłowością, niezależnie od tego, co było przedtem. Ale zdarza się też, że niektóre kobiety mają wzmożone potrzeby seksualne, nawet bezpośrednio po porodzie, kiedy istnieje jeszcze przekrwienie w obrębie narządów płciowych. To także jest normalne, choć trochę niewygodne, jeżeli lekarz jeszcze nie wydał zgody na rozpoczęcie współżycia. Jeśli twoim głównym problemem jest brak zainteresowania seksem, powyżej zamieszczono niektóre sposoby powrotu do praktyk seksualnych. To, który z tych sposobów będzie odpowiedni dla ciebie, zależeć będzie właśnie od ciebie, twojego partnera i twojej sytuacji.

**Nie śpiesz się z pożądaniem.** Poczekaj trochę, aby twoje ciało powróciło do prawidłowego fizjologicznego stanu, szczególnie gdy miałaś trudny poród lub cięcie cesarskie. Poziom twoich hormonów nie wróci do przedporodowej wartości, dopóki nie zaczniesz normalnie miesiączkować. Jeżeli karmisz piersią, miesiączka nie pojawi się przez wiele miesięcy. Nawet wtedy, gdy twój lekarz namawia cię do rozpoczęcia życia płciowego, nie rób tego, jeżeli nie czujesz się dostatecznie dobrze psychicznie i fizycznie. A jeśli już zaczniesz, rób to powoli, uprawiaj petting, grę wstępną, wzajemne stymulowanie narządów płciowych i/lub seks oralny, ale bez penetracji.

**Nie zniechęcaj się bólem.** Wiele kobiet jest zaskoczonych i zniechęconych, gdy dowiadują się, że poporodowe stosunki płciowe mogą stać się źródłem bólu. Jeśli miałaś nacięcie krocza lub nastąpiło pęknięcie krocza podczas porodu, mogą wystąpić pewne dolegliwości (od delikatnych do ostrych), trwające tygodniami lub nawet miesiącami po ściągnięciu szwów. Dolegliwości te mogą się pojawiać podczas stosunków płciowych, mogą być słabsze, jeśli rodziłaś bez uszkodzenia krocza, a nawet gdy miałaś cięcie cesarskie. (Dolegliwości będą mniejsze, jeśli cięcie cesarskie w twoim przypadku zostało wcześniej zaplanowane, czyli nie musiałaś przeć.) Dopóki ból się nie zmniejszy, możesz spróbować go ograniczyć sposobami opisanymi w ramce *Łatwy powrót do seksu*.

**Nie oczekuj zbyt wiele**. Nie oczekuj idealnego stosunku, łącznie z jednoczesnym orgazmem, podczas pierwszego współżycia po porodzie. Niektóre kobiety zwykle osiągają orgazm, jeśli przedtem nie miały go przez wiele tygodni lub dłużej. Podejdźcie do sprawy z miłością i cierpliwością, a seks stanie się z pewnością tak satysfakcjonujący jak zawsze lub nawet bardziej.

**Wzajemne zrozumienie.** Rzeczywiście udane współżycie płciowe musi być budowane na wzajemnym zaufaniu, rozumieniu się i porozumieniu. Jeśli np. po całodziennych trudach macierzyństwa jesteś zbyt zmęczona, aby się kochać, nie tłumacz się bólem głowy. Bądź uczciwa. Mąż, który jest przecież również zaangażowany w opiekę nad

dzieckiem, jest w stanie to zrozumieć. Jeśli stosunek sprawia ci ból, nie bądź męczennicą i nie znoś tego bez słów. Wytłumacz, co sprawia ci ból, porozmawiaj o tym, co jest przyjemne, co byś chciała zmienić następnym razem.

**Poczekaj na właściwą chwilę.** Gdy z dwojga staliście się trojgiem, nie będziesz mogła uprawiać miłości, kiedy i gdzie będziesz miała na to ochotę. Będziesz musiała to robić, gdy będzie ku temu okazja (np. gdy dziecko będzie spało o godzinie trzeciej po południu w sobotę). Nie sądź, że seks niespontaniczny nie może być fajny. Traktuj „planowanie zawczasu" jako okres wyczekiwania na kochanie się (np. „Dziecko zaśnie o ósmej – nie mogę się już doczekać" albo: „Zostawmy ją u babci i wracajmy szybciutko do sypialni!"). Zaakceptuj stosunki przerywane (będzie ich wiele) z poczuciem humoru, spróbuj jak najszybciej zacząć od nowa. Pogódź się z tym, że seks nie będzie tak częsty jak przedtem. Postaw na jakość, a nie na ilość.

**Nie bądź perfekcjonistką.** Wielkie zmęczenie po porodzie jest rzeczą całkowicie naturalną. Wdrożenie się do nowych zadań rodzicielskich też nie jest łatwe. Wiele czynności wykonuje się niepotrzebnie, co powoduje przemęczenie. Chcesz zrobić zbyt wiele w zbyt krótkim czasie. Na jakiś czas daj sobie spokój z ciągłym sprzątaniem domu. Zamów obiad do domu. Oszczędzaj energię tam, gdzie tylko się da, a będziesz jej miała więcej na miłość.

**Nie martw się.** Niezależnie od tego, jak się czujesz w obecnej chwili, stopniowo powrócisz do swego dawnego życia płciowego i będziesz mu się oddawała z taką samą pasją i przyjemnością jak dawniej. (A ponieważ rodzicielstwo na ogół bardziej zbliża małżonków do siebie, może w twoim przypadku być tak, że płomień uczuć nie tylko zostanie rozniecony na nowo, ale będzie się palił jaśniej niż przedtem.) Wobec tego zamartwianie się teraz może tylko wywołać przygnębienie.

# PONOWNE ZAJŚCIE W CIĄŻĘ

*Myślałam, że karmienie piersią jest jakąś formą zabezpieczenia przed zajściem w ciążę. Teraz słyszę, że w czasie karmienia piersią mogę zajść w ciążę, nawet przed ponownym rozpoczęciem miesiączkowania.*

Jeżeli nie chcesz ponownie zajść w ciążę (co raczej nie jest dobrym rozwiązaniem ani dla ciebie, ani dla twojego niemowlęcia), niech ci nawet nie przyjdzie do głowy, by traktować karmienie piersią jako środek antykoncepcyjny.

To prawda, że kobieta karmiąca piersią zaczyna miesiączkować później niż kobiety, które nie karmią. U kobiet, które nie wytwarzają mleka, miesiączka zwykle pojawia się między 6 a 12 tygodniem po porodzie; u kobiet, które wytwarzają mleko, pojawia się natomiast między 4 a 6 miesiącem. Jednak statystyka jak zwykle zawodzi. U kobiety karmiącej piersią miesiączka powinna pojawić się nie wcześniej niż po 6 tygodniach i nie później niż po 18 miesiącach po porodzie.

Problem jednak w tym, że nie da się przewidzieć, kiedy nastąpi u ciebie pierwsza po porodzie miesiączka. Wpływ na to ma wiele czynników. I tak np. częstość karmienia (więcej niż 3 razy dziennie) zdaje się bardziej hamować owulację. Podobną zależność udało się sformułować, jeżeli chodzi o czas karmienia – im dłużej karmisz, tym skuteczniej hamuje to owulację; jeżeli uzupełnisz karmienie, dając swojemu dziecku choćby tylko butelkę wody, możesz zakłócić efekt antyowulacyjny.

Dlaczego należy brać pod uwagę możliwość zajścia w ciążę przed pierwszą miesiączką po porodzie? Ponieważ czas, w którym nastąpi pierwsza po porodzie owulacja, jest nieznany, tak jak to jest z pierwszą miesiączką. Niektóre kobiety mają pierwszy cykl niepłodny, tj. cykl przebiega bez owulacji. Inne jajeczkują i z tego powodu mogą zajść w ciążę bez wystąpienia pierwszego krwawienia miesięcznego. Dlatego nie możesz przewidzieć, jak będzie z tobą. Dla uzyskania informacji o wyborze metody zapobiegającej ciąży zapoznaj się z książką *Pierwszy rok życia dziecka.*

Oczywiście przypadek może się zdarzyć. Wiedza medyczna musi dopiero znaleźć środek w 100% gwarantujący zabezpieczenie przed przypadkowym zajściem w ciążę. Tak więc nawet jeżeli używasz środków antykoncepcyjnych, a w szczególności jeżeli ich nie używasz – zajście w ciążę jest możliwe. No i tak się niefortunnie składa, że nie będzie tego pierwszego objawu ciąży, jakiego będziesz oczekiwała, tzn. braku miesiączki, bo jeśli karmisz piersią, nie miesiączkujesz. Widoczny będzie natomiast w przypadku ponownego zajścia w ciążę zmieniony skład twojego mleka. Będzie to konsekwencją zmiany poziomu hormonów (ciąża i karmienie łączą się z wystąpieniem dużych zmian poziomu hormonów). Możesz poza tym spostrzec niektóre inne objawy ciąży. Oczywiście, jeśli podejrzewasz, że mogłaś zajść w ciążę, powinnaś wykonać test ciążowy i jak najszybciej zgłosić się do lekarza. Jeśli zaszłaś w ciążę, możesz kontynuować karmienie piersią tak długo, jak długo temu podołasz. Będziesz jednak potrzebować dużo wypoczynku i dobrego odżywiania – więcej kalorii i białka. Po porodzie nowo narodzone niemowlę powinno mieć w karmieniu pierwszeństwo.

# WYPADANIE WŁOSÓW

*Wydaje mi się, że nagle zaczęły mi wypadać włosy. Czy wyłysieję?*

Nie obkupuj się w kapelusze. Utrata włosów w twoim stanie jest normalna i nie doprowadzi do wyłysienia. Zwykle dziennie wypada około 100 włosów, lecz w krótkim czasie zostaną one zastąpione nowymi. W czasie ciąży zmiany hormonalne zmniejszają wypadanie włosów. Lecz zwłoka ta jest tylko czasowa. Włosy są gotowe do wypadnięcia i wypadną w okresie między 3 a 6 miesiącem po porodzie. Niektóre kobiety karmiące piersią zwracają uwagę na to, że włosy, które wypadły, nie odrastają, dopóki dziecko nie zostanie ostatecznie odstawione od piersi. By umożliwić dobry wzrost włosom, zażywaj witaminy oraz odżywiaj się prawidłowo i dbaj o higienę włosów, tzn. używaj szamponów tylko wówczas, gdy to konieczne, używaj „rzadkiego” grzebienia, stosuj odżywki do włosów, unikaj wysokiej temperatury – suszarek do włosów, lokówek. Odłóż też wszelkie ondulacje i farbowanie, poczekaj, aż włosy wrócą do stanu sprzed ciąży.

Jeśli włosy wypadają garściami, a przy tym doświadczasz innych objawów chorób tarczycy (patrz s. 417), skonsultuj się z lekarzem. To, że straciłaś tyle włosów po tym porodzie, nie znaczy, że stracisz tyle samo po następnym. Twój organizm za każdym razem może zareagować inaczej.

## ZAŻYWANIE KĄPIELI

*Wydaje mi się, że jest bardzo dużo sprzecznych informacji na temat, czy zażywać kąpieli w okresie poporodowym, czy też nie. Jak jest naprawdę?*

B

ył okres, że nie pozwalano młodym matkom na kąpiel przez miesiąc po porodzie. Spowodowane to było obawą przed możliwością zakażenia, jaką niesie ze sobą woda w wannie. Dzisiaj wiadomo już, że woda używana do kąpieli nie przedostaje się do pochwy, a zatem możliwość rozwoju infekcji – jako konsekwencji kąpieli – nie zaprząta już głowy lekarzom. Część lekarzy zaleca kąpiel już w szpitalu (jeżeli wanna jest dostępna), ponieważ wierzą, że kąpiel

bardziej efektywnie niż natrysk usuwa resztki wydzieliny z krocza i zagłębień między wargami sromowymi. W dodatku ciepła woda ma dobry wpływ na miejsce nacięcia krocza, zmniejsza tkliwość tkanek i ich obrzęk oraz zmniejsza hemoroidy. (W tym samym celu możesz robić sobie nasiadówki w niewielkiej ilości wody.) Jeżeli kąpiesz się w czasie pierwszych dwóch tygodni po porodzie, to sprawdź, czy wanna jest dobrze umyta (upewnij się, czy nie jesteś jedyną osobą, która szoruje wannę). Podczas pierwszych dni po porodzie korzystaj z pomocy przy wchodzeniu i wychodzeniu z wanny, ponieważ jesteś jeszcze osłabiona. Jeśli miałaś cięcie cesarskie, zapewne przez pierwszy tydzień nie będziesz mogła się kąpać, ale dla pewności zapytaj.

## ZMĘCZENIE

*Minęły prawie 2 miesiące od czasu, kiedy urodziłam dziecko, lecz czuję się bardziej zmęczona niż przedtem. Czyżbym była chora?*

S

poro młodych matek jakby resztkami sił wlecze się do gabinetu lekarza, by poskarżyć się na chroniczne, potworne uczucie zmęczenia i wyczerpania. Kobiety te są przekonane, że padły ofiarą jakiejś choroby. A okazuje się, że prawie niezmiennie diagnoza jest jedna: klasyczny przypadek wyczerpania macierzyństwem.

Do zjawisk rzadkich należy matka, która wymyka się powszechnie występującemu zjawisku zmęczenia macierzyństwem, polegającemu na ogólnym wyczerpaniu oraz totalnym niedostatku energii. Zmęczenie macierzyństwem nie jest czymś zaskakującym. Nie ma bowiem bardziej wyczerpującego zajęcia – zarówno emocjonalnie, jak i fizycznie – niż bycie matką. Wysiłek i napięcie psychiczne nie zamykają się w ramach ośmiogodzinnego dnia pracy przez 5 dni w tygodniu, tak jak to jest w innych zawodach. (Matki nie mają też regularnych przerw na obiad i kawę w godzinach pracy.) Macierzyństwu przeżywanemu po raz pierwszy towarzyszy także dodatkowy stres, nieodzowny przy podejmowaniu nowego zajęcia, bo ciągle trzeba się czegoś nowego uczyć, popełnia się błędy i stale są problemy do rozwiązania. I jakby tego było mało, dochodzi jeszcze ubytek energii, którą kobieta traci na karmienie piersią (szczególnie dopóki oboje nie nabierzecie wprawy), wysiłek, jakim jest noszenie na rękach szybko rosnącego noworodka i przenoszenie innych przedmiotów codziennego użytku z noworodkiem związanych oraz nieprzespane noce. Większe zmęczenie mogą odczuwać zestresowane matki, które urodziły dzieci z niską masą urodzeniową czy z innymi problemami, a także opiekujące się starszymi dziećmi.

Podczas kolejnej wizyty u lekarza sprawdź dla pewności, czy nie istnieją w twoim przypadku inne medyczne przesłanki tego ogól-

nego wyczerpania (jak na przykład poporodowe zapalenie tarczycy – patrz s. 417). Jeżeli lekarz potwierdzi, że jesteś całkowicie zdrowa, bądź pewna, że czas, doświadczenie i całonocny sen twojego dziecka stopniowo przyniosą ci ulgę. Przybędzie ci energii z chwilą, gdy organizm przyzwyczai się do nowych wymagań wiążących się z macierzyństwem (na przykład do braku snu). Nie próbuj robić za dużo (a jeśli tak jest, daj sobie spokój z mniej ważnymi zadaniami, na przykład z dokładnym sprzątaniem domu), pamiętaj, by mąż miał równy udział w obowiązkach (związanych z dzieckiem i z domem), korzystaj z każdej okazji, by siąść z uniesionymi nogami i odpocząć (choć może się to wydawać mało realne), a także regularnie dobrze się odżywiaj. Nim zmęczenie minie, wypróbuj rad na zmniejszenie objawów przygnębienia poporodowego i depresji poporodowej (s. 410), gdyż oba te stany wiążą się ze zmęczeniem.

# CO WARTO WIEDZIEĆ
## Powrót do normalnej sylwetki

Czymś innym jest wyglądać jak ciężarna w szóstym miesiącu ciąży, kiedy się właśnie jest w szóstym miesiącu, a całkiem czymś innym wyglądać tak, gdy jest się już po porodzie. Niestety większość kobiet nie może oczekiwać, że opuszczając salę porodową, będzie szczuplejsza niż w chwili, gdy była do tej sali przyjmowana. Zatem lepiej będzie, gdy do torby z rzeczami na powrót do domu, do której chyba zbyt optymistycznie włożyłyśmy spodnie rurki, zapakujemy obszerniejszy strój, jako środek zaradczy na depresję.

A ile czasu upłynie od chwili, gdy zostałaś matką, do momentu kiedy przestaniesz wyglądać jak przyszła matka? Odpowiedź zależy głównie od trzech czynników: (1) Ile kilogramów przybyło ci w czasie ciąży;

(2) Na ile kontrolowałaś przyjmowane kalorie; (3) Ile ćwiczysz.[1]

„Komu potrzebne są ćwiczenia? – zapytasz być może. – Jestem przecież w nieustannym ruchu, odkąd wróciłam ze szpitala do domu. Czy to się w ogóle nie liczy?" Niewiele, niestety. Choć ten rodzaj ćwiczeń jest bardzo wyczerpujący, nie wzmacnia mięśni krocza i brzucha, rozciągniętych i obwisłych po wydaniu dziecka na świat. Może tego dokonać tylko odpowiednio ułożony program ćwiczeń. A dobre ćwiczenia przeznaczone na okres połogu są w stanie zdziałać znacznie więcej, niż tylko przywrócić ci ładną sylwetkę. Dzięki nim znikną bóle pleców, rany zagoją się szybciej i łatwiej wró-

---

[1] Istotna może też być przemiana materii i czynniki dziedziczne.

## Podstawowe zasady na pierwsze sześć tygodni

- Noś biustonosz dobrze podtrzymujący biust i wygodne ubranie.

- Postaraj się podzielić program ćwiczeń na dwie lub trzy krótkie sesje dziennie (w ten sposób lepiej wzmocnisz mięśnie i nie przeciążysz wracającego do zdrowia organizmu – łatwiej ci też będzie znaleźć na nie czas).

- Zaczynaj każdą sesję od ćwiczenia, które wymaga najmniej wysiłku.

- Ćwicz powoli, bez szybkich serii powtórzeń. Lepiej odpocznij chwilę między ruchami, gdyż właśnie wtedy wzmacniają się mięśnie – nie podczas ćwiczeń.

- Podobnie jak w okresie ciąży, tak i podczas połogu należy unikać szarpanych, chaotycznych ruchów. Zrezygnuj z ćwiczeń polegają-cych na przyciąganiu kolan do klatki piersiowej, przysiadów i unoszenia obu nóg.

- Kontroluj rytm serca.

- Nie zapomnij o uzupełnianiu płynów straconych podczas ćwiczeń.

- Ćwicz powoli, z rozsądkiem. Zasada „nie ma osiągnięć bez bólu" nie została stworzona z myślą o młodych matkach. Nie ćwicz więcej, niż jest to zalecane, nawet jeśli czujesz się na siłach. Objawów przeforsowania najprawdopodobniej nie odczujesz do następnego dnia, a wtedy będziesz już tak zmęczona i obolała, że w ogóle nie dasz rady ćwiczyć.

- Nie pozwól, by dbanie o dziecko powstrzymało cię od dbania o siebie. Niemowlę będzie zachwycone, leżąc ci na piersiach w trakcie, gdy ty będziesz ćwiczyć.

cisz do siebie po porodzie, wzmocnią się rozluźnione przez ciążę stawy, poprawi się krążenie i zminimalizuje ryzyko wystąpienia licznych objawów połogowych, od żylaków po kurcze mięśni nóg. Dzięki ćwiczeniom Kegla, koncentrujących się na okolicy krocza, masz większe szanse uniknąć nietrzymania moczu i poporodowych problemów seksualnych. I wreszcie ćwiczenia często przynoszą niezwykle ważne korzyści psychiczne: uwolnione przez ćwiczenia endorfiny krążą w organizmie, poprawiając nastrój oraz zdolność radzenia sobie z problemami. Dzięki temu będziesz znacznie lepiej przygotowana do znoszenia stresów związanych z macierzyństwem.

Ćwiczenia możesz zacząć wcześniej, niż sądzisz. Jeśli poród przebiegł bez komplikacji, drogami natury i nie masz żadnych innych problemów zdrowotnych opóźniających trenowanie, rozpocznij połogowy program ćwiczeń już 24 godziny po porodzie. Niech ci nie przyjdzie do głowy, by na początek uprawiać ćwiczenia wysiłkowe: twoje ciało dopiero wraca do utraconej formy, więc należy być cierpliwym i ostrożnym. Niech przedstawiony poniżej trójstopniowy

program posłuży ci za wytyczne. Możesz go uzupełnić książką czy kasetą wideo z ćwiczeniami poporodowymi, zajęciami dla młodych matek (towarzystwo innych to najlepsza motywacja, a na wiele z tych zajęć można zabrać pociechy) oraz codziennymi spacerami z wózkiem.

# I FAZA ĆWICZEŃ: 24 GODZINY PO PORODZIE

Ćwiczenia Kegla. Możesz rozpocząć je bezpośrednio po porodzie (wskazówki znajdziesz na s. 189), choć na początku wykonując je, nie będziesz nic czuła. Ćwiczenia Kegla można wykonywać w każdej pozycji, w której jest ci wygodnie: leżąc, stojąc, czekając w kolejce w sklepie, karmiąc niemowlę, zmieniając pieluchy, jadąc samochodem, podczas kąpieli w wannie – wybierz sama. Postaraj się dojść do 25 powtórzeń wykonywanych w 4 czy 6 seriach w ciągu dnia. Ćwicz dla zdrowia (i większej satysfakcji w łóżku) przez całe życie.

## Pozycja podstawowa

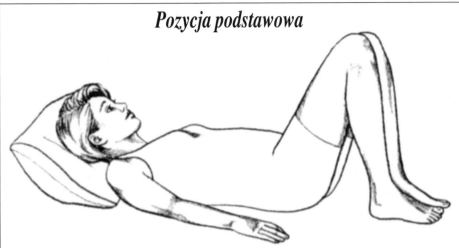

*Połóż się na plecach, nogi zgięte w kolanach, stopy płasko na podłodze w odległości około*

*50 cm od siebie. Głowę i ramiona podeprzyj poduszką, ręce i dłonie połóż wzdłuż ciała.*

## Unoszenie miednicy

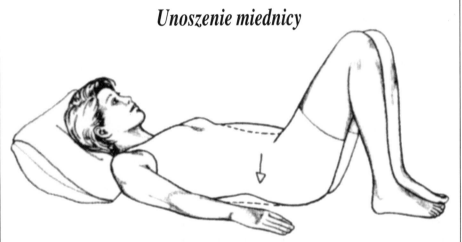

*Połóż się w pozycji podstawowej. Weź wdech, po czym, wydychając powietrze, przyciśnij okolice krzyża do podłogi na dziesięć sekund.*

*Odpocznij. Na początek powtarzaj 3 lub 4 razy, aż dojdziesz do 12, wreszcie do 24 powtórzeń.*

**Głębokie oddychanie przeponowe.** Leżąc w pozycji podstawowej (patrz ramka), połóż dłonie na brzuchu, wykonaj wolny wdech przez usta, poczujesz teraz, jak brzuch się unosi. Rozpocznij ćwiczenia od 2-3 głębokich oddechów, jeden po drugim, unikając hiperwentylacji. (Sygnałami świadczącymi o tym, że przesadziłaś, będą zawroty głowy, bladość, uczucie mrowienia skóry, czerwone plamki przed oczami.)

## II FAZA ĆWICZEŃ: 3 DNI PO PORODZIE

Minęły trzy dni od porodu, tak więc możesz przejść do kolejnego etapu ćwiczeń, tym razem wymagającego nieco więcej wysiłku. Jednak nim to zrobisz, sprawdź, czy mięśnie proste brzucha nie rozdzieliły się w czasie ciąży. Rozstęp mięśni pro-

## Zginanie nóg ruchem ślizgowym

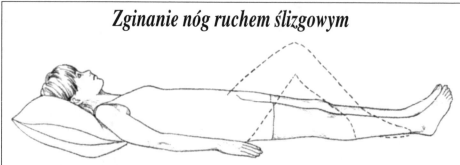

*Przyjmij pozycję podstawową. Powoli wyciągnij obie nogi płasko na podłodze. Następnie, wdychając powietrze, ruchem ślizgowym cofnij prawą stopę jak najbliżej pośladka. Wytrzymaj chwilę w takiej pozycji – poczujesz ból w okolicy krzyża. Wydychając powietrze, ponownie ruchem ślizgowym wyprostuj nogę. Powtórz to samo z drugą nogą. Kontynuuj ćwiczenia 3-4 razy każdą stopą. Stopniowo zwiększaj liczbę powtórzeń, aż dojdziesz do 12 lub do liczby bardziej odpowiedniej dla ciebie.*

## Unoszenie głowy i ramion

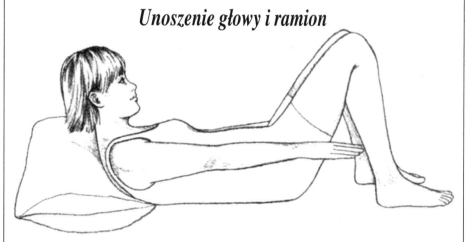

*Połóż się w pozycji podstawowej. Weź głęboki, relaksujący oddech; bardzo powoli spróbuj unieść głowę i wyciągnąć ramiona; zatrzymaj oddech aż do pełnego uniesienia głowy, po czym oddychaj; następnie zatrzymując oddech, powoli połóż głowę. Oddychaj. Podnoś głowę z każdym dniem coraz wyżej, stopniowo również spróbuj unosić barki. Przez pierwsze 3-4 tygodnie staraj się nie unosić do pozycji siedzącej, później tylko wówczas, kiedy napięcie mięśni brzucha będzie odpowiednie.*

stych brzucha jest powszechnym zjawiskiem, szczególnie u kobiet, które rodziły kilkakrotnie. Stan ten może ulec pogorszeniu, jeżeli podejmowałaś wysiłek fizyczny, nawet łagodny, po porodzie przed zagojeniem rozstępu. Zapytaj lekarza lub pielęgniarkę o obecny stan tych mięśni lub sprawdź to sama w następujący sposób: Leżąc w pozycji podstawowej, powoli unieś głowę i wyciągnij ramiona do przodu, jeśli teraz poczujesz miękkie uwypuklenie poniżej pępka, to wskazuje to na rozstęp tych mięśni.

Jedno z powyższych ćwiczeń umożliwi ci korekcję tego rozstępu. Przyjmij pozycję podstawową, wdech. Skrzyżuj ręce ponad brzuchem, palcami staraj się przyciągnąć oba proste mięśnie brzucha do siebie, po czym podczas wdechu unoś głowę. Powtarzaj 3-4 razy dziennie.

Jeżeli rozstęp jest już zamknięty lub nie stwierdzono u ciebie tej dolegliwości, możesz rozpocząć kolejne ćwiczenia: unoszenie głowy i ramion, zginanie nóg ruchem ślizgowym i unoszenie miednicy.

Wszystkie powyższe ćwiczenia powinno się wykonywać w pozycji podstawowej. Na początek można ćwiczyć w łóżku, potem na twardszej powierzchni, na przykład na podłodze. (Warto się zaopatrzyć w matę do ćwiczeń – nie tylko łatwiej się na niej ćwiczy, ale później dziecko będzie mogło praktykować na niej obracanie się czy raczkowanie.)

# III FAZA ĆWICZEŃ: PO KONTROLI POPORODOWEJ

Teraz za pozwoleniem lekarza możesz rozpocząć uprawianie bardziej aktywnych ćwiczeń. Możesz stopniowo powrócić do poprzednio uprawianych ćwiczeń lub zacząć od zera, np. spacerowanie, bieganie, jazda na rowerze pływanie, ćwiczenia w wodzie, aerobik, joga, ćwiczenia Pilates, ćwiczenia z obciążeniem czy inne tego typu formy aktywności. Albo zapisz się na zajęcia gimnastyczne dla kobiet po porodzie. Lecz nie próbuj robić zbyt wiele zbyt szybko. Jak zawsze słuchaj swego ciała.

# 17
# Ojcowie
# także oczekują

Pomijając nieuniknione przyszłe prze-
łomy w medycynie oraz hollywoodz-
ką produkcję, bez wątpienia tylko
kobiety zachodzą w ciążę, co wcale nie
oznacza, że mężczyźni nie oczekują narodzin dziecka. Przyszli tatusiowie nie tylko
odgrywają ważną rolę w poczęciu potomka, lecz mogą mieć znaczny wpływ na jego
rozwój poprzez dbanie o swoją ciężarną
żonę i wspieranie jej. Zatem jako przyszły
ojciec będziesz w pełni uczestniczył w procesie rozwoju, doświadczał podekscytowania, odpowiedzialności i, oczywiście, obaw
towarzyszących ciąży. Częścią tych obaw
podzielisz się z przyszłą matką, inne będą
wyłącznie twoje. I podobnie jak twoja żona,
masz prawo do tego, by otrzymać uspokajające informacje – nie tylko w czasie ciąży
i porodu, lecz również podczas okresu poporodowego.

Dlatego niniejszy rozdział dedykowany
jest równemu, ale często nie docenianemu
partnerowi. Jednakże nie jest on przeznaczony
wyłącznie dla ojców, podobnie zresztą jak
i pozostała część książki nie jest adresowana
tylko do matek. Oczekująca matka może, czytając ten rozdział, uzyskać wiele wartościowych informacji dotyczących tego, co jej mąż
czuje, czego się obawia i jakie ma nadzieje.
Z kolei „oczekujący" ojciec może lepiej zrozumieć zmiany fizyczne i emocjonalne, jakie
będą zachodziły u jego żony podczas ciąży,
porodu i w okresie poporodowym, a tym samym lepiej przygotować się do swej roli.

## CO MOŻE CIĘ NIEPOKOIĆ

### UCZUCIE OPUSZCZENIA

*Tyle uwagi skupia się na mojej żonie, od
kiedy zaszła w ciążę, że czuję się tak, jakbym ja nie miał w tym żadnego udziału –
może poza chwilą poczęcia.*

W minionych pokoleniach udział mężczyzny w procesie rozrodu kończył
się z chwilą zapłodnienia jego nasieniem
komórki jajowej żony. Przyszli ojcowie
mieli obserwować ciążę z daleka, a porodu
w ogóle nie. W ostatnich dziesięcioleciach
poczyniono niezaprzeczalnie wielkie postępy w kwestii praw ojca. W dzisiejszych czasach ojcowie nie tylko są świadkami narodzin, lecz wręcz biorą w nich udział. Jednak reedukacja społeczna nie zmieni faktu,
iż ciąża rozwija się tylko w ciele kobiety,
ani tego, że niektórzy ojcowie są zagubieni
w tym, co w dużej mierze nadal uważane jest
za sprawy kobiece, a kończy się uczuciem

# Przygotuj się, nim zaczniesz

Możesz zapewnić dziecku jak najlepszy start w życie jeszcze przed zetknięciem się plemnika z komórką jajową. Jeśli twoja partnerka nie jest jeszcze w ciąży, oboje macie czas na uzyskanie jak najlepszej formy. Przeczytajcie rozdział 21 i postępujcie zgodnie z sugestiami dotyczącymi okresu przed poczęciem. Jeśli natomiast już oczekujecie narodzin dziecka, nie martwcie się tym, czego nie zrobiliście, lecz od teraz zacznijcie dbać: każde o siebie i o siebie nawzajem.

---

zapomnienia, opuszczenia, a nawet zazdrości o żonę. Czasami nieświadomie jest za to odpowiedzialna kobieta, a czasami mężczyzna. Istotny jest sposób, w jaki rozwiąże się ten problem, zanim uraza urośnie i zepsuje to, co winno być najpiękniejszym doświadczeniem w życiu obojga rodziców.

Najlepiej rozwiążesz ten problem, jeśli zaangażujesz się w jak najwięcej aspektów ciąży twojej żony.

**Mów o tym.** Twoja żona może mimowolnie cię pomijać – może być nawet nieświadoma, że ty chciałbyś być bardziej zaangażowany. Żona byłaby najprawdopodobniej bardzo szczęśliwa, mogąc włączyć cię w sprawy związane z ciążą, a ty zapewne chętnie się w nie zaangażujesz. Okazuj swe uczucia, gdyż dzięki temu stanie się coś bardzo ważnego: poprawi się porozumienie między wami na tym etapie waszego związku, kiedy dzielenie się liczy się bardziej niż cokolwiek innego.

**Odwiedzaj ginekologa (lub położną)** razem z twoją partnerką – jeśli tylko możesz. Praktycznie wszyscy lekarze zachęcają ojców do uczestniczenia w wizytach prenatalnych. Jeżeli twoje zajęcia nie pozwolą na to, może uda ci się pójść na najważniejsze (np. kiedy po raz pierwszy będzie można usłyszeć czynność serca płodu) i na badania przedporodowe (szczególnie na badanie ultrasonograficzne, kiedy możesz zobaczyć dziecko).

**Przeżywaj ciążę.** Nie musisz pokazywać się w pracy w stroju ciężarnej ani też nosić śladów mleka na wąsach. Jednak zawsze możesz wykonywać z żoną ćwiczenia związane z ciążą, przestać jeść bezwartościowe posiłki (przynajmniej, gdy jesteś w jej towarzystwie), rzucić palenie, jeśli jesteś palaczem. Jeśli ktoś zaproponuje ci drinka, pij raczej razem z nią wodę mineralną.

**Zdobywaj wiedzę.** Nawet tatusiowie z wyższym wykształceniem (w tym niektórzy lekarze) muszą się sporo nauczyć, gdy przychodzi ciąża i poród. Czytaj jak najwięcej książek i artykułów. Uczęszczaj z żoną do szkoły rodzenia, uczęszczaj na zajęcia dla ojców, jeśli są dostępne w twoim środowisku. Rozmawiaj z przyjaciółmi i kolegami, którzy zostali ostatnio ojcami albo porozmawiaj przez Internet z innymi przyszłymi ojcami.

**Nawiąż kontakt z twoim dzieckiem.** Ciężarna kobieta jest w uprzywilejowanej sytuacji, gdy chodzi o tworzenie się więzi z nie narodzonym dzieckiem, ponieważ jest ono wygodnie ukryte w jej macicy. Nie znaczy to, że ty również nie możesz rozpocząć poznawania nowego człowieka. Mów, czytaj i śpiewaj często swojemu dziecku; płód słyszy od końca szóstego miesiąca, zatem częste słuchanie twojego głosu pomoże mu rozpoznać go po urodzeniu. Raduj się kopnięciami dziecka i jego ruchami, przykładając dłoń lub policzek do odkrytego brzucha żony na kilka minut w każdy wieczór – jest to również przyjemny sposób, aby dzielić z nią chwile intymności.

**Kup wyprawkę.** Razem z partnerką wybierz także kołyskę i wózek. Razem urządźcie pokoik dziecięcy. Przejrzyj książkę z imiona-

## Niezależnie od tego, kim jest partner

Większość rad znajdujących się w tym rozdziale przeznaczona jest także dla partnera w związku nietradycyjnym. Wybierz te pytania i odpowiedzi, które dotyczą twojej sytuacji lub można je do niej przystosować.

---

mi dla dzieci, weź udział w wyborze lekarza, który w przyszłości będzie się zajmować waszym dzieckiem. Ogólne mówiąc, angażuj się w każdy aspekt związany z przygotowywaniem się na przybycie nowego członka rodziny.

## ZMIANY W PODEJŚCIU DO SEKSU

*Teraz, gdy jesteśmy w ciąży, seks przestał mnie interesować. Czy to normalne?*

Przyszli ojcowie, podobnie jak przyszłe matki, różnie reagują na sprawy związane z pożyciem w czasie ciąży – i wszystko jest „normalne". Powodów do osłabienia popędu płciowego jest wiele. Na przykład, być może tak sumiennie pracowaliście nad tym, by doszło do poczęcia, że seks kojarzy ci się z ciężkim obowiązkiem. Może przejmujesz się nie znaną ci rolą tak mocno, że sprawy seksu zeszły na drugi plan. Bądź też zmiany w sylwetce żony sprawiają, iż potrzebujesz czasu, byś się do nich przyzwyczaił – szczególnie jeśli cały czas jej odmieniona sylwetka przypomina ci o tym, że w waszym życiu i związku nastąpią wielkie zmiany. Wreszcie, za spadek libido może odpowiadać podświadoma obawa, że podczas stosunku mógłbyś wyrządzić krzywdę żonie czy dziecku (nic takiego się nie stanie).

Tak samo normalna jest seksualna obojętność twojej ciężarnej towarzyszki i identyczne są jej przyczyny. Do tego dochodzą inne czynniki fizyczne, np. nudności, konieczność częstego oddawania moczu, zmęczenie i bolesna nadwrażliwość piersi. Wszystko to razem nie tylko wpływa na spadek zainteresowania seksem, lecz także zmniejsza odczuwanie przyjemności.

Brak porozumienia pomiędzy partnerami często prowadzi do złego zrozumienia tych sprzecznych uczuć: on myśli, że ona nie jest zainteresowana, więc podświadomie tłumi swe pożądanie. Ona myśli, że on nie jest zainteresowany, toteż gasi swe pragnienia.

Liczba stosunków seksualnych ma teraz mniejsze znaczenie niż ich jakość. Być może zauważysz, że większe zaangażowanie się w inne formy intymności, na przykład wzajemne pieszczoty czy zwierzanie się, może wzbogacić wasze współżycie. Pomimo iż nie ma nic złego w (tymczasowym) obniżeniu aktywności seksualnej, w tym, że nie będzie można kochać się tak często jak kiedyś (przynajmniej do czasu, gdy dziecko zacznie przesypiać całą noc) – postaraj się, aby rozwój dziecka nie przeszkodził w pielęgnowaniu waszego związku i rozwijaniu go. Niech najważniejsza stanie się teraz romantyczność (kup partnerce kwiaty, zapal świeczki do obiadu, weź do łóżka olejek do masażu), mówienie sobie otwarcie o wszystkim (nie wahaj się przed wyrażeniem swoich uczuć i obaw, zachęć ją do tego, by podzieliła się swoimi), obdarowuj ją uściskami i pocałunkami (oby ich nie zabrakło!). Kiedyś znów zapłonie w tobie ogień!

Więcej rad o tym, jak bardziej cieszyć się seksem wtedy, gdy jest go mniej, znajdziesz w podrozdziale *Współżycie płciowe podczas ciąży*.

---

*Moja żona wydaje mi się teraz szalenie pociągająca seksualnie. Niestety od czasu, gdy dowiedzieliśmy się, że jest w ciąży, ona nie ma nastroju na seks.*

Nawet najbardziej dobrane pod względem pożycia pary mogą się rozstroić w czasie oczekiwania na narodziny dziecka. Dzieje się tak dlatego, że na popęd płciowy, odczuwanie przyjemności i zachowanie podczas stosunku ma wpływ wiele czynników fizycznych i emocjonalnych. Wielu mężczyzn uważa zaokrąglenia i pełne kształty ciężarnej kobiety za zaskakująco zmysłowe czy wręcz erotyczne. Większe pożądanie może także zostać wywołane uczuciami; oczekiwanie na narodziny dziecka sprawia, iż silne uczucia do żony stają się jeszcze głębsze, co z kolei wyzwala większe pożądanie.

Podobnie jak zrozumiałe i normalne jest twoje większe zainteresowanie współżyciem, równie zrozumiałe i normalne jest zmniejszenie zainteresowania twojej partnerki. Być może takie objawy ciążowe, jak nudności, wymioty oraz brak energii odpowiadają u niej za zmniejszenie libido. Albo też podniecające cię zaokrąglenia na nią akurat działają odwrotnie. Może też być myślami przy dziecku bądź ma trudności z pogodzeniem ról matki i kochanki.

Niezależnie od tego, co wpływa na wasze „rozstrojenie", nie martw się – ono zapewne wkrótce minie. Wiele kobiet zauważa, iż nieobecne na początku zainteresowanie współżyciem wzrasta w drugim trymestrze, a dzieje się to za sprawą zwiększonego przepływu krwi w narządach rodnych i piersiach. Ale nawet gdyby tak się nie stało lub gdyby zainteresowanie ponownie spadło w trzecim trymestrze (za przyczyną wzmożonego zmęczenia, bólów krzyżowych czy sporego brzucha) lub w okresie poporodowym (niemal na pewno tak się stanie u was obojga), to dbanie w tym czasie o nie związane z seksem aspekty waszego związku da gwarancję, że kiedyś wszystko wróci do poprzedniego stanu.

Zanim to nastąpi, nie rób niczego na siłę. Lepiej zadbaj o romantyzm, rozmowy, pieszczoty. Dzięki nim zbliżycie się do siebie, a ponieważ na kobiety działają one jak afrodyzjaki, być może uda ci się otrzymać to, czego pragniesz. W sytuacji, gdy wszystko trzeba robić krok po kroku, pamiętaj o poświęceniu większej ilości czasu na grę wstępną, nim przejdziesz do działania. Pytaj ją, co sprawia jej przyjemność, a co nie, ponieważ strefy erogenne na jej ciele na pewno się zmieniły od chwili, kiedy zaszła w ciążę. Warto również znaleźć taką pozycję, w której obojgu wam będzie wygodnie. Jeśli pełny stosunek raczej nie wchodzi w grę, rozważ inne sposoby osiągania przyjemności, na przykład masturbację, seks oralny i masaż.

Nie zapomnij mówić swojej partnerce – i to jak najczęściej – jak bardzo atrakcyjna jest dla ciebie w czasie ciąży. Kobiety mają intuicję, lecz nie potrafią czytać myśli.

# BEZPIECZEŃSTWO WSPÓŁŻYCIA PODCZAS CIĄŻY

*Mimo że lekarz zapewniał nas, że seks w ciąży jest bezpieczny, często mam kłopoty z uwagi na strach o zranienie mojej żony lub dziecka.*

Nigdy oboje partnerzy tak często nie zastanawiają się nad seksem jak podczas ciąży. Dzieje się tak szczególnie wtedy, gdy ciąża postępuje i twój umysł (oraz libido) konfrontowany jest z problemem „wielkich rozmiarów": powiększającym się brzuchem z jego drogocenną zawartością. Szczęśliwie tą sprawą możesz nie zaprzątać sobie głowy. Seks w prawidłowo przebiegającej ciąży o małym ryzyku nie jest źródłem żadnego niebezpieczeństwa ani dla matki, ani dla płodu. (Istnieje kilka zastrzeżeń, szczególnie w ostatnich dwóch miesiącach. Wyszczególniono je w podrozdziale *Współżycie płciowe podczas ciąży*.)

Orgazm (jako wynik stosunku seksualnego lub innych działań) może stymulować skurcze macicy, lecz nie są to tego rodzaju skurcze, które wywołują poród przedwczesny przy ciąży prawidłowej. Badania wykazują, iż kobiety należące do grupy niskiego ryzyka, które pozostają aktywne seksualnie w czasie ciąży, stoją przed wręcz mniejszym ryzykiem urodzenia dziecka przed terminem (wreszcie jakaś dobra wieść!). Kochanie się z żoną nie tylko nie wyrządzi jej żadnej krzywdy (przy zachowaniu pewnych środków ostrożności), lecz przyniesie wiele korzyści, zaspokajając jej zwiększoną potrzebę bliskości fizycznej i emocjonalnej oraz sprawiając, iż poczuje się pożądana w czasie, gdy mogłaby się czuć zupełnie niepociągająca.

Nie martw się o rozwijające się w niej dziecko: jest ono dobrze chronione przez wody płodowe oraz mięśnie macicy, do której wejście zasklepia znajdujący się w szyjce macicy czop śluzowy (skutecznie chroniący przed przeniknięciem bakterii i spermy)[1]. Co za tym idzie, dziecko nie widzi was, gdy się kochacie, a także z pewnością nie będzie niczego pamiętać. Jeśli już cokolwiek odczuje, to tylko uspokajające, łagodne ruchy kołyszące wywołane stosunkiem oraz kurczeniem się macicy w czasie orgazmu.

# EROTYCZNE SNY PODCZAS CIĄŻY

*Ostatnio miałem więcej erotycznych snów niż kiedykolwiek przedtem, mimo iż w ciągu dnia seks jest teraz ostatnią rzeczą, o jakiej myślę. Dlaczego tak się dzieje?*

Dla przyszłych ojców i matek ciąża jest okresem intensywniejszych uczuć – doznań, które zmieniają się ze skrajności w skrajność, od przepełnionego radością wyczekiwania po paniczny strach – i tak na okrągło. Nic w tym dziwnego, że wiele z tych uczuć znajduje swe ujście w snach,

gdyż wówczas podświadomość bezpiecznie je uwalnia. Marzenia senne o seksie (szczególnie z innym partnerem) biorą się tego, że podświadomość mówi ci coś, o czym pewnie i tak już wiesz: że obawiasz się, jak ciąża i dziecko wpłyną na wasze życie seksualne. Takie lęki są nie tylko normalne, lecz także mają wielkie znaczenie. Zrozumienie bowiem tego, iż wasz związek czekają przemiany, bo wraz z przybyciem dziecka na świat będzie was troje, stanowi pierwszy krok do tego, by wam dwojgu było ze sobą dobrze.

Erotyczne sny najczęściej pojawiają się we wczesnym okresie ciąży. Potem ich miejsce zajmują sny o rodzinie. Być może będą ci się śnić rodzice czy dziadkowie; w ten sposób podświadomie łączysz minione pokolenia z przyszłym. Może ci się śnić, że znów jesteś dzieckiem, prawdopodobnie uwalniając swe zrozumiałe obawy przed nadchodzącymi obowiązkami oraz tęsknotę za minionym okresem beztroski. Możesz też śnić, że sam jesteś w ciąży, co oznacza zrozumienie ciężaru dźwiganego przez żonę, zazdrość o okazywaną jej uwagę lub chęć bycia połączonym ze swym nie narodzonym dzieckiem. Być może w głębi swego jestestwa obawiasz się, iż przyjęcie roli żywiciela w pewnym stopniu obniży twą męskość, i zaczniesz śnić sny typu „macho" – na przykład że strzelasz gole podczas meczu lub bierzesz udział w wyścigu samochodowym. Druga strona twej podświadomości też zechce zająć tyle samo czasu (niekiedy nawet podczas tej samej nocy); sny o tym, jak opiekujesz się żoną i dzieckiem, pomogą przygotować się twej „opiekuńczej" stronie do przyjęcia nowych obowiązków. Niezwykle często zdarzają się sny o samotności i porzuceniu; rodzą się one z obawy bycia wykluczonym, znanej wielu przyszłym ojcom.

Nie wszystkie sny odzwierciedlają twoje niepokoje. Niektóre, na przykład o wręczaniu lub znajdowaniu dziecka, o chrzcie czy ceremoniach nadawania dziecku imienia

---

[1] Jeśli jednak głęboka penetracja wywołuje ból, należy jej unikać.

albo o rodzinnych spacerkach z wózkiem przez park, ukazują, jak bardzo jesteś podekscytowany mającymi wkrótce nastąpić narodzinami.

Jedno jest pewne: nie tylko ty śnisz takie sny. Przyszłe matki (z przyczyn hormonalnych) są jeszcze bardziej niż ojcowie podatne na to, by śnić dziwne, ale realistyczne sny. Opowiadanie sobie rano snów może być intymnym rytuałem o właściwościach terapeutycznych, jeżeli oboje zdajecie sobie sprawę z tego, że sny odzwierciedlają podświadome uczucia, a nie rzeczywistość.

## ZNIECIERPLIWIENIE HUŚTAWKĄ NASTROJÓW ŻONY

*Wiem, że to nie jest wina mojej żony, że przez działanie hormonów stała się taka płaczliwa i zmienna. Jednak nie wiem, jak długo jeszcze potrafię być cierpliwy.*

Jeśli cierpliwość jest cnotą, to będziesz musiał być bardzo cnotliwy do końca ciąży twojej żony. Chociaż stabilizacja poziomu hormonów do czwartego miesiąca ciąży łagodzi nasiloną, podobną do przedmiesiączkowej płaczliwość i melancholię obserwowaną we wczesnej ciąży, to stresy spowodowane byciem w ciąży pozostają. Tak więc u wielu kobiet nadal występują nagłe wybuchy emocji, jak i uczucia bezsilności. I może to często trwać aż do porodu, a także w jego trakcie.

Niewątpliwie nie będzie to łatwe i czasem możesz uznać to za wręcz niemożliwe. Istnieje również pewna wątpliwość, czy twoje wysiłki się opłacą. Rozrzewnienie, jeśli spotka się ze zrozumieniem, zniknie szybciej, niż gdy spotka się ze złością i frustracją. Zaoferowanie ramienia żonie, aby się przez 15 minut wypłakała, spowoduje, że nie będzie potrzeby znoszenia nie wyładowanego lęku przez następne dni. Spróbuj pamiętać, że ciąża nie jest stałym zjawiskiem i że zmiany w stanie emocjonalnym twojej żony są przejściowe, podobnie jak zmiany jej figury.

## WASZE NASTROJE

*Od kiedy mamy pozytywny wynik testu ciążowego, wydaje mi się, że moja żona i ja przechodzimy huśtawkę nastrojów. Kiedy ona czuje się dobrze, ja czuję się załamany i vice versa.*

Ostatnio więcej badań skierowano na „ciężarnego" ojca, ponieważ badania dowodzą, iż może on doświadczać wielu objawów charakterystycznych dla kobiet w odmiennym stanie. Jedno z badań wręcz wykazało, że gdy żona jest w ciąży, u męża także obserwuje się wysoką koncentrację hormonów, nawet po urodzeniu się dziecka. Depresja jest jednym z takich objawów. Chociaż w około 1 na 10 sytuacji dotyczy ona obojga partnerów w tym samym okresie, to najczęściej jest spotykana u jednego z nich. Może to być spowodowane tym, że oznaki depresji u ukochanej osoby dają nam wewnętrzną siłę, aby wzbić się ponad nasze własne uczucia i służyć wsparciem. A gdy u osoby tej nastrój się poprawia, nasz zaczyna się pogarszać.

Dać upust – to najlepszy sposób na pozbycie się łagodnej depresji ciążowej, która często się pojawia u przyszłych ojców i bywa samoograniczająca. Rozmawiaj o swoich odczuciach z żoną (szczera rozmowa dobrze wpłynie na wasz nastrój, toteż każdego dnia przeznacz na nią trochę czasu); z przyjacielem, który niedawno został ojcem, lub nawet z własnym ojcem. Unikaj alkoholu i innych używek, które mogą nasilić depresję i wahania nastrojów. Zajmij się czymś (uczestnicz w zakupach, maluj pokoik dziecięcy, planuj wydatki itd.). Dobrym sposobem jest aktywność fizyczna, dbanie o krążenie endorfin w organizmie. Pary, które ćwiczą razem (oczywiście za zgodą lekarza), są zwykle szczęśliwsze. Nawet spacer ma znaczenie.

Możesz spróbować skorzystać również z innych rad dawanych matkom doświadczającym depresji przedporodowej (na s. 127 znajdziesz ćwiczenia relaksacyjne). Jeśli nic nie pomaga, a depresja pogłębia się i zaczyna kolidować z pracą oraz z innymi aspektami twojego życia, należy szukać profesjonalnej pomocy wśród duchownych, lekarzy, terapeutów i psychiatrów. Nie zapomnij, że ojców też może dotknąć depresja poporodowa; więcej informacji znajdziesz na stronie 445.

## OBJAWY WSPÓŁODCZUWANIA

*Jeśli to moja żona jest w ciąży, dlaczego ja mam poranne nudności?*

Choć kobiety mają wyłączność na towary dla ciężarnych, to tracą ją, gdy chodzi o objawy ciąży. Połowa z przyszłych ojców, jeśli nie więcej (w zależności od badań), przechodzi „zespół wylęgania" czy „ciążę współczulną" o różnym stopniu nasilenia, w czasie gdy ich żony są w ciąży. Objawy wylęgania najczęściej pojawiają się w trzecim miesiącu i potem ponownie przy porodzie i mogą rzeczywiście przypominać normalne objawy ciąży: nudności, wymioty, ból brzucha, zmiany apetytu, przybór masy, znaczny głód, zaparcia, skurcze w nogach, zawroty głowy, zmęczenie i wahania nastroju.

Przedstawiono wiele teorii, aby wyjaśnić „zespół wylęgania" – któraś z nich może dotyczyć ciebie: współodczuwanie i identyfikacja z ciężarną żoną; zazdrość z powodu bycia opuszczonym i wynikające stąd pragnienie zwrócenia na siebie uwagi; stres wynikający z życia z kobietą, która nagle stała się nerwowa, ma zmienne nastroje i jest nieatrakcyjna seksualnie; poczucie odpowiedzialności za postawienie żony w tak niewygodnej sytuacji; ponadto niepewność z uwagi na powiększenie się rodziny. U niektórych mężczyzn w tym czasie (również po narodzinach dziecka) dochodzi do zwiększonego wydzielania hormonów żeńskich, co może tłumaczyć owe objawy – stanowiąc sposób, w jaki natura przygotowuje mężczyznę do roli żywiciela rodziny.

Ponieważ twoje objawy mogą również wskazywać na chorobę, dobrym pomysłem jest pójście do lekarza. Jeśli badanie nie wykaże żadnych odchyleń, to „zespół wylęgania" będzie prawdopodobnym rozpoznaniem. Dobrze byłoby, gdybyś potrafił określić przyczynę, bo może to stanowić klucz do leczenia. Przykładowo, jeśli współodczuwanie sprawia, że masz mdłości, poszukaj sposobów na uzewnętrznianie swoich trosk: przynieś żonie śniadanie do łóżka, zrób zakupy i odkurz podłogi, dając jej dodatkowy czas na odpoczynek – sprawisz ulgę wam obojgu. Natomiast jeśli przyczyną jest zazdrość, to większe zaangażowanie w ciążę żony może przynieść ulgę w porannych nudnościach. Jeśli jest to niepewność z powodu trzymania noworodka po raz pierwszy, to wzięcie udziału w kursie opieki nad noworodkiem, czytanie książki *Pierwszy rok życia dziecka* lub spędzanie części czasu z dzieckiem przyjaciela może okazać się pomocne.

Nawet jeżeli nie możesz określić przyczyny twoich objawów, rozmowa z żoną o odczuciach odnośnie do ciąży, porodu i rodzicielstwa może ci ulżyć. Podobnie mogą pomóc rozmowy z innymi oczekującymi lub młodymi rodzicami w szkole rodzenia. Nawet jeśli nic nie pomoże, bądź pewny, że twoje reakcje są prawidłowe i że wszystkie objawy, które nie ustąpiły w czasie ciąży, znikną wkrótce po porodzie.

Oczywiście, równie „normalny" jest ojciec, który nie ma objawów chorobowych nawet przez jeden dzień podczas ciąży żony. Jeśli nie odczuwa on porannych nudności ani nie przybiera na wadze, to nie znaczy, że nie identyfikuje się ze swoją żoną, a jedynie, że znalazł inne sposoby wyrażania swych uczuć.

# NIEPOKÓJ O ZDROWIE ŻONY

*Wiem, że ciąża i poród są obecnie bezpieczniejsze niż kiedykolwiek wcześniej, jednak nie mogę przestać się martwić, że coś się stanie mojej żonie.*

Jest coś niezaprzeczalnie bezbronnego w kobiecie ciężarnej. Stąd bierze się u ciebie, jako kochającego męża, chęć ochronienia żony przed wszystkimi możliwymi krzywdami. Jednakże możesz się rozluźnić. W istocie twojej żonie nic nie zagraża. Kobiety mieszkające w krajach wysoko rozwiniętych bardzo rzadko umierają w wyniku ciąży i porodu. W ogromnej większości zagrożone są kobiety, które nie korzystały z opieki lekarskiej w ciąży i nieprawidłowo się odżywiały.

Jednak niewielkie ryzyko wcale nie oznacza, iż nie powinieneś pomóc jej w zminimalizowaniu problemu. Zatem ty również się postaraj, aby ciąża była jeszcze bezpieczniejsza i przyjemniejsza. Możesz to zrobić, dbając o to, by żona otrzymała jak najlepszą opiekę medyczną i odżywiała się w najwłaściwszy sposób (patrz rozdział 4); ćwicząc wraz z nią (za zgodą lekarza). Powinieneś też pomagać jej w wypełnianiu obowiązków domowych (robić pranie, przygotowywać obiad lub sprzątać mieszkanie), co umożliwi żonie dodatkowy wypoczynek, i dawać jej psychiczne wsparcie, którego nikt inny nie może jej ofiarować (niezależnie od tego, jak daleko zaszła medycyna, psychika kobiety ciężarnej zawsze będzie łatwa do zranienia). Poczujesz się pewniej i swobodniej, a także zminimalizujesz swe niepokoje, gdy zdobędziesz jak najwięcej informacji na temat ciąży, czytając tę książkę i wszystko inne, co wpadnie ci w ręce.

# NIEPOKÓJ O ZDROWIE DZIECKA

*Jestem tak niespokojny, iż coś złego stanie się dziecku, że nie mogę nawet spać w nocy.*

Matka w żadnym wypadku nie może mieć wyłączności na martwienie się. Tak jak prawie każda oczekująca matka, tak też każdy „oczekujący" ojciec martwi się o zdrowie i pomyślność swojego nie narodzonego dziecka.

Na szczęście prawie zawsze taki niepokój jest niepotrzebny. W porównaniu z poprzednimi pokoleniami twoje dziecko ma ogromną szansę na to, że urodzi się żywe i całkowicie zdrowe. Nie musisz ograniczać się tylko do wyczekiwania i życia nadzieją, że będzie dobrze. Obecnie możesz przedsięwziąć pewne kroki, aby pomóc w zapewnieniu twojemu dziecku dobrego zdrowia.

- Upewnij się, że twoja żona ma dobrą opiekę medyczną od samego początku ciąży; że chodzi na wszystkie umówione wizyty i stosuje się do zaleceń lekarza. Byłoby wspaniale, gdybyś mógł jej towarzyszyć podczas kontroli lekarskich i sporządzać za nią notatki z rozmów przeprowadzanych z lekarzem. Mów o waszych konkretnych troskach.

- Ponieważ na ciążę mogą mieć wpływ stresy fizyczne i emocjonalne, postaraj się, by w jej życiu było ich jak najmniej. Pomagaj jej w domu, przejmij część tych obowiązków, które do tej pory uważane były za należące do niej. Pilnuj, by się nie przepracowywała. Jeśli twój terminarz spotkań towarzyskich jest przepełniony ponad miarę, zmień go i więcej wieczorów spędzaj w domu. Wypróbuj wspólne ćwiczenia relaksacyjne (patrz s. 127), jeśli sprawi to przyjemność wam obojgu.

- Zachęcaj ją do dobrego odżywiania się. Jeśli sam uznasz, że najważniejsze jest zdrowe jedzenie, szybko skończysz z bezwartościowymi daniami, zaczniesz jeść sałatki i owoce jako przekąski, więc i jej o wiele łatwiej będzie prawidłowo żywić siebie i dziecko. Pamiętaj jednak o granicy pomiędzy zachęcaniem a zmuszaniem: więcej osiągniesz, jeśli nie będziesz jej przekraczał.

- Jeśli żona ma kłopoty z rzuceniem picia alkoholu i palenia papierosów, pomóż jej pozbyć się nałogów. Badania wykazują, iż staniesz się najbardziej przekonujący, gdy sam powstrzymasz się od używek, przynajmniej w jej towarzystwie. Zatem na przyjęciach sącz wraz z nią wodę mineralną, zrzeknij się wina do obiadu, rzućcie wspólnie palenie papierosów. (Niepalenie tytoniu w jej obecności w znacznym stopniu zwiększa szansę na to, że dziecko urodzi się zdrowe, ponieważ stwierdzono związek między paleniem biernym a komplikacjami ciążowymi.)

- Podziel się swoimi obawami z żoną i pozwól, by i ona mogła opowiedzieć ci o swoich troskach. Ulży to wam obojgu lub przynajmniej sprawi, że ciężar zmartwień będzie łatwiejszy do zniesienia.

Oczywiście, nawet najbardziej uspokajające statystyki i najlepsze działania profilaktyczne prawdopodobnie nie będą w stanie usunąć wszystkich twoich zmartwień; tylko urodzenie zdrowego dziecka może to sprawić. Jednak świadomość, jak wielkie są szanse na to, że wszystko będzie dobrze oraz że robisz wszystko, co w twojej mocy, pozwoli ci oczekiwać i spać nieco spokojniej.

# NIEPOKÓJ O ZMIANY W ŻYCIU

*Od kiedy zobaczyłem go na USG, wyczekiwałem na narodziny naszego syna. Jednak równocześnie obawiałem się, jakim będę ojcem oraz czy dobrze się będę czuł w tej roli.*

Prawdopodobnie każdy, kto po raz pierwszy miał zostać ojcem (a więc i ty), niepokoił się – nawet bardziej niż oczekująca matka – na myśl o zbliżającym się ojcostwie i o tym, jaki wywrze ono wpływ na jego życie. Obawy dotyczą na ogół następujących spraw:

**Czy będę dobrym ojcem?** Niewielu ludzi rodzi się „dobrymi" ojcami (lub matkami). Większość podejmuje wyzwanie chwili i uczy się, cierpliwie i wytrwale, z miłością. Jeśli czujesz, że brak ci praktycznego przygotowania, weź udział w zajęciach szkoły rodzenia. Naucz się przewijać, kąpać, karmić, trzymać, ubierać dziecko i bawić się z nim. Co prawda coraz więcej organizuje się zajęć dla przyszłych ojców, lecz jeśli takiej szkoły nie ma w pobliżu twojego miejsca zamieszkania, a chcesz się przygotować do roli ojca, zacznij już teraz czytać książkę *Pierwszy rok życia dziecka*. Jeśli masz przyjaciół, którym niedawno urodziło się dziecko, zwróć się do nich po wskazówki. Poproś, by pozwolili ci wziąć na ręce niemowlę, pobawić się z nim, zmienić pieluchy.

**Czy nasze stosunki małżeńskie się zmienią?** Każda para świeżo upieczonych rodziców stwierdza, że po porodzie w ich wzajemnych stosunkach zachodzą pewne zmiany. Przewidując te zmiany jeszcze podczas ciąży, uczynicie pierwszy krok, aby temu zaradzić po porodzie.

Od chwili przyjścia dziecka ze szpitala spontaniczna intymność i całkowita prywatność będzie drogocenną, często nieosiągalną wartością. Odtąd trzeba będzie planować (na przykład babcia może zabrać dziecko na dwie godziny do parku), a nie działać bez namysłu.

Jednocześnie pamiętaj, że tak długo, jak oboje radzicie sobie z problemem spędzania czasu razem – to znaczy, czy opuścić ulubione widowisko w telewizji, aby wspólnie „spędzić" kolację, jeśli dziecko już śpi, czy też opuszczać sobotnią grę w golfa z kolegami, aby móc się kochać podczas popołudniowej drzemki dziecka – wasz związek poradzi sobie ze zmianami doskonale. Wiele par rzeczywiście stwierdza, że bycie we troje zdecydowanie pogłębia i udoskonala bycie we dwoje. (Więcej informacji w *Pierwszym roku życia dziecka*.)

# Bądź przy nich

Najlepszym sposobem na rozpoczęcie nowego życia w roli ojca jest towarzyszenie żonie i dziecku. Zatem jeśli to tylko możliwe i stać was na to finansowo, postaraj się spędzać z nimi jak najwięcej czasu od chwili porodu, na przykład biorąc urlop bezpłatny (ustal to wcześniej) lub wypoczynkowy (w przyszłym roku plaża będzie nadal w tym samym miejscu, ale twoje dziecko tylko raz w życiu jest noworodkiem). Jeśli natomiast nie masz takiej możliwości (albo ważniejsze sprawy zaprzątają ci głowę), postaraj się przez pewien czas pracować na pół etatu lub brać część pracy do domu.

Gdyby jednak każda z tych opcji okazała się niewykonalna, a obowiązki zawodowe wzywały, wykorzystaj jak najlepiej czas, który masz dla rodziny. Bądź w domu tak często, jak tylko możesz; naucz się odmawiać brania nadgodzin, udziału w dodatkowych spotkaniach i podróżach służbowych, które można przełożyć na później. Nasil starania w okresie poporodowym, gdy młoda matka jeszcze wraca do siebie po trudach porodu. Rób wtedy w domu więcej niż zwykle, opiekuj się dzieckiem, gdy tylko jesteś przy nim. Miej na uwadze, że niezależnie od tego, jak bardzo twoja praca jest fizycznie i psychicznie stresująca, nie ma zajęcia bardziej wymagającego niż opiekowanie się noworodkiem.

Choć najważniejsze powinno być teraz dla ciebie budowanie więzi z niemowlęciem, nie zapomnij o opiece nad żoną. Rozpieszczaj ją, gdy jesteś w domu, dawaj jej do zrozumienia, że myślisz o niej wtedy, kiedy jesteś poza nim. Dzwoń do niej, by powiedzieć coś dodającego wsparcia i otuchy (oraz by mogła ponarzekać, jeśli tego potrzebuje); zrób jej niespodziankę, przynosząc kwiaty czy obiad z ulubionej restauracji.

**Jak podzielimy opiekę nad dzieckiem?** Nie było to problemem dla pokolenia naszych ojców lub pokoleń poprzednich, kiedy opieka nad dzieckiem w całej rozciągłości była uważana za kobiece zajęcie. Jednak większość współczesnych ojców jest świadoma, do pewnego stopnia, że rodzicielstwo jest zajęciem dla dwóch osób (oczywiście jeśli jest dwoje rodziców), chociaż nie są zupełnie pewni, jaki powinien być podział prac. Nie czekaj, aż dziecko będzie potrzebowało po raz pierwszy zmiany pieluchy w nocy lub pierwszej kąpieli, aby postawić to pytanie. Już teraz zacznijcie przygotowywać podział obowiązków.

Niektóre szczegóły mogą się zmienić, kiedy zaczniecie działać jako rodzice (ona zobowiązała się do kąpania, lecz ty okazałeś się w tym lepszy). Studiując sytuację w teorii teraz, będziecie spokojniejsi o to, jak opieka nad waszym dzieckiem będzie wyglądała później, w praktyce.

**Czy mogę utrzymać swój harmonogram pracy i być dobrym ojcem?** To zależy od harmonogramu. Jeśli masz wiele zajęć, a nie wiele wolnego czasu, prawdopodobnie będziesz musiał dokonać poważnych zmian, jeśli bycie ojcem ma stać się czymś najważniejszym w twoim życiu. Już teraz rób sobie od czasu do czasu wolne na wizyty lekarskie oraz by pomóc swojej zmęczonej żonie w przygotowaniach do narodzin dziecka. Zacznij odzwyczajać się od pracowania do późnych godzin wieczornych, nie przynoś pracy do domu. Zrezygnuj z delegacji i nie podejmuj się wykonania poważnych zadań na dwa miesiące przed i dwa miesiące po spodziewanym terminie rozwiązania. Jeśli to możliwe, zastanów się nad urlopem w pierwszych tygodniach życia dziecka.

**Czy będziemy musieli zrezygnować z życia towarzyskiego?** Prawdopodobnie nie będziecie musieli całkowicie porzucić waszego życia towarzyskiego po urodzeniu dziecka, powinieneś jednak przygotować się na to, iż zostanie ono poważnie ograniczone. Maleńkie dziecko zajmuje i powinno zajmować centralne miejsce na scenie, czasowo przesuwając niektóre zwyczaje z dawniejszego życia na bok. Spotkania towarzyskie, filmy i widowiska trudno będzie „wcisnąć" pomiędzy karmienia. Obiady we dwoje w waszej ulubionej restauracji możecie zastąpić obiadami w „rodzinnych restauracjach", w których toleruje się kręcące się dzieci. Zmienić się może także grono twoich przyjaciół; zaczniesz na przykład szukać towarzystwa innego pchającego wózek ojca, u którego znajdziesz zrozumienie. Spróbuj myśleć o życiu z noworodkiem jak o odkrywaniu zupełnie nowego świata – świata, w którym jest miejsce na to, co było najlepsze w twoim starym świecie, a na dodatek jest wiele wspaniałych nowych sfer czekających na odkrycie.

**Czy stać mnie na większą rodzinę?** Szczególnie dzisiaj, kiedy koszty wychowania dzieci wzrosły niebotycznie, wielu przyszłych ojców nie sypia z uwagi na to słuszne pytanie. Jednakże kiedy dziecko się urodzi, często stwierdzają, że zmiana priorytetów sprawia, iż pieniądze potrzebne na dziecko stają się osiągalne. Optowanie na rzecz karmienia piersią zamiast podawania butelki (jeśli to możliwe); akceptacja wszelkiej zaoferowanej pomocy; uzgadnianie z przyjaciółmi i rodziną, jakie prezenty są naprawdę potrzebne, a nie umożliwianie im zapełniania półek dziecka srebrnymi łyżeczkami lub innymi pokrywającymi się kurzem przedmiotami – to wszystko może ci pomóc w zredukowaniu kosztów opieki nad nowym przybyszem. Jeśli ty lub matka planujecie nie wracać do pracy zaraz po porodzie (albo odłożyć na kilka lat plany związane z karierą zawodową), i z punktu widzenia finansów niepokoi cię to, zauważ, że kiedy zestawisz koszty fachowej opieki nad dzieckiem i koszty związane z pozostaniem w domu, suma utraconych dochodów może się okazać minimalna.

## ZEMDLENIE PODCZAS PORODU

*Nie jestem pewien, czy wytrzymam obserwowanie porodu. Boję się, że zemdleję.*

Niewielu ojców wchodzi do sali porodowej bez strachu. Nawet położnicy, którzy asystowali przy tysiącach porodów dzieci innych ludzi, mogą doświadczać nagłej utraty pewności siebie w obliczu narodzin własnego dziecka. Istotnie jednak bardzo niewiele z tych obaw – zimny pot, ciarki, upadek, utrata przytomności lub mdłości podczas oglądania porodu – w praktyce się urzeczywistni. Okazuje się, że przygotowanie do porodu (na przykład przez zajęcia dokształcające na temat porodu) czyni to doświadczenie bardziej satysfakcjonującym, i nawet najmniej przygotowany ojciec przechodzi poród lepiej, niż się tego spodziewał.

Jednakże poród nie wydaje się tak przerażający i onieśmielający, jeśli wiesz, czego się spodziewać. Dlatego spróbuj zostać ekspertem w tej dziedzinie. Przeczytaj cały rozdział dotyczący porodu. Uczęszczaj na zajęcia dotyczące porodu, oglądaj filmy o porodzie z szeroko otwartymi oczyma. Odwiedź szpital wcześniej, aby zapoznać się z techniką stosowaną w sali porodowej. Rozmawiaj z przyjaciółmi, którzy ostatnio zostali po raz pierwszy rodzicami. Pewnie odkryjesz, że mieli oni te same obawy co ty, ale przeszli to, czując się wspaniale.

Chociaż zdobycie wiedzy jest ważne, to również istotne jest, aby pamiętać, że narodziny dziecka wcale nie są jakimś końcowym egzaminem w szkole rodzenia. Pamiętaj, że przy porodzie wcale nie musisz wypaść na piątkę (ani twoja żona). Pielęgniarki i lekarze nie będą oceniali każdego twojego ruchu ani porównywali cię z innym mężem. Co ważniejsze, nie będzie tego robiła twoja żona. Nie będzie ona interesowała się tym, że zapomniałeś techniki, których nauczyłeś się na zajęciach.

Twoja obecność, trzymanie za rękę, wspieranie jej oraz dodawanie otuchy przyjazną miną i dotykiem sprawią, że poczuje się lepiej, niż gdyby był przy niej sam doktor Lamaze.

*Na widok krwi robi mi się niedobrze, dlatego boję się pobytu na sali porodowej.*

Wielu przyszłych ojców – podobnie jak matek – martwi się, że nie poradzą sobie z widokiem krwi w czasie porodu. Jednak tylko niewielki odsetek z nich w ogóle zauważa krew, nie wspominając o przejmowaniu się nią. Dzieje się tak z kilku powodów. Po pierwsze, na co dzień raczej nie widzi się krwi. Po drugie, podekscytowanie związane z obserwowaniem wychodzącego na świat dziecka (oraz wysiłek związany z rodzeniem go) całkowicie pochłania uwagę rodziców.

Gdyby jednak widok krwi był dla ciebie problemem, staraj się skupić wzrok na twarzy żony, pomagając jej w chwilach, gdy będzie przeć te ostatnie kilka razy. Prawdopodobnie teraz myślisz, że będziesz wolał odwrócić się plecami od najważniejszego widoku w tym historycznym momencie; jednak gdy on nastąpi, krew będzie ostatnią rzeczą, jaką zauważysz.

*Moja żona ma zaplanowane cięcie cesarskie. Przepisy szpitalne nie pozwolą mi być przy niej i obawiam się, że nasza nowa rodzina nie będzie miała najlepszego startu.*

Nie poddawaj się – przynajmniej nie bez cywilizowanej formy walki. Z pomocą położnika twojej żony (jeśli taka pomoc nadejdzie) spróbuj najpierw przekonać władze szpitala, aby nagiąć – lub nawet zmienić – przepisy. Może to przypomnieć im, że większość szpitali zezwala na obecność ojców podczas nienagłych porodów operacyjnych. Jeśli twoja kampania jest nieskuteczna (lub jeśli nagły poród uniemożliwia twoją obecność), masz pełne prawo czuć rozczarowanie. Jednak nie masz prawa pozwolić temu rozczarowaniu, by zmąciło radość, która powinna otaczać narodziny dziecka. Twoja nieobecność przy porodzie może zagrażać twoim stosunkom z dzieckiem tylko wtedy, gdy na to pozwolisz, poprzez noszenie w sobie uczucia winy, urazy czy frustracji.

## OJCOWSKIE LĘKI

*Chcę być dobrym ojcem, lecz bardzo się boję. Nigdy nawet nie widziałem ani nie trzymałem w rękach noworodka, a już tym bardziej nie opiekowałem się nim.*

Przede wszystkim powinieneś wiedzieć, że nie tylko większość przyszłych ojców czuje się tak jak ty, lecz także wiele przyszłych matek. Wynika to z faktu, że choć miłość rodzicielska przychodzi w sposób naturalny, to rodzicielskich umiejętności trzeba się nauczyć. Zapoznanie się z podstawowymi technikami opieki nad noworodkiem, czyli przewijaniem, kąpaniem, trzymaniem, odbijaniem, uspokajaniem czy niesieniem pierwszej pomocy, z pewnością sprawi, że poczujesz się bardziej kompetentny i pewny siebie. Coraz częściej organizowane są zajęcia dla przyszłych oraz świeżo upieczonych ojców, podczas których mogą się oni nauczyć tych niezwykle ważnych czynności. Jeżeli w pobliżu nie odbywają się zajęcia tego typu (poszukaj też w Internecie), poproś osoby z personelu szpitalnego, by uczyły cię technik związanych z opieką nad noworodkami.

Pamiętaj też, że tak samo jak matki, tak i ojcowie mają różne swoje sposoby. Zrelaksuj się, uwierz w swe instynkty (niespodzianka! Tatusiowie też je mają!) i nie krępuj się poszukać takiego stylu, jaki będzie odpowiadać i tobie, i twojemu dziecku. Nim się obejrzysz, już będziesz miał wprawę!

## W SPRAWIE DZIADKÓW

*Wraz z żoną zastanawiamy się, czy powinniśmy poprosić jej rodziców o to, by zamieszkali z nami po urodzeniu się dziecka. Chcą nam pomóc, lecz ja nie mam przekonania co do ich przydatności.*

Pomoc i rady osób starszych, mądrzejszych (a w każdym razie bardziej doświadczonych), które mogłyby pokierować wami w pierwszych dniach życia dziecka, wydaje się dobrym pomysłem. Rodzice nauczą was czynności potrzebnych młodym rodzicom: na przykład jak sprawnie zmienić pieluchy czy wykąpać niemowlę. Zatem ich pobyt ma dobre strony – zwłaszcza jeśli zgodzą się też gotować i sprzątać.

Jednak taka sytuacja miewa i złe strony. Przede wszystkim trzy pokolenia to już tłum – a tłum czasem przeszkadza w tym, co powinno być intymnym doświadczeniem wiążącym rodziców i dziecko. Nadmiar pomocy i rad ze strony nawet mających najlepsze intencje dziadków może ci przeszkodzić w znalezieniu własnego ojcowskiego stylu. I chociaż ich pomoc ustrzeże cię przed popełnieniem błędów, jednocześnie nie pozwoli ci na tych błędach się uczyć – czyli nie zrobisz ważnego kroku w budowaniu pewności siebie jako rodzica. (Oczywiście jeśli ich rady są przestarzałe, a tak zapewne jest, to mogą wręcz przyczynić się do twoich błędów – na przykład ustalenia „planu karmienia" albo kładzenia noworodka na brzuchu.) Kolejnym potencjalnym problemem jest to, że goście w domu mogą pogłębić depresję poporodową, zwłaszcza u młodej matki. Nawet jeśli nie są kłopotliwymi gośćmi (czyli na przykład nie zrobią bałaganu, lecz raczej posprzątają ten, który już jest), możecie wraz z żoną czuć się przymuszeni do zabawiania ich, co zabiera czas w okolicznościach, gdy i tak już go brakuje.

W przypadku, gdy dziadkowie mieszkają daleko, dobrym kompromisem będzie odczekanie kilku tygodni, nim zaprosicie ich na pierwszą wizytę. Do tego czasu już oboje poczujecie się swobodniej w nowych rolach, żona będzie miała za sobą wiele objawów połogowych, a dodatkową atrakcją dla tych spragnionych gruchania i oglądania ciekawych zdjęć będzie bardziej już czujne i kontaktowe niemowlę.

Jeśli natomiast dziadkowie mieszkają w pobliżu, zaproponuj krótką, wcześniej zaplanowaną wizytę – na tyle długą, żeby mogli się nacieszyć dzieckiem (a nawet dali czas wam obojgu na wyrwanie się z domu na krótki spacer, przekąszenie czegoś czy nawet na film), lecz nie tak długą, by wasza trójka poczuła się przytłoczona ich towarzystwem oraz byś ty czuł się skrępowany, wykonując pierwsze kroki w roli ojca.

Kładąc pewne ograniczenia wizytom, bądź stanowczy, lecz miły („Mamy nadzieję, że będziemy tak samo dobrzy w rodzicielskich zajęciach jak wy, jednak aby to osiągnąć, musimy sami do wszystkiego dojść"), a rodzice na pewno zrozumieją, dlaczego powinni dać waszej trójce trochę czasu i przestrzeni, abyście mogli się lepiej poznać.

Jednak pary, które czują się przytłoczone i którym naprawdę potrzebna jest pomoc w tych pierwszych dniach – przy pracach domowych, praniu, gotowaniu, zajmowaniu się starszym dzieckiem – a będą się dobrze czuły, mając rodziców przy sobie, powinny skorzystać z takiej propozycji. Pomoc niech ograniczy się do tych zajęć, a nie do opieki nad noworodkiem.

## „ODSTAWIENIE" PODCZAS KARMIENIA PIERSIĄ

*Żona planuje karmić piersią, lecz nie wiem, czy ja to zniosę.*

Dla noworodka nie ma lepszego pokarmu niż mleko matki ani lepszego sposobu na jego otrzymanie niż ssanie matczynej piersi. Mimo usilnych starań firm produkujących mieszanki, zapewne nigdy nie skopiują przepisu opracowanego przez Matkę Naturę. Karmienie piersią przynosi niemowlęciu mnóstwo niezmiernie ważnych korzyści (od zapobiegania alergiom, otyłości i chorobom po lepszy rozwój mózgu) i jego matce (łączy się z szybszym powrotem do dawnej formy po porodzie i prawdopodobnie mniejszym ryzykiem zachorowania na raka piersi w późniejszym okresie).

Na pewno więc decyzja twojej żony, że woli karmić piersią niż z butelki, stanowi wielką korzyść dla twego dziecka – a także dla niej. I ty możesz im pomóc. Badania wykazują, że gdy ojcowie pomagają przy karmieniu piersią, częściej przebiega ono pomyślnie.

Porozmawiaj z innymi mężami karmiących matek, a poczujesz się lepiej z myślą, iż żona będzie karmić; poczytaj też więcej o karmieniu piersią (patrz s. 308), gdyż wtedy lepiej zrozumiesz, jakie ma ono znaczenie. Pamiętaj, że jest to proces naturalny, który utrzymuje przy życiu noworodki od chwili, gdy pierwsza matka przystawiła do swojej piersi pierwsze dziecko. Jeśli masz kłopoty z pogodzeniem się ze świadomością, że piersi twojej żony nabiorą takiego praktycznego zastosowania, patrz s. 446.

*Moja żona karmi syna piersią. Istnieje między nimi bliskość. Wydaje mi się, że nie mogę jej z nimi dzielić, i czuję się opuszczony.*

Są pewne niezmienne biologiczne aspekty rodzicielstwa, które wykluczają ojca: nie może on być w ciąży, nie może rodzić, nie może karmić piersią. Jednak miliony „nowych" ojców każdego roku odkrywają, że te naturalne, fizyczne ograniczenia mężczyzny wcale nie muszą stawiać go w pozycji obserwatora. Możesz dzielić prawie wszystkie radości, oczekiwania, próby i cierpienia twojej żony w czasie ciąży i porodu – od pierwszego kopnięcia do ostatniego parcia – jako aktywny, wspierający uczestnik. Chociaż nigdy nie będziesz w stanie przystawić dziecka do piersi (przynajmniej nie z takimi wynikami, jakich oczekiwałoby dziecko), możesz brać udział w procesie karmienia.

**Bądź dodatkowym karmicielem swojego dziecka.** Kiedy już karmienie będzie ustabilizowane na dobre, dziecko będzie można karmić na więcej sposobów. Mimo iż nie możesz karmić piersią, możesz podawać dziecku uzupełniające butelki. Jeśli będziesz dodatkowo karmić dziecko, nie tylko pomożesz żonie, pozwalając jej na odpoczynek (kiedy zdarzy się to w środku nocy lub podczas obiadu), ale będziesz również miał dodatkową sposobność do zbliżenia z dzieckiem. Nie trać żadnej okazji do nakarmienia dziecka. Przyjmij pozycję jak podczas karmienia, dziecko mocno przytul do siebie. Rozepnij koszulę, by kontakt z dzieckiem był jeszcze bliższy, co będzie ważnym doświadczeniem dla was obojga.

**Nie śpij w nocy, jeśli twoje dziecko nie może spać.** Dzielenie radości z karmienia to również dzielenie bezsennych nocy. Nawet jeśli nie dajesz dziecku uzupełniających butelek, możesz stać się częścią nocnego rytuału karmienia. Możesz być tym, który wyjmie dziecko z łóżeczka, zmieni pieluchę, jeśli to konieczne, poda je do karmienia i ponownie ułoży w łóżeczku, kiedy zaśnie podczas karmienia.

**Patrz ze zdumieniem i podziwiaj.** Można mieć niezwykłą satysfakcję z oglądania cudu karmienia piersią – tak jak z obserwowania cudu porodu. Zamiast czuć się opuszczonym, czuj się wyróżniony, że jesteś świadkiem miłości, która przepływa między twoją żoną i dzieckiem, kiedy ona karmi.

**Uczestnicz we wszystkich innych obrzędach.** Karmienie piersią jest jedynym z codziennych zajęć przynależnych tylko matce. Ojcowie mogą kąpać dziecko, przewijać i kołysać tak samo dobrze jak matki, jeśli tylko będą mieli okazję. Jest szansa, że jeśli będziesz wykonywał jak najwięcej czynności, będziesz zbyt zajęty, aby czuć zazdrość.

# POWSTAWANIE WIĘZI

*Jestem bardzo podekscytowany tym, że będę miał córkę, i boję się, czy przypadkiem nie stałem się nadgorliwy.*

Są takie sytuacje w życiu, w których można mówić o nadgorliwości – ale kochanie i dbanie o swoje dziecko do nich nie należy. Z uwagi poświęcanej dzieciom korzystają nie tylko one same – nie ma też lepszego sposobu na umocnienie więzi z nimi. Czas, który spędzasz ze swą pociechą, pomoże żonie wytworzyć mocniejszą więź z niemowlęciem (matka, która sama dźwiga cały ciężar obowiązków związanych z opieką nad dzieckiem, może być zbyt zmęczona i rozżalona, by tę więź dobrze nawiązać).

Nie powinien cię dziwić entuzjazm związany z dzieckiem. Najnowsze badania nad przedstawicielami płci męskiej zarówno u ludzi, jak w królestwie zwierząt wykazują, iż z chwilą przyjścia dziecka na świat doświadczają oni nagłego wzrostu poziomu hormonów żeńskich. Dbanie o dzieci, przez długi czas uważane za domenę kobiet, najwyraźniej ojcom też przychodzi w sposób naturalny.

Jednak troszcząc się o swoje dziecko, pamiętaj, że istnieje jeszcze jedna więź w twoim życiu, która także wymaga sporych nakładów uwagi (więź ostatecznie najważniejsza): z żoną. Nie zapomnij okazywać jej zainteresowania i obdarzać pieszczotami.

*Moja żona miała w ostatniej chwili cięcie cesarskie i nie pozwolono mi z nią być. Nie trzymałem dziecka przez 24 godziny i obawiam się, że nie związałem się z nim.*

Do lat sześćdziesiątych niewielu ojców było świadkami narodzin swoich dzieci i zanim pojawiło się pojęcie „powstanie więzi", wywodzące się z lat siedemdziesiątych, nikt nie zdawał sobie nawet sprawy, że coś traci – czy wręcz, że jest coś, co można utracić – w tej dziedzinie. Jednak taki brak „oświecenia" nie powstrzymał pokoleń od rozwoju miłości w relacji ojciec–syn i ojciec–córka. I odwrotnie, żaden ojciec, który uczestniczy w narodzinach swojego dziecka i może „związać się" z nim praktycznie natychmiast, nie tworzy bliskości, która trwać będzie całe życie. Przy wszystkich korzyściach, jakie płyną z powstawania więzi, należy pamiętać, iż nie jest ona cudownym klejem, a więź, która ma przetrwać wiele lat, wymaga starań i pracy przez cały czas.

Przebywanie blisko żony podczas porodu to ideał, a gdy jest się pozbawionym takiej możliwości, jest to powód do rozczarowania – szczególnie jeśli spędziliście miesiące, przygotowując się wspólnie do porodu. Jednakże nie ma powodu, by się martwić, co będzie z tobą i synem w przyszłości. Tym, co cię naprawdę wiąże z dzieckiem, są codzienne, pełne miłości kontakty – zmienianie pieluch, kąpanie, karmienie, przytulanie i kołysanie. Dodaj do tych czynności nawiązywanie kontaktu wzrokowego i fizycznego (rozepnij koszulę i kołysząc je do snu, przytul do siebie), a wasza bliskość stanie się jeszcze większa, co wzmocni tworzącą się między wami więź. (Według badań ten rodzaj bliskości przyspieszy rozwój mózgu dziecka – zatem jest korzystny dla was obojga.)

Jeśli zauważysz, że żona przejmuje wyłączność na opiekę nad dzieckiem (może to robić zupełnie nieświadomie), powiedz jej, iż chciałbyś zająć się przynajmniej tym, co należy do ciebie. Zaproponuj, że zostaniesz z dzieckiem, kiedy tylko będzie okazja po temu – na przykład gdy żona pójdzie na ćwiczenia, spotka się z koleżanką na kawie czy po prostu położy się w wannie z dobrą książką – a wtedy najlepsze matczyne intencje nie przeszkodzą w tym, byście się z synem dobrze nawzajem poznali. Nie myśl, że najlepsze chwile z synem to te spędzone w domu. Niemowlęta są „przenośne", toteż śmiało zapakuj pieluchy, włóż maleństwo do wózka, fotelika samochodowego czy nosidełka – w ten sposób możesz wszędzie je ze sobą zabrać i wszystko przy nim robić.

Nie pozwól, by poczucie żalu czy winy zepsuło pierwsze miesiące życia dziecka i pierwsze miesiące twego ojcostwa. To, że nie byłeś przy narodzinach, nie będzie miało wpływu na dziecko – lecz gdyby miało zabraknąć ciebie teraz i później, mogłoby mieć.

# TWOJE PRZYGNĘBIENIE POPORODOWE

*Bardzo się cieszę z tego, że zostałem ojcem i mam córkę. Dlaczego zatem czuję się taki przygnębiony?*

Podobnie jak przyszli ojcowie nie mogą się uporać z obniżonym nastrojem w czasie ciąży, tak samo ci, którzy właśnie ojcami zostali, nie są odporni na różnorakie przygnębienia poporodowe. Wiele z przyczyn wywołujących przygnębienie u matek działa także na tatusiów, w każdym razie w zmodyfikowanej formie: począwszy od uczucia przytłoczenia i nieprzygotowania, poprzez wieczne wycieńczenie, na zmienionej sytuacji rodzinnej oraz zmianach w stylu życia skończywszy. U wielu mężczyzn dużą rolę odgrywają hormony; badania wykazały, iż gwałtowny wzrost poziomu hormonów żeńskich w organizmie mężczyzny przed porodem i po nim może wywołać liczne objawy, w tym depresję. Nie powinno zatem dziwić, że wiele wskazówek dla młodych matek dotyczących radzenia sobie z depresją poporodową nadaje się również dla młodych ojców. Najbardziej skuteczne są ćwiczenia (endorfiny wyzwolone podczas wysiłku fizycznego są najlepszym naturalnym sposobem na poprawę nastroju) i rozmowy (wyrażenie swoich uczuć w rozmowie z żoną czy innym ojcem, który rozumie, co czujesz). Zwykle lekarstwem jest też upływ czasu (im lepiej zaczniesz się czuć w swoim nowym życiu, tym będziesz szczęśliwszy). Więcej znajdziesz na stronach 410-414.

W wielu przypadkach młodzi rodzice nie cierpią na depresję poporodową w tym samym czasie; zwykle zapadają na tę przypadłość na zmianę. Tak czy inaczej, wspólne przedsięwzięcie kroków zwalczających ów stan pomoże wam obojgu poczuć się lepiej i jednocześnie zapobiegnie atakom przygnębienia w przyszłości.

Gdyby jednak przygnębienie nie znikało albo depresja się pogłębiała – szczególnie jeśli nie pozwala ci normalnie pracować, jeść i spać lub zakłóca twój związek z żoną i dzieckiem – koniecznie poszukaj pomocy profesjonalisty.

# UCZUCIE BRAKU POŻĄDANIA PO PORODZIE

*Obserwowałem poród i było to coś absolutnie cudownego. Jednak wydaje mi się, że widok naszej córeczki wychodzącej z pochwy żony zgasił we mnie pożądanie seksualne.*

Reakcje seksualne człowieka, w porównaniu z takimi u innych ssaków, określić można jako niezwykle czułe. Zależne to jest nie tylko od łaskawości ciała, ale również duszy. I to właśnie umysł może czasami czynić niemiłosierne spustoszenie w sprawach seksu. Jednym z takich okresów, jak już wiesz, jest ciąża. Drugim, który zdajesz się odkrywać, jest okres poporodowy.

Jest całkiem prawdopodobne, że przyczyna twojej nagłej seksualnej ambiwalencji nie ma nic wspólnego z tym, że oglądałeś przyjście na świat swojego dziecka. Większość świeżo upieczonych ojców zauważa u siebie nieco mniejszą „chęć" po porodzie i to zarówno psychiczną, jak i fizyczną (chociaż nie jest czymś nieprawidłowym, jeśli taka sytuacja nie występuje).

Dzieje się tak z wielu bardzo dobrze zrozumiałych przyczyn: zmęczenie, jeśli dziecko ciągle nie śpi w nocy; strach, że on lub ona obudzi się z płaczem przy pierwszych pieszczotach (szczególnie gdy dziecko dzieli z wami pokój); obawa o to, że możesz zranić żonę, gdy współżyjecie ze sobą, zanim jej ciało się całkowicie zagoi; i w końcu fizyczne i psychiczne zaabsorbowanie noworodkiem, który umiejętnie koncentruje twoją energię tam, gdzie ona jest najbardziej potrzebna na tym etapie twojego życia. Na twoje uczucia może też mieć wpływ tymczasowy wzrost poziomu żeńskich hormonów, którego doświadcza wielu młodych ojców – pamiętaj, że to męskie hormony u mężczyzn i kobiet wywołują pożądanie.

Innymi słowy, jest po prostu możliwe, że nie odczuwasz seksualnej motywacji, szczególnie jeśli twoja żona (jak wiele kobiet bezpośrednio po porodzie) nie czuje się dobrze ku temu nastawiona ani emocjonalnie, ani fizycznie.

Nie da się przewidzieć, jak wiele czasu upłynie, zanim twoje i jej zainteresowanie seksem powróci.

Jak ze wszystkimi sprawami dotyczącymi seksu trudno powiedzieć, co jest „normalne". U niektórych par pożądanie wróci bardzo szybko, i to zanim lekarz zgodzi się na wznowienie współżycia, co, w zależności od okoliczności, zwykle następuje w sześć tygodni po porodzie. Dla innych z kolei może minąć sześć miesięcy, zanim seks i dziecko będą mogły współistnieć harmonijnie w tym samym domu. (Niektóre kobiety obserwują pewien brak pożądania aż do chwili zakończenia karmienia piersią, jednak nie znaczy to, że nie mogą one cieszyć się intymnością stosunku.)

Niektórzy ojcowie, nawet jeśli byli przygotowani na „przeżycie" porodu, wychodzą z odczuciem, że ich „terytorium" zostało naruszone, że szczególne miejsce przeznaczone dla miłości nagle zostało zabrane dla celów praktycznych. Jednak tak jak przemijają dni, przemija zwykle i to uczucie. Ojciec zaczyna sobie uświadamiać, że pochwa ma dwie funkcje, równie ważne i cudowne. Jedna nie wyklucza drugiej i w istocie ściśle się one łączą. Zaczyna on również zauważać, że pochwa „służy" urodzeniu dziecka jedynie krótko, podczas gdy źródłem przyjemności dla niego i jego żony może być przez całe życie.

Jeśli popęd seksualny nie powraca i jego

brak zaczyna powodować napięcie, prawdopodobnie potrzebna jest fachowa porada.

***Przed urodzeniem dziecka przyjemność seksualna nas obojga skupiała się na piersiach mojej żony. Obecnie, kiedy ona karmi, piersi wydają się zbyt funkcjonalne, aby mogły być seksowne.***

Tak jak pochwa, piersi są stworzone, aby służyć dwóm celom – praktycznemu i seksualnemu (który z punktu widzenia prokreacji jest również praktyczny). I chociaż obydwa te cele na dłuższą metę wzajemnie się nie wykluczają, mogą one okresowo kolidować podczas laktacji.

Niektóre pary odczuwają pożądanie seksualne wywołane karmieniem piersią – szczególnie jeśli w tym czasie piersi nabierają po raz pierwszy pełnego kształtu. Inne, z przyczyn estetycznych (np. cieknące mleko) bądź dlatego, że odczuwają pewien dyskomfort z uwagi na używanie źródła pożywienia dziecka dla swojej przyjemności seksualnej, stwierdzają całkowity brak pożądania. Jednak w wielu przypadkach to odczucie mija, w miarę jak karmienie staje się czymś naturalnym dla wszystkich zainteresowanych.

Niezależnie, która z sytuacji występuje u ciebie, jest to naturalne. Jeśli czujesz, że piersi twojej żony są obecnie zbyt funkcjonalne, aby mogły być seksowne, podczas gry wstępnej skup się na innym obszarze ciała, dopóki nie poczujesz, że możesz bez przeszkód dzielić je z dzieckiem (albo do czasu odstawienia dziecka od piersi). Musisz jednakże być otwarty i uczciwy w stosunku do żony; nagłe, nie wyjaśnione pomijanie piersi może wywołać u niej uczucie, że przestała być pociągająca. Bądź ostrożny, nie chowaj w sobie również żadnej urazy do dziecka za używanie „twoich" piersi. Spróbuj myśleć o karmieniu piersią jak o czasowym „pożyczeniu". I raduj się korzyścią płynącą z tej pożyczki, czyli zdrowym, dobrze odżywionym dzieckiem.

# Część 4

# PROBLEMY SZCZEGÓLNEJ TROSKI

# 18
# Gdy zachorujesz

Podczas dziewięciu miesięcy ciąży każda kobieta oczekuje wystąpienia co najmniej kilku z mniej pożądanych objawów ciążowych, jak na przykład: poranne mdłości, kurcze nóg albo niestrawność i osłabienie. Niektóre kobiety dziwi odkrycie, że są także podatne na objawy, które nie mają nic wspólnego z ciążą, np. przeziębienie, grypa, nieżyt żołądkowo-jelitowy. Na szczęście większość z tych chorób nie będzie miała wpływu na ciążę, choć zadecyduje o twoim samopoczuciu. Oczywiście profilaktyka jest najlepszym sposobem uniknięcia zachorowania i utrzymania prawidłowego rozwoju ciąży. Kiedy to się nie udaje, szybkie i bezpieczne leczenie pod kontrolą lekarza pomoże ci w krótkim czasie poczuć się lepiej.

## CO MOŻE CIĘ NIEPOKOIĆ

### PRZEZIĘBIENIE

*Złapałam straszne przeziębienie i niepokoję się, czy to wpłynie na moje dziecko.*

Większość ciężarnych kobiet choruje na przeziębienie co najmniej raz podczas dziewięciu miesięcy. Na szczęście nawet poważne przeziębienie nie jest żadnym zagrożeniem dla twojego dziecka, nawet jeśli ty będziesz się czuła źle, nieprzyjemnie i nie będziesz mogła się doczekać powrotu do zdrowia. Na nieszczęście leki i preparaty uzupełniające, które zwykle poprawiały twoje samopoczucie (lub zapobiegały przeziębieniu), w tym aspiryna, ibuprofen, dawki uderzeniowe witaminy C i cynku, a także większość ziół, nie są teraz zalecane. Nie bierz zatem żadnego z wymienionych leków bez zgody lekarza – to on powinien zalecić ci takie metody leczenia, które są bezpieczne dla twojej ciąży. Żaden z tych sposobów nie zwalczy przeziębienia, ale część z nich zminimalizuje objawy i poprawi twoje samopoczucie. (Więcej informacji na temat brania leków podczas ciąży znajdziesz na s. 455.)

Jeśli natomiast już wzięłaś lek, który jest niewskazany w czasie ciąży, nie martw się. Omów to jednak z twoim lekarzem.

Na szczęście większość najskuteczniejszych środków przeciw przeziębieniu jest jednocześnie najbezpieczniejsza dla ciebie i dziecka. Nasze rady pomogą zgasić chorobę w zarodku, nim rozwinie się w paskudną przypadłość, taką jak zapalenie zatok czy też inną infekcję wtórną. Dzięki nim także szybciej poczujesz się lepiej. Po pierwszym kichnięciu bądź drapaniu w gardle:

- Odpoczywaj, jeśli czujesz taką potrzebę. Leżenie w łóżku raczej nie skróci okresu przeziębienia, powinnaś jednak posłuchać swego organizmu, gdy prosi o wypoczynek. Z drugiej strony, lekkie lub umiarkowane ćwiczenia prowadzą do szybkiej poprawy przy założeniu, że czujesz się na siłach oraz nie masz kataru, gorączki ani nie kaszlesz.

- Podczas gorączki czy przeziębienia nie głódź siebie ani dziecka. Mimo lichego apetytu i samopoczucia odżywiaj się jak najzdrowiej. Wybieraj te potrawy, na które masz ochotę lub od których cię nie odrzuca. Pamiętaj o owocach lub sokach cytrusowych (pomarańczowych, mandarynkowych, grejpfrutowych) oraz jedz jak najwięcej innych, bogatych w witaminę C owoców i warzyw (patrz s. 96) każdego dnia – ale nie łykaj dodatkowej dawki witaminy C w postaci preparatu uzupełniającego (poza ilością znajdującą się w preparacie ciążowym) bez zgody lekarza. To samo dotyczy cynku (w formie tabletek do łykania czy ssania). Echinacea, która ma opinię środka zwalczającego silne przeziębienia, prawdopodobnie jest bezpieczna w czasie ciąży, lecz ze względu na brak wystarczających badań nie jest zalecana.

- Pij dużo płynów. Gorączka, kichanie, katar powodują utratę płynów, które tobie i dziecku są bardzo potrzebne. Miej pod ręką termos z ciepłym rozcieńczonym sokiem grejpfrutowym lub oranżadą (1/2 szklanki nie słodzonego mrożonego soku na ćwierć litra gorącej wody) i pij co najmniej jeden kubek na godzinę. Jeśli od nadmiaru cytrusów boli cię żołądek, pij sok na zmianę z wodą mineralną, gazowaną lub niegazowaną. Spróbuj także tzw. „żydowskiej penicyliny", czyli rosołu na kurze. Medyczne badania udowodniły, że rosół taki nie tylko uzupełnia płyny, ale także zmniejsza dolegliwości przeziębienia. Inne soki i zupy także pomogą ci pokryć zapotrzebowanie na płyny.

- Kiedy leżysz czy śpisz, trzymaj głowę uniesioną na kilku poduszkach, gdyż w ten sposób łatwiej ci będzie oddychać przez zatkany nos. Skuteczne mogą być także specjalne plastry na nos, które nie są nasączone żadnym lekiem (ich zadaniem jest oczyszczenie nosa i ułatwienie oddychania). Można je kupić bez recepty.

- Staraj się nawilżać drogi nosowe wodą z solą.

- Jeżeli masz owrzodzone lub podrażnione gardło albo jeżeli kaszlesz, płucz gardło słoną wodą (1/4 łyżeczki soli na kubek wody). Woda powinna być letnia, nie gorąca.

- Jak najszybciej obniżaj gorączkę. Więcej na temat walki z gorączką znajdziesz na stronie 453.

- Nie zwlekaj z zadzwonieniem do lekarza ani nie odmawiaj przyjmowania przepisanych ci leków, choćby wydawało ci się, że wszystkie są szkodliwe w czasie ciąży. Wiele z nich nie jest – ale pamiętaj, by powiedzieć lekarzowi o swoim odmiennym stanie.

Przeziębienia mogą niestety stanowić zagrożenie dla ciąży, prawdopodobnie z powodu osłabienia działania układu odpornościowego koniecznego dla ochrony dziecka (obce ciało) przed reakcją immunologiczną. Jeżeli twoje przeziębienie jest ciężkie i wpływa na apetyt lub sen, gdy kaszlesz z odpluwaniem zielonej czy żółtawej wydzieliny, boli cię gardło lub przy odkasływaniu odczuwasz ból w klatce piersiowej, czujesz pulsowanie w zatokach (patrz niżej) lub gdy objawy utrzymują się dłużej niż tydzień, wezwij lekarza. Dla bezpieczeństwa twojego i dziecka może być niezbędne przepisanie leków.

## Grypa czy przeziębienie?

Po czym możesz rozpoznać, na co zachorowałaś? Oto objawy poszczególnych chorób:

**Przeziębienie,** nawet najgorsze, ma łagodniejszy przebieg niż grypa. Jego zwiastunem zwykle jest ból czy drapanie w gardle (trwające dzień czy dwa), po którym stopniowo pojawiają się kolejne objawy. A są to: katar, zatkany nos, częste kichanie, możliwe uczucie obolałości i zmęczenie. Temperatura jest normalna lub nieznacznie podwyższona (nie przekracza 37,7°C). Może pojawić się kaszel, zwykle w końcowym okresie przeziębienia, który trwa tydzień lub dłużej, po ustąpieniu innych objawów.

**Grypa** jest poważniejsza, a zwykle pojawia się nagle. Do jej objawów należą: wysoka temperatura (zwykle 38,8 do 40°C), ból głowy, ból gardła (najczęściej nasilający się drugiego czy trzeciego dnia), silne bóle mięśni, a także ogólna obolałość i uczucie zmęczenia, utrzymujące się przez kilka tygodni czy nawet dłużej. Często dochodzi kichanie i kaszel, czasem bardzo dokuczliwy. W niektórych przypadkach mogą się też pojawić nudności czy wymioty, lecz nie myl ich z tym, co potocznie nazywa się „grypą żołądkową" – patrz s. 457.

## ZAPALENIE ZATOK

*Od około tygodnia jestem przeziębiona, a teraz zaczynam odczuwać silny ból w okolicy czoła i policzków. Czy ból ten wiąże się z przeziębieniem? Co powinnam zrobić?*

Wygląda na to, że przeziębienie przeistoczyło się w zapalenie zatok. Objawy tej choroby to m.in. ból i zwykle nadwrażliwość w okolicy czoła i/lub jednego bądź obu policzków (poniżej oczu), a także ewentualnie wokół zębów (ból zwykle jest mocniejszy w chwili, gdy się schylasz bądź kręcisz głową). Pojawiać się może gęsty, ciemny (zielonkawy lub żółtawy) śluz.

Zapalenie zatok najczęściej jest następstwem przeziębienia i często dotyka kobiety w ciąży, ponieważ hormony w ich organizmie doprowadzają do opuchnięcia błon śluzowych (na przykład tych, które prowadzą do zatok i je wyściełają). Zatoki zatykają się i rozwijają się w nich bakterie. Zarazki mogą dłużej utrzymywać się w zatokach, gdyż przeciwciała mają trudności z przedostaniem się do tych głębokich wnęk, w efekcie czego nie leczone zapalenie zatok może ciągnąć się tygodniami – i przejść w stan przewlekły. Leczenie antybiotykami i lekami przeciwobrzękowymi przynosi zwykle szybką poprawę, toteż zadzwoń do swojego lekarza, by od razu zlikwidować problem.

## GRYPA

*Obecnie trwa sezon grypowy. Zastanawiam się, czy powinnam się zaszczepić przeciwko tej chorobie. Czy szczepienie takie jest bezpieczne podczas ciąży?*

Szczepionka przeciwko grypie to dla ciebie z pewnością najlepsza obrona podczas sezonu grypowego. Centrum Kontroli Chorób wręcz zaleca wszystkim kobietom, które są w drugim czy trzecim trymestrze ciąży podczas sezonu grypowego, by zaszczepiły się przeciwko tej chorobie. Choć uważa się, iż szczepionka nie stanowi zagrożenia dla ciąży, większość ekspertów doradza, by nie przyjmować jej w pierwszym trymestrze – jeżeli jest to możliwe.

Przeciwko grypie powinno się szczepić przed sezonem lub w najgorszym przypadku na samym jego początku – wtedy szczepienie jest najskuteczniejsze. Nigdy nie daje stuprocentowej pewności, ponieważ działa przeciwko temu wirusowi, który, wedle przewidywań, wywoła największą liczbę przypadków w danym roku. Ale i tak zwiększa twoje szanse na przetrwanie sezonu, a gdybyś nawet zachorowała, przebieg grypy powinien być łagodniejszy. Efekty uboczne szczepionki objawiają się rzadko i są łagodne.

Jeśli podejrzewasz, że masz grypę (prze-

czytaj w ramce o objawach tej choroby), zadzwoń natychmiast do lekarza, by rozpocząć leczenie. (Postaraj się zbić gorączkę,
patrz s. 453.) Szczególnie ma to znaczenie
w ostatnim trymestrze, kiedy nie leczona grypa u ciężarnej kobiety może przybrać poważną postać i rozwinąć się w zapalenie płuc,
a nawet doprowadzić do przedterminowego
porodu. Leczenie jest zwykle objawowe –
jego celem jest zmniejszenie gorączki, obolałości oraz kataru. Najważniejsze: odpoczywaj i pij dużo płynów, aby zapobiec od-
w o d n i e n i u .

# INFEKCJA DRÓG MOCZOWYCH

*Obawiam się, że mam infekcję dróg moczo-*
*wych.*

Infekcja dróg moczowych (UTI) jest tak
powszechna w ciąży, że występuje u 10%
ciężarnych co najmniej raz, a u 1/3 z nich
ulega wznowieniu. W większości przypadków przyjmuje formę zapalenia pęcherza
moczowego. U niektórych kobiet przebiega
ono bezobjawowo i jest rozpoznawane jedynie podczas rutynowego badania moczu.
U pozostałych ciężarnych można spotkać
zarówno lekkie, jak i bardzo nieprzyjemne
objawy (częste parcie na mocz, pieczenie
podczas oddawania moczu, ostry, kłujący
ból podbrzusza). Mocz może wydawać
ostrą, nieprzyjemną woń, być mętny, a także zawierać krew.

Niezależnie od występowania objawów
infekcja powinna być natychmiast leczona
przez lekarza za pomocą antybiotyków dopuszczalnych w ciąży.[1] Nie należy przerywać leczenia z chwilą polepszenia samopoczucia, kontynuacja jest konieczna dla
zapobieżenia nawrotom.

W 20-40% przypadków n i e l e c z o n e zapalenie pęcherza w ciąży przechodzi w zapalenie nerek (*pyelonephritis*), które jest
groźniejsze i dla matki, i dla dziecka, szczególnie w ostatnim trymestrze ciąży, i może
doprowadzić do porodu przedwczesnego.
Objawy są podobne jak w zapaleniu pęcherza, ale często towarzyszy im gorączka (nawet 38°C), dreszcze, krew w moczu, ból
głowy i pleców (w części środkowej, po jednej lub drugiej stronie), nudności i wymioty. Postaraj się jak najszybciej porozumieć
z lekarzem i przedstawić mu objawy. Nerki
można na ogół wyleczyć antybiotykami, ale
do ich dożylnego podawania prawdopodobnie będzie konieczna hospitalizacja.

Wielu lekarzy już podczas pierwszych
wizyt próbuje zapobiegać zakażeniu nerek
poprzez badanie przesiewowe ciężarnych.
Gdy w hodowli z moczu uzyska się bakterie (co zachodzi u 7-10% ciężarnych)[2],
wówczas zapisuje się antybiotyki w celu zapobieżenia zapaleniu pęcherza i nerek.

Jest też wiele środków domowych, które
mogą pomóc zlikwidować UTI, a łącznie
z leczeniem lekarskim mogą one znacznie
przyśpieszyć proces zdrowienia.

• Pij dużo płynów, szczególnie wody, gdyż
dzięki niej wypłuczesz bakterie z organizmu. Sok żurawinowy jest równie dobry,
zapewne dzięki zawartości taniny – substancji zapobiegającej przyleganiu bakterii
do ścianek dróg moczowych. Unikaj kawy (nawet bezkofeinowej), herbaty i alkoholu, gdyż napoje te mogą zwiększyć ryzyko powstania infekcji.

• Myj dokładnie okolice narządów płciowych przed stosunkiem i po.

• Wypróżniaj pęcherz przed stosunkiem i po.

• Za każdym razem podczas oddawania mo-

---

[1] Nie używaj leków wcześniej zapisanych (ani
tobie, ani innej osobie), nawet jeśli były przepisane na zapalenie dróg moczowych.

[2] Próbka moczu może zostać pobrana podczas
wizyty w gabinecie lekarskim; możesz też zapytać o taki domowy zestaw do badania, który został dopuszczony do użytku.

czu postaraj się dokładnie opróżniać pęcherz. Podczas oddawania moczu pochylaj się do przodu w celu lepszego opróżnienia pęcherza. Czasami pomaga także „dwukrotne opróżnianie". Po oddaniu moczu odczekaj 5 minut i ponownie próbuj oddać mocz. Nie powstrzymuj oddawania moczu – ci, którzy tak postępują, zwiększają ryzyko wystąpienia infekcji.

• Daj okolicy krocza pooddychać. Noś tylko bawełnianą bieliznę i rajstopy z bawełnianym krokiem, nie wkładaj obcisłych spodni, rajstop pod spodnie i śpij bez majtek czy spodni od pidżamy.

• Utrzymuj w czystości pochwę, okolicę sromu i krocza, a także unikaj podrażnień. Po skorzystaniu z toalety podcieraj się od przodu ku tyłowi, by bakterie z odbytu nie przedostały się do pochwy czy cewki moczowej (przez którą mocz wypływa z pęcherza moczowego na zewnątrz). Okolice narządów płciowych myj codziennie (raczej korzystaj z prysznica niż z wanny) i unikaj kąpieli w pianie, perfumowanych talków, mydeł, dezodorantów, detergentów, płynów toaletowych, gorącej wody i kąpieli w basenach z niewłaściwie chlorowaną wodą.

• Podczas przyjmowania antybiotyków pij nie słodzony jogurt, który zawiera żywe kultury bakterii i pomoże w utrzymaniu prawidłowej flory bakteryjnej w jelitach. Jeśli nie możesz pić czy też po prostu nie lubisz jogurtu, spytaj lekarza o *Lactobacillus acidophilus*, *L. bulgaricus* bądź *Streptococcus thermophilus* w postaci tabletek lub kapsułek.

• Utrzymuj wysoką odporność organizmu poprzez spożywanie wartościowych posiłków, przeznaczanie odpowiedniej ilości czasu na odpoczynek i ćwiczenia, nieprzepracowywanie się i unikanie nadmiernego stresu.

# GORĄCZKA

*Mam gorączkę. Czy mogę wziąć aspirynę?*

W twoim dotychczasowym życiu gorączka nie była powodem do obaw. W istocie gorączka jest sprzymierzeńcem i najlepszym lekiem w walce z infekcją. Znaczny i utrzymujący się wzrost temperatury ciała w czasie ciąży – szczególnie od 3 do 7 tygodnia – niekiedy staje się przyczyną wad wrodzonych. Nie wiadomo dokładnie, jaka temperatura stanowi już zagrożenie, lecz przypuszcza się, że każda gorączka powyżej 38,8°C może oznaczać problem. Dlatego też bezpieczniej będzie jak najszybciej ją zbić – nie czekając, aż sama przejdzie. Ponieważ gorączka zazwyczaj oznacza, że w organizmie wywiązała się infekcja, a pewne jej rodzaje mogą wywołać komplikacje ciążowe, zatem infekcję tę również należy zwalczyć.

Sposób obniżenia temperatury zależy od jej wysokości oraz od zaleceń lekarza. Zadzwoń do lekarza, gdy temperatura waha się między 37°C a 38°C, nie zwlekaj ani chwili, gdy temperatura jest wyższa niż 38°C. Czekając na rozmowę z lekarzem, zażyj dwie tabletki z acetaminofenem, aby zbić temperaturę. W tym samym celu można wziąć chłodną kąpiel czy prysznic, pić zimne napoje, a także nie ubierać się ani nie przykrywać zbyt ciepło. (Tymi domowymi sposobami udaje się zwykle obniżyć niską gorączkę, poniżej 37,7°C – wówczas leki nie będą konieczne.)

Przy wyższych temperaturach zostanie prawdopodobnie zalecony acetaminofen łącznie z antybiotykiem (jest wiele antybiotyków bezpiecznych w ciąży). Aspiryna nie powinna być stosowana rutynowo w czasie gorączki (patrz niżej). Jeśli w początkowym okresie ciąży miałaś wysoką gorączkę, a nie zgłosiłaś tego faktu lekarzowi, powinnaś zrobić to teraz. Choć ryzyko, że stało się coś złego, jest niewielkie, dokładniej poinformowany lekarz otoczy cię jeszcze lepszą opieką.

## Kupowanie leków przez Internet

Może jesteś zbyt zabiegana lub zbyt zmęczona, by pobiec do apteki? Zastanawiasz się, czy kupić leki przez Internet? Zanim to zrobisz, powinnaś rozważyć kilka istotnych spraw. Choć istnieją apteki prowadzące autoryzowaną realizację recept, robienie zakupów w pozostałych bywa ryzykowne. Aby się upewnić, czy kupowanie w wybranej przez ciebie internetowej aptece jest legalne oraz bezpieczne, powinnaś:

• Nabywać wyłącznie leki przepisane ci przez lekarza. Nie kupuj na stronach, które oferują leki bez recepty (co wszak jest sprzeczne z prawem).

• Upewnić się, że apteka weryfikuje każdą receptę przed jej zrealizowaniem. (Pisemna polisa weryfikacyjna zwykle znajduje się na stronie apteki.)

• Sprawdzić, czy kupujesz w licencjonowanej aptece. Informacja na ten temat powinna być zamieszczona na stronie. Licencja gwarantuje, iż apteka spełnia wszystkie wymagania stawiane przez prawo, przestrzega prawa pacjenta do zachowania prywatności, weryfikuje recepty i świadczy usługi najwyższej jakości.

## BRAĆ ASPIRYNĘ CZY NIE

*W zeszłym tygodniu miałam silny ból głowy i wzięłam dwie aspiryny. Teraz przeczytałam, że może być ona przyczyną krwawienia podczas ciąży. Jestem bardzo zdenerwowana.*

Miliony Amerykanów, otwierając codziennie swoje apteczki w poszukiwaniu leków przeciwbólowych, nie pomyślą dwa razy – ani nawet raz – nad tym, czy są one szkodliwe. Dla większości z nich aspiryna jest rzeczywiście nie tylko nieszkodliwa, ale również korzystna. Jednak w ciąży istnieje obawa, iż owe środki przeciwbólowe, podobnie jak wiele innych, zwykłych, niewinnych leków bez recepty, w czasie ciąży mogą być niebezpieczne.

Jeżeli przypadkowo wzięłaś jedną lub dwie aspiryny[1] czy ibuprofen w pierwszych dwóch trymestrach ciąży, nie martw się, ponieważ nie zanotowano przypadku wpływu takich dawek na płód. Jednak lepiej będzie, jeśli potraktujesz aspirynę tak samo jak wszystkie inne medykamenty: bierz ją tylko w razie konieczności i za wiedzą lekarza świadomego twojego odmiennego

stanu. Zażywanie aspiryny jest najbardziej ryzykowne w trzecim trymestrze ciąży, kiedy nawet jedna dawka może wpłynąć na wzrost płodu i powodować inne problemy[2]. Ponieważ jest to antyprostaglandyna, a prostaglandyny wpływają na mechanizm porodu, może ona przedłużyć zarówno ciążę, jak i poród i doprowadzić do innych powikłań. Aspiryna wpływa na mechanizm krzepnięcia, dlatego przyjmowanie jej na dwa tygodnie przed porodem może zwiększyć ryzyko krwawienia podczas porodu u matki i noworodka.

Popularne pochodne aspiryny także nie są korzystne w ciąży. Chociaż stosowanie w ciąży zmodyfikowanych pochodnych (takich jak Tylenol) zdaje się nie powodować problemów, to powinny być one również stosowane tylko w razie konieczności. Porozmawiaj z lekarzem, aby przedstawił ci wskazówki dotyczące przyjmowania acetaminofenu.

Ibuprofen (na przykład Advil, Mopren) powinno się podczas ciąży przyjmować bardzo ostrożnie. Jest on podobny pod wieloma względami do aspiryny i może wywołać reakcję krzyżową u osób na nią wrażliwych. Ponieważ jego przyjmowanie w ostatnim trymestrze staje się czasem przyczyną kom-

---

[1] Długotrwałe stosowanie aspiryny w ciąży może u płodu wywołać przedwczesne zamknięcie przewodu tętniczego Pootalla (przyp. red. nauk. wyd. pol.).

[2] Terapia przy zastosowaniu niskich dawek aspiryny w celu niedopuszczenia do stanu przedrzucawkowego u niektórych kobiet z grupy wysokiego ryzyka uważana jest za bezpieczną po 36 tygodniu ciąży.

plikacji u płodu, przedłużającego się porodu i/lub problemów w postaci krwawienia, nie zażywaj w ogóle ibuprofenu w trzech ostatnich miesiącach ciąży. Natomiast we wczesnym okresie przyjmuj go zgodnie z zaleceniem lekarza znającego twój stan – i tylko w krótkich okresach. (Nie martw się jednak, jeśli wzięłaś ibuprofen, nim się dowiedziałaś, że jesteś w ciąży.)

Ketoptofen (Actron lub Orudis KT) i naproksen (Aleve), niesteroidowe leki przeciwzapalne, nie są w ogóle polecane kobietom w ciąży. Oprócz tego, że są antyprostaglandynami, mogą wywołać poważne efekty uboczne.

Choć do leków przeciwbólowych czy przeciwgorączkowych należy podchodzić ostrożnie, nie ma powodu, by całkowicie ich unikać. Niekiedy niczym innym nie można zmniejszyć bólu i gorączki. Istotne w ciąży są wypróbowane sposoby (patrz *Dodatek*) na zmniejszenie bólu lub obniżenie gorączki. Lecz gdy one zawiodą (albo gorączka wzrośnie), sięgnij po produkty nie zawierające aspiryny (acetaminofenopochodne) – oczywiście wyłącznie pod nadzorem lekarskim.

# STOSOWANIE LEKÓW

*W jaki sposób mogę się dowiedzieć, które leki są bezpieczne podczas ciąży, a które nie?*

Niezapisywanie leków jest zawsze najbezpieczniejsze. Gdy bierzesz leki w ciąży, narażone na niebezpieczeństwo są dwie osoby – jedna z nich jest bardzo mała i bezbronna – których zdrowie i dobro należy rozważyć. I chociaż wykazano, że niektóre leki są szkodliwe dla płodu, to wiele leków z powodzeniem stosowano w ciąży wówczas, gdy leki te były absolutnie niezbędne dla zdrowia i/lub życia.

Jeśli więc będziesz chciała sięgnąć po dany lek w konkretnym czasie, to wspólnie z lekarzem powinniście rozważyć potencjalne ry-

zyko i korzyści, które ten lek oferuje. W każdym przypadku powinnaś się kierować zasadą generalną, że o tym, czy brać lek czy nie, decyduje lekarz, który wie, że jesteś w ciąży, i pozwoli brać leki tylko wtedy, gdy jest to absolutnie konieczne[1]. Rodzaj leku zależeć będzie od danej sytuacji oraz bezpieczeństwa dla ciąży. Jest wiele list, na których ujęto leki i podzielono je na bezpieczne, prawdopodobnie bezpieczne, prawdopodobnie niebezpieczne i definitywnie niebezpieczne. Mogą być one przydatne, ale większość z nich jest już nieaktualna i może zawierać niepewne dane.

Ograniczone zastosowanie mają także ulotki i informacje na opakowaniach leków, ponieważ nie zawsze zawierają informacje o bezpieczeństwie stosowania w ciąży, a często informują jedynie o zakazie stosowania bez zaleceń lekarza. Najlepszym źródłem informacji powinien być dla ciebie dobrze poinformowany lekarz (choć nie wszyscy posiadają odpowiednią wiedzę na temat bezpieczeństwa stosowania leków w ciąży), a najbardziej pomocny będzie specjalista położnik.

Jeżeli naprawdę musisz brać określony rodzaj leku, postępuj według poniższych wskazówek, mając na uwadze zmniejszenie ryzyka i lepszą skuteczność:

- Omów z lekarzem przyjmowanie jak najmniejszych, ale skutecznych dawek leku przez jak najkrótszy okres.

- Bierz leki wtedy, gdy są najskuteczniejsze. Na przykład leki przeciw przeziębieniu pomogą ci zasnąć.

- Postępuj zgodnie ze wskazówkami. Niektóre leki trzeba przyjmować na pusty żołądek, inne po posiłku lub razem z mlekiem. Jeżeli twój lekarz nie dał ci instruk-

---

[1] Jeśli masz cukrzycę czy inne choroby przewlekłe albo regularnie przyjmujesz jakieś leki, koniecznie powiedz o tym lekarzowi. Podczas gdy przyjmowanie wielu leków jest całkowicie bezpieczne, niektóre wiążą się z dużym zagrożeniem.

cji, zapytaj o to w aptece. Często apteki dysponują ulotkami na temat leków sprzedawanych na receptę. Ulotki te zawierają wszelkie informacje dotyczące przyjmowania leku oraz informacje na jego temat (łącznie z ewentualnymi efektami ubocznymi).

• Wyszukuj środki niefarmakologiczne i jeśli to możliwe, uzupełniaj nimi leczenie. Wyeliminuj na przykład jak najwięcej alergenów z twojego domu. Lekarz będzie mógł tym samym zmniejszyć liczbę leków przeciwhistaminowych.

• Upewnij się, że prawidłowo pobierasz lek. Łyk wody przed połknięciem kapsułki i popicie szklanką wody szybko przeniesie lek do miejsca wchłaniania. Przełykaj lek, siedząc lub stojąc, a nie leżąc lub pochylając się do przodu.

• Staraj się realizować wszystkie recepty w tej samej aptece. Dzięki temu aptekarz będzie miał w komputerze dane o tobie i wszystkich receptach, a także powinien udzielić ci informacji o ewentualnych skutkach wynikających z wzajemnego oddziaływania leków na siebie. Sprawdź także, czy zabrałaś właściwą receptę (lek bez recepty lub preparat ziołowy). Zwróć uwagę na nazwę i informację o dawkowaniu na opakowaniu – w ten sposób upewnisz się, iż kupujesz dokładnie to, co zalecił ci lekarz (wiele leków ma podobne nazwy). Jeśli masz choćby cień wątpliwości, spytaj w aptece, w jakich przypadkach stosuje się dany lek. Jeśli wiesz, że powinnaś otrzymać środek antyhistaminowy na alergię, a wręczono ci lek na nadciśnienie, oczywiście nastąpiła pomyłka.

• Spytaj o ewentualne efekty uboczne oraz o to, które z nich powinno się zgłosić lekarzowi. Na przykład środki antyhistaminowe (łącznie z tabletkami zawierającymi czosnek) mogą niekiedy wywołać problemy z oddawaniem moczu w nocy, takie jak ból, uczucie pieczenia i kłopoty z opróżnieniem pęcherza.

A kiedy już się upewnisz, iż przepisany lek można bezpiecznie stosować podczas ciąży, zażywaj go bez obawy o bezpieczeństwo dziecka. Nic mu się nie stanie – jeżeli nie będziesz odkładać rozpoczęcia leczenia.

# ZIOŁOLECZNICTWO

*Nie będę stosować leków w ciąży. Ale czy wszystko będzie w porządku, gdy zastosuję zioła lecznicze?*

Zioła lecznicze są lekami – często bardzo silnymi. Niektóre (na przykład naparstnica) są tak silne, że stosowane są w laboratoriach do wytwarzania leków (na przykład digitalis).

W niektórych społeczeństwach np. przez całe pokolenia stosowano zioła do wywoływania poronień. Czasami nawet zwykła filiżanka mocnej ziołowej herbaty może wywołać takie objawy, jak: biegunka, wymioty, kołatanie serca. Stosowanie leków ziołowych wiąże się z dodatkowym ryzykiem, które nie występuje w przypadku środków tradycyjnych. Z powodu braku nadzoru państwowego nie są one sporządzane pod specjalistyczną kontrolą i mogą być czasami niebezpiecznie mocne lub nieskutecznie słabe. Mogą także zawierać szkodliwe dodatki w postaci alergenów, jak części owadów, pyłki kwiatów i nawet tak trujące składniki jak ołów i arsen. Dlatego stosuj zioła lecznicze rozważnie, jak każdy inny lek w ciąży. Nie zażywaj ich bez akceptacji twojego lekarza. Jeżeli odczuwasz dolegliwości, które wymagają leczenia, przedyskutuj problem z twoim lekarzem, zamiast leczyć się na własną rękę. Jeśli obecnie przyjmujesz jakiekolwiek preparaty ziołowe, niech twój lekarz oceni ich bezpieczeństwo. W przypadku, gdy zostaną przepisane zioła, kupuj te, które wyprodu-

# Nawilżanie

Gorące, suche powietrze wysusza skórę, powoduje kaszel i prawdopodobnie częstsze przeziębienia czy inne choroby układu oddechowego. W zmniejszeniu tego problemu pomaga nawilżanie mieszkania, przy czym należy wiedzieć, jak to robić. Niekiedy sugerowane lekarstwo przynosi więcej szkody niż pożytku.

Na przykład z ostrożnością należy używać urządzeń tworzących parę oraz nawilżających. Nawilżacze parowe produkowane po roku 1970 są bezpieczne oraz skuteczne, jednak trzeba je ustawić poza zasięgiem małych dzieci. Nawilżacze tworzące zimną parę, które są popularne, gdyż nie grożą poparzeniem, sprzyjają rozwojowi bakterii i rozprzestrzenianiu się zarazków, toteż powinno się całkowicie z nich zrezygnować. Nawilżacze ultradźwiękowe wyrzucają w powietrze mikroskopijne cząsteczki bakterii, stając się przyczyną reakcji alergicznych lub chorób, chyba że są codziennie czyszczone oraz napełniane czystą wodą z kranu (nie filtrowaną, nie destylowaną). Pojemniki na wodę zawieszane na kaloryferach dodają nieco wilgoci, niemniej także mogą być przyczyną poparzenia się małych dzieci. To samo dotyczy parującego czajnika ustawionego pod rozłożonym w namiocik ręcznikiem, dlatego należy na niego uważać oraz używać przez krótki czas.

Producenci starają się opracować bezpieczne nawilżacze. Te, które dają ciepłą parę (woda w nich gotuje się, a następnie zostaje zmieszana z zimną wodą, dając parę), zapewne rozpylają mniej zarazków niż starsze urządzenia na chłodną parę. Wszystkie nawilżacze należy osuszać i czyścić przed schowaniem do szafki oraz ponownie dokładnie oczyszczać przed kolejnym użyciem.

Niezależnie od tego, jaką metodą nawilżasz mieszkanie, nie stosuj jej zbyt długo. Nie należy nawilżać przez cały czas, ponieważ w ten sposób dochodzi do rozwijania się pleśni na meblach i roślinach doniczkowych. Lepiej nie przesuszaj i nie przegrzewaj powietrza, czyli utrzymuj temperaturę wewnątrz poniżej 20°C w chłodne dni. Nie uszczelniaj domu – niech trochę powietrza przedostaje się przez okna i drzwi. (Dzięki temu zminimalizujesz obecność substancji zanieczyszczających powietrze, takich jak np. radon.)

---

kowano w Niemczech (tam produkcja jest ściśle nadzorowana) albo oferowane przez wiodącą markę, która gwarantuje, że są one produkowane zgodnie z określonymi standardami.

Preparaty uzupełniające – nie produkowane zgodnie ze standardami określonymi przez rząd – mogą być niebezpieczne podczas ciąży, chyba że zostaną przepisane przez lekarza.

Nie powinnaś automatycznie odrzucać tradycyjnych leków. Często stają się one niezbędne dla utrzymania zdrowia twojego czy dziecka (patrz s. 455).

## NIEŻYT ŻOŁĄDKOWO-JELITOWY

*Odczuwam dolegliwości żołądkowe i często mi się odbija. Czy to może zaszkodzić mojemu dziecku?*

Najczęściej gastroenteritis (zapalenie żołądka i jelit) ma ograniczony czas trwania, nie przekracza zazwyczaj 24 godzin, a rzadko trwa dłużej niż 72 godziny. Jeśli jesteś w stanie przyjąć wystarczająco dużo płynów, by uzupełnić te, które straciłaś podczas wymiotów i/lub biegunki, nawet całkowity brak stałego pożywienia (przez jeden lub dwa dni) nie powinien zaszkodzić dziecku.

Nieżyt nie wpływa na zdrowie twojego dziecka, nie oznacza to jednak, że możesz go zignorować. W miarę możliwości postępuj według poniższych zaleceń, w celu poprawy samopoczucia, zmniejszenia mdłości i wymiotów.

**Skontaktuj się z lekarzem.** Omów z nim wszystkie objawy, na wszelki wypadek, gdyby były one skutkiem czegoś poważniejszego niż tylko dolegliwości żołądkowych. Oprócz wymiotów i biegunki może cię dręczyć gorączka, stolce ze śluzem, krwią czy pasożytami, długotrwały ból brzucha, zbyt rzadkie oddawanie moczu lub oddawanie moczu o ciemnożółtym zabarwieniu (oznaka odwodnienia). Powiedz lekarzowi, czy inne osoby, które ostatnio jadły posiłki razem z tobą również rozchorowały się w tym samym czasie i/lub czy w ciągu minionych kilku tygodni jadłaś żywność, która mogła być skażona (w szczególności nie pasteryzowane przetwory mleczne lub soki, nie dogotowane lub surowe czerwone mięso, ryby, drób, jaja lub kiełki lucerny). Jeśli tak, to możesz cierpieć na zatrucie pokarmowe, które w swej cięższej postaci wymaga leczenia. Powinnaś także poinformować lekarza o niedawnych podróżach do egzotycznych krajów, w takim bowiem przypadku za rozstrój żołądka mogą odpowiadać pasożyty bądź inne organizmy typowe dla danego obszaru wywołujące infekcje, które należy zwalczyć.

Przy leczeniu dolegliwości żołądka należy postępować zgodnie ze wskazówkami lekarza. Zadzwoń do niego w wyznaczonym terminie i/lub jeśli objawy utrzymają się dłużej niż 48 godzin, gdyż wówczas konieczne może być dodatkowe leczenie. Jednak bez jego wiedzy nie bierze żadnych leków, łącznie z tymi sprzedawanymi bez recepty. W niektórych przypadkach (np. przy zakażeniu bakteryjnym lub przy obecności pasożytów) lepiej nie walczyć z biegunką, gdyż dzięki niej jelita zostaną oczyszczone z wywołujących chorobę organizmów. Natomiast jej powstrzymywanie niepotrzebnie przedłuży dolegliwości.

Oto następne rady:

**Połóż się do łóżka.** Odpoczynek w łóżku w półmroku, ciszy i spokoju spowoduje zmniejszenie objawów gastroenteritis.

**Uzupełniaj utracone płyny.** Podczas biegunki i wymiotów organizm traci znaczne ilości płynów i bardzo szybko się odwadnia. Dlatego też przez krótki czas ważniejsze będzie picie niż spożywanie pokarmów stałych. Cały czas dostarczaj organizmowi czystych płynów w takiej formie, która najbardziej odpowiada twojemu podniebieniu. Co 15 minut popij kilka małych łyczków zwykłej lub gazowanej wody, słabej herbaty bezkofeinowej, soku pomarańczowego rozcieńczonego pół na pół z wodą, a jeśli nie masz biegunki, to rozcieńczonego soku winogronowego bądź jabłkowego. Gdyby objawy były bardzo poważne, lekarz może zalecić płyny nawadniające. Dobrze zadziała bulion wołowy lub drobiowy. Gdybyś nadal traciła płyny, ssij lody z wody mrożonej[1] i kostki lodu. Unikaj natomiast tradycyjnego sposobu leczenia polegającego na piciu słodkich napojów gazowanych, takich jak napój imbirowy, ale oraz cola, gdyż one – a także mleko – tylko przedłużą okres występowania objawów. Nie pij niczego, co zawiera kofeinę (w tym coli, kawy i herbaty), ponieważ substancja ta pogłębia odwodnienie, wypłukując płyny z organizmu.

**Zmodyfikuj swoją dietę.** Potocznie się mówi, że lepiej być naprawdę głodnym, nie jedząc nic przez dwanaście godzin, niż mieć wirusa w żołądku, choć z drugiej strony najnowsze badania sugerują, że spożywanie stałych pokarmów jest bardziej korzystne niż pseudogłodówka. Skonsultuj się z twoim lekarzem, ustal, czy kontynuować stałą dietę, czy przeczekać 12-24 godzin na prostej lekkostrawnej diecie, do chwili uzyskania rozpoznania. Na początku pij rozcieńczony sok owocowy, czysty rosół lub bulion puszkowany, jedz pastę z pszenicy lub ryżu, grzanki z białego pieczywa bez masła (ten jeden raz pełne ziarna nie są twoim sprzymierzeńcem), gotowany lub parowany ryż, gotowane lub pieczone ziemniaki bez łupin, banany, mus jabłkowy, żelatynę spożywczą (sporządzaj potrawy bez przy-

---

[1] W niektórych sklepach dostępne są specjalne lody nawadniające dla dzieci. Dobrze byłoby mieć ich zapas w lodówce, na wszelki wypadek.

praw i cukru). Stopniowo rozszerzaj jadło-spis, dodając niskotłuszczowy biały ser, jo-gurt, kurczaka, rybę, gotowane warzywa i owoce, nim powrócisz do normalnej diety. Słuchaj swojego ciała i odżywiaj się zgod-nie z tym, co ci ono podpowiada.

**Przyjmuj witaminy, jeżeli tylko możesz.** Stosuj je osłonowo szczególnie teraz, co po-może ci szybciej powrócić do zdrowia. Je-żeli przerwiesz przyjmowanie ich na kilka dni, nie przejmuj się, to ci nie zaszkodzi.

Oczywiście, lepiej jest zapobiegać tego typu infekcjom, niż je leczyć, dlatego zawsze stosuj się do wskazówek dotyczących profi-laktyki. Znajdziesz je na stronach 150 i 467.

# LISTERIOZA

*Moja ciężarna przyjaciółka powiedziała mi, że nie należy spożywać nie pasteryzo-wanych produktów mlecznych, ponieważ w czasie ciąży można się po nich rozchoro-wać. Czy to prawda?*

D la odważnych brzemiennych kobiet ma-my więcej złych wieści. Niepasteryzo-wane mleko i sery zrobione z takiego mle-ka (w tym niektóre typu mozzarella, sery pleśniowe, meksykańskie, brie, camembert i feta) mogą doprowadzić do choroby, a w szczególności wtedy, gdy jesteś w ciąży. Potrawy te bowiem, a także surowe czy nie dogotowane/nie dopieczone czerwone mię-so, ryby, skorupiaki, drób, jaja, nie umyte surowe warzywa i mięsa mogą zawierać bakterie *Listeria monocytogenes* wywołują-ce poważną chorobę (listeriozę), szczegól-nie u osób z grupy wysokiego ryzyka: do nich zaliczają się małe dzieci, osoby star-sze, ze źle funkcjonującym układem odpor-nościowym, a także kobiety w ciąży, któ-rych układ odpornościowy też jest w pew-nym stopniu osłabiony. Bakterie *Listeria monocytogenes*, w przeciwieństwie do wie-lu innych organizmów chorobotwórczych, przedostają się bezpośrednio do układu krwionośnego, toteż mogą szybko trafić do płodu za pośrednictwem łożyska (inne nie-pożądane substancje i organizmy z żywno-ści najczęściej pozostają w układzie tra-wiennym, a stają się zagrożeniem tylko wte-dy, gdy przedostaną się do wód płodowych).

Listerioza jest trudna do wykrycia. Czę-ściowo dlatego, że objawy tej choroby mogą wystąpić od 12 godzin do 30 dni po spożyciu zakażonej żywności, a częściowo ze względu na jej objawy: ból głowy, go-rączka, zmęczenie, bóle mięśni, czasami nudności i biegunka, które są podobne do objawów grypy lub bywają mylone z nor-malnymi efektami ubocznymi ciąży. W po-ważniejszych przypadkach infekcja może się przerodzić w zakażenie krwi lub roz-przestrzenić się w układzie nerwowym i wy-wołać zapalenie opon mózgowych (wraz z towarzyszącą mu sztywnością karku, cięż-kimi bólami głowy, uczuciem dezorientacji i utratą równowagi). Do leczenia listeriozy niezbędne są antybiotyki. Skutkiem zlek-ceważonej choroby są konwulsje, a nawet śmierć. Listerioza może doprowadzić do przed-wczesnego porodu, poronienia czy urodzenia martwego płodu, wreszcie do infekcji płodu.

Zatem przede wszystkim należy zapobie-gać powstaniu infekcji, unikając żywności niosącej ryzyko zarażenia się listeriozą – szczególnie w twoim stanie. Na stronie 150 znajdziesz więcej rad dotyczących bez-piecznego odżywiania się i zapobiegania chorobom związanym ze spożywaniem nie-bezpiecznych produktów.

# TOKSOPLAZMOZA

*Chociaż bezpośrednio naszym kotem opiekuje się teraz mąż, to jednak martwi mnie fakt, że żyję z kotami pod jednym da-chem, a to ze względu na toksoplazmozę. W jaki sposób mogę się dowiedzieć, czy za-raziłam się tą chorobą?*

Prawdopodobnie nie będziesz o tym wiedzieć. Większość ludzi zainfekowanych nie wykazuje żadnych objawów, chociaż niektórzy odnotowują lekkie pogorszenie samopoczucia, niewielką gorączkę i powiększenie węzłów chłonnych w dwa lub trzy tygodnie po ekspozycji oraz wysypkę w dzień lub dwa później.

Ale przede wszystkim jest spore prawdopodobieństwo, że w ogóle nie doszło u ciebie do zakażenia. Skoro mieszkasz z kotami od dłuższego czasu, zapewne wcześniej zostałaś zainfekowana i twój organizm wytworzył już przeciwciała wirusa wywołującego toksoplazmozę. Niestety nie można precyzyjnie określić, czy masz owe przeciwciała, bo choć dostępne jest badanie na obecność przeciwciał *Toxoplasma gondii*, nic ono nie da – chyba że byłaś także badana wcześniej, nim zaszłaś w ciążę. Wynika to z faktu, że testy nie są na tyle czułe, by wykazać, czy nie badana wcześniej kobieta ma nową infekcję czy są to tylko przeciwciała nabyte podczas starej infekcji[1]. Poproś lekarza, by sprawdził, czy przed ciążą byłaś badana w kierunku tej choroby. Gdy wówczas obecne były przeciwciała – bardzo możliwe, skoro mieszkałaś z kotami – znaczy to, że jesteś odporna i nie musisz się denerwować, że infekcja rozwinie się teraz. Jeśli nie miałaś przeciwciał, znaczy to, że nie jesteś uodporniona. Gdyby się okazało, że nie jesteś uodporniona, a masz objawy toksoplazmozy, powinnaś zostać przebadana. (Nie wykonuj jednak testu domowego, gdyż nie są one zbyt wiarygodne.)

Ważnym czynnikiem, który należy wziąć pod uwagę w przypadku wykrycia nowej infekcji, jest etap ciąży, należy zatem dokładnie go określić.

Ryzyko zainfekowania płodu w I trymestrze jest relatywnie małe, prawdopodobnie mniejsze niż 15%, ale ryzyko poważnych uszkodzeń płodu jest wysokie. W II trymestrze prawdopodobieństwo infekcji jest trochę większe, ale ryzyko uszkodzenia nieco mniejsze. W ostatnim trymestrze istnieje największe prawdopodobieństwo zainfekowania dziecka, ale ryzyko poważnych uszkodzeń jest najmniejsze. Tylko jedno dziecko na 10 000 rodzi się z wrodzoną toksoplazmozą.

Dzięki najnowszym osiągnięciom można badać krew płodu i/lub płyn owodniowy, by sprawdzić, czy dziecko zostało zakażone – zwykle dopiero po 20 czy 22 tygodniu ciąży. Jeśli infekcja u płodu nie została wykryta, zapewne nic mu nie grozi.

W rzadkich przypadkach, gdy i matka, i dziecko są zakażone, następnym krokiem powinna być poważna rozmowa na temat dalszego postępowania. Matka powinna zasięgnąć opinii lekarza, specjalisty medycyny matczyno-płodowej i ewentualnie porozmawiać z pracownikiem poradni genetycznej. Jeśli nie chce przerywać ciąży, zaleca się jej leczenie antybiotykami, niekiedy nawet przez kilka miesięcy. Leczenie takie zdaje się w dużym stopniu zmniejszać prawdopodobieństwo, że dziecko urodzi się z poważnymi schorzeniami. Komplikacji można uniknąć poprzez natychmiastowe leczenie dziecka tuż po narodzinach – to daje lepsze prognozy na przyszłość.

Najlepszym „lekarstwem" przeciwko toksoplazmozie (podobnie jak przeciwko innym chorobom) jest jednak profilaktyka. Na stronie 68 znajdziesz wskazówki, jak uniknąć zakażenia.

# CYTOMEGALOWIRUS (CMV)

*Lekarka powiedziała mi, że powinnam wziąć zwolnienie z pracy (jestem wychowawczynią w przedszkolu), ponieważ mogłabym mieć kontakt z CMV, który zgodnie z jej słowami stanowi zagrożenie dla mojego dziecka.*

---

[1] Nie jest to twierdzenie prawdziwe, bowiem przeciwciała IgM występują jako odpowiedź pierwotna i świadczą o świeżym zakażeniu, po kilku miesiącach znikają, podczas gdy przeciwciała IgG utrzymują się przez całe życie i świadczą o zakażeniu przebytym (przyp. red. nauk.).

Choć to prawda, że około 25-60% wszystkich przedszkolaków jest nosicielami cytomegalowirusa i wydziela go ze śliną, moczem i odchodami przez miesiące, a nawet lata, ryzyko, że zarazisz się nim i zaszkodzisz twojemu dziecku, jest małe. Po pierwsze, wirus nie jest bardzo zaraźliwy – przynajmniej nie dla osób dorosłych. Po drugie, większość dorosłych przebyła już infekcję w dzieciństwie. Jeśli miałaś wcześniej CMV, nie możesz się już nim zarazić teraz[1] (jeżeli cytomegalowirus się reaktywował, ryzyko dla twojego dziecka jest mniejsze niż w przypadku nowej infekcji w ciąży). Po trzecie, chociaż 1 na 200 dzieci rodzi się z wirusem (około połowa zainfekowanych kobiet w ciąży przekazuje wirusa swym nie narodzonym dzieciom), to tylko mały odsetek z nich wykazuje obecnie jakiekolwiek objawy choroby, współistniejące z wewnątrzmaciczną infekcją CMV.

Niektórzy lekarze ciągle jeszcze zalecają zwolnienie z pracy w pierwszych 24 tygodniach ciąży, gdy kobieta jest narażona na kontakt z dużą liczbą dzieci w wieku przedszkolnym i jest pewna, że wcześniej nie przeszła tej infekcji (większość ludzi nie ma tak dokładnych informacji, chyba że zostały wcześniej wykonane szczegółowe testy). Inni zalecają noszenie rękawiczek podczas pracy, staranne mycie rąk po zmianie pieluszek, powstrzymywanie się od całowania dzieci i od zjadania resztek po ich posiłku. (Kobieta ciężarna nie musi się obawiać zakażenia CMV, gdyż możliwość zakażenia jest bardzo mała. To oczywiście nie oznacza, że można nie dbać o higienę w domu – powinna o nią dbać niezależnie od tego, czy obawia się CMV czy nie.)

Gdybyś czuła się zmęczona, miała gorączkę, opuchnięte węzły chłonne i ból gardła, skontaktuj się jednak z lekarzem. Niezależnie od tego, czy objawy te są spowo-

dowane CMV czy inną chorobą (taką jak np. grypa, infekcja gardła lub mononukleoza), potrzebne ci jest leczenie. Jeśli rozpoznano CMV, leczenie może polegać na podaniu immunoglobuliny CMV, dzięki której twoje dziecko powinno uniknąć zakażenia. Lekarz zapewne zaleci przeprowadzenie badania wód płodowych bądź próbki krwi płodu (po 21 tygodniu ciąży i 7 tygodniach po rozpoznaniu choroby u ciebie), aby sprawdzić, czy dziecko również ma infekcję[2]. Gdyby test dał wynik pozytywny, po dwóch miesiącach powinno się go powtórzyć. Jeśli wynik pozytywny się powtórzy, powinnaś porozmawiać z lekarzem o dalszym postępowaniu.

# RUMIEŃ ZAKAŹNY

*Powiedziano mi, że pewna choroba, o której wcześniej nie słyszałam – rumień zakaźny – może spowodować problemy w ciąży.*

Rumień zakaźny – fachowo nazywany *erythema infectiosum* – jest jedną z sześciu chorób wywołujących gorączkę i wysypkę u dzieci. Jednak w przeciwieństwie do swych siostrzanych chorób (takich jak odra lub ospa wietrzna) nie jest szeroko znany, ponieważ objawia się łagodnie – może zatem pozostać nie rozpoznany. Gorączka może wystąpić u 15-30% chorych. Wysypka – która przez kilka pierwszych dni pojawia się na policzkach, przypominając ślad po uderzeniu – później rozprzestrzenia się na tułów, niczym koronka. Wysypka może okresowo znikać (zwykle w zależności od słońca lub temperatury otoczenia) na jeden lub dwa tygodnie. Często jest mylona z innymi chorobami dziecięcymi, a nawet poparzeniem słonecznym.

Rumień zakaźny nie należy do bardzo zaraźliwych chorób, dlatego też rzadko docho-

---

[1] Wydaje się, że reaktywacja zakażenia CMV jest możliwa, jedynie ryzyko jest mniejsze i wynosi 2% (przyp. red. nauk. wyd. pol.).

[2] Badania te dają precyzyjne rozpoznanie, podczas gdy zalecane czasami USG – nie.

dzi do infekcji przy jednorazowym przypadkowym kontakcie. Gdy jednak jest się dłużej narażonym na kontakt, na przykład podczas opieki nad chorym dzieckiem lub pracy w szkole objętej epidemią, wówczas ryzyko staje się znacznie większe.

Ponieważ większość kobiet w wieku rozrodczym jest uodporniona na rumień zakaźny, rzadko ma się do czynienia z infekcją u przyszłej matki. W przypadku obecnego lub wcześniejszego kontaktu z parwowirusem B19, przyczyną rumienia zakaźnego, łatwo można wykryć, czy doszło do zakażenia, wykonując badanie krwi na obecność przeciwciał parwowirusa. Gdyby badanie wykazało, iż przechodziłaś chorobę, bądź spokojna – już się nią nie zarazisz i nie przekażesz jej dziecku. Gdybyś nawet przeszła tę infekcję niedawno, niewielkie jest prawdopodobieństwo, byś przekazała ją swemu potomkowi – według najnowszych badań, zapewne mniejsze niż 1%.

Jeśli natomiast test wykaże, że nie jesteś uodporniona ani zarażona, i tak ryzyko zachorowania jest znikome. W przypadku gdy twoja praca polega na opiekowaniu się małymi dziećmi, dla bezpieczeństwa możesz jednak wziąć urlop podczas epidemii rumienia zakaźnego. Natomiast jeżeli twoje dziecko zachoruje na tę chorobę, podejmij odpowiednie kroki zapobiegawcze (patrz s. 467).

Ostatnio rumień zakaźny wiąże się z bardzo nieznacznym wzrostem przypadków poronienia u zarażonych kobiet. Lecz choć choroba może wywołać poronienie w jednej ciąży, to powtórne poronienie z powodu parwowirusa nie jest prawdopodobne.

W bardzo rzadkich sytuacjach choroba może wywoływać niedokrwistość u płodu, podobną jak w konflikcie serologicznym w zakresie czynnika Rh.

Ciężarne chore na rumień zakaźny są często badane ultrasonograficznie w celu wykluczenia obecności obrzęku płodu (jako rezultatu zatrzymania płynu), tak charakterystycznego dla tego typu niedokrwistości. W przypadku obrzęku płodu konieczne będzie leczenie.

# OSPA WIETRZNA

*Moje dziecko było w żłobku narażone na kontakt z ospą wietrzną przez nie zaszczepione dziecko. Jeżeli ono zachoruje, to czy może to mieć negatywny wpływ na dziecko, które teraz noszę?*

Prawdopodobnie nie. Odizolowany od reszty świata płód nie może zarazić się ospą wietrzną od osoby trzeciej – jedynie od własnej matki. A prawdopodobieństwo jest znikome, gdyż najpierw musiałabyś się zarazić ty. Po pierwsze więc, twoje dziecko nie „złapie" raczej choroby i nie przyniesie jej do domu, jeśli zostało zaszczepione odpowiednią szczepionką. Po drugie najprawdopodobniej sama przechodziłaś tę chorobę jako dziecko (85-95% populacji miało ospę) i jesteś uodporniona. Poproś rodziców, żeby sprawdzili w książeczce zdrowia, czy chorowałaś na ospę; jeśli jest to niemożliwe, poproś swojego lekarza, aby sprawdził to badaniem immunologicznym.

Chociaż ryzyko zachorowania na ospę, nawet jeśli nie jesteś uodporniona – jest niewielkie, to zaleca się iniekcje z immunoglobuliny przeciw *varicella-zoster* (VZIG) po 96 godzinach od udokumentowanego osobistego kontaktu. Nie jest do końca wyjaśnione, czy ochroni to dziecko przed chorobą, ale zminimalizuje ryzyko komplikacji u ciebie, ponieważ wiadomo, że ta dziecięca choroba może dawać czasami groźne powikłania u dorosłych, np. ospowe zapalenie płuc. Jeżeli zaatakowana zostaniesz ciężką postacią infekcji, to leczenie lekami przeciwwirusowymi może od samego początku zmniejszyć ryzyko komplikacji.

Istnieje wprawdzie ryzyko zniszczenia płodu, gdy matka jest zainfekowana, ale jest ono małe. Nawet w okresie największej wrażliwości płodu – podczas pierwszej połowy ciąży – tylko w 2% ciąż mogą wystąpić uszkodzenia typowe dla zespołu wad wrodzonych po ospie. Gdy ekspozycja nastąpiła w drugiej połowie ciąży, uszkodzenia są bardzo rzadkie.

Ospa staje się ponownie groźna pod koniec ciąży, kiedy infekcja matki może doprowadzić do ospy noworodkowej u dziecka. Jeśli choroba rozwinie się u matki w tydzień przed porodem, to w 15 do 30% przypadków dziecko ulegnie zarażeniu i mniej więcej w ciągu tygodnia pojawi się u niego charakterystyczna wysypka. Ospa noworodkowa w tym momencie może być bardzo niebezpieczna i zwykle podawany jest VZIG. Ryzyko zakażenia noworodka jest mniejsze, gdy choroba wystąpi między 7 a 21 dniem przed porodem, gdyż organizm matki ma czas wytworzyć przeciwciała i przekazać je dziecku poprzez łożysko.

Półpasiec, który powstaje po reaktywacji wirusa ospy u kogoś, kto na nią chorował wcześniej, nie powoduje uszkodzenia płodu, ponieważ w organizmie matki i dziecka są już przeciwciała.

Jeśli nie jesteś uodporniona, a tym razem udało ci się uniknąć zarażenia, spytaj lekarza o możliwość zaszczepienia się przeciwko ospie po urodzeniu dziecka, mając na względzie przyszłe ciąże. Szczepienie powinno zostać przeprowadzone na co najmniej miesiąc przed kolejnym poczęciem.

# CHOROBA Z LYME

*Wiem, że żyję na terenach o dużym ryzyku zachorowania na chorobę z Lyme. Czy jest to niebezpieczne w ciąży?*

Choroba z Lyme – której nazwa pochodzi od miasteczka w stanie Connecticut, gdzie po raz pierwszy w USA została zdiagnozowana – najczęściej występuje u ludzi często przebywających w lasach nawiedzanych przez jelenie, myszy lub inne zwierzęta przenoszące kleszcze, lecz również może być przeniesiona na tereny zielone miast poprzez zieleń przywiezioną z lasów lub poprzez produkty rolne[1]. Choroba z Lyme może być przeniesiona na płód, lecz to, czy płód może zostać trwale uszkodzony czy nie, nie jest całkowicie pewne. Podejrzewa się, lecz nie jest to udowodnione, iż choroba może mieć związek z wadami serca u dzieci zarażonych matek.

Najlepszym sposobem ochrony twojego dziecka i ciebie jest stosowanie środków profilaktycznych. Jeśli mieszkasz w zalesionych lub trawiastych terenach bądź zajmujesz się uprawą terenów zielonych, noś długie spodnie wsunięte w buty lub skarpety oraz długie rękawy. Używaj płynu odstraszającego kleszcze, spryskuj nim swoje ubranie, lecz nie skórę. Gdy wrócisz do domu, sprawdź dokładnie skórę w poszukiwaniu kleszczy (usunięcie ich krótko po tym, jak się przyczepią – maksymalnie do 24 godzin – prawie zupełnie eliminuje ryzyko infekcji) oraz umyj się dokładnie, by usunąć resztki płynu odstraszającego kleszcze, który mógł dostać się na skórę, oraz przemyj ślady po ukąszeniu. Przed następną ciążą zastanów się wspólnie z lekarzem nad szczepieniem przeciwko chorobie z Lyme. W ten sposób zabezpieczysz się przed infekcją.

Jeżeli zostałaś ukąszona przez kleszcza, skontaktuj się natychmiast z lekarzem, gdyż za pomocą badania krwi można szybko

---

[1] Krętki *Borrelia burgdorferi*, przenoszone przez kleszcze, są patogenem boreliozy nazywanej chorobą z Lyme. W Polsce w ostatnim dziesięcioleciu pojawiły się doniesienia o zachorowaniach na boreliozę u osób zamieszkujących tereny leśne, pracowników leśnych lub osób odbywających wędrówki w lesie. Każdy zakażony kleszcz przekazuje krętka następnym pokoleniom. Rezerwuarem krętków są sarny i myszy, w mniejszym stopniu szczury i psy. Uważa się, że aby doszło do zakażenia boreliozą człowieka, kleszcz usadowiony na skórze człowieka musi pozostawać przez okres najmniej 24 godzin. Krętki znajdujące się w ślinie lub treści jelita kleszcza dostają się do skóry, a następnie krwi i choroba staje się uogólniona. W roku 2000 w Polsce według relacji PZH zarejestrowano 1850 przypadków boreliozy (przyp. red. nauk. wyd. pol.).

określić, czy doszło do zarażenia. Wczesnymi objawami mogą być plamista wysypka w miejscu ugryzienia, znużenie, ból głowy, sztywność karku, gorączka i dreszcze, ogólna bolesność, obrzmiałe gruczoły chłonne w pobliżu miejsc ukąszenia; do późniejszych objawów należą dolegliwości przypominające bóle artretyczne i utrata pamięci. Szybkie działanie może uchronić twoje dziecko przed infekcją, a ciebie przed poważną chorobą.

# ODRA

*Jestem nauczycielką, toteż obawiam się wszystkich chorób okresu dziecięcego, na które mogę być narażona. Czy powinnam się zaszczepić przeciwko odrze?*

Nie. W czasie ciąży nie stosuje się szczepień przeciwko odrze, a to ze względu na ryzyko dla płodu ze strony szczepionki, chociaż nie zarejestrowano doniesień o zaburzeniach rozwojowych wśród noworodków matek szczepionych w ciąży. Ponadto najprawdopodobniej nie zachorujesz, ponieważ większość kobiet albo przechodziła tę chorobę, albo została zaszczepiona w dzieciństwie. Jeśli nie masz żadnych danych na ten temat, a twoich rodziców zawodzi pamięć, poproś lekarza o przeprowadzenie badania immunologicznego. Gdyby się okazało, że nie jesteś odporna, ryzyko zarażenia się odrą jest znikome, a ponieważ większość dzieci została zaszczepiona, więc raczej nie przyniesie tej choroby do szkoły[1].

Uspokajający jest także fakt, że odra w przeciwieństwie do różyczki nie powoduje wad rozwojowych płodu, chociaż może się wiązać ze zwiększonym ryzykiem poronienia lub porodu przedwczesnego.

Prawdopodobieństwo nawiązania bezpośredniego kontaktu z osobą chorą na odrę, jeśli sama nie jesteś uodporniona, jest bardzo niewielkie; gdyby tak się jednak stało, lekarz zapewne poda gammaglobulinę w okresie inkubacji, czyli po ekspozycji, a jeszcze przed pojawieniem się pierwszych objawów. Dzięki temu będą one łagodniejsze – jeśli w ogóle się rozwiną. Zachorowanie na odrę niedługo przed porodem oznacza, że dziecko może się zarazić od ciebie, co jest dla niego pewnym zagrożeniem. Dlatego też prawdopodobnie podana mu zostanie gammaglobulina w celu złagodzenia infekcji. Więcej na temat bezpiecznego szczepienia znajdziesz na stronie 41.

# ŚWINKA

*Mój współpracownik przechodzi świnkę o ciężkim przebiegu. Czy powinnam się zaszczepić, by uniknąć zarażenia?*

Twój współpracownik należy do rzadkich przypadków, ponieważ dzięki szczepieniom tylko około 600 Amerykanów rocznie „łapie" świnkę. Pomimo to szczepienie w czasie ciąży nie jest zalecane, gdyż może być szkodliwe dla płodu. Istnieje duże prawdopodobieństwo, że zostałaś zaszczepiona przeciwko śwince potrójną szczepionką (odra, świnka, różyczka) bądź przechodziłaś tę chorobę w dzieciństwie i jesteś uodporniona. Spytaj rodziców lub, jeżeli to możliwe, lekarza, który opiekował się tobą, gdy byłaś dzieckiem[1]. Lecz jeśli nawet nie masz odporności na świnkę, ryzyko zarażenia się tą chorobą jest znikome przy przypadkowych kontaktach.

Ponieważ jednak może ona wyzwolić skurcze macicy i uważa się ją za przyczynę

---

[1] W rzeczywistości ryzyko jest praktycznie zerowe. W ostatnich latach w Stanach Zjednoczonych odnotowano mniej niż 100 przypadków odry, a większość z nich dotyczy imigrantów.

[1] Notuj wszystkie szczepienia i choroby, aby twoje dziecko miało takie informacje, gdy samo będzie dorosłe. Przekaż mu te zapiski, gdy będzie opuszczało dom.

poronienia w pierwszym trymestrze lub porodu przedwczesnego, musisz zwrócić uwagę na pierwsze objawy tej choroby (mdłe bóle, gorączka, utrata apetytu – objawy występujące przed powiększeniem węzłów chłonnych, a następnie pojawiające się bóle ucha i ból żołądka po spożyciu kwaśnych pokarmów). Poinformuj o tym swojego lekarza, ponieważ szybkie leczenie może ograniczyć rozwój choroby. Zastanów się także nad zaszczepieniem się potrójną szczepionką przed podjęciem decyzji o kolejnej ciąży – na wszelki wypadek.

## RÓŻYCZKA

*Miałam kontakt z różyczką podczas wycieczki zagranicznej. Czy powinnam przerwać ciążę?*

Na szczęście 6 na 7 ciężarnych kobiet jest uodpornionych na różyczkę, ponieważ albo już ją przechodziły (zwykle w dzieciństwie), albo były szczepione przeciwko niej (zwykle po okresie dojrzewania lub po ślubie). Zatem są spore szanse na to, że nie zarazisz się teraz różyczką, więc nie masz powodu do zmartwień. Jeśli nie jesteś pewna co do swojej odporności na tę chorobę, sprawdź za pomocą prostego testu badającego stężenie przeciwciał różyczki, który skontroluje poziom przeciwciał wirusa we krwi. W USA test ten większość lekarzy wykonuje rutynowo podczas pierwszej wizyty prenatalnej. Jeżeli do tej pory nie został on przeprowadzony, zrób go teraz.

Gdyby jednak się okazało, że nie jesteś odporna na tę chorobę, nie musisz rozważać podjęcia tak drastycznych środków. Sama ekspozycja nie może uszkodzić twojego dziecka. Musiałabyś być w bezpośrednim kontakcie z chorobą, żeby wirus mógł wyrządzić szkody. Objawy, które pojawiają się mniej więcej dwa lub trzy tygodnie od ekspozycji, są zwykle łagodne (złe samopoczucie, wysoka gorączka, obrzmienie węzłów chłonnych, delikatna wysypka pojawiająca się dzień lub dwa później) i mogą czasami minąć niezauważenie. Badania krwi w tym okresie mogą, ale nie muszą wykazać, że masz aktywną infekcję. Od 22 tygodnia ciąży możliwe jest sprawdzenie, czy płód został zainfekowany (wcześniej infekcja może nie być widoczna), ale potrzeba taka występuje rzadko. Natomiast całkowicie niemożliwe jest uchronienie nie uodpornionej kobiety, która miała kontakt z różyczką, przed zarażeniem. Kiedyś rutynowo stosowane były zastrzyki z gammaglobuliny, stwierdzono jednak ich nieskuteczność w zapobieganiu chorobie.

Możesz niestety zachorować na różyczkę, dlatego najlepiej będzie, jeśli: przeanalizujesz z twoim lekarzem wszystkie możliwości ryzyka dla płodu, zanim podejmiesz decyzję o zakończeniu ciąży. Ważne jest, aby zrozumieć, że ryzyko systematycznie maleje wraz z rozwojem ciąży. Gdy kobieta jest zainfekowana w pierwszym miesiącu ciąży, ryzyko rozwinięcia się u dziecka poważnych wad wrodzonych jest wysokie, około 35%. Od 3 miesiąca ryzyko spada do 10-15%. Później ryzyko jest bardzo małe.

Od kiedy szczepienia stały się rutynowe w USA, choroba występuje coraz rzadziej. W ostatnich latach tylko kilkaset osób w całym kraju „złapało" wirusa, a ledwie kilkoro noworodków urodziło się z zespołem różyczki wrodzonej. Gdybyś jednak nie była zaszczepiona i nie przebyła tej choroby, zgłoś się po porodzie do swojego lekarza w celu szczepienia, aby uniknąć wszystkich następstw w następnych ciążach. Po szczepieniu, dla bezpieczeństwa, przez 2-3 miesiące nie należy zachodzić w ciążę. Jeżeli w tym okresie zaszłaś w ciążę lub byłaś szczepiona, nie wiedząc, że jesteś w ciąży, nie denerwuj się, ponieważ istnieje tylko teoretyczne ryzyko uszkodzenia płodu. Nie zarejestrowano jeszcze przypadku urodzenia dzieci z wadami towarzyszącymi różyczce u matek szczepionych we wczesnej ciąży lub jeżeli zaszły w ciążę wkrótce po szczepieniu.

# ZAPALENIE WĄTROBY (HEPATITIS)

*U jednego z dzieci w żłobku, gdzie pracuję, rozpoznano zapalenie wątroby typu A. Gdybym się zaraziła, czy to może uszkodzić moje dziecko?*

Hepatitis A jest bardzo powszechną chorobą (prawie 1/3 dzieci zapada na nią przed 5 rokiem życia). Jest przeważnie niegroźna (często bez wyraźnych objawów), nie zanotowano zakażenia płodu lub noworodka. Dlatego nawet gdybyś „złapała" tę chorobę, nie powinna ona uszkodzić płodu.

Należy jednak pamiętać, że w ciąży lepiej unikać kontaktu z wszelkimi infekcjami. Zawsze myj ręce po zmianie pieluszek, po kąpaniu dzieci i przed jedzeniem, ponieważ hepatitis szerzy się drogą pokarmową. Możesz także zapytać lekarza, jakie widzi możliwości szczepienia przeciw zapaleniu wątroby typu A.

*Czy hepatitis B jest chorobą zakaźną? Mój mąż zachorował na to i co dziwne, nie jest wcale w grupie wysokiego ryzyka.*

To nie jest takie dziwne. Około 6 na 10 ofiar hepatitis B zaliczanych jest do tzw. kategorii wysokiego ryzyka[1], jedna na trzy z nich zapada na to bez jakichkolwiek uchwytnych przyczyn. Za przypadki te może odpowiadać zjedzenie zakażonej żywności, pływanie w skażonej wodzie lub inne czynniki nie związane z tym, co określa się mianem przynależności do grupy wysokiego ryzyka.

---

[1] Wirusowe zapalenie wątroby typu B przenoszone jest za pośrednictwem krwi lub płynów ustrojowych. W grupie najwyższego ryzyka znajdują się: narkomani, homoseksualiści i heteroseksualiści mający więcej niż jednego partnera w okresie sześciu miesięcy. Do grupy podwyższonego ryzyka należą także pracownicy służby zdrowia oraz imigranci z Chin, południowo-wschodniej Azji i innych obszarów o dużym natężeniu tej choroby. Szczepienie jest dostępne i zalecane dla tych grup.

Skoro ta infekcja wątroby (która najczęściej występuje w okresie rozrodczym, między 15 a 39 rokiem życia) może być przeniesiona z matki na płód, to ma ona istotny związek z przyszłymi rodzicami. A ponieważ przenosi się ona przez normalne dla męża i żony formy kontaktu (łącznie z seksualnymi), powinnaś szczególnie się nią zainteresować. Po pierwsze, sprawdź, czy już zostałaś zakażona. Jako że zapalenie wątroby typu B może mieć tak łagodny charakter, że nie zauważysz żadnych objawów albo będziesz miała tylko i tak już częste w ciąży nudności i wymioty (inne możliwe objawy to zżółknięcie skóry lub białek oczu, stolce o jasnoglinianym zabarwieniu, przemęczenie, ból brzucha oraz utrata apetytu), będzie ci trudno samej rozpoznać tę chorobę bez odpowiednich badań. Badanie w kierunku zapalenia wątroby typu B zaleca się wszystkim ciężarnym. Jeśli nie przeszłaś go w ogóle albo wykonano je przed stwierdzeniem choroby u męża, powinnaś teraz poprosić o wykonanie tego badania.

Jeśli wynik będzie negatywny, powinniście teraz wraz z mężem podjąć odpowiednie kroki zapobiegawcze: nie dzielić się piciem, szczoteczkami do zębów, maszynkami do golenia czy innymi przedmiotami osobistego użytku, a także nie odbywać stosunków seksualnych (prezerwatywy nie zapewniają całkowitej ochrony). Spytaj lekarza o szczepionkę, gdyż nie stanowi ona niebezpieczeństwa dla ciąży – ponieważ jednak nie daje także całkowitej ochrony, musisz chronić się na inne sposoby. Szczepionkę powinny otrzymać inne nie uodpornione dzieci i osoby dorosłe mieszkające wraz z wami, żeby uchronić się przed infekcją.

Ale gdyby wynik twojego testu był pozytywny, zacznij leczenie polegające na leżeniu w łóżku i wartościowym odżywianiu się (dużo białek i kalorii, zakaz picia alkoholu). Co jakiś czas zostanie ci pobrana krew w celu monitorowania postępu choroby. W 95% przypadków można się spodziewać całkowitego wyleczenia.

Ponieważ zapalenie wątroby typu B przekazywane jest dziecku w trakcie porodu, koniecznie należy podjąć kroki, by je ochronić przed wirusem obecnym w tym momencie w organizmie. Aby zapobiec przeniknięciu infekcji do organizmu noworodka, należy jak najszybciej go wykąpać, by zmyć ślady twojej krwi czy innych wydzielin, oraz podać mu szczepionkę przeciwko chorobie (zresztą czynność ta i tak jest rutynowa) i immunoglobulinę w 24 godziny po narodzinach. Szczepienie powtarza się po jednym lub dwóch miesiącach, a potem jeszcze raz w wieku sześciu miesięcy. Dziecko zwykle zostaje przebadane w wieku 12 do 15 miesięcy w celu sprawdzenia, czy terapia jest skuteczna.

Zagrożenie mogą stanowić także inne rodzaje zapalenia wątroby. Zapalenie typu C może być przekazane przez zainfekowaną matkę jej dziecku, zapewne w czasie ciąży, a nie porodu. Wskaźnik zarażeń jest niewielki: około 3 do 4%. A ponieważ zapalenie tego typu zwykle przenosi się przez krew (na przykład podczas wstrzykiwania narkotyków lub przez transfuzję), większość kobiet raczej się nim nie zarazi. Gdy infekcja zostanie rozpoznana, rozpoczyna się leczenie.

# CO WARTO WIEDZIEĆ
## Dobre samopoczucie

Mając na uwadze efekty potencjalnie szkodliwe dla nie narodzonego dziecka, wynikające zarówno z choroby, jak i z leków, trzeba powiedzieć, że w ciąży o wiele większy nacisk powinno się kłaść na profilaktykę niż na opiekę. Uncja profilaktyki jest warta więcej niż funt opieki. Poniżej znajdziesz kilka wskazówek potrzebnych dla twojego dobrego samopoczucia, które możesz stosować niezależnie od tego, czy jesteś w ciąży czy nie.

**Zaszczep się.** Przeczytaj o tym na stronie 41.

**Dbaj o dobrą formę i odporność.** Jedz zdrową żywność, najlepszą, jaką możesz zdobyć. Wypoczywaj, uprawiaj regularnie ćwiczenia, nie osłabiaj organizmu złym odżywianiem. Twój układ odpornościowy osiągnie szczytową formę, jeśli maksymalnie zredukujesz stres.

**Unikaj ludzi chorych.** Staraj się trzymać z daleka od każdego przeziębionego, chorego na grypę, nieżyt pokarmowy lub cokolwiek innego. Trzymaj się z dala od kichających w autobusie, unikaj spożywania posiłków ze znajomymi, którzy mają zapalenie gardła, i nie podawaj dłoni zakatarzonym przyjaciołom (drobnoustroje mogą być łatwo przeniesione za pośrednictwem dłoni). Jeżeli to możliwe, unikaj także małych zatłoczonych miejsc.

**Myj ręce.** Infekcje przenoszą się głównie na dłoniach, dlatego myj je często i starannie mydłem z ciepłą wodą przez 10 do 20 sekund, zwłaszcza po kontakcie z osobą chorą, a także wtedy, gdy przebywałaś w miejscach publicznych lub korzystałaś ze środków transportu publicznego. Szczególnie ważne jest mycie rąk przed posiłkami. Trzymaj w torebce chusteczki nasączone płynem bakteriobójczym, abyś mogła oczyścić dłonie wtedy, gdy w pobliżu nie ma kranu z bieżącą wodą.

**Nie zbliżaj się do chorych.** Jeśli to możliwe, ograniczaj swój kontakt z chorymi dziećmi lub chorym mężem (poproś członka rodziny, opiekunkę lub przyjaciółkę o sprawowanie opieki nad nimi). Unikaj zjadania po nich resztek, picia z ich kubków i całowania ich w twarz. Myj ręce po każdym kontakcie z chorymi, ich bielizną, chusteczkami; szczególnie unikaj dotykania oczu, nosa i ust. Dopilnuj, żeby chorzy domownicy także często myli ręce i żeby zasłaniali usta, kiedy kaszlą lub kichają. Używaj środków dezynfekcyjnych, takich jak lizol w sprayu, dezynfekuj telefon i inne często dotykane przez chorych powierzchnie. Izoluj ich zakażone szczoteczki do zębów. Gdy u twojego dziecka lub u dziecka, z którym masz regularny kontakt, pojawi się wysypka, nie wolno ci przebywać razem z nim, dopóki nie skontaktujesz się z lekarzem prowadzącym i nie upewnisz się, czy jesteś odporna na różyczkę, odrę, świnkę, rumień lub CMV (cytomegalowirus).

**Podchodź mądrze do swych zwierząt domowych.** Dbaj o ich zdrowie, nie zwlekaj z koniecznymi szczepieniami. Gdy masz kota, pamiętaj o toksoplazmozie i stosuj się do zaleceń mających na celu uniknięcie choroby (s. 68).

**Uważaj na chorobę z Lyme.** Unikaj terenów, w których często występują przypadki tej choroby, albo odpowiednio się przed nią zabezpiecz (patrz s. 463).

**Nie dziel się.** Nie pożyczaj szczoteczki do zębów ani innych przedmiotów osobistych. Do płukania zębów używaj kubków jednorazowych.

**Jedz bezpiecznie.** Unikniesz chorób związanych z żywnością, jeśli nawykniesz do stosowania zasad ostrożności podczas jej przygotowywania i przechowywania.

# 19

# Jak postępować w chorobach przewlekłych?

ażdy, kto zetknął się z chorobą przewlekłą, wie, jak skomplikowane staje się życie w związku ze specjalną
dietą, lekami i kontrolą medyczną. Każda
kobieta chora przewlekle, która była w ciąży, wie, że komplikacje ulegają w ciąży po-
dwojeniu. Zachodzi konieczność modyfi-
kacji diety, leków, poszerzenia opieki medycznej. W przeszłości głównym problemem u kobiet przewlekle chorych w ciąży
było duże zagrożenie ich życia i ich dzieci.
Dzisiaj, na szczęście, powikłania są mniej
powszechne. Liczne odkrycia naukowe

sprawiły, że większość chorób przewlekłych nie stanowi już zagrożenia dla kobiet
ciężarnych. Nadal jednak niezbędne jest
specjalne zaopatrzenie medyczne i potrzebne są odpowiednie zalecenia dla matki.
W tym rozdziale przedstawione będą specjalne zalecenia odnośnie do większości
chorób przewlekłych. Gdyby zalecenia te
różniły się od wskazówek udzielonych
przez twojego lekarza, to w pełni stosuj się
do jego zaleceń, ponieważ są one prawdopodobnie przystosowane specjalnie do twojej sytuacji.

## CO MOŻE CIĘ NIEPOKOIĆ

### ASTMA

*Mam astmę od dzieciństwa. Obawiam się,
że ataki albo lekarstwa, które biorę, mogą
mieć zły wpływ na dziecko.*

iężkie przypadki astmy powodują, że
ciąże u tych pacjentek są ciążami podwyższonego ryzyka, ale badania wskazują,
że ryzyko to może zostać wyeliminowane.
Dlatego konieczna jest medyczna kontrola

zespołu: internista + alergolog + położnik
(najlepiej wszyscy trzej).

Astma kontrolowana może mieć niewielki wpływ na dziecko, lecz ciąża ma wielki
wpływ na stan astmy, przy czym wpływ ten
jest różny u różnych kobiet: u 1/3 pacjentek
z astmą – w ciąży następuje poprawa, u 1/3
pacjentek z astmą – w ciąży bez zmian, u 1/3
pacjentek z astmą – zwykle w cięższym stanie, najczęściej po 24 tygodniu ciąży, sytuacja się pogarsza.

Oto wskazówki, do których należy się zastosować (najlepiej jeszcze przed poczęciem, lecz bezwzględnie w pierwszych tygodniach i miesiącach ciąży – potem też):

• Jeśli palisz papierosy, natychmiast rzuć ten nałóg (patrz s. 84, jak to zrobić).

• Zidentyfikować w środowisku czynnik wywołujący ataki. Jeżeli przed ciążą brałaś zastrzyki przeciwalergiczne, najprawdopodobniej będziesz to kontynuować; jeśli nie brałaś, a zajdzie taka potrzeba – może będziesz musiała je brać. Głównym czynnikiem wywołującym astmę w okresie rozrodczym są alergie. (Na stronie 186 znajdziesz rady, jak unikać alergenów.) Najczęściej astmę wywołują: pyłki, złuszczony naskórek zwierząt (być może będziesz musiała przekazać na pewien czas swoje zwierzątko znajomym), kurz i pleśnie. Mogą również występować u ciebie reakcje alergiczne na dym z papierosów, domowe środki czystości oraz perfumy, dlatego należy ich unikać. Ataki mogą nastąpić po ćwiczeniach fizycznych; zapobiegniesz im, przyjmując przed wysiłkiem fizycznym przepisane leki.

• Unikaj przeziębień, gryp i innych infekcji układu oddechowego, ponieważ one także mogą wywołać ataki astmy. Lekarze mogą przepisać ci lekarstwa zapobiegające atakom astmy, kiedy tylko zacznie się przeziębienie; inne infekcje układu oddechowego (nawet te najdrobniejsze) będą prawdopodobnie chcieli leczyć antybiotykami; możesz zostać zaszczepiona przeciw grypie.

• Jeżeli cierpisz na zapalenie zatok lub refluks żołądkowo-przełykowy (oba często się w ciąży zdarzają), koniecznie musisz je leczyć, gdyż zlekceważone mogą zakłócić leczenie astmy.

• Monitoruj oddychanie za pomocą miernika maksymalnego przepływu[1], zgodnie ze wskazówkami lekarza.

---

[1] Urządzenie to zwane jest również przepływomierzem Wrighta (przyp. tłum.).

• Zażywaj tylko lekarstwa przepisane przez lekarza zalecane dla kobiet w ciąży i w odpowiednich dawkach:

– Gdy objawy są łagodne – lekarz może nawet nic nie przepisać;

– Gdy objawy są umiarkowane do ciężkich – jest wiele lekarstw (mogą być albo wziewne, albo doustne) określanych jako „prawdopodobnie bezpieczne" dla płodu. W większości przypadków przeciwastmatyczne leki wziewne są bezpieczniejsze od doustnych. Ryzyko ich stosowania jest niewielkie w porównaniu z korzyścią, jaką dają dziecku: są dla niego dobrym źródłem tlenu.

• Gdy nastąpi atak, natychmiast sięgnij po przepisane ci leki, żeby nie pozbawić płodu dopływu tlenu. Jeśli lekarstwo nie przyniesie poprawy, zadzwoń do lekarza lub pojedź bezzwłocznie do najbliższej stacji pogotowia ratunkowego.

Atak astmy bywa przyczyną wczesnych skurczów macicy, ale zwykle ustępują one, gdy atak się skończy. Gdyby jednak stało się inaczej, otrzymasz natychmiastową pomoc medyczną w celu ich powstrzymania.

Ponieważ w twoim wywiadzie występują problemy z oddychaniem, prawdopodobnie normalne bezdechy występujące u większości kobiet w późniejszym okresie ciąży (patrz s. 283) u ciebie będą alarmujące. Pamiętaj, że nie są one niebezpieczne. Jednak gdy w ostatnim trymestrze oddychanie wiąże się z wysiłkiem, możesz zauważyć ostre nawroty astmy. Atakom tym należy jak najszybciej zaradzić.

Większość astmatyczek jest w stanie korzystać z technik oddechowych Lamaze'a czy innych metod wyuczonych w szkole rodzenia. Mimo że nawroty astmy w trakcie porodu zdarzają się bardzo rzadko, należy kontynuować branie przepisanych leków. Jeśli twój przypadek astmy jest tak ciężki, że bierzesz doustnie steroidy czy kortykosteroidy, zapewne zostaną ci podane dożylnie steroidy, aby zmniejszyć stres związany z porodem. W chwili przyjęcia do szpitala sprawdzone zostanie natlenienie, a jeśli okaże się, że poziom tlenu jest niski, otrzymasz leki o działaniu zapobiegawczym. Prawdopodobnie zostanie ci podane znieczulenie zewnątrzoponowe, gdyż zmniejsza ono zużycie tlenu, natomiast należy unikać znieczulenia pełnego, które może stymulować wydzielanie histaminy wywołującej atak astmy. U dzieci niektórych kobiet chorych na astmę występuje gwałtowna czynność oddechowa po porodzie, ale jest to stan tymczasowy.

Tendencja do alergii i astmy jest dziedziczna, toteż postąpisz rozsądnie, opóźniając moment kontaktu dziecka z potencjalnymi alergenami znajdującymi się w żywności. Karm dziecko w y ł ą c z n i e własnym mlekiem bez żadnych dodatków, przez co najmniej sześć miesięcy[1]. Dzięki temu opóźnisz początek alergii u dziecka. W ten sposób też zwykle udaje się zmniejszyć długoterminowe skutki alergii.

Jeśli chodzi o samą astmę, objawy wrócą do stanu przedciążowego (niezależnie od tego, czy będzie to zmiana na lepsze czy na gorsze) w ciągu trzech miesięcy od narodzin dziecka.

## CUKRZYCA

*Jestem cukrzykiem. Jaki to będzie miało wpływ na dziecko?*

Jeszcze dla poprzedniego pokolenia zajście w ciążę kobiety chorej na cukrzycę wiązało się z ryzykiem dla jej zdrowia, a szczególnie dla jej nie narodzonego dziecka. Dzisiaj, dzięki specjalizacji medycznej opieki i skrupulatnej ochronie zdrowia (najlepiej jeszcze przed zajściem w ciążę), kobieta chora na cukrzycę ma taką samą szansę skutecznie donosić ciążę i urodzić zdrowe dziecko jak każda inna kobieta. Jedna z kobiet z cukrzycą, która brała udział w naszych programach naukowych, miała dzięki nadzwyczajnej opiece w trakcie ciąży mniej problemów niż jej odpowiedniczki bez cukrzycy.

Badania wykazały, że kluczem do prawidłowego przebiegu ciąży – czy masz cukrzycę typu 1 czy też typu 2 – jest osiągnięcie normalnego poziomu glukozy we krwi przed poczęciem oraz utrzymanie go w trakcie następnych dziewięciu miesięcy. Dostępność domowych urządzeń do monitorowania, proste dozowanie insuliny, a nawet podskórne pompki insulinowe sprawiły, że w obecnych czasach zadanie to staje się coraz łatwiejsze. Niezależnie od tego, czy zajdziesz w ciążę, chorując na cukrzycę, czy też wystąpi ona podczas ciąży, poniższe wskazówki mogą być dla ciebie ważne, mogą się przyczynić do bezpieczeństwa ciąży i zdrowia dziecka.

**Odpowiedni lekarz.** Lekarz prowadzący twoją ciążę powinien mieć duże doświadczenie oraz móc się wykazać sukcesami w opiece nad ciężarnymi chorymi na cukrzycę, a także współpracować z lekarzem leczącym twoją chorobę.

**Dodatkowa pomoc.** Największe szanse daje współpraca ze specjalistą od odżywiania i pielęgniarką prowadzącą, gdyż osoby te służą wiedzą i wsparciem. Pomocni mogą być także twój mąż, dzieci, przyjaciele czy dalsi krewni.

**Zalecenia lekarza.** Będziesz się prawdopodobnie częściej niż inne ciężarne stykała z położnikiem (jak też z internistą i endokrynologiem). Otrzymasz też o wiele więcej zaleceń, których będziesz musiała skrupulatnie przestrzegać.

**Dobra dieta.** Przygotowanie diety dostosowanej do twojej szczególnej sytuacji wymaga uważnego zaplanowania przy współpra-

---

[1] Jeśli to możliwe, kontynuuj karmienie piersią co najmniej przez rok.

cy z lekarzem prowadzącym, dietetykiem lub pielęgniarką posiadającą doświadczenie w opiece nad chorymi na cukrzycę. Dieta będzie prawdopodobnie bogata w zespół węglowodanów zawartych szczególnie w fasoli (około połowy twojego dziennego zapotrzebowania na kalorie powinno pochodzić z węglowodanów), przygotowana będzie z myślą o ograniczeniu białek (20% udziału kalorii), obniżeniu cholesterolu i tłuszczów (30% udziału kalorii, nie więcej niż 10% nasyconych), nie będzie zawierała słodyczy. Ważna będzie dieta bogatowłóknikowa (zalecane jest 40-70 gramów dziennie). Potwierdziły się bowiem niektóre doświadczenia, które wykazały wpływ włóknika na obniżenie zapotrzebowania na insulinę u chorych na cukrzycę. Obecnie twoje dzienne zapotrzebowanie na kalorie wzrosło o około 300 – chyba że masz nadwagę; w takim wypadku lekarz zapewne określi, ile kalorii masz spożywać.

Jeśli chodzi o węglowodany, to nie trzeba aż tak rygorystycznie pilnować ich spożycia. Gdyby zdarzyło ci się przekroczyć dozwoloną ich ilość przy posiłku, można podać odpowiednią dawkę szybko działającej insuliny. To, jak bardzo restrykcyjnie będziesz musiała podchodzić do węglowodanów, zależy jednak od indywidualnego sposobu, w jaki twój organizm reaguje na konkretne produkty. Niektóre kobiety mogą jeść owoce i pić soki owocowe, podczas gdy u innych po ich spożyciu następuje gwałtowny wzrost poziomu cukru we krwi; w takim przypadku źródłem węglowodanów stają się warzywa, ziarno zbóż i rośliny strączkowe (są one także elementem bogatoresztkowej diety). By utrzymać właściwy poziom cukru we krwi, będziesz musiała zwrócić szczególną uwagę na ilość węglowodanów dostarczanych w posiłku porannym. Ważne będą także przekąski w ciągu dnia. Byłoby idealnie, gdyby zawierały zarówno zespół węglowodanów (np. w ciemnym chlebie), jak i białka (np. fasola, ser lub mięso). Nieregularne posiłki lub przekąski mogą niebezpiecznie obniżyć poziom cukru we krwi. Staraj się więc jeść regularnie, nawet jeśli poranne nudności czy inne dolegliwości ciążowe odbierają ci apetyt. Najlepiej jeść 6 do 8 małych posiłków w regularnych odstępach czasu, starannie je zaplanować i w razie potrzeby uzupełniać zdrowymi przekąskami. Przestrzeganie właściwej diety w ciąży jest tak ważne, że wielu specjalistów preferuje przeprowadzenie szpitalnego treningu dla kobiet z cukrzycą. W niektórych przypadkach taki trening może być zalecany także dla kobiet, u których cukrzyca rozwinęła się w ciąży. (O cukrzycy ciążowej przeczytasz na stronie 498.)

**Rozsądne przybieranie na wadze.** Spróbuj osiągnąć prawidłową masę ciała przed poczęciem, tak będzie najlepiej. Jeżeli rozpoczynasz ciążę z nadwagą, nie odchudzaj się w jej trakcie. Masa powinna wzrastać zgodnie z wytycznymi lekarza. Niekiedy dzieci kobiet chorych na cukrzycę są bardzo duże, nawet jeśli ich matki niewiele przytyły. Rozwój twojego dziecka będzie uważnie monitorowany badaniem USG.

**Ćwiczenia fizyczne.** Umiarkowany program ćwiczeń, zwłaszcza w przypadku kobiet z cukrzycą typu 2:

• doda ci energii;

• ureguluje poziom cukru we krwi;

• utrzyma cię w dobrej formie fizycznej do porodu.

Musi być jednak planowany razem z działaniami ściśle medycznymi (leczenie cukrzycy + opieka ginekologiczna) i dietą – przez lekarzy.

Jeśli nie ma powikłań i zawsze byłaś sprawna fizycznie, to najprawdopodobniej zostaną ci zalecone np.:

• energiczne spacery;

• pływanie;

# Bezpieczna częstość pracy serca w ćwiczeniach fizycznych w ciąży przy cukrzycy

Nie ma przeciwwskazań do ćwiczeń dla ciężarnej cierpiącej na cukrzycę, ale pod jednym warunkiem: nie należy przesilać organizmu. Zwykle zaleca się, by nie przekroczyć 70% maksymalnej bezpiecznej częstości pracy serca dla danej grupy wiekowej. Możesz to obliczyć następująco: Odejmij liczbę lat pacjentki od 220 i pomnóż przez 0,7 (np. jeśli masz 30 lat, to 220 − 30 = 190, 190 x 0,7 = 133). A zatem 133 uderzenia serca na minutę to będzie górny bezpieczny poziom intensywności ćwiczeń i tego limitu nie wolno ci przekroczyć.

- ćwiczenia na pokojowym, stacjonarnym rowerze, to znaczy jazda w miejscu na rowerze, ale nie jogging.

Jeśli wcześniej nie byłaś w formie albo są komplikacje z twoją cukrzycą lub dziecko nie przybiera prawidłowo na wadze, to będą możliwe tylko lekkie ćwiczenia (np. wolny spacer).

Lekarz najprawdopodobniej zaleci ci też dodatkowe środki ostrożności. Będą to:

- mały posiłek przed ćwiczeniami, np. szklanka mleka;

- nie przekraczać 70% bezpiecznej częstości pracy serca dla twojej grupy wiekowej;

- nie ćwiczyć w zbyt ciepłym pomieszczeniu (26°C lub więcej);

- jeśli jesteś na insulinie, to prawdopodobnie nie będziesz mogła wstrzykiwać jej w te partie ciała, które są najbardziej forsowane w ćwiczeniach, np. w nogi, jeśli spacerujesz, i nie powinnaś zmniejszać dawek przed ćwiczeniami.

**Odpoczynek.** Jest ważny szczególnie w trzecim trymestrze; mniej więcej w godzinach południowych wygospodaruj czas wolny, aby odpocząć (nogi ułóż wyżej) lub się zdrzemnąć; jeśli twoja praca zawodowa jest szczególnie wyczerpująca, to prawdopodobnie lekarz skieruje cię na urlop macierzyński wcześniej niż w innych, zdrowych ciążach.

**Regulowanie procesu leczenia.** Jeśli dieta i ćwiczenia fizyczne nie stabilizują dostatecznie poziomu cukru, przejdziesz prawdopodobnie na insulinę. Jeżeli przed ciążą brałaś lekarstwa doustnie, to najprawdopodobniej na czas ciąży przejdziesz na zastrzyki z insuliną albo podawanie insuliny przez pompkę podskórną. Natomiast jeśli będziesz brać insulinę w zastrzykach po raz pierwszy – możesz pójść w tym okresie do szpitala, aby uregulować poziom cukru pod nadzorem lekarzy.

Ze względu na hormony i wzrost ich poziomu w trakcie ciąży – dawki insuliny będą dostosowywane, to znaczy, że najprawdopodobniej będą wzrastać w pewnych okresach. Dawki te mogą się zmieniać również pod wpływem następujących czynników:

- wzrost twojej wagi;

- waga płodu (wielkość płodu);

- twoja choroba;

- stres, emocje.

Nowe badania wykazują, że lek doustny glyburide jest skuteczną alternatywą dla terapii insulinowej podczas ciąży.

Pamiętając o braniu leków przeciwko cukrzycy, uważaj na wszystkie inne medykamenty – wiele z tych sprzedawanych bez recepty może mieć wpływ na poziom insuliny w organizmie, a części z nich nie wolno brać podczas ciąży. Dlatego nie zażywaj żadnych leków na własną rękę, bez konsultacji zarówno z lekarzem zajmującym się cukrzycą, jak i prowadzącym ciążę.

**Regulowanie poziomu cukru.** Bądź przygotowana na to, że lekarz może cię poprosić o sprawdzanie poziomu cukru we krwi od 4 do 10 razy dziennie (za pomocą aparatu mierzącego poziom glukozy przez nakłucie palca) prawdopodobnie przed posiłkami i po. Być może będziesz miała badaną krew w kierunku hemoglobiny glikowanej (hemoglobina $A_{1c}$). Badania wykazują, iż wysoki poziom tej substancji jest oznaką zaniedbania kontrolowania poziomu glukozy we krwi.

Aby utrzymać prawidłowy poziom cukru we krwi, powinnaś:

• jeść regularnie (nie opuszczać posiłków);

• stosować odpowiednią dietę;

• dostosować ćwiczenia fizyczne;

• brać lekarstwa tak, jak zostały zalecone przez lekarza.

Jeśli byłaś zależna od insuliny przed ciążą, musisz mieć świadomość, że okresy hipoglikemii (inaczej niedocukrzenia, czyli gwałtownego spadku poziomu cukru we krwi) mogą być częstsze niż przed ciążą (odnosi się to szczególnie do pierwszego trymestru), dlatego częste monitorowanie jest w twoim przypadku obowiązkowe. W przyszłości standardową terapią mającą na celu znormalizowanie poziomu cukru we krwi może się stać transplantacja komórek trzustki.

**Monitorowanie moczu.** Ponieważ podczas uważnego regulowania cukrzycy twój organizm może wytwarzać ketony, czyli substancje o odczynie kwaśnym pojawiające się w wyniku rozkładania przez organizm tkanki tłuszczowej, będziesz systematycznie przechodziła badanie moczu pod kątem występowania tej substancji.

**Monitorowanie.** Nie bądź zaniepokojona dużą liczbą badań, szczególnie w trzecim trymestrze, lub hospitalizacją w ostatnich tygodniach ciąży – cel ich jest jeden: bada-

nie stanu twojego i dziecka po to, aby wybrać optymalny czas porodu i interweniować, gdy zajdzie potrzeba. Prawdopodobnie będziesz miała regularnie badane oczy – sprawdzanie stanu siatkówki oraz przeprowadzane badania krwi w celu oceny pracy nerek. Problemy z siatkówką i nerkami mogą narastać w czasie ciąży, ale po porodzie zwykle wracają do stanu sprzed ciąży.

Stan twojego dziecka i łożyska będzie określany przez:

• badania stresowe i niestresowe (patrz s. 320);

• profile biofizyczne;

• punkcję owodni (amniopunkcja), aby ocenić stopień rozwoju płuc i gotowość do porodu;

• USG (by ocenić wielkość dziecka, prawidłowy wzrost i ustalić moment optymalny dla porodu, zanim dziecko będzie zbyt duże do porodu drogami natury).

Możesz być poproszona, abyś po 28 tygodniu ciąży sama rejestrowała ruchy płodu 3 razy dziennie (patrz s. 239 – jak to robić lub postępuj zgodnie ze wskazówkami lekarza). Jeżeli nie poczujesz ruchów w trakcie samobadania, natychmiast skontaktuj się z lekarzem. Ponieważ w wypadku cukrzycy istnieje zwiększone zagrożenie wystąpienia stanu przedrzucawkowego, powinnaś zapoznać się z jego objawami (patrz s. 499) – gdyby wystąpiły, natychmiast poinformuj lekarza.

**Możliwość wcześniejszego porodu.** Dzieci wielu cukrzyków są zbyt duże do porodu drogami natury o czasie, szczególnie wtedy, gdy:

• englikemia nie była zachowana w trakcie ciąży;

• pogarsza się stan łożyska (odbierając płodowi tlen i środki odżywcze w ciągu ostatnich tygodni ciąży) i dlatego poród z reguły następuje wcześniej (około 38- -39 tygodnia ciąży).

Wyżej wymienione testy pomogą lekarzowi zdecydować się na moment prowokowania porodu drogami natury lub podjęcie decyzji wykonania cięcia cesarskiego. Kobiety z cukrzycą ciążową oraz te z lekką cukrzycą przed ciążą, niekiedy i te z prawidłowo kontrolowaną (leczoną) umiarkowaną formą choroby mogą często bezpiecznie donosić ciążę do planowanego, normalnego terminu porodu.

Nie martw się, jeśli twoje dziecko zostanie natychmiast po porodzie umieszczone na oddziale intensywnej opieki noworodkowej. W większości szpitali jest to rutynowe postępowanie wobec dzieci kobiet chorych na cukrzycę. Twoje maleństwo będzie obserwowane pod kątem występowania problemów układu oddechowego (które raczej nie wystąpią, jeśli podczas badania stwierdzono, że płuca są wystarczająco rozwinięte) oraz hipoglikemii (która, choć częściej występuje u dzieci diabetyczek, może być szybko i skutecznie wyleczona).

# PRZEWLEKŁE NADCIŚNIENIE

*Od wielu lat cierpię na nadciśnienie. Czy wysokie ciśnienie może wpłynąć na moją ciążę?*

Ponieważ coraz więcej kobiet decyduje się urodzić dziecko po trzydziestym czy czterdziestym roku życia, a nadciśnienie (podwyższone ciśnienie krwi) zwykle pojawia się z upływem lat, stan ten spotyka się u coraz większej grupy ciężarnych. (Z przyczyn nie do końca zrozumiałych, najczęściej u Afroamerykanek.) Nie jesteś więc sama, co nie zmienia jednak faktu, że twoja ciąża będzie należała do grupy podwyższonego ryzyka. Przygotuj się na częstsze wizyty u lekarzy różnych specjalności (najlepiej zaczynając od wizyty przed zajściem w ciążę) i starannie przestrzegaj ich zaleceń. Jeśli będziesz regularnie kontrolować ciśnienie krwi i znajdować się pod dobrą opieką lekarską, zapewnisz sobie oraz dziecku prawidłowy przebieg ciąży.

Poza tym zaleca się:

**Wybór właściwego lekarza.** Powinien mieć spore doświadczenie w prowadzeniu kobiet ciężarnych z przewlekłym nadciśnieniem, a także współpracować ze specjalistą zajmującym się twoją chorobą.

**Odpoczynek.** Poświęć więcej uwagi ćwiczeniom relaksacyjnym przedstawionym na stronie 127. Badania wykazują, iż odpoczynek może znacznie obniżyć zbyt wysokie ciśnienie.

**Inne metody alternatywne.** Wypróbuj wszystkich, które zaleca ci lekarz, na przykład biofeedback.

**Monitorowanie ciśnienia krwi.** Badaj ciśnienie codziennie, najlepiej gdy jesteś najbardziej wypoczęta i zrelaksowana.

**Właściwa dieta.** Dieta ciążowa powinna być przez lekarza tak zmodyfikowana, aby odpowiadała twoim indywidualnym potrzebom. W utrzymaniu ciśnienia krwi na niższym poziomie szczególnie ważne jest ograniczenie spożycia sodu i jedzenie dużej ilości warzyw i owoców, niskotłuszczowych lub odtłuszczonych produktów mlecznych oraz ziaren.

**Odpowiednia ilość płynów.** Mimo naturalnej reakcji, by ograniczyć ilość przyjmowanych płynów, gdy zauważysz lekki obrzęk stóp i stawów skokowych, należy tę ilość zwiększyć aż do 4,5 l dziennie. W ten sposób „wypłuczesz" nadmiar płynów z organizmu. (Nie pij jednak więcej niż 2 kubki – 0,5 litra – naraz.) W większości przypadków podczas ciąży nie poleca się przyjmowania diuretyków (czyli środków moczopędnych).

**Dużo wypoczynku.** Odpoczywaj z nogami uniesionymi (rano i po południu); jeśli masz stresującą pracę – zrezygnuj z niej na czas ciąży, zredukuj godziny lub obowiązki; gdy masz dużo pracy w domu – zorganizuj sobie pomoc.

**Lekarstwa.** Jeżeli brałaś wcześniej lekarstwa regulujące ciśnienie, lekarz albo zaleci kontynuowanie, albo zapisze nowe, bezpieczniejsze w ciąży. Część leków regulujących ciśnienie wydaje się nieszkodliwa podczas ciąży, inne nie są zalecane.

**Poświęć więcej uwagi własnemu ciału.** Jeżeli zaobserwujesz jakiekolwiek niepokojące objawy (patrz s. 130), natychmiast skontaktuj się z lekarzem.

**Ścisłe monitorowanie medyczne.** Lekarz prawdopodobnie zaleci ci częstsze niż w przypadkach zdrowych ciężarnych wizyty i badania – stosuj się do tego. Najnowsze badania dowodzą, że nawet kobiety z nadczynnością tarczycy, cierpiące na upośledzenie czynności nerek, mogą z powodzeniem przejść ciążę, jeżeli przebywają pod dobrą opieką medyczną. Jednak obecność białka w moczu na początku ciąży i powstanie stanu przedrzucawkowego (patrz s. 499) zwiastują ewentualne komplikacje zarówno u matki, jak i u dziecka. Jeśli twoje ciśnienie jest bardzo wysokie i nie obniża się mimo leczenia i/lub masz poważne skutki uboczne, takie jak:
– krwotoki siatkówkowe;
– poważne upośledzenie czynności nerek;
– powiększone serce;
ryzyko szkodliwego wpływu twojej choroby na planowaną ciążę wzrasta. Po konsultacji z lekarzem musisz rozważyć ryzyko i podjąć decyzję o zajściu w ciążę lub o jej kontynuowaniu.

# CHOROBA WIEŃCOWA SERCA

*Mój lekarz ostrzegł mnie, abym nie zachodziła w ciążę, ponieważ mam chorobę wieńcową. Ale przypadkowo zaszłam w ciążę i nie chcę jej usunąć. Bardzo pragnę tego dziecka.*

Twoja sytuacja nie jest tak wyjątkowa, jak mogłoby się wydawać. Choroba wieńcowa występuje coraz częściej u coraz starszych kobiet, które chcą mieć dzieci w coraz późniejszym wieku. Tak czy inaczej twoje bezpieczeństwo podczas ciąży zależy od rodzaju choroby. Jeżeli stopień jej nasilenia jest mały (nie ma ograniczeń w aktywności fizycznej, prosty wysiłek nie wymaga nadmiernego zaangażowania, nie występują kołatania serca, duszności lub dusznica) lub średni (niewielkie ograniczenia w aktywności fizycznej szybko ustępujące po wypoczynku, występowanie dolegliwości podczas prostej aktywności fizycznej), są duże szanse donoszenia ciąży, pod warunkiem ścisłej kontroli medycznej. Gdy nasilenie twojej choroby jest duże (znaczne ograniczenie aktywności fizycznej, nawet lekki wysiłek wywołuje objawy, chociaż podczas wypoczynku czujesz się dobrze) lub bardzo duże (jakakolwiek aktywność fizyczna wywołuje dolegliwości, objawy występują nawet podczas wypoczynku), twój lekarz powinien ci powiedzieć, że kontynuując ciążę, narażasz swoje życie. Gdy twój kardiolog będzie przekonany o tym, że jesteś w stanie bezpiecznie donosić ciążę, przekaże ci prawdopodobnie kilka ważnych instrukcji. Oczywiście będą one uzależnione od twojej szczególnej sytuacji, ale mogą zawierać takie wskazówki:

• Unikanie fizycznych i emocjonalnych stresów. Może być wskazane ograniczenie do minimum aktywności przez okres ciąży, a nawet pozostawanie w łóżku.

• Pobieranie leków zgodnie z zaleceniami (bądź pewna, że są one bezpieczne dla twojego dziecka).

• Zwracanie szczególnej uwagi na dietę w celu zapobieżenia nadmiernemu przyrostowi masy ciała, co mogłoby znacznie obciążyć twoje serce.

• Spożywanie pokarmów z niską zawartością cholesterolu, nasyconych kwasów tłuszczowych, unikanie pożywienia o wysokiej zawartości tłuszczów, ale nieeliminowanie ich całkowicie, ponieważ są one ważne dla prawidłowego rozwoju dziecka. Ograniczenie spożycia soli (około 2000 miligramów dziennie) – jest zwykle zalecane, ale całkowite odstawienie soli jest niedozwolone. Uzupełnianie żelaza według zaleceń.

- Noszenie pończoch obniżających ciśnienie krwi w nogach.

- Zaprzestanie palenia papierosów – rada ta dotyczy wszystkich kobiet w ciąży.

W miarę zbliżania się do końca ciąży powinnaś kontrolować stan płodu za pomocą badań ultrasonograficznych i testów niestresowych. Jeżeli ciąża przeszła bez komplikacji ze strony serca lub płuc, to mało prawdopodobne jest wystąpienie większych problemów podczas porodu. Oczywiście jesteś narażona na większą liczbę powikłań, a co za tym idzie – na zastosowanie cięcia cesarskiego.

# CHOROBY TARCZYCY

*Kiedy byłam nastolatką, rozpoznano u mnie niedoczynność tarczycy i nadal biorę hormon tarczycy. Czy jest on bezpieczny dla dziecka, które noszę?*

Nie tylko jest bezpieczny, ale wręcz niezbędny. Po pierwsze dlatego, że kobiety z nie leczoną niedoczynnością tarczycy (gdy gruczoł tarczowy nie produkuje odpowiedniej ilości tyroksyny) częściej tracą ciążę. Po drugie, hormony tarczycy są konieczne do rozwoju mózgu płodu; dzieci, które nie otrzymały dostatecznej ilości tych hormonów w czasie rozwoju płodowego, często rodzą się z takimi komplikacjami, jak opóźnienie rozwoju, uszkodzenie mózgu oraz ewentualnie głuchota (jeśli niedobór tyroksyny pojawia się przed rozwinięciem

się słuchu u płodu). Jednak dawka hormonu, którą przyjmujesz, może ulec zmianie, ponieważ ciąża ma wpływ na funkcjonowanie tarczycy. Porozmawiaj ze swoim endokrynologiem i położnikiem, czy przyjmowana przez ciebie dawka jest odpowiednia.

Coraz częstszy u Amerykanek w wieku rozrodczym niedobór jodu może zakłócić wytwarzanie hormonu tarczycy, dlatego też sprawdź, czy przyjmujesz odpowiednią dawkę tego pierwiastka śladowego. Najłatwiej go znaleźć w soli jodowanej i owocach morza.

*Cierpię na chorobę Gravesa-Basedowa. Czy stanowi ona zagrożenie dla mojej ciąży?*

Choroba ta jest najczęściej spotykaną formą nadczynności tarczycy, czyli wytwarzania przez gruczoł tarczowy nadmiernej ilości hormonów. Nadczynność tarczycy może być wywołana również naroślami na gruczole lub jego powiększeniem (powstaniem wola), przez przyjęcie za dużej dawki leku tarczycowego bądź jodu (jako że gruczoł produkuje hormony, korzystając z tego właśnie pierwiastka), a także przez zapalenie tarczycy. Niekiedy ludzka gonadotropina kosmówkowa (hCG), czyli hormon wytwarzany w zwiększonych ilościach na początku ciąży, wywołuje lekką, nie wymagającą leczenia nadczynność tarczycy.

W łagodnych przypadkach nadczynności niekiedy następuje poprawa podczas ciąży, jako że organizm ciężarnej kobiety potrzebuje wówczas więcej hormonów tarczycy niż zwykle. Jednak umiarkowana lub ostra nadczynność to zupełnie inna sytuacja. Nie leczona może się stać przyczyną poważnych komplikacji zarówno u ciebie, jak i u twojego dziecka, dlatego też musisz odpowiednio postępować. Są trzy formy leczenia choroby Gravesa-Basedowa dla kobiet nie będących w ciąży: operacyjne zmniejszenie gruczołu (tyroidektomia), zastosowanie radioaktywnej postaci jodu bądź podawanie leków przeciwtarczycowych. Kobieta brzemienna ma do wyboru jedynie leczenie lekiem przeciwtarczycowym (propylotiouracyl – PTU) w najmniejszej możliwej dawce. Jeśli ma alergię na PTU, zapewne podany zostanie metimazol (Tapazole). A jeśli nie można podawać żadnego z tych leków, konieczna będzie operacja. Stosowanie jodu radioaktywnego nie jest bezpieczne podczas ciąży, natomiast jod organiczny może mieć korzystne działanie, jeśli zostanie podany na krótko przed operacją w celu osłabienia wytwarzania tyroksyny. Prócz leczenia musisz rzucić palenie (na stronie 61 znajdziesz rady, jeśli masz z tym kłopoty) i postarać się żyć w jak najmniejszym stresie (patrz s. 125), ponieważ palenie i stres należą do czynników ryzyka przy chorobie Gravesa-Basedowa.

## ZABURZENIA ŁAKNIENIA

*Od dziesięciu lat zmagam się z bulimią. Przypuszczam, iż powinnam skończyć z tym błędnym kołem obżerania się i zwracania teraz, kiedy jestem w ciąży, ale nie potrafię. Czy to może zaszkodzić mojemu dziecku?*

Nie, jeśli otrzymasz pomoc. Fakt, że przez wiele lat cierpiałaś na bulimię (lub anoreksję), spowodował, że organizm twojego dziecka i twój przestawiony został na szybszą przemianę materii – i twoje rezerwy odżywcze są prawdopodobnie niskie. Na szczęście na początku ciąży zapotrzebowanie na pożywienie jest niskie, dlatego masz szansę poprawienia sytuacji związanej z nałogiem, zanim zaszkodzi to dziecku. Na polu zaburzeń łaknienia podczas ciąży przeprowadzono niewiele badań, częściowo dlatego, że zaburzenia te zakłócają cykl miesięczny, przez co kobiety z tego typu problemami rzadko zachodzą w ciążę. Ale badania, które przeprowadzono, sugerują, że:

- Kobieta z zaburzeniami łaknienia, której pomaga się kontrolować niebezpieczne nawyki podczas ciąży, może z powodzeniem mieć zdrowe dziecko.

- Najważniejsze, by lekarz prowadzący ciężarną był poinformowany o istnieniu tych zaburzeń.

- Konsultacja specjalisty z doświadczeniem w tego typu schorzeniach jest konieczna dla każdej osoby z tym problemem, a zwłaszcza dla ciężarnej. Bardzo wskazane byłoby uczestnictwo w terapiach grupowych.

- Środki przeczyszczające, moczopędne czy inne stosowane przez bulimików są szkodliwe dla płodu i muszą być odstawione z chwilą zajścia w ciążę. Nim zostaną użyte do karmienia dziecka (a potem do wytwarzania pokarmu), pozbawiają organizm matki składników odżywczych i płynów. Ciągle stosowane prowadzić mogą do nieprawidłowości płodu. Leki te, podobnie jak wszystkie inne, należy przyjmować wyłącznie wtedy, gdy zostaną przepisane przez lekarza świadomego odmiennego stanu pacjentki.

Niewątpliwie musisz zrozumieć, podobnie jak każda kobieta z tego typu zaburzeniami, że w ciąży znacznie wzrasta dynamika przyrostu masy ciała. Staraj się zawsze pamiętać o tym, co przedstawiono poniżej:

- Sylwetka ciężarnej jest zdrowa i piękna. Przyrost masy ciała w ciąży to warunek konieczny do utrzymania zdrowia i prawidłowego rozwoju twego dziecka, jak również twojego zdrowia.

- Przyrost masy ciała w drugim i trzecim trymestrze ciąży jest nie tylko normalny, ale także pożądany (patrz s. 162). Jeżeli utrzymujesz się poza normami (które są wyższe dla tych kobiet, które zaszły w ciążę z niedowagą – spytaj lekarza, czy tak jest w twoim przypadku), będziesz w stanie zgubić zbędne kilogramy po zakończeniu ciąży.

- Jeśli przyrost masy ciała następuje w wyniku spożywania pokarmów wysokiej jakości, polecanych w diecie ciążowej, szanse urodzenia zdrowego dziecka znacząco wzrastają, podobnie jak prawdopodobieństwo powrotu do prawidłowej sylwetki po porodzie.

- W zapobieganiu nadmiernemu przyrostowi masy ciała mogą pomóc ćwiczenia, ale muszą one być odpowiednie dla ciężarnej (patrz s. 193).

- Nie od razu po porodzie wraca się do normalnej masy ciała. Stosując odpowiednią dietę, przeciętna kobieta wraca do wagi zbliżonej – lecz nie identycznej – do tej sprzed ciąży w ciągu około sześciu tygodni po urodzeniu dziecka. Zrzucenie wszystkich kilogramów i powrót do poprzedniej sylwetki (niezbędne w tym celu są ćwiczenia) potrwa znacznie dłużej. Dlatego też wiele kobiet cierpiących na zaburzenia łaknienia, niezadowolonych ze swego wyglądu, znów popada w błędne koło obżarstwa i wymiotowania bądź głodzi się w czasie połogu. Najczęściej sytuacja taka dotyczy kobiet, które zaszły w ciążę przypadkowo, cierpiały na cukrzycę ciążową oraz depresję poporodową. Ponieważ w takiej sytuacji możesz mieć trudności z powrotem do siebie po porodzie, opiekowaniem się dzieckiem i wytwarzaniem pokarmu (jeśli zdecydujesz się karmić piersią), ważne jest, by zajmował się tobą profesjonalista z doświadczeniem w leczeniu zaburzeń łaknienia.

Jeżeli nie możesz się powstrzymać od jedzenia i prowokowania wymiotów, zażywania środków przeczyszczających lub moczopędnych lub od głodzenia się, przedyskutuj to z lekarzem. Zastanów się nad możliwością hospitalizacji lub zdecyduj się na ciążę w innym terminie.

# TOCZEŃ RUMIENIOWATY UKŁADOWY

*Moja choroba do tej pory przebiegała spokojnie. Niedawno zaszłam w ciążę. Czy to może spowodować znaczne przyśpieszenie rozwoju tej choroby? Czy moje dziecko zachoruje na toczeń?*

Ciągle jeszcze niewiele wiadomo o toczniu rumieniowatym układowym (SLE), który jest chorobą immunologiczną, atakującą głównie kobiety w wieku 15 do 64 lat, częściej czarne niż białe.

Przeprowadzone badania sugerują, że ciąża nie ma skutków długoterminowych na przebieg tej choroby. W czasie ciąży niektóre kobiety czują poprawę, inne mają gorsze samopoczucie. Sytuacja gmatwa się jeszcze bardziej, ponieważ to, jaki był przebieg pierwszej ciąży, nie decyduje o tym, jakie będą następne. Zauważono wzrost zaostrzeń w okresie poporodowym. Nie wiemy dokładnie, czy SLE ma wpływ na ciążę, a jeśli tak, to jaki. Wydaje się, że najlepszy przebieg daje się zauważyć u kobiet, które zaszły w ciążę w okresie uspokojenia choroby. Chociaż nieznacznie wzrasta ryzyko utraty ciąży, to szanse na urodzenie zdrowego dziecka są bardzo duże. Najgorsze prognozy mają te kobiety, u których poważnie upośledzona jest czynność nerek (najlepiej gdy w ostatnich sześciu miesiącach przed poczęciem czynność nerek była ustabilizowana), lub te, u których stwierdzono tak zwane antykoagulanty tocznia we krwi. Stopień nasilenia choroby nie ma znaczenia, bo jest bardzo mało prawdopodobne, że dziecko może się urodzić z toczniem rumieniowatym. Kiedy zapotrzebowanie na aspirynę lub steroid (prednison) u kobiet z zapaleniem stawów lub obecnością antykoagulantów jest niewielkie, to wydaje się, że ryzyko znacznie się zmniejsza. Niektóre steroidy są bezpieczne podczas ciąży, ponieważ nie przechodzą przez łożysko. Nawet te, które przechodzą przez łożysko, są niegroźne, jeszcze inne mogą być korzystne ze względu na przyspieszanie dojrzewania płuc płodu. Najprawdopodobniej z powodu choroby opieka nad tobą w czasie ciąży może być bardziej skomplikowana ze względu na potrzebę częstszych badań oraz większe ograniczenia. Ale dzięki wspólnej pracy, wspólnemu wysiłkowi specjalistów, położnika oraz lekarza leczącego twoją chorobę – znacznie wzrastają szanse na szczęśliwe zakończenie ciąży.

# REUMATOIDALNE ZAPALENIE STAWÓW

*Cierpię na reumatoidalne zapalenie stawów. Jak wpłynie to na moją ciążę?*

Znacznie, ale ciąża będzie miała pozytywny wpływ na twą chorobę. Wiele kobiet cierpiących na reumatoidalne zapalenie stawów zauważa, że podczas ciąży zmniejsza się bolesność i obrzęk stawów, choć istnieje spore ryzyko nawrotu objawów w okresie poporodowym.

Największą odczuwalną dla ciebie zmianą w okresie ciąży będzie leczenie choroby. Ponieważ części stosowanych przy niej leków (takich jak ibuprofen czy naproxen) nie można bezpiecznie zażywać w ciąży, lekarz zmieni ci je na bezpieczne, na przykład steroidy. Podczas porodu kobietom przyjmującym steroidy zostaną one podane dożylnie.

Ważne, by w trakcie porodu przybrać pozycję nie obciążającą chorych stawów. Porozmawiaj o tym z lekarzem prowadzącym twoją chorobę i tym, który prowadzi ciążę.

# SCLEROSIS MULTIPLEX (SM)

**Kilka lat temu zdiagnozowano u mnie sclerosis multiplex. Miałam tylko dwa epizody SM i były one raczej lekkie. Czy SM** *może uszkodzić moją ciążę? Czy ciąża może wpłynąć na SM?*

Przygotuj się na dobrą wiadomość. *Sclerosis multiplex* ma mały lub żaden wpływ na ciążę. Niemniej jednak wczesna regularna opieka prenatalna i wizyty u neurologa są koniecznością. Trzeba będzie podjąć też inne środki ostrożności. Prawdopodobnie lekarz przepisze ci żelazo, aby uniknąć niedokrwistości, a w razie konieczności środki przeczyszczające o łagodnym działaniu, aby uniknąć zaparć. Ze względu na częste infekcje układu moczowego u ciężarnych, które mogą nasilić SM, zastosowane zostaną antybiotyki. SM z reguły nie ma wpływu na przebieg porodu. Znieczulenie zewnątrzoponowe, jeśli jest konieczne i pożądane, nie jest w tym wypadku niebezpieczne. Ciąża nie ma większego wpływu na SM. W czasie jej trwania rzadziej zdarzają się nawroty, później stają się one częstsze w czasie połogu, by wrócić do przedciążowego stanu po około 3 do 6 miesięcy. Kobiety mające problemy z utrzymaniem prawidłowej masy ciała często narzekają na kłopoty z chodzeniem w miarę przybywania kilogramów – dlatego należy kontrolować przybór masy.

Chociaż nie wydaje się, by ryzyko nawrotu choroby po porodzie miało wpływ na całkowity przebieg choroby czy na stopień ewentualnego upośledzenia, można ryzyko to zmniejszyć. Aby tego dokonać, zażywaj preparaty żelaza według zaleceń, próbuj zminimalizować stresy, dużo odpoczywaj, unikaj infekcji z temperaturą, nie przegrzewaj ciała (uważaj podczas ćwiczeń fizycznych lub gorących kąpieli). Wczesny powrót do pracy może spowodować zarówno wyczerpanie, jak i stres, więc przedyskutuj możliwość powrotu do pracy z twoim lekarzem. Ciąża może jednak mieć wpływ na leczenie SM. Choć prednizon w małych czy średnich dawkach uważany jest za niegroźny dla ciąży, to inne lekarstwa stosowane w leczeniu SM mogą być. Upewnij się, czy lekarz sprawdził przed przepisaniem ci leku, jaki może on mieć wpływ na twój stan. Kobiety przyjmujące w czasie ciąży prednizon zwykle potrzebują dożylnego podania steroidów w trakcie porodu, by lepiej znieść stres z nim związany. Po porodzie karmienie piersią jest możliwe, nawet gdy okresowo pobierasz małe dawki steroidów, które w niewielkich ilościach przenikają do mleka. (Dodatkowa korzyść: karmienie piersią zdaje się sprawiać, że nawroty SM są rzadsze.) Jeżeli musisz brać duże dawki, możesz odciągać mleko z piersi i karmić odżywkami. Jeżeli karmienie jest dla ciebie stresujące i przerzuciłaś się na częściowe bądź całkowite karmienie butelką, nie miej poczucia winy. Dobre mieszanki również korzystnie wpływają na rozwój dziecka – podobnie jak dobry stan zdrowia matki. Większość matek z SM utrzymuje aktywność przez 25 lub więcej lat i jest zdolna bez trudności wychowywać dzieci. Jeżeli jednak SM utrudnia ci funkcjonowanie, w momencie gdy twoje dziecko jest małe, popatrz na s. 334 i zapoznaj się z materiałem o opiece nad dziećmi niesprawnych rodziców[1].

# NIESPRAWNOŚĆ FIZYCZNA

*Jestem paraplegikiem z powodu uszkodzenia rdzenia kręgowego i muszę korzystać z wózka inwalidzkiego. Razem z mężem bardzo pragnęliśmy dziecka, i to od dłuższego czasu. W końcu zaszłam w ciążę. I co teraz?*

Jak każda ciężarna, powinnaś po pierwsze wybrać lekarza prowadzącego, i jak

---

[1] Wiele kobiet z SM jest zaniepokojonych możliwością przekazania choroby swemu potomstwu. Chociaż istnieje składnik genetyczny w tej chorobie, to ryzyko zachorowania dzieci jest całkiem małe. Około 90-95% dzieci matek chorych na SM nie choruje na nią. Jeżeli wciąż jesteś niespokojna, spotkaj się z lekarzem w poradni genetycznej.

każda ciężarna, która została zaliczona do grupy wysokiego ryzyka, powinnaś pozostawać pod opieką specjalisty położnika ginekologa z doświadczeniem w prowadzeniu kobiet z podobnymi schorzeniami. Być może to łatwiejsze zadanie, niż ci się wydaje, jako że coraz więcej szpitali i klinik położniczych opracowuje specjalne programy w celu zapewnienia lepszej opieki prenatalnej i położniczej kobietom upośledzonym ruchowo. Gdyby w twojej okolicy nie realizowano takiego programu lub miałabyś kłopoty ze znalezieniem odpowiedniego lekarza, poszukaj chętnego do „nauki w trakcie pracy", zdolnego całym sercem wesprzeć ciebie i twojego męża. Podczas ciąży będziesz musiała rozpocząć szukanie pediatry lub lekarza domowego, który będzie mógł pomóc ci jako niesprawnej fizycznie matce.

Rodzaj pomocy, jaka będzie potrzebna, aby ciąża zakończyła się sukcesem, zależy od twoich fizycznych ograniczeń. W każdym razie konieczne będzie ograniczenie przyrostu masy ciała, w dopuszczalnych granicach (11-13 kg), aby zminimalizować stres dla twojego ciała. Przestrzeganie diety ciążowej umożliwi ci utrzymanie organizmu w dobrym stanie i zmniejszy prawdopodobieństwo wystąpienia powikłań, a stosowanie ćwiczeń fizycznych pomoże ci utrzymać siłę potrzebną przy porodzie. Najlepsza i najbezpieczniejsza będzie terapia wodna.

Konieczne jest, abyś zrozumiała, że chociaż ciąża może być dla ciebie bardziej uciążliwa niż dla innych kobiet, to nie jest ona niebezpieczna dla dziecka. Nie zanotowano niepowodzeń lub wzrostu ryzyka w ciąży u kobiet z uszkodzeniem rdzenia kręgowego (oraz u tych z innymi niedomogami fizycznymi, nie związanymi z chorobami dziedzicznymi lub układowymi).

Kobiety z uszkodzeniami rdzenia kręgowego są bardziej podatne na wystąpienie takich powikłań ciążowych, jak: infekcje nerek, dysfunkcje pęcherza moczowego, kołatanie serca, nadmierna potliwość, niedokrwistość i kurcze mięśni. W czasie porodu także mogą się pojawić problemy, chociaż w większości przypadków poród drogami natury jest możliwy. Ponieważ skurcze macicy będą prawdopodobnie niebolesne, będziesz poinstruowana o innych oznakach zbliżającego się porodu – na przykład takich, jak pęknięcie błon płodowych – lub zostaniesz poproszona o okresowe ręczne badanie macicy w celu sprawdzenia, czy nie zaczęły się skurcze.

Na długo przed porodem skrupulatnie zaplanuj sposób, w jaki będziesz mogła dostać się do szpitala – z tego chociażby powodu, że w momencie gdy poród się rozpocznie, możesz być sama w domu. (Powinnaś zaplanować dotarcie do szpitala w jak najwcześniejszym okresie porodu, aby uniknąć możliwych powikłań.) Upewnij się, czy personel szpitalny jest przygotowany do opiekowania się tobą. Macierzyństwo zawsze jest wyzwaniem, szczególnie w pierwszych tygodniach. Może być tym większe dla ciebie i twojego męża. Wcześniejsze planowanie pozwoli skutecznie stawić czoło wyzwaniu. Przygotuj zawczasu swój dom, aby łatwiej ci było opiekować się dzieckiem; postaraj się o pomoc (odpłatną lub darmową) przynajmniej na początek; włącz swego męża do przygotowań na przybycie dziecka i rozdziel zadania, jakie będą wykonywać domownicy po twoim powrocie z dzieckiem. Nie wykonuj wszystkiego ściśle według książki, rób według własnego uznania, tak by było ci najwygodniej. Karmienie piersią, jeśli będzie możliwe, znacznie ułatwi ci życie, nie będziesz miała kłopotu z przyrządzaniem mleka, uruchamianiem kuchenki, aby przygotować posiłek za każdym razem, gdy dziecko płacze, nie będą także konieczne zakupy mieszanki. Pralnia pieluszek z odbiorem i dostawą do domu może także ułatwić dalszą opiekę. Powinnaś przystosować odpowiednio blat do przewijania, aby swobodnie korzystać z niego na wózku, podobnie łóżeczko dla dziecka po-winno być zaopatrzone w opuszczany bok, abyś mogła wygodnie podnosić dziecko. Jeżeli zamierzasz sama kąpać maluszka, musisz przygotować odpowiednią wanienkę na przystosowanym do tego stoliku. Ponieważ codzienna kąpiel dziecka nie jest konieczna, możesz myć je gąbką na stole lub na kolanach co drugi dzień. Kąpielami może zająć się też ojciec niemowlęcia. Prawdopodobnie najwygodniejszym sposobem przenoszenia dziecka będzie dla ciebie nosidełko – w ten sposób będziesz miała wolne ręce do obsługiwania wózka, na którym się poruszasz. (Poproś męża, by zakładał ci nosidełko rano, dzięki czemu wszędzie zabierzesz dziecko ze sobą.) Przyłącz się do grupy samopomocy dla niepełnosprawnych rodziców, a znajdziesz nie tylko dobre samopoczucie i siłę, lecz także skarbnicę wiedzy, pomysłów i rad.

Na pewno nie będzie łatwo – ani tobie, ani twojemu mężowi, który przejmie więcej niż połowę obowiązków rodzicielskich. Lecz świadomość, że nie wy pierwsi stanęliście przed takim zadaniem (oraz że znakomita większość tych, którzy dokonali tego przed wami, potwierdziła, iż satysfakcja warta jest starań), powinna dodać wam otuchy.

# PADACZKA

*Choruję na padaczkę, a z całego serca pragnę mieć dziecko. Czy mogę bezpiecznie przebyć ciążę?*

Jeśli będziesz przestrzegać środków ostrożności, masz wielkie szanse urodzić zdrowe dziecko. Już teraz spotkaj się z położnikiem oraz jak najlepiej kontroluj stan twojej choroby. (Dla tych z was, które już zaszły w ciążę, zasadniczą sprawą jest jak najszybsza wizyta u lekarza.) Jeśli jeszcze nie jesteś w ciąży, poinformuj lekarza leczącego cię o planowanej ciąży; konieczne będzie dokładne sprawdzenie twojego stanu i prawdopodobnie częste dostosowywanie dawki leków, a także kontakt między prowadzącymi cię lekarzami.

Choć przyszłe matki cierpiące na padaczkę zwykle częściej doświadczają intensywnych nudności i wymiotów (niepowściągliwe wymioty ciężarnych), to nie są bardziej narażone na wystąpienie komplikacji ciążowych czy porodowych. Wydaje się, że częściej zdarzają się przypadki pewnych wad wrodzonych u dzieci kobiet chorych na padaczkę, lecz przypuszczalnie najczęściej wiąże się to z przyjmowaniem pewnych środków przeciwdrgawkowych, a nie z samą padaczką. Porozmawiaj z wyprzedzeniem z lekarzem o ewentualnym zaniechaniu brania leków przed poczęciem. Jeśli przez jakiś czas nie miałaś ataków, powinno to być możliwe. W przeciwnym wypadku ważne jest, abyś jak najszybciej zaczęła je kontrolować. Do tego celu konieczne będą leki, ale możliwa jest ich zmiana na bezpieczniejsze. Przypuszcza się, że terapia jednolekowa wywołuje mniej komplikacji ciążowych niż wielolekowa, dlatego zwykle na nią decydują się lekarze. Ważne, by nie przestać brać leków w obawie przed wyrządzeniem krzywdy dziecku. To właśnie niebranie ich – i częstsze ataki – jest groźniejsze dla nie narodzonego dziecka.

Największe niebezpieczeństwo rozwinięcia się wad rozwojowych występuje w pierwszych trzech miesiącach, po tym okresie nie ma powodu do niepokoju. Czasami istnieje możliwość wczesnego wykrycia wad rozwojowych za pomocą USG i badania alfafetoproteiny. Jeżeli byłaś leczona kwasem walproinowym (Depakene), lekarz może przeprowadzić badania wykluczające wady ośrodkowego układu nerwowego, jak na przykład rozszczep kręgosłupa. Wszystkie kobiety w ciąży powinny bardzo dbać o odpowiednią ilość snu, jak najlepszą dietę oraz utrzymanie odpowiedniego poziomu płynów. Jednak nawet przy dobrej diecie kobiety chore na padaczkę często zapadają na niedokrwi-

stość wywołaną niedoborem folanu (badania wskazują, że to zapewne dlatego ich dzieci narażone są na nieznacznie zwiększone ryzyko wystąpienia wad cewy nerwowej). W znacznym stopniu ryzyko to jest redukowane przez przyjmowanie ciążowego preparatu uzupełniającego zawierającego kwas foliowy (przy czym może to się stać u niektórych kobiet przyczyną okresowo częstszych ataków); najlepiej zacząć go brać na trzy miesiące przed poczęciem. (A jeśli nie było to możliwe, ponieważ ciąża cię zaskoczyła – od chwili, kiedy wiesz o swoim stanie.) Często zaleca się też przyjmowanie witaminy D, ponieważ pewne leki zakłócają jej przyswajanie. Podczas ostatnich czterech tygodni ciąży zwykle przepisuje się preparat z witaminą K, by zmniejszyć ryzyko krwotoku, na który dzieci kobiet chorych na padaczkę są bardziej narażone. Alternatywnym rozwiązaniem jest podanie dziecku zastrzyku z tą witaminą tuż po porodzie.

Większość kobiet nie odnotowuje pogorszenia stanu w ciąży. Połowa nie zauważa żadnych zmian, a u niektórych dochodzi nawet do osłabienia częstości i siły napadów. U niewielkiego jednak odsetka obserwuje się nasilenie objawów padaczki. Może to być spowodowane wieloma czynnikami, jak np. brak wchłaniania leków z powodu wymiotów lub zbyt małych dawek leków przy zwiększonej ilości płynów ustrojowych w ciąży. Problemowi utraty leku przez wymioty można zapobiec. Przyjęcie długo uwalniającego się leku przeciwdrgawkowego przed pójściem do łóżka sprawi, że lek zdąży zacząć działać, nim rozpoczną się poranne wymioty. Sposobem na nadmierne rozcieńczenie leku w organizmie może być zmiana jego dawki.

Poród raczej nie powinien być bardziej skomplikowany, ale jednak należy pamiętać o podawaniu leku przeciwkonwulsyjnego, by nie doszło do ataku podczas wydawania dziecka na świat. Do złagodzenia bólu można użyć znieczulenia zewnątrzoponowego.

Nie powinnaś także mieć kłopotów z karmieniem piersią. Większość leków przeciwpadaczkowych przechodzi do mleka w tak małych ilościach, że nie mają one wpływu na dziecko. Porozmawiaj jednak z lekarzem i upewnij się, czy leki, które przyjmujesz, są bezpieczne. Jeżeli twoje dziecko po karmieniu piersią jest nienaturalnie senne, powiadom o tym lekarza. Zmiana leków będzie w tym przypadku prawdopodobnie konieczna.

## FENYLOKETONURIA (PKU)

*Urodziłam się z PKU. Mój lekarz pozwolił mi odstawić dietę z niską zawartością fenyloalaniny, gdy zakończyłam okres dojrzewania. W tej chwili czuję się dobrze. Ale kiedy rozmawiałam z położnikiem o tym, że chciałabym zajść w ciążę, poradził mi, żeby wrócić do poprzedniej diety na trzy miesiące przed poczęciem i pozostać na niej aż do zakończenia ciąży. Czy powinnam posłuchać jego rady, mimo iż czuję się dobrze na normalnej diecie?*

Nie tylko powinnaś posłuchać rady, ale nawet za nią podziękować. Ciężarne z fenyloketonurią, które nie stosują diety niskofenyloalaninowej, narażają swe dzieci na duże ryzyko wystąpienia wielu komplikacji, w tym opóźnienia rozwoju umysłowego. Najlepiej, jeśli zgodnie z zaleceniem lekarza rozpoczniesz stosowanie diety na trzy miesiące przed poczęciem, w celu utrzymywania niskiego poziomu fenyloalaniny aż do porodu. (Rozpoczęcie przestrzegania diety nawet na początku ciąży może zredukować opóźnienie rozwojowe u dzieci matek chorych na PKU.) Substytuty mleka wolnego od fenyloalaniny i inne rodzaje pożywienia stosowanego w tej diecie powinny być wzmocnione ciążowym preparatem witaminowym zawierającym takie mikroele-

menty, jak cynk i miedź, gdyż może ich brakować. Oczywiście wszystkie potrawy słodzone aspartamem (znajdującym się w słodzikach Equal czy NutraSweet) są całkowicie zakazane. Chociaż taka dieta nie jest najsmaczniejsza i zrozumiałe, że trudno jej przestrzegać, to większość matek uważa, że bez wątpienia warto się poświęcić, by chronić rozwijające się dziecko. Jeżeli mimo takich bodźców trudno ci utrzymać właściwą dietę, spróbuj zasięgnąć pomocy terapeutów, którzy znają twoje problemy. Jeszcze większe wsparcie da ci grupa samopomocy złożona z innych matek chorujących na PKU; cierpienia związane ze stosowaniem tak ograniczonej diety łatwiej się znosi w towarzystwie innych cierpiących z tego samego powodu. Gdybyś jednak nie była w stanie wytrzymać na takiej diecie, porozmawiaj z lekarzem o innych możliwościach.

## ANEMIA SIERPOWATO-KRWINKOWA

*Jestem chora na anemię sierpowato-krwinkową i właśnie się dowiedziałam, że jestem w ciąży. Czy mojemu dziecku nic nie będzie?*

Jeszcze niedawno odpowiedź na to pytanie nie byłaby uspokajająca. Obecnie, dzięki wielu odkryciom medycznym, kobiety z tą chorobą mają dużą szansę donosić i urodzić zdrowe dziecko. Nawet kobiety z powikłaniami serca lub nerek w przebiegu anemii sierpowato-krwinkowej są często zdolne zakończyć ciążę sukcesem. Jednak ciąża u kobiet z anemią sierpowato-krwinkową jest zaliczana do wysokiego ryzyka. Większy stres fizyczny sprawia, że stoją przed zwiększonym ryzykiem wystąpienia kryzysu choroby, natomiast dodatkowy stres wynikający z anemii sierpowato-krwinkowej oznacza większe prawdopodobieństwo wystąpienia pewnych komplikacji ciążowych, takich jak poronienie, poród przedterminowy i ograniczenie wzrostu płodu. Zauważono częstsze występowanie stanów przedrzucawkowych u kobiet chorych na anemię sierpowato-krwinkową, nie ma jednak pewności, czy wiąże się to z chorobą, czy też z przynależnością rasową. (Zwykle na anemię sierpowato-krwinkową chorują bowiem Afroamerykanki, które częściej cierpią też na nadciśnienie.) Prognozy dla ciebie i dziecka będą lepsze, jeśli pozostaniesz pod specjalistyczną opieką. Powinnaś częściej niż inne ciężarne poddawać się badaniom kontrolnym, jeżeli to możliwe, co dwa lub trzy tygodnie – do 32 tygodnia ciąży, a po tym terminie co tydzień. Opiekę nad tobą powinno sprawować kilku specjalistów; warto, by położnik wiedział o tym, że chorujesz na anemię sierpowato-krwinkową, i współpracował z zaznajomionym z sytuacją hematologiem. Prawdopodobnie co najmniej raz (zwykle w porodzie przedwczesnym lub przed porodem) lub nawet okresowo podczas ciąży (chociaż taki sposób leczenia jest kontrowersyjny) będziesz miała wykonaną transfuzję krwi. Podobnie jak inne matki, będziesz mogła rodzić drogami natury. Po porodzie zastosowane zostaną antybiotyki jako ochrona przed infekcją.

Gdy oboje rodzice są nosicielami genu anemii sierpowato-krwinkowej, wówczas znacznie wzrasta ryzyko, że ich dziecko będzie dziedziczyć ciężką postać tej choroby. Dlatego też już we wczesnej ciąży (jeżeli nie przed poczęciem) również twój partner powinien być przebadany w kierunku anemii sierpowato-krwinkowej. Jeżeli się okaże, że jest jej nosicielem, powinnaś skonsultować się z genetykiem i jeżeli to możliwe, wykonać badania prenatalne (patrz s. 48) w celu sprawdzenia stanu płodu.

# ZWŁÓKNIENIE TORBIELOWATE (MUKOWISCYDOZA)

*Mam zwłóknienie torbielowate i wiem, że stan ten wywołuje komplikacje ciążowe – jak poważne jednak są te komplikacje?*

Ponieważ żyjesz ze zwłóknieniem torbielowatym, przywykłaś już do wyzwań stawianych przez tę chorobę. Niestety, w czasie ciąży stają się one jeszcze większe.

Pierwszym będzie przybranie odpowiedniej liczby kilogramów i w tym celu musisz ściśle współpracować z lekarzem (niewykluczone, że również z dietetykiem), żeby dziecko mogło prawidłowo rosnąć. Niezbędne stanie się także dbanie o stan płuc, szczególnie kiedy rosnąca macica zacznie utrudniać ich rozszerzanie się. Jeśli stan twoich płuc jest poważny, choroba może się zaostrzyć. Wszystkie kobiety chorujące na zwłóknienie torbielowate są podczas ciąży ściśle monitorowane pod kątem infekcji płuc.

Równocześnie należy kontrolować twoją ciążę, zatem częściej będziesz poddawana badaniom prenatalnym. Powinnaś ograniczyć aktywność fizyczną, a ponieważ stoisz przed zwiększonym zagrożeniem przedterminowego porodu, podjęte zostaną kroki, by je zmniejszyć. Być może konieczna stanie się okresowa hospitalizacja. Zaleca się, by przeprowadzić badanie genetyczne płodu pod kątem zwłóknienia torbielowatego[1]. Ciąża nie jest łatwa dla nikogo, a już na pewno nie dla kobiet cierpiących na zwłóknienie torbielowate. Lecz radość z przyjścia dziecka na świat wynagrodzi ci wszystkie wyzwania, jakim przyjdzie ci stawić czoło.

---

[1] Jest to choroba genetyczna, bardzo często przekazywana potomstwu.

# CO WARTO WIEDZIEĆ
## Jak żyć z ciążą wysokiego ryzyka?

Ciąża jest normalnym procesem, którego trzeba doświadczyć, nie jest chorobą, którą trzeba leczyć – oto popularna obecnie teza. Ale jeżeli twoja ciąża zaliczana jest do kategorii wysokiego ryzyka, doskonale wiesz, że nie jest to prawda uniwersalna. Chociaż przeżywasz taką samą radość i niecierpliwość, jak „normalne" pary oczekujące przyjścia potomka na świat, możecie wraz z mężem odczuwać także:

**Niepokój.** W czasie kiedy inni przyszli rodzice przygotowują się do narodzin swojego dziecka, wy będziecie tak zajęci codziennym dbaniem o zdrowie twoje i dziecka, że nie będziecie mieć czasu na myślenie o tym, co będzie, kiedy malec przyjdzie na świat.

**Rozżalenie.** Szczególnie jeśli musisz ograniczyć dotychczasową aktywność, możesz się czuć rozżalona z powodu ograniczeń związanych z ciążą wysokiego ryzyka. (Dlaczego ja? Dlaczego muszę przerwać pracę? Dlaczego muszę pozostawać w łóżku? – nasuwają się pytania.) Ta złość może być skierowana przeciw dziecku, małżonkowi lub komukolwiek. Rzecz jasna mąż także może czuć żal. (Dlaczego na nią jest zwrócona cała uwaga? Dlaczego ja mam wykonywać całą pracę? Czy ona rzeczywiście musi leżeć w łóżku i czy ja naprawdę muszę zostawać z nią w domu całe wieczory?) Oboje możecie też być niezadowoleni z powodu wysokich kosztów opieki medycznej, licznych wizyt lekarskich, kontroli, a także przerwania współżycia, jeśli zostało ono zakazane. Wreszcie, możecie mieć pretensje do siebie, że czujecie żal i nie potraficie powstrzymać tego uczucia.

**Poczucie winy.** Kobieta może się zadręczać myślą, jak mogła doprowadzić do powstania ciąży wysokiego ryzyka lub do utraty wcześniejszych ciąż, chociaż w rzeczywistości nie miała ona na to żadnego wpływu. Jeśli będziesz musiała leżeć w łóżku lub wcześniej odejść z pracy, możesz odczuwać obniżenie poczucia własnej wartości. Możesz się także obawiać, czy twoje wymagania nie obciążają za bardzo męża lub starszych dzieci. Także partner często czuje się winny, na przykład dlatego, że tylko ty cierpisz.

**Poczucie mniejszej wartości.** Kobieta, która nie może „normalnie" przebyć ciąży, może dojść do przekonania, że jest mniej wartościowa (Dlaczego nie jestem taka jak inne?).

**Stałe napięcie.** Ponieważ jesteś w ciąży wysokiego ryzyka, musisz cały czas pamiętać o tym i o wszelkich wymaganiach, jakie się z tym wiążą. Co chwilę przyjdzie ci się zastanawiać: „Czy mogę to zrobić?", „Czy to jest dozwolone?", „Kiedy następne badania?", „Czy wzięłam lekarstwa?"

**Stres małżeński.** Każdy rodzaj kryzysu wywołuje stres małżeński, ale szczególnie często występuje on podczas ciąży wysokiego ryzyka. Związane jest to z ograniczeniem lub zaprzestaniem życia seksualnego, co może wpłynąć na intymny związek partnerów. Dołączyć się do tego może problem wysokich kosztów ciąży i utrata zarobków, gdy przyszła matka nie może pracować.

**Stres z powodu samotności.** Stres potęguje się u samotnej kobiety w ciąży, w dodat-

# Matki pomagają matkom

Często kobieta będąca w ciąży wysokiego ryzyka lub taka, która doświadczyła niepowodzeń we wcześniejszych ciążach, czuje się wyobcowana ze swoimi problemami i boleśnie świadoma tego, jak inne są jej ciążowe doznania od tego, co czują jej „normalne" przyjaciółki.

Jeżeli ty tak się czujesz, może odzyskasz dobre samopoczucie i znajdziesz współczucie i wsparcie w grupie kobiet, które mają takie same doświadczenia jak ty.

Dyskusje prowadzone na spotkaniach owych grup samopomocy często dotyczą następujących tematów: poczucie winy lub niedowartościowania z powodu niemożności przechodzenia normalnej ciąży; radzenie sobie z pobytem w domu lub szpitalu; borykanie się z problemami samotnego rodzicielstwa w ciąży wysokiego ryzyka; obawy związane z kolejnymi ciążami; smutek wywołany stratą dziecka; znajdowanie źródeł wsparcia emocjonalnego czy wreszcie zwalczanie uczucia wyobcowania. Podczas spotkań grup samopomocy wymienia się bardzo wiele praktycznych rad: na przykład, jak prowadzić dom, gdy jest się przykutym do łóżka; jak radzić sobie z pracą, kiedy dziecko przebywa na oddziale intensywnej terapii; jak otrzymać najlepszą pomoc w konkretnych schorzeniach. Kontynuowanie spotkań z taką grupą po tym, jak już poczujesz się lepiej (albo po urodzeniu dziecka), sprawi, że teraz ty będziesz mogła się podzielić swoimi doświadczeniami. Szybciej odzyskasz zdrowie, niosąc pomoc innym kobietom w potrzebie.

---

ku ciąży wysokiego ryzyka. Częściej, niż chciałaby, musi prosić inne osoby o pomoc. Możliwe, że nie będzie nikogo, kto mógłby potrzymać ją za rękę, gdy czeka na wyniki badań, albo po prostu z nią porozmawiać. Przez wiele samotnych nocy będzie się starać odzyskać spokój i nikt jej w tym nie pomoże. Może wręcz się zastanawiać, po co w ogóle dopuściła do takiej sytuacji.

Chociaż radość, jaka czeka was w przyszłości, wynagrodzi wszystkie wysiłki, najbliższe dziewięć miesięcy nie będzie dla ciebie i twego męża najłatwiejszym czasem. Poniższe rady powinny choć częściowo ułatwić wam zadanie:

**Planowanie finansów.** Podobnie jak inni rodzice oszczędzają na to, by mieć środki na wykształcenie dziecka, wy musicie oszczędzać na bezpieczny poród waszego potomka. Świadomość, że ta ciąża należy do grupy wysokiego ryzyka, a co za tym idzie, będzie droga, jest potrzebna, choć trudna, zwłaszcza za pierwszym razem. Jeśli jest się wcześniej świadomym dużych kosztów, warto rozejrzeć się na rynku ubezpieczeń i poszukać najlepszej oferty. Dobrze byłoby także rozsądnie gospodarować pieniędzmi, aby móc coś odłożyć, nim dojdzie do poczęcia. Gdyby ciąża cię zaskoczyła, bądź gotowa „zaciskać pasa" tak szybko, jak zacznie ci przybywać centymetrów w pasie.

**Życie towarzyskie.** Ważne jest ono szczególnie wówczas, gdy podczas ciąży wymagane jest leżenie w łóżku (całkowite lub częściowe). Nie zmieniaj się w pustelnika. Zapraszaj swoje najlepsze przyjaciółki do sypialni (zamów pizzę i poproś kogoś o sporządzenie „dziewiczej Sangrii"), by zagrać w Eurobiznes, Scrabble czy w karty albo obejrzeć film, który właśnie ukazał się na wideo. Jeśli nie będziesz mogła brać udziału w ważnych wydarzeniach towarzyskich, jak na przykład ślub, imieniny, poproś męża, przyjaciółkę czy kogoś z krewnych, by zdali ci relację z wydarzeń (z głowy, za pomocą kasety magnetofonowej, kasety wideo lub zdjęć).

Jeśli twoja siostra wychodzi za mąż setki kilometrów stąd, a lekarz zabronił ci wszelkich podróży, dobrym pomysłem będzie nagranie życzeń na wideo lub napisanie specjalnego wierszyka, który zostanie odczytany na przyjęciu ślubnym. Poproś ją także o film z ceremonii zaślubin.

**Wolny czas.** Miesiące, a choćby i tygodnie spędzone w łóżku wydają się niekiedy dożywociem. Może więc potraktuj je jako szansę na zrobienie rzeczy, na które nigdy nie starczało czasu w gorączkowym trybie życia. Czytaj bestsellery albo klasyczne dzieła, którymi wcześniej nie mogłaś się cieszyć. Oglądaj ciekawe filmy wideo, na które wcześniej nie miałaś czasu. Zaprenumeruj pismo dla rodziców – później możesz już nie mieć czasu na jego czytanie. Zapisz się do klubu filmowego oferującego dobre filmy na wideo za przyzwoitą cenę (zastanów się: ile osób ma szansę wykorzystać ofertę „dwa filmy w cenie jednego"?). Ucz się nowego języka, a jeśli jesteś zmęczona czytaniem, posłuchaj książki w wersji audio, zajmij się nowym hobby, o którym możesz posłuchać z kaset magnetofonowych. Naucz się robić na drutach lub wyhaftuj coś dla siebie, męża, matki lub twojego lekarza, skoro jesteś zbyt przesądna, żeby zrobić coś dla oczekiwanego dziecka. Jeżeli możesz siedzieć, weź laptop i zorganizuj finanse domowe albo posurfuj po Internecie i poczytaj o ciąży oraz rodzicielstwie. Pisz dziennik i zapisuj swoje przemyślenia – te dobre i te złe – pomoże ci to spędzić wolny czas oraz spojrzeć z pewnym dystansem na twoje problemy. Zgromadź najlepsze katalogi i dokonaj zakupów przez telefon albo Internet.

Najlepiej jednak uczyń coś dla innych, gdyż to sprawi, że poczujesz się dobrze. Zadzwoń do organizacji dobroczynnych, wyślij list do stowarzyszenia, któremu chciałabyś pomóc, napisz wesołe listy do przyjaciół i krewnych w starszym wieku.

**Przygotowanie do porodu.** Jeżeli nie możesz chodzić do szkoły rodzenia, poproś męża, aby notował najważniejsze informacje lub nagrywał lekcje na taśmę. Jeżeli twoja sypialnia jest bardzo obszerna, poproś uczestników, żeby przeprowadzili chociaż jedne zajęcia u ciebie. Choć informacje dotyczące postępowania podczas prawidłowego porodu mogą twoim zdaniem przynosić pecha, ważne jest, byś zdobyła jak najwięcej wiadomości na ten temat. Czytaj książki oraz przeglądaj zasoby Internetu, obejrzyj na wideo kurs przygotowujący do porodu. I chociaż zapewne czujesz, że wolałabyś nic nie wiedzieć na temat porodu u osoby z takimi problemami jak twoje, to jednak dowiedz się od lekarza lub z książek wszystkiego, co tylko możesz.

**Wzajemna pomoc.** Ciąża wysokiego ryzyka jest prawdziwym sprawdzianem dla życia małżeńskiego – zwłaszcza gdy nakłada ona wiele ograniczeń. Przez wiele miesięcy będziecie pozbawieni przyjemności wynikających z małżeństwa (seks, wspólne wyjścia do restauracji czy wyjazdy weekendowe), a nawet radość z przyszłego potomka będzie mniejsza. Tak więc, aby narodziło się zdrowe dziecko i wasze małżeństwo przetrwało, każde z was musi być świadome potrzeb partnera. Ponieważ to ty nosisz w łonie dziecko, twoje potrzeby są na pierwszym miejscu. Wsparcie przyda ci się we wszystkim, od przestrzegania restrykcyjnej diety po unikanie zakazanych zajęć. Jednak w takiej sytuacji mogą zostać zaniedbane potrzeby twego męża, który najczęściej będzie ci tego wsparcia udzielać. Jeśli nawet jesteś przykuta do łóżka czy twoja sytuacja jest w jakikolwiek inny sposób utrudniona, powinnaś zrozumieć jego uczucia i dać mu do zrozumienia, jak ważną odgrywa rolę w tym wszystkim, co się dzieje. Choć realnie traktując sprawę, nie zawsze będzie ci łatwo znaleźć czas na romantyczne chwile, postaraj się: raz w tygodniu zjedzcie obiad w łóżku przy blasku świec (zamówiony, chyba że mąż woli sam gotować) – to rozpali na nowo ogień w waszym związku.

**Problemy współżycia seksualnego.** Kochać się nie zawsze znaczy współżyć seksualnie. Przeczytaj o tym, jak rozwijać życie intymne w ciąży, nawet gdy przeciwwskazane jest współżycie płciowe (s. 234).

**Wsparcie duchowe.** Ćwiczenia relaksacyjne, medytacje, wizualizacja czy modlitwy pomogą ci w ciężkich chwilach – i to nie tylko w sensie emocjonalnym, lecz również fizycznym. Okazało się, że takie techniki wzmacniają układ odpornościowy, zmniejszają bóle oraz poprawiają zdolność pacjentów do znoszenia ich problemów medycznych.

**Wsparcie z zewnątrz.** Jak to zwykle bywa w walce z przeciwnościami losu, niezmiernie pomocna okazuje się rozmowa z ludźmi znajdującymi się w takiej samej sytuacji. Zwłaszcza ważne to jest dla samotnej matki. Na stronie 487 znajdziesz pomocne wskazówki.

# 20

# Jeśli dzieje się coś złego

Obserwując niewiarygodną zawiłość procesów związanych z powstawaniem życia, od precyzyjnie przebiegających podziałów zapłodnionej komórki jajowej, poprzez dramatyczne stadium transformacji komórek bezkształtnego zawiązka do formy ukształtowanej istoty ludzkiej, stwierdzamy, iż jest niemal cudem, że zwykle wszystkie te mechanizmy działają prawidłowo. Bardzo rzadko zdarza się jednak, że dzieje się coś złego – i trudno się temu dziwić. Postępy w medycynie, usprawnienia w opiece lekarskiej, jak i zrozumienie znaczenia właściwej diety i odpowiedniego sposobu życia – wszystkie te elementy przyczyniły się do znacznego wzrostu prawdopodobieństwa, iż zarówno ciąża, jak i poród będą całkowicie udane, bezpieczne oraz pozbawione jakichkolwiek komplikacji. Tak szczęśliwie się składa, że za pomocą współczesnej technologii, nawet w sytuacjach bardzo złożonych i nagłych, wczesna diagnostyka i leczenie mogą często zażegnać występujący problem.[1]

Większość kobiet przechodzi ciążę i poród bez żadnych komplikacji. Jeśli nie występują u ciebie powikłania, to rozdział ten – opisujący najczęstsze z nich wraz z objawami – nie jest przeznaczony dla ciebie. Pomiń go, by nie denerwować się niepotrzebnie.

## POWIKŁANIA, KTÓRE MOGĄ WYSTĄPIĆ PODCZAS CIĄŻY

Choć dalej opisano powikłania, które występują najczęściej, to prawdopodobieństwo doświadczenia ich przez przeciętną ciężarną kobietę nadal jest niewielkie. Przeczytaj więc ten rozdział tylko w przypadku, jeśli zdiagnozowano u ciebie powikłanie lub odczuwasz objawy mogące o nim świadczyć. Jeśli wiesz, że występuje u ciebie któraś z przedstawionych komplikacji, potraktuj jej opis wyłącznie jako ogólny zarys zagadnienia – abyś wiedziała, z czym masz do czynienia – jednak dokładniejszych informacji (możliwe, że innych) udzieli ci lekarz.

### WCZESNE PORONIENIE ALBO PORONIENIE SAMOISTNE

**Co to jest?** Poronienie nazywane także poronieniem samoistnym jest wydaleniem samoistnym zarodka lub płodu jeszcze przed uzyskaniem przez niego zdolności do przeżycia poza jamą macicy. Poronienie w I trymestrze ciąży kwalifikowane jest jako po-

[1] Większość powikłań, które mogą wystąpić w okresie połogu, opisano w książce *Pierwszy rok życia dziecka*.

ronienie wczesne. Poronienie we wczesnym okresie ciąży występuje bardzo często (wielu lekarzy twierdzi, że w rzeczywistości każda kobieta ma przynajmniej jedno poronienie w okresie rozrodczym), a dotyczy ono około 40-60% wszystkich poczęć. Ponad połowa z nich występuje tak wcześnie, że kobieta nie wie jeszcze, iż jest w ciąży (co wyjaśnia niski odsetek poronień w zdiagnozowanych ciążach), więc nie rozpoznane poronienie uchodzi za normalny czy obfitszy okres. U większości kobiet po poronieniu dochodzi później do prawidłowej ciąży. Przyczynami wczesnych poronień są zazwyczaj aberracje chromosomalne lub też inne nieprawidłowości genetyczne dotyczące rozwijającego się zarodka. W wielu przypadkach czynnikami wywołującymi poronienie są: martwy zarodek czy płód, organizm matki niezdolny do wytworzenia odpowiedniej ilości hormonów ciążowych, zbyt niski poziom hormonów tarczycy lub niedostateczna ilość przyjmowanego jodu, reakcja immunologiczna na płód bądź za wysoki poziom hormonu prolaktyny. Czynniki środowiskowe: złe odżywianie, infekcja, palenie papierosów, picie alkoholu i tak dalej, mogą także odgrywać rolę. W ciąży prawidłowej przyczynami poronienia n i e m o g ą b y ć ćwiczenia fizyczne, stosunek seksualny, ciężka praca czy podnoszenie ciężkich przedmiotów. Nie wywołają go nawet najsilniejsze mdłości czy wymioty – są wręcz dowody na to, że u kobiet, które doświadczają tych objawów r z a d z i e j, dochodzi do poronienia. Wątpliwe też, by poronienie mogło nastąpić z powodu upadku, uderzenia czy nagłego ataku strachu.

**Znamiona i objawy.** Najczęściej występuje krwawienie z towarzyszącymi skurczami lub dolegliwościami bólowymi zlokalizowanymi w środkowej części podbrzusza lub plecach. Czasami stwierdza się ostry lub też trwający przez około 24 godziny, a nawet dłużej ból, umiejscowiony w podbrzuszu, bez krwawienia lub z obfitym krwawieniem (przy-

pominającym miesiączkowe), ciągłe mierne plamienie, które może utrzymywać się przez 3 dni, a nawet dłużej. Skrzepy krwi z elementami litymi mogą towarzyszyć zaczynającemu się poronieniu.

**Leczenie.** Sytuację, w której występują krwawienie i skurcze, nazywa się poronieniem zagrażającym; poronienie nie musi nastąpić, lecz może. Jeśli lekarz stwierdzi rozwarcie szyjki macicy i/lub pękły błony płodowe, powinien założyć, że poronienie już nastąpiło lub też jest w toku. W takim przypadku nie można już zapobiec stracie ciąży. Poronienie zapewne wystąpiło, jeśli organizm wydalił tkankę płodu.

Znacznie korzystniejsze rokowanie co do dalszego rozwoju ciąży występuje u tych ciężarnych z poronieniem zagrażającym, u których na podstawie techniki ultrasonograficznej lub dopplerowskiej stwierdza się czynność serca płodu, a kanał szyjki macicy jest zamknięty. Poronienie chybione to sytuacja, w której martwy płód nie został usunięty przez organizm matki.

W przypadku poronienia zagrażającego lekarz najczęściej zaleca leżenie w łóżku i ograniczenie ruchu, a także przepisuje leki przeciwbólowe do chwili ustania krwawienia czy bólów. Inni stoją na stanowisku, że nie należy wdrażać żadnego szczególnego leczenia w tych sytuacjach, wychodząc z założenia, że ciąża skazana na niepowodzenie i tak nie zostanie utrzymana (leczona czy nie), natomiast zdrowa zakończy się szczęśliwie (nawet bez ingerencji medycznej). Hormony żeńskie, niegdyś stosowane rutynowo w przypadkach krwawień ciążowych, są obecnie rzadziej używane, ponieważ istnieją wątpliwości co do ich rzeczywistej skuteczności, a także pewne obawy związane z ich potencjalną szkodliwością dla rozwijającego się płodu. Jakkolwiek w wielu sytuacjach, w których w wywiadzie występowały poronienia, a ich przyczyną było wytwarzanie przez organizm zbyt małej ilości progesteronu, można uzyskać

# Krwawienie we wczesnej ciąży

Można się przestraszyć krwawienia we wczesnym okresie ciąży, ale zwykle nie sygnalizuje ono problemu. Dwa najczęstsze powody krwawienia w pierwszym trymestrze, które nie wskazują na poronienie, to:

**Prawidłowa implantacja zapłodnionej komórki jajowej w ściance macicy.** Krwawienie takie, niekiedy występujące w chwili przyczepienia się zapłodnionej komórki jajowej do ścianki macicy, trwa krótko (dzień lub dwa) i jest niewielkie. Implantacja następuje w 5 do 10 dni po poczęciu.

**Zmiany hormonalne w czasie, gdy normalnie nastąpiłaby miesiączka.** Krwawienie jest zwykle lekkie, choć u nielicznych kobiet może przypominać menstruację.

Nie zawsze można wskazać przyczyny krwawienia, które ustaje samoistnie – podobnie jak w powyższych przypadkach – ciąża trwa do chwili terminowego porodu. Jednak na wszelki wypadek poinformuj lekarza o każdym krwawieniu, by mógł zastanowić się nad jego powodem.

Ciężarna powinna bardzo dokładnie opisać cechy tego krwawienia: Czy pojawia się okresowo, czy też trwa stale? Kiedy wystąpił jego początek? Czy jego barwa jest jasna czy ciemna, brązowa czy różowa? Czy jest na tyle obfite, że powoduje przemakanie podpaski higienicznej w ciągu godziny, czy jest to plamienie okresowe, czy też jego charakter jest zawarty między opisanymi sytuacjami? Jaki jest jego zapach? Czy wraz z krwią wydalane są jakieś fragmenty tkankowe (kawałki materiału litego)? (Jeśli są obecne, należy je zabezpieczyć,

umieszczając w słoiku lub w torebce plastikowej.) Należy również wskazać inne towarzyszące objawy, jak: nudności i obfite wymioty, występowanie skurczów lub różnego rodzaju bólu, gorączki, zasłabnięć itd.

Lekkie plamienia lub brudzenia, z którymi nie współistnieją inne objawy, nie są uważane za sytuacje naglące; jeśli pojawiają się w środku nocy, można poczekać z poradą lekarską do rana. Wszystkie inne przypadki krwawień są wskazaniem do wezwania lekarza lub, gdy jest on nieosiągalny w danej chwili, do przewiezienia ciężarnej do specjalistycznego punktu pomocy doraźnej. Mogą one bowiem wskazywać na rzadziej występujące, lecz także niebezpieczne, przyczyny krwawienia we wczesnej ciąży:

**Poronienie.** Kiedy dochodzi do zagrożenia poronieniem, krwawienie zwykle jest lekkie, następnie przeradza się w obfite i towarzyszą mu powracające skurczowe bóle w dolnej części podbrzusza. Gdy faktycznie dojdzie do poronienia, w krwi występują tkanki płodu. O poronieniu chybionym świadczyć będą upławy o brązowym zabarwieniu. Niekiedy zapłodniona komórka jajowa nie rozwija się (stając się komórką obumarłą), toteż błony płodowe nie zawierają żadnych tkanek i organizm nie wydala żadnych ich fragmentów.

**Ciąża ektopowa.** Brązowawe plamienie z pochwy lub miernie obfite krwawienie; okresowe lub ciągłe, któremu towarzyszy ból brzucha lub barku, czasami bardzo ostry (s. 497).

**Ciąża zaśniadowa.** Ciągłe lub nawracające brązowawe odchody są pierwszym objawem tego rzadkiego schorzenia (s. 513).

wymierne efekty terapeutyczne, podając ów hormon. Gdy za powtarzające się poronienia odpowiedzialny jest nadmiar prolaktyny, wówczas lek obniżający poziom tego hormonu w organizmie matki pozwoli donosić ciążę do planowanego terminu rozwiązania.

Czasami przebyte poronienie nie jest całkowite – tylko część łożyska, błon płodowych i zarodka zostaje wydalona z macicy.

Jeżeli kobieta miała lub podejrzewa, że mogła przebyć poronienie, powinna niezwłocznie udać się do lekarza prowadzącego. Zazwyczaj w takich przypadkach konieczne jest instrumentalne wyłyżeczkowanie jamy macicy w celu zmniejszenia krwawienia. Jest to postępowanie proste, podczas którego szyjka macicy zostaje rozszerzona, po czym usuwa się wszelkie pozostałe tkanki płodu czy łożyska. Lekarz może też przyjąć metodę czekania na dalszy przebieg wydarzeń (zwaną postępowaniem wyczekującym) – najczęściej wtedy, gdy kobieta nie gorączkuje, ciśnienie krwi jest stabilne, nie występuje obfite krwawienie ani silne bóle. W większości przypadków organizm sam, bez interwencji medycznej, usunie z macicy pozostałości ciąży. (Jeśli możesz, postaraj się przechować ten materiał w czystym słoiku – lekarze zechcą go zbadać w celu stwierdzenia przyczyn poronienia.) Uważa się, że zastosowanie leków jest mniej skutecznym sposobem oczyszczenia macicy niż łyżeczkowanie lub odczekanie. Więcej informacji znajdziesz w ramce poniżej.

Gdy z powodu poronienia czujesz silny ból, lekarz zapewne przepisze środki przeciwbólowe. Nie wahaj się poprosić o nie w potrzebie.

**Zapobieganie.** Najczęściej przyczynę poronienia stanowi wada zapłodnionej komórki jajowej czy płodu, toteż nie można mu zapobiec. Jednak możesz podjąć pewne kroki w celu zredukowania ryzyka poronienia: zbadaj poziom hormonów tarczycy przed poczęciem lub we wczesnej ciąży i stosuj sól jodowaną; kontroluj stan chorób przewlekłych przed poczęciem; unikaj nadmiernego wysiłku fizycznego (na przykład forsownych ćwiczeń czy podnoszenia bardzo ciężkich przedmiotów) w okresie, gdy dochodzi do zagnieżdżenia się zapłodnionej komórki jajowej (zwykle między piątym a dziesiątym dniem po szacowanym dniu owulacji); unikaj czynności zwiększających

## Gdy poronienie jest nieuniknione

W chwili przekazywania rodzicom tragicznej wiadomości o trwającym poronieniu lub o tym, że nie można mu zapobiec, równocześnie proponuje się im dwie opcje dalszego postępowania: można pozwolić działać naturze (postępowanie wyczekujące) bądź interweniować, czyli wyłyżeczkować macicę. Gdybyś znalazła się w takiej sytuacji, wraz z lekarzem rozważcie następujące czynniki, nim podejmiecie decyzję:

• Jak bardzo zaawansowane jest poronienie. Jeśli występuje krwawienie i skurcze, to znaczy że poronienie już następuje. W takim przypadku zapewne lepsze będzie poczekanie na dalszy przebieg wydarzeń niż łyżeczkowanie. Z drugiej strony jednak, jeśli za pomocą USG określono, że płód jest martwy, a krwawienie było niewielkie lub w ogóle nie wystąpiło (jak w poronieniu chybionym), lepiej wyłyżeczkować macicę.

• Jak bardzo zaawansowana jest ciąża. Im więcej tkanki płodowej, tym większe prawdopodobieństwo, że niezbędne będzie oczyszczenie macicy.

• Twój stan psychiczny i fizyczny. Przeczekanie poronienia (a w niektórych przypadkach może to trwać nawet trzy, cztery tygodnie) bardzo osłabia fizycznie i emocjonalnie kobietę, a także jej męża. Zapewne niełatwo będzie pogodzić się ze stratą i ją opłakać, gdy płód jeszcze ciągle znajduje się w twoim ciele.

• Ryzyko i korzyści. Ponieważ łyżeczkowanie stanowi ingerencję w organizm, wiąże się z nim nieco większe (choć niewielkie) ryzyko, głównie infekcji (0 do 10% przypadków). Jednak korzyść wynikająca z wcześniejszego zakończenia procesu poronienia może u wielu kobiet znacznie przewyższyć to zagrożenie. Poronienie postępujące naturalnie niesie ze sobą z kolei ryzyko pozostawienia nie oczyszczonej macicy – w takim przypadku konieczne będzie jej wyłyżeczkowanie, by zakończyć to, co samoistnie się rozpoczęło.

• Ocena poronienia. Łatwiej przeprowadzić badanie tkanki płodu, jeśli przeprowadzone zostało łyżeczkowanie.

Niezależnie od przyjętej metody postępowania oraz od tego, czy sprawa zakończy się prędzej czy będzie trwała dłużej, będzie ci trudno pogodzić się ze stratą, dlatego też powinnaś przeczytać porady na temat tego, jak poradzić sobie w takiej sytuacji. Znajdziesz je na stronie 527.

# Krwawienia w środkowym i końcowym trymestrze ciąży

Wystąpienie lekkiego krwawienia lub plamienia w II i III trymestrze ciąży generalnie nie powinno być przyczyną obaw, często bowiem jest ono spowodowane podrażnieniem podczas okresowego badania lub stosunku płciowego bardzo wrażliwej w tym okresie ciąży szyjki macicy lub też występuje bez uchwytnej przyczyny. Czasami jednak oznacza, że niezbędna jest natychmiastowa pomoc medyczna. Ponieważ tylko twój lekarz może wskazać jego przyczynę, musi być powiadomiony o k a ż d y m krwawieniu: n a t y c h m i a s t przy obfitym krwawieniu lub gdy towarzyszą mu ból i dyskomfort, a t e g o s a m e g o d n i a przy plamieniu, bez innych objawów. Często wykonuje się USG, by sprawdzić ewentualne istnienie zagrożenia.

Najczęstszymi przyczynami poważnych krwawień są:

**Łożysko przodujące lub nisko zlokalizowane.** Zazwyczaj występuje krwawienie jasnoczerwoną krwią, nie towarzyszą mu dolegliwości bólowe, rozpoczyna się samoistnie, chociaż może je wywołać kaszel, wysiłek fizyczny lub stosunek płciowy. Może być mierne lub obfite, lecz zazwyczaj ustaje, by ponownie wystąpić w późniejszym okresie ciąży (patrz s. 504).

**Oderwanie lub przedwczesne oddzielenie łożyska.** Krwawienie może być lekkie, podobne do skąpej miesiączki, jak i silne, przypominające obfitą menstruację lub też bardzo silne, co jest uzależnione od stopnia oddzielenia. Odchody mogą, lecz nie muszą, zawierać skrzepy krwi. Nasilenie współistniejących objawów, tj. skurczów i dolegliwości bólowych, jest także uzależnione od stopnia oddzielenia łożyska. Oddzieleniu łożyska na dużej powierzchni zazwyczaj towarzyszą objawy wstrząsu hipowolemicznego (patrz s. 516).

**Inne możliwe przyczyny krwawienia.** Niekiedy dochodzi do pęknięcia błony śluzowej macicy, a to wiąże się z obfitym krwawieniem, jak przy ranie ciętej. Niekiedy towarzyszy mu skurczowy ból wywołany nagromadzeniem się krwi przy szyjce macicy. Aby wyleczyć ranę, należy leżeć w łóżku.

**Późne poronienie.** Krew może mieć barwę różową lub brunatną. Obfite krwawienie z towarzyszącymi dolegliwościami bólowymi przemawia za rozpoczynającym się poronieniem (patrz s. 495).

**Skurcze przedwczesne.** Za skurcze przedwczesne uważamy te, które występują po 20 tygodniu, lecz przed osiągnięciem przez ciążę 37 tygodnia. Odejście krwisto-śluzowego czopu, któremu towarzyszy czynność skurczowa macicy, może być pierwszym sygnałem ewentualnego porodu przedwczesnego (patrz s. 508).

---

ryzyko poronienia (picie alkoholu, palenie papierosów); przed i po poczęciu dbaj o to, by twój styl życia był korzystny dla ciebie i dla dziecka, które chcesz mieć.

Taki styl życia oznacza:

• właściwe odżywianie,

• przyjmowanie preparatów uzupełniających dla kobiet w ciąży, zawierających kwas foliowy i inne witaminy z grupy B. Nowe badania wskazują, że część kobiet ma problem z zajściem w ciążę i/lub donoszeniem jej z powodu niedoboru witaminy $B_{12}$. Gdy zaczynają przyjmować tę witaminę, zwykle zachodzą w ciążę i nie mają problemów z jej donoszeniem;

• kontrolowanie masy ciała (postaraj się, aby w chwili poczęcia masa twojego ciała była prawidłowa);

• ostrożne przyjmuj leki (zażywaj tylko te, które przepisał ci lekarz znający twój stan, oraz unikaj tych, które uznano za niebezpieczne dla kobiet w ciąży);

• zabezpieczenie się przed różnego rodzaju infekcjami, a przede wszystkim chorobami przenoszonymi drogą płciową czy infekcjami dziąseł[1].

---

[1] Stan zapalny wywołany takimi infekcjami może spowodować wytwarzanie substancji zwanej prostaglandyną, która stymuluje poród.

Jeśli poroniłaś dwa lub więcej razy, powinnaś się poddać badaniom, które ustalą prawdopodobną przyczynę poronień, żeby zapobiec im w przyszłości. Innymi czynnikami wywołującymi wielokrotne straty ciąży są przede wszystkim kłopoty z tarczycą, nieprawidłowości w wytwarzaniu innych hormonów dokrewnych, problemy immunologiczne bądź autoimmunologiczne (organizm matki atakuje płód), a także zniekształcenie macicy. Obecnie istnieje wiele testów, które rozpoznają ewentualne czynniki ryzyka powodujące poronienie (na przykład autoprzeciwciała przeciwtarczycowe lub niedobór witaminy $B_{12}$), a także sugerują sposoby zapobiegania mu. Niektóre z tych testów znajdują się jeszcze w fazie badań, inne uznano już za skuteczne.

## PORONIENIE PÓŹNE

**Co to jest?** Samoistne wydalenie płodu między końcem I trymestru a 20 tygodniem ciąży jest nazywane późnym poronieniem. Po 20 tygodniu ciąży, gdy płód może być zdolny do przeżycia poza macicą, otoczony intensywną opieką neonatologiczną dysponującą najnowocześniejszą aparaturą, wydalenie płodu nazywamy porodem przedwczesnym[1]. Na występowanie późnych poronień niewątpliwy wpływ mają: stan zdrowia przyszłej matki, stopień wydolności szyjki macicy, wielkość ekspozycji na pewne leki i inne substancje toksyczne, jak też pewne problemy związane z łożyskiem.

**Znamiona i objawy.** Różowawe odchody (przez kilka dni) mogą wskazywać na poronienie zagrażające. Silne krwawienie, szczególnie gdy współistnieją skurcze macicy,

---

[1] Gdy dziecko rodzi się po 20 tygodniu ciąży martwe, zazwyczaj określa się to porodem martwego płodu, a nie poronieniem. Definicje późnego poronienia i porodu martwego płodu mogą różnić się w zależności od kraju.

z dużym prawdopodobieństwem zwiastuje, że poronienie jest nieuniknione, szczególnie gdy doszło do rozwarcia szyjki macicy. (Mogą jednak zaistnieć także inne przyczyny obfitego krwawienia, takie jak na przykład pęknięcie błony śluzowej macicy – patrz ramka na stronie 494).

**Leczenie.** W przypadkach gdy zagraża poronienie, często zalecanym sposobem postępowania jest leżenie, z ograniczeniem do minimum aktywności ruchowej. Z chwilą ustąpienia plamienia zazwyczaj zezwala się na podjęcie normalnej aktywności życiowej, uważając, że jego wystąpienie nie miało związku z poronieniem. Stwierdzając badaniem położniczym postęp w rozwieraniu się kanału szyjki macicy, można podjąć próbę zapobieżenia poronieniu, zakładając szew okrężny.

W razie wystąpienia objawów poronienia, tj. obfitego krwawienia i czynności skurczowej macicy, dalsze postępowanie powinno być ukierunkowane przede wszystkim na ochronę zdrowia kobiety. Aby uniknąć krwotoku, należy koniecznie chorą hospitalizować. Jeżeli w dalszym ciągu krwawienie i czynność skurczowa utrzymują się, poronienie staje się nieuniknione. Po odbytym poronieniu należy usunąć z macicy wszystkie pozostałości ciąży, wykonując instrumentalne wyskrobanie jej ścian.

**Zapobieganie.** Jeżeli możliwość wystąpienia poronienia da się wcześniej przewidzieć, to realne staje się postępowanie zmierzające do zapobiegnięcia niepowodzeniu. Jeżeli podczas poprzedniej ciąży zakończonej poronieniem nie rozpoznano istniejącej niewydolności cieśniowo-szyjkowej, to w kolejnej ciąży, w jej wczesnym stadium, należy założyć na część pochwową szew okrężny – jeszcze zanim stwierdzi się drożność kanału szyjki – co zazwyczaj przynosi pozytywny efekt, zapobiegający utracie następnej ciąży. Jeżeli przyczyną poronienia była niewydolność hormonalna ciążowego

# Jeśli wystąpiło poronienie

Przebyte poronienie jest dla kobiety sytuacją trudną do zaakceptowania, choć zazwyczaj oznacza ono, że stan zarodka czy płodu nie pozwalałby mu na normalne życie. Wczesne poronienie jest naturalną formą mechanizmu selekcji, w którym nieprawidłowo rozwijający się zarodek lub płód (wadliwie ukształtowany z powodu zaburzeń genetycznych, oddziaływania czynników środowiskowych, takich jak: promieniowanie jonizujące lub narażenie na pewne substancje chemiczne; nieprawidłowo przebiegający proces implantacji jaja płodowego w macicy, niektóre infekcje matczyne lub też przypadkowe okoliczności, jak również z nieznanych powodów) jest odrzucany, gdyż najprawdopodobniej byłby niezdolny do przeżycia lub bardzo poważnie uszkodzony.

Mimo wszystko utrata ciąży nawet w jej wczesnym stadium rozwoju jest dużym przeżyciem dla kobiety. Nie należy jednak obarczać za to przeznaczenia – poronienie nie jest twoją winą. Nie powstrzymuj się od opłakiwania straty, gdyż jest to ważny etap w procesie powrotu do normalności. Przez jakiś czas masz prawo być smutna, a nawet wolno ci popadać w rozpacz. Powinna ci pomóc rozmowa z mężem, lekarzem, krewnym czy przyjaciółką bądź przyłączenie się do grupy samopomocy dla par i samotnych kobiet, które przeżyły utratę ciąży. Należy zapytać lekarza prowadzącego lub dowiedzieć się w szpitalu o adres jednej z nich. Szczególnie ważne jest dzielenie się doświadczeniami z tymi, którzy naprawdę rozumieją, co czujesz, jeśli poroniłaś więcej niż raz. Obszerniejsze porady na temat radzenia sobie ze stratą znajdziesz na stronie 527.

Najlepszą metodą leczenia dla wielu kobiet jest zalecenie im ponownego zajścia w ciążę w terminie możliwie bezpiecznym. Lecz zanim kobieta zdecyduje się na ponowne zajście w ciążę, lekarz prowadzący powinien naświetlić jej możliwe przyczyny występowania poronienia. Najczęściej poronienie jest pojedynczym incydentem, a jego czynnikami sprawczymi mogą być: nieprawidłowości chromosomalne, infekcje, wpływ pewnych substancji chemicznych lub też innych związków teratogennych, albo występuje bez uchwytnej przyczyny i nie powtarza się więcej. Nawykowe poronienia (więcej niż dwa) często związane są z niewydolnością hormonalną ciężarnej lub też matczynym układem odpornościowym, odrzucającym niezgodny antygenowo zarodek lub płód. W obu tych sytuacjach odpowiednie leczenie kobiety we wczesnej ciąży często zapobiega kolejnym poronieniom. Nawykowe poronienia rzadko spowodowane są czynnikami genetycznymi, które można określić, wykonując u małżonków pewne testy chromosomalne jeszcze przed poczęciem. Należy skonsultować z lekarzem prowadzącym zasadność wykonywania powyższych testów.

Część lekarzy zaleca okres 2-3 miesięcy przerwy między poronieniem a następnym zajściem w ciążę, mimo iż współżycie płciowe można rozpocząć już w 6 tygodni po poronieniu. Inni tymczasem wolą pozostawić bieg wydarzeń w rękach Matki Natury i informują pacjentki, by słuchały głosu swego ciała, który wskaże najlepszy moment do ponownego zajścia w ciążę. W niektórych badaniach wykazano, że kobiety stają się bardziej płodne w okresie pierwszych trzech cykli po poronieniu, które nastąpiło w pierwszym trymestrze. Jeśli jednak lekarz zaleci ci wstrzymać się przez pewien czas, stosuj dobre środki antykoncepcyjne, najlepiej typu zaporowego (prezerwatywa, kapturek naszyjkowy). Przerwę wykorzystaj na ulepszenie diety i nawyków zdrowotnych (jeśli jest co poprawiać) oraz koniecznie popraw kondycję swojego ciała, aby w chwili poczęcia było jak najlepiej przygotowane do wydania na świat nowego życia (przeczytaj rozdział 21). Na szczęście są spore szanse na to, iż następnym razem ciąża będzie prawidłowa, a dziecko zdrowe. Większość kobiet, które przeżyły jedno poronienie, nie roni w czasie kolejnych ciąż. W rzeczywistości poronienie zapewnia o zdolności do zapłodnienia, toteż większość kobiet, które straciły ciążę w takich okolicznościach, z pewnością następną donosi szczęśliwie.

ciałka żółtego, substytucja hormonalna w kolejnej ciąży może dopomóc w jej szczęśliwym donoszeniu. Gdy winą za przebyte poronienia obarcza się niektóre przewlekłe schorzenia ciężarnej, tj. cukrzycę, nadciśnienie – przed kolejną ciążą należy rozpocząć kontrolę stanu choroby. Inne zaburzenia, mogące być przyczyną niepowodzeń, jak: ostre infekcje i nieprawidłowości kształtu macicy, a także pewne guzy niezłośliwe, np. mięśniaki, które zaburzają jej prawidłowy kształt, można w niektórych przypadkach leczyć chirurgicznie.

## CIĄŻA EKTOPOWA

**Co to jest?** Jest to ciąża, która zagnieżdża się poza macicą, najczęściej w jajowodzie. Następuje to na skutek występowania czynnika utrudniającego lub spowalniającego przesuwanie się zapłodnionej komórki jajowej (najczęściej przyczyną jest blizna po wcześniejszych infekcjach). Zagrożone taką ciążą są kobiety z historią zapalenia narządów miednicy mniejszej, endometriozą, wcześniejszymi ciążami pozamacicznymi lub operacjami jajowodu – a także kobiety palące papierosy. Dobre efekty daje wczesne zdiagnozowanie i leczenie ciąży ektopowej; bez nich ciąża nadal rozwijałaby się w jajowodzie, który w końcu by pękł, a co za tym idzie, w przyszłości nie mógłby służyć do przemieszczenia się zapłodnionej komórki do macicy. Nie rozpoznane pęknięcie ciąży ektopowej jest niebezpieczne dla życia chorej.

**Znamiona i objawy.** Pierwszym sygnałem może być tępy ból, który przeradza się w silny, kolkowy, bardzo dokuczliwy, zazwyczaj rozpoczyna się w jednym miejscu i następnie rozprzestrzenia na całą jamę brzuszną, nasila się podczas działania tłoczni brzusznej, kaszlu lub przy poruszaniu się. Często stwierdza się brunatne plamienie lub też lekkie krwawienie z pochwy, które może

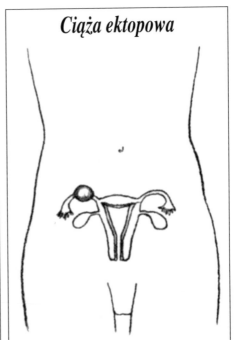

*Ciąża ektopowa*

*W ciąży ektopowej zapłodniona komórka jajowa zagnieżdża się w miejscu innym niż macica. W przypadku przedstawionym na ilustracji miejscem tym jest jajowód.*

mieć charakter okresowy lub ciągły i zazwyczaj wyprzedza dolegliwości bólowe o kilka dni lub nawet tygodni. Czasami zdarzają się nudności i wymioty, zawroty głowy lub zasłabnięcia, bóle w okolicach barku i/lub uczucie parcia na stolec.

Pęknięcie jajowodu, w którym rozwijała się ciąża, może być przyczyną silnego krwotoku z towarzyszącymi mu objawami wstrząsu (szybkie, nitkowate tętno, zimna, wilgotna skóra, omdlenie), jak też nagłego bólu, który po pewnym czasie rozprzestrzenia się poza obszar miednicy.

**Leczenie.** Ważne jest jak najszybsze przetransportowanie chorej do szpitala. Zastosowanie nowoczesnych metod pozwala na wczesną diagnostykę ciąży jajowodowej i tym samym stwarza szansę wdrożenia zachowawczego sposobu postępowania, co jest bardzo korzystnym elementem dla zachowania zdrowia kobiety do dalszego rozrodu.

Rozpoznanie jest zazwyczaj stawiane na podstawie łącznego wykorzystania trzech metod:

1. Badanie miednicy.

2. Seryjnie powtarzany test ciążowy bardzo czuły, który monitoruje poziom hormonu hCG we krwi matki (gdy w przebiegu ciąży obserwuje się, że poziom hCG obniża się lub przestaje wzrastać, można podejrzewać nieprawidłowe zagnieżdżenie się jaja płodowego w jajowodzie).

3. Aparatura ultrasonograficzna o wysokiej rozdzielczości umożliwia uwidocznienie macicy i jajowodów (pusta macica[1] i ciąża rozwijająca się w jajowodzie – choć nie zawsze widoczna – wskazuje na rozwój ciąży ektopowej).

Gdy występują jakiekolwiek wątpliwości, potwierdzenie można uzyskać przez uwidocznienie jajowodów przez cienki laparoskop wprowadzony do jamy brzusznej przez pępek. Zastosowanie najnowocześniejszej aparatury diagnostycznej pozwala w 80% rozpoznać obecność ciąży ektopowej przed jej pęknięciem.

Pomyślne leczenie ciąży pozamacicznej jest również uzależnione od osiągnięć techniki medycznej. Zazwyczaj wybiera się laparoskopię, która pozwala na krótszy pobyt w szpitalu i znacznie skraca okres rekonwalescencji. Zabieg ten polega na dokonaniu dwóch niewielkich nacięć, jednego w pępku w celu wprowadzenia wziernika (laparoskopu), a drugiego niżej, w podbrzuszu, w celu wprowadzenia urządzenia chirurgicznego. W zależności od okoliczności, do usunięcia ciąży z jajowodu używa się laserów lub elektrokauteru. Ostatnio alternatywą dla

operacji stały się leki Metotreksat[2] i/lub Mizoprostol.

Niszczą one ciążę poprzez zahamowanie rozrostu komórek. Główną zaletą stosowania tych leków jest uniknięcie uszkodzenia jajowodu – z operacją wiąże się bowiem takie zagrożenie. Czasami stwierdza się, że ciąża ektopowa przestała się rozwijać i znika samoistnie, a zatem operacja chirurgiczna nie jest potrzebna. Możliwe jest uratowanie jajowodu, chyba że doszło w nim do nieodwracalnych uszkodzeń. Zachowanie jajowodu korzystnie rokuje na ewentualną ciążę w przyszłości. Większość kobiet leczonych z powodu ciąży ektopowej może rok później normalnie zajść w ciążę i cieszyć się jej prawidłowym przebiegiem.

**Zapobieganie**. Ryzyko wystąpienia ciąży ektopowej można wyeliminować. Natychmiast zajmij się leczeniem ewentualnych chorób przenoszonych drogą płciową oraz chroń się przed nimi, pamiętając o zasadach bezpiecznego seksu.

# CUKRZYCA CIĄŻOWA

**Co to jest?** Jest to przejściowa forma cukrzycy. Jej przyczyną jest wytwarzanie przez organizm niedostatecznej ilości insuliny – insulina jest teraz szczególnie potrzebna z racji zwiększonego poziomu cukru we krwi w czasie ciąży. W 28 tygodniu ciąży, czyli wtedy, gdy łożysko zaczyna wyzwalać duże ilości hormonów wywołujących odporność insulinową, przeprowadza się rutynowe badanie w kierunku tej choroby. Obydwa rodzaje cukrzycy, tj. ten, który pojawia się tylko w ciąży, jak i drugi, występujący także poza nią, nie stanowią niebezpieczeństwa dla płodu i matki, pod

---

[1] U kobiet, które otrzymały leki gonadotropinowe (Clomid, Perganol) w celu poprawienia zdolności rozrodczej, czyli wytwarzania większej liczby komórek jajowych przez jajniki, może się niekiedy zdarzyć, że jedna zapłodniona komórka zeszła do macicy, podczas gdy inna pozostała w jajowodzie.

[2] Istnieje bardzo niewielkie zagrożenie, że środek ten doprowadzić może do zapalenia płuc, powiadom więc lekarza, jeśli po zakończeniu leczenia wystąpi kaszel i/lub bezdech.

warunkiem że stan ten jest ściśle nadzorowany. Lecz gdy nadmiar cukru znajdującego się we krwi matki przedostanie się przez łożysko do krwiobiegu płodu, wówczas mogą wystąpić poważne następstwa zarówno u matki, jak i jej dziecka. Kobiety z nie leczoną cukrzycą ciążową stoją przed zagrożeniem urodzenia zbyt dużego dziecka, może także wystąpić u nich stan przedrzucawkowy (nadciśnienie wywołane ciążą).

**Znamiona i objawy.** Pierwszym objawem może być obecność cukru w moczu (mówi o tym wynik badania przeprowadzonego w przychodni), lecz może być nim również wzmożone pragnienie, podobnie jak częste i obfite oddawanie moczu (różniące się jednak od często występującej, lecz zazwyczaj skąpej mikcji, jaka towarzyszy wczesnej ciąży), znużenie (które może być trudne do odróżnienia od ciążowego).

**Leczenie.** Na szczęście wszystkie rzeczywiste zagrożenia związane z cukrzycą w ciąży można wyeliminować przez ścisły nadzór poziomu cukru we krwi, który udaje się zrealizować dzięki fachowej opiece medycznej oraz wydatnej pomocy samej ciężarnej. Przestrzeganie lekarskich zaleceń w ciąży powikłanej cukrzycą to ogromna szansa dla matki i jej dziecka, jeśli chodzi o prawidłowy rozwój ciąży i narodziny zdrowego potomstwa.

Nawet gdy wyniki twoich badań nie są alarmujące, lepiej leczyć, niż czekać. Jeśli zapadniesz na cukrzycę ciążową, poddaj się badaniom kilka miesięcy po porodzie, aby uzyskać pewność, iż poziom cukru we krwi wrócił do prawidłowego stanu. Ponieważ jesteś bardziej narażona na wystąpienie tej choroby w późniejszym okresie życia, powinnaś cały czas obserwować, czy występują znamiona i objawy cukrzycy dorosłych typu 2: częste oddawanie moczu, wzmożone pragnienie, a także podwyższony poziom cukru we krwi.

**Zapobieganie.** Prawidłowe odżywianie, kontrolowanie masy ciała, a także regularne ćwiczenia zmniejszają prawdopodobieństwo wystąpienia tej choroby. Ryzyko zachorowania na cukrzycę ciążową u tych otyłych kobiet, które ćwiczą regularnie, jest o połowę mniejsze.

# STAN PRZEDRZUCAWKOWY (NADCIŚNIENIE INDUKOWANE CIĄŻĄ)

**Co to jest?** Nadciśnienie indukowane ciążą, czyli stan przedrzucawkowy[1], zwane także zatruciem ciążowym, to wysokie ciśnienie krwi, które wzrasta na początku ciąży. Innymi jego objawami są obrzęki i obecność białka w moczu, a dotyczy to od 5 do 10% kobiet w ciąży.

Najbardziej zagrożone są kobiety w ciąży mnogiej, powyżej 40 roku życia, chore na cukrzycę oraz te, u których już występuje nadciśnienie. Stan przedrzucawkowy częściej zdarza się w pierwszej ciąży i u Afroamerykanek. Nie ma pewności co do czynnika, który go wywołuje, choć prawdopodobnie istnieje związek genetyczny. Wysunięto hipotezę, iż jednym z czynników predysponujących ciężarną do stanu przedrzucawkowego może być profil genetyczny płodu; jeśli twoja matka lub matka męża cierpiały na tę chorobę w czasie, gdy nosiły któreś z was w swym łonie, stoisz przed większym zagrożeniem.

Stan przedrzucawkowy coraz częściej jest wynikiem złego odżywiania i wiąże się z niedoborami witamin C i E oraz magnezu. Często też u kobiet chorujących na tę chorobę obserwuje się zawyżony poziom trójglicerydów w wyniku diety obfitującej

---

[1] Stan przedrzucawkowy oznacza zespół objawów, tj. nadciśnienie, obrzęki i białkomocz lub co najmniej jeden z wymienionych objawów (przyp. red. nauk. wyd. pol.).

w cukier. Jeszcze inna teoria, obecnie sprawdzana przez naukowców, głosi, że żyły kobiet ze stanem przedrzucawkowym mają wadę – polega ona na tym, że zwężają się one w czasie ciąży, zamiast rozszerzać (jak zwykle się dzieje). W rezultacie dochodzi do gorszego zaopatrzenia w krew takich narządów, jak nerki czy wątroba.

Ponadto przypuszcza się, że stan przedrzucawkowy jest reakcją immunologiczną na „ciało obce" (czyli dziecko) – organizm matki dostaje „alergii" na płód i łożysko. „Alergia" ta wywołuje reakcję, w której wyniku organizm matki jest w stanie zniszczyć jej krew i naczynia krwionośne. Aby można było lepiej leczyć stan przedrzucawkowy, potrzebne jest dalsze zgłębianie nie tylko przedstawionej powyżej teorii, ale także wielu innych[1].

**Znamiona i objawy.** Stan przedrzucawkowy objawia się i zostaje rozpoznany, gdy po 20 tygodniu ciąży ciśnienie krwi wzrasta do 140/90 lub więcej u kobiety, która nigdy wcześniej nie miała podwyższonego ciśnienia. W łagodnym przebiegu choroby obserwuje się także obrzęk dłoni i twarzy oraz nagły wzrost ciężaru ciała (objawy te wiążą się z retencją wody), obrzęk w stawie skokowym, który nie mija po 12 godzinach odpoczynku, oraz obecność białka w moczu. Stan nie leczony szybko postępuje, przeradzając się w ostry, charakteryzujący się dalszym wzrostem ciśnienia (zazwyczaj do 160/110 lub nawet więcej), zwiększoną ilością białka w moczu, zaburzeniami widzenia, bólami głowy, gorączką, szybkim biciem serca, dezorientacją, skąpym oddawaniem moczu, silnym bólem brzucha, wzmożonymi reakcjami odruchowymi, niepokojem i drgawkami i/lub nieprawidłowym funkcjonowaniem nerek. Występować może również zahamowanie wzrostu płodu i nie-

dobór płynu owodniowego. U ciężarnych cierpiących na stan przedrzucawkowy występować mogą wszystkie lub tylko niektóre z powyższych znamion i objawów.

Na szczęście u kobiety znajdującej się pod stałą opieką medyczną stan przedrzcawkowy jest niemal zawsze rozpoznawany na wczesnym etapie i z powodzeniem leczony. Nie leczony może przerodzić się w znacznie poważniejszą rzucawkę (patrz s. 515).

Niekiedy się zdarza, że stan przedrzcawkowy pojawia się dopiero w trakcie porodu, a nawet połogu. Wówczas nagły wzrost ciśnienia krwi może być jedynie reakcją organizmu na stres – lub też faktycznym stanem przedrzucawkowym. Dlatego też kobiety, u których na jakimkolwiek etapie ciąży obserwuje się podwyższone ciśnienie krwi, znajdują się pod ścisłą obserwacją, w której ramach często bada się nie tylko ciśnienie krwi, lecz także mocz (na obecność białka), odruchy i inne parametry krwi obwodowej.

**Leczenie.** W większości przypadków najskuteczniejszym leczeniem jest poród. Istnieją lekarstwa i metody leczenia zatrzymujące postęp choroby, jednak jedynym sposobem na „wyleczenie" jest wydanie dziecka na świat.

W lekkich przypadkach stanu przedrzucawkowego leczenie prowadzi do obniżenia ciśnienia tętniczego. Można tego dokonać za pomocą diety, ćwiczeń i zredukowania stresu. W razie potrzeby podaje się też leki. Jeśli ciąża zbliża się do końca i występuje rozwarcie szyjki macicy (szyjka jest zmiękczona), to wywołuje się poród i dziecko przychodzi natychmiast na świat. Jeśli natomiast kobieta nie jest gotowa do porodu, zwykle zatrzymuje się ją w szpitalu i musi cały czas leżeć (najbardziej wskazane jest leżenie na lewym boku) pod ścisłą obserwacją. W łagodnych przypadkach zezwala się na leżenie w domu, kiedy ciśnienie krwi wróci do normy. Jeśli masz stan

---

[1] Jest to tylko jedna z kilkudziesięciu teorii, i to mało prawdopodobna (przyp. red. nauk. wyd. pol.).

przedrzucawkowy, a pozwolono ci przebywać w domu, znajdziesz się pod opieką pielęgniarki wizytującej i będziesz musiała często chodzić na kontrole lekarskie. Powinnaś wyczulić się na niepokojące objawy: silne bóle głowy, zaburzenia wzroku, gwałtowne bicie serca, ból w prawej górnej czy środkowej części brzucha, gdyż świadczą one o tym, że choroba postępuje. W takim przypadku powinnaś natychmiast poszukać pomocy medycznej.

Regularnie badany będzie stan dziecka: ruchy płodu będą sprawdzane codziennie, a w miarę potrzeby przeprowadzone zostaną testy stresowe i niestresowe, USG, amniopunkcja i inne. Jeśli na jakimkolwiek etapie ciąży stan matki pogorszy się, a badania wykażą, że najlepszym rozwiązaniem dla płodu będzie opuszczenie macicy, lekarz oszacuje, jaka byłaby najlepsza metoda porodu.

W sytuacjach, gdy część pochwowa wykazuje cechy pełnej dojrzałości do porodu, a stan płodu jest dobry, zwykle wywołuje się czynność porodową. W innym przypadku zalecane bywa przeprowadzenie cięcia cesarskiego.

Generalnie nawet w łagodnej postaci stanu przedrzucawkowego nie zaleca się kontynuowania ciąży powyżej 40 tygodnia, po upływie tego czasu bowiem środowisko macicy, w którym przebywa płód, ulega pogorszeniu znacznie szybciej aniżeli w analogicznym okresie ciąży o przebiegu prawidłowym.

Rokowania – w łagodnej postaci stanu przedrzucawkowego – dla matek objętych właściwą opieką medyczną są bardzo pomyślne, podobnie jak końcowy wynik położniczy, który zasadniczo nie odbiega wartością od obserwowanego w ciążach niepowikłanych nadciśnieniem tętniczym.

W ciężkiej postaci stanu przedrzucawkowego zaleca się postępowanie bardziej radykalne. Szybko przeprowadza się dożylną infuzję siarczanu magnezu, gdyż niemal zawsze zapobiega ona przejściu w rzucawkę.

(Objawy uboczne tego leczenia są zwykle nieprzyjemne, ale niegroźne.) Gdy zaawansowanie ciąży jest bliskie terminu porodu i/lub stwierdza się dojrzałość płuc płodu, postępowaniem z wyboru jest bezzwłoczne ukończenie ciąży. W sytuacji, gdy płód jest niedojrzały, lecz zaawansowanie ciąży jest powyżej 28 tygodnia, większość położników decyduje się na ukończenie ciąży, stojąc na stanowisku, że jest to postępowanie korzystniejsze dla matki (następuje normalizacja ciśnienia tętniczego krwi i polepsza się jej stan ogólny) oraz dla płodu (korzystniejszy jest dalszy rozwój noworodka w warunkach intensywnej opieki neonatologicznej aniżeli przebywanie w niesprzyjającym środowisku wewnątrzmacicznym). W celu szybszego osiągnięcia dojrzałości płuc płodu przed porodem niektórzy lekarze zdecydują się na podanie steroidów.

Faktem jest, że między 24 a 28 tygodniem ciąży wszyscy położnicy zgodnie preferują postępowanie zachowawcze w stanie przedrzucawkowym, nawet w jego postaci ciężkiej, w celu osiągnięcia przez płód większej dojrzałości. Natomiast przed osiągnięciem 24 tygodnia ciąży (gdy płód rzadko zdolny jest do przeżycia w warunkach pozamacicznych, a przebieg choroby jest szczególnie ciężki) czasami postępowaniem z wyboru jest zakończenie ciąży, w celu przerwania narastających procesów przedrzucawkowych, nawet gdy noworodek ma niewielkie szanse na przeżycie.

Najlepszym miejscem do wydania dziecka na świat dla kobiety z ciężkim stanem są duże centra medyczne, w których zapewnia się optymalną opiekę matczyną oraz noworodkową dla wcześniaków.

U 97% kobiet ze stanem przedrzucawkowym ciśnienie tętnicze po porodzie wraca do normy, pod warunkiem że wcześniej nie chorowały na przewlekłe nadciśnienie. Spadek ciśnienia w większości przypadków obserwuje się w pierwszych 24 godzinach po porodzie, a u pozostałych w pierwszym tygodniu po rozwiązaniu. Gdy ciśnienie tętnicze nie normalizuje się w ciągu 6 tygodni, należy podejrzewać inne przyczyny. Przy dobrej i natychmiastowej opiece medycznej istnieją spore szanse na to, że ciężki przypadek stanu przedrzucawkowego matki i – z wyjątkiem rzadkich przypadków – jej dziecka zakończy się pomyślnie.

**Zapobieganie.** Ostatnie badania wykazują, że terapia polegająca na podawaniu niewielkich dziennych dawek aspiryny niekiedy zapobiega powstaniu stanu przedrzucawkowego u kobiet z grupy podwyższonego ryzyka. Terapię tę można bezpiecznie stosować do 36 tygodnia ciąży. Choć nic nie wskazuje na to, by podawanie zwiększonej dawki wapnia zmniejszało ryzyko stanu przedrzucawkowego u kobiet przyjmujących odpowiednią ilość tego pierwiastka, to bywa ono skuteczne u tych z niedoborem wapnia. Prawidłowe odżywianie, zapewniające organizmowi należyte dawki antyutleniaczy, magnezu i innych witamin oraz minerałów, również może wpłynąć na zredukowanie ryzyka.

# WEWNĄTRZMACICZNE OGRANICZENIE WZRASTANIA PŁODU (IUGR)

**Co to jest?** Niekiedy środowisko wewnątrzmaciczne, w którym przebywa płód, nie jest optymalne dla jego prawidłowego rozwoju. Przyczyny tego mogą być różne, jak: niektóre schorzenia matki, jej niewłaściwy sposób życia, zaburzenia funkcjonowania łożyska lub też inne czynniki, co wpływa na to, że płód nie rośnie tak szybko, jak powinien. Bez odpowiedniej interwencji taki noworodek – zarówno urodzony przedwcześnie, jak i w planowanym terminie – będzie miał mniejszą masę urodzeniową niż przewidziana dla danego wieku ciążowego (zwykle poniżej 2,5 kg). Jednym z warunków wykrycia tego powikłania ciążowego jesz-

cze przed urodzeniem dziecka, jak i wczesnego wdrożenia odpowiedniego postępowania terapeutycznego, które może odwrócić ten niekorzystny proces, jest stały fachowy nadzór nad przebiegiem ciąży.

IUGR występuje w około 2,5 do 3% ciąż, nieco częściej przy pierwszej, piątej i kolejnych, a także u kobiet poniżej 17 bądź powyżej 35 roku życia. Na szczęście ponad 90% noworodków, które rodzą się za małe, w ciągu pierwszych lat życia nadrabia zaległości i dorównuje swym początkowo większym rówieśnikom. Jednak najlepiej leczyć IUGR w chwili, gdy zostaje zdiagnozowane prenatalnie, ponieważ niewielki odsetek zbyt małych dzieci ma trudności z „dogonieniem" rówieśników w rozwoju zarówno umysłowym, jak i fizycznym.

**Znamiona i objawy.** Wielkość przyrostu masy ciała u ciężarnych nie stanowi zasadniczego kryterium decydującego o masie urodzeniowej noworodka. Rzadko stwierdza się wyraźne objawy, które mogłyby dać matce wskazówkę o nieprawidłowym wzroście płodu. Zwykle to lekarz odkrywa problem podczas badania prenatalnego, gdy rutynowy pomiar i badanie przez dotyk wskazują, iż płód jest zbyt mały na dany wiek ciążowy. Natomiast badania USG i wiele innych testów pozwalają potwierdzić lub wykluczyć takie rozpoznanie.

**Leczenie.** Gdy różne metody, mające na celu zapobieżenie czynnikom prowadzącym do nieprawidłowego rozwoju płodu zawiodą, a IUGR zostaje zdiagnozowane, można wypróbować wielu innych sposobów na zaradzenie temu stanowi – wszystko w zależności od przypuszczalnej przyczyny. Korzystny może się okazać pobyt w szpitalu (leżenie w łóżku) – zwłaszcza gdy warunki domowe znacznie odbiegają od ideału, w razie konieczności dożywianie dożylne, podawanie leków w celu poprawienia przepływu krwi przez łożysko bądź poprawienie czynnika mogącego przyczy-

# Dzieci z niską masą urodzeniową

Matki, które w przeszłości rodziły dzieci z niską masą ciała, są tylko w niewielkim stopniu bardziej narażone na powtórne urodzenie takiego dziecka. Statystyki wskazują na tendencję wzrostu masy dziecka w stosunku do poprzedniego. To, czy kolejne dziecko jest małe, zależy w dużym stopniu od przyczyny wystąpienia niskiej masy u dziecka pierwszego i obecności tego czynnika podczas kolejnej ciąży.

Gdy przyczyna IUGR u poprzedniego dziecka jest znana i odwracalna, powinna zostać jak najszybciej wyeliminowana. Każda kobieta, która wcześniej urodziła dziecko z IUGR i ponownie zaszła w ciążę lub dopiero planuje zajść, powinna tym razem zwracać szczególną uwagę na wszystkie czynniki w celu obniżenia ryzyka.

niać się do zahamowania wzrostu płodu, wreszcie bezzwłoczne wywołanie czynności porodowej w przypadku niekorzystnego dla płodu środowiska wewnątrzmacicznego (gdy nie można nic zrobić, by je poprawić, natomiast płuca dziecka są na tyle rozwinięte, że można je uznać za dojrzałe).

**Zapobieganie.** Ponieważ większość dzieci urodzonych przed terminem jest mała (przy czym ich wielkość może być prawidłowa dla danego wieku ciążowego i nie mieć nic wspólnego z IUGR), należy wpłynąć na czynniki mogące wywołać poród przedterminowy bądź wstrzymać go, gdy już się zaczął lub można się spodziewać jego nastąpienia (patrz s. 508). W ten sposób w znacznym stopniu zmniejsza się prawdopodobieństwo urodzenia dziecka z niską masą urodzeniową.

Zapobiec IUGR można również przez kontrolowanie, korygowanie lub minimalizowanie pewnych czynników matczynych, którym przypisuje się wpływ na zaburzenie wzrostu płodu. Zalicza się do nich niektóre choroby przewlekłe (cukrzyca, nadciśnienie tętnicze, choroby płuc lub nerek); niektóre powikłania ciążowe (niedokrwistość, stan przedrzucawkowy) oraz niektóre choroby ostre nie związane bezpośrednio z ciążą (zakażenie dróg moczowych). Poznanie jednak ich rzeczywistego wpływu na rozwój ciąży jest niezmiernie trudne.

Inne czynniki ryzyka można zmniejszyć bądź całkowicie wyeliminować przed poczę-

ciem lub – w wielu przypadkach – już w trakcie ciąży (niektóre zmiany mogą w ogromnym stopniu wpłynąć na poprawę warunków życia w macicy, a co za tym idzie, wzrost dziecka). Należą do nich: zła opieka prenatalna (można temu zapobiec, znajdując jak najwcześniej lekarza i chodząc regularnie na wizyty); złe odżywianie, niska masa matki i/lub niewystarczający przyrost masy ciała (dobra dieta, z dobrze wyważonymi proporcjami między białkami, kaloriami i żelazem – jak w diecie ciążowej – i/lub postępowanie przeciwko silnym porannym nudnościom może zaradzić obu tym problemom); przyjmowanie nadmiernej ilości kofeiny; palenie papierosów (im szybciej matka rzuci palenie, tym większe prawdopodobieństwo, że dziecko urodzi się z prawidłową masą); nadużywanie alkoholu bądź innych używek; zbyt krótki okres przerwy między ciążami (mniejszy niż 6 miesięcy, licząc od rozwiązania jednej i chwili poczęcia drugiej, może źle wpłynąć na kolejną ciążę – przy czym należy zaznaczyć, iż doskonałe odżywianie się, dużo wypoczynku i najlepsza opieka medyczna mogą wiele zadziałać w celu poprawienia warunków w macicy, jeśli już doszło do kolejnego poczęcia); wady rozwojowe macicy lub inne nieprawidłowości narządów rodnych i układu moczowego (zaleca się chirurgiczną korekcję lub inne sposoby terapii); narażenie na pewne substancje toksyczne lub też przebywanie w skażonym środowisku, włączając w to ryzyka zawodowe (patrz s. 76).

# Opieka nad dzieckiem z grupy wysokiego ryzyka położniczego

W przypadku wystąpienia jakichkolwiek przypuszczeń, że dziecko nie będzie całkowicie zdrowe po urodzeniu, należy dołożyć wszelkich starań, by warunki, w jakich przyjdzie na świat, były optymalnie dobre. W większości sytuacji oznacza to poród w szpitalu specjalistycznym, wyposażonym w sprzęt przystosowany do udzielania pomocy noworodkom najciężej dotkniętym (prowadzone badania wykazały, że jest to lepsza metoda niż przewożenie noworodka). Ciąże wysokiego ryzyka powinny być kierowane bezpośrednio przez lekarza do odpowiednich placówek służb medycznych. Jeśli centrum medyczne znajduje się w dużej odległości od miejsca zamieszkania, należy poczynić niezbędne przygotowania, by dotrzeć tam na czas. Niekiedy istnieje możliwość przewiezienia ciężarnej specjalnie wyposażonymi środkami transportowymi, helikopterami itd. Lekarz (bądź lekarze) przyjmujący poród powinien być świadomy stanu matki i dziecka.

Wyniki ostatnio prowadzonych badań zwróciły uwagę na wiele dodatkowych czynników, które mogą mieć wpływ na poród zbyt małego dziecka. Zalicza się do nich: stres fizyczny a także przemęczenie), prawdopodobnie n a d m i e r n y stres psychiczny; nieprawidłowy wzrost ilości osocza u ciężarnej, a także niedobór progesteronu bądź innych hormonów. Zredukowanie tych czynników może także zmniejszyć ryzyko, że dziecko urodzi się za małe.

Pewne czynniki sprawiające, że dana kobieta może mieć dziecko z zahamowaniem wewnątrzmacicznego wzrostu, są trudne lub wręcz niemożliwe do wyeliminowania. Zalicza się do nich: bieda i/lub brak wykształcenia (okoliczności te zapewne sprawiają, że kobieta będzie nieodpowiednio odżywiona i nie otrzyma optymalnej opieki lekarskiej); narażenie na działanie DES przed własnymi narodzinami (patrz s. 43); zamieszkiwanie na dużych wysokościach (choć czynnik ten zwiększa ryzyko tylko w niewielkim stopniu); przebyty poród dziecka o niskiej masie urodzeniowej, z wadą wrodzoną lub wielokrotne poronienia; ciąże bliźniacze bądź mnogie; krwawienie w pierwszym bądź drugim trymestrze; nieprawidłowości łożyska (takie jak łożysko przodujące czy przedwczesne oddzielenie się łożyska); silne nudności i wymioty, które nie kończą się w trzecim miesiącu i n i e r e a g u j ą na leczenie; małowodzie lub wielowodzie, nieprawidłowy poziom hemoglobiny czy przedwczesne pęknięcie błon płodowych; konflikt serologiczny czynnika Rh (patrz s. 29). Jeśli sama urodziłaś się z niską masą urodzeniową, większe jest prawdopodobieństwo, że i ty urodzisz małe dziecko. Jednak w większości przypadków prawidłowe odżywianie i wyeliminowanie innych czynników ryzyka może się przyczynić do zwiększenia możliwości prawidłowego rozwoju płodu.

Nawet gdyby zapobieganie i leczenie nie przyniosły rezultatów, a dziecko urodziło się mniejsze niż powinno, szanse na to, że będzie zdrowe, są coraz większe dzięki najnowszym zdobyczom medycyny neonatalnej (noworodkowej).

## ŁOŻYSKO PRZODUJĄCE

**Co to jest?** Łożysko przodujące – nazwa ta brzmi jak nazwa choroby łożyska, lecz wcale tak nie jest. Określenie to bowiem odnosi się do lokalizacji łożyska, nie zaś do jego stanu. Łożyskiem przodującym określa się sytuację, gdy umiejscawia się ono w dolnej części macicy, całkowicie lub częściowo zakrywa jej ujście wewnętrzne albo też dochodzi do ujścia wewnętrznego szyjki macicy – otworu macicy. We wczesnych tygodniach ciąży nisko leżące łożysko występuje dość często, lecz wraz z rozwojem ciąży, gdy macica wzrasta, łożysko w większości przypadków przesuwa się ku górze.[1] Nawet jeśli nie stwierdza się jego migracji do wyższych partii macicy, rzadko dochodzi do wystąpienia poważnych powikłań, chyba że graniczy ono bezpośrednio z ujściem wewnętrznym kanału szyjki. W małym odsetku przypadków, w których łożysko dochodzi bezpośrednio do ujścia, może ono być przyczyną krwawienia w późniejszym okresie ciąży i podczas porodu. Im bliżej łożysko przylega do ujścia wewnętrznego, tym większe jest ryzyko wystąpienia krwawienia. W sytuacjach, gdy łożysko całkowicie lub nawet częściowo zachodzi na ujście, poród drogami natury jest zazwyczaj niemożliwy.

Ryzyko występowania łożyska przodującego jest wyższe u kobiet, które mają blizny na wewnętrznej ścianie macicy, gdyż rodziły przez cięcie cesarskie lub też po wykonanych operacjach na mięśniu macicy czy łyżeczkowaniu po przebytym poronieniu. Do powstania łożyska przodującego może się też przyczynić zapotrzebowanie płodu na jeszcze większą powierzchnię łożyska (ponieważ matka pali, mieszka na dużych wysokościach czy mamy do czynienia z ciążą wielopłodową).

**Znamiona i objawy.** Nisko zlokalizowane łożysko ulega rzekomemu przemieszczeniu przez rozciągający się dolny odcinek macicy; niekiedy następuje to już przed 28 tygodniem ciąży, lecz zazwyczaj między 34 a 38 tygodniem jej rozwoju; stąd też bezbólowe krwawienie jest najczęstszym objawem tego powikłania, chociaż stwierdzono, że w około 7 do 30% przypadków łożysk nisko zlokalizowanych krwawienie nie wy-

## Łożysko przodujące

*W przedstawionym tu przypadku łożysko całkowicie zakrywa ujście wewnętrzne szyjki macicy, uniemożliwiając poród drogami natury.*

stępuje przed porodem. Krwawienie ma najczęściej barwę jasnoczerwoną, nie towarzyszy mu z reguły ból brzucha, jak też wzmożone jego napięcie, może je jednak wywołać kaszel, wysiłek fizyczny lub stosunek płciowy. Może być mierne lub obfite, często przemija, by po jakimś czasie wystąpić ponownie.

W przypadku krwawienia, gdy zachodzi podejrzenie obecności łożyska przodującego, ocena ultrasonograficzna zwykle umożliwia potwierdzenie diagnozy. Natomiast gdy nie ma żadnych objawów, stan ten jest wykrywany podczas badania USG bądź podczas porodu.

**Leczenie.** Ponieważ wcześnie rozpoznane łożysko nisko zlokalizowane ulega w większości przypadków samoistnej korekcji przed porodem i nie stwarza żadnych problemów ciążowych, stan ten nie wymaga leczenia przed 20 tygodniem ciąży. Jeśli

---

[1] W nisko leżącym łożysku rozpoznanym w dość późnym okresie ciąży może czasami dojść do zmiany konfiguracji mięśni ściany macicy. Następuje powstanie i rozszerzenie się dolnego odcinka przedniej ściany macicy (przyp. red. nauk. wyd. pol.).

kobieta nie krwawi, a podczas badania USG rozpoznano u niej łożysko przodujące, zwykle nie ma powodu, by ograniczyła swoją normalną aktywność fizyczną. Powinna jednak wyczulić się na każde krwawienie. Kobieta z tym samym rozpoznaniem, u której występuje krwawienie, powinna leżeć w łóżku, nie współżyć i znajdować się pod kontrolą lekarską. Przy obfitym krwawieniu niezbędna jest hospitalizacja, w celu precyzyjnej oceny stanu matki i płodu oraz podjęcia próby jego opanowania. Jeśli udaje się zahamować krwawienie lub też jest miernie nasilone, zaleca się zazwyczaj leczenie zachowawcze. Obejmuje ono uważne monitorowanie stanu i podawanie preparatów żelaza oraz ewentualnie witaminy C. Zdarza się, że przy silnym krwawieniu niezbędne staje się podawanie krwi przez transfuzję – do czasu, gdy płód będzie na tyle rozwinięty, by można było rozpocząć poród. Gdy ciąża trwa krócej niż 34 tygodnie, zastrzyki ze steroidami mogą być konieczne w celu przyspieszenia rozwoju płuc płodu. Zalecana jest dieta wysokobłonnikowa i podawanie czopków na zmiękczenie stolca, by kobieta uniknęła wysiłku podczas wypróżnień. Czasami można ciężarnej zezwolić na pobyt w domu, jednak pod następującymi warunkami: brak krwawienia przez co najmniej tydzień, możliwość szybkiego transportu do szpitala (trwającego nie dłużej niż 15 minut), chora ściśle przestrzega zalecanego reżimu (bezwzględne leżenie), ma zapewnione towarzystwo osoby dorosłej (krewnego bądź przyjaciółki), która może przebywać z nią 24 godziny na dobę i w razie konieczności zawiezie ją szybko do szpitala. W niektórych krajach zapewnia się domową opiekę medyczną, czyli pielęgniarkę oraz odpowiedni sprzęt niezbędny do takich warunków.

Głównym celem postępowania zachowawczego u ciężarnej z łożyskiem przodującym jest stworzenie warunków umożliwiających rozwój ciąży przynajmniej do 36 tygodnia. Następnie, gdy na podstawie przeprowadzonych testów stwierdza się dojrzałość płuc płodu, można ukończyć ciążę, najlepiej wykonując cięcie cesarskie, w celu uniknięcia ryzyka wystąpienia silnego krwotoku. Oczywiście w sytuacjach obfitych krwawień, gdy stwierdza się znaczne zagrożenia dla matki i płodu, nie należy zwlekać z zakończeniem ciąży, nawet gdy płód jest niedojrzały. Umieszczenie niedojrzałych noworodków w wyspecjalizowanych ośrodkach intensywnej opieki neonatologicznej stwarza korzystniejsze warunki do ich przeżycia aniżeli dalszy ich pobyt w macicy, współistniejący z krwawieniami z łożyska przodującego. U około trzech na cztery ciężarne, u których rozpoznano łożysko przodujące, poród odbywa się przez cięcie cesarskie, zanim jeszcze wystąpi regularna czynność porodowa. Odbycie porodu drogą pochwową jest możliwe w następujących okolicznościach: gdy nisko umiejscowione łożysko nie pokrywa ujścia wewnętrznego, krwawienie jest niezbyt obfite, a występowanie łożyska przodującego rozpoznano już podczas regularnej czynności skurczowej. Obecnie, pomimo że łożysko przodujące jest nadal bardzo poważnym zagrożeniem zarówno dla matki, jak i płodu, u 99% matek poród ma pomyślne zakończenie. Dotyczy to również większości dzieci.

# ZAKAŻENIE WEWNĄTRZMACICZNE (*CHORIOAMNIONITIS*)

**Co to jest?** Jest to zakażenie wód i błon płodowych. Infekcję płynu owodniowego i błon płodowych rozpoznaje się tylko w 1 na 100 ciąż, lecz uważa się, że powikłanie to występuje znacznie częściej. Przypuszcza się, że bywa główną przyczyną przedwczesnego pęknięcia błon płodowych oraz porodu przedwczesnego.

**Znamiona i objawy.** Niekiedy zakażenie wewnątrzmaciczne może przebiegać bezobjawowo, szczególnie gdy występuje po raz pierwszy. Diagnostyka tego powikłania jest trudna, ze względu na brak prostego testu umożliwiającego potwierdzenie obecności infekcji. Najczęściej pierwszym objawem zakażenia wewnątrzmacicznego jest tachykardia matki. Przyczynami przyspieszenia czynności serca mogą być także: odwodnienie, przyjmowanie niektórych leków, niskie ciśnienie tętnicze lub też stan zdenerwowania, lecz w każdym przypadku należy je zgłosić lekarzowi. Następnie pojawia się gorączka, zwykle ponad 38°C, a w wielu przypadkach stwierdzić można bolesność dotykową macicy. Gdy w przebiegu infekcji wewnątrzmacicznej nastąpiło pęknięcie błon płodowych, płyn owodniowy może się charakteryzować zgniłym zapachem, natomiast gdy ciągłość błon płodowych jest zachowana, wzmożona wydzielina pochwowa pochodząca z szyjki ma nieprzyjemną woń. Rutynowe testy laboratoryjne wykazują wówczas wzrost liczby leukocytów we krwi (co oznacza, że ustrój broni się przed infekcją). Biofizyczny profil może cechować się niską punktacją, co wskazuje na stan wewnątrzmacicznego zagrożenia płodu (patrz s. 320). Istnieje szansa, że pomimo iż noworodek zostanie zakażony (co można leczyć antybiotykami) oraz uzyska niski wynik w skali APGAR, nie wystąpią u niego żadne długoterminowe powikłania.

**Leczenie.** Zakażenie wewnątrzmaciczne może być wywołane przez bardzo różne drobnoustroje, dlatego też następowa terapia musi uwzględniać rodzaj mikroorganizmu wywołującego proces chorobowy, jak również obecny stan zdrowia matki i płodu. Najczęściej przed rozpoczęciem leczenia wyklucza się inne przyczyny występujących objawów, a na podstawie dostępnych testów należy ustalić typ drobnoustroju wywołującego infekcję, jak również sprawdzić aktualny stan płodu. W sytuacjach, gdy ciąża zbliża się ku końcowi, a błony płodowe są pęknięte, powszechnie zalecanym sposobem postępowania jest jej ukończenie. Natomiast gdy płód jest niedojrzały, wprowadza się postępowanie zachowawcze – podaje się duże dawki antybiotyków mogących dotrzeć do organizmu dziecka i ochronić je oraz ściśle nadzoruje stan płodu. Zakończenie ciąży odkłada się – jeśli to możliwe – do momentu aż płód bardziej dojrzeje lub stan matki bądź dziecka pogorszy się.

**Zapobieganie.** Najnowsze osiągnięcia medyczne umożliwiają znacznie szybsze rozpoznanie i leczenie. Dzięki temu matka i dziecko są mniej zagrożone chorobą lub jej powikłaniami. Dalsze udoskonalenie aparatury diagnostycznej, w połączeniu z pogłębieniem wiedzy na temat zapobiegania zakażeniom, jeszcze bardziej zmniejszy niebezpieczeństwo rozwoju infekcji.

# PRZEDWCZESNE PĘKNIĘCIE BŁON PŁODOWYCH (Ppbp)

**Co to jest?** Ppbp odnosi się do pęknięcia otaczających płód w macicy błon płodowych przed 37 tygodniem. Główne ryzyko wiążące się z tym zjawiskiem to poród przedterminowy; inne natomiast to: infekcja wewnątrzowodniowa, wypadnięcie i/lub uciśnięcie pępowiny. (Przedwczesne pęknięcie błon płodowych w ciąży, która nie jest nie donoszona – czyli po 37 tygodniu, lecz przed rozpoczęciem czynności porodowej – omawiamy na stronie 334).

**Znamiona i objawy.** Sączenie lub wyciekanie płynu z pochwy; odpływanie jest większe, gdy ciężarna znajduje się w pozycji leżącej. Badanie stwierdza obecność w pochwie płynu, który wypływa z kanału szyjki macicy i ma odczyn zasadowy, nie zaś kwaśny – jak w przypadku wydzieliny z pochwy bądź moczu. Istnieje wiele różnych testów do diagnozowania ppbp.

**Leczenie.** Większość lekarzy podziela pogląd, że w początkowym okresie, tj. od kilku do 24 godzin po przedwczesnym pęknięciu błon płodowych, konieczna jest ścisła obserwacja ciężarnej. Po tym wstępnym badaniu prawdopodobnie zostanie ona przyjęta do szpitala z zaleceniem reżimu łóżkowego, gdzie będzie obserwowana (czy zaczną się skurcze porodowe), a badaniu poddany będzie również płód. Okresowo należy sprawdzać temperaturę ciała i liczbę białych krwinek, by w porę wychwycić rozwój infekcji, która może się stać przyczyną wystąpienia przedwczesnego porodu. Wymaz z kanału szyjki może także potwierdzić obecność infekcji i w wielu przypadkach podane zostaną dożylnie antybiotyki, zanim uzyska się wyniki wymazu, gdyż dzięki temu można zapobiec rozprzestrzenieniu się zakażenia do wnętrza pękniętego worka owodniowego. Podanie antybiotyków w przypadku ppbp zdaje się wydłużyć czas do porodu, poprawiając wynik położniczy ciąży. Aby płuca płodu szybciej osiągnęły dojrzałość, podaje się steroidy, przez co zapobiega się powstaniu innych komplikacji u noworodka. W przypadku wystąpienia czynności skurczowej przy niedojrzałości płodu należy podjąć próbę hamowania porodu, wdrażając odpowiednie leczenie. Tak długo, jak długo stan ciężarnej i płodu nie budzi zastrzeżeń, zaleca się postępowanie zachowawcze, a gdy płód osiągnie dostateczną dojrzałość, można bezpiecznie przeprowadzić poród. Jeśli jednak w którymkolwiek momencie matka bądź dziecko znajdą się w niebezpieczeństwie, natychmiast przeprowadzony zostanie poród. Zdarza się, że szczelina w błonach po pęknięciu ulega zasklepieniu. Wówczas można ciężarną zwolnić do domu, zalecić normalną aktywność fizyczną, uwrażliwiając ją jednocześnie na możliwość sączenia płynu owodniowego.

Część położników stara się opóźnić poród aż do 33 lub 34 tygodnia. Jedni będą wówczas preferowali wzn1ecanie porodu, inni będą usiłowali odwlec jego wystąpienie aż do 37 tygodnia. (Pobranie płynu owodniowego drogą amniocentezy lub też pewnej jego ilości z pochwy w celu określenia dojrzałości płuc płodu może okazać się pomocne w podjęciu decyzji co do sposobu dalszego postępowania.) Przy odpowiednim leczeniu rokowanie zarówno dla matki, jak i płodu jest dobre, chociaż w przypadku porodu przedwczesnego zachodzi konieczność intensywnej opieki neonatologicznej.

**Zapobieganie.** Badania wykazują, iż przedwczesne pęknięcie błon płodowych jest w pewnym stopniu powiązane ze złym odżywianiem, dlatego też przestrzeganie jak najlepszej diety może pomóc w uniknięciu tego powikłania. Infekcje pochwy, szczególnie bakteryjne, także mogą być przyczyną ppbp, dlatego też należy zważać na ich objawy i podejmować leczenie.

# PRZEDTERMINOWA LUB PRZEDWCZESNA CZYNNOŚĆ SKURCZOWA MACICY

**Co to jest?** Są to skurcze macicy, które występują, kiedy płód ma już zdolność przeżycia (w większości krajów za ten okres uważa się 20 tydzień ciąży), lecz przed 37 tygodniem ciąży (kiedy uważa się ciążę za donoszoną). Około 10% dzieci w USA rodzi się przedterminowo. Istnieje wiele czynników ryzyka związanych z przedwczesnym porodem, w tym wiek matki (poniżej 18 lub po 40 roku życia), brak lub nieodpowiednia opieka prenatalna, palenie papierosów, zażywanie kokainy, kilkakrotne sztuczne poronienia, przedterminowe porody w wywiadzie, narażenie matki na działanie DES w czasie jej życia płodowego, niska masa przedciążowa, zniekształcenie macicy, niewydolność cieśniowo-szyjkowa, mięśniaki macicy, infekcje macicy, wód płodowych, dróg moczowych czy inne (nawet dziąseł), wcze-

# Przewidując przedterminowy poród

Nawet wśród kobiet najbardziej zagrożonych przedwczesnym porodem większość doczekuje terminu. Jednym ze sposobów przewidywania przedwczesnego porodu jest badanie wydzieliny z szyjki macicy albo pochwy na obecność tzw. fibronektyny płodowej (FFN). Badania wykazują, że niektóre z kobiet, u których wynik badania FFN jest pozytywny, są poważnie zagrożone przedwczesnym porodem w czasie 1-2 tygodni od badania. Test jednak jest bardziej użyteczny w przypadku kobiet, które nie znajdują się w grupie podwyższonego ryzyka przedwczesnego porodu (przez niewykrycie FFN), niż dla kobiet z tej grupy ryzyka[1]. Kiedy FFN zostaje wykryta, należy podjąć odpowiednie działania dla zmniejszenia ryzyka przedwczesnego porodu. Test nie jest powszechnie dostępny, jest drogi i zwykle wykonuje się go u kobiet najbardziej zagrożonych przedwczesnym porodem. Jeśli więc nie znajdujesz się w tej grupie ryzyka, nie musisz przeprowadzać takiego testu.

---

[1] Wynik fałszywie pozytywny otrzymuje się, jeśli w ciągu 24 godzin przed badaniem występowało inne badanie pochwy albo doszło do stosunku płciowego albo innego zabiegu wewnątrzpochwowego (wokół szyjki macicy).

sne wytwarzanie oksytocyny, nadciśnienie i inne choroby przewlekłe matki, wielowodzie, ppbp, łożysko przodujące, krwawienie w drugim trymestrze, ciąża wielopłodowa, nadmierny wysiłek fizyczny (szczególnie stanie bądź chodzenie przez ponad pięć godzin dziennie w trzecim trymestrze ciąży), a także stosowanie przemocy fizycznej przez partnera.

Przedwczesna czynność skurczowa macicy częściej występuje u matek nastoletnich i samotnych – głównie z tej przyczyny, że w ich przypadku mamy do czynienia z licznymi innymi czynnikami ryzyka, w szczególności mniejszą możliwością dostępu do fachowej opieki medycznej, braku wsparcia i opieki. Niemniej jednak wiele musimy się jeszcze nauczyć o przyczynach porodu przed terminem; u połowy kobiet rodzących przedwcześnie nie występują żadne wyraźne czynniki ryzyka.

**Znamiona i objawy.** Skurcze podobne do miesiączkowych, czasami biegunka, nudności lub inne zaburzenia ze strony przewodu pokarmowego; ból lub napięcie w podbrzuszu; bolesność i ciążenie w miednicy, w okolicach pachwin lub ud; wodniste, różowe lub brązowawe upławy, które mogą być poprzedzone gęstym, śluzowym czopem i/lub sączeniem lub odpływaniem płynu owodnio-wego z pochwy. Jeżeli badania wykażą podwyższony poziom fibronektyny płodowej (FFN – forma białka występująca w płynach organicznych, patrz ramka powyżej) w wydzielinie szyjkowej bądź pochwowej – nawet przy braku objawów – może istnieć zwiększone zagrożenie porodem przedterminowym. Zmiany szyjki macicy (zanikanie bądź rozwarcie, widoczne podczas badania USG) wykażą, czy już mamy do czynienia z przedwczesną czynnością porodową.

**Leczenie.** Szybkie wychwycenie objawów jest bardzo ważne, gdyż leczenie (patrz dalej) może niekiedy zahamować lub opóźnić przedwczesny poród, a każdy następny dzień spędzony przez dziecko w macicy zwiększa jego szansę na przeżycie.

Aby zapobiec występowaniu przedwczesnej czynności skurczowej, należy wyłączyć współżycie płciowe i inne formy aktywności fizycznej, zalecić częściowe lub bezwzględne leżenie, cotygodniowe odwiedziny pielęgniarki wizytującej, a w razie konieczności hospitalizację. W około 50% ciąż, w których wystąpiła przedwczesna czynność skurczowa bez towarzyszącego krwawienia, samo leżenie w szpitalu powinno powstrzymać poród przedwczesny, bez konieczności podawania leków. Jeśli nie do-

szło do przerwania błon płodowych i nie nastąpiło rozwarcie, 3 na 4 kobiety donoszą
ciążę. W celu powstrzymania skurczów macicy podane mogą zostać tokolityki (leki takie, jak nifedypina, indometacyna, rytodry-
na, terbutalina i siarczan magnezu) – ale tylko wówczas, gdy uzna się to za bezwzględnie konieczne.[1] Każdy przypadek należy
indywidualnie zanalizować pod kątem ryzyka i korzyści, po czym podać w jak naj-
krótszym czasie najbezpieczniejszy rodzaj
tokolityków. Obecnie nie zaleca się długotrwałego podawania tych leków. Choć są
w stanie bowiem zahamować skurcze i tymczasowo wstrzymać czynność porodową,
same nie poprawiają stanu dziecka w okresie przedporodowym czy późniejszym, a mogą mieć szkodliwe skutki uboczne dla matki. Na etapie badań są nowe leki, które być
może okażą się skuteczniejsze oraz bezpieczniejsze.

Jeśli matka i/lub dziecko stoją przed bezpośrednim zagrożeniem chorobą czy innymi komplikacjami (jak to się dzieje w przypadku jednej czwartej wszystkich przedterminowych czynności skurczowych macicy),
to nie podejmuje się żadnych prób zahamowania czynności porodowej. Gdy uważa
się, że nie ma żadnego niebezpieczeństwa,
czasami należy odczekać 24 godziny, zanim
zapadnie decyzja o przeprowadzeniu porodu – w tym czasie podaje się steroidy, by
poprawić stan płuc płodu. Mogą zostać podane antybiotyki, zwłaszcza gdy uważa się,
że poród został wywołany przez infekcję.
Jeśli poród odbywa się w centrum medycznym, w którym znajduje się oddział intensywnej opieki neonatologicznej, prognozy
dla noworodka są lepsze; usprawiedliwia
również przeniesienie matki do takiej placówki – jeśli tylko jej stan jest na tyle sta-
bilny, aby można było ją przetransportować.

---

[1] Zastosowanie tokolityków może nie być
wskazane podczas krwawienia pochwowego,
ppbp czy zaawansowanego rozwarcia szyjki macicy.

**Zapobieganie.** Nie wszystkim porodom
przedterminowym uda się zapobiec, ponieważ niektóre są skutkiem czynników ryzyka, których nie można odpowiednio wcześnie wyeliminować. Ale przedstawione poniżej środki zapobiegawcze mogą sprawić,
iż ryzyko przedterminowego urodzenia
dziecka stanie się mniejsze: wczesne zadbanie o dobrą opiekę medyczną, a także sto-
matologiczną; niepalenie papierosów, nie-
przyjmowanie kokainy, alkoholu i innych
substancji farmakologicznych nie przepisanych przez lekarza; regularne badania,
a w razie konieczności leczenie wszelkich
infekcji, zwłaszcza narządów rodnych; stosowanie się do wskazań lekarza o ograniczaniu wysiłku fizycznego, w tym stosunków
seksualnych oraz wielogodzinnego stania
czy chodzenia podczas pracy – szczególnie
jeśli kobieta wcześniej przebyła poród przedterminowy; informowanie o wszelkich prze-
jawach przemocy fizycznej ze strony partnera i sprawienie, by to się nigdy więcej nie
powtórzyło.

# ZAKRZEPICA ŻYLNA

**Co to jest?** Są to skrzepy krwi powstające
w żyłach, zwłaszcza kończyn dolnych. Ciąża, poród, a s z c z e g ó l n i e połóg wyjątkowo silnie sprzyjają występowaniu tego powikłania. Dzieje się tak, gdyż mądra natura
martwi się o nadmierną utratę krwi w trakcie porodu i zwiększa krzepliwość krwi –
niekiedy za bardzo – jak również z tej przyczyny, że powiększona ciężarna macica
utrudnia powrót krwi z niżej położonych
partii ustroju do serca. Zakrzepica żył powierzchownych (zapalenie zakrzepowe żył
powierzchownych) występuje w około 1 do
2 przypadków na 100 ciąż. Natomiast zakrzepica żył głębokich może stanowić bezpośrednie zagrożenie życia chorych z powodu wystąpienia zatoru naczyń płucnych,
lecz na szczęście zdarza się ona wyjątkowo rzadko. Wśród czynników predysponu-

jących do rozwoju zakrzepicy najczęściej wymienia się: jej występowanie w wywiadzie własnym bądź rodziny, przebyte porody – trzy lub więcej, długotrwałe unieruchomienie w pozycji leżącej, nadwagę, niedokrwistość, żylaki, poród operacyjny – operacja kleszczowa lub cięcie cesarskie.

**Znamiona i objawy.** W zakrzepicy żył powierzchownych stwierdza się zazwyczaj powrózkowate, bolesne stwardnienia w linii przebiegu żyły na udzie lub w okolicy łydki, pokryte zaczerwienioną skórą. Natomiast w zakrzepicy żył głębokich dość często występuje bolesność i zwiększona spoistość łydki lub uda, obrzmienie kończyny, rozszerzenie żył powierzchownych, ból łydki, który jest przyczyną zgięcia stopy (zwrócenia stopy w kierunku goleni). Opisane powyżej objawy, a także wiele innych, nietypowych symptomów, dotyczących kończyn dolnych, niewytłumaczalna gorączka czy przyspieszona akcja serca, powinny zostać zgłoszone lekarzowi. Diagnostyka zakrzepicy żylnej może przebiegać na podstawie techniki ultrasonograficznej, flebografii (polegającej na wykrywaniu tętna żylnego za pomocą odpowiednich instrumentów medycznych po podaniu kontrastu) lub innych metod.

Jeżeli skrzep ulega przemieszczeniu, powodując zakrzepicę naczyń płucnych, stwierdza się ból w klatce piersiowej, kaszel współistniejący z pienistą i krwisto podbarwioną plwociną, przyspieszenie akcji serca i częstości oddechów, zasinienie warg i dystalnych paliczków rąk, gorączkę. Obecność tych objawów wymaga natychmiastowej pomocy lekarskiej.

**Leczenie.** Leczenie – po postawieniu rozpoznania – uzależnione jest od wielkości i rodzaju zakrzepu. Zakrzep powierzchniowy można leczyć poprzez odpoczynek, siedzenie czy leżenie z uniesionymi chorymi kończynami, stosowanie odpowiednich maści, rozgrzewających okładów, noszenie elastycznych rajstop oraz, po porodzie, podawanie aspiryny. Jeśli mamy do czynienia z zakrzepowym zapaleniem żył głębokich, to – jeszcze przed porodem – podaje się leki zapobiegające krzepnięciu (niemal zawsze jest to heparyna); najpierw przez 7 lub 10 dni dożylnie, później podskórnie do chwili rozpoczęcia czynności porodowej, po czym lek należy odstawić, a kilka godzin po porodzie wznowić jego podawanie na kilka kolejnych tygodni. W odosobnionych przypadkach w żyle głównej dolnej (czyli tej, która odprowadza krew z kończyn dolnych oraz organów jamy brzusznej do serca) umieszcza się filtr, aby zakrzep nie przedostał się do płuc – gdyby jednak do tego doszło, wówczas niezbędne staje się podanie leków oraz przeprowadzenie operacji, a także leczenie skutków ubocznych. Leczenie po porodzie jest właściwie identyczne jak przy zakrzepie powierzchniowym, przy czym nie mamy do czynienia z przerwą na poród.

**Zapobieganie.** Najlepszą terapią jest zapobieganie: noszenie specjalnych rajstop, jeśli występują skłonności do zakrzepicy lub należy się do grupy wysokiego ryzyka; unikanie siedzenia przez ponad godzinę bez przerwy na spacer czy rozciągnięcie mięśni nóg, ćwiczenia mięśni nóg zgodne z zaleceniami lekarza – jeśli musisz leżeć – oraz spanie i wykonywanie ćwiczeń w pozycji innej niż leżenie płasko na plecach.

# RZADKO WYSTĘPUJĄCE POWIKŁANIA CIĄŻOWE

Przedstawione poniżej komplikacje występują rzadziej, czyli raczej nie zagrażają przeciętnej ciężarnej kobiecie. Dlatego przypominamy (a warto zrobić to ponownie): przeczytaj ten rozdział, tylko jeśli musisz i tylko te fragmenty, które dotyczą twojego przypadku. Gdyby w czasie ciąży zdiagnozowano u ciebie którekolwiek z tych powikłań, wykorzystaj zawarte w nim informacje, by dowiedzieć się czegoś o swym stanie i o jego leczeniu (a także o tym, jak się ustrzec przy następnej ciąży), jednak pamiętaj, że metoda uznawana przez twojego lekarza może się różnić od opisanej.

## NIEPOWŚCIĄGLIWE WYMIOTY CIĘŻARNYCH
### (*HYPEREMESIS GRAVIDARUM*)

**Co to jest?** Jest to przesadzona forma porannych nudności, która występuje z mniejszym prawdopodobieństwem niż 1 na 200 ciąż. Niepowściągliwe wymioty ciężarnych lub nadmierne wymioty w ciąży częściej dotyczą pierwiastek, młodych matek, kobiet otyłych, ciężarnych z ciążą wielopłodową oraz kobiet, u których występowało to powikłanie podczas poprzedniej ciąży. Stres psychiczny może być czynnikiem sprawczym, a także wrażliwość ośrodka wymiotnego mieszczącego się w mózgu, która jednak wydaje się odmienna u różnych osób. Innymi czynnikami mogą być: spożywanie zbyt dużej ilości tłuszczów nasyconych, brak równowagi hormonalnej, niedobór witaminy B i infekcja bakterią *H. pylori*.

**Znamiona i objawy.** Nudności i wymioty występujące we wczesnych tygodniach ciąży są niezwykle częste (do tego stopnia, że niekiedy trudno zatrzymać w organizmie jakikolwiek pokarm) i bardziej nasilone oraz mogą trwać dłużej – czasami przez pełnych dziewięć miesięcy. Do pozostałych objawów należą: częste oddawanie moczu o ciemnożółtej barwie (świadczy to o odwodnieniu wywołanym utratą płynów z powodu wymiotów); zmniejszenie masy ciała o więcej niż 5% i/lub obecność krwi w wymiocinach. Nie leczone częste wymioty mogą prowadzić do wystąpienia zespołu zaburzeń odżywiania, następowego odwodnienia, a w konsekwencji mogą stanowić czynnik szkodliwy dla zdrowia matki i płodu, dlatego też wszystkie powyższe objawy powinny być zgłaszane lekarzowi. Ostry ból brzucha, któremu towarzyszą poranne mdłości (wraz z innymi objawami bądź bez nich), może też świadczyć o stanie chorobowym woreczka żółciowego lub trzustki. Konieczna jest więc w takiej sytuacji szybka interwencja lekarza. W nielicznych przypadkach nudności i wymioty pojawiają się dopiero w trzecim trymestrze, a towarzyszy im ból w górnej części brzucha, później także stan dezorientacji. Objawy te – najczęściej dotyczące kobiet z zaburzeniami odżywiania – mogą świadczyć o stanie przedrzucawkowym lub ostrej chorobie wątroby, zatem również wymagają natychmiastowej kontroli lekarskiej.

**Leczenie.** Łagodne przypadki można leczyć dietą, wypoczynkiem, opaskami uciskowymi (zwykłymi lub na baterie), środkami na nadkwasotę oraz lekami przeciwwymiotnymi[1]. Metody te zwykle okazują się wystarczające, lecz część kobiet zniechęcona

---

[1] Nie powinno się stosować leków przeciwwymiotnych (tradycyjnych bądź ziołowych) bez aprobaty lekarza prowadzącego. Niektóre leki z grupy przeciwwymiotnych mogą działać antagonistycznie w stosunku do innych leków przyjmowanych obecnie, a nawet w przeszłości, jeszcze przed wdrożeniem terapii przeciwwymiotnej.

dokuczliwymi skutkami ubocznymi, przerywa leczenie. Ulgę mogą przynieść również terapie alternatywne i uzupełniające (na przykład akupunktura, biofeedback, medytacje i hipnoza) – patrz s. 244. Należy jeść często niewielkie posiłki, a pomiędzy nimi pić dużo napojów. Należy unikać alkoholu i tytoniu (zakazanych dla w s z y s t k i c h ciężarnych) oraz kofeiny, napojów gazowanych i tłustych potraw. Jeśli wymioty wraz z dużą utratą masy ciała nie ustaną, konieczna będzie hospitalizacja. Dalsze badania pozwolą wykluczyć nieciążowe przyczyny wymiotów, tj. zapalenie żołądka, niedrożność przewodu pokarmowego, kamienie żółciowe lub chorobę wrzodową. Pokój, w którym chora przebywa, można przyciemnić, a wizyty osób odwiedzających należy ograniczyć. W celu zmniejszenia napięcia nerwowego, mogącego przyczynić się do nasilenia objawów, korzystna może się okazać psychoterapia. Odżywianie dożylne wymaga jednoczesnego zastosowania środka przeciwwymiotnego i roztworu elektrolitu. Jeśli bilans płynów oraz elektrolityczny został wyrównany (zazwyczaj udaje się to w 24-48 godzin), można rozpocząć podawanie obojętnych płynów doustnie. Jeśli chora toleruje płyny, można przejść do podawania jej 6 małych posiłków dziennie. W razie nawrotu wymiotów należy kontynuować leczenie parenteralne, chociaż wskazane jest zachęcenie ciężarnej do przyjmowania pewnych posiłków doustnie. Utrzymujące się przez dłuższy czas wymioty grożą zaburzeniem odżywiania matki lub płodu, dlatego też do podawanych parenteralnie płynów zaleca się dodawanie specjalnych odżywek, by umożliwić przez co najmniej tydzień całkowity odpoczynek przewodowi pokarmowemu matki, jednocześnie dożywiając ją i dziecko. Zwykle to wystarcza, by ciąża mogła trwać bez szkody dla matki i dziecka. Na szczęście choroba ta, choć bardzo przykra dla ciężarnej, nie stanowi zagrożenia dla płodu. Większość badań wykazuje bowiem, iż nie ma różnic w stanie zdrowia pomiędzy dziećmi kobiet, u których występowały niepowściągliwe wymioty, a tych, które ich nie doświadczały.

## CIĄŻA ZAŚNIADOWA

**Co to jest?** Mniej więcej w 1 na 2000 ciąż w Stanach Zjednoczonych, częściej u kobiet po 45 roku życia niż u młodszych, zamiast normalnego embrionu w macicy po zapłodnieniu rozwija się zwyrodniała materia. Trofoblast, czyli warstwa komórek otaczających pęcherzyk ciążowy ulega przekształceniu w konglomerat jasnych, podobnych do tapioki pęcherzyków, zamiast w zdrowe łożysko. Zapłodniona komórka jajowa, pozbawiona wsparcia ze strony łożyska, wyrodnieje. Choroba ta, zwana również chorobą trofoblastyczną bądź zaśniadem groniastym, prawdopodobnie wywołana jest przez zaburzenia chromosomalne zapłodnionej komórki jajowej.

**Znamiona i objawy.** Pierwszą oznaką ciąży zaśniadowej są zazwyczaj przemijające, chociaż czasami ciągle występujące, brązowawe upławy. Często zdarza się, że normalnie towarzyszące ciąży poranne dolegliwości, jak nudności i wymioty, ulegają nasileniu. Może podwyższyć się poziom hormonów tarczycy u matki, zapewne z powodu wysokiego poziomu ludzkiej gonadotropiny kosmówkowej (hCG). U 1 na 5 chorych wraz z rozwojem ciąży wydostają się z pochwy drobne gronka. Macica jest większa niż zazwyczaj, konsystencji bardziej ciastowatej, nie stwierdza się czynności serca płodu. Niekiedy także mogą występować oznaki stanu przedrzucawkowego (podwyższone ciśnienie tętnicze krwi, rozległe obrzęki, białko w moczu), czasami stwierdza się obniżenie masy ciała lub też objawy nadczynności tarczycy. Rozpoznanie stawia się na podstawie wyniku badania ultrasonograficznego, którym stwierdza się brak

## Wykrycie poważnego uszkodzenia płodu

Koszmarem dla wszystkich przyszłych matek, poddających się badaniom diagnostycznym, jest możliwość wykrycia poważnych nieprawidłowości w rozwoju płodu, w wyniku czego konieczne staje się usunięcie ciąży. Fakt, że tego typu przypadki zdarzają się wyjątkowo rzadko, nie jest pocieszeniem dla małżonków otrzymujących te przerażające informacje.

Zanim podejmie się decyzję o przerwaniu ciąży, należy upewnić się, czy wynik badania jest prawdziwy i wybór sposobu postępowania właściwy. Dobrze jest zasięgnąć opinii innego lekarza, a najlepiej specjalisty od spraw genetycznych.

Podjęcie decyzji o przerwaniu ciąży nie jest łatwe. Pragnący służyć pomocą przyjaciele i rodzina nie zawsze zdają sobie sprawę z trudności tego okresu dla matki, często pogarszając jej stan komentarzami typu: „Tak będzie najlepiej", „Możesz spróbować jeszcze raz". Konieczne może się okazać wsparcie profesjonalne ze strony lekarza, psychologa, pracownika socjalnego, genetyka. Zaistniała sytuacja nie jest łatwa do zaakceptowania. Wielce prawdopodobne jest przeżycie przez niedoszłą matkę wszystkich etapów żałoby – zaprzeczenia, złości, pogodzenia się z losem i walki z depresją.

Często po uzyskaniu złych wiadomości małżonkowie zamęczają się dodatkowo niepotrzebnym poczuciem winy. Warto zatem wiedzieć, że wszelkie uszkodzenia płodu są z reguły dziełem przypadku. Przecież umyślnie nie wyrządzilibyście waszemu dziecku krzywdy, nie ma powodu do obarczania się winą za jego wrodzone ułomności.

Jeżeli podjęta decyzja o przerwaniu ciąży spowoduje zdenerwowanie i rozpacz, należy pamiętać, że nosząc dziecko w macicy przez dziewięć miesięcy, przywiązujemy się do niego jeszcze bardziej, spowoduje to dużo większy ból po jego stracie po urodzeniu. Możliwe jest, że dziecko żyłoby, wegetując przez kilka miesięcy lub lat. Tymczasem po upływie kilku miesięcy można zdecydować się na ponowne zajście w ciążę, tym razem bardziej szczęśliwie. Fakt ten absolutnie nie odbiera prawa każdego do opłakiwania poniesionej straty.

---

tkanek zarodkowych lub płodowych, a macica zawiera małe gronka zaśniadowe. Jajniki mogą być także powiększone z powodu towarzyszącego chorobie podwyższonego poziomu hCG.

**Leczenie.** Należy rozszerzyć kanał szyjki i starannie opróżnić zawartość macicy poprzez łyżeczkowanie. Godny uwagi jest fakt, że w około 10-15% takich ciąż po opróżnieniu macicy nie następuje natychmiastowe zahamowanie wzrostu ciąży zaśniadowej. Gdy poziom hCG we krwi wciąż wykazuje wartości powyżej wielkości uznanej za granicę, powtórne opróżnienie macicy jest powszechnie zalecane.

Natomiast w rzadkich przypadkach, gdy poziom hCG pozostaje podwyższony po kolejnym odessaniu macicy, należy bezwzględnie wykluczyć nową ciążę lub rozprzestrzenienie się tkanki zaśniadowej do pochwy lub płuc, które można leczyć przy zastosowaniu chemioterapii. Zdarza się, choć bardzo rzadko, że ciąża zaśniadowa przechodzi w raka kosmówki (patrz s. 515), dlatego też dalsze monitorowanie ciąży zaśniadowej jest bardzo ważne, ponieważ można ją łatwo leczyć, gdy jest wcześnie zdiagnozowana.

Generalnie zaleca się, by po ciąży zaśniadowej odczekać rok przed następnym poczęciem; wyniki badań wykazują dobry stan takich ciąż. Precyzyjne monitorowanie rozwoju następnej ciąży jest niezmiernie istotne, ze względu na możliwość ponownego rozwoju zaśniadu.

**Zapobieganie.** Istnieją nikłe dowody, że powstanie ognisk choroby trofoblastycznej ma związek z małą podażą białek zwierzęcych i witaminy A, dlatego też zaleca się przyjmowanie obu tych składników w dużych dawkach (sprawdź zapotrzebowanie na białko oraz warzywa żółte i zielone liściaste w diecie ciążowej); odnosi się to do okresu poprzedzającego ciążę, jak i całego okresu jej rozwoju.

# CZĘŚCIOWA CIĄŻA ZAŚNIADOWA

**Co to jest?** W częściowej ciąży zaśniadowej, podobnie jak w jej odmianie całkowitej (opisanej powyżej), występuje nieprawidłowy rozwój trofoblastu. Jednakże w częściowej ciąży zaśniadowej stwierdza się obecność tkanek zarodka lub płodu. Jeżeli płód przeżyje, to powikłanie często wykazuje objawy wewnątrzmacicznego zahamowania wzrostu, jak również liczne wady wrodzone: zrośnięcie palców rąk i stóp (*syndactylia*) i wodogłowie (*hydrocephalus*). Jeżeli urodził się zdrowy noworodek, zwykle okazuje się, że stanowił on część ciąży wielopłodowej, a współistniejący zaśniad spowodował zwyrodnienie drugiego płodu.

**Znamiona i objawy.** Są podobne do tych, które towarzyszą poronieniu niekompletnemu i ciąży obumarłej. Zazwyczaj występuje nieregularne krwawienie z dróg rodnych, nie stwierdza się czynności serca płodu, a macica jest mniejsza lub ma wielkość adekwatną do czasu trwania ciąży. Tylko niewielki odsetek kobiet z częściową ciążą zaśniadową ma powiększoną macicę, co występuje powszechnie w całkowitej ciąży zaśniadowej. Badanie USG i oznaczenie poziomu hCG są metodami bardzo użytecznymi w diagnostyce częściowej ciąży zaśniadowej.

**Leczenie.** Jeśli płód żyje, a wynik USG wykazuje jego dobry stan, to ciąża jest zwykle kontynuowana. W przeciwnym wypadku stosuje się takie samo postępowanie terapeutyczne i leczenie jak przy ciąży zaśniadowej. Nie zaleca się ponownego zajścia w ciążę do czasu, aż poziom hCG będzie się utrzymywać na prawidłowym poziomie przez rok.

**Zapobieganie.** Większość kobiet może urodzić zdrowe dziecko po przebytej wcześniej częściowej ciąży zaśniadowej, jednak ze względu na ryzyko powtórzenia się tej patologii przy każdej następnej ciąży ważne jest przeprowadzenie wczesnego badania USG.

# RAK KOSMÓWKI

**Co to jest?** Jest to wyjątkowo rzadki nowotwór, ściśle związany z ciążą. W około połowie przypadków rozwija się przy ciąży zaśniadowej, w 30-40% występuje po poronieniu, a w 10-20% po prawidłowej ciąży.

**Znamiona i objawy.** Są to nieregularne krwawienia występujące po poronieniu, porodzie lub po usunięciu zaśniadu groniastego; podwyższony poziom hCG we krwi i guz w pochwie, macicy lub płucach.

**Leczenie.** Chemioterapia. Wczesne rozpoznanie i leczenie decydują zwykle o przeżyciu; pod warunkiem prawidłowo prowadzonej terapii płodność pozostaje nie zaburzona, choć zazwyczaj zaleca się odłożenie następnej ciąży na około 2 lata.

# RZUCAWKA

**Co to jest?** Z rzucawką mamy do czynienia wtedy, gdy stan przedrzucawkowy (patrz s. 499) rozwija się i atakuje ośrodkowy układ nerwowy, prowadząc do drgawek (konwulsji), a niekiedy nawet śpiączki. Rzucawka to stan bardzo poważny, nie leczony może zakończyć się śmiercią matki i dziecka – na szczęście występuje niezwykle rzadko. U bardzo niewielu kobiet znajdujących się pod odpowiednią opieką medyczną dochodzi do przejścia stanu przedrzucawkowego w niebezpieczną rzucawkę.

**Znamiona i objawy.** Charakterystyczne dla rzucawki są drgawki, zwykle podczas porodu lub blisko terminu rozwiązania, które mogą się rozpocząć bez ostrzeżenia. Zdarzają się też drgawki poporodowe, najczęściej w ciągu 48 godzin po porodzie, choć niekiedy nawet trzy tygodnie po urodzeniu dziecka.

**Leczenie.** Przede wszystkim należy zapewnić chorej ochronę przed samouszkodzeniem w czasie napadu drgawek. Atak można przerwać, podając leki oraz tlen. Należy wyeliminować z otoczenia pacjentki wszystkie silne bodźce zewnętrzne, jak światło, hałas. Zaleca się aktywny sposób postępowania, tj. wzniecenie porodu lub cięcie cesarskie. Właściwe postępowanie zapewnia przeżycie 98% matek, które po rozwiązaniu w większości wracają do pełni zdrowia, niemniej jednak dalszy ścisły nadzór nad chorą jest konieczny do momentu, gdy ciśnienie wróci do normy, a ataki drgawek ustaną.

**Zapobieganie.** Dobra opieka nad kobietą ze stanem przedrzucawkowym powinna nie dopuścić do powstania rzucawki. Bardzo ważny jest ścisły nadzór w czasie połogu.

# ZESPÓŁ HELLP

**Co to jest?** Zespół HELLP (H – *Hemolysis*: hemoliza wewnątrznaczyniowa; EL – *elevated liver enzymes*: podwyższone stężenie enzymów wątrobowych; LP – *low platelets*: niska liczba płytek krwi. Z pierwszych liter objawów powstała obiegowa nazwa – zespół HELLP, oznaczająca w języku angielskim wołanie o pomoc) występuje samoistnie bądź razem ze stanem przedrzucawkowym. Zespół HELLP charakteryzuje się uszkodzeniem komórek wątrobowych lub płytek krwi (trombocytopenia) oraz ostrym bólem w górnej prawej części brzucha (wywołanym powiększoną wątrobą), nudnościami, a niekiedy wymiotami. Z rozwojem zespołu HELLP wiąże się większe ryzyko komplikacji u matki, prowadzących do nieodwracalnego zniszczenia układu nerwowego, naczyń krwionośnych, płuc, nerek i innych organów wewnętrznych, a u dziecka ograniczenia wzrostu (z powodu zmniejszonego przepływu krwi przez łożysko) i niedoboru tlenu.

**Znamiona i objawy.** Występują w trzecim trymestrze ciąży i są bardzo różne: złe samopoczucie, dolegliwości ze strony układu pokarmowego, nudności, wymioty, bóle głowy czy inne cechy infekcji wirusopodobnej. Może się też pojawić swędzenie całego ciała, często też wzmożona tkliwość i ból w górnej prawej części brzucha. Badanie krwi wykaże niską liczbę płytek krwi, podwyższone stężenie enzymów wątrobowych i hemolizę (rozpad czerwonych ciałek krwi). Ponieważ u kobiet z zespołem HELLP szybko dochodzi do upośledzenia pracy wątroby, niezmiernie ważne jest leczenie.

**Leczenie.** W przypadku zespołu HELLP zwykle uważa się za konieczne przerwanie ciąży, jednak czasem można poczekać, aż płód będzie można uznać za znacznie przedwczesny (zwykle poniżej 26 tygodnia). Odczekanie nawet kilku dni, podczas których podawane będą steroidy, zwykle przyspiesza rozwój płuc dziecka, jednocześnie poprawiając stan matki. Należy zaznaczyć, że powyższa procedura możliwa jest wyłącznie w dużych centrach medycznych. Natychmiast po postawieniu rozpoznania, w oczekiwaniu na podjęcie decyzji co do ukończenia ciąży, kobietę musi obowiązywać ścisły reżim łóżkowy (leżenie na lewym boku). Aby zapobiec drgawkom, podaje się siarczan magnezu, leki wpływające na ciśnienie krwi oraz płyny. Cały czas monitoruje się stan płodu.

**Zapobieganie.** Ze względu na duże prawdopodobieństwo powtórzenia się zespołu HELLP, konieczne staje się uważne monitorowanie każdej kolejnej ciąży.

# ODDZIELENIE ŁOŻYSKA

**Co to jest?** Przedwczesne oddzielenie się łożyska od ściany macicy. Stan ten odpowiada za około 25% przypadków krwawienia w późnej ciąży. Najczęstszymi czynnikami związanymi z wystąpieniem tego powikłania są: starszy wiek, szczególnie u wieloródek, palenie papierosów, przyjmowanie narkotyków, np. kokainy, nadciśnienie (przewlekłe lub indukowane ciążą), zażywanie aspiryny w późnej ciąży lub poprzednio przebyte przedwczesne oddzielenie łożyska. Czasami przyczynami oddzielenia łożyska są: krótki sznur pępowiny lub też uraz.

**Znamiona i objawy.** W oddzieleniu małego stopnia krwawienie może być lekkie, podobne do miernego krwawienia miesiączkowego, lub też silne, przypominające obfitą menstruację i może – lecz nie musi – zawierać skrzepy. Mogą także występować skurcze macicy lub łagodny ból brzucha, jak też bolesność uciskowa macicy. Niekiedy, szczególnie w przypadkach, gdy przyczyną jest uraz brzuszny, krwawienie może wcale nie występować. W oddzieleniu łożyska umiarkowanego stopnia krwawienie jest silniejsze, brzuch bardziej tkliwy, ból brzucha silniejszy, okresowo zmniejszający się z towarzyszącymi silnymi napięciami macicy. Zarówno u ciężarnej, jak i u płodu można zaobserwować objawy wykrwawiania się.

W ciężkim przypadku, gdy ponad połowa łożyska ulega oddzieleniu[1] od ściany macicy, występuje zagrożenie życia zarówno matki, jak i płodu. Objawy są podobne do występujących w umiarkowanym stopniu oddzielenia, lecz są bardziej nasilone. Rozpoznanie stawia się na podstawie wywiadu, badania lekarskiego, ze szczególnym zwróceniem uwagi na wielkość napięcia macicy, i oceny stanu płodu. Badanie USG może stać się pomocną metodą w diagnostyce tego powikłania, ale techniką tą można obecnie wykryć tylko 50% przypadków oddzielenia połowy łożyska.

**Leczenie.** W oddzieleniu małego stopnia często samo leżenie powoduje zahamowanie krwawienia i po kilku dniach ciężarna może zazwyczaj podjąć normalną aktywność,

[1] Gdy oddzielenie łożyska osiąga 1/3 powierzchni, występują objawy zagrożenia życia płodu, natomiast gdy oddzielenie łożyska obejmuje 50% powierzchni, płód obumiera wewnątrzmacicznie (przyp. red. nauk. wyd. pol.).

ale stosując pewne ograniczenia. Istnieje jednak ryzyko – chociaż występuje ono niezbyt często – powtórzenia się krwawienia lub nawet krwotoku, zatem przyszła matka powinna zważać na wszelkie objawy. Celowy jest też ścisły nadzór położniczy przez resztę ciąży. Gdy objawy nawracają, a zbliża się termin porodu zwykle bezzwłocznie się go wywołuje.

W większości przypadków umiarkowanego oddzielenia łożyska wymagane jest leżenie. Niekiedy konieczna jest transfuzja oraz inne wyjątkowe sposoby postępowania. Należy prowadzić ścisły nadzór zarówno stanu matki, jak i płodu, a w razie stwierdzenia jakiegokolwiek zagrożenia konieczne może być natychmiastowe zakończenie ciąży.

W razie wystąpienia oddzielenia łożyska na dużej powierzchni zdecydowane podjęcie czynności lekarskich, obejmujących transfuzję i natychmiastowe zakończenie ciąży, jest bardzo istotne. Czasami jednak konsekwencje dla matki i płodu są bardzo poważne.

Obecnie przedwczesne oddzielenie łożyska nie stanowi prawie zagrożenia i niemal wszystkie matki i ponad 90% noworodków wychodzi obronną ręką z tej kryzysowej sytuacji, co stało się możliwe głównie dzięki zdecydowanemu postępowaniu położniczemu.

# ŁOŻYSKO PRZYROŚNIĘTE

**Co to jest?** W bardzo rzadkich przypadkach łożysko wrasta w głębsze warstwy mięśnia macicy i staje się z nim trwale zespolone. W zależności od głębokości penetracji komórek łożyska wyróżnia się łożysko przyrośnięte lub łożysko wrośnięte. Czynnikami predysponującymi do tego powikłania są: blizny macicy po przebytych operacjach lub porodach przez cesarskie cięcie, a szczególnie po wystąpieniu łożyska przodującego. Czasem diagnozowane jest przez badanie USG jamy brzusznej za pomocą barwnego aparatu Dopplera, którego wynik pomaga w podjęciu decyzji co do dalszego leczenia.

# Gdy w ciąży wielopłodowej płód się nie rozwija

Leczenie niepłodności, zwane też techniką wspomaganego rozrodu (z angielskiego ART – *assisted reproductive technology*), sprawia, że liczba bliźniąt, trojaczków, czworaczków i innych wieloraczków znacznie wzrasta. Ponieważ zagrożenia dla matki i dziecka w ciąży wielopłodowej również się zwielokrotniają, Amerykańskie Towarzystwo Położników i Ginekologów rekomenduje, by dołożyć starań, aby podczas leczenia niepłodności zmniejszyć prawdopodobieństwo urodzenia więcej niż jednego dziecka. Uważa się, że najlepszym sposobem osiągnięcia tego celu jest przeprowadzanie zapłodnienia *in vitro* (łączenie komórki jajowej i plemników w probówce, a następnie wprowadzanie do macicy zapłodnionej komórki bądź komórek: zwykle trzech u kobiety w wieku poniżej 35 roku życia, czterech – gdy ma ona między 35 a 39 lat oraz pięciu u kobiety powyżej 40 roku życia) zamiast terapii hormonalnej (polegającej na stymulowaniu organizmu kobiety do wytwarzania większej liczby komórek jajowych, które następnie mogą zostać zapłodnione). Inne metody pozostają tymczasem na etapie badań, a należy do nich m.in. obserwacja rozwoju płodu znajdującego się poza środowiskiem macicy przez kilka dodatkowych dni, po czym wszczepianie najzdrowszego – w ten sposób zwiększa się szanse na udaną ciążę bez konieczności wprowadzania kilku embrionów.

Jeśli dzięki naturze bądź technologii nosisz więcej niż jedno dziecko, masz duże szanse na urodzenie zdrowych potomków. Wieloraczki przeważnie rozwijają się wolniej niż płody pojedyncze (zwłaszcza w trzecim trymestrze), dlatego ciąże wielopłodowe trzeba częściej kontrolować badaniem USG przeprowadzanym od 20 tygodnia. Jeśli jeden bądź więcej płodów nie rozwija się prawidłowo, niezbędne są intensywne badania, przeprowadzane zazwyczaj w szpitalu. Poród zostanie przeprowadzony wówczas, gdy się uzna, iż płuca większego (bądź największego) płodu są dojrzałe, bądź gdy przebywanie w macicy stanie się niebezpieczne dla mniejszego płodu. Na szczęście dochodzi do tego niezmiernie rzadko.

Natura często sama rozwiązuje takie problemy. Uważa się, że każdego roku tysiące więcej ciąż mnogich zostaje poczętych niż rozwiązanych. Jeżeli organizm matki nie jest w stanie utrzymać kilku płodów, obumierają wszystkie prócz jednego – zwykle bez śladu. Czasami jednak kilka płodów próbuje przetrwać, przy czym wszystkie na tym cierpią, a żaden nie jest na tyle mocny, by przeżyć. Jeśli więc natura nie przejmuje inicjatywy, można rozważyć inną opcję: redukcję płodową w celu zachowania jednego czy więcej dzieci przy życiu, zamiast biernie zezwolić ginąć wszystkim.

Ostatnio zaleca się zastosowanie nieselektywnej redukcji we wczesnej ciąży wielopłodowej, zanim jeszcze wystąpi problem. Niektórzy lekarze zastrzegają tę procedurę wyłącznie dla przypadków, gdy mamy do czynienia z czterema i więcej płodami, podczas gdy inni zredukują liczbę płodów już przy trojaczkach – gdy wydaje się to celowe. Redukcji dokonuje się zwykle w lub po 9 tygodniu poprzez wstrzyk-

**Znamiona i objawy.** Ponieważ mogą nie wystąpić żadne wyraźne objawy, więc jeżeli łożysko przyrośnięte nie zostaje zdiagnozowane wcześniej przez badanie USG, pozostaje nie rozpoznane aż do trzeciej fazy porodu. Wówczas okazuje się nieoczekiwanie, iż łożysko nie oddziela się od ściany macicy. U rodzącej wystąpią silne bóle i krwawienie.

**Leczenie.** W większości wypadków łożysko należy usunąć chirurgicznie, w celu opanowania krwawienia. W bardzo rzadkich przypadkach, gdy nie udaje się go zahamować poprzez podwiązanie odsłoniętych naczyń krwionośnych, konieczne jest całkowite usunięcie macicy.

# MAŁOWODZIE

**Co to jest?** Stan, który polega na zbyt małej ilości wód płodowych w macicy. U większości kobiet z rozpoznanym małowodziem

nięcie leku w pobliżu serca płodu. Są też lekarze, którzy uważają, że – do końca trzeciego trymestru natura może bowiem samoistnie zmniejszyć liczbę płodów – lepiej wstrzymać się z przeprowadzeniem zabiegu.

Jeśli nie przeprowadzono redukcji nieselektywnej we wczesnej ciąży, a badania wykazują zły stan jednego czy więcej płodów, zwykle rozważa się późniejsze dokonanie redukcji selektywnej. Oznacza to usunięcie jednego czy więcej płodów (najsłabszych), aby dać pozostałym szansę na prawidłowy rozwój. Procedurę tę również zaleca się w przypadku, gdy jeden z płodów jest poważnie zniekształcony (np. brak części mózgu) lub matka obficie krwawi.

Choć lekarzom nie jest łatwo przeprowadzać redukcję płodową, na pewno jeszcze trudniej znoszą ją rodzice. Jeśli na którymkolwiek etapie ciąży zasugerowana zostanie redukcja, podjęcie takiej decyzji na pewno będzie bolesne. Zanim się zdecydujesz, zasięgnij opinii u innego źródła, żeby mieć pewność co do słuszności rozpoznania. Następnie porozmawiaj z lekarzem na temat ryzyka wiążącego się z tym zabiegiem – łącznie z utratą wszystkich płodów. Oczywiście ryzyko to jest mniejsze, jeśli lekarz ma duże doświadczenie i może poszczycić się sukcesami w redukcji płodowej. Ogólnie jednak wszystko wskazuje na to, że kiedy w ciąży mnogiej z czterema i więcej płodami przeprowadza się redukcję, więcej dzieci może przetrwać, niż gdyby zabiegu tego nie przeprowadzono.

Jeśli wreszcie jesteś osobą religijną, zasięgnij rady nie tylko lekarza, lecz również duchownego. Być może pomocna stanie się dla ciebie rozmowa ze specjalistą w dziedzinie etyki medycznej (zapytaj w szpitalu), genetyki, medycyny matczyno-płodowej czy inną osobą świadomą sytuacji. Podczas tych dyskusji zapewne zauważysz, iż większość etyków (nawet niektórzy konserwatywni teolodzy) są zgodni co do tego, że lepiej ocalić życie jednego dziecka, niż ryzykować śmierć wszystkich. (Z drugiej strony jednak większość zakwestionuje dokonanie redukcji z powodu wygody – na przykład ponieważ rodzina nie ma miejsca na cztery łóżeczka.)

Przeczytaj *Wykrycie poważnego uszkodzenia płodu* (s. 514) i *Uwagi o niepowodzeniach ciążowych* (s. 527). Pomocna może się także stać rozmowa z rodzicami, którzy przechodzą lub przeszli przez to samo (spróbuj znaleźć grupę samopomocy bądź osoby, z którymi mogłabyś porozmawiać, za pośrednictwem lekarza, szpitala albo w Internecie).

Ostatecznie jednak do ciebie należy decyzja. Jeśli jesteś całkowicie przeciwna zabiegowi z powodów etycznych czy religijnych i zdecydowałaś się kontynuować ciążę niezależnie od ryzyka dla płodów oraz dla ciebie, musisz znaleźć się pod opieką lekarza gotowego wesprzeć cię w twej decyzji (a nie tylko ją spełnić) bez najmniejszych zastrzeżeń. I podobnie: jeśli zdecydujesz się na redukcję płodową, potrzebny ci będzie lekarz z całego serca popierający twą decyzję.

A kiedy już podejmiesz wybór, nie zastanawiaj się, „co by było..." Lepiej przyjmij, że podjęłaś najsłuszniejszą w danej sytuacji decyzję, kierując się najlepszymi intencjami. Nawet jeśli coś poszło nie tak, jak liczyłaś, nie oskarżaj i nie wiń się o nic.

---

ciąża będzie przebiegać zupełnie prawidłowo, jednak niekiedy małowodzie prowadzi do powstania problemów lub je sygnalizuje. We wczesnej ciąży istnieje niewielkie ryzyko zaciśnięcia się pępowiny lub zniekształcenia stopy płodu, który nie ma dość miejsca w łonie. W późnej ciąży dojść może do stanu zagrożenia płodu. Małowodzie niekiedy współistnieje z pewnymi rodzajami wad płodu, takimi jak na przykład wady układu pokarmowego czy moczowego. Mocz dziecka stanowi część wód płodo-

wych, toteż jego nieprawidłowe wydzielanie może doprowadzić do małowodzia. Czasem też odpowiedzialna za powstanie tego stanu jest niewydolność łożyska.

**Znamiona i objawy.** U matki nie występują żadne objawy prócz jednego – macica jest mniejsza, niż powinna (choć przyczyną może też być źle obliczony wiek ciąży). Małowodzie zwykle zostaje rozpoznane poprzez badanie USG, przy czym objawami u płodu są najczęściej zmniejszona ruchliwość dziecka i ewentualnie spowolniony wzrost. Istnieje ryzyko, że podczas porodu nastąpi zwolnienie akcji serca dziecka.

**Leczenie.** Niektórzy lekarze uważają za słuszne uzupełnienie wód płodowych poprzez amnioinfuzję. Poprawieniu stanu sprzyja również podawanie płynów matce – doustnie i dożylnie. Gdy małowodzie zostaje rozpoznane blisko terminu porodu bądź po terminie, lekarze zwykle wywołują czynność porodową. Kobieta z małowodziem powinna dobrze się odżywiać, dużo wypoczywać, nie palić papierosów oraz zgłaszać lekarzowi wszelkie objawy przedterminowego porodu.

# WIELOWODZIE

**Co to jest?** Stan, w którym w macicy znajduje się za dużo wód płodowych. W większości przypadków wielowodzie ma charakter łagodny i przejściowy, jest po prostu nierównowagą w wytwarzaniu wód płodowych. O wiele mniej przypadków wiąże się z wadą płodu, czy to centralnego układu nerwowego, czy też pęcherza moczowego i nerek dziecka, albo problemami z przełykaniem (do których mogłoby dojść przy niedrożności układu żołądkowo-jelitowego, na przykład zwężeniu przełyku, przy zwężeniu odźwiernika czy deformacji części twarzowej, np. rozszczepu wargi czy podniebienia.) Może być skutkiem nie leczonej cukrzycy u matki; częściej występuje przy ciąży wielopłodowej.

**Znamiona i objawy.** Wielowodzie najczęściej zostaje wykryte podczas rutynowego bądź diagnostycznego badania USG. Macica może być większa, niż powinna. Wielowodzie sprawia, że ciężarna czuje dyskomfort części brzusznej, niestrawność, obrzęki nóg, bezdech lub hemoroidy. Zagrożeniem dla ciąży są natomiast: ułożenie dziecka w pozycji pośladkowej, poród przedtermi-

nowy, oddzielenie się łożyska i wypadnięcie pępowiny.

**Leczenie.** Jeśli wielowodzie ma postać zaawansowaną, niekiedy przeprowadza się amniopunkcję w celu usunięcia części wód płodowych; czasem podaje się leki. Przy wielowodziu lekarze podczas porodu zwykle nie dokonują przerwania błon płodowych ze względu na ryzyko wypadnięcia pępowiny wraz z silnym strumieniem wody. Niektórzy natomiast wykonywać będą ten zabieg bardzo powoli, używając precyzyjnych narzędzi, aby wody płodowe uchodziły wolno, w sposób kontrolowany. W przypadku naturalnego pęknięcia błon płodowych istnieje duże ryzyko wypadnięcia pępowiny, dlatego też natychmiast zadzwoń do lekarza, jeśli rozpoznano u ciebie wielowodzie, a wody już odeszły.

# SPLĄTANA PĘPOWINA

**Co to jest?** Czasami zdarza się, że pępowina jest zasupłana, splątana czy owinięta wokół płodu – najczęściej wokół jego szyi („pępowina karkowa"). Stan pępowiny może albo nie stwarzać żadnych komplikacji, albo spowalniać czy wręcz wstrzymywać dopływ krwi do płodu – a to bywa dla dziecka śmiertelnym zagrożeniem. W przypadku podejrzenia nieprawidłowości dotyczących pępowiny należy natychmiast przedsięwziąć odpowiednie kroki.

**Znamiona i objawy.** Według wyników badań, najczęstszy objaw stanowi wyraźne zmniejszenie ruchliwości płodu po 37 tygodniu ciąży. (Jeśli regularnie badasz ruchy płodu – patrz s. 239 – łatwo ci będzie wychwycić taką zmianę.) Innym objawem są częste czkawki od 36 do 40 tygodnia – dwa albo cztery razy w ciągu 24 godzin, każdy atak czkawki trwa ponad 10 minut. Jeśli zaobserwujesz któryś z tych objawów czy jakiekolwiek inne nieoczekiwane zmia-

## Pierwsza pomoc dla płodu

W zaawansowanej ciąży brak aktywności ruchowej płodu może być oznaką jego zagrożenia (test domowy, patrz s. 239). Zmniejszenie się aktywności płodu obserwuje się często, jeszcze zanim wystąpią inne objawy jego zagrożenia (tj. ogólnie przyjęto mniej jak 10 ruchów płodu w czasie dwugodzinnej rejestracji). Należy niezwłocznie w takim przypadku poinformować lekarza lub udać się do szpitala. Tylko takie szybkie działanie stwarza szansę uratowania życia dziecka.

ny w zachowaniu płodu, zadzwoń natychmiast do lekarza i poproś o zbadanie stanu płodu. W czasie pierwszej fazy porodu, jeśli płód jest monitorowany, problem z pępowiną ujawnić się może poprzez nieprawidłową pracę serca dziecka. Do wykrycia położenia pępowiny służy badanie USG.

**Leczenie.** Najlepszym rozwiązaniem jest natychmiastowy poród, zwykle przez cięcie cesarskie.

## WYPADNIĘCIE PĘPOWINY

**Co to jest?** Sznur pępowiny można nazwać „przewodem życia" w odniesieniu do wewnątrzmacicznego rozwoju płodu. Czasami, gdy nastąpi pęknięcie błon płodowych, sznur wyślizguje się lub wypada przez kanał szyjki lub nawet przez pochwę, wypychany przez wypływający płyn owodniowy. Część przodująca płodu może wtedy wywierać ucisk na wypadnięty sznur pępowiny. Gdy dojdzie do uciśnięcia sznura, może nastąpić ograniczenie lub całkowity brak zaopatrywania płodu w tlen. Wypadanie pępowiny występuje bardzo często w czasie porodu przedwczesnego (ponieważ część przodująca płodu jest zbyt mała, by całkowicie wypełnić miednicę) lub gdy częścią przodującą nie jest główka płodu. Wypadnięcie pępowiny jest częste w przypadku przedwczesnego pęknięcia błon płodowych i wówczas zdarza się przed wystąpieniem czynności skurczowej macicy albo jeśli mamy do czynienia z wielowodziem.

**Znamiona i objawy.** Wypadnięty sznur pępowiny może się znajdować w pochwie lub też zwisać przed sromem. Jeżeli dochodzi do jego uciśnięcia, pojawiają się objawy zagrożenia płodu, które można wykryć na podstawie różnych metod oceny jego stanu.

**Leczenie.** Gdy kobieta zauważy lub odczuwa obecność pępowiny w pochwie lub też podejrzewa jej wypadnięcie, powinna maksymalnie chronić ją przed uciskiem. W sytuacji wystawania pępowiny przed sromem należy delikatnie ją zabezpieczyć (nie wolno jej ściskać), najlepiej ciepłą wilgotną podpaską, czystym ręcznikiem lub pieluchą. Następnie należy się udać do najbliższego szpitala lub punktu pomocy doraźnej.

Aby ochronić pępowinę przed uciskiem, w szpitalu zapewne zostanie wstrzyknięty roztwór soli fizjologicznej do pęcherza moczowego. Pępowina wystająca poza pochwę może być włożona na miejsce przy pomocy sterylnego tamponu, po czym podaje się leki wstrzymujące czynność porodową na czas, gdy rodząca jest przygotowywana do natychmiastowego cięcia cesarskiego. Przy szybkiej i odpowiedniej pomocy medycznej najczęściej uzyskuje się dobry wynik położniczy.

# KOMPLIKACJE WYSTĘPUJĄCE PODCZAS PORODU
# I W OKRESIE POPORODOWYM

Wielu z poniżej przedstawionych sytuacji nie można przewidzieć aż do chwili rozpoczęcia się porodu, toteż nie ma potrzeby czytać o nich z wyprzedzeniem i niepotrzebnie się martwić, ponieważ istnieje niewielkie prawdopodobieństwo, że któraś z nich przytrafi się tobie. Opisane zostały po to, byś mogła przeczytać o nich po fakcie (którego wystąpienie jest bardzo wątpliwe) albo dowiedzieć się jak się ustrzec przed powtórnym wystąpieniem tych komplikacji przy następnym porodzie.

## ZAGROŻENIE PŁODU

**Co to jest?** Terminu tego używa się w celu wyrażenia sytuacji, w której płód znajduje się w niebezpieczeństwie, najczęściej z powodu niedotlenienia. Stan zagrożenia płodu może być spowodowany różnymi nieprawidłowościami, obejmującymi między innymi zespół żyły głównej dolnej u ciężarnej; niektóre choroby matki (niedokrwistość, nadciśnienie, choroby serca); nieprawidłowo niskie ciśnienie tętnicze krwi lub wstrząs; brak funkcjonowania łożyska lub jego przedwczesne oddzielenie się od ściany macicy; ucisk sznura pępowinowego lub jego splątanie; przedłużona i nadmiernie wyrażona czynność skurczowa macicy; zakażenie płodu; wady; krwotok lub niedokrwistość.

**Znamiona i objawy.** Dokładne oznaki zagrożenia płodu różnią się w zależności od przyczyny wywołującej stan jego zagrożenia. Ciężarna może zauważyć zmiany w wewnątrzmacicznej aktywności płodu lub też całkowity brak jego ruchów. Położnik może zarejestrować zmiany w czynności serca

płodu typowe dla stanu jego zagrożenia, posługując się aparatem Dopplera lub ciągłym zapisem kardiotokograficznym (patrz s. 323). Następnie mogą zostać przeprowadzone badania dodatkowe.

**Leczenie.** Potwierdzony stan zagrożenia płodu wymaga zazwyczaj natychmiastowego zakończenia ciąży. Gdy poród drogami natury nie rokuje szybkiego zakończenia, wówczas zachodzi potrzeba natychmiastowego rozwiązania przez cięcie cesarskie. W niektórych sytuacjach, jeszcze przed wykonaniem cięcia cesarskiego, istnieje możliwość wykonania wewnątrzmacicznej resuscytacji płodu, mającej na celu zmniejszenie ryzyka jego przedporodowego niedotlenienia. Można to osiągnąć przez podawanie matce środków tokolitycznych, hamujących czynność skurczową i tym samym rozszerzających naczynia krwionośne i przyspieszających akcję serca oraz wpływających na wzrost przepływu krwi.

## DYSTOCJA BARKOWA

**Co to jest?** Jeśli po urodzeniu główki płodu nie następuje urodzenie barków mimo wykonywania rutynowych czynności, określamy to dystocją barkową. Przyczyny dystocji to: duża masa ciała płodu oraz zaburzenie mechanizmu porodu barków. Skrajną dystocję niektórzy określają zaklinowaniem barków.

**Znamiona i objawy.** Następuje zatrzymanie porodu po urodzeniu się główki. Może to nastąpić nieoczekiwanie w czasie porodu, który do tego momentu zdawał się do tej pory odbywać całkowicie prawidłowo.

**Leczenie.** Należy podjąć wszelkie możliwe czynności w celu ratowania życia płodu, którego bark uległ zaklinowaniu w macicy. Należy bardzo rozlegle naciąć krocze; dokonać rotacji płodu i urodzić tylny bark jako pierwszy; przygiąć kolana rodzącej do jej brzucha; wywierać umiarkowany nacisk tuż powyżej obręczy miednicy; stosować wszystkie inne sposoby postępowania, mogące przezwyciężyć siły zaklinowujące bark, nawet łamiąc kości obręczy barkowej płodu, jeśli wszystkie inne metody nie poskutkują. Można też podjąć próbę odprowadzenia urodzonej główki płodu ponownie do pochwy[1] (rzadko jest to możliwe), a poród zakończyć cięciem cesarskim.

**Zapobieganie.** Aby mieć pewność, że dziecko nie będzie zbyt duże na przeciśnięcie się przez kanał rodny, pamiętaj, by przybierać na wadze odpowiednią liczbę kilogramów przy wartościowej diecie i odpowiednio dobranych ćwiczeniach. Choć przyrost masy ciała matki nie zawsze idzie w parze z wielkością dziecka, częstokroć nadwaga matki równa się nadwadze dziecka. Bardzo uważnie muszą kontrolować sytuację kobiety chore na cukrzycę (patrz s. 498), aby ich dziecko nie było zbyt duże.

# PĘKNIĘCIE MACICY

**Co to jest?** Pęknięcie lub rozerwanie się macicy w czasie trwania ciąży (co zdarza się rzadko) lub porodu (nieco częściej). Najczęstszą przyczyną jej pęknięcia jest stara blizna w ścianie macicy. Blizna może być następstwem: przebytego cięcia cesarskiego (szczególnie jeśli zostało ono przeprowadzone w sposób klasyczny, z cięciem pionowym); zaopatrzonego uprzednio pęknięcia macicy; operacji chirurgicznych na mięśniu macicy (korekcji jej kształtu lub wyłuszczeniu mięśniaków) lub też perforacji jej ściany czy urazu (np. rana po dźgnięciu nożem czy kuli). Ryzyko pęknięcia ma-

cicy zwiększa się także w przypadku nieprawidłowości związanych z łożyskiem (łożysko przodujące, przedwczesne oddzielenie się łożyska, łożysko przyrośnięte) lub ułożeniem płodu (na przykład gdy dziecko ułożone jest poprzecznie). Bardzo gwałtowna czynność skurczowa (zarówno samoistna, jak i – częściej – indukowana) może także prowadzić do pęknięcia macicy. Zdarza się to bardzo rzadko, szczególnie w pierwszej ciąży, przy braku predysponującej do jego wystąpienia blizny. Pęknięcie zdarza się częściej u wieloródek (szczególnie jeśli jest to szósta lub kolejna ciąża) mających bardzo rozciągniętą macicę (z powodu ciąż wielopłodowych lub ze zwiększoną ilością płynu owodniowego), które poprzednio przebyły ciężki poród lub u których obecnie wystąpiły trudności w czasie porodu (szczególnie dystokia lub poród kleszczowy). Wywoływanie czynności porodowej podczas próby urodzenia drogami natury po wcześniejszym wykonaniu cięcia cesarskiego, także znacznie zwiększa ryzyko pęknięcia.

**Znamiona i objawy.** Ciężarne z grupy podwyższonego ryzyka (niezależnie od tego, jak znikome jest to ryzyko) wystąpienia tego powikłania, mające blizny macicy lub też spełniające inne warunki predysponujące, powinny znać objawy towarzyszące tej patologii, tak na wszelki wypadek. Pierwszym objawem pęknięcia zwykle jest piekący ból brzucha z towarzyszącym mu uczuciem wewnętrznego rozrywania. Następnie występuje krótki okres ulgi, po którym pojawia się rozlany ból brzucha i jego bolesność uciskowa. Gdy pęknięcie dotyczy dolnego odcinka macicy, wówczas czynność skurczowa całkowicie ustaje. Może, lecz nie musi, wystąpić krwawienie z pochwy. Płód pod ochraniającą go dotąd częścią macicy, która została przerwana, będzie łatwo wyczuwalny przez powłokę brzuszną i może przejawiać stan zagrożenia. (Jeśli płód jest monitorowany, często zauważalna jest nagła nieprawidłowość pracy jego serca.) Jeśli odczu-

---

[1] W piśmiennictwie jest to opisane jako zabieg Lowanellego; w Polsce nie było jeszcze wykonane (przyp. red. nauk. wyd. pol.).

wasz te objawy – silniejsze, gdy do pęknięcia doszło w górnej połowie macicy – zwróć się o natychmiastową pomoc medyczną.

**Leczenie.** Konieczny jest natychmiastowy poród operacyjny, z następowym zszyciem pęknięcia ściany. W przypadku rozległego pęknięcia macicy leczeniem z wyboru może się okazać wykonanie hysterektomii. Czasami pęknięcie macicy pozostaje nie rozpoznane do momentu wystąpienia krwotoku po porodzie. Również w tych przypadkach należy pęknięty mięsień zszyć lub też, jeśli wymaga tego sytuacja, usunąć macicę. Chorą po zaopatrzeniu pęknięcia należy objąć ścisłym nadzorem, w celu wczesnego wykrycia ewentualnych powikłań, jak również rozważyć następową terapię antybiotykami jako prewencję przed infekcją. W okresie pooperacyjnym można zezwolić na przebywanie poza łóżkiem (od kilku do 6 godzin) lub też nie, w zależności od sytuacji przez kilka pierwszych dni.

**Zapobieganie.** Polega na ocenie stanu macicy przed porodem poprzez wewnętrzne USG macicy u kobiet, które rodziły wcześniej przez cięcie cesarskie lub przeszły inne operacje czy uraz macicy. Lepiej zaplanować przeprowadzenie kolejnego cięcia cesarskiego, jeśli ściana macicy wydaje się miejscowo cieńsza. Dotyczy to również kobiet, które dwa lub więcej razy rodziły operacyjnie, gdyż stoją przed większym zagrożeniem pęknięcia macicy niż te, które przeszły tylko jeden poród operacyjny. W podjęciu decyzji pomocne będzie sprawdzenie, czy ściana macicy jest równa, bez cieńszych miejsc. Nie powinno się wywoływać czynności porodowej u rodzących, które próbują urodzić drogami natury po wcześniejszym cięciu cesarskim.

# WYNICOWANIE MACICY

**Co to jest?** Częściowe lub całkowite wpuklenie dna macicy do jej jamy jest rzadkim, lecz niezwykle niebezpiecznym powikłaniem. Wynicowanie macicy występuje najczęściej na skutek brutalnych zabiegów po porodzie płodu. Zwiększonym ryzykiem wystąpienia tego niezmiernie rzadkiego powikłania objęte są te kobiety, które wcześniej już go doświadczyły, wielokrotnie rodziły, mają tendencje do porodu przedłużonego (trwającego dłużej niż 24 godziny), u których łożysko zlokalizowane jest w dnie macicy bądź wykazuje nieprawidłowości w zakresie implantacji – czy wreszcie kobiety, którym podczas porodu podawano siarczan magnezu w trakcie czynności skurczowej w celu zwiotczenia macicy. Do wynicowania macicy może również dojść w sytuacji znacznego zwiotczenia mięśnia macicy lub też gdy jej atoniczne dno ulega przemieszczeniu w trzeciej fazie porodu, przy oddzieleniu i wydaleniu łożyska. Aby ochronić matkę przed silnym krwotokiem oraz wstrząsem, należy natychmiast przystąpić do leczenia.

**Znamiona i objawy.** W przypadku wynicowania macicy niezmiernie ważne jest wczesne rozpoznanie. Nagłe całkowite wynicowanie macicy objawia się niezwykle ostrym bólem w dole brzucha z towarzyszącym uczuciem rozciągania i wypełniania pochwy. Zazwyczaj pojawia się ból brzucha, obfite krwawienia i objawy głębokiego wstrząsu. Lekarz podczas badania zewnętrznego nie będzie w stanie wyczuć macicy; przy całkowitym wynicowaniu część macicy może być widoczna w pochwie.

**Leczenie.** W większości przypadków macicę można odprowadzić ręcznie (zwykle w znieczuleniu), niekiedy zachodzi potrzeba zastosowania innych technik. Należy do nich wykorzystanie ciśnienia hydrostatycznego (macicę napełnia się wodnym roztworem soli, aby można ją było cofnąć na miejsce). Gdy stwierdza się znaczną utratę krwi, konieczne są transfuzje płynów krwi. Leki, tj. siarczan magnezu lub nitroglicerynę, podaje się w celu zwiotczenia mięśniówki macicy, co ułatwia następowe odprowadzenie wynicowanej macicy. Pozostawiony niekiedy w macicy fragment łożyska można usuwać zarówno przed, jak i po jej odprowadzeniu. W wyjątkowych sytuacjach ręczne odprowadzenie macicy jest niemożliwe, wymaga operacji brzusznej.

Po odprowadzeniu należy dążyć do utrzymania odpowiedniego napięcia mięśnia macicy, by zapobiec ponownemu przemieszczeniu się prawidłowo usytuowanej macicy. Podawanie oksytocyny i innych leków obkurczających macicę należy uznać za uzasadnione, gdyż ma zapobiegać jej ponownemu wynicowaniu. Wskazana jest antybiotykoterapia jako ochrona przed mogącą wystąpić infekcją.

**Zapobieganie.** Ryzyko ponownego wynicowania macicy u kobiet, u których w przeszłości wystąpiła już ta patologia, jest większe, dlatego też lekarz prowadzący powinien być o tym fakcie poinformowany.

# PĘKNIĘCIE POCHWY I SZYJKI MACICY

**Co to jest?** Pęknięcie lub rozdarcie w rejonie krocza wokół macicy, samej macicy i/lub szyjki macicy – zarówno małe, jak i rozległe.

**Znamiona i objawy.** Obfite krwawienie jest najczęstszym objawem, choć w zasadzie rozpoznanie pęknięcia zwłaszcza zewnętrznego po porodzie jest dość proste dla położnika.

**Leczenie.** Obowiązuje zasada, że wszystkie pęknięcia – większe niż 2 centymetry lub będące przyczyną silnego krwawienia – wymagają zszycia. Uprzednio jednak należy zaopatrywane miejsce znieczulić miejscowo, jeśli nie dokonano tego przed porodem.

**Zapobieganie.** Aby okolica krocza stała się bardziej podatna na rozciąganie i przez to mniej narażona na pęknięcia, należy wykonywać masaż krocza i ćwiczenia Kegla (patrz s. 189 i 326) na 6 do 8 miesięcy przed porodem.

# KRWOTOK POPORODOWY

**Co to jest?** Krwotoki poporodowe lub silne krwawienia są bardzo trudne do opanowania. Zalicza się je do bardzo poważnych powikłań, lecz występują niezmiernie rzadko. Zdecydowane postępowanie terapeutyczne spowodowało, że rzadko stanowią poważne zagrożenie życia. Przyczynami obfitych krwawień poporodowych mogą być: atoniczna macica, która nie obkurcza się z powodu przedłużonych, wyczerpujących skurczów porodowych, poród urazowy, zbyt rozciągnięta macica z powodu ciąży wielopłodowej lub dużego płodu, zwiększona objętość płynu owodniowego, dodatkowego zrazu łożyska lub też przedwczesnego jego oddzielenia, mięśniaków, złego stanu zdrowia matki w okresie porodu.

Obfite krwawienia lub krwotok mogą wystąpić natychmiast po porodzie z powodu niezaopatrzenia pęknięć trzonu, szyjki macicy, pochwy lub jeszcze innego narządu w miednicy, przyczyną ich wystąpienia może być również wynicowanie macicy (nawet po jej odprowadzeniu). Przyczynami krwawień pojawiających się po tygodniu lub dwóch po porodzie mogą być resztki popłodu w macicy. Zakażenie może również stać się przyczyną krwotoku poporodowego; zazwyczaj występuje on zaraz po porodzie lub też dopiero później, po tygodniach. Krwotok poporodowy występuje częściej u tych położnic, u których stwierdzono łożysko przodujące lub przedwczesne jego oddzielenie przed porodem. Czasami przyczyną staje się przyjmowanie aspiryny, ibuprofenu, preparatów miłorzębu dwuklapowego (*gingko biloba*), witaminy E w dużych dawkach czy innych leków, ziół lub suplementów zakłócających krzepliwość krwi. Rzadko przyczyną krwotoku stają się nie zdiagnozowane wcześniej zaburzenia krzepliwości krwi o podłożu genetycznym u matki.

**Znamiona i objawy.** Nieprawidłowe silne krwawienie po porodzie, które nasąca więcej niż jedną podpaskę przez godzinę i utrzymuje się w takim stanie przez kilka godzin; jasnoczerwone krwawienie obecne jeszcze po tygodniu od porodu, szczególnie jeśli jego nasilenie się nie zmniejsza. Odchody poporodowe czasami mogą mieć zgniły zapach i zawierać duże skrzepy krwi (wielkości cytryny lub większe), towarzyszy im ból i/lub uczucie ciężaru w podbrzuszu w pierwszych kilku dniach po porodzie.

**Leczenie.** W zależności od przyczyny wywołującej krwotok należy – w celu opanowania krwawienia – zastosować jeden z wymienionych sposobów postępowania: masaż macicy, by pobudzić ją do obkurczenia; podanie leków naskurczowych (takich jak oksytocyna); odszukanie i zaopatrzenie miejsca pęknięcia; usunięcie pozostawionych w macicy resztek popłodu. Nieopanowanie krwawienia wymienionymi sposobami wymaga infuzji dożylnych płynów krwiozastępczych, transfuzji krwi, podania osoczowych czynników krzepnięcia – w przypadku stwierdzenia zaburzeń koagulologicznych – i antybiotykoterapii, w celu zapobiegnięcia infekcji. Rzadko udaje się zahamować krwawienie 6-24 godzinną tamponadą macicy[1], czasami też sytuacja wymaga podwiązania jednej z tętnic macicznych. Jeśli te zabiegi nie przyniosą rezultatów, wówczas zwykle bardzo skuteczne okazuje się zastosowanie nowego rozwiązania: wewnątrzmacicznego balonu działającego na zasadzie „tamponu".

[1] Obecnie w położnictwie krwotoków poporodowych nie leczy się tamponadą (przyp. red. nauk. wyd. pol.).

Dzięki niemu można w wielu wypadkach uniknąć zabiegów inwazyjnych. Lecz jeśli nawet to nie powstrzyma krwotoku, konieczne staje się usunięcie macicy.

Współcześnie stosowane sposoby leczenia krwawień poporodowych są bardzo skuteczne, a powrót do zdrowia przebiega szybko.

**Zapobieganie.** Najlepiej wystrzegać się jakichkolwiek preparatów bądź leków obniżających krzepliwość krwi zwłaszcza w ostatnim trymestrze i zaraz po porodzie.

# ZAKAŻENIE POPORODOWE

**Co to jest?** To infekcja związana z porodem. Występuje ona rzadko u położnic, którym zapewniono właściwą opiekę medyczną, a przebieg porodu był niepowikłany i odbył się drogami natury. Najczęstszym zakażeniem poporodowym jest endometritis, infekcja błony śluzowej macicy, która jest obnażona po oddzieleniu łożyska. Zapalenie błony śluzowej trzonu macicy występuje najczęściej po cięciu cesarskim, poprzedzonym długim czasem trwania porodu lub przedwczesnym pęknięciem błon płodowych. Częściej także zdarza się w sytuacjach pozostawania w macicy fragmentów łożyska. Zakażeniu może także ulec pęknięta szyjka macicy i sama macica, uszkodzony srom albo miejsce nacięcia.

**Znamiona i objawy.** Różnią się w zależności od miejsca rozwoju infekcji. Nieznaczna gorączka, niejasny ból podbrzusza i występujące czasami odchody pochwowe o zgniłym zapachu są charakterystyczne dla infekcji błony śluzowej macicy. Zakażeniu pęknięć poporodowych i miejsca nacięcia zazwyczaj towarzyszy ból i bolesność uciskowa podbrzusza w miejscu odpowiadającym macicy, czasami gęste odchody o zgniłym zapachu, trudności w oddawaniu moczu. W pewnych rodzajach infekcji gorączka przekracza 40°C, występują dreszcze, bóle głowy, zlewne poty. Powodem ich występowania są nie objawy, lecz występująca wysoka gorączka. Dlatego też lekarz prowadzący powinien być poinformowany o wystąpieniu jakiejkolwiek gorączki w okresie poporodowym.

**Leczenie.** Terapia antybiotykami jest bardzo skuteczna, dlatego też powinna być wdrożona stosunkowo wcześnie. Pobranie wymazu pomaga w określeniu rodzaju drobnoustroju powodującego infekcję i pozwala zastosować właściwy antybiotyk.

**Zapobieganie.** Należy skrupulatnie dbać o czystość podczas porodu i w okresie połogu. Zawsze myj ręce, nim dotkniesz okolicy krocza, podcieraj się od przodu ku tyłowi, nie korzystaj z tamponów i sprawdź, czy używane przez ciebie podpaski są czyste.

# UWAGI O NIEPOWODZENIACH CIĄŻOWYCH

Niezależnie od tego, kiedy nastąpiła strata dziecka – czy to we wczesnej ciąży, czy w czasie porodu, czy też po porodzie, ból jest tak wielki, że ma wpływ na późniejsze życie.

**Poronienie.** Fakt, że dochodzi do niego we wczesnej ciąży, wcale nie zmniejsza bólu przyszłych rodziców. Z poronieniem częstokroć wiąże się wstrząs, rozpacz, depresja i uczucie, że się w jakiś sposób zawiodło – szczególnie gdy była to planowana ciąża. Tak samo trudno sobie poradzić ze stratą wczesnej ciąży, jak z utratą dziecka w późniejszym okresie. Po pierwsze, ponieważ wiele par postanawia wstrzymać się z podaniem do wiadomości o ciąży do końca trzeciego miesiąca i nawet najbliżsi przyjaciele i rodzina często o niczym nie wiedzą – trudno będzie znaleźć wsparcie. Nawet ci, którzy zostali poinformowani o ciąży i/lub poronieniu, często nie potrafią udzielić wsparcia w sposób, w jaki czyniliby to, gdyby ciąża trwała dalej. Będą na przykład próbowali umniejszyć wielkość straty, mówiąc: „Nie martw się, spróbujesz jeszcze raz". Nie rozumieją bowiem, że utrata dziecka bywa czymś tragicznym – nawet we wczesnej ciąży. Po drugie, proces wracania do normalności utrudnia fakt, że nie można wziąć dziecka na ręce, zrobić zdjęcia, pochować go – czyli dopełnić rytuałów, jakie zwykle pomagają wylać żal rodzicom dzieci, które urodziły się martwe.

Pamiętaj, że jeśli przeżyłaś poronienie (bądź ciążę ektopową czy zaśniadową), masz prawo do żalu. Sposobem na uzewnętrznienie twojej tragedii będzie oddanie czci dziecku, które straciłaś, a jednocześnie pomoże ci poradzić sobie ze stratą i przejść do normalności. Pomyśl o zorganizowaniu niewielkiej ceremonii, na którą zaprosisz tylko najbliższych przyjaciół i rodzinę. Lecz jeśli trudno ci okazywać swój żal nawet podczas tak skromnej uroczystości, zorganizujcie wraz z mężem coś tylko we dwoje, w jakimś przyjemnym miejscu – na przykład nad cichym, spokojnym jeziorem podczas zachodu słońca. Możesz również podzielić się swymi uczuciami z innymi, którzy też przeżyli poronienie: z pojedynczymi osobami, w grupie lub przez Internet. Jako że wiele kobiet roni przynajmniej raz w okresie rozrodczym, możesz się poczuć zaskoczona, ilu twoich znajomych także przeszło przez to samo, chociaż nigdy nie wspomniało o tym ani słowem. Wiele rad przeznaczonych dla matek, które straciły dziecko w późnej ciąży, może pomóc i tobie. Przeczytaj również *Stany przygnębienia* (ramka na s. 532).

Musisz uznać fakt, że w twym sercu zawsze pozostanie miejsce dla ciąży, którą straciłaś, i że możesz odczuwać smutek czy przygnębienie w rocznicę spodziewanego terminu rozwiązania czy rocznicę poronienia – nawet jeszcze wiele lat po tym fakcie.

Dobrze jest planować coś szczególnego na tę okazję, coś, co cię rozweseli, ale nie przeszkodzi we wspomnieniach, przynajmniej przez pierwsze kilka lat. Może to być posadzenie kwiatów lub drzewa, cichy piknik w parku, uroczysty obiad z mężem. Mimo iż żal nad stratą jest czymś normalnym i koniecznym, z czasem powinnaś zacząć czuć się lepiej. Jeśli dzieje się inaczej lub masz problemy z radzeniem sobie ze sprawami życia codziennego, na przykład nie możesz jeść i spać, izolujesz się od przyjaciół i rodziny, powinnaś poszukać pomocy specjalisty, który pomoże ci zaleczyć rany.

Poronienie zwykle oznacza, że nigdy więcej nie zaakceptujesz oczywistego faktu, iż ciąża równa się dziecko. Pamiętaj, że następna ciąża nie będzie już tak niewinna. Z jednej strony, będziesz się starała nie myśleć za dużo o dziecku ze strachu przed kolejnym poronieniem. Z drugiej jednak, staniesz się szczególnie wyczulona na wczesne symptomy ciążowe: kłucia, bóle, wrażliwość piersi – czyli oznaki, że dziecko w twym łonie rośnie.

**Zgon w macicy.** Gdy ciężarna nie odczuwa ruchów swojego dziecka przez kilkanaście godzin lub więcej, naturalną sprawą jest jej lęk przed najgorszym. A najgorsze jest oczywiście to, że nie narodzone dziecko umarło. Na szczęście dzieje się to rzadko. Gdy jednak się zdarzy, może być przyczyną licznych rozterek.

Ciężarna odbiera wiadomość o braku czynności serca swojego dziecka, tj. o jego wewnątrzmacicznym obumarciu, z niedowierzaniem i poczuciem osobistego nieszczęścia, jakie ją dotknęło.

Dla takiej kobiety dalsze noszenie ciąży, z przeświadczeniem, że jej dziecko już nie żyje, jest trudne lub wręcz niemożliwe. Prowadzone badania wykazują, że u tych kobiet, u których poród obumarłego płodu odbywa się po okresie oczekiwania dłuższym niż trzy dni od momentu rozpoznania wewnątrzmacicznej śmierci płodu, występują depresje. Z tego powodu stan psychiczny takiej kobiety jest zależny od decyzji lekarskiej co do planu dalszego postępowania. Jeżeli czas występowania czynności porodowej jest trudny do przewidzenia, należy rozważyć celowość wzniecenia czynności skurczowej lub też zezwolić na powrót ciężarnej do domu do momentu pojawienia się samoistnej czynności porodowej, a uzależnione jest to od zaawansowania ciąży, jak i stanu psychofizycznego ciężarnej.

Rozmiar tragedii, przez jaką musi przejść kobieta, której płód obumarł w macicy, prawdopodobnie jest bardzo podobny do tego, jaki dotyczy rodziców, których dziecko zmarło podczas lub po porodzie, dlatego też należy postępować tak samo: jeśli to tylko możliwe, pozwolić dotknąć dziecka i pochować je.

**Śmierć podczas porodu lub po porodzie.** Czasami śmierć zdarza się podczas porodu, czasami zaś po nim. Każdy sposób straty dziecka jest dla matki ciosem trudnym do wyrażenia. Kobieta oczekiwała na swoje dziecko blisko dziewięć miesięcy, a teraz wraca do domu z pustymi rękoma. Nie ma prawdopodobnie większego bólu jak ten zadany utratą dziecka. I choć nic nie wyrówna straty, którą odczuwa kobieta, czas postępuje naprzód, problem staje się bardziej znośny, depresja powoli mija. Oto kilka wskazówek, które być może pomogą ci złagodzić depresję po takiej tragedii – depresję, która może być większa, gdy nie masz innych dzieci, wcześniej już zdarzyło ci się stracić ciążę lub jeśli jesteś w starszym wieku i obawiasz się, że nie będziesz mogła ponownie zajść w ciążę:

• **Zobaczenie, kontakt dotykowy i nadanie imienia noworodkowi.** Cierpienie jest nieodzownym krokiem w akceptacji i powrocie do stanu równowagi po stracie, nie można jednak żałować bezimiennego dziecka, którego nigdy się nie widziało. Jeżeli nawet dziecko jest zniekształcone, eksperci radzą zobaczyć je, gdyż zwykle wyobrażenie jest dużo gorsze od prawdy. Nawet kontakt dotykowy przez ujęcie w dłonie dziecka oraz nadanie mu imienia sprawia, że śmierć staje się bardziej rzeczywista i w efekcie łatwiejsza do zniesienia. To samo w przypadku organizowania pogrzebu i kremacji. Dają one kolejną możliwość pożegnania dziecka. Dodatkowo grób jest takim miejscem, gdzie będzie można odwiedzić dziecko w przyszłości.

- Jeżeli to możliwe, nie zaleca się podawania środków uspokajających w okresie kilku godzin od poinformowania matki o zgonie dziecka. Mimo że środek uspokajający natychmiast łagodzi ból, to istnieje tendencja mieszania wspomnień z rzeczywistością tego, co się stało. Sprawia to, że proces żałoby staje się trudniejszy, a także pozbawia matkę i współmałżonka szansy wzajemnego wspierania się.

- Warto także porozmawiać z lekarzem o wynikach badań pośmiertnych, a także i innych szczegółach, aby utwierdzić się co do stanu rzeczywistego i pomóc w procesie żałoby. Podawane leki, stan hormonalny oraz szok powodują, że wiele szczegółów podanych na sali porodowej nie zostaje w pełni zrozumianych.

- Pamiętaj, że proces opłakiwania ma zwykle kilka stadiów, łącznie z uczuciem negacji i odizolowania, gniewu, depresji, a w końcu akceptacji (patrz s. 532). Nie czuj się zaskoczona tymi odczuciami – poza tym niekoniecznie wystąpią one w tej kolejności. Nie bądź też zdziwiona, jeśli nie doświadczasz któregoś z nich bądź doznajesz innego uczucia, dodatkowo lub zamiast któregoś z wymienionych. Każdy człowiek jest inny, inaczej reaguje – nawet w podobnych okolicznościach.

- Zachowanie fotografii (wiele szpitali je robi) lub innego przedmiotu (kosmyk włosów, odcisk rączki), który będzie w przyszłości pociechą, gdy będziesz myśleć o dziecku. Mimo że nie brzmi to zachęcająco, zdaniem specjalistów bardzo pomaga. Pomaga także koncentrowanie się na pozytywnych cechach, np. duże oczy, długie rzęsy, piękne rączki i delikatne paluszki, gęste włoski.

Przyjaciele czy rodzina nie powinni usuwać pewnych oznak przygotowań, jakie poczynione zostały w domu na przyjęcie dziecka. Najlepiej zrobić to samemu. Powrót do domu, który wygląda tak, jakby nigdy nie spodziewano się tam dziecka, przyczyni się tylko do zaprzeczenia temu, co się w rzeczywistości stało.

- Płacz – w zależności od psychiki matki lub ojca częsty lub długi – jest nieodzownym składnikiem procesu żałoby. Nie zawsze płacze się natychmiast po stracie. Niekiedy wraca się do płaczu po upływie pewnego czasu.

- Ogranicz środki uspokajające i rozluźniające. Choć bywają na początku skuteczne, zakłócają proces żałoby, a dodatkowo można się od nich uzależnić. Nie top swych żalów w alkoholu. Alkohol ma działanie depresyjne i choć jego rozluźniające działanie początkowo może wydawać się przyjemne, to po ustaniu działania poczujesz jeszcze większy smutek.

- Należy się spodziewać ciężkich chwil. Przez pewien okres można odczuwać depresję, pustkę; doświadczać ogromnego smutku, cierpieć na bezsenność; walczyć z małżonkiem i ignorować inne dzieci, a nawet wyobrazić sobie, że dziecko płacze w środku nocy. Być może sama będziesz odczuwała potrzebę, by traktować cię jak dziecko, które się tuli, kocha, o które się dba.

- Również ojcowie cierpią po stracie dziecka, ale ich smutek jest lub wydaje się krótszy i słabszy niż ból matki, częściowo dlatego, że nie nosili oni dziecka wewnątrz swego ciała przez tyle miesięcy.

# Strata jednego z bliźniąt

Dla rodziców tracących jedno z bliźniąt (w przypadku trojaczków i czworaczków) przyjście na świat potomstwa jest zarówno radosne, jak i tragiczne. Każde z rodziców, postawione w takiej sytuacji, jest w zbyt głębokiej depresji, by opłakiwać utracone dziecko lub cieszyć się z narodzin drugiego, a obydwa te procesy są bardzo ważne. Dlaczego tak myślisz i czujesz? U podłoża twoich obaw mogą leżeć następujące przyczyny:

- Straciłaś dziecko i fakt, że masz drugie, nie umniejsza tej straty. Masz prawdo do żałoby, a wręcz jej potrzebujesz, gdyż w przeciwnym wypadku trudno by ci było pogodzić się ze stratą. Skorzystaj z rad dla rodziców pogrążonych w żalu – znajdziesz je w tym rozdziale. Dzięki nim łatwiej pogodzisz się ze śmiercią dziecka.

- Utrata radości. Nie będziesz mogła się szczycić, że jesteś matką bliźniąt (czy trojaczków, czworaczków itp.). Nawet nie wiedząc z góry o bliźniętach, można czuć się oszukanym. Rozczarowanie jest rzeczą normalną, więc nie czuj się winna, że go doświadczasz. Zaleca się opłakiwanie zarówno straty dziecka, jak i utraty spodziewanego statusu.

- Obawa przed wyjawieniem przyjaciołom i rodzinie faktu, iż jest tylko jedno dziecko, podczas gdy spodziewali się wiadomości o bliźniętach. Pomóc może przyjaciel, informujący o zaistniałej sytuacji. Powinien on także towarzyszyć w pierwszym spacerze z dzieckiem, odpowiadając na pytania przypadkowo napotkanych znajomych.

- Poczucie niedostatecznej kobiecości spowodowane stratą jednego dziecka, zwłaszcza jeśli poczęte były przez stosowanie takich zabiegów jak IVF[1] lub GIFT[2]. To, co się wydarzyło, nie ma nic wspólnego z wartością danej osoby jako matki czy kobiety.

- Poczucie, że zostałaś ukarana za to, że nie widziałaś możliwości opiekowania się dwójką, lub pragnęłaś bardziej chłopca niż dziewczynki (albo na odwrót) itd. Uczucie to jest bardzo powszechne, ale całkowicie niedorzeczne.

- Obawa przed tym, że każde urodziny dziecka i jego osiągnięcia będą przypominały utracone dziecko i wszystko to, co mogłoby być, gdyby ono żyło. Z takim uczuciem na pewno się zetkniesz. Pomocne mogą być w tych właśnie momentach rozmowy ze współmałżonkiem, a nie tłumienie uczuć.

- Rodzice obawiają się także, że gdy dziecko dorośnie, męczyć je będzie utrata siostry lub brata bliźniaka. Jednak dziecko nie będzie cierpieć z powodu straty, chyba że ty zaczniesz o tym mówić. Jeśli okazywać będziesz jemu lub jej jak najwięcej miłości

---

[1] Zapłodnienie pozaustrojowe (przyp. red. nauk. wyd. pol.).

[2] Dojajowodowy transfer gamety (przyp. red. nauk. wyd. pol.).

Ale to wcale nie zmniejsza bólu ani nie czyni procesu opłakiwania dziecka mniej dotkliwym. Niekiedy ojcowie mają trudności z wyrażeniem swojego żalu. Czasami ukrywają go, aby podtrzymać żonę na duchu lub dlatego, że nie chcą okazywać słabości. Niestety ból wychodzi na jaw czasem w zupełnie innej, bardziej destrukcyjnej postaci, np. złego humoru, braku odpowiedzialności, utraty zainteresowania życiem, odłączenia się od rodziny, nadużywania alkoholu. Czasem warto się „wygadać" przed partnerką, specjalistą czy innym ojcem, który także przeżył podobną stratę. Innymi sposobami na wyzbycie się smutku mogą być ćwiczenia lub wolontariat.

- Dbajcie o siebie nawzajem. Żal pochłania czas i energię – wraz z partnerem możecie zauważyć, że jesteście tak zaangażowani w cierpienie, iż brakuje wam siły i ochoty, by nieść pomoc drugiej osobie. Niestety, często takie odsunięcie się od partnera prowadzi do kłopotów w małżeństwie, przez co jeszcze trudniej ocknąć się z żałoby. Zatem choć niewątpliwie przyjdą chwile, które będziesz spę-

i uwagi, dorastać będzie w szczęściu i poczuciu bezpieczeństwa.

- Przyjaciele i rodzina, próbując przyjść z pomocą, często z przesadą zajmują się żywym dzieckiem, pomijając milczeniem temat zmarłego. Sugerują także, by zapomnieć o zmarłym i skoncentrować się na żyjącym. Tego typu uwagi (choć czynione w najlepszych intencjach) na ogół denerwują matkę i ojca. Nie złość się, ale powiedz wszystkim, co czujesz. W takich przypadkach rozsądnym rozwiązaniem będzie poinformowanie znajomych o potrzebie opłakiwania zmarłego dziecka na równi z celebrowaniem narodzin żywego.

- Pojawia się u ciebie przekonanie o braku lojalności w stosunku do zmarłego dziecka, skoro cieszysz się tym, które przeżyło. Jest to odczucie naturalne, ale trzeba się z niego otrząsnąć. Zadośćuczynieniem wobec zmarłego dziecka może być matczyna miłość, którą dawałaś mu przez tyle miesięcy, gdy skulone leżało w twojej macicy. Fatalne skutki ma natomiast idealizowanie zmarłego dziecka i stałe porównywanie go z żyjącym. Jeśli nie będziesz się dobrze czuła z myślą o chrzcie czy obrzezaniu albo jakiejkolwiek innej uroczystości związanej z dzieckiem, które przeżyło, zastanów się nad zorganizowaniem ceremonii ku pamięci zmarłego niemowlęcia razem z uroczystością związaną z tym, które przeżyło.

- Doświadczenie depresji poporodowej. Jest to sprawa normalna, bez względu na to, czy matka utraciła dziecko, czy nie, gdyż hormony będące w stanie całkowitego chaosu utrudniają sytuację i wpływają na komplikację uczuć (patrz s. 410).

- Obawiasz się, że utrata dziecka i depresja poporodowa mogą zniszczyć związek ze współmałżonkiem. Nie wydaje się to prawdopodobne, jeżeli wspólnie dzielicie dobre i złe chwile. Badania wykazują wzmocnienie więzi małżeńskich w 90% przypadków dotkniętych tą tragedią.

- Niekiedy poczucie winy za rozdarcie uczuciowe będzie ci utrudniało opiekę nad dzieckiem. Ważne jest, by pamiętać, że takie uczucia są czymś całkowicie normalnym i że nie masz powodów do tego, by czuć się winna. Ale musisz dawać dziecku wszystko, czego ono potrzebuje, zaspokajać jego potrzeby zarówno psychiczne, jak i fizyczne. Jeśli wraz z mężem macie z tym trudności, gdyż drąży was depresja, musicie zwrócić się o pomoc.

- Czujesz się osamotniona w swym bólu. Niezmiernie pomocna może się okazać pomoc tych, którzy znajdowali się w identycznej sytuacji. Poszukaj takiej grupy samopomocy w twej okolicy lub w Internecie: www.climb-support.org.

A przede wszystkim poczekaj trochę. Na pewno z czasem poczujesz się lepiej i jeśli tylko sobie na to pozwolisz, będziesz się cieszyć, że masz dziecko.

---

dzać samotnie, znajdź czas na przebywanie z mężem. Pomyślcie o wspólnym chodzeniu na terapię albo przyłączcie się do grupy samopomocy. Nie tylko znajdziecie tam pocieszenie, lecz możliwe, że uda się wam uratować – a nawet pogłębić – wasz związek.

- Nie można stawiać czoła całemu światu w pojedynkę. Nie wolno odkładać powrotu do normalnego życia m.in. dlatego, że obawiasz się zetknięcia z przyjaciółmi, którzy mogą zapytać: „Chłopak czy dziewczynka?" Nie jest to żadnym rozwiązaniem. Dobry przyjaciel powinien ci towarzyszyć podczas pierwszych dni, biorąc na siebie udzielanie odpowiedzi na pytania znajomych napotkanych w supermarkecie, banku itd. Dobrze jest się upewnić, że koledzy w pracy, Kościele czy innej instytucji, do której osoba dotknięta stratą uczęszcza, zostali poinformowani o zaistniałej sytuacji, więc nie będzie musiała tłumaczyć więcej, niż jest to absolutnie niezbędne.

- Zrozum, że nie wszyscy członkowie rodziny czy przyjaciele będą umieli odpowiednio zareagować. Jedni poczują się na tyle niezręcznie, że usuną się na czas żałoby, inni mówić będą rzeczy, które bardziej bolą, niż pomagają: „Wiem, jak się czujesz!", „Przecież możesz mieć następne dziecko!" Lub: „Dziecko zmarło, zanim się do niego przyzwyczaiłaś!" Choć na pewno nie mają nic złego na myśli, nie rozumieją, że ktoś, kto sam nie stracił dziecka, nie może wiedzieć, jakie to uczucie. Nie rozumieją też, że żadne dziecko nie może zająć miejsca tego, które umarło, i że rodzice przywiązują się do dziecka na długo przed urodzeniem, a nawet poczęciem. Dobrze jest, aby bliski przyjaciel, słysząc takie komentarze, wytłumaczył, iż lepiej wyrazić żal z powodu straty dziecka, tak będzie lepiej dla samych rodziców.

- Poszukaj wsparcia u osób, które doświadczyły tego samego co ty. Podobnie jak wielu innych rodziców, odzyskasz siły, spotykając się z ludźmi, którzy stracili dziecko. Uważaj jednak, by przebywanie wśród tych osób nie utrwalało twego smutku, zamiast go łagodzić. Jeśli po upływie roku nadal będziesz miała trudności z pogodzeniem się ze swą stratą (a jeśli trudno ci normalnie funkcjonować, to nawet wcześniej), zdecyduj się na terapię indywidualną.

- Dbaj o siebie. Gdy człowiek jest pogrążony w rozpaczy, często jego potrzeby bytowe stają się ostatnią rzeczą, o której myśli – a nie powinno tak być. Dobrze się odżywiaj, śpij odpowiednio dużo, ćwicz, gdyż to wszystko nie tylko jest potrzebne do zdrowia, lecz także do szybszego odzyskania spokoju. Zmuś się do tego, by usiąść do posiłku, nawet gdy nie odczuwasz głodu. Przed pójściem do łóżka weź ciepły prysznic lub wykonaj ćwiczenia relaksujące, ponieważ dzięki temu uspokoisz myśli i łatwiej zaśniesz. Wymyśl sobie jakieś zajęcia w ciągu dnia, choćby to miał być tylko spacer przed obiadem. Raz na jakiś czas zrób sobie wolne od żałoby: obejrzyj film, przyjmij zaproszenie przyjaciół, pojedź na weekend na wieś – ciesz się czasem bez poczucia winy. Aby

## Stany przygnębienia

Niezależnie od tego, czy strata dziecka ma miejsce we wczesnej ciąży, blisko terminu rozwiązania czy też w czasie porodu, rodzice doświadczają wielu uczuć i różne są ich reakcje. I choć trudno się ich pozbyć, zrozumienie ich pomoże w pogodzeniu się ze stratą. Większość osób przechodzi przez kilka etapów w drodze do osiągnięcia spokoju emocjonalnego. Etapy te są powszechne, choć kolejność ich następowania niekiedy się różni, podobnie jak doświadczane uczucia.

- Wstrząs i negacja. Może nastąpić otępienie, niedowierzanie, przekonanie, że „to nie mogło mi się przytrafić". Tak działa mechanizm, który ma na celu ochronić psychikę przed tragedią.

- Wina i gniew. W desperackiej próbie wskazania winnego za taką bezsensowną tragedię wielu rodziców zaczyna winić siebie („Coś zrobiliśmy niewłaściwie, skoro doszło do poronienia" lub „Gdybym bardziej pragnęła tego dziecka, żyłoby teraz"). Pojawić się też mogą uczucia wściekłości lub przekonanie o niesprawiedliwości – uczucia te mogą być skierowane przeciwko Bogu lub lekarzowi (nawet jeśli nie jest niczemu winny); złość na inne kobiety w ciąży lub na rodziców, dochodząca niekiedy do przejawów nienawiści wobec nich.

- Depresja i desperacja. Przez długie godziny lub wręcz bez przerwy będziesz czuć się smutna, płakać, nie będziesz w stanie nic jeść i spać, stracisz zainteresowanie wszystkim, przestaniesz być zdolna do normalnego funkcjonowania. Pojawić się może strach: „Już nigdy nie urodzę zdrowego dziecka".

- Akceptacja. Kiedyś pogodzisz się ze stratą. Pamiętaj, że nie oznacza to zapomnienia o utraconym dziecku – a jedynie to, że będziesz w stanie zaakceptować jego śmierć i wrócić do normalnego życia.

# Dlaczego?

Być może bolesne pytanie „dlaczego?" w waszym przypadku pozostanie na zawsze bez odpowiedzi. Dla bolejących rodziców swego rodzaju pomoc stanowi konfrontacja i dotarcie do fizycznych przyczyn śmierci płodu czy niemowlęcia. Często dziecko wygląda całkowicie normalnie i jedynym sposobem odkrycia przyczyny śmierci jest dokładne prześledzenie historii okresu ciąży oraz zbadanie płodu czy też dziecka. Jeżeli płód zmarł w macicy lub nastąpiło poronienie, ważne jest także badanie histologiczne łożyska przez patologa. Poznanie przyczyny śmierci może się na początku wydawać zbędne i mało istotne, ale z czasem przyczyni się do łatwiejszego jej zaakceptowania. Poznanie przyczyny zgonu nie jest równoznaczne z odpowiedzią na pytanie: dlaczego to się stało? Zamyka jednak to tragiczne wydarzenie, pozwalając przygotować się do przyszłego zajścia w ciążę.

W niektórych przypadkach nie można określić przyczyny zgonu i wtedy rodzice powinni zaakceptować tę tragedię, tłumacząc ją sobie zgodnie z własną filozofią życiową. Mogą więc dopatrywać się w tym woli Boskiej lub też zrządzenia losu, na który ludzie nie mają wpływu. W każdym razie strata dziecka nie może być traktowana jako kara.

---

życie mogło się toczyć, musisz normalnie żyć!

- Uczcij pamięć swego dziecka, robiąc coś na rzecz innych dzieci – załóż fundusz stypendialny, jeśli cię na to stać; ofiaruj książki dzieciom z domu dziecka; zostań wolontariuszką w domu dla samotnej matki (gdy już będziesz na tyle silna, by znieść widok kobiet w ciąży i małych dzieci). Obmyśl jakiś inny sposób uczczenia pamięci dziecka: na przykład posadź drzewo lub kwiaty przy żłobku czy swoim domu. Niech przypominają ci o dziecku.

- Jeśli ucieczka w religię przynosi ci spokój, zrób to. Niektórzy pogrążeni w żalu rodzice są zbyt rozgniewani na Boga, jednak wielu znajduje ratunek w wierze. Bóg nie jest odpowiedzialny za takie tragedie, one po prostu się zdarzają i są częścią niedoskonałego świata, w którym przyszło nam żyć.

- Kolejne dziecko nie jest w stanie zrekompensować straty. Zajście w ciążę jest dobrym rozwiązaniem tylko wtedy, gdy pragną tego oboje rodzice, oczywiście stosując się do zaleceń lekarza. Nie należy tego robić, by zlikwidować poczucie winy czy złości, osiągnąć spokój umysłu i poczuć się lepiej. Takie postępowanie przynosi wręcz przeciwne rezultaty, niepotrzebnie obciążając następne dziecko. Wszystkie decyzje dotyczące przyszłej płodności, zdecydowanie się na dziecko lub poddanie się sterylizacji, powinny być odłożone aż do czasu, gdy minie najgłębszy żal.

- Z upływem czasu ból po stracie zmniejszy się. Na początku będą złe dni, później kilka dobrych, a w końcu więcej dobrych niż złych. Należy jednak liczyć się z taką ewentualnością, że ból całkowicie nie zniknie nigdy. Cierpienie, któremu towarzyszą koszmarne sny i natrętne wspomnienia, w pełni kończy się po okresie około 2 lat. Najgorszy okres kończy się zwykle po 3-6 miesiącach po stracie. Jeżeli po upływie 6-9 miesięcy żal po stracie pozostaje centralną sprawą, jeżeli całkowicie traci się zainteresowanie wszystkim innym, należy poszukać pomocy. Szukaj pomocy również wówczas, jeżeli od samego początku nie możesz poradzić sobie z uczuciem żalu.

- Poczucie winy może powiększyć żal i spowodować, że przyzwyczajenie się do straty będzie trudniejsze. Przekonanie, że strata dziecka jest karą za dwuznaczny stosunek do ciąży lub niedostateczne odżywianie w tym okresie, jest błędne. Wsparcie specjalistyczne pomaga zrozumieć, że takie uczucia są pozbawione podstaw. Skorzystaj z porady, jeżeli czujesz się niepewna i wątpisz w swą kobiecość, co zostało według ciebie niejako potwierdzone tym, że nie możesz urodzić żywego dziecka, oraz jeżeli czujesz, że zawiodłaś swoją rodzinę, jak i przyjaciół. Jeśli obawiasz się, że powrót do normalnego życia będzie czymś nielojalnym w stosunku do zmarłego dziecka, połącz się z nim duchowo i w myślach poproś o przebaczenie i prawo powrotu do aktywnego życia. Możesz zrobić to w formie „listu", w którym wyrazisz swe odczucia, nadzieje i marzenia.

- Jeśli istnieje prawdopodobieństwo – lub wręcz pewność – że nie będziesz mogła mieć więcej dzieci i/lub donosić zdrowej ciąży, nie rozpaczaj. Jest tyle cudownych maluchów, które potrzebują kochających rodziców; twój będzie gotowy wtedy, gdy gotowa będziesz ty. Choć teraz adopcja może ci się wydawać nie do zaakceptowania, jednak – o czym zaświadczą miliony rodziców – zaadoptowane dziecko staje się nierozerwalną częścią ciebie, jakbyś nosiła je kiedyś w swym łonie.

# Część 5

# NASTĘPNE DZIECKO

# 21
# Przygotowując się do narodzin kolejnego dziecka

W najlepszym ze wszystkich możliwych światów moglibyśmy zapewne zaplanować życie w najdrobniejszych szczegółach. W świecie rzeczywistym, w którym większość z nas żyje, najlepiej ułożone plany często ustępują miejsca nieprzewidzianym przeciwieństwom i zmianom losu, nad którymi mamy niewielką kontrolę. Pozostaje nam to zaakceptować i zrobić najlepszy użytek z tego, co jest nam dane.

W najlepszej ze wszystkich możliwych ciąż wiedzielibyśmy wcześniej, kiedy nastąpi zapłodnienie, i moglibyśmy wcześniej poczynić wszelkie zmiany i przystosować nasz styl życia do tego, aby wynik ciąży był jak najlepszy. Pomogłoby to upewnić się, że nasze dziecko ma największe szanse na to, aby urodzić się żywe i zdrowe. Takie wcześniejsze planowanie jest luksusem, na który (z powodu zaburzeń w miesiączkowaniu i/lub nieskuteczności antykoncepcji – czy stosującej ją pary) wiele kobiet nigdy nie mogłoby sobie pozwolić. Jak już podkreślano w tej książce, to, co kobieta robi, zanim uświadomi sobie, że jest w ciąży, ma zwykle mały wpływ na zdrowie dziecka. Niewiele kobiet postępuje jak ciężarna od chwili zapłodnienia, a niemal wszystkie rodzą zdrowe dzieci.

Jednak byłoby niedbalstwem niepodkreślenie roli planowania dla stworzenia optymalnych warunków do zaistnienia ciąży. Istnieje bowiem taka możliwość dla coraz większej liczby kobiet z uwagi na coraz większą skuteczność technik planowania rodziny. Planowanie jest właściwe zarówno wtedy, gdy już czynisz próby zajścia w ciążę, jak i gdy wybiegasz myślami w przyszłość. Chociaż nigdy nie jest za późno, by zacząć dbać o swoje ciało, to również nigdy nie jest za wcześnie. Pamiętaj, że to, jak będziesz dbać o siebie w ciąży, będzie miało wpływ nie tylko na twoje dzieci, ale też na dzieci twoich dzieci. Przyszli rodzice mogą na wiele sposobów poprawić płodność i sprawić, by ciąża była jak najbezpieczniejsza, a dziecko – zdrowe, nim jeszcze komórka jajowa zostanie zapłodniona przez plemnik. (Niemniej jednak pamiętaj, że jeśli już jesteś w ciąży, nie ma powodu do zmartwień z powodu niepoczynienia któregoś z niżej opisanych kroków – po prostu zacznij czytać tę książkę od rozdziału 1, starając się jak najlepiej wykorzystać każdy dzień ciąży.)

# PRZYGOTOWANIA DLA KOBIET, KTÓRE CHCĄ ZAJŚĆ W CIĄŻĘ

**Przebadaj się dokładnie.** Pójdź do internisty czy lekarza rodzinnego. Badanie wykaże, czy istnieją jakieś problemy, którymi należałoby się zająć przed poczęciem lub które trzeba będzie mieć pod kontrolą w czasie ciąży.

**Odwiedź swojego stomatologa.** Umów się na dokładną kontrolę i czyszczenie zębów. Załatw teraz wszelkie niezbędne zabiegi, jak prześwietlenia zębów, wypełnienia oraz chirurgię szczękową, byś nie musiała tego przechodzić w czasie ciąży. Sprawdź także stan dziąseł – najnowsze badania wykazują, iż choroba dziąseł (parodontoza) zwiększa ryzyko przedterminowego porodu. Dbaj o zęby w domu; jeśli jeszcze tego nie robiłaś, teraz zacznij regularnie szczotkować zęby i czyścić je nitką.

**Wybierz lekarza – i przejdź badanie w związku z planowaną ciążą.** Łatwiej jest wybierać lekarza teraz, gdy nie ma pośpiechu, niż wtedy, kiedy zaistnieje już konieczność pierwszego badania kontrolnego w ciąży. Popytaj znajomych, porozglądaj się, nie spiesz się przy wyborze odpowiedniego lekarza. Następnie umów się na badanie przedciążowe.

Nawet jeśli masz zamiar korzystać z usług dyplomowanej położnej, powinnaś się udać do ginekologa-położnika lub lekarza rodzinnego, którego opinię szanujesz, aby przebadał cię pod względem potencjalnego ryzyka, jakie może wystąpić w planowanej przez ciebie ciąży. Jeśli twój wywiad lekarski i/lub badanie nie wykazują możliwości zaistnienia ciąży wysokiego ryzyka, możesz wybrać lekarza wedle swych upodobań (w rozdziale 1 znajdziesz wskazówki). Jeśli jednak istnieje takie zagrożenie, będziesz musiała znaleźć się pod opieką położnika lub specjalisty medycyny matczyno-płodowej.

**Przyjrzyj się historii swych ciąż.** Jeśli wcześniej miałaś jakieś powikłania ciążowe, np. poroniłaś, rodziłaś przedwcześnie lub doszło do innych komplikacji, porozmawiaj z lekarzem, w jaki sposób tym razem można im zapobiec.

**Przyjrzyj się historii ciąż twej matki.** Jeśli wiesz lub przypuszczasz, że twoja matka przyjmowała podczas ciąży z tobą DES, powiedz o tym lekarzowi. Lek ten, który przepisywano do 1971 roku jako zapobiegawczy przeciwko poronieniom, wywoływał uszkodzenia narządów rodnych u niektórych kobiet wystawionych na jego działanie w czasie życia płodowego. Jeśli jesteś „dzieckiem DES", a nie zostałaś dotąd przebadana, lekarz zapewne będzie chciał wykonać kolposkopię, by skontrolować macicę i szyjkę macicy. Badanie daje wyraźny obraz tych narządów.

**Przebadaj się.** Przed poczęciem lekarz może ci zalecić wykonanie poniższych badań:

- Hemoglobiny lub hematokrytów, aby sprawdzić czy nie masz niedokrwistości;

- Określenia czynnika Rh. Jeśli masz Rh–, twój partner powinien zostać przebadany, czy jego Rh jest dodatni. (Jeśli oboje macie Rh–, nie ma się czym przejmować; patrz s. 29);

- Miano przeciwciał przeciwko różyczce, by się przekonać, czy jesteś odporna na różyczkę;

- Miano przeciwciał przeciwko ospie wietrznej, by sprawdzić, czy jesteś na nią odporna;

- Badanie moczu w kierunku cukrzycy;

- Badanie w kierunku gruźlicy, jeśli mieszkasz w rejonie jej występowania;

- Badanie w kierunku zapalenia wątroby typu B – jeśli należysz do grupy wysokiego ryzyka, na przykład pracujesz w służbie zdrowia, a nie byłaś szczepiona;

- Obecność przeciwciał cytomegalowirusa, by sprawdzić, czy jesteś na niego odporna (patrz s. 460). Jeśli zdiagnozowano u ciebie CMV, powinnaś odczekać sześć miesięcy z zajściem w ciążę, czyli do chwili, aż w krwi pojawią się przeciwciała.

- Miano toksoplazmozy, jeśli masz kota, regularnie jesz surowe bądź półsurowe mięso, pijesz mleko niepasteryzowane lub pracujesz w ogrodzie bez rękawic ochronnych. Jeśli się okaże, że jesteś uodporniona, nie musisz się już martwić toksoplazmozą. W przeciwnym wypadku podejmij zapobiegawcze kroki podane na stronie 68.

- Funkcjonowania tarczycy. Ponieważ gruczoł ten może mieć znaczny wpływ na ciążę, a nawet na iloraz inteligencji dziecka, wszyscy powinni przechodzić badania tarczycy przed poczęciem dziecka. Jest to szczególnie ważne w przypadku osób mających za sobą kłopoty z tarczycą, borykających się z nimi obecnie lub gdy choroby tarczycy występowały w ich rodzinie (patrz s. 477).

- Choroby przenoszone drogą płciową. Obecnie zaleca się, by wszystkie ciężarne były badane w kierunku wszystkich chorób przenoszonych drogą płciową, w tym kiły, rzerzączki, chlamydii, opryszczki, wirusa brodawczaka ludzkiego, bakteryjnego zapalenia pochwy, infekcji bakterią *Gardnerella vaginalis* oraz HIV. Najlepiej jednak wykonać te badania jeszcze przed ciążą. Nawet jeśli jesteś pewna, że nie masz żadnej z tych chorób, przebadaj się na wszelki wypadek.

**Lecz się.** Jeśli któreś badanie wykaże, że trzeba się leczyć, koniecznie zrób to, zanim zajdziesz w ciążę. Wszystkie odkładane zabiegi medyczne czy dentystyczne – drobne czy poważne – powinny zostać wykonane teraz. Przed poczęciem należy leczyć wszelkie choroby ginekologiczne, które mogłyby zakłócić przebieg ciąży, w tym:

- polipy macicy, mięśniaki, torbiele, guzy niezłośliwe;

- gruczolistość (występowanie czynnej błony śluzowej macicy poza jej prawidłową lokalizacją, tj. jamą macicy);

- stany zapalne miednicy;

- nawracające infekcje dróg moczowych;

- choroby przenoszone drogą płciową.

Jeśli któraś z powyższych chorób wymaga operowania laserem, odczekaj sześć miesięcy po operacji, nim zajdziesz w ciążę.

**Uaktualnij szczepienia.** Jeśli nie miałaś szczepienia przeciwko tężcowi w ostatnich dziesięciu latach, zrób to teraz. Jeśli wiesz, że nie chorowałaś na różyczkę i nie byłaś przeciwko niej szczepiona albo jeśli badania wykażą brak odporności na tę chorobę, zaszczep się teraz szczepionką potrójną przeciwko odrze, śwince i różyczce, a następnie odczekaj trzy miesiące, nim zajdziesz w ciążę (nie martw się jednak, jeśli dziecko zostanie poczęte wcześniej – ryzyko jest czysto teoretyczne). Gdyby wynik badań wskazywał, że nigdy nie przechodziłaś ospy wietrznej, albo jeżeli w twoim przypadku występuje wysokie ryzyko infekcji wirusem zapalenia wątroby typu B, powinnaś także zaszczepić się przeciwko tym chorobom.

**Skontroluj wszelkie choroby przewlekłe.** Jeśli chorujesz na cukrzycę, astmę, masz chore serce, padaczkę czy też jakąkolwiek inną chorobę przewlekłą, zanim zajdziesz w ciążę upewnij się, że masz aprobatę swojego lekarza na zajście w ciążę i że twój stan jest pod kontrolą (patrz rozdział 19)[1].

Jeśli jako dziecko chorowałaś na fenyloketonurię (gdy nie jesteś pewna, zapytaj

---

[1] Najlepiej, byś kontrolowała przebieg tych chorób przez cały czas – na wypadek nieplanowanej ciąży.

matkę lub sprawdź w swojej dokumentacji lekarskiej), to zacznij stosować dietę bez fenyloalaniny (jest naprawdę wstrętna) przed zajściem w ciążę (patrz s. 484) i kontynuuj ją w ciąży. Jeśli musisz wziąć zastrzyki przeciwko alergii, zrób to teraz. (Jeśli zaczynasz serię zastrzyków odczulających, będziesz mogła prawdopodobnie kontynuować ją, gdy zajdziesz w ciążę.) Ponieważ na poczęcie wpływ może mieć depresja, ją także należy wyleczyć, nim rozpocznie się Wielka Przygoda.

**Zasięgnij porady genetycznej.** Jeśli któreś z was ma jakieś zaburzenia genetyczne (np. chorobę Tay-Sachsa, anemię sierpowato-krwinkową, talasemię, hemofilię, mukowiscydozę, dystrofię mięśni, pląsawicę Huntingtona, zespół łamliwości X) czy inne wady wrodzone (np. zespół Downa) w swoim wywiadzie lub wśród najbliższych krewnych, udaj się do genetyka lub specjalisty w dziedzinie medycyny matczyno-płodowej.

Powinnaś być również przebadana w kierunku chorób genetycznych częstych w twojej grupie etnicznej: mukowiscydozy – jeśli oboje jesteście rasy kaukaskiej (białej); choroby Tay-Sachsa, jeśli którekolwiek z was jest pochodzenia żydowsko-europejskiego, francusko-kanadyjskiego, irlandzko-amerykańskiego lub potomkiem francuskich osadników z Luizjany; anemii sierpowato-krwinkowej, jeśli pochodzisz z Afryki; talasemii – jeśli masz pochodzenie greckie lub włoskie albo pochodzisz z południowej Azji lub Filipin.

Wcześniejsze problemy położnicze (takie jak dwa poronienia, poród martwego płodu, długi czas niepłodności lub wada rozwojowa w poprzedniej ciąży) lub małżeństwo z kuzynem czy też innym bliskim krewnym są również powodem, aby zasięgnąć porady genetycznej.

**Oceń swoją metodę zapobiegania ciąży.** Jeśli stosujesz metodę kontroli urodzeń, która mogłaby stanowić jakieś ryzyko (jakkolwiek małe) dla przyszłej ciąży, zmień ją jeszcze przed próbą zajścia w ciążę. Pigułki antykoncepcyjne powinny być odstawione kilka miesięcy przed zapłodnieniem, aby, jeśli to możliwe, pozwolić twojemu układowi rozrodczemu na przynajmniej dwa samoistne cykle przedtem, zanim będziesz próbowała począć dziecko. Niekiedy trzeba odczekać cztery cykle, nim wszystko wróci do normy – uzbrój się zatem w cierpliwość.

Wkładka domaciczna również powinna być usunięta przed podejmowaniem prób zapłodnienia. W przypadku przyjmowania zastrzyków z medroksyprogesteronu odczekaj trzy do sześciu miesięcy, dla antykoncepcyjnego wszczepu Norplant okres ten wynosi dwa do trzech cykli miesiączkowych. Stosowanie zasady szczególnej ostrożności oznacza również, że powinno się przestać korzystać ze środków plemnikobójczych (samych lub łącznie z krążkiem dopochwowym czy prezerwatywą) od miesiąca do sześciu miesięcy przed planowaną ciążą. Środkiem, który można tymczasowo stosować, jest prezerwatywa (używana z ostrożnością i bez substancji plemnikobójczych).

**Udoskonal swoją dietę.** Przede wszystkim upewnij się, że przyjmujesz dostateczne ilości kwasu foliowego. Badania pokazują, że odpowiednia dawka witamin w diecie kobiety przed zajściem w ciążę i we wczesnej ciąży znacznie zmniejsza ryzyko wystąpienia wad cewy nerwowej (np. rozszczepu kręgosłupa) u rozwijającego się płodu. Kwas foliowy znajduje się w pełnych ziarnach i zielonych warzywach. Obecnie dodaje się go do większości oczyszczonych ziaren. Ważne jest jednak także przyjmowanie preparatu ciążowego zawierającego kwas foliowy (patrz s. 93).

Zrezygnuj w swojej diecie ze „śmietnikowego" jedzenia i rafinowanego cukru, zwiększając spożycie pełnych ziaren, owoców, warzyw (szczególnie zielonych i żółtych) oraz niskotłuszczowych produktów mlecznych (ważnych dla wzmocnienia kości). Zmniejsz także spożycie tłuszczów nasyconych, których przyjmowanie w dużych ilościach zdaje się wzmagać nudności ciążowe i wymioty (niepowściągliwe wymioty ciężarnych). Przestrzegaj diety ciążowej, układając właściwy jadłospis, pamiętaj jednak, że przed poczęciem będziesz potrzebowała dziennie tylko trzech porcji wapnia i dwóch porcji białka.

Jeśli masz jakieś nadzwyczajne przyzwyczajenia dietetyczne, cierpisz lub cierpiałaś na choroby związane z jedzeniem (anoreksja lub bulimia) albo jesteś na specjalnej diecie (wegańskiej, mikrobiotycznej, cukrzycowej itp.), poinformuj o tym swojego lekarza.

**Utrzymuj idealną dla ciebie masę ciała.** Nadmierna otyłość czy nadmierna niedowaga nie tylko utrudnia zajście w ciążę, lecz także – gdy dojdzie do poczęcia – zwiększa ryzyko wystąpienia komplikacji. Dlatego też w okresie przedciążowym zredukuj lub zwiększ liczbę przyjmowanych kalorii. Jeśli starasz się schudnąć, to działaj stopniowo i rozsądnie, nawet gdyby miało to przesunąć chwilę poczęcia o kilka miesięcy. Forsowna czy nie wyważona odżywczo dieta (do takich należą diety niskowęglowodanowa i wysokobiałkowa) utrudnia zajście w ciążę i może doprowadzić do niedoboru składników odżywczych w organizmie – w takiej sytuacji nie powinno rozpoczynać się ciąży. Dlatego jeśli ostatnio byłaś na jakiejś „morderczej" diecie, zacznij teraz jeść normalnie i poczekaj kilka miesięcy, by organizm wrócił do stanu równowagi, nim zdecydujesz się na poczęcie dziecka.

**Zażywaj dodatkowo witaminy i sole mineralne przeznaczone dla ciężarnych.** Nawet kobietom spożywającym dużo pokarmów obfitych w kwas foliowy zaleca się przyjmowanie preparatu ciążowego zawierającego 400 mcg tej witaminy, najlepiej na

dwa miesiące przed poczęciem[1]. Innym powodem, dla którego warto zacząć przyjmować ciążowy preparat uzupełniający przed zajściem w ciążę, jest fakt, że badania wskazują, iż kobiety przyjmujące dziennie przynajmniej 10 miligramów witaminy $B_6$ przed poczęciem dziecka lub w pierwszych tygodniach ciąży rzadziej cierpiały w czasie ciąży z powodu nudności i wymiotów (kiedy już zaczną się poranne nudności, zwykle bywa za późno na taką terapię). Preparat ciążowy powinien również zawierać przynajmniej 15 mg cynku, gdyż wpływa on na poprawę płodności. Zaprzestań jednak przyjmowania jakichkolwiek innych dodatków odżywczych, ponieważ nadmiar pewnych składników bywa niebezpieczny.

**Dbaj o formę i zachowaj spokój.** Program ćwiczeń zwiększy napięcie i rozciągnięcie mięśni, jako przygotowanie do wyzywających zadań, które mają nastąpić, tj. noszenia i urodzenia dziecka. Pomoże ci to również zrzucić nadmiar wagi. Unikaj jednak przegrzania podczas treningu, jeśli próbujesz zajść w ciążę, jako że może to prowadzić do potencjalnie szkodliwego podwyższenia temperatury ciała. Z tego samego powodu unikaj gorących kąpieli i używania poduszek i koców elektrycznych. Powinnaś jednak także pamiętać, że choć trening jest dla ciebie dobry, nie należy przesadzać: nadmierne ćwiczenia mogą szkodzić owulacji – a jeśli nie masz jajeczkowania, nie możesz zajść w ciążę.

**Unikaj niedozwolonych substancji.** Również tak zwane „leki rozluźniające", zawierające kokainę, marihuanę i heroinę, mogą być niebezpieczne dla ciąży. W różnym stopniu mogą one zapobiegać twemu zajściu w ciążę, a jeśli to się już powiedzie, są

---

[1] Najlepiej byłoby, gdyby każda kobieta w okresie zdolności do zajścia w ciążę przyjmowała co dzień suplement zawierający 400 mcg kwasu foliowego, w razie nieplanowanej ciąży.

potencjalnie szkodliwe dla płodu. Ponadto zwiększają one ryzyko poronienia, wcześniactwa i obumarcia ciąży. Jeśli zażywasz narkotyki, sporadycznie lub regularnie, zaprzestań tego natychmiast. Jeśli nie możesz przestać, szukaj pomocy, zanim zaczniesz próbować zajść w ciążę.

**Ogranicz spożycie leków.** Mimo iż większość leków kupowanych bez recepty ma ostrzeżenie odnośnie do stosowania w ciąży, to skonsultuj ich zażywanie ze swoim lekarzem, jeśli zaczęłaś starać się zajść w ciążę. Nie stosuj też irygacji, które mogą przeszkodzić w zapłodnieniu.

**Sprawdź bezpieczeństwo wszelkich przepisanych ci leków.** Pewnym (choć nie wszystkim) lekom używanym w leczeniu chorób i zaburzeń przewlekłych przypisuje się wpływ na powstawanie wad rozwojowych. Jeśli bierzesz obecnie jakieś leki, skonsultuj to ze swoim lekarzem. Leki o potencjalnej szkodliwości powinny być odstawione przynajmniej na miesiąc (niektóre na trzy do sześciu miesięcy) przed rozpoczęciem prób poczęcia dziecka. Stosuje się wtedy bezpieczną terapię zastępczą aż do zakończenia ciąży (lub też gdy dziecko jest odstawione od piersi, jeśli lek niesie z sobą niebezpieczeństwo również w okresie karmienia piersią). Czasem wystarczy tylko zmniejszenie dawki.

Accutane[1] stanowi poważne zagrożenie dla ciąży; jeśli przyjmujesz ten lek, musisz go odstawić co najmniej na miesiąc przed zajściem w ciążę i bardzo uważać, by nie doszło do poczęcia przed upływem tego czasu.

**Uważaj na preparaty ziołowe i inne leki alternatywne.** Zioła są naturalne, ale wcale nie oznacza, że również bezpieczne. Tak popularne zioła jak *echinacea*, *ginkgo biloba* czy dziurawiec zwyczajny mogą utrud-

nić zajście w ciążę. Nie przyjmuj żadnych tego typu preparatów, preparatów uzupełniających ani odżywek bez zgody lekarza znającego się na ziołolecznictwie i medycynie alternatywnej.

**Ogranicz spożycie kofeiny.** Umiarkowanie (i stopniowe zaprzestanie, jeśli to możliwe) w spożyciu kawy, herbaty i coli teraz zaoszczędzi ci objawów odstawienia, kiedy będziesz już w ciąży, jeśli postanowisz wstrzymać się czy ograniczyć ich spożywanie na ten czas. Kolejnym powodem, dla którego warto rzadziej zaglądać do kawiarni w celu wypicia mocnej kawy, jest kofeina – spożyta w dużej ilości (więcej niż trzy filiżanki kawy dziennie) obniża płodność. Nie wiadomo, czy jest to spowodowane wpływem biologicznym kofeiny na niepłodność, czy też tym, że częste używanie kofeiny jest częścią pewnego typu silnie stresującego stylu życia, który może obniżyć szanse danej pary na poczęcie dziecka. Niezależnie od wszystkiego, dobrym pomysłem jest ograniczenie spożycia kofeiny.

**Ogranicz spożycie alkoholu.** Chociaż codzienny koktajl lub lampka wina nie zaszkodzą w okresie przygotowawczym do ciąży, unikaj intensywniejszego picia, które może szkodzić twojej płodności poprzez rozregulowanie cyklu miesiączkowego. Gdy zaczniesz próby poczęcia dziecka, zaprzestań picia całkowicie (patrz s. 57).

**Rzućcie palenie.** Obydwoje. Tytoń jest nie tylko szkodliwy dla ciąży (patrz s. 59) i podnosi ryzyko wystąpienia zespołu śmierci łóżeczkowej oraz prawdopodobnie nowotworu u dziecka. Może też obniżyć płodność oraz uniemożliwić zapłodnienie. Środowisko bez tytoniowego dymu jest jednym z najwspanialszych prezentów, jaki możesz ofiarować swemu dziecku, jeszcze zanim się urodzi.

**Unikaj niepotrzebnej ekspozycji na promieniowanie.** Jeśli ze względów medycz-

---

[1] Środek do walki z trądzikiem.

nych konieczne jest zastosowanie u ciebie promieni Roentgena, upewnij się, że osłonięte są twoje narządy rozrodcze (chyba że one są przedmiotem badania) i że użyte są najniższe możliwe dawki. Jeśli próbujesz zajść w ciążę, pamiętaj, że mogłaś już odnieść sukces. Poinformuj każdego lekarza leczącego cię przy użyciu promieniowania czy technika wykonującego prześwietlenie, że istnieje możliwość, iż jesteś w ciąży, oraz zapytaj ich o zachowanie wszelkich koniecznych środków ostrożności. Powinno się zezwolić wyłącznie na taką ekspozycję na promieniowanie, jaka jest absolutnie konieczna dla zdrowia twojego lub twojego dziecka (zobacz s. 71)[1].

**Unikaj nadmiernej ekspozycji na niebezpieczne chemikalia.** Część (bynajmniej nie wszystkie) chemikaliów, zwykle tylko w bardzo dużych dawkach, jest potencjalnie szkodliwa dla komórki jajowej przed zapłodnieniem, a i później – dla rozwijającego się zarodka czy płodu. Chociaż ryzyko jest w większości sytuacji nieznaczne, obydwoje – dla zapewnienia maksymalnego bezpieczeństwa – powinniście unikać ryzyka potencjalnej ekspozycji w pracy. Szczególną ostrożność powinno się zachować w pewnych dziedzinach (medycyna i stomatologia, sztuka, fotografika, transport, budownictwo, praca w gospodarstwie i na roli, w pralni chemicznej, jako fryzjerka i kosmetyczka oraz niektóre prace w fabrykach). Odwiedź komórkę BHP dla uzyskania najświeższych informacji na temat bezpieczeństwa twojej pracy w okresie ciąży; zobacz również s. 76. W niektórych sytuacjach rozsądna może być decyzja o zmianie pracy czy też podjęciu środków ostrożności jeszcze przed próbą zajścia w ciążę.

Ponieważ podwyższony poziom ołowiu w ciąży mógłby wywołać problemy u two-

jego dziecka, powinnaś przebadać się w tym kierunku, jeśli jesteś narażona na kontakt z ołowiem w miejscu pracy lub gdziekolwiek, jak na przykład poprzez zaopatrzenie w wodę lub w miejscu zamieszkania (patrz s. 74). Jeśli poziom ołowiu w twojej krwi jest wysoki, specjaliści zalecają terapię chelatami (ołów zostaje „uwięziony" przez chelaty podawane dożylnie, po czym zostaje wydalony z organizmu wraz z moczem), aby usunąć ołów z krwi i przez to zredukować narażenie przed próbą poczęcia. Unikaj również toksyn w gospodarstwie domowym (patrz s. 72).

**Przygotuj się finansowo.** Posiadanie dziecka bywa kosztowne, przyjrzyj się zatem budżetowi domowemu i zacznij tworzyć rozsądny plan wydatków. W ramach tego planu sprawdź, czy twoje ubezpieczenie pokrywa koszty opieki prenatalnej oraz opieki nad zdrowym dzieckiem. Jeśli pokrywanie kosztów nastąpi dopiero od pewnej daty, rozważ możliwość przełożenia chwili zajścia w ciążę na później. Sprawdź w pracy, jakie są przywileje i urlopy dla ciężarnych i młodych matek. Jeśli dotąd nie sporządziłaś testamentu, teraz przyszedł czas, by to zrobić.

**Zacznij obserwować swój cykl.** Skoro poczyniłaś już wszystkie przygotowania, teraz trzeba się zabrać do dzieła. Twoja szansa na zajście w ciążę wtedy, kiedy chcesz, jest znacznie większa, jeśli odbywasz stosunki podczas płodnej części cyklu, w czasie owulacji. Aby dokładnie móc to obliczyć, zapisuj pierwszy dzień każdego cyklu miesiączkowego w podręcznym kalendarzu lub notesie; postaraj się także wyliczyć dzień owulacji.

Owulacja generalnie występuje w środku cyklu (np. w 14 dniu 28-dniowego cyklu), jednakże jest trudniejsza do przewidzenia u kobiet z nieregularnymi cyklami. Według ostatnich badań tylko 30% kobiet przechodzi owulację dokładnie w połowie cyklu. Większość ma dni płodne między 10 a 17

---

[1] W Polsce przeciwwskazane jest wykonywanie badań radiologicznych po dziesiątym dniu cyklu (przyp. red. nauk. wyd. pol.).

dniem cyklu. Objawy są w przypadku niektórych kobiet łatwo dostrzegalne, u innych – niemal nieuchwytne. Podczas owulacji śluz szyjkowy jest czysty, galaretowaty i można go rozciągnąć w nić; możesz odczuć ból w środku cyklu – krótki epizod bólu po jednej lub też drugiej stronie brzucha.

Inną wskazówką, którą mogłabyś przeoczyć, nie kontrolując cyklu, jest zmiana w podstawowej temperaturze ciała (mierzonej w chwili odpoczynku). Aby móc ją śledzić, zaopatrz się w bardzo wrażliwy termometr i mierz ciepłotę ciała codziennie rano, przed wstaniem z łóżka (strząśnij termometr wieczorem, przed położeniem się spać, abyś tym ruchem nie zmieniła swej temperatury rano). Podstawowa temperatura ciała będzie najniższa w miesiącu tego dnia, po którym rozpocznie się cykl owulacyjny, następnie gwałtownie skoczy w górę (co oznacza, że już jesteś tuż przed owulacją) i pozostanie podwyższona do dnia tuż przed rozpoczęciem miesiączki. Jeśli masz trudności z oznaczeniem owulacji, odnosisz wrażenie, że jest ona u ciebie bardzo nieregularna (co jest bardzo możliwe przy nieregularnym miesiączkowaniu), masz kłopoty z zajściem w ciążę lub zwyczajnie chcesz skorzystać z prostszej i bardziej wiarygodnej metody, kup domowy test owulacyjny. Zapisywanie każdego stosunku pomoże ci później wyznaczyć dokładną datę zapłodnienia, co znacznie ułatwi wyznaczenie przypuszczalnego terminu rozwiązania.

**Zrelaksuj się.** Być może jest to najważniejsze ze wszystkiego. Jeśli jesteś spięta i podniecona myślą o poczęciu, możesz mieć trudności z zajściem w ciążę.

Naucz się wykonywać ćwiczenia relaksacyjne, medytować, a także jak najbardziej ograniczyć stres w życiu codziennym (patrz s. 125).

**Poczekaj.** Pamiętaj, że normalna, zdrowa, dwudziestopięcioletnia kobieta potrzebuje około sześciu miesięcy, by zajść w ciążę, a czas ten jest dłuższy w przypadku kobiety starszej. Więcej czasu też będziecie potrze-

bować, jeśli starszy jest twój partner. Zatem zachowaj spokój, jeśli przyjdzie wam długo czekać na cud. Niech wszelkie próby poczęcia potomka przynoszą wam jak najwięcej przyjemności i wstrzymajcie się około roku, nim skontaktujecie się z lekarzem, a w razie konieczności – specjalistą od płodności. Jeśli masz więcej, niż 35 lat, możesz skontaktować się z lekarzem już po sześciu miesiącach prób zajścia w ciążę.

# PRZYGOTOWANIA DO CIĄŻY DLA PRZYSZŁYCH OJCÓW

**Odwiedź lekarza.** Poddaj się szczegółowym badaniom lekarskim, aby upewnić się, że nic nie może wpłynąć negatywnie na poczęcie lub zdrową ciążę twej partnerki (np. jądra niezstąpione, torbiel lub guz jądra albo depresja). Spytaj również, jaki wpływ na seksualność mają leki sprzedawane na receptę lub bez czy preparaty ziołowe, które zażywasz. Niektóre z nich źle wpływają na płodność, zmniejszają także liczbę plemników – a tego byś sobie nie życzył.

**W razie potrzeby zrób badania genetyczne.** Z powodu wywiadu rodzinnego niektóre pary powinny stawić się w poradni genetycznej na badania i rozmowę, nim dojdzie do poczęcia ich dziecka. Na stronie 46 znajdziesz informacje, czy ciebie też to dotyczy.

**Gdyby zaszła konieczność, zmień metodę antykoncepcyjną.** Jeśli waszym sposobem zabezpieczania się przed nieplanowaną ciążą były pigułki, twoja partnerka powinna z nich zrezygnować przynajmniej na kilka cykli menstruacyjnych, nim będziecie się starać począć dziecko. Czekając, zabezpieczajcie się, stosując prezerwatywy b e z środków plemnikobójczych.

**Popraw dietę.** Im lepiej jesteś odżywiony, tym zdrowsze jest twoje nasienie i łatwiej o poczęcie dziecka. Powinieneś wzorować swą dietę na diecie przedciążowej partnerki (patrz s. 83), przy czym zwiększ liczbę kalorii stosownie do wzrostu i aktywności. Aby mieć pewność, że przyjmujesz w odpowiednich dawkach najważniejsze składniki odżywcze (szczególnie witaminę C, witaminę E, cynk, wapń i witaminę D, gdyż wszystkie zdają się mieć wpływ na płodność i zdrowie nasienia), w okresie starania się o doprowadzenie do poczęcia przyjmuj suplement z witaminami i minerałami. Sprawdź, czy suplement ten zawiera kwas foliowy; mała ilość tego składnika w diecie przyszłych ojców powiązana została ze zmniejszoną płodnością, a także wadami wrodzonymi u dziecka. Jeśli chorujesz na cukrzycę, kontroluj poziom cukru we krwi.

**Zmień styl życia.** Choć nieznane są jeszcze wszystkie odpowiedzi, jednak wyniki badań zaczynają wskazywać, że przyjmowanie pewnych narkotyków (a także alkoholu w zbyt dużych ilościach) przez partnera przed poczęciem dziecka, nie pozwala partnerce zajść w ciążę lub prowadzi do słabego wyniku położniczego ciąży. Choć mechanizmy nie zostały dotąd dokładnie poznane, jednak wiadomo, iż zażywanie narkotyków i picie dużych ilości alkoholu najwyraźniej źle wpływa na spermę oraz zmniejsza znacznie liczbę plemników, a także zakłóca funkcjonowanie jąder i redukuje poziom testosteronu. Ostre picie (dwa lub więcej drinków dziennie) w miesiącu poprzedzającym zapłodnienie wpłynąć może również na masę urodzeniową dziecka. Pamiętaj też, że jeśli zaczniesz pić mniej lub całkowicie rzucisz picie, twojej partnerce łatwiej będzie dokonać tego samego. Zwróć się o fachową pomoc, jeżeli masz trudności z rzuceniem nałogu.

**Rzuć palenie.** Palenie papierosów powoduje zmniejszenie liczby plemników w nasieniu, a co za tym idzie – obniża płodność. W dodatku rzucenie palenia teraz wpłynie korzystnie na zdrowie całej rodziny, ponieważ bierne palenie jest niemal tak samo niebezpieczne dla innych, jak palenie czynne dla ciebie. Palenie może również zwiększyć ryzyko, że twoje przyszłe dziecko będzie narażone na zespół nagłej śmierci niemowlęcia.

**Uważaj na substancje szkodliwe.** Wysoki poziom ołowiu oraz niektórych rozpuszczalników organicznych (znajdujących się na przykład w niektórych farbach, klejach, lakierach oraz odtłuszczaczach do metali), pestycydy czy inne substancje chemiczne wpływają ujemnie na płodność mężczyzn, zatem unikaj ich lub ogranicz kontakt z nimi na tyle, na ile to możliwe, nim twoja partnerka zajdzie w ciążę.

**Nie przegrzewaj.** Wytwarzanie nasienia zostaje wstrzymane, gdy dochodzi do przegrzania jąder – ta część ciała lepiej się czuje w temperaturze nieco niższej od reszty organizmu. Unikaj zatem długich kąpieli w gorącej wodzie, przybywania w saunach, a także ubierania się w obcisłą odzież, jak na przykład ciasne dżinsy i slipy (noś raczej bokserki). Nie noś także spodni uszytych z tkanin syntetycznych, gdyż w gorące dni przegrzejesz się w nich.

**Noś ochraniacze.** Jeśli grasz w sporty kontaktowe (na przykład football amerykański, piłkę nożną, koszykówkę, hokej, baseball, jeździsz konno), noś ochraniacze na genitalia zabezpieczające jądra przed obrażeniami, aby ustrzec się niepłodności. Niebezpieczeństwo to istnieje nawet wówczas, gdy bardzo dużo jeździsz na rowerze. Zdaniem niektórych ekspertów bowiem stały ucisk wywoływany przez siodełko roweru na genitalia źle wpływa na tętnice i nerwy. Gdy odczuwasz odrętwienie genitaliów, na które nie pomaga zmiana sposobu siedzenia ani chwilowe podniesienie się na siodełku, lepiej będzie ograniczyć jeżdżenie na rowerze w czasie, gdy staracie się począć dziecko, ponieważ odrętwiałe genitalia nie spełnią swego zadania. Gdyby uczucie to (i/lub mrowienie) nie znikało, skontaktuj się z lekarzem.

**Zrelaksuj się.** Odpoczynek jest ważny dla was obojga. Stres nie tylko wpływa ujemnie na libido i jakość współżycia, lecz także na poziom testosteronu i wytwarzanie nasienia. Im mniej się martwisz, tym łatwiej będzie wam doprowadzić do poczęcia potomka. Zatem: rozluźnij się i ciesz się chwilą!

# TERAZ, GDY PRZECZYTALIŚCIE ZAKOŃCZENIE KSIĄŻKI...

Czas zacząć czytać ją od początku. Teraz, gdy okres poprzedzający ciążę już minął, a wy zadbaliście o poczęcie dziecka, wróć do rozdziału 1 i zacznij czytać o ciąży. Dobrej zabawy!

# Dodatek[1]

## POWSZECHNE BADANIA PODCZAS CIĄŻY[2]

Lekarz może pominąć niektóre z nich lub dodać inne, w zależności od twego wywiadu zdrowotnego oraz swej opinii. Aby znaleźć więcej informacji na temat konkretnych testów, skorzystaj z indeksu.

| BADANIE I KIEDY JEST PRZEPROWADZANE | POSTĘPOWANIE | UZASADNIENIE |
|---|---|---|
| Grupa krwi – pierwsza wizyta | Badanie krwi pobranej z żyły. | Dla określenia grupy krwi, czynnika Rh i czynnika Kell. |
| Hematokryt i hemoglobina – pierwsza wizyta i ponownie po 20 tygodniu. | Badanie krwi pobranej z żyły. | Jeśli badania wykażą niedobór żelaza lub anemię, niezbędne będzie podawanie suplementu żelaza. |
| Miano przeciwciał przeciwko różyczce – pierwsza wizyta. | Badanie krwi pobranej z żyły. | Sprawdzenie odporności na różyczkę. |
| Badanie w kierunku syfilisu (VDRL) – pierwsza wizyta. | Badanie krwi pobranej z żyły. | Jeśli kobieta choruje na kiłę, natychmiastowe leczenie ustrzeże płód. |
| Test na HIV – pierwsza wizyta. | Badanie krwi pobranej z żyły. | Diagnostyka i leczenie może pomóc matce oraz zmniejszyć ryzyko przeniesienia HIV na płód. |
| Badanie przesiewowe w kierunku zapalenia wątroby typu B – pierwsza wizyta. | Badanie krwi pobranej z żyły. | Jeśli matka ma zapalenie wątroby typu B, może być leczona prenatalnie, natomiast dziecko – natychmiast po przyjściu na świat. |
| Rozmaz cytologiczny – pierwsza wizyta. | Wymaz z szyjki macicy jest zebrany na waciku i badany pod mikroskopem pod względem nieprawidłowych komórek. | Sprawdzenie, czy kobieta nie ma raka szyjki macicy lub innych nieprawidłowości komórkowych. |

[1] Od redaktora wydania polskiego: uważam za celowe wykonanie podczas ciąży wymienionych w *Dodatku* badań, jednak w Polsce, z uwagi na trudności finansowe oraz brak możliwości technicznych, nie wszystkie z nich mogą być przeprowadzone.

[2] Twój lekarz może zrezygnować z niektórych spośród powyższych badań lub dodać inne, zależnie od twojego stanu oraz jego fachowej opinii.

| BADANIE I KIEDY JEST PRZEPROWADZANE | POSTĘPOWANIE | UZASADNIENIE |
|---|---|---|
| Hodowla bakterii rzeżączki i opryszczki narządów rodnych – pierwsza wizyta. | Wydzielina z pochwy jest pobrana wacikiem i oddana na posiew do laboratorium. | Stwierdzoną infekcję można leczyć. |
| Badanie w kierunku chlamydii – pierwsza wizyta. | Wacikiem pobiera się wymaz z ujścia szyjki macicy, cewki moczowej lub odbytnicy, aby zebrać zakaźne drobnoustroje. | Stwierdzoną infekcję można leczyć. |
| Badanie na obecność bakterii w moczu – pierwsza wizyta. | Próbka moczu jest badana w laboratorium. | Obecność bakterii w moczu może wskazywać na infekcję, którą można leczyć. |
| Badanie przesiewowe określające poziom narkotyków – pierwsza wizyta. | Próbka moczu jest badana w laboratorium. | Niebezpieczne jest używanie jakichkolwiek nielegalnych substancji podczas ciąży, toteż powinno być szybko leczone. |
| Ciśnienie krwi – każda wizyta. | Ciśnienie krwi jest mierzone za pomocą mankietu i stetoskopu lub za pomocą urządzenia elektronicznego. | W celu skontrolowania, czy nie występuje nadciśnienie indukowane ciążą bądź stan przedrzucawkowy. |
| Obecność cukru (glukozy) w moczu – każda wizyta. | Specjalny pasek jest zanurzony w próbce moczu. | Długo utrzymujący się wysoki poziom cukru we krwi może wskazywać na cukrzycę ciążową – potrzebne są dalsze badania. |
| Albuminy (białko) w moczu – każda wizyta. | Specjalny pasek jest zanurzony w próbce moczu. | Wysokie stężenie białka w moczu może wskazywać na infekcję pęcherza moczowego oraz wiązać się ze stanem przedrzucawkowym. |
| Badanie przesiewowe potrójne (MSAFP) – między 15 a 18 tygodniem | Badanie krwi pobranej z żyły. | Prenatalne przesiewowe badanie diagnostyczne w kierunku e w e n t u a l n y c h wad płodu – potrzebne są dalsze badania. |
| Test tolerancji glukozy – w 28 tygodniu (zwykle wcześniej dla chorych na cukrzycę). | Badanie krwi pobranej z żyły po wypiciu napoju z glukozą. | Sprawdzenie, czy nie występuje cukrzyca ciążowa. |
| Wymaz na paciorkowce grupy B – około 37 tygodnia. | Wacikiem pobiera się wymaz z ujścia szyjki macicy i odbytnicy, aby zebrać zakaźne drobnoustroje. Badany jest również mocz. | Sprawdzenie, czy nie ma infekcji paciorkowcem grupy B, którą można leczyć w czasie porodu, by chronić noworodka. |

# BEZLEKOWE LECZENIE PODCZAS CIĄŻY

| OBJAWY | LECZENIE | POSTĘPOWANIE |
|---|---|---|
| Bóle pleców | Ciepło | Weź długą, ciepłą (ale nie tak gorącą, jak tylko możesz wytrzymać) kąpiel, rano i wieczorem. Zastosuj poduszkę elektryczną owiniętą w ręcznik, do 15 minut, 3 lub 4 razy dziennie. |
| | Środki profilaktyczne | Ćwiczenia, właściwa mechanika ciała, dobra postawa. |
| Stłuczenia (sińce) spowodowane urazem | Pojemnik z lodem | Weź pojemnik na lód, który trzymasz w zamrażalniku, torebkę plastikową napełnioną lodem i kilkoma serwetkami, aby pochłaniały wodę z topniejącego lodu lub puszkę zamrożonego soku czy paczkę jarzyn. Przykładaj to przez 30 minut; powtórz po 30 minutach, jeśli obrzęk i ból wciąż się utrzymują lub jeśli to potrzebne. |
| | Zimne kompresy | Zanurz miękki materiał w misce z kostkami lodu i zimną wodą, wykręć go i umieść nad „dotkniętym" miejscem. Schłodź opatrunek, jeśli chłód zniknie. |
| Sińce na dłoniach, nadgarstkach i stopach | Zamoczenie w zimnym roztworze | Umieść jedną lub dwie tacki z lodem w misce (najlepiej w wiadrze typu „styrofoam" lub w torbie lodówce) z zimną wodą i zanurz w tym zranioną część na 30 minut. Powtórz to po 30 minutach, jeśli potrzeba. |
| Przeziębienia | Krople do nosa z solą | Używaj preparatu kupionego w aptece lub roztworu 1/4 łyżeczki soli w 8 uncjach (ok. 220 ml) wody (odmierzaj dokładnie). Zakropl kilka kropli do każdego nozdrza, zaczekaj 5-10 minut i wydmuchaj nos. |
| | „Wick VapoRub" | Stosuj zgodnie z instrukcją na opakowaniu. |
| | Dodatkowe płyny | Pij 8 uncji (ok. 220 ml) płynu co godzinę, włączając wodę, soki, zupy. Gorące płyny, a w szczególności rosół z kury, są najlepsze. Ogranicz spożywanie mleka, a pij je tylko, jeśli zaleci je twój lekarz. |

| OBJAWY | LECZENIE | POSTĘPOWANIE |
|---|---|---|
| Przeziębienia | Inhalacje | Używaj odparowywacza, nawilżacza czy też „gotującego się" czajnika; przygotuj namiot przez rozwieszenie prześcieradła na rozłożonym parasolu, który spoczywa na oparciu krzesła i umieść nawilżacz na krześle. Przebywaj 15 minut 3 lub 4 razy dziennie pod namiotem; jeśli nie jest to dla ciebie uciążliwe, przedłuż czas do 30 minut (nie pozostawaj pod namiotem, jeśli czujesz się nieprzyjemnie przegrzana). Postaw nawilżacz blisko twojego łóżka, gdy śpisz lub odpoczywasz. |
| | Paski na nos | Stosuj zgodnie z instrukcją na opakowaniu. |
| Kaszel spowodowany przeziębieniem lub grypą | Inhalacje Dodatkowe płyny | Zobacz – przeziębienia. Zobacz – przeziębienia. |
| Biegunka | Dodatkowe płyny | Pij 8 uncji (ok. 220 ml) płynu co godzinę, włączając wodę, rozcieńczony sok owocowy (ale nie z suszonych owoców), zupy. Pij mleko, jeśli zaleci to twój lekarz. |
| Gorączka (Zadzwoń do lekarza tego samego dnia, jeśli masz gorączkę powyżej 37,8°C przy braku objawów przeziębienia lub grypy – lub gorączkę powyżej 38,9°C. Jako uzupełnienie tych metod bezlekowych, bezzwłocznie zbijaj każdą gorączkę powyżej 37,8°C acetaminofenem. | Kąpiel chłodząca | Wejdź do wanny z letnią wodą i stopniowo schładzaj ją przez dodawanie kostek lodu – przestając natychmiast, jeśli pojawią się dreszcze. |
| | Zawijania | Zamocz ręczniki w misce zawierającej 2 kwarty wody (ok. 2,3 l) i pół kwarty alkoholu (55 ml) do nacierania oraz 1 kwartę (1,15 l) kostek lodu; zastosuj zimne ręczniki na skórę. Przerwij, jeśli pojawią się dreszcze. Zadzwoń do swojego lekarza natychmiast, jeśli gorączka osiągnie 38,9°C lub więcej. |
| Żylaki odbytu | Nasiadówka | Usiądź w wystarczającej ilości gorącej wody (bardziej gorąca niż zwykle używasz do kąpieli), aby zanurzyć „dotknięte" okolice na 20 do 30 minut, 2 lub 3 razy dziennie. |

| OBJAWY | LECZENIE | POSTĘPOWANIE |
|---|---|---|
| Świąd brzucha lub skóry w innym miejscu | Środki zaradcze | Unikaj długich, gorących pryszniców i kąpieli, wysuszających mydeł. Stosuj dobre nawilżacze na skórę, rozprowadzaj je w chwili, gdy skóra jest jeszcze wilgotna po prysznicu. Odnośnie do nawilżania powietrza w domu patrz niżej. |
| Wyciek z oczu ze świądem | Ciepłe przemywanie | Użyj wacika zamoczonego w ciepłej, nie gorącej wodzie (sprawdź temperaturę na wewnętrznej powierzchni przedramienia) i przemywaj oczy 5-10 minut co 3 godziny. |
| Bóle mięśni, urazy | Pojemniczki z lodem, zimne kompresy lub przymoczki przez pierwsze 24 do 48 godzin. Po 48 godzinach gorące okłady, ciepłe kąpiele lub poduszka elektryczna. | Zobacz – siniaki.<br><br>Zamocz dokładnie ręcznik w ciepłej wodzie, następnie wykręć go i przyłóż do bolącego miejsca. Owiń całość plastykową torbą. Na to przyłóż poduszkę elektryczną. Włącz ją na pół mocy, ale zwróć uwagę, aby nie dotykała mokrego ręcznika. Stosuj powyższą terapię dwa razy dziennie przez godzinę. |
| Przekrwienie nosa spowodowane przeziębieniem | | Zobacz – przeziębienie. |
| Zapalenie zatok | Naprzemienne, gorące i zimne okłady | Zanurz szmatkę w gorącej wodzie. Następnie wykręć ją i przyłóż na bolące miejsce aż do chwili, kiedy gorąco „zniknie" (ok. 30 sekund). Wtedy zastosuj zimny okład, aż do „zniknięcia" zimna. Zmieniaj kolejno okłady gorące i zimne przez 10 minut 4 razy dziennie. |
| Ból lub drapanie w gardle | Płukanie gardła | Rozpuść 1/4 łyżeczki soli w 8 uncjach (ok. 220 ml) gorącej wody i płucz gardło przez 5 minut. Powtórz to, jeśli potrzeba. |

# PRZEWIDYWANE ZAPOTRZEBOWANIE NA KALORIE I TŁUSZCZ

Zapotrzebowanie na kalorie i tłuszcz różni się w zależności od masy ciała i aktywności; czynniki takie, jak metabolizm, również odgrywają rolę. Mimo że poniższe dane są zaledwie pewnymi przybliżonymi wskazówkami, to mogą ci one pomóc w za- planowaniu dziennego spożycia tłuszczu w czasie ciąży. Przy takim zaplanowaniu dań brany jest pod uwagę fakt, że masz już przynajmniej jeden posiłek tłuszczowy dziennie w postaci drobnych ilości tłuszczu w pożywieniu „niskotłuszczowym".

| Twoja idealna masa ciała (funty/ kg) | Poziom twojej aktywności[1] | Dzienne zapotrzebowanie kaloryczne | Maksymalna podaż tłuszczów (gramy) | Maksymalna liczba pełnotłustych posiłków |
|---|---|---|---|---|
| 100/45 | 1 | 1500 | 50 | 2 i 1 /2 |
| 100/45 | 2 | 1800 | 60 | 3 i 1/2 |
| 100/45 | 3 | 2500 | 83 | 5 |
| 125/57 | 1 | 1800 | 60 | 3 i 1/2 |
| 125/57 | 2 | 2175 | 72 | 4 |
| 125/57 | 3 | 3050 | 101 | 6 |
| 150/68 | 1 | 2100 | 70 | 4 |
| 150/68 | 2 | 2550 | 85 | 5 |
| 150/68 | 3 | 3600 | 120 | 7 i 1/2 |

[1] Przyjmij następującą skalę poziomów aktywności: 1. siedzący; 2. umiarkowanie aktywny; 3. niezwykle aktywny (bardzo niewiele kobiet ciężarnych można zaliczyć do kategorii niezwykle aktywnych).

# Posłowie

Teraz, kiedy już przeczytałaś *W oczekiwaniu na dziecko*, możesz zauważyć, że każda ciąża jest inna, tak jak
różni są oczekujący rodzice, i że istnieje kilka nienaruszalnych zasad dotyczących tego,
czego możesz lub powinnaś się spodziewać.
Nauczyłaś się, że obecnie możemy kontrolować wiele spraw zachodzących podczas
ciąży i porodu – poprzez sposób korzystania z opieki medycznej, odżywianie, styl życia. Nasze szanse na posiadanie zdrowego
dziecka są większe niż wszystkich pokoleń
rodziców w historii.

Przekonałaś się zapewne, że choć wszyscy mamy pewne obawy, to dokładne informacje pozwolą ten niepokój zmniejszyć.
Mamy też nadzieję, że ta książka odpowie
na wszystkie twoje pytania, uspokoi obawy,
pomoże ci lepiej spać w nocy.

Przypuszczamy, że skoro wiesz, czego
rzeczywiście możesz się spodziewać, zarówno oczekiwanie, jak i rzeczywistość staną się łatwiejsze do zniesienia, bardziej
podniecające i dadzą ci radość prawdziwego spełnienia.

W naszych badaniach i przygotowaniach
do tej książki dołożyłyśmy starań, aby nie
pozostawić żadnego pytania bez odpowiedzi. Opierałyśmy się nie tylko na naszym
osobistym doświadczeniu, ale również na
doświadczeniu setek „ciężarnych rodziców", których obserwowałyśmy i z którymi
prowadziłyśmy rozmowy. Jednakże z uwagi na ogromne różnice między tym, o co
martwią się poszczególne „oczekujące"
pary, prawdopodobnie opuściłyśmy kilka
pytań. Jeśli pominęłyśmy któreś z twoich
pytań, chciałybyśmy o tym wiedzieć. W ten
sposób będziemy w stanie zawrzeć twoje
uwagi (jak i ich uzasadnienie) w następnym
wydaniu tej książki, za jakiś czas, i – jak
mamy nadzieję – dla twojego następnego
dziecka.

Życzymy ci najszczęśliwszej z ciąż i naj-
radośniejszego z porodów.

*Arlene Eisenberg*
*Heidi E. Murkoff*
*Sandee E. Hathaway*

# Indeks

# Twoje notatki

# Wyniki badań prenatalnych

# Cotygodniowy pomiar masy ciała

Tydzień 1:                                Tydzień 22:

Tydzień 2:                                Tydzień 23:

Tydzień 3:                                Tydzień 24:

Tydzień 4:                                Tydzień 25:

Tydzień 5:                                Tydzień 26:

Tydzień 6:                                Tydzień 27:

Tydzień 7:                                Tydzień 28:

Tydzień 8:                                Tydzień 29:

Tydzień 9:                                Tydzień 30:

Tydzień 10:                              Tydzień 31:

Tydzień 11:                              Tydzień 32:

Tydzień 12:                              Tydzień 33:

Tydzień 13:                              Tydzień 34:

Tydzień 14:                              Tydzień 35:

Tydzień 15:                              Tydzień 36:

Tydzień 16:                              Tydzień 37:

Tydzień 17:                              Tydzień 38:

Tydzień 18:                              Tydzień 39:

Tydzień 19:                              Tydzień 40:

Tydzień 20:                              Tydzień 41:

Tydzień 21:                              Tydzień 42:

## Pierwszy miesiąc

## Drugi miesiąc

# Trzeci miesiąc

# Czwarty miesiąc

# Piąty miesiąc

## Szósty miesiąc

# Siódmy miesiąc

## *Ósmy miesiąc*

# Dziewiąty miesiąc

# Poród

# Połóg

# Notatki